질적연구:
열다섯 가지 접근

Qualitative Research:
15 Approaches

질적연구:
열다섯 가지 접근

Qualitative Research:
15 Approaches

김영천 · 이현철 편저

아카데미프레스

서문

오늘날 질적 연구로서 연구 현장과 삶을 해석하는 이들은 더 이상 양적 연구의 그늘 아래에서 살아가고 있지 않다. 오히려 양적 연구가 보지 못하고 깨닫지 못하는 심연의 무언가를 쫓고 있으며, 놀랍게도 그 속에서 영롱한 주제들을 찾아내고 있다. 얼마나 매력적인 과정인지 경험해 보지 못한 이들은 상상할 수조차 없을 것이다.

실제로 단순히 연구자로서 연구 결과를 만들어 내고, 논문을 게재하는 차원을 넘어 우리 스스로가 질적 연구 과정을 통해 자기반성과 공동체를 돌아보는 성숙한 삶을 지향하게 되었다. 이러한 역동적인 성숙함으로의 경험은 참으로 귀한 체험적 과정이 되었으며, 지금도 그 감동은 이어지고 있다. 이러한 개인적인 내용과 함께 질적 연구의 큰 우산 아래에서 최근 이루어지고 있는 다양한 연구물들과 신선한 주제들을 살펴보거나 전공의 경계를 넘어 수행되고 있는 'fancy'한 질적 연구들을 보고 있노라면, 심장이 터질 만큼 감격적인 것이 사실이다. 왜 어떤 이들은 이렇게 매력적인 접근을 애써 외면하는 것일까 오히려 궁금해질 정도이다.

학문적인 체계로서 양적 연구의 그것과 비교해 볼 때 전혀 손색이 없으며, 오히려 어떤 의미에서는 학문적 깊이와 고뇌에 있어서 더욱더 심도 있게 전개되고 있는 질적 연구의 양상은 우리가 상상했던 그 이상으로 발전했고, 지금도 발전하고 있는 것이 사실이다.

그런데 안타까운 것은 이처럼 매력적인 질적 연구를 개론적 수준을 넘어 질적 연구 전통들을 세밀하게 분석하면서 좀 더 심층적으로 학습하고 싶은 이들을 위한 연구와 서적이 턱없이 부족하다는 것이다. 질적 연구의 개론적인 사항들의 경우 우리나라에서도 다양한 연구자들에 의해 소개되었으며, 우리도 그 중심에 있기도 했다. 하지만 한국의 질적 연구가 확산되는 것과 동시에 질적 연구를 통해 연구를 수행하는 연구자들의 학문적 요구와 수준도 점차 높아졌으며, 이제는 개론적 차원에서의 질적 연구를 넘어 좀 더 세분화되고, 좀 더 심층적으로 심화시켜 다양한 질적 연구의 전통 속에서 그 뉘앙스들을 독특하게 살리며 연구하고자 하는 수준에까지 이른 것이다. 이는 John W. Creswell이 제시하는 다섯 가지 전통만으로는 해소될 수 없는 연구자들의 갈증인 것이다.

우리의 현실은 그러한 갈증을 안고 있는 연구자들을 위한 세분화된 학습서가 부재한 상태인 것이다. 이는 그들로 하여금 답답함과 무엇을 어떻게 해야 할 것인가에 대한 '출구 없는 미로' 속을 헤매게 하는 원천이 되게 한 것이다. 또한 자연스럽게 수많은 대학원 수업과 과정 속에서 질적 연구를 미궁으로 빠뜨리는 요소가 되기도 한 것이며, 대학원생들을 포함하는 학문 후속세대들을 위한 한 차원 높은 질적 연구 학습서의 부재를 의미하는 것이기도 하다.

이러한 맥락에서 진주교육대학교 김영천 교수와 고신대학교 이현철 교수는 한국 질적 연구자들의 학문적 요구와 갈증에 즉각적으로 응답하고자 했으며, 학계의 질적 연구와 관련된 논의의 장을 한 차원 높여 보기로 했다. 즉, 질적 연구와 관련된 방법론적인 고정관념을 뛰어넘으면서 기존의 개론적 수준에서의 질적 연구에 대한 논의를 확장하는 것이다. 이를 위해 최근에 발전하고 있는 질적 연구 방법론과 새로운 전통들을 전문적 수준에서 소개했는데 이러한 노력의 열매가 바로『질적연구: 열다섯 가지 접근』이다.

『질적연구: 열다섯 가지 접근』에서 김영천과 이현철은 끊임없이 발전하고 있는 질적 연구의 풍성함과 다양함을 내실 있게 담아 보고자 했다. 질적 연구는 4~5가지의 작은 수준에서만 한정되어 머물고 있는 것이 절대 아니며, 몇몇 특정한 전통과 담론이 질적 연구를 모두 대변하는 것이 아님을 학계와 연구자들은 잊지 말아야 할 것을 강조하고 싶었던 것이다. 질적 연구에는 문화기술지만이, 질적 연구에는 현상학만이, 질적 연구에는 근거이론만이 있는 것이 아니며, 그것이 질적 연구의 전부가 될 수도 없는 것이다.

오히려 질적 연구의 전통들은 생동감 있게 역동적으로 발전하고 있으며, 그 발전의 속도가 얼마나 빠른지 지금도 새로운 전통들이 생성될 만큼 빠르고 눈부시게 성장하고 있다. 그러므로 우리가 지금 소개하는 '열다섯 가지 접근'이 곧 과거가 될 수 있으며, 지금도 분화되어 전 세계 연구 현장 어느 곳에서는 새롭고 신선한 접근들이 만들어지고 있을지 모르는 일이다. 그럼에도 불구하고 김영천과 이현철은 가장 최신의 질적 연구방법론으로서 열다섯 가지를 선정했으며, 이는 단언컨대 질적 연구와 관련된 가장 업데이트된 연구 접근법이라 할 수 있다.

이렇게 학문적으로 귀한 열매를 맺을 수 있었던 것은 편저자인 김영천과 이현철만의 노력으로는 불가능했다. 김영천과 이현철의 문제의식과 비전에 동의해 준 전국의 많은 질적 연구자들이 있었으며, 최고의 전문가로서 그분들의 헌신적인 참여와 노력이 없었다면『질적연구: 열다섯 가지 접근』은 세상의 빛을 보지 못했을 것이다.

이 자리를 통해 한양대학교 김명희 교수님, 순천대학교 전영국 교수님, 이화여자대학교 이현주 교수님, 진주교육대학교 김도헌 교수님, 숭실대학교 박승민 교수님, 충북대학교 허창수 교수님, 전주교육대학교 이동성 교수님, 진주교육대학교 주재홍 교수님, 동국대학교 김필성 박사님, 부산대학교 오영범 박사님, 한국교원대학교 이상우 박사님, University of Wisconsin-Madison 궁선혜 박사님, 경북대학교 정상원 선생님, 한양대학교 조재성 선생님, 진주교육대학교 박창민 선생님, 진주교육대학교 민성은 선생님께 깊은 감사의 마음을 전한다. 이분들의 학문적인 시도가 우리의 질적 연구를 더욱 빛나게 할 것을 확신한다.

또한 어려운 출판업계의 상황 속에서 우리들이 걸어가는 길을 학자적인 관점에서 이해하고 동역해 준 아카데미프레스 홍진기 사장님과 모든 편집부 선생님들의 노고에도 깊은 감사의 마음을 전한다. 그분들의 노력을 통해 완성도 높은 책을 손에 잡아볼 수 있게 되었다.

『질적연구: 열다섯 가지 접근』을 통해 전문 질적 연구자들과 학문 후속세대 연구자들이 유익한 도움을 얻길 바라며, 우리의 질적 연구와 관련된 논의가 정련된 수준에서 더욱더 활발하게 전개되길 소망한다.

2017년 2월
김영천과 이현철

차례

교육비평 방법론　453
_ 김명희

인터넷 문화기술지　505
_ 오영범

질적 연구, 그 세계적 확산 그리고 다양한 전통들의 이해

이현철 ᅵ 고신대학교   **김영천** ᅵ 진주교육대학교

한 번도 경험해 보지 못한 세계로의 초대

"오래전 지금은 고전이 되어 버린 Spradley의 책을 통해 질적 연구를 경험하게 되었다. 내 마음속 깊은 곳까지 자극하는 질적인 것의 투박한 매력은 메마른 나의 마음을 여름 냉수처럼 시원함으로 적셔 주었다. '한 번도 경험해 보지 못한 세계로의 초대' 그것이었다."

_ 연구자로서의 고백

서구의 질적 연구는 교육학을 포함하는 사회과학의 대표적인 연구 방법으로 자리매김했으며, 이후의 발전은 우리가 그동안 경험해 보지 못한 세계로까지 이끌 것이다. 이를 증명하듯이 질적 연구를 키워드로 개최되는 다양한 전공의 학술적 모임과 대회들, 베스트셀러로서 대중적으로도 환영을 받는 출판물들, 대학원 훈련과정에서 필수적으로 개설되고 있는 질적 연구 수업들, 그리고 더욱 상징적인 증거로서 질적 연구를 학문적 틀로 내세우고 있는 수많은 전문 연구자들과 학문 후속세대들의 등장들이 질적 연구의 성장을 보여 주는 명확한 예들이 될 것이다.

이러한 움직임은 우리의 학계에서도 예외가 아니다. 주지하고 있듯이 1970년대 후반과 1980년대 초반을 중심으로 우리에게도 질적 연구가 소개되기 시작했으며, 그 후 현재와 같은 세련된 담론들이 다양하게 형성되지는 못했지만 교육학을 중심으로 당시로서는 실험적인 논의와 연구들이 이루어졌다. 여기에는 한국교육인류학회의 창립과 실험적인 작품들을 출판한 선구자적인 연구자들—이종각(1995), 김영천(1997), 이용숙·김영천(1998), 조영달(1999), 조용환(1999) 등—의 노력이었기에 가능한 일이었다.

한국교육인류학회(The Korean Society for the Study of Anthropology of Education)는 1997년 창립되어 국내의 질적 연구 확산의 초석이 되었으며, 초기 정련된 질적 연구의 분위기를 형성시켜 주었다. 한국교육인류학회의 활동을 통해 질적 연구를 중심으로 학문을 추구하는 다양한 연구자들이 응집될 수 있었으며, 질적 연구를 통한 학술활동의 파급력을 극대화할 수 있었다. 그후 학회 관련하여 최근에는 한국질적탐구학회(The Korean Association for Qualitative Inquiry)가 출범하여 질적 연구의 다양성과 본질적인 의미에 충실히 반응하고자 하는 연구자들의 요구에 부응하고 있다. 한국질적탐구학회는 그동안 교육학, 간호 및 보건학, 상담학, 인문학, 신학 및 종교학 등 다양한 전공 분야에서 활발하게 연구 활동을 했던 질적 연구자들의 뜻이 모여 2014년 11월에 창립되었다. 해당 학회의 특징은 현상학, 내러티브 탐구, 근거 이론, 자문화기술지 등을 포괄하는 다양한 분야의 연구자들이 자신들의 전공 영역뿐 아니라 간학문적으로 교류하면서 질적 연구의 깊이를 더해 주고 있다는 것이다. 또한 이러한 성격을 강화하기 위해 해당 의미를 고려한 학술대회와 워크숍을 실제적으로 개최하고 있다. 지난 2015년 4월 춘계 학술대회에서는 University of Illinois 교육과정학과 교수를 역임했던 Klaus Witz 교수를 초청하여 '서구에서의 질적 연구 동향'이란 주제로 기조강연을 했으며, 다양한 세션에서 논문발표와 워크숍이 개최되었다. 이외에도 한국내러티브교육학회(The Korean Society for Narrative Education)도 2012년 출범되어 활발한 학술활동을 해 오고 있으며, 연 2회의 연차 학술대회와 연 4회 이상의 월례회를 추진하고 있다. 특별히 한국내러티브교육학회는 유·초·중등·고등교육 및 다양한 교육장면에서의 내러티브의 이론과 실제를 탐색하는 것에 집중하고 있어 의미가 크다고 할 수 있다.

한편, 1990년대 실험적인 작품들을 출판한 이종각(1995), 김영천(1997), 이용숙·김영천(1998), 조영달(1999), 조용환(1999) 등의 학문적인 열정과 노력은 당시 질적 연구와 관련하여 불모지였던 한국 교육학계에 작은 울림이 되었다. 당시 이들의 씨 뿌림의 작업은 좋은 땅에 떨어져 성경의 원리처럼 30배, 60배, 100배로 풍성한 열매와 결실(마가복음 4:8)을 맺어 주었다.

이후 이들로부터 학문적 바통을 이어받은 이들과 새롭게 질적 연구를 수학하고 한국에 자리를 잡은 연구자들에 의해서 질적 연구는 더욱더 풍성한 장이 열려지고 있다 해도 과언이 아니다. 이후에도 살펴보겠지만 1990년대와 2000년대 초반 연구자들과는 다른 학문세대들로서 새로운 학자들의 등장과 그들의 학문적 도전을 통해 한국에서의 질적 연구는 더욱 성장하고 있음을 볼 수 있다.

전술한 학회와 연구자들의 왕성한 학문적 활동과 도전으로 전국의 대학교에서는 질적 연구라는 이름으로 수업과 강좌들이 개설될 수 있었으며, 그 수업을 통해 수많은 석사학위자와 박사학위자 그리고 논문들이 결실로 나타나고 있는 것이다. 과거 질적 연구가 '쓰레기통에 버림받는 더러운 데이터'(김영천 외, 2002)로 취급받았던 시대와는 너무나도 다른 세상인 것이다. 이는 명실공히 질적 연구의 전성시대인 것이다. 더 이상 질적 연구가 쓰레기통에 버림받는 일은 없을 것이다.

좀 더 구체적으로 한국의 질적 연구의 성장과 흐름을 파악하기 위해 1990년대 중반 이후 국내에 소개된 질적 연구와 관련된 저술들의 목록을 확인해 보는 것은 의미가 있을 것이다. 초기 국내에 질적 연구가 소개되는 시점의 경우 서구의 연구자들이 저술한 질적 연구 개론서와 방법론 책을 단순히 번역하는 상황이었으나, 최근에는 외국에서 질적 연구를 학습하고 온 연구자들과 국내에서 자생적으로 질적 연구를 정련되게 추구한 연구자들에 의해서 다양한 질적 연구 전통과 심화적인 접근들을 추구하는 서적들이 활발하게 출판되고 있다.

『교육인류학의 탐색』 이종각(1995)

『네 학교 이야기: 한국초등학교의 교실생활과 수업』 김영천(1997)

『교육에서의 질적 연구: 방법과 적용』 이용숙·김영천 편(1998)

『질적 연구:방법과 사례』 조용환(1999)

『교과교육과 수업에서의 질적 연구』 김영천 편(2001)

『질적 연구 방법론』 신경림 외(2004)

『질적 연구 방법의 이해』 박성희(2004)

『질적 연구』 이효선(2005)

『교과 교육 현상의 질적 연구』 이혁규(2005)

『실행연구 방법』 이용숙 외(2005)

『질적 연구: 철학과 예술 그리고 교육』 곽영순(2009)

『질적 연구 실천방법』 김윤옥 외(2009)

『연구 방법론: 근거이론과 수정근거이론의 실제』 최종혁(2011)

『생애사에 기초한 질적 연구 방법』 박성희(2011)

『질적 연구 방법과 실제』 조성남 외(2011)

『질적 연구와 자문화기술지』 이동성(2012)

『여가학의 질적 연구 방법론』 이철원(2013)

『문화와 역사연구를 위한 질적 연구 방법론』 윤택림(2013)

『통합 연구 방법론: 질적 연구+양적 연구』 이현철 외(2013)

『질적 연구 방법론 I, II, III, IV』(1-4권 세트) 김영천(2013)

『초보 연구자를 위한 질적 연구 방법론』 박휴용(2014)

『현상학과 질적 연구 : 응용현상학의 한 지평』 이남인(2014)

『질적 연구의 이해와 접근』 신규철(2014)

『교사 그리고 질적 연구: 앎에서 삶으로』 곽영순(2014)

『생애사 연구』 이동성(2015)

『질적 연구 방법론: 학교와 수업 연구의 새 지평』조영달(2015)

『질적 연구여행』김진희 외(2015)

『광고 연구의 질적 방법론』정승혜(2015)

『박물관 교육과 질적연구』김명희 편(2015)

『질적 자료 분석: 파랑새 2.0 소프트웨어』오영범 외(2016)

1990년대 이후 한국의 질적 연구 이론서의 흐름은 질적 연구에 대한 기본적인 이해를 위한 개괄적인 계몽 서적들로부터 각 교과 혹은 전공분야로 다양화되고 있는 양상이며, 나아가 질적 연구 방법의 세부적인 전통들을 심화시키는 경향으로 발전하고 있다. 이러한 맥락에서 질적 연구자들이 양적 연구와의 통합을 추구하는 통합 연구 방법론(MIxed Research Methods)도 등장하고 있는 상황에 이르렀다. 이는 최근 국내외의 연구 방법론과 관련된 주요한 경향성을 시사하는 것으로 객관성 및 가치중립을 토대로 일반화를 강조하는 실증주의적 양적 패러다임과 탈실증주의적 접근을 강조하며 특정한 상황 내에서의 독특한 실재를 파고드는 질적 패러다임의 우위논쟁 혹은 전쟁은 종식되었으며, 이제는 양자의 매력적인 측면을 인정하면서 어떤 연구 방법을 선택하느냐, 어떤 연구 방법이 문제를 해결하는 가장 적합한 연구 방법인가를 선택하는 것에 더욱 중요성을 부여하는 상황까지 이르렀다고 볼 수 있다(강용원·이현철, 2010).

전술한 한국의 질적 연구의 흐름과 경향은 서구의 그것과 비교해 볼 때도 매우 유사한 맥락을 취하고 있다. 외국은 다양한 분야에서 수많은 질적 연구 서적들을 확인할 수 있으며 교육학 및 그와 관련성이 높은 영역들을 중심으로 대표적인 질적 연구 이론 서적들 및 아티클(Article) 자료들을 제시하여 본다면 아래와 같다. 이러한 목록은 질적 연구와 관련된 주요한 흐름과 주목해야 할 외국의 연구자들을 함께 확인해 주는 장점을 지닐 것이다.

Studies in ethnomethodlogy. Garfinkel(1967)

The ethnographic interview. Spradley(1979)

Participant observation. Spradley(1980)

Qualitative evaluation and research methods. Patton(1980)

Qualitative data analysis. Miles and Huberman(1984)

Ethnography and qualitative design in educational research. Goetz and LeCompte (1984)

Case study research: *Design and methods*. Yin(1984)

Naturalistic inquiry. Guba and Lincoln(1985)

Tale fo the field. Van Maanen(1988)

Basic of qualitative research: *Grounded theory procedures*. Strauss and Corbin(1990)

Qualitative inquiry in education. Eisner and Peshkin(1990)

Writing up qualitative research. Wolcott(1990)

Writing strategies. Richardson(1990)

Fertile obsession: *Validity after poststructalism*. Lather(1993)

Narrative Analysis. Riessman(1993)

Handbook of qualitative research. Denzin and Licoln(1995)

Qualitative research design: *An interactive approach*. Maxwell(1996)

Qualitative Research from Start to Finish(2nd Edition). Merriam(1998)

Validity and qualitative research. Onwuegbuzie(2000)

Educational research: *Planing, conducting, and evaluating quantiatative and qualitative research in education*. Creswell(2002)

Qualitative research and evaluation methods. Patton(2002)

Qualitative research in practice: *Examples for discussion and analysis*. Merriam(2002)

Handbook of mixed methods in social and behavioral research. Tashakkori and Teddlie(2003)

Narrative Inquiry: *Experience and Story in Qualitative Research*. Clandinin and Connelly(2004)

Designing and conducting mixed methods research. Creswell and Plano-Clark(2007)

Foundations of mixed methods research: *Integrating quantitative and qualitative techniques in the social and behavioral sciences*. Teddlie and Tashakkori(2009)

Qualitative research: *A guide to design and implementation*. Merriam(2009)

Social Research Methods: *Qualitative and Quantitative Approaches*(7th Edition). Neuman(2009)

Qualitative inquiry and research design: *Choosing among five approaches*. Creswell (2012)

Research design: *Qualitative, quantitative, and mixed methods approaches*(4th Edition). Creswell(2013)

Educational research: Quantitative, qualitative, and mixed Approaches. Johnson and Christensen(2013)

Engaging in narrative inquiry: Developing qualitative inquiry. Clandinin(2013)

Qualitative research & evaluation methods: Integrating theory and practice. Patton (2014)

Research and evaluation in education and psychology. Mertens(2014)

Basics of qualitative research: Techniques and procedures for developing grounded theory. Corbin and Strauss(2014)

Qualitative research from start to finish(2nd Edition). Yin(2015)

Doing qualitative research: The craft of naturalistic inquiry. Beuving and Geert de Vries(2015)

Introduction to qualitative research methods: A guidebook and resource. Taylor and Bogdan(2015)

30 Essential skills for the qualitative researcher. Creswell(2015)

Qualitative research: A guide to design and implementation. Merriam and Tisdell (2015)

서구의 질적 연구의 흐름 역시 기초이론적인 성격의 내용에서부터 최근에는 매우 실용적인 성격으로 나아가고 있음을 확인할 수 있고, 적용성을 중시하는 연구 패러다임을 고려하여 구성되고 있음을 볼 수 있다. 이는 국내의 상황과도 맞닿아 있는 부분으로 볼 수 있는데 국내의 초기 이론적인 논의가 최근의 전공별 구체적인 적용과 논의의 심화를 통한 실용적인 성격을 추구하고 있는 것과 유사한 것이다. 서구의 흐름과 국내의 상황을 함께 살펴보면서 국내의 질적 연구의 흐름과 맥락이 어떠한 것인가를 가늠할 수 있었으며, 우리 질적 연구의 발전과 수준을 확인해 볼 수 있었다. 이러한 내용은 국내의 질적 연구와 관련된 분명한 몇 가지 메시지를 준다고 여겨진다.

첫째, 국내의 질적 연구는 양적 연구와 더불어 대등한 연구 방법으로 성장했음은 물론 그것을 넘어 새로운 분석 틀을 제공하는 계기가 되었다는 것이다. 1990년대에 받았던 따가운 시선이 더 이상 존재하지 않으며, 연구 방법으로서 고려하고 다루어야 할 핵심적인 패러다임으로 질적 연구가 자리매김한 것을 확인할 수 있는 것이다. 이제는 더 이상 학위 논문 발표 현장에서 "질적 연구가 무엇인가요?"라는 촌스러운 질문은 사라진 것이며, 오히려 그와 같은 질문은 자신의 학문적 스펙트럼의 편협성만을 나타내는 요소가 되고 있다. 오히려 "이 주제는 질적 연구가 어때요?"라는 말이 더 많아지고 있는 현실이다.

둘째, 국내의 질적 연구 내 기초이론의 논의가 충분히 이루어졌음을 의미하는 것이다. 많은 연구자들의 노력을 통해 질적 연구와 관련된 기초이론적인 성격의 논의와 접근들이 풍성히 이루어짐으로써 질적 연구의 철학적인 전통과 배경, 대표적인 질적 연구의 이론적인 개념, 질적 연구의 절차적인 단계 등 질적 연구와 관련된 기본적인 사항들에 대한 이해를 충족시키는 내용들은 충분하게 이루어졌음을 확인할 수 있다.

셋째, 국내에 질적 연구를 활용한 다양한 수준의 연구자들이 지속적으로 배출되고 있음을 의미하는 것이다. 국내 질적 연구의 흐름들을 통해 질적 연구를 키워드로 하는 연구자들의 세대교체와 다양성들을 확인할 수 있을 것이다. 1990년대에 등장했던 연구자들의 서적과 연구물들을 통해 질적 연구를 학습한 이들과 새롭게 유입된 이들의 작품들이 꾸준하게 연구되고 있으며, 그들을 중심으로 새로운 접근들도 생성되고 있는 것은 국내의 질적 연구의 장을 더욱 견고히 만들어 내는 중요한 역할을 하고 있는 것이 틀림없다.

넷째, 국내의 질적 연구는 교육연구 영역에 있어 다양한 연구 주제들을 파악할 수 있는 장을 열어 주었다는 것이다. 질적 연구를 통해 그동안 외면받았던 주제와 내부자적인 시각들이 새로운 연구 주제로 부상했으며, 교육현상과 관련된 심층적인 이해를 가질 수 있는 계기를 마련해 주었다는 것이다. 이는 현상 자체에 대한 새로운 시각과 관점을 의미하는 것이기도 하여 우리의 교육현상에 대한 의미 있는 발전으로 판단된다.

다섯째, 국내의 연구 현장으로부터 질적 연구의 방향성과 내용이 현상을 해석함에 있어 타당성이 있음을 반증해 주는 것이다. 전술한 모든 것의 근본적인 이유가 될 수 있는 한국사회와 한국의 연구 현장에 있어 질적 연구가 분명히 설득적이며, 현상을 풀이해 줌에 있어 매우 설명력이 높기 때문에 질적 연구의 적용이, 기초이론적 논의의 풍성함이, 학문 후속세대들의 지속적인 배출이, 현상에 대한 다양한 관점의 적용이 이루어지고 있는 것이다. 앞으로도 이러한 흐름은 변하지 않을 것이며, 사회와 연구 현장이 복잡해지면 복잡해질수록, 불확실해지면 불확실해질수록 연구자들로부터 질적 연구는 더욱더 환영받을 것이다. 삶의 모든 변수들을 양적 연구자들은 완벽하게 통제할 수 없으리라!

질적 연구의 다양한 전통

앞 절에서 간략하지만 질적 연구가 얼마나 매력적으로 성장해 왔으며, 발전하고 있는지를 확인할 수 있었다. 본 절에서는 좀 더 구체적으로 질적 연구의 성장을 이끌고 발전한 대표적인 전통들에 집중하여 소개하고자 한다. 이 주제와 관련하여 김영천(2013)은 『질적 연구 방법론 Ⅱ : Methods』를 통해 질적 연구의 전통들을 망라했으며, 이를 중심으로 발췌하여 요약적으로 살펴보고자 한다. 물론 김영천이 주안점을 둔 것은 질적 연구의 방법들에 대한 것이지만 질적 연구의 방법적 전통과 그 특징들을 구체적/분석적으로 제시하고자 하는 마음에서 작업이 이루어졌기 때문에 질적 연구의 전통들을 정리했다고 해도 무방할 것이다.

1. 문화기술지

문화기술지(ethnography)는 사회집단과 공동체들의 일상적 세계들을 이해하고 기술하는 연구 방법이다. 이는 19~20세기 초 인류학과 사회학에서 출발한 지적 전통으로서 다양한 질적 연구 중에서 가장 오래되고 가장 일반적인 개념으로 사용되고 있다. 초창기에는 문화기술지가 질적 연구이고 질적 연구가 문화기술지라고 인식되었으며, 최근에도 다양한 질적 연구의 전통에서 '문화기술'이라는 표현은 보편적으로 활용되고 있다. 그만큼 문화기술지는 그 태동 이래 그 연구의 영역과 탐구의 방향이 다양하게 발전되고 확대되어 왔다. 더불어 문화기술지가 인류학, 사회학을 넘어서 간호학, 경영학, 교육학 등 다양하고 많은 영역에서 질적 연구의 확산에 기여하고 있으므로 질적 연구자는 문화기술지의 이론과 방법적 동향에 대해 폭넓게 이해할 필요가 있다. 문화기술지에 대한 역사적 이해를 하려면 우선적으로 문화에 대한 개념적 고찰이 선행되어야 한다. 문화기술지는 단어 자체만 보더라도 문화와 관련된 것이라는 것을 알 수 있다. 어원에 비춰 본다면, 문화기술지(ethnography)에서 'ethno'는 그리스어로 사람, 인종, 문화적 집단을 말하며, 문화기술지는 사람 혹은 집단의 '문화'를 기술하는 것을 뜻한다. 이러한 '문화'는 인류학의 핵심개념으로서 문화기술지를 이해하는 데 필수적인 개념이 된다.

문화기술지에서 핵심적으로 문화는 두 가지 분석 수준에서 다루어질 수 있는데 총체적 접근과 해석적 접근으로 볼 수 있다. 총체적 접근으로는 '공유된 생활양식과 사고방식의 총체'로서의 문화의 개념이며, 문화와 행위자의 분리를 특징으로 자율적 체계로서의 문화를 상정한다. 대표적인 학자는 타일러, 구디너프, 말리노브스키, 마가렛 미드, 루스 베네딕트, 마빈 해리스, 로이 라파포트, 보아스 등이다. 해석적 접근은 '상징과 의미의 체계'로서의 문화의 개념이며 문화에 대한 행위자의 능동성을 특징으로 구성된다. 대표적인 학자는 기어츠, 빅터 터너, 에반스 프리차드, 메리 더글라스, 리치, 니덤 등이다.

연구예시

「대학생의 점심식사 방식과 점심식사에 부여하는 의미-문화기술적 연구」 (이용숙 · 이수현, 2016)의 일부 정리 및 요약

많은 사람에게는 대학시절이 일생에서 유일하게 점심식사에 대한 모든 것을 자유롭게 정할 수 있는 시기이며, 초중고 학교급식에서 빗어나 본인의 의지에 따라서 매일의 식사 메뉴와 환경 등을 결정하는 최초의 시기이다(Lee, Cho, and Oh, 2012). 대학시절에는 생활이 불규칙해지고 외부활동이 많아지면서(Seymour, Hoerr, and Huang, 1997) 타인과 함께 식사를 하거나, 개인화된 스케줄로 인해 혼자 식사하는 기회가 많아지는 등의 식생활차이를 나타내게 된다(박경애, 2003). 직장에서는 점심식사 시간이 정해져 있고, 식사장소나 메뉴도 같은 부서 사람들을 따르게 되는 경우도 많다(본 연구의 면담 결과). 이에 비해 대학생들은 언제 어떻게 누구와 무엇을 얼마나 오랫동안 먹을지를 모두 스스로 정할 수 있다. 상당수의 학생에게는 용돈의 부족이 식사메뉴 결정에 있어서 유일한 제약이지만, 용돈이 부족하지 않다면 이런 제약도 없다.

따라서 대학생활에서 점심식사가 얼마나 중요한가는 학생 개인에 따라 상당한 차이가 있다. 본 연구의 면담 결과에 의하면, 신입생은 갑자기 찾아온 자유로 인해 점심과 관련된 선택과 결정을 끊임없이 해야 한다는 사실에 압도되기도 하고, 이로 인해 즐거운 시간을 보내기도 한다. 1학년 초에 어떤 경험을 하느냐가 이후의 점심식사 패턴에 영향을 미치게 되며, 학년이 올라가면서 여러 요인에 의해 점심식사의 의미는 변하게 된다.

또한 남녀공학 여부와 성별에 따라 다른 경험을 하기도 하며, 휴학 이후 식사 패턴이 완전히 달라지기도 한다. 한편 다니는 대학과 주변의 점심식사 장소가 얼마나 다양한가에 따라서도 점심식사 선택의 여지는 달라질 수밖에 없다. 이런 요인들로 인해 어떤 학생에게는 학교에서의 점심식사가 "학교를 다닐 수 있게 하는 원동력"이라고 할 정도로 중요한 의미를 가지며, 다른 학생에게는 그저 "한 끼를 때우는 것" 이외에 큰 의미를 갖지 않기도 한다. 이처럼 대학생들에게 학교에서의 점심식사가 생활의 중요한 한 부분이며 상당한 개인차가 있는데도 불구하고, 대학생의 점심식사와 관련해서 이루어진 선행연구는 주로 점심식사의 영양학적 측면이나 보건적인 측면을 다루고 있다.

따라서 무엇을 얼마나 자주 먹고 있으며, 여기에 어떠한 성별 차이가 있는지, 그리고 이러한 조사결과가 영양학적이나 보건학적인 측면에서 어떤 문제가 있는지 등을 조사한 연구들이 대부분이다. 점심식사 시간이 대학생들에게 어떤 의미를 갖는지에 대한 이해는 대학생 문화의 이해에 큰 도움이 된다는 점에서, 문화기술적(ethnographic) 연구가 필요할 것이며, 이를 위해 본 연구가 수행되었다. 구체적으로 본 연구에서는 30여 개 대학에서의 점심식사에 대한 참여 관찰과 60여 명 대상 심층면담, 설문조사 등 다양한 방법을 사용하여 서울, 경기, 인천 지역 대학생들의 학교에서의 점심식사 방식과 이들이 점심식사에 어떤 의미를 부여하는지 살펴보았다.

좀 더 구체적으로 본 연구의 연구자 중 한 명이 담당하는 〈현장연구실습〉 수업 수강생의 도움을 받아 참여 관찰과 심층면담이 이루어졌다. 연구자들은 이를 세 가지 이유 때문으로 기술하고 있는데, 첫째, 교수인 연구자가 점심식사를 참여 관찰한다면, 대학생들이 연구자를 지나치게 의식할 가능성이 높다. 둘째, 대학(원)생 연구보조원도 연구대상 대학생들이 평소처럼 식사를 하면서 이들과 대화를 할 수 있을 만큼 장기간 일상생활을 함께하는 것은 쉽지 않다. 모든 점심식사를 연구보조원이 함께하면서 식사 모습을 지켜본다는 것은 평소의 점심식사와 달라지는 것이며, 그렇다고 라포를 위해 수업을 듣거나 동아리 활동 등을 하는 학생들을 교수나 다른 학생들의 허락 없이 따라 다닐 수도 없다. 셋째, 대다수의 대학생들은 점심시간이 일정하지 않기 때문에, 점심식사 약속 없이 평상시의 점심식사 모습을 관찰하려면 11시부터 최소 3시간은 참여 관찰을 실시해야 그 안에 점심식사가 포함될 가능성이 있다는 어려움도 있다고 기술했다.

따라서 본 연구자들은 수강생들을 연구보조원으로 해서 스스로와 친구들의 식사를 참여 관찰하도록 했으며, 면담도 친구들을 대상으로 실시하도록 했다. 다만 이런 자료가 주관적일 수 있다는 우려를 덜기 위해, 설문조사를 추가적으로 실시했다. 모든 참여 관찰과 심층면담, 설문조사 자료는 엑셀파일에 입력하고 코딩하여, 주제 분석과 내용 분석 및 빈도 분석을 실시했다.

해당 사항을 바탕으로 주요한 연구 결과를 제시하여 본다면 다음과 같다. 대학생들은 학교에서 보통 점심식사를 거르는 경우가 31.5%나 되는데, 가장 큰 이유는 수업 및 다른 이유로 점심 먹을 시간이 없다는 것과 학교에는 먹고 싶은 메뉴가 없다는것이다. 많은 학생들은 시간과 돈의 절약이 필요해서 '때우는' 점심을 먹고 있었으며, 남학생보다는 여학생이, 그리고 학년이 올라갈수록 '때우는' 점심을 먹는 비율은 증가하는 것으로 나타났다. 학교에서의 점심식사에 대해 학생들은 삶의 행복/즐거움/오아시스(29.7%), 힘/에너지/삶의 원동력(28.1%), 쉬는 시간/여유(22.7%), 소통시간(15.2%) 등의 긍정적인 의미부여를 하는 경우가 가장 많았으나, '배를 채우는 것/살기 위해 먹는 것'(12.5%)과 같이 특별한 의미부여를 하지 않거나, '스트레스/번거로움'(7.0%)같이 부정적인 의미를 부여하는 경우도 상당히 많았다.

이러한 내용을 바탕으로 연구자들은 결론에서 대학생의 점심식사 문제가 사회적 문제임을 지적하고, 어떤 개선이 필요한지를 논의해 주고 있다.

「발달장애인의 직업생활에 관한 문화기술지」(신빛나 · 이준우, 2014)의 일부 정리 및 요약

장애인에게 있어서 취업은 여전히 높은 벽이다. 여러 가지 이유를 들지 않더라도 장애인이 스스로 직업을 갖는 데 어려움이 많을 것이라는 사실은 쉽게 예상되는 일이다. 따라서 아직까지 우리나라는, 취업가능성이 높은 경증 장애인이나 직업훈련 등의 교육 혜택을 받은 소수의 장애인을 제외하고는 장애인이 일반노동시장에 진입하기에는 현실적으로 어려움이 많은 편이다(김종인 · 우주형 · 이준우, 2010). 특별히 장애인 중에서 스스로 판단하고 행동할 수 있는 능력이 부족한 발달장애인의 경우에는 더욱 심각할 수밖에 없어, 이들은 직업적 중증장애인으로 특수하게 분류할 수 있겠다(오길승, 1999). 이러한 발달장애인의 직업과 관련해서는 그간 직업훈련 · 직업재활 · 전환교육 측면에서 꾸준한 연구가 진행되어 왔다. 그리고 이를 통해 장애인들의 직업재활 현장이 점차적으로 개선되어 가고 있는 것도 사실이다. 하지만 다소 아쉬운 것은 발달장애인의 직업생활에 대한 대부분의 연구가 장애인 직업재활의 실태나 현황을 살펴보는 수준이거나, 재활교육 및 사회복지 서비스를 제공해 주는 공급자중심에서 이루어졌다는 것이다. 이 때문에 수많은 발달장애인의 연구에서 정작 발달장애인 당사자가 어떻게 느끼고, 원하며, 생각하고 있는지 살펴보는 것은 배제된 채, 주요타자(主要他者)들이 양육시키고, 교육시키고, 재활시키기 위한 방안들이 중점적으로 모색되었다고 볼 수 있다. 결국 발달장애인의 직업과 관련된 연구에서 가장 중요한 대상인 발달장애인 당사자는 늘 소외되어 있었다. 따라서 본 연구는 기존의 연구가 발달장애인 당사자의 욕구나 의견이 직접적으로 반영되지 못했던 한계를 극복하여, 좀 더 발달장애인 당사자를 중심에 두고 이들의 직업생활을 생생하게 이해하고자 하는 것에 주안점을 두었다. 즉, 발달장애인이 연구자에 의해 관찰되고 수동적인 재활의 대상이 되는 것이 아니라, 직업생활을 영위해 나가는 삶의 주체가 되어 직접적인 연구의 참여자가 되도록 했다. 이에 따라 본 연구에서는 장애인의 고용과 직업유지와 관련된 제도적인 측면의 '직업재활'이라는 용어보다는, 좀 더 장애인들의 직업적 삶에 침투하여 관찰한다는 측면에서 '직업생활'이라는 용어를 사용하여 접근했다. 그런데 발달장애인의 직업생활을 다룬다고 하더라도 장애인 당사자만을 연구하기보다는, 가까이에서 이들의 삶을 관찰하고 함께 살아가는 사람들의 목소리가 동시에 다루어져야 할 것으로 보았다. 사실 발달장애인의 생활을 실제적으로 반영한다면 주요타자들의 참여는 당연하다. 발달장애인은 자발적으로 다양한 경험을 시도하기보다는 가족, 사회복지사, 특수교사, 직업재활사, 직업훈련교사 등 주요타자들과 밀착하여 생활하면서 이들의 영향을 직접적으로 받고 있기 때문에 이러한 주요타자들과 함께 직업생활을 탐구해 볼 필요가 있을 것이다. 또한 본 연구에서는 발달장애인의 직업생활과 연관 지어 한국의 양육문화와 장애에 대한 패러다임의 변화에 관심을 두었다. 우리 사회 전반에 내포되어 있는 '부모-자녀'에 대한 인식과 문화 속에서 발달장애인의 직업생활을 살펴본 것이다. 성인이 되면 자녀를 독립시키는 서구의 문화와는 달리, 우리나라는 '부모-자녀' 간에 애착관계가 강하게 형성되어 있고, 자녀가 성인이 된 이후에도 여전히 부모에게 의존하는 양육문화를 갖고 있다. 그런데 이러한 양육문화는 부모가 성인이 된 발달장애인 자녀를 대하는 태도나, 발달장애인과 함께 직업생활을 하는 주요타자들이 부모에게 갖는 요구나 기대와도 적지 않은 연관성이 있을 것이라고 본 것이다. 더불어 개인의 문제로 받아들였던 장애가 사회문제로 인식되고, 재활의 대상이었던 장애인이 당당한 사회구성원으로 인식되는 장애에 대한 패러다임의 변화가 발달장애인들의 직업생활 문화에는 어떻게 반영되고 있는지 함께 이해해 보고자 했다. 한편 이러한 발달장애인들의 직업생활 세계를 생생하게 연구하기 위해서는 질적 연구 방법이 적절할 것으로 보았다. 그 중에서도 연구 참여자가 발달장애인의 직업생활이라는 특정한 문화를 공유하며 상호작용하고 있는 집단이라는 특성을 고려하여 '문화기술지' 연구 방법을 통해 자료를 수집하고 분석했다.

좀 더 구체적으로 본 연구자가 찾아간 현장은, 사회복지법인 말아톤복지재단에서 운영하고 있는 보호작업장(보호고용) '사랑_on(이하 사랑온)'과 일반사업장(경쟁고용) 커피전문점 'All Coffee & Tea(이하 올카페)'이다. 해당 연구자는 2012년 10월부터 2014년 4월까지 약 18개월간 이곳에서 참여 관찰과 심층 면담을 통해 자료를 수집하며 연구를 진행했으며, 핵심정보제공자는 4명, 주요정보자는 17명이었다. 연구자는 4가지로 자료 수집을 수행했는데 첫째, 발달장애인의 직업생활 일상을 참여 관찰한 자료, 둘째, 발달장애인들과 주요타자들을 대상으로 개별면담·집단면담을 통해 얻은 자료, 셋째, 핵심정보제공자의 생애사 자료, 넷째, 공식문서, 일지, 사진, 영상, 기타 자료 등을 포함한 모든 인공물 등의 자료를 통해 수집했다. 또한 본 연구는 문화기술지의 다양한 연구 방법 중에서 전통적인 접근이라고 할 수 있는 총체적 문화기술지를 통해 자료를 분석했다. 한편 본 연구의 핵심적인 문화적 주제를 도출해 가는 분석절차를 구체적으로 설명하면, 먼저 연구 참여자들에 의해 생생하게 전달된 음성자료와 이를 텍스트로 변환한 자료, 기타 다양한 비언어적(장애인잡지, 영상, 사진, 홍보물 등) 자료들을 반복적으로 읽고 검토하면서, 동시에 수집된 자료를 통해 전체를 인식했다. 다음 전체적인 윤곽이 잡히면 의미단위(meaning unit)를 구분했다. 그리고 이 구분된 의미단위들에는 연구 참여자의 의미를 떠올리고, 범주를 생성하는 데 활용하기 위해 일련번호를 부여하여 정리했다. 다음으로 연구 참여자의 심리적 의미를 보완하여 문맥화가 된 의미단위를 지속적으로 검토하면서 발달장애인의 문화가 반영될 수 있는 언어로 전환했다. 이렇게 이들의 문화가 반영된 언어로 전환된 의미단위를 지속적으로 검토하면서 집합단위로 묶음을 만들고 개념화해 나가면서 공통의 주제를 중심으로 범주화해 나갔다. 그리고 범주들을 전체적으로 살펴보면서 관련된 범주들을 묶어 주고 추상화해 나가면서 하위주제로 발전시켜 나갔다. 이러한 범주들과 하위주제를 중심으로 영역을 구분하면서 전체를 구조화해 나가면서 최종적으로 문화적 주제를 도출해 나갔다.

연구 결과 연구자는 발달장애인의 직업생활 문화가 '직업생활의 접촉면', '직업생활의 표면', '직업생활의 이면'의 3가지 영역으로 나누어진다고 제시하고 있으며, 발달장애인 직업생활에서의 문화적 주제는 '지원자들과 함께 자립생활 준비해 나가기'로 나타났다. 발달장애인의 '직업생활의 접촉면' 영역은 [쉽게 얻기 힘든 기회잡기]의 하위주제를 담고 있다고 제시했다. '직업생활의 표면' 영역은 [다양한 삶의 주제 갖기], [능력에 따라 다르게 펼쳐 나가기], [지원자들과 함께 펼쳐 나가기]의 하위주제를 담고 있다고 했으며, '직업생활의 이면' 영역은 [주인공보다 더 역동적인 지원자], [경쟁사회에서 살아남기 위해 몸부림치기], [기다려 줄 수 없는 사회에서 기다려 주기], [현재보다 미래를 바라보기]의 하위주제를 담고 있음을 제시했다. 연구자는 해당 연구 결과에 근거하여 정책과 실천, 후속연구에 대한 제언을 제시해 주었다.

2. 현상학적 질적 연구

현상학적(phenomenological) 질적 연구는 다른 질적 연구의 전통과는 달리 현상학이라는 철학적 사조에 그 기반을 두고 현상학의 주요한 방법들을 차용하고 있다. 그러나 현상학적 질적 연구의 기반이 되는 현상학이라는 철학 사조 자체가 이해하기 쉽지 않고 현상학 자체가 후설(Husserl)에 의해 정초된 이후 하이데거(Heidegger), 메를로-퐁티(Merleau-Ponty), 샤르트르(Sartre) 등 많은 현상학과 관련된 철학자들 사이에서 여러 가지 형태로 발전해 왔기 때문에 그 전체를 소개하는 일은 어렵다. 그럼에도 불구하고 현상학적 질적 연구가 무엇인가를 요약해 본다면 다음과 같다. 즉. 현상학적 질적 연구란 인간의 체험을 있는 그대로 살펴보고, 그 체험을 바로 그 체험이게 만드는 본질적인 구성요소를 파악하여 이를 분명하게 기술하고 이를 통해 체험의 본질을 탐구하는 것이라 할 수 있겠다. 이러한 현상학적 질적 연구의 주요 이론적 개념을 살펴보면 첫째, 지향성(intentionality)이다. 이는 대상을 향한 자의 의식적 관계를 말한다(이남인, 2004: 62). 우리는 의식 활동을 할 때 항상 '무엇에 대한' 의식 활동을 한다. 즉, 우리의 지각, 느낌, 사고는 반드시 어떠한 대상에 관한 것이다. '빛이 밝다'고 느끼지 '밝다'고 느끼지 않는다. '누군가의 죽음에 슬퍼'하지 단지 '슬퍼하지' 않는다. 이처럼 우리의 의식은 항상 어떤 것을 향해 있다. 의식의 이러한 성질이 지향성인 것이다. 둘째, 체험(lived experience)이다. 이는 경험의 특수한 유형으로 우리가 겪고 인식하는 대로의 경험을 의미한다. 체험의 가장 기본적인 형식에는 직접적, 반성적 생활 의식이 있다. 즉, 의식이기는 하지만 그것을 의식하지 못하는 형태로 주어진 의식이 있다. 이러한 체험은 그 순간의 현현에서는 포착할 수 없고 지나간 후 단지 반성적으로만 포착할 수 있는 것이다. 따라서 체험의 의미는 항상 지나간 어떤 것에 대한 것이다. 이러한 체험은 현상학적 연구의 출발점이자 종착점으로 볼 수 있다(van Maanen, 1990: 56-61). 셋째는 현상학적 환원(phenomenological reduction), 에포케(epoche), 괄호치기(bracketing)이다. 현상학적 환원은 어떠한 대상을 바라보는 데 있어서 우리의 판단에 영향을 미칠 수 있는 일체의 선입견에 대해 판단을 보류하는 것을 말하며, 에포케는 후설이 가정으로부터의 해방, 판단정지의 개념을 나타내기 위해 사용한 그리스어로서 멀리 떨어뜨려 놓음 혹은 억누름을 뜻한다. 즉 긍정 혹은 부정에 대한 판단 자체를 보류하는 것이다. 괄호치기는 판단중지를 위해 우리가 가진 모든 믿음을 괄호 안에 집어넣는 것을 의미한다. 우리가 우리의 믿음으로부터 벗어나기 위해 할 수 있는 일은 우리의 그러한 믿음을 밝히고 그것을 괄호 속에 묶어 둠으로써 그것이 우리가 취할 수 있는 여타의 태도에 영향을 미치지 않도록 하는 것이다. 넷째, 이미지의 다양한 변화와 직관을 통한 본질 인식이다. 이는 우리가 연구의 대상이 되는 체험의 다양한 모습을 다양한 방법으로 살펴보는 것을 의미한다. 그리고 직관을 통한 본질 인식이란 이러한 이미지의 다양한 변화를 살펴보며 그 속에 내재한 본질을 직관적으로 파악하는 과정을 의미한다. 다섯째, 의미와 본질의 합성이다. 의미와 본질의 합성이란 현상학적 방법을 통해 체험을 분석한 후 그것을 글로 나타내는 것을 의미한다. 이는 현상학적 탐구의 마지막 단계이자 근본적이고, 조직적이고, 구조적인 기술을 직관적으로 합성하여 전체로서의 체험 현상의 본질에 대한 통합된 진술을 도출하는 단계이다(Moustakas, 1994: 100-101). 현상학적 질적 연구의 탐구 절차 및 자료 분석의 절차는 Moustakas, van Maanen, Creswell, Giorgi, Colaizzi, van Kaam 등 다양한 학자들에 의해 제안되고 있으며, 이에 대해서는 김영천의 『질적 연구 방법론 Ⅱ: Methods』의 자료를 참고하기 바란다.

연구예시

「신생아의 NICU 입원에 대한 어머니의 경험」(최은아, 2016)의 일부 정리 및 요약

최근 우리나라에서 초산모의 연령이 1993년 27.6세에서 2014년 32.0세로 늦어져 초산모의 고령화가 진행되고 있으며, 전체 출생아 중 2008년 5.5%에서 2012년 6.3%로 미숙아의 출생 비율은 증가하고 있어 이로 인해 NICU(Neonatal Intensive Care Unit : 신생아집중치료실)에 입원하는 미숙아를 포함한 고위험 신생아는 매년 증가하고 있다(통계청, 2015).

　　NICU는 미숙아를 포함한 고위험 신생아를 집중 치료하는 곳으로(신손문, 2008) 미숙아와 고위험 신생아의 생존을 목적으로 하기 때문에 치료를 위해 많은 의료진이 상주하고 있으며 인공호흡기와 방사선 촬영이 가능한 각종 의료장비(강인순·김영희, 2011)로 인해 신생아 어머니를 포함한 외부인들에게 제한적인 공간이다. NICU에 입원한 신생아는 생존을 위해 집중적인 의료 관리를 받는 경우 기 많고 미숙아는 만삭아보다 모체로부디 충분한 면역 물질을 받지 못하여 감염 위험성이 높기 때문에(방경숙, 2011) NICU에 신생아가 입원 시 어머니와의 신체 접촉은 극히 제한된다. 이로 인해 NICU에 입원하여 치료를 받는 동안은 간호사가 주 양육자 역할을 하게 되며 어머니는 자신의 아기를 간호사에게 맡기고 제한적인 돌봄의 기회를 얻게 된다(Miles, Holditch-Davis, Burchinal, Brunssen, 2011). NICU에 신생아가 입원하고 있는 한 달 동안의 기간은 어머니의 처지에서 볼 때 산욕기에 해당한다. 산욕기는 분만 후 몸이 회복되는 시기로 신체적인 불편감이 크면서 급격한 호르몬의 변화를 겪게 되어 심각한 피로와 스트레스에 노출된다(정금숙, 2015). 또한, 모성 역할 발달과 심리적·사회적 재통합이 이루어지는 시기이기 때문에 영아의 건강한 성장 발달과 가족 전체의 건강을 위해서는 산모에 대한 총제적인 지지가 중요시된다(이희순, 2015). 그러나 신생아가 NICU에 입원한다는 것은 시기와 상황적으로 아무런 준비가 되어 있지 않은 신생아 어머니에게 커다란 위기 상황이 될 것이며(전창순, 2011) 건강한 아기를 원한 부모의 기대와는 달리 건강하지 못한 아기를 가진 어머니는 죄책감, 불안, 우울증에 시달리게 된다고 했다(Linda, 2012). 그리고 이러한 부정적인 감정은 모아관계 발전 및 모아애착관계 형성을 방해하여 아동의 최적 발달을 저해하는 요인이 된다(최효신·신영희, 2013). 이로 인해 NICU에 입원한 신생아 어머니에 대한 간호중재가 필요하다는 인식이 점차 높아지고 있으며, NICU에 입원한 신생아 어머니의 요구를 잘 파악하는 것이 NICU 간호사의 중요한 역할이라고 할 수 있다(Majdalani, Doumit, Rahi, 2014). 그러나 본 연구자가 실제 NICU에 근무하면서 경험한 바로는 아기를 입원시킨 어머니는 아기 곁에 상주할 수가 없으며 의료진에게 온전히 아기를 맡겨야 하고, 자신으로 인해 아기에게 해가 될까봐 간호 요구나 문제가 있어도 간호사에게 직접 표현을 하지 않았다.

　　따라서 해당 연구자는 NICU에 입원하고 있는 어머니가 위기 상황을 잘 극복하고 모성 역할을 발달시킬 수 있도록 돕기 위해서는 신생아가 입원하고 있는 상황에서 어머니를 총체적으로 이해하는 것이 우선되어야 한다고 제안하고 있다. 이에 따라 본 연구에서는 현상학적 접근 방법을 통해 NICU에 입원한 신생아 어머니 경험의 의미와 본질적 구조를 밝힘으로써 NICU에 입원한 신생아 어머니를 위한 간호중재 개발에 필요한 기초 자료를 마련하는 데 도움을 제공하기 위해 연구를 시도했다.

　　본 연구의 자료 분석은 면담 내용을 필사한 자료를 사용하여 Giorgi가 개발한 현상학적 연구 방법을 따라 분석했다. Giorgi는 1975년에는 5단계의 자료 분석 절차를 제시했고 1985년에는 4단계의 자료 분석 절차를 제시했는데 양자의 구체적인 내용은 유사하기 때문에 연구자는 4단계의 자료 분석 절차를 이용하여 분석했다.

첫 번째 단계로 연구자는 총체적인 의미 파악을 위해 처음부터 끝까지 여러 번 반복해서 읽었다. 이 과정에서 명확, 명백, 선명하게 의미를 파악하기 위해 노력하지는 않았다. 참여자가 진술한 그들의 생활세계에 대해 지향점을 구별해 내면서 그리고 현상학적 환원의 태도를 유지하면서 어머니가 기술하는 상황의 전체가 지닌 대략적인 의미(sense of the whole)를 파악하기 위해 노력한 것이다. 현상학적 분석의 목표는 경험의 의미를 찾는 것이다. 따라서 두 번째 단계에서는 자료 전체를 다시 천천히 읽으면서 신생아 집중치료실에 신생아가 입원한 어머니의 경험이 무엇인지에 초점을 맞추어 가며 현상학적이고 간호학적인 관점에서 어머니가 기술하는 다양한 의미단위를 구별해 나갔다. 의미단위는 단번에 파악되는 것이 아니므로 진술내용을 꼼꼼히 읽으면서 현상 자체에 주의를 기울여 의미단위를 구분하는 작업을 여러 번 반복했다. 그리고 하나의 의미단위에서 다른 의미단위로 이행하는 곳이 어디인지 구분하기 위해 노력했다. 그리고 한 번 설정된 의미단위는 최종적인 것이 아니며 언제든지 수정할 수 있다는 가정하에 의미단위가 중복되거나 겹쳐지지 않도록 노력했다. 세 번째 단계는 신생아 집중치료실에 입원한 신생아 어머니의 경험이 무엇인지에 초점을 두고 참여자의 언어로 표현된 의미단위들을 연구하고자 하는 현상에 중점을 둔 학문적 언어로 변형하는 단계이다. 이 단계에서는 신생아 집중치료실에 입원한 신생아 어머니가 경험하는 본질이 무엇인지에 초점을 두고 간호학적 차원에서 적절한 표현이 얻어질 때까지 여러 번의 변형을 계속했다. 이러한 과정을 위해 연구자는 상상력(imaginative variation)과 반성(reflection)을 동원했고 여러 번 심사숙고하여 변형했다. 그러나 참여자의 일상적인 진술이 학문적 용어로 변형되면서 논리적 비약과 추상화되는 오류를 범하면서 현상의 본질에서 벗어나지 않도록 현상학적 환원의 자세를 유지하기 위해 노력했다. 이러한 노력들은 연구자가 자신의 논문을 심사받는 동안에도 지속적으로 시도되었다. 본 연구자는 현상학적 연구에서 괄호치기가 중요하고 어렵다는 것을 연구를 통해 실감했고 성찰일기를 통해 의식적으로 괄호치기를 하면서 연구 결과에 다가갈 수 있었음을 자신의 성찰일기 예시들을 통해 제시하고 있다(논문 참조 바람). 그리고 변형된 의미단위들은 유사성과 차이점을 비교하면서 유사성이 있는 의미단위들은 같이 묶어 범주화했으며, 범주화한 자료는 다시 상위 범주화하여 구성요소로 명명했다. 이 과정에서 연구자는 참여자들 간의 자료를 비교하여 지나치게 개인적 상황에 근거한 자료는 배제시켰으며, 자료의 차원과 속성을 고려하여 같은 수준의 차원으로 하위 구성요소와 상위 구성요소가 도출될 수 있도록 했다. 마지막 네 번째 단계에서는 분석과정을 통해 드러난 의미단위들을 종합하여 연구 현상에 대해 일반적 구조로 통합하여 일목요연하게 기술했다. 변형된 의미단위의 모든 의미가 함축적으로 일반적인 기술 내용 속에 포함되도록 노력했다. 본질적인 의미로 도출된 구성요소들은 인과적, 시간적, 긍정적이거나 부정적인 속성들로 나열하고 비교하면서 공통적 속성들을 재배치하면서 틀 짜기를 하는 것이다. 본 연구자는 이를 위해 지도교수님 및 동료 연구자들과 여러 번 만남을 통해 신생아의 NICU 입원에 대한 어머니의 경험에 내해 최선의 틀이 나올 때까지 구성요소들 간의 관계를 분석하고 배열하기를 반복했다.

본 연구의 결과로 도출된 신생아의 NICU 입원에 대한 어머니 경험의 일반적 구조는 '분리됨 속에서 내 아이를 기다리며 강인해져 감'이었고, 7개의 구성요소는 '충격으로 멍해짐', '고통의 늪에 빠짐', '미래에 대한 불안', '유리문 밖에서 눈치만 살핌', '기둥이 되어 주는 존재', '깊어지는 애착', '희망으로 양육을 준비함'이었다. 참여자는 자신의 아기가 NICU에 입원을 하게 되면 충격으로 인해 정신이 멍해지며 정신적·육체적 고통 속에 빠지게 된다. 그리고 아기의 불확실한 예후로 인해 불안함 속에 생활하게 되었고, 아기를 의료진에게 맡겨야 되는 상황에서 스스로 '을'이 되어 의료진의 눈치를 보게 되었다. 그러나 참여자는 남편, 가족 그리고 자조집단을 통해 위로와 지지를 받았으며 자신의 아기를 치료해 주는 의료진에게 마음을 기대며 힘을 얻게 되었다. 참여자는 인큐베이터 안에서 힘겨운 사투를 벌이는 동안에도 조금씩 자라는 자신의 아기를 보며 희망을 가지게 되었고, 아기를 안아 보고 난 뒤 아기에 대한 애착은 점차 커져 갔다. 참여자는 몸과 마음을 추스르면서 양육을 준비했고 점점 아기를 위해 강인해져 갔다. NICU에 입원한 신생아의 어머니들은 자신이 낳은 아기와 애착을 형성하기도 전에 인큐베이터를 사이에 두고 분리되어야 하지만 주위로부터 지지를 받고 조금씩 자라는 자신의 아기를 보면서 희망과 용기를 얻게 되었다. 따라서 신생아 집중치료실에 입원한 어머니에게 의료진에 대한 믿음과 가족들의 지지가 필요하다는 것을 알 수 있었다. 또한, 어머니가 아기에 대한 애착을 가질 수 있도록 돕는 과정이 필요하다는 것을 알 수 있었다.

3. 근거이론

근거이론은 데이터에 근거해 현상을 설명하는 이론을 추출하기 위한 질적 연구 방법이다. 이러한 근거이론 방법은 질환경험과 돌봄과 같은 현상에 초점을 두고 사회과학 분야인 교육, 간호, 경영, 가족연구, 노인학, 사회사업, 여성과 성연구, 문화연구와 다른 영역에서 확장되어 왔다(Morse et al., 2009). 한국 역시 이러한 추세 속에서 근거이론에 대한 관심이 갈수록 높아지고 있는 실정이며, 국내의 여러 학자들과 연구자들 또한 이러한 근거이론에 기초한 연구를 진행한 바 있다. 이러한 근거이론에 대해 다양한 학자들의 견해를 종합적으로 정리하여 본다면, 근거이론은 개인의 행위 그리고 사회적 현상이 주변과의 상호작용 속에서 항상 변화하고 개별화되며 변화가 가능하다는 관점으로 연구를 수행하는 방식이라고 정리할 수 있다. 또한 근거이론은 기존의 이론을 통해서는 알 수 없었거나 혹은 기존의 시각에 새로운 해석이 필요할 때 많이 활용하는 질적 연구 방식이기도 하다. 즉, 기존에 많이 활용되고 있는 질적 연구 방식인 문화기술지, 현상학, 생애사, 내러티브 연구 등에서는 탐색이 어려운 인간 행위 및 사회현상의 의미를 심층적으로 탐색하는 이론으로 개념화할 수 있다(이동성·김영천, 2012).

이러한 근거이론의 주요한 방법적 특성은 지속적인 비교와 질문, 이론적 민감성, 문헌, 이론적 표본 추출, 메모와 도형, 이론적 포화 등이라고 볼 수 있다. ① 지속적인 비교와 질문은 자료들을 분석하는 과정에서 지속적인 비교와 질문을 통해 범주와 이론을 명료히 하는 것으로서 이를 통해 이론적 표본 추출을 이끈다. ② 이론적 민감성은 신속하고 성공적인 연구를 진행하기 위해 연구자가 가져야 할 자질이다. ③ 문헌은 연구의 시작 단계에서 문헌에 대해 탐구함으로써 연구에 들어가기 전에 문헌을 통해 발견할 수 있는 몇 개의 개념을 발견하고 초기 이론적 표본 추출의 근거를 마련하는 것이다. ④ 이론적 표본 추출은 자료를 분석하고 이를 통해 이론과 질문을 만들어 냄으로써 다음에 수집한 표본을 선정하는 표본 추출 방식이다. ⑤ 메모와 도형은 분석의 과정에서 연구자의 사고를 기록하거나 도식으로 그 관계를 밝힌 자료이다. ⑥ 이론적 포화는 자료의 수집과 분석으로 더 이상의 범주나 이론적 변화가 일어나지 않는 상태를 의미하는 것이다. 이러한 6가지 특성을 살펴보면서 유의해야 할 것은 연구의 어느 특정 단계에서만 독립적으로 작용하기보다는 연구의 모든 과정에서 서로 관련성을 가지며 혼합적으로 작용한다는 점이다. 예를 들어 '이론적 포화'와 '비교와 질문'과 같은 개념은 '코딩'과 '이론적 표본 추출'을 이해하는 데 공통적으로 관련된다. 그렇기에 각각을 독립적인 방법론으로 보기보다는 전체적으로 융합되어 있으며 순환하는 것으로 보아야 하며, 근거이론의 방법적 특징의 어느 한 측면에 개념적인 명칭을 부여했다고 이해하면 좀 더 전체적인 이해가 가능할 것이다.

또한 근거이론에서 핵심적인 사항은 분석방법이며, 이의 이해는 근거이론을 파악하는 데 주요하다. 근거이론을 분석하고 해석하는 과정은 코딩 과정으로부터 시작된다. 이는 자료를 분석하고 개념화하고 이론을 형성하도록 통합시키는 과정으로 자료로부터 이론을 정립하는 근거이론의 주요한 과정이다. 이는 특히 개방 코딩, 축 코딩, 선택 코딩에 집중하여 내용들을 파악할 수 있을 것이다.

먼저 개방 코딩(open coding)에서 연구자는 자료를 펼쳐 개념들을 발견하고 유사한 개

넘을 묶어 범주화하며 각 범주의 속성과 차원을 밝힌다. 즉, 수집된 자료를 해체시켜 범주나 그 속성, 차원의 위치를 검사, 비교하여 개념화하고 범주화하는 과정이다. 개방 코딩은 자료 분석의 기초 단계로서 학자들에 따라 '초기 코딩(initial coding)'으로 불리기도 한다. 축 코딩(axial coding)에서 연구자는 발견된 범주들 중 중심 현상을 파악하고 어떻게 이 범주가 다른 범주들과 연결되는지를 밝히는 것이다. 즉, 축 코딩은 개방 코딩을 통해 해체된 자료 및 범주들을 관련 있는 형태로 재조합하는 과정이라고 할 수 있다. 개방 코딩에서 나타난 많은 범주를 현상, 상황, 전략, 결과 같은 패러다임 특성에 따라 연관시키는 과정인 것이다. 이와 관련하여 Strauss와 Corbin은 '코딩 패러다임'을 개념화했는데 축 코딩에서 하위 범주들을 연관시켜 하나의 도식으로 현상을 개념화하는 방법을 안내하고 있다. 코딩 패러다임 구성요소들(인과조건, 현상, 맥락적 조건, 중재조건, 행위/상호작용/전략, 결과)을 통해 자료를 조직적이고 복잡한 방식으로 연관시킬 수 있는 것이다. 이와 관련된 자세한 사항은 김영천의 『질적 연구 방법론 Ⅱ: Methods』를 참고하기 바란다. 다음으로 선택 코딩(selective coding)은 핵심범주를 선택하고 이를 중심으로 하여 이야기의 윤곽을 형성하는 단계이다. 선택 코딩은 범주를 통합하여 초기 이론의 프레임워크의 형태로 발전시키는 과정을 포함한다. 이것에는 패턴을 기술하는 것이 포함된다. 이러한 작업은 범주들과 그들 사이의 상호관련성에 관한 더 나은 견해를 제공하고 존재하는 데이터에 더해져야 할 정보를 채울 수 있게 한다. 이 작업에는 하위 범주들이 어떻게 중심 현상에 영향을 미치는지 이해하기 위해 하위 범주를 점검하는 작업이 포함된다. 또한 선택 코딩은 근거이론의 최종적인 통합 단계로서 보다 높은 추상적 수준에서 분석이 이루어져 이론적 포화상태(theoretical saturation)를 지향하는 과정이기도 하다. 특히, 개방 코딩과 축 코딩을 통해 누적된 분석적 메모와 도표 그리고 범주는 중심범주의 생성에 기여한다. 선택 코딩 단계에서 무엇보다 중요한 작업은 핵심범주를 생성하는 일이다(Strauss & Corbin, 1990; 1998; 2008). 핵심범주는 다른 모든 범주가 통합된 중심 현상을 말하는데 이는 연구자가 연구를 통해 발견한 것이 무엇인지에 대한 것으로 개방 코딩과 축 코딩의 과정에서 정선화한 자료들을 어떻게 체계적으로 이해할 수 있고 확실한 개념의 행태로 개발할 것인가에 대한 연구의 최종 단계를 의미하는 것이다.

연구예시

「초등학교 인성교육 실태분석–근거이론 연구 방법에 기초하여」(엄상현, 2014)의 일부 정리 및 요약

이 연구는 우리나라 초등학교 인성교육의 실태 분석을 목적으로 추진되었다. 이 목적 달성을 위해 '초등학교에서 교사들은 인성교육을 무엇으로 보는가, 즉 인성교육의 이름으로 어떤 내용을 어떤 방법으로 가르치는가', '어떤 요인들이 어떤 방식으로 이러한 인성교육의 내용과 방법에 영향을 미치고 있는가'를 구체적인 연구 문제로 설정하여 연구를 수행했다.

이 연구에서 설정한 연구 문제에 답하기 위해 Strauss와 Corbin의 근거이론 방법을 적용했다. Creswell(1998/2005: 81)은 "근거이론의 가장 핵심적인 부분은 연구하고자 하는 현상의 맥락과 밀접하게 관계되는 이론을 개발 혹은 생성하는 것"이라고 말하고 있으며, Strauss와 Corbin(1998/2001: 20)은 이 이론의 의미를 "체계적으로 이루어진 관계에 대한 진술을 통해 어떤 연관된 사회, 심리, 교육, 간호 혹은 기타 현상을 설명해 줄 수 있는 이론적인 틀을 형성하도록 상호적으로 구성된 잘 발전된 범주(예를 들어, 주제, 개념)를 지칭한다. 관계에 대한 진술은 누가, 무엇을, 언제, 어디서, 어떻게, 왜 그리고 어떤 결과를 낳으며 어떠한 사건이 일어났는가를 설명하는 것이다"라고 설명한다. 이런 의미에서 초등학교 현장에서의 인성 교육의 실태를 구성하는 다양한 관련 상황들의 인과 관계를 파악하고자 하는 이 연구의 목적 달성과 설정된 연구 문제의 해답을 찾는 데에 근거이론은 매우 적합한 질적, 귀납적 연구 방법의 하나가 될 수 있다고 보았다. 이에 따라 이 연구는 Strauss와 Corbin이 제안하는 이론적 표본 추출, 반구조화된 면담, 개방 코딩, 축 코딩, 선택 코딩 등을 포함하는 근거이론의 일반적인 방법과 절차에 따라 자료를 수집하고 분석했다. 손행미(2009)는 근거이론을 활용한 교육학을 포함한 여러 학문분야의 기존 논문들이 명명위주의 분석과 연구자의 이론적 민감성 부족으로 개념적 사고 작용의 질이 떨어지고 핵심범주를 중심으로 한 범주들끼리의 관련성 분석이 미숙함을 지적한 바 있다. 같은 맥락에서, 이동성·김영천(2012)은 근거이론 방법론을 이용하는 국내의 일부 연구가 이론적 민감성을 강조하는 근거이론의 철학적 배경과 방법론적 특성을 간과하고 있음을 지적하면서, 주어진 세부적인 절차와 기법에 의존하여 자료를 대입하거나 치환하는 연구 관행으로부터 과감히 벗어나야 할 것을 권고하고 있다. 이러한 지적과 권고에 따름과 동시에 본 연구의 연구 문제인 학교 현장에서 발견되는 인성교육과 관련한 다양한 상황들 간의 논리적 연관성을 찾는 활동에 보다 충실하기 위하여, 확인된 범주들 간의 관계를 추론하는 활동에 자료 분석과 연구 논문 작성의 비중을 두었다.

본 연구의 연구 참여자는 '이론적 표본 추출' 방법에 따라 선정했다. Strauss와 Corbin(1998/2001: 182)은 "'이론적 표본 추출'은 발전하는 이론에서부터 도출되고 '비교하기'의 개념에 기초한 자료 수집으로, 그 목적은 개념 간의 변동을 발견하고, 속성과 차원에 따라 범주의 밀도를 더 할 수 있는 기회를 최대화할 수 있는 장소, 사람, 사건을 찾아 표본을 추출하는" 방식이라 설명한다. 이 연구에서는 서울시의 초등학교에 근무하는 교원(교사, 부장, 학교행정가)을 대상으로 했으며, 인성교육 실행에 대한 경험의 폭이 광범위하고 다양할 것을 고려하여 교사 근무경력이 10년 이상이며 인성교육에 관심을 가지고 실행하고 있는 참여자로 선정했다. 이들 중 다수는 교육부 인성교육 프로젝트에 참여했거나 현재 참여하고 있었다. 초기에는 가능한 다양한 범주, 속성 및 차원의 참여자를 선정하는 데 관심을 두어, 근무지역 특성(서울시 내 제한), 성별, 연령, 경력 등을 고려하여 참여자를 선정했으며, 후반부의 참여자는 이전 자료에서 추출된 개념, 사건에 기초하여 비교해 가면서 선정했다. 새로운 개념이 발견되지 않는 '포화상태'에 이를 때까지 최종적으로 7명의 연구 참여자가 선정되었다. 이들을 통한 자료의 수집은 2013년 6월부터 8월에 걸쳐 진행되었으며 심층면담을 통해 이루어졌다. 대화는 1회에 한 시간 반에서 두 시간 정도로 이루어졌고, 연구 참여자의 동의를 얻어 녹음되었다. 면담은 주로 반구조화된 형태를 취했으며, 초기 질문은 모든 가능성을 포함할 수 있는 개방적이고 광범위한 질문으로 '학교에서의 인성교육이 어떻게 실현되고 있는가'라는 핵심질문을 중심으로 시작했으며, 이후 연구 참여자들이 자신의 경험을 자연스럽게 이야기하는 방식으로 진행되었다. 면담 도중 특이할 만한 사항이나 연구자의 생각과 질문은 따로 메모하여 추가로 질문하는 형식으로 진행했다. 면담내용은 MP3로 녹음하고 녹음내용을 전사하여 자료를 분석했다. 한편, 자료의 분석은 Strauss와 Corbin의 분석법에 따라, 먼저 전사한 자료를 여러 번 반복하여 읽고 중요한 내용을 숙지한 다음 분석을 실시했디. 자료 분석 과정은 개념을 추출하여 범주화하는 개방 코딩, 패러다임 분석과 과정분석을 실시하는 축 코딩, 그리고 핵심범주와 범주들 간의 관계를 준거로 하여 유형을 분석하는 선택 코딩의 순으로 진행되었으나, 분석 도중 이러한 과정이 반복적으로 일어났기 때문에 실질적으로 이 과정을 시간에 따라 구분하는 것은 큰 의미가 없었음을 연구자는 밝혀 주었다.

본 연구의 연구 결과는 교사에 따라 인성교육이 실행되거나 실행되지 않고 있으며, 인성교육이 실행되는 경우에도 체계적인 교육과정에 기초하지 않고 교사 개인에 따라 다양한 내용과 방식으로 개별화하여 실행되고 있는 것으로 확인되었다. 그리고 다수의 교사들이 인성교육에 대해 책임감은 가지고 있으나, 교육과정의 불명확, 연수기회의 부족 등으로 인성교육 실행에 어려움을 겪고 있으며, 학생 인성은 기본적으로 가정에서 형성되어야 한다는 교사들의 인식이 학교 인성교육에 대한 낮은 효능감을 유발하고, 부모의 성적 중심의 교육관, 교권 실추와 같은 사회적 상황과 정부의 잦은 정책 변화와 실적 보고 중심의 행정은 교사들로 하여금 부모와 정부에 냉소적 태도를 가지게 하고, 교육주체 간 협력적 상호작용을 이루지 못하게 하는 상황 등이 주된 원인 요소로 파악되었다. 그리고 가정의 인성교육 역할에 대한 교사의 인식과 부모의 사회경제적 지위에 의한 학교의 지역적 특성이 교사의 인성교육 활동에 영향을 미치는 요인일 수 있음을 확인해 주었다.

「간호사의 직장 내 괴롭힘 경험에 관한 근거이론 연구」(강지연 · 윤선영, 2016)의 일부 정리 및 요약

본 연구의 목적은 간호사의 직장 내 괴롭힘 경험을 심층적으로 이해하기 위한 것이다. 구체적으로는 간호사들이 어떠한 인과적 조건과 맥락에서 직장 내 괴롭힘을 경험하고 어떻게 대처해 나가는지를 파악하고, 관련요인 및 결과와의 연관성을 탐색하여 간호사의 직장 내 괴롭힘 경험에 대한 근거이론을 도출하는 것이다. 이에 따른 본 연구의 질문은 '간호사의 직장 내 괴롭힘 경험 과정은 어떠한가'이다.

본 연구의 참여자는 직장 내 괴롭힘 경험을 생생하게 이야기해 줄 수 있는 간호사로 면담 당시 병원에 6개월 이상 근무하고 있거나 혹은 6개월 이상 근무한 경험이 있으며 본 연구의 목적과 방법에 대한 설명을 듣고 참여에 서면으로 동의한 자이다. 이론적 표본 추출 방법에 근거하여 직장 내 괴롭힘을 경험하거나 목격한 간호사를 의도적으로 표집하기 위해 노력했으며, 면담 분석 결과에 따라 참여자 그룹을 단계적으로 선정했다. 첫 번째 그룹은 본인이 직접 경험한 직장 내 괴롭힘에 대해 풍부하게 이야기해 줄 수 있는 참여자들로 구성하기 위해 직장 내 괴롭힘을 겪은 후 이직한 경험이 있는 간호사 1인을 소개받은 후 눈덩이 표집방법을 적용하여 비슷한 경험이 있는 간호사들을 참여자로 모집했다. 첫 번째 그룹 면담내용을 분석했을 때 간호사들이 직장 내 괴롭힘을 경험하고 이직하기 이전까지 이를 해결하기 위해 다양한 방법들을 시도했으나, 이러한 방법들이 별로 효과적이지 못했다는 것을 알 수 있었다. 따라서, 괴롭힘을 경험한 이후 과정의 차이점을 확인하기 위해 괴롭힘의 피해경험이 있으면서 현재 병원에 근무하고 있는 간호사를 두 번째 그룹 참여자로 선정했다. 또한 분석을 진행함에 따라 병동마다의 분위기, 즉 조직문화에 따라 괴롭힘 경험의 정도에 차이가 있는 것으로 나타나 자신의 병동 분위기를 위계적이고 엄격하다고 인식하는 참여자뿐 아니라, 인간적이고 협력적이라고 인식하는 참여자들을 의도적으로 선정했다. 첫 번째와 두 번째 그룹과의 면담을 통해 괴롭힘의 원인이 주로 업무 미숙과 관련이 있다는 것을 알게 된 후 세 번째 그룹은 이 부분을 확인해 줄 수 있는 5년차 이상, 프리셉터 경험이 있는 간호사로 구성했다. 세 번째 그룹 면담 후 직장 내 괴롭힘 경험 과정에서 경험의 대상자를 피해자 혹은 가해자로 명확하게 구분하기 어렵고, 괴롭힘 경험의 반복이 중요하다는 것을 알 수 있었다. 따라서, 네 번째 그룹은 이러한 괴롭힘 경험 과정의 특성이 확인 가능하고 병원의 규모와 지리적 위치에 따른 차이를 알 수 있도록 다양한 규모의 병원과 지역에 근무하는 참여자들을 포함시켰다. 직장 내 괴롭힘 경험 과정의 맥락적 조건과 중재적 조건에 해당하는 범주에 대해 좀 더 풍부한 자료가 필요할 것으로 판단되어 다섯 번째 그룹은 현재 의료기관에 근무 중인 수간호사 4명으로 구성했다. 이와 같이 이전 면담내용 분석에서 발견된 주요 범주와 그 범주의 속성과 차원을 고려한 다양한 포커스 그룹을 형성하여 자료가 포화에 이를 때까지 자료 수집을 지속했다. 최종적으로 연구 참여자는 총 20명으로 여성이 18명, 남성이 2명이었고, 연령은 20대가 8명, 30대 8명, 40대 3명, 50대 1명이었다. 현재 직업은 병원 간호사 18명, 대학의 조교 1명, 무직 1명이었고, 병원 근무경력은 5년 미만이 9명, 5~10년 7명, 10년 이상이 4명이었다.

본 연구의 자료 수집은 2015년 2월부터 5월까지 포커스 그룹 면담과 개인 면담으로 진행되었다. 포커스 그룹 면담은 유사한 경험을 가진 그룹 내 참여자들의 상호작용을 통해 개인면담보다 심도 있고 풍부한 자료를 수집할 수 있다는 장점이 있으며, 기본적으로 타인의 이야기를 듣고 배우는 과정이 포함되므로 '직장 내 괴롭힘'과 같이 사람마다 그 의미를 다르게 해석할 수 있는 주제를 다루는 데 적합한 방법이라고 할 수 있다. 포커스 그룹은 최종적으로 5개로 형성되었으며, 면담내용의 분석 결과에 따라 순차적으로 참여자를 선정하여 되도록이면 동질성과 분할의 특성을 유지할 수 있도록 그룹을 형성했다. 첫 번째 그룹의 참여자는 직장 내 괴롭힘 피해 경험으로 인해 이직한 경험이 있는 간호사 4명이었고, 두 번째 그룹은 직장 내 괴롭힘 피해 혹은 목격 경험이 있으며 의료기관에 근무 중인 경력 5년 미만의 간호사 5명이었다. 세 번째 그룹의 참여자는 직장 내 괴롭힘 피해 혹은 가해 경험이 있으며 의료기관에 근무 중인 경력 5년 이상 간호사 4명이었다. 네 번째 그룹의 참여자는 세 번째 그룹과 특성은 같으나 다른 지역에 근무하는 간호사 3명으로 구성했다. 다섯 번째 그룹은 현재 의료기관에 근무 중인 수간호사 4명으로 구성했으며, 다섯 번째 그룹 면담 이후 더 이상 새로운 내용이 나오지 않아 포화되었다고 판단하여 자료 수집을 종료했다. 네 번째 그룹의 경우, 참여자들 간의 일정조정이 여의치 않아 개인 면담을 실시했고 나머지 그룹은 모두 포커스 그룹 면담을 실시했다. 그룹 면담 시 타인의 방해를 받지 않도록 일과 후에 연구 책임자가 소속된 학교의 회의실에서 진행했다. 네 번째 그룹의 개인 면담은 참여자들이 근무하는 의료기관의 회의실에서 진행했다. 1회 면담 시간은 90~180분 정도 소요되었고, 면담내용은 참여자의 동의하에 2대의 음성녹음기를 이용하여 녹음했다. 진행자가 면담을 운영하는 동안, 보조진행자는 면담의 주요 내용과 참여자들의 표정이나 태도와 같은 비언어적인 표현과 분위기를 메모했다. 면담의 주요 질문은 사전에 마련했으나, 면담이 진행되는 상황에 따라 질문들이 추가되는 반구조적 형식으로 진행했다. 관계형성 단계인 면담의 도입부에서는 참여자를 소개하고 일상적인 대화로 참여자의 긴장을 풀게 한 다음, '간호사의 직장 내 괴롭힘에 대해 생각하거나 들어본 적이 있나요'라는 노입 질문으로 면담을 시작했다. 주요 질문은 '간호사의 직장 내 괴롭힘 경험에 대해 말씀해 주십시오'였으며, 직장 내 괴롭힘 경험 과정과 패러다임을 파악하기 위해 '동료로부터 경험한 직장 내 괴롭힘은 어떤 것이었습니까', '어떤 상황에서 직장 내 괴롭힘을 경험했습니까', '직장 내 괴롭힘은 당신에게 어떤 영향을 주었습니까', '직장 내 괴롭힘을 경험했을 때 당신은 어떻게 대처했습니까', '직장 내 괴롭힘에 대처하는 과정에서 도움이 되었던 부분은 무엇입니까' 등의 질문을 했다. 또한 그룹별 특성에 따라 자료 수집에 필요한 질문들과 이전의 면담내용 분석을 통해 다음 면담에서 확인하고 추가해야 할 질문들을 마련하여 자료가 포화될 때까지 면담을 지속했다. 면담내용은 일주일 이내에 연구자 혹은 연구 보조원이 워드프로그램을 이용하여 참여자의 진술 그대로 입력했고, 연구 보조원이 필사한 경우 파일을 받은 즉시 연구 보조원이 가지고 있는 자료는 삭제하도록 했으며, 연구자가 녹음된 내용을 다시 들으면서 확인했다.

자료 분석의 경우 간호사의 직장 내 괴롭힘 경험과정의 구조를 파악하기 위해 Corbin과 Strauss가 제시한 근거이론방법을 적용하여 개방 코딩, 축 코딩, 선택 코딩의 단계를 거치면서 자료를 분석했고, 자료를 수집함과 동시에 분석하여 자료의 수집과 분석이 순환적으로 이루어지도록 했다. 또한 면담내용이 추가될 때마다 각 단계를 다시 반복했다. 개방 코딩에서는 필사된 자료를 한 줄 한 줄 읽으면서 검토하여 참여자들이 경험한 사건을 이해하고, 자료 속에 있는 현상에 이름을 붙이고 개념화하고 범주화했다. 축 코딩에서는 원인조건, 중심현상, 맥락, 중재적 조건, 작용/상호작용 전략, 결과를 포함하는 패러다임 모형을 이용하여 개방 코딩에서 도출한 범주들 간의 연결을 시도했다. 선택 코딩에서는 모든 범주를 통합하고 자료를 전체적인 맥락으로 이해하여 연구 현상에서 나타나는 가장 기본적인 사회 심리적 행동패턴을 찾아내어 핵심범주를 도출했다.

연구 결과를 살펴보면 간호사의 직장 내 괴롭힘 경험을 설명하는 핵심범주는 '애증의 가르침 속에서 살아남기'로 확인되었다. 괴롭힘은 처음부터 누군가를 괴롭히기 위해 시작된 것이 아니고, 미숙한 후배에 대한 선배 간호사의 '가르침'이 '갈굼'으로 변질된 것이었다. '갈굼'을 이겨내고 살아남기 위해 간호사들은 일련의 단계를 거치고 있었는데 이 과정에는 한때 피해자였던 간호사들이 가해자로 전환되면서 자신이 그토록 싫어했던 방법으로 후배를 가르쳐야 하는 상황이 포함되어 있다. 이는 선행 연구들이 직장 내 괴롭힘의 영향요인과 결과를 피해자의 입장에서만 기술했던 것과는 차이가 있다. 직장 내 괴롭힘 경험의 중심현상은 '갈굼이 되어 버린 가르침'으로 같은 상황이 입장에 따라 '갈굼' 혹은 '가르침'으로 해석되고 있었다. 즉, 선배 간호사는 '가르침'으로 후배 간호사는 '갈굼'으로 인식했는데, 이는 힘의 불균형 혹은 억압에서 비롯되는 직장 내 괴롭힘의 특성을 반영하는 결과이다. 본 연구에서는 '기대에 못 미치는 업무 능력'을 직장 내 괴롭힘 경험의 직접적인 원인이 되는 주요 인과적 조건으로 도출했다. 이는 신규 간호사들이 입사 초기에 힘들어하고 괴롭힘을 당하는 주된 이유가 업무의 미숙함이라고 보고한 선행 연구들[23, 24]의 결과와 유사하다. 그러나 늘 위급한 업무가 기다리고 있는 현실에서 신규 간호사가 충분한 시간을 가지고 업무를 익힐 수 있도록 기다리는 것이 어렵기 때문에, 간호

업무의 특성이라는 맥락적 상황에서 미숙함은 괴롭힘을 유발하는 촉매역할을 하는 것으로 보인다. 또한 병동의 조직문화 역시 괴롭힘 경험에 영향을 주는 맥락적 조건으로 확인되었다. 직장 내 괴롭힘 경험에 대한 간호사들의 대처과정은 '현실직면기', '시행착오기', '관계형성기', '해소기'의 4단계를 거치는 것으로 확인되었다.

---

4. 생애사 연구

생애사 연구(life history research)는 최근에 질적 연구 방법 중의 한 장르로서 인문학, 사회과학에서 널리 각광받고 있다. 특히 내러티브 시기의 도래와 함께 기존의 문학연구 또는 지역 연구에서 쓰였던 생애사 연구가 다양한 학문분야로 확대되었다. 메타 내러티브나 이론의 존재감이 하락된 시대적 분위기 속에서 작은 이야기(small story)의 중요성과 가치가 강조되면서 생애사의 학술적 대중성은 더욱 높아지고 있는 것이다. 이러한 생애사 연구의 개념은 고전적인 의미에서 '한 개인의 삶에 대한 기술'로 이해할 수 있다. 하지만 오늘날의 생애사는 한 개인이 자신의 삶의 이야기를 알아 간다는 의미뿐만 아니라 한 개인이 정신적으로 발전하는 과정과 성장에 대한 정보를 알려 주기도 하는 것이다. 따라서 현대적 의미에서 생애사는 한 개인의 전 생애 발달과정에 대한 삶의 역사를 외적인 삶의 상태와 심리적인 측면과 정신적 내적인 측면을 묘사하는 것으로 정의된다. 또한 생애사는 삶의 주체인 개인이 자신의 시각으로 재구성하는 삶의 이야기이다. 사회구성원은 개인의 행위와 체험을 사회가 지향하는 가치에 따라서 만들어 가기 때문에, 시간의 흐름에 따라서 지식의 지평이 넓어지고 삶에 대한 의미를 만들어 간다. 그 이유는 첫째, 개인은 사회와 상호작용하여 자아를 형성하며 구조화시켜 나가기 때문이다. 둘째, 동시대를 살아가는 개인은 자신의 의지에 의해 만들어 가는 삶의 규칙이나 도식 및 지평, 그리고 미래를 계획하는 열린 시각을 갖고 있으며 자기준거인 결정을 통해 자신의 삶을 구성해 가기 때문이다(박성희, 2004).

이러한 생애사에 대해 명확한 개념을 가지고 정의하기가 쉽지는 않다. 생애사와 비슷하게 쓰이는 관련 개념들을 조금 더 명료히 살펴봄으로써 생애사의 개념 및 특성을 구분해 보고 정의해 보는 과정은 유익할 것이다. 먼저 ① 자서전(autobiography)은 자기의 삶을 서술한 이야기이다. '자기 스스로'라는 말의 뜻처럼 구술자가 자신의 삶의 역사를 전기의 형식으로 서술한다. 이를 통해 자기의 삶을 함축하고 있는 기억의 단편이 조합되어 하나의 삶이 만들어진다. ② 전기(biography)는 타자에 의해 서술된 삶에 대한 이야기이다.

전기와 자서전의 차이는 3인칭과 1인칭의 구도라는 서술시점에 있다. 역사적으로 유명한 인물들에 대한 생애사가 바로 전기에 해당된다. 해당되는 주인공이 자신의 삶을 이야기하기보다는 그 또는 그녀를 잘 아는 사람, 또는 그들과의 대화와 면담을 통하여, 또는 대화와 면담 이외의 다양한 자료들을 근거로 하여 전기를 완성한다. ③ 전통적 문화기술지는 장기간의 참여 관찰과 인터뷰를 통해 특정 집단의 행동과 관습, 생활방식의 패턴을 내부자적인 관점에서 기술, 분석, 해석하는 것이다. ④ 자문화기술지는 연구의 과정에서 발생한 연구자의 주관성과 체험을 인위적으로 배제하거나 연구의 배경에 두지 않는 것인데 전통적인 문화기술지와는 달리 연구자의 반영성(reflexivity)을 텍스트의 전경에 부각시키는 것이다(이동성, 2011: 62). ⑤ 생애사 연구는 한 개인의 역사적인 삶을 연구 참여자의 관점으로 드러낸다는 점에서 개인적인 내러티브의 한 형태로 볼 수 있을 것이다(최영신, 1999: 2). 하지만 생애사는 자기 몰입적인 특징이 강한 자서전이나 전기와는 달리 자료 수집, 분석과 해석, 글쓰기 작업을 통해 연구 과정의 엄격성을 추구한다. 따라서 생애사 연구에서는 연구 참여자의 주관성뿐만 아니라, 내러티브의 진실성을 검증하는 연구자와 독자들의 주관성도 중시하기 때문에 간주관성(inter-subjectivity)을 추구한다고 볼 수 있다(조정호, 2009: 21).

연구예시

「생애사적 사례 재구성—결혼 이주 여성의 생애사 사례를 중심으로」(양영자, 2012)의 일부 정리 및 요약

본 연구의 목적은 생애사 사례를 개별적으로 재구성함으로써 생애사 주체 개개인을 심층적으로 이해하는 데에 있다. 이에, 그 사례로서 결혼 이주 여성의 생애사를 개별적으로 재구성하여, 이러한 개별적인 생애사가 구체적인 개별사례에만 머물러 있는 것이 아니라 유형화된 사례로서도 기능할 수 있음을 논의하고, 나아가 사례비교에 집중되어 있는 생애사 연구의 지형도 확장시키는 데에 기여하고자 했다. 구체적으로 본 연구는 생애사적 사례 재구성을 위한 자료를 2011년 7월 A시에서 결혼 이주 여성들과 '생애사적-내러티브 인터뷰(autobiographisch-narratives interview)'(Schütze, 1983: 283-285)를 실시하여 수집한 7개의 생애사 사례들 중, 베트남과 중국 출신 여성의 생애사를 각각 1개씩 선정한 것이다. 이 2명의 여성들은 현지 연애와 지인의 소개로 자발적이고 주체적으로 국제결혼을 선택한 대졸 고학력자로서, 결혼중개업체를 통해 매매혼적 성격의 국제결혼에 내몰린 일부의 저학력 여성들과는 '대조를 이루는 사례(Kontrastfälle)'에 해당된다고 할 수 있다. 아울러, 이들 2명의 생애사도 생애사적 관점과 조절 메커니즘이 서로 일치한 경우와 불일치한 경우로 각각 상호 대조가 되는 사례라 하겠다. 따라서 이 2개의 생애사는, 각각의 생애사가 구체적인 개별사례에만 머물러 있는 것이 아니라, 구체적인 일반성을 확보한 유형화된 사례로서도 기능할 수 있음을 보여 주는 데에 적합한 사례라고 할 수 있다. 이러한 2개의 생애사 자료는 Rosenthal(1995; 2008) 및 Rosenthal과 Fischer-Rosenthal(2005)의 내러티브-생애사 인터뷰 분석방법에 따라, 다음과 같이 5단계의 과정을 거쳐 분석했다.

첫째, 생애사적 데이터의 분석 단계에서는 생애사 주체가 해석한 것과는 거의 연결되지 않은 데이터, 예컨대 출생 연도, 형제자매의 수, 교육 수준, 결혼과 이주 시기 등을 사건이 일어난 시간적 순서에 따라 분석했다. 둘째, 텍스트 분석과 테마에 따른 필드 분석 단계에서는 생애사 주체의 '앎 체계와 중요도 체계(Wissens-und Relevanzsystem)'(Rosenthal, 1995)를 재구성하는 것이 핵심인바, 어떤 메커니즘이 체험을 선택하도록 하고 생애사와 잠정적으로 연결시키도록 조절하는지, 생애사적 관점을 발견하는 분석을 했다. 셋째, 사례사의 재구성 단계에서는 생애사적 데이터의 분석논리에 따라, 모든 생애사적 체험들을 포함시켜 체험된 생애사를 연대기적으로 재구성했다. 넷째, 개별 텍스트 부분의 세밀분석(Feinanalyse) 단계에서는 앞서의 분석절차를 통해 얻은 체험된 생애사 내의 체험이 갖는 생애사적 의미와 관련한 가설들뿐만이 아니라, 생애사 주체의 생애사적 관점 및 평가와 관련한 가설들도 검증하는 분석을 했다. 그 외, 지금까지 설명이 되지 않은 사례구조의 메커니즘과 규칙, 즉, 조절 메커니즘에 대해서도 발견하는 분석을 했다. 다섯째, 이야기된 생애사와 체험된 생애사의 대조 단계에서는 양 생애사의 두 측면을 대조시킴으로써, 생애사적 관점과 조절 메커니즘의 공통점이나 차이점에 대한 단서를 분석했다. 이를 통해 각각의 사례가 구체적인 개별사례에만 머물러 있는 것이 아니라, 현실에서 다시 발견될 수 있는 구체적인 일반성도 확보한 유형화된 사례로서도 기능할 수 있음을 논의했다.

연구 결과 연구자는 한 생애사를 관통하는 생애사적 관점 및 조절 메커니즘은 '행복한 생활을 하는 삶'으로 서로 일치되었고, 이에 따라 해당 생애사 주체는 일관성 있는 생활을 하고 있는 것으로 분석되었다. 반면, 다른 한 생애사를 관통하는 생애사적 관점은 '존경받는 생활을 하는 삶'인데 비해, 조절 메커니즘은 '분명한 생활을 하는 삶'으로 서로 불일치되었고, 이에 따라 해당 생애사 주체는 갈등적인 생활을 했는데, 이러한 갈등적인 생활 속에서도 '제3의 길'로서의 생애사적 관점을 새롭게 구성해 가고 있는 것으로 분석되었다. 이러한 개별적인 생애사 사례 재구성에 의거해 생애사 주체 개개인을 심층적으로 이해할 수 있었고, 이를 통해 개별적인 생애사가 구체적인 일반성을 확보한 유형화된 사례로서도 기능할 수 있음을 논의했으며, 나아가 이러한 개별적인 생애사 사례재구성이 사회복지 실천에 함의하는 점도 제언했다.

연구예시

「방송 출연이 개인사에 미치는 영향에 관한 질적 연구-생애사 연구 방법론을 중심으로」(이지은 · 김동욱, 2011)의 일부 정리 및 요약

본 연구는 방송 출연이라는 발현이 한 개인의 삶에 어떠한 전환점으로 작용하는지를 살펴보고 방송 출연의 경험이 개인의 삶에서 차지하는 의미와 영향력을 파악하는 데 목적이 있다. 이를 위해 본 연구에서 적용한 연구 방법적인 사항을 살펴보면 본 연구는 크게 사전 연구 단계, 자료 수집 단계, 분석 및 해석 단계로 이루어졌다. 연구자들은 사전 연구 단계에서 크게 방송 출연이 한 개인에게 미치는 영향을 살펴보는 생애사적 연구를 연구 주제로 선정했다. 방송 프로그램의 조사와 내용 분석이 이루어졌고, 이를 통한 주인공의 성격 분석을 실시했다. 본 단계는 연구 참여자의 선정과 인터뷰 실시 일정에 사전 동의를 구하는 것까지를 포함한다. 자료 수집의 경우 1회와 6회는 구조화된 인터뷰로 진행되었고, 2회부터 5회까지는 참여자의 경험과 느낌을 자연스럽게 말할 수 있도록 이야기식 인터뷰, 즉 대화를 통해 이루어졌다. 2010년 12월 3일부터 2011년 1월 20일까지 총 6번의 인터뷰가 진행되었고, 2명의 연구자가 나누어 담당했다. 첫 인터뷰의 경우 연구 참여자에게 연구의 흐름에 대해 이해시킬 필요가 있었고, 마지막의 경우는 인터뷰 내용의 정리나 자세한 설명이 요구되는 부분에 대한 추가적인 질문이 필요해 질문을 인터뷰 시작 전에 미리 작성했다. 인터뷰는 매번 다른 주제로 진행되었고, 주제의 방향을 잡는 질문을 제외하고 연구자는 대부분 참여자의 이야기를 들어주는 데 집중했다. 연구자가 판단하기에 참여자의 이야기가 연구 목적과 방향에서 벗어난다 싶은 경우에 한해서만 추가 질문이 주어졌다. 연구자와 참여자가 만나는 그 순간부터 이루어지는 대화는 모두 녹취되었고, 인터뷰는 참여자와 연구자의 감정 상태와 그 당시의 상황을 구체적으로 묘사하기 위해 진행된 날 바로 전사했다.

본 연구의 자료 분석은 인터뷰 전사 기록을 바탕으로 인생의 각 단계와 에피소드별로 유목화(categorization)를 한 후 각각의 유목에 대한 의미부여(conceptualization)의 해석 단계를 거쳤다. 연구자의 선입견이나 기타 발생할 수 있는 오류를 최대한 배제하기 위해 인터뷰 당일 실시된 전사 기록과 연구자 일지를 반복적으로 읽으면서 중요한 부분을 분류했다. 이 과정은 객관성 유지를 위해 두 연구자가 따로 작업했으며, 작업이 끝난 후 토론을 통해 의미화가 필요한 공통부분을 합의하여 도출했다. 그 후 통합적인 내용분석(holistic-content approach)을 사용하여 분류된 주제와 에피소드에 대해 의미를 부여하고 참여자의 인생을 재구성하고 새로운 의미를 찾아내려는 해석 과정을 거쳤다. 먼저 인터뷰를 통해 얻은 자료를 바탕으로 본 연구의 목적에 맞게 연구 참여자가 겪은 생애사건을 크게 만델바움(1973)의 삶의 영역, 전환점, 적응의 3가지 줄기로 구분했다. 최대한 객관적인 입장에서 각 줄기에 속하는 여러 발현을 중심으로 홍금희(본 연구의 연구 참여자)의 생애사를 해석했다. 연구자는 본 연구의 신뢰성을 높이기 위해 다음과 같은 방법을 사용했다. 첫째, 인터뷰 시 연구 참여자가 인식하지 못할 수준에서 같은 질문을 다른 방식으로 여러 번 물어보았다. 이는 연구 참여자가 들려주는 이야기에 나타나는 번복이나 과장과 같은 일관성을 해치는 요인들을 최소화하기 위해서이다. 둘째, 연구자의 편견으로 인해 연구의 신뢰성이 저해되는 것을 막기 위해 나원화(triangulation)과정을 거쳤다. 하나의 자료를 해석하기 위해 심층면담과 녹취록, 참여 관찰 자료를 이용했으며, 사실 확인 등과 같이 필요한 경우에 한해 연구 참여자의 지인을 대상으로 하는 인터뷰도 실시되었다.

연구 참여자와 관련하여 본 연구는 2010년 5월 13일 〈세상에 이런 일이〉(SBS)에 출연한 홍금희(68)와의 심층 인터뷰를 통해 방송 출연이라는 경험이 한 개인사에서 차지하고 있는 차원을 살펴보았다. 연구 참여자 홍금희는 해당 프로그램의 592회 꼭지 중 하나인 '남자 옷만 입는 여자' 편에 등장했다. 방송은 약 15분의 시간 동안 남성복을 입는 특이한 여성이라는 부분에 초점을 맞추어 진행되었다. 방송 앞부분은 며느리와 함께 시장을 돌아다니면서 받는 호기심과 믿기 힘들다는 반응이 주가 된다. 목욕탕 여탕 출입 시도와 시장에서의 속옷 구입 등의 에피소드를 통해 참여자가 그동안 오해로 인해 받았던 불편함을 보여 주었다. 중간 부분은 간략한 과거의 설명과 소유한 남성복의 소개, 노래 자원 봉사, 가족과 주변 사람들의 인터뷰로 구성된다. 마지막으로 가족들의 요구로 시도된 여성복 입기는 참여자에게 평생 하지 않던 것에 대한 경험의 기회를 제공한다. 이는 여성복에 대한 본인의 태도에 대해 다시 한 번 생각할 수 있는 시간을 주기 위함이었다. 이러한 방송 출연 경험을 가진 연구 참여자와의 인터뷰는 2010년 12월 3일부터 약 2달간 진행되었으며, 총 6번의 인터뷰와 참여 관찰 자료를 수집하여 분석했다. 특이한 사연을 가진 홍금희의 이야기를 수집하며, 지상파 방송 프로그램의 출연 전과 후의 상황을 중심으로 인터뷰는 진행되었다.

연구 결과를 통해 방송 출연이 개인의 삶에 녹아들어가는 과정과 인터뷰 대상자가 이를 인식하는 수준을 이해할 수 있었다. 본 연구의 참여자인 홍금희는 평생 남자 옷만 입어 화제가 되어 방송에 출현하게 되었다. 그로 인해 기존보다 더 많은 사람들로부터 주목을 받을 수 있었다. 그리고 방송 출연을 통해 자신이 좋아하는 노래를 하게 됨으로써 자신의 꿈인 가수가 되어 간접적으로 그 꿈을 이루게 되었다. 그리고 더 큰 꿈을 가질 수 있게 됨으로써 홍금희의 인생에 새로운 전환점이 되었다. 즉, 방송 출연이 개인의 삶에 분명히 영향을 미친다는 것을 확인했다는 점에서 그 의미를 찾을 수 있다.

5. 자문화기술지

자문화기술지(auto-ethnography)는 질적 연구의 오랜 전통 중에서 최근에 각광받고 있는 연구 방법이다. 자신을 뜻하는 'Auto'와 문화기술지를 뜻하는 'Ethnography'의 합성어인 Auto-Ethnography는 그 의미 그대로 자신의 삶을 통해 문화기술지 작업을 하는 것이라 할 수 있다. 자문화기술지는 거대한 담론에 매몰되어 등한시되는 구성원들의 삶과 경험에 대한 이해를 위한 연구로서 최근에 학술적으로 더욱 이론화되고 있는 추세이다. 미국과 캐나다, 영국과 같은 나라들에서는 다양한 학문들에서 자신의 이야기를 하는 문화기술지가 더욱 대중화되고 있고 우리나라 역시 최근에 와서 여러 연구들이 이론적, 실제적으로 적용되고 있다(이점우, 2006; 이희용, 2007; 김남연·김현주·안혜준, 2008; 김재룡, 2010; 주형일, 2010; 이동성, 2011a; 2011b).

자문화기술지는 자서전과 유사한 면을 지니는 자서전적 글쓰기의 한 장르로, 우리의 삶뿐만 아니라 문화까지 다루는 연구 방법이다(Roth, 2000; Settlemaier, 2007 재인용). 즉, 개인을 그 개인이 살았던/경험한 문화와 연결시켜 의식의 다층적 그리고 복합적 측면을 드러내고자 한다(Ellis & Bochner, 2000). 자문화기술지라는 이 용어는 인류학자 Karl Heider가 1975년에 사람들의 행동에 관한 Dani의 기사를 언급하며 사용했다. 그러나 보통 이 용어의 창시자는 데이빗 하야노(David Hayano)로 여겨진다. 그의 연구에서 자문화기술지는 외부자인 연구자가 완전한 내부자가 되어 토착인이 되는 경험을 쓰는 것으로 활용되었는데, 나중에 와서 이 용어는 자아의 특성을 드러내는 이야기를 말할 때나 연구자가 텍스트의 한 인물로서 다루어진 연구 또는 이야기를 언급할 때 사용되게 되었다. 최근에 와서는 문학이나 문화비평가들은 자의식의 상호작용을 연구하는 자서전이나 언어, 역사, 문화기술학적인 설명이 요구되는 자서전에 이 용어를 사용한다(Deck, 1990; Lionner, 1989; Pratt, 1994; Ellis, 2004 재인용).

따라서 자서전적 문화기술자들은 처음에는 문화기술지의 시각으로 개인의 경험에 둘러싸여 있는 사회문화적인 외적인 측면을 기술하는 데 초점을 맞춘다. 그 다음으로 연구선상에 있는 자아가 그러한 문화 속에서 어떻게 이해되는지를 자아의 노출을 통해 이해하고자 한다(Deck, 1990; Neumann, 1996; Reed-Danahay, 1997; Ellis, 2004 재인용). 연구자 외부와 연구자 내부 세계를 자세히 관찰하여 묘사함으로써 개인적인 것과 문화적인 것을 구별하기 어렵게 만든다(Ellis, 2004). 이러한 복합성과 다층성은 한 개인을 또는 연구자 자신을 이해할 수 있는 또 다른 발견과 분석의 방법이 된다(Richardson, 1994).

이러한 자문화기술지의 유형으로는 소수자 문화기술지(native ethnography, minority

ethnography), 성찰적 문화기술지(reflective ethnography), 자(서)전적 문화기술지 (autobiographic ethnography)가 있다. 소수자 문화기술지는 특정 집단의 내부자가 문화 적 자아를 이야기하는 방식으로서 소수 집단의 정체성이나 소수자(minority)와 다수자 (majority)사이의 권력관계를 밝히는 데 유용하다. 성찰적 문화기술지는 연구 과정에서 발생한 연구자의 자기반성적인 성찰을 강조하는 유형이다. 자(서)전적 문화기술지는 개 인적인 삶의 경험을 거시적인 사회문화적 맥락과 연결시켜 그 의미를 분석하는 방식이다. 이러한 세 가지 유형들은 접근방식과 강조점에서 미세한 차이점을 나타내지만 모든 유형 이 개인과 타자 그리고 대상세계를 유기적으로 연결하는 측면에서 유사성이 있다.

연구예시

「한 교사 연구자의 변환적인 역할과 관점에 대한 자문화기술지」(이동성, 2011)의 일부 정리 및 요약

본 연구는 현장교사에서 교육연구자로 되어 가는 8년 동안의 연구 여정에서 저자가 직접적으 로 체험한 교사 연구자로서의 변환적인 역할과 관점을 자기연구의 하나인 자문화기술지를 통 해 이야기하고자 했다.

연구 과정에서 발생한 저자의 목소리와 자기성찰, 그리고 반영성이 담보된 교사 연구자의 변 환적인 역할과 관점을 논의하기 위해서는 자신이 체험한 연구 경험들을 직접적으로 기술, 분 석, 해석하는 생애사적 접근이 절실하다(Steemmel, 2002; 김영천, 2005, 2010; 이정선, 2005; Hay & White, 2005; 이희용, 2007; Lassonde, Galman & Kosnik, 2009; Nicholl, 2009). 본 연구는 연구 여정에 따른 한 교사 연구자의 변환적인 역할(transformative role)과 관점을 생애 사적 접근의 하나로 볼 수 있는 자기연구(self-study)를 통해 이야기하고자 했다. 자기연구는 실천, 맥락, 문화, 그리고 개인적이고 전문적인 교사 연구자의 연구 경험을 아우르면서, 확장적 인 공적 대화를 촉진할 수 있는 질적 연구 방법론이기 때문이다(Lassonde, Galman & Kosnik, 2009). 특히, 본 연구는 자기연구의 우산 아래 있는 자문화기술지(autoethnography)를 통해 교사 연구자의 변환적인 역할과 관점을 이야기하고자 한다. 왜냐하면, 이 글은 한 교사 연구 자의 문화적 자아를 이야기하면서 소수자의 유동적인 정체성과 역할, 그리고 소수자와 다수자 사이의 권력관계를 밝히는 소수자 문화기술지(minority ethnography)이며, 연구 여정에서 발 생한 자기반성석인 성찰을 상소하는 성찰석 문화기술지(reflective ethnography)의 성격이 짙기 때문이다.

본 연구는 리드-다나헤이(Reed-Danahay, 1997)가 분류한 자문화기술지의 3가지 유형 가 운데 두 유형을 포함한다고 볼 수 있다. 첫째, 나의 자문화기술지는 학교현장 혹은 전문연구

집단의 한 내부자인 교사 연구자가 변환적인 역할과 관점을 이야기함으로써 주변화된 정체성, 소수자(교사 연구자)와 다수자(현장 교사들, 대학 연구자들) 사이의 딜레마와 권력관계를 밝히는 소수자 문화기술지이다. 둘째, 이 글은 연구 여정에 따른 한 교사 연구자의 자기성찰과 연구 과정에서 발생한 반영성을 강조하는 성찰적인 문화기술지로 볼 수 있다. 자문화기술지의 연구 방법은 일반적인 질적 연구 방법론의 연구 논리와 크게 차별화되지 않는다(Chang, 2008; Wall, 2008; 박순용·장희원·조민아, 2010). 따라서 자문화기술지는 연구 주제의 선정, 자료의 수집, 자료의 분석과 해석, 그리고 글쓰기 작업이라는 질적 연구의 순환적인 연구 논리를 따른다.

본 연구의 구체적인 연구 절차와 방법은 다음과 같다. 우선, 나(연구자)의 연구 경험을 변환적인 역할과 관점이라는 주제로 구체화하고 1인칭 주인공 시점에서 연구 주제를 기술했다. 연구 자료의 수집은 던칸(Duncan, 2004)이 제시한 자료 수집 방법에 따라서 이뤄졌다. 나(연구자)는 연구 주제와 관련된 자기회상 자료(self-recall data), 자기성찰 자료(self-reflection data), 자기관찰 자료(self-observation data), 내러티브 인터뷰 전사본(narrative interview transcription), 문화적 인공물(cultural artifact), 문헌자료(literature review), 각종 공문서(강의 계획서 및 수업평가 결과표, 현장 연구대회 관련 공문, 논문 심사표, 교과교육연구회 계획서 및 보고서, 연구학교 계획서 및 보고서, 직무연수/심포지엄/워크숍 강의 자료, 한국연구재단 프로젝트 계획서 및 보고서), 메일 자료, 사진 자료 등을 수집했다. 그리고 수집된 자료에는 시간, 장소, 상황, 자료출처를 표기하여 색인화했다.

연구 자료의 분석과 해석 작업은 최종적인 자료 수집 이후에 이뤄졌다. 일반적인 질적 연구에서의 분석과 해석 작업은 자료 수집과 동시에 발생하지만, 이 글의 연구기간이 장기적이고, 수집된 자료의 양이 방대해 자료 수집과 동시에 분석 및 해석 작업을 곧바로 시도하는 데는 한계가 있었다. 따라서 나(연구자)는 최종적으로 연구 자료들을 수집한 후에 분석과 해석을 시도했다. 이 글에서는 종단적인 질적 연구에 주목하는 살다나(Saldana, 2009, pp. 173-184)의 종단적인 코딩(longitudinal coding) 방법을 사용했다. 왜냐하면, 종단적인 코딩은 시간의 확장된 경과에 따른 개인의 변화와 발달을 탐구하는 질적 연구에 적합하기 때문이다.

이 글은 종단적인 코딩(7개의 카테고리)을 통해 교사 연구자로서 연구 경험에서 어떤 점이 증가하고 나타났는지, 어떠한 경험들이 누적되었는지, 어떤 종류의 급변과 출현(epiphany), 그리고 전환점(turning point)이 발생했는지, 무엇이 감소되고 중단되었는지, 무엇이 불변했는지, 무엇이 특이했는지, 그리고 무엇을 잃어 버렸는지를 연대기적으로 분석했다. 우선, 살다나(2009)의 7가지 카테고리(descriptive categories)와 종단적인 질적 자료 요약 매트릭스(longitudina qualitative summary matrix)를 통해 8년 동안의 연구 여정을 다섯 시기로 구분하여 초기 코딩했다. 이러한 초기 코딩을 통해 총 35개의 자료 요약 매트릭스가 생성되었으며, 이것을 분석하고 범주화하여 최종적으로 3개의 주제들을 찾아내었다. 이 글은 연구 여정에 따른 교사 연구자의 변환적인 역할과 관점을 1) 실천자로서의 교사 연구자(teacher researcher as practitioner), 2) 연구자로서의 교사(teacher as researcher), 3) 교사로서의 연구자(research as teacher)로 구분하여 분석적-해석적 글쓰기(analytic-interpretive writing)를 했다.

한 편의 자문화기술지가 독자들에게 공명(共鳴)을 불러일으키고, 연구 결과에 대한 타당성을 확보하기 위해서는 열린 대화를 통해 사회변화를 시도할 수 있는 촉매로서의 역할이 강조된다(Jones, 2005). 즉, 자문화기술지의 촉매 타당도(catalytic varidity)는 교육이론과 교육실천을 통합함으로써 독자와 연구자가 교육현장을 이해하고 개선할 수 있도록 한다(Jewett, 2008). 나(연구자)는 이와 같은 촉매 타당도를 확보하기 위해 던칸(2004)의 여섯 가지 평가 준거들을 적용했다.

첫째, 자문화기술지는 질적 사례연구와 마찬가지로 연구범위를 제한해야 한다. 따라서 나(연구자)는 연구범위를 결정하는 시간, 공간, 연구유형, 관점을 밝혔다. 둘째, 이 글의 연구 주제와 관련이 있는 동료교사들(박사과정 3명)로부터 연구 결과가 얼마나 유용한 것인가를 확인하여 자기이익 혹은 자기만족적 함정으로부터 벗어나려 했다. 셋째, 나(연구자)의 개인적 이야기와 더불어 색인화된 다양한 증거자료를 분석했으며, 초고(draft)는 대학의 질적 연구전문가(1명)로부터 검토(peer checking)를 받았다. 넷째, 개인에서 비롯된 자문화기술지는 결코 특정 연구 주제에 대한 유일한 재현물이 될 수 없다. 따라서 나(연구자)는 교사 연구자의 변환적인 역할과 관점이 다른 교사 연구자들(3명)에게도 적용될 수 있는지를 검토했다. 다섯째, 회고적 이야기와 반성적 저널, 그리고 다양한 증거자료들에 기초하여 내러티브를 작성하여 교사 연구자의 변환적인 역할과 관점을 논의함으로써 연구 결과에 대한 신뢰성을 얻고자 했다. 끝으로, 단순한 개인적 이야기를 학문적인 개인적 이야기로 재구성하기 위해 교사 연구자로서의 연구 경험을 타자와 대상세계에 연결시키려 노력했다. 이를 바탕으로 연구자는 교육이론과 교육실천 사이에서 형성된 교사 연구자로서의 변환적인 역할과 관점을 세 가지 차원 즉, '실천가로서의 교사 연구자: 교육이론과 교육실천의 평행선', '연구자로서의 교사: 교육이론과 교육실천의 합류점', '교사로서의 연구자: 교육이론과 교육실천의 교차점'에서 이야기해 주었다. 교사 연구자로서의 3중의 역할과 관점은 순차적으로 발전된 개념이라기보다는 현재 나(연구자)의 삶 속에 복잡하게 얽혀 있다. 즉, 나(연구자)는 대부분의 삶을 실천가로서의 교사 연구자로 살아가고 있지만 때로는 연구자로서의 교사로, 그리고 가끔은 교사로서의 연구자로 살아가고 있다. 나(연구자)의 이야기에서 드러난 것처럼, 한국에서의 교사 연구자들은 변환적인 역할 및 관점과 관련하여 인식론적인 분열과 존재론적인 불안을 경험할 수도 있다. 그러나 교사 연구는 교육이론과 교육실천 사이의 교량을 연결하여 현장의 문제들을 해결하는 실용적이고 목표지향적인 학문적 탐구활동으로서 가치가 있다(Baumann & Duffy, 2001). 또한 삶의 속성으로서의 교사 연구는 '더 나아짐'을 추구하는 과정에서 가르침의 즐거움을 되찾게 하는 과정이기도 하다(Carson, 1995; Yeager, 2006; 배주연, 2008; Salem, 2010). 특히, 교사로서의 연구자의 역할과 관점은 자신을 둘러싸고 있는 미시적이고 거시적인 교수 맥락들을 비판적으로 분석하고 해석함으로써 교사로서의 주체성과 해방감을 고취시킬 수 있다.

연구예시

「나는 왜 서울대학교 박사가 되어야 했나?」(김명찬, 2015)의 일부 정리 및 요약

지금까지 서울대를 비롯한 상위권 대학에 대한 쏠림현상 내지는 학벌과 관련한 연구들은 대개 사회학적 이론을 통한 거대담론의 수준에 머물러 있거나, 교육제도 및 정책적 관점에서의 효용성을 분석하는 데 초점을 두고 있다(김상봉, 2004; 남인숙, 2007; 정미량, 2010). 주로 '학벌을 통해 사회적 신분 이동 또는 유지'라는 개념에 기초를 두고 접근하는 이러한 관점은 사회체제에 대한 논의를 전개함으로써 우리 사회가 어떻게 유지되고 계승되는지를 거시적으로 보여 준다는 면에서 의의를 지니고 있다. 다만 이러한 숱한 비판과 분석에도 불구하고 왜 수많은 청소년과 부모들이 여전히 서울대학교를 위시한 상위 대학에 대한 집착을 버리지 못하는지에 대해 그 이면의 역동성을 보여 주는 데는 한계를 보인다고 할 수 있다. 따라서 나(연구자)는 오랫동안 서울대학교에 집착했고, 박사 과정을 졸업한 후 교수가 되어 외적으로는 성공적인 '신분 이동'을 한 것으로 보여지는 나(연구자) 자신의 이야기를 자문화기술지(autoethnography)를 통해 논하고자 한다. 사회체제 이론에서 다루는 학력(學歷)과 관련한 주요 이론들은 기존의 '사회학적 지형'에서 제공되고 있는 것으로 이러한 이론적 측면을 나(연구자)의 연구의 '거시적 관점(macro perspective)'으로 삼고자 한다. 동시에 내적 결핍과 자기심리학, 그리고 가족체계이론 등 심리적이고 내적인 심리체계이론을 통해 거시적 관점 이면에 존재하고 있는 인간 행동의 동기와 욕구를 세부적으로 설명함으로써 나(연구자)의 연구의 '미시적 관점(micro perspective)'으로 삼고자 한다. 이처럼 거시적 관점과 미시적 관점을 경험을 해석하는 데에 융합(convergence)시켜 적용함으로써 이론의 협업, 현상의 입체적 분석을 시도하고자 했다. 이를 토대로 우리 사회에서 학벌에 대한 욕망이 어떻게 생성되고 재생산되고 있는지, 그리고 그로 인한 개인과 가족의 문제가 어떻게 나타나는지를 보여 주고자 했다. 아울러 개인과 사회가 상처난 자기를 보상하려는 과도한 의미로서의 학력(學歷)에 대한 동경과 진정한 실력을 추구하는 학력(學力)에 대한 욕망을 구분하고 건강한 타협점을 찾아나가는 데에 어떻게 도달해 나갈 수 있는지에 대한 함의를 제공하고자 했다.

연구 주제와 관련하여 사용된 자료는 다음과 같다. 먼저, 주된 분석 자료는 지난 2003년부터 2008년 말까지 약 5년 6개월 동안 진행된 나(연구자)의 성찰 일지였다. 이 자료는 상담자의 자기 성장을 위한 목적으로 생성된 것으로 함께 상담공부를 했던 사람들이 사용하는 공개된 홈페이지 게시판을 통해 축적된 것이다. 자기 분석 메모로써 분석에 사용된 전체 자료의 현황은 다음과 같다. 총 5년 6개월 동안 생성된 게시판 글의 수는 879개로 기간 대비 월평균 작성 수를 계산한 결과 월평균 13.23개의 글을 작성했다. 자기 분석 메모 글 외에도 페이스북에 남긴 자기회상 및 자기관찰 자료, 전화 통화 전사본, 인터뷰 전사본, 문헌자료 등을 수집, 분석했다. 이렇게 다양한 출처원으로부터 자료를 수집, 분석함으로써 연구 결과의 왜곡을 최소화하고자 했다. 연구자료들의 수집과 분석은 동시에 진행되었고, 구체적인 코딩의 방법은 장기코딩(longitudinal coding)을 실시했다(Saldana, 2009). 장기코딩이란 시간의 흐름을 중심으로 수집하고 비교하는 질적 자료의 변화 과정을 살펴보는 것을 특징으로 한다. 나(연구자)는 시간의 흐름에 따라 자기(self), 전문성, 가족체계, 학력에 대한 나(연구자)의 관점이 어떠한 양상으로 변화되었는지에 초점을 두고 분석했다.

자문화기술지의 타당도는 읽는 이로 하여금 공명을 불러일으키고, 대화를 촉진하는 촉매로서의 역할에서 찾을 수 있다(Jones, 2005). 따라서 나(연구자)는 촉매 타당도 확보를 위해 다음의 여섯 가지 평가 준거를 적용했다(Duncan, 2004). 첫째, 나(연구자)는 연구 범위를 학벌과 관련한 나(연구자)의 개인적 경험과 가족들, 주변인으로 제한했다. 둘째, 연구 주제와 관련된 가족들(아버지, 어머니, 형)에게 본 연구 결과를 소개하고 그 유용성을 확인받았으며, 사실과 다르거나 다른 견해에 대한 피드백을 받아 연구에 반영했다. 셋째, 연구의 초고에 대해 자문화기술지 연구 경험이 풍부한 교육학 교수 1인의 전문적인 검토를 받았다. 넷째, 나(연구자)의 경험이 공유되는 문화적 특성이 있는지를 파악하기 위해 관련 문헌을 분석했다. 다섯째, 다양한 자료에 기반을 둔 내러티브 작성을 통해 서울대학교가 나(연구자)의 자기에게 의미하는 바를 논의했다. 마지막으로 나(연구자) 자신의 개인적 경험을 개인 심리이론, 가족체계이론, 사회체계이론 등을 통해 분석함으로써 나(연구자) 자신의 이야기를 타자와 사회에 연결시키고자 했다.

연구자의 자문화기술지 접근을 통해 다음과 같은 내용들을 제시해 주었다.

첫째, 우리 사회에서 서울대학교는 개인과 가족의 사회직 지위를 높여 줄 수 있는 기제로 여겨지고 있다는 것을 알 수 있다. 특히 가정의 사회경제적 지위가 낮을수록 가족체계 내부적으로 이러한 목적을 달성하기 위한 융합이 긴밀하게 이루어지는 경향이 있고, 가능성이 높은 자녀에게 사회적·실제적 지원이 집중된다는 것을 알 수 있다. 이런 과정에서 역기능적 체제로서 삼각화관계(triangulation) 문제로 대두될 수 있다.

둘째, 사회적 지위를 높이기 위한 노력의 과정에서 가능성이 낮은 자녀는 주로 가족체계를 지원하는 역할을 감당하면서 자기의 존재를 확인한다는 점이다. 가능성이 높은 자녀를 위해 다른 자녀가 희생자 또는 착하고 헌신적인 형제의 역할을 감당함으로써 가족 전체가 목표를 달성해 나간다고 볼 수 있을 것이다. 이것은 지난 시절, 우리 사회의 경제화 과정에서 특정 자녀의 성공을 통해 가족 전체의 위상을 높이려고 했던 다소 '낡은 모델(old-fashioned model)'이라고 할 수 있을 것이다. 특히 1970, 1980년대 급격한 산업화 시대를 겪으며 성장한 우리 세대의 부모와 형제들의 경우 이러한 경험이 일반적인 것으로 예측되며, 그러한 삶의 여파로 인한 가족 문제 또한 적지 않을 것으로 예상된다. 따라서 이러한 가족 역동을 감안한 가족 치료 및 사회 치료적 접근이 필요하다고 할 수 있을 것이다.

셋째, 헌신적으로 가족의 목표에 참여하는 자녀의 경우 심리 내적인 상처를 지니고 있고, 자아분화의 미성숙함으로 인한 개인 내적/적응적 문제를 경험할 수 있을 것이다. 따라서 가족체계의 유지를 위해 희생하는 개인에 대한 돌봄과 치유가 필요하다고 하겠다. 가족 구조 속에서 헌신함으로써 자기감(a sense of self)을 찾고자 하는 경우, 이러한 전략이 실패했을 때 느껴지는 공황이나 심리적 상처는 적지 않을 것으로 예상된다. 무엇보다 이러한 전략을 선택했을 경우 이것은 자기 대(代)에서 그치지 않고, 세대 간에 '전이' 될 수 있다는 점(이다미, 2013; 황영훈·박은영, 2003)을 감안할 때, 체계론적 가족 상담 중재를 통해 내담자의 문제를 해결할 뿐만 아니라 그러한 패턴의 세대간 전이를 예방할 수 있을 것이다.

넷째, 내적 상처를 지닌 개인이 외적 성취로 인해 그러한 상처를 해소하기에는 한계가 있다는 것을 알 수 있다. 내적 자신을 직면하지 못한 채로 이루는 외적 성취는 잠시 동안은 만족감을 줄 수 있으나 장기적인 삶의 공허감을 불러일으킬 수 있다. 따라서 외적 성취를 위한 보상 이전에 개인이 내적으로 지니고 있는 자기 자신의 모습을 직면하고, 알아주는 과정을 통해 자기-진정 능력을 확보하는 과정이 선행되어야 함을 감안할 필요가 있을 것이다. 특히 경제적이거나 사회적으로 높은 성취를 한 집단에서 이러한 경향을 발견할 수 있으므로 이러한 집단을 대상으로 교육이나 상담에 참여하는 현장 전문가들은 이들의 '내외간 불일치(discrepancy)'에 대한 이해를 가지고 접근해야 할 것이다.

다섯째, 학력(學力)은 초라한 자기를 학력(學歷)으로 숨기지 않으려는 용기에서 출발한다고 할 수 있을 것이다. 지난 시절 낮은 사회경제적 지위로 인한 콤플렉스의 극복을 위해 화려한 성공을 일궈낸 사람들이 각종 사건에 연루되어 끔찍하게 두려워했던 초라한 자리로 돌아가는 모습을 종종 보게 된다. 이러한 일이 반복되는 근저에는 자기 삶의 출발점에서 형성된 깨지고 약한 자기 모습을 타인이 보게 될 것에 대한 공포가 자리 잡고 있다. 이것은 자기의 초라한 내적 모습을 타인의 시선에 투사한 행위로써 결국 학력(學歷)을 통해 '지위 보전 체계의 구축'을 시도하는, 초라한 개인의 안타까운 분투일 수 있다. 따라서 진정한 실력으로서의 학력(學力)을 갖추기 위해서라도 먼저 자기 자신의 초라한 내면을 공감적으로 성찰하는 태도를 길러야 할 것이다.

---

6. 실행연구

실행연구는 연구자가 살아가고 있는 삶의 현장에서 경험하거나 알고 싶어하는 현상이나 문제에 대해 연구 참여자들과 공감적인 바탕에서 반성적, 환원적 과정을 거쳐서 해결하는 것을 목적으로 한다. 그래서 실행연구는 실증주의 중심의 양적 연구처럼 검증될 가설의 생성보다는 문제상황에서의 실천적 판단을 제공하기 때문에 이론지향적이 아닌 실천지향적인 연구 방법이다. 실제로 많은 현장실천가들이 실행연구를 통해 실생활에서 부딪히는 갈등을 해소하고 복잡한 상황, 사건, 문제들에 대한 이해를 개선하고자 활용하며 최종적으로 그들의 실천에 대한 효과성을 증대시키는 데 사용하고 있음은 이를 잘 보여 준다.

이러한 실행연구의 개념적 특징은 '현장 개선적', '공동 참여적', '평등적 권한', '해석적', '잠정적', '비판적' 등의 사항을 통해 확인할 수 있다. 현장 개선적이란 실행연구가 현장에서 일하는 사람과 협력하여 실제를 탐구하여 발견된 것을 토대로 현상을 이해하고 개선시키려는 목적으로 실시된다는 것이다. 공동 참여적은 연구 참여자와의 참여를 바탕으로 연구를 수행하면서 연구 참여자들과 공통적으로 경험하는 현상이나 상황에서 드러나는 이슈나 문제들을 토대로 연구 문제를 개발하며 연구를 진행하는 것이다. 평등적 권한은 연구자와 연구 참여자의 친밀한 관계를 가지는 수준을 넘어서서 평등적인 관계에서 연구에 참여하는 동반자적 관계를 의미한다. 해석적 사항은 질적 연구로서 실행연구가 자료수집과 분석과정이 연구자에 의해서 일회적이거나 고정된 것이 아니라 유동적이며 해석적인 과정을 통해 수행됨을 의미하는 것이다. 잠정적이란 실행연구가 참여자들의 다양한 견해에 따라서 잠정적이고 유동적인 해결책을 만들어 낸다는 것이며, 비판적이란 실행연구가 실제적인 삶의 개선을 추구하면서도 비판적인 사회 변혁의 성격도 지님을 의미한다. 이러한 실행연구의 구체적인 모형으로는 커트레빈의 '기술공학적 실행연구 모형', 존 엘리엇의 '실천적 실행연구 모형', 디킨(Deakin)대학교의 카와 케미스의 '비판적 실행연구 모형', 스트링거의 '참여적 실행연구' 등이 있으며, 각각의 구체적인 사항의 경우 김영천의 『질적연구 방법론 Ⅱ: Methods』의 자료를 참고하기 바란다.

「교육연극을 활용한 다문화 대안학교의 한국어교육 프로그램 실행연구」 (김창아 · 김영순, 2013)의 일부 정리 및 요약

본 연구는 공립 다문화 대안학교인 인천'ㅎ'학교의 방과후 한국어 교육프로그램을 교육연극기법을 활용하여 진행하고, 이 수업의 실행 과정을 관찰한 것이다. 특히 본 연구에서는 연구 방법으로서 실행연구를 적용하여 분석하고 있는데, 실행연구는 교육자의 교육활동 개선의 의의뿐만 아니라 활동에 직접 참여하는 학습자의 요구와 실태를 반영한다는 일종의 학습자중심성의 특징을 갖는다. 따라서 본 연구에서는 한국어수업을 함에 있어, 학습자의 흥미성과 능동적 참여를 보장할 수 있는 방법으로 교육연극을 활용했다. 이러한 연구의 틀은 Kemmis와 McTaggart(2000)의 실행연구 절차에 따라 계획-실행-관찰-반영이라는 순환적 모형을 기준으로 구성했다.

구체적으로 본 연구의 자료 수집은 현장노트, 실행 활동과정의 녹음, 비디오녹화, 교사면담 등이 있다. 수업과정은 녹화와 녹음을 했으며, 매 수업이 끝난 후 해당 학교교사와 수업의 내용과 계획에 대한 의견을 교환했다. 또한 작성한 현장노트를 전문가 1인에게 지속적으로 보내어 피드백을 받았다. 학습자가 이야기한 내용은 다음 수업내용에 반영했고, 그들의 의견을 확인했다. 한편, 실행연구에 있어서 관찰은 연구의 절차상 필수적이다. 그러나 수업을 진행하면서 동시에 정확한 관찰을 하기는 용이하지 않다. 이를 고려하여 1회부터 비디오녹화가 이루어졌고, 수업 후 녹음자료의 전사본과 함께 현장노트에 기록했다. 총 8차의 수업이 끝난 후 중학년 교사면담이 부수적으로 이루어졌는데, 이 면담은 같은 특기를 갖고 있는 학급구성원을 위한 교육활동에 대한 내용이었다. 자료의 분석은 Mills(2003/2005)가 실행연구 분석을 위해 제시한 주제 분석 방법을 활용했다. Mills(2003/2005)가 제시한 분석과정에 의해 만들어진 개념지도는 다음과 같다. 1. 편견'과 '2. 고정관념'은 수업을 계획하는 단계에서 교사가 가정한 학습자의 모습과 관련된다. 해당 학교의 경우 개교 학교의 특성상 현장에 대한 분석의 시간이 주어지지 않고 교수-학습활동이 이루어졌다. 따라서 연구자는 기존의 자료에 의한 이론적 지식과 대략적 가정만을 기반으로 수업을 준비했다. '3. 갈등'은 주로 학습자 간 관계에 의한 것으로, 수업에 부정적인 영향을 미쳤다. '4. 학습자 행동표현'과 '5. 학습자 언어능력'은 함께 활동한 수업과 밀접한 관련성이 있는 반응을 말한다. '6. 학교환경'은 교사가 의도한 교육활동을 보다 효과적으로 제공할 수 있는 물리적 기반이 된다. 이상의 개념을 중심으로 자료를 분석하고, 이것을 연구자 요인과 학습자 요인으로 범주화했다. 그러나 순환적 자료 수집과 분석의 과정에서 '4. 학습자 행동표현'과 '5. 학습자 언어능력'은 갈등의 범주 안에 포함되었다. 예를 들어 4차 수업에서 보였던 한 학습자의 소란스런 행동 표현은 흥미성이 떨어지는 수업의 결과로 나타난 것이지만, 그것은 다시 수업에 집중하고 싶은 다른 학습자와의 갈등요인이 되는 모습이 나타났기 때문이다. 언어능력 역시 비슷한 양상으로 나타났다. 누군가에 의한 부당한 대우는 그것을 항의할 수준의 언어능력을 갖지 못한 경우, 다른 사람에게 화풀이를 한다거나 수업에 참여하지 않아 또 다른 갈등요인으로 작용하기 때문이다. '6. 학교환경'의 경우 학습자의 갈등요인으로도, 연구자의 고정관념과 편견에 관여하기도 했다. 따라서 영향을 미치는 대상에 따라 분류했다.

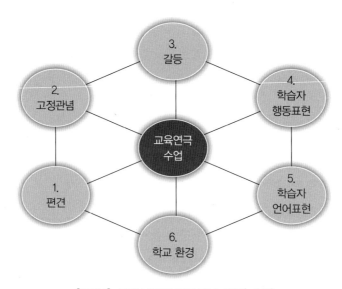

[그림 1] 주제 분석에 의한 개념 지도(p.249)

연구 결과로서 계획과 실행과정은 먼저 계획과 관련하여 교육연극을 활용한 KSL 프로그램의 주요활동은 상호 의견교환을 통한 이야기 만들기와 연극적 표현활동이다. 또한 전체수업은 초등학생의 발달수준을 고려하여 놀이-즉흥표현-연극적 표현으로 확장될 수 있도록 구안했다. 교육연극을 활용한 KSL 프로그램의 전체적 흐름은 총 4단계로 계획되었다. 수업의 최종목표는 함께 선정한 이야기를 대본화하고, 그것을 연극으로 표현하는 것이다. 따라서 수업의 단계는 놀이를 통한 마음 열기-이야기 알기(이야기 읽기, 이야기의 구조 알기)-이야기 초점화하기(등장인물의 특성, 행동, 배경, 소품)-연극 활동으로 구성했다. 특히, 이야기 초점화하기에서는 이야기의 배경과 등장인물의 성격에 따라 대사와 행동이 달라질 수 있음을 알도록 한다. 또한 학습자가 선정한 이야기에서 나타나는 주제가 현재 우리 생활에서는 어떤 모습으로 나타날 수 있는지를 고려하여 이야기를 만들고 연극으로 표현한다.

다음으로 실행과정은 1차 수업(2013. 4. 19.)에서는 연구자가 생각해 간 놀이 활동(자기 소개하기, 색깔 맞추기, 의복 소개하기)을 중심으로 했다. 그러나 학습자들은 연구자가 생각한 놀이 활동에 재미없다고 했다. 따라서 다음 시간은 2차 수업에서는 수업을 하기 전에 학습자가 좋아하는 활동을 하는 시간을 포함하기로 했다. 2차 수업(2013. 4. 26.)은 계획했던 책 읽기를 통한 표현 활동 대신, 자기가 알고 있는 이야기와 연극으로 하고 싶은 이야기 소개하기 활동을 했다. 학습자의 요구가 고려된 표현활동을 포함하여 진행되었다. 대성, 용성, 수현, 민지는 배드민턴, 축구, 줄넘기 활동을 하고, 지민이는 그리기 활동을 한 후, 마임으로 표현했다. 그러나 혼자서 표현하는 마임과 달리 여러 사람이 함께 하는 마임 표현(예: 단체 줄넘기)의 경우 조금 힘들어하는 모습을 보였다. 따라서 다음 수업의 경우, 학습자의 개별적 활동이 고려되어야 했다. 3차 수업(2013. 5. 3.)에서는 친구가 소개한 책 중에서 한 권을 선택하고, 이야기의 구조를 파악한 후, 2차 수업에서 각자가 소개한 이야기의 구조와 관련하여 수업을 진행할 예정이었다. 그러나 학교 도서관에 책이 없어서 한 학습자가 소개한 외국동화 '원숭이와 악어'를 연구자가 준비해 자료로 이용했다. 학습자가 소개한 다른 이야기가 특별히 없었기에, 학습자의 생활에서 나타나는 일들과 관련하여 생각하고 비교해 보도록 했다. 4차 수업(2013. 5. 10.)에서는 이야기의 구조를 알고, 학습자가 선정한 이야기책의 내용과 관련지어 말하는 시간을 갖고자 했다. 이 수업은 연구자가 준비해 간 자료를 학습자들이 돌아가며 읽은 후, 이야기의 구조 알기 활동으로 순서를 바꾸어 진행했다. 이때 한 학습자의 경우 이야기 읽기를 하지 않으려는 모습을 보였다. 그러나 친한 동료 학습자의 설득으로 읽게 되었다. 따라서 다음 시간부터는 친한 동료 학습자에게 보다 적극적인 역할을 줘야겠다는 생각을 하게 되었다. 음악책에 있는 노래를 이용하여 연극에 사용할 음악을 만들 계획은 학습자들이 원하지 않아서 하지 않기로 했다. 5차 수업(2013. 5. 24.)에서는 내가 만약 이야기 속 인물이라면 어떤 말과 행동을 할지 생각해 보고, 그에 맞는 가면 만들기를 계획했다. 하지만 학습자들은 이야기 속 인물의 행동에 대해 이야기하기를 힘들어했다. 따라서 가면 만들기 활동으로 넘어갔는데, 학습자들은 오히려 가면 만들기를 통해 인물의 성격과 대사 그리고 행동에 대해 구체적으로 이야기를 이어갔다. 6차 수업(2013. 6. 5.)은 대사 만들기와 이야기의 배경에 대해 좀 더 집중적으로 의견 교환을 할 예정이었다. 그러나 5차 수업(2013. 5. 24.)에서 학습자가 구체물을 통한 학습을 집중하여 잘 하는 모습과, 4차 수업(2013. 5. 10.)에서 학습자들끼리 대립하는 모습을 보고, 그들에게 공통된 즐거운 경험을 만들어 줄 것을 계획했다. 학습자들은 사이가 안 좋아서 지속적인 대립을 하는 경우도 있지만, 지속적인 대립을 통해 서로에게 더욱 안 좋은 감정이 생길 수도 있다. 7차 수업(2013. 6. 21.)에서는 이야기 속 인물에게 필요한 것을 만들고 연극소품으로 사용할 예정이었다. 그러나 생각보다 대본 만들기가 늦어졌다는 판단과 가면 만들기 활동이 대본 만들기에 효과적이었음을 고려하여 가면 꾸미기 활동을 했다.

8차 수업(2013. 6. 29.)에서는 심각한 위기상황이 발생했다. 수업의 마무리로 모두 함께 연극 활동을 하기로 했으나 한 학습자가 개인적인 문제로 더 이상 하지 않겠다고 선언하고, 오지 않은 것이다. 이에 따라 연극 자체를 할 수 없는 상황이 되자 아이들은 그 학습자를 설득하기 위해 뛰어다녔다. 다행히 아이들의 노력으로 학습자는 다시 참여하여 연극 활동을 마칠 수 있었다. 모든 수업이 끝난 후에는 따로 긴단하게 간식 파티를 하며 자유롭게 이야기하는 시간을 가졌다.

한편, 연구 과정에서 나타난 교육연극 KSL 프로그램의 실행과정에 영향을 준 요인으로는 크게 편견과 고정관념, 갈등이 나타났다. 실행과정에 영향을 준 요인들은 전문가의 조언을 통해 이후의 교육활동에 다음과 같이 반영한다. 첫째, 교육연극 수업경험에 따라 교육활동을 이원화하여 구안한다. 둘째, 효율적인 프로그램 운영을 위해서는 학습자의 공통된 경험을 만들기 위한 활동이 선행되어야 한다. 셋째, 학습자의 연령에 따른 범위를 좁혀 서로 공감할 수 있도록 한다. 넷째, 개별학습자의 다중 언어사용과 기타 학습자의 장점을 살리도록 한다. 다섯째, 다문화 대안학교의 전입과 전출의 기간이 짧은 점을 고려하여 교육연극 수업기간을 짧게 한다.

---

7. 비판적 질적 연구

비판문화기술지는 질적 연구의 중요한 한 가지 연구 전통으로서 서구의 경우 매우 활발하게 이루어지고 있다. 사회정의, 평등, 인권과 자유 등이 강조되는 선진국의 경우, 소수자와 약자 배려의 사회적 원리와 철학에 기초하여 질적 연구를 활용한 이들의 복지와 삶을 개선하고자 하는 노력들이 한창이다. 그에 따라 새로운 연구의 방법과 지식들이 이론화되어 왔는데, 가장 주도적이고 대표적인 연구 방법이 바로 여성학적 질적 연구일 것이다. 서구의 경우, 사회정의와 평등의 문제가 민주주의의 중요한 근간이자 위험으로 도래하면서 어떻게 하면 기존의 불평등한 사회구조를 보다 평등하게 만들까라는 목적을 달성하기 위해 연구 방법으로서 비판문화기술지에 대한 학문적 탐구가 활발해졌다고 하겠다.

구체적으로 비판문화기술지는 용어가 나타내는 것처럼 문화기술지에 '비판'이라는 단어가 첨가된 합성어이다. 따라서 문화기술지 연구를 하되 비판이론이 접목되어 비판이론이 추구하는 연구 목적을 달성하기 위해 이루어지는 연구를 뜻한다. 비판이론의 가장 중요한 전제 중의 하나가 우리의 삶과 사회와 구조가 지배와 피지배 또는 억압과 피억압의 대립적 관계에 있으며, 그러한 불평등한 권력관계를 의식화와 혁명을 통해 보다 나은 정의로운 사회를 만들 것을 목적으로 한다는 점에서 비판문화기술지는 우리 사회의 불평등한 파벌의 실제를 규명하고 변화시키기 위해 질적 연구를 수행하는 것으로 볼 수 있다.

이러한 측면에서 어떠한 연구가 비판적 질적 연구가 되기 위해서는 나름대로 그 자체적 기준을 충족시켜야 한다고 이 분야의 연구자들이 주장하여 오고 있다. 이를 Simon과 Dippo(1986)는 그들의 글 『On Critical Ethnography』에서 비판문화기술지가 갖추어야 하는 '비판의 조건'이라고 명명했는데, 그 기준들을 살펴보는 것이 중요하다. 그 내용은 ① 비판문화기술지는 통제의 사회적 관행을 밝혀내기 위한 문제 틀을 만들 필요가 있다(Connel, 1983)는 것, ② 부당하고 불가능한 형태의 도덕적 규정 그리고 물질의 배분에 변화와 비판을 가하는 노력, ③ 연구가 행해졌던 상황의 특징을 반성적으로 바라보는 것이다. 더불어 연구자의 역할도 비판문화기술지에 특별한 위치를 지니고 있어야 하는데 ① 연구자는 연구 과정에서 연구자 스스로가 관련되어 있다는 사실을 연구하면서 자료를 만들어 나가고 생성했다는 점을 인정할 필요가 있다는 것, ② 연구자는 구조적이고 역사적인 차이가 타자를 이해하는 데 한계가 될 수 있다는 인식을 포함하여야 한다는 것, ③ 생각하며 쓰며 서로 간에 대화하고 사용하는 담화의 방식에 대해 숙고해야 한다는 것, ④ 학계연구에서 약자인 연구자의 지위에 영향을 주는 함축적인 것들을 직시해야 하는 것, ⑤ 반성적인 연구를 위해서는 충분한 시간과 경제적인 측면을 고려해야 하는 것 등이다. 이러한 비판문화기술지의 대표적인 탐구영역으로는 계급(class), 인종(race), 젠더(gender), 성 취향(sexual orientation), 장애(disability) 등이 있다. 교육학분야의 대표적인 연구로는 Bowles와 Gintis(1976)의 「자본주의 미국의 학교교육(Schooling in capitalist America)」, Willis(1977)의 「노동 학습(Learning to labor)」, Anyon의 「사회계급과 직업에서의 잠재적 교육과정(Social class and the hidden curriculum of work, 1980)」과 「사회계급과 학교지식(Social class and school knowledge, 1981)」 등이 있다.

연구예시

「한 조선족 여성의 디아스포 경험과 젠더 재구성-중국 칭다오 거주 P씨의 구술생애사를 중심으로」(박경용 · 임경희, 2016)의 일부 정리 및 요약

조선족 이주라는 삶의 사건을 이야기식 인터뷰 방식으로 구술되어진 연구에 젠더 수행성(gender performativity)이라는 틀로서 재해석 혹은 분석을 시도한 연구는 손에 꼽을 정도이다. 여기서 젠더 수행성 개념은 남성 혹은 여성 개개인의 생애 과업과 역할의 수행과정에서 행위 주체의 의지와 능동성, 자율성, 진취성 등을 강조한다. 젠더 정체성은 개개 주체의 행위와 수행의 조건들에 의해 항시 유동적이다. 관련 논문으로는 조선족 여성에 대한 이주 경험의 지평에서 이주의 여성화 및 초국적 가족의 문제(이혜경·정기선·유명기·김민정, 2006)와 조선족 기혼여성의 초국적 이주 및 생애 과정 변동(우명숙·이나영, 2013)을 다룬 연구들이 있을 뿐이다. 전자는 이주를 단행한 조선족 여성들이 정착과정에서 매우 높은 강도의 장시간 노동을 감내하고 하층 노동자로서 특히 서비스 부분의 저임금 노동에 시달리고 있다는 점을 지적한다. 후자는 조선족 여성들이 자녀 양육의 주요 책임자이자 생계 부양자로서의 이중의 역할을 감내해야 하는 현실이 초국적 이주 메커니즘 속에서 여전히 지속적으로 재생산되고 있음을 우려한다.

한편 한국 내 조선족 여성 이주자의 가사 노동 경험(이주영, 2005)과 국제결혼 이주 여성의 이주 경로별 사회적 정체성 형성(박신규, 2009)을 살펴보는 과정에서 조선족 이주 여성의 삶을 사례 중심으로 다룬 연구도 이루어졌다. 박신규와 이주영은 이주 경로별, 혼인별 여성의 주체성과 정체성 문제에 주목하고 있지만, 정체성 형성과정의 사회구조적인 부분에 초점을 맞춤으로써 여성 개개인의 정체성 변화 과정을 포착하지는 못하고 있다. 이주와 관련하여 정체성의 변화를 고찰한 대부분의 연구들은 사회구조적 조건들에 경도됨으로써 생애 전체를 관통해 정체성 변화과정을 포착하는 '행위자 가능성의 정체성', 즉 젠더 수행성에는 이르지 못한다.

본 연구는 60대 한 조선족 여성(P씨, 이하 '구술자')의 이주 경험을 중심으로 이주 주체로서 삶을 살아가는 과정에서 수행하거나 수행되어 만들어지는 젠더에 주목하면서 그녀의 삶에 포착되는 여성성의 변화과정을 살펴보고자 했다. 즉, 이주 여성의 삶을 젠더 수행성 개념으로 재조명하고 이주라는 사건이 삶의 전환점으로써 가지는 성격과 이주 경험의 의미를 여성주의 관점으로 재구성하고자 한 것이다.

본 연구의 구술자료는 2013년 2월 9일부터 2월 25일까지 진행된 경북대학교 SSK다문화와 디아스포라연구단의 중국 칭다오(靑島) 조선족에 대한 현지조사를 통해 수집되었다. 60대 조선족 여성 P씨는 현지조사 과정에서 만났던 20여 명 중 한 사람으로 심층면담은 2월 20일, 21일, 23일, 25일 4회에 걸쳐 총 9시간 43분 동안 실시되었다. 대부분의 면담은 연구진이 묵었던 구술자의 민박집에서 일과시간 이후 자연스런 환경에서 이루어졌다. 2016년 2월 28일에는 2단계 재조사 과정에서 보충 면담을 통해 미흡한 부분을 보완했다.

1957년 중국 흑룡강성 오상시(五常市)에서 태어난 구술자는 조선족 3세대 여성으로 1991년부터 구소련과 한국 등지에 이주 노동 경험이 있을 뿐만 아니라 2002년에는 조선족의 신디아스포라 공간인 중국 산동성 칭다오로 재이주하여 정착 기반을 다졌다. 6~7년간의 초국적 이주 노동과정에서는 장기간의 별거로 인한 부부관계 악화로 가족 해체의 아픔까지 경험했다. 구술자는 칭다오에서 호프집과 회사 식당, 한국인 가정, 커텐 장식점 등을 전전하며 주방 일과 가정부, 점원 등 여러 가지 일들을 했다. 2004년(48세)에는 한국에서 일하는 오빠와 동생들의 투자를 바탕으로 민박과 호텔사업을 하며 자녀와 형제자매들의 정착 기반까지 닦아 나가는 등 중국 내 재이주지에서 영구적 삶을 계획하고 있다. 이처럼 구술자는 초국적 노동 이주와 가족 해체, 연해도시로의 재이주, 자립 기반의 구축 등 다양한 인생 경험을 지닌다는 점에서 신디아스포라 시대 중국 조선족 후세대의 표상이라 해도 과언이 아니다. 본 연구에서 젠더 수행과정을 그려 내기 위해 그녀의 삶에 주목하는 이유도 바로 여기에 있다(박경용, 2013a: 76-78).

구술자료는 독일의 언어사회학자 슛제(Fritz Schütze)의 이야기식 인터뷰 방식(Schütze, 1983; 1984)으로 수집되었다. 이는 '생애사적-내러티브 인터뷰'로서 면접 전에 구술자에게 면접 내용을 미리 알려 주지 않음으로써 즉흥적으로 이루어지는 특징이 있다. 표준화된 인터뷰로는 완전히 이해할 수 없었던 인간과 사회의 실재성의 영역을 발견하기 위해 구술자가 일상생활에서 경험한 삶의 이야기를 자신의 언어로 즉흥적으로 이야기하도록 이끈다. 여기서 '즉흥적'이란 이야기의 준비 또는 구조화된 질문, 표준화된 서술 등을 통해 계획된 것이 아니라 특별한 계기를 근거로 즉석에서 설명되는 것을 의미한다(Garz & Lee, 2000). 구술자는 자연스럽게 그들의 어린 시절부터 현재에 이르게 된 삶의 과정을 이야기하도록 요청받기 때문에 연구자는 그들의 성장과정에 대한 이해가 가능하다(이효선, 2008: 248; Fuchs, 1984). 이는 끊임없이 변화하는 사회 속에서 개인이 채택하는 삶의 전략과 거부하는 삶의 모습을 통해 그들의 생애를 살피고 이를 재구성하여 구술자 개인뿐만 아니라 사회까지도 이해할 수 있도록 해 준다(이효선, 2008: 248; Bertaux-Wiame, 1981). 따라서 개인의 삶과 사회문화로 교직되는 의미구조는 총체적인 생애사를 구축하면서 연구자로 하여금 화자의 삶을 이해하고 설명해 낼 수 있도록 하는 근거가 된다.

수집된 생애사 자료는 Schütze가 개발한 '인생 진행의 과정구조' 방법을 이용하여 분석했다. Schütze는 '인생 진행의 과정구조'라는 개념을 가지고 이야기식 인터뷰를 고찰한 뒤에 어떠한 종류의 특징적 행동방식과 자기 개념들이 생애사 과정에서 발생하는지를 보고 개인의 생애를 재구성하는 분석 방법을 개발했다(Schütze, 1984; 이효선, 2008, 288에서 재인용). 이러한 분석방법을 Schütze는 '인생 진행의 과정구조에 의한 한 개인의 생애 재구성'이라고 했다. 인생 진행의 과정구조는 생애사의 특정한 시간적 범위 내에서 축적된 사건들의 경험을 연결하는 포괄적 형태이며(Schütze, 1984: 93), 각각의 사건에 직면하는 모든 사람들은 행위를 선택하는 데 있어 기존에 자신이 가지고 있는 구조에 영향을 받는다는 것에 원칙을 두고 있다. 그리고 그 구조는 생애 속에서 여러 번 반복된 경험을 통해 형성된 자신의 의도를 초월한 행위결정 방식이며 결국 이야기하는 사람 그 자신이다(Balog, 1989: 109; 이효선, 2008: 288에서 재인용).

따라서 인생 진행의 과정구조는 한 개인의 생애사적 경험을 순차적으로 조직하는 데 기본이 된다. 그것은 구술자의 생애가 시간이 지남에 따라 펼쳐지는 일련의 경험들로 설명이 가능해진다. 즉 주어진 과정구조가 의도적이건 또는 외적으로 주어진 것이건, 그 틀 속에서 취해진 행동의 특정 형태에 의해 특징지어진다는 것이다(이효선, 2008). 젠더 수행성 관점은 인생 진행의 구술과정에서 한 개인의 경험을 중심으로 구술자가 펼치는 능동적 행위 경험을 설명한다는 점에서 이야기식 인터뷰 방식과 닮아 있다. 또한 여성 주체를 바라보는 시각을 여성 집단에서 개별 여성 주체로 이동하게 만드는 특별한 강점이 있다. 따라서 개별 여성 주체의 정체성마저도 하나의 의미로 단일화되지 못하고 시·공간적 상황에 따라 다양하게 변화됨으로써 복수적이고 가변적인 양상을 나타낸다. 나아가 한 조선족 여성으로부터 구술되어진 생애사는 단일하게 작동되는 것이 아니라 구체적인 맥락 속에서 다른 사회적 힘들과 만나 서로를 특별한 방식으로 조직하면서 발생하는 효과로서 나타난 것으로 이해할 수 있다. 계급, 젠더, 연령이 매개되면서 조선족 여성의 이주는 특별한 방식으로 작동한다. 이처럼 구술되어진 생애사는 그 자체로 해석되기보다는 맥락에 따라 서로 다른 유형의 권력관계와 연결되면서 관계 맥락적으로 이해해야 한다. 이러한 관점은 구조 자체에 대한 논의가 아니라 다중적이고 진행 중에 있는 구술자 주체에 대한 탐구를 통해 파악될 수 있다. 구술자 주체를 통해 권력관계들이 서로를 어떻게 강화, 균열 혹은 새로운 의미로 변형시키면서 작동되는지를 이해할 수 있게 된다. 주체는 끊임없는 재형성 과정에 있다. 따라서 완전한 자기 동일적 주체는 일종의 이상이다. 젠더 수행성 개념은 정체성에 기초한 속성 부여를 거부하고 유동적이며 행위를 통해 구성되고, 다른 형태의 주체의 상태에 늘 열려 있는 잠정적인 주체에 대한 개념을 제시한다. 즉 부여받은 젠더 정체성 때문에 어떤 방식으로 생각하고 행동하는 것이 아니라, 행위의 양식을 통해 정체성을 획득하게 되는 것이다. 행위를 통해 주체는 사회적으로 구성되어 있는 의미 체계를 수행하게 되고 이러한 반복적 수행을 통해 정체성은 잠정적으로 고정된다. 젠더가 수행적으로 구성된다는 것은 본질적인 의미에서 정체성은 존재하지 않는다는 의미이다. '행위 뒤에 행위자는 없다'는 니체의 언어를 인용하면서 버틀러는 젠더가 어떤 사람의 존재 그 자체에 내재한 것이 아니라, 그 사람의 행위를 통한 효과로서 작동한다고 본다(Butler, 1990/2008: 131; 권순정, 2013: 227에서 재인용). 이것은 비단 젠더에 국한된 것이 아니라 개인의 정체성은 그 사람의 행동과 수행의 조건에 의해 유효한 의미를 가지게 된다는 것이다. 이러한 수행성의 개념은 권력이 주체를 구성하면서도 언제나 재의미화의 가능성을 열어 둔다는 점에서 지배적인 권력을 벗어나 새로운 의미를 창출할 가능성을 보여 준다. 수행은 주체를 구성하면서 동시에 주체를 전복할 가능성을 지니므로 잠정적 안정화와 탈안정화를 동시에 제공해 준다(민가영, 2008: 21). 수행성의 개념은 정체성을 구성하는 다양한 축들이 상호 협상, 경쟁하면서 성체성이 어느 것 하나에 완전하게 귀속되지 않으며 이동해 다니는 것으로 본다.

이러한 맥락을 고려하면서 연구자들이 도출한 연구 결과를 살펴보면 젠더 정체성은 버틀러의 주장대로 고정 불변의 것이 아니라 항시 유동적이어서 국가와 민족, 인종적 특성과 계급, 사회적 지위 등 권력관계를 비롯한 다양한 변수들의 경합과 협상, 타협 속에서 여러 색깔로 생성되어 나간다는 것이다. 구술자의 경우에도 젠더 정체성은 과도기를 사이에 두고 이주과정에서 만나는 다양한 권력관계와 사회문화적 변수들에 의해 해체와 생성의 과정을 반복해 왔다. 구술자의 이주 경험 속에서 드러나는 젠더 정체성은 이주 이전과 이주과정, 이주 경험 이후 등 생애시기에 따라 역동성을 띠며 재구성되었다. 이는 노동이주가 포함된 인생 진행의 과정에서 구술자가 맏며느리, 이주노동자, 귀환자, 이혼자 등의 상이한 지위와 성역할을 경험하고 의미 체계를 수행한 결과이다. 이와 같은 젠더 재구성 과정은 젠더가 사회문화적 산물이듯, 구술자에게 영향을 미치는 다양한 권력관계와 사회문화적 맥락을 반영한 것이다.

연구예시

「일상 속 숨겨진, 당연시 여기는 폭력들」(허창수 · 이주옥, 2008)의 일부 정리 및 요약

우리가 반복하는 하루하루 일상의 경험들은 항상 유사하고 평범해서 벌어지는 많은 일들에 대한 특별한 의미를 인식하지 못하고 지나치는 데 익숙하다. 그러나 어느 날 갑자기 이러한 일상적인 일들이 서로 연결되어 거대한 폭력으로 전환되고 우리 삶의 세계를 공격하는 존재로 거듭나는 경우를 우리는 자주 경험한다. 예컨대, 학생들의 성폭력과 일탈적 집단행위, 다양한 계층에 소속된 사람들의 자살, 평범해 보이는 사람들에 의한 연쇄살인, 방화, 성폭행, 힘든 인생을 포기한 듯 벌어지는 '묻지 마' 범죄 등 다양하고 거대한 폭력을 수반하는 사건들은 모두 일상 속에서 인식하지 못하는 사이에 작은 폭력들이 모여 눈덩이처럼 커지면서 나타나는 결과이다. 일상이란 우리가 매일 반복하여 경험하는 모든 것을 의미한다. 예컨대, 정해진 시간에 일어나서 아침을 먹고, 커피를 마신다. 정해진 시간에 일터로 가서 일을 하고 시간에 따라 점심을 먹고 또다시 일을 한다. 정해진 퇴근 시간이 되면 일터를 떠나 집으로 돌아와 저녁을 먹고 언제나 그렇듯이 일정 시간에 잠을 잔다. 이와 같은 일상 속에 우리는 많은 것을 만나고 헤어지면서 경험하지만 항상 같아 보이는 일상이기에 아무런 인식과 의식 없이 하루하루를 보낸다. 그러나 어느 날 갑자기 이러한 일상을 자극하는 폭력적인 사건이 발생한다. 그 원인들이 표출되는 순간 우리는 반복되고 평범해 보이던 일상을 다시 한 번 되돌아보게 되고 무심코 넘겼던 많은 경험들의 의미를 인식하게 된다. 예컨대, 일상 속에 퍼져 있는 계층 간의 갈등과 집단주의, 일방주의, 민족주의, 이기주의, 군사주의, 산업과 상업주의, 이기적 자본주의 등 평범한 일상은 다양한 이념으로 개념화되기 시작한다. 그리고 폭력이 표출되기 전까지 평범해 보이기만 했던 이념들이 특정 계층에게 이익을 주고 있다는 사실이 드러나기 시작하고, 그동안 얼마나 많은 일상 속에 작은 폭력들을 무시해 왔는지 우리는 깨닫게 된다. 본 논문은 이와 같이 숨겨져 있는 작은 폭력들이 우리의 일상 속에 어떠한 모습으로 자리 잡고 있는지 이해하고자 하는 목적을 가지고 삶의 경험에 대한 성찰의 여행을 시작했다.

(중략)

영화 '쓰리 몬스터'(2005)는 세 명의 감독이 '몬스터(monster)'라는 주제를 가지고 만든 옴니버스(omnibus) 형식의 공포영화이다. 이 옴니버스 영화에서 추구하고 있는 것을 간략히 말하면, 나약한 인간 내면에 숨어 있는 '잔혹함'을 표현하고자 했다. 이러한 '잔혹함'은 영화 제목처럼 몬스터라는 기표로 변형되었고, 이것은 우리들 내면에 잠재되어 있으며 언제든지 그들의 이기심과 욕망을 위해 겉으로 표출될 수 있다는 것을 세 명의 한, 중, 일 감독이 영화 '쓰리 몬스터'를 통해 보여 주고 있다. 이 제목은 본 연구자들이 생각하고 있는 일상적 폭력이 영화의 주제와 같이 연약하고 이기심과 욕망으로 가득한 인간들의 내면적 요소 때문이라는 판단에 의해 은유적으로 표현해 보았다. 본 장에서는 본 논문의 주제에서 제시되었던 일상 속의 폭력을 다양한 기법을 통해 재현하고자 한다. 여기서 다양한 기법이란 그 표현 양식을 의미하는데, 이러한 다양한 기술의 시도는 우리 안에 잠재되어 있는 억압을 해체하고자 하는 작업의 과정으로 2005년 이후 여덟 번째 시기로 인정되는 질적 연구 분야의 한 방법이다(Denzin & Lincoln, 2005, p. 3). 2장 전체 구성을 살펴보면 다음과 같다. 우선 세 개 절로 되어 있고 각 절은 특정 주제 아래 연구자들이 생활 속에서 접한 다양한 경험을 바탕으로 하는 사례들로 구성되어 있다. 각 사례들은 특정 소재에 해당하는 경험들을 담고 있는데, 이 경험들은 학문적 고찰, 면담, 관찰, 일상 기록과 그에 대한 성찰을 통해 형성된 이야기들로 구성되어 있다. 이러한 각 사례들은 모두 특정 소재 아래 연구자들의 경험을 중심으로 구성되어 있기 때문에, 그 재현 방법에 있어서 이야기(narrative)라고 할 수 있다. 이야기(narratives)는 개인적 경험의 재현을 최소한의 조건으로 하며(Riessman, 1993, p. 17), 그 형태가 한 가지로 구분되거나 정의될 수 없고 다양한 형태로 구성될 수 있기 때문이다(Coffey & Atkinson, 1996, pp. 54-57). 따라서 본 절들에서 각 사례의 제목으로 사용하고 있는 '이야기'의 의미는 학문적 고찰을 통한 경험, 개인의 직접 참여를 통한 경험, 면담과 관찰을 통한 경험, 일상과 그 속에서 특정한 사건을 통한 경험과 같은 모든 것을 포함하는 개념으로 사용하고 있다. 이와 같은 이야기 관점에서 엄밀히 말하면, 모든 사례의 기술 인칭은 연구자들의 일인칭 시점을 원칙으로 한다(Reissman, 1993). 그러나 본 논문에서는 연구자들에 의한 경험과 성찰일지라도 독자들의 흥미를 유발하고, 앞에서 언급한 재현 기술의 탈보편화를 추구하고자 하는 의도에서 일인칭 시점인 '나'를 연구자에서 면담과 관찰 대상자까지 확장하여 사용하고 있다. 마지막으로 본 장에서 2.1, 2절의 사례들은 특정한 제목을 부여하지 않고 이야기 번호로만 구성했다. 이는 제목을 제시하여 독자들로 하여금 제시된 제목에 의존적 판단을 하기보다는 자율적인 사고를 할 수 있도록 하기 위해 제목의 다양성을 열어 두고자 하는 의도에서 구성했다. 반면에 2.3절에서 제목을 제시하고 있는 이유는 독자들이 제목과 연관성을 가지고 판단할 수 있도록 도움을 제공하기 위한 탈일관적인 연구자의 태도로서, 본 논문을 읽는 동안 다양한 변화를 시도하여 흥미를 잃지 않도록 유도하기 위해서이다. 2장에서 각 절을 위해 수집된 자료와 해석 과정은 다음과 같이 진행했다. 2.1절은 특정 대상에 대한 관찰과 면담한 자료와 함께 학문적 고찰 결과를 하나의 자료로 수집했다. 2.2절과 2.3절은 연구자들의 생활세계에서 특정 사건과 관련된 경험에 대한 자기성찰문(self-reflection)과 학문적 고찰 결과를 자료로 사용했다. 자료수집 기간은 특정하지 않았다. 그 이유는 삶의 과정 속에서 다양한 사건에 대한 경험을 수집했기 때문이다. 예컨대, 2.1절의 외국인 근로자 자녀를 위한 면담과 관찰은 2005년 6월과 7월에 진행되었으며, 2.2절을 위한 자료는 2001년부터 수집되었다. 이렇게 수집된 자료는 선택되고 재편집되어 각 이야기들로 재현되었다. 이러한 과정에는 분석과 해석이 동시에 진행되었으며, 이를 위해 주로 사용한 방법은 반복적인 비판적 성찰이었다. 그 과정을 좀 더 구체적으로 기술하면, 각 연구자들은 주제와 관련된 이야기들을 각자의 경험, 면담, 관찰 등을 통해 성찰문으로 작성했다. 둘째, 작성한 성찰문은 면담 내용 확인 작업(member checking)처럼 점검 과정을 거침으로써 의미를 명확히 하는 작업을 수행했다. 셋째, 동료 검수(peer debriefing)식의 토론과정을 겪었다. 이와 같은 과정을 반복함으로써 각 연구자들은 좀 더 깊은 성찰의 과정을 경험할 수 있었다.

2.1. 외국인 근로자 자녀 교육실태 연구 중에서

2.1.1. 이야기 1

오늘은 현장에 직접 참여하게 되는 첫 번째 날이다. 아침 일찍 서둘러 평소와는 달리 차를 가지고 인터넷 홈페이지에 제시되어 있는 작은 약도를 옆 좌석에 펼쳐 놓고 찾아간 현장은 작은 골목을 지나 구석에 자리 잡고 있었다. 물론 구석이기에 주차 공간 또한 용이하지 않았다. 미국의 어느 한 시골에서부터 운전을 하게 된 나에게는 이러한 작은 공간의 주차가 곤욕이 아닐 수 없다. 어중간하게 주차하고 찾아간 어느 한 외국인 학교, 학교라고 하기에는 너무나 어설프고 마치 작은 마을의 공부방 같다고나 할까? 조금 일찍 도착한 탓에 교감 선생님이 아직 도착하기 전이었다. 잠시 앉아서 기다리고 있자니 너무나 어색해서 주변을 둘러보았다. 4층 정도 되는 작은 건물에 각 층의 용도가 다른 이곳을 과연 학교라고 할 수 있을까? 물론 나의 기억 속에 학교라면 운동장을 둘러싸고 있는 커다란 건물들 그리고 구석에 놓인 놀이 도구들 등의 모습이 너무나 당연히 지배하고 있었기 때문일 것이다. 10명이면 꽉 찰 만한 교실 4개, 강당, 교무실, 식당 그리고 컴퓨터실과 남녀구분 없는 화장실 하나가 이 학교의 모든 공간이었다. 어렵게 장만한 학교 건물 앞 야외 카페도 최근 설치되었다고 한다.

교실 안은 칠판과 책상들만이 마주보고 있으며 구석에 낡은 선풍기 한 대가 전부였다. 가끔 보이는 게시판에는 어설픈듯 게시물들이 늘어져 있었다. 과연 다른 외국인 학교를 가도 이러한 모습일까? 아마 한국 사회의 경제적 어려움을 겪고 있는 지역에 위치한 공부방도 이보다는 좋았을 것이다. 나를 더욱 놀라게 한 것은 이렇게 주어진 시설이라도 너무나 감사해하는 어린 학생들의 마음이었다. 이러한 마음속에는 어떠한 일상의 고통과 폭력이 숨겨져 있을까? 본 학교는 아시아의 한 개도국 이주 학생들을 위해 설립된 국제학교이다. 한국 정부는 2005년부터 본 학교를 공식적인 학교로 인정하고 있다. 전체 8학년으로 구성되어 있었는데, 그 이유는 설립한 국가의 학제를 고려했기 때문이다. 학교 설립 목적은 물론 세계시민을 양성하기 위해서였지만, 또 한편으로는 기존의 아동들이 한국 학교에서 받는 다양한 차별과 입학의 어려움을 해결하기 위한 하나의 방편이었다. 찾아가는 길에서 느낄 수 있었듯이 본 외국인 학교로 가는 길은 매우 불편하다. 마치 그들이 현 한국 사회에서 자신의 길을 찾아가는 어려운 과정처럼 말이다. 한편으로 그러한 어려움으로 인해 한국 사회로부터 어느 정도 거리를 가지고 존재하는 하나의 고립된 공간이기에 소속되어 있는 학생들은 비록 학교 시설이 허름하고 비좁더라도 행복함으로 가득 차 있는 것 같다. 또 다른 면에서 이는 한국 사회에 살면서 그리고 살기를 간절히 원하면서도 그 사회로부터 만족한 삶을 누리기보다는 고립된 공간으로서 외국인 학교만이 그들의 행복감을 만족시켜 주는 현 그들의 모순적인 삶의 모습을 보여 주는 듯하다.

---

8. 통합 연구

통합 연구 방법은 질적 연구 분야에서 새롭게 등장한 연구 방법에 해당된다. 질적 연구의 문제점과 제한점을 알고 있는 질적 연구자 또는 양적 연구를 전공한 학자가 질적 연구를 병행하여 쓰는 것의 장점을 알고서 두 가지 다른 연구 방법의 패러다임을 통합시키는 작업을 한 결과이다.

통합 연구의 개념이 무엇인가에 대해서는 다양한 학자들이 정의해 왔다는 점에서 그 연구의 정의를 내리는 일이 쉽지만은 않지만(Heisilt & Sheperis, 2010), 통합 연구 방법에 대한 개념을 정립하기 위해 선행적으로 서구의 대표적인 학자들의 통합 연구 방법에 대한 개념적 정의를 중심으로 살펴보면, Tashakkori와 Teddlie(2003; 2009 재인용)는 통합 연구를 연구 문제, 연구 방법, 자료 수집 그리고 분석 절차 및 도출에서 질적과 양적 접근을 취하는 연구 설계로 정의하고 있다. Tashakkori와 Creswell(2007)도 단일 연구 혹은 조사 프로그램에서 자료 수집 및 분석, 결과 통합 및 도출을 위해 질적 측면과 양적 측면을 모두 활용하는 것으로 정의 내리고 있다. 또한 Creswell과 Clark(2007)는 연구의 다층적 과정에서 양적/질적 접근의 통합적 자료 수집과 분석의 과정을 이끄는 철학적 틀을 겸비한 연구 설계로 설명했다. 나아가 Johnson과 Onwuegbuzie(2004)는 연구자가 단일 연구 내에서 양적 및 질적인 연구 기법, 방법, 접근, 개념 그리고 용어를 통합 혹은 혼합하여 이루어지는 연구로 정의 내리고 있다. 또한 전술한 연구자들의 기술적인 접근을 넘어 Mertens(2005)의 경우 좀 더 포괄적인 접근을 통해 통합 연구 방법을 이해하고 있는데, 그는 통합 연구 방법을 교육 및 사회 문제가 발생하는 복잡한 맥락 내에서 연구자에 의해 수행되는 통합적 과업으로 확장하고 있다.

이상의 통합 연구와 관련된 대표적인 학자들의 정의와 개념을 중심으로 정리해 보면 통합 연구 방법은 단일 연구에서 질적 접근과 양적 접근을 모두 활용하는 것이며, 양측의 양립 가능성과 실용적 접근을 고수하는 방식으로 정의 내릴 수 있다. 또한, 질적 접근과 양적 접근이 가진 한계점을 극복하기 위해 각각의 방법들이 가진 장점을 활용하여 연구 문제에 대한 보다 '정확한' 그리고 '광범위한' 답변을 추구하는 방법으로 이해할 수 있다. 나아가 두 개의 방법을 활용한다는 점에서 양적 및 질적 접근을 상호 보완하고 있음을 확인할 수 있다(Dovona-Ope, 2008). 이러한 통합 연구 모형에는 대표적으로 Morse, Creswell과 Plano Clark, Tashakkori와 Teddlie 등이 제시한 다양한 모형들이 있으며, 각각의 모형들이 지향하는 측면들도 특징적으로 구분되고 있다. 각각의 구체적인 사항의 경우 이현철 외의 『통합 연구 방법론: 질적 연구＋양적 연구』와 김영천의 『질적 연구 방법론 Ⅱ: Methods』 자료를 참고하기 바란다.

연구예시

「비평준화지역 남녀공학 내 남녀 간 수학내신 성적 차이에 대한 사례 연구」 (이현철·김경식, 2013)의 일부 정리 및 요약

본 연구의 내용은 다음과 같다. 최근 남녀 학업성취도 차이와 관련한 언론보도 자료를 보면 성적을 명확하게 등급화하지 않는 초등학교에서도 여학생들의 지적 능력이 남학생들을 압도하고 있음이 보고되고 있으며 과목별 상, 중, 하에서 여학생들의 상 비율이 갈수록 높아지고 있는 추세를 보여 주고 있어 이러한 학부모들의 불만과 걱정이 과장된 것이 아님을 확인할 수 있다. 또한 중·고등학교의 남녀공학에서는 '여고 남저'로 대변되는 학력차가 자연스럽게 인식되고 있는 실정이다.[1] 이러한 초·중등학교에서의 현상들은 모두 여인천하의 학교 현상에 대한 남학생 학부모들의 비판적 활동에 동인이 되고 있다.

학부모들이 사용하고 있는 '여인천하'라는 표현 자체가 여고 남저 현상에 대한 비판의식을 전제하고 있지만, 그 현상의 본질을 추적해 본다면 그러한 비판에는 '여학생이 남학생보다 성적이 높게 나타나고 있다'라는 현상에서 문제의식을 가지고 있는 것이 아니라[2] '여학생이 남학생보다 성적이 높게 나타날 수밖에 없는 상황/맥락/문화', '남학생이 불리한 여건 속에서 공부를 하고 있다'라는 현실적인 문제의식에서 출발하고 있음을 의미하는 것이다. 하지만 미대학여성교육협회(American Association of University Women Educational Foundation, 1992)가 의뢰한 '학교가 어떻게 여성에게 불리하게 하는가'라는 보고서는 여성에 대한 편견이 여전히 공학학교에 광범위하게 퍼져 있고, 이것이 교육성취와 자기개발에 불리하게 작용하는 원인이라고 결론을 내리고 있다. 학생들은 다양한 과업의 학업능력에 대해 서로에게 분명한 기대를 가지게 되는데, 특히 여성은 읽기 능력에 기초한 모든 학업 능력에서 높은 지위를 지니며 남성은 수학적 능력과 기초에서는 높은 지위를 지니게 된다(Riordan, 2007)는 것이다. 또한 여성이 학교교육에서 실패하는 이유로 기존의 학문과 학교의 교육과정을 지배하는 지식이 남성의 경험에 의해 만들어진 것이며, 보편적 진리로서 객관성과 합리성을 중시하는 학문의 패러다임 자체가 남성 중심적이라고 본다(곽윤숙, 1997). 특히 가치중립적이라고 생각되는 수학과 과학 교과도 기존의 계급적, 인종적, 성적 위계관계를 유지하는 데 기여한다고 보며, 과학이 학문 중에서 가장 남성 중심적이고 가부장적 성격을 띠고 있다고 본다. 이처럼 여성이 공학에서 불리하다는 시각과는 달리 우리나라의 경우 내신성적 산출에 있어 두각을 나타내고 있는 현실에 문제의식을 갖고, 남녀공학에서의 교과내신성적(수학) 산출과정을 분석하여 여성에게 유리할 수밖에 없는 학교 현장 내부의 실제적인 모습들을 분석하고자 한다. 이는 대학 입시의 주요한 변수로서 활용되는 내신 성적에서 특정 집단이 겪는 맥락을 살펴보고, 나아가 남녀공학 기피 현상[3]을 해소할 수 있는 기초자료를 제공하고자 했다.

본 연구는 남녀공학 일반계 고등학교의 교과 내신성적 결정과정과 그러한 결과를 도출시키는 요인들을 분석하고자 했다. 이를 위해 본 연구에서는 교과 내신성적에 대한 학교와 교

---

1. 이와 관련하여 서울특별시와 광역시에서의 남녀공학 학생들의 남녀 학업성취도 비교 관련 보도 자료들은 남녀공학에 대한 학부모들의 우려와 함께 '여고 남저' 현상이 중등학교에서도 실제로 나타나고 있음을 확인시켜 주고 있다(국제신문 2009/8/21, 2009/4/17; 동아일보 2008/6/24; 매일신문 2008/8/6, 2008/6/24; 조선일보 2009/12/9, 2008/11/4, 2008/10/21, 2008/9/16, 2008/6/26. 2008/3/4, 2006/11/21, 2006/8/18; 중앙일보 2008/9/17, 2008 1/23; 헤럴드경제 2009/2/24).

2. 학업성취의 경우 개인의 능력과 노력에 의해 결정될 수 있는 부분이 분명 존재하고 있어 동일한 조건 속에서 발생되는 개인 간 및 집단 간의 차이는 상식적 수준에서 자연스럽게 이해되고 받아들일 수 있는 사항이다.

3. 선지원·후추첨으로 남녀공학에 배정된 중학교 2, 3학년 학생 424명 가운데 재배정시 남녀공학을 희망한 학생의 비율이 남학생은 40.9%, 여학생은 83.3%였다. 그 이유에 대해 '남녀공학이 내신에 유리하기 때문'이라고 답한 학생은 남학생이 4.6%인 반면 여학생은 60.3%였다(장봉애 2004).

사 관련 변인의 영향력을 통제하고 3년간의 종단적인 자료를 분석하기 위해 분석대상으로 한국(가칭)고등학교를 사례로 선정했다.[4] 분석 대상으로 선정된 한국고등학교는 경상북도의 중심에 위치한 비평준화 지역인 ○○시의 일반계고등학교이다. 한국고등학교가 위지한 지역은 2000년 이전에는 ○○시에서 상대적으로 낙후된 농업 지역이었으나 2003년 이후 지역개발이 되어 2007년 현재는 주거 상업 지역으로 급속히 발달한 신도시 지역이다. 주거지역 특성보다는 유흥업소가 성업 중이며, 원룸형태의 주거 형태가 많은 편이다. 한국고등학교는 2003년에 개교한 학교로 일반학급 30학급(특수학급 1학급)으로 편제되어 있으며, 교직원은 73명으로 구성되어 있다. 재학생들은 대부분 ○○시 지역 동부에 위치한 중학교 출신이다.

〈표 1〉 한국고등학교 연구 대상자 특성

변인유목		빈도	퍼센트	합계(%)
성별	남학생	220	63.0	349(100)
	여학생	129	37.0	
부 학력	중졸이하	90	26.0	346(100)
	고졸	232	67.1	
	대졸이상	24	6.9	
모 학력	중졸이하	37	10.7	347(100)
	고졸	273	78.7	
	전문대졸이상	37	10.7	
부 직업	전문직	23	6.6	347(100)
	공무원	120	34.6	
	회사원	147	42.4	
	자영업	34	9.8	
	기타(무직)	23	6.6	
모 직업	가사(무직)	101	29.1	347(100)
	가사와 부업	95	27.4	
	완전취업	151	43.5	

---

4. 학생들의 1-3학년 전체 학업성취 자료가 연구의 핵심적인 자료이기에 이를 제공받기가 쉽지 않았으며, 이에 대한 자료 제공이 가능한 학교를 섭외하는 과정에서 본 연구의 지역 및 학교가 선택되었음을 밝힌다.

가정 배경은 주로 부의 직업이 공단에 근무하는 회사원과 하위직 공무원이 주류를 이루고 있으며, 모의 취업이 많은 것이 특징이라고 할 수 있다. 입학생들의 성적은 비평준화 지역의 신설 학교인 까닭에 전반적으로 낮은 편으로 ○○시 지역의 전체 중학교 학생들 가운데서 중하위권의 학생이 주류를 이루며, 일부가 중상위권 및 최하위권 학생들로 구성되어 있다. 그리고 ○○시의 일반계 고등학교 간의 고교 진학성적 비교에서는 대부분의 학생이 하위권의 내신성적에 해당되며, 전국 모의고사 성적에서도 중위권에서 하위에 해당되고 있다.

본 연구의 목적을 효과적으로 수행하기 위해 본 연구에서는 통합 연구 방법론(Mixed Methodology)을 적용했는데, 특별히 다양한 통합 연구 방법 중 '설명 설계(explanatory design)' 모형을 활용하여 연구가 수행되었다. 설명 설계 모형의 경우 연구 과정을 두 단계로 구분하여 1단계에서 양적 자료를 수집하고, 2단계에서 1단계 수집 자료를 설명해 줄 수 있는 질적 자료를 활용하는 설계 모형(Creswell et al., 2007; 이현철 외, 2013)으로서 본 연구의 목적인 남녀공학에서의 수학 내신 성적과 수행평가 산출 과정에 대한 문제를 효과적으로 분석하는 데 유용하게 활용되었다.

통합 연구 방법론을 바탕으로 본 연구의 자료 수집은 한국고등학교 전체 학년의 전후 학기 6학기 모두의 수학 교과의 성적(수행평가와 지필평가)을 수집하여 활용했으며,[5] 설문에 참여한 학생이 349명이었으나 이 가운데 전출입 학생을 제외하고 3년간 지필평가와 수행평가의 모든 점수가 확인되는 학생인 336명을 최종적으로 활용했다. 수집된 자료들의 경우 SPSS 18.0을 통해 기술통계, 공변량 분산분석을 실시했다.

또한 질적 자료의 경우 교과 내신성적 결정과정에서 발생하고 있는 실제적인 학교현장의 모습을 살펴보기 위해 연구 참여자(n=9)를 〈표 2〉, 〈표 3〉을 같이 교사와 학생으로 구성하여 이들을 대상으로 심층면담과 FGI(Focus Group Interview)를 적용했다. 이들의 경우 현재 한국고등학교 재직 교사들과 남녀공학 출신학생들이며, 수학 교과의 내신 성적 산출에 있어 수행평가와 지필평가에 대한 의견과 경험을 중심으로 면담이 진행되었다. 면담의 전 과정은 보이스레코드에 의해 녹음되었으며, 이후 전사작업을 통해 코딩작업을 수행하여 주제들을 도출했다.

이러한 통합 연구 방법이 적용된 양적 및 질적 접근은 본 연구에서 설정한 연구 문제를 효과적으로 보여 줄 수 있다고 판단되었다. 먼저 설명 설계 모형의 1단계에서는 양적 자료를 수집하여 실증적으로 남녀학생 간의 학업성취 차이를 확인하며 그 주요한 이유가 되는 과정변수를

---

5. 본 연구에서 고등학교 2학년과 3학년의 성적은 인문반과 자연반에서 공통적으로 학습하는 "수학 1"과 "확률과 통계" 과목의 성적을 활용했음을 밝혀 둔다.

〈표 2〉 한국고등학교 교사 면담 대상자

대상	성별	연령	교직 경력	결혼 유무	과목	특징
교사A	남	40대 후반	22년	유	수학	학교 부장
교사B	여	40대 중반	18년	유	수학	교직원노동조합 활동
교사C	남	30대 초반	5년	유	수학	유능하고 활발한 성격
교사D	여	30대 초반	7년	무	수학	학생들에 대해 헌신적임

〈표 3〉 남녀공학 출신 학생 면담 대상자

대상	성별	연령	직업	대학계열	고교계열	비고
학생A	남	26	대학생	자연계	인문계	학업성취가 높음
학생B	남	25	대학생	공학계열	전문계	*
학생C	여	22	대학생	인문계열	인문계	학업성취가 높음
학생D	여	23	대학생	사범계열	인문계	학업성취가 높음
학생E	여	21	대학생	사범계열	인문계	*

도출한다. 그런 다음 2단계에서는 도출된 과정 변수가 어떠한 맥락에서 진행되는지를 질적 접근을 통한 연구 참여자들의 설명을 통해 그 심층적인 과정들을 확인함으로 연구 주제 및 문제의식에 답을 하고자 했다.

이를 통한 연구 결과는 다음과 같다. 먼저 양적 분석을 통해 수학 지필고사의 경우 성별에 따른 통계적인 의미 있는 차이를 나타내지 않았다. 그러나 수학과의 수행평가 결과는 성별에 따라 통계적으로 유의미한 차이를 보이고 있으며, 이는 학업성취의 차이를 만들어 내는 요소로 작용하고 있었다. 다음으로 질적 분석을 통해서는 남녀공학 내 내신 성적 산출과 관련된 문화 맥락적인 주제들을 도출했다.

9. 교육비평 방법론

교육 비평의 개념이 제기된 지 거의 30년이 지났지만, 우리나라의 질적 연구자들에게 교육 비평이란 아직도 낯선 단어이다. 서구의 경우, 많은 질적 연구의 저서들에서 교육 비평을 교육학/교육과정 분야의 중요한 질적 연구 방법 중 하나로 간주하고 있고, 이에 따라 교육과정 및 여러 분야의 연구자들이 교육 비평을 활용하여 수많은 학문적 성과를 내보이고 있다. 최근의 연구들을 살펴보면, 현재의 교육 비평은 교육평가 및 질적 분석의 새로운 모델로 각광을 받고 있다는 것에 주목할 수 있을 것이다. 특히 교육평가와 프로그램 평가의 한 중요한 탐구 분야로 연구되고 있고, 앞으로도 수많은 질적 연구에 교육 비평이 중요한 연구 방법으로서 활용될 것으로 보인다. 즉, 교육 비평의 역사적 발달과 공헌 그리고 그 흔적은 서구 질적 연구의 방법론 영역에서 확연히 알 수 있다. 이에 질적 연구의 다양한 접근법을 다루는 이 책에서도 여러 서구의 중요한 질적 연구물들과 교육 비평에 대해 소개한 내용들을 제시하고자 했다. 이와 관련하여 구체적으로 제10장을 참고하면 될 것이다.

기본적인 개념으로서 교육 비평은 용어 그 자체에 나타나 있듯이, 중요한 개념은 바로 교육과 비평이다. 그리고 이 두 가지가 통합되어 있음을 예상할 수 있을 것이다. 교육 비평은 일반적으로 Eisner가 제시한 교육 비평(educational criticism) 개념을 지칭한다는 것을 알아 두도록 하자. 교육 비평의 개념은 우리가 일반적으로 생각하는 예술작품 비평에서 모티브를 따온 것이다. 즉, 순수 예술 비평에서 착안한 것으로 학교나 교실, 그 밖의 현장에서 발생하는 다양한 현상을 기술하고 분석하는 대안적인 연구 방법론이라고 할 수 있다(Flinders & Eisner, 1994).

Eisner의 학문적 성장 배경에 미술교사로서의 경력이 있었다는 것을 생각해 보면, 교육 비평 개념이 등장한 것이 필연적이라고 느낄 수도 있을 것이다. 다만, 비평(criticism)에 대해 일반적으로 우리가 알고 있는 정의는 '어떤 것의 품질이나 성격에 관해 좋고 나쁨에 대한 자신의 의견 혹은 판단을 표명하는 것'이다. 그러나 이러한 사전적 의미는 질적 연구에서 비평을 정의하기에는 부족하다. 따라서 여기서 설명하고자 하는 비평의 개념에는 좀 더 예술적인 측면이 첨가되어야 할 것이다. Eisner는 그동안 잘 고려되지 않았던 문학, 미술, 음악, 무용과 같은 예술과 관련된 비평 작업을 통해 그동안 과학적이고 객관적, 수학적 근거에 기반하고 있던 비평에 예술적인 요소를 가미하고 비평의 개념 자체를 연구의 수준, 특히 교육과정 연구의 수준까지 끌어올리려고 했다. 물론 그 전에도 예술과 비평에 관해 주장한 학자가 있었다. 그는 다름 아닌 Dewey이다. 그는 이미 예술과 과학의 분리에 대해 비판했고, 일상에서 연속적으로 나타나는 예술과 과학 간에는 상호작용하는 계기가 있으며, 서로 떼어놓고는 생각할 수 없는 것이라고 주장하기도 했다(Dewey, 2005). 제10장에서는 이러한 질적 연구의 신선한 접근으로서의 교육 비평 방법론에 대해 구체적으로 다루고 있다.

연구예시

「세 가지 시선으로 수업 읽기: 초등 사회 문화재 수업에 대한 수업 비평」(이혁규, 2011)의 일부 정리 및 요약

교육 비평은 수업을 주의깊게 관찰하고 그 속에 담겨진 의미와 성찰을 드러내는 연구 방법이다. 교실에서 이루어지는 수업은 다양한 의미를 함축하고 있는 삶의 형식이며, 그 의미들을 풍부하게 읽어내기 위해서는 다양한 읽기가 활성화될 필요가 있다(이혁규, 2011). 즉, 수업은 질적 연구에서 가정하는 연구 현장과도 유사한 측면이 있다. 질적 연구가 인간의 삶을 심층적으로 파고들어 숨겨진 이야기를 드러내듯이, 교육 현장과 수업의 여러 모습을 예술적으로 바라보려는 교육 비평은 그 모습이 상당히 닮아 있다.

비평에도 여러 가지 종류가 있는데, 대표적으로 제시할 수 있는 비평은 문학 비평이다. 문학 분야에서는 지금도 수많은 종류의 비평이 이루어지고 있다. 헤아리기 어려울 정도로 많은 비평 유형들이 존재한다. 문학 비평은 문학 작품의 의미를 풍부하게 해독하는 데 나름의 고유한 기여를 한다. 문학 비평만큼 활성화되어 있지는 않으나 미술과 음악 분야에서도 비평은 이미 익숙한 연구 방법론이다. 그리고 교육 비평은 가장 미숙한 방법론이다. 비평, 음악 비평, 연극 비평 등 다른 활동 영역들도 다양한 비평 장르들을 발전시켜 가고 있다.

한편 수업 비평은 교사와 학생 사이에서 연행되고 소멸되는 일회적 수업 실천을 기록하여 다양한 의미 해석이 가능한 텍스트로 변환하고 이에 대한 다양한 읽기를 시도하는 작업이다. 그리고 특정한 수업 실천에 관심을 가지는 많은 독자들이 스스로 비평가로 참여하거나 혹은 전문 비평가가 산출한 비평문의 독자로 참여할 수 있도록 함으로써 수업 현상의 의미 이해와 해석 과정에 공동체적으로 참여하는 질적 연구 방법이다. 이를 통해 수업 현상의 잠재적 의미를 새롭게 해석하고 다시 실천할 것을 강조한다.

다만 교육 비평은 아직은 그 가능성에 대해 초보적 논의가 시작되고 있는 수준에 머물러 있다. 아직 우리 교육 현장은 수업에 대해 획일적인 사고를 강요한다. 학교별로 진행되는 공개 수업이나 수업 연구 대회 현장에 가 보면 수업에 대한 전통적인 관점이 절대적인 진리인 것처럼 적용되는 것을 확인할 수 있다. 이것은 수업 속에서 다양한 의미를 읽어내는 과정이 없다면 새로운 수업을 펼칠 수 없다는 결론을 이끌어 낸다.

그럼에도 불구하고 교육 비평은 이제 교육과정 연구에서 작은 연구의 흐름으로 자리잡고 있으며 현장 교사들에게도 어느 정도 알려져 있다. 그러나 여전히 교육 비평은 이론적이고 실천적인 측면에서 좀 더 발전해야 할 필요성을 갖고 있다. 교육 비평의 개념과 방법에 대한 이론적 배경을 강화하는 작업과 더불어 교육 비평이 꾸준히 실천될 수 있도록 학술 공동체를 강화하고 정기적으로 이야기를 공유하는 작업이 필요하다.

교육 비평 연구의 예시로서 제시한 이 연구는 교육 비평의 가장 대표적인 형태인 수업 비평과 관련된 연구로서, 주제는 초등학교 4학년 사회 교과의 문화재 수업에 관한 수업 비평 연구이다. 구체적으로는 하나의 수업 사례에 대한 다양한 비평의 가능성을 탐색하고 실제로 수업 비평을 시도하는 데 목적이 있다. 수업을 체계적으로 비평하기 위해 실제 수업을 녹화하고 관찰했으며, 세부적인 내용은 전사하여 심층적으로 분석했다. 이를 바탕으로 세 가지 시선으로 수업 읽기를 시도했다. 이 작업을 위해 우선 수업 비평의 텍스트성과 수업 비평의 유형에 대한 이론적 탐색을 수행했다. 그리고 문화재 수업의 의미를 풍부하게 읽어내기 위해 어떤 방식의 읽기가 바람직한지에 대한 탐색의 과정을 거쳐서 수업의 효율성을 중시하는 읽기, 수업의 지휘자인 교사 읽기, 수업의 교과적 의미 읽기의 세 가지 관점에서 문화재 수업에 대한 비평적 읽기를 수행했다.

본 연구의 연구 결과는 다음의 세 가지로 나타낼 수 있었다. 첫째, 수업의 효율성을 중시하는 시선에서는 체크리스트를 사용할 때 포착되는 수업의 의미를 찾아내었다. 둘째, 수업의 지휘자인 교사 읽기에서는 교사의 생애사적 경험 속에서 수업 실천이 지니는 의미를 다시 한 번 점검했다. 셋째, 수업의 교과적 의미 읽기에서는 교과 변환의 차원에서 수업의 의미를 이해할 수 있었다. 하나의 수업에 대해 교육 비평적 연구 방법을 활용하여 다양하게 분석하고 예술적으로 비평해 보는 작업은 수업의 다층적인 의미를 드러내는 데 유용했다. 또한 수업의 의미를 깊이 있게 읽어내는 활동은 교사와 교육학자들에게 많은 영감을 줄 것으로 기대된다.

10. 인터넷 문화기술지

인터넷 문화기술지는 질적 연구의 다양한 지적 전통 중에서 가장 최근에 등장한 연구 방법이다. 이는 '인터넷'과 '문화기술지' 또는 '질적 연구'라는 두 단어가 합성된 것으로 인터넷상에서 질적 연구를 한다는 뜻이다. 실제로 연구 방법으로서 인터넷 문화기술지는 온라인 커뮤니티와 문화 연구에 적용되어 왔다. Markham(1998)과 Baym(1999)은 '인터넷 질적 연구'라는 보다 일반적인 용어를 사용해 왔으며, Hine(2000)은 온라인 커뮤니티를 연구하기 위해 '가상 문화기술지(virtual ethnography)'라는 용어를 사용했다. 이후 웹 공간에서 수행되는 문화기술지라는 의미를 가진 'webnography', 아날로그 세대와 구분되는 것으로 디지털 세대를 강조하는 의미의 'digital ethnography', 오프라인 중심의 실생활

공간과 온라인 중심의 사이버 공간을 구분하기 위한 'cyberanthropology' 등의 용어가 사용되고 있다(Kozinets, 2010). 보다 일반적인 용어로는 네트워크에서 수행되는 질적 연구라는 의미의 'qualitative research in network'가 사용되기도 했다. 최근에는 'network'와 'ethnography'가 결합된 것으로 'netnography'라는 용어가 사용되고 있다(Kozinets, 2010).

이러한 인터넷 문화기술지의 일반적 개념은 전통적 문화기술지와의 비교를 통해 보다 구체화될 수 있다. 인터넷 문화기술지는 테크놀러지의 사용으로 물리적으로 흩어진 사람들이 화면을 통해 함께 공간을 공유하는 특별한 가상공간을 형성하기 때문에 필드의 개념이 근본적으로 다르다(Miller & Slater, 2000). 이로 인해 연구자의 역할, 자료 수집방법, 참여기간, 비교문화기술지의 가능성에서 전통적인 문화기술지와 차별적인 모습을 보이게 된다. 특히, 인터넷 문화기술지는 장기간의 몰입과정이 아니라 간헐적인 참여과정으로 구현된다. 이것은 인터넷 문화기술지에 융통성을 부여하면서 전통적인 문화기술지에서 연구 팀 없이는 불가능했던 비교문화기술지(comparative ethnography)를 단 한 명의 연구자가 실행할 수 있도록 한다.

〈표 4〉 전통적 문화기술지와 인터넷 문화기술지의 비교(김영천, 2013, p. 597)

구분	전통적 문화기술지	인터넷 문화기술지
필드 개념	실생활(real life): 특별한 문화적 삶을 영위하고 있는 공간으로 직접 이동하여 그들의 삶을 직접 공유	인터넷 가상공간(virtual space): 테크놀러지의 사용으로 물리적으로 흩어진 사람들이 화면을 통해 같은 공간을 공유
연구자의 역할	참여 관찰: 실제 커뮤니티에 몰입	참여 관찰: 인터넷 접속을 통한 참여
자료 수집 방법	사람들과의 실시간 만남을 통한 접촉	이미 존재하는 정보 수집처: SNS, 인터넷 포럼 등
참여 기간	장기간의 몰입 과정	간헐적인 참여 과정
비교문화기술지의 가능성	연구 팀 없이는 불가능	한 명의 연구자가 실행 가능

연구예시

「한 초등학교 교사들의 SNS 활용 특성에 관한 인터넷 질적 연구―'밴드'를 중심으로」 (오영범, 2016)의 일부 정리 및 요약

본 연구 과정에 참여한 주요 대상은 구름초등학교 교사들이다. 구름초등학교는 6학급의 소규모 학교로 각 학년별 한 학급으로 이루어져 있고, 교사들은 1학년부터 6학년까지 각 한 명 씩의 담임교사, 전담교사, 특수교사로 구성된 총 8명으로 이루어져 있었다. 8명 중에서 5명 의 교사들은 2014년까지 구름초등학교에서 1년 이상 근무해 오고 있었고, 3명의 교사들은 새 롭게 전입해 온 2명과 2년간의 육아 휴직을 마치고 복직한 교사 1명으로 이루어져 있었다. 연 구자 역시 구름초등학교 교사로서 전담교사를 맡고 있으며 3년째 근무해 오고 있는 상황이 다. 구름초등학교 교사들은 2015학년도가 시작되면서 상호 긍정적인 관계를 맺기 위한 다양 한 모습들을 보였다. 학교 교육과정 운영 과정에서 먼저 손을 내밀어 도움을 제공하는 개인들 의 노력들이 결합되어 유기적인 협력 체제로 발전하는 모습을 보였다. 특히, 매일 협의회 시간 에 함께 먹을 간식을 제공하거나 동료교사들의 사적인 일들에도 애정과 관심을 보임으로써 긍 정적인 학교 공동체를 형성할 수 있었다. 이러한 사전 라포 형성이 '밴드'를 만든 계기가 되었 고, 2015년 3월 13일에 '행복한 구름초등학교'라는 이름으로 밴드를 개설하게 되었다. 밴드가 개설된 이후, 구름초등학교 교사들은 밴드에 적극적으로 참여하는 왕성한 활동 모습을 보였 다. 각자의 일상을 공유하고, 업무에 필요한 중요한 내용을 밴드에 공지하며 축하·위로 등 감 정을 교류하는 등 다양한 참여 모습을 보이고 있었다. 이 과정에서 연구자는 교사들이 구축하 여 운영하고 있는 SNS로서의 밴드 활동을 통해 어떠한 특징이 내포되어 있는지를 밝히기 위해 인터넷 질적 연구를 수행하고자 마음먹었다. 즉, 연구자가 연구 참여자들과 공존하는 동일한 학교공동체 맥락에서 참여 관찰이 용이하다는 점, 사전 라포 형성이 전제되어 질적 연구 수행 을 위한 현장 들어가기의 수월함이 연구 수행의 주요 요인으로 작용하게 되었다. 이를 구체화 하기 위해 연구자는 연구 주제를 설정한 후, 밴드를 통해 연구 참여자들과 공유하고 그 필요 성을 설명함으로써 연구 허락을 받아낼 수 있었다. 2015년 12월까지 약 10개월 동안 밴드를 통해 연구 참여자들이 게시한 글은 총 238개(연구자 게시글 37개 포함)에 이른다.

　　자료 수집은 구름초등학교 교사들이 온라인에 구축하고 있는 SNS인 밴드를 통해 이루어 졌다. 연구 참여자들이 탑재하는 글, 사진, 동영상, 그리고 다양한 유형의 자료 등에 민감성 을 가지고 연구의 목적을 달성하기 위해 코딩하고 범주화하는 데 활용했다. 특히, 밴드를 통 한 자료 수집은 질적 연구를 수행하는 연구자에게 엄청난 시간과 노력을 절약하는 효과를 가 져다주었다. 왜냐하면, 인터넷 질적 연구의 관점에 의하면 연구 참여자들이 게시하는 모든 글 이나 자료는 온라인 데이터베이스에 그대로 저장되기 때문에 전사 작업에 대한 효율성을 제공 하기 때문이다(오영범·김영천, 2013). 즉, 연구 참여자들이 게시히 ᄂ 자료를 확인하면서 동시 에 코딩 및 범주화 작업을 진행하는 질적 자료 분석의 유기적 작업의 효율성까지 더해 주었다. 또한 Kozinets(2010)는 인터넷 질적 연구의 자료 수집 방법으로 온라인 자료와 함께 연구자의 의도성이 가미된 유도 자료, 필드노트 자료 등을 활용할 것을 제안하고 있다. 따라서 연구자는 연구 참여자들인 동료교사들을 대상으로 오프라인 인터뷰와 연구자가 밴드 활동을 통해 드러난 상호작용의 의미, 연구자의 참여와 소감 등을 기록한 필드노트 자료를 통해 자료를 수집했다. 더불어, 연구자는 밴드 활동에 적극적으로 참여하면서 의도적인 글을 탑재하고, 다른 사람들의 게시 글에 적극적으로 반응하면서 유도 자료를 수집할 수 있었다.

연구자는 동료 교사들과 함께 동일한 학교 공동체 맥락에서 공존하기 때문에 면대면으로 인터뷰를 실행하기가 용이했다. 인터뷰의 방식은 비구조화된 인터뷰 방식을 활용했다. 연구자는 자연스러운 대화 장면에 참여하면서 보다 세부적인 정보가 필요할 경우에는 연구에 필요한 의도적인 질문을 할 수 있었다. 자연스러운 대화 맥락의 지속을 위해 대화 내용을 녹음하지는 않았다. 대신 연구 참여자들과의 대화가 마무리되면 특징적으로 포착되었던 내용 혹은 자료 분석에 의미를 부여할 수 있는 내용 등을 중심으로 즉각적으로 문서화했다. 왜냐하면, 생생한 대화 내용이 기억력의 한계로 인해 사라지는 것과 새로운 유의미 자료의 출현으로 이전의 자료가 소진되는 현상을 방지하기 위한 연구자의 의도가 숨어 있었기 때문이다. 마지막으로 연구자는 필드노트 자료를 수집했다. 이것은 구름초등학교 교사들이 밴드 활동을 통해 드러나는 상호작용, 특징, 의미, 그리고 연구자의 참여를 통한 소감에 대해 기록한 글쓰기 자료를 말한다. 필드노트 자료는 밴드에 탑재된 내용, 동료 교사들을 대상으로 실시한 인터뷰 자료를 바탕으로 코딩하고 범주화하는 작업을 통해 의미 있는 주제를 생성하는 데 직접적인 도움을 제공했다.

수집된 질적 자료의 관리 및 분석은 한국형 질적 자료 분석 소프트웨어(Computer Assisted Qualitative Data Analysis Software; 이하 CAQDAS)인 '파랑새2.0(www.thebluebird.kr)'을 활용했다(오영범·이현철·정상원, 2016). 최근 질적 연구는 연구 수행과정에서 축적되는 방대한 질적 자료를 효율적이고 체계적으로 관리하기 위해 NVivo, MAXQDA, ATLAS.ti, The Ethnograph 등과 같은 CAQDAS를 활용함으로써 연구자로 하여금 연구의 전 과정을 유기적인 관점으로 조망하면서 신뢰도를 높일 수 있는 도움을 제공하고 있다. 밴드에 탑재되는 모든 내용은 '파랑새2.0'을 활용하여 즉각적으로 불러와서 코드화하고 범주화하면서 동시에 의미 있는 주제를 도출하는 작업을 수행했다. 코딩을 통한 범주화, 주제 발견으로 이어지는 질적 분석 과정은 선형적이고 단계적인 과정이 아니라, 연구자의 지속적인 반성적 성찰과 이론 탐색을 통한 비교와 통합으로 수정, 반복되는 점진적 주관성을 탐색하는 유기적인 과정이다. 따라서 이미 생성된 범주나 주제는 연구의 목적을 효과적으로 부각시켜 줄 수 있는 주제로 안착할 수 있을 때까지 수차례 수정 및 통합되는 재해석의 반복적인 과정을 통해 완성할 수 있었다.

연구자는 질적 연구 수행의 타당도를 위해 세 가지 접근 방법을 활용했다. 첫째, 연구자는 자료 수집의 삼각검증을 통해 연구의 타당도를 확보했다. 인터넷 질적 연구에서는 연구의 타당도 확보를 위해 온라인 공간에서 수집되는 자료 외에도 다양한 자료를 수집할 것을 요구하고 있다(Kozinets, 2010). 본 연구에서는 구름초등학교 교사들의 온라인 공간인 밴드 외에도 오프라인 인터뷰, 그리고 연구자의 필드노트 자료를 활용함으로써 특정 자료가 설명하지 못하는 현상을 다른 자료로 보완할 수 있도록 하거나 연구자가 부각시킨 한 현상에 대해서도 다양한 각도에서 심층적으로 기술함으로써 타당도를 확보했다. 둘째, 연구자는 인터넷 질적 연구에서 부각되는 문제인 '인터뷰의 패러독스'를 극복하는 방법을 통해 연구의 타당도를 확보했다. 온라인 공간을 통해서만 자료 수집이 이루어질 경우 해석의 적절성, 연구의 타당도 등의 문제가 제기되기 때문에(오영범·김영천, 2013), 이러한 문제를 해결할 수 있는 방법으로 온라인과 오프라인을 통합하여 자료를 수집했다(Orgad, 2004; Sade-Beck, 2004). 예를 들어, 한 연구 참여자가 탑재한 밴드 내용을 바탕으로 그 글을 게시한 목적과 의도, 관련 맥락, 그리고 파생되는 의문점 등을 보다 상세하게 파악하기 위해 면대면 인터뷰를 병행했다. Hine(2000)은 온라인에서의 참여 관찰한 결과와 그 구성원을 면대면으로 직접 만나 인터뷰한 결과 사이에 차이가 발생할 수 있는 우려를 언급하면서, 이러한 온라인과 오프라인의 비연속성의 문제를 '인터뷰의 패러독스'라고 칭했다. 따라서 연구자는 이러한 오류를 해소하기 위해 밴드를 통해 수집된 자료를 인터뷰 내용과 연결시킴으로써 밴드의 특징과 의미를 연구자가 자의적으로 해석하는 데서 기인하는 오류를 최소화하려고 노력했다. 예를 들어, 연구 참여자가 탑재한 밴드 내용을 바탕으로 그 내용을 게시한 목적과 의도, 관련 맥락, 그리고 파생되는 의문점 등을 보다 상세하게 파악하기 위해 면대면 인터뷰를 병행했다. 셋째, 연구자는 2인의 질적 연구 전문가들(C대학교 교육학과 K교수, J대학교 교육학과 L교수)로부터 연구가 진행되는 전 과정에 대해 검토받았다. 연구 계획서, 질적 자료 분석, 주제 발견, 연구의 완성에 이르기까지 전 과정

[그림 2] 본 연구에서 활용된 자료들 (논문 내 그림 제목: 밴드를 통한 비형식적 학습의 촉진, p. 307)

에 대한 지속적인 검토를 통한 피드백으로 충실한 질적 연구가 될 수 있도록 반영했다. 특히, 수집한 자료의 해석과 주제 도출로 연계되는 과정에서는 밀도 있는 검토를 통해 의미 있는 주제를 도출하는 데 기여했다.

　연구 결과 구름초등학교 교사들이 밴드를 사용하는 네 가지 주요 특징으로는 첫째, 공유와 소통을 통한 관계의 확장 및 의사결정의 공간, 둘째, 학습과 성찰을 촉진하는 비형식적 온라인 연수 공간, 셋째, 마음 나누기로 신뢰를 구축하는 정서적 교감 공간, 넷째, 수평적 동질성과 초청에 의해 수용되는 폐쇄적 공간으로 드러났다. 연구자는 이러한 네 가지 특징이 연구가 수행되는 맥락, 역동성, 그리고 실제성을 풍부하고 사실적으로 드러날 수 있도록 기술하고 해석했다. 이를 바탕으로 교육적 측면에서 바라본 밴드 사용의 구체적 아이디어로 효율적인 학교운영의 수단, 관계 증진의 유용한 도구, 온라인 학습 공간의 세 가지를 제시했다.

---

11. 내러티브 탐구

내러티브 탐구(narrative inquiry)는 일반적으로 쓰는 '내러티브 연구'라는 표현에 비해 좁은 의미이며, Clandinin과 Connelly가 정립한 내러티브 연구 이론을 주로 지칭한다. 내러티브 탐구가 새로운 질적 연구/사회과학 탐구의 방법으로 등장한 배경은 그 역사에서 쉽게 찾을 수가 있다. 내러티브 탐구는 인간의 경험을 탐구하는 가장 오래된 연구 방법이면서 생활의 표현 방법이었다. 그리고 이러한 표현의 방법은 실증주의 패러다임의 강조로 잠깐 사라졌다가 탈실증주의 연구문화의 등장으로 다시 전면으로 나타나기 시작했다. 즉, 20세기 초까지는 인간의 경험을 객관화하고 보편화한 전통적 실증주의가 인간을 이해하기 위한 주요한 패러다임으로 발달해 왔지만 이러한 접근법이 인간 경험 중심의 다양하고 복잡한 주제들을 충분하게 설명하지 못한다는 인식이 확산된 것이다. 이러한 추세 속에서 인간의 삶 속에 나타나는 다양하고 복잡한 경험을 심층적으로 이해하기 위한 방법으로 '내러티브 탐구'가 이론화되기 시작했고 질적 연구의 새로운 방법으로 주목을 받기 시작했다. 이러한 내러티브 탐구의 방법적인 특성은 삼차원적인 공간을 이해하는 것에서 확인할 수 있다. Clandinin과 Connelly(2000)는 한 개인이 가진 경험의 의미를 묘사하고 이해하기 위해서는 크게 내러티브의 주요 요소인 ① 연속성 상황, ② 맥락, ③ 상호작용 특성을 고려해야 한다고 강조했다. 그리고 이러한 세 가지 요소는 다음과 같은 세 가지 차원으로 특징화된다고 했다. ① 시간적 차원, ② 공간적 차원, ③ 개인적·사회적 차원. 그리고 연구자는 삼차원적 탐구공간에 위치한 당사자의 내러티브를 어떠한 틀로 재구성할지 결정하기 위해 다음과 같은 네 가지의 방향성을 고려해야 함을 제시했다 (Clandinin & Huber, 2002). ① 내적 지향(inward), ② 외적 지향(outward), ③ 과거지향(backward), ④ 미래지향(forward). 여기에서 내적·외적 지향은 개인적·사회적 차원과 연관되는 것으로 내적 지향은 개인이 갖는 내재적 조건 및 상호적으로 '느낌, 희망, 심미적 반응, 도덕적 성향 등'을, 외적 지향은 개인의 주변을 둘러싸고 있는 환경의 조건 및 상호작용을 의미한다(Clandinin & Connelly, 2000). 과거지향과 미래지향은 시간의 연속성(continuity)을 의미하는 것으로 과거, 현재, 미래의 시간 속에서 일어나는 연속적인 경험들을 모두 포함하게 된다. 이에 연구자는 개인의 경험을 반영하는 내러티브를 삼차원적인 탐구 공간 안에 위치시키고 그 안에서 내적·외적·과거·미래지향과 상황이라는 방향성을 고려해야 한다. 이때 연구자가 특정 차원과 그와 연관된 방향성에만 중점을 둔다면 내러티브 재구성의 틀은 달라진다. 즉, 개인의 경험을 시간적 차원을 중심으로 확인하고자 할 때, 연구자는 개인의 경험이 과거와 현재, 미래에 어떠한 의미를 갖는지에 보다 중점을 두게 되고, 공간적 차원을 중심으로 할 때는 개인의 경험을 어떠한 상황에 위치시키는가에 중점을 두게 된다. 또, 연구자가 개인적·사회적 차원을 중심으로 개인의 경험을 확인한다면 개인의 내적 조건 및 상호작용과 개인의 외적 조건 및 상호작용 안에서 경험이 갖는 의미에 중점을 두게 된다.

연구예시

「영어 관념의 유동성과 교사 정체성의 다중성 ― 한 초등영어교과 전담교사의 삶에 대한 내러티브 탐구」(홍영숙, 2014)의 일부 정리 및 요약

본 연구는 한 초등학교 영어교과 전담교사의 교사로서의 삶의 이야기를 탐구하고자 한다. 한국사회가 영어를 lingua franca(국제어)로 인정하고 영어가 가지는 힘과 가치를 인식하고 있음은 '영어광풍'이라는 신조어의 출현을 통해서도 잘 알 수 있다. "영어 사용 능력을 갖춘다는 것은 물질과 사회적 성취, 혜택 등을 누릴 수 있는 잠재력을 확보하는 것이며 마치 알라딘의 램프를 소유하는 것과 같은 것이다. 영어란 사회적 성공과 사회이동을 위한 별도의 무기이며, 한마디로 말해 '파워'이다"라고 Kachru(1986: 1)가 일갈한 것처럼, 우리 사회에도 이 같은 영어에 대한 인식이 지배적이다. 이와 같이 현상으로 드러나 영어에 대한 사회적 인식 속에서 초등학교에서 비원어민으로 영어만을 가르치는 연구 참여자는 어떠한 영어 관념을 형성해 가는지, 그리고 형성된 영어 관념은 그가 영어 교사로서 살아가는 삶의 이야기 구성에 어떻게 작용하는지를 연구 참여교사의 영어 학습과 교수에 관한 자전적 내러티브의 이해와 분석, 해석을 통해 드러내고자 했다.

본 연구를 위한 구체적인 연구 과정은 우선적으로 연구 참여교사와의 첫 만남에서, 연구의 주제와 사용될 연구 방법에 대한 개괄적인 설명이 있었고, 자료의 수집은 면대면 인터뷰가 주를 이룰 것이며 이는 녹음된다는 것과 참여교사의 익명성은 보장되며 수집된 자료를 바탕으로 학술지의 출판이 이루어질 수 있다는 것을 설명했고, 이에 대한 참여자의 동의서를 작성하여 한 장씩 나누어 가졌다. 연구의 수행을 위한 자료의 수집과 분석은 다음과 같이 진행되었다.

첫째, 한 명의 연구 참여교사와의 면대면 인터뷰 대화를 가졌다. 본 연구는 2013년 5월부터 10월까지 6개월에 걸쳐 연구자가 참여교사의 학교를 방문하여 참여자의 학교 교실에서 인터뷰 대화가 이루어졌으며, 횟수 및 인터뷰 시간은 총 9회에 회당 1시간 반에서 2시간 반이 소요되었다. 이 인터뷰는 비형식적이고 격식 없이 편안한 상태에서 진행되었는데, 이는 대화형식의 비형식성이 연구 참여자의 경험을 반추하고 이를 연구자와 좀 더 공유할 수 있도록 북돋을 수 있기 때문이다(Mitton, 2008). 모든 대화는 녹음되었으며 전사의 단계를 거쳤고 전사물은 연구 참여자와 함께 보고 그 의미의 해석과 해석의 명확성을 위해 함께 논의했다.

둘째, 연구자가 참여자의 학교나 교실을 방문했을 때 참여자의 학교 상황(Professional Knowledge Landscape: Clandinin & Connelly, 1995)과 교수의 실제적 환경을 보고 느끼며 현장노트를 기록했다. 현장노트는 연구자가 참여자와 함께 하는 모든 연구의 장에서의 기록을 포함했으며 연구자의 연구현장 경험을 적은 개인 저널과 함께 반성적인 태도로 반복 분석되었다.

셋째, 연구자는 연구자 개인의 리서치 저널을 썼고, 참여자에게도 초등영어교과 전담교사로서의 삶 속에서 '내가 과연 누구인지 그리고 내가 무엇이 되어 가고 있는지(Who I am and who I am becoming)'에 대한 저널 쓰기를 권고했다. 저널 쓰기는 개인에게 자신의 경험을 이해할 수 있는 설명을 선사하는 강력한 방법(Clandinin & Connelly, 2000)이 되며 내가 정말 어디에 있는지를 발견하게 하는 방법이고 내 인생의 갈래(경험의 조각)가 각각 의미를 가지고 있다는 것을 느끼게(Scarton, 1982, p. 25) 해 주는 방법이다. 연구 참여자는 영어전담교사를 하면서 깨닫게 된 교사로서의 인식과 가치의 변화를 '한 초등교사의 다문화 인식과 삶의 가치 변화'라는 제목의 12쪽 논고를 작성하여 연구자와 공유했다.

마지막으로 연구자는 참여자에게 초등영어교과 전담교사로 살아가는 이야기 속에서 어떠한 의미를 형성하게 했던 중요한 사건이나 시간, 느낌, 사람에 대한 기억을 떠오르게 하는 물건이나 사진, 서류 등을 가지고 대화를 나누었다.

본 연구의 연구 참여자는 교대를 졸업한 후 23년간 초등학교에서 교사로 근무하고 있는 자이다. 영어교과 전담교사를 맡기 시작한 것은 2006년부터이며 그 이후 지금까지 영어교과만을 가르치고 있고, 수석교사가 된 올해(2013년)도 수업은 영어만 담당하고 있다. 영어전담교사로 근무했던 학교는 2개 학교로 2006년부터 2009년까지는 가나초등학교에서, 2010년부터 2013년 현재까지는 다라초등학교에서 총 8년 동안 영어를 교과전담으로 가르치고 있다. 8년 중 2006년과 2007년을 제외한 6년 동안 5명의 원어민 보조 교사와 협동 수업을 해 왔고, 원어민 관리 교사의 업무도 함께 해오고 잇다. 연구 참여교사는 현재 영어교과 전담교사의 정체성과 더불어 영어교육을 전공히는 박사과징 학생의 정체성노 함께 가지고 있는 자이다.

연구자가 내러티브 탐구를 통해 초등영어교과 전담교사의 삶에 대한 이해와 시사점의 경우 다음과 같다. 첫째, 영어전담교사는 교사 정체성 형성에 있어서는 취약하나 '전제된 영어 능력'으로 인하여 학교사회에서는 심리적으로 우월한 위치를 차지한다. 영어전담교사는 타 전담교사와 마찬가지로 학생들과 인간적 관계성을 확립하는 데 있어 담임교사보다 매우 열악한 조건에 위치하기 때문에 교사로서의 정체성을 구축하는 데 혼란을 느낄 때가 많다. 그러나 교실 밖의 학교구성원에 둘러싸인 환경에서는 영어교사로서 기본적으로 갖추고 있을 것이라고 기대되고 전제되어진 영어능력을 인정받기 때문에 영어가 지닌 가치적 의미에 부합하여, 보이지는 않지만 심리적으로 우월한 위치에 놓이기 쉽다. 둘째, 영어 관념의 유도성은 전혀 다른 교사 정체성을 형성한다. 사회적으로 인식되고 있는 영어적 가치에만 천착하여 형성된 영어 관념은, 영어 교사를 더욱 큰 영어유창성의 부담으로 이끌어 '영어를 못하는 영어교사'의 정체성을 형성하나, 영어를 가르쳐야 할 콘텐츠로 인식하는 영어 관념은 원어민을 보조교사로 활용하는 정교사의 정체성을 형성한다.

셋째, 교사가 처한 환경에 따라 교사는 전혀 다른 교사 정체성을 형성한다. 본고에선 학습자의 영어 수준에 따른 연구 참여자의 교사 정체성 형성이 매우 다름이 드러났고, 교실 안과 밖이라는 환경의 차이에서 형성되는 교사 정체성의 상이함이 기술되었다.

넷째, 본 연구의 참여교사는 원어민영어 보조교사 제도의 본래적 취지와 외국어 교수에 대한 본래적 의미를 파악할 때, 원어민에 대한 영어 열등감에서 벗어날 수 있었다. 원어민과 co-teaching을 하는 영어전담 교사는 목표어의 원어민이 가지는 언어적 파워에서 자유롭기가 힘들다. 이 때문에 '정교사와 보조교사'라는 공식적인 권력 관계성이 뒤엉켜 버리는 경우도 종종 발생하지만, '보다 효과적인 영어 교수학습을 위해 정교사를 보조해 줄 영어 원어민을 고용했다'는 원어민영어 보조교사 제도의 본래적 취지를 확고히 새긴다면, 원어민과 같은 영어유창성의 부족에서 오는 열등감은 극복될 수 있을 것이다.

다섯째, 초등영어 교사 됨에 있어, 영어를 목적으로 보느냐 수단으로 보느냐에 따라 교사는 완전히 다른 이야기를 살아가게 된다. 영어를 '가르칠 콘텐츠'라는 목적으로 받아들일 때 교사는 가르치는 직으로서의 교사 정체성을 형성하게 되고, 영어적 가치에 천착하여 영어를 승진이나 과시, 영달의 수단으로 받아들일 때 교사가 살아갈 이야기는 완전히 다르게 구성될 것이다.

연구예시

「유아교육실습-예비교사들의 경험 이야기」(염지숙, 2003)의 일부 정리 및 요약

본 연구에서는 예비유아교사들이 실습기간 동안 실제로 어떤 경험을 하며, 그 경험의 의미가 무엇인가를 알아본 후 그들의 경험이 유아교사 교육자들에게 시사하는 바를 탐색하고자 했다. 이를 위해 구체적으로 설정하고 있는 연구 문제는 1) 예비유아교사들은 교육실습 기간 동안 어떤 경험을 하는가, 2) 예비유아교사들의 교육실습 경험은 그들에게 어떤 의미를 주는가, 3) 예비유아교사들의 교육실습 경험이 유아교사 교육자들에게 시사하는 바는 무엇인가이다.

본 연구에서의 자료 수집은 예비교사들이 사전 실습을 하고 있던 1993년 3월 중순부터 본 실습이 끝난 후인 5월 중순까지 2개월에 걸쳐 수집되었다. 자료 수집의 방법은 반성적 저널 쓰기와 대화였다. 대화는 참여자들의 시간제약으로 인해 주로 전화로 이루어졌다. 나(연구자)와 참여자 간 일대일 대화는 매회 30분에서 1시간에 걸쳐 이루어졌으며 실습 기간 동안 참여자당 일주일에 2~4회 실시되었다. 나(연구자)는 참여자들과 대화하면서 나(연구자)의 경험과 생각도 함께 나누었으며 구체적인 질문보다는 "오늘 하루 어땠어요?" 또는 "오늘 유치원에서 무슨 일이 있었나요?"와 같이 참여자들이 자신들의 생각을 자유롭게 표현할 수 있는 질문으로 대화를 열었다. 모든 전화대화를 녹음하고 전사했다. 저널 쓰기는 일주일에 2~3번 이메일을 통해 교환되었으며, 그 날 기억에 남는 일을 반성적 사고를 통해 자유롭게 기술하도록 했다. 그러나 사건 자체를 서술하는 것에 중점을 두기보다는 자신의 생각, 고민, 딜레마 등을 세밀히 적도록 요청했다. 실습이 끝난 후에 연구 참여자 8명이 함께 모여 실습을 되돌아보고 서로의 경험을 공유하는 대화의 시간을 가졌다. 특히 그중에서도 본 논문에서는 두 명의 예비교사의 이야기를 소개했는데 연구자가 이 두 명에게 집중한 이유는 우선 이들은 학기 초부터 교육실습에 대해 다른 학생들보다 더 많은 관심을 보였으며, 두 사람의 저널과 대화 내용이 다른 참여자들의 그것보다 더 심도 깊었기 때문이다. 또한 경험의 폭과 넓이라는 측면에서 볼 때 이들이 다른 참여자들의 이야기를 대표해 줄 만한 이야기라고 판단했기 때문이다.

본 연구에서의 자료 분석은 전사 기록과 예비교사의 저널을 통해 수집된 현장 텍스트(field text)를 반복해서 읽으면서 거기에서 계속해서 나타나는 내러티브 패턴, 줄거리, 주제(theme) 등을 찾아내어 그것들을 연구 텍스트(reserach texts)로 재구성하는(Clandinin & Connelly, 2000) 과정을 거쳐 이루어졌다. 자료를 읽으면서 연구 문제에 부합하는 이야기들을 추려내어 계속해서 하나의 패턴으로 나타나는 같은 맥락의 이야기들을 함께 묶고 그 이야기의 줄거리들이 담고 있는 내용을 가장 잘 표현해 줄 수 있는 주제어를 찾아냈다. 연구 텍스트는 참여자들과의 협의에 의해 쓰였으며, 그들의 이야기를 내(연구자)가 다시 이야기(re-telling)하는 형식으로 구성되었다. 연구 텍스트를 쓰는 과정에서 이루어진 참여자들과의 협의는 연구의 타당성 및 윤리적인 문제와 관련되어 있다. 이와 같이 재구성된 이야기로부터 나(연구자)는 예비교사들의 경험에 대한 의미를 찾아내고, 유아교사 교육자들에게 주는 시사점을 찾고자 했다.

이러한 과정 속에서 예비교사들은 지도교사와의 관계, 유아들과의 관계, 이론과 실제의 차이, 실습생으로서의 정체성 등이 그들의 경험 속에서 중요하게 드러났다. 또한 교육실습은 예비교사들에게 교사가 되기 위해 거쳐야 하는 하나의 통과의례와 같은 의식이었으며, 미래 유아교사로서 자신의 이미지를 구축해 볼 수 있는 기회와 교실 수업에 대한 반성적 사고를 통해 자신들의 개인의 실천적 지식을 발달시킬 수 있는 기회를 제공했다. 아울러 본 연구는 예비교사를 개인의 실천적 지식의 소유자로 인식하는 일, 대학교사, 현장교사, 예비교사의 협력적 대화, 지식 공동체의 형성이 중요하다는 사실을 유아교사 교육자들에게 강조해 주고 있기도 한 연구였다.

———

12. 초상화법 질적 연구[6]

최근 여러 질적 연구자들에 의해 질적 연구 자료 해석의 결과를 다양한 형태의 글쓰기로 제시하는 방법들이 소개되고 있다(김영천, 2010; 김영천·주재홍, 2010; 김영천·이동성, 2011). 이들은 대안적 글쓰기에 관한 이론적인 탐색을 비롯하여, 문학적 글쓰기와 예술적 글쓰기 및 포스트모던 글쓰기, 회화를 활용한 질적 글쓰기 등 다양한 글쓰기의 유형과 특징을 제시하고 있다. 본 논문에서 소개하고자 하는 초상화법도 인물 사례 연구 방법의 하나로서 방법론적 특징과 새로운 글쓰기 형식을 보여 준다.

연구 방법으로서의 초상화법을 처음 소개한 학자는 Lawrence-Lightfoot이다. Lawrence-Lightfoot은 Davis와 함께 1997년에 출판한 『초상화법의 예술과 과학(Art and science of portraiture)』이라는 책을 통해 관찰, 면담 등의 방법으로 알아낸 인간의 경험과 지식을 하나의 미술 작품으로 탄생시키는 과정을 처음 소개했다. 그 이후, Witz와 그의 동료들이 Lawrence-Lightfoot의 방법론을 인간의 내면에 대한 통찰을 강조하는 본질적 초상화법(essentialist portraiture)으로 발전시켰다(Witz et al., 2001; Witz, 2006, 2007). 그 이후에 교사교육 분야에서 Witz의 초상화법을 활용한 인물 사례 연구 논문들이 다수 발표되고 있다(정현주·전영국, 2014; 조숙희·전영국, 2013; Bae, 2008; Lee, 2006; Witz, 2006). 이러한 연구들은 연구자와 연구 참여자 사이의 동반자적 관계 형성

———

6. 본 절의 내용은 전영국·이현주(2016)의 내용 일부를 발췌 및 인용했음을 밝혀 둔다.

을 매우 중시하며(Witz, 2006), 상대방의 말 속에 묻어 있는 주관적 느낌을 있는 그대로 따라가는 후속 질문의 구사법(probing)을 통해 상대방의 깊은 내면에 도달하는 특징을 보여 주었다.

구체적으로 초상화법(portraiture)이란 화가가 초상화를 그리듯이, 연구자가 연구 참여자의 심층적인 부분을 묘사하여 제시하는 방법을 말한다(전영국·이현주, 2016). 연구자는 면담, 관찰 등의 방법으로 연구 대상에 대한 자료를 수집하고, 연구 참여자의 삶과 경험 속에서 지속적으로 만연하게 나타나는 응집된 측면(coherence, unity)을 포착하여 독자에게 공감하듯이 글로 작성함으로써 초상화를 탄생시키는 것이다. 2000년대 초반부터 Witz와 그의 동료들(Witz, 2007; Witz, Lee, & Huang, 2010; Witz & Bae, 2011)은 Lawrence-Lightfoot이 소개한 초상화법을 기반으로 인간 내면에 대한 탐색과 통찰을 강조하는 본질주의적 초상화법(essentialist portraiture)을 여러 사례들과 함께 제안해 오고 있다. Witz는 기존의 내러티브나 사례 연구, 현상학적 연구 등과 비교하여 초상화법이 어떠한 특징을 지니고 있는지에 대해 설명하고 있는데 이는 제13상(초상화법 질적 연구)을 구체적으로 참고하기 바란다.

연구예시

「질적 연구 방법으로서의 초상화법 소개와 특징 고찰」(전영국 · 이현주, 2016)의 일부 정리 및 요약

본 연구는 질적 연구 방법론으로 주목받고 있는 초상화법을 소개하고 자료 분석 방법과 초상 글쓰기 방식에 따른 사례를 고찰함으로써 초상화법에 대한 학문적 이해를 돕고자 했다. 초상화법은 연구자가 연구 주제에 관하여 심층면담을 포함한 각종 자료를 연구자의 눈(통찰)을 통해 해석한 결과를 마치 초상화를 그리듯이 묘사하여 제시하는 질적 연구 방법이다. Lawrence-Lightfoot의 초상화법은 문화기술지에서 출발하여 학교문화 또는 개인의 실재성(reality)에 대한 자료를 다양하게 수집하여 통합적인 해석을 통해 연구 대상에 대한 초상을 그려 내는 방법을 제시하고 있다. 반면에 Witz와 동료들이 제시한 본질적 초상화법은 연구 참여자의 경험을 공감적 내성 원리에 따라 이해함으로써 연구 참여자의 고유한 측면(unity)을 묘사하는 인물 사례의 방식을 띠고 있다.

연구자들은 해당 연구에서 두 방법론을 비교 고찰한 결과 Witz와 동료들이 개발한 초상화법은 면담자료에 대한 미시적 분석 방법의 사용, 시간흐름표 기반의 주요 흐름 포착, 생생한 인용구에 대해 의미심장한 부분을 불러일으키도록 하는 주석 달기를 함으로써 연구자가 보고 느낀 바를 글쓰기하는 특징과 이를 뒷받침하는 주요 원리를 보여 주고 있음을 보고했다.

13. 시각적 질적 연구

시각적 질적 연구의 다양한 스펙트럼에 대해 논의하기란 쉽지 않으나 질적 연구에서 관찰 도구로서의 사진에 주목한 것은 Collier와 Collier(1986)라 할 수 있다. Collier와 Collier 는 연구 현장의 복잡한 전체성을 포착하는 사진의 잠재력에 주목한다. 즉 사진은 기억의 거울로서 현실 묘사에 탁월한 가능성을 가지고 있다는 점이다. 또한 연구 도구로서 카메라가 갖는 기술적 능력은 인간과 같은 피곤함 없이 연구의 요구에 따라 처음부터 끝까지 일관성 있는 관찰의 가능성을 제공할 수 있다는 것이다. 그러나 카메라 역시 총체적이고 정확한 관찰을 위한 수단일 뿐이지 카메라의 시선을 결정하는 것은 곧 연구 도구로서 인간을 통해서라는 것을 분명히 한다. 질적 연구에서 사진을 현장 관찰 도구로서 활용할 때 연구자는 사진을 이용해 현장 관찰일지를 기록할 수 있다. 사진은 관찰 도구뿐만 아니라 사진 회상(photo-elicitation) 방법을 통해 면담 도구로 활용될 수 있다. 사진 회상은 연구 참여자와의 면담과정에서 코멘트를 이끌어 내기 위해 사진 이미지를 활용하는 방법이라 할 수 있다(Harper, 2002). 사진 회상 면담의 주된 목적은 면담 참여자가 사진에 어떻게 반응하는지를 기록하는 것이다. 그러한 반응을 통해 면담 참여자들이 사진 이미지에 부여하는 개인적, 사회적 의미와 가치, 태도, 감정들을 탐색한다.

한편 사진 이미지를 통한 면담은 참여자의 기억 회상이나 경험 성찰을 제공하는 도구로 활용될 수 있다. 또한 사진 회상 면담은 언어에만 의존한 심층면담을 보완해 줄 수도 있다. 사진 회상 면담을 처음 인류학적 연구에 도입한 것으로 알려진 Collier(1957)는 사진이 면담에 사용될 때 참여자로부터 더 많은 정보를 이끌어 낼 수 있다고 말한다. 또한 사진을 활용해서 면담이 이루어질 때 면담 참여자는 면담 과정에 대해 피로감을 덜 느낄 수 있다. 이러한 이유로 사진 회상은 언어보다 시각적으로 반응하는 것이 더 쉬운 사람들, 즉 아이들이나 언어 소통이 힘든 이주민, 특수 장애인 등과의 면담 과정에서 많이 활용된다.

또한 질적 연구에서 사진은 텍스트와 함께 내러티브 탐구의 도구로서도 활용될 수 있다. Harrison(2002)은 내러티브 탐구 도구로서의 사진을 '내러티브 픽처링(narrative picturing)'으로 표현하며, 자전적 연구, 포토 저널, 포토 보이스와 같은 내러티브 탐구에서 활용될 수 있다고 주장한다. 특히 내러티브 탐구의 형태로서 '자사진 연구(auto-photography)'의 사례를 제시한다. 예를 들어 옛 가족 앨범 사진은 참여자의 역사에 대한 더 많은 이야기를 드러낼 수 있으며, 자기 전기로서의 사진은 '나는 누구인가'라는 질문에 대한 내러티브를 제공하는 데 사용된다. 즉, 사진은 과거 속 자신과 현재의 자신에 대한 흔적으로서 기억을 구체화해 주는 중요한 도구가 되는 것이다. 결국, 우리의 뇌는 언어로 전환되기 전, 이미지의 형태에서 더 많은 기억을 떠올릴 수 있으며, 이로 인해 사진은 질적 연구에서 내러티브 탐구의 또 다른 대안적 접근이 될 수 있음을 주장한다. 이러한 사진 기반의 내러티브 탐구 유형으로 포토에세이와 포토보이스가 있다. 이와 같은 다양한 시각적 질적 연구의 실제를 제14장에서 만나볼 수 있다.

연구예시

「시각적 내러티브(Visual Narrative)를 통한 유아 교사의 자아상과 철학적 사고의 변화과정에 관한 연구」(유승연, 2016)의 일부 정리 및 요약

본 연구는 유아교사의 교사양성기간 3년과 현직교사 2년의 총 5년 기간 동안 반성적 사고를 토대로 자서전을 바탕으로 한 교사로서의 자아상을 정립하는 과정과 삶의 철학적 이야기를 시각적 내러티브를 통해 구성해 봄으로써 삶의 철학적 의미를 재구성하고 앞으로 교사로서의 자아상을 정립하고 공유했다. 예비교사가 주도적으로 자아상을 정립해 가는 반성적 사고 과정은 다음과 같이 실시되었다.

(1) 이 연구에 참여한 유아교사 A는 예비교사 시절 수업시간에 동료 예비교사들과 서로의 자서전을 공유하며 각자의 교사로서의 자아상에 대해 의미를 공유하고 또한 콜라주를 통해 인생의 주요사건에 대한 이미지를 표현해 보는 시간을 가졌다. 매 학기 연구 참여자의 반성적 저널과 추가되는 자서전 내용과 변화되는 자아상을 보면서 연구자는 2번 이상의 면담을 했으며 면담의 형태는 매우 비형식적이고 자유롭고 편안한 분위기에서 이루어졌다. 또한 졸업하기 전까지 총 10번 이상의 면담이 이루어졌다. 면담은 수업시간에 저널과 메타포 그림에 연구자의 개별적 검토를 하는 1:1 상호작용 시간과 수업 후 본 연구자의 연구실과 빈 강의실에서 이루어졌다.

(2) 대학 입학 후부터 졸업하기 마지막 학기 전까지 자신이 바라는 교사의 이미지를 그림을 통한 메타포로 표현했다. 대학 졸업 후 본 연구자와 지속적으로 연락하며 교사로서의 메타포 이미지 표현을 통한 자신의 자아상의 변화를 인지하고 공유했다.

(3) 본 연구에 필요한 자료 수집 과정은 2012년 3월 2일부터 2016년 5월까지 5년에 걸쳐 이루어졌다. 졸업 후에는 신속한 자료 수집을 위해 전화나 전자 메일 등을 활용했다. 유아교사는 자신의 생애의 모습을 분석하며 자신의 교육철학적 관점 및 유아교육현장과 교사에 대한 생각을 표현했다. 또한 더 나아가 예비교사는 삶에 대한 자신의 사고와 자아상이 변해 가는 것을 인식했으며 사진을 통한 콜라주 작업을 통해 자아상의 의미와 자신의 삶의 이야기를 시각적 내러티브로써 표현했다. 이 연구에서 수행한 연구 방법은 연구 참여자인 예비유아교사가 자신의 이야기를 시각적으로 직접 표현한 메타포 그림, 콜라주, 자서전 및 예비교사의 교육철

학이 담긴 반성적 저널과 심층면담 내용을 기반으로 한 분석을 통해 이루어졌다.

첫째, 2012년 유아교육과에 처음 입학했을 때 지금까지 살아온 자신의 인생의 중요한 사건과 의미를 정리하여 기초적인 자서전을 작성했다. 매 학년이 올라갈 때마다 추가되는 자서전의 내용을 통해 대학에서의 교사양성 기간 동안 교사로서의 자신의 역할과 자아상이 변화되는 방향에 대한 논의가 시도되었다.

둘째, 이상적인 교사의 이미지를 상징적 은유의 메타포를 활용한 그림으로 표현했으며 자서전을 바탕으로 자신의 삶의 의미 있는 이야기들을 사진과 그림을 선택하여 콜라주로 표현했다.

본 연구는 한 명의 예비교사의 자서전적 이야기를 놓고 수업시간에 이루어진 자서전 공유와 토론을 통해, 서로의 삶 속에 얻어진 자성적 고찰과 함께 교육에 대한 자신의 고유한 철학 및 사고를 정리할 수 있는 기회가 되도록 했다. 또한 심층적인 내면세계를 바라보며 예비교사가 어린 시절 경험했던 좌절과 상처를 직면하고 극복할 수 있는 기회를 갖도록 했으며 이러한 활동을 통해 자아상을 정립할 수 있도록 안내했다.

본 연구의 자료 분석은 다음의 분석 절차 과정으로 이루어졌다. 본 연구는 연구 참여자인 유아교사 A가 예비교사로서 수업시간에 교사로서의 자아상의 이미지를 표현한 3년간의 변화를 내용 분석했으며 또한 졸업 후 현직교사로서 근무하면서 교사에 대한 변화되는 자아상 이미지를 표현한 내용을 추가하여 총 5년에 걸친 교사로서의 자아상에 대한 메타포 변화를 분석했다. 또한 유아교사 A가 대학시절 작성한 자서전 및 자서전 내용을 바탕으로 이루어진 콜라주의 내용을 분석함으로써 교사로서의 생애를 살아가면서 변화되는 삶의 의미와 교사로서의 인식 및 가치의 변화 과정을 분석했다. 이와 관련된 연구 자료들은 질적 연구 방법을 통해 분석되었다. 이 연구에 참여한 유아교사 A는 지나온 자신의 삶의 내용을 되돌아보면서 얻어진 의미를 기반으로 자서전을 작성했다. 또한 자서전 작성을 통해 배운 교육적 가치와 과정들을 표현하고 또래 예비교사의 자서전을 함께 공유하며 서로의 공통점과 차이점을 비교하면서 서로 간에 변화되는 부분을 토론했다. 이처럼 유아교사 A는 한 사람의 교사로서 삶의 여정이 어떠한 교육적 가치와 의미를 부여하는지를 잡지의 다양한 사진 속에서 자신의 삶의 이미지와 근접한 사진들을 선택하여 자신만의 새로운 의미창출을 하는 콜라주를 완성시켰다. 즉 유아교사 A의 삶의 구체적인 체험과 의미를 시각적인 내러티브를 활용하여 교사 자신의 지나온 삶의 모습을 반추하며 현재를 살아가는 지금의 삶의 내용과 앞으로 기대되는 미래의 모습을 계획하면서 전문가로서 성장하는 교사의 청사진을 인생의 삶의 지도를 통해 완성하게 했다. 특히 이와 같이 사진과 그림을 통한 교사 자신만의 독특한 이야기를 표현할 수 있는 시각적인 내러티브적 방법을 활용했다. 콜라주의 분석방법은 파이너와 그레메가 제시한 대로 시간의 순서와 교류 분석 절차에 따라 전향적(progressive) 방법, 후향적(regressive) 방법, 분석적(analytical) 방법, 종합적(synthetical) 방법으로 분석하고자 했다(최연주·조덕주, 2011). 일반적으로 내러티브 방법은 질적 연구 방법에서 많이 활용되어 왔으며 연구자는 연구 참여자가 표현한 개인의 이야기를 기반으로 연구 참여자가 소속한 사회와 문화 및 현상에 대해 보다 심층적으로 관찰하며 분석했다. 본 연구에서는 시각적 내러티브적 탐구 방법으로 유아교사 A의 자서전의 문서 기록과 심층적으로 면담한 내용, 교사가 표현한 메타포 이미지 그림들, 생의 모습을 표현한 콜라주 내용을 분석했다. 유아교사가 말하는 내용의 반복되는 패턴은 범주화하여 분석했고, 유아교사의 교사상의 이미지를 표현한 그림 메타포, 자서전, 콜라주 등은 페브르가 제시한 대로 질적 연구 분석에 필요한 과정과 절차에 따라 분석했다(김영천, 2004).

자료 분석은 다음과 같은 절차를 통해 이루어졌다. 첫째, 유아교사의 삶의 시기에 따른 교사로서의 이미지 표현이 메타포로 어떻게 변화해 나가는지를 관찰했으며, 이미지 변화에 영향을 주는 교사의 생태적 환경과 심리적 환경의 변화를 시기별로 분석했다. 특히 유아교사 A가 교사로서의 이미지를 표현한 상징적인 메타포 그림을 분석함에 있어 시기 순으로 범주를 설정했다. 둘째, 유아교사 A의 자서전 내용과 삶의 의미 있는 경험을 콜라주를 통해 표현한 것에 대한 심층적인 면담 속에 나타난 유아교사의 반복적인 패턴을 분석, 정리했다. 셋째, 유아교사 A가 자신의 삶의 의미를 회고하며 교사로서의 전문성을 성장시켜 가고 삶의 이야기를 표현해 가는 것을 분석하고자 했다. 본 연구의 참여자인 유아교사 A는 콜라주를 표현하는 과정 가운데 자신의 지나온 여정을 떠올리며 과거의 단편적인 삶의 경험들이 현재 교사로서의 교육관과 교육철학의 정립 및 교사로서 자신의 자아상과 철학관에 영향을 미치는 것을 통찰했다. 총체적으로 이 연구의 분석방법은 많은 교사를 분석하기보다는 한 교사의 생애사를 중심으로 그 교사가 어린 시절부터 어떻게 현직 교사가 되어 가는가의 과정을 사례연구를 통해 분석하는 방법을 활용했다(Chang-Kredl & Kingsley, 2014). 즉, 유아교사 A가 어린 시절부터 시작하여 대학의 유아교육과에 입학하여 예비교사로 성장하며 졸업 후 현직교사로서 전문성을 확립해 가는 과정들을 생애의 시기별과 각 단계에 중심이 되는 주제들로 구분하여 분석했다. 도출된 결과 분석의 신뢰성과 객관성을 위해 유아교육 전문가 2인의 자문과 검토과정을 통해 서로가 해석한 결과들을 비교했다. 또한 연구 참여자인 유아교사 A와의 연구 결과에 대한 논의와 검토를 통해 연구자의 해석이 보다 주관적인 오류에 치우치지 않도록 하는 동시에 연구 참여자의 의도를 최대한 반영할 수 있도록 했다.

14. 탈식민적 질적 연구

탈식민주의는 기본적으로 과거 식민 시대이든 현재의 탈식민 시대이든 식민주의 현상을 분석하고 비판하는 이론이다. '탈식민'이란 지구상에 존재한 모든 형식의 식민주의가 시작한 시점 이후의 억압, 영향, 흔적 등을 포착하여 식민주의의 부정적 유산을 청산하고 극복하려는 담론적 실천이다. Slemon(1989: 6)에 따르면, 탈식민주의라는 개념은 과거 식민지 국가의 독립 이후를 지칭하는 역사적 시기로 해석하지 말고 어떤 구체적인 반식민 혹은 탈식민 투쟁을 수행한 담론적 실천으로 규정할 때 가장 유용해진다. 담론적 투쟁으로서의 탈식민주의는 식민 권력이 타자의 육체와 공간에 스스로를 각인한 바로 그 순간부터 시작되었으며, 탈식민주의의 전통은 신식민주의적 국제 관계가 펼쳐지는 현대 무대에서도 여전히 때로는 은밀하게 계속되고 있다. 그렇기 때문에 탈식민주의는 역사적·정치적인 과거 식민주의뿐만 아니라 오늘날에도 여전히 존재하는 제국주의적 권력의 정치적, 경제적, 문화적, 상징적, 정신적 억압에 저항하고 그것을 극복하고자 하는 역사의식의 현재성을 담아내고 있다(김상률, 2006: 14).

이러한 탈식민주의의 인식론적·방법론적 발전은 질적 연구에서 연구 대상과 연구 방법이 가진 자체의 성격에 대해 성찰과 해체의 과정을 고민하도록 한다. 특히 '연구'(research)는 역사적으로 유럽의 식민주의로부터 분리할 수 없는 연관성을 가지고 있다는 Smith(1999: 1)의 주장처럼, 질적 연구 또한 역사적으로 이러한 성격에서 자유롭지 못할 뿐 아니라 그와 공모해 왔다(Bourdieu, 2008). 따라서 탈식민주의는 서구의 문화적 제국주의의 영향과 이에 공모의 혐의가 있는 질적 연구의 '현재적 상황'을 통찰하여 그 식민성을 성찰하고 해체하는 데 중요한 역할을 할 것으로 보인다. 탈식민주의가 제공하는 이론적·실천적 함의는 질적 연구에서 탐구 내용의 영역뿐만 아니라 탐구 방식에 대한 깊은 성찰과 대안적 가능성을 제공할 것이다.

탈식민주의는 질적 연구의 모든 과정과 절차들(질적 자료, 대화를 기초로 하여 이루어지는 면담, 현상을 바라보는 방법, 연구경험에 대한 표현, 연구경험을 글로 쓰기, 연구자의 개인적/사회적 위치 등)에 대해 우리 연구자들에게 새로운 방식으로 생각하고 연구를 실천하도록 요구한다. 이를 위해 서구에서 이미 이루어진 연구들에 대한 분석들과 저자의 이해에 근거하여 질적 연구 방법에서 이루어지고 있는 그리고 이루어져야 하는 질적 연구의 방법적 개념이나 주제를 규명하여 다음 네 가지로 제시했다: (1) 비서구적/국지적 연구 주제의 탐색, (2) 토착적인 지식의 이론화, (3) 탈서구적인 방법적 지식의 규명, (4) 서구의 질적 연구 타당도 범주의 재영토화. 첫째, '비서구적/국지적 연구 주제의 탐색'은 질적 연구가 식민권력에 의해 침묵과 억압을 강요당해 온 전 세계의 지역, 국가, 인종과 민족의 '탈식민 현장'에 기반한 자신들의 과거와 현재에 대한 경험을 연구 주제로 하여 이야기를 쓰고 재현하는 것을 말한다. 둘째, '토착적인 지식의 이론화'는 서구의 이론이 아닌 자국의 지식으로부터 새로운 이론을 도출하는 것으로 토착성에 기반하여 질적 연구의 방법적 지식들을 개념화하는 것을 말한다. 셋째, '탈서구적인 방법적 지식의 규명'은 서구적인 질적 연구 방법의 메타내러티브를 거부함과 동시에 탈서구적, 동양적 새로운 방법적 지식을 규명하는 것을 말한다. 즉, 우리가 기존에 자료 수집, 현장작업, 자료 분석 및 표현 등의 질적 연구 방법에 대해 과학적이고 합리적이라고 간주하며 활용했던 기존의 서구적 방법적 지식들의 수용을 거부하고, 비서구적, 국지적 요건에 맞는 연구의 방법들과 지식들을 개척하는 것이다. 넷째, '서구의 질적 연구 타당도 범주의 재영토화'는 기존의 질적 연구에서의 타당도가 서구적 관점에서 이루어졌다는 전제하에 비서구권에서 질적 연구를 평가하기 위한 타당도를 새롭게 재개념화하는 것을 말한다.

본 책의 제15장 탈식민적 질적 연구에서는 탈식민주의 시대에 대안적인 질적 연구 방법을 새롭게 탐구함으로써 연구자의 시각과 관점을 전환하고, 실세로 연구가 진행되는 방식과 연구 결과를 해석하는 방식에도 큰 전환점을 제공하는 계기가 될 것이다. 아울러 앞으로 연구 방법론 논문을 쓸 때, 더 나아가 연구 현상이나 연구 자료들을 가지고 분석을 할 때 질적 연구자들은 어떤 방법적 태도를 가져야 하는지에 대한 새로운 조망을 제공해 줄 것이다. 또한 우리나라에서 탈식민주의 질적 연구의 새로운 전통을 만들기 위한 기초적인 이론적 입장을 제공해 줄 수 있을 것이다.

연구예시

「Shadow Education, the Curriculum and Culture of Schooling in South Korea」 (Young Chun Kim, 2016)의 일부 정리 및 요약

본 연구는 이미 서구화된 한국교육의 이론과 실천에서 탈식민화를 위한 노력으로서 학원교육의 이론화를 시도한 적절한 연구 사례이다. 연구자는 제3세계의 연구자들이 고민한 것처럼 탈식민주의라는 새로운 담론이 한국의 학교교육과 교육과정 연구에 어떻게 접목될 수 있는가에 대해 오랫동안 고민했다. 그 결과, 연구자는 탈식민적 관점에서 한국적 상황에 적합한 연구 주제로 "그림자 교육"이라고도 불리는 학원교육을 서구와는 다른 한국의 학교 교육과 교육 문화를 규정짓는 특징으로 포착했다.

연구자는 오랫동안의 참여 관찰과 심층면담을 통해 많은 질적 자료를 수집하고 분석하여 한국의 어디에서도 활발한 학원교육을 통해 교육과정 연구의 새로운 공간을 생성하고 한국적 현상으로서 학원교육에 대한 연구를 수행했다. 이 저서는 연구자가 『차라리 학원에 보내라』

(2008), 『아빠는 죽어도 학원은 죽지 않는다』(2012), 『한국최고의 학원 top 7』(2015) 등을 출간한 이후 네 번째 저서이다. 이 책에서 저자는 한국 학원교육의 역사, 초·중·고등학교의 학원교육의 유형, 학원교육의 긍정적이고 부정적인 효과, 전 세계적 교육과정 연구의 영역으로서 학원교육 등을 논의하고 있다. 구체적으로 이 연구는 한국의 초등학생부터 고등학생까지 학원교육의 전반적인 경험을 논의하고 있으며, 그들의 참여와 발달의 기본적인 특징을 보여 주고 있다. 또한 한국 사회에서 학원교육은 전반적으로 부정적으로 인식되고 있지만, 연구자는 이 저서에서 학원교육의 긍정적인 면과 영향을 주장하고 있다. 그리고 학원교육이 전 세계에서 미래의 교육과정 연구의 이슈로 부상하길 기대했다.

학원교육이 한국적이라는 독특한 현상임에도 불구하고, 극동과 유럽뿐만 아니라 전 세계적으로 교육과정이라는 학문 분과에서 새롭게 관심 영역으로 떠오르고 있다. 이러한 관점에서 이 연구는 교육과정 연구의 국제적인 발달에 기여할 것으로 보인다. 한국 학원교육의 이야기는 그 자체로 전 세계의 교육과정 학자들에게 교육과정과 교육과정 연구에 문제의식을 드러내고, 그 개념에 대해 성찰함으로써 매우 효과적이고 실제적인 도구가 될 것이다. 한국의 학원교육은 교육과정 학자들에게 한국 학생들의 교육적인 삶을 전 세계 학생들의 교육적인 삶과 비교함으로써 많은 중요한 주제들을 성찰하도록 할 것이다. 예컨대, 그동안 교육과정 연구의 영역에서 간과했던 주제, 학원교육의 현상을 포함하기 위해 재개념화해야 하는 교육과정 연구의 다른 측면, 학원교육이 국제적 학문 영역에서 교육과정과 교육과정 연구를 보다 풍부하게 할 수 있는 방식 등이 그것이다.

이 연구는 또한 한국 내의 교육과정 연구에도 사회·정치적으로 그 시사점을 가지고 있다. 새로운 국제적 주제로서 학원교육 이야기를 재현하기 위해 한국 교육과정 연구의 독특한 현상에 도전하는 것이다. 그동안 한국의 교육과정 연구는 미국이나 캐나다의 교육과정 담론에 의해 주도되었다. 역사적으로 한국의 교육과정 이론은 미국의 교육과정 이론을 받아들여서 발전해 왔다. Kim(2010b)이 주장하듯이 사실 한국의 교육과정은 서구의 지식과 담론에 의해 형성되었다. 그 결과, 그러한 내용으로부터 벗어나려는 어떠한 노력도 비과학적이고, 비학구적인 것으로 여겨 정당화되지 못했던 것이 사실이다. 한국교육의 이러한 식민성 때문에 한국적인 독특한 교육 실천과 경험은 무시되기 일쑤였다. 그러나 학원교육은 한국의 교육과 교육과정에 시급한 문제의식과 통찰력을 제공하여 탈서구적이고 탈식민적인 한국적 지식의 이론화를 가능하게 할 것이다. 서구의 교육/교육과정의 이론과 아이디어는 어떤 측면에서는 긍정적이기도 하지만, 이러한 문제, 즉 한국적 경험과 실천을 명확하게 하고 해결할 수 없다.

한국의 학원교육에 대한 이러한 이론화는 탈식민주의의 질적 연구가 목적으로 하는 비서구적/국지적 연구 주제의 탐색과 토착적인 지식의 이론화라는 새로운 문제와 현상들을 구체화한 사례이다. 탈식민적이고 포스트모던적 관점에서 교육과정 연구는 보다 다양하고, 다문화적이고, 윤리적인 지식을 창출할 수 있는 새로운 교육과정 공간이어야 한다. 이러한 관점에서 학원 연구의 이론화는 새로운 연구 문화를 가능하게 하고, 주류 교육과정 담론에 제3세계 지역을 초대해 개방적이고 편견이 없는 태도로 기꺼이 연구와 토론에 참여하도록 할 것이다. 따라서 이 연구는 교육과정 연구의 영역에서 국제적인 대화에 기여하고 동시에 그것은 새로운 지적인 통찰력과 한국 교육과정 연구의 탈식민적인 대화를 제공할 수 있을 것이다.

15. 푸코 방법론

주지하고 있듯이 미셸 푸코(Michel Foucault, 1926~1984)는 우리나라 연구자들에게 낯설지 않은 이름이지만, 여전히 그의 이론을 연구 방법론적으로 활용하는 방법은 한정되어 있다. 프랑스 역사학자이자 철학자였던 *그의* 이론은 흔히 포스트모더니즘 또는 구체적으로 포스트구조주의로 분류된다(김영천·주재홍, 2011; Lather, 1992, 2006). 그의 이론은 거대서사에 대한 불신(Lyotard, 1984), 실재를 구성하는 역학 관계의 해체 또는 재구성(Derrida, 1967, 1993) 등으로 요약되는 포스트모더니즘적 특성을 나타내고 있다. 앎, 정의, 이성이 보편적이고 절대적이며 단일한 기준으로 존재하여 정답/오답, 선/악, 정의/불의와 같은 판단이 가능하다는 이분법적 사고를 전제하는 모더니즘적 접근에 대해 의문을 제기한다는 점에서 푸코 역시 포스트모더니스트적 면모를 드러내기 때문이다. 이에 그의 연구 방법론은 거시적 측면에서 포스트모더니즘적 접근을 적용해 활용될 수 있다.

다만, 푸코는 모더니즘이 구축한 보편성, 객관성, 총체성, 합리성 등의 체계에 의문을 제기하는 것에서 그치지 않는다. 그는 이를 재구조화할 수 있는 개념들과 전략들을 제시한다. 특히, 그는 권력이 체계나 구조를 통해 지배계급이나 기득권층의 지배 방식을 피지배계급이 수용하도록 억압하거나 통제해 권력구조를 재생산하는 성격의 것이 아니라고 비판한다. 그는 지식이 곧 권력으로 작동하는 효과로서의 성격을 강조하여 권력에 대한 새로운 관점을 제시한다. 이에 그의 연구 방법론은 보편적인 포스트모더니즘적 관점과는 구분되어 논의되어야 한다. 무엇보다도 국내 교육학/교육과정 연구에서 푸코의 방법론이나 개념들이 다소 한정되어 활용되고(강태중·강충서, 2013; 박선웅, 2002), 비판적 언어학에서 파생된 담화/담론 이론이 담론 분석에 차용된다는 점에서(강진숙, 2006; 서덕희, 2003, 2006) 푸코의 개념들을 이해하여 질적 연구 방법론에 활용될 수 있는 방안을 탐구하는 일이 필요하다. 끊임없이 진리 또는 앎의 체계가 갖는 연속성과 단절성에 주목해 온 그의 시각을 고려한다면, 일반적으로 알려져 있는 고고학이나 계보학과 같은 이론들 외에도 그가 제시하는 개념들은 담론을 분석하는 다양한 방법론으로 활용될 수 있다. 이에 제16장에서는 연구 방법론적으로 활용 가능한 푸코식의 관점을 '담론분석법'이라 명명하고, 푸코가 자신의 저술을 통해 기술하는 개념들과 이들이 담론을 분석하는 도구로서 어떻게 사용될 수 있는지에 대해 구체적인 방법을 제안하고자 했다.

연구예시

「The Reformation of Koreanness and the Role of Crisis and Success in Excellence and Equality Educational Reform Discourses」(Sunhye Kung, 2015)의 일부 정리 및 요약

이 연구의 목적은 교육개혁담론들 안에서 교육을 통해 기르고자 하는 인간상, 특히 국가적 상상물인 '한국인다움'이 어떻게 규정되고 구성되는지 이들의 (비)연속성을 1997년 IMF 사태 전후의 교육개혁을 통해 분석하는 것이다. 여기에서 국가적 상상물은 베네딕트 앤더슨(1991)의 '상상된 공동체'의 용어를 참조하여 앤더슨의 용어가 포착하지 못하는 불확실한 미래에 대한 불안, 두려움과 같은 감정과 미래에 대한 다양한 비전들이 투영되는 지점들을 포착하기 위해 변형한 용어이다. 이 연구에서 사용하는 국가적 상상물은 1997년 IMF 사태 전후의 교육개혁담론 내에서 순환하는 국가, 인간, 삶에 대한 투영물들을 말한다. 한민족, 한겨레, 한핏줄과 같은 용어를 통해 한국인다움을 묘사했던 국가적 상상물들은 첫 문민정부 수립과 함께 시작된 세계화의 구호와 함께 신한국, 민족 공동체, 한국인의 정체성과 같은 방식으로 새롭게 규정되기 시작했다. 이러한 일련의 움직임들은 IMF 사태로 인한 기업 구조조정과 실업과 같은 사회문화적 배경과 함께 교실붕괴, 교육위기와 같은 용어를 통해 교육현장 및 정책 전반에 대한 문제제기로 이어졌고, 소위 신자유주의적인 논리가 교육개혁담론을 주도하기 시작했다. 이 연구는 이 지점에서 교육개혁담론의 변화가 경제담론의 지배 공고화로 인한 것이라고 환원하는 논리에 의문을 제기하는 것으로부터 시작한다.

이 연구는 미셸 푸코의 생명권력(1990)과 장 프랑수와 리오타르의 수행성(1984) 개념을 이론적 틀로 이용하며 1995년 세계화 구호와 함께 김영삼 정부가 추진한 5·31 교육개혁을 기점으로 촉발된 교육에서의 수월성과 평등성 논의들은 1997년 외환위기 경험과 함께 어떻게 재구성되고 변형되는지, 어떠한 역사적 기억과 관습들이 활용되는지를 1995~1997년, 2005~2007년 두 기간으로 나누어 비교 분석한다. 1995~1997년은 5·31 교육개혁이 제안되어 담론 내에 정착하는 과정을 탐색하기 위해, 2005~2007년은 IMF 사태가 교육개혁담론에 미친 영향과 변화들을 비롯하여 진보정권인 참여정부의 영향력을 탐색하기 위해 선정되었다. 1995~1997년 당시 높은 신문구독률과 낮은 인터넷 접근성을 보였다는 사실에 기초하여 비교적 보수적으

로 알려지고 절반 이상의 시장점유율을 보유한 조선일보와 다소 진보적 성향으로 알려지고 독재정권 시절 편집권 독립을 확보한 배경이 있는 한겨레신문을 각각 수월성과 평등성 담론을 탐색하기 위한 분석대상으로 선정했다. 교육개혁의 정당성 및 한국인다움의 기술에서 종종 동원되는 '위기'와 '성공/출세'를 키워드로 선정하여 도서관 방문과 온라인 DB를 이용해 교육개혁 관련 기사들 가운데 '위기'와 '성공/출세' 관련 용어들을 사용하는 기사들을 선별해 221개의 기사를 분석한다. 신문기사는 보도자료 이외에도 인터뷰자료, 사설, 대담 등의 다양한 기사자료를 포함하며, 기사가 보도되는 뉘앙스, 기술방식, 동원되는 담론들의 배치, 저변의 가정, 개념들의 관계와 연결지점 등을 포착하는 데 초점을 맞춘다. 이 연구에서 교육개혁담론을 수월성과 평등성 담론으로 구분하여 탐색하지만, 이들의 이분화된 구조를 따르는 것이 아니라 두 담론들이 상호 연관되고 미묘하게 교차하는 지점들을 포착하여 상호 배타적으로 인식되는 경계선을 재해석할 수 있는 가능성을 제시한다.

　무엇보다도 이 연구는 '위기'와 '성공/출세' 관련 용어들의 기술 방식과 변형에 초점을 맞춘다. 주요 연구 주제는 (1) IMF 사태 전후의 교육개혁담론을 통해 변화하는 한국인 개념, (2) 수월성과 평등성 담론 내에서 한국인 개념을 재구성하는 것과 관련된 위기 관련 용어의 표기와 작동방식, (3) 수월성과 평등성 담론 내에서 국가, 인간, 삶에 대한 투사와 연관된 성공의 표기와 작동방식이다. 이 연구는 생명권력과 수행성 개념을 통해 생물학적 범주로 규정하는 인종과 젠더의 개념을 낯설게 하고, 재정의한다.

　이 연구의 이론적 틀인 생명권력과 수행성 개념은 크게 포스트모더니즘적인 관점으로 분류될 수 있다. 생명권력은 종으로서의 인간 신체를 통제하기 위해 가해지는 생물학적으로 정교화된 기술, 규율, 규제들을 말하는 것으로 담론들이 생산하는 권력관계와 이를 유지하고 확산시키는 구체적인 기술들에 집중하도록 한다. 이에 이 논문이 인종 개념(위기)과 젠더(성공)의 개념을 표기하는 사유방식을 구성하는 구체적이고 정교한 기술을 포착하도록 한다. 수행성 개념은 거대서사에 대한 불신에서 시작되는 포스트모더니즘에서 진리/앎/정의를 구성하는 새로운 조건 또는 정당성으로서 투입/산출 비율에 대한 최적화된 상태, 곧 효용성, 효율성, 생산성을 의미한다. 다만, 여기에서 의미하는 최적화는 단일한 의미로 합의될 수 없으며, 불일치, 차이를 용인할 때 달성될 수 있다. 이는 이 논문이 특정한 사유체계가 작동하는 담론 내에서 새로운 관계들을 창출하거나 재배치하는 가능성을 탐색할 수 있도록 돕는다. 생명권력이 미시적인 담론분석의 기술을 안내한다면, 수행성은 거시적인 담론분석과 재해석의 가능성을 안내한다는 점에서 상호보완적이지만, 여전히 교육개혁담론의 작동과 연관되어 있는 역사적, 문화적, 도덕적 유산, 관습, 의례, 공유되는 기억과 경험과 같은 측면을 포착하지 못하는 제한점이 있다. 이에 이 논문은 새로운 방식의 권력 관계를 포착할 수 있는 개념을 제안하는 한편, 위기에 호소하는 방식으로 특정한 방향의 교육개혁이 정당화되는 가운데 한국인이라는 인종이 (재)규정되는 존재론적 전환이 일어나고 있으며, 성공/출세에 호소하는 방식을 통해 특정한 삶의 양식을 이상적 삶의 기준으로 만들어 한국인의 요건을 (재)구성하는 인식론적 전환이 일어나고 있음을 포착한다. 이를 통해 이 연구는 교육개혁담론의 변화 양상이 신자유주의 담론에 포섭된다는 방식의 경제적 환원주의를 지양한다. 오히려 교육개혁담론들에서 나타나는 변화는 인간과 삶에 대한 사유체계가 역사, 사회·문화, 경제적으로 공유된 경험, 기억, 관습, 도덕 등의 사회적 구성물, 이들을 유지·변형하는 조건과 장치 등을 새로운 방식으로 재구성하는 인식론적·존재론적 변환으로 재해석되어야 한다는 것을 강조한다. 이는 집단적 소속감이 한국인의 재구성에 지속적으로 어떻게 개입하는지를 탐색하고, 어떻게 특정한 형태의 사유체계가 교육개혁담론에 투영되고, 변형되며, 유지되는지를 검토하는 데 도움을 준다.

최신 이슈: 포스트모던 질적 연구

질적 연구의 가장 최근의 지적 전통으로 등장한 포스트모던 질적 연구는 질적 연구에 또 다른 신선한 아이디어들을 제공해 주고 있다. 질적 연구에서의 타당도, 재현의 문제, 방법적 반성 등이 모두 포스트모더니즘의 영향을 받아서 그 이론화가 더욱 확대되고 심화되었다. 포스트모더니즘은 질적 연구의 모든 과정과 절차들(질적 자료, 대화를 기초로 하여 이루어지는 면담, 현상을 바라보는 방법, 연구 경험에 대한 표현, 연구 경험을 글로 쓰기, 연구자의 개인적/사회적 위치 등)에 대해 우리 연구자들에게 새로운 방식으로 생각하고 연구를 실천하도록 요청하고 있다. 서구에서 이루어진 연구들에 대한 분석과 저자들의 이해에 근거하여 질적 연구 방법에서 이루어지고 있고 이루어져야 하는 질적 연구의 방법적 절차나 주제를 규명해 보았는데, 이는 국지적(local)·맥락적(contextual) 지식의 탐색, 자기반성(self-reflexivity), 다양한 의견에 대한 다성성(multi-vocality) 등이다. 국지적·맥락적 지식의 탐색은 탈실증적 관점에서 사회현상을 자연현상과 같은 법칙을 만드는 대상으로서가 아닌 이해와 발견의 현상으로서 바라보는 것을 의미한다(Alvesson, 2002; Freeman, 1993). 이를 통해 다양성, 국부성, 특수성 등과 같은 '작은 이야기'들이 의미를 갖도록 하는 것이다. 자기반성은 연구자 자신의 존재가 연구의 기술과 해석에 어떠한 영향을 끼쳤는가를 비판적으로 분석하는 활동을 의미한다. 이를 통해 자기반성은 연구 결과 도출에 영향을 끼쳤을지도 모르는 연구자의 주관적 가정과 신념을 규명함으로써 현장

작업을 보다 심층적이고, 심층적으로 이해시키는 역할을 한다(Allan, 1997; Alvesson & Skoldberg, 2000; Davies, 2007; Steir, 1991; Watt, 2007). 다성성은 한 사회 내 다양한 의미가 존재한다는 것을 의미하는데 단일한 이론 또는 연구자 한 사람의 절대적인 목소리만을 제시하는 대신에 다양한 관점을 가진 참여자들의 다양한 목소리와 관점을 제공해야 한다는 것을 뜻한다.

　포스트모던 질적 연구는 우리가 모더니즘적 전제를 찬성하든 또는 찬성하지 않든지 간에 우리가 그 동안 가져 왔던 사회적 탐구에 대한 실증적 연구 자세를 반성하게 해 준다는 점에서 우리에게 많은 시사점을 준다고 하겠다. 아울러 근본적으로 우리가 과학적 연구를 하는 것이 가능한 것인가에 대한 문제를 제기하면서 그러한 가능성의 길을 모색하는 과정에서 우리는 얼마나 더 노력하고 반성하고 대안들을 모색하도록 해야 하는지에 대한 자기성찰적 분석 태도를 요구한다는 점에서 의미가 있다.

연구예시

「시를 이용한 질적 연구 경험으로의 초대」(임민정, 2014)의 일부 정리 및 요약

질적 연구에서 연구자와 연구 참여자 사이의 관계맺음은 연구의 본질과 효율성을 결정짓는 기능적 맥락이다. 연구자는 도출된 연구 주제에 적합한 연구 참여자를 선정하고 면대면 만남을 통해 자료를 수집하며 연구 참여자의 목소리를 빌어 해석과 논의를 전개한다. 동시에 질적 연구의 과정은 타자와의 관계에서 대면되는 윤리의 맥락을 포함한다. 연구 참여자들의 연구 동의를 얻는 초기 단계부터 면담과 관찰 등 면대면 접촉을 통한 연구의 실행 단계, 자료를 분석하고 제시하는 마무리 단계까지 질적 연구의 전 과정에서 연구자는 윤리에 대한 지속적인 성찰을 요구받는다(박순용, 2006; Lim, 2012). 이처럼 연구자의 주관성에 대한 진술부터 연구 참여자들의 복지와 권리 수호를 위한 연구 윤리에 이르기까지 질적 연구는 연구자와 연구 참여자, 맥락과 자료가 엮어 내는 생성(becoming)의 관계에 대한 주의 깊은 탐색을 수반한다.

　연구자의 글쓰기는 이러한 관계의 맥락으로부터 중립적이거나 차단되어 있지 않다. 연구 현장에서 수집된 자료를 분석하고 결과를 제시하는 글쓰기 과정은 연구자의 주관성과 가치관이 반영되는 의도된 행위이다. 최근 포스트모던 사조는 보편적, 객관적, 가치중립적인 실증주의 지식론에서 벗어나 연구 결과 및 의미 해석이 지닌 지엽적이고 부분적이며 맥락에 기초한 잠정적인 본질을 인정한다(주재홍·김영천, 2012). 연구자는 다층적이고 혼재된 사건의 의미들을 재구성하고 특정한 시각과 목소리를 전경으로 내세우며, 연구 주제와 연구 참여자들의 상호 이해를 판단하여 글의 내용을 선별하여 제시한다. 이처럼 글쓰기로 산출되는 텍스트는 연구자의 자아와 타인들이 함께 창출해 내는 하이픈(hyphen)의 맥락이며(Fine, 1994) 언어를 빌어 실재된 "말로 표현된(worded) 세계"라 할 수 있다(Richardson, 2000: 923). 따라서 질적 연구에서의 글쓰기는 주체와 대상으로서 연구자의 행위 경험을 검토하고 연구 참여자와 주고받은 관계의 영향력을 반추하여 분석하는 자기성찰(reflextivity)의 작업이 필연적으로 요구된다(Lincoln & Guba, 2000).

이와 같은 포스트모던 '재현의 위기'는 질적 연구자들로 하여금 사실적이고 객관적인 글쓰기에서 벗어나 시 등의 문학적 표현 양식을 사용하여 경험과 상황에 대한 의미 구성의 가능성을 독자들과 함께 열어 가는 대안적 글쓰기를 시도하게 했다(Brady, 2000; Cahnmann, 2003; Freeman, 2001; Glesne, 1997; Richardson, 2002; Smith, 1999; Owton, 2013; Sparkes, Nilges, Swan, & Dowling, 2003). 시 표현 양식을 적용한 대표적인 연구자인 Laurel Richardson(2000)은 글쓰기를 지식을 구성하는 하나의 탐구방법으로 정의했다. 우리가 경험하는 사태 및 현실로서 구성되는 의미세계는 언어라는 매개에 의해 인식되고 표현되기 때문에 자아와 대상은 서로 연결되어 있으며 부분적이고 지엽적인 의미 표출만이 가능하다. 즉, 언어로 재현되는 의미와 대상은 '저기 밖'에 실재하는 참다운 진리와 인식이 아닌 시간과 공간 속에서 끊임없이 미끄러지는 차연(differance)의 산물로 간주된다(주재홍·김영천, 2012). 따라서 글쓰기는 특수한 사회적, 역사적 맥락에 위치하고 있는 자신이 주관성을 반성적으로 인식하고, 중립적이고 경직된 텍스트를 해체하여 다의적이고 중층적인 새로운 의미 구성을 수반하는 탐구의 방법으로 해석될 수 있다. 이러한 맥락을 고려하면서 연구자는 포스트모던 후기구조주의 관점에 기초하여 질적 연구에서 시의 표현 양식을 활용하는 실험적 글쓰기를 시도하고자 한다. 후기구조주의 관점에서 언어는 개인에게 특수한 사회적, 역사적 위치를 부여하여 주관성(subjectivity)을 구성하고(Richardson & St. Pierre, 2005), 특정한 지식을 생성하거나 배제하는 방식으로 사회집단의 권력관계와 연결된다. 다시 말해, 연구자가 구성하는 텍스트는 객관적 실재의 전달 수단으로서의 "세계를 비추는 거울이 아니라 세계에 대한 무한한 해석의 가능성"을 담고 있는 잠정적이며 맥락적인 공간인 것으로 간주된다(주재홍·김영천, 2012: 35). 이 같은 글쓰기의 관계적 생성에 주목하며, 연구자는 질적 연구의 한 사례를 이용하여 연구자의 위치성과 면담 과정에서 체험된 관계 맥락을 성찰하고 수집되었던 연구 자료의 일부를 시로 변환하여 재구성했다. 시의 표현 양식을 이용한 실험적 글쓰기는 질적 연구의 과정에서 지식 구성의 잠정성과 특수성을 드러내고, 독자들의 능동적 의미 구성과 열린 해석을 이끌어 내는 상호텍스트의 공간으로 초대할 것으로 기대된다. 연구자가 사용한 연구 사례는 연구자가 이전에 수행했던 질적 연구 경험을 재방문한 것이다.

본 연구의 핵심적인 사항인 '시를 활용한 면담자료의 변환'을 소개하면 연구자는 Glesne(1997)과 Sparkes 외(2003) 연구를 참조했으며, 시에서 사용된 어휘와 표현들은 대부분 연구 참여자들이 말한 단어와 문장을 그대로 차용했다. 시의 구성과정을 구체적으로 살펴보면, 먼저 면담전사 자료를 반복해서 읽으면서 주제어를 산출했고, 이러한 주제어에 맞추어 텍스트들의 코딩과 분류가 이루어졌다. 주제어로 구분된 의미 있는 진술들은 이후 사회계층에 따라 병렬 비교되었고, 이들 가운데 계층별 차이가 가장 두드러졌던 교육격차 내용들이 시 표현의 글쓰기 주제로 선정되었다. 다음 단계로는 사회계층에 따라 교육격차와 연관되어 분류된 진술들을 읽고 또 읽으면서 연구 참여자들의 말 속에 함축된 의미의 본질(essence)을 숙고하는 작업이 이루어졌다. 이와 같은 탐구를 통해 하위계층 참여자들은 교육격차 현상을 지금 여기서 실존하는 주체적인 경험으로 이해하고 있는 반면 상위계층 참여자들에게는 3인칭으로 지칭되는 타자의 대상으로 표현되고 있음을 인식하게 되었다. 이후 참여자들의 말 속에 함축된 계층화된 교육격차 세계를 재구성하기 위해 면담 내용을 주의깊게 다시 읽으며 적합한 단어와 문장 표현들을 선별했고, 참여자들의 말에 새로운 의미와 감정을 부여하기 위해 반복 및 표현의 의도적인 구성이 이루어졌다.

이러한 단계를 거쳐 면담자료를 교육격차 현상을 바라보는 하위계층과 상위계층 어머니들의 시각을 담은 두 편의 시로 변환했다. 첫째, '나와는 다르게' 제목의 시는 하위계층 참여자들이 말한 면담자료를 시의 양식으로 재구성한 것이고, 둘째, '그들만의 커뮤니티' 제목의 시는 상위계층 참여자들의 면담자료를 사용한 것이다. 또한 자료 활용 과정에 대한 이해를 돕기 위해 시 제작에 사용된 연구 참여자들의 내러티브 일부를 제시하여 상호텍스트적 의미 확대를 유도했다.

〈나와는 다르게〉
애들도 알아야지
학력을 우선시하는 사회
내가 못했던 공부
내 자식한테는 더 좀
대학 가고 싶다면 보내고 싶어
많이 버는 사람들이야 많이 가르치겠지
내 아이는 못했으니까
뒤처진 것처럼 보이게 되나
애들도 알아야지
돈이 없어서 못해 주는 것
방과 후 발레 일주일에 한 번 십만원

기저귀 값만 해도 십만원이 넘으니까

공부는 기본만 하더라도

남한테 묻어 가지 말고 주체가 되는 사람

네 앞가림하면서 그렇게 살았으면

가난이 되물림 안 되게

〈그들만의 커뮤니티〉

공부는 자기가 하고 싶어야 하는 것

정말 바보 아니면 조금 하면 되지

잘하는 뛰어난 사람들이 자리를 잡고

그들이 모여 살며 자식들을 공부시키니까

부모의 수준

일종의 유전

내 아들이고 내 딸인데

나 닮았으면 당연히 잘하지 않을까

공부는 자기가 하고 싶어야 하는 것

따라잡을 수 있을까

엄마 아빠 이상한 동네의 아이들에게

너 공부해 그런다고 공부가 되지는 않아

먹고만 살면 된다는

그런 사람들이 모여 사는 거야

저 애는 위험해

저 애랑 놀게 하면 안 되겠다

요즘 같은 경우는 워낙 사교육을 엄마들이 많이 시키다 보니까 어떻게 보면 저희 아이가 뒤처진 것이 아닌데 뒤처진 것처럼 보이게 돼요. 쟤네들은 너무 해 가지고 이제 애는 못 했으니까. (중략) 많이 버는 사람들이야 많이 가르치겠죠. 큰 아이 친구들도 보면 그 집은 애가 둘이라는데 한 사람당 학원비가 100만원 들어간다고, (중략) 엄마한테 "뭐 해 주세요." 이러면 저는 솔직히 다 이야기를 해서 "엄마가 지금 돈이 없어서 못해 준다." 애들도 알아야죠.

(2013. 1. 11. C 어머니 개인면담)

저도 형제가 다섯 명이에요. 신랑도 다섯 명이고. 중간정도 끼어 있으니까 못해 본 것도, 형편도 안 좋으니까. 못한 게 많으니까 신랑도 저도 그래요. 아이가 하고 싶다고 하는 것은 다 시켜 주고 싶다. (중략) 내 자식한테는 더 좀. 그냥 가난, 가난이라고 해야 하나, 대물림 안 되게 최선을 다해야죠. 또 하고 싶은 것도 다 시키고.

(2013. 1. 14. D 어머니 개인면담)

우리나 우리 윗세대 자리를 잡은 사람들이 강남으로 많이 이사를 왔잖아요. 그런 사람들이 모여 살면서 그 자식들을 공부를 시키니까. 일종의 유전이라고 생각도 많이 들어요. (중략) 부모의 수준과 교육수준과, 성공한 사람들의 자식들이, 그 사람들도 공부 열심히 해서 똑똑해서 성공을 한 거잖아요.

(2013. 1. 22. E 어머니 개인면담)

공교육에서 수업 시간에 수준 높은 교육을 하진 못하더라도 처지는 애들을 버리지는 말아야 되는데. 그 처지는 애들을 버리고 시작을 하니까. 그 애들이 점점. '아 저애는 위험한 애야' 다들 그렇게 바라보게 되는 것 같아요. '저 애는 위험해, 가까이 가면 안 되겠다, 저 애랑 놀게 하면 안 되겠다' 이런 생각을 자꾸 하게 되고

(2013. 1. 15. A 어머니 개인면담)

연구예시
「한 여름밤의 꿈-제7차 교육과정의 환상과 추락의 내러티브」
(김영천 · 이희용 · 이현철 · 최준호 외, 2009)의 일부 정리 및 요약

Ⅰ. 한 여름 밤의 꿈 텍스트 쓰기: 그 네 가지 목적들

(중략)

이 연구작업의 네 번째 연구 목적은 우리나라 교육학/교육과정학 분야에 새로운 글쓰기 기법을 적용한 텍스트를 만드는 것이었다. 이 텍스트는 최근에 교육학/사회과학 연구 영역에서 인기를 얻고 있는 문학적 글쓰기 기법을 교육과정 연구에 적용한 것으로서 두 개 이상의 학문 영역의 표현 매체를 혼합하여 사용했다는 점에서 우리나라의 교육학/교육과정 연구 영역에서는 새로운 실험이라고 할 수 있다. 나아가 두 개 이상의 학문 영역에서 사용되는 다양한 표현 매체(글쓰기 방법)를 이용했다는 점에서 우리가 만든 텍스트는 최근에 많이 회자되고 있는 크로스오버적 성격을 띠고 있다. 이에 기존의 전통적인 양적 글쓰기 방법이 쇠퇴하고 새로운 실험

적 글쓰기 방법들이 도입되고, 적용되고, 실험되고, 창조되고 있는 교육학/교육과정의 영역에서 우리 연구자들은 우리나라에서 시도된 적이 없는 교육과정 연구에서의 문학적 텍스트 제작에 도전하기로 마음먹었다. 김영천의 여러 글에서 밝힌 것처럼 Geertz의 경계의 상실, Lather의 다차원적인 텍스트, Van Maanen의 포스트모던 문화기술지 등의 개념에 기초하여 우리 저자들은 서구의 교육과정 학자들이 지난 20여 년간에 걸쳐서 새롭게 실험하고 있는 새로운 교육과정 텍스트 만들기 작업에 공감하면서 우리나라에서 이러한 연구작업이 필요하다고 생각했다. 그리고 그러한 생각을 구체적인 작품으로 만드는 것이 필요할 것으로 상상했다. 이러한 실험적 작업은 단순히 교육과정 연구작업을 문학적 텍스트로 전환하는 글쓰기 차원을 떠나서 기존 교육과정 연구작업과 글쓰기에 깊게 숨겨져 있었던 실증주의 표현의 이데올로기들에서 벗어나 교육과정 연구에서의 탈실증주의 연구 이상을 구현하기 위한 창의적인 작업이라는 점에서 새로운 영역을 개척하는 작업으로 평가했다. 그러나 이러한 목표를 구체적인 작품으로 생산해 가는 작업은 그렇게 쉽지 않았다. 우리 저자들 모두 문학가나 문학적 지식이 풍부한 전공자들이 아니었기 때문에 우리의 작업은 무척 어려웠고 많은 연습과 시행착오 그리고 브레인스토밍 과정을 거쳤다. 그리고 그 결과로서 우리의 작업이 세상에 나오게 되었다. 아울러 어려움에도 불구하고 저자 모두가 이러한 작업을 하기 위해 보다 적극적인 방법으로 텍스트의 문학적 작업을 달성하기 위해 최선을 다했기 때문에 이러한 결과를 만들어 낼 수가 있었다. 먼저 김영천은 이 작업을 통해 그 동안 여러 작품들에서 조금씩 반영시킨 대안적 글쓰기 기법들을 더욱 공고하게 할 수 있었다. 즉, 김영천의 일련의 작품들(『네 학교 이야기: 한국 초등학교의 교실생활과 수업』, 『별이 빛나는 밤2: 한국 교사의 삶과 그들의 세계』, 『미운 오리 새끼: 한국 초임교사의 일년 생활』)에서 연습한 문학적 글쓰기의 아이디어들을 이 작품에 더욱 강화시킬 수 있었다.

(중략)

꿈 3: 대운중학교 내러티브

운동장 속 아이들은 공을 차는 것이 아니고 여름을 차고 있었다. 차고! 차고! 그 친구들의 모습이 얼마나 부럽든지 나 또한 홀러덩 벗고 함께 여름을 차고 싶었다. 아득하니 추억에 젖어 저들과 함께 여름을 차던 나의 모습이 떠올라 몰래 웃음을 지으며 나는 다른 세상으로의 문을 스르륵 열었다.

나를 먼저 반겨 주는 것은 마틴 스콜세지(Martin Scorsese) 영화에나 어울릴 법한 클래식한 선풍기와 연신 '쐐쐐' 되며 돌아가는 덩치 큰 에어컨이었다. 어찌나 반갑든지 나는 얼른 그것들과 인사했다. 선생님만의 공간에 들어서니 까까머리 중학생이 아님에도 여전히 나에게 경외와 신비의 장소로 다가오는 이 공간이 너무너무 재미있어 보였다. 닥지닥지 붙은 선생님들의 책상들은 여느 학급의 모습과 다를 것이 없었고, 책상에서 자는 선생님들의 모습도 여전히 그곳에 있었다. 그리고 벽면 한켠 학교의 일정과 내용을 빽빽이 적어 둔 칠판을 통해 여기가 그들의 영역임을 다시 한 번 생각나게 해 주었다. 이런저런 아찔한 매력에 잠시 즐거워하고 있을 때 그 매력을 만들어 가고 있는 한 사나이가 정겨운 사투리로 "오셨으에."라고 부른다. 얼른 대답했다.

"쪼매 일찍 왔지에……."

그 사람, 훈은 매우 열정적인 사람이었다. 30대 후반의 남교사이며 담당 교과로는 수학 교과를 맡고 있었다. 요즘 스타일로 말하면 '훈남'이었다. 훈의 교직 경력은 9년으로 학교에서 중간 정도였으며, 학생들이 어려워하는 수학교과를 좀 더 쉽고 재미있게 가르치고자 노력하는 교사였다. 그 사람 훈은 수학과 관련된 다양한 활동을 통해 학생들에게 도움을 주고자 열정적으로 수업을 준비하는 교사였고, 학생들에게 실제적인 영향을 주면서 그들을 끌어 올릴 수 있는 방법과 관련하여 연구를 진행하고 있는 대학원생 연구자이기도 했다. "우리에게 확률은 바로 인생의 안내자이다."라고 말한 어느 수학자(Bishop Joseph Butler)의 표현처럼 미약하나마 학생들의 안내자로서의 수학을 잘 전달하기 위해 노력하는 모습이 아름다운 사람이었다. 단순히 아름다움에서 그치는 것이 아니라 그의 것은 향기가 나고 있었으며 그 내음새는 '구찌 엔비(GUCCI envy)'의 매력보다 더 강한 한층 성숙되고, 닮고 싶게 만드는 향기를 발산하고 있는 그런 사람이었다. 이러한 그 사람, 훈을 통해 볼 수 있었던 대운중학교의 제7차 교육과정은 무한 경쟁의 이데올로기 속에서 교육과정이 담고 있는 환상과 현실의 추락을 드러냄으로써 몸부림치고 있는 우리 학교의 생존과 부흥을 위해 많은 가르침을 시사한다고 본다.

(중략)

꿈 6: 한결고등학교 내러티브

[등장인물]

- 최 교사: 올해 한결고등학교에 전임 온 30대 초반의 여교사로 1학년 담임교사이자 영어 교과를 맡고 있다. 또한 1학년 업무로 교육과정을 담당하고 있으며, 두 아이의 어머니이기도 하다.

- 이 교사: 한결고등학교에서 3년 동안 근무를 하고 있으며, 1학년 국어를 가르치며, 1학년 담임을 맡고 있다. 또한 30대 중반의 여교사로, 가정에서 한 아이의 어머니이다.

- 부장 교사: 한결고등학교 1학년 부장 교사로, 올해 보직 교사를 처음 맡았으며, 1학년 교

육과정을 총괄 운영한다.

-박 교사: 1학년 진로와 직업을 담당하는 교사로 1학년 담임을 맡고 있다.

-김 교사

-학생1, 학생2

-때: 2007년 3월 2일부터 4월 말까지

-무대: 한결고등학교의 교무실, 교실, 운동장

3월이라 다들 분주하다. 화창한 날씨치곤 교사들의 움직임이 너무 무거워 보인다. 학교는 여전히 겨울옷을 입은 교사들로 가득하며, 얼굴에는 무언가에 쫓기는 듯한 모습이 역력하다.

제1막

제1장 3월 24일, 월요일 교무실 청소 시간

"라라라라라 라라라라라~~." 7교시 정규 수업을 끝맺는 종이 울린다. 교무실은 분주하다. 교과 담임교사에게 벌을 받는 학생, 전화를 거는 담임교사, 다음 시간 수업 준비를 하는 교사, 서류를 챙기는 교사, 개인 업무를 보고 있는 교사 등 시장통을 연상하게 한다. 담임교사들의 책상은 해당 업무와 관련된 서류, 기간 안에 제출해야 할 증빙 자료 그리고 오늘 해야 할 일, 가르쳐야 할 수업 내용들로 가득 차있다. 최 교사와 이 교사가 교무실로 등장한다. 이마에 땀이 송골송골 맺혀 있다. 무언가에 쫓기는 모습이다. 최 교사와 이 교사는 각자의 자리에 앉는다. 서류에 밀려 책을 놓을 자리마저 없다.

최 교사: (힘든 듯이 의자에 털썩 앉는다.) 이 선생님, 오늘 수업 끝났나요?

이 교사: (힘없이 대답한다.) 아니요. (깊은 한숨을 쉰다.) 휴~, 정규 수업은 끝났는데, 아직 보충 수업이 남아 있어요. 선생님은요?

최 교사: 저도 수업이 오후에 한 시간 더 있어요. (서류를 챙기며) 참, 오늘 내야 할 서류는 다 준비되었나요? 우리 반 학생은 두 녀석이 아직도 말썽이네요. 벌써 세 번은 말했는데 아직도…….

이 교사: (맞장구를 친다.) 저도 그래요. 말썽을 피우네요. 요즘 정신도 없는데. 교과 수업 준비도 힘들어 죽겠는데 행정부서에 제출해야 할 서류가 너무 많은 것 같아요. 학생 조사, 학생들 건강기록부 관리, 학생 기초 조사, 저소득층 학생들 조사, 비상 연락망, 학급회 조직 등 해야 할 일이 너무 많은 것 같아요. 선생님은 다 하셨나요?

최 교사: (한숨을 쉰다.) 저도 아직요. (고개를 떨군다.) 힘이 들어요. 아직 학교에 적응하지도 못했는데 내야 할 서류 때문에 정작 교과 수업도 소홀히 해야 할 판이에요. 모든 애들이 제 맘대로 움직여 주는 것도 아니고 아이들도 다들 사정이 있잖아요.

이 교사: 그건 그래요. 3월은 너무 정신없이 지나가네요. 담임교사로 배정받은 지 얼마 되지도 않은데, 아이들 이름도 다 못 외었는데, 하여튼 힘이 드네요. 수업은 수업대로, 보충 수업은 보충 수업대로 힘들고요. 그놈의 대학입시가 무언지, 참.

최 교사: (침통한 표정을 지으며) 그래도 최 선생님은 이 학교에 오래 계셔서 학교가 어떻게 돌아가는지는 잘 아시잖아요. 전 이곳 생활이 낯선 데다가 아직도 하루가 어떻게 지나가는지도 모를 지경이에요. 특히 부서별 업무 파악도 안 되는 상황에서 교육과정 업무를 맡아서 뭘 어떻게 해야 할지 잘 모르겠어요. 교육과정 연수도 없고 그렇다고 누가 가르쳐 주는 것도 아니고 교육계획서나 관련 문서를 봐도 감이 잘 잡히지도 않아요. 집에 가면 걱정은 걱정대로 태산이고 몸은 파김치가 되어 있어요. 아이나 남편이 옆에 있는 것도 이젠 위안이기보다는 귀찮기만 해요.

이 교사: 저도 마찬가지에요. 요즘 학교가 너무 빠르게 변해서 적응이 쉽지 않은 것 같아요. 요즘 젊은 선생님들은 참 잘하는데, 저는 쉽지가 않네요. 남편 뒷바라지에 애들 봐 주는 사람도 없고, 특히 작년에 했던 내용이 낯설기만 하니 힘들어요. 하여튼 학교생활이 너무 변화가 심한 것 같아요. 최 선생님! 오히려 선생님처럼 이 학교생활을 잘 모르는 것이 나을지도 몰라요. 하루가 다르게 변해서 요즘은 내라는 서류도 많고 세워야 할 계획은 왜 그리 많은지. 업무를 간소화시킨다고 하지만 해야 할 일은 점점 많아지는 것 같아요. 말이 전산화시스템이지 전자 서류로 대치해도 될 일을 옛날처럼 보조문서만 잔뜩 갖추기나 하고 오히려 준비해야 할 서류는 점점 늘어만 가니……

최 교사: (걱정스런 어투로) 네에. (화들짝 놀란다.) 참 청소지도 하러 가야죠. 요즘 애들은 쓰레기를 무슨 장식품 정도로 생각하니. 가시죠.

이 교사: (의자에서 일어나며) 그러게요.
(최 교사와 이 교사가 힘없이 일어서며, 각자의 교실로 퇴장한다.)

'새로운 도전'으로서의 본 작업의 의미

지금까지 우리는 질적 연구의 다양한 전통을 간략하게 정리하면서 질적 연구 영역에 개척적인 길을 걸어가고 있는 학자들로서 한국 질적 연구의 현주소와 딜레마를 바라보게 된다. 그리고 이는 한국 질적 연구의 발전을 위해 반드시 해결되어야 할 과제로서 판단되는 항목인데 다음의 2가지 측면과 같음을 지적하고자 한다.

첫째, 우리나라의 질적 연구는 서구의 질적 연구에 비해 특색적인 한국의 질적 연구를 발전시키지 못했다는 것이다. 여전히 우리의 질적 연구는 서구의 학문적 패러다임에 종속되어 있거나 영향을 받고 있다. 질적 연구 자체가 탈식민적이어야 함에도 불구하고 서구의 저작과 작품이 무엇을 하는가에 열광하고 있으며, 서구의 질적 연구에 귀를 기울이고 있다. 물론 새롭고 발전적인 사항에 대한 겸허한 자세로서의 접근들이야 가능하겠지만 냉철한 시각으로서 그들의 학문적 수행 능력과 우리들의 학문적 수행 능력에 차이가 나는 것인가에 대한 담대한 질문을 해 보는 것이다. 다른 영역은 몰라도 질적 연구의 영역만으로 한정하더라도 우리의 질적 연구에 대한 연구 수준과 작업적 능력에서는 충분하게 특색적인 무언가가 '꽃' 필 수 있다고 생각한다. 예를 들어 김영천의 학원(Hakwon education) 연구는 어떠한가? 오영범·이현철·정상원의 질적 자료 분석 소프트웨어 개발(파랑새 2.0)은 어떠한가? 이제 한국의 연구 풍토에 맞는 특색적인 질적 연구가 우리에게는 필요하다. 우리의 학문 후속세대들에게 무엇을 물려줄 것인가를 고민해야 할 때이다.

둘째, 우리나라의 질적 연구는 다양한 질적 연구의 전통과 방법을 심화 및 발전시키지 못했다는 것이다. 이는 본서의 출간에 근본적인 동인이 되는 문제의식이다. 우리는 그동안 질적 연구의 상당부분을 모르고 연구를 해 온 것이다. 질적 연구에 있어 다양한 전통과 방법이 존재하여 왔고 그것에 대한 이론적인 논의는 다루었지만 정작 그것을 연구에 적용하거나 그것을 적용하고자 하는 이들을 훈련시킬 수 있는 기초 자료와 접근을 제공하지 못했다. 특징적인 전통과 질적 방법에 대한 수준이 있는 학문성을 유지하면서 실용적인 자세로 해당 사항들을 소개하는 개론서적이 있었던가를 떠올려 보라. 전무한 것이다. 이제는 좀 더 구체적으로 '○○○○○○○에 대한 질적 연구'라는 표현보다 '○○○○○○○에 대한 ○○○적 분석 혹은 ○○○적 접근'과 같이 구체적으로 각각의 질적 연구의 전통, 뉘앙스, 색깔을 특징적으로 살리면서 연구가 이루어져야 할 것이다. 이는 우리나라 질적 연구의 생명력을 불어넣을 것이며, 나아가 학계 전반의 연구 풍토를 변화시킬 것이다. 이를 위해서는 다양한 전통과 접근들에 대한 충실한 개론서적들이 풍성히 존재해야 하고, 대학원 과정에서도 심도 있게 가르쳐질 수 있는 학문성을 담보한 서적들이 출간되어야 한다. 이는 학문 후속세대들의 몫으로 남겨 두어야 하지만 그 숙제를 지금 당장부터 풀어 나가고 싶은 것이 저자들의 욕심이다.

현재 우리나라는 질적 연구의 각 전통들을 수용하여 더욱 공고히 하고, 전문적으로 해당 주제를 발전시켜야 할 과업에 직면하고 있는 것이다. 본 작업이 가지는 핵심적인 과업 중에 하나가 바로 이와 관련된 사항인데, 해당 전통들을 전문적으로 정리하고 한국적 연구 풍토에 맞게 심화하여 한국의 연구자들과 대학원생들에게 소개하려는 것이다. 이러한 맥락에서 본 작업은 질적 연구와 그 전통들에 대한 개론적인 내용을 심도 있게 학습한 연구자들이 다음 단계로서 다양한 질적 연구의 스펙트럼을 경험할 수 있는 장을 제공하려는 의미를 가지고 있는 것이다. 본 작업은 그러한 연구자들을 위한 유익한 교과서가 될 것이다.

실제로 이번 작업은 한국의 질적 연구자들이 협업하여 질적 연구의 확산에 기여하려고 했으며, 이는 진주교육대학교 김영천 교수가 주도하여 편집한 세 번째 책이기도 하다. 그 동안 한국 내 질적 연구의 확산을 위해 김영천 교수는 이미 아래의 두 작업을 수행했다.

『교육에서의 질적 연구』(이용숙과 편저)
『교과교육과 수업에서의 질적 연구』

이를 통해 김영천 교수는 한국 내 질적 연구와 관련된 학술적인 담론이 형성되는 데 이바지했으며, 앞선 두 책에 이어 그 세 번째 작품이 바로 『질적 연구: 열다섯 가지 접근』이다. 이번 작품은 그동안 다소 개론적인 수준에서 수행되어 온 질적 연구 방법론을 확장하고자 했으며, 좀 더 전문적인 수준에서 연구자들의 학술적인 욕구를 충족시키고자 새로운 방법론들도 소개했다.

또한 이번 『질적 연구: 열다섯 가지 접근』은 한국의 연구 설계(research design) 및 연구 접근방법을 풍성하게 만들어 주고 있는 고신대학교 이현철 교수와 함께 편저 작업을 했다. 이현철 교수는 교육학, 사회학, 기독교신학 등의 간학문성을 바탕으로 질적 연구와 양적 연구를 매력적으로 통합하여 생산적으로 연구하고 있어 질적 연구의 확장과 심화를 이끌고 있다. 특별히 이 교수는 질적 연구의 방법론적 한계를 보완할 수 있는 접근들을 통해 다양한 학문 영역 및 대규모 국가 프로젝트에서의 질적 연구 방법의 적용과 활용의 가능성을 확장시켜 주고 있다.

이번 『질적 연구: 열다섯 가지 접근』은 그동안 축적된 저자들과 여러 동료들의 전문성을 바탕으로 최신의 다양한 질적 연구 방법을 깊이 있고, 견고하게 소개하고 있어 앞선

『교육에서의 질적 연구』(이용숙과 편저), 『교과교육과 수업에서의 질적 연구』보다 더욱 한국 내 질적 연구 확산과 공고화에 이바지할 것으로 기대된다.

구체적으로 그것이 어떻게 성취되고 가능할 것인가는 본 작업의 핵심적인 기둥들을 이루는 주제들과 각 저자들의 면면을 살펴볼 때 더욱 분명해질 것이다. 각 장별 저자의 순서대로 해당 내용들을 살펴보면 다음과 같다.

먼저 김필성은 문화기술적 접근을 통해 문화기술지와 관련된 심층적인 내용들을 제공하고 있다. 특히 김필성은 그동안 수행한 문화기술지 연구의 노하우를 바탕으로 한국적 풍토에서 문화기술지를 활용 및 적용하고자 하는 연구자들에게 실제적인 아이디어와 연구자적인 전략들을 제공하고 있어 의미가 크다고 하겠다.

정상원은 현상학적 접근을 통해 한국 연구자들이 까다롭게 생각하여 실제 연구에 적용하기를 부담스러워하는 현상학적 질적 연구에 대한 명쾌한 설명과 활용 가능성을 기술하고 있다. 정상원의 경우 현상학적 접근이 가지고 있는 특징적인 요소들을 명확하게 정리함으로써 현상학적 접근을 시도하고자 하는 연구자들에게 연구자로서 그들이 핵심적으로 무엇을 붙잡고 현상학을 바라보아야 하는가/적용해야 하는가에 대한 구체적인 자료들을 제공하고 있다. 이는 한국 현상학적 질적 연구의 지평을 열어 주고 있다고 판단된다.

박승민은 비교적 한국에 다양한 수준의 내용들이 소개된 근거이론에 대해 우리가 가지고 있는 오해와 편견을 바로잡고 있다. 특히 근거이론과 관련된 세부적인 내용들과 해당 사항이 발전되어 현재에 어떠한 특징으로서 적용될 수 있는가에 대해 심도 있게 다루고 있어 근거이론을 활용하여 연구를 수행하고자 하는 다양한 전공분야의 연구자들에게 실천적인 지식을 전해 줄 것으로 예상된다.

김영천과 민성은의 생애사적 접근에서는 개인/미시적인 접근과 흐름 속에서 생애사적 접근이 얼마나 개인의 삶과 의미에 집중할 수 있는가를 심도 있게 다루고 있으며, 해당 분야와 관련된 방대한 이론적 배경과 기반들에 대해 전문적인 수준에서 소개하고 있다. 더욱이 민성은은 그동안 자신들이 축적한 다양한 연구들에서 파생된 실제적인 노하우들을 정련되게 소개하고 있어 생애사 연구에 관심을 가지고 있는 연구자들에게 유익한 자료가 될 것이다.

이동성은 자문화기술적 접근을 통해 그동안 자신이 수행한 전문적인 자문화기술지의 핵심적인 내용들을 요약적으로 설명하고 있으며, 나아가 해당 분야의 최신 동향과 발전적 가능성을 다룸으로써 한국 연구자들에게 새로운 학문적 도전을 선사해 주고 있다. 자문화기술적인 접근은 최근 질적 연구의 주요한 담론으로서 빠르게 자리매김하고 있는데 이동성의 글은 이에 대한 한국 연구자들의 이해의 폭을 넓혀 줄 것으로 판단된다.

박창민과 조재성의 실행연구적 접근은 실행연구가 가지는 본래적인 의미 즉, 연구 참여자들과의 공감적인 바탕에서 반성적, 환원적 과정을 거쳐서 연구를 수행하는 것이 무엇인가를 분명히 하면서 동시에 실행연구의 본질적인 취지와 목적에 대한 명확한 개념을 구성시켜 준다. 이를 통해 실행연구와 관련된 실천적 지식을 구성하게 해 주는데, 이는 현장 연구자들에게 주요한 실행연구 매뉴얼이 될 것으로 기대한다.

허창수는 비판적 질적 연구와 비판교육학의 의미들을 브리콜라주의 개념과 함께 살펴보면서 브리콜라주를 활용한 질적 연구와 비판교육학적 브리콜라주의 내용들을 의미 있게 소개하고 있다. 우리의 질적 연구가 가지고 있는 단순성과 피상성에 새로운 시각을 불러일으켜 주고 있으며, 학문 후속세대들에게 질적 연구와 관련된 의미 있는 장을 새롭게 선사하고 있다.

이현철은 최근 전 세계적으로 각광을 받고 있는 질적 연구와 양적 연구의 통합과 관련된 이슈와 개념, 연구 설계와 연구 방법 등을 소개하고 있으며, 이를 실제 연구에서 적용하고자 하는 연구자들을 위한 워크숍 수준의 구체적인 자료들을 소개하고 있다. 해당 분야의 실용적인 가치는 연구 방법론과 관련된 담론 자체를 변화시키고 있으며, 이현철의 글은 한국의 연구자들에게 이 분야의 학술적 선점을 위한 교두보가 될 것이다.

김명희는 감식안과 예술비평적 접근을 통해 우리나라에서 생소한 교육 비평이라는 영역의 개념들을 심도 있게 소개하고 있다. 최근 교육 비평이 교육평가 및 질적 분석의 새로운 모델로 각광을 받고 있다는 점과 교육평가와 프로그램 평가의 중요한 탐구 분야로 연구되고 있다는 점은 앞으로도 수많은 질적 연구에서 교육 비평이 중요한 연구 방법으로서 활용될 것을 예상케 한다. 그러므로 김명희는 교육 비평과 관련된 선구적 연구를 통해 이 분야의 가능성과 의미를 한국 연구자들에게 소개하고 있으며, 이는 한국의 질적 연구의 학술적 경계를 좀 더 확장시켜 주는 데 크게 이바지하고 있다.

오영범은 인터넷 문화기술지 접근을 통해 테크놀러지와 질적 연구의 경계를 허물고 있으며, 가상공간 속에서의 질적 연구라는 새로운 차원을 심층적으로 소개하고 있다. 이는 변화된 시대적 상황과 연구 환경을 극명하게 반영하는 것이며, 국내 연구자들에게 비교적 생소한 해당 분야의 이해의 폭을 확장시켜 주는 학술적 의의를 지니고 있다.

이상우의 내러티브 탐구적 접근은 인간의 삶 속에 나타나는 다양하고 복잡한 경험을 심층적으로 이해하기 위한 방법으로서의 내러티브 탐구의 핵심적인 사항을 정리하고 있으며, 이를 통해 구체적으로 연구자들이 어떻게 활용하고 실제 연구에서 직면할 수 있는 다양한 문제들은 어떻게 해결할 것인가에 대해 심도 있게 기술하고 있다. 이상우의 내러티브 글은 내러티브를 활용하여 연구를 시작하고자 하는 전문 연구자들에게 연구 방법적 방향을 설정함에 있어 유익한 자료가 될 것이다.

전영국과 이현주는 초상화법 질적 연구를 통해 기존의 질적 연구를 몇 가지의 틀 속에서 이해하고자 하는 이들에게 보란 듯이 '다른 틀'을 제공하고 있다. 초상화법의 경우, 우리가 잘 그려진 초상화를 보고 화가가 표현하고자 하는 인물의 이미지를 직감적으로 느낄 수 있는 것처럼 글쓰기를 통해 독자가 그 인물을 직관적으로 이해할 수 있도록 만들어 주는데 전영국와 이현주는 그러한 매력적인 작업이 어떻게 이루어지며, 다른 질적 연구와 비교하여 어떠한 특징적인 면모를 지니고 있는가에 대해 친절히 설명하고 있다. 내면세계 이해를 위한 새로운 접근을 시도하는 연구자들에게 전영국와 이현주가 제시하는 초상화법 질적 연구는 큰 매력으로 다가갈 것이다.

김도헌은 시각적 질적 연구를 통해 영상자료, 특별히 사진을 어떻게 활용하여 연구를 수행할 것인가에 대한 심도 있는 접근을 해 주었다. 구체적으로 김도헌은 사진 기반 질적 연구 방법을 제시하고 있는데 연구 설계 시 고려할 사진자료의 유형, 사진을 통한 현장의 접근, 관찰 및 면담 도구로서의 사진의 활용, 포토에세이와 포토보이스, 사진 기반 질적 연구의 윤리적 이슈 등 사진을 기반으로 한 질적 연구에서 연구자들이 파악해야 할 핵심적인 사항들을 꼼꼼하고 친절하게 설명하고 있다.

주재홍은 질적 연구의 지적 전통으로서 탈식민주의를 적용하여 그 방법적 이슈들과 문제들을 새롭게 규명하기 위해 의미 있는 시도를 해 주었다. 이를 위해 주재홍은 크게 두 가지의 연구 문제를 제시하면서 글을 이끌고 있는데, 먼저 질적 연구 방법을 탐구하기 위해 다양한 학문 분과에서 인정되고 있는 탈식민주의의 목적과 지향점을 구체적으로 논의했으며, 다음으로 탈식민주의의 목적과 지향점이 질적 연구 방법에 어떤 새로운 문제와 현상들을 제기하는지를 정리했다. 그의 작업은 이 분야의 학문적 담론을 확장하는 데 이바지할 것이다.

궁선혜는 푸코의 담론분석법을 소개함으로써 우리의 연구 방법적인 시각을 새로움으로 충만하게 해 준다. 특히 푸코가 이해하는 담론과 그것을 설명하는 다양한 개념을 통해 현상을 분석하고 해석하는 연구자들의 관점에 새로운 무기를 장착하고 있다고 판단된다. 나아가 궁선혜는 구체적인 연구를 위한 절차와 사례들도 면밀하게 소개하고 있어 해당 분야를 통해 연구를 시도하는 연구자들에게 유익한 자료가 될 것이다.

해당 연구자들이 감당해 준 질적 연구의 심화된 접근들은 새로운 도전으로서 본 작업의 의미를 드러내는 데 주요한 역할을 하고 있으며, 이는 한국 질적 연구의 이론과 담론의 장을 한 단계 더 확장시키는 의미를 지닌다.

본 작업을 통해 구성된 다양한 질적 연구의 심화된 접근들은 질적 연구를 통해 삶을 구현해 나가고자 하는 많은 전문 연구자들과 질적 연구를 자신의 연구와 논문에 적용하고자 하는 모든 학문 후속세대와 대학원생들에게 실제적 도움이 될 것을 확신한다. 한국의 질적 연구는 더욱 발전할 것이고, 세계적 수준으로 성장할 것이며, 이를 우리의 다음 세대들은 목도할 것이다.

참고문헌

강지연·윤선영(2016). 간호사의 직장 내 괴롭힘 경험에 관한 근거이론 연구. 대한간호학회지 46(2), 226-237.

김남연·김현주·안혜준(2008). 초임 유치원 원감 되어가기: 초임 원감의 자전적 문화기술지. 유아교육학논집, 12(3), 195-217.

김명찬(2015). 나는 왜 서울대학교 박사가 되어야 했나? 교육인류학연구 18(2), 163-195.

김영천(1997). 네 학교 이야기: 한국초등학교의 교실생활과 수업. 서울: 문음사.

김영천·박찬봉·박일녀(2002). 엎 클로스 앤드 퍼스널(Up C;ose and Personal): 현장연구자가 들려주는 학교연구의 이슈와 딜레마. 교육인류학연구 5(2), 1-30.

김영천·이희용·이현철·최준호(2009). 한 여름밤의 꿈: 제7차 교육과정의 환상과 추락의 내러티브. 경기: 아카데미프레스.

김재룡(2010). 체육인 한상준의 생애사. 박사학위논문. 강원대학교.

김창아·김영순(2013). 교육연극을 활용한 다문화 대안학교의 한국어교육 프로그램 실행연구. 교육과학연구 44(3), 241-269.

박경용·임경희(2016). 한 조선족 여성의 디아스포라 경험과 젠더 재구성: 중국 칭다오 거주 P씨의 구술생애사를 중심으로. 아시아여성연구 55(1), 199-236.

박성희(2004). 질적 연구 방법의 이해: 생애사 연구를 중심으로. 서울: 원미사.

신빛나·이준우(2014). 발달장애인의 직업생활에 관한 문화기술지. 장애와 고용 24(3), 35-66.

양영자(2012). 생애사적 사례 재구성: 결혼 이주 여성의 생애사 사례를 중심으로. 비판사회정책 37, 203-247.

엄상현(2014). 초등학교 인성교육 실태분석: 근거이론 연구 방법에 기초하여. 한국교육 41(4). 79-101.

염지숙(2003). 유아교육실습-예비교사들의 경험 이야기. 한국교원교육연구 20(2), 223-248.

오영범(2016). 한 초등학교 교사들의 SNS 활용 특성에 관한 인터넷 질적 연구: '밴드'를 중심으로. 교육공학연구 32(2), 293-325.

유승연(2016). 시각적 내러티브(Visual Narrative)를 통한 유아 교사의 자아상과 철학적 사고의 변화과정에 관한 연구. 미래유아교육학회지 23(4), 171-198.

이남인(2004). 현상학과 해석학. 서울대학교 출판문화원.

이동성(2011). 한 교사 연구자의 변환적인 역할과 관점에 대한 자문화기술지. 교육인류학연구 14(2), 61-90.

이동성(2011). 한 교사연구자의 변환적인 역할과 관점에 대한 자문화기술지. 교육인류학연구, 14(2), 61-90.

이동성(2011a). 한 교사 연구자의 변환적인 역할과 관점에 대한 자문화기술지. 교육인류학연구, 14(2), 61-90.

이동성(2011b). 초등 교과교육연구회 참여경험에 대한 자문화기술지. 초등교육연구 24(3), 1-26.

이동성·김영천(2012). 근거이론의 철학적 배경과 방법론적 특성에 대한 고찰. 열린교육학회, 20(2), 1-26.

이용숙·김영천 편(1998). 교육에서의 질적 연구. 서울: 교육과학사

이용숙·이수현(2016). 대학생의 점심식사 방식과 점심식사에 부여하는 의미: 문화기술적 연구. 비교문화연구 22(2), 329-390.

이점우(2006). 한 60대 초등학교 여교사의 삶과 가르침: 생애사적 사례연구. 박사학위논문. 동덕여자대학교.

이종각(1995). 교육인류학의 탐색. 서울: 도서출판 하우.

이지은·김동욱(2011). 방송출연이 개인사에 미치는 영향에 관한 질적 연구: 생애사 연구 방법론을 중심으로. 교육문화연구 17(3), 375-405.

이혁규(2011). 세 가지 시선으로 수업 읽기: 초등 사회 문화재 수업에 대한 수업 비평. 시민교육연구 43(1), 157-184.

이현철·김경식(2013). 비평준화지역 남녀공학 내 남녀 간 수학내신 성적 차이에 대한 사례연구. 사회과학연구 37(1), 173-204.

이희용(2007). 한 고등학교 국어 교사의 성장 체험: 자기 내러티브(self-narrative). 교육인류학연구, 10(2), 131-169.

임민정(2014). 시를 이용한 질적 연구 경험으로의 초대. 유아교육연구 34(4). 35-54.

전영국·이현주(2016). 질적 연구 방법으로서의 초상화법 소개와 특징 고찰. 교육문화연구 22(4), 5-23.

조용환(1999). 질적 연구: 방법과 사례. 서울: 교육과학사.

조정호(2009). 체육사에서 구술하 연구 방법의 의의와 적용 방향. 한국체육사학회. 2009 동계학술대회, 17-26.

주재홍(2016). 탈식민주의와 질적 연구: 방법적 이슈들. 교육과정연구 34(4). 1-25.

주형일(2010). 지방대에 대한 타자화 담론의 주관적 수용의 문제: 자기민속지학 방법의 적용. 미디어, 젠더 & 문화, 13, 75-113.

최영신(1999). 질적 자료 수집: 생애사 연구 사례를 중심으로. 교육인류학연구, 2(2), 1-22.

최은아(2016). 신생아의 NICU 입원에 대한 어머니의 경험. 고신대학교 대학원 간호학 박사학위논문.

허창수·이주옥(2008). 일상 속 숨겨진, 당연시 여기는 폭력들. 교육인류학연구 11(2), 173-205.

홍영숙(2014). 영어 관념의 유동성과 교사 정체성의 다중성: 한 초등영어교과전담교사의 삶에 대한 내러티브 탐구. 19(2), 183-206.

Allan, H.(1997). Reflexivity: A comment on feminist ethnography, Nursing Times Research, 2(6), 455-467.

Alvessin, M.(2002). Postmodernism and social research. Philadelphia: Open University Press.

Alvesson, M. & Skoldberg, K.(2000). Reflexive Methodology. London: Sage.

Baym, N. K.(1999). Tune in, log on: Soaps, fandom, and online community. Thousand Oaks, CA: Sage.

Clandinin, D. J. & Connelly, F. M.(2000). Narrative Inquiry: Experience and story in qualitative research. San Francisco: Jossey-Bass Publishers. 소경희 외 역(2007). 내러티브 탐구. 서울: 교육과학사.

Connel, R. W.(1983). Class, Gender and Sartre's Theory of Practice. In Which Way is Up? North Sydney: George Allen and Unwin.

Creswell, J. W. and Plano Clark, V. L.(2007). Designing and Conducting Mixed methods research. Thousand Oaks, CA: Sage.

Davies, C. D.(2007). Reflexive Ethnography. NY. Routledge.

Dovona-Ope, D. R.(2008). A rationale for employing mixed methods design in doctoral research about female students?: Academic achievement in secondary schools in Papua New Guinea. International Journal of Pedagogies and Learning, 4(2), 59-67.

Ellis, C.(2004). The Ethnographic I: A Methodological Novel about Autoethnography: Walnut Creek: Altamira Press.

Ellis, C., & Bochner, A. P.(2000). Autoethnogaphy, Personal Narrative, and Personal Reflectivity. In N. K. Denzin & Y. S. Lincoln(Eds.). Handbook of Qualitative Research(2nd Ed.). (pp.733-768). Thousand Oaks, CA: Sage.

Freeman, M. P.(1993). Rewriting the self: History, memory, narrative. NY: Routledge.

Heiselt, A. & Sheperis, C. J.(2010). Mixed methods designs In Sheperis, C. J., Young, J. S., & Daniels, M. H. Counseling research: Quantitative, qualitative, and mixed methods. MA: Pearson.

Johnson, R. & Onwuegbuzie, A.(2004). Mixed methods research: A research paradigm whose time has come. Educational Researcher, 33(7), 14-26.

Kim, Y. C.(2016). Shadow education and the curriculum and culture of schooling in South Korea. Palgrave Macmillan.

Kozinets, R. V.(2010). Netnography: Doing Ethnography Research Online. London: Sage.

Kung, S. H.(2015). The Reformation of Koreanness and the Role of Crisis and Success in Excellence and Equality Educational Reform Discourses. Unpublished doctoral dissertation. University of Wisconsin–Madison.

Markham, A. N.(1998). Life online: researching real experience in virtual space. Walnut Creek, CA: Altamira.

Mertens, D. M.(2005). Research and evaluation in education and psychology: Integrating diversity with quantitative, qualitative, and mixed methods(2nd ed.). Thousand Oak, CA: Sage Publication.

Miller, D., & Slater, D.(2000). The Internet: An Ethnography Approach. New York: Berg.

Morse, J. M. et al.(2009). Developing grounded theory: The second generation. Walnut Creek, California: Left Coast Press Inc. 신경림·김미영·신수진·강지숙(역)(2011). 근거이론의 발전: 제2세대. 서울: 하누리.

Moustakas(1994). Phenomenological Research Methods. Thousand Oak, CA: Sage.

Richardson, L.(1994). Writing: A methods of Inquiry. In N. K. Denzin & Y. S. Lincoln(Eds.). Handbook of Qualitative Research. (pp.516-529). Thousand Oaks, CA: Sage.

Steir, R.(Ed.).(1991). Research and reflexivity. London: Sage.

Strauss, A. L. & Corbin, J. M.(1990). Basic of Qualitative Research: Grounded Theory Procedures and Techniques. Newbury Park, CA: Sage. 신경림(역)(2001). 근거이론의 단계. 서울: 현문사.

Strauss, A. L. & Corbin, J. M.(1998). Basic of Qualitative Research: Techniques and Procedures for Developing Grounded Theory(2nd ed). 김수지(역). 근거이론의 이해: 서울: 한울

Tashakkori. A & Teddlie, C.(2003). Handbook of mixed methods. CA: Sage Publicaton.

Tashakkori. A & Teddlie, C.(2009). Foundation of mixed methods: Integrating quantitative and qualitative approaches in the social and behavioral sciences. CA: Sage Publication.

Van Maannen(1990). Researching Lived Experience. The University Western Ontario, Canada. 신경림·안규남 공역(1994). 체험연구. 동녘.

Watt, D.(2007). On Becoming a Qualitative Researcher: The Value of Reflexivity. The Qualitative Report, 12(1), 82-101.

2.

문화기술지

김필성 ǀ 동국대학교(경주)

문화기술지는 19세기 인류학자들에 의해 정립된 질적 연구 방법이다. 질적 연구의 전통이 다양하게 분화되어 발달하기 전에는 문화기술지가 곧 질적 연구라고 인식이 될 만큼 다양한 질적 연구 전통의 뿌리가 된다. 인류학자들은 낯설고 다양한 생활양식과 사고를 가진 사람들을 합리적이고 타당하게 이해하고자 했다. 1970년대 이후 문화기술지의 연구 방법은 간호학, 경영학, 교육학 등 다양하고 많은 영역에서 활용되었고 음식문화, 의례, 풍속, 질병, 몸과 관련된 각종의 현상들(다이어트 등) 등과 같이 다양한 현상들을 심층적으로 이해하는 데에 기여하고 있다.

문화기술지 연구의 개념

문화기술지는 집단의 문화를 이해하기 위한 질적 연구 방법이다. 인류학은 19세기에 국제적인 교류가 빈번해지는 시기에 등장한 학문으로서 비서구의 집단에 대한 관심이 높아지면서 등장하였다. 인류학자들은 지역과 전통마다 사람들의 삶의 양식이 다른 이유는 문화적 전통이 다르기 때문이라고 보았다. 이에 인류학자들은 다른 삶의 양식을 가진 집단들의 문화를 이해함으로써 그들을 이해할 수 있다고 보았다. 이를 위해 인류학자들은 직접 현지에 들어가서 현지 언어를 배우고 장기적인 참여관찰을 통해 그들의 문화를 상세하게 기술하려고 했다. 여기서는 김영천(2014)의 연구에 기초하여 알아본다.

1. 문화적 존재로서 인간에 대한 이해

문화기술지 연구는 세계의 여러 낯선 인간들의 삶을 이해하기 위해서는 그들이 공유하는 문화를 이해함으로써 가능하다고 보았다. 문화기술지는 단어 자체만 보더라도 문화와 관련된 것이라는 것을 알 수 있다. 어원에 비춰 본다면, 문화기술지(ethnography)에서 'ethnos'는 그리스어로 사람, 인종, 문화적 집단을 말하며, 문화기술지는 사람 혹은 집단의 '문화'를 기술하는 것을 뜻한다. 이러한 문화기술지 연구의 기본 전제를 살펴보면 다음과 같다.

첫째, 문화기술지 연구는 기본적으로 인간과 집단을 문화적 존재로서 본다. 문화기술지 연구의 특징을 이해하고자 한다면 이들이 인간의 행위를 어떻게 이해하는지에 대해 살펴봐야 한다. 문화기술지 연구에서는 세계의 여러 인간들의 삶과 모습이 다른 이유는 생물학적으로 찾을 수 없다고 보았다. 또한 문화기술지 연구자들은 동일한 환경에서도 집단의 삶이 다르다는 것을 알고서 지역과 환경의 차이로서 인간의 행위를 설명할 수 없다고 보았다. 인간과 집단이 동일한 환경적 조건을 각자 나름대로 다르게 해석하고 활용함에 따라 인류학자들은 그 집단이 세상을 이해하고 바라보는 가치관과 세계관에 관심을 갖게 되었다. 더 나아가 그러한 집단의 고유한 가치관과 세계관은 개인의 소유물이 아니라 집단이 공유하는 것으로서 문화라고 보았다. 예를 들어, 에스키모의 족장을 만난 인류학자이자 선교사였던 한 신부는 그 족장의 저택에서 잠을 자려고 할 때, 그 족장이 귀중한 손님에 대한 배려로서 부인을 들여 보내어 난처한 경험을 한 적이 있다. 그 신부는 족장의 배려는 거절했으나 그 족장은 자기의 선처를 받지 않는 그 신부에 대해 매우 불쾌함을 갖게 되었다. 인류학자들은 이러한 낯설고 충격적인 경험에 대한 이해가 각 집단마다 고유한 전통과 문화에 대한 이해로부터 가능하다고 본 것이다.

둘째, 문화기술지 연구에서는 인간을 개별적으로 이해하는 것을 경계한다. 문화기술지 연구자들은 인간이 사회적 관계와 문화적 전통 속에서 정체성을 구성하고 삶을 살아간다고 보고 있다. 루스 베네틱트(Ruth Benedict)는 이러한 인간의 특징을 설명하기 위해『문화의 패턴』(2008)에서 물의 예를 들어 설명한다. 물(H_2O)은 수소 2개와 산소 1개가 합쳐져서 나타나는 물질이다. 그러나 물은 수소와 산소의 결합으로 만들어진 물질이라도 수소와 산소의 속성에서 발견할 수 없는 또 다른 성질을 갖고 있다. 이것이 의미하는 바는 집단은 단순한 개인의 합과는 다른 성질을 갖는다는 것이다. 즉, 인간 개개인이 고유한 속성을 지니고 있을지라도 인간이 집단을 이루었을 때 그 집단은 집단만의 독특한 특징을 가진다는 것을 의미한다. 따라서 사회 및 집단에 대한 연구는 인간 개개인에 대한 연구와 달리 집단적인 독특한 현상에 대한 연구임을 보여 준다.

2. 문화의 다양한 개념

문화기술지 연구는 집단의 문화를 이해하고자 한다. 따라서 문화는 문화기술지 연구에서 핵심적인 개념이 된다. 기어츠(Geertz, 1973; 문옥표 역, 1998)는 "인류학의 관심사는 문화 개념을 중심으로 생겼으며, 나아가 그 개념의 영역을 더욱더 제한하고, 특정화하고, 초점을 밝히고, 수용하는 것이었다."고 주장하였다. 그러나 문화가 무엇인지에 대해서는 학자마다 그 의견이 분분하다. 문화의 개념은 집단을 이해하는 핵심적인 분석틀이 되는 만큼 이에 대해 크게 세 가지 측면에서 살펴본다.

첫째, 문화를 인간의 총체적인 생활양식으로 정의한다. 우리는 상식적으로 문화가 무엇이냐는 질문을 받는다면 문화는 그 사람들만이 가지고 있는 독특한 생활양식이라고 답할 것이다. 이러한 문화에 대한 정의는 다른 지역이나 국가에 속한 사람들과 자신을 비교함으로써 쉽게 이해할 수 있다. 반대로 다른 나라 사람들은 우리나라 사람들만이 가지고 있는 독특한 생활양식을 인식하고 낯설게 바라보게 된다. 우선 그 집단이나 민족(국가)이 공유하는 언어에서 뚜렷한 차이가 있다. 뿐만 아니라 우리는 지역과 전통에 따라 건축양식, 의복문화, 음식문화, 요리방법, 친족체계, 신앙 등 모든 일상생활에서 고유성이 있음을 알게 된다. 우리는 이러한 고유성이 개인적이고 생물학적인 특성에 따라 나타난 것이라고 이해하지 않는다. 이들은 그 집단이 공유하는 고유성이며 개인은 그 집단에 소속되어 생활함으로써 그것을 습득하고 체화한 것이라고 볼 수 있다. 예를 들어, 우리나라의 찜질방 문화나 개고기를 먹는 음식문화는 다른 나라 사람들이 이해하기 어려운 낯선 생활양식이라고 볼 수 있다. 이와 같이 일반적으로 한 사회의 구성원들이 공유하는 관습적인 행위 및 그런 행위의 산물을 문화라고 부르고 있다(한상복 외, 2011).

둘째, 문화를 집단의 인지체계로 정의한다. 문화를 총체적인 생활양식으로 정의할 때 문화와 인간의 관계가 불명확해질 수 있다. 구디너프는 이와 같은 대부분의 정의와 용법이 '행위의 유형'과 '행위를 위한 유형'을 제대로 구분하지 못했다고 지적하며 문화에 대한 개념을 '공유된 사고방식의 총체'로 제시했다. 여기에는 인간의 삶의 기저에 깔려 있으면서 삶을 통해 표현되는 공유된 관념들의 체계, 개념·규칙·의미의 체계가 포함된다. 이러한 문화는 사회구성원들이 무엇을 해야 하며 무엇을 해야 하는지 그리고 행함에 있어서 어떻게 해야 하는지를 결정하는 기준을 제공하는 지도와 같은 것이다. 즉, 인지체계로서 문화는 한 사회의 구성원들이 그들을 둘러싸고 있는 현상 세계의 여러 사상(事象)들을 지각하고, 그것들에 의미를 부여하고, 그것들의 인과 관계를 정하고, 그것들에 가치를 부여하고, 그것들에 대하여 느낌을 가지며, 그것들에 대하여 특정한 절차와 방법에 따라 작위를 가하는 것과 관련된 표준들로 구성되어 있다. 즉, 문화는 정신적 측면에 속하는 것으로서, 문화가 사람들로 하여금 자신의 경험과 지각을 체계화하고 행동을 정립하게 하며 상이한 대안들 중에서 어떤 것을 선택하도록 만드는 조직적인 지식 및 신앙의 체계를 지칭하는 것으로 관념의 영역에 속하며 정신적인 것이다.

셋째, 문화를 의미의 체계로 본다. 이는 문화가 집단이 공유하며 집단이 구성하는 텍스트와 같다고 보는 관점이다. 이러한 관점에서는 문화를 총체적 생활양식이나 사고양식의 체계로 보는 것과는 달리 집단이 문화를 도구로 활용하여 소통을 하며 공동의 의미를 구성한다고 본다. 대표적인 학자로는 '상징'을 문화의 기초로 파악한 화이트(Leslie A. White), 문화에 대하여 해석적 탐구를 한 기어츠(Clifford Geertz)와 후기의 에반스 프리차드(Evans-Pritchard) 그리고 빅터 터너(Victor Turner), 메리 더글라스(Mary Douglas), 리치, 니덤이 있다(김영천, 2012). 이러한 관점은 문화결정론적인 경향을 보이는 총체적 접근에서 간과했던 행위자가 실천하는 의미의 해석에 초점을 두고 있다. 즉, 이에 따라 이러한 관점에서는 집단의 구성원이 문화에 의해 결정론적으로 지배받는 것이 아니라 문화를 토대로 인간의 행위와 현상을 해석해 간다고 본다. 또한 이러한 관점에서는 행위자를 능동적으로 해석하고 의미를 구성하는 실천적인 존재로 정의하게 된다. 행위자는 '상징'적인 존재이며 '의미'를 생산하고 실천하는 데 관심이 있는 존재로서 정의되며 사회, 문화적 제도들이 어떻게 행위자들에 의해 '실천'되는가를 보는 것이 인류학적 연구로 강조되었다(김광억 외, 1999, p. 7)

이는 총체적 접근에서 다루지 않은 행위자의 능동성을 인정한 것이다. 이에 따르면, 총체적 접근에서와 같이 문화란 하나의 독자적인 영역으로 정치나 경제, 종교처럼 체계로서 인간이나 집단의 외부에 존재하는 것이 아니다. 그 대신에 문화는 인간의 정치, 경제, 종교의 제 활동과 실천에 스며들어 있어서(embedded) 따로 분리가 불가능하며 따로 떼어서는 의미가 없어지는 것으로 보았다. 문화를 이해하고자 할 때 행위자들의 실천과 과정과 관련하여 파악해야 한다고 보았다. 기어츠는 문화와 인간의 관계를 설명하기 위해 바이올린 연주자가 악보를 보고 연주하는 행위에 비유하였다. 기어츠는 "바이올린을 연주하기 위해서는 특정의 습관과 기술, 지식, 재능이 있어야 하며, 바이올린을 연주할 기분이어야 하며, 바이올린이 있어야 한다. 그러나 바이올린 연주가 바로 그러한 습관, 기술, 지식, 분위기나 바이올린 그 자체는 아니다."(Geertz, 1998, p. 22)라고 말하였다. 즉, 악보 자체는 연주와 엄연히 다른 것으로 연주자는 악보에 그려진 기호에 어떤 의미를 부여하고 해석하여 연주라는 문화적 행위를 한다(김광억 외, 1998, p. 8). 이러한 점에서 문화인류학자는 문화가 행위자에 의해 어떻게 작성되고 구성되는지, 행위자가 문화를 도구로 하여 의미를 어떻게 구성하고 해석하면서 실천하는지, 그리고 그러한 실천을 통해 어떤 문화를 만드는지를 내부자적 관점(emic)에서 탐구해야 한다고 보았다.

문화기술지 연구의 발달

앞에서는 문화기술지 연구에 있어 문화의 개념에 대해 살펴보았다. 여기에서는 문화기술지 연구의 발달을 살펴보려고 한다. 문화기술지 연구의 초기에는 주로 원시부족과 같은 소규모 사회를 연구하였다. 그러나 문화기술지는 자국의 문화뿐만 아니라 성지, 경제, 사회의 여러 집단에 대한 연구로 확장되어 발달되어 왔다. 더 나아가 문화기술지 연구 방법을 활용한 응용인류학이 발달하였다. 영상인류학, 의료인류학, 발전인류학, 관광인류학, 몸의 인류학 등이 있으며, 역학조사, 규격화, 복지후생, 지역개발, 기업운영, 교육제도, 외교 등 다른 여러 학문 분야로 확장되었다.

1. 소규모 집단에 대한 총체적 연구

문화기술지 연구 초기의 특징은 주로 소규모 집단을 주요한 연구 대상으로 하여 그 문화를 총체적으로 기술하고자 한 것이다. 연구자는 주로 특정 지역을 근거로 살아가는 집단 전체를 연구 대상으로 삼았다. 연구자는 그들이 공유하는 생계방식이나 음식, 경제나 친족관계 등 삶의 양식을 살펴보고자 했고 그들이 향유하는 풍속이나 의례에 대한 연구를 통해 가치관이나 세계관 등의 사고방식을 살펴보고자 했다.

문화기술지 연구에서는 문화의 부분을 이해함에 있어 총체성과 실재성을 강조한다. 총체성이란 문화의 각 부분들이 전체적인 맥락에서 의미를 지니므로 부분들을 분리하여 파악할 수 없다는 것을 말한다. 즉, 풍속이나 의례를 이해하기 위해서 그들의 생계양식이나 지역적, 생태적 조건을 파악하고자 했으며, 음식문화를 그들의 종교나 세계관과 함께 이해하고자 했다. 실재성이란 부분들의 합이 곧 전체가 아니듯이, 전체로서의 문화는 부분들에의 속성에서 찾을 수 없으며 문화는 또 하나의 실재라는 것이다.

이에 총체적 문화기술자는 현지에 장기 체류하면서 각 부분들의 전체적인 체계를 기술하려고 노력한다. 이러한 문화기술지 연구는 문화를 총체적 생활양식으로 정의한 타일러에 따른 것으로, 19세기 중반부터 20세기 초까지 인류학의 역사에서 지배적인 경향으로 나타났다. 이에는 사회적 실재를 기능주의적 관점에서 탐구한 말리노브스키와 구조 기능주의자 래드클리프 브라운이 있다. 그리고 문화 유형을 탐구한 프란츠 보아스(Franz Boas), 마가렛 미드(Margaret Mead), 루스 베네딕트(Ruth Benedict)와 문화를 생태학적 적응체계로 보고 탐구한 마빈 해리스(Marvin Harris)와 로이 라파포트(Roy Rappaport)가 있다(김영천, 2014). 이러한 문화기술지 연구에는 크게 네 가지의 탐구 관점이 있다.

첫째, 문화의 기능을 탐구하려고 했다. 문화는 인간이 생존을 유지하고 욕구를 충족시키는 유용한 수단이자 방법의 집합체일 수 있다. 이러한 관점에서는 집단 구성원들이 자신들의 욕구를 충족시키기 위한 기능의 총체를 문화라고 규정하고 문화의 요소들의 기능들을 탐구한다. 대표적으로 말리노브스키(Bronislaw Malinowski, 1884~1942)는 영국 사회인류학의 창시자이며 문화에 대한 기능주의적 탐구의 선구자로서 평가받는다 (Kuper, 2003). 그는 모든 유기체의 인지활동이 욕구의 충족에 기초한다고 보았고 문화가 욕구 충족을 위해 존재하며 하나의 기능의 총체라고 보았다. 문화는 개인의 생물학적·심리적·사회적 욕구를 만족시키기 위해 고안되고 존재하며 문화적 여러 요소들은 그러한 욕구들에 대한 통합된 반응들이다(Moore, 2002: 198-199) 그는 "모든 문화는 생물학적 욕구체계를 만족시켜야 한다.", "도구나 상징의 사용을 의미하는 모든 문화적 성취는 인체 해부구조에 유익한 향상이며 직·간접적으로 신체적 욕구의 충족에 관련된다"고 보았다. 이에 따라 문화는 효과적으로 충족시키기 위한 도구들로서 사회 구성원들 모두에게 이익이 되며 적응적이고 기능적으로 통합되어 있다(Moore, 2002: 201). 이처럼 말리노브스키는 각각의 문화를 하나의 기능적인 성격의 복합적 체계라고 보았다. 이에 각각의 문화를 이해하기 위해서는 문화를 모든 문화 요소들의 기능적 상호관련성 속에서 연구해야 한다.

둘째, 문화의 구조를 탐색하려고 했다. 문화의 구조에 대한 탐색은 문화의 사회구조나 사회의 관계를 살펴보는 것을 말한다. 이는 문화의 고유성에 대한 연구보다는 모든 문화의 원리를 설명할 수 있는 일반적 원리에 대한 탐색에 관심이 있다. 대표적인 학자로는 래드클리프 브라운이 있으며, 영국의 에반스 프리차드(초창기 저작), 샤페라, 포티스, 구디 등이 있다. 래드클리프 브라운(1931)은 『사회에 대한 자연과학』에서 인간 사회에 관한 이론적 자연과학이 가능하다고 주장하며, 귀납론자로서 인류학이 비교를 통해 언젠가는 '사회의 자연법칙'을 발견하리라 믿고 있었다. 그가 이와 같이 사회구조에 초점을 두고 문화를 바라본 이유는 그 당시에 보아스를 중심으로 미국에서 나타난 문화인류학에 의해 과학적으로 분석될 수 없는 '문화'에 밀려 '사회'가 상실되었다고 보았기 때문이다. 그리고 그는 미개인이 갖는 애정, 증오, 공포, 욕망 등의 심적 내용은 과학적 귀납, 비교, 일반화를 저지하는 것으로 보고 완전히 무시했다. 그가 자신이 다루어야만 하는 구체적인 관찰 가능한 사실로서 생각하고 있던 연구 대상은 '사회구조'였다(가모우 마사오, 1995). 사회구조는 '개인 간의 실제적인 연결 관계'의 체계들을 의미하고, 더 적절하게 표현하자면 사회적 역할을 맡고 있는 개인 간, 즉 '인격체' 간의 연결 관계 체계들을 의미한다.

셋째, 문화의 패턴에 대한 탐색이 있다. '문화의 패턴'이란 개념은 문화상대주의에 바탕하며 각 사회집단이 공유하는 것으로 다른 사회의 문화와 뚜렷하게 구별되는 독특하고 폐쇄적인 유형이 있다고 보는 관점이다. 이는 일반적인 문화 구조의 탐색에 반대하고 문화의 고유한 특성을 발견하려고 했다. 대표적인 학자로는 미국 인류학의 아버지인 프란츠 보아스(Franz Boas, 1858~1942)와 그의 세사들인 사피어, 루스 베네딕트(Ruth Benedict, 1887~1948)와 마가렛 미드(Margaret Mead, 1901~1978) 등이 있다. 대표적으로 보아스는 문화진화론과 인종론을 비판하고 '문화의 패턴' 개념에 기초가 되는 문화상대주의 개념을 정립하였다. 즉, 그는 인류학 최초의 위대한 문화상대주의자로서 인간이 세계를 인지하는 방식을 규제하는 것은 생물학적 특성이 아니라 문화 자체이며 각 민족이 상이한 사회적·심리적 인지구조를 표출하는 것은 문화적 다양성의 소산이라고 주장하였다(Barnard, 2003). 보아스는 『미개인의 심성』에서 각 문화는 환경과의 관계나 이주 경험, 인접한 타 문화로부터 차용 등 나름의 고유한 역사가 쌓여 형성되는 것이므로 단순한 진화도식으로 자리매김할 수 없다고 주장하며 문화와 인종의 우열에 대하여 부정한다. 예를 들어 캘리포니아 인디언은 예술적 능력은 우수하나 다른 측면에서는 그렇지 못하다. 이와 같이 보아스는 하나의 문화를 '원시적' 또는 '문명화된'과 같은 획일적인 범주로 규정하는 것은 무의미하다고 단정했다.

넷째, 문화의 생태학적 탐색이 있다. 문화생태학(Cultural Ecology)은 20세기 중반의 문화진화론적인 사고에서 유래하여 생태학적 관점과 마르크스적 유물론과의 소통, 접목을 통해 발전한 인류학의 대표적인 한 하위분야이다. 19세기의 인류학자들은 특정의 관습, 풍습, 제도, 규범 등이 어떠한 발전단계를 거쳐 변천해 왔는가를 설명하고자 하였다. 이런 식의 설명은 19세기의 문화진화론의 틀이 잡히는 계기를 만들어 주었고, '문화의 진화는 문화가 환경에 적응하며 장기간에 걸쳐 단계적으로 변화해 가는 것'이라는 기본 이론을 갖게 되었다. 대표적인 학자와 저서로는 마빈 해리스(Marvin Harris)의 『문화유물론』과 『문화의 수수께끼(Cows, Pigs, Wars and Witches: The Riddles of Culture)』(1975)와 로이 라파포트(Roy A. Rappaport)의 『Pigs for the ancestors: Ritual in the Ecology of a New Guinea People』(1984)이 있다. 기본적으로 문화생태학의 전제는 문화가 환경에 대한 적응 체계라는 점이다. 즉 환경과 인구와 사회·문화 조직 간의 관계 연구에 관심을 기울인다. 문화생태학에서는 문화도 생물의 종과 마찬가지로 환경에 적응하며 나타난 산물이라고 보며 이에 따라 적응가치의 증대를 통해 진화한다고 보았다. 이에 따라 인간이 한 부분을 이루는 어느 생태계의 역동적인 구성요소로서 문화의 역할에 주목한다(Frake, 1962). 적응이란 사회생활에 대한 기회의 극대화를 의미한다. 사실 적응이란 개념은 생물학의 유전적 진화 이론에서 사용되는 것으로 주어진 환경에서의 생존 기회를 높여 주는 생리적 변화와 행위적 변화를 포괄한다.

2. 해석적 문화기술지 연구

총체적 문화기술지는 문화 연구에 있어 사회의 구조와 기능들, 그리고 일정하게 반복되는 문화의 패턴들을 묘사하려고 하였다. 그러나 1970년대 이후에는 문화를 핵심적인 상징들과 의례들을 해석함으로써 해독할 수 있는 독자적이고 고유한 의미의 체계로 보았다. 인간은 문화의 구조나 기능의 부품이 아니라 문화를 토대로 의미를 구성하는 능동적 존재로 보았다. 그들은 문화를 곧 그 사회에서 공유하는 상징이라고 보았는데, 이러한 상징에는 의미들이 녹아져 있어 상징을 의미의 전송수단이라고도 말한다. 이러한 상징은 그들 사회에서 학습하고 전승하며 축적하여 하나의 체계를 이루고 있으며 개인의 두뇌 속에 있는 것이 아니라 공공석으로 전시된다. 그 사회의 사람들은 이러한 상징체계에 기초하여 의미를 전달하고 사람들이 보는 세계를 공유하며 세상을 느끼는 방식을 소통하게 된다. 이에 따라 문화기술지 연구의 접근을 사회의 구조와 기능, 문화의 패턴에서 상징과 의미에 대한 주제로 변화시켰다. 대표적인 학자로는 클리포드 기어츠(Clifford Geertz), 빅터 터너(Victor Turner), 메리 더글라스(Mary Douglas), 후기의 에반스 프리차드(Evans Prichard), 리치, 니덤이 있다.

대표적으로 기어츠의 문화 분석에서 기본적인 전제는 한 사회나 문화 속의 구성원들은 스스로가 참여자로서 세계를 해석하고 의미를 만들어 내며, 특수한 상징을 산출해 낸다는 것에 놓여 있다. 기어츠는 "인간을 자신이 뿜어낸 의미의 그물 가운데 고정되어 있는 (갇힌) 거미와 같은 존재로 파악했던 막스 베버를 따라 문화를 그 그물로 보며 따라서 문화의 분석은 법칙을 추구하는 실험적 과학이 되어서는 안 되며 의미를 추구하는 해석적 과학이다."(Geertz, 1998)라고 하였다. 이는 의미와 관련하여 문화를 정의한 것으로 '인간은 의미(meaning)를 추구하는 동물'이라는 막스 베버의 이해사회학의 명제로부터 이어받은 것이다. 이로써 그는 총체적 문화기술지에서의 거대 이론들을 구축하고 사회구조의 인과법칙을 추구하는 인류학의 학문적 경향에서 상징과 해석의 이슈로 전환시킴으로써 문화를 바라보는 방식을 바꾸었다.

또 다른 상징인류학자인 영국의 빅터 터너(Victor Turner)는 의례에서 나타나는 상징의 사회적 역할에 큰 관심을 가지고 있었다. 기어츠가 상징을 행위자의 의미를 실어 나르는 수단이며 문화를 유의미한 의미들의 축적된 산물로 정의했다면, 터너는 그러한 의미들과 상징들이 사회적 행위의 특정한 분야에서 어떻게 작동하는지를 고려하였다는 데에 차이점이 있다(Barnard, 2002, p. 340). 즉 그는 의례적 상징들이 부족 공동체이든 서구의 발전된 사회이든 사회질서가 갱신되게 하는 주요한 도구들이라고 보았다.

또한 그는 부족 공동체에서뿐만 아니라 서구의 발전된 사회에서 나타나는 의례에 깊은 관심을 가졌다. 그는 의례기 부족 공동체에서 특정한 종교적인 행사일 뿐만 아니라 현대의 일상적인 생활에서도 동일한 의례적 행위라고 보았다. 즉, 터너는 넓은 의미에서 의례적 행위들을 사회적, 문화적으로 규정된 행동양식으로서, 일상생활에서의 인사나 손님 응대뿐만 아니라 세속적 의식과 일상의 형식적 행동과 카니발이나 구경거리와 같은 퍼포먼스에까지 확대했다. 심지어 터너는 근대 국민국가의 국가의례와 스포츠 행위들을 모두 의례라고 봄으로써 사회적 행위와 문화를 의례적 행위라는 관점에서 보도록 했다.

영국의 사회인류학자로서 기어츠, 빅터 터너, 리치와 함께 인류학의 중요한 인물로 평가받는 메리 더글라스(Mary Douglas)는 지극히 일상적이고 평범한 사실에서 그 사회에 내재한 고유한 상징과 의미의 체계를 효과적으로 탐구하였다. 그는 종교의례와 동일한 방식으로 근대 사회에서도 문화를 전달하고 사회의 가치를 강화하기 위한 의례가 이루어지고 있다고 보았다. 종교는 근대화와 함께 사라진 것이 아니며 단지 일상생활에서 청결의례에서부터 현대 시민 종교의 정치적인 제례에 이르는 넓은 범위에서 새로운 형식으로 다시 나타날 뿐이다. 이로써 그는 부족사회뿐만 아니라 현대사회에서의 일상적 행위들과 모든 사물들이 의례적인 행위이며 의례적 상징물이라는 것을 밝혀냈다.

3. 응용인류학의 발달

응용인류학이란 인류학적 문화에 대한 이해를 바탕으로 인간 사회의 문제를 효과적으로 해결하고 발전과 개혁 등의 정책을 효과적으로 수행하기 위한 목적으로 행해지는 학문적 노력이라 볼 수 있다. 지금까지는 단순 미개 사회 또는 민족 등 문화적·지리적 경계가 뚜렷한 장소를 통일되고 총체적인 연구 영역으로 설정한 전통적 문화기술지와 해석적·상징적 문화기술지에 대하여 알아보았다. 특히 전통적 문화기술지에서는 특정한 장소에 있는 특정한 집단을 이해하고자 하였다. 그래서 전통적 문화기술지 현지조사에서 현지는 인류학자의 본거지인 집(home)과 현지(field)의 지리적 거리를 전제하고, 자문화와 타 문화 사이의 뚜렷한 문화적 경계를 상정하고, 현지에 들어가고(in) 나오는(out) 과정, 그리고 일정한 시간 동안의 몰입(immersion)으로 구성되어 있다(윤택림, 2002).

그러나 문화기술지의 연구 초점이 과거의 재구성에서 현재의 분석으로, 단순 미개 사회의 연구에서 복합 산업 사회의 연구로, 다른 민족의 문화에 대한 비교에서 자기 사회의 문화로 전환됨에 따라 자문화와 타 문화의 문화적 경계가 불분명해지고, 문화가 탈지역화(deterritorialization)하며 연구 영역이 더욱 분화되고 발달된다(최협, 1991). 사회학에서의 문화기술적 연구와 지구화 시대의 도래, 그리고 탈근대적인 논의가 풍부해지고 연구자와 자국사회에 대한 연구가 진행됨에 따라 문화기술지는 폭발적으로 분화되어 발달하게 되고 일상생활과 관련된 폭넓은 문제들로 넓혀지게 된다. 이러한 문화기술지가 다양한 분야에서의 연구 대상에 대한 체계적, 비교적, 총체적 이해를 제공하게 될 뿐만 아니라 인간 사회의 문제를 해결하고 국가 정책을 효과적으로 수행하는 데 폭넓게 활용되면서 응용인류학이 급속히 발전하게 된다.

응용인류학은 인류의 문제를 해결하기 위하여 문화기술적 연구 방법과 이론을 활용한다. 포스터(Foster)는 이를 "사회·문화이론의 창출보다는 차라리 현재의 사회·경제·기술적 문제들의 개선을 도모하는 방향으로 인간의 행위를 변화하도록 추구하는 인류학자들의 작업"(1969: 54)이라고 정의하고 있다(최협, 1991). 이러한 응용인류학은 다양한 방식으로 실제 세계의 문제들에 적용될 수 있다. 문화기술지는 정책입안자, 조직, 협회들은 물론이며 세계를 더 나은 방식으로 개선하고자 노력하는 모든 사람들에게 유용하다. 이는 문화기술지가 우리에게 일상 속에 숨겨져 있는 사회적 삶을 펼쳐내어 그들의 입장에서 가치관과 그들의 행위들의 의미, 그리고 일상을 매순간 구조화하는 복잡한 구조들을 심층적으로 이해하는 데 도움을 주기 때문이다. 그래서 문화기술지는 진실로 그들의 입장에서 상황을 이해하는 데 효과적이다. 이에 따라 문제를 해결하고 갈등을 조정하고 어려움을 처리하기를 원하거나 상황을 개선하기를 원하는 사람은 문화기술적 연구 방법들이 유용하다는 것을 발견하게 된다.

이에 따라 많은 인류학자들은 불평등과 부당성, 착취라는 문제들과 그것들의 권력과의 관계에 관심을 기울인다. 또한 응용인류학은 정부, 의료, 교육 그리고 서비스 부문은 물론이며 기업에서도 활용된다. 즉, 인류학자들은 정부의 정책입안과 국회의원의 의정활동에 긍정적 도움을 주고 의료서비스를 개선하고 학교 교육에 대한 이해를 높인다. 그리고 회사의 성공적 사업을 위한 컨설팅에 긍정적인 도움을 준다. 뿐만 아니라 응용인류학은 다양한 문화 집단들 간의 이해를 높이고 갈등을 해소하며 효과적 상호협력을 돕는 문화 중재자의 역할을 한다.

문화기술지 연구의 절차 및 방법

1. 연구 주제 정하기

연구자는 처음부터 적절한 연구 주제를 정하기가 쉽지 않다. "연구 주제 찾기가 끝나면 연구의 반은 끝난 것이다."라는 이야기가 있을 정도로 연구 주제 찾기에서 어려움을 겪는 경우가 많다(이용숙 외, 2012). 여기서는 문화기술지 연구자가 연구 주제를 선정하는 방법 또는 고려할 사항들을 살펴본다.

가. 연구자 일상적 관심에서 연구 주제 탐색하기

문화기술지 연구의 주제를 정할 때는 제일 먼저 연구자 자신이 어떤 사회적 현상에 관심을 가지고 있는지 살펴본다. 문화기술지 연구의 진행 과정은 연구자 자신의 체험의 과정이며 경험의 변화의 연속이다. 어느 질적 연구와 같이 문화기술지 연구는 연구자의 경험을 통해 이루어진다. 이는 연구자가 스스로 사회현상에 대해 경험하고 이해해 나가는 과정에서 연구 결과가 나온다는 것을 의미한다. 연구 결과는 연구자 자신의 경험을 넘어서서 도출될 수가 없다.

따라서 연구자는 자신의 일상생활에서 갖는 관심이나 문제의식을 바탕으로 연구 주제로 탐색할 수 있다. 연구자는 연구 대상이 자신과 동떨어져 있다고 생각하기보다는 자기 자신이 이미 구체적인 현지에서 삶을 살아가고 있음을 자각해야 한다. 만약 연구자가 초등학교 교사라면, 연구자는 이미 한국의 초등학교라는 구체적인 현지에서 살아가고 있다. 이에 따라 연구자는 학교 현장에서 발생하는 여러 동료 교사들과의 문제들이나 학교 현장 교사의 학생에 대한 인식이나 그들에 대한 적절한 대응 지침들을 궁금해할 수 있다. 아마 연구자는, 문화에 대한 관점에 따라 다를 수 있으나, 초등학교의 교직문화나 수업문화, 행정문화 등을 탐구할 수 있다. 또는 초등교사로서 연구자는 위험문화에 대해 연구할 수 있다. 위험문화란 구성원이 특정한 재난이나 위험에 대해 해석하는 기준과 대처 전략 등을 말한다. 즉, 초등학교 현장에서 재난이 일어났을 때 학교가 그러한 재난을 해석하는 기준이나 그러한 해석에 관계하는 구체적인 권력관계, 그리고 재난에 대응하는 전략 등을 연구할 수 있다. 물론 연구자는 자기가 경험해 보지 못한 낯선 지역이나 집단의 문화에 대해 탐구를 할 수 있다. 그러나 연구자는 그 현지에 대해 너무나 낯설고 모르기 때문에 주제를 정하기보다는 예비적으로 탐색하는 작업을 우선적으로 해야 한다.

연구자가 일상생활에서 주제를 탐색하고자 할 때 연구자는 자신을 둘러싼 삶의 세계를 낮설게 보려고 노력해야 한다. 연구자는 자신의 일상에 대해 아무런 자각 없이 당연한 일인 듯이 무감각적으로 살아가고 있을 수 있다. 연구자는 이렇게 당연하게 여겨지는 사회적 현상을 낮설게 바라보려는 안목을 가져야 한다. 문화기술지 연구는 구성원의 입장과 그들의 세계관을 그들의 삶의 맥락에서 이해하는 연구 방법이다. 연구자는 일상생활에서 너무나 당연하게 여겨지는 문제들이나 인식들을 발견할 수 있다. 예를 들어, 한국의 주요한 교육현상으로서 사교육에 대해 낮설게 바라볼 수 있다. 정부의 사교육 억제 정책과 공교육 정상화의 노력에도 불구하고 지속적으로 성장하고 있는 사교육에 대해 의문을 가질 수 있다. 사교육현상을 기존의 관점, 즉 입시위주와 학벌주의 문화로 인해 나타나는 문제라는 것에 국한하지 않으려는 관점이 필요하다. 그러나 일상을 낮설게 보는 것은 쉽지가 않다. 따라서 연구자는 낮설게 보려고 하는 노력도 하겠지만 평소에 이상하다고 여겼거나 문제가 있다고 생각하는 지점에서 연구를 출발하는 것도 좋다.

나. 현실적인 연구 주제 탐색하기

연구자가 연구 주제를 탐색할 때는 연구가 현실적으로 가능한지를 살펴봐야 한다. 그러나 처음부터 연구의 현실성에 너무 많은 관심을 기울일 필요는 없다. 연구자는 먼저 무엇이 문화기술지 연구에서 의미가 있는지 주제를 최대한 찾을 수 있다. 그러나 연구의 주제가 점점 뚜렷해지고 있다고 생각되면 연구자는 그것이 현실적으로 어떻게 가능한지도 동시에 고려하면서 연구 주제를 구체화해야 한다. 일반적으로 연구자는 현실적으로 연구가 가능한 범위와 영역, 기간을 고려하여 주제를 정할 필요가 있다. 문화기술지 연구는 양적 연구와 같이 연구실에서 상상만으로 이루어지는 연구가 아니다. 연구자는 연구 주제를 선정했다면 실제로 그러한 연구 주제에 대해 탐색할 수 있는 연구 대상을 찾을 수 있어야 한다.

연구자는 시간적, 경제적, 개인적 성향의 문제를 고려할 필요가 있다. 연구 대상을 찾았을지라도 연구자가 연구를 잘 진행할 수 있는지 살펴봐야 한다. 왜냐하면 문화기술지 연구에서 연구자는 자신이 연구의 도구가 되어 현지에서 다양한 체험을 해야 하기 때문이다. 따라서 연구자는 허용된 시간 안에 연구 참여자와 관계를 맺고 충분하게 자료를 수집할 수 있을 것인지, 그리고 연구자가 그러한 연구 대상에 접근하기가 용이한지 등을 파악해야 한다. 이때는 동시에 연구자 자신의 개성에 대해 잘 인식하는 것이 중요하다. 즉, 연구자의 연령과 성별, 체력, 먹을 수 있는 음식 등을 잘 알아야 한다. 예를 들어, 연구자가 비위가 약하다면 특정 집단의 음식을 먹기가 어려울 수 있다. 또는 연구자가 낯선 지역에서 연구를 할 때 자기의 건강을 유지할 수 있는지를 살펴봐야 한다.

물론 연구자는 낯선 세계에 대해 적절한 연구 주제를 찾는 과정에서 여러 시행착오를 겪을 것이고 그것이 현실성이 있는지에 대해서도 처음부터 판단하기가 쉽지 않을 것이다. 현장 연구가 어떻게 진행될지를 미리 짐작하기 어려운 만큼 현장 연구의 설계가 어떤 점에서 비현실적인지를 미리 짐작하는 것도 쉽지 않다(이용숙 외, 2012). 따라서 처음부터 연구자의 주제가 현실적인지 섣불리 판단하는 것도 좋은 방법이 아니다. 그보다 연구자는 연구의 현실성까지도 적극적으로 탐구해야 한다. 따라서 연구자는 자기가 탐색하는 연구 주제를 연구하는 것이 어떻게 현실적으로 가능한지 다양한 경로를 통해 탐색하고 어떻게 연구 대상에 접근할 수 있는지 알아봐야 한다. 이때 먼저 유사한 연구 주제를 탐색한 다른 연구자들을 만나서 어떻게 현실화할 수 있는지 연구의 노하우를 들을 필요가 있다. 그러나 무엇보다도 중요한 것은 연구자가 연구 주제를 현실화하기 위해 지속적인 노력과 시행착오를 겪을 필요가 있다는 것이다. 연구자는 그러한 시행착오를 하면서 어떻게 연구를 현실화할 수 있는지 자기만의 노하우를 터득하게 될 것이다. 하지만 연구 설계의 비현실성으로 인해 연구가 진행되는 중에 좌초되는 위험성을 최소화하기 위해서라도 현장 연구의 현실성을 이모저모 꼼꼼히 따져 보는 작업이 필요하다(이용숙 외, 2012).

다. 예비연구로 연구 주제 탐색하기

연구자가 적절한 연구 주제를 찾는 방법 중의 하나는 연구자가 예비연구를 해 보는 것이다. 연구자는 현장에 대해 잘 알지 못할 경우에는 적절한 연구 주제를 정하기가 쉽지 않기 때문에 예비연구를 하는 것이 좋다. 아무래도 연구자가 현장에서의 여러 경험이 있을수록 적절한 연구 주제를 정하기가 쉽다. 연구자는 선행연구나 관련 문헌을 통해 전반적으로 파악하는 과정이 필요하다. 예비연구를 하는 방법에는 두 가지가 있다. 첫째, 연구자가 관심이 있는 주제들을 나열한다. 연구자는 현장에 대해 나름대로 알고 있는 바를 토대로 하여 잠정적인 주제들을 나열해 본다. 둘째, 연구자는 관심이 있는 주제들과 관련하여 선행연구들을 검색해 본다. 연구자는 관련 주제와 관련하여 폭넓게 선행연구를 검토하는 것이 바람직하다. 또는 연구자는 여러 기사나 잡지 등을 통해서 미리 파악해 볼 수 있다.

그러나 이러한 선행연구 검토만으로 연구 주제를 탐색하기가 어려울 수 있다. 연구자는 현장을 좀 더 잘 이해하기 위해 폭넓게 현장을 둘러볼 수 있다. 여기에는 다양한 방법들이 있을 수 있다. 제일 먼저, 연구자는 관심 주제와 관련된 현지 여러 곳을 찾아 거리를 거닐거나 주변을 살펴볼 수 있다. 아마 연구자는 그곳에서 지역 주민들의 독특한 모습을 발견할 수도 있다. 연구자가 그 현지에서 대화를 할 수 있는 사람을 찾는 것도 좋은 방법이다. 연구자의 지인이 그곳에 살고 있다면 그 사람을 만나서 다양한 이야기를 들어볼 수 있다. 또는 자신이 연구할 현장 또는 관련 사람들을 두루두루 탐색하고 이야기를 들을 필요가 있다. 연구자가 시간과 여력이 된다면 그 현지에서 간단한 아르바이트를 구해 숙식을 하면서 일을 해 볼 수 있다. 연구 주제를 발전시키는 과정은 곧 질적으로 우수한 연구 문제를 도출하는 과정이 된다.

라. 잠정적 연구 문제 정하기

연구자는 위에서 제시한 방법으로 연구 주제를 정할 수 있다. 그러나 절대로 연구자는 처음부터 완벽한 연구 주제를 정하려고 해서는 안 된다. 연구자는 연구 주제를 완벽히 정하려고 하다가 시간을 낭비할 수가 있다. 연구자는 완벽한 연구 주제를 정하려고 하기보다 잠정적 연구 주제를 정하고 나서 바로 연구를 실천해야 한다. 연구자는 연구 주제를 연구하기 위해 필요한 시간적, 물적, 환경적 자원을 탐색하고 연구 대상을 탐색해야 한다. 연구자는 잠정적 연구 주제를 가지고 현지에 들어가서 연구 참여자를 만나 참여관찰과 심층면담 방법으로 자료를 수집해 나가야 한다. 연구 현장에서 무엇을 연구할지는 넓은 바다에서 침몰한 배를 찾는 것과 유사하다. 연구자는 처음 연구 현장을 접할 때 복잡한 상황과 맥락에 당황함을 경험할 수 있다. 이러한 연구 과정에서 연구자가 현지에 대해 경험이 많아지고 다양한 측면들을 살펴보는 과정에서 잠정적으로 정한 연구 주제가 더욱더 섬세하게 변화될 수 있다.

때로 연구자는 자신이 정한 잠정적 연구 주제가 연구의 진행 과정에서 변경되는 경험도 할 수 있다. 잠정적 연구 주제가 적절하지 않다는 것을 발견하게 되거나 그러한 연구 주제가 현지에서 탐구하기가 어려울 수도 있다. 연구 현장은 역사적인 공간이자 다양한 이해관계를 가진 사람들이 오랫동안 삶을 살아온 공간이다. 또한 그러한 공간에는 많은 복합적인 관계와 맥락, 문제들이 있다. 그러나 무엇보다도 연구자는 현지에서 사람들을 만나면서 잠정적 연구 주제와 관련된 지식이 폭넓어지면서 더욱 가치 있는 연구 주제를 발견하게 될 것이다.

2. 연구 대상 탐색하기

문화기술지 연구가 효과적으로 이루어지기 위해서는 연구 주제에 적합한 연구 대상을 선정하는 것이 중요하다. 여기서는 연구 대상을 선정할 때 고려해야 할 점들에 대해 살펴본다. 연구 주제는 연구 대상과 밀접하게 연관되어 있기 때문에 연구자가 연구 대상을 탐색하는 방법과 기준을 이해함으로써 연구 주제를 정하는 것에 도움을 받을 수 있다. 이를 살펴보면 다음과 같다.

가. 연구 대상 선정 시 고려사항

연구자가 잠정적으로 연구 주제를 정했다면 제일 먼저 연구 대상을 탐색해야 한다. 이때 연구자가 고려할 사항은 다음과 같다. 첫째, 연구 대상은 연구 주제를 잘 구현할 수 있어야 한다. 너무나 당연하겠으나 연구자는 연구 주제를 구현할 수 있는 가장 적절한 연구 대상이 무엇이며 누가 연구 참여자가 되어야 하는지 살펴봐야 한다. 일반적으로 질적 연구에서 목적표집 방법으로 연구 참여자를 선정하는 것과 같이 문화기술지 연구에서도 연구 주제를 드러낼 수 있는 연구 대상 및 연구 참여자를 탐색해야 한다. 예를 들어, 연구자가 초등학교 교사의 학습부진아 학습지도와 관련된 문화적 특징을 파악하려고 한다면 학습부진아를 지도하는 초등학교 교사들이 연구 대상이 될 것이며 학습부진아 지도가 이루어지는 초등학교 교실과 그것에 대한 운영 지침을 정하는 관련 교사들이 연구 대상이 될 것이다. 이에 따라 연구자는 초등학교에 방문하여 교사의 연구 동의를 받으려는 노력을 해야 할 것이다.

둘째, 연구자는 연구를 시작할 때 필요에 따라서 여러 군데의 현지와 연구 대상을 알아볼 필요가 있다. 왜냐하면 연구자가 연구 대상을 접촉하였으나 그들이 연구를 승인하지 않을 수도 있기 때문이다. 따라서 연구자는 필요한 만큼의 연구 대상이 확보될 때까지 여러 연구 대상을 탐색하고 접촉을 시도해야 한다. 연구자는 연구 대상의 연구 승인을 효과적으로 받기 위해 여러 전략을 구사할 필요도 있다. 연구자는 연구 대상을 선정할 때 그 연구 대상과 관계를 맺을 수 있는 전략들이 있는지 살펴봐야 한다. 예를 들어, 한국의 지역 사회에서는 인맥에 따라 관계가 형성되기 때문에 연구자는 연구 대상을 직접적으로 접촉하기보다는 지인을 통해서 추천을 받는 것이 좋다. 학원에서의 학습생활에 대해 연구한 김필성(2008)은 학원 강사가 되는 방법으로 연구 대상과 관계를 맺었다.

셋째, 연구자는 연구 대상을 선정할 때 접근하기가 좋은 대상을 선정하는 것이 좋다. 연구자는 가능하면 자신이 일상적으로 생활하거나 근무하는 공간이나 만나는 사람들 중에서 연구 대상과 현지를 정하는 것이 좋다. 그렇지 않은 경우가 많더라도, 연구자는 가능한 한 접근성이 좋은 현지를 찾을 필요가 있다. 문화기술지 연구에서는 짧게는 6개월 길게는 수년에 걸쳐 현지에 대한 참여관찰을 수행해야 한다. 따라서 연구자는 접근하기 좋은 연구 대상을 선정할 필요가 있다. 만약 연구자가 서울에 있고 연구 대상 또는 현지가 부산일 경우, 연구 대상에 대한 접근성이 좋지 않아 많은 비용과 시간이 소요될 것이다. 아니면 연구자가 서울을 떠나 부산의 현지에 숙소를 얻어서 생활해야 할 수도 있다.

넷째, 연구자는 연구 대상 선정 시 현지의 연구 참여자가 연구자에게 얼마나 호의적인 지도 고려해야 한다. 연구의 접근성이 아무리 좋을지라도 연구 참여자가 연구자의 연구의 목적이나 취지에 잘 공감하지 못하거나 연구 자체를 신뢰하지 않을 수도 있다. 연구자는 연구 주제와 관련하여 관심을 갖고 있거나 연구의 취지를 공감하며, 연구자의 개인적 성향과 잘 맞는 연구 참여자를 가능한 한 선정하는 것이 편할 수 있다. 따라서 연구 대상의 접근성은 좋지 않더라도 연구자가 연구 참여자와 보다 쉽게 친밀한 관계를 형성할 수 있다면 연구자는 그러한 연구 대상과 연구 참여자를 선정할 수 있다.

다섯째, 연구자는 처음부터 최적의 연구 대상을 찾으려 하기보다는 현실적으로 가능한 연구 대상에 대한 연구를 수행할 필요가 있다. 연구자가 연구 주제와 관련하여 항상 최적의 연구 대상을 찾기는 쉽지가 않다. 연구자가 연구 대상의 접근성을 포함하여 다양한 조건을 충족하는 연구 대상을 찾았을지라도 연구 참여자가 연구자의 연구를 승인하지 않을 수도 있다. 그래서 현실적으로 연구자는 최적의 연구 대상을 찾기가 쉽지 않을 것이다. 연구자는 접근성이 떨어지거나 여러모로 부족한 연구 대상밖에 선택할 수 없는 경우가 생긴다. 그러나 연구자는 그러한 연구의 현실을 수용하고 현실적으로 가능한 연구를 수행할 필요가 있다. 연구자가 처음부터 완벽한 연구 주제를 찾으려고 하지 말아야 하듯이 처음부터 최적의 연구 대상을 찾으려고 노력해서는 안 된다. 왜냐하면 연구자가 연구 대상을 탐색하는 것 역시 연구자의 경험과 지식 등에 의존하기 때문에 연구자는 연구를 하는 과정에서 더 나은 연구 대상을 알아가게 되기 때문이다. 연구자는 현실적으로 가능한 연구 대상에 대해 탐구하는 과정에서 더 많은 연구 대상들을 인식하게 될 수도 있으며, 연구 승인을 얻는 방법들을 터득하게 될 것이다. 또는 연구를 하는 과정에서 연구 참여자로부터 다른 연구 대상을 소개받을 수도 있다.

나. 연구 대상 탐색 방법

다음으로 연구자는 연구 주제에 적합한 연구 대상을 탐색할 때 연구 대상의 기준을 살펴봄으로써 효과적으로 연구 대상을 선정할 수 있다. 여기서 연구 대상의 선정 기준들을 살펴보고자 한다. 이를 토대로 연구자는 연구 주제에 적합한 연구 대상 선정 기준을 알 수 있다.

첫째, 연구자는 동일한 지역과 공간을 기준으로 하여 연구 대상을 효과적으로 탐색할 수 있다. 동일한 지역을 근거로 하여 연구 대상을 탐색하는 방법은 전통적인 문화인류학에서 해오던 오래된 방법이다. 대표적으로 총체적인 접근의 연구 전통에서는 특정 지역에서 집단을 이루고 살아가는 부족이나 지역주민, 그리고 마을 등이 연구의 대상이 되었다. 문화기술지 연구의 초기에는 특정한 지역에서 공동으로 살아가는 소규모 집단의 삶을 총체적으로 탐구하고자 했다. 이러한 방식은 원시부족과 같은 소규모뿐만 아니라 국가와 같이 동일한 영토에서 살아가는 민족의 연구에서도 활용되어 왔다. 대표적으로 1940년대에 루스 베네딕트는 「국화와 칼」에서 일본의 민족성을 탐구하였다.

이렇게 동일한 지역을 근거로 연구 대상을 정해 온 방법이 전통적인 방법이나 오늘날에도 매우 유용한 연구 대상 선정 기준이 된다. 여전히 지역을 기준으로 연구 대상을 정하는 방법은 연구자로 하여금 쉽게 연구 대상을 탐색하게 한다. 예를 들어, 국가는 하나의 영토를 근거로 구성된 집단이지만 그 국가 안에는 다양한 지방들이 존재한다. 국가에 소속된 사람들이 공유하는 신념이나 생활양식이 있다고 하여 차이점들이 없는 것은 아니다. 엄연히 국가 내에는 도시가 있으며 농촌이 있고, 지역이 있고 소규모 마을들이 무수히 많다. 뿐만 아니라 도시 공간 안에서도 다양한 이질적인 공동체들이 함께 살아가고 있다. 예를 들어, 연구자는 도시의 특정 아파트 주민들의 교육 방식을 탐구할 수 있다. 또는 상류층이 거주하는 아파트에서 살고 있는 청소년들이 그렇지 않은 지역의 청소년들과 접촉하는 갈등 상황에 대해 연구할 수도 있다.

뿐만 아니라 지역은 보다 폭넓은 연구 대상을 탐색하게 해 준다. 그 지역은 영토나 마을이 아닐 수도 있다. 그 지역은 특정한 공간이 될 수 있다. 버스와 지하철과 같은 공공장소가 지역이 될 수 있으며, 학교 공간이 연구 대상이 될 수 있다. 학교 수업을 마치고 아이들이 밤늦게까지 생활하는 학원이라는 공간 역시 연구 대상이 될 수 있다. 전통 재래시장에서의 사람들, 슈퍼마켓이나 백화점, 노래방, 도서관, 찜질방, 목욕탕 등이 연구 대상이 된다. 기무경(2009)은 「찜질방: 숨은 과정」이라는 논문에서 한국의 일상문화의 특징을 살펴보기 위해 한국의 독특한 찜질방 문화를 연구하였다. 여기에는 인터넷의 가상공간 역시 포함된다. 오영범·김영천(2013)은 정보통신기술의 발달로 인하여 인터넷 공간을 체계적으로 연구할 수 있는 방법을 제시한 바 있다.

둘째, 동일한 범주가 연구 대상을 탐색하는 기준이 된다. 지역이나 공간을 기준으로 연구 대상을 탐색할 때는 인간의 행위의 동일성보다는 인간 외적인 공간이나 터전의 동일성을 근거로 한다. 그러나 동일한 범주와 관련된 사람들이 연구 대상이 될 수 있다. 여기에는 매우 다양한 범주들이 기준이 될 수 있다. 유아, 청소년, 청년, 노인 등과 같이 동일한 세대나 연령이 연구 대상이 된다. 계모임이나 직장인들의 회식문화와 같이 동일한 취미나 삶을 향유하는 사람들이 연구 대상이 된다. 뿐만 아니라 유사한 물품을 향유하는 집단이 연구 대상이 된다. 신유정(2015)은 수액(링거)을 자양강장의 목적으로 하여 사람들을 연구 대상으로 정하고 그들의 의료 관행에 대하여 연구를 하였다. 더불어 다이어트에 관심을 갖는 동일한 집단의 인식체계와 행동양식이 연구 대상이 될 수 있다.

셋째, 동일한 테크놀러지를 향유하는 집단이 연구 대상 탐색의 기준이 될 수 있다. 기술의 발달이 사회적 관계와 인식의 변화에 미치는 영향을 연구할 수 있다. 기술이 사회적으로 활용됨으로써 나타나는 사회문화적 변화들을 연구할 수 있다. 예를 들어, 청소년들이 메신저(카카오톡)를 사용함으로써 형성하는 친구관계나 그것이 청소년들의 삶과 교육에 미치는 사회적 영향을 살펴볼 수 있다. 또한 인터넷 기술 발달로 인하여 국제 교류가 증가하면서 나타나는 국가 경계의 약화와 세계시민 정체성이 형성되는 양상과 특징을 탐구할 수 있다.

넷째, 사회적 소수자의 집단이 연구의 대상이 된다. 이들은 사회적으로 소외되어 있거나 제대로 탐구되지 않은 부류일 것이다. 문화인류학은 사회적으로 소외받는 여러 집단과 사람들을 연구하였다. 예를 들면, 레즈비언과 게이와 같은 성적 소수자의 삶에 대한 탐구가 있다. 남성 중심주의 사회에서는 여성의 삶이 많은 부분들에서 소외되어 있었기 때문에 여성의 가정 주부로서의 삶이나 여성의 도덕성이 탐구 대상이 될 수 있다. 나딩스는 기존의 윤리학이 성적으로 편향되었다고 보고 여성의 경험과 특성을 반영하여 배려의 윤리를 존중했다(박병춘, 1998). 이 외에도 죽음을 앞둔 사람들, 장애자, 감옥에서 수감되어 살아가는 사람들, 거리의 노숙자들이 연구 대상이 될 수 있다. 안준희(2000)는 「노숙자의 생활양식에 관한 인지인류학적 연구」를 통해 노숙자들의 삶과 그들의 문화적 의미를 탐색하였다. 뿐만 아니라 특정한 집단에서 소외되어 있는 사람들이 연구 대상이 된다. 학교에서 소외받는 학습부진아들의 삶과 학교폭력을 일삼는 문제아들, 그리고 학교에서 문화적 갈등을 안고 살아가는 다문화 아동들이 연구 대상이 된다. 이들에 대한 연구는 그들로 하여금 목소리를 부여하고 이해할 수 있게끔 한다.

다섯째, 전문인이나 직업집단의 경험적 지식을 탐구할 수 있다. 전문인이 기술이나 지식을 활용하고 구체적인 상황에서 적용하는 경험적이고 실천적인 행위들을 연구할 수 있다. 교사 또는 교수자의 교수행위의 경험을 탐구하는 것이 이러한 예에 해당된다. 교사는 구체적인 현장에서 학생 및 여러 교육주체들과 상호작용하며 경험적·실천적 지식을 구성해 간다. 이러한 지식은 암묵적인 것으로서 문자로 기록되어 있기보다는 그들의 경험과 실천에서 드러난다. 이뿐만이 아니라 사회에는 매우 다양한 전문가들이 있으며, 이러한 전문가들의 경험적 지식을 탐색할 수 있다. 예를 들어, 어촌에서 생계를 이어가는 어민들이나 농촌에서 농사를 전문적으로 짓고 살아가는 농민들의 경험적 지식을 탐구할 수 있다. 어민(漁民)들이 바다의 공간을 분류하는 가치를 부여하는 방식과 여러 어종들을 분류하는 방식이나 어구의 제작 방식 및 종류들 등을 연구할 수 있다. 그들의 내세관이나 종교관, 풍속과 민속신앙을 연구할 수 있다. 마찬가지로 농민(農民)들의 생활양식과 공동체양식을 연구할 수 있다. 즉, 농민들이 농토의 가치를 구분하는 방법과 인식체계, 농사를 짓는 방식이나 효과적인 전략 등과 같은 경험적 지식을 탐구할 수 있다. 더불어 농민들의 사회관과 종교관, 인간관을 연구할 수 있다. 양봉업자들이 벌을 분류하고 다루는 전략이나 벌의 행위를 해석하는 방식을 탐색할 수 있다.

　여섯째, 특정 영역에 대해 집단이 생각하는 관념이나 문화적 실천을 연구할 수 있다. 여기에도 아주 많은 연구 대상이 나올 수 있다. 음식문화, 의복문화, 위험문화, 질병문화, 교육문화, 공부문화, 소비문화, 종교문화 등이 있을 수 있다. 몇 가지 예를 들면, 문화마다 독특한 음식문화를 살펴볼 수 있다. 세계 각 지역의 음식문화를 연구한 마빈 해리스는 『성스러운 암소와 혐오스런 돼지: 음식문화의 수수께끼』(1992, 서진영 역)에서 빈곤의 어려움을 겪고 있는 이슬람교인들이 소를 먹지 않는 이유를 문화유물론적으로 탐구했다. 또 다른 예로서, 집단이 위험을 경험하고 분류하며 대처하는 실천 전략으로서 위험문화와 질병과 관련된 분류체계 및 대응전략들을 살펴볼 수 있다. 위험문화란 한 사회가 위험을 인식, 분류, 범주화하고 그에 대응하는 문화적 실천을 말한다. 흔히들 위험을 객관적으로 판단하는 기준이 존재한다고 보기 쉬우나 무엇을 위험하다고 생각하고 위험의 요소들을 분류하고 대처하는 방식은 문화마다 다양할 수 있다. 이러한 관점에서 변주훈(2010)은 『기름유출 사건에 대한 차별적 인식과 사회적 갈등의 생성』을 통해 지역주민들이 위험요소에 대해 인식하며 그것과 관련된 사회적 차별 및 불평등, 그리고 그것을 대처하는 전략들의 양태를 분석하고 있다. 더불어 질병의 문화를 간략히 살펴보면, 질병 역시 객관적인 요소가 아니라 몸으로 경험되는 고통의 증상들을 해석하는 체계로서 이해되며 문화마다 질병에 대해 다른 관념을 갖고 있다. 의학이 발달하기 이전 전통사회에서는 질병의 발생 원인을 인간관계에서 맺힌 한으로 보고 굿을 통해 치료하려고 했으나 현대 의학에서는 질병을 퇴치해야 할 테러와 같은 침입자로 비유하고 있다.

3. 자료 수집하기

문화기술지 연구자는 연구의 주제와 대상을 정했다면 현장에 들어가 자료를 수집해야 한다. 문화기술지 연구는 문화적 현상을 심층적으로 이해하기 위해 자연적인 상태에서 총체적이고 맥락적으로 접근한다. 이를 위해 문화기술지 연구에서는 현장에서 관찰노트와 그 지역의 문헌들, 그리고 관련 연구들 등 다양한 자료를 수집한다. 그러나 문화기술지 연구에서는 이를 위한 주요하고 체계적인 방법으로 참여관찰(participant observation)과 심층면담(depth interview)을 활용한다.

가. 참여관찰: '자세히 들여다보기'

참여관찰이란 연구자가 연구 현장에 들어가서 사회구성원들의 일상에 참여하면서 연구자로서 전체적으로 관찰하는 방법으로 인간 행위의 특징을 관찰하고 더 나아가 그 행위의 이면에 있는 의미들을 파악하기 위한 자료 수집 방법이다. 문화기술지 연구자는 연구 대상이 존재하고 살아가는 삶의 현장에 참여하고 연구자 자신이 연구의 도구가 되어 현지의 사람들과 관계를 맺으면서 체험적이고 경험적으로 자료를 수집한다. 이러한 참여관찰은 전통적 실험연구와는 달리 문화기술지 연구가 내세울 수 있는 가장 독특한 연구 방법이다. 김희복(1987)에 따르면, 전통적 실험연구에서는 연구 상황 또는 대상 등을 가능한 한 통제한 것에 비해 문화기술지 연구에서는 자연적인 상황하에서 연구가 진행된다는 것이 특징이다. 즉, 적어도 문화기술지 연구에서는 인간이 지극히 제한된 통제 상황에서 수행하는 행위는 결코 인간 행위의 본래의 모습을 보여 주지 못하는 것으로 판단한다. 오히려 인간의 행위는 자연스런 상태에서 진실되게 나타나며 그러한 모습을 제대로 기술할 때 한 문화의 특성을 제대로 드러낼 수 있다고 본다. 결국 사람들의 일상적인 생활과정에서 이루어지는 모든 사건 또는 사실들을 통해 대상 집단의 문화적 특성을 탐구하려고 하는 것이 문화기술지 연구의 커다란 방법적 특징 중의 하나이다.

  문화기술지 연구의 참여관찰의 특징은 연구자가 가능한 한 연구 대상자에게 가까이 접근하여 겉으로 드러난 행동과 물리적 환경에 대한 성원들의 의미부여와 특정 유형이 문화체계의 전체적인 맥락 속에서 지니는 의미를 발견할 수 있는 참여관찰을 주로 한다는 것이다. 참여관찰은 단순히 현장에 참여하여 수동적으로 관찰하는 것과는 달리 제보자와의 면담과 관찰을 통해 현장의 여러 사태와 사태 간의 관계를 체계적으로 탐색하는 과정이다(김영찬, 1982). 연구자는 이러한 현장에서의 참여관찰을 통해 연구자가 현지에서 벌어지는 구체적인 사건 및 인간의 행위들에 관심을 갖고 그들의 생활양식과 의식, 감정, 신념의 특성을 밝힐 수 있는 자료를 수집한다. 특히, 참여관찰은 다음과 같은 현상을 연구할 때 효과적이다(김영천, 2012).

- 관심 있는 현상에 대하여 알려진 사실이 없을 때: 새로 형성된 집단, 새롭게 발견된 집단
- 구체적인 현장 및 상황에서 나타나는 인간의 활동과 사람들의 관계 그리고 그것의

의미를 기술하고자 할 때
- 외부자와 내부자 사이의 견해 차이가 클 때: 인종집단, 노동조합, 누드족 등
- 현상에 대한 외부자의 견해가 불분명할 때: 종교의식, 십대들의 성, 정신질환을 가지고 있는 사람들
- 어떤 현상에 대하여 일반인이 모를 때: 마약 복용자, 밀교단체, 비밀집단
- 참여자가 직접적으로 언급하기 싫어하거나 말하지 않게 되는 사건들을 직접 이해할 필요가 있을 때
- 참여자가 연구자에게 말한 면담 내용과 실제가 불일치할 때

문화기술지 연구는 최소 6개월에서 수년에 이르는 참여관찰을 필요로 한다. 아무래도 연구자가 현장에서 연구를 하는 것은 무척이나 고되고 시간과 비용이 많이 소비될 수 있다. 그럼에도 불구하고 반드시 연구자가 참여관찰을 해야 되는 것은 아니나, 문화기술지에서 참여관찰을 중요한 자료 수집 방법으로 보는 이유는 다음과 같다.

첫째, 참여관찰은 현장의 전반적인 맥락과 사회적 관계를 포착할 수 있는 방법이다. 백문이 불여일견이라는 말이 있듯이, 연구자가 현장에 들어가서 그곳 사람들의 일상에 참여하면서 그들의 행위를 관찰하는 것은 현상을 구체적인 상황과 맥락, 관계 속에서 자연스럽게 이해할 수 있도록 돕는다. 연구자는 현장에서 연구 참여자와 대화를 하거나 연구 참여자가 일상적인 생활을 하거나 직업 활동을 하는 와중에 대화를 할 수도 있다. 또한 연구자는 연구 참여자의 동료 또는 친구들과 같이 관계되는 사람들과 함께하는 식사나 회식에 참여할 수도 있다. 그러다 보면 연구자는 연구 참여자가 그와 관계된 사람들과 관계를 맺는 방식과 대화의 주제, 그리고 그들 간의 서열이나 위치 등을 이해할 수 있다. 물론 그들의 일상에 연구자가 나타남으로써 변화가 생길 수 있다. 예를 들어, 학교의 교실 문화를 이해하기 위해 연구자의 교실 참여가 수업의 변화 또는 학생 행동의 변화를 가져올 수 있다. 특히 연구자가 녹음기가 영상촬영기를 휴대하면서 연구 참여자를 만나는 경우에는 그들의 자연스러움을 담아내기가 어려울 수 있으니 주의할 필요가 있다.

둘째, 참여관찰은 연구자가 현상에 대해 풍부한 문제의식과 질문을 갖게 하는 방법이다. 연구자는 현장에 참여하기 전에 현장에서 일어나는 다양한 이슈들과 문제들, 그들의 관심들을 알지 못하기 때문에 단편적이고 한계가 뚜렷한 문제의식을 가질 수밖에 없다. 연구자는 현장에서 사람들에게 물어볼 면담가이드를 열심히 만들어 보지만 마땅하게 어떠한 질문을 할지 명확하지 않다. 또한 연구자가 실제로 현장에서 연구를 할 때는 면담가이드가 무용지물이 된다는 것을 경험하게 될 것이다. 연구자는 참여관찰을 하는 과정

에서 더욱 섬세하고 적절한 면담가이드를 만들 수 있을 뿐만 아니라 다양한 질문을 갖게 된다. 연구자는 그들의 대화 주제, 일상, 생활, 관계 등을 관찰하고 알게 되면서 다양한 의문점을 갖게 될 것이다. 이러한 참여관찰을 통해 연구자는 문제의식을 더욱 심화시키면서 현상의 퍼즐을 탐구해 간다.

셋째, 참여관찰은 적절한 연구의 설계와 면담가이드를 만들 수 있는 방법이다. 즉, 연구자는 참여관찰을 하는 과정에서 미처 알지 못했던 사실들을 파악하게 되며, 또한 현장에서 어떻게 전략적으로 연구를 수행할 수 있을지 설계할 수 있다. 어떤 사람들을 만날 수 있고 없는지, 어떻게 연구 참여자에게 접근할 수 있는지, 어떤 상황과 분위기에서 효과적으로 면담을 진행할 수 있는지, 그리고 연구자는 어떤 방식으로 그들과 대화를 해야만 지속적인 대화를 할 수 있는지 등을 판단할 수 있다.

넷째, 참여관찰은 연구자의 개인적 체험을 통해서 중요한 깨달음을 주는 방법이다(이용숙 외, 2012). 참여관찰에서 연구자는 자신이 연구의 도구가 되어 체험적으로 경험하게 된다. 연구자는 참여관찰에서 여러 의문을 가질 뿐만 아니라 연구 참여자들과 관계를 맺으면서 다양한 경험을 하고 에피소드를 갖게 될 것이다. 때로 연구자는 불쾌한 감정이나 낯설고 이상한 경험을 하게 되는 등 문화 충격을 느낄 수 있다. 그러나 문화기술지에서 이러한 연구자의 체험과 경험이 연구 대상의 여러 현상들을 이해하는 데 결정적 요소로 작용하는 경우가 상당히 많다. 연구자는 그러한 경험을 통해 문화 차이를 뚜렷하게 느끼면서 강한 문제의식을 갖게 된다. 한 외국인 교수가 한국의 목욕탕과 찜질방에 가 본 경험 사례를 살펴보자.[1] 누드가 자연스러운 나라로 알려진 스페인에서는 신발을 꼭 신고서 수건으로 몸을 가리고 공중샤워실을 이용한다고 한다. 그런데 스페인이 국적인 여교수가 한국의 목욕탕에 들어가서는 신발도 없이 모두 옷을 벗고서 목욕을 하는 것을 보고 문화 충격을 받게 된다. 특히 그 교수는 목욕탕에서 서로 때를 밀어 주거나 때밀이 아줌마가 있는 것을 보고 아주 특이한 문화적 경험을 하게 된다. 더불어 그 교수는 찜질방에서도 맨발로 여러 사람들과 함께 지내는 모습을 보게 되는데, 이때 매우 불쾌한 감정을 겪기도 한다. 스페인에서는 맨발로 다닐 때 다른 사람들에게 병균을 옮길 수 있다고 생각한다. 그 교수는 이러한 낯선 문화에 참여해 봄으로써 문화적 차이를 더욱 뚜렷하게 경험하게 된다. 이와 같이 문화기술지 연구자는 현장의 참여를 통해 다양한 충격을 받거나 경험을 하게 된다.

그러나 문화기술지 연구자는 현장에 들어가더라도 그곳에서 무엇을 어떻게 관찰해야

---

1. 출처: http://spainmusa.com/618

하는지 막연할 수 있다. 질적 연구에서는 연구의 주제와 관점에 따라 관찰의 대상을 선정하고 그 대상에 초점을 두고 집중적으로 관찰할 수 있다. 일반적으로 문화기술지 연구자는 현장에서 다음에 대해 관찰할 수 있다.

〈표 1〉 참여관찰의 대상(김명희 편저, 2015)

순서	구분	관찰 대상	예
1	공간	공간의 구조 및 종류, 배치	교실의 책상 배치, 학교 공간의 특징
2	관계	행위자 및 그들의 관계, 행위자의 종류 및 역할	교사와 학생의 관계, 사람들의 역할 및 지위, 호칭
3	언어	언어 활용 방식, 언어 구사의 특징, 언어 활용의 패턴	학생집단이 공유하는 언어 활용 및 패턴, 교사와 학생 사이의 언어 활용 방식
4	행위 관찰	행위자의 행위의 특징 및 패턴, 행위의 계열	공간에 따라 나타나는 독특한 행위들, 지위 및 역할에 따른 행동의 양상
5	감정 관찰	행위자들의 느낌이나 표현하는 감정의 특징	관계에서 나타나는 독특한 감정들
6	물건 활용	현장에 존재하는 물건들, 행위자의 지위 및 맥락에 따른 물건의 활용 양상, 물건 활용에 대한 규범	행위자가 가치를 두거나 금기시하는 물건, 물건에 가치를 부여하는 양상
7	의례 관찰	세시풍속, 관혼상제, 특정한 상황에서 규칙적으로 나타나는 의식, 일상에서 나타나는 종교적 행위	수업의 시작과 종결에서 나타나는 독특한 절차 및 행위들
8	생계양식	어촌 및 산촌, 그리고 산업사회에서의 생존양식 및 생존기술	생계 활동을 통해 구축한 지식체계 및 문화
9	영역 관찰	가정, 경제, 교육 등 각각의 문화적 영역에 대한 총체적 관찰	학생의 교육 영역, 가정 영역, 종교 영역, 관계 영역 등에 대한 유기적 관찰

더불어 이용숙 외(2012)의 연구에 따라 연구자가 참여관찰에서 특히 주목할 필요가 있는 부분을 제시하면 다음과 같다.

첫째, 연구자는 반복적으로 이루어지는 의례에 초점을 두고 세밀하게 관찰해야 한다. 의례란 그 사회나 집단이 중요하게 생각하는 가치를 특정한 형식이나 절차를 통해 지속적이고 반복적으로 기억해 내는 것이라고 볼 수 있다. 따라서 의례는 연구 대상이 속한 사회의 가치와 문화적 규범을 보여 주는 좋은 사례가 될 수 있기 때문에 일찍부터 인류학자들은 연구 대상 사회의 주요한 의례들, 즉 성인식, 결혼식, 장례식 등의 통과의례, 각종

종교의례, 명절 등 공동체 의례, 대통령 취임식, 국회의원 선거 등 다양한 정치의례 등에 주목해 왔다(이용숙 외, 2012). 보통 의례는 종교적이고 신비적인 상황에서 이루어지는 특정한 부분에서의 행위로 바라보았고 심지어는 의례를 원시적이고 퇴보적인 행위로 잘못 생각해 왔지만, 오히려 현대에서도 사람들은 일상적인 삶에서 정기적으로 다양한 의례적인 활동들을 하고 있다. 예를 들어, 우리나라는 1980년대까지만 하더라도 학교에서 국민에 대한 헌장과 더불어 아침조례가 매일 이루어져 왔다. 이는 애국심을 지속적으로 상기시키기 위한 행위로 의례에 속한다고 볼 수 있다. 이외에도 우리는 일상에서 집단적으로 과거의 사건이나 중요한 교훈을 현재와 미래에 지속적으로 상기하기 위한 다양한 장치들이 많다. 계모임이나 동기모임, 그리고 가족구성원이 주말에 모두 식사를 같이 하는 것 모두가 집단이나 개인이 중요하게 생각하는 가치를 지속시키고 상기시킨다는 점에서 의례라고 볼 수 있다.

둘째, 연구자는 현장에서 나타나는 여러 사건들을 주목할 수 있다. 사건은 그 사회의 갈등의 지점을 잘 드러낼 뿐만 아니라 그 사회의 지배적 가치와 권력관계를 잘 보여 준다. 뿐만 아니라 사건은 집단구성원들에 의해 어떻게 정의되는지, 그리고 사건을 어떻게 해석하며 그것을 해결하는 방식이나 절차가 무엇인지를 잘 드러내 준다. 이를 통해 연구자는 사건에 대한 관찰을 통해 사회의 변동을 이해할 수 있다. 문화와 사회마다 무엇을 사건이라고 정의하는지가 다를 뿐만 아니라 해석하고 대응하는 방식 역시 같지 않다. 따라서 연구자는 그 사회의 사건에 초점을 두고 관찰함으로써 그 사회의 가치관과 세계관, 그리고 그 사건을 둘러싼 권력관계 등을 효과적으로 이해할 수 있다. 예를 들어, 변주훈(2002)은 2007년 12월 7일 한국의 태안 앞바다에서 발생한 대규모 기름유출 사고와 관련하여 한국 사회가 그 사고를 어떻게 사건으로 규정하고 인식하는지, 그리고 위험과 피해를 둘러싼 권력관계와 그것을 해결하는 전략과 방식에 대한 연구를 통해 한국 사회의 위험문화를 살펴보았다. 이처럼 규모가 큰 사건과 달리 우리는 일상적으로 여러 사건들을 경험하고 구성할 수 있다. 예를 들어, 가족은 특정한 부분을 사건이라고 규정하고 그것에 따른 독특한 감정과 행동양식을 보일 것이다. 마찬가지로 학교 교사는 학생들의 특정한 행동들을 사건으로 구성할 것이며, 반대로 학생들은 나름대로 교사의 특정 행동을 사건으로 구성하며 이야기할 것이다.

셋째, 연구자는 그 사회구성원들의 역할과 관계에 초점을 두고 관찰할 수 있다. 어느 집단이나 구성원들은 일정한 역할을 토대로 관계를 맺고 있다. 개인은 사회 전체에서 부여된 역할을 수행한다. 한 사회에는 여러 부문의 집단들이 있으며, 연구자는 개별 구성원이 그 사회에서 어느 집단에 소속되어 있으며, 그 집단에서 어떠한 역할을 하는지 살펴볼 수 있다. 또한 연구자는 그 집단의 역할의 종류 및 체계들을 살펴보고, 역할에 따른 행위의 특징들을 살펴볼 수 있다. 마찬가지로 연구자는 구성원들의 관계를 잘 파악하는 것이 중요하다. 누가 누구에게 얼마나 이야기하는지, 누가 대화를 시작하는지, 어떤 언어를 사용하는지, 어떤 톤의 목소리와 말투를 사용하는지 등을 중심으로 언어적 상호작용뿐만 아니라 서로에 대한 태도 등 비언어적 상호작용을 통해서도 관계의 양상과 그 함의에 대해서 파악할 수 있다(이용숙 외, 2012). 또한 그 사회의 구성원들이 부여하는 호칭들과 그것의 활용을 살펴볼 필요가 있다. 예를 들어, 사회의 친족체계나 호칭들에 대한 연구를 통해 문화적 체계나 행위규칙을 파악할 수 있다.

넷째, 연구자는 그 사회구성원들의 주요한 대화 주제나 관심을 파악할 필요가 있다. 그들이 중요하게 바라보는 주제는 무엇이며 무엇에 관심을 갖고 있는지를 살펴봄으로써 가치관의 경향을 쉽게 짐작할 수 있다. 예를 들어, 학교 교사들이 다른 동료 교사들과 만나 주로 어떤 주제로 대화를 나누는지를 살펴봄으로써 학교의 교사문화에 대해 파악할 수 있다.

다섯째, 연구자는 현장에서 사람들의 무관심 영역이 무엇인지 살펴볼 수 있다(이용숙 외, 2012). 무관심 영역이란 그 사회구성원들이 너무나 당연하게 간주하고 있기 때문에 낯설게 바라보거나 이의를 제기하지 않는 영역이라고 볼 수 있다. 자연스럽고 당연하게 받아들여지는 행위나 사실 중 많은 부분은 실제로 인류의 보편적 특성에 기인한 일반적 현상이 아니라 특정 사회의 문화적 규칙들이 반영된 것이다. 그렇지만 이런 것들은 대체로 너무나도 자연스럽게 느껴져서 인식의 차원으로 들어오지 않는다. 예를 들어, 남성중심의 사회에서 결혼한 여성을 아이의 이름을 사용하여 누구의 엄마라고 부르는 것을 당연하게 여기는데, 연구자는 이를 관찰하고서는 '왜 결혼한 여성의 이름이 없는가?'라고 질문을 던질 수 있다. 또 다른 예로는, 연구자가 학교의 교실들을 관찰할 때 교실마다 똑같은 방식으로 배열되어 있거나, 아니면 교실마다 다르게 놓여 있는 학생의 책상과 의자들을 보고서 그것이 가진 교수 학습적인 의미를 질문할 수 있다. 이것 외에도 연구 대상의 구성원들이 너무나 당연하게 하는 상식적인 행위들, 그래서 연구 대상의 구성원들은 그것에 대해 전혀 생각하지 않는 것에 대해 연구자는 더욱 자세하게 관찰을 하고 바보스러운 질문을 던질 수 있어야 한다. 이러한 상식적인 행위들에는 그 사회구성원들의 가치가 고스란히 숨겨져 있는 경우가 많기 때문이다. 그러나 이러한 공유된 무관심 영역에 무엇이 있는지, 그것이 품고 있는 함의가 무엇인지를 파악하기는 쉽지 않은데, 연구자가 다양한 사회에 대한 연구 경험의 축적을 통해 비교적으로 분석할 수 있을 때 공유된 무관심 영역을 발견할 수 있을 것이다.

여섯째, 연구자는 비교 분석적 시각을 갖고 연구 대상의 사회에서는 부재하거나 소외되어 있는 영역을 탐색해야 한다. 이는 연구 대상 사회의 주류이거나 지배적인 것이 무엇인지를 인식하게 하면서 동시에 소외되어 있거나 약화되어 있는 부분이 무엇인지를 알 수 있게 한다. 예를 들어, 연구자가 교실을 관찰할 때 어느 누가 말을 많이 하거나 반대로 말을 적게 하는지, 아니면 어느 공간에서 특정한 어떤 사람들이 침묵하는지를 살펴볼 수 있다. 특히 교실 수업에서 교사의 언어가 많은 데에 비해 학생들의 반응이 극히 적을 수 있다. 또는 교실에서 특정의 아이들이 말을 하지 않고 하루 종일 침묵하는 경우가 있다. 뿐만 아니라 연구자는 연구 참여자와 대화를 하는 중에 이러한 점들을 발견할 수 있다. 즉, 연구 참여자가 어떤 부분에서는 또렷이 표현하는 반면에 어떤 부분에서는 말을 흐리거나 축약하며 또는 침묵하는 경우가 있을 것이다. 연구 참여자가 특정 부분에 대해 침묵하기 때문에 연구자가 원하는 정보를 얻지 못할 수도 있다. 그러나 침묵하는 행위는 하나의 중요한 단서가 될 수 있다. 따라서 연구자는 왜 연구 참여자 또는 사회구성원이 그러한 부분에서 침묵하는지를 유심히 바라보고 질문을 할 수 있어야 한다.

나. 심층면담: '깊게 들어 보기'

심층면담은 연구 대상이 사회구성원으로서 겪은 내적인 경험을 심층적으로 이해하기 위한 방법이다. 심층면담은 "연구 참여자로부터 정보나 의견이나 신념에 대한 자신의 관점을 표현하도록 유도하는 언어적 의사교환"(Maccoby & Maccoby, 1954), 또는 "목적을 가진 대화"를 뜻한다(김영천, 2012). 문화기술지에서 심층면담 방법은 참여관찰 방법과 함께 주로 활용되는 방법으로서 연구 참여자들의 내적인 세계관을 그들의 입장에서 이해하는 가장 효과적인 방법이다. 대화가 인간과 사회 세상에 대한 우리의 지각과 해석을 획득하는 가장 효과적이고 기본적인 인간 상호작용의 방식이라는 점을 인정했을 때 대화가 전제되는 면담은 참여자들의 관점과 생활세계, 의식, 주관성, 감정을 이해하기 위한 자연스러우면서 동시에 목적적인 연구 방법이라고 할 수 있다(김영천, 2012). 주로 연구자는 연구 참여자의 기본적인 배경 및 정보, 가족관계, 역사적 사건에 대한 기억들과 사회적 현상에 대한 그들의 감정적 경험과 세계관 등에 대해 질문할 수 있다. 문화기술지 연구에서 사용되는 심층면담 방법의 특징을 살펴보면 다음과 같다.

첫째, 문화기술지 연구는 참여관찰을 기반으로 이루어지기 때문에 참여관찰 과정 중에 심층면담을 동시에 활용하기를 지향한다. 참여관찰과 심층면담은 모두 연구 대상 사회 구성원들의 행위의 의미를 심층적으로 이해하기 위한 방법이다. 우리가 다른 사람을 제대로 이해하기 위해서는 그 사람을 잘 관찰하고 그 사람의 생각을 잘 들어 봐야 하는 것과 마찬가지이다. 그렇지 않고 심층면담과 참여관찰이 독립적으로 이루어지거나 하나만의 방법을 활용할 경우 그만큼 연구 대상 사회구성원의 행위를 맥락적이고 심층적으로 이해하기가 어려워지게 된다. 따라서 문화기술지 연구자는 일반적으로 가능한 한 연구 참여자의 일상이 이루어지는 곳에서 심층면담을 하는 것이 바람직하다. 나아가 그것들은 연구 참여자가 말한 내용에 맞추어 후속 질문 내지는 심지어 예상할 수조차 없었던 새로운 질문을 던지는 데 단서가 되어 주기도 한다. 문화인류학에서 참여관찰을 중심으로 삼는 연구 방법론이 중시되어 온 주된 이유는, 바로 인간의 행위와 사고를 사회적으로 공유하는 틀로서의 문화가 행위 주체들에게 너무나 당연시되어 아예 언급조차 되지 않는 경우가 많기 때문이다. 그런 만큼, 참여관찰과 병행하여 심층면담 방법을 활용함으로써 문화기술지 연구자는 연구 참여자의 이야기에서 무심결에 생략되는 맥락적 정보들을 통해 연구 대상 문화의 성격을 파악하는 데 매우 중요한 실마리를 얻을 수 있다.

둘째, 문화기술지에서의 심층면담은 연구 대상 사회구성원들이 일상적이고 친숙하게 활용하는 언어로 대화를 한다. 일찍이 문화인류학에서는 타 문화를 이해하기 위해 연구자는 제일 먼저 그 사회의 구성원의 언어를 습득하려고 노력했다. 특히, 문화기술지의 연구가 연구 대상 사회의 관점에 대한 이해를 우선적으로 하기 때문에 연구 참여자들이 일상에서 활용하는 언어를 익히려고 노력했다. 무엇보다도 문화란 일상의 자연스런 행동과 사고의 틀인 만큼, 이를 통해 연구자가 면담을 통해 정확히 포착해 내려면 연구 참여자가 일상적으로 사용하는 친숙한 언어로 설명해 주는 내용을 들어야 한다. 이러한 관점에서 문화기술지 연구자는 연구 참여자가 활용하는 언어에 귀 기울이고 이해하려고 해야 한다. 예를 들어, 문화기술지 연구자는 청소년문화를 이해하고자 할 때 제일 먼저 그들이 사용하는 언어들을 습득해야 한다.

셋째, 문화기술지에서의 심층면담은 비구조적인 대화로 이루어진다. 우리가 일상적으로 가족들과 친구들과 다양한 장면들에서 편하게 대화를 하는 것과 같이 연구자는 연구 참여자와 그들의 일상의 흐름을 타고서 자연스러운 대화를 지향한다. 물론 시간을 정하고 틀에 박힌 질문지를 가지고서 이루어지는 심층면담도 필요하다. 그러나 문화기술지 연구자는 연구 참여자가 일상을 살아가면서 겪는 다양한 경험과 이야기에 공감하려고 노력해야 한다. 그 과정에서 연구자는 연구 참여자로부터 더욱 풍부한 삶에 대한 이야기를 공감하고 그들의 내적인 감정들을 맥락적으로 공감할 수 있다.

이와 같이 심층면담 방법이 문화기술지 연구에서 연구 대상의 사회를 심층적으로 이해할 수 있는 주요한 방법이지만 이를 효과적으로 실행하기는 쉽지가 않다. 왜냐하면 연구 참여자가 연구자에게 자기의 내적인 경험을 자세하게 들려 줄 이유도 의무도 없기 때문이다. 또한 연구 참여자가 연구자와 친근감(라포)을 경험하지 못할 때 심층면담을 기피하거나 아주 형식적인 정보만을 제공할 수도 있다. 연구 참여자의 이야기가 연구의 주된 정보가 될 수 있기 때문에 문화기술지 연구자는 연구 참여자와 라포를 형성하여 진솔하고 풍부한 경험을 들을 수 있어야 한다. 그러나 연구자가 연구 참여자와 진솔한 대화를 지속적으로 하는 것은 쉽지가 않은 일이다. 이에 문화기술지 연구자가 연구 참여자와 심층면담을 하고자 할 때 고려해야 하거나 알아 두어야 할 점을 제시하면 다음과 같다.

첫째, 문화기술지 연구자는 연구 참여자가 가진 이해관계를 잘 이해해야 한다. 연구는 연구자와 연구 참여자와의 관계에서 이루어지기 때문에 그 관계의 특징이 면담의 질과 내용에 영향을 줄 수밖에 없다. 특히 초보연구자들은 연구 참여자로부터 정보를 착취하려고 하다가 그와 지속적인 관계를 맺는 것을 실패하는 경우가 많다. 연구 참여자가 연구에 중요한 정보를 가진 원천인 것은 맞으나 연구 참여자는 단순하게 연구자에게 정보만을 제공하는 저장고가 아니다. 연구 참여자는 연구자와 관계를 맺을 때 자기 나름대로의 이해관계를 갖고 있으며 연구 참여자 역시도 탐구를 하는 연구자인 것이다. 또한 연구 참여자는 구체적인 상황과 경우에 맞게, 그리고 연구자에 대한 나름의 판단을 한 상태에서 대화에 참여한다. 이에 따라 상황이 달라지거나 다른 장면에 있을 경우 연구 참여자는 다른 행위를 하거나 의견을 표시할 수도 있다.

둘째, 문화기술지 연구자는 연구 참여자의 개성을 잘 이해해야 한다. 연구 참여자는 매우 다양한 개성을 갖고 있다. 일반적으로 성별이 다르거나 연령, 취미, 성향 등에서 다르다. 표현을 잘 하는 연구 참여자가 있는 반면에 그렇지 않은 연구자가 있다. 또한 연령에 따라 유아나 청소년, 청년, 장년, 노인 등이 있다. 때로 연구자는 심리적으로 어려움이 있거나 육체적으로 장애가 있는 연구 참여자를 만나야 될 수도 있다. 더불어 연구자는 지역에 따라 다양한 사투리를 사용하는 연구 참여자를 만나야 할 수도 있으며, 연구자에 대해 편견을 갖고 있는 연구 참여자와 대화를 해야 하는 상황이 올 수도 있다. 이러한 여러 요소들은 연구자와 연구 참여자의 관계에 영향을 미치기 때문에 연구자는 그러한 연구 참여자의 개성을 잘 이해하고 민감하게 대응할 때 연구 참여자와 라포를 형성하여 지속적인 심층면담을 할 수가 있다. 예를 들어, 연구자가 유아들의 놀이문화를 이해하고자 한다면 연구자 자신이 유아가 되어 놀이를 할 수도 있다. 만약 연구자가 청소년문화를 이해하고자 한다면 그들이 즐기는 취미나 게임도 알아둘 필요가 있다.

셋째, 문화기술지 연구자는 연구 참여자가 일상적으로 갖는 궁금한 점이나 문제의식에 관심을 가져야 한다. 연구 참여자 역시 일상 속에서 여러 가지 궁금한 점과 문제점을 느끼고 있다. 연구 참여자는 이러한 점에 대해 답을 얻고자 여러 정보를 들으면서 나름대로 탐구를 해나간다. 연구자는 연구 참여자의 그러한 점에 공감을 하고 협력적으로 노력함으로써 라포를 형성할 수 있다. 문화기술지 연구자는 연구 참여자를 단순한 정보제공자로 보기보다는 동료 연구자로 생각하고 협력적이고 수평적으로 관계를 맺어야 한다.

넷째, 문화기술지 연구자는 연구 참여자들이 일상에서 나누는 대화에 관심을 기울여야 한다. 연구자는 연구 참여자와 둘만의 관계에서의 대화만으로 자료를 수집하기보다는 연구 참여자가 장소와 상황에 따라 다양한 사람들과 관계를 맺으면서 나누는 일상적인 대화에서도 자료를 수집할 수 있다. 이를 통해 연구자는 연구 참여자뿐만 아니라 연구 참여자와 관계된 여러 지역주민들의 생각과 반응을 읽을 수 있으며 그 사회에서의 연구자의 위치를 좀 더 명확히 인식할 수 있다. 예를 들어, 연구자가 친밀하게 지내는 연구 참여자가 그 사회에서 인정받지 못하는 소외된 사람일 수 있다. 따라서 연구자는 자신과 관계를 맺는 연구 참여자가 다른 사람들과 나누는 일상적 대화에 관심을 갖는 것이 바람직하다.

다섯째, 문화기술지 연구자는 라포를 형성하고 지속적인 관계를 맺기 위해 연구 참여자를 인간적으로 배려해야 한다. 연구자는 단순하게 연구 참여자로부터 정보를 얻고자 하기보다는 그들의 삶에 공감하고 연구 참여자의 입장과 처지가 어떠한지를 이해함으로써 보다 만족스러운 관계를 맺을 수 있다. 이러한 관계는 지속적으로 이루어지는 심층면담 시간을 연구자와 연구 참여자 모두에게 재미있고 의미 있는 시간이 되도록 한다. 예를 들어, 연구자가 70대 연령의 노인과 심층면담을 한다면, 그 노인은 연구자와의 심층면담 시간을 통해 지나온 자신의 삶을 정리하는 기회로 활용할 수 있다. 그렇다면 연구자는 그 노인을 배려하여 심층면담을 통해 어느 정도 그 노인이 자신의 삶을 다시 잘 정리할 수 있도록 지원해 줄 수 있다. 또는 연구자가 경력이 짧아 학생들을 지도하는 것에 어려움을 겪는 초임교사와 심층면담을 할 때, 그 초임교사는 심층면담을 통해 답답한 심정을 토로하거나 또는 자기에게 어떤 문제가 있는지를 알려는 데 관심을 많이 가지고 있을 것이다. 연구자는 그런 초임교사의 관심에 동참하면서 공동으로 교직문화에 대한 이해를 확장해 갈 수 있다.

마지막으로 심층면담과 관련하여 연구자가 주의해야 할 점은 연구자가 자기의 체험적 경험을 반성적이고 성찰적으로 바라볼 수 있어야 한다는 점이다. 이는 참여관찰과 관련해서도 마찬가지로 적용이 된다. 문화기술지 연구에서 연구자는 현장에서 연구 참여자와 관계를 맺고 심층면담을 하는 과정에서 특정 부분에 매몰되어 문화의 전체적인 면을 파악하기 어려울 수가 있다. 이러한 점을 극복하기 위해서는 다음을 고려할 수 있다.

첫째, 연구자는 전체 속에서 부분을 보려는 노력을 해야 한다. 이를 위해 연구자는 연구 대상 사회의 부분에서 전체로 확대하거나 다시 전체에서 부분으로 초점을 맞춰 나가는 방식을 취할 필요가 있다. 여러 다양한 사람들을 두루 만나 보는 방법으로 전체를 살펴보고서 특정한 개인에게 초점을 두어 연구를 한다. 특정한 개인에 대한 심층연구로부터 배운 지식을 바탕으로 다시 여러 다양한 사람들과 만나 대화를 하는 방식으로 전체적인 관점을 유지할 수 있다.

둘째, 문화기술지 연구자는 현장 참여 과정에서 자기의 입장이나 위치가 무엇이었는지를 명확히 이해함으로써 자기를 객관화할 수 있어야 한다. 문화기술지 연구는 연구자와 연구 참여자의 관계에서 이루어지는데, 이는 연구 과정에서 연구자에게 특정한 위치가 부여된다는 것을 의미한다. 인간의 경험은 그 사람의 위치나 입장에 따라 큰 영향을 받기 때문에 연구자는 연구 과정에서 부여된 위치가 무엇인지, 그것이 자신의 체험과 경험에 어떠한 영향을 주는지를 살펴볼 필요가 있다. 예를 들어, 김필성(2009)은 학원연구를 하기 위해 예비연구로서 6개월간 강사로서 참여관찰을 하며 심층면담을 하였다. 그는 강사로서 아이들의 학습을 지도하였고 시험기간이 되면 아이들을 다그쳐 늦은 밤에도 공부시켜야 했다. 그런 그는 여러 선행연구에서와 같이 학생들이 학원에서 매우 불행하다고 경험하게 되었다. 그러나 강사로서 참여가 아니라 일반적인 수준에서 관찰하고 인터뷰하는 과정에서 학생들이 바라보는 학원생활에 대한 경험을 들을 수 있었는데, 그것은 강사로서의 경험과는 다른 것이었다. 그는 현장에서 자기가 강사로서 학생들과 관계를 맺을 때는 학생들이 불행하다는 경험을 하게 되었으나 다른 위치에서 접근할 때는 다른 경험을 하게 되었다. 이는 연구자가 현장에서 어떠한 입장으로서 사회구성원들과 관계를 맺느냐가 연구자의 체험에 영향을 줄 수 있다는 것을 의미하며, 이에 따라 문화기술지 연구자는 가능하다면 다양한 입장에서 그 사회를 바라보고 경험할 수 있는 방안을 찾아봐야 한다.

셋째, 문화기술지 연구자는 자기의 정체성이 체험과 경험에 미치는 영향을 살펴봐야 한다. 김영천(2012)에 따라 아래를 알아보면, 전통적 문화기술지에서 연구자는 객관적이고 초월적이며 권위적인 저자로서 구체적인 개인과 역사적 시간, 장소에서 분리된 존재로 인식되었다. 그러나 문화기술지 연구에서 연구자는 연구 대상인 집단에 들어가 구체적인 맥락에서 현지인들과 관계를 만들어 가면서 간주관적인(intersubjective) 이해를 통해 문화를 해석하게 된다(윤택림, 2002). 따라서 연구자의 구체적인 정체성들, 예를 들어 연구자의 사회적, 정치적 소속과 인종, 민족, 성, 연령, 결혼유무, 자녀유무, 가족사, 종교, 성적 취향 등과 같은 연구자의 개인적 특징들은 연구자의 질문의 성격과 범위, 그리고 연구자와 현지인들과의 상호작용에 영향을 줌으로써 체험과 경험에 영향을 주고 결국에는 자료 수집에 영향을 미친다(Seidman, 2009). 예를 들어, 페미니스트 인류학자들은 인류학도 초기부터 남성 중심적인 학문이었기 때문에 연구 영역과 연구 주제도 남성의 시각에서 만들어졌다고 보았다. 그래서 남성 인류학자들은 여성의 영역에 속한다고 간주되는 연구 주제는 거의 다루지 않았고 정치, 경제, 사회조직, 종교에 관한 주제들을 연구해 왔다. 이는 젠더가 문화기술지 연구의 차이를 만들어 낸다고 보았으며 연구자를 성별화된 인식자로 인정할 것을 요구하였다. 또 다른 예를 든다면 에드워드 사이드(Edward Said)는『오리엔탈리즘』(1978)에서 동양에 대한 서구의 인식을 동양에 대한 지배 방식이자 지배 전략이라고 비판함으로써 오리엔탈리즘이 결코 객관적이거나 중립적인 지식체계일 수 없다고 주장하였다(주재홍, 2005).

4. 자료 분석하기

문화기술지 연구자는 현장에서 자료를 수집하고 난 후 연구실로 돌아와 수집한 자료들을 다시 읽어 보면서 의미를 구체화해 간다. 이때 연구자는 수집한 자료들과 체험들을 학술적 이론과 논쟁과 연관을 지으면서 분석하고 일반적인 논의와 관련하여 의미를 구성해 간다. 현장에서는 따로따로 파악했던 여러 구체적인 사건이나 인물들의 의미와 관계가 이러한 분석의 과정을 통해 뚜렷하게 드러난다. 영국의 인류학자 에반스 프리차드는 "진짜 전투는 현장이 아니라 연구실에서 일어나는 것"이라고 하였는데(이용숙 외, 2012), 이는 자료 분석의 과정이 문화기술지 연구에서 중요한 단계라는 점을 말해 준다. 여기서는 문화기술지 연구에서의 자료 분석 방법과 자료 분석 시 고려해야 할 점을 알아본다.

가. 문화기술지 자료 분석의 특징

문화기술지 연구는 다른 질적 연구와 유사한 자료 분석의 특징을 가지고 있다. 첫째, 문화기술지 연구에서 자료 분석의 특징은 연구자가 수집된 자료를 의미 있게 해석하는 과정이라는 점이다. 그러나 근거이론이나 내러티브 분석, 현상학적 탐구 등의 질적 연구에서와 같이 문화기술지 연구에서는 현장에서 수집한 자료들을 어떻게 분석해야 하는지 표준적인 절차가 있는 것은 아니다. 문화기술지 연구는 단순하게 양적 연구나 전통적 실험 연구에서보다 현장에서 더 세밀하게 경험적으로 자료를 수집하여 객관적으로 그 사회를 반영하려는 수동적인 학문은 아니다. 인류학자가 문화라는 개념을 어떻게 개념화하느냐에 따라서 자료 수집의 과정과 종류, 연구와 분석의 초점이 달라진다. 인류학자들은 동일한 연구 대상에 대해서도 나름대로 정의한 '문화'의 개념에 따라 다른 종류의 논평을 하며 다른 종류의 연구 결과로서 문화기술지를 작성한다. 이는 현장에 다양한 수준의 사회적 실재가 객관적으로 있기 때문이 아니라 오히려 인류학자들이 관찰가능한 행위로부터 다양한 추상화를 반영하는 문화기술지를 쓴다는 것을 말한다(Jacobson, 1991). 이러한 관점에서 문화기술지 연구자는 예술가가 작품을 만들듯이 여러 물감이나 도화지와 같은 재료를 가지고 설득력이 있고 의미 있게 구성할 수 있어야 한다. 앞에서 봤듯이, 문화기술지 연구자는 자신이 연구 대상을 객관적으로 묘사하는 것이 아니라 수집한 자료를 해석하고 구성한다는 것을 상기할 필요가 있다. 많은 문화기술지 연구자들이 각자의 독특한 스타일을 개발하고 있듯이(이용숙 외, 2012), 연구자는 나름대로의 가치 있는 분석 방법을 찾을 수 있다.

둘째, 문화기술지 연구에서 자료 분석은 연구자가 참여관찰과 심층면담을 하는 행위 그 자체에서부터 시작된다. 대부분의 문화기술지 연구에서 참여관찰과 면담 등을 통해 얻은 결과를 그 다음에 수행할 참여관찰 및 심층면담 등에서 무엇을 보고, 묻고, 들어야 할지 등을 결정하는 데 지침으로 사용한다. 문화기술지 연구에서 분석이란 질문을 발견하는 과정이며, 문화연구자는 특별한 질문을 미리 준비해서 현지로 들어가는 대신 질문을 발견하기 위해 수집한 자료를 분석한다(김영천 외, 2015). 자료 수집의 종료 후에 이루어지는 것이 아니라 연구자가 자료를 수집하는 연구 행위의 그 자체가 곧 자료의 분석과 해석이 된다. 흔히 자료의 분석은 자료를 모두 수집한 후에 이루어진다고 생각하기 쉽다. 자료 분석이 마지막에 다루어진다고 해서 실제 연구에서 마지막에 이루어지는 것이 아니다. 자료의 수집이 모두 끝난 후에 비로소 해석을 하는 경우는 오히려 매우 드물다. 문화기술지 연구에서 현장 연구의 그 자체가 이미 해석의 과정을 포함하고 있다는 사실을 잊어서는 곤란하다(이용숙 외, 2012).

이러한 관점에서 문화기술지 연구자는 연구보고서나 학위논문을 작성할 때 연구자 자신의 연구조사의 경험을 상세하게 독자들에게 알릴 필요가 있다. 연구자는 문화기술지 연구에서 자료 분석의 범위를 확장해서 봐야 한다. 즉, 자료의 분석은 자료의 수집 이후 특정한 단계에서만 이루어지는 것이 아니라 연구자의 문화의 개념과 설계를 토대로 하여 연구자가 현장 연구 과정에서 갖게 되는 경험, 그리고 그러한 경험이 이후의 자료 수집에 미치는 영향들 모두가 자료의 분석이 된다. 따라서 자료의 분석은 연구자가 처음부터 제시할 수 있는 것이 아니라 연구의 과정에서 반영되고 변화되며 발전한다. 이에 연구자는 독자들로 하여금 현장 연구 조사과정에서 무엇을 경험했고 알아 갔는지, 그리고 그러한 경험에 따라 자료의 수집과 분석이 어떻게 이어졌는지를 독자들과 공유해야 한다.

나. 스프래들리(Spradley, 1980)의 자료 분석 기법

초보 연구자들은 자료를 수집하는 과정에서 방대한 자료에 방향을 잃기가 쉽다. 여기서는 스프래들리(1980)의 자료 분석 기법을 소개하고자 한다. 특히 분석 기법들은 개방적인 관찰과 비구조화된 면담방법을 활용하여 문화의 총체성을 추구하는 문화기술지에서 심층적인 자료를 수집하기 위한 효과적인 전략이 된다. 문화기술지 연구에서 획일적이고 정형화된 자료 분석 방법이 있는 것은 아니다. 그러나 대표적으로 스프래들리(1980)의 자료 분석 기법을 알아봄으로써 도움을 얻을 수 있다. 스프래들리(1980)의 자료 분석 기법은 크게 영역 분석/분류 분석, 성분 분석, 문화적 주제 발견하기의 단계로 요약될 수 있다. 여기서는 김필성·김영천(2015)의 연구에 근거하여 알아본다.

1단계: 문화적 영역 분석과 분류 분석

문화적 영역 분석이란 문화적 집단에 속한 개인이 구성한 의미의 범주 및 체계를 파악함으로써 문화의 총체를 이해하기 위한 연구 기법이다. 인간의 삶은 의미에 기초하여 구성되기 때문에 의미를 체계적으로 분석하는 영역 분석은 문화와 개인의 행위를 이해하는 기본적인 방법이 된다. 이러한 영역 분석은 개인이 사물을 유형화하고 분류하는 기준을 파악함과 동시에 행위의 패턴 및 사물들의 관계, 그리고 문화적 발달과정 및 정신적 속성의 발달과정 등을 이해하게 해 준다는 점에서 가치가 있다. 대표적으로 블룸(Bloom)은 영역 분석 방법으로 인지 영역에서의 지적 발달단계를 유형화하여 교육목표 분류학을 제시한 바 있다. 또한 칼 융은 정신적 속성의 구조를 발견하였고, 뒤르켐과 마르셀모스 등은 성과 속, 원시인의 분류체계를 제시했다. 인류학자 메리 더글라스는 더러움이라는 정신적 이미지에 대한 분석을 통해 순수한 영역과 오염된 영역의 대립적 도덕 체계를 발견하였다.

영역 분석과 분류 분석은 따로 이루어지기보다 동시에 이루어지는 경향이 있다. 왜냐하면 동일한 의미의 범주를 발견하는 영역 분석을 하는 과정에서 범주들의 종류를 파악하게 되면서 각각의 범주를 더욱 뚜렷하게 구분할 수 있게 되기 때문이다. 따라서 분류 분석은 영역 분석의 연장으로 봐야 하며, 연구자는 동시에 영역 분석과 분류 분석을 하는 것이 유익하다. 이러한 점에서 스프래들리(1980)는 숙련된 문화연구자는 종종 영역 분석과 분류 분석을 통합하여 하나의 과정으로 진행시킨다고 말한다. 그러나 문화적 영역 분석을 쉽게 하기 위해서는 영역 분석과 분류 분석을 분리해서 취급하는 것이 더 좋다고 말한다.

먼저 문화적 영역 분석에 대해 알아보면, 영역 분석은 문화적 의미의 범주를 발견하기 위한 기법이다. 스프래들리(1980)는 문화적 영역을 다른 범주들을 포함하는 상징적인 범주라고 정의했다. 쉽게 말해서, 문화 영역은 유사한 속성을 가진 사물들의 연합체라고 볼 수 있다. 즉, 동물은 하나의 문화 영역이 된다. 개, 고양이, 말, 사자, 호랑이 등은 동물이라고 칭해지며, 이들은 동물의 영역을 구성하는 항목들이 된다(Borgatti, 1999). 또 다른 예로 컴퓨터에는 델컴퓨터, 도시바, 아이맥, IBM 등이 있으며, 컴퓨터는 문화적 영역이 된다. 그러나 이러한 문화적 영역에는 물질적이고 관찰 가능한 사물뿐만 아니라 직업, 규율, 감정과 같이 비물질적이고 관찰 불가능한 사물들도 포함된다(Bogratti, 1994). 예를 들면, 와인의 종류, 의료 기구의 종류, 아이스크림의 종류, 애완 동물의 종류, 공포 영화의 종류, 질병 증상의 종류, 전염을 일으키는 곤충의 종류, 위생 실천의 종류 등이 있을 수 있다. 뿐만 아니라 인간 체질의 종류, 지적 발달 영역의 종류, 이성과 무의식 등 정신적인 요소도 문화적 영역에 속한다. 그러나 문화적 영역 분석이란 단순하게 의미의 단위 및 구성 요소들을 찾는 것이 아니다. 문화적 영역 분석이란 한 집단의 사람들이 사물을 어떻게 범주화하는지에 대해 탐구하는 것이며, 다른 문화에 속한 사람들 또는 하위문화에 속한 사람들이 사물의 영역을 어떻게 다르게 해석하는지를 이해하는 것을 목적으로 한다(Borgatti, 1994).

이러한 문화적 의미의 범주를 분석하기 위해 문화적 요소들의 의미론적 관계를 분석하려고 한다. 연구자가 관찰하고 현장노트를 작성한 후 해야 할 일은 분리된 언어와 행위들에서 동일한 범주의 문화적 영역을 찾는 것이다. 이때 연구자는 다음과 같은 의미론적 관계를 고려함으로써 영역 분석을 효과적으로 할 수 있다. 즉, 영역 분석을 시작하기 위한 효과적인 방법 중 하나는 연구자가 의미론적 관계를 분석의 기준으로 삼으며, 그것을 자료 수집의 도구로 활용하는 것이다. 다음은 스프래들리(1980)가 제시한 의미론적 관계의

〈표 2〉 의미론적 관계의 종류

관계	형식	예
1. 엄격한 포함	X는 Y의 한 종류	학습부진아는 선생님의 말을 듣지 않는 버릇없는 아이의 한 종류이다.
2. 공간	X는 Y의 한 부분	또래집단에게 화장실은 사적 공간의 한 부분이다.
3. 원인-결과	X는 Y의 결과	학습부진 현상은 인내심이 부족한 결과로 나타난 것이다.
4. 근본 이유	X는 Y를 행하는 이유	학습부진아 지도는 교사의 보람을 위한 것이다.
5. 행동의 장소	X는 Y를 행하는 장소	소송건의 숫자가 많은 것은 신속히 진행하는 (한 이유)이다.
6. 기능	X는 Y를 하는 데 사용	대배심원실은 소송건을 청취(하기 위한 한 장소)이다.
7. 수단-목적	X는 Y를 하는 방법	증인은 증거를 끌어내는 데(에 사용)된다.
8. 순서	X는 Y의 단계	선서를 하는 것은 배심원의 의무가 신성함을 상징(하는 한 방법)이다.
9. 속성	X는 Y의 속성	위험은 학습부진의 속성이다.

아홉 가지 종류이다. 그는 연구자가 현장에서 그 이상의 의미론적 관계를 발견할 수 있다고 말했다.

여기에는 9개의 의미론적 관계들이 제시되었다. 이러한 의미론적 관계들은 연구자들이 체계적으로 관찰하고 섬세하게 영역을 파악하도록 도울 뿐만 아니라 연구 참여자의 무엇에 초점을 두고 관찰해야 하는지를 안내해 주는 역할을 한다. 연구자는 이러한 의미론적 관계들을 염두에 두고 사회적 상황과 현장을 관찰하는 것이 유익하다.

다음으로 분류 분석에 대해 살펴보면, 분류 분석이란 영역 분석을 통해 분석한 문화의 의미의 범주들과의 관계를 수직적, 수평적으로 이해함으로써 의미의 체계를 파악하는 기법이다. 영역 분석이 의미의 범주를 파악하고, 하나의 범주 안에 포함된 종류 및 요소들을 파악하기 위한 것에 초점을 둔 것이라면, 분류 분석은 범주와 범주 간의 관계를 파악하기 위한 것이다. 동일한 의미의 범주는 다른 범주들과 수평적 관계에 있거나 또는 수직적으로 관계가 있을 수 있다. 분류법은 영역 분석의 확장으로서 의미의 범주의 구성요소와 사물들 간의 관계를 더 많이, 또는 더 확장하여 보여 준다. 즉, 분류 분석은 영역 분석과 달리 한 영역 내에서 모든 포함용어들 간의 관계를 보여 준다. 따라서 분류 분석은 문화의 부분들, 부분들 간의 관계, 부분들과 전체와의 관계를 찾는 것이다. 예를 들어 다음과 같이 장보기와 관련하여 10개의 문화적 영역을 분석하였을 때 분류 분석은 연구자가 특정한 의미에 따라 유사한 영역을 다시 묶어서 분류하는 것을 말한다.

〈표 3〉 분류 분석의 예

장보기의 영역 분석 결과	분류 분석의 예
가게로 들어가기	가게로 들어가기
손수레 고르기	손수레 고르기
방향과 통로 정하기	방향과 통로 정하기
육류 고르기 유제품 취하기 채소류 고르기	식품 고르기
계산대 줄 선택하기 계산하기	계산하기
산 식료품을 운반하기	산 식료품 운반하기
가게에서 떠나기	가게에서 떠나기

여기에서 보듯이, 문화적 영역 분석으로 제시된 10개 중 육류 고르기, 유제품 취하기, 채소류 고르기는 '식품 고르기'로 묶어서 분류할 수 있다. 또한 계산대 줄 선택하기와 계산하기는 모두 '계산하기'라는 의미로 묶어 분류할 수 있다. 그러면 '식품 고르기'와 '계산하기'는 각각의 하위범주를 둔 상위범주가 된다. 의미론적으로 상위범주는 하위범주와 포함관계에 있다.

또 다른 예를 든다면, 고프만은 대규모 주립 정신병원에서 환자의 생활을 연구했는데, 환자들이 크고 작은 쓰레기통에서 무엇인가를 수집하는 것을 보게 되었다. 그는 쓰레기장 뒤지기, 쓰레기통에서 신문 찾기, 나무로 된 쓰레기 상자 조사하기, 담배꽁초를 찾아 재떨이 뒤지기 등의 영역을 발견하였고, 그러한 행위들을 묶는 '폐품 뒤지기의 종류'라는 상위범주를 설정하였다. 그러나 고프만은 환자들이 원하는 것을 얻는 방법과 비합법적 방법과 그 기관의 규칙체계를 따돌리는 수법이 아주 다양하다는 것을 발견하고, 이후 더 큰 영역으로서 '체계 다루기'라는 상위범주를 만들고 하위범주로서 폐품 뒤지기, 음식 입수하기, 외부인과 사회적 관계 맺기, 만만한 과업 할당받기, 퇴원하기를 포함시켰다.

이와 같은 문화적 영역 분석과 분류 분석을 활용한 예를 들어 보자. 먼저 대목장이 나무를 고르는 예를 살펴보면, 대목장은 숲에 가서 아무거나 고르지 않으며 나무 생김새를 보고 "너는 대들보 감, 추녀 감" 하며 필요한 재목을 고른다. 대목장이 나무를 보고 고를 때 분류하는 방식은 아래와 같다.

[그림 1] 목수의 나무 인식과 지식 체계(전북대학교, 2010)

이 그림에서 대목장은 상위범주로서 산 나무와 죽은 나무로 분류한다. 산 나무의 하위 범주로는 '나무의 겉모양', '나무의 속모양', '나무의 종류'가 있고 각각에 대해 그림에서와 같이 하위범주들이 있다.

2단계: 성분 분석

성분 분석은 문화적 범주의 속성을 체계적으로 찾는 작업이다(Spradley, 1980). 연구자는 연구 과정에서 영역 분석과 분류 분석을 통해 여러 범주들의 체계를 어느 정도 파악할 수 있다. 그러나 문화기술지 연구에서는 연구 대상 사회가 그러한 영역에 어떠한 의미를 부여하는지를 파악하는 것이 중요하다. 영역이 가진 속성은 연구 대상 사회가 그 영역에 부여한 의미라고 볼 수 있다.

연구자는 연구 대상 사회가 영역에 부여하는 의미들을 다양한 차원에서 살펴보려고 해야 한다. 연구자는 다양한 의미의 차원에서 각 영역의 의미를 대조하면서 살펴볼 수 있다. 먼저 연구자는 연구 대상 사회에서 성분 분석을 할 대상을 선별한다. 연구자가 모든 사실과 현상들에 대해 성분 분석을 하기에는 무리가 있다. 연구자는 연구 대상 사회의 전체적 맥락을 이해해 가는 와중에 집중적으로 부분 관찰이 필요한 대상이나 현상을 인지하게 될 것이다.

연구자가 집중적으로 관찰하고 성분 분석할 필요가 있는 지점을 선정했다면 매트릭스 분석 방법을 활용할 수 있다. 매트릭스(matrix)란 행과 열로 구성된 표를 활용하여 자료를 시각적으로 제시하는 것을 말하며, 매트릭스 분석이란 두 가지 혹은 그 이상의 주요한 차원들의 교차를 통해서 그들이 어떻게 상호 관련성을 맺고 있는지를 살펴보기 위해 사용하는 방식을 일컫는다(Huberman, 1994: 239). 아래의 표는 매트릭스 분석의 양식이 된다.

〈표 4〉 성분 분석을 위한 매트릭스(Spradley, 1980)

문화적 영역	대조의 차원			
	I	II	III	...
문화적 범주 1	속성 1	속성 2	속성 3	
문화적 범주 2	속성 1	속성 2	속성 3	
문화적 범주 3	속성 1	속성 2	속성 3	
문화적 범주 4	속성 1	속성 3	속성 3	
...				

연구자는 위의 표와 같은 매트릭스를 활용할 때 각 범주의 속성을 다른 영역들과 대조를 하면서 살펴볼 수 있다. 이와 같이 매트릭스를 활용한 분석 방법은 다양한 차원 혹은 변인들이 어떻게 상호작용하는지 시각적으로 보여 줌으로써 체계적이고 효율적인 분석에 기여한다(Miles & Huberman, 1994). 연구자들은 이러한 매트릭스를 활용해 전반적인 질적 자료를 대강 훑어보는 데 활용할 수도 있고, 상세한 분석을 위해서도 사용할 수 있다. 또한 하나의 사례들 혹은 몇몇 사례들의 유사성 혹은 차별성을 찾기 위해 활용할 수도 있다. 또한 많은 자료들을 빠르게 받아들일 수 있게 돕고, 추가적인 자료 수집 및 결론 도출과 확인의 과정이 한결 효율적으로 이루어질 수 있도록 하는 것이다(Cleveland, 1985). 결론적으로 디스플레이를 활용한 질적 자료 분석 과정은 자료 환원, 데이터 디스플레이, 결론 도출/확인의 세 가지 과정에 동시에 기여하게 된다(Miles & Huberman, 1994).

예를 들어, 초등학교의 한 교사가 학생을 '공부 잘하고 착한 학생', '공부 잘하고 못된 학생', '공부 못하고 착한 학생', '공부 못하고 못된 학생' 등 네 가지 범주들로 분류한다고 가정하자. 그러면 이러한 네 범주 각각이 가진 속성이 무엇인지를 다양한 대조의 차원에서 살펴볼 수 있다. 다음은 네 가지 범주에 대하여 가정환경, 부모특성, 성격, 통제가능 여부, 생활지도 방법, 행동특성, 학습지도 방법, 교사감정 등 다양한 대조의 차원에서 그 속성을 살펴본 예이다.

이 표에서, 연구자가 학습지도 방법의 차원에서 '공부 잘하고 못된 학생'에 대한 속성에 대해 자신이 모르고 있다는 것을 발견하게 된다. 이때 연구자는 연구 참여자에게 이를 물어볼 수 있다. 그러면 연구 참여자는 학습지도 방법과 관련하여 그러한 학생에 대한 정보를 줄 것이다. 예를 들어, 연구 참여자는 그러한 학생이 이기적이고 자기가 가장 잘 안다고 생각하기 때문에 논리적이고 공정하게 학습지도를 해야 한다고 말할 수 있다. 그러면 연구자는 표의 빈칸에 '공정한 학습지도'라고 채워 넣을 수 있다.

또 다른 예를 크리스 젠크스(Chris Jenks, 1993; 김윤용 역, 1996)에서 찾아보면, 사회를 성과 속으로 분류한 에밀 뒤르켐(Émile Durkheim)의 예를 들 수 있다. 그는 사회를 성(聖)과 세속(世俗)이라는 두 가지의 범주가 대립하는 의미 체계로 파악했다. 그는 「종교생활의 원초적 형태」에서 모든 종교는 세계를 신성한 영역과 세속적인 영역으로 분류한다고 보았다. 이러한 두 가지의 의미의 범주가 종교적인 생활을 구성하는 조직원리가 된다고 보았는데, 성과 속은 매우 대리적이고 통일된 하나의 체계이다. 그는 대체로 신성한 '성'의 영역에는 조밀성, 순수성, 연대성이라는 속성이 있다고 보았다. 반면에 '세속'의 영역에는 위험성, 모독성이라는 속성이 있다고 보았다.

〈표 5〉 학생의 네 범주에 대한 성분 분석표(예시)

범주	학생에 대한 범주들	대조의 차원								
		가정 환경	부모 특성	성격	통제 가능 여부	생활 지도 방법	행동 특성	학습 지도 방법	교사 감정	…
범주 1	공부 잘하고 착한 학생	안정된 가정, (중상층)	교양 있음	이타적	통제 가능	자율성 부여	배려, 책임감, 성실, 온순	자율성 부여	기쁨, 보람	…
범주 2	공부 잘하고 못된 학생	부모 인성 부족 (중상층)	세속적	이기적, 계산적	적절한 통제	논리적 지도	이기적 행위, 타인 무시	?	얄미움	…
범주 3	공부 못하고 착한 학생	소 시민적 (중하층)	소 시민적	순진	통제 가능	보살핌	순진, 이타적, 귀가 얇음	멘토 지원	안타 까움	…
범주 4	공부 못하고 못된 학생	가정 교육 부재, (중하층 이하)	강한 피해 의식	사악 (죄책감 결여)	통제 범위 초과	규칙 적용, 행동 관찰, 상담	비상식 적 행 동, 비 도덕성	강제적 학습 관리	절망	…

3단계: 문화적 주제 발견하기

문화기술지 연구자가 영역 분석, 분류 분석, 성분 분석을 하는 이유는 연구 대상 사회의 의미를 밝히기 위한 것이다. 예를 들어, 연구자는 한국의 고등학교 3학년 교실에서 학습하는 학생들의 생활에 대한 영역/분류 분석과 성분 분석을 통해 다양한 범주와 속성을 발견할 수 있다. 예를 들어, 고등학교 3학년 선생님의 종류, 학습지도 방법의 유형, 학생들의 일상 영역, 학습방식, 교사와 학생의 관계 유형 등을 분석할 수 있다.

그러나 이처럼 모든 다양한 영역과 속성들을 단순히 열거하는 것만으로는 충분하지 않다. 모든 문화와 문화적 장면은 무질서한 부분들의 집합 이상이다. 연구자는 이러한 부분적인 범주들을 일관되게 엮어 주는 문화적 주제를 찾을 수 있다. 즉, 대학교 입학시험을 앞둔 학생들의 삶을 묶어 주고 지속되도록 하는 것은 '고진감래'라는 가치가 될 수 있다. '고진감래'란 고통 뒤에 희망이 찾아온다는 의미이다. 고등학교 학생들로부터 분석된 다양한 범주와 속성들은 '고진감래'라는 가치에 따라 총체적으로 이해될 수 있다. 이러한 '고진감래'는 고등학교 3학년들이 주말 동안 학원교육을 힘들게 받는 행위를 설명할 수 있다. 한 학생은 힘들게 공부를 하는 이유를 묻는 질문에 '지금 이 순간의 고통을 참으면 미래에 행복이 올 것이다'라고 말하기도 했다. 이처럼 문화기술지 연구에서는 단순하게 범주들과 속성들을 나열하는 것만이 아니라 연구 대상 사회의 구성원들이 이러한 범주들을 연결시키는 데 배워서 사용하고 있는 문화적 주제를 발견하는 것이 중요하다(Spradley, 1980).

이러한 '문화적 주제(cultural themes)'라는 개념은 문화인류학자인 모리스 오플러가 처음 사회과학 분야에 소개했는데, 아파치족(Apache) 문화의 일반적인 모습을 기술하는 데 사용했다. 그는 문화적 주제가 "공시적으로 혹은 암시적으로 행동을 통제하고 활동을 자극하는 가정이나 입장으로서 하나의 사회에서 암묵적으로 인정되거나 공개적으로 조장된다."고 했다. 그가 밝힌 아파치족 문화의 여러 부분에서 표출되는 문화적 주제는 "남자는 육체적으로, 정신적으로, 도덕적으로 여자보다 우월하다"는 것이다. 이러한 암묵적 전제는 여자는 집안 간 분쟁을 야기하고 성적으로 쉽게 유혹당해서 아파치족 사회에서 절대로 지도적 역할을 맡으면 안 된다고 하는 신념 속에 잘 드러나 있다고 그는 말했다.

문화적 주제의 특징을 살펴보면 다음과 같다. 첫째, 문화적 주제는 여러 범주들을 엮는 원리가 되기 때문에 인지적 원리라고 볼 수 있다. 인지 원리(cognitive principle)는 사람들이 참이며 타당하다고 믿는 무엇이며, 사람들의 공통 경험의 성격에 대한 가정이다. 이러한 인지 원리는 수많은 상황에 적용되고 두 개 또는 그 이상의 영역들에 반복되어 나타나며 상황을 이해하는 해석의 틀이 된다.

둘째, 문화적 주제는 내면적이거나 외현적일 수 있다. 문화적 주제는 때로는 격언, 좌우명, 속담 또는 반복되는 외현적인 표현으로 나타날 수 있다. 앞에서 예를 든 '고진감래'는 한국 사람들의 삶의 조각들을 조직하고 그들의 경험을 해석하는 기준이 된다. '고진감래'는 '젊어서 고생은 사서도 한다.'라든가 '힘든 일이 지나가면 행복이 올 것이다.'라는 등의 말로 풀이되며 널리 사용되고 있다. 그러나 대부분의 문화적 주제는 내면적 수준의 지식에 머물러 있다. 왜냐하면 문화적 주제는 공기와 같이 너무나 익숙한 것이기 때문에 이를 표현할 필요조차 없기 때문이다.

문화적 주제를 발견하기 위한 전략을 살펴보면, 문화적 주제를 발견하기 위한 특정한 방법이 있는 것은 아니다. 그러나 스프래들리(1980)에 기초하여 이를 간략히 알아보면 다음과 같다. 첫째, 문화기술지 연구자는 몰입을 통해 문화적 주제를 발견할 수 있다. 몰입(immersion)은 대부분의 문화기술지 연구자들이 사용해 온 유서 깊은 전략이다. 연구자가 지속적으로 연구 참여자의 이야기에 집중함으로써, 문화적 장면들에 참여함으로써,

이로써 연구 대상의 문화가 자기의 정신생활을 지배하도록 허락함으로써 주제들이 종종 떠오른다. 따라서 문화기술지 연구자는 연구 대상 사회에 장기간 머물면서 많은 관찰을 하거나 이야기를 나누며 다양한 자료를 수집하면서 그들에게서 지배적인 행위나 가치를 발견하게 된다.

둘째, 문화기술지 연구자는 대조의 차원들 간의 유사성을 찾는 방법으로 문화적 주제를 발견할 수 있다. 문화기술지 연구자는 영역들의 속성을 분석하기 위해 성분 분석을 하며, 이때 영역들을 비교할 수 있는 대조의 차원을 설정한다. 성분 분석에서의 대조의 차원은 개별적 속성이라기보다는 더욱 일반적인 개념으로 이루어지며, 구체적인 용어들과 그 속성들, 그리고 문화적 의미의 하위체계들을 연계시키는 주제들 사이의 다리 역할을 할 수 있다. 이 표에서와 같이, 연구자는 여러 대조의 차원에 따라 각 영역들의 속성을 찾아가면서 영역들 간의 차이를 대조할 수 있다. 아마 연구자는 이 표의 성분 분석을 통해 '공부 잘하고 착한 학생'에게는 긍정적인 속성이 주로 있는 반면에 '공부 못하고 못된 학생'에게는 부정적인 속성이 주로 많다는 것을 발견할 수 있을 것이다. '공부 잘함의 여부'보다는 '착함의 여부'에 따라 긍정적·부정적 답변의 차이가 나타나고 있으며, 교사에게 '공부'와 '착함의 여부'가 학생을 판단하는 주요한 기준이 되고 있다. 그래서 연구자는 이를 통해 '경제력이 학습에 영향을 미친다.'는 것과 '공부보다 인성이 중요하다.'는 등의 교사의 관점을 발견할 수 있다. 더불어 연구자는 이러한 관점이 교사의 감정과 학습·생활 지도 방법 및 통제 가능 여부와도 연관되고 있기 때문에 교사중심을 내포할 수도 있다는 예측을 할 수도 있다.

참고문헌

가모우 마사오, 구본인 역(1995). 문화인류학 이론의 역사와 전개. 대구: 파란나라.

김광억(1998). 문화의 다학문적 접근. 서울: 서울대학교출판부.

김명희 편저(2015). 박물관 교육과 질적 연구: 역사·문화·예술 공간으로서 박물관에 대한 새로운 접근. 서울: 아카데미프레스.

김영찬(1982). 어린이의 자람에 대한 연구와 문화기술적 방법. 한국교육학회 학술대회 1982, 11-14.

김영천(2012). 질적 연구 방법론 Ⅰ : Bricoleur. 파주: 아카데미프레스.

김영천(2014). 질적 연구 방법론 Ⅱ : Methods. 파주: 아카데미프레스.

김윤용 역(1996). 문화란 무엇인가. 서울: 현대미학사.

김필성(2009). 대안적 유대공동체로서 기능하는 학원에 관한 연구. 경북대학교 대학원 석사학위논문.

김필싱·김영천(2015). 문화기술지 연구에서의 영역 분석. 한국질적탐구학회, 1(2), 99-122.

김희복(1987). 학교문화기술지의 특성과 전망. 경성대학교 논문집, 8(1), 371-390.

박병춘(1988). 나딩스의 배려윤리와 도덕교육. 한국도덕윤리과교육학회, 9, 381-398.

변주훈(2013). 기름유출사건에 대한 차별적 인식과 사회적 갈등의 생성: 재난인류학의 사례연구. 서울대학교 대학원 석사학위논문.

서진영 역(1992). 음식문화의 수수께끼. 서울: 한길사.

신유정(2013). 링겔은 보약인가?: 미신이라 불리는 한 의료관행에 대한 인류학적 연구. 서울대학교 대학원 석사학위논문.

안준희(2000). '노숙자'의 생활양식에 관한 인지 인류학적 연구. 서울대학교 대학원 석사학위논문.

오영범·김영천(2013). 인터넷 문화기술지의 방법적 특징 및 연구 절차 탐색. 한국교육인류학회, 16(2), 83-120.

윤택림(2002). 질적연구방법과 젠더: 여성주의 문화기술지(feminist ethnography)의 정립을 향하여. 한국여성학, 18(2), 201-229.

이용숙·이수정(2012). 인류학 민족지 연구 어떻게 할 것인가. 서울: 일조각.

전북대학교(2010). 무형문화의 새로운 접근과 해석을 통한 전통지식 수집과 아카이브 구축. 무형문화전통지식수집 기초토대연구과제지원 연구계획서.

주재홍(2005). 제7차 교육과정 중학교 사회과 교과서의 오리엔탈리즘 분석. 한국교육학회, 43(2), 225-258.

최협(1991). 응용인류학의 성립과 발전. 현대사회과학연구, 2(1), 1-29.

한상복·이문웅·김광억(2011). 문화인류학. 서울: 서울대학교출판문화원.

Barnard, A., 김우영 역(2003). 인류학의 역사와 이론. 서울: 한길사.

Benedict, R.(1934). Pattern of Culture. 김열규 역(2000). 문화의 패턴. 서울: 까치.

Borgatti, S.P.(1994). Cultural Domain Analysis. Journal of Quantitative Anthropology, 4, 261-278.

Borgatti, S.P.(1999). To appear in Schensul, Jean & Margaret Weeks(Eds.). The Ethnographic toolkit. Sage Publications.

Cleveland, W.S.(1985). The elements of graphing data. Belmont, CA:Wadsworth.

Frake, Charles(1962). "Cultural Ecology and Ethnography," American Anthrololgist, 64(1), 53-59.

Geertz. C.(1973). The interpretation of cultures. 문옥표 역(1998). 문화의 해석. 서울: 까치글방.

Kuper, A., 박자영·박순영 역(2005). 인류학과 인류학자들. 서울: 한길사.

Miles, & Huberman(1994). Qualitative Data Analysis. Sage.

Moore, Jerry D., 김우영 역(2002). 인류학의 거장들: 인물로 읽는 인류학의 역사와 이론. 서울: 한길사.

Seidman, I.(2006). Interviewing as qualitative research: a guide for researchers in education and the social sciences. 박혜준·이승연 공역. 질적 연구 방법으로서의 면담: 교육학과 사회과학 분야의 연구자들을 위한 안내서. 서울: 학지사.

Spreadly(1980). Participant Observation. 신재영 역(2009). 참여관찰. 서울: 시그마프레스.

열다섯 가지 접근

3.

현상학적
질적 연구

정상원 ┃ 경북대학교(박사 수료)

현상학적 질적 연구는 다양한 질적 연구 전통 중의 하나로서 Husserl 및 Heidegger 등의 철학적 현상학에 뿌리를 둔 질적 연구 방법이다(Dowling, 2005). 현상학적 질적 연구는 학자들에 따라 다양한 이름으로 불리기도 하는데, 현상학, 현상학적 탐구, 현상학적 연구, 현상학적 질적 연구 등이 그것이다. 하지만 여기서는 이러한 연구의 명칭을 현상학적 질적 연구로 지칭하고자 한다(유혜령, 2013; Willis, 1991; Moustakas, 1994; Crotty, 1996). 왜냐하면, 현상학이나 현상학적 탐구 혹은 연구라는 명칭은 철학적 현상학으로 오해받을 수 있기 때문이다. 하지만 질적 연구로서, 그리고 경험과학으로서의 현상학적 질적 연구는 현상학에 뿌리를 두고 그 영향을 받으며 발전되어 온 것이기는 하나, 그것과 동일한 것이 아니며, 철학이라기보다는 경험과학의 전통 안에서 이해되어야 할 필요가 있기 때문이다(Giorgi, 2009; Dowling, 2015).

현상학적 질적 연구는 질적 연구 방법으로서 다양한 학문 분야에서 인간 경험을 탐구하는 접근으로 폭넓게 사용되고 있는데, 특히, 간호학, 심리학, 교육학 분야를 중심으로 하여 그 이론적 논의(Crotty, 1996; Giorgi, 1985, 2009; van Manen, 1990)와 실제 연구가 활발히 이루어지고 있다(Dyson & Brown, 2016; Efendi & Chen & Nursalam & Indarwati & Ulfiana, 2016; Robinson, 2017). 하지만 이러한 폭넓은 논의와 다양한 연구에의 적용에도 불구하고 많은 연구자들이 현상학적 질적 연구에 접근하는 데 어려움을 느끼고 있는 것도 사실이다. 이는 현상학적 질적 연구라는 명칭에서 오는 부담감과 현상학적 질적 연구를 철학적 현상학과 동일한 어떤 것으로 보는 오해에서 비롯된 것이라 할 수 있는데, 이러한 오해는 연구자로 하여금 질적 연구로서 현상학적 질적 연구로 접근하기보다는 철학으로서 현상학이 가지고 있는 논의에 빠져들게 함으로써 현상학이 주는 중압감과 다양성에 압도당해 버리게 만들기 때문이다.

따라서 이 글에서는 현상학으로부터 영향을 받았지만 현상학과 동일한 것이 아닌 질적 연구의 한 전통으로서 현상학적 질적 연구가 가지는 방법론적 개념과 방법적 절차에 대해 살펴보고자 한다. 이를 위해 이 글에서는 우선 철학적 현상학에 대해 개관적으로 살펴보고 현상학과 현상학적 질적 연구의 관련성에 대해 논의보도록 하겠다. 그리고 현상학적 질적 연구를 수행하기 위한 방법론적 개념과 절차에 대해 살펴보는 과정을 통해 현상학적 질적 연구에 대한 이해를 도모하고자 한다.

현상학적 질적 연구의 개념

현상학적 질적 연구는 인간의 경험(experience), 그 중에서도 체험(lived experience)을 연구하기 위한 질적 연구 방법이다(van Manen, 1990; 김영천, 2013). 이러한 현상학적 질적 연구는 철학인 현상학에 뿌리를 두고 발전해 온 것이기에 현상학적 질적 연구에 대한 이해를 위해서는 철학으로서의 현상학에 대해 개괄적으로나마 살펴볼 필요가 있다. 물론 이 둘은 동일한 어떤 것이 아니다. 하지만 이를 살펴보는 이유는 현상학적 질적 연구가 철학으로서의 현상학의 다양한 방법론적 개념들로부터 시사점을 제공받았기 때문에 현상학에 대한 이해가 현상학적 질적 연구에 대한 이해를 도울 수 있기 때문이다. 따라서 현상학적 질적 연구에 대해 살펴보기 전에 현상학에 대해 간략하게 살펴보도록 하겠다.

1. 철학으로서의 현상학

현상학은 Husserl에 의해 시작된 철학적 전통으로, Husserl 이후 Heidegger, Merleau-Ponty, Sartre 등의 현상학 철학자들에 의해 발전되어 왔다(이근호, 2001). 그리고 이러한 각 학자들의 학문적 관심에 따라 다양한 유형의 현상학으로 발전되었다. 이 중, 현상학적 질적 연구를 이해하는 데는 기본적으로 Husserl의 현상학(phenomenology)과 Heidegger의 해석학적 현상학(interpretive phenomenology)에 대해 살펴볼 필요가 있기에 여기서는 이들 두 학자의 현상학을 중심으로 살펴보도록 하겠다.

Husserl은 그가 살았던 당시의 학문적 흐름에 대한 의문을 제기하며 그의 현상학을 시작하였다. 그가 살던 19세기 말에서 20세기 초는 실증주의와 역사주의가 팽배해 있던 시기였는데, 특히 자연과학 분야에서의 실증적, 실험적 연구 방법이 자연과학 분야에서의 성과를 배경으로 하여 심리학과 같은 다양한 인간과학 분야에도 광범위하게 도입되었다. 이러한 상황에 대해 그는 의문을 가졌는데, 그러한 의문은 어떻게 다양한 학문 분야에 하나의 시각이 무차별적으로 적용될 수 있는가에 대한 것이었다. 이러한 의문을 극복하기 위해 그는 각 학문은 그 학문에 적합한 접근으로 탐구되어야 함과 이를 위해서는 학문의 구조가 밝혀져야 함을 주장하였다. 그리고 이러한 학문의 구조를 밝혀내기 위한 방법으로서 무전제성의 원리를 기본으로 하는 현상학을 도입하였고 이를 통해 각 학문이 가지고 있는 구조를 밝히고 이를 통해 학문의 기초를 마련하려는 일련의 시도를 하게 된다. 이러한 시도 속에서 그는 현상학을 가능케 하는 다양한 방법론적 개념인 지향성(inentionality), 다양한 유형의 환원(reduction)과 판단중지(suspension), 에포케(epoche), 본질직관(intuitoin) 등에 대한 논의를 전개하였다(이남인, 2004; 박승억, 2007). 이러한 방법적 개념에 대한 논의는 뒤에서 좀 더 살펴보도록 하겠다.

Husserl의 이러한 현상학의 특징은 무전제성과 현상 자체에 대한 탐구를 특징으로 한다고 할 수 있다. 즉, 대상을 탐구하는 데 일체의 선입견 혹은 선이해를 배제하고, '사태 자체로(Zu den Sachen selbst)'로 돌아가 대상을 있는 그대로 탐구하는 것이 현상학의 기본 구조라 할 수 있다. 이러한 Husserl 현상학의 특징은 현상학적 질적 연구의 성격과 방법적 개념에 전반적으로 영향을 미쳤다.

Heidegger는 Husserl의 제자이자 그의 현상학에 해석학적 전통을 도입하여 해석학적 현상학을 발전시켰다. Heidegger의 학문적 관심은 존재 그 자체를 탐구하는 것이었다. 그는 기존의 존재에 대한 연구가 존재자에 대한 연구에 머물러 있었으며, 또한 그러한 존재와 존재자를 당연한 것으로 받아들임으로 존재 그 자체에 대한 탐구에 미흡했음을 지적하며 존재에 대한 자신의 해석학적 현상학을 발전시켰다. 그리고 그러한 존재에 대한 탐구를 가능하게 하기 위해 현상학에 해석학적인 요소를 도입하였으며, 해석학적 순환이라는 방법론적 개념을 도입했다(이남인, 2004).

해석학적 순환이란 애매하고 불완전하지만 주어진 선이해를 통해 대상을 해석하고, 이러한 해석의 결과로서의 이해를 통해 다시 알고 있던 내용에 대한 이해를 심화시키는 일련의 과정을 의미한다(김진, 2005). 우리는 어떠한 대상을 접할 때, 애매하고 어렴풋이나마 그것에 대한 이해를 가지고 있다. 그리고 그러한 이해는 우리가 그 대상을 해석할 수 있는 기반이 된다. 그리고 이러한 애매하고 어렴풋이 주어지는 선이해를 통해 대상을 해석함으로써 대상에 대한 더 진전된 이해를 획득하게 된다. 그리고 이렇게 획득된 이해는 우리가 기존에 가지고 있는 선이해를 더 확장, 개선, 변화시킬 수 있는 대상이 된다. 이는 우리가 검증해야 하는 대상을 기준으로 검증의 정당성을 확보하는 순환 오류와는 다른 개념으로 Heidegger는 이러한 해석학적 순환을 통해 존재의 의미를 탐구하고자 하였다(이남인, 2004). 이러한 두 학자의 현상학은 현상학적 질적 연구에 기본적인 방법론적 개념에 기초를 제공하였다고 할 수 있는데, 이들의 논의를 표로 나타내면 다음과 같다.

〈표 1〉 Husserl과 Heidegger의 현상학의 개념과 주요한 방법론적 개념

구분	Husserl의 현상학	Heidegger의 해석학적 현상학
탐구의 대상	학문의 구조	존재의 의미
방법론적 개념	지향성, 본질, 환원, 에포케, 괄호치기, 본질직관, 자유변경	해석, 해석학적 순환

이 글의 목적은 현상학이 아닌 현상학적 질적 분석을 다루는 것이기 때문에 앞에 제시된 현상학의 방법론적 개념을 모두 다룰 필요는 없다. 따라서 앞으로 다룬 현상학적 질적 분석의 방법론적 개념을 논의하며 현상학의 방법론적 개념을 부분적으로 살펴보도록 하겠다.

2. 현상학에서 현상학적 질적 연구로의 전개

앞서도 언급한 바 있지만 현상학적 질적 연구와 현상학은 동일한 어떤 것이 아니다. 왜냐하면 유럽의 현상학이 북미로 전파되며 북미의 철학적 전통들과 융합했기 때문이다. 북미의 학자들은 북미 특유의 철학적 전통과 유럽의 현상학을 결합시켜 현상학을 받아들였는데, 이로 인해 유럽의 현상학에 북미의 프래그머티즘(pragmatism)과 상징적 상호작용(symbolic interactionism)의 철학적 전통이 융합되게 된다(Dowling, 2007). 이러한 융합의 결과로 유럽의 현상학은 북미를 중심으로 하여 새로운 현상학(new phenomenology)으로 전개되게 되는데, 우리가 논의하고자 하는 현상학적 질적 연구는 바로 이런 새로운 현상학에 부합하는 것이며, 새로운 현상학이 우리가 지금 논의하고 있는 현상학적 질적 연구의 원형이라 할 수 있다. 이러한 현상학적 질적 연구로의 전개과정을 그림으로 나타내면 다음과 같다.

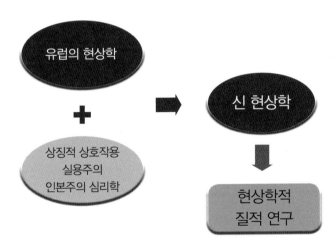

[그림 1] 현상학적 질적 연구로의 전개

이러한 전개로 비롯된 현상학적 질적 연구는 그 연구 대상과 연구 방법에 있어서 현상학과 차이점을 보이는데, 이남인(2014)은 이러한 현상학적 질적 연구를 응용현상학이라 칭하며 현상학의 한 형태로 다루기도 한다. 그는 또한 현상학적 질적 연구의 방법론적 개념이 현상학의 그것과 근본적으로 유사한 것이라 논의하고 있는 반면(이남인, 2010), Paley(1997)와 Crotty(1996)는 현상학적 질적 연구를 현상학과는 거리가 먼 경험과학, 새로운 현상학으로 다루어야 한다고 논의하기도 한다.

어떠한 논의가 더 타당한지를 떠나 우리는 위의 논의를 통해 다음과 같은 시사점을 도출할 수 있다. 그것은 첫째, 현상학적 질적 연구를 현상학과 동일한 어떤 것으로 보는 것은 부적절하다는 것이다. 앞서 살펴본 바와 같이 현상학적 질적 연구는 현상학에 뿌리를 두지만 철학적 어떤 것이 아닌 경험과학의 방법론으로 다루어져야 한다. 현상학적 질적 연구는 현상학과 달리 연구 참여자의 경험적 자료를 중요시하고 이에 대한 분석을 통해 체험의 본질에 접근하고자 한다. 따라서, 연구자 내부의 자료에 의지해 연구자의 사고실험을 중심으로 이루어지는 현상학과는 동일한 것으로 다루어질 수 없다. 둘째, 방법론적 개념에 있어서도 현상학적 질적 연구의 방법론적 개념과 현상학의 방법론적 개념은 동일한 것이 아님을 고려해야 한다. 셋째, 따라서 우리는 경험과학의 전통 안에서 현상학적 질적 연구를 수행해야지 철학으로서의 현상학에 몰두하며 그 관념적 방식에 몰두하는 것은 부적절하다.

3. 현상학적 질적 연구의 성격

현상학적 질적 연구는 인간의 체험을 탐구하는 질적 연구 방법이다. van Manen(1990)은 이러한 현상학적 질적 연구의 성격을 크게 5가지 관점에서 논의한 바 있는데, 여기서는 그의 논의를 중심으로 현상학적 질적 연구의 성격을 살펴보도록 하자. 우선 그의 논의를 표로 정리함으로써 그 성격을 전체적으로 개관해 보자.

〈표 2〉 현상학적 질적 연구의 성격(van Manen, 1990)

관점	성격
연구의 목적	인간의 체험
탐구의 대상	인간의 의식에 드러나는 체험
연구를 통해 밝히고자 하는 것	체험의 본질적 요소와 구조
연구 방법	기술적 연구
연구의 성격	인간과학적 연구

첫째로, 현상학적 질적 연구는 인간의 체험(lived experience)을 탐구한다. 이때 인간의 체험이란 경험(experience)과는 다르다. van Menen(1990)은 이러한 경험의 특수한 유형으로서 체험을 구분하고 있는데, 그에 따르면 체험이란 우리가 그것을 경험하는 바로 그 순간의 경험으로, 그 순간 이후 반성적 사고를 통해 우리의 기억 속에 남아 있는 경험과는 다른 어떤 것이다. 따라서 이러한 체험은 경험의 그 순간에는 포착할 수 없고 시간이 흐른 뒤 그 경험에 대한 반성적 사고를 통해 접근할 수 있는 것이다. 다시 말해, 우리의 기억 속에 남아 있는 과거의 경험은 우리가 그것을 경험하던 바로 그 당시의 경험과 동일하다고 할 수 없다. 왜냐하면 그러한 경험은 우리의 사고과정을 통해 해석되고 분석된 그리고 그 당시에 비해 다소 변형된 경험이기 때문이다. 즉, 체험이란 지금 우리의 기억 속에 남아 있는 변형되고 해석된 경험이 아니라 그 경험을 하고 있는 바로 그 순간의 경험을 말한다.

둘째로, 현상학적 질적 연구는 우리의 의식에 드러나는 바로 그대로의 현상을 해명한다. 즉, 우리의 의식에 드러나는 체험은 모든 것이 현상학적 질적 연구의 대상이 될 수 있다. 그러한 체험은 신체적인 체험일 수도 있고, 인지적 혹은 감정적인 체험일 수도 있으며, 혹은 꿈이나 환상처럼 현실세계에서는 존재하지 않고 의식에만 존재하는 체험일 수도 있다. 하지만 이러한 모든 것을 떠나서, 그것이 우리의 의식에 드러나기만 한다면 그러한 체험들은 모두 현상학적 질적 연구의 탐구 대상이 될 수 있다.

셋째로, 현상학적 질적 연구는 체험의 본질과 그 구조를 연구한다. 현상학적 질적 연구에서 탐구하고자 하는 대상은 그 체험을 구성하고 있는 본질적 요소와 그러한 본질적 요소에 의해 구성되는 체험의 구조이다. 따라서 현상학적 질적 연구는 단순히 경험을 기술하는 것이 아니라 그 체험을 구성하고 있는 본질적 요소, 즉 그 체험을 그것이라 부를 수 있는 요소를 탐구한다. 예를 들어, 의자의 본질적 요소는 '앉을 수 있음'이다. 따라서 앉을 수 없는 의자는 우리는 더 이상 의자로 인식하지 않는다. 왜냐하면, 의자의 본질적 요소인 '앉을 수 있음'이 부재하기 때문이다. 이처럼 우리가 어떠한 대상을 그것으로 인식하기 위해서는 그것으로 인식하기 위한 본질적 요소가 그 안에 내재해야 한다. 현상학적 질적 연구가 탐구하고자 하는 것도 바로 그러한 것이다. 즉, 현상학적 질적 연구에서는 어떠한 체험을 바로 그것이라 부를 수 있게 만들어 주는 본질적 요소와 그것으로 이루어진 체험의 구조를 탐구하고자 한다.

넷째로, 현상학적 질적 연구는 체험의 의미를 우리가 겪은 그대로 기술한다. 이는 현상학적 질적 연구가 체험에 접근함에 있어서 통계적 방법을 통해 그것의 일반화를 추구하거나 그것을 설명하는 법칙이나 이론을 추구하는 것이 아닌, 체험에 대해 기술적(descriptive)으로 접근하여 그것을 풍부하게 기술하고 해석하려는 데 초점을 맞춘다는 것을 의미한다. 이는 실증적 경험과학들이 경험에 접근하는 방식을 비교해 보면 쉽게 그 차이점을 확인할 수 있다. 그러한 접근들은 경험을 수량화하고 이를 통계적으로 분석하여 그 경험 속에 내재한 변수들 사이의 관계를 확인한다. 하지만 현상학적 질적 연구는 그러한 방식으로 경험을 변형하지 않고 있는 그대로의 경험에 기술적으로 접근하여 그것에 대한 깊고 풍부한 이해를 도출하고자 한다.

다섯째로, 현상학적 질적 연구는 현상에 대한 인간과학적 연구이다. 이는 현상학적 질적 연구가 철학적 현상학과 같은 관념적, 철학적 연구가 아닌 과학적 절차와 방법을 통해 이루어지는 인간과학적, 경험과학적 연구임을 분명히 하고 있는 것이다. 이러한 질적 연구의 인간과학적 측면은 크게 세 가지 측면에서 분명히 드러난다고 할 수 있는데, 그 첫 번째 측면은 과학적 연구 도구의 측면이다. 현상학적 질적 연구는 질문, 반성, 주의집중, 직관 등 특별한 연구 방법을 통해 이루어지는 연구로서 과학적 연구의 특징을 지닌다. 둘째, 자기 비판적 측면이다. 현상학적 질적 연구는 연구 성과로의 접근에 있어서 그것을 계속적으로 검토하고 수정, 발전시킨다는 측면에서 자기 비판적인 과학적 성격을 가지고 있다고 할 수 있다. 마지막으로, 결과의 타당성 측면에서 현상학적 질적 연구는 기술된 현상의 정당화의 측면에서 타인의 경험을 수집하고 이에 대한 타당성을 검증한다는 측면에서 과학적 연구의 성격을 가진다.

현상학적 분석의 방법론적 개념

앞서 우리는 현상학적 질적 연구의 개념에 대해 살펴보았다. 그렇다면 여기서는 현상학적 질적 연구를 수행하기 위해 연구자가 숙지하고 있어야 할 그 방법론적인 측면을 살펴보도록 하자. 이를 위해 여기서는 현상학적 질적 연구의 방법론적 논의에 등장하는 주요한 개념을 중심으로 하여 살펴보도록 하겠다.

1. 체험의 구조

현상학적 질적 분석의 목적은 체험(lived experience)의 본질적인(essential) 의미구조를 밝히는 것이다(Creswell, 2007; van Manen, 1990, 2011, 2014; Moustakas, 1994; Crotty, 1996; Giorgi, 2009). 이러한 현상학적 질적 분석의 대상으로서 체험의 본질적인 의미구조를 이해하기 위해서는 그것을 세 가지 측면에서 살펴볼 필요가 있다. 그것은 첫째, 체험의 측면, 둘째, 본질적인 요소의 측면, 셋째, 의미구조의 측면이다. 따라서 여기서는 이러한 세 가지 측면에서 분석의 대상으로서 체험의 본질적 의미구조를 살펴보겠다.

체험은 경험의 한 유형으로 반성 이전의 경험, 그것이 경험되는 그 순간의 경험을 의미한다. 이를 이해하기 위해서 하나의 예를 들어 보자. 우리는 흔히 학창시절의 경험을 가지고 있다. 하지만 우리가 지금 기억하고 있는 학창시절의 경험이 우리가 학창시절 바로 그때에 겪었던 바로 그 경험인지는 다시 한 번 생각해 볼 필요가 있다. 왜냐하면, 그때의 경험은 그 당시 그대로 우리의 기억 속에 남는 것이 아니라 우리의 의식을 통해 해석되고 변형된 채로 기억되기 때문이다. 일반적으로 우리나라 사람들의 학창시절, 치열한 입시경쟁 속에서 다른 이들보다 더 높은 점수를 얻고 더 좋은 학교에 진학하기 위해 늦은 시간까지 학업에 몰두한다. 그리고 그러한 경험은 지금의 자신이 처해 있는 상황에 따라 다르게 기억된다. 어떤 이는 무언가를 위해 자신을 헌신한 아름다운 기억으로 남아 있을 수 있고, 다른 이는 고통스럽고 악몽 같았던 경험으로 기억되고 있을 수도 있다. 왜냐하면, 그 당시의 경험은 그 당시 그대로의 형태로 우리에게 기억되는 것이 아니고 우리의 사고과정을 통해 해석되고 변형된 형태로 기억되기 때문이다. 그리고 우리는 이러한 형태의 기억을 경험이라고 말한다. 현상학적 질적 분석을 통해 접근하고자 하는 것은 지금 현재 우리의 기억 속에 남아 있는 변형된 형태의 경험이 아닌 그것을 경험하는 그 당시의 경험, 즉 우리가 겪고 있는 그대로의 경험인 체험이다. 이러한 반성의 결과로서의 경험과 반성 이전의 체험의 관계를 그림으로 나타내면 다음과 같이 나타낼 수 있다.

[그림 2] 경험과 체험과의 관계

van Manen(1990)은 이러한 체험에 대해 반성 이전에 세계를 겪는 방식이며, 체험의 그 순간에는 포착할 수 없으며, 오로지 시간이 흐른 후 체험 이후의 반성적 활동을 통해서만 포착할 수 있다고 논의한 바 있다. 즉, 체험의 그 순간에는 그것을 포착할 수 없다는 것이다. 예를 들어 걷기 체험에 대해 생각해 보자. 우리는 걷기라는 체험을 걷는 바로 그 순간에는 포착할 수 없다. 왜냐하면 우리가 걸으면서 걷기라는 체험을 의식하고 그것을 포착하기 시도하는 순간, 그것은 이미 우리가 포착하려 했던 바로 그 체험이 아니기 때문이다. 걷는 것이 무엇인가를 반성하면서 걷는 것은 우리가 포착하려던 자연스러운 걷기와 이미 다른 체험이기 때문이다. 따라서, 우리가 체험에 접근하기 위해서는 오로지 우리가 가진 경험에 대해 반성하고 성찰함으로써 접근할 수 있다.

또한, 우리의 의식에 드러나는 체험이라면 무엇이든 현상학적 질적 분석의 대상이 될 수 있다(van Manen, 1990). 이것은 우리의 의식에 경험되는, 심지어 그것이 현실에 실재하지 않는 것이라도 우리의 의식에 드러나는 것이면 어떠한 체험이든 현상학적 질적 분석의 대상이 될 수 있음을 의미한다. 예를 들어, 꿈, 환상, 심령체험 등과 같이 현실에 존재하지 않는 경험들도 현상학적 질적 분석의 대상이 될 수 있다. 이와 관련하여 Heath(2000)는 염력의 체험에 대한 연구를 수행한 바 있으며 Drinkwater, Dagnall과 Bate(2013)는 초심령현상의 체험에 대해 현상학적 질적 연구를 통해 접근한 바 있다.

둘째로 체험을 구성하는 본질적 요소에 대해 살펴보도록 하자. 체험의 본질적 요소란 그 체험을 바로 그것이라 부를 수 있게 하는 요소를 의미한다. 하지만, 이러한 본질적 요소라는 의미를 절대불변의 보편자로서 받아들이는 것은 무리가 있다. 그렇다면 이러한 본질적 요소라는 것의 의미를 좀 더 살펴보도록 하자.

van Manen(1990)은 현상학적 질적 분석의 목적이 '체험의 본질'을 포착하는 것이라고 논의한 바 있는데, 이러한 본질적 요소에 대한 논의는 Husserl의 현상학에서 그 기원을 찾을 수 있다. 이남인(2004)의 논의에 따르면, Husserl의 현상학이 탐구하고자 했던 대상은 의식의 지향성의 본질적 요소이고 이때 본질이라 함은 그 어떤 대상을 바로 그러그러한 의미를 지닌 대상들로 존재할 수 있도록 해 주는 어떤 것이다. 예를 들어, 우리가 의자를 의자라 부를 수 있는 이유는 그 의자라는 대상 안에 그것을 의자라고 부를 수 있는 속성이나 요소가 내재하기 때문이다. 그리고 만약 대상에 그러한 의자의 본질적 요소가 부재한다면 우리는 더 이상 그것을 의자라고 부르지 않고 다른 것으로 부른다. 의자의 경우 그 본질적 요소는 '앉을 수 있음'이라 할 수 있다. 그리고 그러한 본질적 요소가 부재한 의자와 유사한 대상은 우리에게 더 이상 의자로서의 의미를 가지지 않는다. 따라서 '앉을 수 있음'이라는 요소는 의자라는 대상을 구성하는 본질적 요소로 볼 수 있다. 그렇다면, 체험의 본질적 요소라는 의미는 그 체험을 바로 그것이라 부를 수 있는 요소를 의미한다 할 수 있겠다.

하지만, Husserl의 본질의 의미가 현상학적 질적 분석에서 추구하는 본질의 의미와 동일한지는 조금 더 살펴보아야 할 필요가 있다. 왜냐하면, Husserl이 논의하고 있는 '본질'

은 플라톤적인 보편자로서의 '본질'이기 때문이다(이남인, 2004). 하지만, 이러한 플라톤적인 시공간을 초월하여 불변한 보편자로서의 '본질적' 요소를 경험과학으로서 받아들이기에는 문제가 있다(Giorgi, 2009). 그렇다면, 우리는 현상학적 질적 연구 학자들이 논의하는 '본질'이 Husserl의 그것과 동일한 것인지에 대해 살펴볼 필요가 있다. 우선 van Manen(1990)의 경우, 1990년의 저작인 「Researching Lived Experience」에서 논의되는 '보편자(universal)'로서의 '본질'의 의미에는 Husserl의 '본질'과 유사한 개념이 나타난다. 이에 대해, Willis(1991)는 van Manen의 논의에 나타나는 본질의 개념이 '현상학적 철학의 전통에서 경험의 본질'과 유사함에 대해 논의한 바 있다. 하지만, van Manen(1990)이 논의하는 '본질'이 Husserl의 '본질'과 동일한 것인가에 대해서는 좀 더 살펴볼 필요가 있다. 우선 「Researching Lived Experience」에서 그는 인간과학으로서 현상학적 질적 연구가 단순한 '개별성(particularity)'을 추구하는 것도, 순수한 '보편성(universality)'을 추구하는 것도 아닌 이 둘을 함께 고려하는 것이라고 논의하고 있는데, 이는 그가 논의하는 '본질'이 Husserl의 그것과는 동일한 것이 아님을 시사한다고 할 수 있다. 또한 'Phenomenologyonline' 사이트(van Manen, 2011)와 「Phenomenology of Practice」(van Manen, 2014)를 통해 현상학적 본질에 대한 탐구가 불변적(immutable)이고 보편적인(universal) 일반화(gerneralization)를 의미하는 것으로 받아들이는 것은 본질주의(essentialism)의 오류를 범하는 것이며, 현상학적 질적 연구는 그러한 것이 아닌 '가능한' 인간 경험을 숙고하는 것이며, 이때 본질은 보편적이거나 시간, 문화, 성(gender), 환경과 무관하게 공유되는 것이 아님을 분명히 하고 있다(van Manen, 2011, 2014). 이와 더불어 Giorgi(2009)는 Husserl의 '본질' 개념이 과학적 맥락에서 문제가 될 수 있음을 논의하고 있으며, Crotty(1996) 또한 현상학적 질적 연구가 사람들의 주관적 의미를 탐구하기 위해 노력하며 현상학적 질적 연구들이 '현세(mundane)'의 경험을 탐구하고 있음을 논의한 바 있다.

이러한 논의를 종합해 보면 현상학적 질적 연구에서 논의되는 '본질적 요소'는 Husserl이 논의하는 '본질'과 동일한 것이 아님을 알 수 있다. 그렇다면, 현상학적 질적 연구에서의 '본질'을 어떻게 받아들여야 하는지에 대한 의문이 남는다. Giorgi(2009)의 논의는 이러한 의문에 시사점을 제공한다. 그는 현상학의 '본질' 개념을 대체하기 위해 '불변의 의미(invariant meaning)'를 논의하고 있는데, 이때 불변은 시공간을 초월하는 플라톤적 의미로서의 '보편성'을 의미하는 것이 아닌 '상황(situation)'을 초월하는 불변의 요소이다. 따라서 현상학적 질적 분석의 '본질적 요소'의 의미는 시공간을 초월하여 불변하는 의미가 아닌 다양한 상황 속에서도 변하지 않는 체험의 요소로 해석되어야 할 것이다.

'essence'는 우리말로 두 가지로 번역될 수 있다. 하나는 '본질'이며 다른 하나는 '정수' 혹은 '핵심'이다. 앞선 학자들의 논의를 종합하면 현상학적 질적 분석에서의 '본질적 요소'의 의미는 오히려 '정수' 혹은 '핵심'에 더 가까운 의미를 가진다 할 수 있다. van Manen(2011)은 현상학적 질적 분석 결과로서의 체험의 본질적 요소는 임시적이며 지속적으로 발전되어야 하는 것으로 논의한 바 있는데, 이는 체험의 '정수' 혹은 '핵심'으로서의 '본질적 요소'의 의미를 잘 드러내는 논의라 할 수 있다.

셋째로 현상학적 질적 분석은 체험의 구조(structure)를 탐구한다(Moustakas, 1994; Giorgi, 2009). 이는 현상학적 질적 분석이 그 과정에서 도출한 체험의 본질적 요소들을 통해 그것들로 이루어진 전체적인 체험의 구조를 도출해야 함을 의미한다 할 수 있다. 이러한 구조는 단순히 1차원적인 트리구조일 수도 있고, 혹은 그 본질적 요소들 간의 특별한 관계, 예를 들어, 공간적 관계라든지 시간적 관계 등을 기반으로 하여 구성되는 좀 더 복잡할 관계일 수도 있다. 그렇다면 예를 통해 그러한 체험의 구조를 확인해 보도록 하자. Winnig(2011)은 이방인의 체험에 대한 현상학적 질적 분석을 통하여 체험의 구조를 분석한 바 있는데, 여기서는 본질적 요소들이 서로 시간적 관계를 중심으로 하여 체험의 전체적인 구조를 구성하고 있음을 확인할 수 있다. 이러한 구조를 표로 정리하면 다음과 같이 나타낼 수 있다.

〈표 3〉 이방인 체험의 본질적 요소와 구조(Winnig, 2011)

주제로서의 물음	관심의 대상	시간성
당신은 어디서 왔나요?	이방인의 고향	과거
당신은 여기서 무엇을 하고 있나요?	이방인이 현재 하는 일	현재
당신은 여기에 얼마나 머물렀나요?	이방인이 현재까지 그곳에 머문 시간	
당신은 이곳을 좋아하나요?	현재 장소에 대한 이방인의 평가	
당신은 여기 얼마나 머물 건가요?	앞으로 이방인이 머물 기간	미래
내가 여기에 머물러도 될까요?	앞으로의 미래	

2. 환원

현상학적 질적 연구에서 환원(reduction)은 연구자에 따라 그 의미의 사용에 있어서 다소 차이를 보인다. 왜냐하면 환원은 학자들에 따라 크게 두 가지 의미로 사용되기 때문이다. 현상학적 질적 분석에서의 환원은 크게 두 가지 의미를 가지는데, 그것은 넓은 의미로 사용되는 환원과 좁은 의미로 사용되는 환원이다. 환원은 넓은 의미에서는 체험의 본질을 탐구하는 일체의 과정으로, 좁은 의미로는 체험의 본질을 탐구하는 것을 방해하는 일체의 선입견이나 선이해에 대한 배제라고 이해할 수 있다. 그렇다면 이들 각각을 살펴보도록 하자.

우선 넓은 의미의 환원은 현상학적 분석에서 체험의 본질적 구조를 찾아가는 일련의 과정 전부를 의미한다고 할 수 있다. 이러한 넓은 의미에서의 환원은 Husserl의 현상학 논의에서 그 기원을 찾을 수 있는데, Husserl은 현상의 본질을 찾는 일련의 방법으로서 다양한 유형의 환원에 대해 논의하고 있다(이남인, 2004). 그는 현상학에서의 방법적 개념으로 '에포케', '판단중지', '괄호치기', '본질직관' 등의 개념과 함께 다양한 유형의 '환원'에 대해 논의한 바 있다. 그렇다면 이러한 환원의 넓은 의미에 대해 좀 더 살펴보도록 하자.

환원(reduction)은 라틴어 'reductio'에서 유래하였는데, 'reductio'는 라틴어 'reducere'의 명사형이며, 이는 어떤 것을 원래의 그것으로 돌려놓는다는 의미를 가진다(van Manen, 2011; 이남인, 2004). 따라서, 환원은 어떠한 변화된 것을 원래의 그것으로 돌려놓는다는 의미를 가지고 이는 현상의 전반성적이고 선험적인 본질을 드러내는 일체의 과정이라 논의할 수 있다. 실제 Husserl은 현상 그 자체로 돌아가기 위한 다양한 형태의 환원에 대해 논의한 바 있는데, 이러한 환원의 유형과 의미는 다음의 표와 같이 정리할 수 있다.

〈표 4〉 Husserl의 다양한 형태의 환원(이남인, 2004)

환원의 유형	의미
현상학적 심리학적 환원	자연적 인과관계에 대한 판단중지
초월론적 현상학적 환원	자연적 태도의 일반정립에 대한 판단중지
형상적 환원	자유변경을 통해 현상의 본질을 포착
현상학적 환원	경험하는 다양한 유형의 대상에 대한 지식에 대한 판단중지

따라서, 환원이란 넓은 의미에서 현상 바로 그 자체로 돌아가기 위한 일체의 방법론적 개념이라 할 수 있다. 이러한 넓은 의미의 방법론적 개념으로서 환원의 의미는 현상학적 질적 분석에도 시사점을 주는데, van Manen(2011, 2014)은 현상학적 질적 연구에서 체험의 본질로 돌아가기 위한 방법론적 개념으로 '환원(reductio)'과 '글쓰기(vocatio)'를 논

의하며 체험의 본질로 돌아가기 위한 다양한 유형의 환원에 대해 논의하고 있다. 따라서 환원의 넓은 의미를 경험을 통해 체험을 탐구하는 일체의 과정, 즉 연구 및 분석의 과정을 통칭하는 의미라 할 수 있다.

좁은 의미에서 환원은 체험의 본질적 요소를 탐구하는 우리의 연구 혹은 분석의 과정에서 우리에게 영향을 미칠 수 있는 일체의 선이해, 선입견을 배제하는 것을 의미한다. 이러한 좁은 의미의 환원은 '에포케', '판단중지', '괄호치기' 등과 유사한 의미를 가지는데(LeVasseur, 2003), 우리가 현상학적 질적 연구에서 환원에 대해 언급할 때는 보통 이러한 좁은 의미로 통용된다. 그렇다면, 에포케, 판단중지, 괄호치기, 현상학적 환원의 개념에 대해 살펴보면서 환원의 좁은 의미에 대해 좀 더 살펴보도록 하자.

에포케(epoche)는 Husserl이 가정으로부터의 해방, 판단정지의 개념을 나타내기 위해 사용한 그리스어로 '멀리 떨어뜨려 놓음' 혹은 '억누름'을 의미한다(이남인, 2004). 이는 말 그대로 탐구의 과정에서 우리의 의식에 영향을 미칠 수 있는 다양한 지식, 선이해, 선입견 등을 우리의 의식으로부터 멀리 떨어뜨려 놓음으로써 그것이 우리의 의식에 영향을 미칠 수 없게 하는 것이다(Moustakas, 1994). 하지만, 이러한 에포케는 그러한 지식들이나 선입견들에 대한 부정을 의미하는 것이 아니다. 단지 그것들을 멀리 떨어뜨려 놓을 뿐이다. 이러한 긍정이나 부정의 입장을 취하지 않고 멀리 떨어뜨려 놓기만 하는 것은 판단중지의 개념에 대해 살펴보면 더욱 뚜렷해진다.

판단중지는 어떠한 지식이나 선이해, 선입견이 옳은지 혹은 그른지에 대한 일체의 판단을 유보하는 것이다(이남인, 2004). 즉, 판단중지란 어떠한 것에 대한 부정이나 긍정이 아닌 그것에 대한 판단을 중지하는 것이고, 이렇게 판단이 중지된 지식이나 선입견은 에포케를 통하여 우리에게서 멀어지게 되고 우리는 그것으로부터 해방되어 현상을 있는 그대로 바라볼 수 있게 된다.

괄호치기는 위와 같은 에포케와 판단중지 수행을 위해 우리가 가진 믿음을 괄호 안에 집어넣는 것을 의미한다(van Manen, 2011). 우리는 우리의 지식, 선이해 등을 지속적으로 우리로부터 떨어뜨려 놓고 우리에게 영향을 미치지 못하게 하려 노력하지만 그러한 과업은 쉬운 것이 아니다. 왜냐하면 그러한 지식과 선이해 등은 어느샌가 다가와 우리의 의식에 영향을 미치기 때문이다. 따라서 우리는 우리가 가진 그러한 지식과 선이해를 분명히 밝히고 그것을 확인하고 의식적으로 괄호 안에 집어넣음으로써 그것들이 우리의 의식에 더 이상 영향을 미치지 못하도록 해야 할 필요가 있다. 즉, 괄호치기란 우리의 지식, 선이해 등을 명백히 밝히는 것이며, 이를 괄호 안에 집어넣음으로써 그것들이 더 이상 우리의 의식에 영향을 미치지 못하게 함으로써 그것으로부터 우리를 해방시키는 것이다.

위의 논의를 종합해 보면 좁은 의미로서의 환원은 체험을 탐구하는 데 있어서 우리의 의식에 영향을 미칠 수 있는 일체의 지식과 선이해 등에 대해 판단을 중지하고, 그것들을 명백히 밝혀 괄호 안에 넣고 그것을 멀리 떨어뜨려 놓음으로써 그것들이 우리의 의식에 영향을 미치지 못하게 하는 것을 의미한다 할 수 있다. 그리고 우리는 이러한 환원을 통하여 그것들로부터 해방되어 체험의 바로 그 본질적 요소와 구조에 접근할 수 있다. van Manen(2011)은 현상학적 질적 분석에서의 다양한 환원에 대해 논의한 바 있는데, 그것들은 다음과 같이 표로 정리할 수 있다.

〈표 5〉 환원의 다양한 유형들(van Manen, 2011)

환원의 유형	환원의 대상
형상적 환원 (eidetic reduction)	보편적이고 불변적이라 생각되는 지식이나 관념
해석학적 환원 (hermeneutic reduction)	대상과 관련된 해석이나 설명
경험적 환원 (heuristic reduction)	우리가 당연히 받아들이는 것들
방법론적 환원 (methodological reduction)	정립되어 있고 고정되어 있다고 생각되는 연구 방법이나 절차
현상학적 환원 (phenomenological reduction)	사실이라고 믿어지는 모든 이론과 이론적 의미들

이상에서 우리는 환원의 의미에 대해 살펴보았다. 하지만, 이러한 환원의 개념에 대한 비판도 존재한다. 이러한 비판과 그에 대한 해명은 우리가 현상학적 질적 분석에서 환원의 개념을 어떻게 적용하는가에 대한 시사점을 던져 줄 수 있기에 이에 대해 좀 더 살펴보고자 한다. 그러한 비판은 크게 두 가지 측면에서 제기되는데, 그것은 첫째로, 과연 그러한 환원이 가능한가에 대한 비판, 둘째로, 환원을 통해 세계와 단절된 상태에서 획득된 지식이 어떻게 다시 세계와 연결될 수 있는가에 대한 비판이다(LeVasseur, 2003; 김진, 2005).

이에 대해 LeVasseur(2003)은 환원에 대한 새로운 견해를 제시하고 있는데, 그것은 대상을 호기심 어린 시선으로 바라보기 위한 지식 및 선이해에 대한 일시적 판단중지로서의 환원이다. 그에 따르면 환원은 호기심이 결여된 일상적인 삶의 자연적 태도에서 해방되기 위한 일시적인 판단중지의 상태이다. 즉, 우리는 우리가 이미 알거나 이해하고 있다고 생각하는 대상에는 더 이상 호기심과 관심을 가지지 않으며 따라서 우리가 대상에 대한 호기심과 신선한 관계를 다시 회복하기 위해서는 그것과 관련된 지식과 선이해에 대해 환원을 수행해야 하고 이를 통해 그러한 관계를 다시 회복해야 한다는 말이다. 더불어, 이러한 일시적 환원을 통해 회복한 대상과의 관계 속에서 획득한 어떤 것들은 또다시 우리가 괄호를 쳐 놓은 지식이나 선개념에 대한 물음을 불러일으키게 된다.

이러한 LeVasseur(2003)의 견해는 van Manen(2011)의 견해와도 부합하는데, 그는 환원을 통해 우리가 도달해야 하는 지점으로서 대상에 대한 '열림(openess)', '경이로움(wonder)'의 회복하고 구체적이고 살아있는 의미에 접근할 수 있음을 논의한 바 있다. 이러한 논의를 종합해 보면, 현상학적 질적 분석에서 환원은 우리와 대상 사이의 관계를 다시 회복시키기 위해 선지식이나 선이해를 멀리 떨어뜨려 놓음으로써 대상에 대한 호기심, 경이, 구체적인 관계를 다시 회복하고 이 속에서 아무런 선입견 없이 대상을 있는 그대로 바라볼 수 있는 태도를 회복하는 것이라 할 수 있다.

3. 상상적 변형

현상학적 질적 분석의 방법적 개념으로서 상상적 변형(imaginative variation)은 연구의 대상이 되는 체험의 다양한 모습을 다양한 시각으로 살펴보는 것을 의미한다(Moustakas, 1994). 현상학적 질적 분석의 방법적 개념으로서 상상적 변형은 Husserl의 형상적 환원에서 비롯된 것이라 할 수 있기에 우선 형상적 환원에 대해 살펴보도록 하자.

Husserl의 형상적 환원은 현상 안에 내재한 요소들 중 본질적 요소를 확인하기 위한 방법적 개념이다(이남인, 2004). 우리는 어떠한 대상을 바라볼 때 그 대상 안에 내재한 여러 가지 요소들을 확인할 수 있다. 그리고 그러한 요소들 중에는 그 대상을 바로 그것이라 부를 수 있게 만드는 본질적인 요소도 있을 것이고 그렇지 않은 주변적인 요소도 있을 것이다. 하지만 우리는 어떤 것이 본질적인 것이고 어떤 것이 그렇지 않은 것인지를 확인하기가 힘들다. 그것은 첫째로, 대상에는 본질적인 요소와 그렇지 않은 요소가 혼재해 있고 둘째로, 그 대상 안에 내재하는 본질적 요소들이 그 대상 외에 다른 대상에도 존재하는지 확인할 수 없기 때문이다. 따라서, 그러한 대상에 존재하는 본질적인 요소를 확인하기 위해 인식 속에서 대상을 다양한 모습으로 변화시킨다. 그렇게 무한히 다양한 대상에 대한 변형을 확인하는 과정에서 어떤 변형은 그 대상으로 인식할 수 있는 반면, 어떤 대상은 더 이상 그 대상으로 인식할 수 없다. 이러한 과정을 Husserl은 자유변경(freie variation)이라 부른다. 이러한 다양한 변형들을 통해 어떤 변형이 그 대상으로 인식되는지 어떤 변형이 그 대상으로 인식되지 않는지에 대한 지속적인 살펴봄을 통해 어떤 요소가 그 대상의 본질적인 요소인지를 직관을 통해 포착할 수 있게 되는데 이러한 과정을 통해 대상의 본질을 포착하는 과정이 바로 형상적 환원이며 이때 본질적 요소를 확인하는 직관이 본질직관(Wesensanschauung)이다(이남인, 2004).

예를 통해 확인해 보도록 하자. 우리는 모자라는 대상에 내재하는 다양한 요소들을 확인할 수 있다. 색, 크기, 소재 등이 그것이다. 우리는 그러한 요소들을 기반으로 다양한 모자의 변형을 상상해 볼 수 있다. 검은 모자, 붉은 모자, 큰 모자, 작은 모자, 종이로 만들어진 모자, 가죽으로 만들어진 모자 등이 그것이다. 그리고 그러한 변형 중에는 우리가 여전히 모자라고 부를 수 있는 변형들이 있는가 하면 더 이상 모자라고 부를 수 없는 변형들도 존재한다. 그러한 다양한 변형들을 살펴보며 우리는 모자의 본질적인 요소가 '머리에 쓸 수 있음'이라는 것을 직관적으로 파악할 수 있게 된다.

물론 이러한 현상학의 방법적 개념이 그대로 적용되는 것은 아니다. 현상학적 질적 연구는 어디까지 경험과학이며 현상학과 같이 연구자의 내적 자료에 의지해 사고 실험의 형태로 이루어지는 연구가 아닌 다양한 경험 자료의 수집과 분석을 통해 이루어지는 과학적 연구이기 때문이다. Moustakas(1994)는 이러한 형상적 환원이 현상학적 질적 연구에 어떻게 적용될 수 있는지에 대한 시사점을 제공한다 할 수 있는데, 그것은 체험의 본질적 요소를 확인할 수 있는 방법적 개념으로 상상적 변형에 대한 논의이다. 그의 논의에 따르면 현상학적 질적 연구에서의 상상적 변형이란 다양한 상상, 다양한 참고 틀, 극단적인 경우와 반전된 경우, 다양한 관점들을 사용함으로써 가능한 의미를 탐색하는 것이다. 이러한 그의 논의에 따르면 자료를 분석함에 있어서 그 체험을 가능한 다양한 관점으로 바라보고, 반전시켜 보고, 다양한 틀을 통해 성찰하는 과정을 통해 체험의 본질적 요소에 다가가는 것이 바로 현상학적 질적 연구의 방법론적 개념인 상상적 변형이라 할 수 있다.

4. 직관

직관은 우리로 하여금 앞서 논의한 다양한 방법론적 개념을 통해 경험을 분석하는 동안 본질적인 요소를 파악할 수 있게 해 주는 도구이다. Husserl은 본질을 파악하게끔 해 주는 주요한 인지적 방법으로 직관의 한 종류인 본질직관을 논의하며 그것이 현상의 본질을 획득하는 정당한 도구임을 논의한 바 있다(이남인, 2004).

van Manen(2014)은 현상학적 질적 연구에서 직관은 우리로 하여금 구체적인 사례들을 통해 그것을 호명하는(vocative) 방식으로 어떤 의미를 획득하도록 하는 것임을 논의하며, 이러한 직관을 통해 본질적 통찰과 획득에 이를 수 있음을 논의한 바 있다. 또한 이러한 직관은 직접적이며(immediate) 상상적인 현상학적 포착(imaginative phenomenological grasp)이며 언어가 개념을 넘어설 때 획득하는 어떤 것에 대한 이해라 논의한 바 있다. 이남인(2010) 또한 본질직관이 현상학적 질적 연구의 주요한 방법적 개념임을 논의한 바 있는데, 이 논의에서 그는 현상학적 질적 연구에서의 본질직관이 Husserl 현상학에서의 본질직관과 유사한 개념을 가지고 사용되고 있음을 논의하였다.

하지만 이 때 현상학적 질적 분석에서의 직관의 의미를 특별한 추론이나 반성과 같은 인지적 사고과정 없이 단숨에 어떤 대상을 파악하는 유아론적 직관과 유사한 어떤 것으로 보는 것은 곤란하다. 왜냐하면 현상학적 질적 연구에서 어떤 대상에 대한 직관은 아무런 매개 없이 어느 순간 갑자기 어떤 의미를 포착하는 과정이 아닌 지속적인 반성과 성찰, 다양한 유형의 추론을 시도한 결과로 도달하게 되기 때문이다. 이러한 직관의 의미를 좀 더 이해하기 위해 주형일(2008)의 직관에 대한 논의를 살펴보도록 하자. 그는 직관의 사전적 의미가 내포하는 무매개의 직관적 지식이란 실재로 가능하지 않음에 대해 논의하였는데, 그에 따르면 무매개로서의 직관은 가능하지 않으며 오로지 무매개처럼 보이는 직관만이 가능하다는 것이다. 예를 들어 감각기관을 통한 감각적 직관은 몸이라는 매개가 있기 때문에 가능한 것이나 몸이라는 매개가 우리에게 너무도 자연스러운 것이기에 우리가 의식하지 못하고 이를 무매개의 지식으로 여길 뿐이며, 싫고 좋음과 같은 감정적 직관도 그것에 대한 과거의 기억을 바탕으로 한 것이며, 아르키메데스의 일화와 같은 직관적 지식도 그 이전의 고민과 연구들의 축적으로 가능했다는 것이다. 결국 우리가 일상생활에서 구체적으로 만나게 되는 직관을 무매개의 지식으로 느끼게 되는 것은 매개가 너무 익숙하거나 지식이 논리적으로 연결되지 않기 때문이다.

이와 유사한 논의를 이남인(2010)의 논의에서도 확인할 수 있는데, 그의 논의에 따르면 Husserl의 본질직관 역시 아무런 노력 없이 단숨에 본질을 파악하는 유아론적 직관이 아니라 자유변경과 그 자유변경 속에서 나타나는 차이점과 공통점을 파악하는 일종의 추론과 유사한 과정을 포함하고 있다는 것이다.

이러한 논의를 종합해 보면 현상학적 질적 연구에서 본질적 요소를 파악하는 직관은 경험적 자료에 대한 지속적인 성찰과 반성, 해석, 숙고 등을 수반하는 사고과정 속에서 일어나는 본질적 요소의 획득 과정이라 논의할 수 있다. 그리고 이러한 성찰과 반성, 해석, 숙고가 일어나는 과정이 바로 글쓰기이다.

5. 글쓰기

현상학적 질적 연구에 있어서 글쓰기는 크게 두 가지 측면에서 살펴볼 수 있는데, 하나는 체험의 본질적 요소와 구조를 포착하기 위한 분석의 과정으로서 글쓰기와 연구 결과로서 체험에 대한 기술로서의 글쓰기이다(van Menen, 1990, 2011, 2014). 우선 분석의 도구로서 글쓰기에 대해 살펴보도록 하자.

앞서 살펴보았듯이, 현상학적 질적 연구는 체험(lived experience)과 관련된 자료에 대한 연구자의 반성, 해석, 숙고의 과정 속에서 직관을 통해 그 본질적 요소와 구조를 포착하는 과정을 통해 일어난다. 그리고 이러한 반성, 해석, 숙고는 단순히 연구자의 사고 내에서 머물러 있는 것이 아니라 분석과정에서 글쓰기를 통해 드러난다. 즉, 연구자는 자료를 분석하는 과정에서 지속적으로 그것에 대한 분석적, 반성적, 해석적 글쓰기를 수행함으로써 체험의 본질적 요소와 그 구조를 직관적으로 포착하는 것이다.

van Manen(2011)은 이러한 글쓰기를 탐구의 과정과 분리되어 생각할 수 없는 탐구 그 자체이자 현상학적 질적 연구의 심장(heart)이라 논의하며, 체험에 다가서는 데 있어서의 글쓰기의 중요성을 강조한 바 있는데, 이와 더불어 그는 현상학적 질적 연구의 궁극적 목적은 '세계와의 직접적이고 원초적인 접촉을 다시 성취하는 것'이며 이를 위해서는 텍스트적 실천이 필요함을 논의했다. 그리고 이때의 글쓰기는 반성적 글쓰기이며 이러한 글쓰기 자체가 인간과학 연구임을 논의하였다(van Manen, 1990). 이러한 그의 논의는 분석과정에서의 반성적 글쓰기가 체험의 본질에 다가설 수 있는 핵심적 방법임을 강조하는 것이며, 글쓰기는 철학을 기술하는 것일 뿐만 아니라 철학을 하는 바로 그 방법이라는 그의 논의와 일맥상통한다(van Manen, 2006).

Smith, Flowers와 Larkin(2009)은 현상학적 질적 분석의 과정에서 이루어지는 이와 같은 글쓰기를 초기 메모하기(initial noting)를 통한 탐색적 진술(exploratory comments)이라는 개념으로 접근하고 있는데, 그들은 이러한 탐색적 진술의 세 가지 유형을 다음과 같이 구분하여 논의하고 있다. 그것은 첫째, 기술적 진술(descriptive comments)이다. 기술적 진술은 참여자의 진술을 구성하는 요소들과 전사록 속에 내재한 이야기의 주제를 기술하는 데 초점이 맞추어진다. 둘째, 언어적 진술(linguistic comments)이다. 언어적 진술은 연구 참여자가 사용한 언어에 대한 탐색에 초점이 맞추어진다. 셋째, 개념적 진술(conceptual comments)이다. 개념적 진술은 더 통합되고 개념적 수준으로 떠오르는 것들에 대한 기술에 초점이 맞추어진다. 이러한 진술들의 유형을 표로 나타내면 다음과 같이 정리할 수 있다.

〈표 6〉 탐색적 진술의 유형과 예(Smith et al., 2009)

진술의 유형	초점	예
기술적 진술	자료 속에 내재한 구성요소	자신에 대한 질문이 핵심적 이슈이다. HIV를 생각하는 것의 압도적임.
언어적 진술	참여자가 사용한 언어	이러한 감정과 복잡함을 설명하는 데 있어서 깔려 있는 어려움이 존새하는가? 어떤 매우 강력하고 혼란스럽고 어려운 감정을 설명하기 위해 애쓰는 분명한 느낌. '단지'라는 단어의 사용은 설명하기 어려움을 강조한다.
개념적 진술	떠오르는 개념	만약 무엇을 상실하였는지 발견한다면 그것들 자체를 발견한 사람은 누구인가? 질병은 자신의 상실을 의미하는가?

이러한 분석을 위한 글쓰기는 그 초점에 따라 체험의 기술(description)에 초점이 맞추어질 수도 있고, 그것에 대한 풍부한 해석(interpretation)에 초점이 맞추어질 수도 있다(van Manen, 1990, 2011, 2014; Giorgi, 2009). Giorgi(2009)는 이러한 글쓰기에 있어서 해석보다 기술에 더 큰 초점을 두는 반면, van Manen(1990, 2011, 2014)은 체험에 대한 풍부한 해석에 초점을 두기도 한다. Finlay(2012)는 이러한 선택은 연구자 자신이 자신의 연구 목적과 관련하여 누구의 방법론적 전통을 따를 것인가에 따라 적절히 선택해야 함을 논의하고 있는데, 이러한 관점은 두 초점을 서로 대립하는 두 개의 입장이라고 보기보다는 연구자가 분석을 행함에 있어서 자신의 연구 목적에 적합한 글쓰기를 수행하는 데 있어서 해야 하는 두 가지 선택임을 시사한다고 할 수 있다.

연구 결과의 기술로서 글쓰기는 우리에게 익히 알려져 있는 개념이다. van Manen(1990, 2011, 2014)은 이러한 글쓰기에 대해 심도 깊은 논의를 전개한 바 있는데, 그의 논의는 크게 글쓰기의 세 가지 측면에서 전개된다. 그것은 첫째, 현상학적 글쓰기란 탐구의 과정과 분리되어 생각될 수 없는 탐구 그 자체라는 점이다. 현상학적 탐구의 핵심적인 부분(heart)은 바로 글쓰기이며 연구자는 탐구의 결과를 기술하는 것이 아니라 기술을 통해 그 현상의 의미를 발견한다. 이는 Ely(2007)의 논의와도 유사하다 하겠는데, 그의 논의에 따르면 우리가 글을 쓰는 목적은 우리의 생각을 알기 위함이요, 배우기 위함이요, 우리를 발견하는 과정 자체라는 것이다. 결론적으로 현상학적 탐구에 있어 글쓰기는 발견한 의미의 기술이 아니라 의미의 발견을 위한 과정이라 할 수 있고 따라서 현상학적 탐구는 글쓰기를 통해서 이루어진다.

둘째로, 현상학적 글쓰기의 어려움에 대한 부분이다. van Manen(2004, 2011)은 우리의 기술은 그 현상 자체가 아니라고 논의한다. 그에 따르면 우리가 그 현상에 대해 기술하는 순간 그 현상 자체는 사라져 버리고 오직 그것의 재현(represantation)만이 남아 있을 뿐이다. 이러한 현상에 대한 재현이 그 현상을 대신하게 된다. 그렇기 때문에 우리는 그러한 현상에 대해 기술한다는 것이 불가능할 수도 있다. 하지만 우리가 현상을 드러낼 수 있는 방법 또한 글쓰기밖에 없기 때문에 최대한 현상의 의미에 대해 기술하기 위해 노력할 수밖에 없다는 것이다.

셋째로, 현상학적 글쓰기는 독자로 하여금 그 현상에 대한 배려를 이끌어 내야 한다는 측면이다(van Manen, 1990). 현상학적 글쓰기는 단순한 정보의 전달이 아니다. 현상에 대한 기술을 통해 독자들에게 의미를 전달해야 하고 독자를 흔들어야 하고 독자의 끄덕임을 이끌어 내야 한다. 그리고 그것을 통해 그 현상에 대한 배려를 이끌어 내야 한다. 그러기 위해서는 좀 더 호소적인(vocative) 텍스트를 구성해야 필요가 있다. 이러한 호소적인 텍스트는 인지적 접근과 비인지적 접근이 함께할 때 이루어질 수 있다(van Manen, 1997).

현상학적 질적 연구의 절차

현상학적 질적 연구에 규정적인 절차를 논의한다는 것은 다소의 위험성이 존재한다. 왜냐하면 이러한 절차를 규정하는 것 자체가 일체의 선입견을 거부하는 현상학적 질적 연구의 '무전제성'에 어긋난 것이기 때문이다. 하지만, 초보 연구자들의 경우 그들이 쉽게 접근할 수 있는 하나의 가이드로서 절차에 대한 논의가 큰 도움이 될 수 있기에 이러한 위험에도 불구하고 여기서 그러한 절차에 대한 논의를 전개해 보고자 한다. 이를 위해 우선 현상학적 질적 연구 학자들이 논의하는 절차에 대해 개관적으로 살펴보고 이를 기반으로 절차에 대한 논의를 이어 가겠다.

1. Giorgi의 연구 절차

Giorgi(2009)는 현상학의 철학적 탐구 방법은 경험과학으로서 질적 연구에 적합하지 않음을 논의하며, 질적 연구에 적합한 형태의 현상학적 질적 연구의 방법과 절차를 논의한 바 있는데, 그는 이러한 경험과학으로서 현상학적 질적 연구를 현상학의 변형(modification)으로 일컬으며 제시하고 있다. 이러한 그의 연구 절차는 크게 세 단계로 제시되고 있는데, 그것은 연구 참여자로부터 경험에 대한 기술(description from others)을 수집, 현상학적 환원의 수행(assumption of phenomenological reduction), 불변의 심리학적 의미(invariant psychological meaning) 도출의 단계이다.

이러한 그의 단계를 질적 연구의 일반적 용어를 통해 살펴보면, 연구 참여자로부터의 경험에 대한 기술 수집은 자료 수집의 단계로, 뒤의 불변의 심리학적 의미의 도출 단계는 자료 분석의 단계로 바라볼 수 있다. 따라서 그의 연구 절차는 크게 다음의 그림과 같이 정리해 볼 수 있다.

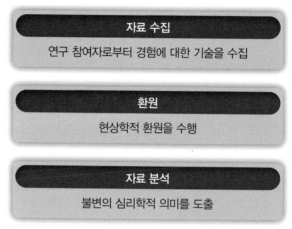

[그림 3] Giorgi(2009)의 현상학적 질적 연구 절차

2. van Manen의 연구 절차

van Manen(1990, 2011, 2014) 또한 현상학적 질적 연구의 절차에 대해 논의한 바 있는데, 1990년의 저작인「Researching Lived Experience」에서는 좀 더 세부적으로, 2011에는 인터넷 사이트인 'Phenomenologyonline'을 통해 좀 더 포괄적인 논의를 전개한 바 있다. 우선 세부적인 그의 초기 논의부터 살펴보도록 하자.

van Manen(1990)은 현상학적 연구 절차에 대한 논의를 비유적인 문장을 통해 제시한 바 있는데, 그것은 체험의 본성으로 돌아가기(turning to the nature of lived experience), 우리가 체험하는 그대로 경험을 탐구하기(inverstigation experience as we live it), 본질적 주제에 대한 반성하기(reflecting on essential themes), 쓰기와 다시 쓰기의 예술(the art of writing and rewriting)의 단계이다. 이러한 단계가 비유적으로 제시되어 있기 때문에 우리는 이러한 개념들을 연구 방법과 절차라는 측면에서 다시 개념화해 볼 필요가 있다.

우선 체험의 본성으로 돌아가기는 연구자가 자신이 관심을 가지는 체험의 개념을 파악하고 그러한 관심을 현상학적 물음으로 정식화하는 단계라 할 수 있다. 이때의 현상학적 물음이란 연구 문제로서의 물음을 의미하는 것이라 할 수 있다. 둘째로, 우리가 체험하는 그대로 경험을 탐구하기는 체험의 의미를 담고 있는 다양한 데이터에 대한 탐구, 즉 자료 수집이라 할 수 있다. 그는 이러한 논의를 통해 현상학적 질적 연구에서 사용될 수 있는 다양한 유형의 자료를 제시하고 있는데, 이러한 자료의 유형은 다음의 표와 같다.

〈표 7〉 현상학적 질적 연구의 자료 유형(van Manen, 1990)

자료의 유형	의미
개인적 경험 (personal experience)	연구자 자신이 가지고 있는 체험에 대한 개인적 경험
어원 (etymological sources)	현재는 다른 뜻으로 사용뇌는 언어의 과거의 어원
관용적 표현 (idiomatic phrases)	관용적으로 사용하는 표현들에 담겨 있는 의미들
연구 참여자의 경험적 기술 (experiential descriptions from others)	연구 참여자들로부터의 경험적 기술
프로토콜 글쓰기(protocol writing)	연구 참여자들이 작성한 경험에 대한 기술
인터뷰 자료 (interviwing)	연구 참여자들과의 인터뷰를 통해 수집된 자료
관찰 자료 (observing)	관찰을 통해 수집한 자료
문헌에 드러나는 경험적 기술 (literature)	문학작품, 시와 같은 문헌에서 나타나는 경험에 대한 기술
전기(biography)	경험에 대한 기술을 탐구하는 전기들
일기(diaries), 일지(journals), 기록(logs)	경험을 담고 있는 일지 형태의 기록
예술작품(art as a source)	경험을 드러내는 예술작품
현상학적 문헌 (phenomenological literature)	경험과 관련된 다른 현상학적 연구들

셋째로, 본질적 주제에 대해 반성하기는 자료에 대한 분석의 단계라 할 수 있다. 이때 분석은 반성과 글쓰기의 반복 속에서 직관을 통해 이루어진다. 넷째로, 글쓰기와 다시 쓰

기는 현상학적 질적 연구의 결과에 대한 글쓰기라 할 수 있다.

이후 그는 좀 더 포괄적인 측면에서 그 절차에 대해 논의하고 있는데(van Manen, 2011), 여기에서는 연구 방법과 절차가 크게 두 가지 측면에서 논의되고 있다. 첫 번째는 경험적(empirical) 방법이고 두 번째는 반성적(reflective) 방법이다. 그의 논의에 따르면 경험적 방법은 체험의 다양함과 예들을 탐구하는 것이며, 그러한 예들은 일화(anecdotes), 내러티브(narrative), 이야기(stories)나 체험을 설명할 수 있는 어떤 형식으로 이루어진 것이다. 이는 현상학적 질적 연구를 위해서는 다양한 유형의 경험적 자료의 수집이 이루어져야 함을 논의한 것이라 할 수 있는데, 그는 이러한 경험적 자료의 유형으로 묘사적 경험(describing experiences), 창조된 경험(fictional experiences), 수집된 경험(gathering experiences), 이미지적인 경험(imaginal experiences), 인터뷰 경험(interviewing experiences), 관찰 경험(observing experiences)을 제시하고 있다. 이러한 자료들이 어떤 것인지 표로 나타내면 다음과 같다.

〈표 8〉 현상학적 질적 연구의 자료들(van Manen, 2011)

자료	내용
묘사적 경험	연구자의 개인적 경험 자료
창조된 경험	문헌(literature), 시(poetry)나 이야기 형식
수집된 경험	체험과 관련된 참여자들의 자전적 자료
이미지적인 경험	예술적 매체(artistic medium), 그림(painting), 조각(sculpture), 음악(music), 영화(cinematography) 등
인터뷰 경험	인터뷰 형식을 통해 수집될 수 있는 자료(경험적 내러티브 자료, 일화적 이야기 등)
관찰 경험	관찰을 통해 수집할 수 있는 자료

반성적 탐구는 그러한 경험으로부터 의미를 이끌어 내는 과정이다. 그는 현상학적 질적 연구에서 수행가능한 반성의 형태로 협동적 반성(collaborative reflection), 해석적 반성(exegetical reflection), 가이드된 존재론적 반성(guided existential reflection), 해석학적 인터뷰 반성(hermeneutic interview reflection), 언어적 반성(linguistic reflection), 주제적 반성(thematic reflection)을 언급하고 있다. 이러한 반성의 유형들을 표로 다음과 같이 정리할 수 있다.

〈표 9〉 다양한 반성 유형(van Manen, 2011)

반성의 유형	내용
협동적 반성	연구자 그룹이나 참여자 그룹을 통해 이루어지는 세미나 형태의 반성
해석적 반성	관련된 문헌에 대한 비판적이고 민감하고 창의적인 고찰
가이드된 존재론적 반성	근본적인 네 가지 주제(공간성, 신체, 시간성, 관계성)에 따라 이루어지는 반성
해석학적 인터뷰 반성	참여자와의 대화 형태로 이루어지는 반성
언어적 반성	사용되는 어휘 혹은 표현에 대한 반성
주제적 반성	의미구조를 구성하는 주제에 대한 반성

이러한 반성에 대한 그의 논의는 결국 수집된 자료에 대한 반성을 의미하는 것으로 자료에 대한 반성적 사고활동을 통해 직관적으로 체험을 구성하는 주제를 획득하고자 하는 것이라 할 수 있다.

3. Smith, Flowers와 Larkin의 연구 절차

Smith 등(2009)은 현상학적 질적 연구의 단계를 앞의 두 학자들에 비해 상대적으로 분명하게 그리고 질적 연구의 절차라는 측면에서 논의한 바 있다. 그들의 이러한 현상학적 연구 절차는 다음의 표와 같이 정리할 수 있다.

〈표 10〉 현상학적 질적 연구 절차(Smith et al., 2009)

단계	주요 과업
연구 계획 수립	주제 정하기 적절한 현상학적 접근 선택하기 목적과 연구 문제 분명히 하기 표본과 그 규모 선택하기 연구 윤리 고려하기 연구 일정 계획하기
자료 수집	다양한 방법으로 자료 수집하기
분석	자료 분석하기 탐색적 진술 작성하기 주제 도출하기 주제 간 관계 도출하기
글쓰기	결과 기술하기

4. 현상학적 질적 연구의 포괄적 절차

앞에서 논의한 현상학적 질적 연구의 방법론적 개념과 절차에 대한 논의를 통해 여기서는 다음과 같은 현상학적 질적 연구의 포괄적 절차에 대해 논의해 보고자 한다.

[그림 4] 현상학적 질적 연구의 포괄적 절차

그렇다면 이러한 각각의 연구 단계에 대해 살펴보도록 하자.

가. 연구 주제 설정

이 단계에서의 주요한 과업은 연구 주제를 설정하고 연구 문제를 명료화하는 것이다. 또한 그 연구 문제에 대한 평가가 이루어져야 하는데, 이때 주요한 관점은 그 연구 주제가 과연 현상학적 질적 연구에 적합한 것이냐에 대한 것이다. 앞서 살펴보았듯이, 현상학적 질적 연구의 주제는 인간의 경험, 그 중에서 체험에 초점이 맞추어져야 하기에 사람들이 공유하고 있는 문화, 풍토, 혹은 개인의 생애에 초점이 맞추어진 주제는 현상학적 질적 연구에 적합하지 않다. 물론 이러한 주제들이 현상학적 질적 접근을 통해 탐구될 수 없는 것은 아니지만 그것에 접근할 수 있는 더 타당한 연구 방법이 있는데 굳이 현상학적 질적 연구를 고수할 필요는 없다는 것이다.

그렇다면 현상학적 질적 연구를 통해서 어떠한 주제들이 탐구되어 왔는지를 살펴보는 것이 이해에 도움이 될 것이다. 다음은 다양한 현상학적 질적 연구 주제들 중 몇 가지를 표로 정리한 것이다.

〈표 11〉 현상학적 질적 연구의 대상으로서의 체험들(Taylor, 2013; Prendergast & Hak Wai Maggie, 2013; Hermann, 2013; Ofonedu & Percy & Harris-Britt & Belcher, 2013)

분야	제목	분석 대상으로 체험
간호학	Receiving group clinical supervision.	바이오 피드백 치료전문가들이 경험한 집단 관리의 경험은 무엇인가?

마케팅	Donor's experience of sustained charitable giving.	불우한 어린이들의 지속적인 후원자가 되는 경험이 의미하는 것은 무엇인가?
교사 교육	High school biology teacher's view on teaching evolution.	공립학교 생물교사들에게 진화론을 가르치는 경험은 어떤 의미를 가지는가?
사회학	Depression in inner city African American youth.	도심에 살면서 질병을 앓고 있는 아프리카계 미국인 청소년이 겪는 우울의 경험은 무엇인가?

나. 환원

이 단계에서는 연구자의 연구 활동이나 분석에 영향을 미칠 수 있는 일체의 지식, 선이해, 선개념에 대한 환원이 이루어진다. 비록 환원이 단계적으로 두 번째에 위치하고 있기는 하나 이는 이 단계에서 마무리되는 과업이 아닌 연구가 끝날 때까지 지속적으로 이루어져야 할 것이다.

이러한 환원은 단지 연구자가 그것에 대해 생각하지 않으려 애쓰는 것으로 이룩되기 힘들다. 오히려 그러한 것들을 명백히 밝히고 그것에 대해 고찰해 보는 과정이 병행된 후 그것들에 대해 괄호치기를 수행하여 멀리 떨어뜨려 놓아야 할 것이다. 따라서 흔히 기존의 연구에서 이루어지던 이론 및 선행연구에 대한 고찰은 현상학적 질적 연구에서 환원의 역할을 하는 것이라 할 수 있다. 그렇다면 이러한 환원의 예를 살펴보자. Bergum(2011)은 출산의 고통 경험에 대한 연구에서 다음과 같은 선이해를 명백히 밝히며 그것에 대한 환원을 수행한 바 있다.

〈표 12〉 Bergum(2011)의 환원

---

1. 고통은 거부되어야 되는 것이라는 생각
2. 고통은 줄여야 한다는 생각
3. 고통은 오직 나쁜 것이라는 가정
4. 고통은 설명될 수 있다는 가정

다. 자료 수집

현상학적 질적 연구에서는 다양한 자료가 수집되어 사용될 수 있다. 앞서 살펴본 Giorgi(2009), van Manen(1990, 2011), Smith 등(2009)의 논의는 인간의 경험을 담고 있는 일체의 자료가 현상학적 질적 연구의 자료가 될 수 있음을 알 수 있다. 이러한 자료 수집에 대한 논의는 여타의 질적 연구 방법론을 다룬 서적에서 충분히 논의되고 있기 때문에 여기서 그러한 구체적인 방법에 대한 논의는 불필요할 것으로 생각된다. 따라서 여기서는 다양한 연구물들이 어떠한 자료들을 사용하였는지에 대한 예시를 살펴보도록 하자. Premberg 등(Premberg, Carlsson, Hellström, Berg, Institutionen för Vårdvetenskap, Högskolan, 2011)은 첫 아기의 출산 과정이 아버지의 입장에서 어떻게 경험되는지에 대한 현상학적 질적 연구를 수행한 바 있는데, 이 연구에서 모두 10명의 아버지로부터 인터뷰를 통한 경험자료가 수집되었다. 이러한 자료의 일부는 다음과 같다.

> 그것은 알 수 없는 영역에 있는 것 같은 거예요. … 그러한 영역에 있을 때, 그것에 대해 정말 아무것도 모른다는 것을 알게 되지요. 무슨 일이 일어날지 몰라요. … 그곳에 나를 위한 공간은 없어요. 가장 나쁜 시나리오는 이런 거예요. 우리는 다른 병원으로 옮길 준비를 했어요. 항상 더 나쁜 일이 일어나지요. …. 서로가 얼마나 의지하고 있는지는 문제가 안 되요. 노련한 사람, 특히 노련한 여성이 주변에 있다는 것이 도움이 되지요.

위의 인터뷰는 출산의 과정에서 남편들이 겪는 무지에의 경험을 드러낸 인터뷰 자료라 할 수 있다. 그렇다면 다른 유형의 자료를 살펴보도록 하자. Li(2002)는 교실에서 일어나는 의사소통 경험에 대한 현상학적 질적 연구를 수행한 바 있는데, 이 연구에서 대화(conversation)와 토론(debate)의 어원에 대한 자료를 통해 그 경험의 의미를 탐구하였는데 그 중 일부는 다음과 같다.

> '토의하다(discuss)'는 타동사이고 '대화하다(converse)'는 자동사이다. 우리는 '주제에 대해 토론하기(discussing an issue)'라고 말하지 '주제에 대해 대화하기(converse an issue)'라고 말하지 않는다. … (중략) … 라틴어 'discutere'는 '거칠게 흔들다, 분쇄하다, 박살내다, 흩어버리다, 흩트러트리다'를 의미한다. 우리는 이러한 때림, 타격함, 질타함과 같은 거친 의미를 '충격을 주다(concussion)'나 '타악기(percussion)' 같은 단어에서 확인할 수 있다. 두 주체가 하나의 토픽이나 대상에 대해 토론을 할 때 그 대상은 요동치고, 충돌하고 공격당한다. 그리고 때때로 그들이 논쟁하고 열성적으로 반대할 그 주체 자신이 그 대상과 같은 방식으로 취급되기도 한다. 사실상 이러한 이유 때문에 우리가 '격렬한 논쟁'이라고 부를지도 모른다. 유사하게 '토론하기'라는 말 역시 어원적으로 '싸움, 전투'와 '치다, 때리다' 같은 의미를 암시한다. '토의'와 '토론' 둘 다 강요,

갈등, 대립 그리고 대결이라는 의미를 내포하고 있다.

하지만 '대화(conversation)'는 이런 강제적인 행동이라는 어원적 의미를 가지고 있지 않다. 대화(conversation)는 '누구와 관련맺다'와 '돌아보다, 머물다, 살다'의 의미를 가진 라틴어 'conversari'에서 그 어원을 찾을 수 있다. '대화(conversation)'라는 단어는 함께함, 접촉함과 관련된 감각을 불러일으키는 것처럼 보인다. 접두사 'con'은 그것과 관련된 '집중하다(con-verge)'(한 곳을 향하게 하다), '접촉하다(contact)'(매우 가깝게 붙어 있다), 그리고 '소집하다(con-vence)'(모이다)와 같은 단어들처럼 가까이 모여 있는 감각을 연상시킨다. 이러한 함께함의 의미가 대화의 어원적인 의미의 바탕인 것처럼 보인다. 좋은 대화는 대화가 공유된 세상 속에서 함께하는 삶의 감각이나 공간을 창조한다는 측면에서 토론과 다르다.

구체적인 사물이나 예술작품도 현상학적 질적 연구의 자료로 사용될 수 있다. 정상원(2014)은 교사의 평가와 평가기록 경험에 대한 현상학적 질적 연구에서 학생들의 수행물에 대한 분석을 수행하였는데, 이때 사용된 자료는 다음과 같다.

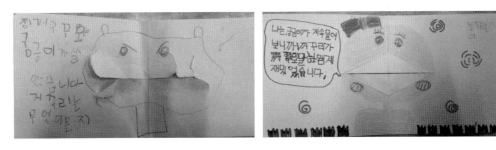

[그림 5] 정상원(2014)에서 사용된 구체물 자료들

이러한 자료들은 학생들의 수행 결과물들에 대한 분석을 통해 학생들의 수준과 태도 등이 수행 결과물들을 통해 드러날 수 있음을 논의하였다.

라. 자료 분석

현상학적 질적 연구에서의 자료 분석은 지속적인 성찰과 반성의 과정 동안 연구자가 직관을 통해 본질적 요소 혹은 주제를 도출하는 과정을 통해 일어난다. 앞서 살펴본 van Manen(2011)의 논의에서 반성적 탐구라는 용어가 이러한 분석의 특징을 잘 반영하고 있다 하겠다.

이러한 자료 분석의 과정이 일정한 절차나 단계를 드러내기는 어려운 부분이 있다. 왜냐하면, 현상학적 질적 연구에서의 분석은 Strauss와 Corbin(1998)의 근거이론 분석이나 Spradley(1980)의 발전적 분석 절차와 같이 특별한 과정이나 도구에 의해 이루어진다기보다 자료에 대한 연구자의 읽기, 반성하기, 직관을 통해 본질적 요소 파악하기와 같이 지속적인 반성의 과정을 통해 이루어지기 때문이다. Teddlie와 Tashkkori(2009)는 이러한 현상학적 질적 연구의 분석 형태를 맥락화 전략(contextualizing strategies)이라 논의하며 근거이론과 같은 범주화 전략(categorial strategies) 분석과 구분한 바 있다.

그럼에도 불구하고 몇몇의 학자들이 이러한 현상학적 질적 연구의 분석 절차에 대해 논의한 바 있는데, 우선 Giorgi(2009)는 분석의 절차로 '전체적인 감각(sense of whole)을 얻기 위한 읽기', '의미단위(meaning units)를 결정하기', '연구 참여자의 표현을 현상학적으로 민감한 표현으로 변형하기'를 논의한 바 있다. 이러한 그의 논의를 종합하면 자료를 반복적으로 읽으며 전체적인 감각을 획득하고, 자료의 각 부분에 내재되어 있는 의미를 파악하고 이러한 의미단위에 따라 자료를 분류·병합하고, 각 의미단위에 대해 반성하는 과정을 통해 그 본질적 요소를 파악하는 일련의 과정이 분석의 절차를 통해 이루어지는 전체적인 과정이라 할 수 있다.

Smith 등(2009)의 분석과정도 Giorgi(2009)의 그것과 유사하다 할 수 있는데, 그들은 분석의 절차로 '읽기와 다시 읽기', '초기 메모 작성하기', '떠오르는 주제 도출하기', '주제들 간의 연결성 찾기', '다른 사례로 넘어가기', '사례 간의 패턴 찾기'를 논의한 바 있는데, 이러한 절차도 결국 반복적으로 읽고, 반성적 글쓰기를 통해 자료에 대해 반성하고, 이러한 과정 속에서 직관적으로 본질적 요소를 도출하는 일련의 과정으로 이해될 수 있다.

위와 같은 절차에 대한 논의와 앞서 살펴본 현상학적 질적 연구의 방법론적 개념을 통합하여 우리는 다음과 같은 분석에 대한 시사점을 얻을 수 있다. 첫째, 현상학적 질적 분석을 위해 지식, 선이해, 선입견과 같은 선행하는 다양한 유형의 지식에 대한 환원이 수행되어야 하며 이러한 환원을 통해 그러한 지식들이 우리의 분석과정에 영향을 미치지 못하게 해야 한다. 또한 이를 통해 탐구하려는 대상과의 신선하고 호기심어리고 경이로운 태도를 회복해야 한다. 둘째, 자료에 대한 반복적 읽기가 이루어지고 이러한 과정에서 자료 속에 내재한 의미들을 파악하고 자료를 각각의 의미단위에 따라 분류, 병합해야 한다. 셋째, 분류·병합된 의미단위를 기반으로 분석이 이루어지는데, 이러한 분석의 과정에서 상상적 변형을 수행하여 대상으로서의 체험을 다양한 시각으로 바라보아야 하는데 이를 통해 체험 속에 내재한 본질적인 요소와 구조를 파악하려 노력해야 한다. 넷째, 분석은 단순한 생각을 통해 이루어지는 것이 아니라 연구자의 기술적, 해석적, 반성적 글쓰기의 지속을 통해 이루어져야 하며 이러한 글쓰기 과정 속에서 직관을 통해 그 본질적 요소에 대한 접근이 이루어져야 한다. 다섯째, 도출된 본질적 요소들은 주제화되고 그 관계성에 기반하여 하나의 체험의 구조로 통합되어야 한다. 이러한 시사점을 반영하여 분석의 절차를 구성한다면 다음의 표와 같이 나타낼 수 있다.

〈표 13〉 현상학적 질적 분석의 절차

단계	과업	적용되는 방법적 개념
자료에 대한 반복적 읽기	반복적 읽기를 통해 전체로서 감각을 익히고 자료 속의 의미들을 가늠하기	
의미단위별로 자료를 분류, 병합	파악된 의미단위별로 자료를 분류하여 병합하기	1. 환원 2. 상상적 변형 3. 반성적 글쓰기 4. 직관을 통해 본질적 요소 파악하기
의미단위별로 분석 글쓰기	의미단위별로 기술적, 반성적, 해석적 글쓰기	
글쓰기 과정을 통해 본질적 요소 도출 주제화	직관을 통해 본질적 요소를 도출하고 이를 주제화하기	
체험의 본질적 구조 도출	본질적 요소들 간의 관계성을 파악하여 체험의 구조 도출하기	

그렇다면 이러한 분석의 과정이 구체적으로 어떻게 이루어지는지 살펴보자. Wertz(2011)는 갑상선 암을 앓은 적 있는 여성의 경험적 자료에 대한 분석을 통해 그 경험의 본질적 요소에 대한 도출을 수행한 바 있는데, 그는 그녀의 경험을 담고 있는 인터뷰 자료와 프로토콜 글쓰기 자료에 대한 반복적 읽기를 수행하고 그 자료를 의미단위별로 분류·병합하였는데, 그 중 하나는 다음과 같다.

의미 단위 16. 나는 얼어 붙었어요. 숨을 쉴 수도 움직일 수도 없었어요. 심지어 눈을 깜빡이지도 못했어요. 마치 총에 맞은 것 같았어요. 마치 주먹에 맞은 것처럼 장이 굳은 거 같았어요. 입은 말라 갔고 손가락으로는 펜을 만지작거렸어요. 갑자기 한기가 느껴지고 몸이 마비되는 것 같았어요. 내가 이렇게 뚜렷하게 충격을 받은 모습을 보고 의사가 나를 살피며 작게 미소를 지었어요. "우리는 당신의 생명을 구할 것입니다. 비록, … 설명을 드리자면, … 잘 아시지요? 나와 같이 수술하는 다른 의사들은 목소리만 들릴 거예요. 우리는 당신에게 무리한 강요를 하지 않는 범위에서 우리가 할 수 있는 모든 일을 할 겁니다." 조금씩 내 숨이 돌아오기 시작했어요. 아주 조금씩. 그리고 내

몸의 떨림을 느낄 수 있었어요. 나는 뭔가 의미를 가진 말을 하려고 했어요. 무언가 표현할 수 있는 어떤 거요. 하지만, 내가 할 수 있는 말은 오직 "선생님"이라는 말 뿐이었어요.

위와 같은 의미단위에 대해 그는 다음과 같은 반성적 글쓰기를 수행하였다.

그녀가 호흡을 멈추었을 때, Teresa의 삶은 비명을 지르며 멈춰 서기, 정지, 일종의 죽음으로 다가섰다. 그녀는 움직일 수 없었고 한기를 느끼며 감각이 마비되었다. 행동하고 초월하려는 그녀의 강한 의지, 그녀가 빠른 속도로 몰입하고 있던 가수로서의 그녀의 삶, 그녀의 의학적 문제를 치료하려던 최근의 노력들. 그 모든 것이 멈추었다. 그녀는 공격받고 있는 느낌이었고 삶의 기본 요소들, 그녀의 수분, 그녀의 움직임, 그녀의 감각, 그 모든 것이 멈췄다. 이러한 삶 속의 죽음을 직면한 순간, 그녀는 의사가 그러한 그녀의 삶의 중지에 대해 그녀는 죽지 않을 것이라는 희망적인 기대를 제공하며 안심시키려고 반응하는 것을 경험했다. 그는 그녀의 생명을 구할 것이다. 이러한 드라마틱하고 심오한 말들 속에서 그녀의 의사는 그녀의 죽음의 가능성에 대해 먼저 걱정하고, 두 번째로 그녀가 목소리를 잃어 버릴 수 있는 가능성에 대해 걱정했다. 그리고 그녀의 생명을 살리고 그녀의 목소리를 지키겠다고 강력하게 약속했다. 그의 이러한 언약은 Teresa에게 초대와 기본적인 생을 지키기 위한 과정으로의 초대를 촉구하는 모습으로 나타났다. 그는 그녀에게 그가 그녀의 목숨을 살릴 것이고 그녀의 목소리를 지키기 위해 가능한 최선을 다하겠다고 말하며 성공과 관련된 그의 기술적인 유능함과 능력을 드러내며 그녀를 안심시켰다. 이러한 과정은 Teresa에게 그녀의 이전의 이성적인 모습을 회복하여 그녀의 마비상태에서 벗어나게 해 주었다. 그 의사의 이러한 모습은 Teresa에게 있어서 단순한 전문적인 기술자 이상이었다. 그는 그녀의 인간으로서, 가수로서의 모습을 이해하였고 인간적인 목소리를 통해 그녀를 보살피는 특별한 기술을 보여 주었다. 그리고 그는 Teresa의 핵심적이고 가장 높은 인간적인 가치, 오페라 가수로서의 가능성에 대한 기대를 확인해 주었다. 이것은 놀랍고 역동적이며 강력한 상호교환이었다.

그녀의 생존에 대한 기원에 대한 응답으로 또한 그녀의 삶과 목소리가 지켜질 것이라는 조력자들의 확신으로 Teresa는 다시 살기 시작했다. 다시 숨쉬기 시작했다. 처음에는 공포에 떨었다. 이러한 상황은 소영웅과 같은 노력 속에서도 Teresa가 말로서 그것의 의미를 표현할 수 없었던 첫 번째 상황이다. 그녀의 말, '저기요(Man)'는 설명하기 어렵다. 그것은 충격과 공포의 표현일 뿐만 아니라 죽음을 벗어나 살아남을 수 있는 가능성에 대해, 죽음 근처의 순간에서의 생존에 대한 엄청난 놀람, 두려움처럼 보이기도 한다. 그녀의 표현 "나는 괜찮았어요."가 할 수 있는 최고의 평가였는지 아니면 그 시기의 자신의 감정에 대한 성찰이었는지 확신할 수는 없다. 어쩌면 둘 다였을 수도 있겠다. 하지만 "좋음"의 표현은 깊은 자기 존경의 표현이다. 왜냐하면 그녀는 죽음으로의 추락 속에서 다시 일어났다. 그것은 그전에는 몰랐던 낯선 사람과의 동맹을 통해서였다. 그는 그녀에게 따뜻하고 효과적인 구원의 손길을 제공하였다. 죽음을 직면한 순간에도 Teresa는 "괜찮았다." 그녀는 그것의 무거운 감정적인 충격을 받아들였고 그녀 자신을 완전히 열어 젖혔고, 그 상황의 의미와 가능성을 단호하게 깨달았다. 요약하자면, 트라우마적인 불행은 그녀에게 죽음을 의미했고, 회복은 그러한 죽음을 통과하여 살아남는 것을 의미했다. 사회적 지원은 죽음의 임박에 대한 이해와 죽음의 가장자리에 있는 사람이 다시 살아가게 도와주는 것을 포함한다.

이러한 반성적 글쓰기의 과정을 통해 그는 그 체험을 구성하고 있는 몇 가지의 본질적 주제를 도출하였는데, 그 중 일부는 다음과 같다.

〈표 14〉 Wertz(2011)가 도출한 주제들

---

1. 초기에 트라우마는 수동적으로 겪는다. 의도하지 않은 어떤 개인에게 일어나서 협박, 공포, 두려움 그리고 고통과 같은 이상한 감정을 통해 인지적인 충격과 불신감을 경험하게 한다. 이것들로 인해 자신의 비전이 급격히 변화된 환자가 된다.
2. 대단히 충격적인 사건은 적대적이고 파괴적이며 환원주의적이라는 측면에서 부정적이고 그것에 의하여 개인의 심리학적인 삶에서 중심이 되는 핵심적인 의미를 비활성화하고 무력화한다.
3. '대단히 충격적인'은 다른 것, 즉 이질적이고 정반대인 것이다. 근본적으로 자아와 상반된다.
4. 파괴되고 감소되는 것은 한 개인의 실제적인 존재, 삶의 방법뿐만 아니라 세계로의 관련성에 대한 그의 혹은 그녀의 가능성들이다. 트라우마는 그 사람을 약하게 한다.
5. 트라우마는 저림, 마비, 축소, 수축, 위축, 혹은 세상에의 관계에 대한 철회를 거쳐 온전히 구현된다.

마. 글쓰기

현상학적 질적 연구의 마지막 단계는 연구 결과의 작성으로서 글쓰기이다. 하지만 이러한 글쓰기는 단순히 지식 및 정보의 기술과는 다르다. 앞서 살펴본 바대로, 현상학적 질적 연구에서 글쓰기는 탐구 그 자체이며, 독자들로 하여금 공감, 배려, 태도변화를 이끌어 낼 수 있는 글쓰기여야 한다(van Manen, 1990). 따라서 이러한 현상학적 글쓰기는 연구자의 창의성, 민감성, 쓰기와 고쳐 쓰기의 반복을 통해 현상학적 글쓰기로 이어지는데, 정상원·김영천(2014)은 이러한 현상학적 글쓰기의 몇몇 전략에 대해 논의한 바 있다. 비록 현상학적 글쓰기가 단순히 전략을 따름으로 인해 이루어질 수 있는 단순한 과업은 아니 지만 현상학적 질적 연구를 시도하고자 하는 연구자들, 특히 초보 연구자들에게 유용한 시사점이 될 수 있기에 여기서 논의해 보고자 한다. 그들이 제시하는 현상학적 글쓰기 절 차는 다음의 표와 같이 정리할 수 있다.

〈표 15〉 현상학적 글쓰기 전략(정상원 · 김영천, 2014)

1. 데이터를 살펴 체험의 의미를 최대한 추출하여 매력적인 문장으로 개념화시켜라.
2. 추출된 주제들 사이의 관계를 밝혀 이를 포괄하는 중심주제로서 체험을 구성하라.
3. 일화의 형태로 자료를 재구성하여 제시하라.
4. 구체적인 묘사를 통해 독자들이 현상과 자신의 관련성을 느끼게 하라.
5. 성찰의 과정을 구체적으로 제시하여 독자들이 '깨달음'에 이르도록 하라.
6. 강조의 기법을 사용하여 의미를 강화하라.
7. 생생한 언어를 사용하라.
8. 독자에게 말을 걸며 대화하는 것과 같은 어조를 유지하라.

위의 논의에 대해 조금 더 구체적으로 살펴보도록 하자.

데이터를 살펴 체험의 의미를 최대한 추출하여 매력적인 문장으로 개념화시켜라.

이 전략의 핵심은 주제의 표현이 단순히 사실의 축약이기보다는 매력적으로 독자에게 다 가갈 수 있는 것이어야 한다는 의미이다. 이러한 매력적인 문장이 되기 위해서는 단순히 단어, 구 등의 건조한 주제 진술 방식을 피하고 연구 참여자의 언어를 주제에 반영한다거 나 의문문을 사용하여 독자의 호기심을 자극하는 문장을 사용하는 시도가 필요하다.

추출된 주제들 사이의 관계를 밝혀 이를 포괄하는 중심주제로서의 체험을 구성하라.

이 전략은 현상학적 질적 연구의 결과는 단순한 주제의 나열이 아닌 주제들과 구성된 체 험의 구조이며, 이러한 구조를 잘 반영할 수 있는 형식으로 체험의 구조를 제시해야 한다 는 의미이다. 이때 구조를 잘 반영할 수 있는 형식으로 관계에 적합한 주제의 배열, 표의 제시, 구조를 도식화한 그림의 제시 등의 방법이 사용될 수 있다.

일화(anecdote)의 형태로 자료를 재구성하여 제시하라.

이 전략은 자료를 단순히 원자료 그대로의 형태로 제시하기보다는 독자들에게 영감을 줄 수 있는 일화로 재구성하여 제시하라는 의미이다. 이러한 일화의 제시는 자료를 통해 도출되며 자료에 기반하여 연구자에 의해 구성되는데 이때 주의할 점은 자료의 의미를 왜곡하거나 과장하지 말아야 한다는 것이다.

구체적인(concrete) 묘사를 통해 독자들이 현상과 자신의 관련성을 느끼게 하라.

이 전략은 구체적인 묘사를 통해 독자들에게 의미를 전달해야 함을 뜻한다. 현상학적 텍스트 속의 구체적 묘사는 독자들로 하여금 읽고 있는 것을 밀접하게 느끼도록 돕는다. 이러한 구체적 묘사를 확보할 수 있는 방법으로 따옴표를 이용하여 연구 참여자의 언어를 그대로 전달하거나 그 경험이 일어나는 모습을 세세하고 구체적으로 묘사하는 방법이 사용될 수 있다.

성찰의 과정을 구체적으로 제시하여 독자들이 '깨달음(epiphany)'에 이르도록 하라.

이 전략은 글쓰기를 통해 연구자의 성찰과 반성의 과정을 구체적이고 상세하게 기술함으로써 이를 통해 독자들이 연구자의 성찰과 반성의 과정을 따라 연구자가 도달한 깨달음에 이르도록 해야 한다는 것을 의미한다.

강조의 기법을 사용하여 의미를 강화하라.

이 전략은 글쓰기를 통해 경험의 의미가 강조되어야 한다는 의미이다. 이러한 의미의 강조는 은유법, 두음법과 같은 수사적 장치를 통해 획득될 수 있는데, 연구자는 자신이 도출한 의미를 강화할 수 있는 적절한 수사적 장치를 사용하여 의미를 강조할 수 있는 창의적인 방법을 고민할 필요가 있다.

생생한(vivid) 언어를 사용하라.

이 전략은 현상학적 글쓰기를 통해 생생함의 확보를 통해 독자의 공감에 호소해야 함을 의미한다. 이러한 생생함은 독자들이 텍스트 속의 경험을 현실화할 수 있도록 돕는데, 시각적 이미지, 청각적 이미지, 분위기에 대한 묘사들을 통해 이러한 텍스트의 생생함이 확보될 수 있다.

독자에게 말을 걸며 대화하는 것과 같은 어조(tone)를 유지하라.

이 전략은 현상학적 텍스트가 독자에게 말을 거는 것이어야 하며 이를 통해 독자의 공감과 배려를 이끌어 내야 함을 의미한다. 이러한 대화의 어조는 독자에게 물음을 던지거나

'나' 혹은 '당신'과 같은 인칭대명사의 사용, 그리고 일대일로 말을 하는 듯한 어조를 지속적으로 유지함으로써 획득될 수 있다.

맺음말

앞서 우리는 현상학적 질적 연구의 개념, 방법론적 개념, 연구 절차에 대해 살펴보았다. 앞선 논의에서도 가늠할 수 있지만 현상학적 질적 연구는 특정한 절차나 방법을 따라 이루어지는 것이라기보다는 연구자의 반성과 글쓰기를 통해 형식에 얽매이지 않고 진행되는 질적 연구 방법이다.

따라서 이러한 현상학적 질적 연구를 수행하고자 하는 연구자는 이러한 방법적 측면에 매몰되기보다는 개념과 방법론, 그리고 방법적 절차와 도구가 주는 시사점을 숙지하며 자신만의 창의적인 방법으로 연구를 수행하는 것이 오히려 더 타당한 연구 방법이며 현상학적 질적 연구 학자들이 말하는 방법론적 환원에 입각한 연구라 할 수 있을 것이다.

참고문헌

김영천(2013). 질적 연구 방법론 Ⅱ : Method. 아카데미프레스.

김진(2005). 현상학과 해석학. UUP.

박승억(2007). 후설 & 하이데거: 현상학, 철학의 위기를 돌파하라. 김영사.

유혜령(2013). 현상학적 질적 연구에 대한 오해와 이해: 연구 논리와 연구 기법 사이에서 길찾기. 현상해석학적 교육연구, 10(1), 5-31.

이남인(2004). 현상학과 해석학. 서울대학교출판문화원.

이남인(2010). 현상학과 질적연구방법. 철학과 현상학 연구, 24, 91-121.

이근호(2006). 현상학과 교육과정 재개념화 운동. 교육과정연구, 24(2), 1-25.

주형일(2008). 직관의 사회학, 나의 사회학 그리고 현상학적 방법. 커뮤니케이션 이론, 4권, 1호, 2008년 여름, p. 77-113.

정상원(2014). 초등학교 학생들의 평가와 성적기록 하기: 교사들의 현상학적 체험들. 진주교육대학교 교육대학원 석사학위논문.

정상원·김영천(2014). 질적 연구에서의 현상학적 글쓰기의 전략과 방법의 탐구. 교육문화연구, 20(3), 5-42.

Bergum, V. (2011). Birth Pain. http://www.phenomenologyonline.com

Creswell, J. W. (2007). Qualative Inquiry and Research Design 2E. Sage Publication. 조흥식, 정선욱, 김진수, 권지성 공역(2010). 질적 연구방법론. 학지사.

Crotty, M. (1996). Phenomenology and Nursing Research. Churchill Livinston. 신경림, 공병혜 공역(2001). 현상학적 연구. 현문사.

Dowling, M. (2005). From Husserl to van Manen: A review of different phenomenological approaches. International Journal of Nursing, 44(1), 131-142.

Drinkwater, K. & Dagnall, N. & Bate, L. (2013). INTO THE UNKNOWN: USING INTERPRETATIVE PHENOMENOLOGICAL ANALYSIS TO EXPLORE PERSONAL ACCOUNTS OF PARANORMAL EXPERIENCES. The Journal of Parapsychology, 77(2), 281-294.

Dyson, H. & Brown, D. (2016). The experience of mentalization-based treatment: An interpretative phenomenological study. Issues in Mental Health Nursing, 37(8), 586-595.

Efendi, F. & Chen, C. & Nursalam, N. & Indarwati, R. & Ulfiana, E. (2016). Lived experience of indonesian nurses in japan: A phenomenological study: Indonesian nurses in japan. Japan Journal of Nursing Science, 13(2), 284-293.

Ely, M. (2007). In-Forming Re-Presentation. In Clandinin, D. J. (Ed.). Handbook of Narrative Inquiry: Mapping a Methodology. Sage Publication. 강현석, 소경희, 박민정, 박세원, 박창언, 염지숙, 이근호, 장사형, 조덕주 공역(2011). 내러티브 탐구를 위한 연구방법론. 교육과학사.

Finlay, L. (2012). Debating Phenomenological Methods. In Friesen, N. & Henriksson, C. & Saevi, T. (Ed) (2012). Hermeneutic Phenomenology in Education. Sense Publisher.

Giorgi, A. (1985). Phenomenology and Psychological Research. Duquensne University Press.

Giorgi, A. (2009). Descriptive Phenomenological Method in Psychology: A Modified Husserlian Approach. Duquesne University Press.

Heath, P. R. (2000). The PK Zone: A phenomenological study. The Journal of Parapsychology, 64(1), 53-72.

Hermann, R. S. (2013). High school biology teachers' views on teaching evolution: Implications for science teacher educators. Journal of Science Teacher Education, 24(4), 597-616.

LeVasseur, J. J. (2003). The Problem of Bracketing in Phenomenology. Qualitative Health Research, Vol. 13, No. 3, March 2003, pp.408-420.

Li, S. (2002). Classroom Conversation. In van Manen, M. (Ed). Writing in the dark. The Univercity of Western Ontarino, Canada.

Mostakas, C. (1994). Phenomenological Research Methods. Sage Publication.

Ofonedu, M. E., Percy, W. H., Harris-Britt, A., & Belcher, H. M. E. (2013). Depression in inner city african american youth: A phenomenological study. Journal of Child and Family Studies, 22(1), 96-106.

Paley, J. (1997). Husserl, phenomenology and nursing. Journal of Advanced Nursing, 26, 187-193.

Premberg, Å. & Carlsson, G. & Hellström, A. & Berg, M. & Institutionen för Vårdvetenskap, & Högskolan i Borås. (2011). First-time fathers' experiences of childbirth-A phenomenological study. Midwifery, 27(6), 848-853.

Prendergast, G. P. & Hak Wai Maggie, C. (2013). Donors' experience of sustained charitable giving: A phenomenological study. Journal of Consumer Marketing, 30(2), 130-139.

Robison, T. (2017). Male elementary general music teachers: A phenomenological study. Journal of Music Teacher Education, 26(2), 77-89.

Spradley, J. P. (1980). Participant Observation. Wadsworth Publishing Company. 신재영 역(2009). 참여관찰법. Cengage Learning.

Smith, J. A. & Flowers, P. & Larkin, M. (2009). Interpretative Phenonmenological Analysis: Theory, Method and Research. Sage. 김미영, 이광석 공역(2015). 해석 현상학적 분석: 이론, 방법, 연구. ㅎ누리.

Strauss, A. & Corbin, J. (1998). Basic of Qualitative Research: Grounded Theory Procedures and Techiques. Sage. 신경림 역(2001). 근거이론의 단계. 현문사.

Taylor, C. (2013). Receiving group clinical supervision: A phenomenological study. British Journal of Nursing, 22(15), 861-866.

Teddie, C. & Tashakkori, A. (2009). Foundation of Mixed Methods Research. Sage. 강현석, 김경식, 박창언, 백상수, 조영남, 주동범, 황윤세 공역(2015). 통합방법 연구의 기초. 아카데미프레스.

van Manen, M. (1990). Researching Lived Experience. the Univercity of Western Ontario, Canada. 신경림, 안규남 공역(1994) 체험연구. 동녘.

van Manen, M. (1997). From Meaning to Method. Qualitative Heath Research. Vol. 7, No. 3, pp. 345-369.

van Manen, M. (2006). Writing Qualitatively, or Demands of Writing. Qualitative Health Research, 16(5), 713-722.

van Manen, M. (2011). Phenomenolgyonline. http://www.phenomenologyonline.com

van Manen, M. (2014). Phenomenology of Practice. Left Coast Press, Walnut Creek, CA.

Wertz, F. J. (2011). A Phenomenological Psychological Approach. In Wertz, F. J. & Charmaz, C. & Mcmullen, L. M. & Josselson, R. & Anderson, R. & Mcspadden, E. Five ways of Doing Qualitative Analysis. The Guilford Press.

Willis, G. (1991). Phenomenological Inquiry. In Short, E. C.(Ed.) Forms of Curriculum Inquiry. State University of New York Press. 강현석, 조인숙, 전호재, 정상원, 이지은, 경북대학교교육과정연구회 번역팀 공역(2016). 교육과정탐구방법론. 한국문화사.

Winnig, A. (2011). Homesickness. Phenomelogyonline. http://phenomenologyonline.com

4

근거이론

박승민 | 숭실대학교

시작하는 말

근거이론 방법론(grounded theory methodology)은 사회학자 Barney G. Glaser와 Anselm L. Strauss가 개발한 질적 연구 방법론으로, 지금까지 인문학과 사회과학 분야에서 광범위하게 적용되어 왔다. 일찍이 간호학 연구에 적용되어 각광을 받았으며, 인문학, 사회과학, 간호학 분야를 넘어서서 최근에는 학제간 접근 및 융합연구의 증대에 따라 의학과 자연과학, 공학 분야에서도 근거이론 방법을 적용한 연구물들이 나올 정도로 근거이론 접근은 그 활용도가 증대되고 있다. 그 이유는 근거이론 접근의 기본 정신이 삶의 현장에서 일어나는 다양한 현상들을 설명하는 기초적, 실체적 이론을 그 현상을 경험한 사람들의 체험자료를 중심으로 구성해 내는 것에 초점을 두기 때문인 것으로 생각된다. 즉 근거이론 접근은 특정 현상에 대한 기초적 이해가 필요할 때 그 이해의 요소들을 하나의 이론으로 구성하는 것을 목적으로 하는 연구 주제에 활용된다. 또 연구 대상들(참여자들)의 주관적 경험세계를 읽거나 해석하는 것에서 더 나아가, 연구 결과로서 구성된 가설적 이론이 최대한 독자들에게 보편성을 띠면서 설득될 수 있도록 연구 결과를 체계적으로 구성하여 제시하려고 노력한다. 때문에 많은 질적 연구자들에게 근거이론 접근은 그 특징상 여타 다른 질적 연구 방법들에 비해 자료 분석과 결과 제시에 있어 체계성을 더 강조하는 것처럼 보이기도 한다. 근거이론의 목적은 어떤 특정한 상황과 관련된 현상에 대해 추상적이고 분석적 도식으로 이론을 형성하거나 발견하는 데 있다. 이러한 상황은 개인이 상호작용하고, 행동을 취하며, 현상에 반응하기 위한 과정 중에 있는 것들이다. 특정한 현상에 대해서 어떻게 행동하고 반응하는가를 연구하기 위해서 연구자는 면담자료를 수집하고, 현장에 직접 참여하고 관찰하여, 범주를 발전시키고 연결지어 이론적인 가설을 진술하거나 이론적 모형을 제시하는 과정을 거친다(Creswell, 1998).

이 장에서는 근거이론 방법론에 대한 전반적인 개관 및 근거이론 방법론의 발전을 이끈 대표 학자들의 견해들을 중심으로, 근거이론 방법론을 처음 접하거나 자신의 연구에 근거이론 방법론을 적용해도 되는지, 그리고 근거이론의 각 분파의 강조점에 대해 혼돈을 경험하고 있는 석박사 대학원생 및 연구자들에게 근거이론 방법론에 대한 '보다 쉬운' 안내를 하는 데에 초점을 맞추고 글을 전개하고자 한다. 먼저 2절에서는 근거이론의 탄생 배경과 철학적 바탕을 소개하면서, 근거이론 접근에서 추구하는 기본 정신과 변천사에 대해 살펴보기로 한다. Glaser와 Strauss가 개발한 초기 방법론을 먼저 살펴보고, 이후 이들이 서로의 견해차로 인해 갈라서면서 Strauss가 Juliet Corbin과 함께 발전시킨 소위 Straussian 방법의 특징에 대해 살펴보기로 한다. 동시에 Glaserian 방법의 특징도 함께 다루기로 한다. 그리고 최근 2세대 근거이론을 표방하면서 근거이론 방법론의 정교화에 기여하고 있는 학자들 중, Glaser와 Strauss 방법에만 안주하지 않고 근거이론의 기본 정신을 잘 계승하면서도 구성주의적 관점을 통합하여 제시하고자 노력한 Kathy Charmaz의 방법을 중심으로 살펴본다. 3절에서는 근거이론 방법론에서의 자료 분석 절차를 Strauss, Glaser, Charmaz의 관점의 특징을 비교하면서 실제 연구 사례들과 함께 좀 더 상세하게 살펴보기로 한다. 4절에서는 근거이론 방법론에서의 연구 절차 및 결과에 대한 타당성 평가에 있어 중요하게 여기는 기준들을 Strauss, Glaser, Charmaz의 관점에서 조명해 본다.

근거이론 방법론의 발전과 철학적 배경

1. 시작: 『The Discovery of Grounded Theory』(1967)

근거이론 방법론의 시작은 사회학자 Glaser와 Strauss가 실증주의와 상징적 상호작용이론을 접목시킨 협동작업의 결과물인 『근거이론의 발견(The Discovery of Grounded Theory)』을 출판하면서부터로 볼 수 있다. Glaser와 Strauss는 사회 안에 살고 있는 인간의 삶의 현장에서 일어나는 여러 현상을 그 사회구성원이 제공하는 다양한 자료를 통해 이해하고, 그 결과물을 지식과 개념 등을 포함한 하나의 이론적 구조로 정리 및 제시하여, 이렇게 도출된 이론은 다시 삶의 현상을 이해하고 현장의 문제를 해결하는 데 적용될 수 있다고 보았다(Glaser & Strauss, 1967). 질적 연구에서 근거이론 접근방법의 목적은 특정 현상(개인이 한 현상에 대한 반응으로 상호작용하고 행동하거나 혹은 하나의 과정에 관여되는 것)을 경험하는 사람들이 제공하는 자료를 바탕으로 그 현상을 설명하는 이론 또는 모형을 도출하는 데에 있다. 다시 말해 연구하고자 하는 현상의 맥락과 밀접하게 관련되는 이론을 개발 혹은 생성하는 것이 근거이론의 핵심이라 할 수 있다. 이들은 이론이란 현장(field), 특히 그 현장에 있는 사람들의 행동, 상호작용, 사회적 과정 등으로부터 수집된 '자료에 근거'해야 한다고 주장하였다.

2. Strauss의 방법과 실용주의, 상징적 상호작용주의

Strauss는 질적 연구에 있어 오랜 역사와 전통을 가진 미국 시카고 대학에서 석박사 학위를 받았다. 그는 상호작용주의자 및 실용주의자의 저술에 크게 영향을 받았다고 한다. 특히 Dewey(1929), Mead(1934), Park(1967), Thomas(1966), Hughes(1971), 그리고 Strauss의 스승인 Blumer(1969)의 저술들은 후에 근거이론 방법론을 개발하는 데 큰 영향을 끼쳤다고 한다. 근거이론 방법론 개발에 있어 중요한 이론적 기반인 상징적 상호작용론은 사회심리학자인 George Herbert Mead(1934)에 의해 주창되었다. Mead는 『Mind, self and society』라는 저서에서, 인간은 어떠한 사건에 반응하기 전에 그 의미가 이미 그 개인의 마음 속에 구축이 된다고 보았다. 그리고 개인은 자신과 관련하여 다른 사람의 태도를 추정하고 예측하는 능력이 있기 때문에, 인간의 상호작용을 해석하고 통제하는 데 있어 그 개인의 마음이 어떤 역할을 하는지에 관심을 가져야 한다고 주장했다. 이후 Mead의 제자인 Blumer(1969)는 상징적 상호작용론을 이론적으로 더욱 발전시켰다. 그는 사회 안에서 일어나는 현상들은 개인과 사회 간의 상징적 의사소통을 통해 이해할 수 있다는 것을 기본 전제로 삼았다. 사회에서 일어나는 삶이란 하나의 과정이고, 사건의 연속으로 이해할 수 있기 때문에, 인간의 행동에 있어서도 항상 변하는 상황과 과정의 연속을 통해 이해할 수 있다는 것이다. 그리고 의미라는 것도 인간의 상호작용을 통해 일상적으로 재창조되기 때문에, 새로운 의미와 행위도 과정 속에서 나타나며, 따라서 과정을 이해하는 것이 중요하다고 보았다.

위와 같은 배경에 터하여, 이후 Strauss는 Corbin과의 공동 작업을 통해 자료 수집과 분석을 위해서는 다음의 여덟 가지를 철학적 전제로 고려해야 한다고 주장하였다. 첫째, 실제로 진행되고 있는 것을 발견하기 위해 현장으로 나아갈 필요가 있다는 것, 둘째, 학문의 발전 및 사회적 활동의 기초로서 자료에 근거한 이론(data-based theory)의 관련성 및 적절성이 중요하다는 것, 셋째, 인간 행동과 현상은 매우 복잡하고 다양하다는 것, 넷째, 개인은 문제 상황에 대응하여 적극적 역할을 배운다는 것, 다섯째, 개인은 의미라는 기초 위에 행동한다는 것, 여섯째, 의미는 상호작용을 통해 정의 및 재정의된다는 것, 일곱째, 사건과 과정이 가진 발전과 전개되는 본질에 대한 민감성이 필요하다는 것, 여덟째, 조건, 행동, 결과 간의 상호관계에 대한 인식이 연구에 중요하다는 것이다(Strauss & Corbin, 1998). 이러한 전제는 인간이 주변과의 상호작용을 통해 성장해 간다는 실용주의적 관점에 토대를 둔 것으로, 실제적이고 현장중심의 연구를 강조하는 쪽으로 이 방법론을 발전시키는 데 영향을 주었다.

Strauss와 Corbin(1998)은 질적 연구자가 연구를 할 때 유념해야 할 가정으로 다음의 세 가지를 들었다. 첫째, 연구 그 자체를 위한 가설이나 연구 질문은 연구가 진행됨에 따라 변동이 가능하다는 것이다. 질적 연구의 주 목적은 '이론'을 개발하는 것이다. 이를 위해서는 연구자가 관심을 두고 있는 현상을 깊이 탐색하는 데 필요한 유연성과 자유를 제공할 수 있는 방식으로 질문을 구성해야 한다. 둘째, 주어진 현상과 관련된 모든 개념이 아직 다 밝혀진 것이 아니라는 점을 유념해야 한다. 만일 밝혀진 개념이 있다 하더라도, 개념 간의 관계가 제대로 이해되지 못하거나 개념적으로 덜 발전되어 있기 때문이다. 셋째, 아무도 이 특정한 연구 질문을 똑같은 방식으로 물어본 적이 없기 때문에, 아직까지는 어떤 변수가 이 영역과 관련되어 있고 어떤 것이 관련되어 있지 않은가를 미리 결정하는 것은 불가능하다는 가정이다. 따라서 탐구의 과정에 있어서 융통성을 허용한다. 새로운 개념이나 주제가 도출되더라도 그것이 연구의 주제와 어떻게 연결되는지에 대해 개방적인 태도로 접근한다.

3. Glaser의 방법과 실증주의 그리고 객관주의

Glaser는 미국 컬럼비아대학에서 대학원 교육을 마쳤으며, 처음에는 계량방법론자인 Lazasfeld와 Merton으로부터 양적 연구 방법의 영향을 받았으나, 박사학위 취득 후 1960년에 Strauss가 수행하는 대형 연구 프로젝트에 참여하면서 질적 분석에 관심을 갖게 된다. 이때 산출된 결과물이 『Awareness of Dying』(1965)이다. 이를 통해 Glaser는 어떤 현상에 대해 개념을 밝히고, 발전시키고 연관시키기 위해 자료 간의 비교가 필요하다는 것을 인식하게 된다. 실증적 연구를 강조하는 컬럼비아 대학의 학문적 전통의 영향을 받았지만, Glaser 역시 이론 개발을 위한 경험적 자료의 수집, 그리고 그 자료들의 지속적 비교가 질적 연구를 하는 데 있어 중요한 부분이라고 여겼다(Glaser & Strauss, 1967).

이와 같은 배경에 터하여 1967년 Glaser와 Strauss는 기존 사회학 분야의 선험적인 이론적 접근을 비판하면서, 이론은 현상이 발생하고 있는 현장, 즉 사람들의 행동, 상호작용, 사회적 과정 등에서 수집된 자료에 '근거해야(grounded)' 한다고 주장하였다(Creswell, 1998/2005). 다시 말해 경험적인 자료로부터 일련의 체계적인 과정을 통해 어떤 현상에 대해 귀납적으로 이끌어 내어 하나의 이론을 발전시킬 수 있다고 보았다.

Glaser는 당시 계량적 방법으로 현상을 보던 방법론을 질적 자료 분석에 적용한 학자라고 할 수 있다. 그는 저서 『이론적 민감성』(1978)을 통해 기본적 사회 안에서의 과정 연구의 중요성을 새롭게 제시하면서 연구 방법을 구체화하기 시작하였다. 그러나 근거이론 방법론을 함께 탄생시킨 Strauss와는 이후 연구 절차와 기법을 지나치게 강조하는 Strauss와 심각한 견해 차이를 갖게 되면서 갈라지게 되었다. Glaser는 Strauss가 사회적 실재의 복잡성을 하나의 선형적이고 형식적인 기법과 절차로 제한해 버렸다고 비판하였다(Schreiber & Stern, 2001). Strauss의 방법과 Glaser의 방법의 인식론적 기반을 Charmaz(2009)는 아래와 같이 요약하였다.

〈표 1〉 근거이론의 인식론적 기반(Charmaz, 2009)

실용주의	실증주의
문제 해결 접근을 사용함	과학적 방법을 전제로 함
실재를 유동체로 보며, 다소 막연함	외적 실재를 미리 예상함
상황에 따른 구체화된 지식생산을 전제로 함	관찰자는 선입견이 없음을 전제로 함
다양한 관점의 탐색을 전제로 함	추상적인 일반론의 발견을 전제함
출현한 문제를 해결하기 위한 사람들의 행동을 연구하는 것이 목표임	경험적 현상의 설명이 목표임
사실과 가치를 동반요소로 봄	사실과 가지를 분리함
진실을 조건적이라고 봄	진실을 절대적이라고 봄

4. Charmaz의 방법과 구성주의

Glaser와 Strauss가 서로의 견해와 방법론 전개에 있어 차이를 나타냈지만, 두 사람 모두 공통적으로 자료의 객관성과 코딩으로 대표되는 방법상 절차에는 의견을 같이하였다. 이러한 의미에서 Charmaz(2000)는 Glaser와 Strauss 및 Corbin의 이론이 모두 객관주의 방법이라고 보았다. Charmaz(2006)는 『근거이론의 구성(constructing grounded theory: A practical guide through qualitative analysis)』에서 이전의 객관주의, 실용주의 및 상징적 상호작용주의보다는, 사회 안에서 살아가는 연구 참여자들이 구성해 내는 현상과 그를 바탕으로 하여 도출된 이론의 의미가 주관성을 띨 수밖에 없다는 점에 주목하였다. Charmaz가 표방하는 구성주의적 근거이론의 전제에 따르면, 지식은 사회적이고 상황적인 산물이며, 이 지식은 연구 참여자, 사회 구조, 연구자, 연구자의 지위 및 상호작용 등 복잡한 과정들을 포함하고 있다. 따라서 이러한 전반을 바라보고 성찰하는 연구자의 역량이 중요하며, 연구 참여자들과 연구 과정에 미칠 수 있는 연구자의 영향력에 대한 반영성을 강화해야 한다고 본다.

Charmaz(2006/2009)의 구성주의 근거이론의 기본 전제는 다음 세 가지로 요약된다. 첫째, 자료는 여러 차원의 실재와 그들 간의 상호작용을 통해 모아지며, 참여자와 연구자가 이를 토대로 공동으로 구성해 가는 것이다. 이 과정에서 참여자뿐만 아니라 연구자의 가치, 우선성, 지위, 행위가 자료를 바라보는 관점에 영향을 끼칠 수 있다.

둘째, 사회 안에서 살고 있는 구성원들이 제공하는 자료에 터하여 산출된 근거이론은 탈맥락적이 되거나 일반화를 목표로 할 수 없다. 왜냐하면 일반화라고 하는 현상도 그 순간의 맥락과 상황에 대한 해석적 이해의 영향을 받을 수 있기 때문이다. 따라서 연구의 결과로 도출된 근거이론은 이론이 독자들에게, 또 연구 참여 당사자들에게 얼마나 신뢰로운지, 도출된 이론이 얼마나 독창적이라고 받아들여지는지, 그리고 독자들과 얼마나 공명(resonance)하는지, 실제 현장에서의 유용성이 어떠한지에 대해 점검해 보아야 한다.

셋째, 자료 분석에 있어 특히 Glaser가 객관적 과정을 강조한 것과는 대조적으로, Charmaz는 자료 분석에서의 주관성을 인정한다. 또한 연구자와 참여자가 자료를 공동으로 구성해 나가며, 이러한 과정이 분석에까지 이어진다는 것을 인정한다. 연구자 또한 참여자와 함께 공명하는 존재로서, 참여자가 제공하는 자료와 반응을 어떻게 반영하고 있는지가 중요하다.

이상 살펴본 바와 같이, 근거이론 방법론은 큰 흐름을 주도하고 있는 세 학자의 견해의 공통점과 차이점이 있으므로, 연구자 스스로가 자신의 연구에 적용할 때 그 특징을 잘 구별하여 이해할 필요가 있다. 이영철(2014)은 근거이론의 큰 세 가지 흐름을 방법론적 기초, 방법 및 절차, 주된 연구자료, 연구자와 참여자의 관계, 연구 대상, 산출된 지식과 이론의 객관성 및 타당성 평가의 방법 측면에서 비교, 개관하였다(표 2 참조).

근거이론 방법론에서의 자료 분석 절차

앞서 살펴본 바와 같이, 근거이론 접근은 본래 상이한 방법론적 입장을 지닌 두 학자가 당시 선험적 사회학과 양적 연구 방법의 대안을 제시하기 위해 수행한 공동작업을 통해 창안되었다. 질적 연구 방법론임에도 불구하고 객관주의와 주관적 체험의 균형을 이룸과 동시에 자료를 통해 이론을 발견하고 생성하는 것에 초점을 둔 근거이론 접근은 사회 안에서 일어나는 다양한 현상을 설명하는 이론의 개발 및 적용, 사회 안에서 일어나는 행위에 대한 예견, 설명, 관점을 제공함으로써 다학제적으로 많이 사랑받고 활용되는 연구 방법론으로서 자리를 잡았다. Glaser와 Strauss가 처음부터 가졌던 상이한 방법론적 견해로 인해 각자의 접근으로 갈라지긴 하였으나, 그로 인해 자료로부터 이론을 발견 또는 도출

〈표 2〉 근거이론 방법론의 세 가지 흐름의 비교[1] (이영철, 2014)

		Glaser	Strauss & Corbin	Charmaz
방법론적 기초	존재론	소박한 실재론, 세계는 객관적 자료로 파악 가능하다는 입장	사회실재론: 세계는 사회적 상호작용의 결과로서 존재한다는 입장	구성주의적 실재론: 사회적으로 구성된 복수의 실재가 존재한다는 입장
	인식론	경험주의, 객관주의, 귀납의 논리	경험주의, 실용주의, 객관주의(참여자의 의미에 주목). 귀납논리와 연역논리를 동시에 추구. 묵시적 가설유도 논리를 가짐	상대주의, 주관주의, 해석주의, 귀납과 연역의 반복을 허용함
	이론 구성	객관주의적 존재론과 인식론	존재론과 인식론에서 차이가 있음	일관된 구성주의 존재론과 인식론
방법, 절차		객관주의적 근거이론이 '생성' 또는 '출현'되도록 연구	객관주의적 입장을 취하되, 연구자의 가치도 고려함	구성주의적 측면이 자료 분석 과정과 결과에서 충분히 나타나는 것을 강조
(주된) 연구 자료		주어진 모든 자료를 객관적인 것으로 간주	관찰 자료와 인터뷰 자료	심층 인터뷰 자료
연구자와 참여자의 관계		참여자의 목소리를 중시하되 선입견을 배제하고 객관성을 최대한 유지하려고 노력함	참여자의 자료가 최우선임. 연구자의 주관적인 연구 관련 가치에도 주목함	참여자와 연구자의 가치(value)가 의미 형성과 이론 형성에 공동으로 관여한다는 입장
(목표로 하는) 연구 대상		모든 사회 현상 (제도적 수준에 대한 고려는 못함)	사회 속의 상호작용 (제도적 수준은 별도의 논거로 도입함)	사회적으로 구성되는 상호작용
산출된 지식과 이론의 객관성 및 타당성 평가		실재와의 적합성 및 유관성 검증을 거부	적합성과 행위에의 유용성 측면에서 검증을 허용	해석된 구성물의 유용성이 중요

하는 근거이론 접근의 연구 절차는 그 후학들에 의하여 발전되어 왔다. 이 절에서는 근거이론 접근의 자료 분석 절차를 상징적 상호작용론에 초점을 둔 Strauss, 객관주의와 실증주의에 초점을 둔 Glaser, 구성주의에 초점을 둔 Charmaz의 관점으로 설명하기로 한다.

1.　이영철(2014)의 논문에 적시된 표현을 필자가 일부 다듬어 제시하였다.

1. 자료 분석의 주요 개념

근거이론 연구의 초점은 현장에서 수집한 자료에 근거해서 이론을 개발하는 것이다. 따라서 근거이론 접근을 사용하는 연구자들에게는 기존의 이론이나 이미 정의된 개념으로부터 시작하는 것을 지양하고, 연구자가 자료(저널, 그룹 혹은 개별 인터뷰, 현장노트, 책, 비디오, 기타 형태)를 수집하고, 코딩하고, 분석함으로써 개념과 속성을 발견해 갈 것이 제안된다(Glaser & Strauss, 1967). 근거이론 접근을 통해 나온 결과물은 자료에서 도출된 것이므로 독자들로 하여금 직관력을 통한 이해를 강화하고, 행동을 이해하는 데 의미 있는 지침을 제공해 준다. 분석은 연구자와 자료 간의 상호작용으로, 일정 수준의 엄격함을 유지하고, 자료에 근거하여 분석하면서 연구자의 창의적 능력으로 적절한 범주를 명명화하고, 자극을 줄 수 있는 질문과 비교한다. 근거이론 방법론의 발전을 이끌어 온 주요 학자들이 자료 분석에 있어 관점을 달리하거나 서로 비판하는 부분이 분명 있지만, 근거이론의 기본 성신을 반영하는 데 있어 공통적으로 인정하는 개념은 '이론적 민감성'과 '이론적 표집', '지속적 비교'이다. 그러므로 근거이론 접근은 연구자가 이론적 민감성을 가지고 지속적 비교 방법을 통해 이론적 표본추출 및 코딩 절차를 통해 체계적으로 이론을 발견하거나 개발하는 방법론이라 할 수 있다.

가. 이론적 민감성

이론적 민감성(theoretical sensitivity)은 근거이론과 자주 연관되는 용어로서, Glaser (1978)가 근거이론 방법에 대해 쓴 책의 제목이기도 하다. 이론적 민감성은 연구자의 개인적 자질을 의미하는데, 수집된 자료의 미묘한 뉘앙스와 의미를 지각하고 구분할 수 있는 능력이다. 연구자는 어떤 방면의 경험과 이전의 독서량에 따라 각기 다른 정도의 민감성을 가지고 연구 상황에 접근할 수 있다. 연구 과정 동안 그 민감성은 더욱 발전할 수도 있다. 질적 연구를 수행할 때 가장 중요한 문헌고찰의 목적도 연구자의 '이론적 민감성'의 증진일 것이다. 또한 이론적 민감성은 연구자가 연구의 엄격성에 위협이 될 수 있는 잠정적 편견을 막는 방법이기도 하다(Schreiber & Stern, 2001). Strauss와 Corbin(1990)은 이론적 민감성이 통찰력이라는 자질로 연관되며, 자료에 의미를 부여하고 이해할 수 있는 능력, 관련이 있는 것과 없는 것을 구분해 낼 수 있는 능력이라고 정의하였다. 따라서 이론적 민감성을 지닌 연구자는 개념적으로 밀도 있게 잘 통합된 이론을 자료를 통해 발전시킬 수 있다고 보았다.

  이처럼 연구자의 이론적 민감성 함양과 증진을 위해 문헌고찰이 유용하게 활용될 수 있다. 이론적 민감성은 다양한 자료로부터 얻을 수 있는데, 정기적으로 발간되는 학술지, 서적, 연구보고서 등과 같은 다양한 종류의 이론과 기록들을 포함한다. 이처럼 다양한 문헌들을 접하면서, 연구자는 이를 배경으로 연구 현상과 함께 진행되고 있는 것들을 '세밀하게 감지하고 예리하게 볼 수 있는 능력'을 갖게 된다(Strauss & Corbin, 1990).

이론적 민감성을 키우는 또 하나의 방법은 연구자가 연구 주제와 관련된 전문적 경험(professional experience)을 쌓는 것이다. 한 분야에서 몇 년 동안 실습하면서 경험을 축적한 사람은 그 분야의 일이 어떻게 돌아가는지, 그리고 어떤 상황하에서는 무슨 일이 어떤 이유 때문에 발생하게 되는지를 알 수 있다. 이러한 지식은 설령 명확하지 않더라도 연구 과정에 적용해 보고 듣고 경험하는 일들을 이해하는 데 도움을 준다. 전문분야의 경험이 많을수록 연구에 사용할 수 있는 기본 지식과 통찰력은 더욱 풍부해질 수 있다. 반면, 이러한 경험 때문에 오히려 '편견'이 생길 수 있음 또한 경계해야 할 것이다.

연구자의 개인적 경험(personal experience) 또한 이론적 민감성을 키우는 경로가 된다. 앞서 예시하였던 복교생의 학교생활 적응이라는 연구 주제는 자퇴 후 복학이라는 사건을 경험한 연구자가 수집된 자료에 대해 훨씬 더 잘 이해하고 자료들 간의 민감한 차이를 잘 선별해 내는 '감(sense)'을 잘 발휘할 가능성이 그렇지 않은 사람들보다 더 클 것이다. 이와 더불어 분석 과정(analytic process) 자체도 이론적 민감성이 잘 발휘될 수 있는 부분이다. 자료 분석 과정에서 발견되는 개념과 그 의미, 개념 간의 상호 연관성에 대해 더욱 민감해지는 것은 자료 선택과 자료 분석의 조화를 중요한 작업으로 만드는 데 기여할 수 있다.

나. 이론적 표본추출

이론적 표본추출(theoretical sampling)이란 연구가 진행되는 동안 전개되는 이론을 기반으로 하여 자료 수집의 대상을 도출하는 표본추출 방법을 말한다(김영천, 2013). 이론적 표본추출의 기준이 되는 개념은 입증된 이론적 관련성(proven theretical relevance)이다(Strauss & Corbin, 1998). 김영천(2013)은 이 개념을 보다 상세히 설명하고 있다. 즉 입증된 이론적 관련성이란 '잇따르는 사건들을 비교할 때, 개념들이 반복적으로 나타나거나 뚜렷하게 사라지거나 하고, 코딩 절차를 통해 개념들이 범주의 상태를 가질 때에 중요하게 고려되는 것'을 의미한다. 질적 연구에서의 이론적 표본추출과 양적 연구에서의 표본추출은 근본적인 차이를 갖는다. 양적 연구에서의 표본추출은 일반화를 위해 모집단을 대표하는 표본을 추출하는 것을 기본으로 한다. 따라서 무선표집이나 통계적 방법을 통해 표본을 추출하여 그 대표성을 확보한다. 즉 대표성 확보를 위한 표집이 양적 연구에서 중요하게 여기는 부분이다. 반면 근거이론에서의 이론적 표본추출의 목적은 '이론을 발견하고 확인하기' 위한 것에 초점을 맞춘다. 그리하여 처음 근거이론이 창안되었던 시점에는 유사함, 다양함, 최대화, 최소화 등의 세부 기준을 적용하여 표본을 추출할 것이 제안되기도 하였다(Glaser & Strauss, 1967).

　Strauss와 Corbin(1998)은 코딩의 단계 및 목적에 따라 그 형태가 달리 이루어진다고 하였다. 먼저 개방 코딩 단계에서 이론적 표본추출은 '개방적 표본추출'의 형태를 띠게 된다. 그리고 다시 세 가지 형태의 방법으로 할 수 있는데, 첫 번째 방법은 의도적(purposefully) 방법으로, 범주의 속성 및 차원과 관계 깊은 자료를 찾는 것에 초점을 맞춘다. 두 번째 방법은 '체계적(systematic)' 방법으로, 사람에서 사람으로, 장소에서 장소를 오가며 자료를 수집하는 것을 말한다. 세 번째 방법은 '우연한(fortuitously)' 기회를 통해 자료를 발견하는 것을 말한다.

　축 코딩 단계에서의 이론적 표본추출의 형태는 '연관적이고 다양한 표본추출'의 형태라고 할 수 있다(김영천, 2013). 즉 개방 코딩을 통해 발견한 범주들의 관계를 발견하고 근거를 확실히 하는 데 초점을 둔다.

　선택 코딩 단계에서의 이론적 표본추출의 형태는 '차별적 표본추출(discrinimate sampling)'이어야 한다. 선택 코딩의 목적은 이론을 형성하는 차원에 따라 범주를 통합하고 관계에 대한 통합과 진술의 근거를 확실히 하며, 더 보충이 필요한 범주를 메우는 것에 두기 때문이다. 이처럼 Strauss와 Corbin은 각 코딩 단계에 따른 표본추출의 목적과 형태에 대한 이해를 분명히 하고 시행할 때, 좋은 결과가 도출될 수 있다고 보았다.

다. 지속적 비교와 범주의 포화

근거이론 접근에서 자료 수집 시 중점을 두는 사항은 다음의 두 가지이다. 첫째, 범주들이 포화(saturate)될 때까지(또는 더 이상의 정보가 발견되지 않을 때까지 지속적으로 추가 정보를 찾음) 면담자료를 수집하기 위해 '현장'을 수차례 방문하며 반복 면담을 한다. 연구자는 자료를 수집하면서 동시에 분석을 시작하며, 다시 정보를 수집하고 분석하고 다시 현장으로 나가서 더 많은 정보를 수집하는 과정을 반복하게 된다. Creswell(1998)은 범주의 포화를 위해 통상 20~30회까지의 면담을 할 것을 제안하기도 하였다. 둘째, 현장을 몇 차례나 방문해야 하는가는 정보의 범주들이 포화되었는가, 그리고 복잡한 이론이 충분히 정교화되었는가의 여부에 달려 있다. 이처럼 자료 수집에 의한 정보들을 가지고 비교하여 범주화하는 과정을 '지속적 비교(constant comparison)' 방법이라 한다.

2. Strauss와 Corbin의 방법

Strauss와 Corbin(1990/1998)은 어떤 현상을 설명하기 위한 이론을 발전시키는 데 있어서, 현상에 적합한 개념들이 아직 확인되지 않고 개념 간의 관계에 대한 이해가 부족하거나, 특정한 현상에 적합한 변인과 그렇지 않은 변인이 구체화되지 않은 경우, 기존의 이론적 기반이 갖추어지지 않은 분야들이나 비록 기존 이론이 있으나 수정되거나 명확하게 되어야 할 필요성이 있는 분야의 연구에 근거이론 접근방법이 적절하게 활용될 수 있다고 제안하였다. 필자의 추측으로, 이들은 질적 연구가 양적 연구와 달리 연구 질문이나 연구 설계가 명확하지 않고 예측하기도 어렵기 때문에, 연구를 수행하는 데 있어 연구자의 판단력과 분별력이 매우 중요할 뿐만 아니라, 가설로서의 결과를 도출할 수 있는 보다 상세한 절차와 방법이 필요하다고 본 것으로 생각된다.

가. 원자료화

다양하게 수집된 자료를 분석함에 있어, 먼저 원자료를 분석 가능한 형태로 만드는 '원자료화' 과정을 거치게 된다. 일반적으로 자료는 면담 과정을 통해 얻어진 녹화 또는 녹취 자료, 즉 면담 내용을 참여자가 표현한 언어 그대로 축어록으로 기술하여 분석의 원자료로 사용한다. 녹취록 작성에 있어서도, 언어적/비언어적 정보를 되도록 놓치지 않고 다 기록하는 것이 좋다. 따라서 면담 상황의 맥락과 참여자의 비언어적 모습까지 가장 잘 알고 있는 면담자(연구자)가 직접 하는 것이 좋다. 원자료의 관리에 있어서는 여러 명의 참여자를 대상으로 녹화 또는 녹취한 자료가 우선 방대하고, 메모 및 관련 기타 문헌 등 분석에 도움이 되는 자료까지 포함하면 매우 폭넓고 방대하기 때문에 가장 효율적으로 인출하고 분석할 수 있도록 자료를 보관, 정리하는 것이 좋다. 따라서 라벨과 인덱스 표지를 사용할 것이 권장된다.

나. 자료 분석의 전략

원자료화 과정이 끝나면, 본격적인 자료 분석 단계인 '코딩' 작업에 들어간다. 자료 코딩은 참여자가 지각하는 현상에 대한 '의미'를 찾기 위한 기본적 첫 과정이라 할 수 있다. 자료 분석의 과정 전반에 걸쳐 사용되는 전략(Strauss & Corbin, 1990; Corbin & Strauss, 2008)을 살펴보면 아래와 같다.

① 질문하기: '질문하기'는 원자료에 있는 참여자의 경험과 상호작용의 본질을 가능한

여러 질문을 통해 살펴보는 것이다. 예컨대, 연구 참여자의 주변인들과의 상호작용 과정에 대해 '누가 반응을 하는가?' '어디에서, 어느 시점에서 반응이 교류되는가?' '반응의 특징은 무엇인가?' '얼마나 반응이 반복되었는가' '왜 그 반응이 나타났는가?' 등의 육하 원칙적 질문을 하는 것이다. 이렇게 질문을 구체적으로, 상세하게 바라보는 작업은 자료를 보는 방식과 개념적인 질문을 형성하는 데 도움이 된다.

② 비교하기: '비교하기'는 원자료에 대해 지속적이고 체계적인 비교(constant and systematic comparison)를 함으로써, 참여자 각각이 제시한 자료들을 서로 비교하고 대조하면서 분류하는 작업을 말한다. 이 과정에서는 연구의 대상이 되는 사건과 사건, 사물 대 사물 또는 참여자의 행위 대 다른 참여자의 행위 등에 대한 비교분석이 이루어질 수 있다. 참여자 내 비교와 참여자 간 비교 또한 지속적 비교하기 과정 속에서 이루어질 수 있다. 참여자 내 비교를 통해서는 특정 참여자의 자료로부터 도출할 특정 개념이 원자료의 어느 부분에서 서로 연관되는지, 참여자가 이 개념을 일관되게 이야기하는지, 이 개념이 시간의 흐름에 따라 어떻게 변하는지 등을 살펴볼 수 있다. 예컨대, 어떤 참여자의 축어록에서 도출한 개념 중 '불규칙한 생활'이 있다고 할 때, 자료의 어느 부분에서 그런 연관성이 있는지, 이 참여자가 계속 같은 이야기를 하는지, '불규칙한 생활'이라는 주제가 시간의 흐름에 따라 어떻게 변하는지 등을 살펴볼 수 있다. 참여자 간 비교는 같은 개념이라도 참여자에 따라 그 내용, 양상과 정도가 어떻게 다르게 나타나는지를 살펴보는 것이다. 예컨대, 게임 탈중독 청소년 A는 자발적으로 변화에의 의지나 목표의식이 강하게 형성되었는데, 주변 사람들이 자신의 게임 행동에 대해 걱정하는 모습을 보면서, 또 성적 저하를 경험하면서 스스로 결심을 하고 대안 행동을 찾는 등의 게임량 줄이기 노력을 하였다. 반면 변화에의 의지나 목표의식이 없거나 약하게 형성된 참여자 B는 부모의 강제적 인터넷 사용 제지라는 강력한 중재 요인에 의하여 게임 사용을 차단당한 후에야 주변과 자신을 돌아볼 수 있었다. 이러한 비교 과정을 통해, 연구자는 변화에의 의지가 언제 어떻게 형성되느냐에 따라 게임 행동 조절로 가는 과정에 본질적인 차이가 나타나게 됨을 알게 된다.

이론적 비교(theoretical comparative)를 통해서 범주에 대한 심화 분석을 할 수도 있다. 예컨대, 범주의 속성과 차원이 명확하지 않을 때, 특정 범주를 이끌어 내기 위해서 유사하거나 다른 개념들과 비교를 시도하는 것이 여기에 해당된다. Strauss와 Corbin(1990)은 이론적 비교의 기법으로 플립-플롭 기법(flip-flop technique)[2], 현상에 대한 체계적 비교[3], 붉은 깃발 흔들기(waving the red flag)[4] 등의 방법을 제안하였다.

③ 단어(word)에 대한 다양한 분석: 일반적으로 단어를 대할 때, 그에 대한 일반적 사용이나 경험으로부터 추출된 의미를 부여하게 된다. 연구 참여자들로부터 나온 자료들을 구성하는 '단어'에 어떤 의미가 부여되어 있는지를 면밀하게 분석함으로써, 개념들을 보다 적정하게 발견힐 수 있게 된다.

질적 연구는 참여자 각각의 주관적 경험자료를 통해 현상의 본질을 찾아가는 과정이기 때문에 '예외'와 '극단적인 사례'도 의미를 가지며, 이는 근거이론 방법론에서도 예외가 아니다. 범주의 포화 및 지속적 비교 과정을 거침으로써, 자료의 속성과 차원을 다양한 스펙트럼상에서 이해할 수 있게 되기 때문이다. 질적 연구에서의 분석 과정은 '나선형 자료분석(the data analysis spiral)'으로 불리기도 한다(Creswell, 2013). 즉 연구자가 고정된 선형적 접근보다는 분석의 다양한 측면(읽기, 메모하기 기술, 해석, 분류하기 보고, 시각화)을 거치면서 순환적 과정을 되풀이하게 된다. 또한 개념화 및 범주화를 일차적으로 거쳤다고 하더라도, 자료 분석 과정에서 다시 원자료로 돌아와 질문하기과 비교하기를 통해 개념이름 및 범주명이 수정되고, 새로운 개념과 범주가 다시 도출되기도 한다.

전체적인 자료 분석 과정에서 메모와 도표가 이용될 수 있다. 기술적인 메모의 기능은 근거이론의 형성에 핵심적인 역할을 하지만 메모의 목적이 어떻게 성취되는가 하는 것은 연구자의 상상력에 달려 있다(김미영, 2001). Strauss(1987)도 메모에 대해 연구자는 계속적인 내적 대화에 몰입해야 한다고 지적하고 있다. 질적 연구에서의 메모는 평상시 스케줄을 체크하거나 기억하는 데 활용하는 메모와는 성격이 다른 것이어서, 메모를 하는 것이 처음에는 어색하고 서툴게 느껴질 수 있으나, 어느 시점이 되어 때와 장소를 가리지 않고 연구 주제에 몰입하면서부터는 연상되는 생각이나 질문들을 짧게 적거나 질문에 연결되는 다른 질문들을 하는 등 메모가 연구자 자신의 생각을 정리하고 결과적으로 연구자의 이론적 민감성 향상과 자료 분석 과정에도 도움이 될 수 있다. 도표의 사용도 연구

---

2. 연구자가 분석한 개념을 마치 안에서 밖으로 뒤집거나 아래에서 위로 바꾸는 것처럼 연구의 대상인 사건, 사물, 행위, 상호작용을 이리저리 바꾸어 바라봄으로써, 연구자가 연구하고자 하는 현상에 대한 새로운 관점을 얻어 가는 방법을 말한다. 이렇게 함으로써, 원자료로부터 도출한 개념의 다양한 변화와 이론적 타당성, 적용 범위, 예외성을 검토할 수 있다.

3. 자료 안의 특정 사건을 분석함에 있어, 참여자가 보고한 경험 내용과 관련 문헌에 나와 있는 내용들을 비교함으로써, 그 사건의 의미를 보다 분명히 밝히는 작업을 말한다.

4. 연구 참여자들의 경험 자료들을 분석할 때 개입될 수 있는 연구자의 선입견, 신념 및 가정 등을 면밀히 검토하는 과정을 말한다.

자가 범주 간의 관계와 작용/상호작용의 흐름을 파악하는 데 공헌을 한다. 또한 개념 간의 관계 및 참여자 간의 상호작용을 보다 명확하게 가시적으로 보여 줌으로써, 연구 결과를 통합하는 데 도움을 줄 수 있다.

다. 자료 분석의 세부 단계

Strauss와 Corbin(1990/1998)이 제안한 근거이론 접근의 자료 분석 절차를 도식화하면 [그림 1]과 같다.

이제 자료 분석의 세부 단계들을 차례대로 살펴보기로 한다. 근거이론에서의 분석 절차는 개방 코딩, 축 코딩, 선택 코딩의 세 단계를 거친다.

개방 코딩

개방 코딩(open coding)은 원자료를 통해 개념(concept)을 발견하고 이름을 붙이며, 유사하거나 의미상 관련되어 있다고 여겨지는 개념들을 하위범주(subcategory)로 묶은 후

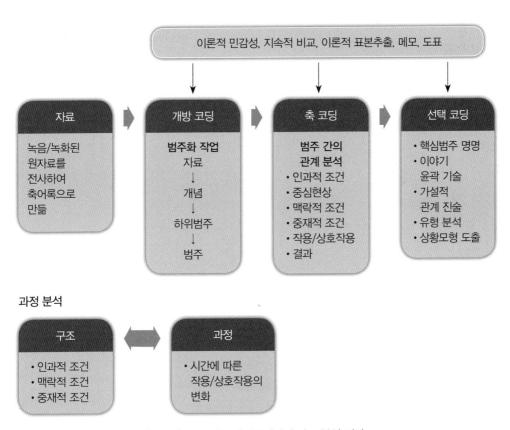

[그림 1] 근거이론 방법론에서의 자료 분석 절차

범주(category)화하는 과정으로, 이론화 작업의 첫 단계이다. 개방 코딩의 목적은 자료로
부터 개념과 하위범주 그리고 범주를 밝히고, 개념들의 속성과 차원을 발견해 나가는 데
있다. Strauss와 Corbin(1998)은 이 단계의 분석은 미시분석(micro-analysis)으로 이루어
진다고 하였다. 즉 원자료를 대상으로 단어, 줄, 문장, 문단, 문서 전체 단위의 분석을 통
해 특정한 개념과 하위범주들 그리고 범주들을 생성하고 개념적 관계를 제시한다. 이러한
과정을 거치면서 연구 참여자들이 경험한 실제적 사건, 행위, 기억, 분석 과정에서의 자료
와 연구자 사이에서 발생하는 상호작용 등이 주로 분석의 대상이 된다. 분석의 구체적 예
시로, 먼저 자료를 한 줄 한 줄 읽어 나가면서, 연구자가 보기에 참여자의 경험으로서 의
미 있거나 분석적으로 흥미롭다고 생각되는 진술에 밑줄을 그으면서 여백에 개념을 명명
화해 나간다. 개념의 명명은 참여자의 진술 그대로 인용한 경우와 참여자의 진술이 의미
하고 있는 바를 추상적 해석을 통해 하게 된다. 개념은 연구 참여자가 경험한 최소 의미
단위를 도출하는 과정이므로, 한 줄의 텍스트에서 하나의 개념이 나올 수도 있고, 한 문
단에서 하나의 개념이 도출될 수도 있다. 따라서 주의깊게 텍스트 한 줄 한 줄을 읽으면
서 참여자의 경험의 의미를 잘 살피고 이해하는 작업이 필요하다.

　　원자료에서 개념을 발견하여 개념화하고 난 다음에는, 그 개념의 공통속성에 의해 떠오
른 의미를 추상화하는 범주화 작업을 하게 된다. 그 후 범주들을 속성(properties)[5]과 차
원(dimensions)[6]으로 분류함으로써 범주들 간의 관계를 구분하는 작업을 하게 된다.

　　개념화 및 범주화 초기 단계에서는 연구자가 모든 참여자의 축어록에 대해 명명한 개념
과 범주들을 질적 연구 경험이 있는 연구자 또는 전문가의 자문을 통해, 명명한 내용이 이
해되고 합당해 보이는지를 점검받는 과정을 거쳐야 한다. 이것은 질적 연구 전체 자료 분
석 과정 및 중간에 계속 산출되는 결과에 대한 타당화 과정으로서 매우 중요하다. 이러
한 과정을 통해 개방 코딩 단계에서는 최종적인 개념과 범주들을 선정한다.

축 코딩

축 코딩(axial coding)은 범주들 사이에 서로 연합관계를 만들면서, 개방 코딩 후에 새로
운 방식으로 자료가 다시 조합되는 것에 대한 일련의 절차를 말한다(Strauss & Corbin,
1998). 다시 말해서, 한 범주를 중심으로 속성과 차원의 수준에서 다른 하위범주들을

---

5. 범주의 특성(attribute)을 말한다.
6. 연속선상에서 속성의 위치. 즉 범주의 일반적 속성이 변화하게 되는 범위를 말한다. 차원을 통해 범주가 더욱 구체성을
　　띠고 다양한 의미의 스펙트럼을 갖게 된다.

연결시키는 것을 의미한다. 축 코딩에는 패러다임에 의한 범주 분석과 과정분석이 포함된다.

■범주 분석

범주 분석 단계에서의 패러다임은 근거이론 접근에서 사용되는 독특한 분석 도구 또는 관점으로서(Strauss & Corbin, 1990), 연구 참여자가 경험한 중심현상, 이 현상과 연관된 다양한 조건들, 작용/상호작용, 결과에 이르는 범주와 하위범주들 간의 관계 또는 연결됨을 의미한다. 그리고 이 연결됨의 모양새는 연구 참여자들의 경험자료로부터 나온 범주와 하위범주들 간의 관계를 연구자가 탐색하고 엮는 과정을 거쳐 귀납적으로 도출된다.

- 현상(phenomenon): 현상은 '여기서 무엇이 진행되고 있는가'와 관련되어 있다. 즉 사람들이 자신들이 처해 있는 문제나 상황에 대해 단독으로든 여러 가지가 결합되어서든 행하거나 말하는 모든 것을 나타내는 일이나 사건 혹은 반복된 양상을 의미한다.
- 인과적 조건(causal conditions): 인과적 조건은 '현상'을 발생시키거나 발달하게 하는 데 영향을 미친 사건이나 변수들을 의미하며, '현상'의 직접적인 원인이 되는 조건들을 의미한다.
- 맥락(context): 맥락은 종종 인과적 조건과 구분하기 어려운데, '현상'에 영향을 미치는 일종의 가족·사회·문화적 배경 또는 맥락을 의미한다.
- 중재적 조건(intervening conditions): 중재적 조건은 앞서 언급한 인과적 조건과 맥락적 조건에 해당하는 여러 변수들이 현상에 미치는 영향을 조절하고 변화시키는 데 작용하는 조건을 의미한다. 근거이론 접근을 취하는 전문가들의 견해에 따르면, 중재적 조건은 맥락과 구분하기 어려운 경우가 많다고 한다. 왜냐하면 맥락은 매우 광범위하게 현상에 영향을 미치기 때문에, 우리가 코딩을 할 때 특정 조건이 맥락에 해당하는지, 중재적 조건에 해당하는지 정확히 구분하기가 어렵거나 중첩되는 것처럼 보이기도 하기 때문이다.
- 작용/상호작용(action/interaction): 작용/상호작용은 사람들이 마주치게 되는 상황, 문제, 쟁점을 다루는 방식을 말한다. 즉 당면한 문제 또는 경험하고 있는 중심현상을 어느 방향으로 다루어 가기 위해서 취해지는 의도적인 행위를 총칭하며, 주로 중재적 조건과 현상 간의 역동적인 반응과정으로 발견되기도 한다.
- 결과(consequences): 결과는 의도되었든 그렇지 않든 간에 작용/상호작용의 결과로 나타난 결과물들의 총합이라 할 수 있다. 위에 언급한 대로, 현상과 이를 둘러싼 다

양한 조건들 간의 작용/상호작용의 결과물이기 때문에, 결과의 양상은 매우 다양하게 나타나며, 이는 축 코딩 이후 진행되는 선택 코딩 과정의 유형 분석과 연결된다.

■ 과정 분석

과정 분석(process analysis)은 자료에서 작용/상호작용으로 표현되는 범주와 하위범주들 간의 연속적 연결을 탐색함으로써 시간의 흐름에 따른 상황의 변화를 추적하는 단계 (Strauss & Corbin, 1998)를 말한다. 작용과 상호작용 과정에서 나타나는 다양한 범주들의 연결, 그리고 중재적 조건과 맥락에 해당하는 범주들이 여기에 미치는 영향과 복잡한 상호관계와 발전양상을 보다 구체적으로 탐색하고 그려 보는 것이다. 이 과정 분석은

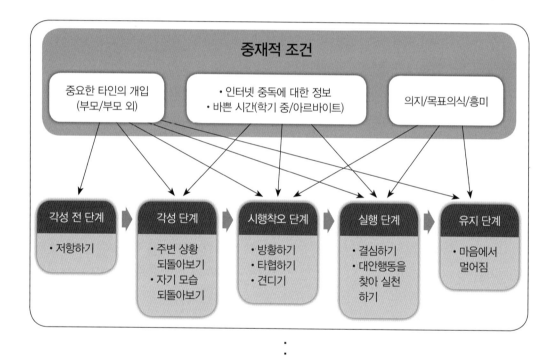

[그림 2] 과정 분석 결과 제시의 예[7](박승민, 2005)

---

7. 필자의 박사학위 논문 '온라인게임 과다사용 청소년의 게임행동 조절과정 분석' 중 과정 분석 결과를 도표화한 것이다. 패러다임에서 '작용/상호작용'을 구성하는 범주들을 시간의 흐름에 따라 구성한 결과 온라인게임 과다사용 청소년들은 과다사용으로부터 벗어나는 과정에 있어 각성 전 단계, 각성 단계, 시행착오 단계, 실행 단계, 유지 단계를 거치는 것으로 나타났다. 각 단계의 명칭은 범주들의 의미에 대한 지속적 비교와 이론적 비교 과정을 거치고 용어의 수정을 수차례 거쳐 최종 확정하였다.

자료의 속성과 차원에 따라 때로는 미시적 수준(예: 개인의 심리적 변화과정)으로, 때로는 거시적 수준(예: 개인, 가족, 사회와의 상호작용)으로 이루어질 수 있다. 과정분석 결과를 압축적으로 제시하기 위해 다양한 형태의 다이어그램과 도표 등이 활용될 수 있다([그림 2] 참조).

선택 코딩

선택 코딩(selective coding)은 범주를 통합시키고 정련화하는 과정으로, 분석의 차원을 이론으로까지 발전시키는 과정이다(Strauss & Corbin, 1998). 이 과정에서의 통합은 오랜 시간에 걸쳐 일어나는 지속적인 과정으로, 연구자와 자료 간의 상호작용을 통해 이루어진다. 선택 코딩의 첫 번째 단계는 핵심범주, 즉 그 연구의 중심주제를 결정하는 것이다. 다시 말해 지금까지 도출된 모든 범주들을 꿰뚫는 의미를 지닌, 귀납적으로 요약된 범주를 도출하는 것이 선택 코딩의 주요 과제이다. 핵심범주를 밝히고 개념의 통합을 촉진하기 위하여 이야기 윤곽 또는 줄거리(story line) 적기, 도표 사용하기, 메모 징리하기와 검토하기 등의 방법을 사용한다. 이러한 방법들은 표본추출의 방향을 제시하고, 사고를 정리하며, 개념 간의 관계를 파악하면서 연구 결과를 통합하고 정교화하는 데 도움이 된다(김미영, 2001). 또한 이때 조건적 명제(proposition) 또는 가설들이 제시된다. 선택 코딩 단계에서 이루어지는 분석 절차들을 자세히 설명해 보면 다음과 같다.

■ 핵심범주 명명하기

핵심범주(core category) 또는 중심범주(central category)는 본 연구의 중심주제를 대변하는 것으로서, '본 연구가 무엇에 관한 것'인지를 알려 주는 핵심적인 단어로 응축하여 표현하는 것이다. 이는 분석의 마지막 단계로서 모든 범주를 통합시키고 정교화하는 작업이다(Strauss & Corbin, 1998). 중심범주는 그 연구의 중심주제를 대변하며, "이 연구가 무엇에 관한 것"인지를 알려 주는 몇몇 단어 안에 응축되어 있는 모든 분석요소로 이루어져 있다. Strauss와 Corbin(1990/1998)은 10대의 약물 사용에 대한 연구의 예를 들어 설명하고 있다. 예컨대 연구의 핵심범주가 '실험의 시기'로 도출되었을 때, 이 설명은 이 연구가 무엇에 관한 것인지, 그리고 참여자의 두드러진 경험이나 문제가 무엇으로 보이는지에 대한 우리의 해석이라는 것이다. 다른 이론적 방향을 취하고 있으며, 다른 연구 질문을 가지고 있는 연구자라면 상당히 다른 해석에 도달할 수도 있다. 그러나 일단 분석자가 개념화에 어떻게 도달했는지를 자세하게 설명하면, 다른 연구자들도 자신들의 관점과는 관계없이 그 연구자의 논리경로를 따라 그것이 진행되고 있는 것에 대한 그럴듯한 설명이라고 동의할 수 있어야 한다.

핵심범주는 그 아래에 모든 기타 범주를 포함할 수 있는 개념이며, 현존하는 범주들로부터 발전할 수도 있다. 아니면, 연구자는 범주들을 연구한 후에 각 범주가 전체의 일부를 이야기하기는 하나, 또 다른 더 추상적인 용어나 구절이 필요하게 될 수도 있다. Strauss(1987)는 핵심범주 선택의 기준을 다음과 같이 제안하였다.

첫째, 핵심범주는 반드시 중심적(central)이어야 한다. 다시 말해 기타 모든 주요 범주가 그것과 관련될 수 있어야 한다.

둘째, 핵심범주는 반드시 자료에 자주 나타나야 한다. 이것은 거의 모든 경우에 있어서 그 개념을 가리키는 것이 존재한다는 것을 의미한다.

셋째, 범주들을 연결시킴으로써 발전하게 되는 설명은 논리적이고 일관성이 있어야 한다. 무리하게 자료에서 뽑아내서는 안 된다.

넷째, 핵심범주를 서술하기 위해 사용되는 이름이나 어구는 기타 실체(substantive) 분야에서의 연구에도 사용되어 더 일반적 이론으로 발전시킬 수 있도록 충분히 추상적이어야 한다.

다섯째, 개념이 다른 개념들과 통합을 통해 분석석으로 정교화됨에 따라, 이론의 깊이와 설명적 힘에서 성장해야 한다.

여섯째, 개념은 자료가 나타내는 요점뿐 아니라 변화까지도 설명할 수 있어야 한다. 다시 말하면, 조건이 변화하더라도, 또 비록 현상이 표현되는 방식이 약간 다르게 보일지라도 설명은 계속 유효해야 한다. 또한 그 중심 생각에 따라서 모순되는 사례나 대체 사례도 설명할 수 있어야 한다.

■ 이야기 윤곽 기술

연구자가 자료에서 도출된 결과의 통합에 대해 생각하기 시작할 즈음에는 이미 자료에 충분히 몰입해 있으며, 연구가 무엇에 관한 것인지를 이미 '감각을 가지고' 이해하고 있을 것이다. 분석된 결과들을 서술적으로 하나의 이어진 이야기로 엮어 보는 과정을 통해 핵심범주에 가까이 다가갈 수 있다. 이야기 개요(story line)는 근거이론 접근방법에서 선택 코딩 과정을 통해 도출되는 결과로서, 연구의 중심현상과 각 범주 간의 관계를 서술적으로 기술하고 이러한 기술을 분석적으로 표현하기 위해 개념화하여 제시하는 것을 말한다. 이 이야기가 다시 분석되었을 경우, 핵심범주가 된다(Strauss & Corbin, 1990).

■ **가설적 관계 진술과 유형 도출**

가설적 관계 진술은 면담자료의 분석 과정에서 드러난 현상과 인과적 조건, 맥락, 중재적 조건, 그리고 작용/상호작용과 결과 간의 관계를 면담자료와 지속적으로 대조하여 진술하는 것을 말한다(Strauss & Corbin, 1990). 이렇게 생성된 가설들은 가설 검증을 위한 연구를 통해 확증될 필요가 있다.

선택 코딩 단계에서는 자료의 가설적 정형화 및 관계 진술의 결과와 그 근거가 되는 자료를 지속적으로 비교해 각 범주 간에 반복적으로 나타나는 관계와 패턴을 유형화하여 도출하기도 한다. 앞서 축 코딩의 과정 분석에서 정리한 각 참여자의 사례별 패러다임 모형의 내용에 근거하여, 중재적 조건의 개입으로 일어나는 작용/상호작용 과정에서 유사하거나 반복적인 패턴들을 찾아서 묶거나 정리하는 작업을 통해 이루어진다.

이상 설명한 과정의 결과로서 드디어 참여자들의 경험자료에 근거한 '이론'이 도출된다. 이렇게 도출된 이론은 연구자가 특정 문제나 집단이 경험한 바 또는 현상에 밀착하여 쓴 실체이론(substantive-level theory)이라 할 수 있다.

조건/결과 매트릭스

조건/결과 매트릭스(conditional/consequential matrix)([그림 3] 참조)는 '상황 모형'으로도 번역된다. 연구 중인 현상과 관련된 광범위한 상황을 고려하는 데 유용한 장치로서, 이 모형을 그려 봄으로써 분석자가 상황과 결과의 단계들을 구별하고 연결하는 것을 가능하게 한다(Strauss & Corbin, 1990/1998; Corbin & Strauss, 2008).

상황 모형을 구성하는 데 있어서는 몇 가지 절차를 거치게 되는데, 먼저 미시적 상황(예: 개인 간 상호작용 수준) 또는 조건에서부터 거시적 상황(국제적 수준) 또는 조건에 이르기까지 일련의 스펙트럼상에 놓여 있는 여러 상황별로 연구의 결과로 생성된 작용/상호작용의 양상이 어떻게 다르게 나타나는지를 분석하는 절차인 전환체계(transactional system)를 거친다. 조건/결과 매트릭스는 대체로 도표화 또는 다이어그램화하여 제시하는 경향이 있으며, 그 다이어그램을 상세하게 서술함으로써, 미시적 상황에서부터 거시적 상황에 이르기까지 작용/상호작용 양상을 독자들이 일목요연하게 이해할 수 있도록 도와준다. 또한 직접적으로 중심현상과 연결하기 위해 다양한 상황의 수준들별로 또는 수준들 간에 이루어지는 작용/상호작용으로부터 발생한 일, 사건, 우연한 일을 추적하거나 그 반대의 경우도 추적하여 상황 경로(conditional path)를 조건/결과 매트릭스를 그리는 데 포함시키기도 한다. 다이어그램은 여러 가지 형태로 연구자가 창의적으로 표현할 수

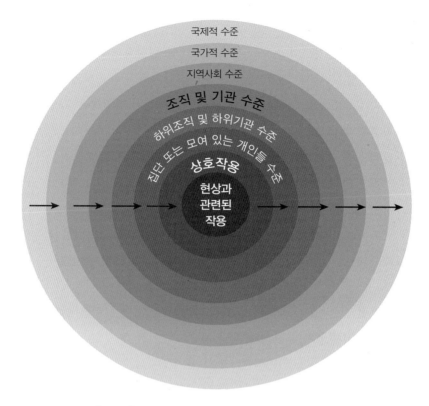

[그림 3] 조건/결과 매트릭스(Corbin & Strauss, 2008)

있다. [그림 4]는 조건/결과 매트릭스의 예로서, 김현주(2007)의 연구 결과 중 하나이다. 연구자는 미국 조기유학 청소년의 적응과정을 Strauss의 근거이론 방법으로 분석하였다. 미국 조기유학 청소년의 적응과정의 핵심범주는 '낯선 세상에서 어울리고 존재감을 되찾음'으로 도출되었다. 조기유학 청소년들이 한국과 미국이라는 서로 다른 사회적, 문화적 맥락 속에서 적응의 양상이 상호작용의 수준에 따라 다르게 나타남을 조건/결과 매트릭스로 분석하고, 이를 다이어그램화하여 제시하였다.

이후에 Strauss의 제자인 Clarke(2009)는 조건/결과 매트릭스를 '상황 분석(situational analysis)'이라는 분석 절차로 더욱 확장하고 정교화했다. Clarke의 상황 분석은 근거이론 방법론에서 연구 참여자들의 행위 및 상호작용을 미시, 중간, 거시적 수준의 다양한 맥락과 조건에 체계적으로 연결할 수 있는 분석적 장치 혹은 상황적 지도(situational map)를 통해 이루어진다.

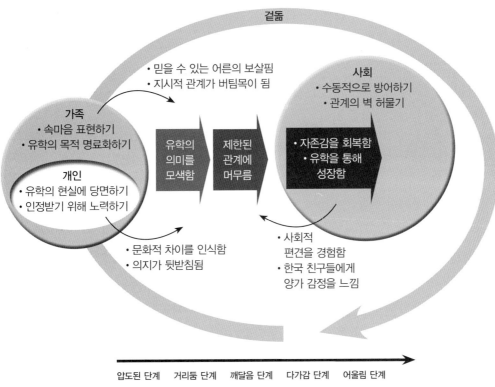

[그림 4] 조건/결과 매트릭스 분석 결과(김현주, 2007)의 예

3. Glaser의 방법

Strauss와 Corbin의 체계와 절차를 갖춘 분석 방법이 북미 지역에서 압도적으로 각광을 받은 관계로 Glaser의 방법은 그 파급력이 상대적으로 줄어든 것처럼 보이지만, 사실 Glaser는 지금까지 근거이론이 처음 만들어질 당시의 기본 정신을 꾸준히 지킬 것을 주장한 근거이론의 공동 창안자이다. 국내에서도 근거이론 방법론을 언급할 때 Strauss와 Corbin을 먼저 꼽을 정도로 Glaser는 상대적으로 덜 알려진 학자인 것도 사실이다. 하지만 미국에서는 Glaser가 설립한 비영리 학술단체 'Grounded Theory Institute'를 중심으로 소위 글레이저리언(Glaserian) 또는 고전적(Classical) 또는 정통(orthodox) 근거이론 방법론으로 불리는 이 방법론에 관심 있는 여러 학문 분야의 학자들과 석박사 대학원생들이 회원으로 참여하고 있으며, 학술대회 및 세미나를 통해 Glaser의 방법론으로 꾸준히 연구를 진행하고 있다. 이 학술단체에서는 국제학술지 〈Grounded Theory Review: An International Journal〉도 연간 세 차례 발간하고 있다. 이 학술지는 2001년에 첫 호가 발간되었으며, 1967년 Glaser와 Strauss가 처음 근거이론 방법론을 주창한 이래로 소위 고

전적 근거이론과 방법론적 관점, 즉 Glaser의 계속적이고 적극적 참여하에 진행되고 있는 방법론적 관점에 관심을 두고 이에 동참하는 연구자들의 논문을 중심으로 연 3회 출간되고 있다. 2017년이 근거이론이 세상에 나온 지 50주년이 되는 해인 만큼 특집호도 발간 예정이라고 한다. 이 절에서는 Glaser(1978/1992)가 초점을 두었던 부분을 중심으로 자료 분석 방법을 살펴보기로 한다.

가. Glaser 방법의 특징

Glaser의 방법론에서 핵심 키워드는 '출현'과 '생성'일 것이다. 일찍이 근거이론 최초의 저서 (Glaser & Strauss, 1967)에서 Glaser는 출현(emergence)이 이론 발견의 핵심이라고 하였다. 여기에서 '출현'은 연구자가 인내심을 갖고 귀납적으로 자료 안에서 결과가 나타나기를 기다리는 것이라고 정의 내렸다. 즉 자료 안에 존재하는 패턴으로부터 자연스럽게 개념과 가설이 '출현'한다는 것이다. Glaser는 사회 안에서 조직화된 사람들의 일상의 삶 속에서 근거이론이 발견되고 출현되어야 한다고 보았다. 연구를 할 때 자료를 수집하고, 코딩하며, 범주들을 통합하고 메모를 만들어 내고 이론을 구성하는 일련의 과정을 거치지만, 이 과정 전체에 작용하는 기제는 '출현'이 되어야 하며, 출현하는 이론으로 안내되는 것이 그 현상을 가장 잘 보여 주고 설명하는 방법론으로서의 기능이라고 보았다. 이는 연구의 전 과정에 있어 귀납적 흐름을 충실히 지키는 것이 질적 연구 방법론으로서 중요하다는 것과 일맥상통한다.

따라서, Glaser는 연구 주제를 처음 선정하는 단계에서부터 '출현'의 논리가 일관되게 적용되어야 한다고 보았다. 그리고 연구자가 미리 규정짓지 말고 인내심을 가지고 기다리라고 권고한다. 또한 Glaser는 범주와 범주의 속성, 핵심범주, 그리고 이론을 발견하는 일련의 모든 과정에서도 자료를 미리 결정된 틀로 바라보아서는 안 되고, '자료'에서 나타나는 관심사에 의해 자료 해석이 자연스럽게 이끌어내져야 한다고 주장한다. 핵심범주는 충분한 코딩과 분석이 이루어지면 자동적으로 나타난다고 하였다. 때문에 Glaser(1992)는 Strauss가 제안한 축 코딩 단계에서의 패러다임 모형에 대해, 연구자들로 하여금 선험적이고 이미 정해진 틀을 놓고 매뉴얼처럼 분석하게 하고 근거이론 본연의 정신에서 벗어나게 하는 잘못된 방안이라고 강도 높게 비판하기도 하였다. 오히려 근거이론을 생성할 때 연구자들 각자가 자기만의 고유한 레시피를 개발하고 가져야 한다고 생각했다(김인숙, 2014).

나. 근거이론 생성 과정

Glaser의 근거이론 생성 과정은 Strauss의 방법과는 달리 핵심범주와 속성들이 귀납적으로 출현할 때까지 철저하게 자료에 머무르는 것을 강조한다. 또 근거이론은 실체 영역에서 사람들의 행동에 대한 설명적 이론으로 기본적인 사회적 과정(Basic Social Process, BSP)으로 구축되며, 여기에는 핵심범주 혹은 기본적인 사회심리적 문제(Basic Social-Psychological Problem, BSPP)가 있어 BSP와 BSPP가 이론의 단계와 함께 엮어 가며 중간범위의 이론을 생성하게 된다고 하였다(Schreiber & Stern, 2001). 김인숙(2014)은 Glaser 방법에 대한 압축적이면서도 상세한 정리를 인용하여 근거이론 생성 과정을 설명하였는데, 먼저 자료에서 사건과 사건, 사건과 개념을 비교하여 범주와 속성을 발견하는 것으로부터 시작한다. 그리고 이들 속에서 패턴을 찾아 개념화한다. 다음으로 개념화된 패턴 안에 존재하는 주제를 발견하고 이로부터 많은 범주 및 속성과 관련되고 설명력 있는 하나의 핵심범주를 선택한다. 이때 선택된 핵심범주는 확정된 것이 아니며, 이 핵심범주를 중심으로 이론적 표집을 해 나가면서 범주가 지니는 속성을 지속적으로 정교화하고 명료화하며 포화시켜 나간다. 이러한 일련의 과정을 거쳐 자료로부터 핵심범주와 속성들이 포화되어 정교화되면 이론적 코드를 사용해 이들을 통합하고, 이로부터 하나의 개념적 가설을 도출한다. 이 개념적 가설이 바로 연구자가 연구하는 주제를 설명하는 근거이론이 되는 것이다. 이러한 일련의 근거이론 생성과정을 김인숙(2014)은 압축적으로 도표화하여 제시하였다. Glaser가 어떤 정해진 틀에 자료를 고정화하여 가두는 것에 대한 반대 입장을 분명히 하였으므로, 독자의 이해를 돕는다는 명목하에 그의 방법론을 도표화하여 소개하는 것이 어쩌면 부적절한 시도가 될 수도 있겠으나, 방법론을 배우는 후학들에게 있어서는 이 도표가 선입견을 강제하지 않는 범위 내에서 방법론의 이해를 촉진하는 데 기여할 수 있을 것이라 생각되어 아래와 같이 인용하고자 한다([그림 5] 참조).

Glaser는 코딩을 자료와 이론을 연결하는 코드를 작성하는 개념화 작업으로서, 크게 실체적 코딩과 이론적 코딩으로 나누었다. 이론적 코딩은 실체적 코드가 어떻게 서로 연결되어 가설을 형성할 수 있을지에 대한 개념화를 돕는 작업을 말한다. Glaser는 이론적 코딩을 매우 중요하게 여겼으며, 그 절차를 정교화하였다. 이론적 코딩의 유형은 일명 6Cs(Causes, Contexts, Contingencies, Consequencies, Covariances, Conditions)로 불리는 여섯 가지의 코딩을 비롯하여, 과정 코딩, 전략 코딩 등 18개의 코딩 유형을 제시하였다.

객관주의와 경험주의 및 계량적인 논리로부터 시작하였지만, Glaser는 근거이론을 '생성' 시키는 방법 면에서는 연역이 아닌 귀납적 사고의 흐름을 철저하게 지키려고 노력하였다.

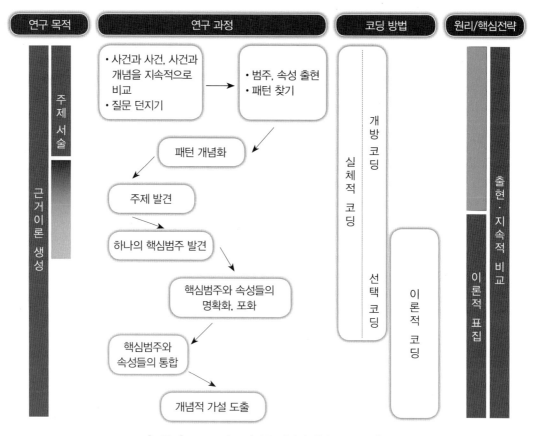

[그림 5] Glaser의 근거이론 생성방법(김인숙, 2014)

즉 눈으로 확인할 수 있는 자료와 사실을 귀납적으로 분석함으로써, 연구 주제에 대한 이 해를 풍부하게 할 수 있다고 보았다.

다. 연구 사례

앞서 언급한 대로, 국내에서 Strauss와 Corbin의 방법에 비해 Glaser의 방법에 기대어 연 구를 수행한 경우는 상대적으로 매우 적은 것으로 파악된다. 이제 제시하는 연구 예시는 권영미(2011)의 논문으로, 필자가 국내의 학술 논문 DB 프로그램들을 검색하여 찾은 Glaser의 방법론으로 수행된 소수의 연구물들 중 하나이다. 권영미(2011)[8]는 간호학과 학생들이 실제 간호 현장 실습이 아닌, 사회봉사교육의 일환으로 실시되는 간호전문교 육과 결합된 봉사활동 참여를 통해 어떤 경험을 하는지를 구체적으로 탐구함으로써, 간

---

8. 권영미(2011). 간호학생의 전공연계 봉사학습 경험. 한국간호교육학회지, 17(2), 208-217.

호학에서의 전공연계 봉사학습 과정을 설명하는 기초 모델을 발견하는 것에 목적을 두고 연구를 수행하였다. 그리하여 Schreiber와 Stern(2001)이 Glaser의 접근에 대해 이해한 것처럼, 연구 참여자들이 공유하고 있는 주요 문제를 찾아내고 이 문제를 다루어 가는 과정을 발견하는 데 있어서 참여자들에게서 자연스럽게 나타나는 문제해결 과정을 찾고자 하였다. 이 논문에서는 포괄적인 연구 질문으로서 '전공연계 봉사학습에서 경험한 것은 무엇인가?'로 시작하여, 이어서 '전공연계 봉사학습에 참여한 간호학생들이 공유하고 있는 사회심리적 문제는 무엇인가?'와 '전공연계 봉사학습에 참여한 간호학생들은 사회심리적 문제를 어떻게 다루어 가는가?'를 통해 구체적인 연구 질문을 수립하였다. 자료 수집 방법은 인터뷰를 주된 방법으로 하였다. 전공연계 봉사학습 프로그램에 참여한 9명의 간호학과 학부 학생들을 대상으로 개인 심층면담과 함께 포커스 그룹 토의를 통해 자료를 수집하였다.

자료 분석의 절차로, 먼저 개방 코딩 과정을 통해 계속적으로 다른 사건이나 상황과 비교 분석하면서 자료를 범주와 속성으로 개념화하였다. 그리하여 기본 사회-심리적 문제(Basic social-Psychological Problem: BSPP)로서 핵심범주인 '버거움'을 발견하고, 이후 '버거움'과 관련된 핵심범주와 관련된 개념들만으로 이론적 표본추출을 하였다. 그리고 나서, 발견된 핵심범주와 관련된 개념들만으로 제한하는 선택 코딩을 비롯하여, 범주와 범주, 범주와 범주의 속성 간의 개념적 관계를 만들어 내는 이론적 코딩 과정으로 자료 분석을 진행하였다. 그리하여 결과적으로 기본적인 사회적 과정(Basic Social Process: BSP)을 도출하였는데, 간호학생들이 '버거움'의 해결에 있어 '시간의 흐름'이 중요하며 시간이 지남에 따라 차츰 변화되고 해결되는 과정을 발견하였다. 연구의 신뢰도와 타당도를 확보하기 위한 절차와 활동도 논문에 명시하였다.

연구 결과로서, 연구 참여자들이 공유하는 기본적인 사회심리적 문제는 '버거움'이었으며, 이를 해결해 나가는 과정은 '자신을 일깨워 감'이라는 기본적인 사회적 과정으로 나타났다. 기본적인 사회적 과정에 대한 설명으로, "낯설고 거북하고 힘에 겨운 느낌을 해결하여 스스로의 능력을 확인하고 뿌듯한 보람을 느끼기까지 자신을 일깨워 나가는 과정"이라고 기술하였다. 연구자는 "이 과정이 순차적으로 나타나면서 순환되었다"라고 하면서, 이 순환의 과정을 참여자들의 표현을 근거로 상세히 기술함과 동시에 그림으로도 도식화하여 표현하였다([그림 6] 참조). Glaser의 방법을 적용한 논문들에서 그림이나 도표가 Strauss와 Corbin 방법을 적용한 논문만큼 권장되거나 발견되지는 않지만, 연구 결과를 가장 잘 표현할 수 있는 방안으로서는 충분히 가능할 것으로 생각된다. 기본적인 사회적 과정으로서 '자신을 일깨워감'의 하위 범주로서 '의욕이 샘솟음', '변화가 일어남', '당

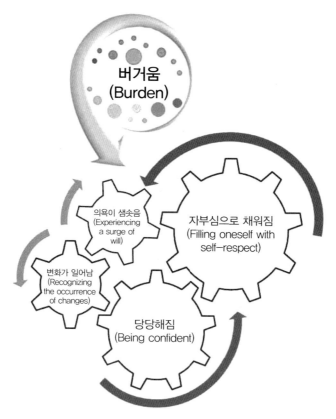

[그림 6] 간호학 전공 학생의 전공연계 봉사학습 경험(권영미, 2011)

당해짐', '자부심으로 채워짐'이 발견되었다. 이 연구의 결과로 도출된 '간호학생의 전공연계 봉사학습 경험'은 전공연계 봉사학습 프로그램을 간호학과의 교과과정으로 적용하는 데 있어 기초 자료를 제공한다는 면에서 의의가 있다. 이 연구는 근거이론 방법론이 추구하는 바에 잘 부합하는 좋은 연구라고 생각된다.

4. Charmaz의 방법

Charmaz(2006/2009)는 분석에 있어 구성주의 관점을 적극 받아들여, 보다 다양한 세부적인 현실 및 특정 세계를 바라보는 관점 및 행동의 복잡성에 강조를 두고 있다. Charmaz 역시 연구는 자료를 수집하는 것에서부터 시작하며, 충분한 자료가 풍부하게 모일수록 강력한 근거이론을 생성해 낸다고 하였다. Charmaz는 근거이론의 주 자료인 면담자료, 노트, 기록물 등의 자료 역시 사람에 의해 '구성된' 자료임에 주목하였다. 따라서 자료 역시 어떠한 의도와 목적이 있으며, 사회적, 상황적, 역사적 조건의 영향을 받을

수밖에 없다고 보았다. 따라서 연구 참여자와 연구자가 공동으로 이론을 구성해 나간다
는 관점으로 보는 것이 타당하다고 보고, 연구자의 관점이 개입되어 개발된 이론에 대한
초점, 맥락, 권력, 의사소통 등에 대한 구조를 형성해 나간다고 보았다. 이러한 관점은 기
존의 Glaser나 Strauss의 관점과는 상당히 차이가 있으며, 질적 연구에 대한 해석주의적 접
근을 상당부분 받아들인 방법으로 이해된다. 실제로 Charmaz(2006)는 자신의 방법을
설명하는 데 있어 해석학적 이론을 도입하여 기술하고 있다. 그에 의하면, 해석학적 이론
은 현상에 대한 이론가의 해석에 의존하며, 인과성보다는 비결정성(indeterminancy)을 허
용하며, 선형적 추론보다는 양상과 연관성을 보여 주는 것을 우선시한다. 사실과 가치는
연결되어 있고, 진실은 잠정적이며, 사회적 삶은 과정적이라고 가정한다. 이는 설명과 예
측을 목적으로 하는 객관주의 이론과는 대비된다. 이 방법은 해석학적 입장도 받아들이
고 있는데, 현실을 설명하기보다 다중적인 실재를 바라보며, 사회적으로 구성된 실재에
대해 보다 깊이 있게 이해하고자 하는 것에 관심을 둔다. 해석학적 관점의 목표는 현상을
추상적 용어로 이해하기 위해 현상을 개념화하고, 영역, 깊이, 권력, 관련성과 연결되는 이
론적 주장을 명료화하는 데 있다. 이론화의 주관성을 인정하기 때문에 타협, 대화, 이해의
역할을 받아들이며 상상적 이해를 제공한다(Charmaz, 2006).

가. Charmaz 방법의 특징

Charmaz(2009)가 제안하는 구성주의 근거이론의 특징은 앞서 Charmaz가 언급한 대로
Glaser 또는 Strauss와 Corbin의 방법을 객관주의적인 근거이론으로 위치시켜 비교해 볼
때, 분명한 차이를 나타낸다(〈표 3〉 참조). 먼저 첫째, Charmaz(2006)는 초기 근거이론
이 기준과 방향성에 있어 제한적인 면을 갖고 있으나, 그렇다고 해서 협소하게 해석되는
것에는 반대 입장을 표한다. 오히려 귀납적 분석을 통해 국지적 세계와 보다 큰 사회적
구조를 연결 짓는 이론화 작업을 수행할 수 있다고 보았다. 둘째, 연구 결과의 일반화가
가져오는 부작용에 대해 고려할 것을 주장하고 있다. 특히 탈맥락화라고 하는 것에 초점
을 두다가 과잉되게 결과를 단순화할 수도 있다는 위험성을 지적하고 있다. 이에 자료의
근거가 되는 충분한 맥락을 제공하는 것이 필요하다고 보았다. 셋째, 어쨌거나 근거이론
방법론은 개념들 간의 관계를 설명할 수 있는 이론의 틀을 만들어 내는 것이기 때문에 질
적 연구자들에게는 연구 지침을 제공할 수 있고, 실체적 적용의 가능성도 높다. 넷째, 연
구의 결과로 도출된 근거이론은 자료로부터 발견한 범주를 개념으로 끌어올리기 위해 이
론을 정렬하여 분석을 조직화하는 논리를 제공해야 하며, 범주 간의 이론적 연결고리를
만들고 세련되게 하는 방식을 제공할 수 있어야 한다. 객관주의적 근거이론 연구자들에게

〈표 3〉 객관주의 근거이론과 구성주의 근거이론의 비교(Charmaz, 2009)

	객관주의 근거이론	구성주의 근거이론
기본 가정	외적 실재를 전제함	다양한 실재를 전제함
	자료의 발견을 전제함	상호작용을 통한 자료의 상호구성을 전제함
	자료로부터 나타나는 개념화를 전제함	연구자가 범주를 구성함
	'자료의 대표성'에 문제가 없다고 봄	자료의 대표성을 '문제가 있고, 상대주의적이고, 상황적, 부분적'이라고 봄
	관찰자의 중립성, 수동성, 자율성을 전제함	관찰자의 가치, 우선순위, 위치, 그리고 행동이 관점에 영향을 준다고 전제함
목적	탈맥락적 일반화가 목표	시간, 공간, 위치, 작용, 상호작용에 따른 부분적, 조건적, 상황적 일반화라고 봄
	역사적, 상황적 위치를 초월한 엄밀한 추상적 개념화가 목표임	역사적 상황의 자료에 대한 해석적 이해가 목표임
	변수를 구체화함	변화의 범위를 구체화함
	적합하고, 작업하고, 관련성이 있고, 수정 가능한 이론을 만드는 것이 목표임	신뢰성, 독창성, 공명성, 유용성이 있는 이론을 만드는 것이 목표임
자료 분석의 함의	자료 분석을 객관적인 과정으로 봄	자료 분석에 주관성이 있다고 인정함
	출현한 범주를 '분석을 형성한다'고 봄	자료의 공통 구성요소가 분석을 만든다고 인식함
	반성을 하나의 가능한 자료의 출처로 봄	반성에 연구자가 참여함
	연구자의 분석적 범주와 목소리에 우선권을 줌	분석을 통합할 때, 참여자의 관점과 의견을 찾고 표현함

는 이론적 개념이 핵심 변인으로 받아들여지고, 설명과 예측력을 가질 것이다. 반면 구성주의적 근거이론 연구자에게 있어 이론적 개념은 해석적 틀을 제시하고, 관계에 대한 추상적 이해를 제공할 것이다.

나. 자료 분석 절차

Charmaz(2006)는 자료 분석에 있어 이론화를 위한 고정된 틀을 제시하지 않을 것을 권장한다. 고정된 틀이 자료를 정교하게 분석해 내는 데 도움이 되기도 하는 반면 오히려 연구 현상과 동떨어진 결과를 도출할 수도 있기 때문이다. Charmaz(2006)가 제시한 자료 분석 절차와 과정을 요약, 설명하면 아래와 같다.

초기 코딩

초기 코딩(initial coding) 단계는 자료를 충실히 탐구하고 연구자의 사고를 개념화하기 시작하는 단계로서, 우선 전사된 축어록 또는 기록물을 줄단위 분석(line-by-line analysis)을 하는 것으로 시작한다. 연구자는 녹취된 자료의 문장 단위와 단락 단위, 그리고 사건 단위로 그 자료가 의미하는 바를 충실히 코딩한 후 그 코딩들을 지속적으로 비교 분석하면서 유사점과 차이점을 찾아 나간다. Charmaz(2006)는 이때 연구 참여자의 언어를 있는 그대로 인용하는 'in vivo code'를 권장하는데, 그 이유는 코딩 자체에 연구 참여자들의 견해나 행동의 의미를 잘 보존하고 있어서 참여자들의 언어와 의미에 대한 상징적 표시가 될 수 있기 때문이다.

초점 코딩

초점 코딩(focused coding)은 자료 분석의 두 번째 단계로, 단어별, 줄별, 사건별 코딩보다 더 지시적이고 선택적이며 개념적인 코딩이다. 이는 Glaser의 관점과 유사하다. 이를 통해 자료를 분류하고 통합하는 것이 수월해진다. 이 단계에서 코딩은 더욱 선택적이며 개념화된다. 초기 코딩과 초점 코딩은 항상 선형적인 과정만은 아니며 순환적인 과정이라고도 볼 수 있는데, 초점 코딩 단계에서 연구자는 다시 초기 코딩으로 돌아가서 범주화 과정을 통해 새로운 의미를 갖게 된 개념들을 재확인하거나 새로운 사실을 찾아내어 개념화하기도 한다. 따라서 Charmaz(2006)는 초점 코딩에서부터 글쓰기가 진행된다고 본다.

축 코딩

본래 축 코딩(axial coding) 단계는 Strauss와 Corbin(1990/1998)이 제시한 단계이다. 범주를 하위범주와 연결시키고 범주의 속성과 차원을 구체화하며, 초기 코드를 통해 나누어진 자료를 출현하는 분석에 일치하도록 재결합시키는 과정이다. 축 코딩의 목적이 대량의 자료를 정렬, 종합, 조직화하는 것에 있다는 점을 들어, Charmaz는 축 코딩 절차가 의미 있다고 보았다. 그러나 Strauss와 Corbin이 제시한 형식적 절차를 그대로 따라 할 것을 제안하지는 않는다. 다만 범주가 보여 주는 경험을 알아 가면서 범주의 하위범주를 개발하고, 그들 간의 연결을 보여 주기 위한 목적으로 축 코딩 절차는 유용성이 있다(Charmaz, 2006).

이론적 코딩

이론적 코딩(theoretical coding)은 코딩의 마지막 단계로, 초점 코딩을 통해 선택한 코드를 따라가는 보다 정교한 수준의 코딩이다(Charmaz, 2006). 각각의 개념과 범주들이 서로 어떻게 연관되어 하나의 이론으로 통합되는지를 보여 주는 것이다. 즉 이론적 코딩은 초점 코딩에서 도출된 범주들 사이의 관계를 구체화시켜, 현상을 이해할 수 있는 분석적이고 일관성 있는 해석을 제시하는 단계로 이해할 수 있으며, Glaser의 견해와 맥을 같이한다.

이론적 코딩 단계에서는 자료의 성격에 따라서 여러 개의 분석적 도구를 사용할 수 있다. 예컨대 원인이나 맥락, 수반된 사건, 결과, 공변, 조건, 정도, 차원, 범위, 상호성, 유형, 수단-목표, 반대되는 쌍 등, 자료의 성격에 적당하다고 여겨지는 몇 개의 도구를 사용할 수 있지만 매뉴얼화된 틀은 없다. 이 단계에서 연구자는 연구 현상을 가장 충실하게 이해하고 설명할 수 있는 방식으로 개념과 범주들을 연결시켜 해석한 설명을 제시한다(Charmaz, 2006).

다. 연구 사례

이제 제시하는 연구 예시는 김선영(2014)의 논문으로, 아직은 국내에서 Strauss와 Cobin에 비해 상대적으로 적은, Charmaz의 방법으로 진행된 소수의 논문들 중 하나이다. 김선영(2014)[9]의 논문에서는 중국 유학생들이 소속 대학에서 제공하는 다양한 서비스와 프로그램을 통해 어떻게 문화적응이라고 하는 현상을 구성해 가며, 또 유학생활 만족도에는 이러한 프로그램 참여 경험이 어떻게 연결되는지를 탐구함으로써, 중국 유학생들의 문화적응과 관련된 프로그램을 개발할 때 기여할 수 있는 기초적인 이론을 산출하는 것을 연구의 목적으로 하고 있다. 학부과정에 재학 중인 11명의 중국 유학생들을 대상으로 심층면담을 진행하였고, 전사된 축어록을 중심으로 자료 분석을 실시하였다.

김선영(2014)은 Charmaz가 제시한 자료 분석의 네 가지 절차를 차례차례 거치기보다는, 초기 코딩과 초점 코딩에 주로 공을 들이고, 이 과정을 통해 형성된 범주들을 연결하고 엮어서 이론적 코딩[10]을 시도하여 결과를 도출하였다. 자료 분석의 첫 번째 절차인 초기 코딩 단계에서, 연구자는 줄단위로 반복해서 축어록을 읽으면서 자료를 속성(properties)에 따라 분류하였으며, 되도록 참여자들이 사용한 용어를 활용하여 코딩을

---

9 김선영(2014). 중국 유학생들의 정서적, 사회적, 그리고 학업수행 측면에서의 문화적응과 만족도 탐색. 교육행정학연구, 32(1), 131-157.

10 사실, 논문 본문에서는 선택 코딩(selective coding)이라고 기술되어 있다. 분석의 과정과 결과의 내용으로 보아, Charmaz가 제안한 이론적 코딩에 해당하는 것으로 간주하였다.

하였고, 이름 지어진 각각의 초기 코딩들이 면담 내용에서 벗어나지 않도록 주의를 기울였다.

다음 절차로, 연구자는 초점 코딩을 통해 초기 코딩에서 도출된 코드들을 개념적으로 비교하고 분석하면서 보다 상위개념인 '범주'를 형성해 나갔으며, 결과적으로 중요하고 반복적으로 나타나는 범주들을 묶어서 상위범주로 추상화했다. 초기 코딩과 초점 코딩 과정을 거쳐 연구자는 총 6개의 범주, 즉 '정서적 혼란 겪기', '긍정적으로 문화 수용하기', '학교 밖으로 정착하기', '사회적 통합 경험하기', '학업 수행을 위한 기초 역량 다지기', '학업 수행해 나가기' 범주를 형성하였다.

끝으로, 연구자는 이 6개의 범주들을 한국에서 대학생활을 시작한 입학 초기와, 어느 정도 학교생활에 적응했거나 한국어 능력이 향상된 유학 후반기로 나누고, 이들 각각에 '탐색기'와 '적응기'라고 이름을 붙였다. 그리고 각 기간별로 위의 6개의 범주들을 배치하였다. 그 결과 탐색기 참여자들의 경험의 범주는 '정서적 혼란 겪기'와 '학교 안으로 정착하기', 그리고 '학업 수행을 위한 기초 역량 다지기'로 정리되었다. 또 적응기 참여자들의 경험의 범주는 '긍정적으로 문화 수용하기', '사회적 통합 경험하기', '학업 수행해 나가기'로 정리되었다. 이 범주들은 다시 정서적 지원, 사회적 관계, 학업수행의 능력에 따라 최종적으로 세 개의 상위범주로 정리되었다. 이 세 개의 범주명은 '정서적 측면에서의 문화적응과 대학생활', '사회적 측면에서의 문화적응과 대학생활', '학업수행 측면에서의 문화적응과 대학생활'이다.

연구자는 이 세 개의 범주에 대해 논문의 결과 부분에서 참여자들의 언급과 더불어 이야기의 흐름으로 상세히 기술하고 있다. 먼저 개인적 측면에서, 정서적 혼란을 경험하고 있는 입학 초기의 유학생들은 다른 중국 유학생들과 긴밀한 관계를 맺고 정서적 교류를 함으로써 극복해 나가고자 했다. 이러한 관계 형성과 정서적 교류는 기숙사라는 공간에서 주로 이루어졌는데, 기숙사는 그들에게 정서적 쉼터 역할을 하고 있었다. 사회적 측면에서, 입학 초기 유학생들은 학교 환경에 빠르게 적응하고 사회활동을 원활히 할 수 있도록 지원되는 기본적이고 직접적인 학교 서비스 및 프로그램에 높은 만족도를 보이는 반면, 안정기에 접어들수록 좀 더 다양한 사회 경험을 적극적으로 할 수 있는 서비스 및 프로그램을 선호하며 만족해 하였다. 학업수행 측면에서, 유학생들은 한국어 고급 단계에 있더라도 여전히 학업에 어려움을 느끼고 있었다. 그러나 학문적 관계에 있는 사람들과 관계를 형성하고 지지를 받음으로써 학업에 만족도를 보였다. 이 연구 결과는 학교 행정가 및 교육자들이 중국 유학생들을 이해하고 그들을 위한 서비스 및 지원 프로그램을 개발하는 데 필요한 기초 자료를 제공하였다는 데 연구의 정책적 측면의 의의가 있다고 보인다. 방법론 측면에서는, 기초 자료를 제공함과 동시에 중국 유학생들이 그들의 '문화적응'과 '만족도'를 어떻게 구성하는지를 분석하여 보여 준 것으로 생각된다.

연구 절차 및 결과에 대한 타당성 평가 기준

"질적 연구의 과정과 결과가 믿을 수 있고, 정확하고, 맞다는 것을 어떻게 알 수 있는가?"

이 질문은 질적 연구 방법이 훌륭하고 타당한지를 평가할 때 제기하는 질문이다. 질적 연구에서의 평가는 연구의 적용 능력을 높이고 질을 결정하는 마지막 과정이다(신경림, 조명옥, 양진향, 2004). 질적 연구 방법론은 연구자의 주관적인 통찰, 발견, 해석에 중점을 두는 연구 접근방법이라 할 수 있다. 따라서 질적 연구자들은 질적 연구 평가에 적합한 기준이 명확히 서술되어야 한다고 주장해 왔다(Guba & Lincoln, 1981; Strauss & Corbin, 1998; 전명희, 2001; 박한샘, 2004).

Guba와 Lincoln(1981)이 제안한 기준은 특히 국내의 질적 연구자들에게 매우 사랑받는 질적 연구 타당성 평가 기준으로 보여진다. 이 기준의 출현이유 중 하나가 양적 연구에 경도된 연구자들에게 '그들의' 인식론적인 틀에서도 비교적 쉽게 질적 연구의 타당성을 이해할 수 있도록 하기 위함이기 때문이다. 이에 근거이론 방법론으로 연구된 연구물들의 연구 절차와 결과의 타당성 검토를 하는 데 있어서도, Strauss와 Corbin이 그들의 저서에서 설명한 기준보다 Guba와 Lincoln의 기준이 더 많이 적용되었음을 국내 질적 연구물들을 통해 발견할 수 있다. 이에 이 절에서는 자연주의 관점에서 사회적 세계를 탐구한 질적 연구를 평가하는 기준으로 Guba와 Lincoln(1981)의 기준을 간략히 살펴본 후, Strauss, Glaser, Charmaz가 그들의 견해에서 연구 타당성 평가 기준을 어떻게 보고 있는지를 차례대로 살펴보기로 한다.

1. Guba와 Lincoln(1981)의 기준

이들은 사실적 가치(truth value), 적용가능성(applicability), 일관성(consistency), 중립성(neutrality)의 네 가지 기준을 제시하면서, 이러한 기준이 충족되었는지를 평가함으로써, 질적 연구의 결과가 독자들에게 보다 체계적으로, 또 보편성을 띠면서 전달될 수 있다고 보았다.

① **사실적 가치**: 양적 연구에 있어서 내적 타당도에 속하는 개념으로 연구의 발견이 얼마나 실재를 정확하게 반영하였는가에 초점을 둔다. 이는 신빙성(credibility)이라고도 표현되는데 현상을 얼마나 생생하고 충실하게 서술하고 해석하였는가를 의미한다. 사실적 가치를 높이기 위해 보통 질적 연구에서는 자료 수집 방법에 있어서한 가지 방법에만 의존하는 것이 아니라 관찰과 현장학습, 공식적 자료 등을 포함하여 다양성을 확보하는 삼각검증(triangulation)을 활용하는 것을 권장한다.

② **적용가능성**: 양적 연구의 외적 타당도와 유사한 개념인데, 외적 타당도란 연구 결과가 일반화될 수 있는가를 측정하는 것이다. 그러나, Lincoln(1981)은 질적 연구에서의 적용성은 적합성(fittingness)이란 개념으로 설명할 수 있다고 하였다. 적합성이란 연구 결과가 연구가 이루어진 상황 밖에서도 적합한지, 그리고 독자들이 연구결과를 읽고 자신의 고유한 경험에 비추어 보았을 때 의미 있고 적용가능한지를 보는 것이다. 즉, 연구 결과가 연구 상황 이외의 맥락에도 적절하거나 독자들이 이 결과를 그들 자신의 경험에서 의미 있고 적용할 만한 것으로 볼 때에 이 기준이 충족된다고 하였다(박한샘, 2004).

③ **일관성**: 양적 연구에서는 신뢰도를 의미하는 것으로, 비슷한 참여자와 비슷한설정에서 반복되었을 때 그 연구 결과가 동일한 것인지를 나타낸다. Guba와 Lincoln(1981)은 이러한 일관성이라는 용어보다는 감사가능성(audibility)이라는용어가 더 적절할 수 있음을 제안하였다. 왜냐하면 질적 연구에서는 사람들의 경험과 환경의 독특성을 강조함으로써 공통적인 반복(replication)이 아니라 경험의 다양성이 추구되기 때문이다. 따라서 연구자에 의해 사용된 '분명한 자취'를 다른 연구자가 따라갈 수 있고, 연구자의 자료, 시각, 상황에 따라 전혀 모순되지 않는 비슷한 결론에 도달할 수 있을 때에 일관성이 높다고 볼 수 있다.

④ **중립성**: 연구 과정과 결과에서 편견이 배제되어야 함을 의미한다. 양적 연구에서는신뢰도와 타당도가 높을 때 이 기준이 충족되며 이는 확인가능성(confirmablity)이라고 표현될 수 있다. Guba와 Lincoln(1981)은 질적 연구에서 중립성은 앞의 사실적 가치, 적용가능성, 일관성이 확립될 때에 획득된다고 하였다.

2. Strauss와 Corbin(1990/1998)의 기준

Guba와 Lincoln(1981)의 기준과 유사하게, Strauss와 Corbin(1998)은 근거이론 연구 방법을 적용한 연구를 평가하는 데 있어서, (1) 타당도, 신뢰도, 사실성 (2) 연구 과정의 적

합성, 이론의 생성 및 정교화 (3) 연구 결과의 경험적 근거에 대한 판정의 세 가지를 살펴
보는 것이 중요하다고 하면서, 특히 연구 과정의 적합성과 연구 결과의 경험적 근거를 평
가 기준으로서 강조하였다. 이 두 가지를 구체적으로 살펴보면 다음과 같다.

가. 연구 과정의 적합성 평가 기준

① 표본이 어떻게 선정되었는가? 무엇을 근거로 하는가?

② 어떤 주요 범주들이 나타났는가?

③ 주요 범주로 지목된 사건, 부수적인 사건, 행동 등은 무엇인가?

④ 어떤 범주에 기초하여 이론적 표본추출과 자료 수집이 이루어졌는가? 이것이 범주
들을 대표하는가?

⑤ 범주들 간의 개념적 관계와 관련된 가설은 무엇인가? 가설이 형성되고 검증되는 근
거는 무엇인가?

⑥ 가설이 실제로 나타나는 것을 지지하지 않을 때가 있는가? 이러한 차이를 어떻게
설명할 것인가? 이들은 가설에 어떠한 영향을 미쳤는가?

⑦ 핵심범주는 어떻게, 왜 선택되었는가? 어떤 근거에서 최종 분석적 결정이 내려졌
는가?

나. 연구 결과의 경험적 근거 기준

① 개념이 만들어졌는가?

② 개념들이 체계적으로 연결되었는가?

③ 개념적 연결이 많은가? 범주가 잘 개발되었는가? 범주의 밀도는?

④ 이론이 많은 다양성을 반영하며 구축되었는가?

⑤ 광범위한 조건들이 설명되었는가?

⑥ 과정(변화 혹은 움직임)이 고려되었는가?

⑦ 이론적 발견들이 중요하게 보이는가? 그리고 어느 정도까지 그렇게 보이는가?

더 나아가서, Strauss와 Corbin(1998)은 근거이론 연구 평가에 있어서 연구자의 자료
분석 능력, 이론적 민감성, 상호작용의 미묘함에 대한 민감성, 그리고 글 쓰는 능력 등을
고려해야 한다고 제안하였다.

3. Glaser(1978)의 기준

Glaser는 연구가 시작되는 순간부터 지속적인 자료 수집과 분석이 함께 이루어지면서 체계적이고 귀납적으로 출현하는 것이 바로 근거이론이라고 하였다. 때문에 Glaser의 관점에서 근거이론 연구자는 선입견을 주는 아이디어나 기존 이론으로부터 시작하지 않는다. 때문에 Strauss의 방식처럼 분석의 과정에서 패러다임 모형과 같이 어떤 틀을 제시하고 거기에 자료를 재배치하는 것을 반대한다. 때문에 Glaser의 관점에서 볼 때, 출현된 근거이론은 기존의 타 이론에 기대거나 타 이론과의 관련성을 굳이 추구하거나, 타 이론을 검증하는 것에 목적을 두지 않는다.

먼저 1967년 Glaser는 Strauss와의 공동저작인 『The discovery of grounded theory』에서, 연구의 결과물로 출현된 근거이론이 실제 현장에 적용가능한지를 평가하는 기준으로 네 가지 속성을 제안하였다. 첫째는 적합성(fit)으로, 출현된 이론이 실제 장면에 잘 맞는지를 살펴본다. 둘째는 이해가능성(understandable)으로, 현장과 관련된 일반 사람들이 이해할 수 있는 내용인지를 고찰한다. 셋째는 일반성(general)으로, 실제 현장 안에 있는 일상의 다양한 상황들에 충분히 적용가능한지를 살펴본다. 넷째는 통제성(control)으로, 출현된 이론의 시간의 흐름에 따른 구조와 과정을 매일 매일의 상황 속에서 부분적으로라도 통제하는 것이 가능한지를 살핀다. 이러한 기준은 근거이론이 처음 주창되었을 때의 철학적 배경인 실용주의와 객관주의의 영향을 받은 것으로 보이며, 현장에서 나온 자료에 의해 생성된 이론이 실제 그 현장에 적용가능한지를 살펴보는 과정을 다시 거침으로써 이론의 유용성을 확인하는 데 필요한 기준으로서 의미 있다고 보인다.

이로부터 10여 년 후, Glaser(1978)는 『이론적 민감성(Theoretical sensitivity: Advances in the methodology of Grounded Theory)』에서 더 상세화된 기준 네 가지를 제안하였다. 첫째는 적합성(fit)으로, 연구 결과로 생성된 근거이론이 연구 자료와 상태에 대하여 적합성을 지녀야 한다는 것이다. 둘째는 작동성(work)으로, 연구 대상에 대하여 설명적이고 작동가능한지를 보여 줄 수 있어야 한다는 것이다. 셋째는 관련성(relevance)으로, 앞의 효과성이 충분히 확보되면 관련성 또한 충족될 수 있다고 보았다. 넷째는 수정가능성(modifiability)으로, 연구 결과로 구축된 근거이론이 이후 지속적인 적절성을 보증하고, 이후의 다양한 변화를 수용하는지를 확인하는 것이 필요하다는 것이다.

4. Charmaz(2006)의 기준

근거이론을 연구의 결과물로 산출하는 데 있어, 구성주의적 관점을 적극 도입할 것을 제안하는 Charmaz(2006)는 연구의 목적 및 맥락과의 조화를 이룰 수 있는 평가준거의 개발과 적용을 강조하였다. 그녀는 Glaser(1978)가 제시한 기준이 연구자가 구성한 이론이 얼마나 자료를 다듬어 내고 있는가를 고려할 때 특별히 유용하다고 하면서, 연구자가 소속된 학문분야의 특성, 연구 결과가 갖는 증거성(evidentiary), 그리고 미학성(aesthetic)도 근거이론 연구의 최종 산출물을 평가하는 데 중요한 고려사항이라고 보았다. 학문분야에 따라, 또 연구자가 어떤 학문적 수준을 갖고 있느냐에 따라(예: 박사 후 연구자, 박사과정자, 석사과정자 등) 연구 수행과 증거를 수용하는 기준이 상이하므로, 융통성 있게 기준을 적용할 것을 제안하였다. Charmaz가 연구 결과 산출한 최종적 이론의 평가기준 네 가지는 신빙성(credibility), 독창성(originality), 공명성(resonance), 유용성(usefulness)이다. Charmaz(2006)는 그녀의 저서 『근거이론의 구성(Constructing grounded theory: A practical guide through qualitative analysis)』에서 이 기준들을 확인하기 위해 살펴볼 사항들도 상세하게 소개하고 있다. 이를 구체적으로 살펴보면 다음과 같다.

가. 신빙성

① 연구 상황이나 주제에 대해 친밀한 익숙함을 얻어냈는가?

② 주장을 뒷받침해 주는 자료는 충분한가?

③ 관찰 및 범주를 체계적으로 비교했는가?

④ 범주는 폭넓은 경험적 관찰을 포괄하고 있는가?

⑤ 수집된 자료는 연구자의 주장 및 분석과 논리적으로 견고하게 연결되어 있는가?

⑥ 독자가 연구자의 주장을 독립적으로 평가하며 그에 동의할 만큼 충분한 증거를 연구에 담아내고 있는가?

나. 독창성

① 연구자의 범주는 신선한가? 범주는 새로운 통찰을 제공하는가?

② 연구자의 분석은 자료에 대해 새롭게 정제된 개념을 제공하는가?

③ 이 연구의 사회적, 이론적 함의는 무엇인가?

④ 연구자의 근거이론은 현재의 아이디어, 개념, 실천 등에 얼마나 도전하고 있으며, 그것을 확장시키거나 세련되게 다듬어 내는가?

다. 반향성

① 범주는 연구하려는 경험을 충분히 묘사하는가?

② 당연하게 여겨지는 바가 담고 있는 한계적이고 불안정한 의미를 밝혀냈는가?

③ 자료가 가리키는 바대로, 보다 큰 규모의 집합체, 제도, 개인의 삶이 서로 연결되어 있는 고리를 끌어냈는가?

④ 연구자의 근거이론은 참여자나 특정 상황을 공유하는 사람들에게 의미를 부여하고 있는가? 연구자의 분석은 그들의 삶과 세계에 보다 깊은 통찰을 제공하고 있는가?

라. 유용성

① 연구자의 분석은 사람들이 일상의 세계에서 사용할 수 있는 해석을 제공하는가?

② 연구자의 분석 범주는 어떠한 일반적 과정을 제시하는가?

③ 만일 그렇다면, 일반적 과정의 묵시적인 함의에 대해 검토했는가?

④ 연구자의 분석은 또 다른 실체적 영역에 관한 후속연구를 불러오는가?

⑤ 연구자의 결과물이 지식에 기여하는 바는 어느 정도인가? 보다 나은 세계를 만드는 데 얼마나 기여하는가?

맺음말

지금까지 근거이론 방법론에 대해, 큰 흐름을 주도해 온 세 명의 학자들의 견해를 중심으로 철학적 배경과 자료 분석 절차, 그리고 연구 절차와 결과에 대한 타당성 평가 측면에서 고찰하였다. Strauss의 견해를 정리해 보면, Strauss의 방법론은 Glaser의 실증주의 또는 객관주의적 방법론과는 구분이 되는 것이 사실이다. Strauss(1987)에게 분석 대상인 사회현상은 복잡하고, 시간의 경과에 따라 변화하는 상호작용을 특징으로 하고 있다. Strauss는 이론을 형성하는 데 있어서는 Glaser처럼 철저하게 귀납적 절차를 강조하기보다는 연역과 귀납을 넘나드는 작업이 필요하다고 보았다.

　이영철(2014)은 Strauss와 Glaser의 방법상의 특징을 비교하면서, 다음과 같이 두 사람의 접근이 공통점과 차이점을 갖는다고 보았다. 먼저 공통점으로, 자료로부터 이론을 형성하는 것, 코딩의 중요성, 이론적 표집의 중요성에 대해서 두 사람은 의견을 같이한다. 한편 두 사람의 접근은 공통점보다는 차이점이 더 많은 것으로 보인다. 첫째로, 복잡한 현상을 이해할 때 Strauss는 연구자의 질문이 중요하다고 보았다. 왜냐하면 사회 안에서 일어나는 복잡한 현상을 이해하는 데 있어서, 개념도 불확실하고 개념 간의 관계도 불확실하므로, 연구를 진행할 때 연구자의 질문을 통해 개념들이 하나하나 구체화되고 연구의 방향도 잘 정립할 수 있다는 것이다. 반면 Glaser는 자료 수집 과정에서 객관성을 확보하는 것이 매우 중요하기 때문에, 연구사는 최대한 참여자의 반응 또는 자료 제공 과정에 개입하기보다는 참여자의 말과 행위를 보고 듣기만 하는 수동적인 역할을 할 것을 주문한다. 또 Glaser가 선입견에 영향받지 않고 자료를 수집하는 데 집중할 것을 제안한 반면, Strauss는 참여자의 반응과 보고 외에 개인적인 경험 자료를 적극 활용할 것을 권한다. 자료 수집 과정, 코딩과 이론화 과정에서 연구자의 경험과 시각에 입각하여 자유롭게 질문을 하고 자료를 수집하는 것이 중요하다고 보았다. 둘째, 코딩 측면에서의 차이이다. Glaser가 제안한 실체적 코딩(개방 코딩, 선택 코딩)과 이론적 코딩은 Strauss가 제안한 개방 코딩, 축 코딩, 선택 코딩에 상응하는 것으로 보이지만, 코딩의 기본 전제에서는 의견을 달리한다. Strauss는 우리가 익히 잘 알고 있는 축 코딩 단계에서의 패러다임 모형을 사용하는 것이 참여자의 경험을 잘 이해하는 데 도움이 된다고 본 반면, Glaser는 패러다임이야말로 선입견의 고정된 틀에 연구 자료를 쉬어넣는 것이 된다고 비판하였다.

따라서, 근거이론 방법론을 적용하고자 하는 연구자는 자신이 활용하는 방법론이 누구의 입장에 터하여 있는지를 정확히 밝히고 시작해야 한다(Wilson & Hutchinson, 1996; 최귀순, 2005 재인용). 왜냐하면 앞서 언급한 대로 '연구하고자 하는 현상 또는 주제'를 바라보는 세 학자들이 공유하는 측면, 즉 연구하고자 하는 현상을 잘 설명하는 이론을 '현장 자료에 기초하여' 생성한다는 측면에서는 세 학자들이 의견을 같이하고 있으나, 실제 연구를 진행해 나감에 있어 추구하는 방향이나 철학적 배경을 달리하고 있기 때문이다. 비유하자면, 겉으로는 같은 그릇처럼 보인다 하더라도 그 그릇이 무엇을 담으려고 만들어졌는지, 어떤 재질의 재료로 만들어졌는지, 만들어지는 과정에서 어떤 공정을 거쳤는지, 향후 수명이 긴 그릇으로 존재하기 위한 사용법을 실제 사용자에게 알려 주는 지침을 어떤 식으로 제공하는지에 따라 그 쓰임새가 달라지기 때문이다. 국내에서 발표되는 근거이론을 활용한 논문들을 보면, 대체로 Strauss와 Corbin의 방법에 따라 연구가 수행되었다고 밝히고 있다. 그 덕분(?)에 근거이론 방법론을 적용하였다고 하는 논문들은 그 작성된 모습이 거의 천편일률적으로 비슷하다. 도식화된 범주 표와 패러다임 모형이 결과로 제시되고, 범주를 설명하는 장문의 글이 이어지며, 축 코딩 단계에서의 과정 분석 결과 역시 거의 비슷한 형식 패턴으로 제시된다. 마치 매뉴얼처럼 연구의 절차와 세부 방법들을 나름의 틀을 제시하면서 상세히 소개한 Strauss의 방법론 덕분에 '어떻게' 연구할지에 대해 연구자가 인식하기는 훨씬 수월하다. 질적 연구를 수행하는 데 있어 막연함과 어려움을 경험하는 연구자들에게 있어 매뉴얼처럼 잘 정돈되어 있고 잘 안내되어 있는 방법과 절차는 마치 생수와 같은 역할을 할 수 있다. 그러나 한편 그 연구를 통해 연구자가 추구하는 바가 무엇인지에 대해서는 간과한 채 알맹이가 부족한 연구를 하게 될 가능성을 낳게 된다. 이러한 부작용을 겪지 않기 위해서는 '귀어초심(歸於初心)', 즉 초심으로 돌아가서, 연구를 시작하기 전에 연구 주제와 연구자 자신, 그리고 방법론에 대한 연구자 자신의 인식에 대해 성찰하는 자세가 필요하다. 예컨대, 연구자에게 연구하고자 하는 주제가 있고, 그 주제를 밝혀 줄 실체적 이론을 만드는 것이 연구의 목적인데, 만일 자료를 보다 객관적으로 바라보면서 그 자료가 나타내는 속성과 패턴을 잘 드러내어 생성하는 것이 목표라면 Glaser의 방법을, 연구 참여자들과 참여자가 보여 주는 자료들을 통해 시간의 흐름에 따른 여러 수준의 작용과 상호작용의 변화과정을 찾는 것이 목표라면 Strauss의 방법을, 이론을 도출해 내는 것을 목표로 하면서도 그 참여자의 경험이 어떻게 구성되는지를 연구하는 데 관심이 있다면 Charmaz의 방법으로 접근하는 것이 연구지 자신에게도 유익하며, 보다 좋은 연구 결과물을 얻는 데 한발 더 다가갈 수 있을 것으로 생각된다.

근거이론 방법론이 창안된 이래 이제 50여 년을 향해 가고 있는 지금까지, 근거이론 방법론은 많은 논쟁과 발전을 거듭해 왔다. 논란이 많은 방법론이지만, 근거이론 방법론의 기본 정신과 그 유용성으로 인해 여전히 많은 학문분야에서 근거이론 방법론을 적용하여 연구를 진행하고 있다. 필자의 견해로, 연구자들이 간과하지 말아야 할 또 한 가지는, 방법론에 대한 연구자들의 충분한 이해와 숙달이 필요하다는 점이다. 앞서 언급한 것처럼 근거이론의 각 분파가 추구하는 바에 있어 차별성이 있으므로, 연구자는 무엇에 연구의 초점을 두는지를 잘 인식하고 있음과 동시에 연구자 스스로가 그 방법론을 잘 익히고 숙달해야 한다. 사실 모든 연구자들에게 다 해당되는 부분이겠지만, 특히 근거이론 방법론을 활용하여 연구를 하고자 하는 연구자들이 꼭 명심해 주었으면 하는 바람이다.

참고문헌

권영미(2011). 간호학생의 전공연계 봉사학습 경험. 한국간호교육학회지, 17(2), 208-217.

김미영(2001). 치매노인을 돌보는 간호사의 경험 과정. 이화여자대학교 대학원 박사학위 논문.

김선영(2014). 중국 유학생들의 정서적, 사회적, 그리고 학업수행 측면에서의 문화적응과 만족도 탐색. 교육행정학연구, 32(1), 131-157.

김영천(2013). 질적 연구 방법론 II: Methods. 파주: 아카데미프레스.

김인숙(2014). 글레이저의 근거이론 방법 해제.

김인숙·장혜경 역(2014). 근거이론 분석의 기초: 글레이저의 방법. 서울: 학지사 [원전: Glaser, B.G. (1992). Basics of grounded theory analysis: Emergence vs. forcing. Sociology Press.]

김현주(2007). 미국 조기유학 청소년의 적응과정 연구: 근거이론을 적용하여. 이화여자대학교 대학원 박사학위 논문.

박승민(2005). 온라인게임 과다사용 청소년의 게임행동 조절과정 분석. 서울대학교 대학원 박사학위 논문.

박한샘(2004). 이혼가족 자녀의 적응과정에 관한 연구: 근거이론 접근. 연세대학교 대학원 박사학위 논문.

신경림, 조명옥, 양진향(2004). 질적 연구 방법론. 서울: 이화여자대학교 출판부.

이영철(2014). 근거이론의 근거에 대한 음미: 방법론과 방법. 한국정책과학학회보, 18(1), 187-214.

전명희(2001). 이혼 후 자녀양육형태 형성과정에 관한 연구. 연세대학교 대학원 박사학위 논문.

최귀순(2005). Strauss와 Glaser의 근거이론방법론 비교. 정신간호학회지, 14(1), 82-90.

Blumer, H. (1969). Symbolic Interactionism: Perspective and Method. Englewood Cliffs, New Jersey: Prentice Hall.

Charmaz, K. (2006). Constructing grounded theory: A practical guide through qualitative analysis. Sage Publications, Inc. 박현선, 이상균, 이채원(공역). 근거이론의 구성: 질적 분석의 실천적 지침. 서울: 학지사.

Charmaz, K. (2009). Shifting the grounds: Constructivist grounded theory methods. In Morse, J. M. et al. Developing grounded theory: The second generation. Walnut Creek, California: Left Coast Press Inc. 신경림, 김미영, 신수진, 강지숙(공역). 근거이론의 발전: 제2세대. 서울: 도서출판 ㅎ누리.

Clarke, A. E. (2009). From grounded theory to situational analysis: What's new? why? how? In Morse, J. M. et al. Developing grounded theory: The second generation. Walnut Creek, California: Left Coast Press Inc. 신경림, 김미영, 신수진, 강지숙(공역). 근거이론의 발전: 제2세대. 서울: 도서출판 ㅎ누리.

Corbin, J., & Strauss, A. (2008). Basics of qualitative research: Techniques and procedures for developing Grounded theory (3rd Ed.), Thousand Oaks, CA: Sage Publications, Inc.

Creswell, J. W. (2013). Qualitative inquiry and research design: Choosing among five approaches. 조흥식, 정선욱, 김진숙, 권지성(공역). 질적 연구 방법론. 서울: 학지사.

Dewey, J. (1929). The quest for certainty. New York: Capricom.

Glaser, B. G. (1978). Theoretical sensitivity: Advances in the methodology of Grounded Theory. CA: Sociology Press.

Glaser, B. G. (1992). Basics of grounded theory analysis: Emergence vs. forcing. Sociology Press. 김인숙,

장혜경(공역). 근거이론 분석의 기초: 글레이저의 방법. 서울: 학지사.

Glaser, B., & Strauss, A. (1967). The discovery of grounded theory. Chicago: Aldine.

Guba, E. G., & Lincoln, Y. S. (1981). Effective Evaluation. San Francisco, CA : Jossey-Bass.

Hughes, E. C. (1971). The sociological eye: Selected papers. Chicago: Aldine-Atherton.

Mead, G. H. (1934), Mind, self and society. Chicago: University of Chicago Press.

Morse, J. M. Stern, P. N., Corbin, J., Bowers, B., Charmaz, K., & Clarke, A. E. (2009). Developing grounded theory: The second generation. Walnut Creek, California: Left Coast Press Inc.

Park, R. E. (1967). On social control and collective behavior(R. H. Turner, Ed.). Chicago: University of Chicago Press.

Schreiber, R. S., & Stern, P. N. (2001). Using grounded theory in nursing. New York: Springer Publishing Company.

Strauss, A. (1987). Qualitative analysis for social scientists. Cambridge, UK: Cambridge University Press.

Strauss, A., & Corbin, J. (1990). Basics of qualitative research: Grounded theory procedures and techniques. Thousand Oaks, CA: Sage Publications, Inc.

Strauss, A., & Corbin, J. (1998). Basics of qualitative research: Grounded theory procedures and techniques(2nd Ed.), Thousand Oaks, CA: Sage. 신경림 역(2001). 근거이론의 단계. 서울: 현문사.

Thomas, W. I. (1966). On social control and collective behavior (M. Januwitz, Ed.). Chicago: University of Chicago Press.

Wilson, H. S., & Hutchinson, S. A. (1996). Methodologic mistakes in grounded theory. Nursing research, 45(2), 122-124.

열다섯 가지 접근

5.

생애사 연구

김영천 ǀ 진주교육대학교　　**민성은** ǀ 진주교육대학교 생애사 연구는 질적 연구 방법 중 하니로 최근 다양한 학문 분야에서 사용되고 있다. 특히 생애사 연구는 포스트모더니즘을 배경으로 한 '내러티브의 전환(narrative turn)'에 기초하여(Goodson & Sikes, 2001; 김영천·한광웅, 2012), 개인의 삶의 이야기의 가치에 대해 조명하게 되면서부터 생애사 연구의 학문적 활용도가 높아졌다(김영천, 2012). 다양한 학문 분야에서 생애사 연구에 관심을 갖는 이유는 바로 개인의 삶을 통해 사회를 바라볼 수 있기 때문이다. 한 개인 삶은 시대, 국가, 소속된 공동체, 지위, 역할, 사회적 이슈 등에 따라 다양한 요소에 의해 영향을 받는다. 따라서 한 개인의 생애사를 연구한다면 그 시대의 사회적 및 역사적 맥락을 살펴볼 수 있다. 이러한 시도는 소수 집단의 문화를 밝히는 연구에서부터 시작하여 사회복지학, 교육학, 간호학, 여성학 등의 다양한 학문 분야에서 이루어져 왔다. 최근 우리나라에서도 생애사 연구에 대한 관심이 높아지고 있다. 우리나라에서는 특히 교육학, 사회복지학, 체육학에서의 활용도가 높다. 그러나 현재 생애사 연구 자체에 대한 연구가 부족한 실정이다. 따라서 본 연구에서는 생애사 연구의 방법과 동향 그리고 구체적인 연구 과정과 방법을 제시하여 생애사 연구에 대해 종합적으로 이해하고자 한다.

생애사 연구의 개념

고전적 의미의 생애사는 단순히 한 개인의 성장에 대해 문화적인 맥락에서 바라보는 것으로 이해되었으나, 현대적 의미의 생애사는 한 개인의 전 생애 발달과정에 대한 삶의 역사를 외적인 삶의 상태와 심리적인 측면과 정신적 내적인 측면을 묘사하는 것으로 정의된다(김영천, 2013b: 205). 즉 생애사란 개인이 자신의 삶을 성찰하여 재구성하는 이야기라고 볼 수 있다(Alheit, 1993; 박성희, 2003 재인용).

  Goodson과 Sikes(2001)에 따르면 생애사 연구는 개인이 그들의 삶에 대한 각기 다른 시각이 존재하며, 개인의 삶과 역사 및 사회적 맥락과 사건에 대한 인식과 경험 사이의 상호관계가 있고, 각 개인의 그들의 삶을 통해 자신의 역할과 정체성을 어떻게 형성해 나가는지 살펴볼 수 있는 중요한 연구 방법이다. 이처럼 생애사 연구는 한 개인의 삶의 내러티브가 사회적·역사적 맥락들로 인해 변화하고 형성되는 과정을 살펴보는 것에 의미를 둔다. 이러한 생애사 연구는 개인적인 창문을 통해 공적인 맥락을 발견하여 이야기로 기술하며, 연구자와 연구 참여자의 공동적인 지식을 구성하는 연구 방법이라고 할 수 있다 (Cole & Knowle, 2001; 김영천·한광웅, 2012). 생애사는 전기적 성격과 자서전적 성격을 지니는 개인적 문서와 구술을 통해 밝혀내는 개인의 인생 이야기이기 때문에 연구의 대상은 개개인의 삶의 여정이다(Dollard, 1935; Bertaux&Kohli, 1984). 여기서의 개인은 자신의 삶을 능동적으로 구성하는 사회적 행위주체이기 때문에 사회적, 정치적, 문화적 사회맥락의 영향을 받으며 사회적 조건에 의한 다양한 변화과정을 경험한다(Alheit, 1996; 박성희, 2003 재인용; Ojermark, 2007). 따라서 '가장 개인적인 것이 역설적으로 공공적인 것을 함축하고 있다.'는 말처럼 생애사 연구는 개인의 시각을 통해 개인과 사회의 상호관계를 밝혀 사회적 조건과 맥락을 발견하는 방법이라고 할 수 있다(박성희, 2003; 김영천·한광웅, 2012).

생애사 연구는 연구 참여자의 변화하는 관점과 행위지향을 공동석으로 해석하고 재구성하는 방법론이다(이동성, 2015). 개인은 자신을 둘러싸고 있는 사회문화적 구조의 영향을 받으며, 이러한 영향으로 인해 자신의 생각과 행동이 변화하여 개개인마다 다른 생애사가 만들어진다. 이러한 과정에서 연구자는 연구 참여자를 둘러싼 경험 세계에 대해 어떻게 해석할지 고민해야 한다(Lewis, 2008). 생애사 연구는 연구 참여자의 이야기를 그대로 서술하는 것이 아니며, 연구 참여자가 자신의 경험을 성찰 및 반성하고, 이를 토대로 한 연구자의 해석과 재구성이 필요하기 때문이다(Dezin, 2006). 따라서 생애사 연구는 자기반성과 성찰을 목적으로 하는 연구 방법이며, 연구자와 연구 참여자는 자신의 위치성과 정체성을 형성하는 기회를 갖는다(김영천 외, 2006). 즉 생애사의 목적은 개인의 삶의 이야기를 사회문화적 구조와 관련시켜 바라봄으로써 개인의 삶과 사회구조를 해석하고 재구성하는 것이다.

이에 생애사는 단순히 개인의 삶을 기술하기보다는 각 개인의 삶을 해석하고 재구성하는 과정을 통해 개인이 살아가는 시대의 사회문화적 맥락을 밝혀내는 연구 방법이다. 박성희(2003)의 생애사 연구의 네 가지 특징은 생애사 연구의 개념을 보다 명확히 파악하는 데 도움을 준다. 첫째, 개인이 현대사회를 살아가는 행동 양식이나 문화적 습관을 밝혀내는 발견적인 특징을 가진다. 둘째, 개인이 자신의 경험을 재구성하여 본인의 정체성을 찾아가는 것이 목적이다. 셋째, 생애사적 경험의 재인식은 연속적인 발달 과정이기 때문에 여러 경험이 축적된 복잡한 구조로 이루어진다. 넷째, 연구 분석 시 연구자의 입장이 아닌 개인의 눈으로 분석이 이루어져야 한다. 이처럼 생애사 연구는 개인의 삶을 성찰하며, 자신의 정체성을 찾아가고, 이러한 과정을 통해 실제 사회적 맥락과 연결시킨다는 특징이 있다. 따라서 생애사 연구자는 연구 참여자가 삶에 대해 성찰하고 반성하는 과정을 통해 자신의 정체성을 찾도록 지속적으로 이끌어야 하며, 이러한 과정을 통해 사회적 맥락이 어떠한 영향을 주었는지 해석하고 재구성해야 한다. 즉, 생애사 연구는 연구자와 연구 참여자의 공동 작업이라고 볼 수 있다.

생애사 연구의 동향

최근 생애사 연구는 다양한 학문 분야에서 활발히 사용되고 있다. 생애사 연구는 사회과학과 인문학 분야에서 그 중요성과 역할이 증대되고 있으며, 특히 여성학(Becker-Schmidt, Dausien, Diezinger, Krueger)과 교육학(Cole & Knowles, Freeman, Goodson & Sikes, Harnett, Samuel, Vithal, Sikes) 등의 분야에서 활발히 이루어지고 있고, 다른 학문 분야에서도 마찬가지이다(민성은 외, 2015). 이 절에서는 생애사 연구의 발전 과정와 어떠한 학문 분아에서 많이 사용되고 있는지 살펴볼 것이며, 각 학문 분야별 국내·외 대표적인 연구물을 통해 생애사 연구의 동향을 소개할 것이다. 이를 통해 생애사 연구의 중요성 및 필요성과 앞으로 더욱 다양한 학문 분야에서도 활용가능하다는 시사점을 제공하고자 한다.

생애사 연구의 선구적인 텍스트는 1920년대 Tomas와 Znaniecki의『유럽과 미국의 폴란드 농부(The polish peasant in europe and america)』로 미국과 유럽으로 이민 온 폴란드 농부들의 공동체, 가족, 교육적 경험 등의 사회적 정체성에 대해 밝힌 연구이다(Goodson & Sikes, 2001; 김영천·한광웅, 2012). 이 연구를 계기로 생애사 연구가 사회적인 소수 집단을 연구하는 방법론으로 사용되기 시작했다. 그 뒤 생애사 연구는 1920~1930년대 시카고 대학의 사회학파에 의해 이민자와 도시 빈민들의 삶과 같은 사회적 문제를 연구하는 방법으로 활용되었다(Ojermark, 2007). 즉, 최초로 개인의 삶을 통해 사회적 구조를 바라보는 사회적 연구로 활용된 것이며, 이로 인해 생애사 연구는 다양한 심리·사회적 현상을 설명하는 데 유용한 방법이라는 평가를 받게 되었다(Haglund, 2004). Dollard(1935)는『생애사를 위한 준거(Criteria for the life history)』를 통해 생애사 연구에 대해 최초로 이론적 개념을 정리하였고, 이 책은 현재까지도 전 세계적으로 생애사 연구를 대표하는 텍스트로 인정받고 있다(김영천, 2013).

그러나 생애사 연구는 1930년대 시카고 학파의 활발한 연구에도 불구하고, 사회학에서 실증주의의 등장과 통계학 연구에 대한 관심도가 높아짐과 더불어 이론적 추상성 때문에 점차 활용도가 낮아지게 되었다(Lewis, 2008; 이동성, 2016). Becker(1970)는 이러한 현상을 두고 "생애사 연구가 가지고 있는 다양한 과학적 유용성에도 불구하고, 연구자들은 상대적으로 생애사 연구를 소홀히 여겼다."라고 진술하였다(Becker 1970: 71-72; 김영천, 2013 재인용).

다행히 생애사 연구는 포스트모더니즘의 출현으로 다시금 부각되었다(Roberts, 2002). 포스트모더니즘을 계기로 이야기를 지식으로 인정하기 시작하며, 연구 참여자의 이야기를 더욱 가치 있게 바라보기 시작했다(Lewis, 2008; 김영천, 2013). 즉, 사회과학 연구에서 연구자와 연구 참여자 사이의 경계가 없어지는 것과 내부자적 관점을 중요시여기며 생애사 연구가 재조명되기 시작한 것이다(Bertaux, 1981). 그 후 생애사 연구와 관련된 다양한 연구가 진행되었다. 특히 Bertaux(1981)의『전기와 사회(Biography and society)』에서 생애사 연구의 필요성과 사회학에서의 유용성을 설명하고 있으며, 이어서 Bertaux와 Kohli(1984)는『생애사에 대한 접근(The life story approach)』을 통해 전 세계적으로 개인의 이야기를 통해 진행되는 연구 동향에 대해 정리함으로써 생애사 연구 활성화에 기여하였다. Atkinson(1998)은『생애사 인터뷰(The life story interview)』에서 개인의 이야기를 수집하기 위한 면담 가이드라인을 제시하였고, 개인의 이야기를 해석하고 분석하는 방법을 구체화했다. Roberts(2002)는『전기 연구(Biographical research)』를 통해 개인의 이야기를 연구하는 전기 연구에 대해 종합적으로 정리하였다. 이 연구는 생애사, 자서전, 전기, 구술사, 내러티브 분석, 기억, 자문화기술지 등 다양한 방법에 대한 개념 정리와 이들의 비교·분석에 도움을 주었다. 이어서 Ojermark(2007)는『생애사에 대한 소개(Presenting life histories)』를 통해 기존의 생애사 연구의 흐름과 구체적인 연구물들을 소개하며, 생애사 연구의 역사와 동향을 정리하는 데 기여하였다.

국내에서의 생애사 연구는 외국에 비해 활발하지 않지만, 최근 들어 생애사 연구에 대한 관심이 점차 증가하고 있는 추세이다(유철인, 1990; 최영신, 1999; 박성희, 2003; 김영천·허창수, 2004; 김영천·한광웅, 2012; 강숙희, 2013; 김영천, 2013; 이동성·김영천, 2014; 민성은 외, 2015; 이동성, 2015). 국내의 생애사 연구는 1990년대 사회학 분야에서 시작되었다(이희영, 2005). 유철인(1990)은『생애사와 신세 타령』을 통해 우리나라에서 처음으로 생애사의 개념과 본질에 대해 소개했으며, 우리나라에서의 생애사를 '신세타령'이라는 단어에 비유하여 설명하였다. 그 후로 최영신(1999)은『질적 자료 수집: 생애사 연구 사례를 중심으로』에서 생애사 연구에 대한 개념적 설명과 더불어 생애사 연구를 위한 심층면담, 참여관찰 등의 질적 자료 수집 방법에 대해 논의하였고, 박성희(2003)

는『평생교육으로서의 연구 방법론: 생애사 분석법』에서 벡(Beck), 알헤이트(Alheit) 등의 독일 사회학자들에 의해 논의된 생애사 연구와 기본 이론들을 탐구하였다. 특히 김영천(2012; 2013)은『질적 연구 방법으로 생애사 연구의 성격과 의의』와 그의 책『질적 연구 방법론 Ⅱ』에서 생애사 연구의 역사, 개념, 성격, 절차, 타당도 및 교육학 분야에서의 동향을 다루어 생애사 연구에 대한 종합적인 이해를 제공하였다. 최근 민성은 외(2015)는 생애사 연구를 위한 효과적인 자료 분석 방법을 6가지로 구체화하여 생애사 연구의 실제적이고 구체적인 적용 방법에 대해 논의하였다. 또한 이동성(2015)은『생애사 연구』라는 책을 통해 생애사 연구의 이론적 배경, 연구 방법, 글쓰기 등 생애사 연구의 전반에 대해 정리하여 생애사 연구에 대한 전반적인 이해에 도움을 주었다.

국내 생애사 연구의 동향과 관련해서 강숙희(2013)는 학술연구정보서비스(RISS)에서 1992년부터 2013년까지 '생애사 연구'라는 주제어로 검색하여 찾은 학위논문 242편 및 교육학 분야의 학위논문 29편을 분석하였다. 그 결과 1992~1999년도에 발표된 학위논문은 박사 1편, 석사 11편, 총 12편으로 전체 논문의 4.96%에 해당하였으며, 2000~2009년도에는 박사 22편, 석사 90편, 총 112편으로 전체 논문의 46.28%로 급격히 증가한 것을 살펴볼 수 있었다. 2010~2013년도의 경우 앞선 기간보다 상대적으로 짧은 기간인데도 불구하고 박사 40편, 석사 78편, 총 118편으로 전체 논문의 48.76%에 해당하여 생애사 연구에 대한 관심이 점차 증가하는 추세라는 것을 증명할 수 있었다. 강숙희(2013)는 생애사 연구의 시대별 분석과 더불어 전공별 분석도 실시하였다. 생애사 연구 학위논문 전공별 비중은 사회복지학(23.55%), 기타(22.31%), 스포츠(14.88%), 교육학(11.98%), 여성학(10.33%), 인류학(8.68%), 사회학(8.26%) 순이다. 자세한 내용은 다음 표를 통해 살펴볼 수 있다.

〈표 1〉 생애사 연구 학위논문 전공별 분석

구분	사회 복지학	스포츠	교육학	여성학	인류학	사회학	기타
석사	41	26	22	19	20	16	40
박사	16	10	7	6	1	4	14
계 (%)	57 (23.55)	36 (14.88)	29 (11.98)	25 (10.33)	21 (8.68)	20 (8.26)	54 (22.31)

다음으로는 생애사 연구가 다양한 학문에서 실제적으로 어떻게 활용되었는지 살펴보

고자 한다. 본 연구에서는 국내의 학위논문과 더불어 국외 논문 및 국내의 학술지 논문까지 범위를 넓혀 소개할 것이다.

1. 교육학

교육학 분야에서 생애사 연구는 교육과정, 교사와 학생의 삶, 수업 등 다양한 주제에 활용되고 있다. 개인의 교육적 경험을 통해 교육학을 바라보는 것은 다양한 목소리를 들을 수 있다는 점에서 학술적인 가치가 있다. 교육학 분야 중 교육과정에서의 생애사 연구는 1970년대 William F. Pinar와 Madeleine R. Grumet의 '쿠레레(Currere)'의 개념을 다르게 해석한 것에서 출발한다(김영천·허창수, 2004). Pinar는 쿠레레를 '말이 달리는 경주로'라는 개념보다는 '주어진 코스를 달리는 일 또는 개인적 경험으로서 산출물 또는 과정'이라는 뜻으로 재해석하였다(김영천, 2013). 즉 말이 달리는 경주로, 울타리 등의 환경적인 측면이 아니라 실제 경주를 하는 말과 기수들의 경험 자체에 집중하는 것이다. 따라서 교육에 있어서 경주로라고 할 수 있는 교육과정 자체보다는 실제 교육과정을 실행하는 교사와 그에 맞춰 학습하는 학생에 대해 이해하는 것이 진정한 교육과정 연구가 된다는 점에서 생애사 연구가 활용되었다. Pinar는 개인의 교육적 경험을 기술하고 해석하는 것과 한 개인의 삶에서 억압된 의식을 도출하는 것이 진정한 교육과정 탐구의 목적이라고 하며 생애사 연구의 필요성에 대해 거듭 강조하였다(김영천, 2013). Pinar의 뒤를 이어 Miller(1990)는 실존적, 자서전적, 여성해방적 교육과정 연구의 배경에서 '교사의 목소리' 연구의 중요성에 대해 강조했다(김영천, 2013). 그녀는 교육과정과 수업의 연구를 위해서는 현장 교사들의 생애사를 통해 실제적인 목소리를 듣는 것이 효과적이라고 하였다. 또한 Butt와 Reymond(1992)의 『협동적 자서전을 이용한 교사의 지식에 대한 본성과 발달의 연구』, Connelly와 Clandinin(1990)의 『이야기 탐구: 경험과 이야기 탐구의 이야기』, Ayers(1993)의 『가르침: 한 교사의 기행』, Goodson과 Walker(1991)의 『전기, 정체성, 그리고 학교교육』, Goodson(1992)의 『교사의 삶에 대한 연구』, Bullough(2008)의 『교사의 삶에 대한 글쓰기』 등은 교육과정에서 교사들의 경험과 이야기를 활용한 생애사 연구의 필요성과 방법에 대한 논의를 확장시켰다(김영천·한광웅, 2012). 국내에서는 김영천·허창수(2004)가 『생애사 텍스트로서의 교육과정 연구』에서 교육과정의 패러다임 발전과 더불어 교육과정 연구에 있어서 생애사 텍스트의 중요성과 우리나라 교육과정 연구에서의 시사점을 논의하며, 생애사의 개념과 의미 및 국내·외의 교육과정 분야에서의 생애사 연구를 소개하고 있다.

교육학 분야에서는 교사의 삶에 대한 연구들이 가장 활발히 이루어지고 있다. 먼저 교사의 삶 중에서 예비교사 및 초임교사의 삶을 다룬 연구부터 살펴보고자 한다. 외국에서의 예비교사에 대한 연구로는 Knowles(1993)의『거울로서의 생애사: 교사 교육을 위한 개념화 반영의 실제적 방법』이 있다. 그는 숙련된 교사로 성장하기 위한 지식의 습득과 교육 프로그램의 참여보다는 그들의 생애사를 통해 지속적인 상호작용을 이끌어 내는 것이 중요하다고 주장한다. 즉, 예비교사들이 학교에서 겪었던 경험, 자신을 가르쳐 준 교사 등 교육적 경험과 더불어 일상적인 경험을 통해 그들을 가르칠 때 보다 더 흥미와 진정성을 느낀다는 것이다. Bullough(1989)는『초임교사』에서 1년차 교사인 케리의 생애사를 다루었다. 케리가 1년차 교사로서 겪는 학교, 교실, 학생, 업무 등을 자세히 보여 주고 있으며, 초임교사로서의 현실적인 딜레마와 질문 등을 통해 그녀의 스트레스와 그 스트레스를 이겨 나가는 과정을 다루고 있다. 이 책은 초임교사들의 교직사회 적응의 어려움과 문제점을 내부자적 관점에서 보여 주고 있으며, 이상과 현실의 괴리 속에서 초임교사들이 어떠한 고민과 선택을 하는지 잘 나타내 준 연구물이다. 국내에서는 김영천(2013)의『초임교사는 울지 않는다』에서 우리나라 예비교사와 초임교사로서의 삶을 잘 보여 주고 있다. 국·공립 교사가 되기 위해 임용고시를 준비하는 예비교사의 노력과 더불어 초임교사로서 업무와 수업 사이의 갈등, 학부모·동료 교사·학생들과의 갈등, 좋은 수업을 위한 고민 등 초임교사라면 할 수 있는 고민이 세 명의 초임교사의 생애사를 통해 서술되었다. 초임교사로서 느낄 수 있는 고민과 감정, 보다 좋은 교사가 되기 위한 노력은 우리나라 교사들의 공감을 이끌어 냈다.

다음은 조금 더 포괄적인 의미에서 교사의 삶 전반에 대한 연구물을 살펴보고자 한다. 그 중 가장 대표적인 연구물은 Huberman(1993)의『교사의 삶』이다. 그는 스위스 제네바 160여 명의 교사들의 생애사를 통해 교사로서의 전문성과 삶의 여정을 보여 주고자 했다. 또한 Lieberman과 Miller(1992)는『교사: 그들의 세계와 일』에서 교사의 감정에 초점을 맞추고 그들의 세계와 일에 대해 연구하였다. 교사들은 학교라는 건물에서 교육을 위해 매일 노력하고 있으며, 그 과정에서 직면하는 도전과 좌절을 통해 교사만이 느낄 수 있는 감정에 대해 다루고 있다. Ayers(2015)의『가르침: 한 교사의 기행 3판』에는 가르침에 대한 도전, 학생 중심의 수업과 생활지도, 교사의 삶에 대한 오해와 진실 등 실제 교사가 겪은 다양한 대화와 상황을 통해 교사로서 할 수 있는 경험과 생각이 나타나 있다. 교사의 생애사를 통한 생생한 이야기들은 예비교사, 초임교사, 숙련된 교사뿐만 아니라 학부모와 교육 행정가들에게도 학교, 학생, 교사의 삶을 이해하는 데 도움을 주고 있다. 이동성(2015)은 학교장 1명과 평교사 1명의 생애사를 연구하여 서로 다른 경력을 가진 두 교사의 삶을 비교 분석하였다. 이 연구에서는 두 초등학교 교원의 삶을 통해 승진 또는 평교사의 삶을 선택하는 외부적·내부적 동기에 대해 살펴볼 수 있으며, 두 가지 교사로서의 삶의 방식이 모두 가치 있다는 점을 시사한다.

　교육학 분야에서의 생애사 연구는 실제적으로 교육과정 참여자인 교사와 학생의 삶에 중점을 두고 있다. 교사와 학생의 교육적 경험을 통해 교육학을 바라본다면 다원화되고 있는 현실에 맞게 다양성을 존중해 주는 진정한 학생 중심의 교육을 만들 수 있을 것이다. 또한 현재 운영되고 있는 교육학을 기반으로 한 정책과 교육과정에 대한 진정한 평가가 될 수 있다는 점에서 생애사 연구는 활용가능성이 높다.

2. 사회복지학

사회복지학에서는 아동·청소년·노인 복지, 가족, 빈곤, 장애, 다문화 등의 포괄적이고 다양한 연구 주제들을 다룬다. 국내에서의 사회복지학에 대한 생애사 연구는 2000년대 중반에 이르러서야 시작되었으며, 아직까지 초기 단계라고 할 수 있다(양영자, 2013). 사회복지학 분야는 변화하는 시대의 사회적 문제에 따라 생애사 연구의 동향이 바뀌고 있다. 최근 청소년과 관련된 연구로는 청소년들의 일탈, 학교폭력, 자살 등의 연구가 활발히 진행되고 있으며, 노인과 관련된 연구는 고령화로 인한 빈곤을 겪는 노인들에 대한 연구와 노인들의 여가 문제 등에 대한 논의가 활발히 이루어지고 있다. 또한 국제결혼의 증가로 결혼 이주 여성의 삶에 대한 연구도 진행되었다. 사회복지학에서의 생애사 연구는 대부분 현재 발생하고 있는 사회적 문제를 이해하고, 그 문제의 해결방안 또는 예방책을 모색하는 경향성을 띤다.

　가장 먼저 아동·청소년과 관련된 논문들을 살펴보면, 김승연(2001)은 생애사 연구를 통해 저소득층 한 부모 가정 아동이 경험하는 위기와 그 의미 및 대응과정을 밝혀 저소득층 한 부모 가정 아동상담에 시사점을 제공하고자 하였다. 유영림 외(2015)는 인천광역시 근교 소재의 아동양육시설에서 만 18세가 되어 퇴소한 7명의 청소년들의 생애사를 연구하였으며, 이를 통해 아동양육시설 퇴소 청소년들의 자립과 자립지원에 대한 이해와 자립지원정책 및 서비스에 대한 방안을 모색하였다. 박성희(2015)는 학교폭력 징계를 받은 10명의 학교폭력 가해자의 생애사를 통해 학생들의 폭력 행위의 의미와 동기에 대해 분석하였으며, 이를 통해 학교폭력 예방 방안을 제시하였다. Haglund(2004)는 『청소년 생애사 연구의 설계(Conducting life history research with adolescents)』를 통해 청소년 생애사 연구의 가이드라인과 예시를 제시하였다. 청소년 생애사 연구를 위해 약속을 잡는 과정과 질문 내용 등 구체적인 방법에 대해 논의하고 있으며, 특히 청소년들의 특징을 파악하여 2시간 동안 집중적인 면담을 실시할 것을 강조한다.

다음으로 노인과 관련된 논문에 대해서 살펴보면, 양영자(2009)는 일제 강점기와 6.25 전쟁을 겪은 9명의 노인들의 생애사를 탐구하였으며, 이 연구는 국가적 혼란기를 직접 겪은 노인들의 삶의 애환과 더불어 현재의 모습을 잘 담아내고 있고, 이를 통해 노인복지를 위한 경제적 보조, 심리상담 등의 국가차원의 지원이 필요하다는 시사점을 제시하고 있다. 안기덕(2012)은 4명의 국민기초생활수급 여성 독거노인의 삶을 통해 유년기의 경제적·교육적 배제 경험과 결혼 후에도 계속된 불안, 사별 혹은 결별 이후 독거 생활의 어려움을 드러냈다. 이 연구에서는 국민기초생활수급 여성 독거노인을 위한 경제적·심리적 지원과 더불어 노인들의 취미생활 활성화와 같은 복지와 관련된 제언을 하고 있다는 점에서 의미 있다. 남순현(2015)은 여성노인의 일과 여가 경험에 대한 생애사 연구를 위해 5명의 65세 이상의 노인들의 삶을 탐색하였다. 연구 결과에서 주목할 점은 여성들은 가족 중심의 삶을 살고 있으며, 노년기 가족부양에 대한 책임에서 벗어났을 때 여가를 진정으로 즐긴다는 것이다.

장애와 관련된 생애사 연구로 신유리(2012)는 10명의 지체와 뇌병변을 앓고 있는 장애인의 사회적 배제 경험을 분석하여, 그 결과 장애인들은 교육, 사회참여, 정보, 서비스 등의 다방면에서 사회적인 배제를 직면하고 있으며, 더 나아가 사회적 관계 단절과 정체성의 혼란 문제를 겪고 있음을 알 수 있었다. Kang과 Kim(2016)의『다운 증후군 자녀를 기르는 어머니들의 발달 과정 탐색을 위한 생애사 연구(Life History Research on the Developmental Process of Mothers Rearing Children with Down Syndrome)』에서는 다운 증후군 자녀를 기르는 어머니의 생애사를 분석하고, 그 가정의 어려움을 극복하기 위한 방안을 제시하였다. 이를 위해 연구자들은 다운 증후군 자녀를 기르는 네 명의 어머니들과의 심층면담을 진행하였으며, 이를 통해 다운 증후군 자녀를 키우는 어려움과 이를 지원하기 위한 사회적·교육적 지원 서비스에 대해 논의했다. Campbell(1999)은『알츠하이머를 앓고 있는 마리에 대한 생애사 연구(Using a Life History Approach to Explore the Identity of a Woman Diagnosed with Alzheimer's Disease: The Life of Mary)』에서 알츠하이머를 겪고 있는 80세의 마리라는 여성의 삶에 대해 연구하였다. 마리는 어렸을 때의 경험의 영향을 많이 받았으며, 알츠하이머를 앓고 있으며 변화한 정체성과 삶에 대해 구체적으로 보여 주고 있다.

2000년 이후에는 국제결혼의 증가에 따라 다문화 가정과 그 구성원에 대한 지원책 마련을 위한 연구들이 진행되었으며, 특히 결혼 이주 여성에 대한 가정폭력, 이혼, 차별 등의 문제 해결을 위한 결혼 이주 여성의 생애사 연구가 주목을 받고 있다(최란주, 2010; 이경, 2010, 양영자, 2012; 이정희, 2012; 강향숙 외 2013; 강영미, 2015; 전은희, 2015). 최란주(2010)는 세 명의 결혼 이주 여성에 대한 생애사를 연구하였으며, 이는 한국 문화에 적응하기 위해 노력하는 모습과 사회적 차별 및 국제결혼에 대한 부정적 인식을 드러내고 있다. 결혼 이주 여성들은 한국 문화와 결혼 생활에 적응하기 위해 노력하고 있으며, 그들을 바라보는 한국인들의 부정적 인식을 바꿔야 한다는 시사점을 제공한다. 다문화 가정에 대한 연구로는 결혼 이주 여성뿐만 아니라 그들과 결혼한 남성 배우자에 대한 생애사 연구도 진행되고 있다. 강향숙 외(2013)는 국제결혼을 한 8명의 한국 남성 배우자들의 결혼 생활에 대한 탐구를 통해 그들의 결혼 생활을 고단한 끝에 결국에 결실한다는 의미에서 '소금 꽃'이 피는 과정에 비유하여 설명하였다. 그들의 생애사는 상담, 일자리, 복지 등 다방면에서 다문화 가정에 대한 지원이 필요하다는 점을 보여 준다. 전은희(2015)는 조선족 어머니를 둔 다문화 가정 청소년의 외국어 고등학교 진학과 중도탈락의 배경을 살펴보았다. 연구 참여자 학생은 사교육의 도움 없이 학교 공부를 잘 해나갔으며, 사회통합 전형을 통해 외고에 진학했다. 그러나 외고 입학 후 어려운 학교 수업과 경제적 지원의 부재로 인한 정신적 스트레스와 건강 악화로 인해 일반고로 전학을 갔으나, 건강의 문제로 결국 자퇴를 하게 되었다. 이 연구에서는 사회통합 전형이라는 제도의 문제점과 더불어 다문화 학생들을 위한 교육적·경제적 지원에 대해 비판하고 있다.

3. 체육학

체육학에서는 체육인, 생활체육, 스포츠과학, 체육교육 등의 분야를 다룬다. 체육학에서의 생애사 연구는 주로 체육인의 생애사, 체육 지도자로서의 생애사, 체육 참여 경험으로 나눌 수 있다. 체육인의 생애사를 통해서는 체육인으로서 느끼는 고통과 희열, 진정한 체육인으로서의 자세, 체육인으로서의 긍지 등을 나타낸다. 체육 지도자들의 생애사 연구는 체육 지도자라는 직업에 대한 이해와 편견을 없애기 위한 목적을 갖고, 체육 참여 경험의 경우 일반인들의 체육 참여 경험과 이를 통한 체육 참여 활성화의 내용을 다룬다. 체육학에서 생애사 연구가 활발하게 진행되는 이유는 개개인의 삶에서 체육 활동의 의미가 다르기 때문에 체육 활동이 개인에게 미친 영향과 시대적·정책적 배경을 살펴보는 데 적합하고, 운동선수에서 지도자까지 한평생 운동에 헌신하는 삶에 대한 이해를 제공해 주기 때문이다.

체육인의 생애사 중 안성환(2010)은 한 수영인의 삶에 대해 연구하였다. 한 수영인의 삶의 단계를 '사회인으로의 입문, 대학강사 활동, 교수로서의 활약, 부모로서의 관조, 스포츠 전도사로서의 봉사 단계'로 나눔으로써 체육인으로서의 길을 보여 주고 있다. 그리고 체육인뿐만 아니라 모든 사회구성원들도 체육의 영향을 받기 때문에 체육 교육 및 문화와 관련된 문제를 사회적 차원으로 확대시킬 필요가 있다는 시사점을 제공하고 있다. 박기동 외(2012)는 유도인 김남한이 한국 전쟁 이후 유도인으로 살아온 과정을 보여 주고 있다. 유도를 시작하게 된 계기에서부터 심판활동 및 지도자가 되고, 최종적으로 유도 관련 사업을 운영하며 후학 양성에 힘쓰는 김남한의 모습을 통해 유도인이자 체육인으로서의 긍지를 잘 표현하였다. 또한 박기동 외(2016)는 복싱인 송순천의 생애사를 그려 내기도 했다. 일제 강점기와 한국 전쟁의 시기를 겪은 복싱인 송순천의 삶을 통해 그의 복싱에 대한 열정과 노력을 살펴볼 수 있으며, 결국엔 한국 최초의 올림픽 은메달 리스트가 된 과정이 잘 나타나 있다. 은메달을 획득한 뒤에도 지도자로서 묵묵히 살아가는 그의 모습을 통해 많은 체육인들이 배워야 할 품성을 보여 주고 있다. Papathomas와 Lavallee(2006)는『식이장애를 겪은 운동선수에 대한 생애사 연구(A life history analysis of a male athlete with an eating disorder)』에서 풋볼 선수인 마이크의 삶을 연구하였다. 마이크는 성공에 대한 압박과 체중 유지에 대한 스트레스로 인해 폭식증을 앓게 되었고, 선수시절 내내 폭식증 치료를 위해 노력하였다. 결국 폭식증은 선수생활을 그만둔 뒤 고쳐지게 되었고, 폭식증의 원인이 제거되자 일반적인 삶을 살 수 있었다. 이를 통해 운동선수로서의 스트레스와 폭식증이라는 식이장애의 관계 및 사회적인 인식에 대해 살펴볼 수 있다.

다음은 체육 지도자에 대한 생애사 연구에 대해 살펴보고자 한다. McCharles(2010)는 5명의 여성 코치의 생애사 연구를 통해 여성으로서 성공한 지도자가 되기 위한 과정과 역경을 연구하였다. 그 과정에서 5명의 여성 코치 모두 훌륭한 선수, 지도자, 그리고 엄마로서의 역할을 다하고 있으며, 여성은 코치로서 부적절하다는 선입견을 없애기 위한 그들의 노력이 담겨 있다. 또한 이 연구는 여성 코치의 장점인 선수들과의 원활한 소통과 편안한 분위기 조성 등을 부각시키며, 스포츠 지도자 분야에서도 여성들의 활약이 계속해서 증가되어야 한다는 시사점을 제공하고 있다.

앞서 살펴보았듯이 생애사 연구는 교육학, 사회복지학, 체육학 등의 분야에서 활발히 이루어지고 있다. 생애사 연구는 개인의 삶이라는 미시적인 측면을 통해 각 분야의 정책과 제도 및 시대적 분위기 등의 거시적인 측면을 바라볼 수 있기 때문에 다양한 분야에서 활용가능성이 높다. 또한 다원화 시대에서 한 개인의 생애사는 충분히 가치 있을 뿐만 아니라 그 사람이 살아가고 있는 사회를 이해하는 창문이 된다. 최근 생애사 연구는 해석적 패러다임에 근거하여 실증주의적 관점을 비판하고, 사회적 행위 주체인 인간의 삶에 대한 탐구의 중요성을 강조하고 있다(이동성, 2016). 포스트모던에 기초한 생애사 연구는 이론적으로 명료해지고 있으며, 점차 다양한 분야에서 주목을 받고 있다. 실증주의적 패러다임에 의한 쇠퇴와 재조명의 역사를 가진 생애사 연구는 포스트모더니즘의 해석적 관점을 가장 잘 나타낼 수 있는 연구 방법 중 하나이며, 앞으로의 성장이 기대된다.

생애사 연구의 과정

여기에서는 생애사 연구를 어떤 방법적 순서를 거쳐 접근할 것인가에 대해서 논의하고자 한다. 생애사 연구의 과정을 단계화하면 1) 연구 문제 진술, 2) 연구 방법, 3) 자료 분석, 4) 연구 결과 표현이다. 연구의 구체적 과정을 각 단계별로 살펴보도록 하자.

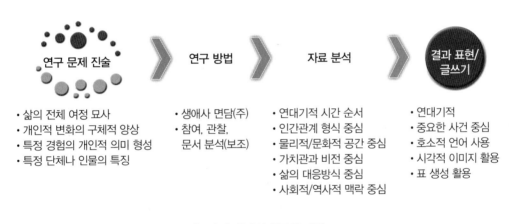

[그림 1] 생애사 연구의 과정

1. 연구 문제 진술

생애사 연구의 첫 번째 단계는 연구 문제를 진술하는 것이다. 생애사 연구에서 연구 문제 진술은 연구의 첫 단추를 꿰는 단계로서, 연구의 방향성을 결정하는 데 중요한 역할을 한다. 연구 문제 진술에는 여러 요소들이 포함되는데, 생애사 연구 성격에 적합한 연구 문제 설정, 구체적 연구 질문 규명, 연구의 중요성과 가치 규명 등이 있다.

〈표 2〉 연구 문제 진술에 포함되는 과정

- 생애사 연구에 적합한 연구 문제 설정
- 구체적 연구 질문 규명
- 연구의 중요성과 가치 규명

연구 문제 진술에 있어서 첫 번째 단계는 생애사 연구에 적합한 연구 문제를 설정하는 것이다. Clandinin과 Connelly(2000)는 생애사 연구를 함에 있어서 가장 처음 밟아야 할 단계가 연구 문제가 생애사 연구에 적합한지를 결정하는 단계라고 하였다. 사실, 질적 연구를 처음 시작하는 연구자의 입장에서, 자신이 연구하고자 하는 연구 문제가 질적 연구의 다양한 접근 방법 중 어떤 접근에 가장 적합한지를 선택하는 것은 쉬운 일이 아니다. 어떤 접근으로 연구하였을 때 연구 문제가 가장 효과적으로 해결될 수 있을 것이며, 어떤 접근으로 연구하였을 때 타당한 연구 결과가 산출될 것인지를 예상하기 위해서는 연구 방법마다의 차별화된 특징을 숙지하고 있어야 한다. 연구 문제 설정 과정과 관련하여 우리가 고려해야 할 주된 생애사 연구의 특징에는 두 가지가 있다. 첫째, 생애사 연구가 개인의 전 생애적 삶의 이야기에 초점을 맞춘 연구 방법이라는 것이다. Creswell(2007: 55)은 질적 연구의 접근을 다섯 가지로 제시하면서, 생애사 연구가 개인의 삶의 이야기에 집중하는 내러티브 연구에 속한다고 하였다. 그는 생애사 연구가 한 사람 혹은 소수의 개인의 삶의 경험이나 구체적 이야기를 포착하는 데 가장 최적의 연구 방법이라고 하였다. Denzin(1989a) 또한 생애사 연구는 개인의 전체 삶을 묘사하는 연구 방법이며, 한 가지 이상의 에피소드, 개인적 상황, 집단적 경험 등을 통해 개인적 경험에 대해 이해할 수 있다고 하였다. 특히, Creswell(2007: 76)은 내러티브 연구, 문화기술지, 사례연구가 모두 분석의 단위가 개인이라는 공통점이 있지만, 문화기술지가 개인의 이야기 속의 상황(setting)이나 문화(culture)에 초점을 맞추고, 사례연구가 주제(issue)를 실제적으로 보여주기 위해 특정한 사례를 이용하는 것임에 비해, 내러티브 연구는 개인의 이야기(stories)에 초점을 맞춘다고 하였다.

W. S. Armour(2016)의 「Becoming a Japanese Language Learner, User, and Teacher Revelations From Life History Research」에서 연구자는 Sarah Lamond라는 호주인 여성의 '개인적 정체성 변화'라는 연구 문제 속에서 개인의 총체적 삶의 이야기를 전개해 나간다.

호주인 여성 Sarah Lamond은 일본어(제2 외국어) 학습자, 일본어 사용자, 일본어 교사로서의 정체성들이 삶의 과정 속에서 지속적으로 변화된다. 1976년 Lamond는 남편이 파퓨아뉴기니에 있는 회사에 발령을 받으면서, 그곳에서 처음 일본어를 공부하기 시작한다. 그녀가 일본어를 공부하게 된 이유는 첫째, 이국 땅에서의 외로움으로부터 벗어나기 위함이고, 둘째, 집안일에 매여 있는 엄마로서의 역할로부터 벗어나기 위함이었다. 하지만, 혼자서 공부하는 것이 힘듦을 느낀 Lamond는 주말 학교의 일본어 과정에 등록하게 된다. 이로써 그녀는 '이방인'에서 '언어 학습자'로서의 정체성의 변화를 겪게 된다. 1981년, 그녀는 자신의 집을 일본인 전용 홈스테이 공간으로 만든다. 그녀는 홈스테이로 함께 하는 일본인 학생들과 함께 시간을 보내면서, '일본어 학습자'에서 '일본어 사용자'로의 정체성이 변화되는 경험을 한다. 1986년 그녀는 자신의 친구와 함께 일본 여행을 떠난다. 그녀는 그곳에서 새로운 일본 사람들을 만나고 대화하며, '일본어 사용자'로서의 자신의 정체성을 확인한다. 1989년, 그녀는 지역 여자고등학교에 일본어 교사로 취업하게 된다. 하지만, 그녀는 아직까지 일본어에 능통하지 못한 사실, 자신의 능력에 대한 자신감 부족 등으로 그곳에서의 교사 경험은 큰 스트레스였다고 말한다. 1989년 그녀가 호주 시드니에 있는 Graceford 학교에서 교사를 하면서 그녀의 정체성은 많은 변화를 겪는다. 그녀는 일본어 교직 프로그램에서 교육을 받고, 다른 일본어 교사들처럼 HSC(호주 대입 시험) 채점 경험 등을 쌓으면서 교사로서의 정체성에 자신감을 가지게 된다. 그리고, 1994년 그녀는 2달 반 동안 일본에 머물면서 '일본어 학습자'라는 정체성을 가지고, 교사 교육 프로그램에 참여한다.

둘째, 생애사 연구는 개인의 삶의 이야기를 통해 사회·역사적 맥락을 이해할 수 있는 연구 방법이다. 생애사 연구는 개인적 삶의 특징뿐만 아니라, 사회적 조건을 이해하는 연구 방법이다(Dollard, 1935: 278). Dollard(1935: 29-33)는 '사회적 상황'을 생애사 연구의 한 요소로서 깊이 있고 지속적으로 고려해야 한다고 하였다. Cole과 Knowles(2001: 12)는 생애사를 개인의 삶의 이야기를 통해 그 너머의 넓은 사회적 맥락을 발견할 수 있는 '창(窓)'이라고 하였다. Runyan(1984: 148-153)은 생애사 연구가 연구 참여자가 살고 있는 사회적, 역사적 세계를 효과적으로 묘사해야 하며, 사건 및 경험과 관련된 조건의 원인과 의미를 조명해야 한다고 하였다. 이러한 사회역사적 맥락이 한 개인 또는 가족의 삶을 어떻게 변화시키는지 이해할 수 있는 것이다. 한 예로, 황영삼(2008)의 「고려인 학자 박 보리스 드미트리예비치 교수의 구술 생애사」를 통해 1930년 후반에 있었던 러시아 고려인 강제 이주 사건이 한 개인의 삶에 어떠한 영향을 끼쳤는지 확인해 보자.

「고려인 학자 박 보리스 교수의 구술 생애사」(황영삼, 2008)의 내용 일부

본 연구의 연구 문제는 '1937년에 겪은 러시아 극동 지역의 고려인들이 겪은 강제 이주 사건에 대한 생애사적 고찰이다. 이에 여러 뛰어난 고려인 학자들을 제쳐두고 박 보리스 교수를 연구 대상으로 선택한 것은 일정한 기준이 적용된 것이다. 즉 본 연구의 구술 대상자가 되는 기준으로서, 첫째, 극동에서 출생하여 유년기에 강제 이주를 당한 경험이 있고, 둘째, 중앙아시아에서 학창 시절을 보낸 다음, 셋째, 사회생활을 시베리아 지역에서 보내면서 해당 고려인 사회에서 모범이 되는 경우로 한정하였다.

박 보리스 교수는 1931년 1월 4일 블라디보스톡에서 노동자로 일하던 아버지 박등년과 어머니 최영애의 4남매 중 차남으로 출생했다. 당시 극동 러시아령에 살던 대부분의 한인들이 그러하듯이 국가를 상실한 민족의 삶이란 항상 불편한 것이었다. 그리고 1931년부터는 일본의 만주 침략이라는 국제정세로 인해 소련과 일본의 관계가 악화일로에 있었다. 그 결과 부담은 고스란히 한인들에게 나타나기 시작했다. 1937년 가을 한인들에 대한 강제 이주 집행이 실행되기 불과 한달 전쯤인 8월에 박 교수의 부친이 일본 첩자로 몰려 소련 보안당국인 내무인민위원부에 체포당하는 비극이 불과 6세에 불과한 어린 보리스의 가정에도 발생하였던 것이다.

───

결론적으로, 생애사 연구에 적합한 연구 문제는 첫째, 개인의 총체적 삶의 이야기를 포착할 수 있어야 하고, 둘째, 삶의 이야기를 통해 사회·역사적 맥락을 이해할 수 있어야 한다는 두 가지 조건을 충족시켜야 한다.

연구 문제 진술에 있어서 두 번째 단계는 구체적 연구 질문을 규명하는 것이다. 생애사 연구에서 제기할 수 있는 연구 문제들에는 어떤 것들이 있을까? 우리는 여러 학문 분야를 막론하고, 공통적으로 생애사 연구를 적용하였을 때 던질 수 있는 공통적 연구 문제들이 무엇인지에 대해 생각할 수 있다. 왜냐하면, 학문 분야에 상관없이 생애사 연구를 적용한다는 것은 생애사 연구의 본질적 특징과 불가분의 관계를 형성하기 때문이다. 또한 연구의 필요성과 목적을 구체화한 연구 문제는 연구자가 구체적으로 무엇을 연구할지 진술한 문장으로서 연구에서 차지하는 위치가 크다(김영천, 2012: 198). 명확히 진술되고 규명된 연구 문제는 연구자가 연구 과정 전체를 설계하고 적용하는 과정에 대한 방향성을 제공해 준다. 생애사 연구에서 제기할 수 있는 연구 문제들은 크게 네 가지로 나누어 살펴볼 수 있다.

〈표 3〉 생애사 연구 문제 영역

1. 삶의 전체 여정 묘사
2. 개인적 변화의 구체적 양상과 원인
3. 특정 경험의 개인적 의미 형성 이해
4. 특정 단체나 인물의 특징 개념화

이 네 가지 연구 문제들은 한 연구에서 중첩되어 사용되거나, 그 중 한 가지 연구 문제만이 집중적으로 연구될 수 있다. 일반적으로 논문에서 핵심적 연구 문제는 1개에서 많게는 3개 정도가 된다. 핵심적인 연구 질문과 관련한 여러 개의 하위질문들이 생성되기도 한다.

생애사에서 제기할 수 있는 연구 문제 중 첫째는 삶의 전체 여정 묘사이다. 삶의 전체 여정을 묘사하는 연구 문제는 생애사 연구를 적용할 때 가장 기본적으로 제시되는 연구 문제이다. 생애사는 참여자의 어린 시절의 삶부터 시작하여 학창시절, 현재에 이르기까지 연대기적으로 특징적 요소들을 중심으로 묘사한다. 우리 모두에게는 자신들만의 시간으로 축적된 역사가 있다. 심지어 어린 유치원생과 초등학생들에게도 지금까지의 자신의 삶의 여정이 있다. 이러한 참여자의 삶의 여정을 묘사함으로써 연구자는 참여자의 개인적 삶의 맥락을 이해하고, 그가 어떠한 사람인지 이해할 수 있게 된다. 이는 참여자가 더욱 심층적인 연구 문제로 나아가는 입구 역할을 한다. 이러한 삶의 전체 여정 묘사는 역사적 위인들의 전기, 특정 인물에 대한 구술사 등에서 깊이 있게 다뤄지는 것을 많이 볼 수 있다. 다음은 Scott Nearing 자서전에 묘사된 Scott Nearing의 삶의 전체 여정 중 일부이다.

연구예시

「스콧 니어링 자서전」(김라합 옮김, 2000)의 내용 일부

열세 살이 되던 1896년 전까지만 해도, 나는 패러머스에서 외할머니, 외할아버지와 지낸 두 차례 짧은 기간 동안 교실 하나짜리 학교에 다녔던 것 빼고는 학교라는 데를 다녀 본 적이 없었다. 1896년 우리 가족은 자녀들의 고등교육을 위해 짐을 꾸려 필라델피아로 이사했다. 우리는 겨울은 필라델피아의 공립학교에서 보내고 긴 여름 방학 동안에는 모리스런으로 돌아갔다. 필라델피아 노스 스트리트 16가 1427번지에 있던 우리 집은 도로 쪽으로 거실이 자리잡고 있는 널찍한 3층 건물이었다. 부모님은 1층의 이 공간을 그네와 철봉 같은 기구를 설치해 놀이방으로 꾸며 주셨다. 우리가 좀 더 성장하면서, 이 공간은 토요일 밤이면 춤과 오락을 즐길 수 있는 공간으로 바뀌었다. 니어링 하우스는 동네 아이들의 사교장이 되었다. 어머니는 우리 가족을 '민주적인 가족 사회'라 일컫곤 했다. 언젠가 어머니가 이런 제안을 했던 일이 생각난다. "이 민주적인 가족 사회에서 엄마가 규칙을 만든다고 가정해.." 그 순간 가족구성원들 사이에서 터져나온 저항의 소리에 파묻혀, 어머니의 다음 말은 아예 들리지 않았다. 아버지는 우리를 '니어링 토론회'라고 했는데, 당신은 '니어링 토론회'의 명예 회원일 뿐이었다. 아버지는 우리의 토론에 거의 끼지 않았지만, 늘 곁에서 관심 있게 토론을 지켜보았다.

생애사 연구에서 제기할 수 있는 연구 문제 둘째는 개인적 변화의 구체적 양상과 원인이다. 연구자는 개인의 가치관, 세계관, 정체성, 역할, 의식, 인식, 발달 등이 시간의 흐름 속에서 어떠한 양상 속에서 변화되고, 변화의 실제적 원인이 무엇인지 이해하기 위하여 생애사 연구를 적용하는 것이다. 이러한 변화의 구체적 양상과 그 원인을 알기 위해서는 해당 개인의 삶의 실제적 맥락 속으로 들어가 이해할 수 있어야 한다. 삶의 맥락들은 개인적 요소들뿐 아니라 사회적 요소들이 상호작용하여 생성된 것들이다. Haglund(2004: 2)는 인간의 발달은 외부 맥락과 개인 사이의 상호작용에 의한 전 생애적 성장과 상실, 변화의 과정이라고 하였다. Valentine(2007)은 개인의 정체성은 서로 다른 사회 조직과의 복잡하고 다양한 상호작용의 결과이며, 다양한 시간과 장소들이 관계한 복합된 결과라고 하였다. 또한 참여자의 내러티브에 나타난 사건은 언제나 맥락을 반영한다(이동성, 2015: 27). 여기서의 맥락은 물리적, 제도적 환경뿐 아니라 부모, 멘토, 동료, 또래 등과 같은 중요한 타자를 포함한 개인 간 환경과 사회적 및 문화적 환경을 의미한다. 개인적 변화의 구체적 양상과 원인에 대한 구체적 연구의 예들을 살펴보자.

김희연·김은숙(2013)은 「어린이집 교사의 생애사 연구: 김교사 이야기」에서 '유치원 교사의 정체성 변화 과정'이라는 연구 문제를 놓고, 다양한 유형의 어린이집(민간, 국공립, 직장)에서 10년 동안 보육 교사로 살았던 김교사의 삶을 분석한다. 김교사는 시간의 흐름 속에서 '원장이 시키는 대로 해내는 여성', '학습공장의 직공', '잘 가르쳐 보려는 교수자', '부모-위탁체-회사라는 갑의 계약직을', '부담스러운 기혼 고경력 교사'로 자신의 정체성이 변화되는 상황을 경험하였다. 이러한 정체성 변화의 원인으로 유치원 교사들에 대한 유치원 원장들의 횡포, 저임금, 고용 불안정 등의 사회적 구조가 작용하고 있었다. 연구에서는 구체적 삶의 과정이 상술되어 있다.

「어린이집 교사의 생애사 연구: 김교사 이야기」(김희연·김은숙, 2013)의 '민간 A 어린이집 원장님이 시키는 대로 해내는 여성'의 일부

경기도 S시에 위치한 민간 A 어린이집도 신고제하에 설립되어 환경에 매우 열악한 곳이었다. 어두침침한 2층 건물의 1층과 지하에는 노래방과 단란주점이 있어 아이들은 등원하면서 취객과 만나기도 했고, 교사들은 아침 출근과 동시에 골목 안의 담배와 본드 흡입 잔해를 치우는 일로 업무를 시작할 정도였다. 초임으로 보육교사 업무에 직면하게 된 김교사는 원장의 교육관과 운영방식을 이론과 실제의 차이 정도로 여기며 받아들여야 한다고 생각했었다. 김교사에게는 절대적인 존재였던 '원장님'이라는 개인이 원하는 바대로, 시키면 다 해내야 하는 착한 여성이 교사의 모습이라고 생각하며 적응하려고 했었다.

———

Lim(2011)은 '소수 인종 출신으로 살아가는 이민 여성들의 정체성 변화 양상'이라는 연구 문제를 가지고, 2명의 한국 출신으로 영국에서 살고 있는 이민 여성을 대상으로 생애사 연구를 하였다. 연구자는 이민자 여성들의 정체성이 이민 전후, 임신·출산을 전후하여 급격히 변화되는 것을 발견하였다. 특히, 엄마라는 사회적 역할이 생겨났을 때 이민 여성들은 자기중심적이고 경력 중심 여성에서 자신의 아이들의 필요를 가장 우선시하는 엄마로서의 정체성 변화를 경험하였다.

Knowles와 동료들(1994)은 '교생이 초임교사가 되기 전 일년 동안의 의식의 변화과정'이란 연구 문제를 가지고 생애사적 연구를 하였다. 이 연구를 통해 교사의 의식 변화에 영향을 끼치는 중요한 원인은 대학교의 교사 교육 프로그램이 아닌, 유년 시절의 경험, 교사 초기에 경험한 훌륭한 교사들에 대한 기억, 실제적 교수 경험, 의미 있는 타자와의 경험이라는 것을 밝혀냈다.

생애사 연구에서 제기할 수 있는 연구 문제 셋째는 특정 경험의 개인적 의미 형성을 이해하는 것이다. 생애사 연구를 통하여 특정한 경험에 대해 개인이 형성하는 의미에 대한 이해를 추구하는 것이다. 사람들은 동일한 경험을 하였다고 하여, 개인마다 동일한 의미를 부여하는 것이 결코 아니다. 하지만, 개별 사회 구성원의 개별적 의미 형성 과정을 이해하는 것은 현상에 대한 새로운 관점을 가지게 할 뿐 아니라, 사회 전체를 이해하는 실마리가 된다. 이러한 특정 삶의 경험에 대해 부여하는 개인적 의미는 참여자들의 전체적인 삶에 관한 내러티브를 분석하면서 이해할 수 있게 된다. 개인이 그러한 의미 부여를 하기까지는 그 이전의 참여자의 가치관, 성격, 인간관계 등 다양한 요소들이 작용하기 때문이다. 참여자들은 자신의 삶의 경험을 해석하고 서술할 때, 자신들의 고유한 이해방식과 의미 부여 방식을 드러낸다(한경혜, 2005: 13-14). 우리는 참여자와 면담을 할 때 주관적 이야기의 사실적 정확성이 아니라, 내러티브에 담겨 있는 의미를 발견하는 데 초점을 맞추어야 한다(Dhunpath, 2005: 545). 구성된 이야기는 의미의 조합이자 자기-재현인 것이다(Ball & Goodson, 1986).

A. I. Ali(2014)는 「공포로 옷 입혀짐: 무슬림 대학생들의 정체성」에서 연구자는 '미국 9·11 사건이 대학생 무슬림들의 정체성에 어떤 영향을 주는지' 연구하고자 하였다. 이에 24명의 무슬림 대학생(미국 국적 8명)을 목적 표집하여, 미국 내의 반무슬림 정서가 개인에게 어떤 의미로 다가오는지 생애사 연구를 하였다. 이에 24명의 무슬림 대학생들은 공통적으로, 미국인들이 9·11 테러 사건 이후 무슬림에 대해 가지는 전형적 이미지들(전근대적, 테러 위협, 폭력적)로 차별을 당하였으며, 자기 정체성에 부정적 영향을 준다고 말한다.

생애사에서 제기할 수 있는 연구 문제 넷째는 특정 단체나 문화 속 인물의 삶의 특징 개념화이다. 인류학에서는 특정 사회 속 개인의 문화적 경험이나, 특정 민족의 가치, 생활상, 전통을 개념화하는 연구를 생애사를 통해 접근하는 경우가 많다. 또한 특성 직업을 가진 사람들의 특징을 개념화하는 데 생애사가 활용된다. 이는 일반인들에게 잘 알려지지 않은 단체나 인물이 어떤 삶의 특징을 갖는지 개념화하기 위해 생애사를 이용하는 경우이다.

김병찬·조민지(2015)는 「창의적으로 수업하는 교사의 특징이 무엇인가」라는 연구 문제를 설정하여 초등학교 A 교사에 대한 생애사적 사례연구를 실시하였다. 연구의 결과 A교사의 수업은 크게 세 영역으로 나누어졌는데, 기반, 전략, 결과이다. A 교사의 수업은 '아이가 주인'이라는 기반위에 이루어지고 있고, 핵심 수업 전략은 '구체물로 수업하기', '단계 수업', '놀이 수학', '스스로 찾기'이며, 이러한 수업 결과 학생들은 '몰입, 재미'를 경험하는 것으로 나타났다. 또한 A 교사가 창의적으로 수업하는 데에는 단순하게 방법론을 익혀서 수업하는 것이 아니라 교사의 전체적인 삶의 맥락 6가지가 작용하고 있었다. 이에는 학생에 대한 높은 책임감을 가진다는 '개인적 성향', 교사 초기 시절 만난 교감선생님을 통한 '멘토 교사', '독서 습관' 등이 기반 요인으로 작용하고 있었고, 학생에 대한 안타까운 마음인 '상심(傷心)', 출퇴근 시간 단축으로 인한 '삶의 여유'가 매개요인으로 작용하고, '성공 경험'이 촉진 요인으로 작용하는 것을 파악할 수 있었다.

사실, 질적 연구자는 미리 자신이 무엇을 연구할지 구체적으로 알 수 없는 상황에서 연구를 시작하게 된다. 점진적 주관성(progressive subjectivity)이라는 질적 연구의 특징상 자료를 수집하고 분석하는 과정 중에 연구 문제가 새롭게 변화되고, 구체화될 수 있다.

하지만, 어느 정도 명료해진 연구 문제를 통해 연구자는 해당 연구 문제를 어떻게 해결해 나가고 연구를 설계해 나갈지 계획할 수 있게 된다. 특히, 참여자의 생애사적 구술을 기초로 하여 연구가 진행되는 생애사 연구의 특징상, 연구자의 연구 문제에 대한 명료화 없이 연구가 진행되게 된다면, 자료 수집이나 분석의 단계에서 많은 시간과 노력이 소모되거나, 분석 결과가 모호하게 도출될 수 있다.

연구 문제 진술의 세 번째 단계는, 연구자가 연구의 중요성과 가치를 규명하는 과정이다. 해당 연구 주제와 목적, 연구 질문이 어떠한 학술적·사회적 가치를 가지는지 밝혀야 하는 것이다. 특히, 생애사 연구의 경우 Dollard(1935)가 논의했듯 참여자의 삶을 통해 그 너머의 사회적·역사적 맥락 또한 이해할 수 있어야 한다. 이에, 사회적·역사적 맥락에 대한 이해가 생애사 연구를 통해 가능함을 제시하는 것이 필요하다. 다음은 이동성 (2013)의 한 초등학교 전문교사의 전문성 발달에 대한 연구 중 연구의 중요성과 가치에 대해 논의한 부분이다. 그는 한 초등학교 전문 교사의 전문성 발달에 대한 연구가 결과적으로 전체 현장 교사의 전문성 발달과 관련되어 있고, 이에 대한 이해가 정치적, 경제적 맥락 등과 관련되어 있음을 밝히고 있다.

연구예시

「한 초등학교 전문교사의 전문성 발달에 대한 예술 기반 생애사 연구」(이동성, 2013)의 내용 일부

현장 교사의 전문성은 사회적 진공상태에서 형성되기보다는, 개인 간 상호작용과 제도적 및 정책적 맥락을 반영하는 유동적 개념이자 담론이다. 따라서 초등학교 교사의 교수 전문성 발달을 심층적으로 이해하기 위해서는 교사의 실제적인 직업적 삶이 정치적, 경제적, 사회문화적, 제도적, 역사적 맥락 및 조건과 어떻게 관련되어 있는지를 생애사적으로 탐구할 필요가 있다. 생애사 연구 방법은 연구자가 참여자의 삶을 새로운 관점에서 바라보고, 참여자와의 깊은 소통을 통하여 삶의 의미와 가치를 발견할 수 있다. 특히, 생애사 연구 방법은 개인의 직업적 경험을 이해하는 데 유용한 질적 연구 방법론이다.

그뿐 아니라 연구의 중요성과 가치를 규명하기 위해서는 기존 연구에 대한 분석을 토대로, 자신의 연구가 기존 연구와 어떠한 차이점과 중요성을 가지는지 규명하는 과정이 필요하다. 연구자는 기존에 이루어진 연구의 한계점을 제시하고, 생애사적 연구를 통해 이루어지는 연구가 기존의 연구와 어떤 차이점과 효용성을 가지는지 논의할 필요가 있다.

2. 연구 방법

생애사 연구의 두 번째 단계는 연구 방법을 선택하고 적용하는 것으로 이는 논문에서 3장 연구 방법에 대한 내용이며, 이에 대한 개요를 나타내면 다음과 같다.

Ⅲ. 연구 방법
　　1. 개관
　　　　가. 연구 방법에 대한 개략적 설명
　　　　나. 연구 시기별 주요 활동

　　2. 연구 참여자 선정
　　　　가. 선정과정 및 목적 표집
　　　　나. 세부적인 특징 묘사
　　　　다. 제한점

　　3. 자료 수집
　　　　가. 심층면담
　　　　나. 참여관찰
　　　　다. 문서분석

　　4. 자료 분석

　　5. 타당도 검증
　　　　가. 트라이앵귤레이션(삼각측정)
　　　　나. 연구 참여자에 의한 결과 평가 작업
　　　　다. 반성적 주관성

　　6. 연구 윤리
　　　　가. 연구자가 실행했던 연구 윤리 보완 절차

　연구자들은 위의 연구 방법 개요를 참고하여 연구 상황에 따라 적절히 변용하여 활용하면 될 것이다. 여기에서는 연구 방법 중 연구 참여자 선정, 자료 수집, 자료 분석에 집중하여 논의하도록 하겠다.

가. 연구 참여자 선정

본격적인 자료 수집에 앞서 우선 적절한 연구 참여자를 선정하는 과정이 필요하다. 연구자와 참여자가 서로 수평적 권력 관계에서 친밀성과 협력을 강조하는 생애사 연구에서 참여자는 단순한 정보 제공자가 아니며, 공저자(co-author)이고, 공연구자(co-researcher)이며, 해석자이다(이동성, 2013: 10). 일반적으로 생애사 면담에 가장 적합한 후보자는 일상 생활 속에서 자연스럽게 나올 가능성이 있다. 당신의 친구이거나 우연한 기회에 찾게 된 누군가일 수 있다. 어린아이부터 노인층까지 모든 연령층을 대상으로 할 수 있다. 단, 참여 대상 선정 시 가장 중심으로 고려할 점은 그 사람의 삶과 연구를 연결지을 수 있어야 한다는 것이다(김영천, 2013: 220). 이를 위해 연구 참여자가 연구 문제와 관련된 사회·문화적 전형성을 보유하고 있어야 한다. Cole과 Knowles(2001: 12)는 생애사를 개인의 삶의 이야기를 통해 그 너머의 넓은 사회적 맥락을 발견할 수 있는 '창'이라고 하였다. 이는 소수의 연구 참여자 삶에 대한 분석을 통해 그 이면에 놓인 사회문화적 맥락을 이해하는 생애사 연구의 특성상, 연구 참여자가 연구 문제와 관련하여 그 시대나 문화를 대변할 수 있는 전형성 내지 일반성을 보유하고 있어야 함을 이야기한다. 유철인(1998: 187-189)도 생애사 연구에서 연구 대상의 대표성을 강조하였다. 여기서 연구 대상의 대표성이란 한 개인의 삶 혹은 주관적 경험이 한 사회의 문화를 얼마나 잘 보여 주는가의 문제이다. 이에, 특정 연구 참여자에 대한 목적 표집이 필요하게 된다. 목적 표집의 구체적 사례를 살펴보도록 하자.

연구예시

「'창의적으로 수업하는 교사'의 특징은 무엇인가?」(김병찬 · 조민지, 2015)의 내용 일부

본 연구에서는 '창의적으로 수업하는 교사의 특징은 무엇인가?'를 밝혀 보고자 한다. 이러한 연구 목적에 부합하는 교사는 실제적으로 창의적으로 수업을 하는 교사여야 하고, 한두 번 창의적인 수업을 시도하는 교사가 아니라 지속적으로 창의적인 수업을 하는 교사여야 했다. 이러한 창의적으로 수업하는 교사를 찾는 작업은 쉽지 않았다. 창의적인 수업 경진대회 등에 나온 교사들 중에는 실제적으로 창의적인 수업을 하기보다 창의적인 수업의 형식적인 요건만을 갖추어 수업을 하는 교사들도 있는데(이용숙 외, 2005), 수업 실기 대회나 수업 시연 대회에서는 대체로 평가 기준이 있기 때문에 평가의 기준에 부합해야 하고 그에 맞추다 보면 실질적인 창의적 수업이 아니라 형식적인 창의적 수업이 되는 경우가 있다(조주행, 2007). 이런 문제를 조금이라도 벗어나기 위해 본 연구에서는 '창의적으로 수업하는 교사'를 학교 현장에서 현장 교사들에게 추천을 받았다. 현장의 교사들이 추천하는 창의적인 교사는 형식적인 요건을 갖추어 창의적인 수업을 하는 것이 아니라 실제적으로 창의적인 수업을 하는 교사일 가능성이 높다. 그리고 대체로 공립학교의 경우 교사들이 지역적인 기반 위에서 근무 학교를 정하고 5년마다 전보로 인해 학교를 이동하기 때문에 교사들이 서로 잘 아는 편이다. 이러한 배경하에 본 연구에서는 연구자의 교육대학원 및 일반대학원 석박사 과정에 있는 현직교사들을 대상으로 창의적으로 수업하는 교사를 추천받았으며, 추천된 교사들을 대상으로 다시 해당 지역에 근무하는 교사들에게서 확인을 받아 그 지역에서 선생님들 사이에서 창의적으로 수업하는 교사로 인정받고 있는 교사를 최종 연구 참여자로 선정하였다. 이렇게 선정된 참여자는 50대 후반의 초등학교 여교사였다.

———

이렇듯, 연구 참여자를 선정하는 과정은 연구 맥락과 상황에 따라 융통성 있게 선택할 수 있지만, 무엇보다 연구 참여자가 연구 목적과 연구 문제에 적합하고, 해결할 수 있는가가 가장 중요한 요소이다. 또 다른 예를 살펴보자.

연구예시

「세 중학교 학생들의 학원 교육 경험의 생애사적 탐구」(민성은, 2016)의 내용 일부

한국의 수많은 중학생들 중에서 3명의 학생만을 목적 표집하는 것에는 부담감이 따랐다. 이에 다양하고 의미 있는 생애사적 분석 자료를 수집하기 위하여 여러 유형의 중학교 학생들을 대상으로 한 1차적인 자료 수집의 과정을 거치기로 하였다. 이를 위해 우선 연구자가 근무하였던 초등학교를 졸업한 중학생들을 대상으로 학년, 성적, 학원을 다닌 기간, 학원 생활, 과거 학원 경험 등에 관한 기본적인 프로필들을 수집하였다. 이러한 1차적인 연구 참여자 선정 결과를 토대로, 연구 문제와 관련한 2차적인 분석기준을 마련할 필요가 있었다. 이를 위하여 학생들의 학원 교육 이용 방법의 특성인 의존 정도, 자발성 정도에 관한 개념적 틀을 분석의 기준 중 하나로 활용하였다. 연구자는 학원 교육 이용 방법적 특성 외에도 학생의 학년, 다니는 학원의 유형, 학교 성적, 거주 지역 등 여러 요소들을 종합적으로 고려하여, 3명의 연구 참여자가 최대로 다양한 유형의 학원 이용 방법을 보일 수 있도록 노력하였다. 물론 충분한 심층면담과 참여 관찰이 이루어지지 않은 상태에서 학생들의 학원 이용 방법을 예단하는 것은 부적절하다고 여겨질 수 있다. 하지만, 최대한 학생들의 다양한 학원 이용 방법을 분석하기 위한 예비 작업으로서 기본적인 분류작업이 이루어질 필요가 있었다. 그런 과정을 거쳐 최종적으로 선정된 학생들의 기본적인 사항들은 다음과 같다.

성명 (가명)	학교 (학년/성별)	지역	학원 유형	현재 학원 다닌 기간	학교 성적	학습 성향
김지나	2학년/여	경남 김해	영어 단과	5년	최상	주체적-학원활용형
박하늘	2학년/남	경남 김해	수학 단과 + 영어 단과	1개월(수학), 4년(영어)	상	피동적-학원의존형
박세훈	1학년/남	부산 해운대	종합학원	10개월	중상	피동적-학원의존형

민성은(2016)의 연구에서 연구자는 '중학교 학생들의 학원 경험 방식'이란 연구 문제에 있어서, 일반적인 전형성을 가질 수 있기 위하여 최대한 다양한 학년, 학원 유형, 학교 성적, 학습 성향 등을 고려하여 표집하고자 하였다. 이런 목적 표집 과정들은 하나의 예시로 참고할 만하다. 연구자들은 자신의 연구 목적과 주제에 최적화된 연구 참여자를 선택하기 위하여 다양한 방법을 통해 목적 표집을 할 수 있는 것이다.

나. 생애사 면담

생애사 연구에 있어서 주된 자료 수집 방법으로는 생애사 면담이 있고, 보조적 수집 방법으로 참여 관찰, 문서 분석이 있다. 생애사 면담은 심층 면담의 한 방법으로 한 사람의 과거 삶을 전체적으로, 발달적으로 이야기하게 하는 면담을 말한다(김영천, 2013: 330). 생애사 면담을 통해 참여자는 한 연구자에게 자신이 어떠한 삶의 과정을 거쳐 왔고 살아왔는지에 대해 솔직하고 허심탄회하게 생각, 느낌, 경험 등을 이야기하게 된다. 이런 생애사 면담은 참여자가 스스로를 새롭게 발견하는 과정이며, 자기 재구성의 과정으로 볼 수 있다. 기본적으로 한 인간의 삶을 깊이 있게 이해하기 위해서는 연구자와 참여자가 서로 마음을 열고, 깊이 있는 대화를 할 수 있어야 한다. 이러한 대화는 시간의 흐름 속에서 분절되고 잊혀졌던 참여자의 과거 역사의 조각난 퍼즐들을 연구자와 함께 회상하여 새롭게 복구하고, 현재의 관점에서 새롭게 조명하는 과정으로 볼 수 있다. 연구자는 불과 몇 번의 면담만으로 참여자의 삶을 이해할 수 있다는 오만한 생각을 버리고, 참여자의 입에서 자신의 삶의 이야기가 마음껏 흘러 나오도록 겸손하고 따뜻한 마음으로 적극적으로 이야기를 경청해야 한다. 또한 연구자가 참여자의 삶을 제대로 이해하기 위해서는 그들의 삶의 현장에 직접 뛰어들어 오랜 시간 함께 하는 것이 필요하다. 일을 하거나 가족들과 시간을 보내고 친구들을 만나는 시간에도 곁에 함께 하면서, 참여자가 어떤 삶의 태도와 가치관을 가지고 살아가는지 참여 관찰하며 발견해 나가는 것이 필요한 것이다. 하지만, 그러한 과정은 너무나 많은 시간이 소요될 뿐 아니라, 그런 과정을 거친다고 하여도 참여자의 삶을 온전히 이해한다고 보장할 수는 없다. 사람은 충분히 타인의 시선 앞에서 가면을 쓰면서 가식적으로 살아갈 수 있고, 자신의 은밀한 생각과 느낌을 언제든 숨기면서 살아갈 수 있기 때문이다. 또한, 연구자가 수집하고자 하는 자료들은 참여자의 삶에 대한 총체적인 내용이기 때문에, 과거의 경험이나 기억들에 대한 내용은 참여자의 입을 통하여 들을 수밖에 없다.

생애사 면담을 함에 있어서 연구자가 고려해야 하는 사항은 적절한 면담 가이드를 제작하는 것이다. 불과 몇 번의 만남만으로 참여자의 삶을 이해해야 하는 연구자의 입장에서, 오랜 시간 면담을 했음에도 면담 내용들 속에서 핵심적인 주제나 요소를 추출해 내지 못할 수 있다. 따라서, 면담의 과정 중에서도 핵심적인 요소들을 놓치지 않고 질문하며, 면담이 효과적으로 진행될 수 있도록 돕는 면담 가이드를 준비할 필요가 있다. 질적 연구자는 화자의 마음을 들여다볼 수 있는 나름의 체계화된 면담 가이드를 개발해야 한다(이동성, 2015). 면담 가이드는 생애사 연구의 계획과 실행, 종결을 위한 하나의 설계도이자 안내서이다. 면담 질문들의 완성도는 면담 가이드의 질을 결정하며, 면담 가이드의 질은 생애사 연구의 질을 결정한다(김영천, 2002, 2005, 2007; 이동성 외, 2010). 면담 가이드는 앞서 논의한 연구 문제들과 관련하여 영역화할 수 있다. 이는 면담 또한 연구 문제를 해결하기 위한 하나의 절차이기 때문이다. 연구 문제의 성격에 따라 제작할 수 있는 질문 영역과 구체적 질문의 예는 다음과 같다.

연구 문제	영역 1	영역 2	구체적 질문
삶의 전체 여정 묘사	• 유치원 • 초등학교 • 중고등학교 • 대학 생활 • 직장 생활 • 중년기 • 은퇴후 생활	• 인간관계(부모, 친구, 　선생님 등) • 물리적/문화적 공간 • 결정적 사건 • 가치관	• 부모님은 어떤 분이셨는가? • 유치원 시절 기억에 남는 일이 있는가? • 초등학교 때 친구 관계는 어땠는가? • 부모님과의 관계는 어땠는가? • 가장 친한 친구는 누구였는가? • 학교를 옮기거나 이사를 간 적은 없는가? • 자신의 삶을 바꿔 놓은 사건들이 있는가?

첫째, 삶의 전체 여정 묘사에 관한 면담 가이드이다. 삶의 전체 여정 묘사라는 연구 문제를 위하여, 연구자는 참여자의 각 시기별 특징들을 분석해야 한다. 이러한 분석의 관점

은 인간관계 형식, 물리적/문화적 공간의 변화, 결정적 사건, 가치관의 변화 등 한 인간의 총체적 요소들에 초점이 맞추어져야 한다.

둘째, 개인적 변화의 구체적 양상과 원인에 관한 면담 가이드이다. 개인적 변화들, 예를 들면 가치관, 정체성, 성격 등이 삶의 과정 속에서 어떤 변화를 겪으며, 이런 변화의 원인이 무엇인지를 파악하기 위한 면담 가이드가 필요하다. 이에 대표적인 질문으로 '자신은 스스로를 어떻게 생각하는가?', '그러한 자기 인식은 언제부터 생겨났는가?' 등이 가능하다.

연구 문제	영역 1	영역 2	구체적 질문
개인적 변화의 구체적 양상과 원인	• 가치관 • 정체성 • 성격 • 역할 • 의식 • 인식 • 발달	• 구체적 양상 (시기별) • 원인	• 자신은 스스로를 어떻게 생각하는가? • 그러한 자기 인식은 언제부터 생겼는가? • 삶에서 가장 가치 있다고 생각하는 것은 무엇인가? • 어렸을 때 자신의 모습은 어땠는가? • 어렸을 때의 모습과 지금 자신의 모습은 많이 다른가? • 어렸을 때 성격은 어땠는가? • 지금 자신의 성격은 어떻다고 생각하는가? • 그렇게 생각하는 이유는 무엇인가? • 그런 변화가 생겨나게 된 원인은 무엇이라고 생각하는가? • 그러한 변화는 언제 생겨나게 되었는가?

셋째, 특정 경험의 개인적 의미 형성 이해에 관한 면담 가이드이다. 특정한 경험들, 예를 들면 결혼, 출산, 차별, 전쟁, 장애 등이 개인에게 어떤 의미를 형성시키는지 확인할 수 있는 면담 가이드가 필요하다. 예를 들어, '당신 삶에 결혼과 출산은 어떤 의미가 있는가?', '9·11 테러 사건이 무슬림으로서의 자기 인식에 어떤 영향을 주었는가?', '학원 공부를 통해 해당 교과에 대한 관점이 어떻게 변화되었는가?' 등의 질문이 가능하다.

연구 문제	영역 1	영역 2	구체적 질문
특정 경험의 개인적 의미 형성 이해	• 특정 경험 (결혼, 출산, 차별, 전쟁, 장애 등)	• 개인적 의미 형성	• 당신에게 결혼과 출산은 어떤 의미를 주었는가? • 전쟁이 당신을 어떻게 변화시켰는가? • 당신은 어떤 때 차별받는다고 생각하였는가? • 당신은 신체적 장애에 대해 어떻게 생각하는가? • 그러한 의미를 가지게 된 이유는 무엇인가? • 학원 경험이 자신의 학습에 대한 관점을 어떻게 변화시켰는가?

넷째, 특정 단체나 인물의 특징 개념화에 관한 면담 가이드이다. 이는 특정 단체나 인물(장애인, 고교 중퇴생, 교사, 여성 노인 등)의 삶의 특징을 개념화하기 위한 면담 가이드이다. 여기서의 특징이란 인간의 총체적 영역들, 예를 들어 인간관계, 성격, 가치관 등에 있어서 나름의 고유한 성질을 말한다. 이에 적절한 질문들로는 '자신이 속한 단체가 가진 특징 중 다른 집단에서 가지지 않은 특징에는 어떤 것들이 있을까?', '이전에 속했던 단체와의 차이점이 무엇인가?' 등이 있다.

연구 문제	영역 1	영역 2	구체적 질문
특정 단체나 인물의 특징 개념화	• 특정 단체/인물	• 특징(인간관계/성격/가치관/업무적 특성/업무 처리 방법)	• 자신이 속한 단체가 가진 특징이 무엇이라고 생각하는가? • 자신이 가진 직업의 특징이 무엇이라고 생각하는가? • 이전에 속했던 단체와의 차이점이 무엇인가?

심층 면담을 진행하면서 연구자가 면담 내용을 기초로 하여 개별 참여자의 시간흐름표(time line)를 작성하는 것은 분석을 용이하게 해 준다. 시간흐름표는 연구 참여자 인생에서의 중요한 사건(epiphany)을 중심으로 그 시기에 있었던 일련의 경험과 느낌, 내면의 변화를 담고 있는 것으로, 일대기적 방법을 활용하는 심층면담에서 활용된다(전영국, 2013: 8). 시간흐름표를 작성하다 보면 연구 참여자 내면의 흐름이 시간축 위에서 자연스럽게 드러나게 되는 통찰을 경험하게 된다(Witz & Bae, 2011).

연구예시

「고등학교 중도탈락에 관한 인물 사례 연구」(배성아 · 전영국 · 이현주, 2015: 7)의 내용 일부

사진을 활용한 면담 또한 자료 수집과 분석, 재현의 과정에 도움을 준다. 1980년대 이후 여러 연구 영역에서 시각적 이미지를 연구 방법으로 채택하고 있다. 특히, 사진을 활용한 질적 연구는 인간의 감성을 자극하여 다양한 이해를 이끌어 낸다(Butler-Kisber, 2010, pp. 123-124). 사진을 활용한 유추는 이미지로부터 단순한 반응을 불러일으키는 것이 아니라, 참여자의 지식과 자기 정체성, 경험과 감정을 생산하거나 재현하는 것을 가능케 한다. 다음은 김재룡(2009: 98)의 「생애사 연구에서 사진 인터뷰의 실제」중 일부이다.

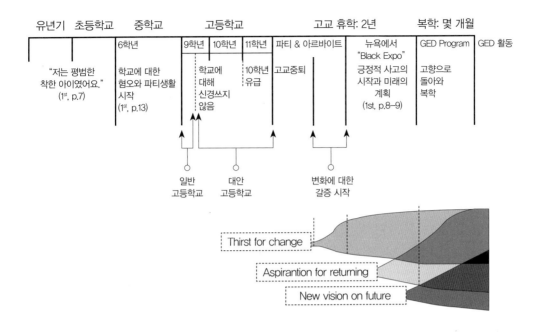

이 연구는 이 한 장의 빛바랜 사진으로부터 출발하였다고 할 수 있다. 사진에서 보면 선생님은 매우 멋쟁이다. 아이들에게 둘러싸여 배구공을 손끝에서 돌리는 모습이 매우 인상적이다. 자신감에 넘치며 젠틀하고 댄디한 모습에 학생들은 절대적인 선망과 신뢰의 눈길을 보내고 있는 것을 알 수 있다. 이 사진은 대략 사십 년 이상 된 것이다. 내가 주목한 것은 바로 '선생님', 즉 교사의 모습이었던 것이다. 체육교사이기 이전에, 한 사람의 매력적인 여자고등학교 선생님이었던 것이다. 이 사진에서 보이는 전형적인 교사의 모습은 선생님과 같은 교사를 열망하는 시대의 로망이었다. 중고등학생을 대상으로 하는 유일했던 이 사진이 '학원'이란 잡지의 표지였던 것이다. 매스미디어라는 것의 존재를 모르고 사는 사람들이 훨씬 많았던 시기에, 말하자면 한순간 중고생들의 스타로 뜬 것이었다.

연구자: 이 사진은 찍은 때가 봄인 걸로 제가 알고 있거든요.

참여자: 그렇지. 이거는 그렇지 봄이야. 아직 교복 갈아입기 전이니까 4월달쯤 됐을 거야.

연구자: 잎이 아직 나무에 나지 않았구요.

참여자: 이게 부임해가지고 얼마 안 되었을 땐데, 그때 그.

연구자: 사진사가 찍었을 거 아닙니까.

참여자: 아니야. 사진사가 아니라 학원이라는 학생 잡지사가 있었어요.

연구자: 아, 학원이요?

참여자: 그 잡지사에서 요놈하고 요놈이 어떻게 속닥속닥해가지고. 그 잡지사하고 잘 알았어. 사진찍자고 나가자고. 이게 누구더라. 황애란이야. 연세대학교 간호학과 나와 가지고, 지금 연세대학의 간호대학 교수인 거야.

연구자: 그리고 이게 선생님 앉아 계신 데가 평균대 아닌가요?

참여자: 평균대야. 여학교니깐 그게 있었지.

연구자: 그때 평균대 수업도 하셨나요?

사실 인터뷰의 초기 국면부터 완벽한 면담 가이드를 만드는 것은 불가능에 가깝다(이동성, 2015: 110). 이에 연구가 진행되면서 초기에 작성된 면담 가이드는 추가적으로 생성, 변화, 추가, 삭제, 이동됨으로써 최종적인 형태로 변하게 된다. 이는 자료 수집 과정 중에 자료 분석이 함께 이루어지며, 연구 참여자의 삶에 대한 이해도가 심화·발전되고 있다는 반증이기도 하다. 이렇게 연구가 진행되면서 면담 가이드가 개발되는 과정의 예를 살펴보자.

1차 가이드	학교생활	교육과정/수업	가정생활	교우관계/생활		
	6개 예상 질문	7개 예상 질문	7개 예상 질문	7개 예상 질문		

2차 가이드	학교생활	교육과정/수업	가정생활	교우관계	어머니 (추가)	담임교사 (추가)
	10개 질문	9개 질문	13개 질문	8개 질문	20개 질문	17개 질문

3차 가이드	학교생활	교육과정/수업	가정생활	교우관계	어머니 (추가)	담임교사 (추가)
	10개 질문	7개 질문	13개 질문	5개 질문	28개 질문	16개 질문

[그림 2] 면담 가이드의 개발 과정의 예(이동성, 2015: 85)

Cole과 Knowles(2005)는 생애사 연구에서 연구자와 참여자의 균등한 상호작용을 관계성, 상호성, 배려와 존중으로 설명하였다. 가장 효과적인 면담은 면담자가 한발 물러나서 바라보고, 면담이 일어나는 과정을 조망하여 가장 적절한 방향으로 안내하며, 어떤 질문으로 이어갈지 생각하는 것이다(김영천 2013b: 222). 생애사 면담은 단답형의 대답이 나오기보다 참여자의 삶에 대한 구체적 정보들이 풍부하게 담긴 내면의 목소리가 흘러나오도록 해야 한다.

다. 참여관찰

생애사 연구에서 자료 수집의 두 번째 방법으로 참여 관찰이 있다. 생애사에서 참여관찰은 여러 가지 역할을 가진다. 첫째, 심층면담을 통해 알게 된 참여자의 정보에 대한 삼각검증(triangulation)의 수단으로 활용하여, 참여자가 제공한 생애담에 대한 사실 유무를 확인할 수 있다. 둘째, 생생한 삶의 현장을 방문함으로써 참여자가 가지는 삶에 대한 태도, 가치관, 인간관계에 대한 비언어적 요소들을 파악하며, 참여자를 더욱 깊이 있게 이해할 수 있게 한다. 셋째, 참여 관찰을 통해 참여자 주변 인물들에 대한 새로운 인간관계를 형성시키면서, 참여자에 대한 다각적 이해를 가능하게 한다. 특히, 면담을 통한 언어적 의사소통에 제한이 있는 청각 장애인, 다문화 가정의 연구에서는 참여관찰의 비중이 높아질 수 있다. 그뿐 아니라 연구 참여자의 삶을 오랫동안 함께 함을 통해서 그들의 삶의 실제적 모습을 이해할 수 있는 경우가 많다. 대표적으로, Elliot Liebow(1993)의 「Tell them who I am: The lives of homeless women」에서 연구자는 1984년부터 1987년까지 약 4년 동안 Washington, D.C. 인근의 4개의 여성 노숙자 보호소에서 노숙자들과 함께 지내며 참여관찰한 내용을 바탕으로, 여성 노숙자들의 삶을 생애사 연구를 통해 밝힌다. 그는 오랜 기간 동안의 참여관찰을 통해 여성 노숙자들의 다양한 삶의 모습을 발견할 수 있었다. 그는 여성 노숙자들이 밤에는 보호소의 시끄러운 소음으로부터 잠을 자기 위해 애를 쓰며, 낮에는 저녁까지 시간을 죽이며, 보호소가 다시 열릴 때까지 기다리는 일상적 삶을 목격한다. 그는 또한 여성 노숙자들은 모두가 '가난한 사람'으로 일반화될 것이라는 일반적 관념과 달리, 여성 노숙자 내에도 사회적 계급이 존재하며, 특히 자격 있는 가난한 자(deserving poor)와 자격 없는 가난한 자(undeserving poor)로 구분됨을 발견한다. 보호소 안에도, 직업을 가졌던 경험이 있는 이들과 '복지 무임승차자'들 간의 구분이 있다. 대부분의 미국인들은 모든 노숙자들을 부정적으로 여김에도 불구하고, 여성 노숙자들은 사회의 동일한 차별 기준을 적용하여, 계급과 억압을 생산하는 것이다.

또 다른 예로, 3세에 뇌막염을 앓아 청각장애가 되었지만, 현재 미국 Gallaudet College 의 교수로 재직하고 있는 조경건의 생애사 연구 중 일부를 보자.

연구 참여자의 삶에 대한 다면적 시각과 심층적 요인을 조명해 줄 수 있어야 하므로 2005년 12월부터 2007년 2월까지 약 14개월 동안 Gallaudet College에서 동일한 연구실을 사용하면서 일상의 만남과 다양한 대화를 통한 자료 수집을 하였다. 또한 부족한 자료는 2007년 2월에 귀국한 후에도 2012년까지 여섯 차례의 직접 방문과 이메일 등으로 자료의 보완 및 의문점 해결을 위해 노력했다. 가정 방문과 초대에서 만난 부인과 딸과의 대화에서 조경건에 대한 객관적 자료를 보완하는 데 도움을 얻었다.

라. 문서 분석

생애사 연구에서 자료 수집의 세 번째 방법으로 문서 분석이 있다. 생애사 연구에서 문서 분석은 참여 관찰과 같이 보조적 자료 수집 방법이지만, 그 중요성은 간과할 수 없다. 문서 분석을 통해 참여자에 대한 정보를 확인하여, 깊이 있는 심층면담을 가능하도록 할 뿐 아니라, 참여자의 과거 기억의 재생을 도와 더욱 깊이 있는 연구가 진행될 수 있도록 한다. 문서 분석의 대상으로는 참여자의 과거 사진, 동영상, 일기, 메모, 편지, 업무 수첩, 상장, 학위, 블로그, SNS, 개인 기억자료 등 다양하다.

특히, 일기는 한 사람의 일상적인 경험, 생각, 느낌 등이 망라된 문서 자료로서, 생애사 연구에서 활용가치가 높다. 대표적으로 유태인 소녀 안네 프랑크가 남긴 「안네의 일기」는 1942년 6월부터 1944년 8월까지 약 2년간 독일의 유태인 대학살을 피해 국외 탈출에 실패한 아버지의 결단으로 시작한 은신 생활 시기의 삶을 고스란히 담고 있다. 안네 프랑크는 자신의 일기장을 '키티'라고 부르며, 친구에게 말하듯이 일기를 적었다. 이 문서는 수백만명의 유태인을 죽인 독일 나치즘의 극악의 폭력성, 잔인함을 간접적으로 증명할 뿐 아니라, 이러한 사회적·역사적 맥락으로 인해 고통받게 된 유태인 소녀의 삶을 이해할 수 있게 한다. 일기 중 일부분을 살펴보도록 하자.

1943년 1월 13일

키티!

오늘 아침은 유난히 소란스러워서 아무것도 만족스럽게 할 수 없었어요.

거리는 공포에 싸여 있습니다. 보따리 하나씩만 짊어지고 끌려갑니다. 그 마지막 재산마저도 도중에서 뺏기고 만다는 것이에요. 가족은 모두 따로따로 헤쳐 놓는답니다.

아이들이 학교에서 돌아오면 부모가 온데간데 없습니다. 부인이 시장에 나갔다 돌아와 보니 저의 집 현관에 굵은 못이 박혀 있고 가족들의 모습이 보이지 않습니다.

비행기들이 홀랜드의 하늘을 날아 나갑니다. 소련과 북아프리카에서는 시간마다 수천 수만의 사람들이 죽어 가고 있습니다. 어느 누구라도 이 화를 면할 수 없습니다. 지구 전체가 전쟁을 하고 있습니다. 연합군이 점령 지역을 넓혀 온다고 하지만 아직 언제 끝나겠는지 아는 사람은 없습니다. 우리는 행복합니다. 참으로, 몇 백만 명의 사람들보다 행복합니다.

사실 아직은 이곳은 안전하며 또 편하게 먹고 살 수 있으니까요. 전쟁이 끝나면 이러이러하리라고 하는 따위의 잡담도 하며 새 옷이랑 새 구두 같은 것을 생각하고는 좋아서 두 손을 마주 잡고 눈을 감아 보는 나는 참 이기주의자인 가봐요. 전쟁으로 재산을 모두 잃어 버린 사람들을 구제하기 위해 이제부터라도 절제생활을 해야 한다고 하는 이런 때에 말입니다. 근처 아이들은 얄팍한 내의 한 장에다 나막신을 신고 모자도 못 쓰고 놀고 있어요. 그들을 도와주는 사람은 없습니다. 곯은 배를 움켜쥐고 흙 묻은 당근을 깨물면서 추운 집에서 추운 거리를 지나 추운 학교로 갑니다. 많은 어린이들이 행길에서 지나가는 사람들을 붙들고 빵 한 조각만 달라고 조릅니다. 홀랜드가 이미 이 지경이 되었어요.

일기를 통한 생애사 연구의 또 다른 예로 오용원(2010)의 「감계록(監戒錄)을 통해 본 19세기 전반 함창 재지사족의 생활양식」 연구가 있다. 이 연구는 19세기 향촌 사회의 평범한 사족으로 생을 마친 홍낙건(1798~1841)의 삶을 그의 30년 동안의 일상을 기록한 일기 「감계록(監戒錄)」을 통해 이해할 수 있는 생애사 연구이다. 홍낙건의 일기인 「감계록」을 통해 본 그는 향촌 사회의 지극히 평범한 사족으로서 자신의 분수에 만족하며 생을 마친 인물이다. 이는 조선 시대 향촌 사회를 주도하고 움직였던 저층의 구성원인 것이다. 그는 사족으로서 품위를 유지하기 위해 학문과 독서를 통해 유자적(儒者的) 자세를 견지하였고, 집안의 가사 경영을 위해 직접 농사를 짓거나 각종 매매 등에 관심을 가지기도 하였다. 그리고 향촌 사회에서 문중의 위상을 제고하기 위해 갖가지 문중일에 적극 참여하여 주도적인 역할을 하기도 하였다. 이러한 그의 일상은 무의식적으로 자신에게 체질화되어 버린 하나의 생활양식들이었다. 그가 남긴 일기의 일부분을 살펴보도록 하자.

7일 흐림. 아침에 삼 천 닢을 주고 합창읍에 사는 김치구에게 덕봉원 수자 논 일곱 마지기를 샀다. 오후에 날이 다소 개었으나, 바람은 역시 차가웠고 구름이 사방에 가득했다. 이 날 '주자서절요' 몇 장을 읽어 보았다. 문을 열고 바라보니 찬비가 마침내 그치고 집 왼쪽에 있는 작은 연못에 물이 가득했다. 대개 정월 초쯤에 해방이 예전에 있지 않았는데, 아마 이것은 풍년의 조짐이 아닐런지! 얼마 후 해 저물 녘에 산에 낀 구름이 걷히고, 하늘이 열리니 찬 회오리 바람이 마침내 불기 시작하여 밤이 되니 결국 멈췄다.

23일 맑음. 저녁 때쯤에 강시하가 산 아래로 처의 묘를 파서 옮겼다는 소문을 들었다. 송사를 한 지 열흘도 채 되지 않아 이렇듯 급히 파서 옮긴 것은 그 문중의 모든 일족들이 한 목소리로 합심하여 힘을 모아 수고로움을 귀찮게 여기지 않았단 효험이 아니겠는가? 어떤 일이든 어찌 근심하여 하지 못할 것이 있겠는가?

다음은 생애사 연구에 있어서 참여자의 일상의 다양한 기록들이 연구에 활용될 수 있는 예를 살펴보도록 하겠다. 김희연·김은숙(2013)의 연구 중 자료 수집 과정에 대한 설명의 일부이다.

김교사가 자신의 일기, 수첩, 계획안, 메모, 편지, 통화 상담 기록표, 기억을 활용하여 기관별 이야기를 텍스트로 구성해 나갔다. 일기는 경험에 대한 기록으로서 상황 묘사와 당시의 생각 및 감정에 대한 기록이고, 수첩은 회의 시간에 공식적인 회의록에 포함되지 않은 내용에 대한 개인 기록이다. 계획안은 어린이집의 행사 및 일상에 대한 기록으로 정규 업무의 진행과정을 알 수 있는 자료물이다. 메모는 개인적인 감정과 유아에 대한 관찰을 적은 것이고, 편지는 재직 기간 학부모에게 받은 것이다. 통화 상담 기록은 학부모와 전화상담한 내용을 날짜별로 적어 놓은 자료이다. 또 회상 내용은 출처는 없지만 그 당시 상황에 근거한 기억을 인출하고 관계된 사람의 증언을 참고한 것이다.

그뿐 아니라, 과거 한 사람의 삶을 공적인 문서들을 통하여 추적하여 삶을 복원하고 재구성한 예를 원재연(2013)의 「성 황석두의 생애와 활동」을 통해 살펴보도록 하자. 가톨릭 교회의 황석두 루가 성인(1813~1866)은 교회내 다른 인물들에 비해서 전해지는 공적인 문서와 구전자료들이 풍부하였기에, 연구 작업에 있어서 문서 분석 과정이 주를 이루었다. 황석두 성인과 관련해 기존에 알려진 자료들을 정리하면 다음과 같다.

- 관찬사료: 〈우포도청등록〉(병인 2월 3일) – 황석두 심문 기록
- 목격/전문 증언: 〈병인박해순교자증언록〉(한국교회사연구소 소장 – 필사본/영인본 1987), 〈병인치명사적〉, 〈병인순교자교구재판록〉, 〈병인순교자교황청재판록〉
- 교회자료: 〈한국천주교사〉(달레 저, 최석우·안응렬 역주, 1980), 〈성 다블뤼 주교의 생애〉(샤를 살몽 저, 정현명 역주, 2006), 〈병인치명일기〉

- 평해황씨 족보: 〈평해황씨족보〉(2002 간행), 〈평해황씨 검교공파보〉(황기환 소장)
- 문집: 〈낙하생전집〉
- 선교사 서한: 베르뇌, 다블뤼, 페롱, 조안노 신부의 황석두 관련 기록들
- 교리서: 〈천주성교공과〉(1862, 서울 목판본), 〈신명초행〉(1864, 서울목판본), 〈회죄직지〉, 〈사본문답〉 등
- 기타: 유해발굴 보고서

    이러한 공적인 문서들은 연구 참여자의 삶을 이해하기 위한 자료들로서 더욱 높은 신뢰성을 확보할 수 있을 뿐 아니라, 추후 활용되는 자료들의 진위를 파악하고, 관련성을 분석하는 데 도움을 줄 수 있다.

3. 자료 분석

생애사 연구의 세 번째 단계는 수집된 자료를 분석하는 것이다. 우리는 Dollard(1935), Mandelbaum(1973), Bronfenbrenner(1979), Spradley(1980), Runyan(1984), Dhunpath(2000), Cole & Knowles(2001), Miller(2000), Haglund(2004) 등 기존 학자들의 생애사 분석 방법들과 접근법에 대한 논의들을 기초로 하여 여섯 가지 생애사 텍스트의 분석 관점 및 전략들을 생각해 볼 수 있다. 이러한 분석 관점과 전략들은 한 사람 또는 한 집단 내의 사람들의 삶을 총체적인 방식으로 이해할 수 있는 도구가 될 수 있을 것이다. 구체적인 연구 결과를 정리하면 다음과 같다.

〈표 4〉 생애사 텍스트의 분석 관점 및 전략

1. 연대기적 시간 순서로 분석하기
2. 인간관계 형식 중심으로 분석하기
3. 공간 및 소속집단 중심으로 분석하기
4. 가치관과 비전 중심으로 분석하기
5. 삶의 대응 방식 중심으로 분석하기
6. 사회적/역사적 맥락 중심으로 분석하기

    여기서 제시한 여섯 가지 분석 관점들은 각각이 독립적이며 분절적으로 적용될 수 있는 성질의 것이 아니라, 유기적이면서 상호 교차하는 방식으로 적용될 수 있을 것이다. 예를 들어, 한 인간의 주변 사람들과의 인간관계 형식에 대한 분석을 통해 가치관과 비전을 분

석해 낼 수 있으며, 또한 이것이 어떠한 삶의 대응 방식을 가지게 했는지 등을 분석해 낼 수 있는 것이다. 그럼 이제부터 생애사 분석 관점들을 구체적인 적용의 예를 통해 자세히 살펴보도록 하자.

가. 연대기적 시간 순서로 분석하기

생애사 분석의 첫 번째 분석 관점은 연대기적 시간 순서로 분석하기이다. 이는 생애사 분석 관점에 있어서 가장 기본적인 분석 관점이기도 하며, 또한 후속하는 다섯 가지의 관점을 관통하는 분석 관점이기도 하다. 생애사 연구자는 참여자의 생애사적 구술 자료에 나타난 시간적 맥락에 따라 특정한 이야기를 배열하고 배치한다(김영천·한광웅, 2012). Dollard(1935)는 좋은 생애사의 조건으로 어린 아동 시절부터 성인 시절까지 관련된 경험의 지속성을 강조하였다. 인간의 발달은 외부 맥락과 개인 사이의 상호작용에 의한 전 생애적인 성장과 상실, 변화의 과정이다(Haglund, 2004: 2).

연대기적 시간 순서에 의한 분석이란 우선 일련의 사건과 주제들이 시간 순서대로 분석된다는 것을 의미한다. 기본적으로 생애사 분석에서는 어린 시절의 경험을 시작으로 하여, 가장 최근에 이르는 경험들을 분석하고 재현한다. 예를 들어, Knowles(1994)의 「Through preservice teachers' eyes: Exploring field experiences through narrative inquiry」에서 초임 교사가 되기 전 1년 동안 겪게 되는 의식의 변화를 시간의 순서대로 기술하였다. Bullough(1989)의 「First year teacher」에서도 실제 초임 교사가 된 한 여교사의 일년간 교사 사회화 과정이 연대기적으로 분석되었다.

연대기적 시간 순서에 의한 분석도 크게 두 가지 관점을 통해 가능하다. 첫째, 연구 주제에 입각한 연대기적 분석 방법이다. 이는 한 개인의 발달을 연구자가 탐구하고자 하는 연구 영역에 맞추어 그 순서를 분석하는 것을 말한다. 김영천·한광웅(2012: 29-30)은 생애사 텍스트에 대한 분석 작업에서 범주의 활용이 필수적이라고 하였다. 생애사 연구자는 분석 과정에서 연구 참여자의 생애담을 '실로 꿰듯' 총체성을 유지하여 범주들을 연결시켜야 한다. 왜냐하면 총체성이 결여된 범주화 작업은 참여자의 삶을 파편화할 수 있기 때문이다. 이러한 연구 주제에 입각한 연대기적 분석을 위해서 Lieblich, Tuval-Mashiach, Zilber(1998)가 제시한 총체적 내용, 범주적 내용 접근을 적용할 수 있다. 이러한 범주적 내용 접근(주제 분석)은 근거 이론(ground theory)의 개연적 삼단논법(abduction) 논리를 따른다.

둘째, 삶의 형태 중심 연대기적 분석이다. 삶의 형태 연대기적 분석이라고 하는 것은 생애사 텍스트 내에서 그 사람의 전체적인 구조, 그 삶을 굴곡지게 하는 요소들을 발견하여 그것을 하나의 형태로 제시하는 분석이다. 각 사람은 저마다의 삶의 굴곡(up and down)을 가지고 있다. 이 세상 그 어떤 누구도 항상 똑같은 하루를 반복하지 않는다. 하지만 그들의 삶의 시간이 누적될수록, 그들의 삶에서 하나의 패턴 혹은 구조를 발견할 수 있다. 삶의 형태 중심 연대기적 분석은 시간의 흐름 속에서 그들 삶을 굴곡지게 하는 요소들을 중심으로 하나의 연대기적 패턴을 분석하는 방법이다. 이러한 총체적 형태의 분석 방법은 생애사 텍스트의 내용적 측면보다 전체적 구조를 분석의 초점으로 삼는다(이동성, 2013b: 85).

삶의 형태 중심 연대기적 분석의 첫 번째 방법은 Saldaña(2009)가 제시한 종단적 코딩(longitudinal coding)이다. 이는 삶의 여정을 탐구하는 생애사 연구에 적합한 분석 방법이다(이동성, 2012). Saldaña는 증가와 발생, 누적, 급변/출현/전환점, 감소/정지, 일정/일관성, 특이함, 상실 등의 분석 단위를 활용하여 이야기를 구조화한다(Saldaña, 2009: 173-181). 삶의 형태 중심 연대기적 분석의 두 번째 방법은 자료 전시를 활용한 방법이다. Miles와 Huberman(1994)은 자료 분석(data analysis)이 자료 환원(data reduction), 자료 전시(data display), 결론 도출/확인(conclusion drawing/verification)의 과정으로 이루어졌다고 말한다. 그들은 특히 차트, 표, 그림 등 다양한 시각적 데이터 디스플레이를 활용하여 자료 분석을 하게 되면 광범위한 질적 자료를 쉽고 빠르게 파악할 수 있으며 질적 자료들 간의 비교와 대조, 패턴과 주제 분석, 경향 관찰 등을 수행하기에 좋다고 말한다. 생애사 자료에서 전체적인 삶의 경향성과 형태를 파악하는 데 용이한 방법에는 삶의 궤적(trajectory), 타임 라인(time line), 매트릭스(matrix), 생애사 달력(LH calendar)을 활용한 방법이 있다.

나. 인간관계 형식 중심으로 분석하기

생애사 분석의 두 번째 분석 관점은 인간관계 형식 중심으로 분석하기이다. Mandelbaum(1973: 181)은 새로운 사람과의 인간관계를 통해 급작스런 변화를 가져올 수 있다고 말한다. 사람은 출생 이후, 가족, 친척, 또래 집단, 선생님, 회사 동료, 동호회 회원 등 무수히 많은 사람들과 관계를 맺고 있다. 생애사를 분석할 때 인간관계의 양상, 상호작용 방식, 원인과 결과를 분석의 전략으로 사용할 수 있는 것이다. 이러한 인간관계의 양상 및 상호작용 방식을 분석함으로써 연구 참여자가 살고 있는 사회적, 역사적 세계를 효과적으로 묘사할 수 있게 된다.

생태학적 심리학자 Bronfenbrenner(1979)는 인간이 사회라는 큰 틀 속에서 생물학적, 심리적, 사회적으로 적응하고 발달하는 존재이며, 인간이 어떤 범주와 영역과 상호작용하는지에 따라 네 가지 범주를 제시하였다. 그는 인간 발달에 영향을 미치는 환경 변수를 미시체계(microsystem), 중간체계(mesosystem), 외체계(exosystem), 거시체계(macrosystem) 등으로 구분하여, 환경 변인과의 상호작용 관계를 이해하게 해 준다고 말한다(김영천, 2013a: 68). 미시체계는 직접적인 인간관계를 맺게 되는 가정, 학교, 동료, 교회의 구성원들을 말하고, 중간체계는 이러한 미시체계들이 상호작용하는 영역이며, 외체계는 인간이 직접적으로 참여하지 않지만 영향을 미치는 대중매체, 지역사회, 가족의 친구 등이다. 거시체계는 사회, 역사적 맥락, 문화적 가치 등이다. 우선 생애사를 분석하기 위해서 연구 참여자의 미시체계와 중간체계 수준의 인간관계 분석이 이루어질 필요가 있다.

생애사에서 인간관계를 이해할 수 있는 전략은 우선 다양한 인간관계의 영역들을 분석하는 것이다. 이러한 인간관계 분석 영역들에는 연구 참여자를 둘러싼 가족, 또래 집단, 친척, 학교 친구, 학원 친구, 선생님, 직장 동료, 직장 상사, 동아리 회원, 종교 모임 등 다양하다. 특히 다양한 인간관계 분석 대상 중 가족과의 관계에 대한 분석은 1차적이다. 가족과의 관계성은 한 사람의 삶을 이해하는 데 필수적이다. 가족은 개인을 보다 큰 사회적 구조에 연결하는 데 중요한 역할을 한다(Miller, 2000: 42). Dollard(1935: 20-24)는 문화를 전수하는 데 있어서 가족 집단의 특별한 역할을 인식할 수 있어야 한다고 하며 부모를 포함한 가정의 강력한 역할과 영향력을 생애사에서 서술해야 한다고 하였다. 대부분의 생애사와 전기물에서는 가족 관계에 대한 분석이 이루어진다. 가족에 대한 분석은 구성원 자체에 대한 분석(직업, 성격, 삶의 이력 등), 연구 참여자와의 관계, 구성원의 영향력 등에 대한 분석으로 이루어진다. 이러한 가족 관계에 대한 분석과 함께 주변 친구, 학생, 선생님, 직장 동료 등 연구 문제와 관련된 인간관계에 대한 분석이 이루어질 수 있다.

또한 이러한 인간관계 대상들과의 관계의 방식을 분석할 필요가 있다. 이러한 관계의 방식들에는 긍정과 부정, 협력과 대립, 존중과 무시, 관용과 배려, 착취와 복종 등이 있을

〈표 5〉 인간관계 방식 분석 기준

관계 방식	상호작용 결과	이유
긍정/부정		
협력/대립	긍정적	
존중/무시	부정적	상호작용 방식/
관용/배려	결정적	결과 이유
협력/대립	무변화	
착취/복종		

수 있다. 또한 인간관계로 인해 어떤 결과가 생기며 이런 결과가 삶에서 어떻게 연결되는지, 이러한 관계 방식과 결과의 원인에 대해서 분석할 필요가 있다.

다. 물리적/문화적 공간 중심으로 분석하기

생애사 분석의 세 번째 분석 관점은 물리적/문화적 공간을 중심으로 한 분석이다. 이는 한 인간이 어떠한 공간이나 집단에 속해 있는지를 중심으로 그 삶을 총체적으로 분석하는 것을 말한다. 인간은 출생부터 죽음까지 지속적으로 한 공간에서 다른 공간으로 이동하며, 이러한 공간의 변화가 다양한 문화적/사회적 경험의 변화를 갖게 한다. 생애사 연구는 개인의 행위와 동기에 기초를 두지만, 개인적 삶에 대한 정교화는 특수한 집단의 사회적 삶과 직결되어 있다(Dollard, 1935: 24-26). 생애사 연구는 특정한 사람이 살고 있는 사회적 및 역사적 세계를 효과적으로 묘사해야 한다(Runyan, 1984: 148-153). 자신이 속한 공간과 문화에서 동떨어진 존재일 수 없는 존재인 사람의 삶을 분석하는 데 있어서 공간 및 소속 집단의 문화적 특징을 중심으로 분석할 필요가 있는 것이다.

Mandelbaum(1973)은 생애사를 분석하기 위한 분석적 개념으로 차원(dimension)을 말한다. 이것은 참여자의 내러티브에서 나타난 시공간적 배경 혹은 특정한 삶의 영역으로, 참여자의 삶에 영향을 미친 원동력을 이해하기 위한 분석적 개념이다(한경혜, 2005: 15). 예를 들어, 이동성(2014)의 두 초등학교 남자 교원의 삶에 관한 생애사 연구에서 이재돈 교장과 송인세 교사의 공통적인 차원은 그들이 근무했던 여러 초등학교였다(이재돈 교장: 15개 학교 이동, 송인세 교사: 14개 학교 이동). 두 참여자는 공통적으로 초등학교 교사로서의 삶을 이야기할 때, 14~15차례 정도 변화된 근무 학교의 장(field)을 기준으로 내러티브를 분절하였다. 이는 두 연구 참여자가 근무했던 각 학교들을 교직 생애에서의 주요한 차원으로 간주하고 있음을 입증하는 것이다(이동성, 2014).

연구 참여자의 공간 및 소속 집단을 분석하기 위한 방법에는 Spradley(2006)의 성분 분석이 있다. 선별적 참여 관찰 혹은 대조적 질문 전후에 위치한 성분 분석은 각 문화적 영역에서 속성(property)을 찾아내는 것이다(Spradley, 2006: 114-115). 개념의 속성은 현장 사람들의 정의(definition)를 얻음으로써 가능하며, 한 영역 내에서 대조 관계에 있는 개념들에 대한 정의를 수집하고, 그 성분을 분석함으로써 대조 관계의 의미를 이해할 수 있다(이용숙, 2009: 110-116). 즉, 연구자는 문화적 영역에 대한 성분 분석을 통해 한 집단의 구성원들이 자신들의 문화적 범주에 부여하는 의미 단위를 파악할 수 있다. 성분 분석의 단계는 대조점을 찾아 분류하고, 대조의 차원에 따라 묶은 후 패러다임 도식에 입력하는 방식으로 이루어진다(Spradley, 2006: 175).

라. 가치관과 비전 중심으로 분석하기

생애사 분석의 네 번째 분석 관점은 연구 참여자의 가치관과 비전을 중심으로 분석하는 것이다. 이는 연구 참여자가 장기간에 걸쳐 인생에서 중요시 여기는 요소나 목표를 중심으로 삶을 전반적으로 분석하는 것을 말한다. Runyan(1984: 84-85)은 인생의 여정(life course)이 여러 요소들의 상호작용 결과로 개념화될 수 있다고 하였다. 이 과정에 주로 세 가지 과정이 고려되어야 한다고 한다. (1) 행동-결정 과정: 상황에 대한 사람들의 상호작용 결과 (2) 개인-결정 과정: 개인적 상태, 성격을 만들고, 유지하고, 바꾸는 과정 (3) 상황-결정 과정: 사람들이 만나는 상황을 선택하고, 만들고, 영향을 끼치는 과정이다. 여기서 개인-결정 과정의 개인적 상태에 해당하는 개인적 요소(personal variables)에는 심리적(지능, 자아 의식, 성격, 가치관), 신체적(성, 외모), 사회적(신뢰도), 생태적(재산) 요인 등이 있다. 이 중 개인의 가치관과 비전은 개인의 행동양식을 결정하는 데 큰 영향을 준다고 말한다. 따라서 이러한 개인의 가치관과 비전의 적용 방식, 변화 양상, 생성 원인, 생성 과정, 생성 결과 등의 관점을 중심으로 생애사를 분석할 수 있는 것이다.

일련의 요소들을 분석하는 기법으로는 Glaser(1978)의 초점 코딩을 활용할 수 있다. 2차 코딩으로서 패딘 코딩과 초점 코딩은 초기 코딩(단어 코딩, 줄 코딩, 사건 코딩) 혹은 1차 코딩에서 도출된 코드보다 지시적이고 선택적이며, 개념적 특징을 나타낸다(Glaser, 1978). 특히, 초점 코딩 혹은 패턴 코딩은 이전의 코드들 가운데 가장 중요하거나 빈번히 출현하는 코드에 주목한다. 또한 연구 참여자의 가치관과 비전에 대한 분석은 Saldana(2009)의 1차적 코딩 중 가치 코딩을 적용할 수 있다. 가치 코딩은 가치관(value), 태도(attitude), 신념(belief)을 반영한 코드를 통해 코딩하는 것으로 문화적 가치관과 참여자의 경험과 행동을 연구하는 데 적합하다.

마. 삶의 대응 방식 중심으로 분석하기

생애사 분석의 다섯 번째 분석 관점은 연구 참여자의 삶에 대한 대응 방식을 중심으로 분석하는 것이다. 여기서 대응 방식은 삶에 대한 태도 또는 적응 방식을 말한다. 이는 미국의 철학자인 윌리엄 제임즈가 남긴 유명한 명제인 '사고가 바뀌면 행동이 바뀌고, 행동이 바뀌면 습관이 바뀌고, 습관이 바뀌면 성격이 바뀌며, 운명이 바뀐다'에서 행동 또는 습관의 영역과 관계가 깊다. 행동이 일회적, 짧은 기간 내에서의 삶에 대한 대응 방식이라면, 습관은 장기적이면서 반복적인 형태의 삶에 대한 대응 방식이다. 삶의 대응 방식은 이러한 단기적/장기적 삶의 태도를 모두 포괄하는 의미이다.

Mandelbaum(1973: 177)은 생애사 연구의 분석 단계에서 활용할 수 있는 분석적 개념으로 적응(adaptation)을 이야기하였다. 그는 적응을 한 인물의 삶에 대한 고유한 적용 양식을 말하며, 이는 삶의 과정에서 경험하게 되는 변화와 연속성의 두 측면을 이해하는 데 유용한 개념이라고 이야기 한다. 이는 개인을 둘러싼 사회, 역사적 맥락 속에서 개인이 어떠한 삶의 형태를 유지하고 변화시키는에 대한 내용이다. Kluckhohn(1962) 또한 개인이 집단에서 생존하기 위해서 "적응적인" 행동을 보인다고 말한다. 우리는 연구 참여자의 삶의 대응 방식이 형성된 원인, 과정, 후속적 영향력에 대한 맥락적인 분석을 통해 연구 참여자의 삶을 총체적으로 이해할 수 있게 된다.

바. 사회적/역사적 맥락 중심으로 분석하기

생애사 분석의 여섯 번째 분석 관점은 사회적/역사적 맥락을 중심으로 생애사를 분석하는 것이다. 앞시 언급한 인간관계 중심의 분석이 Bronfenbrenner가 말하는 미시체계, 중간체계에 대한 분석이라고 한다면, 사회적/역사적 맥락을 중심으로 분석하는 것은 외체계, 거시체계를 중심으로 분석하는 것이다. 생애사 연구는 개인적 삶의 특징뿐만 아니라, 사회적 조건을 이해하는 연구 방법이다(Dollard, 1935: 278). Dollard(1935: 29-33)는 '사회적 상황'을 생애사 연구의 한 요소로서 깊이 있고 지속적으로 고려해야 한다고 하였다. 또한 Cole과 Knowles(2001: 12)는 생애사를 개인의 삶의 이야기를 통해 그 너머의 넓은 사회적 맥락을 발견할 수 있는 창이라고 하였다. Runyan(1984: 148-153)도 생애사 연구는 연구 참여자가 살고 있는 사회적, 역사적 세계를 효과적으로 묘사해야 하며, 사건 및 경험과 관련된 조건의 원인과 의미를 조명해야 한다고 하였다. 즉, 생애사 연구는 연구 참여자가 살아온 삶의 이야기 혹은 생애담을 통해 사회현상이 생성되는 맥락을 이해하는 질적 연구 방법인 것이다(김영천·한광웅, 2012).

앞서 살펴본 Bronfenbrenner(1979)의 생태학적 이론에서도 한 개인의 삶에 직접적인 영향을 미치는 미시체계, 중간체계 외에도 미시체계와 중간체계를 간접적으로 통제하고 영향을 주는 대중매체, 지역사회, 사회·역사적 맥락인 외체계, 거시체계 요소를 언급하고 있다. 즉, 개인의 삶을 이해하기 위해서는 개인이 직접 오감을 통해 경험하고, 인지할 수 있는 영역 너머의 사회·역사적 맥락과 함께 분석할 필요가 있는 것이다. 이는 결국 개인의 삶은 사회·역사적 흐름과 분리되어 이해될 수 없다는 것을 의미한다. 한 개인의 개인적 교육 경험에 대한 분석에 있어서도 교육 시스템과 같은 제도적 조직과 역할, 관계는 인간의 실천과 경력 발달에 중요한 영향력을 발휘한다(Huberman, 1993). 이러한 측면에서 학습자의 생애사에서 드러나는 학습양상은 거시적인 사회적·문화적·역사적·정치경제적 맥락과 더불어 이해되어야 할 것이다(한숭희, 2006; Alheit & Dausien, 2002). Dhunpath(2000: 546) 또한 개인 간 맥락뿐 아니라 교육, 제도, 조직 등은 한 인간의 행동과 발달에 큰 영향을 끼친다고 하였다. 이러한 맥락성은 생애사 연구에서 특정한 경험을 이해하는 데 중요한 역할을 한다(Haglund, 2004: 2).

분석 결과의 표현과 글쓰기

생애사 연구의 네 번째 단계는 분석 결과의 표현과 글쓰기이다. 질적 연구에서 글쓰기 작업은 양적 연구와 비교할 수 없을 정도로 중요하다(이동성, 2015). 즉, 질적 연구자가 자신의 경험과 관찰, 생각을 어떻게 표현하는가에 따라 특정 연구 결과가 믿을 수 있는 것, 사실적인 것으로 간주되거나 그렇지 않은 것으로 평가 절하될 수 있다. 이런 맥락에서 질적 연구자들은 질적 연구를 언어로 표현되는 작업 또는 연구자의 말을 통해 재현되는 구성된 실재로 바라보았다(Lather, 1991; Lather & Smithies, 1997; Richardson, 1994, 1997). 생애사 연구에서 활용될 수 있는 글쓰기 방법에는 크게 네 가지가 있다.

〈표 6〉 생애사 연구에서의 다양한 글쓰기 방법

- 연대기적 글쓰기
- 중요한 사건 혹은 일화 중심 글쓰기
- 시각적 이미지를 이용한 글쓰기
- 호소적 언어 사용을 통한 글쓰기
- 표를 활용한 글쓰기

첫째, 연대기적 글쓰기이다. 연대기적 글쓰기는 시간 순서에 따라 참여자의 생애사를 기록하는 것이다. 시간성은 생애사 연구에서 가장 기본이 되는 단위이다. Miller(2000)는 「Researching life stories and family histories」에서 생애사 연구의 분석 단위로써 시간성의 개념을 강조하였다. 시간적 개념들(아동기, 학령기, 결혼기 등)은 연구 참여자의 고유한 코호트(cohort)를 확인할 수 있도록 도와주며, 참여자가 경험한 사회문화적 환경 등의 맥락을 개인적 삶과 관련지어 이해할 수 있도록 한다고 하였다. 그뿐 아니라 시간 순서를 통한 연대기적 글쓰기는 독자가 시간 순서에 따라 연구 참여자의 생애를 쉽게 이해할 수 있는 장점이 있다. 시간 순서에 따른 글쓰기의 형태가 나타난 예로 Milon(2002)의 자서전이 있다(김영천, 2013: 336 재인용).

도입문

도입문에는 그가 자서전을 쓰게 된 이유와 심정을 기술한다.

가족

자신의 뿌리이자 근원인 그의 친척들과 인척들을 소개한다. 그리고 자신의 어린 시절 삶에 영향을 끼친 가족사에 대해 설명한다.

학창시절(1934~1945), 대학과 졸업

초등학교부터 대학교 생활 동안 겪은 다양한 경험과 정체성 개발 과정을 기술한다.

펜실베이니아에서의 생활(1954~1970)

시간 강사 시절과 연구의 안정적 기반을 다지게 된 ASH병원장으로 역임한 시절의 이야기들이 기술된다.

시카고에서(1969~1977)

시카고 일리노이 대학으로 옮겨가 메디컬 센터 NPI에서 정신분석학장으로 지내면서 왕성한 연구 활동을 하던 시기에 관한 글이다.

마이애미와 보스턴에서(1977~현재)

그의 마지막 연구 열정을 불태운 마이애미 대학과 보스턴 매사추세츠 General Hospital에서의 연구 활동이 기술된다. 그가 자신의 연구를 어떻게 집대성하고 정리하고 있는지 보여 준다.

둘째, 중요한 사건 혹은 일화 중심의 글쓰기가 있다. 이는 연구 주제와 관련된 사건과 일화를 부각시킴으로써 독자들이 연구 주제에 쉽게 접근할 수 있는 장점이 있다. 독자들은 중요한 사건 및 일화 속에서 참여자가 어떠한 가치관, 대응방식, 성격 등을 가지고 행동하는지 살펴봄으로써, 그들 삶의 전체적 모습을 하나씩 채워 갈 수 있는 것이다. 이동성(2013)의 「두 초등 남자 교원의 경력 경로 및 경력 발달에 관한 생애사 연구」의 예를 통해 살펴보자.

연구예시

「상이한 경력 경로의 선택과 경력 발달: 학교 및 학교장과의 만남」(이동성, 2013)의 내용 일부

두 초등학교 남자 교원들의 상이한 경력 경로의 선택과 경력 발달에서의 주요한 외부적 맥락은 의도적으로 선택할 수 없는 차원으로서의 여러 학교 및 학교장과의 우연적인 만남이었다.

"내가 교장이 될 수 있었던 이유 중의 하나는 30대 초반에 등대초등학교(가명)에 발령이 났기 때문이죠. 그 학교는 육상종목 시범학교였는데, 지금 보면 나에게 딱 맞는 학교였죠. 내가 누구보다 잘 할 수 있는 일이 육상지도였는데, 다행스럽게도 대회성과가 매우 좋았어요. 그 학교 근무를 계기로 자타가 공인하는 육상교육 전문가가 되었고, 덕분에 더 좋은 학교로 이동할 수 있었죠" (이재돈 교장, 2차 내러티브 인터뷰 전사본, 2014. 2. 17.)

"전임지 학교에서 교장이랑 심하게 싸우고 나니 사고내신을 내게 되었지요. 발령을 받는 학교가 거제시에 있는 동백초등학교(가명)였는데, 체육부장을 맡기 싫다고 하니까 연구부장을 시키더라고요. 그 학교에서 연구부장을 하면서 한동안 오해를 많이 받았죠. 학교장과 싸운 모난 선생이었으니까요. 하지만 연구부장이 되고 나서 열심히 일하다 보니, 나에 대한 안 좋은 선입견들이 조금씩 바뀌는 거죠. 그 학교에서 열심히 근무하다 보니 자연스럽게 표창과 연구점수도 받고, 결국 관외 지역으로 이동할 수 있는 발판을 마련했죠." (송인세 교사, 1차 내러티브 인터뷰 전사본, 2014. 2. 18.)

셋째, 시각적 이미지를 이용한 글쓰기이다. Derrida의 해체이론을 지지하는 Lather(1991)의 관점에 따르면, 언어는 '거울과 같은 실재'를 재현하는 데 한계가 있다(이동성, 2013). 연구자와 참여자에 의해 사용된 언어는 거울처럼 삶을 비추기보다는, 특정한 사회적 세계에서의 삶을 새롭게 창조하는 것에 가깝다(Dhunpath & Samuel, 2009: 30). 이에 사실적이고 객관적인 글쓰기 방식과 차별화된 대안적 형태의 재현 방식을 적용할 필요가 있다(Dhunpath & Samuel, 2009: 85-92; Hammersley, 2008: 22-36). 시각적 이미지를 활용한 글쓰기는 대안적 재현 방식 중 하나가 될 수 있다.

이러한 시각적 이미지를 활용한 글쓰기에는 콜라주를 활용한 글쓰기, 사진을 활용한 글쓰기 등이 있다. 특히 콜라주를 활용한 글쓰기의 경우, 콜라주를 통해 참여자는 자료 수집과 글쓰기 과정에 참여할 수 있는 통로를 제공받는다. 참여자는 콜라주의 내적 논리를 통해 자신의 정체성을 형성하며, 그렇게 형성된 정체성은 타자들과 대상세계를 인식하고 상호작용하게 한다(Cole & Knowles, 2001: 11). 생애사 콜라주는 자료 수집 과정부터 글쓰기 과정까지 통합적으로 활용된다. 자료 수집 과정에 생애사 콜라주가 활용되면서 참여자는 과거 자신의 기억 회상에 큰 도움을 받을 수 있다. 참여자는 스스로 여러 장의 사진 중에서 더 큰 의미가 있는 하나의 사진을 선택하는 과정을 거치면서, 자신의 삶을 재구성할 뿐 아니라 자체적인 분석의 과정을 거치게 된다. 연구자는 별도의 면담 가이드를 활용하지 않더라도 콜라주를 통해 생애사 면담이 가능하다. 참여자의 콜라주 구성

방식이나 구성 요소에 대한 분석을 통해 연구자는 참여자의 삶을 더욱 깊이 있게 이해할 수 있을 뿐 아니라, 그의 삶의 내적인 방식을 이해할 수 있게 된다. 또한 생애사 콜라주가 타임라인(time-line)을 중심으로 연대기적으로 구성되는 경우가 많기 때문에, 콜라주의 구성 순서에 따라 글쓰기가 이루어질 수 있다. 콜라주와 분석글이 병치되었을 때 독자도 참여자의 삶을 더욱 쉽게 이해할 수 있게 된다.

넷째, 호소적 언어 사용을 통한 글쓰기가 있다. 이러한 호소적 언어를 활용한 글쓰기에는 시 형식을 활용한 글쓰기, 연극 형식을 활용한 글쓰기 등이 있다. 여기서 시 형식을 활용한 글쓰기란 질적 연구자가 탐구한 연구 결과나 면담자료들을 시적 형태로 변환하는 글쓰기 방법을 말한다(Gaitan, 2000). 이때 시 형식을 활용한 글쓰기란 연구 결과나 면담자료들을 반드시 시적 표현으로 전환해야 한다는 것이 아니라, 시가 지니는 형식적 특징을 반영하는 것을 의미한다(Glesne, 1997: 213). 즉, 시를 활용한 글쓰기란 시행의 구성, 리듬의 형성 등 시적 형태를 차용하는 것을 의미한다(김정우, 2005: 224). 이는 문학적 글쓰기의 한 방법으로서, 특히 압축적 언어를 통해 참여자의 삶을 문학적이고 상징적으로 제시한다. 이러한 시를 활용한 글쓰기는 산문 형태의 객관적 글쓰기보다, 한 사람의 인생을 압축적이고 운율이 있는 언어로 표현함으로써 독자로 하여금 더욱 큰 공명과 감동을 불러일으킬 수 있다. Octavio Paz(1995)는 우리가 시를 통해 육체의 눈이 아닌 영혼의 눈으로 세상을 바라볼 수 있게 되며, 만질 수 없는 것을 만질 수 있게 된다고 했다. 또한 우리가 서로 대화할 때 대화에 참여하는 어떤 사람이든 그들의 말은 사회적 산문보다 시에 더 가까우며, 대화 자체가 시적인 자질을 가지고 있다(Richardson, 1997: 42). 생애사 면담에서 면담자의 휴지, 반복, 내러티브 전략, 리듬 등을 시로 표현함으로써 면담자의 의도나 삶의 모습들을 더욱 효과적으로 표현할 수 있는 것이다. Ronald J. Ricci(2003)의 「Autoethnographic Verse: Nicky's Boys」의 예를 통해 살펴보자.

연구예시

「Autoethnographic Verse: Nicky's Boys」(Ronald J. Ricci, 2003)

'Nicky의 아이: 두 개의 세계 속 삶'

Ron은 두 개의 서로 다른 세상 속에서 살고 있다. …

토요일의 세계.

그리고 일요일의 세계.

토요일에는, 그는 Ronald였다,

등이 곧은 의자에 앉아

게임을 하며

수동적 대화를 하였지.

일요일에, 그는 Ronnie 였다.

(Rannie라고 발음된다)

사촌들은 너무 수가 많아서 무리를 지어 기억하지 않으면 안 된다

이모들도

삼촌들도

시끄러운 게임들

어지럽고

중복되는

알 수 없는 이야기들,

토요일에는 세 번의 식사가 있었지…

정원에서의 샐러드,

불고기,

또는 뜨거운

차.

쿠키들.

오렌지 케이크, 아마도.

일요일에는 비스코티, 차가운 파스타, 메론, 강한 향의 커피,

그리고 치킨과 너겟, 호박..

딱 그 순서였지, 아마도.

허둥지둥,

닥치는 대로,

배선실의 그림자로부터-

부엌의 뒤편

바닥과 카운터를 리놀륨으로 깔았지.

Tony 삼촌은 그의 나이 든 부모를 위하여 설치했어

과일이야 아마도.

가끔은 토마토 샐러드…

나중에.

연극을 활용한 글쓰기는 희곡이 지니는 문학적 특징을 포함시켜 연극 극본 양식으로 글을 쓰는 것을 말한다. 연극을 활용한 글쓰기는 대화, 독백, 방백으로 행해지는 구두상의 언어와 목소리 톤, 신체 언어, 침묵, 얼굴 표정, 무대 장치 등의 비언어적인 표현 수단이 강조되며, 과학적이고 객관적인 진술보다는 문자화되어 있는 자료를 행동화, 시각화, 시청각화하여 이것을 들려 주거나 보여 준다(김영천, 2013: 500). 우리는 일반적으로 언어나 정지된 이미지보다 생동하는 움직임 속에서 사람의 성격, 가치관, 행동 양식을 더욱 잘 포착하고 이해할 수 있다. 연극을 활용한 글쓰기는 글이 적히는 2차원 평면위에 3차원 입체 영상을 표현함으로써 참여자의 삶을 더욱 생동감 있고 사실적으로 드러낼 수 있다. 독자들은 연극을 활용해 쓰인 글을 읽음으로써, 참여자의 삶을 구체적인 상황 속에서 상상하며, 그가 가졌을 생각, 감정 등을 더욱 현장감 있게 체험할 수 있게 된다. Margot Ely 등(1997) 또한 질적 자료의 표현에 있어서 독자와 글 사이에 움직임과 상호작용이 있어야 한다고 지적하며, 이를 위한 방법의 하나로 현실 세계의 삶의 경험을 극장에서의 삶의 경험, 행위에서 공연으로의 전환이 필요하다고 지적했다. 연극을 활용한 글쓰기의 예로, Bluebond-Langer의 「제프리 앤드류의 세계」를 살펴보자. 이는 중서부 의과대학 부속병원의 소아과에 입원한 3세에서 9세 사이의 소아암 아이들의 삶을 연극을 활용한 글쓰기로 표현했다.

4막 소강상태와 재발

제프리가 퇴원한 지 7주가 지났다. 그 이후 병원에 매주 오고 있다. 2주 정도는 괜찮았는데 지난주 재발이 발견되었다. 지난 이틀 동안은 간헐적으로 코피를 흘렸다.

장면 1. 종양클리닉의 대기실, 월요일 오전 11시

(앤드류 부인이 한 손으로 에리카를 잡고 다른 손으로 제프리를 잡은 채 빨리 이중문을 지나 병원으로 들어온다. 앤드류 부인은 아이들의 손을 놓고 접수원의 책상으로 간다. 그곳에서 그녀는 곧바로 회의실로 간다. 그동안 제프리와 에리카는 대기실의 테이블로 간다. 그곳에는 4명의 어린이들이 점토를 가지고 놀고 있다. 제프리와 에리카는 다음 자리에 서로 마주보고 앉는다.)

O.S.T.2: 안녕 제프리 안녕 에리카.

제프리와 에리카: (함께, 마지못한 듯이) 안녕!

O.S.T.2: 너 피터 아니?

제프리: (머리를 좌우로 흔들고 점토 한 덩어리를 집어든다.)

에리카: (점토 한 덩어리를 집어들고 뱀모양으로 말기 시작한다.)

O.S.T.2: 그는 지난주 여기에 왔어.

제프리: 나는 골수에 이상이 있어요.

O.S.T.2: 그래. 그는 너랑 같은 나이야. 그는 여기 막 왔고 곧 이 병원에 올 거야.

다섯째, 표를 활용한 글쓰기가 있다. 이때 표는 일상적으로 우리가 흔히 접하는 행과 열의 교차로 이루어진 시각화된 자료를 의미한다. 우리가 자주 사용하는 표가 생애사 글쓰기에 유용한 보조적 수단이 될 수 있는 것이다. 이러한 표를 활용한 글쓰기에는 매트릭스(matrix)를 활용한 글쓰기, 생애사 달력(life history calendar)을 활용한 글쓰기 등이 있다. 우선, 매트릭스는 행과 열로 이루어진 두 목록들을 교차시킴으로써 자료를 시각화하는 것을 의미한다(Agnes, 2000: 887). 즉, 매트릭스는 표와 동의어로 사용될 수 있다. 이러한 매트릭스는 자료 수집, 자료 분석, 글쓰기의 생애사 과정 전체에 걸쳐 활용될 수 있다. 특히, 글쓰기 단계에 있어 매트릭스를 활용함으로써 연구자는 참여자의 삶의 전 과정을 한눈에 쉽게 요목화할 수 있으며, 방대한 양의 자료에서 핵심적인 요소들을 추출하여 글쓰기 과정을 훨씬 용이하게 할 수 있다. 그뿐 아니라 매트릭스 작성 중에 누락된 항목들을 쉽게 파악하여, 추가적인 자료 수집 및 분석의 과정을 도와준다. 참여자의 입장에서도 자신의 삶이 표로 작성됨으로써 자신의 기억 재생을 용이하게 하며, 불필요한 요소들에 대해서는 시간을 줄이고, 핵심적이고 필요한 요소들에 더욱 집중하여 내러티브를 구성할 수 있다. 다양한 매트릭스 유형 중 생애사와 관련하여 활용할 수 있는 것에는 시간 중심 매트릭스, 주제 중심 매트릭스 등이 있다(민성은, 2015: 12). 다음은 한 의사의 생애사에 관한 시간 중심 매트릭스를 표현한 것이다.

생애사 달력을 이용한 글쓰기도 가능하다. 생애사 달력은 매트릭스와 같이 자료 수집, 분석, 글쓰기 과정 전체에 활용될 수 있다. 자료 수집과 분석 과정에서는 특히 개인의 지속적이고 복잡한 사건들에 대한 자료를 작업하는 데 유연한 도구가 된다(Axinn & Pearce, 1999: 243 재인용). 글쓰기 과정에서는 연구자가 자료 수집과 분석의 결과로 작성된 생애사 달력을 확인하면서, 연구자의 삶의 전체 모습을 조망하면서 효과적으로 작성할 수 있다. 특히, 시기별로 인간관계, 사건 및 이슈 등이 보기 쉽게 정리된 생애사 달력

〈표 7〉 한 의사의 생애사에 관한 시간 중심 매트릭스(민성은, 2015)

구분	유년기	10대	20대	30대	40대	50대
학업 및 사회적 역할	• 5세 산청 초등학교 입학 (1957년)	• 14세 산청중학교 입학 (1966) • 17세 경남농업고등학교 입학 (1969)	• 29세 브니엘 고등학교 입학 (1980)	• 32세 인제대 의과대학 입학 (1983)	• 42세 병원개원 (1993)	• 병원장 • 성당 평신도 회장 (2004 ~ 2011)
가족 관계	• 아버지 죽음(출생 전, 1951) • 이복동생 3명 출생	• 어머니에 대한 원망		• 32세 결혼 (1983) • 33세 득남 (1984)	• 46세 득녀 (1997)	• 어머니 사망 (2012)
출생 및 사망	• 경남 산청 출생 (1952)					• 골수종으로 사망 (2012)

을 통해 더욱 정확하고 분석적인 글쓰기가 가능해진다. 이 생애사 달력을 사용할 때 전 생애사를 표현하는 데 어려움을 가질 수 있지만, 부분적으로 분할하거나 새로운 형태로 다시 조정하여 활용할 수 있다(Axinn & Pearce, 1999: 244).

〈표 8〉은 Freedman(1988)이 제시한 생애사 달력의 형식이다. 연구자는 이 표를 바탕으로, 시기별, 인간관계별 사건들을 정리하여 대기적으로 글쓰기를 하거나, 표의 다양한 요소들을 활용하여 분석적으로 글쓰기를 할 수 있다.

결론

생애사 연구는 개인의 삶의 이야기를 통해, 그 이면의 사회·역사적 맥락을 이해하고, 새로운 삶의 의미를 발견해 나가는 연구 방법으로, 그 활용성은 더욱 확장되어 가고 있다. 이에 이번 연구에서는 초보 연구자들도 쉽게 적용할 수 있도록, 생애사 연구 과정의 전체적 개요를 하나의 틀로서 제시하고자 하였다. 연구 결과를 요약하면 다음과 같다. 첫째,

〈표 8〉 생애사 달력의 형식(Freedman, 1988)

				연령 15						16												21				22					
				연도 1976						1977												1983									
				월 7	8	9	10	11	12	1	2	3	4	5	6	7	8	9	10	11	12	1	2	3	4	5	6	7	8	9	10 11 12
거주	B1	지역																													
		시기																													
		시기																													
		지역																													
혼인	B2	혼인상태																													
	B3	혼인사건																													
		배우자동거여부																													
	B4	파트너	Y	N																											
		파트너와동거																													
	B5	자녀																													
		첫째 자녀	M	F																											
		둘째 자녀	M	F																											
		셋째 자녀	M	F																											
		넷째 자녀	M	F																											
동거인	B6	부모와의동거	Y	N																											
	B7	부모																													
	B8	어머니																													
	B9	아버지																													
	B10	배우자부모	Y	N																											
	B11	기타 친척	Y	N																											
	B12	룸메이트	Y	N																											
	B13	혼자	Y	N																											
	B14	기타	Y	N																											

생애사 연구의 구체적 연구 문제 진술 형태는 네 가지 영역으로 구분되는데, '삶의 전체 여정 묘사', '개인적 변화의 구체적 양상과 원인', '특정 경험의 개인적 의미 형성 이해', '특정 단체나 인물의 특정 개념화'이다. 둘째, 연구 참여자 선정 시 연구 목적과 연구 문제에 적합한 연구 참여자를 상황과 맥락에 맞게 융통성 있게 목적표집해야 한다. 셋째, 자료 수

집 방법의 주된 형태는 생애사 면담으로, 이를 위해 적절한 면담 가이드를 작성하는 것이 필요하다. 면담 가이드는 연구 문제, 연구 목적, 연구 상황에 따라 상황맥락적으로 생성 가능하다. 넷째, 자료 수집 방법의 보조적 방법으로 참여관찰과 문서 분석이 있는데, 이는 생애사 면담으로 수집된 자료를 삼각측정(triangulation)을 통해 검증할 수 있을 뿐 아니라, 연구 참여자가 가진 다양한 삶의 모습을 발견할 수 있는 중요한 자료 수집 방법이다. 다섯째, 생애사 자료 분석의 틀은 여섯 가지로 구분되는데, '연대기적 시간 순서로 분석하기', '인간관계 형식 중심으로 분석하기', '공간 및 소속집단 중심으로 분석하기', '가치관과 비전 중심으로 분석하기', '삶의 대응 방식 중심으로 분석하기', '사회적/역사적 맥락 중심으로 분석하기' 등이다. 여섯째, 생애사 연구의 글쓰기 방법에는 연대기적 글쓰기, 중요한 사건 혹은 일화 중심 글쓰기, 시각적 이미지를 이용한 글쓰기, 호소적 언어 사용을 통한 글쓰기, 표를 활용한 글쓰기 등이 있다.

생애사 연구는 개인의 삶에 대한 깊이 있는 탐구를 통해, 개인의 삶, 특히 소외되었던 자들의 목소리를 밖으로 드러낼 수 있을 뿐 아니라, 우리 사회의 다양한 이면을 이해할 수 있는 연구 방법으로서 높은 잠재력과 매력을 가지고 있다. 하지만 그러한 높은 관심에 비해서 구체적으로 생애사 연구를 어떻게 진행해야 하는지에 대한 논의는 지금까지 분절적으로 이루어져 온 것이 사실이다.

기본적으로, 연구자는 연구 문제 진술을 통해 목적지 좌표를 설정하고, 참여자와의 상호작용, 사회·역사적 맥락 등 수시로 변화하는 파도와 바람에 맞서, 유연성 있고 명민하게 배의 키를 조정해야 한다. 때로는 날카로운 분석력으로 참여자의 내러티브, 사소한 행동들, 축적된 문서들을 분석해야 할 뿐 아니라, 뜨거운 가슴으로 참여자가 살아온 삶을 끌어안아야 한다. 또한 한 개인의 삶이 세상 밖으로 나와 많은 이들에게 공감을 불러일으키게 하기 위해서는 참신하고 효과적인 글쓰기가 이루어져야 한다. 이렇게 다양한 변수가 존재하며 복잡한 연구 상황 속에서 연구 문제 진술부터 글쓰기까지 연구의 전 과정에 대한 조감도는 특히 생애사를 처음 접해 보는 초보 연구자들에게 하나의 가이드로서 든든한 지지대가 되어 줄 수 있을 것이다. 물론 이 연구에서 제시하는 방법이 만병통치약(panacea)으로 모든 연구 상황에 적용될 수 있지는 않을 것이다. 하지만 연구자들은 이 연구에서 제시한 생애사 연구에 대한 전체적 조감도를 토대로 자신만의 항해를 시작해 나갈 수 있을 것으로 기대한다.

참고문헌

강숙희(2013). 국내 학위논문을 통해서 본 생애사 연구의 최근 동향. 교육연구, 28(1), 1-21.

강영미(2015). 필리핀 결혼 이주 여성의 자기 복원 생애사: 로젠탈의 내러티브 분석 접근. 한국 사회복지질적 연구, 9(1), 115-136.

강향숙 외(2013). 국제결혼 남성 배우자의 결혼적응에 관한 생애사 연구: 소금꽃이 피기까지. 한국가족복지학, 18(3), 225-244.

구본수(2010). 퍼스널 트레이너의 생애사 연구를 통한 직업형성과정의 이해. 중부대학교 대학원 석사학위논문.

김병찬·조민지(2015). 창의적으로 수업하는 교사의 특징은 무엇인가?: 초등학교 A교사에 대한 생애사적 사례 연구. 교육문제연구, 28(2), 111-149.

김승연(2001). 저소득층 '한 부모가정' 아동의 위기대응 전략에 대한 생애사연구: 문화지향적 상담의 사례를 중심으로. 숙명여자대학교 대학원 석사학위논문.

김아름(2009). 운동을 극단적으로 기피하는 학생의 생애사적 연구. 단국대학교 대학원 석사학위논문.

김영천 외(2006). 교육학/교육과정 연구에서 질적 연구자가 고려해야 하는 타당도 이슈들: 그 다양한 접근들의 이해. 교육과정연구, 24(1), 61-95.

김영천(2013a). 질적연구방법론 I. 파주: 아카데미프레스.

김영천(2013b). 질적연구방법론 II. 파주: 아카데미프레스.

김영천(2013c). 질적연구방법론 III. 파주: 아카데미프레스

김영천(2013d). 초임교사는 울지 않는다. 파주: 아카데미프레스.

김영천·이동성(2013). 질적 연구에서의 대안적 글쓰기 이론화 탐색. 열린교육연구, 21(1), 49-76.

김영천·한광웅(2012). 질적연구방법으로 생애사 연구의 성격과 의미. 교육문화연구, 18(3), 5-43.

김정우(2005). 시 형식의 의미에 대한 시교육적 고찰. 문학교육학 제16호, 한국문학교육학회.

김재룡(2009). 생애사 연구에서 사진인터뷰의 실제. 제8회 한국스포츠인류학회 학술대회, 92-112.

김희연·김은숙(2013). 어린이집 교사의 생애사 연구: 김교사 이야기. 교육인류학연구, 16(1), 25-63.

민성은 외(2015). 생애사 연구를 위한 효과적인 자료 분석 방법 탐구. 교사교육연구, 54(4), 621-638.

박기동 외(2012). 유도인 김남한의 생애사 연구. 스포츠인류학연구, 7(2), 95-114.

박기동 외(2016). 복싱인 송순천의 생애사. 한국체육사학회, 21(2), 95-113.

박성희(2003). 평생교육으로서의 연구 방법론: 생애사 분석법. 한국성인교육학회, 6(1), 29-57.

박성희(2015). 청소년 가해자의 생애사 재구성을 통한 학교폭력 예방 방안. 교육의 이론과 실천, 20(1), 33-57.

빙원철·김창우(2008). 태권도 경기지도자로의 성장과정에 관한 생애사적 연구. 대한무도학회, 10(1), 15-24.

신유리(2012). 장애인의 사회적 배제 경험에 대한 생애사 연구: 지체와 뇌병변 장애인 중심으로. 한국사회복지학, 64(2), 299-323.

안성환(2010). 수영으로 살아가기: 수영선수에 대한 생애사 연구. 한국체육대학교 대학원 박사학위논문.

양영자(2009), 후기노인들의 역사경험에 대한 생애사 연구: 일제강점기와 6. 25전쟁에 관한 '개인적인 역사

경험'을 중심으로, 한국사회복지학, 61(3), 255-281.

영영자(2012). 생애사적 사례 재구성: 결혼 이주 여성의 생애사 사례를 중심으로. 비판사회정책, 37, 203-247.

양영자(2013). 내러티브-생애사 인터뷰 분석의 실제: 재독한인노동이주자 인터뷰를 중심으로. 한국사회복지학, 65(1), 271-298.

오용원(2010). 감계록을 통해 본 19세기 전반 함창 재지사족의 생활양식. 영남대학교 민족문화연구소, 18, 7-39.

유영림 외(2015). 아동양육시설 퇴소 자립청소년의 자립에 대한 이해: 생애사적 관점으로. 한국아동권리학회, 19(3), 509-550.

유철인(1990). 생애사와 신세타령: 자료와 텍스트의 문제. 한국문화인류학회, 22, 301-308.

유철인(1996). 어쩔 수 없이 미군과 결혼하게 되었다: 생애이야기의 주제와 서술전략, 한국문화인류학, 29(2), 397-419.

이경(2010). 네팔 결혼 이주 여성에 관한 연구: 세 여성의 생애사를 중심으로. 계명대학교 여성학대학원 석사학위논문.

이동성(2013). 생애사 연구 방법론의 이론적 배경과 분석 방법에 대한 탐구. 초등교육연구, 26(2), 71-96.

이동성(2015a). 생애사 연구. 파주: 아카데미프레스.

이동성(2015b). 두 초등학교 남자 교원의 경력 경로 및 경력 발달에 대한 생애시 연구: "우연과 필연의 이중주". 교사교육연구, 54(1), 102-119.

이동성·김영천(2014). 질적자료 분석을 위한 포괄적 분석절차 탐구: 실용적 절충주의를 중심으로. 교육종합연구, 12(1), 1-26.

이옥선(2012). 체육 전공 대학생들의 청소년기 스포츠 참여를 통한 생활기술(Life skiils) 습득 경험과 요인 탐색. 한국스포츠교육학회, 19(1), 1-22.

이정희(2012). 일본인 여성결혼 이민자의 생애사 연구. 한국일본근대학회, 35, 233-253.

이희영(2005). 사회학방법론으로서의 생애사 재구성: 행위이론의 관점에서 본 이론적 의의와 방법론적 원칙, 한국사회학, 39(3), 120-148.

임성호(2011). 대학 골프지도자에 대한 생애사 연구. 인천대학교 대학원 석사학위논문.

원재연(2013). 성 황석두의 생애와 활동. 교회사학, 10, 39-86.

전은희(2015). 저소득층 국제결혼가정 청소년의 학교경험에 대한 생애사 연구: 외고 사회통합전형 입학생의 중도탈락 사례를 중심으로. 한국청소년연구, 78, 5-45.

조용환(1999). 질적기술, 분석, 해석. 교육인류학연구, 2(2), 27-63.

전영국(2013). 초상화법에서 사용되는 심층면담에 관한 탐구: 동반자적 관계 형성과 주관적 요소 탐색을 중심으로. 교육인류학연구, 16(3), 1-29.

최란주(2010). 결혼 이주 여성의 생애사 연구. 계명대학교 여성학대학원 석사학위논문.

최영신(1999). 질적 자료 수집: 생애사 연구 사례를 중심으로. 교육인류학연구, 2(2), 1-22.

최행수(2011). 생활체육 여성참여자의 생애사: 국민생활체육회의 생활체육정책전개 중심으로. 한국체육대학교 대학원 박사학위논문.

Ali, A. I.(2014). A threat enfleshed: Muslim college students situate their identities amidst portrayals of Muslim violence and terror. International Journal of Qualitative Studies in Education, 27(10), 1243-1261.

Alheit, P., & Dausien, B. (2002). Lifelong learning and biographicity. In A. Bron & M. Schemmann (Eds.), Social science theories in adult education research(pp.11-241).

Axinn, W., Pearce, L., & Ghimire, D. (1999). Innovations in Life History Calendar Applications. Social Science Research, 28(3), 243-264.

Ball, S., & Goodson, I. (Eds).(1986). The life cycle of a teacher: Teacher's lives and their career. London: Falmer Press.

Bertaux, D., & Kohli. M.(1984). The Life Story Approach: A Continental view. Annual Review of Sociology, vol. 10, 215-237.

Bronfenbrenner, Urie (1979). The ecology of human development: Experiments by design and nature. Cambridge, MA : Harvard University Press.

Butler-Kisber, L. (2010). Qualitative inquiry: Thematic, narrative and arts-informed perspectives. London: Sage.

Campbell. M. S.(1999). Using a Life History Approach to Explore the Identity of a Woman Diagnosed with Alzheimer's Disease: The Life of Mary. 박사학위논문. Virginia Polytechnic Institute and State University.

Clandinin, D. J., & Connelly, F. M.(2000) Narrative inquiry: Experience and story in qualitative research. San Francisco: Jossey-Bass Publishers.

Cole, A. L. & Knowles, J. G.(2001). Lives in context: The art of life history research. NY: AltaMira Press.

Creswell, J. W. (2007). Qualitative Inquiry & Research Design. Thousand Oaks: Sage.

Denzin, N. K.(1989). Interpretive biograhphy. Newbury Park, CA: Sage.

Dhunpath, R.(2000). Life history methodology: 'Narradigm' regained. Qualitative Studies in Education, 13(5), 543-551.

Dhunpath, R., & Samuel, M.(Eds.). (2009). Life history research: Epistemology, methodology and representation. Sense Publishers.

Dollard, J.(1935). Criteria for the life history: With analyses of six notable documents. Yale University Press.

Gaitan, A. (2000). Exploring alternative forms of writing ethnography. available at: http://qualitativeresearch.net/fqs/fqs-eng.htm.

Glesne, C. (1997). That rare feeling: Representing research thorugh poetic transcription. Qualitative Inquiry, 3(2), 202-221.

Goodson, I. F., & Sikes, P.(2001). Life history research in educational settings: Learning from lives. Open University.

Harnett, P.(2010). Life Story and Narrative Research Revistied. A. Bathmaker & P. Harnett(eds.), Exploring Learning Identity and Power through Life History and Narrative Research. Routledge, 159-170.

Haglund, K.(2004). Conducting life history research with adolescence. Qualitative Health Research, 14(9), 1-13.

Huberman, M.(1993). The lives of teachers. NY: Teacher College Press.

Hyun-Joo, Lim.(2011). The Life History Interview: Researching the Dynamic Identities of Ethnic Minority Women in Britain. Enquire, 4(1), 1-21.

Kang, E. S., & Kim. K. S.(2016). Life History Research on the Developmental Process of Mothers Rearing Children with Down Syndrome. Journal of Korean Home Management Association, 34(4), 89-109.

Knowles, J. G. (1993). Life-History Accounts as Mirrors: A Practical Avenue for the Conceptualization of

Reflection in Teacher Education. The Falmer Press, 70-92.

Knowles, J. G., Cole, A. L., & Presswood, C. S.(1994). Through preservice teacher's eyes: Exploring field experiences through narrative inquiry. NY: Merrill.

Kouritzin, S. G.(2000). Bringing life to research: Life history research and ESL. Tesl Canada Journal/ Review Tesl Du Canada, 17(2), 1-35.

Lewis, D.(2008). Using life histories in social policy research: The case of third sector/ public sector boundary crossing. Jnl Soc. Pol., 37(4), 559-578.

Lieblich, A., Truval-Mashiach, R. & Zilber, T.(1998). Narrative research: Reading, analysis and interpretation. Thousand Oaks, CA: Sage Publications.

Liebow, E.(1993). Tell Them Who I am: The Lives of Homeless Women. Penguin Books.

Mandelbaum, D. G.(1973). The study of Life history: Gandhi. Current Anthropology, 14, 177-207.

Miller, R. L.(2000). Researching life stories and family histories. London, England: Sage.

Ojermark A.(2007). Presenting life histories: A literature review and annotated bibliography. Chronic Poverty Research Center, CPRC working paper 101.

Richardson, L.(1997). Fields of Play: constructing an academic life, Rutgers University Press.

Runyan, W. M. (1984). Life histories and psychobiography: Explorations in theory and method. New York, NY : Oxford University Press.

Samuel, M.(2009). On Becoming a Teacher. Duhnpath, R & Samuel, M (eds.), Life History Research: epistemology, methodology, and representation, Sense, 3-17.

Sikes, P.(2010). The Ethics of Writing Life Histories and Narratives in Educational Research. A. Bathmaker & P. Harnett (eds.) Exploring Learning, Identity and Power through Life History and Narrative Resarch. Routledge, 11-24.

Vithal, R.(2009). A Quest of Democratic Participatory Validity in Mathematics Education Research. Dhunpath, R & Samuel, M.(eds.), Life History Research: epistemology, methodology, and representation, Sense, 67-81.

Witz, K. G. & Bae, S.(2011). Understanding another person and Cooley's principle of sympathetic introspection: Consciousness in the study of human life and experience. Qualitative Inquiry, 17(5), 433-445.

자문화기술지*

이동성 ｜ 전주교육대학교

---

* 이 글은 이동성(2012), 『질적 연구와 자문화기술지』(아카데미프레스)의 내용 가운데
  일부(1장, 2장, 4장)를 재구성한 것임을 밝힌다.

새로운 연구 방법론으로서 자문화기술지

1. 자문화기술지의 이론적 관점

오늘날 학교교육은 전례가 없는 사회경제적, 종교적, 인종적 복잡성에 직면하고 있다. 따라서 교육의 계획, 디자인, 실행, 평가에서 발생한 어려움을 진단하고 처방하기 위해서 거시적 차원의 구조개혁을 단행하고 있다(Eisner, 2004). 그러나 학교의 구조개혁을 위한 거시적인 담론은 제도 개혁이나 정책 개발에 주목함으로써 학교라는 구조 속에 살고 있는 구성원들의 주체적 역할을 소홀히 하고 있다(Eisner, 2004). 이러한 이유에서 질적 연구와 탈실증주의 패러다임을 지향하는 연구자들은 학교현장에서 살아가고 있는 구성원들의 삶과 경험을 심층적으로 묘사하고, 이해할 필요가 있음을 주장했다(Starr, 2010).

위처럼, 사회 구성원들의 삶과 경험을 심층적으로 묘사하고 이해하기 위한 질적 연구 방법들이 지속적으로 개발 및 적용되고 있다. 특히, 최근에는 특정한 조직이나 기관 또는 문화 속의 구성원들이 자신의 삶을 직접적으로 서술하고 반성하는 형태의 질적 연구 방법이 교육학을 비롯한 여러 사회과학 분야에서 점증하고 있는 실정이다(Ellis & Bochner, 2000; Richardson, 1994; Ellis, 2004; 김영천, 2010). 이러한 연구 방법들 가운데 구미(歐美)의 신생 자문화기술지(autoethnography)는 사회과학 분야에서 큰 반향을 불러일으키고 있다(Nash, 2004; Chang, 2008; Jewett, 2008). 우리나라의 경우, 새로운 연구 방법론으로서 자문화기술지가 소개되었고, 몇 십 편의 자문화기술지가 출판되기는 했으나, 그것에 대한 방법적 이해는 여전히 낮은 편이다.

따라서 이 글은 자문화기술지의 이론적 관점을 규명하기 위해 자문화기술지의 학문적 배경을 살펴본 이후, 유사 질적 연구 방법론들과의 비교 분석을 통해 자문화기술지의 개념을 명료화할 것이다. 또한, 자문화기술지를 배태한 철학적 가정과 전제를 인식론 및 존재론, 수사학적 입장에서 검토함으로써 자문화기술지의 이론적 관점을 조명하고자 한다.

가. 자문화기술지의 학문적 배경

인류학자인 Heider는 1975년에 'auto-ethnography'라는 용어를 최초로 사용했다(Chang, 2008; 박순용, 장희원, 조민아, 2010). 그러나 현대적 의미의 자문화기술지는

Hayano(1979, 1982)의 작품(「Auto-Ethnography: Paradigms, problems, and prospects」 / 「Poker faces: The life and work of professional card players」)이 효시(嚆矢)가 되었다. 그는 사회과학 연구에서 최초로 연구자의 경험과 주관성, 그리고 관점을 가미하면서 자 문화기술지(autoethnography)라는 용어를 사용했다(Wall, 2006; Chang, 2008; 김영천, 2010; 박순용, 장희원, 조민아, 2010). 그 이후 자문화기술지는 사회과학 연구에서 다양 한 이름으로 불리다가 Reed-Danahay(1997)와 Ellis와 Bochner(2000)에 의해 학문적인 체계성을 갖추게 되었다(Chang, 2008: 46-49).

특히 간학문적 속성을 지닌 자문화기술지는 교육이론과 교육실천 속에서 구체화된 비 판적 탐구의 한 형태이며(McIlveen, 2008: 3), 실험적 글쓰기와 참여적 연구를 강조하는 북미 제5기 질적 연구의 한 종류이다(Holt, 2003: 19). 또한 기억의 예술(art of memory) 인 자문화기술지는 재현의 한 형태로서 유동적인 속성을 지니며, 근대문화의 균질성과 동 일성에 대항하는 경향이 있다(Russell, 1999).

자문화기술지는 포스트모던 철학(postmodern philosophy) 혹은 해석학적 현상학 (hermeneutic phenomenology)에 근거한다(Berry, 2006; Wall, 2008). 포스트모던 연구 의 움직임은 사회적 세계에 대해 정당성 있는 지식을 얻기 위한 재현방법인 과학주의적 방 식과 양적 연구의 특권적 지위, '조용한 저술'에 의문을 제기했다(Charmaz & Mitchell, 1997; Holt, 2003). 포스트모던 철학에 기초한 자문화기술지는 사람들이 사회적 진공상 태에서 경험을 축적하지 않는다는 생각 아래, 개인의 목소리와 반영성을 강조함으로써 전 통적인 문화기술지의 속박으로부터 연구자들을 해방시키려 했다(Duncan, 2004; Wall, 2006, 2008; Berry, 2006).

저자의 목소리와 반영성을 강조하는 자문화기술지는 개인의 주관적인 체험과 성찰에 더하여 자아에 대한 사회적, 문화적, 정치적인 이해를 풀어낸다(Jones, 2005). 즉, 자문화 기술지는 문화 속에 위치한 자신의 경험에 대하여 반성적인 이야기를 비판적으로 기술함 으로써 개인적인 삶의 양상을 이론적으로 이해하도록 돕는다. 그리고 독자들은 저자와 연구 참여자들의 이야기를 자신의 삶과 비교함으로써 연구 결과의 이론적 타당성을 확 증할 수 있다(Ellis, 1995, 2004). 이러한 이유 때문에 자문화기술자(autoethnographer) 는 고도로 감성적이고 사적인 글쓰기 방식을 활용한다(Sparkes, 2000; Berry, 2006). 따 라서 자문화기술자들은 대화 장면뿐만 아니라 인물의 성격, 구체적인 행위, 정서, 체현 (embodiment), 자의식, 내성(introspection) 등을 활용한다(Ellis, 2004).

한편, 자문화기술지는 자기-내러티브를 사회과학적 연구에 적용하는 질적 연구 방법 의 하나이다(Chang, 2008). 여기에서의 자기-내러티브란 저자 자신이 체험한 과거의 경험이나 사건들을 시간순서에 따라서 일정한 형식으로 말하거나 이야기(story telling)하는 것을 의미한다(이동성, 2008: 40). 자기-내러티브에 기초한 자문화기술지는 사회적 맥락 내에 자아를 정치시켜서 자아와 타자의 상호작용과 관계성에 대한 문화적 의식을 고양한다(Chang, 2008).

어원적 측면에서 볼 때, 자문화기술지는 개인적인 삶의 이야기에 주목하는 자서전 (autobiography)과 특정한 사회적 집단의 문화를 연구하는 문화기술지(ethnography)의 이종혼교적인 결합으로서 사회나 공동체의 맥락 속 혹은 맥락과 관련된 개인의 경험에 대해 이야기하는 질적 연구 방법이다(Reed-Danahay, 1997; Russell, 1999). '자문화기술지' 용어를 보다 세분화하면 다음 세 가지 단어들(auto: 자아 + ethno: 문화 + graphy: 연구 과정의 적용)의 합성어인데, 연구의 의도와 구조 그리고 목적에 따라서 그 강조점을 달리할 수 있다(Wall, 2006: 152).

자문화기술지는 문학적인 자서전적 특징을 강조하면 문화기술적인 자서전(Russell, 1999), 포스트모던 혹은 탈형식적 자서전(Kincheloe, 2005), 문화적 자서전(Chang, 2008)으로 불리기도 한다. 그리고 전통적인 문화기술의 학문적 특징을 강조하면, 원주민(소수자) 문화기술지, 성찰적 문화기술지, 자(서)전적 문화기술지로 불리기도 한다(Reed-Danahay, 1997). 그러나 어디에 강조점을 두더라도 세 가지의 개념들이 모두 포함되어야만 제대로 된 자문화기술지라 할 수 있다(Reed-Danahay, 1997; Ellis & Bochner, 2000; Chang, 2008). 이 글에서는 오늘날 다양하게 명명되고 있는 자문화기술지의 유형을 명확히 제시하기 위해 Reed-Danahay(1997)의 자문화기술지 분류방식을 채택했다.

Reed-Danahay(1997)는 자문화기술지의 유형을 세 가지로 구분했다. 첫째 유형인 원주민 혹은 소수자 문화기술지(native ethnography, minority ethnography)는 특정 집단의 내부자가 문화적 자아를 이야기하는 방식으로서 소수집단의 정체성이나 소수자와 다수자 사이의 권력관계를 밝히는 데 유용하다. 둘째, 성찰적 문화기술지(reflective ethnography)는 연구 과정에서 발생한 연구자의 자기반성적인 성찰을 강조하는 유형이다. 셋째, 자(서)전적 문화기술지(autobiographic ethnography)는 개인적인 삶의 경험을 거시적인 사회문화적 맥락과 연결시켜 그 의미를 분석하는 방식이다. 이 세 가지 유형들은 접근방식과 강조점에서 미세한 차이점을 나타내지만, 모든 유형이 개인과 타자 그리고 대상세계를 유기적으로 연결하는 측면에서 방법적 유사성이 있다.

나. 자문화기술지의 개념

개인적인 삶의 이야기를 탐구하는 내러티브 장르들은 복잡하게 산재해 있기 때문에 자문화기술지의 개념을 정의하기는 쉬운 일이 아니다(이동성, 2010, 2011a, 2011b, 2011c). 그러나 이러한 어려움에도 불구하고 자문화기술지의 방법적 내포와 외연을 밝히는 작업은 중요하다. 왜냐하면, 특정한 유형의 내러티브가 어떠한 기준과 특성으로 인하여 자문화기술지에 해당되거나 그렇지 않은가에 대한 개념적인 경계 짓기가 필요하기 때문이다. 이 글에서는 전통적인 문화기술지를 자문화기술지와 차별화하고, 자전적 생애사 연구를 자문화기술지의 유사 장르로 간주했다. 그러나 전기나 자서전으로 대표되는 내러티브 장르들은 문학영역으로 구분했다.

첫째, 문화인류학에 기원을 두고 있는 전통적인 문화기술지는 문화적 혹은 사회적 집단이나 체계에 대해 기술과 분석 그리고 해석을 시도하는 대표적인 질적 연구 방법론이다 (Creswell, 2005: 83). 전통적인 문화기술자는 장기간의 참여관찰과 인터뷰를 통해 특정 집단의 행동과 관습 그리고 생활방식의 패턴을 내부자의 관점에서 기술, 분석, 해석한나 (Hammerseley & Atkinson, 1990). 여기에서 전통적 문화기술자의 내부적 관점이란 낯선 것을 친숙하게 바라보는 외부 연구자 즉, 3인칭 관찰자 혹은 전지적인 작가 시점의 위치성(positionality)을 말한다. 전통적인 문화기술자의 이러한 위치성은 1인칭 주인공 혹은 1인칭 관찰자 시점에서 이야기를 전개하는 자문화기술지와 대조적이다. 전통적인 문화기술지는 한 집단의 문화를 심층적으로 이해하기 위해서 연구자가 연구 참여자들을 대상으로 참여관찰과 인터뷰를 한다. 그러나 앞서 밝힌 바와 같이, 연구자가 낯선 것을 친숙하게 바라보고, 친숙한 것을 낯설게 바라보는 엄밀한 관점을 취하더라도 교육현상에 대한 분석과 해석에서 실재의 감환은 불가피하다. 이러한 실재에 대한 감환은 문화기술지가 여타 질적 연구 방법론에 비하여 특정한 이론적 관점에 의존하기 때문이다(Creswell, 2005). 그리고 전통적인 문화기술지는 사물과 현상의 객관적인 실재를 재현하기 위해 엄밀한 연구자를 상정함으로써 연구 참여자들과 연구자 자신의 생생한 연구체험과 자기반성을 담아내는 데 한계가 있을 수 있다.

한편, 전통적 문화기술지의 주요한 연구 대상이 특정한 집단이나 체계의 문화인 반면에, 자문화기술지의 주된 연구 대상은 연구자 자신 혹은 자신과 긴밀하게 관련된 집단이나 타자들의 삶에 대한 이야기이다. 그리고 전통적인 문화기술자는 친숙한 것을 낯설게 봄으로써 내부자의 주관성을 경계하는 반면, 자문화기술자는 자신의 주관성을 연구의 일부분으로 받아들이고, 지속적인 자기성찰과 반영성을 통해 독자들로부터 공감과 이해를 구하려 한다.

둘째, 생애사(life history)는 한 개인의 역사적인 삶을 내부자(연구 참여자)의 관점으로 드러낸다는 점에서 개인적인 내러티브의 한 형태로 볼 수 있다(최영신, 1999: 2). 그러나 생애사는 자기몰입적인 특징이 강한 자서전이나 전기와는 달리 자료 수집, 분석과 해석 그리고 글쓰기 작업을 통해서 연구 과정의 엄격성을 추구한다. 따라서 생애사 연구에서는 연구 참여자의 주관성뿐만 이니라, 내러티브의 진실성을 검증하는 연구자와 독자들의 주관성도 중시하기 때문에 간주관성(intersubjectivity)을 추구한다고 볼 수 있다(조정호, 2009: 21). 또한, 생애사 연구에서의 주관적인 내러티브는 연구 참여자가 속한 특정 집단의 문화와 연결된다(김재룡, 2010). 따라서 생애사 연구는 연구 참여자가 어떠한 사회적, 역사적 조건과 맥락에서 살았는가를 연구자의 시각에서 제시해야 한다(최영신, 1999; 김재룡, 2010). 결국, 생애사 연구에서는 개별적인 연구 참여자의 경험과 내러티브가 타자들에게 문화적인 의미로 전환되고 공유된다고 볼 수 있다(조용환, 2005).

앞에서 살펴본 것처럼, 생애사 연구 과정에서의 엄격성, 간주관성, 문화적 의미로의 공유와 전환이라는 특징들은 자문화지술지와 '가족유사성'을 공유하고 있다. 다만, 생애사 연구는 연구 과정의 엄격성이나 개인적 내러티브의 문화적 의미보다는 삶의 이야기에 초점을 둔 방법적 명칭으로 볼 수 있다. 따리서 생애사라는 명칭이 개인의 역사적인 삶에 대한 학문적인 이야기를 강조하더라도, 방법적 엄격성과 문화적 의미로서의 공유와 전환이라는 특징을 소홀히 하는 것은 아니다. 하지만 생애사 연구는 자문화기술지와 미세한 차이가 있다. 생애사 연구는 1인칭 주인공 혹은 3인칭 주인공 시점에서 자신 혹은 타자의 이야기를 기술하는 반면에, 자문화기술지는 1인칭 주인공이나 1인칭 관찰자 시점에서 자신 혹은 자신이 포함된 타자들이나 집단의 사회문화적인 삶의 모습들을 이야기한다. 그리고 생애사 연구는 연구 참여자의 내러티브에 주목하지만, 자문화기술지는 연구 참여자와 연구자 사이의 상호작용을 강조한다(주형일, 2010: 80). 따라서 자문화기술지에서는 연구 참여자가 내러티브의 분석과 해석 과정에 참여할 수 있다. 또한, 자문화기술지에서는 연구자가 연구 참여자와의 상호작용을 통해서 기억을 회상하고, 자기치료적인 효과를 얻을 수 있다는 점에서 생애사 연구와 구별된다(주형일, 2010: 82).

셋째, 전기(biography)와 자서전(autobiography)은 특정 인물의 역사적인 삶을 이야기하는 측면에서 자문화기술지와 유사점을 공유한다. 전기(傳記)는 주로 3인칭 주인공 시점의 작가가 특정 인물의 출생과 죽음에 이르는 일대기적인 삶에 초점을 두는 문학 장르이다. 전기 가운데 작가의 주관적인 평가와 판단이 가미되면 평전(評傳, critical biography)으로 불리기도 한다. 반면, 자서전(自敍傳)은 1인칭 주인공 시점의 작가가 자신의 삶에 대한 이야기를 직접적으로 기술하는 문학 장르이다. 자서전은 독일, 프랑스,

영국을 중심으로 하여 16세기부터 18세기까지 번창했는데, 주로 도시 시민계층을 위한 문학 장르로 간주되었다(Dülman, 1997: 164-188). 독일에서의 자서전은 인생을 묘사하는 전통이 강했으며, 프랑스에서는 외적 사건을 강조하는 회고록(memoir)이, 영국에서는 일상사의 기록인 일기가 유행했다(Dülman, 1997: 164).

위에서 밝힌 것처럼, 전기, 평전, 자서전, 회고록, 일기 등의 문학 장르들은 한 개인의 삶을 기술하고 성찰하는 측면에서 자문화기술지와 구분이 힘들다. 그러나 이러한 문학 장르들은 사회문화적 맥락 내에서의 개인적인 삶을 기술했을지라도, 연구 과정의 엄격성, 자료 분석과 해석의 간주관성, 문화적 의미로의 공유와 전환이라는 질적 연구의 특징을 충족하는 데 한계가 있다. 즉, 위의 문학 장르들은 한 개인의 삶을 정치적, 경제적, 사회적, 문화적, 제도적, 역사적 맥락과 관련지어 체계적이고 확장적인 논의를 이끌어 내기 힘들다. 지금까지 살펴본 자문화기술지와 유사 질적 연구 방법론들의 개념적 차이를 장르, 연구의 대상, 저자의 시점, 주요한 특징 측면에서 종합하면 다음의 〈표 1〉과 같다.

〈표 1〉 자문화기술지와 유사 장르의 비교(이동성, 2012: 13)

구분	장르	연구 대상	저자 시점	주요 특징
자문화기술지	학문	• 연구자 자신 • 연구자와 관련된 집단/타자	• 1인칭 주인공 • 1인칭 관찰자	• 자기성찰 • 엄격성 • 반영성
전통적 문화기술지	학문	• 집단의 문화 • 체계의 문화	• 3인칭 관찰자 • 전지적 작가	• 객관성 • 엄격성
생애사 연구	학문	• 개인의 삶에 대한 학문적인 이야기	• 1인칭 주인공 • 3인칭 주인공	• 간주관성 • 엄격성 • 공유/전환
전기 평전	문학	• 개인의 역사적인 삶에 대한 일대기	• 3인칭 주인공	• 주관성 • 문학성 • 성찰성
자서전 회고록 일기	문학	• 자신의 역사적인 삶에 대한 내러티브	• 1인칭 주인공	• 주관성 • 문학성 • 자기성찰

자문화기술지의 핵심적 자료출처인 자아의 사용은 지나치게 자기관대적이고 자기탐닉적이기 때문에 기존의 사회과학 연구자들로부터 비판을 받아 왔다(Coffey, 1999; Buzzard, 2003). 그러나 이러한 비판이 생겨난 근본적인 원인은 문학적인 개인적 내러

티브 장르들이 자문화기술지의 한 종류로 인식되었기 때문이다. 위와 같은 맥락에서, Chang(2008: 54-56)이 제시한 자문화기술지의 함정을 눈여겨볼 필요가 있다. 구체적인 함정은 다음과 같다. 첫째, 타자와 문화로부터 분리된 자아에 대해 과도하게 초점을 맞출 경우, 둘째, 문화적 해석이나 분석보다는 이야기 자체를 과도하게 강조할 경우, 셋째, 개인적 기억자료의 회상과 자료출처에 신뢰가 가지 않을 경우, 넷째, 자기-내러티브에서 타자들에 대한 윤리적 규정을 무시할 경우, 마지막으로 작성된 내러티브가 자문화기술지로 불리기에 적절하지 않을 경우이다.

다. 자문화기술지의 철학적 전제

대부분의 질적 연구 방법론들은 특정한 패러다임이나 세계관에 기초한 신념 혹은 전제에서 출발한다(Creswell, 2005: 102). 따라서 이 글은 자문화기술지의 철학적 전제를 조명하기 위해 그것의 존재론적, 인식론적, 수사학적 전제를 검토하고자 한다. 존재론적 전제(ontological premise)는 질적 연구에서 실재의 특성이 무엇인지 밝히는 것을 의미하며, 인식론적 전제(epistemological premise)는 연구자와 연구 대상 간의 관계를 의미한다 (Creswell, 2005: 103). 이 글은 존재론과 인식론적 전제를 구분하기보다는 하나의 준거로 통합할 것이다.

개인의 주관성은 선천적인 것이 아니라 사회적으로 형성된 것이며, 한 개인이 조우하는 타자들과 외부세계에 대한 메타-인식(meta-consciousness)과 대화의 산물이다 (Kincheloe, 1998). 개인의 주관성을 구성하는 메타-인식은 사회, 권력, 제도에 열려 있으며, 개인의 삶과 사회적 영역을 연결시킨다(Kincheloe, 1998). 따라서 한 개인인 연구자는 다층적 생활세계(multilayered lifeworld)의 대리자이기 때문에, 집단의 내부자인 연구자가 사실상 연구 대상과 연구맥락이 된다. 이러한 자문화기술지의 인식론적 전제는 그동안 주변화되었던 개인의 목소리와 정체성을 사회연구의 핵심적 주제로 부상시켰다 (Duncan, 2004).

자문화기술지는 문화적 실천 속에서 종종 간과되었던 이슈(개인의 정체성, 인종, 젠더, 아동학대, 과식증, 거식증 등)에 대해 정치적 통찰을 제공한다. 즉, 자문화기술지는 중요한 정치적 이슈에 독자들을 초대함으로써 특정한 사건이나 사물 그리고 사회현상을 색다른 방식으로 고려할 수 있도록 해 준다. 자문화기술자는 타자 및 대상세계와의 관계 속에서 구성된 자아의 문화적 이해를 시도하며, 독자들은 특정한 자문화기술지를 통해 자신들의 삶의 경험과 화자의 이야기 사이에 존재하는 공통성을 추구함으로써 공명한다. 그리고 특정한 자문화기술지가 독자들에게 공명과 반향을 불러일으킬 때, 저자의 개인적 이야기는 독자들에게 학문적인 이야기로 다가갈 수 있다(Chang, 2008).

한편, 자문화기술지는 개인의 사회적, 정치적, 문화적 삶을 비판적으로 검토함으로써 사회적 변화를 위한 대화와 토론의 장을 마련하는 데 기여할 수 있다(Jones, 2005). 즉, 대화의 힘을 지진 자문화기술지는 개인의 특수한 경험을 정치적으로 해석함으로써 문화적 삶을 민주화한다. Jones(2005)는 자문화기술지의 이러한 정치적 특징을 다음과 같이 지적했다. 즉, 자문화기술지는 개인의 지식, 경험, 의미, 저항을 이론적으로 이야기함으로써 자아와 권력, 그리고 문화 사이의 관계를 이해하고 이론화할 수 있게 한다. 또한, 자문화기술지는 세계 내에 존재하는 다른 방식의 앎, 존재, 행위에 대한 정서적 경험을 표출케 함으로써 독자들로부터 이야기의 정당성과 실천(praxis) 그리고 재현을 확보할 수 있다(Jones, 2005: 767). 또한, 자문화기술지는 개인의 육체와 목소리가 정신 및 사고와 분리된 것이 아니라, 특수한 정치적 방식으로 특권 지어져 있음을 밝힐 수 있다. 즉, 자문화기술지는 자아가 어떻게 구성되고, 폭로되고, 연결되는가를 밝힘으로써 사회적, 문화적, 개인적 삶을 창조하고, 해석하고, 변화시키는 데 도움을 줄 수 있다.

한편, Foster 등(2005)은 연구 도구로서 자아를 강조하는 자문화기술지의 핵심적인 물음을 다음과 같이 언급했다. 삶의 경험들은 어떻게 이론을 형성하는가? 어떠한 '문화적 수화물'이 연구를 이끄는가? 자문화기술지는 어떻게 해방적이고 변환적인 자아를 형성하는가? 어떠한 이슈들이 당신의 정체성을 재구성하는가? 연구 참여자들과 조우했을 때, 어떠한 이슈들이 친숙하고 낯설었는가? 저자의 정체성은 연구에서 어떠한 제한점으로 작용했는가? 당신의 정체성은 어떠한 방식으로 통찰과 혁신을 가져왔는가? 당신은 어떠한 방식으로 자신의 정체성을 고양시켰는가? 연구의 과정에서 어떠한 물음들이 기대되었는가? 연구 참여자들의 정체성을 공유함으로써 당신은 어떠한 물음들을 기대했는가? 즉, 참여자들은 당신에게 무엇을 말했으며, 어떠한 것을 말하지 않았는가? 자신의 정체성을 표명했을 때, 사람들은 당신에게 어떻게 반응하는가?(Foster. et al., 2005)

자문화기술자는 전통적인 문화기술지의 통상적인 화자 즉, '객관적인 연구자'의 입장을 채택하지 않는다. 오히려 자문화기술자는 자서전과 문화기술지의 결합을 통해 타자와 대상세계를 이야기할 때 자신의 삶과 정체성을 포함시킨다(Reed-Danahay, 1997). 그러나 자신의 정체성을 글 속에 포함시킬 때 연구자의 자기노출은 불가피하다. 한국의 전통적인 민족 정서를 감안해 보면, 자기노출적인 특징은 자문화기술지가 한국의 학계에 뿌리내리는 데 문제가 될 수 있다(박순용, 장희원, 조민아, 2010). 자기노출은 연구자를 공격받기 쉬운 존재로 만들고, 타자들의 비판에 무방비한 존재로 만든다. 또한, 연구자의 자기노출은 이성적인 감정 조절에 실패한 것처럼 보이며, 연구 참여자들보다 연구자의 개인적인 주장과 요구를 표현한 것처럼 보일 위험성이 있다. 그러나 저자의 관점에서 볼 때, 자기노출에 대한 위험성은 '양날의 검'과 같다. Foster 등(2005)의 지적처럼, 연구자의 자기노출과 폭로는 오히려 연구자와 연구 참여자들 그리고 독자들 사이에 놓여 있는 위계적인 속성을 감소시켜 친밀감을 강화할 수 있는 방법론적 장점이 될 수도 있다. 또한, 자문화기술자는 자기노출을 통해 연구 참여자들 그리고 독자들과 대화적인 관계를 발전시킬 수 있다. 즉, 자문화기술지의 자기노출성은 객관적인 분리와 주관적인 몰입 사이의 긴장감을 완화하고, 관리할 수 있다(Foster et al., 2005).

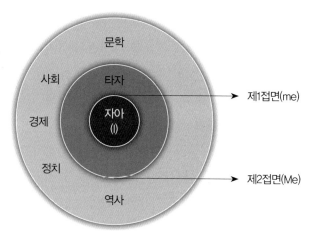

[그림 1] 연구자의 위치성과 상황동(이동성, 2012: 16)

위의 [그림 1]에서 확인할 수 있는 것처럼, 佐伯胖(2007)는 주관적 자아와 객관화된 자아 그리고 자기성찰적 자아가 분리될 수 없음을 주장했다. 그는 개인과 타자 그리고 문화와의 이분법적 관계를 부정하는 '의인적 인식론(擬人的 認識論)'을 주장했다. 즉, 그는 자아(I)와 타자(You적 공동체) 그리고 대상세계(They적 세계, 문화적 실천의 세계)를 연결하는 '발달의 도너츠론' 혹은 '코비토론(分身論)'을 제시하고, 감정 이입적인 동일시를 통해 자아와 타자 그리고 문화의 연결을 시도했다(佐伯胖, 2007: 18-26). 이 글에서는 유아론적 자아를 대문자 'I', 타자와의 상호작용을 통해 형성된 객관적 자아를 소문자 'me', 유아론적 자아가 타자지향적 자아를 넘어 거시적 맥락과 연결된 자기성찰적 자아를 'Me'로 칭하고자 한다. 정치, 경제, 사회, 문화, 역사적 맥락과의 감정 이입적 동일시를 통해서 제2접면에 형성된 자아(Me)야말로 자문화기술자의 위치성과 상황성을 적절히 표현해 준다.

자문화기술지는 데카르트(Descartes)의 유아론적(唯我論的) 자아를 지지하기보다는 문화적, 사회적, 경제적, 정치적, 역사적 자아를 상정한다. 즉, 자문화기술자는 타자와 상호작용하는 객관적이고 타자지향적인 자아를 넘어서 사회문화적 자아를 지향한다. 주관적 자아의 개념과 특징이 제1수준의 패러다임이라면, 객관적 자아 혹은 상호작용적 자아의 개념과 특징은 제2수준의 패러다임이라고 볼 수 있다. 그리고 자기성찰적이고 사회문화적인 자아의 개념과 특징은 제3수준의 패러다임이다. 제3수준 패러다임을 지향하는 자문화기술지는 자아의 개념과 특징, 연구의 접근방식에서 차별적인 특징을 나타낸다. 다음의 〈표 2〉는 제3수준의 패러다임에 기초한 자문화기술지의 존재론적 및 인식론적 전제를 나타낸다.

〈표 2〉 자문화기술지의 철학적 전제(이동성, 2012: 17)

구분	제1수준 패러다임	제2수준 패러다임	제3수준 패러다임
자아의 개념	• 주관적 자아('I') • 데카르트적 자아	• 객관적 자아('me') • 엄밀한 자아	• 자기성찰적 자아 (I+me='Me')
자아의 특징	• 자기지향적 자아 • 주관화된 자아	• 타자지향적 자아 • 상호작용적 자아 • 일반화된 자아	• 자기성찰적 자아 • 사회문화적 자아 • 변증법적 자아
연구의 접근방식	• 미시적(micro) 관점 • 주관적인 개인의 관점에서 삶을 이야기	• 미시적(micro) 관점 • 객관적인 연구자의 관점에서 타자들과 집단의 문화를 조망	• 생태적(eco) 관점 • 자기성찰적인 연구자의 관점에서 자신, 타자, 문화를 연결

자문화기술지가 비록 일반적인 질적 연구 논리와 절차를 따른다 할지라도 그것에 대한 평가준거와 타당도 작업에 대한 논의는 중요하다. 왜냐하면, 자문화기술지는 문학 영역과 학문 영역의 담장을 넘나드는 경계가 모호한 장르이기 때문이다. 따라서 지금부터는 자문화기술지의 평가준거와 타당도 작업을 중심으로 자문화기술지의 수사학적 전제를 검토하고자 한다.

한 편의 자문화기술지가 타당성을 확보하기 위해서는 무엇이 일어났는가를 이야기할 뿐만 아니라, 연구 참여자와 연구자에게도 무엇이 일어났는가를 밝혀야만 사실성(verisimilitude)과 진정성을 구할 수 있다(Ellis, 2004). 타당성의 확보와 일반화 시도에 실패한 자문화기술지는 자기중심주의 혹은 나르시시즘(narcissism)에 빠질 위험성이 있다. 대부분의 실증주의자들이나 전통적 문화기술자들이 자문화기술지를 주류적인 연구방법론으로 간주하지 않는 이유도 바로 이 때문이다(Chang, 2008). 따라서 특정한 자문화기술지가 일반화되기 위해서는 독자들을 대상으로 이야기를 닫기보다는 지속적으로 대화를 열 수 있어야 한다(Ellis, 2004). 또한, 자문화기술지는 연구자와 독자들 사이의 대화를 통해서 사회변화를 위한 촉매로서 역할을 해야 한다(Jones, 2005). 자문화기술지의 이러한 촉매 타당도(catalytic validity)는 이론과 실천을 통합하고, 교육의 과정과 교육의 결과를 연결하는 중개자로서의 교육연구자를 고무시킨다(Jewett, 2008).

한편, Guba와 Lincoln(1989)은 자문화기술지에서 진정성을 확보하기 위한 4가지 준거들을 제시했다. 첫째, 공정성은 이해당사자의 검증과 집단 내부로부터의 구성을 통해 달성된다. 이러한 검증 과정은 연구의 주장, 요구, 이슈에 대한 갈등의 표출 과정에서 명백히 드러난다. 둘째, 존재론적 진정성은 자문화기술자의 실제적인 삶이 개선되고, 성숙되고, 확장되며, 정교화되는 정도를 의미한다. 셋째, 교육적 진정성은 대화적 타당성과 유사한 개념으로서, 외부의 이해당사자 집단인 타자들의 경험을 보다 면밀히 인식하고 이해했는가를 의미한다. 넷째, 촉매적 진정성은 독자들이 작품에 대한 평가 과정을 통해 자신들의 행위나 실천이 자극되고 촉진되는 정도를 의미한다. 즉, 촉매적 진정성은 연구 참여자들과 독자들이 자문화기술지를 통해 자기이해를 확보하고, 궁극적으로 자기결정을 할 수 있도록 한다(Lather, 1986). 마지막으로, 전술적 진정성(tactical authenticity)은 촉매적 진정성만으로는 실천(praxis)의 한계가 있기 때문에 교육적 혹은 정치적 변화를 통해 실천적 행위가 나타날 수 있도록 촉진하는 것이다.

Richardson(2000)은 자문화기술지의 평가준거로 사회적 삶에 대한 실질적인 공헌, 미학적 완성도, 저자의 반영성, 감성적 및 지적인 영향력, 실재의 표현을 제시했다. 첫째, 실질적인 공헌이란 자문화기술지의 연구 결과가 사회적 삶에 대한 이해에 있어서 어느 정도의 공헌을 했는가의 물음이다. 둘째, 미학적 완성도는 자문화기술지가 독자들에게 지겹지 않으면서 미학적으로 어느 정도 성공적인가를 검토한다. 셋째, 반영성이란 자문화기술자가 텍스트에서 어떠한 방식으로 등장하며, 자신의 주관성을 어떻게 드러내는가의 물음이다. 넷째, 영향력이란 자문화기술지가 감성적 혹은 지적으로 연구 참여자들과 독자들에게 어느 정도의 영향력을 발휘했는가의 물음이다. 즉, 자문화기술지가 저자를 포함한 연구 참여자들 그리고 독자들에게 새로운 물음을 던지거나, 성찰적인 행동과 실천을 이끄는지를 검토한다. 다섯째, 실재의 표현은 자문화기술지가 경험의 의미를 구체화하는가의 물음이다. 즉, 드라마틱한 회상이나 상투적이지 않은 표현, 강력한 메타포를 통해서 독자들에게 저자의 경험을 소생시키는가의 물음이다(Richardson, 2000: 23).

Duncan(2004)은 자문화기술지의 질을 평가하는 준거로서 연구 범위, 도구적 유용성, 구성 타당도, 외부 타당도, 신뢰성, 학구성을 제시했다. 첫째, 자문화기술지에서 연구 범위를 제한하는 것은 연구 결과의 보고에 필수불가결하다(Duncan, 2004: 34). 자문화기술지의 연구 범위는 네 가지 양상인 시간, 공간, 연구유형, 관점에 따라 좌우되며, 저자는 이 요소들을 통해 자문화기술지 적용의 적절성을 언급해야 한다. 둘째, 도구적 유용성은 유사한 관심을 가진 타자들에게 연구 결과가 얼마나 유용한 것인가를 증명함으로써 자기이익적 혹은 자기만족적 비판을 피하는 것이다. 즉, 유용성이 높은 연구 결과는 독자들이 혼란스럽고 복잡한 상황을 이해할 수 있도록 하며, 특정한 사건의 미래 가능성과 시나리오를 예측할 수 있도록 돕는다. 셋째, 구성 타당도는 질적 사례연구의 타당도를 구성하는 요구 조건들을 충족하는 것이다.

자문화기술지가 비록 개인적인 이야기에 의존할지라도, 다음과 같은 조건을 충족시켜야 한다(Duncan, 2004). 첫째, 연구자의 개인적인 이야기와 더불어 그것을 증명할 수 있는 다양한 증거자료(편지, 메모, 회의록, 이메일)를 사용해야 한다. 둘째, 수집된 다양한 증거자료들은 목록화, 색인화되어서 과거의 사건이나 경험을 회상하거나 연구 주제를 개발할 때 도움을 주어야 한다. 셋째, 저자의 이야기를 통해 구성된 초고는 동료들의 검토 작업을 통해 확인해야 한다. 넷째, 자서전적 글쓰기에 기초한 자문화기술지는 한 개인에서 비롯된 것이기 때문에 유일한 재현물이 아니다. 따라서 연구 결과에 포함된 이론과 주제가 다른 상황에서도 어떻게 적용되는지를 확인하는 외부 타당도 작업이 필요하다.

다섯째, 자문화기술지는 연구 결과에 대한 신뢰성을 확보하기 위해 다음과 같은 검토 작업이 필요하다. 자문화기술지 연구는 실천가의 일터에서 출발해야 한다. 실천가인 연구자는 일터에서 암묵지를 형성하고, 성찰을 기록하고 개발하며, 지속적으로 문헌 검토를 수행한다. 연구자는 회고적인 이야기로부터 중요한 주제와 이슈에 민감하게 반응해야 하며, 반성적 저널을 체계적으로 작성해야 한다. 증거자료를 위한 문서파일은 중요한 사건과 프로젝트 단계에 따라 보관, 관리, 범주화되어야 한다. 자료 수집과 분석은 지속적이며, 실천을 개선하기 위한 것으로 활용되어야 한다. 내러티브는 증거자료에 기초하여 작성되어야 하며, 글의 결론 또한 내러티브로부터 도출되어야 한다. 그리고 그 이야기는 연구 현장에 종사하는 구성원들에 의해 검토되어야 한다. 여섯째, 자문화기술지는 학문적인 이야기를 담보해야 하며, 개인적인 경험을 보다 거시적인 이론적 개념과 연결시켜야 한다(Duncan, 2004).

한편, 평가준거와 더불어 연구 윤리 또한 자문화기술지의 수사학적 전제를 파악하는 데 중요하다. 자문화기술지는 비교적 최근에 형성된 질적 연구 방법론이기 때문에 연구 윤리에 대한 구체적인 논의가 없는 실정이다(Wall, 2008). 그러나 자문화기술지가 연구자 자신에 대한 이야기를 중심으로 기술될지라도 윤리적인 문제로부터 결코 자유롭지는 못하다(Wall, 2008: 49). 왜냐하면, 자문화기술자는 자신의 삶을 이야기하는 동시에 타자들과 집단 그리고 사회문화적 맥락에 대한 상호작용을 서술하기 때문이다. 따라서 자문화기술자는 글에 등장하는 타자들과 집단을 보호하기 위해 가명을 사용하고, 구성원 검증(member checking)을 하는 등 연구 윤리를 준수하기 위한 노력을 해야 한다.

　평가준거 및 타당도 작업에서 살펴본 사문화기술지의 수사학적 특징을 정리하면 다음과 같다. 첫째, 자문화기술지는 연구자와 연구 참여자 그리고 독자라는 삼자적인 대화적 관계를 추구한다. 둘째, 자문화기술지는 연구 결과의 타당성 확보를 위해 연구 참여자들의 검증(member checking)과 이해당사자들의 검증을 필요로 한다. 셋째, 자문화기술지는 연구자의 반영성과 자기성찰을 강조함으로써 자아몰입적인 한계를 극복한다. 넷째, 자문화기술지는 명확한 연구 범위를 설정하고, 다양한 증거자료에 기초하여 내러티브를 전개함으로써 연구 결과에 대한 신뢰성을 확보하고자 한다. 다섯째, 자문화기술지는 연구자와 연구 참여자 그리고 독자들이 자신들의 삶을 실천적으로 개선할 수 있는 촉매적인 타당도를 강조한다. 마지막으로, 자문화기술지는 연구 윤리를 확보하고, 개인적인 이야기를 거시적인 사회문화적 맥락과 관련지어 논의함으로써 개인적 내러티브를 학문적 내러티브로 확장시킨다. 이와 같은 수시학적 특징에 터하여 볼 때, 자문화기술지는 여타 질적 연구 방법론에 버금가는 엄밀성을 지니고 있다고 평가할 수 있다.

자문화기술지의 방법과 절차

자문화기술지를 처음 접하는 초보 연구자들은 자문화기술지 핸드북(handbook)을 우선적으로 찾을 것이다. 그리고 그들은 자문화기술지의 체계적인 연구 방법과 절차를 숙지하여 한 편의 자문화기술지를 작성하려고 할 것이다. 아마도 특정한 핸드북이 제시한 연구 방법과 절차는 초보 자문화기술자들에게 엄밀한 사회과학 연구를 위한 '마술에서의 주문'과도 같은 역할을 할 것이다. 가령, 근거이론에 기초한 연구의 경우, Strauss와 Corbin(1990)이 제시한 연구 방법과 절차는 저자와 독자들 사이의 방법론적 논쟁을 잠재우기에 충분하다. 그들이 제시한 연구 방법과 절차(개방 코딩-축 코딩-선택 코딩의 연속적인 분석 과정)는 초보 근거이론가들에게 하나의 방법론적인 방패가 될 수 있을 것이다. 이러한 논리는 문화기술지(영역 분석-분류 분석-성분 분석)의 경우도 마찬가지이다.

　특정 질적 연구 방법론의 확장과 공유를 위해서는 정교한 연구 방법과 절차들을 체계적으로 집대성하는 작업이 중요하다. 이 글도 이러한 이유와 목적에서 비롯되었다. 그러나

자신의 연구를 방어해 줄 '주문 혹은 방패'를 찾는 초심자들은 이 장을 읽고 다소 실망할
지도 모른다. 저자의 관점에서 볼 때, 어떠한 질적 연구 방법론도 명확한 방법과 절차를
가지고 있지 않다. 만일 특수한 질적 연구 방법론에 명확한 연구 방법과 절차가 존재한다
면, 그 방법론은 더 이상 질적 연구 방법론으로서 효력을 발휘할 수 없다. 왜냐하면, 후속
연구자들은 기존의 방법론적 렌즈에 따라서 연구 대상을 기술, 분석, 해석할 것이기 때문
이다. 이러한 현상은 질적 연구 논리와 정면으로 배치되며, 방법론적인 환원(방법주의)을
불러올 수도 있다.

특정한 질적 연구 방법론에는 대부 혹은 대모가 존재한다. 질적 연구 방법론을 창조한
그들은 자신들의 개인적인 성향, 학문적(이론적/철학적) 배경과 전제, 그들이 몸담고 있
는 사회문화적 전통에 기초하여 독창적인 질적 연구 방법론을 체계적으로 집대성한 사람
들이다. 그들은 자신들이 창조한 질적 연구 방법론의 학문적인 정당성을 얻기 위해 세부
적인 연구 방법과 절차를 제시했다. 만일, 만 명의 질적 연구자들이 이러한 방법론적 정당
성을 확보하는 데 성공한다면, 이 지구상의 질적 연구 방법론의 개수는 정확히 만 개가 될
것이다. 이러한 일이 벌어진다면, 초심자들은 만 개의 질적 연구 방법론들 중에서 자신의
연구 주제와 연구 질문에 알맞은 방법론을 채택해야 할 것이다. 그러나 아무리 열정적인
질적 연구자라도 이렇게 많은 질적 연구 방법론들을 모두 섭렵하기는 힘들다.

위와 같은 이유에서 새롭게 생성되고 있는 자문화기술지의 연구 방법과 절차를 소개하
는 일에는 학문적인 신중함이 필요하다. 앞으로 제시할 연구 방법과 절차는 저자의 개인
적인 성향, 학문적(이론적/철학적) 배경과 전제, 제한적인 연구 역량과 수준을 뛰어넘기
힘들다. 솔직히 표현하면, 앞으로 제시될 자문화기술지의 연구 방법과 절차는 저자의 학
문적인 주관성과 편견에서 비롯될 것이다. 김영천(2007)은 이러한 이유에서 질적 연구자
를 '브리콜러(bricoleur)'로 칭했다. 현재 40여 개의 다양한 이름으로 불리고 있는 신생 자
문화기술지의 연구 방법과 절차를 안내하는 일은 더욱 그러하다. 그러나 저자는 자문화
기술지의 이해와 확산을 위해 위험한 시도를 감행하고자 한다. 따라서 독자들은 앞으로
제시될 자문화기술지의 연구 방법과 절차를 하나의 전형이 아니라, 버전(version) 혹은 예
시로 간주할 필요가 있다.

포스트모던 철학(현상학, 해석학, 후기구조주의)에 기초한 자문화기술지는 일반적인
질적 연구의 논리와 방법을 따른다. 그러나 자문화기술지는 일반적인 질적 연구의 방법론
적 특징을 공유하면서도 나름의 차별적인 방법론적 특성을 나타내기도 한다. 따라서 이
글에서는 주제 선정, 자료 수집, 자료의 분석과 해석이라는 세 가지 주제를 중심으로 자
문화기술지의 방법론적 특성을 살펴보고자 한다. 위의 세 가지 방법론적 주제들은 양적

연구 논리처럼 연역적이고 순차적인 것이 아니라, 순환적이고 귀납적이다. 따라서 독자는 주제 선정에서 자료 분석 및 해석에 이르기까지의 연구 방법과 절차가 상호의존적이고 유기적임을 유념해야 할 것이다.

1. 주제 선정 방법

연구 주제의 선정은 자문화기술지만의 방법론적 이슈라기보다는 모든 사회과학 연구의 공통적인 연구 절차이다. 연구 주제가 결정되어야만 구체적인 연구 문제가 도출되며, 그러한 연구 문제를 해결할 수 있는 적절한 연구 방법론을 채택할 수 있다. 그렇다면 어떠한 연구 주제 혹은 연구 문제에 자문화기술지를 적용하는 것이 적절한가? 아마도 이러한 물음은 초심자 자문화기술자들의 주된 관심사일 것이다.

Ellis(2004)는 기존의 철학적이고 사회학적 탐구 주제인 인종, 언어, 종교, 문화 등의 거시적인 이슈뿐만 아니라 질병, 인간관계, 가족관계, 성폭행, 정신장애, 신체장애 등의 주변적이고 미시적인 이슈들이 자문화기술지의 탐구 주제가 될 수 있다고 보았다. 하지만 자문화기술지만의 유일하고 독특한 연구 주제나 연구 영역은 존재하지 않는다. 자문화기술지의 철학적 전제에 따르면, 삶을 사는 것과 연구를 하는 것에는 어떠한 차이도 없다. 즉, 연구를 하는 것이 삶을 사는 것이고, 개인의 체험(lived experience)이 곧 연구가 될 수 있다(Muncey, 2010). 왜냐하면, 자문화기술지의 주요 연구 대상인 사회문화적 자아는 타자들과의 미시적인 상호작용뿐만 아니라, 거시적인 정치적, 경제적, 사회적, 문화적, 역사적, 종교적 맥락과 상호작용하기 때문이다. 따라서 자문화기술지의 연구 주제는 연구자의 미시적인 상호작용과 기억에서 보다 거시적인 이슈와 담론에 이르기까지 방대하다고 볼 수 있다. 결국, 특정한 연구 주제에 자문화기술지를 적용하는 것이 아니라, 다양한 연구 주제를 탐구하는 데 있어서 연구자이자 주요 연구 대상인 자아가 어느 정도 관련되고 개입되는지가 자문화기술지 방법론을 채택하는 준거가 될 수 있다.

Foster 등(2005: 2)은 자문화기술지의 주제 선정 과정에서 고려되어야 할 이슈 혹은 물음들을 다음과 같이 제시했다. 첫째, 당신의 삶의 경험은 어떻게 이론을 형성했는가? 둘째, 연구의 과정에서 어떠한 '문화적 수하물(cultural baggage, 문화적 토픽이나 주제)'이 발생했는가? 셋째, 당신의 연구는 어떠한 방식으로 해방적이고 변환적인 자아를 형성했는가? 넷째, 어떠한 이슈들이 당신의 정체성을 재구성했는가? 다섯째, 자문화기술자인 당신이 연구 참여자들과 조우했을 때 무슨 이슈들이 친숙하거나 낯설었는가? 여섯째, 당신의 정체성은 연구 과정에서 어떠한 제한점이 되었는가? 일곱째, 당신의 정체성은 연구와 독자들을 위해 어떤 기회와 통찰 그리고 혁신을 제공했는가? 여덟째, 자신의 정체성에 대한 자각은 어떠한 방식으로 제기되었는가? 아홉째, 연구 참여자들을 보다 잘 이해하기 위해서 어떠한 물음들이 제기되었는가? 열째, 당신은 연구 참여자들과 정체성을 공유하게 됨으로써 어떠한 경험을 했는가? 즉, 연구 참여자들은 당신에게 무엇을 말했으며, 그들은 서로에게 무엇을 말하지 않았는가? 열한째, 당신이 자신의 정체성을 연구 참여자들에게 표명할 때 그들은 어떠한 반응을 나타내었는가?

2. 자료의 수집 및 관리

자문화기술자(autoethnographer)는 질적 연구 방법론의 대표적 자료 수집 방법인 참여관찰에서의 필드노트와 현장일지, 반성적 저널, 인터뷰 전사본, 문화적 인공물, 문헌 연구 자료를 활용한다(Duncan, 2004: 31). 하지만 인간의 개인내부 자료에는 연구자의 과거 경험과 현재의 지평 그리고 미래의 가능성에 대한 지속적이고 치열한 대화가 풍부하게 담겨 있다(Stinson, 2009). 따라서 자문화기술지는 연구자의 개인적인 기억자료와 자기성찰(self-reflection)로 대표되는 개인내부 자료를 강조하는 면에서 여타의 질적 연구 방법론들과 차별성을 나타낸다(Wall, 2008: 45; 박순용·장희원·조민아, 2010: 64-66).

Feldman(2003: 27-28)은 자문화기술지의 자료 수집 준거로서 다음의 네 가지를 제시했다. 첫째, 자문화기술자는 어떻게 그리고 무엇을 위해 자료를 수집하며, 특정한 자료가 무엇을 의미하는지를 자세히 밝혀야 한다. 둘째, 자문화기술자는 어떠한 방식으로 자료를 구성하여 글로 재현할 것인지를 말해야 하며, 자료의 어떠한 점들이 특정한 가정을 하게 만드는지를 밝혀야 한다. 셋째, 자문화기술자는 다양한 질적 자료들을 수집하여 삼각검증(triangulation)을 시도한다. 넷째, 수집된 자료는 연구 결과를 지지할 수 있는 증거로 사용해야 하고, 연구 주제와 관련하여 뚜렷한 사용목적이 있어야 한다.

지금부터는 자문화기술지의 대표적인 자료 수집 방법인 기억자료, 자기성찰 자료, 참여관찰, 인터뷰, 문화적 인공물, 문헌연구 자료를 자세히 살펴보고자 한다. 첫째, 자문화기술자는 자신의 개인적인 기억자료(추억)를 주된 연구 자료로 삼는다. 연구자의 자기회상 혹은 기억자료는 근대의 학문영역에서 배제되었다. 왜냐하면, 연구자의 주관성에 기초한 기억자료는 객관성을 상실한 오염된 연구 자료로 간주되었기 때문이다. 하지만 자문화기술자는 오히려 저자의 자기회상을 주요한 자료로 간주한다(Wall, 2006; Chang, 2008). 인간의 기억은 분열적이고 포착하기 어려우며, 가끔은 개인적 경험에 의해 변형될지라도, 기억의 시간성과 지속성은 연구 주제와 연구 과정에서 강력한 영향력을 발휘한다

(Muncey, 2005). 또한, 인간의 인식과 기록 그리고 보고방식(이야기 혹은 내러티브)은 궁극적으로 개인적인 기억자료와 관련되어 있다(Muncey, 2005). 한편, 자문화기술자가 기억자료를 회상하는 방법으로는 연대기적 순서에 따라 삶의 경험과 사건들을 나열하는 자서전적 시각표(time line), 기억의 중요도에 따른 회상, 표 혹은 그림 등을 통한 시각적인 표상과 조직화 등의 방법이 있다(Chang, 2008: 71).

둘째, 자기성찰 자료는 저자의 자연스러운 삶의 맥락에서 발생한 사색, 회상, 의식, 통찰 등을 기록한 반성적인 저널을 지칭하는데, 내성(introspection)과 자기분석(self-analysis) 그리고 자기평가(self-evaluation)를 강조한다(Chang, 2008; Maydell, 2010). 특히, 저자의 자기성찰을 담아내는 반성적 저널(reflective journal)에는 연구자 개인의 가치관, 정체성, 소속감, 행위, 인식, 정서적 깨달음 등을 기록한다(박순용·장희원·조민아, 2010: 65). 자기성찰 자료는 자기관찰과 병행하여 생성되는데, 자문화기술자는 연구 과정과 관련된 개인적인 사고와 느낌을 기록하는 필드저널(field journal), 개인적인 가치와 선호 분석, 문화적 정체성과 문화적 소속감, 타자를 통한 자아의 발견 등을 기록한다(Chang, 2008: 95-100). 물론 연구자의 자기성찰 자료는 자문화기술지만의 고유한 질적 자료는 아니다. 그러나 자문화기술지의 지기성찰 자료는 연구의 배경에 머무르기보다는 최종적인 텍스트의 전경에 부각되며, 연구 결과에 대한 반영성(reflexivity)을 확보하는 데 중요한 역할을 한다. 즉, 자문화기술지의 반영성은 타자들의 세계와 의미를 공유하고, 그들의 세계로 들어갈 수 있는 여유 공간을 제공한다(Muncey, 2010: 23).

위의 반영성은 자기성찰(self-reflection)과 미세한 차이가 있다. 자문화기술지의 반영성이란 연구 상황에 대한 저자의 개입과 연구 상황에 영향을 미치는 연구자의 영향력에 대한 자문화기술자의 지각을 의미한다. 즉, 자문화기술자가 연구자인 자신과 연구 참여자들 그리고 연구의 상황과 배경 사이의 교호적인 영향력을 자각하는 메타적인 사고과정을 말한다(Anderson, 2006: 382). 자문화기술자의 반영성은 타자들과의 대화와 상호작용을 분석함으로써 자아와 타자를 깊이 있게 이해하기 위한 자의식(self-conscious)에서 비롯된다.

셋째, 우리는 자신들의 경험에서 스스로가 관찰자들이고 참여자들이다(Muncey, 2010: 8). 왜냐하면, '무엇(what)'을 하는 데 있어서 결코 '누구(who)'를 분리할 수 없기 때문이다. 또한, 자문화기술자와 연구 참여자들의 관계는 자료 생산의 메커니즘에서 중요한 역할을 한다(Maydell, 2010). 자문화기술지의 참여관찰은 자기관찰과 일반적인 참여관찰로 구분할 수 있다(Chang, 2008). 자기관찰은 외부의 타자들이나 현상을 사실적으로 관찰하고 기록하는 것이 아니라, 연구자 내면의 인지적 활동, 행동, 감정의 변화에 대한 자기관찰과 타자들 및 외부 세계와의 상호작용을 통해 형성된 자아의 자기관찰을 의미한다(Chang, 2008: 90). Chang(2008)은 자기관찰을 위한 수단인 발생기록 차트를 통해 연구자 자신의 생각, 행동, 타자들과의 상호작용 등을 시간대 및 장소별로 기록하는 방법을 제시했다.

　자문화기술지가 자기관찰 자료에 비중을 둘지라도 질적 연구 방법의 일반적인 참여관찰 자료를 배제하는 것은 아니다. 여기에서의 일반적인 참여관찰이란 연구자의 입장에서 타자들의 상호작용과 행위 그리고 사건들을 관찰자의 입장에서 관찰하고 기록하는 것을 말한다. 즉, 자문화기술자는 완전한 참여자 혹은 참여자로서의 관찰자, 관찰자로서의 참여자, 완전한 관찰자의 입장에서 타자들과 사건들을 필드노트(field note)에 기록할 수 있다. 이러한 참여관찰 자료는 자기관찰 자료의 진실성과 신빙성을 확인하는 삼각검증 자료로 활용할 수 있다(Duncan, 2004: 31). 한편, 자문화기술지는 문학 장르인 자서전과 사회과학 탐구의 대표적 질적 방법론인 문화기술지의 이종혼교적인 결합이다. 자서전적 전통이 강한 자문화기술지는 자기관찰 자료에 보다 비중을 두는 반면에 문화기술적 전통이 강한 자문화기술지는 참여관찰 자료도 중시한다.

　넷째, 내러티브를 강조하는 자문화기술자는 질적 연구의 대표적인 자료 수집 방법인 인터뷰 자료를 수집한다. 왜냐하면, 타자들의 영향력에 대한 이해 없이는 자문화기술지 연구를 온전히 수행할 수 없기 때문이다(Maydell, 2010). 일반적인 질적 연구에서의 인터뷰는 연구 주제와 관련된 연구 참여자를 주요한 대상으로 한다. 하지만 자문화기술자는 연구 주제와 관련된 타자들뿐만 아니라 연구자 자신을 대상으로도 인터뷰를 할 수 있다(박순용·장희원·조민아, 2010). 자문화기술자는 인터뷰를 통해 자신의 기억을 자극하고, 기억의 공백을 차단함으로써 연구 주제와 관련된 새로운 정보를 획득할 수 있다(Chang, 2008: 103). 또한, 자문화기술자는 인터뷰를 통해 자신의 개인적인 기억자료로부터 정당성을 확보할 수 있으며, 자신에 대한 타자들의 입장과 관점을 얻을 수도 있다(Chang, 2008: 106). 자문화기술지의 인터뷰는 연구 목적과 특성에 따라 다양한 형태를 나타낼 수 있는데, 장기간의 연대기적 연구를 수행할 경우 내러티브 인터뷰가 유용하다.

　다섯째, 자문화기술자는 참여관찰과 인터뷰뿐만 아니라, 연구 주제와 관련된 문화적 인공물)을 수집하여 추가적인 외적 자료를 확보할 수 있다(Muncey, 2005; Chang, 2008). 자문화기술지의 문화적 인공물은 단순한 도구나 매체가 아니라 연구자의 삶의 이력과 기억이 용해되어 있는 문화적 자료이다. 교육연구와 관련된 문화적 인공물의 예로는 각종 인사기록 증명서 및 교육계획서, 공문서, 신문기사, 게시판 글, 메모, 달력, 편지, 이메일, 사진, 그림, 비디오 이미지, 웹 사이트, 동영상 등이 있다. 특히, 시각적인 자료는 독자들에게 오랜 기간의 깊은 인상을 남길 수 있는 장점이 있기 때문에 적극적으로 활용할 필요가 있다. 문화적 인공물로 대표되는 외적 참조자료들은 자문화기술자의 내적 자료에 대한 삼각검증의 자료로서 중요한 가치가 있다(Jackman, 2009: 35-36).

여섯째, 문헌자료는 자문화기술자가 자료의 분석과 해석의 과정에서 이론적인 관점을 발견하고, 연구 결과를 구조화하는 데 도움이 될 수 있다(Chang, 2008: 110). 따라서 문헌자료는 자문화기술지의 주요한 1차적 자료가 될 수 없을지라도, 개인의 자전적 자료를 외부세계와 연결하는 데 중요한 역할을 한다(박순용·장희원·조민아, 2010; Maydell, 2010). 자문화기술지가 문학영역에 머무르지 않고 학문영역으로 인정될 수 있는 이유도 개인적인 이야기를 기존의 문헌자료와 연결시킴으로써 사회문화적인 분석과 해석을 시도하기 때문이다. 그러나 문헌검토 결과가 연구 과정과 연구 결과를 지배해서는 곤란하다.

한편, 자문화기술자는 자료의 분석에 앞서 체계적인 자료 관리를 할 필요가 있다(Chang, 2008). 자료 관리는 자료 수집과 자료 분석의 중간단계에 해당하는데, 광범위한 자료들의 위치를 확인하고 활용하기 위해 명명과 분류 작업을 하는 자료 조직의 과정에 해당한다(Chang, 2008: 123). 자문화기술자는 질석 자료들을 체계적으로 관리하기 위해서 자료의 출처를 상세히 기입해야 한다. 이러한 작업은 연구의 특정 국면에서 어떠한 자료들이 초과, 누락, 감소, 생략되었는지를 확인하는 데 도움을 준다. 자료 관리는 자료 수집과 마찬가지로 순차적이기보다는, 자료의 분석과 해석에 영향을 주고받는 순환적인 특징을 나타낸다. 자문화기술자는 체계적인 자료 관리를 통해 연구 주제와 직결되는 밀도 높은 자료를 확보할 수 있다(Chang, 2008). 또한, 체계적인 자료 관리는 자료 수집의 포화(saturation) 상태를 가늠할 수 있는 방법론적 전략이 될 수 있다.

Duncan(2004: 34)은 자문화기술지를 사례연구의 한 형태로 간주했기 때문에 자문화기술지의 연구 범위를 제한해야 한다고 보았다. Duncan(2004)은 연구 범위를 제한하는 네 가지 양상(facet)인 시간, 공간, 연구의 유형, 저자의 관점을 통해 자문화기술지 방법론의 적절성을 검토해야 한다고 보았다. 따라서 자문화기술자는 비록 다양한(짧게는 몇 주에서 길게는 평생까지) 연구 기간을 잡을지라도(Smith, 2005), 수집된 자료에 대한 출처, 날짜, 장소 등을 세밀히 기입해야 한다(Chang, 2008). 자문화기술자는 막연한 추억보다는 인터뷰 전사본과 여러 가지 문화적 인공물들의 도움을 통해 수집된 자료의 출처를 상세히 확인하고 명기할 수 있을 것이다.

3. 자료의 분석 및 해석

자문화기술지의 자료 분석은 특정한 경험들과 이야기가 한 자문화기술자의 문화를 어떻게 형성했는지를 밝히는 연구 활동을 의미한다. 그리고 해석이란 분석에 기초하여 경험과 이야기의 문화적 의미를 탐구하는 것을 말한다(Chang, 2008). 질적 연구에서 분석과 해석의 작업은 순환적이며 상호 보완적이다(Smith, 2005). 철저한 자료 분석은 타당성 있는 해석을 가능하게 하며, 타당성 있는 해석은 보다 예리한 분석과 글쓰기를 이끈다. 자문화기술지의 분석 작업은 수집된 질적 자료에 의존하기 때문에 미시적 활동인 반면, 자문화기술지의 해석 작업은 부분적인 이야기들의 관계성을 추구하고, 하나의 이야기에 나타난 문화적 의미를 확장하고 추구하는 거시적인 작업으로 볼 수 있다(박순용·장희원·조민아, 2010). 질적 자료에 기초한 분석과 해석 작업은 인식론적 친화감을 불러일으켜서 보다 심층적이고 타당성 있는 연구 결과를 도출하게 한다(Smith, 2005: 70).

수집된 대부분의 질적 자료들은 자문화기술자의 전사 작업을 통해 텍스트로 전환된다. 자문화기술자는 텍스트로 변환된 원 자료를 연구 주제와 연구 문제를 염두에 두면서 반복적으로 읽고, 전체적인 흐름을 파악하여 분석의 방향을 결정하게 된다(박순용·장희원·조민아, 2010: 66). Ellis(2004)는 자문화기술지의 자료 분석 방법으로 내용 분석과 구조 분석을 제안했다. 내용 분석은 비교와 대조, 발췌 등의 전략을 통해 연구 주제와 관련된 두드러진 패턴과 인상적인 내용을 추출하는 방법이다. 구조 분석은 자문화기술자가 전체적인 질적 자료의 반복적인 읽기를 통해 분석을 시도하고, 하나의 일관된 이야기를 구성할 수 있는 플롯(plot)과 유형 혹은 얼개를 구성하는 방법이다(Ellis, 2004).

Chang(2008)은 자문화기술지의 분석과 해석을 위한 10가지 전략들을 제안했다. 첫째, 자문화기술자는 수집된 자료에서 반복되는 토픽, 주제, 패턴을 탐색한다. 둘째, 자문화기술자는 문화기술지의 가장 중요하고 마지막 단계의 작업으로 볼 수 있는 문화적 주제를 탐색한다. 셋째, 자문화기술자는 전환점(turning point)과 같은 예외적인 사건이나 사례를 확인한다. 넷째, 자문화기술자는 연구 주제와 관련하여 의도적으로 포함된 것과 누락된 것을 분석한다. 이 작업은 자료의 분석과 해석에서의 타당도를 확보하는 데 중요하다. 다섯째, 현재를 과거와 연결함으로써 개인의 역사를 해석한다. 여섯째, 자아와 타자들 사이의 관계를 분석한다. 일곱째, 자신의 경험과 사례를 타자들의 그것과 비교 분석한다. 여덟째, 각 사례들과 사건들의 전후관계를 살펴봄으로써 이야기의 사회문화적, 정치적, 경제적, 종교적, 역사적, 이데올로기적, 지리적인 맥락화를 시도한다. 아홉째, 자신의 이야기를 기존의 사회과학적 구성물(예를 들면, 상징적 상호작용론, 다문화주의) 혹은 아이디어들과 비교한다. 마지막으로, 자문화기술자는 체계적인 코딩(coding)과 범주화 (categorizing)를 통해 하나의 이론을 구조화한다(Chang, 2008: 131-137).

자문화기술지에서 자료의 분석을 위한 유일한 코딩과 범주화 방법은 존재하지 않는다. 그러나 한 가지 분명한 사실은 질적 자료에 대한 정교한 코딩과 범주화는 자문화기술자 의 해석과 글쓰기 작업을 촉진할 수 있는 구조를 제공한다는 점이다(Dethloff, 2005). 이 글에서는 Saldaña(2009)의 「질적 연구자들을 위한 코딩 매뉴얼(The Coding Manual for Qualitative Researchers)」 중에서 자문화기술지를 위한 종단적인 코딩(longitudinal coding)을 집중적으로 소개하고자 한다.

종단적인 코딩은 삶의 여정을 탐구하는 종단적인 질적 연구 방법론에 적합한 코딩방법 이다. 종단적인 코딩은 개인의 삶의 여정에서 나타난 명료함과 간결함을 추구하기에 인 류학과 교육학 분야에서 널리 활용되고 있다(Saldaña, 2009: 173-181). 종단적인 코딩 은 오랜 시간을 가로질러 수집되고 비교된 질적 자료에 대한 변화 과정에 주목한다. 즉, 종단적인 코딩은 삶의 여정을 사회적 형태로 간주함으로써 질적 연구자의 일상적인 사회 적인 삶의 경험에서 발생한 방향성, 패턴, 흐름의 과정을 분석한다. 그 예로, 종단적인 코 딩은 연구자 혹은 연구 참여자들의 오랜 경험에서 비롯된 실적인 증가, 감소, 항구성 등의 특징에 주목한다. 종단적인 코딩은 자료 분석을 위해서 하나의 분석안을 활용하기도 한 다. 종단적인 코딩의 분석안은 오랜 기간의 분석 프로젝트로부터 수집된 방대한 양의 질 적 자료들을 체계적으로 요약할 수 있는 방법을 제공한다(Saldaña, 2009: 173).

종단적인 코딩은 오랜 기간을 통해 형성된 개인, 집단, 조직의 발전과 변화를 탐구하기 에 적절한 2차 순환 코딩방법으로 볼 수 있다. 즉, 종단적인 코딩은 삶의 경험에 대한 연 대기적인 분석적 통합을 통해 하나의 이론적인 이야기를 구조화한다. 자문화기술자는 1차 코딩에서 생성된 코드들을 위의 종단적인 질적 자료 요약 매트릭스에 기입함으로써 핵심 범주들을 생성할 수 있다.

한편, 자문화기술자가 철저한 분석에 기초하여 해석적인 주장을 펼칠지라도 자신의 목 소리에 대한 공적인 타당성을 확보하기는 힘들다. 왜냐하면, 자문화기술지는 여타 질적 연구 방법론과 달리 자신의 개인적인 자료에 의존하기 때문이다. 따라서 자문화기술자는 자신의 개인적인 이야기를 학문적인 개인적 이야기(scholarly personal narrative)로 확장할 수 있는 방법론적 전략을 구사해야 한다. 즉, 자문화기술자는 자신의 개인적인 체험과 이 야기를 보다 거시적인 사회문화적 맥락에 연결시키기 위해 자기성찰과 폭넓은 문헌연구 를 지속적으로 해야 한다. 따라서 문헌연구는 자료 수집의 단계에서뿐만 아니라 질적 자 료의 분석과 해석의 단계에서도 중요한 역할을 한다고 볼 수 있다. 즉, 자문화기술자는 문헌검토를 통해 자신의 주관적인 분석과 해석을 기존의 이론체계(선행연구/철학 및 사회학 이론)에 연결시킴으로써 독자들로부터 이론적이고 학문적인 정당성과 타당성을 확보할 수 있다.

대표적인 자문화기술지 작품

특정한 연구 방법론의 개념과 방법, 그리고 연구 절차를 숙지하더라도, 실제적인 예시작품들을 검토하는 작업도 중요하다. 왜냐하면, 특정한 방법론에 기초한 다양한 변이는 방법론의 추상적인 개념과 특성을 감각적으로 이해하는 데 유용하기 때문이다. 우리나라의 경우, 2010년을 기점으로 현재(2016년 9월 기준)까지 자문화기술지 연구가 점증하고 있다. 지금까지 출판된 국내의 자문화기술지는 62편이었는데, 해가 거듭될수록 작품의 수가 증가하고 있다. 우리나라의 자문화기술지 작품은 교육학(20편), 체육(교육)학(18편), 미술교육학(2편), 상담심리(8편), 자문화기술지 방법론(5편), 특수교육(7편), 기타 학문(2편)을 중심으로 출판되고 있지만, 질적인 측면에서는 여전히 걸음마 단계에 머물러 있다.

따라서 여기에서는 국내의 자문화기술지 작품보다는 외국의 수작(秀作) 중에서 사회과학 연구 분야의 하나인 교육학을 중심으로 대표적인 자문화기술지 작품들을 소개하고자 한다. 특히 자문화기술지에 기초한 외국의 선행연구들을 ① 교사발달 및 교사문화 연구, ② 학생의 학습문화 연구, ③ 교수법 및 교육과정의 측면에서 검토함으로써 학교현장의 이해와 개선을 위한 자문화기술지의 방법론적 가능성을 살펴보고자 한다.

1. 외국의 자문화기술지 연구 사례

가. 교사발달 및 교사문화와 자문화기술지

여기에서는 교사발달 및 교사문화 연구 영역에 대한 일곱 개의 대표적인 작품들을 선정했다. 그리고 그 연구들에서 자문화기술지가 어떻게 활용되었고, 어떠한 의미 있는 연구 결과가 도출되었는지를 살펴보았다. 물론, 저자가 선정한 일곱 가지 작품들 이외에도 수많은 연구 성과들이 있었음을 밝힌다.

첫째, Palmer(1998)의 연구는 교사의 주관적인 정체성과 성실성을 탐구했다. Palmer는 교사의 가르치는 행위가 인간의 내면에서 흘러나온다고 보았으며, 학생과 교과 그리고 교사와 학생의 상호작용에 교사의 영혼을 투영해야 한다고 주장했다. 교사가 자신을 안다는 것은 학생과 교과에 대한 앎만큼이나 중요한 필수요소이다. Palmer(1998)는 학교교육에 대한 전통적 교육연구들이 무엇을, 어떻게, 왜란 물음에 매달린 나머지 '누구'라는 물음을 소홀히 취급하고 있다고 보고, 훌륭한 가르침은 교사의 정체성과 성실성에서 유래된다고 주장했다. 따라서 좋은 가르침은 교육방법의 개선보다는 수업 속에 교사의 자의식을 얼마나 투영했는가의 여부에 달려 있으며, 좋은 교수행위는 자신의 자아, 교과, 학생을 생명의 그물 속으로 촘촘히 연결하는 것이라 보았다(Palmer, 1998).

Palmer(1998)는 교사라는 주관적 정체성을 개인 내부의 힘과 외부의 힘이 교차하는 단면으로 보고, 교사의 정체성에서 비롯된 자아가 결코 의심스럽거나 오염된 것이 아니라서 감출 필요가 없다고 주장했다. 교사의 현실인식은 과거의 인생사들을 있는 그대로 인정하는 것이며, 교사는 기억(re-membering) 활동을 통해 다시 공동체의 일원이 되어야 한다(Palmer, 1998). 교사의 정체성에 대한 내면의 대화는 학생들의 내면과 소통 가능하게 하며, 교사와 학생들 사이에 존재하는 공포를 제거하고, 더 넓은 상호연결의 그물을 구축하는 데 중요하다.

Starr(2010)는 자문화기술지가 교사의 비판석인 의식과 각성에 기여할 수 있음을 주장하면서, 교사문화 탐구에서 자문화기술지의 활용을 강조했다. Starr(2010)는 자문화기술지가 Freire의 의식화(conscientization) 개념을 이끌어 낸다고 보았다. 왜냐하면, 자문화기술지는 한 개인이 자신의 위치를 확인하여 현실의 지각을 변화시키기 위한 공간을 창출하기 때문이다. 비판교육 이론가인 Freire(1971)는 '은행 저축식 교육'에서 '문제 제기식 교육'으로 전환해야 한다고 보고, 사람들은 세계 내에 존재하는 방식을 비판적으로 파악하기 위한 힘을 개발해야 한다고 주장했다. 그는 대상세계를 정적인 실재로 파악하기보다는 진보와 변혁의 대상으로 보았다. 그의 관점에서 볼 때, 한 개인의 이데올로기는 삶의 경험과 교육의 결과이다. 그러나 비록 개인적 이데올로기가 주체의 경험으로부터 발생할지라도 그것은 전적으로 사적이지 않다. 오히려 개인의 경험과 기억은 인종, 젠더, 계층, 상황, 능력, 직업 등에 대한 문화적 태도에 따라 영향을 받는다(Freire, 1971). 따라서 그는 자문화기술지가 문화 내에 위치한 교사의 자의식에 대한 지각에서 중요한 역할을 할 수 있음을 주장했다(Starr, 2010).

Austin과 Hickey(2007)는 자문화기술지가 우리가 누구이고 무엇을 하는가의 물음에 답함으로써 교육자들이 일상적인 경험과 교수의 실용적인 요구에 대해 자백할 수 있는 기회를 제공한다고 보았다. 교사들은 자문화기술지를 통한 의식화를 통해서 미시적 및 거시적 수준에서 해방의 페다고지(pedagogy)와 반성적 실천으로 나아갈 수 있다(Austin &

Hickey, 2007). 이처럼 저자들은 자문화기술지를 비판적 페다고지의 한 형태로 보았으며, 특히 자문화기술지를 통한 전환학습은 우리가 내주(dwelling)하는 문화와 타자들에 대한 폭넓은 이해와 실천을 수반한다고 보았다(Spry, 2001; Eisner, 2004; Austin & Hickey, 2007).

Chang(2008)은 자아의 다문화적 발견을 위한 도구로서 자문화기술지의 강점을 주장했다. 즉, 자문화기술지를 통한 교사들의 자기반성적 과정은 효과적인 다문화교육자로 성장하는 데 유용한 방법이 될 수 있다. 자문화기술자인 교사는 이야기하기, 분석, 해석, 성찰이라는 일련의 과정을 통해 자신의 과거와 현재의 이야기를 자기분석적(self-analytic)으로 성찰함으로써 자신의 다문화적 정체성과 조우할 수 있다. 따라서 자문화기술지는 교사와 학생들의 문화적 전제를 형성하는 삶의 경험과 사건들을 성찰하는 데 도움을 줄 뿐만 아니라, 교실수업의 과정에서 학생들이 자신들의 문화적 가정을 비판적으로 해명하고 성찰함으로써 자연스럽게 문화적 다양성을 공유할 수 있게 한다.

Nash(2004)는 교사나 교육행정가들이 자문화기술지를 작성함으로써 개인적 삶과 직업적 삶 사이에 존재하는 간극을 해소할 수 있다고 보았다. 즉, 학문적인 개인적 내러티브는 자아 정체성과 직업 정체성 사이에서 진정성과 연결을 추구함으로써 교사나 교육행정가가 그들의 정체성을 고백하고, 이론과 실천을 융합하고, 추상적인 것과 실제적인 것을 예술적으로 통합할 수 있도록 한다. Nash(2004)는 두 교사들(Dave와 Patti)의 삶과 두 교육행정가들(Doug와 Lou)의 교육적 삶을 예를 들어 이야기함으로써 교육자들의 정체성, 개인적 철학, 종교적 신념 등이 교사발달과 어떠한 연관성이 있는지를 세밀히 밝혀 주었다.

Kincheloe(2005)는 전통적인 교사교육이 교사의 정체성과 의식을 형성하는 힘에 대해 거의 통찰을 제공하지 못한다고 보았다. 그의 관점에서 볼 때, 교사들의 정체성과 의식은 그들을 둘러싸고 있는 사회적, 문화적, 정치적, 경제적, 역사적 세계와 관련되어 있다. 그리고 교육받은 교사 혹은 비판적 실천가로서의 교사가 되기 위해서는 인격적 변환과 자아의 구성에 대한 통찰이 필요하다. Kincheloe는 자문화기술지가 교사들의 직전교육과 현직교육의 실천적 차원에서 중요하다고 보았다. 왜냐하면, 자문화기술지는 자아에 몰두하기보다는 더 큰 공동체의 책임 있고 변혁적인 구성원이 되는 데 필요한 능력을 촉진시킬 수 있는 개인의 사회적 구성에 대한 이해에 초점을 두기 때문이다.

또한, 자문화기술지는 현장교사들이 거시적인 사회적 구조, 인식론적 역동성과 관계된 자아의 구성을 이해할 수 있도록 한다. 그리고 자문화기술지를 통한 비정형화된 교육연구는 교사들이 비판적으로 교육행위에 가담하도록 하며, 그 행위는 교사 개인의 삶을 변화시킬 뿐만 아니라 타자들의 삶마저도 변화시킬 수 있다(Kincheloe, 2005). 즉, 자문화기술자로서의 교사는 지속적인 메타-대화(meta-dialogue)를 통해 자아와 끊임없는 대화를 함으로써 기존의 의미체계에 대한 지속적인 재개념화를 시도한다. Kincheloe(2005)는 자신의 이러한 주장이 Pinar의 쿠레레(currere)에 빗겼음을 밝히면서, 비판적 존재론을 개발했다. 그는 교사들이 자문화기술지를 통해 자신들의 세계관, 교육에 대한 관점, 그리고 자기-이미지를 분석할 수 있다고 보았다. 교육실천가들은 자문화기술지를 통해 특권층과 권력을 가진 소수집단을 위한 억압적인 조건과 사회정치학적 왜곡을 인식할 수 있다. 결국, 자문화기술지는 지배적인 문화적 관점들이 교사들의 정치적 의견, 종교적 신념, 성 역할, 인종적 지위, 성적 성향에 어떠한 영향을 미쳤는지를 이해할 수 있게 한다(Kincheloe, 2005).

Todd와 Klinker(2007)는 미국 중년 여교수들의 직업적 삶에서 성과 나이가 차지하는 의미를 자문화기술지로 기술했다. 즉, 그들은 자문화기술지를 통해 새로운 사회현상과 관련된 여교수들의 개인적인 경험을 탐구하고, 중년 여성의 편안한 삶을 떠나 새로운 지평을 탐구하는 삶의 경험을 이야기했다. 저자들은 개인적 성찰, 대화, 자기반성, 감성적 회상에 대한 공유를 통해 미국 문화에 있어서 성차별주의(sexism)와 연령주의(ageism)를 직면하게 되었다. 그들은 미국 사회에서 여성들을 위한 공통적이고 수용 가능한 역할모델이 없음을 주장했다. 즉, 미국의 여성들은 아이들을 위해 자신들의 삶을 희생하는 것과 같은 전통적인 남성 중심의 성역할에 종속되어 있었다. 따라서 그들은 대학 교수가 되기 위해서 성과 나이에 대한 공포와 좌절을 극복함으로써 새로운 자아를 재발견하게 되었다. 그들은 자문화기술지를 통해 나이와 성은 어쩔 수 없는 제한적 요소가 아니라 개인의 노력 여하에 따라서 극복 가능하며, 보다 나은 세계를 만들 수 있다는 희망과 가능성의 비전을 제시했다(Todd & Klinker, 2007).

나. 학생의 학습문화 연구와 자문화기술지

두 번째 탐구 영역은 학생의 학습문화 연구 영역에 대한 연구이다. 이 글은 학생의 학습문화와 관련된 세 편의 자문화기술지 작품들을 선정하여 분석함으로써 학생들이 어떠한 방식으로 생활하고 학습하며, 그들의 학교생활과 학습에 영향을 끼치는 사회문화적 맥락과 학습문화의 관계를 살펴보았다.

Sparkes(1996)는 자아와 문화 그리고 연구 과정을 유기적으로 연결하는 자문화기술지를 통해 엘리트 운동선수에서 심각한 부상을 당해 중도탈락자가 되기까지의 개인적인 삶의 여정을 기술했다. 염증성 허리질병은 운동선수인 그의 삶에서 영구적인 삶의 한 부분이 되었고, 수많은 일상적인 삶을 지배하게 되었다. 그의 작품을 읽은 독자들은 Sparkes의 자문화기술지를 통해 부상을 당한 엘리트 운동선수가 어떠한 심리적, 육체적 고통을 겪으며, 어떠한 방식으로 그 치명적인 결함을 극복하는가를 사회문화적으로 이해할 수 있게 해 준다(Wall, 2006).

Smith(2005)는 후천적인 뇌손상(ABI) 후 자기존중감을 회복하는 과정을 자문화기술지로 기술했다. ABI 생존자인 저자는 자문화기술지를 사용함으로써 그녀의 주관적이고 문화적인 경험뿐만 아니라 연구 참여자들(환자들)의 문화와 경험을 탐구할 수 있게 되었다. 그녀는 자신이 학생연구자일 뿐만 아니라 연구 주제에 대한 유일한 '내부자'의 위치에 있음을 알고, 가장 가치 있는 연구 자료를 얻기 위해서 스스로를 연구 대상으로 선정했다. 그녀는 5명의 뇌손상 환자들과 함께 재활센터의 창조적인 치료활동을 통해서 병을 회복하는 과정을 이야기했다. 그녀는 6개월 동안의 재활센터의 창조적인 프로젝트가 자기존중감에 긍정적인 영향력을 발휘했음을 자문화기술지를 통해 밝혀 주었다. Smith(2005)의 작품은 자문화기술지가 교육상담 및 보건의료 분야의 학습에 적극적으로 활용될 수 있음을 예증해 주었다.

Chung(2009)은 자문화기술지를 개인의 신체적인 특징뿐만 아니라 인성, 지식, 역사 그리고 삶의 경험을 보여 주는 예술적 재현으로 보았다. Chung(2009)의 연구는 구성주의 학습이론에 기초한 미래 시각문화예술(VCAE) 교육에 주목했다. 자문화기술지를 통한 학생이해는 예술경험과 관련된 학생들의 선지식(prior knowledge)에 대한 통찰을 얻는 데 도움을 줄 뿐만 아니라, 교사의 좋은 수업을 위한 기초를 제공했다. 이 연구는 학생들의 개인적 관심, 지식, 예술과 관련한 경험, 예술적 발달에 대한 통찰을 얻기 위해서 4명의 여성 청소년에 의해 산출된 시각적, 언어적, 자서전적 인공물을 분석한 후 비판적인 시각문화의 교수를 위한 교육적 함의를 이끌어 내었다.

Chung(2009)의 연구는 자문화기술지를 통해 학생들의 지식과 경험을 안다는 것이 학생의 수업참여뿐만 아니라 시각문화예술교육에도 도움이 됨을 지적했다. 또한, 학생들은 자문화기술지를 통한 VCAE를 통해 미술과 시각문화의 정치적 측면을 인식하고, 미술활동이 정치적, 사회적 실천이라는 사실을 알게 되었다. 즉, 학생들은 자문화기술지를 활용함으로써 이미지, 텍스트, 인공물 등의 예술작품이 즐거움을 주기 위한 문화적 도구일 뿐만 아니라, 상이한 사회집단의 정치적, 이데올로기적 갈등을 수반하는 매개체임을 자각하게 되었다(Chung, 2009).

다. 교수법 및 교육과정 연구와 자문화기술지

교육과정을 재개념화한 Pinar(1975)는 오늘날의 학교교육이 지나친 객관성의 강조로 인해 개인의 주관성과 자아를 상실했다고 주장했다. 그는 교육과정 연구의 재개념화를 위해서 개인의 주관성을 회복하는 자서전적 방법론을 강조했다. 또한, Ellis와 Bochner(2000)는 자서전석 글쓰기의 의미가 단지 한 개인의 연대기적 기록에 의존하기보다는 개인이 살았던 시대, 문화, 역사적 사건들과 관련된 개인과 문화와의 관계, 문화와의 상호작용 속에서 형성된 다층적이고 복합적인 의식에 있다고 보았다(Ellis & Bochner, 2000). 따라서 자문화기술지는 교수법 및 교육과정과 관련된 교사의 삶을 진솔하게 제시함으로써 독자들로 하여금 자신들의 삶을 반성하게 한다. 즉, 교수법과 교육과정에 대한 자문화기술지는 저자와 독자가 서로 친밀감을 공유함으로써 저자 자신에 대한 치료뿐만 아니라 독자들의 심적 갈등과 고민까지도 치유할 수 있다(김영천·이희용, 2008). 교수법 및 교육과정 연구 영역에서의 대표적인 자문화기술지 네 작품을 간략히 제시하면 다음과 같다.

Duncan(2004)은 하이퍼미디어 교육 자료의 디자인 연구에서 자문화기술지를 어떻게 적용했는지를 기술했다. Duncan은 새로운 디자인 이론에 기여한 3개의 하이퍼미디어 CD-ROM의 제작에 영향을 미친 내외부적 요인들에 대한 실천가의 6년 동안의 관점을 연구했다. 그는 질적 접근에서 중요한 실재(reality)와 지각 사이의 상호관련성을 강조하고, 자문화기술지 쓰기라는 예술의 실천을 통해 연구자들이 실재를 더욱 풍부히 탐구할 수 있다고 주장했다. 그는 연구자의 내부적 의사결정과 생활세계를 반영하는 타당하고 주목할 만한 연구 방법으로서 자문화기술지를 강조했다(Duncan, 2004).

Jewett(2008)는 자문화기술지를 통해 학교교육이 발생한 맥락과 교수학습, 교육과정 이론에 대한 우리의 이해를 관계 지음으로써 교육과정 연구의 범위를 확장시켰다. 그녀는 교사 직전교육(pre-service)의 하나인 다문화교육 프로그램의 이론적 탐구를 통해 자신의 정체성인 '백인의 다문화 교육과정을 위한 교수자로서 특권화된 여성'을 문제시했다. Jewett(2008)는 이러한 논의를 통해서 공립학교에 대한 학생들의 사전개념과 재개념화에 있어서 젠더(gender)와 인종(race)의 역할을 탐구했다. 그녀는 자문화기술지가 현재의 교육과정을 다시 생각할 수 있는 인식론적 도구가 될 수 있으며, 학생들이 사회문화적 맥락 밖의 정적인 전통적 지식(knowledge out of context)보다는 행위 안에서의 지식(knowledge in action)에 입문할 수 있도록 한다고 주장했다. Jewett(2008)는 자문화기술지가 사회적, 역사적 맥락과 형식적인 학습 공간 사이의 연결을 시도하여 새로운 교육과정 이론을 형성하게 하는 질적 연구 방법론임을 강조했다.

Suominen(2003)은 사진술(photography)과 관련된 창조적인 글쓰기를 통해 자신의 문화적인 정체성과 자기인식의 변화과정을 이해했다. 저자는 자신의 체험에 대한 비판적인 재평가를 통해 정체성의 구성과 교수법을 촉진하기 위한 탐구방법을 적용하고 제안했다. 저자는 자국인 핀란드를 떠나 미국 오하이오 대학의 박사과정에 입학한 이후 사진촬영, 참여관찰, 사진-글쓰기, 기억작업, 사진 치료, 비판적 에세이 쓰기, 사진과 창조적 텍스트에 대한 전시와 논의를 통해 연구 자료를 수집하고 분석했다. Suominen(2003)은 자문화기술지를 통해 문화적 현상, 예술가들, 시각문화 생산가들, 예술적 인공물, 다양하고 복잡한 담화(discourse) 속에서 문화적으로 상황 지어진 자신의 정체성에 주목하여 시각적 지식(visual knowledge)에 대한 자각을 획득함으로써 비판적 교육학과 교육과정을 지지했다.

Starr(2010)는 자문화기술지가 교육과정의 탐구자로서 개인을 위치 짓기 때문에 Pinar의 쿠레레(curerre)에 해당된다고 보았다. 즉, 자문화기술지는 학문적 탐구의 얼개(framework)를 제시함으로써 개인과 사회, 이론과 실천, 자아와 타자 사이의 긴장을 해소하는 가교역할을 할 수 있다. 또한, 자문화기술지는 촉매적인 변화(catalytic change)를 이끌어 내기 위한 대화의 공간을 마련함으로써 저자와 독자들이 교수법과 교육과정을 개발하는 데 유용한 방법론이 될 수 있다. 즉, 자문화기술지는 교육실천가이자 교육연구자인 교사들에게 교육과정의 문화적, 역사적, 정치적, 생태적, 미학적, 이론적 이해를 촉진시킬 수 있다(Starr, 2010).

2. 자문화기술지의 방법론적 가능성

자문화기술지의 방법론적 가능성을 연구자, 연구 참여자, 독자, 그리고 학교현장의 측면에서 논의하면 다음과 같다.

첫째, 자문화기술지는 연구자와 학교현장을 연결함으로써 자문화기술자인 연구자가 학교현장을 심층적으로 이해하고 개선할 수 있는 방법론적 가능성과 시사점을 제공할 것이다. 둘째, 자문화기술지는 연구 참여자들이 자신들의 교육적 삶과 이야기를 성찰적으로 이해할 수 있게 함으로써, 실질적으로 교육실천을 개선할 수 있는 유용한 연구 방법이 될 것이다. 셋째, 자문화기술지는 자문화기술자와 독자들을 대화적으로 연결함으로써 연구자와 독자들 모두가 서로 공명하면서 자신들의 삶을 변화시킬 수 있는 촉매적인 역할을 할 것이다. 넷째, 자문화기술지는 연구 참여자들과 독자들을 유기적으로 연결함으로써, 독자들이 자문화기술자뿐만 아니라 연구 참여자들의 교육적 삶과 목소리에 공감

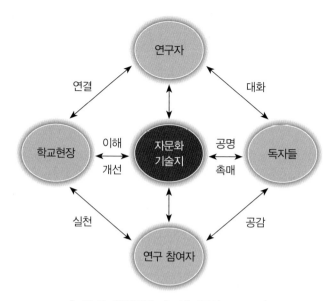

[그림 2] 방법론적 가능성(이동성, 2012: 30)

할 수 있도록 할 것이다. 결국, 자문화기술지는 학교현장의 구성원들을 타자와 대상세계에 연결시킴으로써 그들을 능동적이고 주체적인 존재로 변환시킬 수 있을 것이다. 그리고 자문화기술지는 한 개인의 생생한 삶의 목소리를 교육연구의 핵심적인 주제로 상정함으로써 학교의 구성원들에게 교육 및 사회의 변화와 개혁을 위한 해방적이고 실천적인 힘을 부여해 줄 수 있을 것이다.

자문화기술지와 글쓰기 전략

끝으로, 여기에서는 자문화기술지를 쓰기 위한 글쓰기 전략을 소개하고자 한다. 질적 연구에서 글쓰기 작업은 최종적으로 연구 결과를 재현하기 위한 수단임과 동시에, 그 자체를 하나의 방법으로 볼 수 있다. 왜냐하면, 글쓰기는 연구의 설계 작업에서 자료의 분석 및 해석에 이르기까지의 전반적인 작업을 포괄하기 때문이다. 또한, 아무리 좋은 질적 연구를 수행하더라도 최종적인 글쓰기 작업에 실패한다면 연구의 과정과 결과는 무용지물이 되고 만다.

일반적으로, 질적 연구에서의 글쓰기는 자료의 분석과 해석에서 비롯된 연구 결과를 독자들에게 최종적으로 보고하기 위한 것이다. 그러나 한편으로 글쓰기는 앎의 방식이자, 발견과 분석의 방법이며, 연구 주제에 대한 새로운 측면을 발견하도록 촉진한다 (Richardson, 1994). 또한, 자문화기술지의 글쓰기 작업은 그 자체가 저자의 이야기를 재검토할 수 있는 하나의 탐구방법이다(Suominen, 2003). 자문화기술자는 글쓰기를 통해 자신의 삶에서 가시화되지 않았거나 간과된 삶의 파편들에 주목할 수 있으며, 자신의 정체성과 관련된 혼란스러운 퍼즐을 맞추는 글쓰기 작업을 통해 자기치료의 효과를 얻을 수 있다(Suominen, 2003: 41).

자문화기술지에서의 글쓰기 작업은 여타 질적 연구 방법의 글쓰기 작업과 미세한 차이가 있다. Ellis(2004)는 '좋은 소설가는 문화기술자처럼 글을 쓰고, 좋은 문화기술자는 소설가처럼 글을 쓴다'는 Bochner의 표현을 인용하면서, 문화기술자처럼 사고하고, 소설가처럼 자문화기술지를 쓰라고 추천했다(Ellis, 2004: 330-331). 이 말은 자문화기술자의 엄밀한 사고방식과 더불어 유연하고 창의적인 글쓰기 방식을 강조한 표현이다.

Foster 등(2005)은 자문화기술지 쓰기를 '변증법적 비평의 기술'이라고 말했다. 왜냐하면, 자문화기술지의 글쓰기는 연구 주제와 연구 결과에 대한 저자의 객관적인 분리와 주관적인 몰입의 긴장관계를 관리할 수 있도록 하기 때문이다. 위의 객관적인 분리란 연구의 결과를 최종적으로 보고하는 글쓰기에서 자문화기술자의 주관성과 목소리를 포함시키지 않으려는 조용한 저술의 시도를 의미한다(Duncan, 2004). 하지만 자문화기술지의 글쓰기는 이러한 객관적인 분리와 주관적인 몰입의 한계를 뛰어넘어 실험적이고 참여적인 글쓰기 방식을 시도하기도 한다(Duncan, 2004). 따라서 자문화기술자는 자신의 이야기를 전개하면서도, 글의 핵심적인 내용에서 '문화적으로 주변적인 위치'에 머물러야 한다(Maydell, 2010).

실험적이고 참여적인 글쓰기 방식을 시도하는 자문화기술지 쓰기에서 무엇보다 중요한 이슈는 글 속에 등장하는 저자의 위치성이다. 즉, 주요 연구 대상이자 연구 참여자인 저자 자신을 글 속의 어디에 어떠한 방식으로 위치시킬 것인가의 문제이다. 자문화기술지의 화자인 저자는 보통 1인칭 주인공 시점 혹은 1인칭 관찰자의 시점에서 자신의 이야기를 기술한다. 그러나 자문화기술지의 화자가 반드시 나 혼자일 필요는 없다(Smith, 2005). 독자들에게 연구 주제와 연구 결과를 가장 효과적으로 전달할 수 있는 저자의 인식론적 관점이 최적의 위치라고 볼 수 있다(Smith, 2005: 70). 또한, 자문화기술지의 실험적이고 참여적인 글쓰기 방식은 은유를 즐겨 사용한다. 은유는 자문화기술자의 이야기에서 진실성(verisimilitude)을 포착하기 위한 글쓰기 전략이며, 단순한 이야기가 전달할 수 없는 이미지와 장면을 제공할 수 있다(Dyson, 2007; Stinson, 2009).

van Maanen(2011)은 문화기술지에서의 문화적 재현을 위한 글쓰기 장르 혹은 형태로서 사실주의적 이야기(realist tale), 고백적 이야기(confessional tale), 인상주의적 이야 기(impressionist tale)를 제안했다. 자문화기술지가 전통적인 문화기술지로부터 상당 부 분 영향을 받았기 때문에 van Maanen(2011)이 제안한 세 가지 글쓰기 방식은 자문화기 술지의 글쓰기 방식에서도 유효하다고 볼 수 있다. van Maanen(2011)은 위의 세 가지 글쓰기 방식에서 저자의 목소리, 표현양식(style), 진실, 객관성, 관점이라는 새로운 이슈 를 제기했다. 박순용·장희원·조민아(2010)는 van Maanen의 세 가지 글쓰기 방식이 기 술묘사(description)에 중점을 두었다고 보면서, 이론 분석적 접근을 추가했다. 이론 분 석적 글쓰기 방식은 사실이나 사건, 연구자의 내성과 경험, 인상적인 부분에 대한 선택적 기술보다는 문화 이론적 분석에 더 초점을 두는 접근이다(박순용·장희원·조민아, 2010: 67).

Chang(2008)은 자문화기술지의 새로운 글쓰기 방식으로서 van Maanen(1988, 2011) 이 제안한 문화기술지의 세 가지 글쓰기 방식을 응용했다. 그녀는 자문화기술지의 글쓰 기 접근으로서 기술적-사실적 글쓰기(descriptive-realistic writing), 고백적-감성적 글쓰 기(confessional-emotive writing), 분석적-해석적 글쓰기(analytical-interpretive writing), 상상적-창조적 글쓰기(imaginative-creative writing)를 제안했다. 그리고 자문화기술자 의 연구 목적과 주제에 따라서 위의 네 가지 글쓰기 방식을 혼합하거나 재구성하여 새로 운 글쓰기 방식을 창조할 수 있다고 보았다(Chang, 2008).

첫째, 기술적-사실적 글쓰기는 전통적인 문화기술지의 글쓰기 방식을 그대로 따르는 것을 의미하는데, 저자의 개인적인 체험과 이야기를 있는 그대로 풍부히 기술하는 방식 이다. 둘째, 고백적-감성적 글쓰기는 문학 장르인 자서전의 글쓰기 방식을 도입한 것인 데, 연구 주제와 관련된 저자의 감성적이고 정서적인 혼란, 딜레마, 고통, 좌절, 환희 등 을 진솔하게 고백하는 것을 말한다. 셋째, 분석적-해석적 글쓰기는 저자의 개인적인 경 험과 이야기에 대해 특정한 이론적 얼개에 기초하여 분석과 해석을 시도함으로써, 사 적인 이야기를 보다 거시적인 사회문화적 담론과 연결을 시도하는 글쓰기 방식이다. Anderson(2006)은 이러한 분석적-해석적 글쓰기에 기초한 자문화기술지를 '분석적 자 문화기술지(analytical ethnography)'라 칭했다. 분석적-해석적 글쓰기 방식은 상징적 상 호작용론의 영향을 받은 시카고학파의 대표적인 글쓰기 방식이라 볼 수 있다. 넷째, 상상 적-창조적 글쓰기는 개인의 경험을 묘사하기 위해 문학 장르인 산문(prose), 시, 드라마, 소설, 예술 장르인 음악, 그림, 사진 등의 예술작품을 창조적으로 구성하여 연구 대상이 나 연구 주제를 재현하는 글쓰기 방식이다(Muncey, 2010: 2).

Ellis와 Bochner(2000)는 다층적인 개인의 의식을 표현하고, 개인을 문화에 연결시키기 위한 상상적-창조적 글쓰기 방식으로서 자서전적 글쓰기(autobiographic writing) 혹은 '반영적인 문화기술지(reflexive ethnography)'를 추천했다(Duarte, 2007: 2). 사람들의 일상적인 말하기 방식은 사회학적 산문보다는 문학적인 시에 가깝기 때문에 회화적인 내러티브 자체는 시적인 특성을 지닌다. 이러한 맥락에서 Richardson(1997)은 사회과학자들을 위한 상상적-창조적 글쓰기의 방식으로 시의 힘을 주장했다. 실험적인 방식으로 가장 먼저 도입된 시적 글쓰기는 시의 형식적인 특징을 통해서 저자와 독자들에게 발견과 창조의 정신을 열어 주었다(김영천, 2010: 348-393). 시적 글쓰기는 단순한 언어적 변용이 아니라 자문화기술자의 자기성찰과 타자들과의 의사소통을 위한 하나의 방법이다(Richardson, 1997). 호소적인 시와 질적 연구는 의미와 밀도, 심미주의와 반영성이라는 내적 특성을 상호적으로 공유한다(Ricci, 2003). 따라서 자서전적 시(autobiographic verse)는 인간의 궁극적인 관계를 심미적으로 표현하고, 생동감 있고 창조적인 방식으로 개인의 경험을 독자들에게 전달하고 표현할 수 있다(Ricci, 2003: 593).

자문화기술지의 상상적-창조적 글쓰기를 강조하는 일군의 학자들은 인간의 언어가 사회적 실재를 반영하기보다는, 오히려 사회가 실재를 창조할 수 있다는 후기구조주의자들의 언어관에 동조한다. 그들은 자문화기술지의 상상적-창조적 글쓰기가 주류적인 탐구의 관점(예, 전통적인 문화기술지)을 부정하는 것이 아니라, 단지 새로운 목소리를 첨가하는 것이라고 주장했다(Ricci, 2003; Denzin, 2006; 김영천, 2010). 그리고 그들의 상상적-창조적 글쓰기는 저자의 느슨한 연구 과정에서 비롯된 것이 아니라, 풍부한 자료수집과 정교한 자료 분석 및 해석 작업에 근거한 학문적인 재현방식이다. 따라서 그들은 주류적인 관점에서 상상적-창조적 글쓰기를 비판하는 사실주의자들의 방법론적 도전과 비판을 수용함으로써 대안적인 글쓰기 방식에 대한 정당성을 확보하려 한다.

Ellis와 Bochner, Richardson, Denzin으로 대표되는 문학적인 자문화기술지 글쓰기 방식은 전통적인 문화기술자들에게 종종 비이론적이고 비구조적으로 비춰지기도 한다(Maydell, 2010). 문학적 장르를 통해 자문화기술지를 작성하더라도 그 내용은 사회문화적 주제와 연결되어야 한다. 자문화기술지 글쓰기에서 문학 장르를 도입한 것은 내러티브의 한계를 극복하기 위해서이다(Chang, 2008: 148). 하지만 Anderson(2006)은 자문화기술지의 글쓰기와 담론이 사실주의자 혹은 분석적인 문화기술적 전통에 거리를 둔 '감성적 자문화기술지(evocative ethnography)'에만 주목하고 있음을 비판했다. 즉, 자문화기술지의 문학적인 글쓰기 동향은 전통적인 문화기술지와 자문화기술지의 병립가능성을 차단할 수 있다(Anderson, 2006).

위와 같은 맥락에서 Anderson(2006: 374)은 문학적인 글쓰기에 기초한 호소적인 자문화기술지가 뜻하지 않게 분석적 혹은 전통적인 문화기술지에 기초한 새로운 형태의 자문화기술지를 제한할 수도 있다고 보았다. 따라서 그는 호소적인 자문화기술지의 학문적인 당위성을 인정하면서도, '분석적 자문화기술지(analytic autoethnography)'를 주창함으로써 시카고학파(Chicago School)의 지적 유산인 상징적 상호작용론자들의 인식론적 가정과 목적을 받아들일 필요가 있다고 주장했다. 이러한 Anderson(2006)의 주장에 대해 전통적 혹은 분석적인 문화기술지를 옹호하는 질적 연구자들(P. Atkinson, A. Coffey, S. Delamont)도 동조를 했다. 분석적 자문화기술지의 글쓰기의 특징으로는 완전한 연구참여자의 지위, 분석적인 반영성, 자문화기술자의 내러티브 가시성, 자아를 넘어선 연구참여자들과의 대화, 이론적 분석을 위한 전념을 강조했다(Anderson, 2006: 387). 결국, Anderson(2006)은 분석적인 문화기술지적 전통의 한 부분으로서 자문화기술지의 글쓰기를 바라보는 입장이라고 평가할 수 있다.

결국, 자문화기술자는 다양한 글쓰기 방식을 혼합하거나 재구성하여 자신만의 대안적인 글쓰기를 시도하는 구성적이고 해석적인 존재이다(Chang, 2008: 149). 즉, 자문화기술자는 문화기술지적 전통에 무게를 두는 분석적 자문화기술지를 쓸 수도 있고, 자서전으로 대표되는 문학 장르에 비중을 둔 글쓰기를 할 수도 있다. 따라서 강연곤(2011)의 주장처럼, 자문화기술자는 특정한 형식의 글쓰기를 해야 한다는 조급증에서 벗어나, 연구 주제에 대한 자신의 인식과 이해를 재현할 수 있는 새로운 글쓰기 방식을 끊임없이 준비하고 창조해야 할 것이다.

참고문헌

김영천(2007). 질적 연구 방법론 I : Bricoleur. 서울: 문음사.

김영천(2010). 질적 연구 방법론 III: 글쓰기의 모든 것. 파주: 아카데미프레스.

김영천·이희용(2008). 질적 연구에서의 글쓰기: 문학적 표현양식들의 이해. 중등교육연구, 56(3), 187-222.

김재룡(2010). 체육인 한상준의 생애사. 박사학위논문. 강원대학교.

박순용·장희원·조민아(2010). 자문화기술지: 방법론적 특징을 통해 본 교육인류학적 가치의 탐색. 교육인류학연구, 13(2), 55-79.

이동성(2010). 초등학교 기초학습부진학생지도 경험에 대한 자문화기술지. 교육인류학연구, 13(3), 141-168.

이동성(2011a). 한 교사 연구자의 변환적인 역할과 관점에 대한 자문화기술지. 교육인류학연구, 14(2), 61-90.

이동성(2011b). 자문화기술지를 통한 초등학교 운동부 지도경험 분석. 초등교육연구, 24(2), 341-363.

이동성(2011c). 초등 교과교육연구회 참여경험에 대한 자문화기술지. 초등교육연구, 24(3), 1-26.

이동성(2012). 질적 연구와 자문화기술지. 파주: 아카데미프레스.

조용환(2005). 질적 연구: 방법과 사례. 서울: 교육과학사.

조정호(2009). 체육사에서 구술사 연구 방법의 의의와 적용 방향. 한국체육사학회 2009동계학술대회. 17-26.

주형일(2010). 지방대에 대한 타자화 담론의 주관적 수용의 문제: 자기민속지학 방법의 적용. 미디어, 젠더 & 문화, 13, 75-113.

최영신(1999). 질적 자료 수집: 생애사 연구 사례를 중심으로. 교육인류학연구, 2(2), 1-22.

佐伯胖(編)(2007). 共感: 育ち合う保育のなかで. ミネルヴァ書房.

Anderson, L.(2006). Analytic Autoethnography. Journal of Contemporary Ethnography, 35(4), 373-395.

Austin, J. & Hickey, A.(2007). Autoethnography and teacher development. The International Journal of Interdisciplinary Social Sciences, 2, 1-8.

Berry, K.(2006). Implicated audience member seeks understanding: Reexamining the "Gift" of autoethnography. (http://creativecommons.org/licenses/by/2.0)

Buzzard, J.(2003). On auto-ethnographic authority. The Yale Journal of Criticism, 16(1), 61-91.

Chang, H.(2008). Autoethnography as method. Walnut Creek, CA: Left Coast Press, Inc.

Charmaz, K. & Mitchell, R.(1997). The myth of silent authorship: Self, substance, and style in ethnographic writing. In R. Hertz(Ed.). Reflexivity and voice(pp. 193-215). London: Sage.

Chung, S. K.(2009). Autobiographical portraits of four female adolescents: Implications for teaching critical visual culture. International Journal of Education & the Art, 10(11). http://www.ijea.org/v10n11/.

Coffey, P.(1999). The ethnographic self. London: Sage.

Creswell, J. W.(2005). Qualitative inquiry and research design: Choosing among five traditions. 조흥식

외(역)(2006). 질적 연구 방법론: 다섯 가지 접근. 서울: 학지사.

Denzin, N. K.(2006). Analytic Autoethnography, or Deja Vu All over again. Journal of Contemporary Ethnography, 35(4), 419-428.

Dethloff, C. H.(2005). A principal in transition: An autoethnography. Unpublished doctoral dissertation, Texas A&M University.

Duarte, F.(2007). Using Autoethnography in the Scholarship of Teaching and Learning: Reflective Practice from 'the Other Side of the Mirror'. International Journal for Scholarship of Teaching and Learning, 1(2), http://www.georgiasouthern.edu/ijsoti.

Dŭlmen, R. van(1997). Die entdeckung des individuums 1500~1800. Fischer Taschenbuch Verlag GmbH, Frankfurt am Main. 최윤영(역)(2005). 개인의 발견: 어떻게 개인을 찾아가는가 1500~1800. 서울: 현실문화연구.

Duncan, M.(2004). Autoethnography: Critical appreciation of an emerging art. (http://creativecommons.org/licenses/by/2.0)

Dyson, M.(2007). My Story in a Profession of Stories: Autoethnography-An Empowering Methodology for Educators. Australian Journal of Teacher Education, 32(1), 36-48.

Eisner, E. W.(2004). Educational reform and ecology of schooling. In A. C. Ornstein & L. S. Behar(Eds.). Contemporary Issue in Curriculum(pp. 390-402). Needham Heights, MA: Allyn and Bacon.

Ellis, C.(1995). Final negotiations. Philadelphia: Temple University Press.

Ellis, C.(2004). The ethnographic I: A methodological novel about autoethnography. Walnut Creek: Altamira Press.

Ellis, C. & Bochner, A. P.(2000). Autoethnography, personal narrative, and personal reflectivity. In N. K. Denzin & Y. S. Lincoln (Eds.). Handbook of Qualitative Research(2nd ed.). (pp. 733-768). Thousand Oaks, CA: Sage.

Feldman, A. (2003). Validity and quality in self-study. Educational Researcher, 32, 26-28.

Foster, K. et al.(2005). Coming to autoethnography: A mental health nurse's experience. (http://creativecommons.org/licenses/by/2.0)

Freire, P.(1971). Pedagogy of the oppressed. New York: Harder and Harder.

Hammerseley, M. & Atkinson, P.(1990). Ethnography principles in practice. Routledge.

Hayano, D. M.(1979). Auto-Ethnography: Paradigms, problems, and prospect. Human Organization, 38(1), 99-104.

Hayano, D. M.(1982). Poker faces: The life and work of professional card player. Berkeley: University of California.

Holt, N. L.(2003). Representation, legitimation, and autoethnography: An autoethnographic writing story. (http://creativecommons.org/licenses/by/2.0)

Jackman, G. R. (2009). Who knew? an autoethnography of a first-year assistant principal. Unpublished doctoral dissertation, Utah Sate University.

Jewett, L. M.(2008). A delicate dance: Autoethnography, curriculum, and the semblance of intimacy. New York: Peter Lang.

Jones, S. H.(2005). Autoethnography: Making the personal political. In N. K. Denzin & Y. S. Lincoln (Eds.). Handbook of Qualitative Research (3rd ed.). (pp. 763-791). Thousand Oaks, CA: Sage.

Kincheloe, J. L.(1998). Pinar's currere and identity in hyperreality: grounding the post-formal notion of intrapersonal intelligence. In W. F. Pinar(Ed.). Curriculum toward new identities. New York and London: GarLand Publishing, Inc.

Kincheloe, J. L.(2005). Autobiography and critical ontology: Being a teacher, developing a reflective persona In W. M. Roth(Ed.). Auto/biography and auto/ethnography: Praxis of research method. Rotterdam: Sense Publishers.

Lather, P.(1986). Research as praxis. Harvard Educational Review, 56(3), 257-277.

Maanen, V. J.(2011). Tales of field: On Writing Ethnograph. University of Chicago Press.

Maydell, E.(2010). Methodological and analytical dilemmas in autoethnographic research. Journal of Research Practice, 6(1), Article M5. Retrieved [date of access], from http://jrp.icaap.org/index.php/jrp/article/view/223/190.

McIlveen, P.(2008). Autoethnography as a method for reflexive research and practice in vocational psychology. Australian Journal of Career Development, 17(2), 13-20.

Muncey, T.(2005). Doing autoethnography. International Journal of Qualitative Methods, 4(1), 69-86.

Muncey, T.(2010). Creating autoethnographies. London: Sage Publications Ltd.

Nash, R. J.(2004). Liberating scholarly writing: The power of personal narrative. New York: Teachers College.

Palmer, P. J.(1998). The courage to teach: exploring the inner landscape of a teacher's life. 이종인 (역) (2004). 가르칠 수 있는 용기. 서울: 한문화.

Pinar, W. F.(1975). The method of currere. In W. F. Pinar(Ed.). Autobiography, politics and sexuality. Peter Lang Publishing, Inc.

Reed-Danahay, D.(Ed.).(1997). Auto/Ethnography: Rewriting the self and the social. New York: Berg.

Ricci, R. J.(2003). Autoethnographic Verse: Nicky's Boy: A Life in Two Worlds. The Qualitative Report, 8(4), 591-596.

Richardson, L.(1994). Writing: A Method of Inquiry. In N. K. Denzin & Y. S. Lincoln (Eds.). Handbook of Qualitative Research. (pp. 516-529). Thousand Oaks, CA: Sage.

Richardson, L.(2000). New Writing Practices in Qualitative Research, Sociology of Sport Journal 17, 5-20.

Russell, C.(1999). Autoethnography: Journeys of the self. Experimental Ethnography, Duke University Press.

Saldaña, J.(2009). The coding manual for qualitative researchers. SAGE Publications Ltd.

Smith, C.(2005). Epistemological intimacy: A move to autoethnography. (http://creativecommons.org/licenses/by/2.0)

Sparkes, A. C.(1996). The fatal flaw: A narrative of the fragile body-self. Qualitative Inquiry, 2(4), 463-494.

Sparkes, A. C.(2000). Autoethnography and narratives of self: Reflections on critria in action. Sociology of Sport Journal, 17, 21-41.

Spry, T.(2001). Performing autoethnography: An embodied methodological praxis. Qualitative Inquiry, 7(6), 706-732.

Stinson, A. B.(2009). An autoethnography: A mathematics teacher's journey of identity construction and change. Unpublished doctoral dissertation, Georgia Sate University.

Strauss, A. L.(1987). Qualitative analysis for social scientists. Cambridge: Cambridge University Press.

Starr, L. J.(2010). The use of autoethnography in educational research: Locating who we are in what we do. Canadian Journal for New Scholars in education, 3(1), 1-9.

Suominen, A.(2003). Writing with Photographs, Re-constructing Self: An Arts-Based Autoethnographic Inquiry. Unpublished Doctoral Dissertation, The Ohio State University.

Todd, R. H. & Klinker, J. F.(2007). Two autoethnographies: A search for understanding of gender and age. The Qualitative Report 12(2), 166-183.

Wall, S.(2006). An autoethnography on learning about autoethnography. (http://creativecommons. org/licenses/by/2.0) Wall, S.(2008). Easier said than done: Writing an autoethnography. (http:// creativecommons.org/licenses/by/2.0)

열다섯 가지 접근

7.

실행연구

박창민 ┃ 진주교육대학교 대학원 강사 **조재성** ┃ 한양대학교 박사과정 실행연구는 질적 연구의 가장 현실적이고 실천적인 연구 전통 중의 하나로서 기능하고 있다. 특히 최근 들어 실행연구에 대한 관심이 급격하게 늘어나고 있다는 사실에 주목할 필요가 있다. 이러한 현상은 전 세계적으로 확산되고 있다. 실행연구가 최근에 생성된 최신 방법론이 아님에도 불구하고 이처럼 관심을 받게 된 배경은 이론과 실천의 괴리가 더 이상 간과할 수 없는 중요한 문제가 되었기 때문이다. 즉, 현장의 문제는 실천가들이 가장 잘 알고, 이를 해결하고 개선하기 위한 방안 역시 이론가가 아닌 실천가에 의해 탐구되는 것이 더욱 효과적이라는 입장이 힘을 얻게 된 것이다. 실행연구에 대한 호응은 국외뿐 아니라 국내에서도 꽤나 뜨겁다. 교육학 분야뿐만 아니라 간호학 및 의료분야, 상담학, 행정학, 경영학 등 현장의 개선을 추구하는 다양한 분야에서 실행연구라는 이름으로 다양한 연구들이 수행되고 있다. 이러한 연구뿐 아니라 관련된 수많은 실행연구물들도 쏟아져 나오고 있으며, 실행연구를 우리들에게 익숙하게끔 하는 저서들도 많이 출간되고 있다.

이러한 실행연구에 대한 관심은 실행연구가 행동과 과학의 관계에 대한 날카로운 철학적·개념적 이슈들을 제기하기에 더욱 커져 왔다. 일반적으로 행동(실천)과 과학(이론)은 서양 중심의 철학적 개념으로, 서로 결합되기보다는 비교되는 경우가 더 많은 개념인데, 실행연구에서는 이러한 행동과 과학은 이론과 실제를 따로 구분하기보다는 통합적인 관점에서 다루어야 한다고 주장한다. 그렇기 때문에 실행연구의 관심은 이론과 실천, 사고와 행동을 구별하는 것을 지양한다. 대신 실질적인 문제를 해결해 나가는 과정이 실천적 지식을 생성하는 이론화의 과정을 거치고, 이렇게 생성된 이론이 다시 현실을 개선시키고자 활용될 수 있다. 또한 연구자가 실천적 지식을 갖추게 되거나 혹은 실천적 지식을 탐구하는 과정을 통해, 연구자 본인의 내면 혹은 실천에 대해 스스로 성찰하는 것을 가능하게 하고, 이것은 더욱 나은 사고와 행동 혹은 사고와 실천의 통합적 발전을 도모할 수 있는 기초가 된다.

그러나 여전히 많은 연구자들은 실행연구가 과연 무엇인지, 그리고 어떻게 실행연구를 수행해야 하는지에 대해 혼란스러워하고 있다. 이는 실행연구의 특성과 그 구체적인 과정이 명확하게 설명되지 못한 채 현장에 무분별하게 소개되고 활용된 탓이 크다. 따라서 이후 논의에서 질적 연구의 중요한 방법 중 하나인 실행연구의 기초와 핵심 개념들, 실행연구를 질적 연구에 활용하는 과정과 구체적인 예시들을 전체적으로 조망해 보도록 하자.

실행연구의 개념적 이해

실행연구는 단순히 말하면 실천가가 자신 및 주변의 문제를 해결하기 위한 연구자가 되어, 자신의 개인적, 사회적 삶의 변화와 개선을 주체적으로 수행하는 연구라고 할 수 있다. 실행연구란 용어를 공식적으로 사용한 사람은 Lewin(1946: 205)인데, 그는 실행연구를 다음과 같이 정의했다.

> 사회적 삶에 중요하게 영향을 미치는 법칙들을 생성하기 위해 수없이 검증하는 실행의 과정(Lewin, 1946: 205)

Lewin에 따르면 '실행연구'의 결과는 실제의 개선을 위해 적용되고, 그 실제적 효과에 근거하여 다시금 사회과학에 의해 생성된 이론들을 수정하고 개선하게 하는 수단으로 정의된다. 이 외에도 실행연구는 연구 분야에 따라 다양한 정의를 가지고 있다(Kemmis & McTaggart, 2000).

그렇기 때문에 실행연구의 개념을 이해하기 위해 용어의 어원적 의미를 고찰해 보는 것이 효과적일 수 있다. 실행연구(action research)란 용어는, 즉 연구의 배경이 되는 패러다임과 연구 초점에 따라 다양한 형태를 띨 수 있다. action(실행)과 research(연구)로 나눌 수 있으며, 결론적으로 실행연구는 실행과 연구의 변증법적 발달을 도모한다는 뜻을 지니고 있다고 하겠다. 전통적인 주류과학의 관점에서는 실행과 연구가 엄격히 구분되어 있어 연구는 이론가들이, 실행은 실천가들이 하는 것이 당연시되지만, 실행연구자들은 이론과 실제가 구분할 수 있는 성격의 것이 아니라고 주장한다. 그보다는 실행을 통해 생성된 지식은 이론의 정립에 기여하고, 이러한 이론은 다시 더 나은 실행에 영향을 미치게 되는 변증법적인 발달을 거친다는 것이다.

실행연구의 용어가 지닌 의미를 기억하며 학자들이 실행연구의 개념을 정리한 것을 살펴보면 그들의 강조점이 더 잘 드러난다.

Johnson(2008)은 실행연구란 '연구자 스스로의 필요에 의해 수행하는 과정이며, 이는 곧 자신의 실제에 대한 진정한 탐구이며 동시에 체계성을 갖추어야 하는 연구'라고 했다. 주로 교육적 상황에서의 교사 중심의 실행연구에 많은 관심을 가졌던 그는 교사로 하여금 자신의 교실에 대해 더욱 잘 이해하도록 돕고 수업의 질이나 효과성을 극대화하기 위한 방안을 탐구하도록 돕는다고 밝혔다. Glickman(1993)은 실행연구는 '학교라고 하는 연구 공간에서 교사들이 동료들과 함께 특정한 실천의 결과로서 수업을 개선하는 활동'이라 했다. 이들 학자들은 앞서 계속 논의했던 이론과 실제의 분리를 반대하는 입장에서 실행연구의 개념을 정리하고 있다고 파악할 수 있다. 즉, 학교 혹은 교육실제와 관련된 문제들은 실천가인 교사들의 실천적이고 협력적인 참여과정을 통해 실천의 효과를 반성하고 개선해 나가기 위한 일련의 연구 방식을 의미하는 것이다. Mills(2011)는 실행연구를 '교사나 교육행정가 등이 그들의 교육적 실천이 어떻게 이루어지고 있고, 이로 인해 학생들은 어떻게 학습을 하고 있는지를 살피는 연구'라고 정의했다. 즉, 단순히 교사 중심의 연구가 아닌 교사뿐 아니라 교육 행정가, 그리고 교사에 의해 영향을 주고받는 학생들에게까지 연구의 범위를 확대하고 있다. 그렇기 때문에 실행연구란 교실에만 초점을 맞추는 연구라기보다는 학교가 어떻게 운영되고 있는지에 대한 효과적인 정보를 얻기 위해 행해지는 체계적인 탐구라고 동시에 정의된다. Rapoport(1970: 499)는 실행연구에 대해 '당면한 문제 상황 속에서 사람들의 실천적 관심뿐 아니라 상호 납득할 만한 윤리적 프레임워크 내에서 공동의 협력을 통해 사회과학의 문제들을 해결하는 데 기여하는 연구 방법론'이라고 말했다. 즉, 문제를 경험하고 있는 참여자들로 하여금 직접적으로 해결책을 모색하는 과정에 참여하게 하고 동시에 사회과학에도 상당한 이론적 보상을 가져오는 특별한 종류의 응용 연구를 실행연구라고 설명했다. Burns(1994: 293)는 실행연구를 '실천의 질을 개선시키려는 시도로서 사회적 상황에서의 실제적 문제해결을 위한 사실 발견의 적용'이라고 소개하고 있다. 그는 교실 상황이 아닌 사회적 상황에서의 문제를 해결하기 위한 필요로서의 실행연구에 초점을 두기에 연구자, 실천가, 그리고 외부 전문가의 협조와 협동을 강조한다. 그렇기 때문에 실행연구의 대상을 교육현장에서 사회적 현장으로 확대했다고 평가할 수 있다. 즉, 실행연구가 교육학뿐만 아니라 사회학, 심리학, 인류학, 의료·보건학, 경영학 등 다양한 분야에서 활용될 수 있는 개념적 기반을 마련한 것이다. Carr와 Kemmis(1986)는 실행연구란 '참여자 자신의 실제에 대한 합리성과 정의, 이들 실제에 대한 이해, 그리고 실제가 수행된 상황을 개선시키기 위한 사회적 상황에서 참여자에 의해 이루어진 자기 반성적 형태'를 띠는 연구라고 정의했다. 연구자 또는 교육 관련자가 교육적 경험 내에서 실제적인 개선을 위한 노력을 강조하고 있다는 점에서 다른 학자들의 정의와 비슷하지만, 자신의 실제에 대한 합리성과 정의에 대한 비판적인 탐구 및 자기 반성적인 연구를 중시했다는 점에서 차이점을 발견할 수 있다.

이상에서 우리는 실행연구의 어원적 탐색과 함께 실행연구에 대한 학자들의 다양한 정의들을 함께 살펴보았다. 모든 입장들을 종합하기에는 무리가 있지만, 실행연구를 이해함에 있어 다음과 같은 공통적인 요소를 도출할 수 있다. 그것은 실행연구가 '개선 지향적', '참여·협력적', '체계적'이라는 세 가지의 중요한 요소들을 동시에 가진다는 점이다.

이를 통해 실행연구의 정의를 종합하여 내리자면 다음과 같다. 첫째, 실행연구란 결국 연구자가 자신의 환경적 그리고 내면적인 실제의 변화와 개선을 가져오는 것을 목적으로 하는 연구라고 정의할 수 있다. 실행연구는 반드시 문제 해결을 포함하며 현장을 개선하려는 목적을 갖는다. 행동을 통해 연구 성과가 도출된다. 이것은 상대적인 기준에 따라 판단된다. 둘째, 이러한 과정에서 연구자 본인뿐 아니라 연구자가 포함된 공동체 구성원들의 참여와 협력을 요청하는 연구라고 또한 정의내릴 수 있다. 다시 말해 실행연구는 참여에 기초를 두고 있으며 공통의 목적을 가진 개인에 의해 이루어진다. 또한 그것은 상황에 기반을 두고 있으며, 연구 역시 상황에 따라 다르게 이루어진다. 실행연구는 연구 참여자들, 그리고 연구자가 상황을 어떻게 해석하느냐에 따라 다른 성찰을 요구한다. 지식은 행동을 응용하여 현장에 적용하면 생겨나는 실천적 성격을 지닌다. 셋째, 실행연구는 실제에 대한 평가적이고 반성적인 탐구이며, 체계적인 데이터의 수집, 분석 및 활용에 기초한 탐구적인 연구라 할 수 있을 것이다. 넷째, 실행연구는 실제 중심의 지식 생성에 관한 연구이다. 실행연구는 실제 상황에서 이루어지는 행동을 바탕으로 지식을 생성한다. 연구자는 직접 실천해 보고 이를 통해 학습하게 된다. 즉, 이론과 실천 사이의 괴리를 좁히고자 하는 목적을 갖는다. 구체적인 상황에서 어떻게 실천할 것인지에 관해 정보를 제공하고, 직접 행동한 결과를 바탕으로 이론을 생성한다.

실행연구의 동향

여기에서는 실행연구가 중요한 연구 방법으로 자리매김하게 된 과정에 대해 알아볼 것이다. 하나의 이론을 알아볼 때 그 역사를 탐구하는 것은 이론이 생겨난 과정과 그 변화 양상을 총체적으로 이해할 수 있게 된다는 점에서 매우 중요하다. 이에 따라 실행연구가 어떠한 철학을 갖고 있는지, 그리고 이론의 지향점과 기반은 어떠한지를 세부적으로 살펴보고자 한다.

이처럼 실행연구는 과학 및 사회의 복합적인 연결을 어떻게 바라볼 것인지에 대한 의문으로부터 시작되었다. 실행연구의 기초는 Dewey와 Lewin에서부터 시작하는데, 그들이 수행했던 여러 사회연구 결과를 바탕으로 실행연구를 정립했다. 이후 실행연구는 여러 변화를 거쳐 현재까지 지속되어 오고 있으며, 현재는 대표적인 사회연구 방법 중 하나로 다양한 학문에 적용되고 있다. 이러한 실행연구에 대한 이해를 돕기 위해 연대기 순으로 실행연구의 역사와 다양한 연구 주제들을 제시하고자 한다.

[그림 1] 실행연구의 다양한 패러다임들

1. Dewey의 진보주의와 Lewin의 사회 심리학

여기에서는 실행연구라는 용어가 공식적인 학술용어로 사용되었고, 그 발전 과정 역시 뚜렷하여 오늘날 전 세계에서 수행되고 있는 실행연구에 많은 영향을 주고 있는 미국과 영국의 사례를 중심으로 실행연구의 역사적 동향을 탐색하고자 한다. 지금 이 글을 읽고 있는 여러분은 실행연구라는 단어를 처음 듣는 신진 연구자일 수도 있고, 이미 여러 번 실행연구를 실시해 본 베테랑일 수도 있다. 어쨌든 분명한 사실은 연구 방법으로서의 실행연구는 1940년대부터 지금에 이르기까지 지난 수십 년 동안 연구를 수행하는 데 중요한 역할을 담당해 왔다는 것이다. 사실 실행연구에 대한 개념은 어느 한 사람의 머리에서 갑자기 나온 것이 아니라, 이미 미국 교육학 고전의 작품 속에서도 찾을 수 있다. 그러나 교사들이 적극적인 연구 참여자일 뿐만 아니라 연구의 사용자 혹은 대상이 되는 실행연구의 구체적인 아이디어는 John Dewey와 Kurt Lewin이 제시하고 있다.

Dewey는 인간과 자연적, 인공적 환경 사이에서의 상호작용적 성격으로서의 경험의 중요성을 강조했다. 그리고 이러한 경험은 의견, 감정, 행동 및 인식을 두루 포함하고 있는 것이다. 인간은 고립된 존재가 아니다. 인간은 환경과 밀접한 연관성을 지니면서 자신을 둘러싼 여러 존재들에 따라 변화하고, 더 나아가 환경을 변화시켜 나가게 된다고 주장했다(Ziniewicz, 1997). 이는 실행과 반성에 따른 경험이 학습의 중요한 요소이고, 경험으로부터 시작되는 사고를 활성화시킴으로써 배움이 강화될 수 있다는 것을 뜻한다. Dewey(1929)는 사람이 행동하기를 결정하는 이유를 크게 두 가지 종류로 구분했다. 첫째, 사람들은 그들이 안전하지 못한 상황이나 문제점들을 가능한 한 빨리 제거하기 위해서 즉각적인 행동을 수행한다고 주장했다. 둘째, 이전의 연구 장벽이나 자원들에 근거한 행동은 보다 명확한 답을 우리에게 제공할 수 있다고 했다. 이렇게 지연된 행동은 문제 상황에 대한 의도적이면서도 지능적인 답을 찾을 수 있게 한다.

이처럼 Dewey는 실행에 관해 의미 있는 제안을 했다. 다만 Dewey는 실행연구를 오로지 '실행'이라는 용어로 간주했다. 그는 실제 문제와 그것을 연구하는 방법 사이에 상당히 큰 괴리가 존재한다고 생각했다. 연구자들은 기존 상황을 있는 그대로 받아들이고, 명확한 목표나 계획 없이 행동하기를 계속한다고 비판했다. 즉, 그 당시의 사회연구들이 사회적 재건에 기여할 수 있는 적극적이며 실험적인 제안을 제시하기보다는 일반적인 개념 체계의 틀 속에서 사실들을 정렬하는 데 머무르고 있다고 생각했다. Dewey의 사상은 지식과 실천의 분리를 비판하고 이론과 실천을 연결하기 위한 요청으로 이해해야 한다. 이러한 주장은 당시 연구 관행과 관련하여 혁신적인 연구 과정으로 대표되는 실행연구와 같은 새로운 과학적인 접근 방식의 창조에 커다란 기여를 했다(McTaggart, 1997).

한편, Lewin(1952)은 실행연구를 본격적으로 개척했다. 그는 처음으로 '실행연구'라는 용어를 사용했으며, 기존의 추상적이고 형이상학적 사유 중심의 연구에 과학적이고 실증적인 연구 방법을 도입하자고 주장했다. 다만 그가 처음에 의도했던 실행연구의 의미는 현재 우리가 널리 사용하고 있는 과학적인 입장의 실행연구와는 그 맥락이 약간 다르다. 즉, Lewin은 사회학적으로 실행연구를 접근했다. Lewin은 1940년대 초반에 다양한 연구를 통해 실제적인 사건을 경험했고, 실행연구를 반성적 사고, 논의, 결정, 그리고 실천의 힘과 같은 용어로 설명했다. 즉, 실행연구는 사회 문제를 해결하는 것을 돕는 데 그 목적이 있다고 본 것이다. 착취를 제거하고 민주주의를 세우는 일이 바로 사회적 변화이며, 이를 가능케 하는 것이 실행연구라는 것이다. Lewin은 실행연구에서 또 다른 아이디어도 제공했다. 바로 집단 의사결정에 관한 생각이다. 이것은 모든 연구 과정에 연구 참여자를 포함시키는 것을 의미한다. 즉, 연구에서 참여자들의 행동을 변화시키는 데 가능성 있는 방법들에 대해 논의하고자 한다. 한편으로는 과학자와 실천가들로 구성된 집단에서 연구가 실시될 때 계획, 실행 그리고 평가에 이르는 나선형적인 단계를 거친다(Masters, 1995)는 생각을 강조하기도 했다.

Lewin이 실행연구를 활용한 분야는 사회 노동자들이 사회변화에 동참하도록 격려하거나 현재 사회를 비판적으로 분석하는 것이었다. 이처럼 Lewin이 제시했던 실행연구에 대한 개념화는 사회에서의 변화에 영향을 끼치는 연구였다. 이때의 실행연구는 문제 상황 내에서 행동을 취하는 것, 실행과 노력에 대한 정보 수집, 그리고 일종의 평가와 같은 개념이다. 어떤 주어진 상황의 조건을 수용하기보다는 존재하는 문제의 상황을 변화시킴으로써 문제를 해결한다는 의미에서의 실용적 연구였다. 즉, 실행연구는 사회적 기업이나 사회적 기술 서비스 속의 연구로 개념화되었으며, 1940년대 초반부터 시작된 Lewin의 실행연구 실험은 반성적 사고, 논의, 결정, 그리고 실천의 힘을 강조하는 과정이었다. 이러한 주장은 미국의 사회 노동자이자 인류학자인 John Koller의 연구에서도 잘 드러난다.

그는 Roosevelt가 운영하는 인디언 구호기구의 의장을 맡고 있었다. Koller는 지역 문화가 강조되어야 하고, 교육에 대한 책임감을 지녀야 하며, 이러한 과정이 실행연구를 통해 이루어져야 한다고 강조했다. 그가 강조하는 실행연구 형식도 관리자들과 지역 사회 구성원들의 협력으로 인해 실행될 수 있는 것이다. 관리자들은 스스로를 학생들보다 더 우월하다고 생각해서는 안 된다고 주장하면서 Lewin의 의견을 지지했다.

이처럼 초기의 본격적인 실행연구는 Lewin(1946)에 의해 이루어진 것으로, 미국의 빈곤과 인종 차별 등의 사회 문제에 대한 실천적 연구에 바탕을 두고 있다. 초기 실행연구는 공동의 문제에 대한 협동적 연구의 형태로서 발전하게 된다. Lewin의 주장은 당시에 상당히 혁신적이고 타당성이 있었기 때문에 그의 주장을 계승하여 실행연구에 관심을 갖고 연구하는 학자들이 생겨나기 시작했다.

2. 미국, 영국의 재건주의와 실행연구

1950년부터는 본격적으로 실행연구가 실제 적용되면서 다양한 주제들을 형성하기 시작했다. 물론 앞서 Lewin은 1940년대에 실행연구를 통해 사회 문제를 광범위하게 다루었으며, 덕분에 실행연구뿐만 아니라 사회연구 방법의 대표적인 학자로 널리 알려질 수 있었다. 다만 그의 실행연구에 대한 일련의 작업은 잠시 멈추었다가 십여 년 후에 Corey(1952)와 같은 학자들이 교육 문제에 활용하면서 다시 활발하게 연구되었다.

특히 실행연구가 중점적으로 주목받은 곳은 미국과 영국이다. 미국의 실행연구는 1950년대에 컬럼비아 대학의 교육대학에서 Corey에 의해 활발하게 연구되기 시작했다. Corey는 실행연구를 처음으로 학교의 실천 향상 작업에 활용한 학자이다. 그는 교사들이 자신의 교육활동을 실행연구를 통해 개선시키도록 독려했다. 그 전까지는 교사들의 교육활동은 오로지 외부 전문가들이 객관적으로 연구해야만 하는 것으로 여겨졌다. 하지만 Corey는 교사들이 스스로 자신의 교육행위를 과학적으로 분석해 보기를 원했다. 그리하여 그들이 자신의 결정을 평가해 보고, 그에 따라 자신의 행동을 수정하고, 계획을 다시 생성하도록 유도했다. 그러한 순환 체계가 바로 실행연구의 본질임을 강조하기도 했다. Corey는 교사들의 연구는 협력적 활동이며, 민주적인 가치를 지닌 것이라 보았다(Cunningham, 1999).

Lewin의 실행연구 개념은 변화를 실행하기 위해 현장에서 하는 연구 참여자의 것이었다. 반면 Corey(1952)는 가설검증을 통한 지식 생성에 더 관심을 보였으며, 실행연구가 교육연구에서 주도적인 형태로 수용되는 데 기여했다(Noffke, 1990). Corey의 실행연구 설계는 실용적이고 문제해결을 추구하고 실제에서 해결책을 검증하는 것을 담고 있다. 그의 모델에는 가설 검증을 통한 것이 최선책이라는 가정이 들어 있다. 이러한 과정에서 연구자들은 계획과 실천 후 성찰과 논의, 의사결정 과정을 통해 발견하는 나선형적 연구 과정이 일어나는 실행연구의 초기 형태를 제안했다. 이처럼 실행연구는 점점 실제적 문제를 연구자의 해석이나 조정 과정을 거친 후 심층적으로 기술하는 연구로 변화하게 된다.

또 다른 긍정적인 점으로는 교육과정 분야에서 실행연구가 대두되었다는 것을 꼽을 수 있다. 이는 영국에서 찾을 수 있다. 우선 영국의 실행연구는 실험적인 교육과정이나 교육과정 재개념화를 위한 학교위원회의 인문학 교육과정 프로젝트에서 시작되었다. 이 분야의 선구적인 학자는 바로 Lawrence Stenhouse이다. Stenhouse는 영국의 교육학자로서, 교사 연구에서 외부 연구자들의 생각을 주입하는 것에 반대하고, 교사들이 주도적인 역할을 하는 것을 옹호하고 적극 지지했다. 그는 Corey와 마찬가지로 교사들의 자신만의 실천 활동을 직접 연구하기를 원했다. 특히 그는 교사들이 지적, 도덕적, 정신적으로 자유로워질 수 있는 유일한 방법은 스스로를 정의하고 인정하는 연구에 있다고 보았다. 그들은 자신의 실천 활동에 최소한의 책임감을 가져야 한다는 말도 덧붙였다.

Stenhouse는 학생들에게도 관심을 가졌다. 특히 학생들이 교사의 권위의식에서 벗어나 스스로 발견하고 그 지식을 자신의 것으로 만들어야 한다고 주장했다. 즉, 실행연구에서 무조건 교사만을 옹호한 것은 아니었다. 다만 이러한 사실들을 제안함으로써 교사들이 지금 상황을 비판적으로 바라보고, 자신의 현재 위치를 자각하기를 원했다. 좀 더 나아가서 그는 학교, 지역사회에도 관심을 가졌는데, 해방적이고 창의적인 학교는 스스로 변하기 위해 외부의 정보도 쉽게 받아들이는 역동성에 주목했다. 물론 학교가 외부의 압력에 굴복해서는 안 된다는 점도 지적했다. 교사의 성공적인 변화로부터 학교의 변화가 시작되어야 한다는 점을 강조했다(Cunningham, 1999).

Stenhouse는 실행연구에 관한 확고한 이론을 적용하고자 했다. 특히 교육과정이 지나치게 과학적 방법론에 치우친 것을 비판하고자 인문학을 교육과정에 적용하기 위한 방안을 논의하는 세미나를 개최했다. 자연스럽게 실행연구의 비판적 기능에 주목하게 되었으며, 이러한 논의는 실행연구를 교육과정과 실제 수업 간의 관계를 규명하기 위해 사용하도록 촉진하게 되었다. 즉, 영국에서 Stenhouse가 주도한 교육과정 실행연구를 통해 미국과는 다른 실행연구의 한 축을 완성하게 된다. 특히 이 프로젝트를 통해 교사들이 실행연구의 전면에 등장하게 되는데, Elliott(1991)은 이러한 현상에 대해 Stenhouse가 교사들로 하여금 인간성 교육과정 프로젝트(Humanities Curriculum Project)의 적용에 적극적인 역할을 하도록 주문했기 때문이라고 서술하고 있다. 즉, 영국 교육에서 실행연구가 주된 연구 방법으로 사용될 수 있었던 요인에는 통합 인간성 교육과정의 영향이 컸다고 할 수 있다. 이 프로젝트에서는 학생과 가장 많은 교감을 이루고 있는 교사의 역할이 가장 중요할 수밖에 없었고, 교사들을 이론적으로 무장시키는 데 실행연구가 가장 큰 역할을 했다. 연구에서 교사를 관여시키고 프로젝트에서 중요한 역할을 하도록 훈련하는 과정에서 실행연구 이론을 적용했던 것이다. 이외에도 영국에서는 Ford 수업 프로젝트와 상호작용과 학습 프로젝트를 통해 실행연구를 확산시켰다.

3. 인류학: 실행연구의 부흥

미국 인류학자 Tax(1975)는 인류학에 실행연구를 처음 도입한 학자 중의 한 명이다. 그는 1951년도에 '실행 인류학'이라는 용어를 처음 사용했다. 그를 비롯한 인류학자 연구팀은 Chicago 대학에서 인류학과 실행연구를 논의했다. 일련의 작업을 거치는 동안 Chicago 대학은 문화 인류학의 과학적 전통을 더욱 강화할 수 있었다. 연구팀은 주로 다른 문화를 비교하면서 그 속에서 벌어지는 문화 변화의 문제를 다루었다. 그리고 연구의 결과로서 상대적으로 작은 사회는 기술적이고 정치적인 장점을 가진 더 크고 강한 문화의 압력에 시달린다는 의견을 제시했다.

Tax는 프로젝트 Fox로도 잘 알려져 있다. 이 프로젝트는 미국 원주민 보호구역에서 부족 간의 의사소통 방식에 관한 실행연구이다. 이러한 접근법에서는 대규모의 연구팀과 분업 과정 혹은 상당히 오랜 기간의 연구 적용과정이 요구되었다. 연구팀의 학생들은 교수의 이론적 방법을 수용하고 그것을 자신의 것으로 소화하여 연구 현장에 적용했다. 또한, Tax는 현장 연구자로서 그와 그의 연구자들이 상황에 대한 새로운 무엇인가를 발견하고 떠난 후에도 변화와 저항이 일어나야 한다는 실행연구의 기본적인 가정을 제시했다. 이를 위해서는 각 개인과 모든 사람들에게 주의를 기울이는 것이 요구되었다. 연구의 범위도 다양한 문화를 반드시 포함해야 한다고 주장했다. Tax의 주장에 따라 실행연구를 실시하는 인류학자들은 임상적이고 실험적인 방법을 적극적으로 활용했다. 그들은 단순히 관찰하는 것에서 벗어나서, 현실에 영향을 주는 연구 방법을 택했다. 그러면서 그들은 인류학 주제를 행위의 맥락에 두는 경향을 가졌다. 이것은 '실행 인류학'이라고 이름 붙여졌다. 현장 작업은 연구 집단에서부터의 학습을 완수해야 하고, 연구하려는 집단을 결국에는 도와줄 만한 것이어야 했다. 즉, 프로젝트 Fox에서 실행 인류학 연구는 인디언들이 그들에게 무엇이 적합하고 무엇을 원하는지 발견하도록 돕는 데 필요하다는 사실에 기초하고 있었다(Tax, 1958). 이러한 생각은 오늘날까지도 전해졌다. 많은 연구자들을 위한 실행연구는 학교와 사회를 변화시키는 교사의 전문가적인 실천을 향상시키기 위한 핵심 열쇠가 되었다.

4. 교육학: 실행연구의 절정

1960년대를 지나면서 잠시 소강상태에 접어들었던 실행연구가 교육학, 그것도 교육과정 분야에서 상당한 호응을 이끌어 내고, 주요한 연구 방법으로 자리 잡게 된 것은 1980년대 즈음이었다. 특히 그 당시 미국에서는 그동안 잠들어 있던 교육 실행연구를 새롭게 조명하고 새로운 역할을 부여하려는 움직임이 일어났다. 이러한 현상을 짚고 교육학에서 실행연구의 역할을 강조한 학자는 바로 Noffke와 Zeichner(1987)이다. 이들이 주도한 실행연구 패러다임의 변화는 그 폭이 상당히 큰 것이어서 당시에 수백 편에 이르는 단편 논문과 교사들의 에세이가 게재될 정도였다. 따라서 이 시기에는 자연스럽게 실행연구를 활용한 교육학 연구가 매우 다양한 방식으로 실행되곤 했다. 다만, 실행연구는 현장에서 일어나는 연구이며, 현장 속 생생함을 포함하는 것이 중요하고, 문제 상황에 대한 해결책은 반드시 실제적이어야 한다는 점은 모든 연구에서 공통적으로 주장하는 내용이었다.

교육학에서 활용된 실행연구에서는 다음과 같은 점을 중요하게 생각했다. 우선 연구자들에게 주어지는 실제적인 연구 주제는 연구 참여자들 스스로에 의해 규명되어야 한다는 측면이 중요했다. 그 전까지 연구 주제를 제시하고, 연구의 방향을 설정하는 작업은 전문가들에 의해 이루어지던 작업이었다. 한편 교육학과 관련된 실행연구에서는 연구 참여자들이 얻는 많은 혜택들에 관해 수많은 주장이 제기되었다.

또한 실행연구의 세 가지 기능이 확실히 정립되었다. 첫째는 실행연구가 교육적 실천에 기여한다는 점이다. 이것을 통해 실행연구가 실천의 학문임을 주장할 수 있게 되었다. 둘째는 이러한 실천이 일어남에 따라 상황이 개선된다는 주장이다. 즉, 실행연구가 사회적 변화와 문제를 해결하는 데 있어 중요한 역할을 한다는 사실이 증명되었다. 셋째는 앞에서 이야기한 개선점들이 연구자와 연구 참여자인 실천가 사이에 공유된다는 점이다. 이것은 기존의 사회과학 연구와 차별화되는 점이다. 이러한 장점들이 교육 사회에 널리 퍼지며 교육학에서 실행연구가 상당히 발전하는 계기가 되었다.

실행연구에서 Zeichner가 제시한 주요한 두 가지의 주제는 다음과 같다. 첫째, 실행연구의 효과에 관한 연구이다. 이에 따라 다양한 형태의 연구 중에서도 교사의 이해를 강조하는 연구들이 눈에 띄게 증가했다. 실행연구 이론을 자세하게 알지 못하는 교사들도 실행연구 방법론을 명확하게 이해할 수 있는 자료 수집과 검증 중심의 실행연구가 인기를 끌었다. 즉, Zeichner가 생각한 실행연구의 주된 특징은 다양한 목표를 위한 협력, 그리고 모든 연구 과정에 참여를 보증하는 것이었다(Noffke & Zeichner, 1987). 연구자들은 교사들의 실천 결과를 수집하여 실행연구 전 과정에서의 유사성과 차이점을 완전히 분석하는 것을 중요하게 생각했다. 이것은 Lewin의 연구 전통을 강조한 결과였다. 즉, 실행연구의 여러 특징 중에서 순환적인 측면과 민주적인 의사결정 과정을 강조했다. 두 번째 주요한 주제는 실행연구 위의 실행연구에 관한 문제이다. 이 프로젝트는 Wisconsin 대학에서 실시되었으며 실행연구를 초등학교 학생들의 교육 프로그램에 적용하여 교사 스스로의 실천을 점검하고 반성하고자 하는 목적을 갖고 있었다. 이러한 연구를 통해 실행연구에서 '시스템적 성찰'이라는 용어가 처음 사용되었으며, 연구 참여자들의 사고를 들여다보고, 변화를 강조하려는 움직임이 나타났다. 이것은 실행연구의 일반적인 단계들 중에서도 성찰 단계가 중요시되었다는 사실을 의미한다(Noffke & Zeichner, 1987).

5. 실행연구의 현재

현재 국내·외에서 실행연구는 아주 활발하게 연구되고 있는 분야이다. 단순히 인류학과 교육학을 넘어서 이제는 거의 모든 인문학, 사회과학 분야에서 주된 연구 방법론으로 기능하고 있다. 실행연구 관련 연구물에서 가장 먼저 찾아볼 부분은 실행연구의 이론을 정리하고 다듬는 작업과 관련되어 있다. 외국에서는 Hendricks(2012), Mertler(2016), Mills(2011), Phillips와 Carr(2006) 등이 있으며 한국에서는 이용숙(2005)의 작업이 대표적이다. 여기에서는 실행연구의 구체적인 배경과 기초적인 개념, 방법론 등을 제시하고 있다. 외국의 저서들은 대부분 우리나라에도 번역되어 소개되고 있으며 대학 수업에서 종종 활용되고 있다.

그 다음으로 실행연구가 적극적으로 활용되고 있는 부분은 수업비평이다. 수업비평 연구에서 연구자들은 직접 수업을 시행하고 그것을 반성, 개선하는 과정을 통해 수업과 학생들의 발전에 기여하고 더 나아가서는 연구자로서의 교사 내적인 성찰과 발전을 도모하고 있다. 대표적인 연구자에는 김초윤(2014), 신지혜(2011), 엄훈(2012), 이혁규(2007, 2010a, 2010b, 2011) 등이 있다.

또한 실행연구는 학교 현장의 개선에 집중적으로 활용되고 있다. 학교는 학기제로 나누어져 있어 1차 수행에 따른 반성과 2차 수행에 용이하며 질적 연구 방법, 양적 연구 방법을 자유자재로 활용할 수 있다는 장점이 있다. 대표적인 연구에는 김창아, 김영순(2013), 이명희, 이제경(2014), 이재민 외(2013), 유지영, 권효숙(2015), 서경혜(2012),

김영천 외(2000, 2003), 김영천(2001) 등이 있다.

　간호학에서도 실행연구가 인기를 끌고 있다. 간호사들의 직무 학습 과정이나 현장 개선의 욕구가 교육 현장과 많이 닮아 있다. 따라서 간호학 실행연구에 대한 이론적, 실제적 목소리가 많이 나오고 있다. 양상희(2016)의 박사학위 논문을 시작으로 장금성 외(2013), 문정은 외(2016) 등이 주목할 만한 간호학 실행연구물을 제시하고 있다.

실행연구의 다양한 유형

국내에서 소개된 실행연구는 주로 '프로그램 개선'에 초점을 맞추어 다루어지고 있지만, 실제로 실행연구는 그 목적에 따라 다양한 형태로 수행될 수 있다. Noffke(1997)는 실행연구를 그 목적에 따라 세 가지로 구분하고 있는데, '전문적' '개인적' '정치적' 특징이 이에 해당한다. 강지영과 소경희(2011: 207)는 이를 다시 전문성 발달, 교수자 개인의 내면적 변화와 성장, 사회구조의 개선으로 구분했다. 먼저, 전문성 발달에 목적을 둔 실행연구의 경우에는 다시 세 가지 범주로 특징 지을 수 있다. 이론적 지식의 적용 방안을 위한 연구, 프로그램 개발 및 적용에 관련된 연구, 그리고 효과적인 교수·학습 방법 탐색을 중점적으로 다루는 연구가 전문성 발달의 특징을 지닌 실행연구의 '전문적' 유형과 관련된다. 다음으로 교수자 개인의 내면적 변화와 성장을 위한 실행연구는 교사의 내면에 주목함으로써 연구를 통해 교사가 자신을 성찰하는 데 중점을 둔다. 마지막으로 사회구조의 개선에 초점을 둔 실행연구는 교실 내에서 발생하는 힘의 불균형과 관련된 문제를 해소하고 민주주의와 평등, 정의 등이 교실 내에 자리 잡힐 수 있도록 하는 데 목적을 둔다. 이

〈표 1〉 실행연구의 특징에 따른 분류

유형	연구의 목적	연구자의 역할	연구 과정
기술(공학)적 실행연구	효율, 효과 개선 전문성 개발	전문가	계획 → 실행 → 성찰 → 계획수정
실천(숙의)적 실행연구	이해, 의식 변화	반성자 참여자	문제인식 → 문제분석 → 계획 → 실행 → 효과분석 → 평가 → 계획조정
참여(비판)적 실행연구	자기로부터의 해방 관료 비판 체제 변화	공동연대자	문제파악 → 계획 → 실천 → 결과관찰 → 성찰 → 계획수정

러한 실행연구의 전문적, 개인적, 정치적 특징은 기술적(technical), 실천적(practical), 비판적(critical) 실행연구와도 밀접한 관련성을 지닌다. 물론 이용숙(2004)의 경우처럼 실행연구의 유형을 그 목적에 따라 '문제의 원인과 함께 개선 대안을 찾는 연구', '현장 개선 프로그램의 개발과 일반화가 가능한 연구', '시급한 문제 해결을 위한 연구'로 구분할 수도 있다. 하지만 이들 유형이 앞서 언급한 세 가지 유형에 모두 포함될 수 있다는 점에서 별도로 다루지는 않고자 한다.

1. 기술·공학적 실행연구

가장 먼저 제시할 수 있는 기술·공학적 실행연구 유형은 효율적이고 전문적인 과정 혹은 프로그램을 개발하는 데 목적을 둔다. 즉, 실행연구는 현장에서 드러나는 중요한 문제들을 진단하고, 그 문제를 효율적·효과적으로 해결하는 데 초점을 두는 연구인 것이다. 이러한 과정이 기술·공학적 성격을 띠게 된다. 이는 1970년대 이전까지 영미권의 교육학 연구를 지배하는 중심적인 패러다임인 실증주의의 영향을 받기 때문에, 기술적 관점에서는 학자들이 도출한 이론적 처방이 곧바로 교사의 실천에 적용될 수 있다고 여겨졌다.

그렇기 때문에 기술·공학적 실행연구에서는 문제를 해결하는 과정에서 과학적이고 논리적인 방법을 중요시한다(Mckernan, 1991). 실행연구를 실시하는 연구자는 문제 분석 이후에 일련의 연구 절차를 수립하고 나면, 그것이 그대로 잘 적용되는지를 확인해야 한다. 만일 연구 절차가 문제를 해결하는 데 적절하지 않다면 이를 개선하는 데 초점을 맞추게 된다. 다시 말해, 실행연구의 공학적 특징이란, 실행연구를 계획하고 실시할 때, 특정 상황에서 가장 효율적인 방법을 사용하는 것에 관한 문제이다. 또한 실생활 문제를 해결하는 데 중점을 둔 지식 생산의 방법으로 연구의 성격을 지닌다는 것이다(Warrican, 2006). 즉, 어떤 주어진 상황의 조건을 그대로 수용하기보다는 존재하는 문제의 상황을 실제로 해결해 보려는 실용적 특징이 기술·공학적 실행연구의 성격을 잘 드러낸다.

이러한 공학적 실행연구를 제안했던 대표적인 학자는 바로 Lewin이다. 그는 당시 미국의 사회적 문제였던 빈곤이나 인종차별 등의 문제를 해결하기 위한 방법으로 실행연구를 제안했다. 왜냐하면 그 당시까지 사용되었던 사회과학이론들이 사회 문제들을 해결하는 데 전혀 도움이 되지 못했기 때문이다. 즉, 현장과 괴리된 채 상아탑 속에서만 이루어지는 사회과학이론을 비판하면서 실생활의 문제를 직접적으로 다루고자 한 것이다. 그리고 이러한 실행연구의 특징은 자연스럽게 문제를 해결하는 데 효과적인가에 초점이 맞추어지게 되었다. 이에 따라 공학적 특징이 강조된 실행연구에서는 문제를 진단하고 나면 연구 참여자들과 문제 해결을 위한 효율적 방안을 탐색하고 실행한 뒤, 그 효과를 검증하여 만약 기대하던 결과가 나오지 않았다면 문제를 재진단하거나 다시 다른 방안을 탐색하는 과정을 거친다. 이러한 과정은 순환적이면서, 문제를 해결하기 위해 지속적인 개선을 추구하는 나선형적인 구조를 지닌다.

[그림 2] 기술·공학적 실행연구의 과정

살펴볼 수 있듯이 기술·공학적 실행연구에서 해결해야 할 문제를 진단하고 이를 해결하기 위한 공학적인 탐구과정을 강조했다. 이에 따라 해당 연구 과정에서는 문제의 원인과 문제를 해결하는 방법이 상당히 논리적으로 제시되어야 한다. 즉, 공학적인 특징을 강조한 실행연구에서 연구자들은 기계를 고치는 기술자와 비슷한 모습을 보여 준다고 할 수 있다.

2. 실천 · 숙의적 실행연구

두 번째로 제시할 수 있는 실행연구의 유형은 실천적이며 숙의적인 특성을 지닌다. 본 유형에서는 연구자 자신에 대한 이해의 의식 변화를 주된 목적으로 한다. 실천적 실행연구와 숙의적 실행연구를 다르게 구분하는 의견도 있지만, 해당 유형의 실행연구는 연구자 스스로 자주성과 의지를 연구에 투영해야 하고, 이를 위해서 연구자의 반성적 과정이 무엇보다도 중요하다는 점에서 실천적 실행연구와 숙의적 실행연구를 같은 유형으로 통합하여 다루고자 한다.

규칙적인 숙의 혹은 반성은 교사들로 하여금 그들이 왜 그 일을 하는지, 무슨 일을 하는지에 대해 생각하게끔 하며 이는 곧 그들의 실제를 개선하는 데 효과적이다(김영천, 2013: 418). 이러한 사실은 자칫 실행연구가 효율적이며 기술적인 점만 강조하여 가치를 무시하거나 간과할 수 있다는 비판에 대한 훌륭한 반박이 된다. 실천적 숙의는 도덕적 관점에서 문제라고 여겨지는 문제 상황에 대응한다. 즉, 교육과정 행위는 일을 올바른 방향으로 처리하는 것이어야만 한다. 또한 실천적인 것은 탐구의 결과물이라기보다는 과정에 관련된다. 다시 말해 기술·공학적 실행연구 모형이 강조하는 성취보다는 과정적 접근을 선호하는 것이다(Mckernan, 1996: 40). 이러한 실천·숙의적 실행연구 유형에서는 측정이나 통제 대신 인간적 해석, 해석적 소통, 숙의, 타협 등 상세화된 기술 등을 선호하는데, 이는 본 유형의 실행연구가 실제를 이해함으로써 문제들을 해결하는 데 강조점을 두기 때문이다.

실행연구에서 숙의적이며 실천적 특징을 강조했던 대표적 학자는 Elliott이다. 그는 지금까지 활용되었던 실행연구를 비판했다. 특히 교사들이 일하는 현장에서 무엇이 일어나는지에 대한 반성과 성찰이 있어야 한다고 주장했다(Elliott, 1991). 실행연구에서 반성을 강조함에 따라 연구자들은 왜 이러한 연구를 하고 있는지에 대해 생각하게 되었다. 즉, 자신의 연구를 다시 돌아보는 경험을 통해 더 나은 연구 과정을 추구할 수 있었던 것이다. 즉, 실행연구의 실천·숙의적 특징이란, 단순히 연구를 기계적으로 반복하는 것이 아닌, 자료를 분석하고 자신의 연구 과정을 다시 보면서 성찰하는 데 중점을 두는 것을 의미한다. 결과적으로 본 유형에서 추구하는 바람직한 교육의 변화는 지혜로운 교사를 만드는 윤리적이고 도덕적인 과정이다. 연구자는 교사의 행동이 다른 사람에게 미치는 윤리적, 도덕적 효과를 탐색한다. 그리고 교육적 변화는 교사가 자신의 특정한 상황에서 현명하게, 어떻게, 그리고 왜 행동하는지를 이해할 때 이루어진다고 보는 것이다(Naughton & Hughes, 2008: 75).

한편 반성적 사고를 강조했던 Schön(1983)에 의하면, 교육 사태에서 '문제'는 교사에게 객관적인 것으로 주어지지 않고, 불확실하고 불안정하며 특수하고 가치갈등을 특성으로 하는 '문제 상황'으로부터 교사에 의해 구성된다고 했다. 즉, 교사가 '문제 상황'으로부터 '문제'를 도출해 내는 것이다. 따라서 교사의 역할은 문제가 무엇인지 모르는 혼란스러운 문제 상황에서 문제가 무엇인지를 도출해 내는 '문제제기'에 있으며, 이것은 과학적 이론과 기술을 적용해서 해결될 수 있는 것이 아니라, '행위 중 앎'이라는 예술적이고 직관적인 과정에 의해 이루어진다는 특징을 갖는다(서경혜, 2005). 여기에서 Schön이 말하는 '행위 중 앎'은 우리가 무의식적이고 직관적으로 수행하는 일상적 행동 속에 존재하는 것으로, 일반적으로 '실제적 지식' 또는 '암묵적 지식'이라고 부르는 것과 유사하다. 이에 따라, 실제적 관점에서는 연구자들이 교실 밖에서 이론을 구축하는 것이 아니라, 교실 내에서 벌어지는 일에 초점을 맞추어 교사들의 실천지를 규명하는 데 보다 중점을 둔다.

실행연구에서 실천적이며 숙의적인 특징을 강조하게 되면 복잡한 문제를 접하더라도 구체적인 해결 방법을 제시할 수 있게 된다. 즉, 연구자가 직접 실천할 수 있는 방법, 구체적인 해결 과정을 이야기하기 위해서는 우선 문제가 무엇인지 명확하게 규명되고, 또 그 속에서 연구자가 어떠한 역할을 할 수 있을 것인지를 알 수 있다. 이와 관련해 Elliott(1991)은 실천적 실행연구 과정을 문제 제기, 문제분석, 계획, 실행, 효과분석, 평가, 계획 수정이 계속해서 일어나는 복합적인 과정으로 제시했다.

[그림 3] 실천·숙의적 실행연구의 과정

살펴볼 수 있듯이 실천·숙의적 실행연구 역시 순환적인 과정을 통해 본래의 연구 목적에 대한 지속적인 검증은 물론이고, 발견한 문제를 정의하는 것을 중시하는데, 이는 실천·숙의적 실행연구가 현재의 문제에 대한 인간의 숙고와 밀접하게 연관되어 있기 때문이다. 때문에 실행연구 과정의 각 사이클 속에서 연구자 스스로를 드러내는 나선형적 의미를 밝혀야 한다. 이것이 의미하는 바는 어떤 단일한 연구 사이클은 예비적 의미들을 밝히는 데 기여하기에, 숙의 과정을 전적으로 활용하기 위해서는 후속되는 과정이 필요하다는 것이다. 그리고 이러한 과정은 엄격하게 통제되어야 하는 것이 아니라 제약을 벗어나 자연스럽게 전개될 수 있어야 한다(Mckernan, 1996: 42).

3. 참여·비판적 실행연구

실행연구의 마지막 유형은 바로 참여적이며 비판적인 실행연구이다. 기술·공학적 실행연구와 실천·숙의적 유형이 미시적인 관점에서 주로 다루어진다면, 참여·비판적 실행연구 유형은 사회 재건과 인간 해방을 위한, 보다 거시적인 차원에서의 연구를 강조한다. 참여·비판적 유형 역시 참여적 실행연구와 비판적 실행연구를 구분하는 관점들이 있지만, 이러한 유형의 실행연구에서 궁극적으로 추구하는 것은 사회적 구조 혹은 환경의 개선이고, 이를 위해서는 비판적이며 협력적인 탐구가 필요하다는 측면에서 하나의 유형으로 통합하여 다루고자 한다.

Whyte(1991)에 따르면 참여적 실행연구는 공동체가 포함된 사회 연구, 산업과 기업,

교육 이외의 조직체에서 오랜 역사를 지니고 있다고 했다. 참여적 실행연구는 앞서 언급했 듯이 개인적인 교실이나 학교의 문제보다는 사회적이거나 공동체적 방향성을 가지고 연 구를 진행하는 데 중점을 둔다. 대표적인 학자로는 Stringer를 들 수 있는데, 참여적 실 행연구에서는 연구자가 개인과 다른 사람들과의 관계를 탐구하는 데 기여하므로 사회적 과정으로 주로 언급된다. 쉽게 말해, 참여적 실행연구는 자기 발전이나 자주적인 결정을 제한하는 불합리하거나 불공정한 구조를 탐색하고 개선하고자 하는 데 활용된다. 이러 한 해방적 성격이 바로 비판적 실행연구 유형과 맥락을 함께하기에 실행연구를 구분할 때 주로 같은 유형으로 분류되는 기준이 된다.

이러한 패러다임의 등장은 이전까지 미국과 영국의 일부 학자에게만 관심을 받던 실행 연구가 여러 학자들의 주목을 끌게 된 결정적인 계기를 제공해 주었다. 왜냐하면 "연구자 와 연구자의 상황 모두를 변화시키면서 체계적인 진화를 거듭하는 살아있는 과정"이 되기 때문이다(McTaggart, 1991: 181).

본 유형의 실행연구에서는 변화가 정치적인 비판의 과정과 실천의 연속선상에서 이루어 질 수 있다고 본다. 연구자는 사회적 구조의 역동성이 실제와 변화를 어떻게 제한하거나 혹은 부여하는지를 연구한다. 때문에 변화는 비판적 탐구를 통해 이러한 구조속에서의 문제를 초점화하고, 새로운 방법으로 행동하고, 사고하고, 존재하는가를 배우면서 이루 어진다(Naughton & Hughes, 2008: 75). 참여·비판적 실행연구자들은 우선 '해체'를 강 조하는데, 이는 우리가 가진 해석이 어떤 가치관과 믿음 체계, 그리고 문화적 작용에 의해 형성되는지를 검토하는 것이다. 이러한 노력들은 예전에 인지하지 못했던 것들을 발견해 내게끔 한다. '해체'라는 용어는 Derrida(1983)와 연결되는 경우가 많다. 그는 이 용어를 읽기와 해석, 그리고 글쓰기에서 이용되는 '전략적 장치'를 가르치는 데 사용했다. 전략적 장치란 사고의 방법이라고 볼 수 있는데, 사고의 방식으로서의 해체는 무엇이 옳고 그른 가보다는 강력하고 유용한 것의 위험성에 대한 질문을 던지는 것이다. 해체한다는 것은 흔히 반대되거나 모순되어 보이는 개념들을 양자택일 식으로 생각하려는 경향을 거부하 는 것을 의미한다. 예를 들어, 교사는 친근해야 하는가 아니면 권위적이어야 하는가와 같 은 이원적 난제에 부딪칠 때, 어떤 한편을 택해야 한다고 느끼기 쉽다. 즉, 이원론적으로 다루어지는 양쪽은 서로 고립되어 있고 이로 인해 성장이나 발전이 힘든, 정체되어 있고 단편적인 논쟁이 생겨나게 되는 것이다. 이러한 경향을 거부한다는 의미로서 해체를 이야 기할 수 있다(Phillips & Carr, 2006: 19). 같은 맥락에서 Lather(1991)는 특정 문제를 해 결하기 위해서는 자세하고 더욱 꼼꼼하게 관련된 현상을 보는 것이 중요한 것이 아니라, 자신의 생각과 행동에 영향을 미치는 사고의 틀을 아는 것이 중요하다고 지적한다. 즉,

우리가 보는 행위에 영향을 미치는 사회적 맥락과 환경적 관계들을 고려하는 것이 해체를 시작하는 데 중요한 것이다.

참여·비판적 유형의 실행연구에서는 또한 비판적 탐구가 중요하다. 비판적 탐구를 통해 실천가들은 교육적 행위들이 갖는 해석적 의미를 찾을 수 있을 뿐 아니라, 여러 가지 제약을 극복할 수 있는 방향으로 행위를 조직할 수 있다고 주장한다. 즉, 문제해결에 있어서의 지식의 도구적 역할에 대한 실증주의자들의 신념을 거부하고 있는 것이다(Mckernan, 1996: 46). 또한 비판적 실행연구는 사회와 연구와의 관계에 주목해야 한다. 즉, 사회에 관한 연구는 사회 재건과 인간 해방을 위한 통로가 되어야 하는 것이다. 이러한 논리에 따르면 연구는 연구자만의 소유물이 될 수 없고, 연구 결과는 주변 사람들과 연구실을 둘러싼 모든 곳에서 공유해야만 하는 것이 된다. 때문에 실행연구의 비판적 특징에 따라 연구는 협력적이어야 한다(Kemmiss & McTaggart, 1988). 이러한 특징은 바로 비판이론과 포스트모더니즘 이론에서 유래를 찾을 수 있다. 실행연구는 우리가 아무런 의식 없이 취하는 개인적, 사회적 행동에 대해 다시 생각해 볼 것을 요구한다. 실행연구를 해나가면서 연구자들은 계속적으로 연구를 재검토하고 특별한 경험을 글로 표현하게 된다.

[그림 4] 참여·비판적 실행연구의 과정

살펴볼 수 있듯이 실행연구의 비판적 과정은 큰 맥락에서 보면 다른 실행연구의 과정들과 크게 차이 나지 않는다. 하지만 일련의 과정은 자기 해방적인 문제를 강조하고, 이러한 문제를 해결하기 위해 실천할 것을 요구한다. 비판적이며 해체적인 관점에서 문제점을 다시 바라보게 되고, 더 나아가 자신의 연구를 개선하고 더욱 믿을 만한 것으로 만든다. 때문에 비판적 실행연구자들은 문제의 이슈를 좁히는 것 혹은 초점화하는 데 관심이 있다. 이것을 달성하기 위해서는 '지금 무슨 일이 벌어지고 있는가?', '어떤 면에서 그것이 문제가 되는가?', '그것에 관해서 무엇을 할 수 있을 것인가?'와 같은 질문들을 제기해야 한다(Mckernan, 1996: 48). 본 유형에서는 연구 참여자들에게 정치적으로 권한을 부여하는 과정으로 간주된다. 보다 합리적이고 공정하게 그리고 민주적으로 현장 개선을 위해 노력하는 과정이기 때문이다. 그렇기 때문에 본 연구 유형에서의 연구 과정은 외부로부터 교육을 연구하는 소수의 전문가들뿐만 아니라 모든 참여자들의 과업이 된다. 자신의 전문적 영역뿐 아니라 우리가 일하고 살아가는 사회체제 및 사회구조와의 전반적인 관계까지도 고려하도록 한다. 그러므로 실천가들은 더 넓은 사회 속에서 교육의 사회적 개혁을 주도하는 사람으로 거듭나게 된다.

실행연구의 절차

여기에서는 실행연구의 절차, 특히 생활세계의 문제에 대한 탐색을 어떻게 시작할 것인가에 초점을 두고 논의를 시작하고자 한다. 실행연구는 어떠한 절차를 따라 수행해야 하는 것인가? Kemmis와 McTaggart(2000)는 다음과 같은 7단계의 절차를 제시하고 있다.

> 1. 연구자는 현장에서 문제 상황을 발견한다.
> 2. 연구자 집단은 현상을 관찰하여 기본적인 자료를 모은다.
> 3. 자료를 바탕으로 문제 상황의 원인에 대해 가설을 세운다.
> 4. 연구자는 상황 해결을 위한 해결책을 고안하고, 실천해 보면서 검증한다.
> 5. 실행의 결과를 점검한다.
> 6. 연구 결과를 공유한다.
> 7. 더 나은 방법을 위해 다른 방법으로 연구를 시작한다.

한편, Cohen과 Manion(1985)은 더 자세한 절차를 보여 준다. 이들이 보여 주는 실행연구의 과정은 9단계에 이른다.

> 1. 문제를 발견한다.
> 2. 잠정적인 방안을 생각한다.
> 3. 선행연구를 찾아본다.
> 4. 가설을 만든다. 연구 문제를 진술한다.
> 5. 자료 수집 방법을 결정한다.
> 6. 자료 분석, 평가 방법을 결정한다.

7. 자료 수집, 분석을 실시한다.

8. 자료를 해석한다.

9. 문제 해결책을 논의한다. 완전히 해결되지 않을 경우 처음으로 돌아간다.

이 외에도 학자들마다 조금씩 차이가 있을 수는 있지만 큰 범주에서 묶어 보면 '문제 발견-대안적 실행 계획-실행 및 성찰-대안적 실행의 재계획'의 순환적 과정을 거치는 나선형적 절차에서 크게 벗어나지 않는다(Altrichter, 1993; Elliott, 1978; Taba & Noel, 1957).

실행연구의 절차를 살펴보면서 함께 잊지 말아야 할 것은 실제 실행연구를 시작하게 되면 이러한 과정을 엄격히 구분하는 것이, 혹은 이들 과정을 단계적으로 따라 연구를 진행하는 것이 결코 쉽지 않다는 것이다. 이는 연구 과정에서 어떠한 점이 부족했던 단계가 있으면 다시 되돌아갈 수도 있는 실행연구의 특성에 기인한다. 또한 조용환(2015: 12)의 경우 '실행연구 과정은 워낙 순환적이고 다차원적이고 중층적이기 때문에, 연구는 명사형이 아닌 동사형, 완결형이 아닌 진행형이라는 특징을 공유해야 한다'고 하였다. 더불어 '주어진 때에 맞추어 정리하여 보고할 연구의 결과가 있다면 그것은 일종의 매듭이나 마디 같은 것에 불과하다.'라고 언급하고 있다. 결국 실행연구의 각 과정은 연구자가 생각했던 절차 그대로 일어나기보다는 상황에 따라 뒤엉켜 일어날 가능성이 높다는 것을 기억해야 한다.

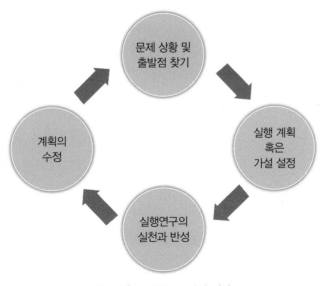

[그림 5] 실행연구 4단계 절차

그럼에도 이 글에서는 실행연구를 처음 접하는 연구자들에게 보다 손쉬운 이해를 위해, 다음과 같은 실행연구의 4단계 절차에 따라 논의를 이어 가고자 한다. 그리고 일련의 과정들은 모두 연구자가 몸담고 있는 현장의 문제를 개선하고자 하는 목적에서 수행된다는 점에서, 어떠한 실행연구 문제를 발견하고 확인할 수 있는지, 그리고 연구의 출발점을 어떻게 삼을 것인지에 초점을 맞추어 실행연구의 절차를 소개하고자 한다.

1. 문제 상황 및 연구 출발점 탐색

실행연구를 하기 위해서는 문제를 발견하고 문제 상황에 대한 진단을 통해 연구의 출발점을 찾는 것부터 시작해야 한다. 실행연구를 수행하는 가장 중요한 이유 중 하나가 바로 나와 주변 사람들의 변화를 통해 현장을 개선하는 데 있기 때문에, 개선이 필요한 문제 상황을 잘 진단하고 어디서부터 문제를 해결해야 할지를 고민하는 과정이 무엇보다 중요한 것이다. 이와 관련하여 Altrichter(1993)도 실행연구에서 가장 먼저 고려해야 할 요소가 바로 출발점으로 이야기되는 연구 문제에 있다고 제시하고 있다. 특히 실행연구에서 문제 상황을 규명하고 연구의 출발점을 설정하는 것이 중요한 이유는 대부분의 실행연구는 연구 과정 자체가 원형적, 순환적이기 때문이다. 따라서 초기 문제를 확인하는 것은 앞으로 계속 반복될 연구의 방향을 결정짓는 중요한 작업이 된다.

가. 문제의 발견

연구 문제의 발견은 단순히 기존의 이론에서 출발하기보다는 사회적 현안이나 쟁점, 연구자의 개인적인 경험 또는 연구자가 처해 있는 실제적인 상황으로부터 시작할 수 있다. 실행연구의 경우에는 연구자가 처한 상황을 현장에서 떨어진 외부 전문가가 해결하는 것이 아니라, 연구자 본인이 문제 해결의 주인공이 된다는 것이다. 교육학자인 Johnson(2008)과 Mertler와 Charles(2015)가 문제를 발견하는 과정에 대한 많은 정보를 제공하고 있는데, 먼저, Johnson(2008)은 실행연구의 주요한 세 가지 주제 영역을 새로운 교수법의 시도, 문제 확인, 관심 영역의 조사로 제시하고 있고, Mertler와 Charles(2015)의 경우에는 교실 환경, 교수 자료, 학급 관리, 교수 방법, 학생들의 성장 패턴과 교육과의 관련성, 성적과 평가, 학부모와의 관계 등과 관련된 영역에서 문제를 발견할 수 있음을 소개하고 있다. 조용환(2015: 28)의 분석에 따르면 국내 실행연구의 주요 주제는 교직 전문성 향상을 위한 각종 접근과 그 효과 확인, 각 교과교육(시민교육, 환경교육, 특수교육 등 포함)의 개선, 교육과정 및 수업 개발과 그 효과 확인, 예비교사들에 대한 교사교육, 대학 교수·강사들의 교육·연수라고 소개하고 있다. 이러한 내용들은 다음의 사례와 같이 연구자가 경험하고 개선하고 싶은 문제를 어느 영역에서 발견하고 진단해야 하는지에 대한 실질적인 아이디어를 제공한다.

나는 지난 몇 년간 다문화교육에 많은 관심을 가지고, 실제 효과적이고 유의미한 학교 현장의 다문화교육 프로그램을 개발하는 데 많은 노력을 기울여 왔다. 더욱이 올해는 생각하고 있는 논문 주제를 다문화교육으로 정한 만큼 더욱 심층적인 연구가 필요했다. 그런데 올해, 새로운 학교에서 오랜만에 담임교사를 맡으면서 나는 새로운 고민에 빠졌다. 왜냐하면, 올해 내가 담당하는 우리 교실, 심지어 같은 학년에도 다문화가정 학생이 없었던 것이다.

연구자는 이들 영역과 관련하여 다음과 같은 질문을 던지며 문제 상황을 더욱 명확히 할 수 있다.

- 관련 영역에서 최근 나에게 가장 문제가 되었던 상황은 무엇인가?
- 어떤 문제나 딜레마, 이슈가 있는가?
- 문제 상황을 개선하기 위한 실천의 방향은 어떠해야 하는가?
- 대안적 실천으로 인해 상황이 개선된다면 주로 영향을 받는 이들은 누구인가?
- 어떤 사람의 협조를 얻을 수 있는가?

이처럼 문제를 발견하고 관련된 질문을 통해 개선하고자 하는 문제를 명확히 발견하거나 확인해 가는 과정은 이후의 연구를 어떻게 시작할지에 대한 중요한 뼈대를 형성하게 된다. 즉, 해당 연구를 고민하게 된 배경과 연계하여 이 연구가 나의 실천을 어떻게 변화시킬 것인지를 고민하고, 이와 관련하여 연구의 출발점을 설정하기 위한 기초가 되는 것이다.

나. 연구 출발점 설정

앞서 개선이 필요한 문제 상황을 발견하고 명확하게 했다면, 이번에는 연구의 출발점을 어떻게 설정할지에 대한 탐색이 이루어져야 한다. Arhar와 동료 연구자들(2001)은 연구자 자신의 실행의 개선과 관련한 구체화된 연구의 출발점을 설정하기 위해, 다음과 같은 종류의 질문들을 추가로 더 제시할 수 있음을 안내하고 있다.

- 문제 상황에서의 나의 실행은 어떠했는가?
- 나의 실행은 어떤 점에서 효과적이거나 위험했나?
- 그러한 실행에 영향을 미치고 있는 고정관념이나 선입견은 없는가?
- 이에 영향을 미치고 있는 사회·문화적 맥락은 무엇인가?
- 문제 해결을 위한 대안적 실행의 출발은 어디서부터 이루어져야 하는가?
- 관련된 선행 연구에서 얻을 수 있는 시사점은 무엇인가?
- 실천의 변화를 통해 개선되고 있는 현장의 모습은 어떻게 그려지는가?

이러한 질문의 과정에서는 문제 상황을 개선하기 위한 대안적 실행의 출발점을 어디에서부터 설정할 것인지를 파악하는 데 집중해야 한다. 더불어, 대안적 실행의 초점이 프로그램 개선에 맞추어져야 하는지, 자신이 내면과 관련되어야 하는지, 아니면 보다 거시적인 측면에서의 사회·문화·경제적 구조 요인과 관련되어 다루어져야 하는지를 함께 살펴야 한다.

연구예시

최근 우리나라의 다문화교육의 방향에 대해서는 사실 여러 가지 우려의 목소리들이 커지고 있음을 여러 선행연구들을 통해 확인할 수 있었다. 대표적으로 자주 거론되는 문제점은 전체 학생을 대상으로 한 다문화교육이 아닌 소수인 다문화가정 자녀만을 대상으로 한 교육이 주를 이룬다는 점을 지적하고 있었다. 이러한 현상과 관련하여 장인실(2006)은 다문화에서의 '문화'란 의미를 단지 인종이나 민족이라는 물리적 구분으로만 이해하는 등 매우 지엽적인 다문화의 의미로 접근했기 때문이라고 지적하고 있다. 조용환(2008: 231) 역시 다문화는 인종, 민족에 의한 구분만이 아니라 성, 계층, 나이, 장애, 지역, 세대 등에 의해서도 형성되므로, 사회 전반에 존재하는 여러 소수집단의 다양성을 다문화교육의 관점에서 탐구해야 한다는 주장했다. 이러한 논의를 바탕으로 다문화가정 학생이 없는 교실에서도 일반 학생을 대상으로 다문화교육 프로그램을 어떻게 설계하고 적용할 수 있을지를 연구의 출발점으로 삼고자 하였다.

이 예시처럼 다문화가정 학생만을 대상으로 한 다문화교육의 형태는 지양되어야 하고 다수의 일반 학생들을 대상으로 한 다문화교육이 이루어져야 한다는 점을 고려하면서, 이러한 방향에 맞는 다문화교육의 프로그램을 고민해 보는 것을 연구의 출발점으로 삼고 있고 이는 곧 연구의 주제가 됨을 확인할 수 있다.

다. 연구 초점 좁히기

엄밀히 얘기해서 연구의 초점을 좁히는 과정은 앞선 과정들과 동시에 이루어지게 된다. 하지만, 실행연구에 익숙하지 않은 많은 연구자들이 연구의 주제를 넓게 잡아서 어려움을 겪는 경우가 많다는 경험에 비추어, 별도로 구분하여 다루고자 한다.

연구의 초점을 흐리는 넓은 주제 예시	초점화된 연구 예시
• 학교 밖에서의 교사의 삶은 어떠한가? • 문화적으로 다양한 학생들의 학습에 영향을 미치는 요인 • 읽기 기능을 발달시키는 데 있어서 읽기 연습의 중요성	• 초등학교 교사의 여가 활동과 여가 활동 시간에 대한 탐색 • 학업적 성공을 어렵게 만드는 요인에 대한 다문화가정 학생들의 인식 • 5학년 '짝'을 이루어 수행하는 읽기 연습이 1학년 학생들의 읽기 기능 발달에 미치는 효과

위의 사례처럼 연구의 주제가 너무 넓은 경우에는 제한된 시간과 인력, 노력으로 생각했던 주제를 충분히 다루지 못할 가능성이 높으며 자연스레 무엇을 말하고자 하는지가 모호하게 될 위험성이 있다. 반대로 연구의 주제가 너무 좁을 경우에는 충분한 자료의 수집 및 분석이 어려워서 의미 있는 논의를 생성하기가 힘들 수 있다. Lewin(1946)은 다음과 같은 질문을 통해 연구의 초점을 좁히는 것을 제안하고 있다.

- 무엇을, 왜 하려고 하는가?
- 연구 문제의 연구 범위는 충분한가?(이론적으로 너무 좁거나 혹은 광범위하지는 않은가?)
- 통찰이나 평소의 의문이 반영되어 있는가?
- 연구 문제가 너무 무리한 연구를 요구하지는 않는가?
- 주어진 시간이나 업무 내에서 할 수 있을 만한 연구 주제인가?

이러한 과정을 더욱 효율적·효과적으로 수행하기 위해서는 문제 현상과 관련된 요인들에 대한 논리적인 분석을 통해 초점을 좁히는 방법을 활용할 수 있다. 그리고 이러한 분석 과정에서는 '깔대기 효과'라고 부르는 선행 연구물을 적극 탐색하는 과정을 활용하는 것이 효과적이다. 연구 주제와 대략적으로 관련되는 문헌 탐색을 주로 수행한 것과 비교해서, 이 단계에서는 유사한 주제의 선행 연구에서 시사점을 도출하고 이를 통해 연구의 초점을 좁혀 갈 수 있는 것이다.

문제 상황: 비다문화가정 학생을 대상으로 한 다문화교육 프로그램이 없다.

- 1단계: 다문화가정 학생들을 대상으로 한 다문화교육이 더 필요하다고 생각했기 때문이다.
- 2단계: 선행 연구물들을 분석해 보니 다문화가정 학생들에게 정작 바라는 것은 특별한 동정이나 의식 없이 그들을 자연스러운 구성원으로 대하는 것이다.
- 3단계: 이러한 자연스러운 태도의 함양은 학생들이 자신들과 다른 소수 집단을 어떻게 바라보고 대해야 할지에 대한 교육에서 시작될 수 있을 것이다.
- ▶ 초점화된 연구 주제: 모든 학생들이 다양성을 자연스럽게 인식하고 받아들이고 이를 생활 속에서 실천하는지를 교육하는 프로그램의 개발

연구예시

미국의 대표적인 다문화교육 학자인 Grant는 1980년대 이후의 미국의 다문화교육은 초기의 인종 간의 불평등의 문제에만 집중하던 경향을 벗어나 점차적으로 종족, 인종뿐 아니라 계층, 성(gender), 장애, 종교 등을 포괄하는 불평등 문제에 관심을 가지고 있음을 지적하고 있다. 이들의 논의를 종합하자면 결국, '다문화(multi-culture)교육'에서의 'multi'의 의미는 인종의 다양성으로 제한하는 것이 아니라 성별, 장애, 사회계층, 성적 지향성의 다양성으로 확장시킨 의미로 해석되어야 한다는 것이다. 이는 인종·성별·장애·계층 등의 차이로 인해 발생하는 서로 다른 문화적 맥락을 이해하고, 이러한 다양성이 자연스럽게 어우러지기 위한 능력, 즉 간문화 역량을 증진시키기 위한 목적에서 다문화교육이 이루어져야 한다는 것이다. '간문화 역량'과 유사한 의미로 현장에서는 '다문화 감수성'이라는 개념을 소개하는 경우도 종종 있는데, 이를 어떻게 증진시킬 수 있을지에 대한 실증적인 연구는 전무한 실정이다. 이에 일반 학생들을 대상으로 여러 소수 집단의 다양성을 어떻게 인식하고 받아들이고 행동할 수 있을지를 어떻게 교육해야 할지로 초점을 좁혀 연구를 진행하고자 한다.

---

2. 실행 계획 세우기

문제 상황을 발견 및 확인하고 연구의 출발점을 설정한 후에는 실행 계획을 세워야 한다. 이 단계의 핵심은 문제 상황을 개선하기 위한 '대안적 실행'을 어떻게 수행해 나갈 것인지

를 집중적으로 다루어야 하는 것이다. 이에 대안적 실행 목표를 설정하는 것이 먼저 이루어져야 한다. 실행연구는 기본적으로 실행의 목적 또는 목표가 연구 과정을 통해 지속적으로 변화될 수 있다는 특징을 가진다. 일반적인 양적 연구에서는 가설을 설정하고 이를 검증하기 위한 연구 과정이 뒷받침된다면, 실행연구에서는 대안적 실행 목표가 현장의 개선이라는 목적을 위한 하나의 수단으로 다루어질 수 있기에, 목적에 부합하지 못하는 실행 목표는 언제든지 수정될 수 있는 것이다. 그러나 이 말은 이러한 특징으로 인해 별다른 목표 없이 실행연구를 해도 된다는 것을 의미하지는 않는다. 오히려 다양한 실행연구의 유형을 이해하고 이에 알맞은 실행 목표를 설정하는 과정이 매우 중요시된다. 이러한 실행 목표의 설정을 통해 대안적 실행을 준비하게 되고, 필요에 따라 연구 참여자의 선정 및 협조 얻기, 연구 윤리 지침 고려 등의 과정을 거치게 된다.

가. 실행 목표 설정

대안적 실행의 목표 설정과 관련하여 이 절에서 가장 중요하게 안내하고 싶은 부분은 바로 실행연구의 다양한 유형을 고려하여 목표를 설정해야 한다는 점이다. 실행연구는 실증주의적 접근, 해석주의적 접근, 실천주의적(혹은 비판적) 접근으로 구분될 수 있는데, 실증주의적 실행연구에서는 실행의 목표가 객관적이고 보편타당한 '설명(explanation)'을 지향한다. 이에 비해 해석주의적 접근에서는 상호주관적이고 생활세계적인 '이해(understanding)'를 지향하고, 실천주의적(비판적) 접근에서는 망각, 은폐, 왜곡, 억압, 수탈, 소외 등을 극복하는 '해방(emancipation)'을 지향하는 것을 실행의 목표로 설정해야 한다(조용환, 2015: 16). 비슷한 관점에서 박창민(2016) 역시 실행연구의 목표를 프로그램 개선, 연구자의 내면적 성장 및 변화, 사회·문화·경제적 구조의 변화에 각각 맞출 수 있음을 소개하고 있다.

이와 관련하여 조금 더 쉬운 예를 위해 실행연구에 대한 경험이 전무하거나 실행연구를 수행한 경험이 있는 연구자들에게 실행의 목표를 어떻게 설정해야 할지를 물어본다면, 대부분 '어떤 프로그램의 개발 및 적용을 통해 어떤 상황을 개선할지'에 초점을 맞춘다고 응답할 가능성이 높다. 그리고 이러한 실행 목표는 주로 실증주의적 접근에 입각해 효과적인 프로그램을 '설명' 및 안내하는 데 집중하게 될 가능성이 높다. 반면에 연구자의 내면적인 성장 및 변화에 초점을 두는 실행연구 유형의 경우에는 특정한 연구의 출발점을 탐색하기도 어렵고 이로 인해 실행 목표를 설정하는 것 역시 어려울 수 있다. 그렇기 때문에 황혜진(2007)의 사례와 같이 실행 목표를 설정 및 기술할 수도 있다.

> 1차 연구에서는 연구 목표에 대한 분명한 인식이 없었기에 사례 집단의 반응을 소개하고 분석한다는 논문의 개요를 목표로 제시하는 데 그쳤다. 이에 비해, 2차 연구에서는 자기 성찰을 이끄는 교육방법의 개선이라는 분명한 목표를 갖는다. 그러나 이러한 연구 목표는 뚜렷한 목표성이 부각되지 않으며 범위도 구체적으로 한정되어 있지 않고 연구 진행의 상황이 좀체 잡히지 않는 등 실행 연구의 주제로 적합한 것은 아니다. 보다 초점화된 구체적 연구 주제를 제시하기 위해 연구자는 왜 이 연구를 실행하게 되었으며, 이 연구와 관련된 연구자(이하 '나')의 문제의식이 무엇인지 성찰적으로 기술하겠다.
>
> (황혜진, 2007)

이번에는 부조리한 사회 구조의 변화에 관심을 가지는 실행연구에서 어떻게 실행 목표를 설정할 수 있을지를 살펴보자. 이 유형에서는 실행의 목표가 개인적인 측면보다는 협력적인 측면에서 설정되어야 할 것이다. 왜냐하면 거시적인 측면에서 구조적 문제점을 파악하고 이를 개선하기 위해서는 개인적인 노력보다는 집단적인 노력이 효과적인데, 이는 각자의 장점과 다양한 시각 및 관점들을 상호보완적으로 활용하여 공동의 문제를 해결할 수 있다는 점에 기인한다(Kemmis & McTaggart, 2000). 전형적으로 본 유형에 해당한다고 할 수 있는 실행연구는 사실 국내외를 불문하고 아직까지는 많이 찾을 수 없는 실정이다. 그나마 비슷한 의도에서 수행된 연구를 살펴보면 다음과 같이 실행의 목표를 설정했음을 확인할 수 있다.

> 일제식 초등학교 학업성취도 평가가 과연 교육과정 운영을 보다 효율적으로 개선할 수 있는 촉진요인인지, 아니면 제7차 교육과정의 기본원리로 인식되고 있는 구성주의적 교육과정 및 수업을 제약하는 요인인지에 대해 질적 사례 연구를 통해 협력적으로 수행하고자 한다. 이를 통해 교육과정 및 수업에 영향을 미치는 평가정책의 영향을 분석해 보고자 한다.
>
> (양윤희·장진혜·성열관, 2005: 294)

하지만 실행연구가 실행을 통한 현장의 개선이라는 목적을 추구한다는 점에서, 거시적인 구조가 연구자의 실행에 어떤 영향을 미치는지에 대한 연구에서 나아가 협력적인 실행의 과정이 부조리한 사회 구조의 개선에 어떻게 영향을 미칠 수 있는지를 탐색해 보는 것이 실행연구 본연의 의미를 더욱 잘 실현하는 것이라고 생각해 볼 수 있을 것이다.

다음으로 실행연구 목표를 설정하는 과정에서는 대안적인 실행의 성격에 따라 연구 방법론적인 접근을 어떻게 할 것인가에 대한 고민 역시 요구된다. 바로 앞에서 다루었던 사례를 들어보면, 질적인 방식에 입각한 사례 연구를 방법론을 활용함을 알 수 있다. 즉, 실행 목표를 설정하면서 이를 잘 달성하기 위한 방법론적인 고민이 함께 이루어져야 한다는 것이다. 질적인 방식으로 접근할 것인지, 양적인 방식으로 접근할 것인지 아니면 질적인 접근과 양적인 접근을 병행해 통합적으로 접근할 것인지를 고민하는 것은 실행 목표를 설정할 때 중요한 과정이 된다.

기본적으로 실행연구는 실행의 의미를 살피고 해석하는 데 적절한 질적 연구의 형태를 띠는 경우가 많다. 물론 경우에 따라서 양적 연구의 형태를 취하는 경우도 있는데, 이 경우는 단독적인 형태를 취하기보다는 양적 연구와 질적 연구를 혼용해서 사용하는 통합 연구 형태를 띠는 경우가 더욱 많다. 이 경우에는 양적 연구가 실행의 사전·사후 변화를 비교해 살펴보기 위한 설문 형태로 이용되는 경우가 많다. 질적인 방법론에 기반한 실행연구는 면담과 관찰, 문서 분석 등의 방식이 현장 중심적으로 이루어진다는 공통점이 있지만, 구체적인 연구 방식에 따라서 조금씩 차이를 보일 수 있다. Leedy와 Omrod(2005)가 제시하고 있듯이 실행연구에서 활용하는 연구 방식은 사례 연구, (사)문화기술지, 현상학적 연구 등이다.

나. 대안적 실행 준비

실행연구에서의 실행의 대안이 다양한 형태로 준비될 수 있다. 이 과정은 현장의 개선을 지향하는 실행연구의 특성을 잘 드러내는 과정이라고 할 수 있다. 프로그램(이론) 개발에 초점을 둔 실행의 경우에는 교수학습 과정안, 활동지, 교수학습 자료 등이 대안적 실행의 일환으로 준비될 수 있다. 교사의 내면적인 성찰 및 변화에 초점을 두는 경우에는 이러한 형태의 대안적 실행을 준비하는 것이 어렵다. 대신 본인의 교육적 실행에 영향을 미치고 있는 경험, 가치관, 교육관 등을 되돌아보는 과정이 필요하다. 실천 매뉴얼 등을 작성하여 대안적 실행을 위해 활용하는 것(박영은, 2015)도 가능하고, 별도로 제작한 프로그램 없이 교과서와 지도서를 그대로 활용하면서 연구자의 내면적 성찰에 초점을 맞추는 것도 가능하다(박정문, 2008: 188). 사회·경제·문화적인 구조 문제의 개선에 초점을 두는 경우에는 연구 참여자들과의 집단적인 협의를 활성화하기 위한 준비가 필요하다. 이를 위해서는 연구 참여자들이 어떻게 프로그램 혹은 실천 매뉴얼, 활동 계획을 준비하고 이를 통해 공동의 문제를 해결해 나갈 것인지에 대한 준비가 있어야 한다. 이 경우, 개개인의 실천 내용들이 동일할 수도 있고, 상이하지만 같은 목적의 연계선상에서 준비될 수도 있을 것이다.

다. 연구 참여자 선정

실행연구에서는 연구 참여자를 선정하여 협력적인 연구를 수행하는 것이 중요시된다. 이 절에서 연구 참여자란 연구자와 협력적으로 실행의 과정에 참여하고 그러한 실행의 결과로 개선된 현장의 영향을 공유하는 이들을 의미한다. 연구 참여자가 다음과 같은 경우 연구에 기여할 수 있다. 첫째, 연구 참여자는 연구 분야와 그 개념들을 정의할 때 기여할 수 있다. 둘째, 그들은 연구자를 옆에서 지켜보면서 연구의 방향이 잘 흘러가고 있는지 조언해 줄 수 있는 가장 빠르고 확실한 역할을 수행할 수 있다. 셋째, 그들은 실제 자료 수집 과정에 기여할 수 있다. 가령 면담을 실시할 때 미리 글을 써 온다든지, 주변 사람들과 이야기 나눈 점 중에서 연구 주제와 일치한다고 생각하는 부분을 메모해서 연구자에게 제공할 수 있다. 넷째, 연구 결과를 해석하거나 평가할 때 내용이 진실한 것인지를 판단해 줄 수 있다. 이를 통해 향후 연구 진행 방향에 대해서도 조언해 줄 수 있다.

Singer(2007)는 연구자와 연구 참여자들이 함께 만들어 가는 협력적 형태의 연구에 대해 연구자들이 비판적이고, 전문적인 의사소통을 할 수 있게 만들어 주는 장치라고 설명하였다. 특히 연구를 함께 수행하면서 내면에서 우러나오는 질문을 하고, 다른 연구자들에게 끊임없이 자극을 제공할 수 있다는 점에서 연구를 협력적으로 수행할 것을 권장하고 있다. 연구자와 연구 참여자들은 동일한 목표를 향하며, 각각 서로 다른 장점, 지식, 경험을 활용하여 문제를 해결하기 때문에 상당히 효과적이고 창의적인 방식을 채택할 수 있다. 또한 혼자서 연구할 때보다 학술적인 활동이 훨씬 많이 일어나며 연구가 오래 지속되도록 만드는 것도 더 쉽다. 연구 참여자를 어떻게 선정할 수 있을지에 대해서는 다음의 예를 통해 좀 더 살펴보자.

연구예시

비다문화가정 학생을 대상으로 피부색에 대한 학생들의 편견을 점검하고 이를 통해 올바른 태도와 실천 역량을 갖추도록 하는 것으로 실행의 목표를 설정한 경우, 대안적인 실행의 준비를 위해서는 교수자료, 학습자료, 교수학습 과정안 등을 준비할 수 있을 것이다. 그리고 실행에 대한 성찰을 위해서는 수업을 하면서 학생들의 활동을 관찰하고 또 개인적으로 느낀 점들을 기록한 성찰 일지도 중요한 자료가 될 수 있다. 이 경우, 연구자(나)는 중립적인 관찰자이기보다는 연구자이자 연구 참여자가 된다. 학생들의 활동 결과물, 활동 소감, 학생과의 인터뷰 자료 등도 중요한 자료가 될 수 있을 것이다. 이 경우에는 실행의 과정에 참여했던 학생들이 연구 참여자가 될 수 있다. 학습 과정에서 의도했던 실천 역량의 강화가 일상적인 생활 속에서도 발휘되는지를 관찰하고 그에 따른 피드백을 얻기 위해서는 학부모가 연구 참여자가 될 수도 있다. 또한 교사와 학생들의 실행 과정을 관찰하는 동료들 역시 연구 참여자가 되어, 연구자 본인의 의도와 이를 통해 일어나는 변화가 다른 사람의 입장에서는 어떻게 받아들여지고 또 개선될 수 있을지에 대한 중요한 정보를 제공할 수 있을 것이다.

━━━

그런데 종종 실행연구를 시작할 때 너무 욕심이 앞서 처음부터 많은 수의 연구 참여자들을 한꺼번에 포함시키는 경우가 있다. 이것은 연구 계획을 너무 복잡하게 만들어 버린다는 점에서 주의를 요한다. 연구 참여자가 많다는 것은 결국에는 수집하고 분석해야 할 자료가 많아진다는 것을 뜻하고, 이것은 한정된 연구 조건으로는 감당하기 힘들 수 있기 때문이다. 따라서 현장에서 실행연구를 처음 실시하는 연구자라면 연구의 초기 단계에서는 소수의 연구 참여자들을 대상으로 연구를 시작하면서 필요에 따라 연구 참여자의 수를 늘려 가는 것도 하나의 방안이 된다.

Burns(2010)는 주변의 인적 자원을 연구 참여자로 직접적으로 선정하지 않더라도, 연구 동료로서 연구에 많은 도움을 얻을 수 있음을 안내하고 있다. 실행연구는 참여적인 성격을 띠고 있는 만큼 현장에서의 여러 돌발적인 이슈와 딜레마에 직면할 수 있는 경우도 많고 연구 참여자 혹은 관리자들과의 관계가 부정적으로 바뀌는 등의 어려움을 겪을 가능성이 높다고 언급하고 있다. 그럴 경우 연구자의 힘만으로는 해결되지 않는 경우가 많은데, 이때 연구 동료들이 연구자와 연구 참여자들을 적극적으로 중재해 주는 역할을 수행할 수 있다고 하였다. 연구를 활성화시키고 올바른 방향으로 나아갈 수 있도록 조언해 주는 역할을 할 수 있고, 연구자들이 좀 더 학술적이고 전문가적으로 발전할 수 있도록 도와주는 역할도 할 수 있다고 하였다. 관심 있는 주제에 관한 동료 연구자들과의 소통을 통해 문제를 해결하기 위한 다양한 관점을 갖게 되고 다른 단서들을 찾을 수도 있다. Cole과 Knowles(2009) 역시 대학 및 외부의 전문적인 연구자들과 파트너십을 잘 형성할 것을 언급하고 있다. 전문적인 연구자들과 연구 파트너가 될 경우 연구 경험이나 숙달의 수준이 크게 향상될 수 있으며, 연구를 위한 시간이나 재정적인 협조를 해 줄 수도 있다고 했다. 또한 그들은 방대한 데이터베이스를 구축하고 자유롭게 활용함으로써 연구 주제와 관련된 다양한 내용들을 검색하여 연구를 개선하는 데 유용한 정보들을 제공할 수도 있다는 것이다.

다음으로 누구를 연구 참여자로 선정할 것인가에 대한 고민과 함께 꼭 생각해야 하는 것은 바로 어떻게 그들의 협조를 얻을 수 있는가에 대한 문제이다. 연구 참여자로 생각했던 이가 실제적으로 연구에 협조를 해 주지 않는다면 앞선 고민의 과정은 아무 의미가 없게 된다. 현장을 개선하고자 하는 실행연구는 연구자뿐 아니라 연구 참여자 모두에게 영향을 미칠 수 있다는 점에서 연구 협조를 얻기에 분명 용이한 측면이 있다. 하지만 이러한 영향이 꼭 긍정적인 점만을 담보하지 않는다는 점에서 연구의 협조를 얻는 과정은 아래와 같이 세밀하게 계획되고 준비되어야 한다.

연구예시

나의 대안적 실행이 학생들에게 어떻게 영향을 미치는지를 확인하기 위해서는 학부모님들의 협조를 얻는 것 역시 중요하다는 판단이 들었다. 이를 위해 우선 학기 초에 학급 교육과정 설명회나 학부모 상담 등을 할 때, 우리학급의 중점 운영 과제를 실행연구와 연계하여 간단히 소개하는 과정을 거치는 것이 좋겠다는 판단이 들었다. 아직 학부모님과의 라포가 쌓이기도 전에, 학생들을 대상으로 어떠한 연구를 할 것이라는 안내를 하게 되면 자칫 그 의도를 오해받게 되는 경우가 생길 수도 있다는 판단이 들어서였다.

본격적인 안내를 바쁜 학기 초를 벗어나 서로에 대한 적응이 어느 정도 진행된 5월 이후로 하는 것이 좋겠다는 판단이 들었다. 학부모님들에게 가정통신문, 밴드, 면대면 소통 등 다양한 방식의 접근을 통해 일전에 언급했던 연구의 개요를 안내하고 이러한 활동들을 어떠한 의도에서, 그리고 어떠한 교육적 의미를 지니고 있는지를 상세히 소개하고 연구의 협조를 얻을 것이다.

연구 협조에 동의해주신 분들께는 별도로 연락을 드려 각 활동이 끝날 때마다 학생들의 활동에 대한 학생들의 정의적·행동적 반응이나 새로이 느낀 점이나 알게 된 점, 궁금한 점 등을 관찰하여 얻은 자료를 어떻게 공유할 것인지에 대한 안내를 별도로 진행할 것이다.

라. 윤리적 지침 고려

실행연구에서는 연구 참여자의 존재가 필수적이다. 때문에 관련된 연구의 윤리적 지침을 고려하는 것이 중요하다. 연구 참여자를 속이지 않기, 역할을 충실히 설명하기, 의사에 반하여 연구에 참여시키거나 책임을 부여하지 않기, 개인정보 파기 권리 등은 기본적으로 지켜져야 할 윤리적 지침에 해당한다. 연구 윤리와 관련하여 가장 널리 알려져 있고 쉽게 접할 수 있는 예시는 바로 IRB(Institutional Review Board) 기준이다. 지금까지는 자연과학이나 의학 분야에서만 활용되었으나 최근에는 인간을 대상으로 하는 모든 연구에 적용되고 있다. 이것은 학술적인 연구와 관련하여 대학에서 최소한의 윤리 기준으로 제시하고 있는 내용으로서, 이를 위반하면 연구를 시작할 수 없다. 물론 IRB를 통과하기 위해 모든 연구 참여자들에게 허락을 구하는 과정이 부담스럽기는 할 것이다. 그리고 이 과정이 연구에 영향을 끼칠 수도 있다. 왜냐하면 연구 참여자들도 공식적으로 연구 요청을 받을 경우 긴장하기 때문이다. 하지만 이것은 실행연구를 비롯해 현장에서 이루어지는 모든 연구에서 꼭 필요하면서도 중요한 과정이다. 이 과정을 완전히 수행해 놓기만 한다면 이것은 일종의 보험과도 같이 작동한다. 나중에 연구 참여자나 다른 연구자들이 문제를 제기하더라도 연구자 본인을 보호하는 장치가 되는 것이다. 우리 누구도 스스로가 동의하지 않았는데 연구가 수행된다면 불쾌감을 느낄 것이다. 특히 최근에는 개인정보의 보호가 아주 중요해지고 있어서, 서면 합의 없이 본인이 한 말이나 심지어는 본인의 개인적인 비밀들이 연구 결과로 공개되는 것을 극도로 꺼릴 것이다. 대상이 어린이든, 어른이든 상관없이 연구 승낙을 구하기 위한 형식이 중요함을 명심해야 할 것이다.

연구 윤리를 위한 동의 절차에서 모든 연구 참여자들은 연구의 일부분이 될 것을 승낙하는 서약서를 작성해야 한다. 만일 연구가 18세 이하의 어린이를 포함한다면, 그들의 부모의 허락을 구하는 절차가 추가로 요구될 것이다. 동의서에는 정보 제공 동의 양식을 첨부하도록 하자. 정보 제공 동의 양식은 연구의 목적을 설명해야 하고, 연구에 참여하게 됨으로써 기여할 수 있는 점들을 나열하고, 비밀로 유지되어야 하는 것이 무엇인지를 언급하고, 연구에 참여하는 것이 강제가 아니라 자발적인 것이라는 내용을 포함하면 된다. 또한 동의서에는 연구에 참여하지 않거나 중도에 포기하더라도 어떠한 불이익이 없을 것을 명시해야 한다. 이것은 특히 어린 연구 참여자들에게 중요한 내용이다. 그들은 연구에 대한 압박감을 성인보다 더 많이 느끼기 때문이다. 모든 경우에 적용할 수 있는 완전한 형식은 없다. 따라서 세부적인 내용은 지역별, 대학별 기준을 먼저 확인해야 한다. 연구 참여자들은 주로 두 개의 복사본에 서명을 한다. 하나는 연구 참여자들이 보관하고 다른 하나는 연구자 자신이 안전한 장소에 보관한다. 대학이나 연구기관 IRB에서 동의서를 요구할 때에는 원본이 아니라 복사본을 제출하여 항상 원본은 본인이 소지하도록 한다.

3. 실행과 성찰

앞선 네 단계의 실행연구 절차에 따르면 이번에는 실행과 성찰에 해당하는 단계이다. 이 단계에서는 단순히 실행만이 이루어지는 것이 아니다. 바로 대안적 실행을 준비하고 이러한 실천이 어떻게 자신, 실행의 대상, 그리고 주변에 영향을 미치는지를 성찰해야 한다.

이를 위해 다양한 자료의 수집, 수집된 자료에 대한 분석과 비판적 반성, 수행에 따른 효과의 관리, 자료 해석 등이 지속적으로 수행되어야 한다. 그런데 여기에서 한 가지 주의해야 할 것은 실행과 성찰이 별도로 구분되어 이루어지는 것이 아니라는 것이다. 예를 들어, 대안적 실행을 수업 중에 수행하는 경우를 가정해 보면, 성찰의 과정이 수업 전과 후에 이루어질 수도 있지만 실행을 하면서 즉시직으로 이루어지는 경우도 많다는 점을 생각해 볼 수 있다. 실행을 위한 전후 과정 역시 큰 범주에서는 실행의 범위에 들어가는 만큼, 실행과 성찰을 임의적으로 구분하고자 하는 시도는 지양해야 한다.

실행연구의 실행과 성찰과 관련하여 또 한 가지 기억해야 할 것은 실행과 성찰이 단순히 '대안적 실행 계획'과 '대안적 실행의 재계획' 사이에만 위치하는 단계가 아니라는 점이다. 예를 들어, 대안적 실행을 사전 조사의 형식으로 수행해서 시사점을 도출하고, 이를 통해 연구 문제의 확인 및 출발점을 탐색하여 대안적 실행 계획을 세울 수 있다. 필자의 경우, 연구의 전 과정에 실행과 성찰이 포함되어 이루어질 수도 있다고 생각한다. 왜냐하면 앞선 연구 단계들처럼 '실행과 성찰' 단계에서 무엇을 해야 하는지 묻는다면, '문제 상황을 파악하고 연구 출발점을 확인하기' 혹은 '대안적 실행의 구체적인 방안을 준비하고 연구 참여자를 선정하기'에 관련된 구체적인 내용들이 나오기 어렵기 때문이다. 그렇기 때문에 이 절에서는 실행과 성찰의 과정에 중요한 수단이 될 수 있는 '자료 수집'과 '자료 분석'을 해당 단계에서 다루어야 할 과정으로 설정해 보았다.

가. 자료 수집

실행연구에서의 실행과 성찰 과정은 자료를 수집하는 것과 밀접한 관련성을 맺는다. 대안적 실행이 의도한 대로 나타나는지, 혹은 생각지 못한 어려움은 무엇이었는지, 대안적 실행의 결과로 연구 참여자들이 받게 되는 영향이 무엇인지를 살펴보기 위해서는 관련 자료를 수집하는 것이 필요하기 때문이다.

구체적인 자료 수집 방법을 살펴보면 참여관찰, 면담, 설문지, 연구 참여자들이 직접 만든 자료, 기록자료 등이 있다. 우선 대안적 실행이 어떻게 이루어지는지를 살펴보기 위한 방법으로 활용하는 관찰의 경우, 시간과 공간의 제약이 있기는 하지만 특히 질적 연구의 측면에서 접근하는 실행연구에서는 중요한 자료 수집 방법이 된다. 관찰은 주로 실행의 과정을 가감 없이 살펴보고, 지금까지 생각지 못한 현상, 연구 참여자의 반응 등에 대한 점검을 하는 데 의미가 있다. 한편 면담(interview)의 경우 관련된 실행을 경험했거나 관련을 맺고 있는 이들의 생각과 의견을 살펴볼 수 있다는 장점 때문에 많이 활용한다. 예를 들어, 특정한 수업 활동에 대한 학생들의 반응을 심층적으로 살펴보기 위해서는 단순히 학생들의 활동 결과물이나 소감을 다루는 것만으로는 부족하다. 해당 활동을 하면서 학생들이 어떤 생각을 했는지, 어떠한 점에서 도움이 되었고 도움이 되지 않았는지에 대한 정보들을 수집하기 위해서는 면담의 방식이 유용하다. 이외에도 연구 참여자들이 직접 작성한 일기, 일지, 작업 결과물, 메모, 사진 등이 중요한 자료 수집의 대상이 된다. 이러한 자료 수집의 과정은 여느 연구에서의 자료 수집 방식과 크게 다르지 않다. 더불어 실행과 성찰의 순간을 잘 포착해서 이에 대한 다양한 정보를 제공할 수 있는 모든 자료들이 수집의 대상이 될 수 있는 것이다.

연구예시

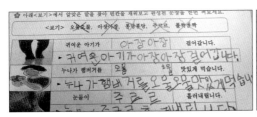 

활동 결과물 자료　　　　　　　활동 결과물 자료

나 : 미호야, 선생님 좀 볼까?
미 : 네.
나 : 미호야 미호는 일본어도 잘하고, 한국어도 잘한다면서.
미 : 네. 아빠가 일본인이라서 일본어도 잘해요.
나 : 그럼 학교에서는 한국어만 쓰는 거야?
미 : 네. 학교에서는 한국어를 쓰고 집에서는 일본어를 해요. 아빠가 아직 한국어가 서툴러서 잘 못하셔요. 아빠도 한국어 공부 중이세요.
나 : 그럼 미호는 한국어 쓰면서 어려운 점은 없어?
미 : 네. 가끔 있는데. 그 때 빼고는 괜찮아요.
나 : 선생님이 미호랑 같이 한국어를 공부하고 싶은데 미호 생각은 어때?
미 : 음....
나 : 같이 한국어도 배우고, 이야기도 하고 그럼 좋을 것 같은데.
미 : 그럼. 좋아요. 할래요.
나 : 그럼 미호는 언제가 좋을까?
미 : 마치고만 빼고요.
나 : 하하. 그럼 오전에 하는 건 어때? 학교에 와서 아침활동 시간에 선생님이랑 공부도 하고 좀 있다가 1교시에 들어가는 건? 아침활동 시간에 다른 거 하는 게 있어?
미 : 아니요. 아침에 뭐 하는 건 없어요. 아침 시간에 하는 건 괜찮아요.
나 : 그럼 우리 화요일, 목요일, 금요일 이렇게 3번 만나는 건 어때?
미 : 좋아요. 근데 어디서 해요?
나 : 다목적실에서 하자. 선생님 교실 옆에 다목적실 알지?

면담자료

　미호는 내가 어렵다고 생각했던 단어들은 예상외로 너무나 잘 적었다. 그런데 의외로 '3. 우르르 몰려나와요.'를 틀린 것이 아닌가? 미호의 답은 '우르르 몰나와요.'였다. 아무래도 급하게 쓰느라 잘못 했나 보다 싶었다.

나 : 미호야, 3번에 다시 해볼까? 우르르 몰려나와요.
미 : (주섬 주섬 지우개로 지우며) 어딘가 틀린거예요?
나 : 어, 어떤 글자가 빠진 것 같은데. 우르르 몰.려.나.와.요.
미 : (천천히 적으며) 우르르 모나와요. 아, '몰려나와요.'
나 : 맞았어. 잘하는 걸.

　틀린 단어를 하나하나 읽어서 알기 보다는 뭉떵 거려 이해하고 있는 듯 보였다. 그래서 우르르 몰나와요 → 우르르 모나와요 → 우르르 몰려나와요 로 해결과정이 나온 것이다.

활동 '과'에 대한 교사의 성찰 자료

한편 기억해야 하는 것은 너무 많은 자료를 수집하려고 하는 시도는 연구자를 혼란스럽게 하고 지치게 만들 수 있다는 것이다. 이때에는 다음과 같이 수집하고자 하는 중점 자료의 큰 범주를 설정하고, 각각의 수집 목적에 맞추어 자료들을 수집 및 분류해 나가는 작업이 효과적일 수 있다.

[그림 6] 실행연구의 다양한 수집 자료들

또한 실행 연구에서는 수집과 분석 역시 별개로 이루어지는 과정이라기보다는 수집과 동시에 분석 및 해석을 실천하는 것이 효과적일 수 있다. 이러한 과정에서는 초기에는 몇몇 자료들에 집중해 자료를 수집 및 분석해 보고, 자신의 연구 상황에 필요한 자료를 선별적으로 수집해 나가는 방법을 취할 수 있다.

나. 자료 분석

수집된 자료를 분석 및 해석하는 과정은 대안적 실행과 이에 대한 성찰을 위한 직접적인 정보를 제공한다는 점에서 매우 중요하게 다루어져야 하는 단계이다. 당연한 말이겠지만, 단순히 자료를 많이 수집하는 것만으로는 실행과 성찰에 유의미한 정보를 얻을 수 없다. 수집한 자료들에 대한 비판적인 분석 및 해석, 그리고 이를 통해 대안적 실행의 문제점을 진단하고 개선하기 위한 대안을 만들 수 있기 때문이다. 이러한 분석 과정에서는 다음 절차들이 순차적으로 일어나기도 하고 순환적으로 일어나기도 하며 순서를 뒤바뀌어 일어나기도 한다.

- 전체적으로 수집한 자료들을 훑어보고, 이들 자료를 텍스트화하기
- 같은 종류끼리, 같은 연구 질문끼리 나누기
- 작은 덩어리로 나누어 가며 주요한 이슈나 패턴으로 범주화하기
- 설정된 범주들을 중심으로 자료들을 재검토하고, 각각의 범주에 해당하는 하위 주제들을 설정하기
- 범주화된 요소를 중심으로 실행의 문제점을 진단 및 성찰하기
- 주어진 자료들을 재나열하여 실행 과정에 대한 의미 부여하기
- 새로운 실행 전략 수립, 구체적 행동 지침 발견하기

　살펴보았듯이 자료 분석의 과정은 앞에서 살펴본 여러 절차들이 복합적으로 관계하면서 이루어지게 된다. 하지만, 이러한 과정에서 첫 번째로 해야 할 분석의 과정은 무엇보다도 수집된 자료들을 살펴보고 필요한 내용들을 텍스트화하는 것이다. 이는 엄밀히 말하면 분석의 과정이라기보다는 분석을 위한 준비 과정이라고 할 수 있다. 현장일지, 메모, 일기, 성찰일지 등은 기본적으로 텍스트로 바로 기록되기 때문에 별도의 텍스트화 작업이 필요 없는 경우가 대부분이지만, 면담과 참여관찰로 인해 생성된 녹음 파일이나 비디오 파일의 경우에는 해당 음성 내용들을 텍스트화, 즉 전사하는 과정이 이루어져야 한다. 앞서 말했듯이 분석의 과정에서는 같은 자료가 거듭하여 점검되는 경우가 많은데, 면담이나 참여 관찰의 음성 내용이 기억에 의존할 때에는 시간이 지날수록 그 질과 양이 현저히 떨어지는 것을 확인할 수 있기 때문이다.

연구예시

연구자 : 피부색에 대한 차별 수업에서 제일 인상 깊었던 부분은 뭐야?

학생 A : 우리나라 사람, 아니 우리 반 친구들끼리도 피부색이 이렇게 다르다는 게 놀라워요.

연구자 : 살색이란 용어 자체가 굉장히 어색한 단어란 걸 알게 되었겠네?

학생 A : 네, 아무렇지 않게 살색이라고 썼던 말이 혹시나 다른 친구들에게는 아픔이 될 수 있다는 것도 생각해 볼 수 있었어요. 그리고 그런 말을 쓰는 것도 정말 이상한 게, 우리 피부색이 다 다른데 누구 피부색을 살색이라고 말할 수 있을까요?

───

　하지만 이러한 전사작업은 자료 수집의 과정이 다양해지고 오래될수록 그 양이 기하급수적으로 늘게 된다. 이러한 점 때문에 최근에는 관련된 내용들을 글로 길게 나타내는 것

대신 압축적으로 드러낼 수 있는 사진이나 그림자료도 분석의 대상 자료로 중요하게 여겨지고 있는 실정이다.

본격적인 의미에서의 분석 작업은 이제부터라고 할 수 있는데, 모든 자료들을 모아서 분류하는 절차가 필요하다. 즉 자료들을 같은 종류끼리, 혹은 같은 연구 질문끼리 분류해 놓는 것을 의미한다. 그리고 이렇게 분류해 놓은 자료들을 코딩하는 과정이 필요하다. 코딩은 큰 덩어리의 자료들을 작은 수준으로 쪼개는 것이다. 코딩은 여러 단계를 거칠 수 있는데, 우선 하나의 의미 혹은 주제어를 가지도록 수집된 자료들을 나눌 수 있다. 이 때에는 효율성을 위해 NVIVO나 파랑새와 같은 질적 자료 분석 프로그램을 활용하는 경우도 많다.

연구예시

순번	생성된 주제어	관련 자료수
1	가르침의 한계에 대한 고민	2
2	기존의 잘못된 지식	8
3	나 위주의 수업 진행	2
4	다문화학생은 지식이 부족하다는 선입견	3
이하 생략		

이 예시에서는 몇 가지 주제들이 제시되었다. 다른 자료가 추가로 분석하면서 이러한 주제어들이 다른 예시에서도 탐색될 수 있다. 이러한 과정들이 반복되다 보면 주제어들이 통합될 수도 있고 삭제될 수도 있을 것이다. 이러한 코드들은 실행 과정에 있어 중요한 이슈들을 성찰하는 데 기초적인 자료가 된다. 이렇게 1차적으로 코딩된 자료들은 아래와 같이 다시 비슷한 범주로 묶는 2차 과정을 거친다.

연구예시

순번	범주화 목록	해당하는 1차 주제어	관련 자료 수
1	교사의 선입견, 편견, 자기중심성 등	기존의 잘못된 지식	8
		다문화학생은 지식이 부족하다는 선입견	2
		나 위주의 수업 진행	2

2	수업 전략	그림책을 활용한 학습의 유용성	1
		노래를 활용한 학습의 유용성	2
		대화를 통한 학생의 오개념 파악	2
3	수업 준비하기	충분한 시간 확보의 중요성	2
		지루함을 줄이는 방법	1
		교재에 대한 고민	1
		수업 시작에 대한 고민	1
		학생 부담에 대한 염려	1
이하 생략			

1차 과정이 수집된 자료를 가장 작은 단위로 쪼개는 과정이라면 2차 과정은 쪼개진 조 각들을 비슷한 색깔, 모양으로 모으는 과정이라고 할 수 있다. 그런 다음 여러 범주들이 다시 하나로 뭉쳐 더 큰 주제를 생성할 수도 있게 된다. 이렇게 생성된 범주 및 주제들을 통해 연구자는 자신의 실행이 어떠한 과정을 거치고 있는지를 비판적으로 분석할 수 있게 된다. 물론, 이러한 일련의 과정을 순차적으로 거치지 않더라도 순간순간의 실행과 그에 대한 성찰을 통해 실행의 의미를 고찰할 수도 있다. 성찰 과정이 실행 중 이루어지든 아니 면 분석 절차에 따라 실행 후에 이루어지든, 연구자는 자신의 실행에 있어서의 문제점과 개선을 위한 정보를 자료 분석의 과정에서 얻게 된다.

마지막으로 자료 분석 과정의 전 과정에서 연구자가 지속적으로 염두에 두고 있으면 좋은 내용들을 소개하고자 한다.

- 중요한 발견, 새로 불거진 의문, 실체화된 통찰을 기록하기
- 가장 빈번히 드러나는 강력한 핵심 포인트가 무엇인지 확인하기
- 각각의 주제, 범주들을 뒷받침해 줄 수 있는 자료들을 보강하기(해석)

4. 계획의 수정

실행연구 절차의 네 단계 중 마지막으로 소개할 것은 계획의 수정 단계이다. 더 자세히 말 하면 대안적 실행의 수정 계획이라고 할 수 있다. 이 단계는 앞선 단계들의 마무리 단계일 수 있지만, 동시에 이어지는 새로운 대안의 실행을 위한 시작 단계에 해당할 수도 있다.

이러한 점은 실행연구의 순환적인 성격을 잘 드러낸다. 더불어, 순환을 거듭하면서 더욱 개선된 대안적 실행이 계획되고 실행되고 성찰된다는 점에서 나선형적 구조를 띠게 된다.

이 단계에서는 앞서 설정했던 계획에 의한 수행의 효과를 분석하고 해석한 결과, 즉 반성을 토대로 대안적 실행의 수정이 이루어진다. 즉, 앞선 과정에서 얻은 시사점을 바탕으로 새로운 실행 목표가 설정되고 이에 맞추어 대안적 실행이 준비된다. 필요한 경우에는 연구 참여자도 추가로 선정하거나 제외할 수 있다. 사실 실행연구에서는 연구자가 생각해 낸 대안적 실행 방안이 문제를 곧바로 해결하거나 현장을 바로 개선할 수 있을 것이라고 기대되지 않는다. 실행의 과정에서 미처 예상하지 못했던 어려움들이 언제든지 도출될 수 있기 때문이다. 그렇기 때문에 실천에 대해 관찰한 내용 및 일련의 반성 과정을 통해 후속적인 실행 전략을 수립하게 되는 것이다. 이를 위해서는 앞선 연구 과정을 거쳐 실행의 효과와 부수적 효과가 이미 분석되어 있어야 한다. 이를 통해 구체적인 실행 전략이 개선될 수 있다.

해당 단계에서 연구자는 우선 1차 대안적 실행 및 성찰의 결과, 기존 계획을 수정해야겠다는 필요성을 느끼게 된다. 이를 위한 자료 수집 및 분석의 과정은 연구 계획에 따라 얼마든지 차이를 보이게 되는데, 다음 사례는 양적 연구와 질적 연구가 병행된 통합 연구 형태로 이루어져 1차 실행에 대한 성찰을 양적, 질적의 두 측면에서 수행하고 있음을 알 수 있다.

연구예시

구분	양적 평가 내용	질적 평가 내용
간호 요구도	• 간호 요구도는 대안적 중재 프로그램의 적용 3일부터 꾸준히 감소함. • 콜 벨 사용과 간호사실 직접 방문 횟수는 각각 중재 프로그램 적용 이후 3일째부터 집단 간에 유의한 차이를 나타냄.	• 간호사들과의 면담 결과 병동이 차분해졌음을 대부분 인지함. • 환자들과의 면담에서는 중재 프로그램의 적용에 따라 환자들이 일정한 간격의 순회에서 충분한 정보를 제공받고, 원하는 요구를 충족받기 때문에 긴급하지 않은 상황에서는 콜 벨을 사용하지 않고 기다린다고 했음. • 같은 맥락에서 스테이션에서의 컴플레인 역시 하지 않게 되었다는 응답이 있었음.
환자 만족도	• 약간 상승	• 의도적 순회가 좋았으나 서두르는 느낌이었다는 환자 인터뷰가 있음. • 일부 순회를 건성으로 하는 간호사가 있다는 환자들의 얘기가 있었음.

의사소통 능력	• 약간 상승	• 간호사들이 환자나 보호자 응대 시 해결할 수 없는 문제에 부담감을 느낌. • 환자와의 진정한 라포 형성이 부족함.
환자 안전 역량	• 약간 상승	• 실제 적용이 부족함.
간호 업무 역량	• 약간 상승	• 실제 적용이 부족함.

※ 위의 표는 양상희(2016)의 박사학위 논문 자료 중 일부를 재구성한 것임.

이렇게 정리된 내용을 바탕으로 2차 대안적 실행 계획이 수립되게 된다. 이 단계에서는 실행 목표의 재설정, 대안적 실행의 준비 과정에서 필요한 내용을 추가 혹은 삭제, 실행 전략의 변경 등이 이루어져야 한다. 탐색한다. 위의 사례의 경우, 대안적 중재 프로그램의 적용에 따른 환자 만족도를 살펴본 결과 간호사들이 순회를 건성으로 하거나 서두르는 느낌을 환자들이 받았다는 점에서, 새로운 대안이 필요하다는 점을 확인했다. 또한 몇몇 간호사들은 이러한 새로운 형태의 순회 시스템에 대해 거부감을 가지고 있음을 확인했다. 이에 관련된 문제점을 개선하기 위한 내용들을 2차 대안적 실행 계획에 포함시키고 있다.

연구예시

1차 실행 과정의 문제점		2차 대안적 실행을 위한 수정 계획
일부 간호사의 간호순회가 형식적인 형태로 진행 되는 경향이 있음	⇒ 반영	• 간호순회 중재 프로토콜 및 도구개선 및 교육 − 순간호사와 환자 간에 일어나는 치료적 관계, 환자와의 소통과 피드백 강화 도구 개발 − 환자군의 특성이나 실무 영역에 따른 차이, 순회를 통해 환자 간호를 극대화 시킬 수 있는 간호 등에 대한 정보 획득을 위한 교육
간호사들이 의도적 간호순회에 대한 거부감이나 업무 부담을 가짐		• 의도적 간호순회를 원활한 진행을 위해 간호사 당 순회환자 수 조정(환자군을 2개군에서 4개군으로 분할) − 업무지원 간호사 1명을 배정하여 참여 간호사의 적극적 순회 실행을 유도함
간호사가 서두른다는 환자의 반응이 있음		• 환자와 눈높이를 맞춘 간호순회 교육 − 침상높이로 간호사의 몸을 낮추어 의도적 간호순회 수행

※ 위의 표는 양상희(2016; 67)의 박사 학위 논문 내용을 인용한 것임.

이 사례처럼 수정된 계획을 바탕으로 2차 실행에서 수행하게 되고, 실행 과정에서의 자료 수집 및 분석, 성찰의 과정을 1차 실행에서와 동일하게 나선형적으로 진행하게 되고, 필요에 따라서는 후속된 실행의 순환 과정이 계속해서 이어질 수 있다.

참고문헌

박영은(2015). 초등학교 교사의 자기연구를 통한 수학 수업 전문성 신장에 관한 연구. 한국교원대학교 대학원 박사학위논문.

박정문(2008). 초등학생의 다문화학습활동에 관한 반성적 실천 연구. 청소년문화포럼, (2008)18, 176-207.

양상희(2016). 변화를 꿈꾸며: 임상간호사의 의도적 간호순회에 대한 실행연구. 전남대학교 대학원 박사학위논문.

양윤희·장진혜·성열관(2005). 초등학교 시험주도 교육과정 현상에 대한 협력적 실천연구. Korean Journal of Educational Research, 43(4), 293-317.

장인실(2006). 미국 다문화 교육과 교육과정. 교육과정 연구, 24(4), 27-53.

조용환(2008). 질적 연구의 원리와 기법. 한국무용학회 학술대회 발표논문.

조용환(2015). 현장연구와 실행연구. 교육인류학연구, 18(4), 1-49.

Altrichter, H. (1993). Teachers Investigate Their Work: An Introduction to Action Research across the Professions. London and New York: Routledge.

Arhar, J. M., Holly, M. L., & Kasten, W. C. (2001). Action research for teachers: Traveling the yellow brick road. Upper Saddle River: Merrill/Prentice Hall.

Burns, A. (2010). Doing action research in English language teaching: A guide for practitioners. New York: Routledge.

Cohen, L., & Manion, L. (Ed) (1985). Research methods in education. London: Croom Helm.

Cole, A. L., & Knowles, J. G. (2009). Researching teaching: Explorong teacher development through reflexive inquiry. Nova Scotia: Backalong Books.

Elliott, J. (1978). What is action research in school? Journal of Curriculum Studies. -(10). 355-357.

Johnson, A. P. (2008). A Short Guide to Action Research. New York: Pearson.

Kemmis, S., & McTaggart, R. (2000). Participatory action research. In Denzin, N., & Lincoln, Y. Handbook of Qualitative Research. Thousand Oaks: Sage.

Leedy, P. D., & Ormrod, J. E. (2005). Practical Research Planning and Design (5th ed.). New Jersey: Pearson Merrill Prentice Hall.

Lewin, K. (1946). Action research and minority problems. Journal of Social Issues, 2(-), 34-46.

Mertler, C. A., & Charles, C. M. (2015). Introduction to Educational Research. Thousand Oaks: Sage.

Singer, N. R. (2007). Taking time for inquiry: Revisiting collaborative teacher inquiry to improve student achievement. English Leadership Quarterly, 29(3), 7-10.

Taba, H., & Noel, E. (1957). Action research: A case study. Washington DC. Association for Curriculum and Supervision.

열다섯 가지 접근

8.

비판적
질적 연구[*]

허창수 ㅣ 충남대학교

* 이 글은 한국콘텐츠학회논문지 2017년 17권에 제개 예정인 '브리콜라주로서
   질적 연구의 이해'의 내용을 포함하고 있음.

비판적 질적 연구의 의미

비판적 질적 연구라는 표현은 'critical qualitative research(or study)'을 번역한 것이다. 각 단어가 가진 의미는 매우 다양할 수 있다. 예컨대, 'qualitative'라는 단어는 '질적'이라고 하지만 이에 대해서 많은 학자들(예, Denzin & Lincolin, 2011)은 양적으로 번역하는 'quantitative'가 가진 의미와 대비하는 것으로 인정하고 있는 반면, 조용환(2012)의 경우 〈논어〉 옹야(雍也)편에 실린 '문질빈빈(文質彬彬)'[1]의 문구를 통해 '질적'에서 '질'의 의미를 '문'과 대비하는 것으로 주장하고 있다. 여기서 '질'은 자연 그대로, 즉 바탕을, '문'은 글월로, 즉 문자로 쓰인 문화로 이해했으며 이로부터 질적 연구에서 '질'이 가진 의미를 재개념화했다. 그처럼 '질적'이란 단어가 가진 의미는 다양할 수 있다. 이 글에서 '질적'이라는 단어는 다양한 의미 가운데 브리콜라주(bricolage)로 규정하고자 한다. 그 이유는, 첫째, 비판적 질적 연구 분야에서 '질적'에 대해서 규정하고 있는 방식에 따른 것인데, 대표적으로 비판적이란 의미에 기초한 것이다. 둘째, 브리콜라주가 가지고 있는 다중성, 엄밀성 등과 관련된 것인데, '질적'이 의미하는 것을 대변할 수 있는 개념으로 인정할 수 있기 때문이다. 이러한 이유에 대해서는 본론에서 구체적으로 논의할 것이다.

브리콜라주 개념의 전체적인 동향을 간단히 소개하면 다음과 같다. 학자들마다 이를 설명하는 방식은 다양하다. 예컨대, Denzin과 Lincoln(2011: 6-10)은 손재주꾼(Handy-(wo)man)의 행위, 즉 손재주 부리기로 개념화하고 있으며 다양한 예시적 의미를 부여하고 있다. 퀼트 메이킹(quilt making), 몽타주(montage) 등이 이에 해당한다. 이는 물론 Lévi-Strauss(1966)의 야생의 사고 특성을 타당화하기 위해 활용한 브리콜라주 개념에 기초하고 있고 그가 쉽게 설명하기 위해 끌어온 손재주 부리기로부터 질적 연구를 개념화하기 위한 것이다. Kincheloe(2004)는 브리콜라주를 교육 연구에서 다양한 관점에 의존하는 연구 방법을 나타내는 개념으로 주장하고 있다. 특히 비판교육학(critical

---

1. 조용환(2012)은 '質勝文則野 文勝質則史 文質彬彬 然後君子(질승문즉야 문승질즉사 문질빈빈 연후군자, 질이 문을 압도하면 거칠고 문이 질을 압도하면 틀에 갇히게 된다. 문과 질의 어우러짐, 그것이 군자의 길이다)에서 문질빈빈의 의미를 가져왔으며, 여기서 질은 타고난 자질, 그리고 문은 학습된 교양, 예절 정도로 이해되는데 이를 질적 연구에서 '질'의 논리적 사고의 배경으로 주장했다.

pedagogy)적 행위를 브리콜라주로 주장하고 있다(Kincheloe, McLaren, & Steinberg, 2011). 이는 브리콜라주 제창 배경이 전통적인 미술의 상식에 반(反)하는 방식으로 전개한 미술운동으로 저항적이고 비판적인 특성을 담고 있다는 점을 미루어볼 때 충분히 가능한 주장이다(허창수, 2015). 브리콜라주는 E. Guba, N. Denzin 등과 같은 분야의 핵심인 많은 질적 연구자들이 각각 그리고 함께 발전시킨 것이기 때문에 개념적 정의가 정확히 일치하지 않지만 그 의미와 본질은 근간을 함께하고 있다. 그것은 사용하기 시작한 예술 분야에서의 개념 그리고 그 의미를 해석적으로 활용한 J. Lévi-Strauss에 기초하고 있다. 후자에 대해서는 설명했고, 전자에 대해 설명하면, 예술 분야에서 브리콜라주는 1945년 이래 전통적인 미술에 반(反)하는 방식을 사용한 미술운동의 하나로 일상적인 재료를 활용하여 새로운 면, 선 등을 창조해 내는 기법이다. 이처럼 분야마다 학자마다 조금씩 차이가 있는 브리콜라주에 대한 개념을 필자가 정리하여 개념화하면 다음과 같다.

브리콜라주는 지식 생산의 과정에 활용하는 방법(론)[2]이다. 이에 참여하는 자를 장인이라고 비유하면, 이 장인들은 활용 가능한 모든 도구만을 사용하여 '짜깁기'[3]하는 방식을 통해 지식 생산 과정에 참여하고 이 과정에서 생산되는 결과물이 우리가 흔히 인식하고 있는 지식이라는 것이다(허창수, 2015). 이러한 방법이 가진 과정의 특성을 신화의 사고와 구체의 논리로 표현하는 야생의 사고(Lévi-Stauss, 1966)라 한다. 그리고 이 장인을 브리콜뢰르(bricoleur)라고 한다. 즉, 주어진 도구, 소유한 도구, 주변에 있는 도구 등 각종 도구를 활용하여 생산 가능한 다양한 방법 모두를 브리콜라주라 할 수 있다. 쉽게 표현하면 '짜깁기'라고 할 수 있다. 그런데 이러한 방법은 무분별하게 구성되어 활용되는 것이 아니라 다양하고 특정한 방식의 논리와 사고를 통해, 즉 개념화를 통해 특정 의미를 담고 결합된 것이다. 따라서 이는 한편으로는 작은 방법들이 함께 모이고 이를 특정 논리와 사고의 체계로 개념화하기 때문에 브리콜라주는 일종의 방법론이라고 할 수 있다. 이러한 짜깁기 형식과 함께 이들이 가진 특성도 중요하다. 브리콜라주는 반미술운동에서부터 시작했기 때문에 이들이 가진 특성은 비판적인 성격을 가지고 있다. 그리고 대중적이고 실제 또는 실존적인 특성을 가지고 있다고 할 수 있다. 브리콜라주의 보편적인 개념은

---

2. 방법(method)과 방법론(methodology)의 차이를 설명하면 방법 집단의 연결 고리를 체계적인 논리와 사고로 설명하고 있는 것이 방법론이다. 따라서 방법을 선택할 때는 방법론의 논리 속에서 선택하는 것이 필요하다. 브리콜라주는 방법과 방법론 모두 가능하다고 판단하여 '( )'를 활용하여 '론'이라는 단어를 포함시켰다.

3. 브리콜라주가 짜깁기라는 개념은 서로가 가진 상징적 의미보다 좀 더 복잡한 설명이 필요하다. 하지만 이해를 돕기 위해 브리콜라주 대신 필자가 잘 사용하는 단어이다. 브리콜라주라는 표현을 반복하지 않기 위해 기술적으로 사용한 것이지 의미를 축소한 것은 아님을 양해하기 바란다. 이는 Denzin & Lincon의 'quilt maker'라는 단어에서 가져온 단어이다.

위와 같이 기술할 수 있다. 이에 대한 타당성은 본론에서 논의하고자 한다.

질적 연구에서 '연구'가 가진 의미도 단순해 보이지만, 연구라고 성격 규정을 내릴 때는 갖춰야 할 준거(criteria)들을 통해 판단하는데, 이 또한 매우 다양하다. 예컨대, Guba와 Lincoln(1989)의 양적 연구와 질적 연구를 비교한 것의 예는 다음과 같다(조재식·허창수·김영천, 2006: 70).

〈표 1〉 양적 연구와 질적 연구의 타당도 평행적 준거 비교

양적 연구	질적 연구	질적 연구에서 사용되는 기술
내적 타당도	신용성	장기간 참여, 지속적 관찰, 동료 검증, 반증 사례 분석, 진보적 주관성, 삼각검증법
외적 타당도/일반화	전이성	심층적 기술
신뢰도	의존성	신용성에 대한 재검사, 삼각검증법, 다양한 탐구를 통한 검증, 공정한 감사
객관도	확실성	삼각검증법, 지속적인 연구자 반성일지 작성

위 준거는 하나의 사례일 뿐 양적 연구에는 각 방법에 따라 서로 다른 준거가 존재 가능하며, 질적 연구는 비교하기 어려울 정도로 더욱 다양한데 그 이유는 각 연구가 가진 특수성으로 인해 그에 적절한 타당도와 신실성(trustworthiness)을 생산해야 하기 때문이다.

마지막으로 '비판적'이라는 의미도 서로 간에 차이가 있다. 'critical'을 번역한 '비판적'은 때론 'critique'와 비교하여 특정 대상에 대한 장단점을 찾아내고자 하는 시도를 의미하는 후자와는 달리 단점만을 지적하고자 하는 비난의 특성을 가지기도 하며, 'critic'이라는 예술적인 '비평'이라는 의미에 기초하여 비평적이라고 번역하기도 한다. 즉, 평가의 방법으로 이해하기도 한다. 흔히 학문적으로 비판적이라는 것은 비판적 사고(critical thinking)를 의미하는데, 이를 위해 가장 많이 활용하고 있는 것은 변증법(dialectic)이다. 이 글에서도 마찬가지로 비판적이라는 단어가 가진 의미를 변증법이라는 의미로 사용하고자 한다. 즉 '비판적'의 의미를 변증법이라는 사고의 방식으로 이해하고, 이에 기초한 이론으로 비판적 질적 연구를 소개하고자 한다. 변증법적 사고(dialectical thinking)를 한다는 것은 Carr와 Kemmis(1983)에 의하면 모순 또는 반박 논리(contradiction)를 찾는 것이다. 이는 흔히 알려진 정(thesis)-반(antithesis)-합(synthesis) 형태의 질문을 갖는 것뿐만 아니라 부분과 전체를 오가며 성찰(reflection)을 하는 사고를 의미한다. 변증법적 비판적 사

고가 기초가 되는 이론은 다양할 수 있지만 이 글에서는 특히 비판(적) 교육학에 중점을 두고 소개하고자 한다.

하나의 질적 연구를 진행하는 데에는 다양한 이론적, 방법론적 배경이 적용되고 대상 선택에서부터 자료 수집과 처리, 분석과 해석 방법 또한 매우 다양한 시도를 한다. 또한 연구 대상에 따라 각 이론과 방법론적 배경이 적용되고 그에 따라 연구 방법이 달라지는 데 여기서 연구자의 특성도 반영된다. 따라서 서로 간의 복잡한 관계 속에서 연구 절차가 달라지는 것이 질적 연구의 특성이다. 심지어 연구자가 다를 경우 연구 절차도 차이가 생긴다. 하지만 질적 연구에서 보편적으로 활용하는 연구 방법에는 많은 교집합이 존재한다. 다만 구구절절한 절차에 대해서는 차이가 있는데 이는 연구 대상과 연구자의 특성이 지배한다. 이를 특정 이론과 방법론에 따라 규정하고 특정 방식을 정한다는 것은 다소 무리라고 생각하며, 다만 예시적으로는 제공할 수 있다. 그렇다면 연구에서 가장 중요한 영향을 미치고 이해해야 하는 것은 무엇일까. 그것은 바로 이론과 방법론적 배경이다. 이는 연구자의 시각이라 할 수 있다. 어떤 시각을 가지고 연구 대상을 접하는지에 대한 결정은 다른 필요한 요소들을 선택하는 데 중요한 역할을 한다. 따라서 비판적 질적 연구에서 시도하는 연구 방법에 대한 예시는 여기에서는 생략하고자 한다. 그것은 연구자의 시각이 어떤 '비판'과 '질'을 선택하는지에 따라 기계적으로 선정되며, 연구 대상에 따라 또다시 수정되기 때문이다. 물론 이때 연구자의 시각도 연구 대상에 따라 변하는 것이 질적 연구 과정에서는 흔한 일이다. 이와 같은 소소한 절차는 이미 상당히 많이 알려져 있고 공식화되어 있기 때문에 그 어떤 것을 활용해도 모두 해당된다고 할 수 있다. 그래서 이 글에서는 이론과 방법론적 배경만을 제시하며 중복 가능한 연구 방법과 관련된 각종 절차에 대해서 다른 질적 연구와 특별한 차이가 많지 않기 때문에 반복을 피해 생략한다.

'비판적' 의미의 비판교육학

Kincheloe, McLaren과 Steinberg(2011)에 따르면, 비판이론, 비판적 연구, 비판교육학 간 차이와 관계를 설명하는 것은 어렵다고 한다. 그 이유는 각각의 개념을 주장하는 학자들뿐 아니라 각 개념이 제시하고 있는 특성도 서로 간에 합의하기가 어렵기 때문이다. 이는 '비판'이란 단어를 담은 이 세 개념들이 지속해서 진화했기 때문이라고 한다. 이들이 가진 차이를 나타내는 이론, 연구, 교육학이라는 단어들이 사전적으로 의미하는 것만으로 구분하는 것은 다소 적절치 않다. 그럼에도 이 셋 중에서 필자가 비판교육학을 가장 중요한 개념으로 소개하는 이유에 대한 해석은 다음과 같다.

비판교육학이라는 개념이 널리 알려지게 된 계기는 P. Freire의 저서 「Pedagogy of the Oppressed(피억압자[4]를 위한 교육학)」로부터이다. 물론 Freire를 비판교육학의 창시자로 인정하는 학자들도 다수 있지만 다른 학자들은 창시자들 중의 한 사람으로 인정하는 경우도 있다. 이런 다른 관점과 상관없이 비판교육학을 설명하기 위해서 Freire가 항상 가장 먼저 언급되는 학자 중에 대표적이라는 것에는 모두 동의할 것이다. 여기서 교육학[5]으로 번역한 'pedagogy'에 대한 Freire의 개념은 사회정의와 평등한 사회를 구성하기 위해 활용하는 교육 방법으로 이를 위한 접근 방식이 방법론적 입장에서도 하나의 담론으로 내세울 수 있을 정도로 광범위하고 특수한 의미를 담고 있다고 한다. 따라서 비판교육학은 그 단어가 가진 의미로는 교육학 또는 교수학의 한 전략으로 축소해서 이해할 수 있지만, 연구 방법론으로 또는 더 나아가서 인식론적 담론으로도 인정할 수 있다(Kincheloe, McLaren, & Steinberg, 2011). 특히 Freire가 교육학을 수행한 과정은 질적 연구에서 중요하게 여기는 실제적인 참여의 의미를 담고 있으며, 이론과 실천을 포괄하는 의미인 실천(praxis)이란 의미는 질적 연구에서도 가장 중요하게 여기는 연구 진행 과정에 포함해야 하는 요소이다[6]. 그리고 비판이론이 가지고 있는 특정 방향을 향한 변화와 진보와는 달리 매우 유연하게 다양한 철학, 사회학, 심리학적 담론들과 결합하여 다양한 형태의 교육학을 생산하는 비판교육학의 특성이 브리콜라주와 매우 유사하기에 비판 연구에서 방법론적 입장을 대표할 수 있는 여러 요소들을 갖추고 있다고 할 수 있다. 따라서 이 글에서는 비판교육학이라는 담론을 앞장 세워 비판이론과 비판적 연구를 함축하는 주요한 인식론과 방법론적 배경으로 하고자 한다.

비판교육학이 비판이론을 기초로 하여 발생한 것에 대해서는 이미 널리 알려져 있

---

4. 피억압자란 표현은 생소하다. 다른 번역으로는 억눌린 자, 억압을 받는 자 등이 있다. 이 모든 표현이 적절할 것 같다. 본 글에서는 'oppression'이란 단어의 번역을 '억압'으로 하는데 이는 반복해서 표현되는 중요한 단어인 '억압'을 간결하게 사용하기 위해서이다. 예컨대, 억누르는 등과 같은 다소 서술적 표현을 사용해서는 문맥상 어색할 수 있기 때문이다. 또한 많은 반복이 될 피억압자도 마찬가지인데, 억눌린 자, 억압을 받는 자 등보다는 피억압자란 표현이 더 간결하다고 생각하기 때문이다.

5. 비판교육학에서 교육학은 'education', 'educology' 등 번역에 사용될 수 있는 영어 단어들 중에서 'pedagogy'를 의미한다. 이는 '교수학', '교수' 등으로도 번역되는데 이 글에서는 교육학으로 번역했다. 그 이유는 Freire가 활용한 'pedagogy'가 함축하고 있는 의미와 운영과정을 볼 때 '교육학'의 하나의 새로운 개념으로 활용하고 있기 때문이다.

6. Denzin과 Lincoln(2011)이 소개하고 있는 북미 질적 연구 역사에서 1990년 전후에 발생한 삼중위기, 즉 재현(representation), 합법성(legitimation), 실천(praxis)에 대한 각성에서 실천은 질적 연구에서 선택이 아니라 반드시 포함해야 하는 요소라는 함축된 의미를 담고 있다. 이러한 성찰에 의해 실행연구(action research)와 같은 실천을 포함한 연구가 질적 연구 분야에서 각광을 받은 배경이 되고 있다.

다. 따라서 비판이론이 지향하고 있는 바와 근본적인 입장은 같다고 할 수 있다. 따라서 비판이론을 간단히 이해하고자 한다. 비판이론은 1923년 설립된 사회연구소(The Institution for Social Research, The Institut Fur Sozialforschung)에 1930년대 M. Horkheimer가 유명한 연구자들의 참여를 이끌면서 형성된 프랑크푸르트 학파(Frankfruter schule) 구성원들에 의해 정립된 철학적 담론이다. 이들은 독일 철학자들에 대해서 연구를 진행했으며, 따라서 이들의 논리와 사고는 비판적인 목소리가 섞여 있을지라도 Karl Marx, Immanuel Kant, Georg Wilhelm, Friedrich Hegel, Max Weber 등에 기초하고 있다. 이들의 연구 주제에 대한 간략한 설명은 필자의 다른 글에서 다음과 같이 요약하고 있다(허창수, 2012: 399).

> 비판이론가들의 주요 연구 주제는 독일 철학자들이 고민해 온 인간의 이성(human reason)과 합리성(rationalization)에 초점을 두어 왔다. 이들은 인간의 이성은 다양한 형태의 지배(domination)와 권력관계(power relations) 내에서 중립적이지 않다고 주장하고 있다. 이렇게 중립적이지 않고 지배와 권력관계 내에서 형성된 인간의 이성을 비판이론가들은 도구적인 이성(instrumental reason)이라고 정의하고 있다. 이와 같은 주장과 함께 비판이론가들이 추구하는 것은 사회현상의 정치적인 본질(political nature)에 대한 인식을 증가시키고 당연시 여기는(taken-for-granted) 일상에 비판적으로 반성할 수 있는 연구자의 능력을 발전시키고자 하는 것을 목표로 한다(Alvesson and Sklödberg, 2000).

여기서 비판이론이 가진 인간의 이성과 합리성이 자율적이고 능동적으로 발전하기 위해서 가장 기초적으로 필요한 사고방식이 바로 변증법이다. 즉 변증법적 사고는 비판이론이 가지고 있는 목표를 달성하기 위한 기초적인 방법이며, 이러한 사고의 방법이 가진 특성이 '비판'이라는 단어를 의미한다.

비판교육학은 이와 같은 비판이론에 근거하고 있다. 비판교육학의 개념은 여러 학자들에 따라 설명하는 방식이 조금씩 다르다. 예컨대, 필자는 다음과 같이 설명하고 있다.

> 비판교육학에서 의미하는 교육의 목적은 해방이다. 허위의식과 억압의 구조 속에서 해방되는 것을 의미하는데, 이는 권력관계를 형성하게 되는 억압구조를 구성하는 데 역할을 하는 이데올로기적 헤게모니를 해체하고 재구성할 수 있는 비판적 사고를 통해 이루어질 수 있다는 것이다. 이 후자는 결국 비판이라는 의미가 담고 있는 교육적 실천을 제

시하고 있다. 이에 대한 학문적 설명은 다음과 같다. 비판교육학은 불평등한 권력관계를 교육적인 맥락에서 이해하도록 노력하는 데 초점을 두고 있다(허창수, 2012: 420-421). 비판교육학자들이 가진 문제의식은 다음과 같다. 많은 교육기관들은 학생들에게 신화적 신념을 내면화시키는 데 노력해 왔다는 것이며, 앞으로도 이와 같은 허위의식을 형성할 수 있는 다양한 기회들이 제공될 수 있다는 것이다. 따라서 이로부터 벗어나거나 빠져들지 않기 위해서는 학습자들이 비판적 사고와 공동체적 행위들을 통해 해방을 성취해야 하는데, 이러한 안내를 하는 것이 바로 비판교육학이다(허창수, 2015: 253).

Kincheloe, McLaren과 Steinberg(2011)는 비판교육학자의 태도를 7가지로 설명하고 있는데, 이를 요약하면 언어는 주요 행위체가 되어 이데올로기와 계급의 사회적 관계를 통해 권력관계를 형성하고 이를 주도하는 지배계층은 항상 존재한다. 흥미로운 것은 이러한 관력관계가 피억압자들의 인정에 의해 완성된다는 것이다. 따라서 이를 해체하기 위해서 피억압자들이 가진 의미를 이해하도록 하는 것이 비판교육학이다. 이는 다음의 내용(Kincheloe, McLaren, & Steinberg, 2011: 164)을 요약한 것이다.

첫째, 모든 생각들은 근본적으로 사회와 역사적으로 형성되는 권력관계에 의해 중재된다(mediated).

둘째, 사실(fact)은 특정 가치와 이데올로기의 형태로부터 분리될 수 없다.

셋째, 특정 대상에 대한 특정 개념 또는 기의와 기표는 안정적이고 고정되어 있지 않으며 자본주의자의 생산과 소비의 사회적 관계에 의해 중재된다(mediated).

넷째, 언어는 주관성의 형태에 있어 핵심인데, 이는 의식과 무의식을 모두 포함한다.

다섯째, 어느 사회에나 특권층은 존재하며 특권의 이성이 매우 다양할지라도, 현 사회에서 억압이라는 것과 그로 인한 특권은 피억압자들이 억압자들의 존재를 자연적인 것, 필요한 것 또는 필연적인 것이라고 인정할 때, 강력히 재생산된다.

여섯째, 억압은 다양한 측면을 가지고 있다.

일곱째, 주요 연구 실행은 계급, 인종, 젠더 억압의 재생산 체제 내에서 함축적인 의미를 가지고 있다.

비판교육학을 좀 더 구체적으로 이해하기 위해서는 주로 활용하는 주요 개념들에 대한 이해가 필요하다. 이는 P. McLaren(2009)이 잘 제시하고 있다. 그는 비판교육학의 핵심

개념을 4개 영역에서 소개하고 있다. 첫째, 지식은 사회적으로 구성되는 것으로 전제하고 있다. 특히 지식은 권력관계에 의해 형성되는 가치중립적이지도 객관적이지도 않은 성격을 가지고 있으며, 특정 방식에 의해 구성되는 것으로 인정하고 있다. 이 영역에서 이해가 필요한 개념은 지식의 형식(forms of knowledge), 계급(class), 문화(culture), 지배/종속/하위문화(dominant, subordinate, subcultures), 문화의 형식(cultural forms), 헤게모니(hegemony), 이데올로기(ideology), 편견(prejudice)이다. 둘째, 권력관계에 대한 것이다. 특히 지식이 권력과 어떤 형태로 관계를 구성하고 있는지에 대한 것인데, 비판교육학은 지식이 권력관계에 의해 형성됨을 지적하고 있다. 이를 위한 개념으로 담론(discourse)을 개념화하고 있다. 셋째, 비판교육학은 실행으로써 교육의 중요성을 강조하고 있고 이를 담고 있는 교육과정은 이해해야 할 중요한 영역이다. 특히 잠재적 교육과정(hidden curriculum)의 개념은 가장 중요한 권력관계의 지식 형성 과정을 설명하고 있다. 또한 교육과정은 문화정치의 형태(form of cultural politics)로서 이해하는 것이 필요함을 제시하고 있다. 넷째, 사회재생산에 대한 것이다. 비판교육학의 주요한 목적 중의 하나는 억압과 피억압의 구조가 재생산되고 지속되는 연결 고리를 제거하는 것이다. 재생산에 대한 논리는 여러 형태가 있어 왔는데, 비판교육학에서는 문화 자본(cultural capital)의 작동 원리에 상당한 관심을 가지고 있다. 따라서 McLaren(2009)은 이 네 영역에 모두 12가지 핵심 내용을 개념화하고 있다. 이에 대한 구체적인 설명은 다음과 같다.

비판교육학에서 요구하는 지식의 형태는 해방적 지식(emancipatory knowledge)이다. 이는 Habermas(1968)가 제시한 지식의 형태에 의한 것인데, Ryle(1949)의 지식에 대한 구분을 확장한 것이다. Ryle(1949)은 지식 구분을 방법을 아는 것(knowing how)과 사실을 아는 것(knowing that)으로 구분했고, 이러한 구분에 Habermas(1968)는 비판적 지식의 부재를 지적하며 해방적 지식에 대한 이해의 필요성을 주장했다. 이들 간의 구분에 대한 Terry(1997: 271)의 정리는 〈표 2〉와 같다.

McLaren(2009)은 〈표 2〉에서 지식의 형태를 기술적 지식(technical knowledge), 실제적 지식(practical knowledge), 해방적 지식(emancipatory knowledge)으로 구분했다. 기술적 지식은 자연과학으로 대변되는 지식을 의미하며 실제적 지식은 사회적 상황에 대한 역사적, 발전적 분석으로 얻어지는 지식을 의미한다. 또한 Giroux(1988: 122-123)의 경우 기술적 지식을 생산적 지식(productive knowledge), 해방적 지식을 지향적 지식(directive knowledge)으로 구분하여 후자를 다음과 같이 설명하고 있다.

지향적 지식은 생산적 지식이 대답할 수 없는 질문에 대답하도록 설계된 탐구 양식이

〈표 2〉 Habermas의 지식(인식)과 관심[7] 개념 요약(Terry, 1997: 271)

knowledge (지식)	interests (관심)	types of knowing(Ryle) (앎의 유형)	examples (예)
critical (비판적)	emancipatory (해방적)	knowing why (이유에 대한 앎)	political theory/psycho-analysis (Marx/Freud) (정치적 이론/심리분석)
hermeneutic (해석적)	historical (역사적)	knowing how (방법에 대한 앎)	humanities/social science (인문/사회과학)
analytical (분석적)	empirical (경험적)	knowing that ('것'에 대한 앎)	natural science (자연과학)

다. 즉 지향적 지식은 수단과 목적 간의 관계에 대한 사색적 질문에 관심 있다. 지향적 지식은 학생 스스로 배우는 목적에 대해 문제제기하는 철학적 탐구 양식이다. 지향적 지식은 현재 사용 중인 생산적 지식에 대해 의문을 제기하는 것이다. 지향적 지식은 '어떤 목적을 위해'라고 질문하기 때문에 삶의 질을 높이는 중요한 문제를 공식화한다,

사용하는 단어에 따라 조금의 차이는 있을 것이라 생각하지만, 비판교육학에서 생각하고 있는 지식의 형태는 해방적 지식이라는 것을 분명히 알 수 있다. 단, 이는 형식에 대한 절대적인 분류 방식이라고 할 수는 없으며 Habermas의 지식 구분에 따른 것이다. 이 해방적 지식이 추구하는 것은 사회정의, 평등, 그리고 해방을 위해 기초를 제공한다(McLaren, 2009: 64).

계급은 경제적 지위뿐 아니라 사회, 정치적 지위를 모두 포함한다. 서로 다른 계급 간 관계에 작동하는 권력관계, 그리고 그로부터 세분화되는 다양한 계급의 형성에 대한 이해는 전통적으로 비판교육학에서는 중요한 개념이다. 문화는 인간이 삶을 살아가는 특정 방식이라고 하면 적절할 것이다. 이는 학술적인 설명인데, 필자에게 문화는 인간이 생산한 모든 것을 의미한다. 인간이 소속된 세계는 자연 세계와 사회 세계로 구분할 수 있다.

---

7. 지식과 관심은 Erkenntnis und Interesse(knowledge and human interests)를 번역한 것이다. 단어 'Erkenntnis(knowledge recognition)'는 '인식'으로 번역된다. 이 글에서는 지식이라고 번역했는데 전후 논의를 이해하는 데 인식보다는 지식으로 표현하는 것이 유리하다고 판단했다. 또한 이 글은 대부분 영문 참고문헌을 활용하고 있는데 대체로 'Erkenntnis'를 'knowlegde'로 인정하고 있기 때문이기도 하다. 사전적으로 인식과 지식은 비슷한 의미를 담고 있지만 인식은 성과물인 지식에 그것을 아는 작용을 포함하고 있다. Habermas의 영어 번역본(Sapiro, 1971)에는 'knowledge and human interests'로 영역되어 있으며, 김경만(2015)의 경우 'knowledge and human interest'를 '지식과 이해 관심'으로 번역하기도 했다.

자연 세계에서 인간은 인간 이전의 동물에 지나지 않는다. 이들은 대체로 기본적인 관계와 생물학적 특성에 의존하여 살아간다. 사회 세계에서는 동물을 벗어난 인간으로서 삶을 의미한다. 인간은 사회관계의 구조 속에서 다양성을 가지고 집단을 형성해서 살아간다. 이 집단 간에 형성되는 권력관계는 문화로부터 이해할 수 있다. 이와 같은 문화의 형태는 비판교육학적 입장에서 세 가지로 구분한다. 지배문화, 종속문화, 하위문화인데, 지배문화와 종속문화는 사회 계급과 관련성이 있다. 즉 자본가의 문화와 노동자의 문화는 이 두 가지의 예가 될 수 있다. 반면 하위문화는 사회 계급에 따른 문화라기보다는 각 집단 내 주요문화 주변에 존재하는 문화라 할 수 있다. 즉, 지배문화나 종속문화를 소유하고 있는 집단들 주변에는 이에 따르지 않는 주변 문화인 하위문화를 추구하는 소규모 집단들이 존재한다. 문화의 형식은 기호와 실행을 통해 표현하는 것들을 의미하는데 음악, 의복, 음식, 종교, 춤, 교육 등이 이러한 형식이라고 할 수 있다.

헤게모니와 이데올로기는 구체적인 논의를 하게 되면 다소 복잡한 개념이다. 따라서 이 글에서는 비판교육학에서 활용하는 개념으로 소개하고자 하기 때문에 간단히 정의한다. 우선 이 두 개념은 처음 소개되고 시간이 흘러가면서 그에 대한 이해가 확장되었다는 것을 전제로 한다. 그리고 소개하는 내용은 특정 시점에서 필자가 정리한 것인데, 학자와 시기에 따라 개념의 차이는 있지만, 그 본질적인 특성은 유사하다고 할 수 있다. 필자의 다른 글에서 정리한 것을 소개하면 다음과 같다(허창수, 2012: 406-407).

이데올로기 개념은 결국 사회적인 표상(social representation)과 실행(practices)으로 요약되며, 이러한 사회적인 표상과 실행들은 기득권을 가진 계급의 의미와 권력을 유지하기 위한 수단으로 사용된다. 그러므로 기득권을 갖지 못한 계급의 구성원들은 잘못되고 왜곡된 의식(false consciousness)[8]과 함께 이데올로기들의 사회적인 표상을 실행하게 되고 기득권 계급으로부터 지배를 당하게 된다.

헤게모니는 일상적인 경험에 의해 구조화되는 실행들의 의미와 상징 그리고 합법적으로 관심을 지배하는 의미와 상징을 담고 있는 담론의 양식을 형성해 가는 과정이다. 이러한 헤게모니의 의미 안에서 지배계급은 교육과 매체 등과 같은 사회자본을 통제하고 피지배계급의 왜곡된 일상을 형성한다. 더 나아가서 지배계급의 헤게모니는 하나의 사회 안에서 의미, 상징, 실행들의 근본을 형성하는 과정을 이루고 있다.

---

8. 인용문이라 당시 사용한 단어를 그대로 사용하고 있다. 이는 허위의식으로 사용하는 것이 더 적절한 것 같다.

헤게모니와 이데올로기는 비판교육학에서 사회현상을 설명하기 위한 중요한 도구로 인정하고 있다. 편견은 개인이나 집단에 대한 부정적인 예단(豫斷)으로 허위 또는 왜곡된 의식을 포함하고 있다. 즉 당연시 여기는 이데올로기적 특성을 담고 있다고 할 수 있다.

두 번째 영역인 권력과 지식의 관계에서 중요한 개념은 담론이다. 담론은 개념들의 집단으로 권력관계를 담고 있다. 이는 M. Foucault(1969)의 개념을 주로 사용한다. 그에 의하면 담론은 역사적으로 형성되며, 언어에 의해서 사회적으로 구성되면서 규칙화된다. 이는 단순히 언어 집단만을 의미하는 것이 아니라 진술, 용어, 분류, 신념 등에 걸쳐 역사적, 사회적, 제도적으로 특정 구조를 갖는다. 담론적 실행(discursive practices)은 특정 규칙 안에서 담론을 재생산하고 그에 의해 지배를 하는 권력을 포함하고 있다. 이러한 담론에 의해 형성되는 지식은 권력을 재생산하는 데 활용된다. 따라서 지식과 권력관계는 중요한 쟁점으로 이해해야 한다.

비판교육학에서 교육과정은 매우 중요한 연구 대상이다. 여기서 의미하는 교육과정은 R. Tyler(1949)가 제안한 학교 내에서 계획된 교육활동의 총체만을 의미하는 것이 아니라 교육이 진행되는 전체 과정을 의미하며, 그 내에서 포함 가능한 다양한 역동에 대한 이해의 의미를 담고 있다. 즉 비판교육학에서 추구하는 교육과정은 Tyler식 교육과정을 재개념화한(Pinar et al., 1995) 것인데, 목표와 결과보다는 교육이 진행되는 과정에 대한 이해가 필요하며 학교 내외에서 진행되는 다양한 교육활동 모두를 포함한 개념으로 요약할 수 있다. 비판교육학에 의하면 학교는 '이데올로기적 국가 장치(Ideological State Apparatus)'(Althusser, 1971)이며 교육과정은 하나의 헤게모니로 개념화할 수 있다. 따라서 교육은 진행되는 과정에서 비판교육학에서 비판하고 있는 허위의식을 생산하는 중요한 역할을 하고 있다. 그에 대한 예시적 개념으로 잠재적 교육과정이 있다. 이는 실제 연구에서 매우 중요한 쟁점이며 대상이다. 잠재적 교육과정의 개념은 매우 간단하다. 의도하지 않은 학교 실행의 결과이다. 이는 의도하지 않은 결과이기는 하지만 지배 계급은 때론 이를 의도적으로 이용하여 허위의식을 재생산하는 역할로 활용한다. 이와 같은 헤게모니 관점에서 보면 교육과정은 문화적 관점에서 문화정치의 한 형태이다. 지배문화와 종속문화 그리고 하위문화는 학교 구성을 통해 학교 교육과정에 유입되고 이들은 서로 정치적인 태도로 서로에게 접근하여 역동적인 활동이 진행되는 과정을 형성하는데 이를 비판교육학에서는 교육과정의 개념으로 삼고 있다. Pinar 등(1995)에 의해 재개념화된 교육과정 개념은 다양한 세부적인 특성을 가지고 있는데, 비판교육학에 의하면 문화정치의 특성을 가지고 있다는 것이다. 따라서 교육과정은 이러한 특성을 이해하고 구성원들 간에 문화정치를 통해 해방, 임파워먼트(empowerment)[9], 정당성, 평등성 등을 생산하도록 해야 함을 주장하고 있다.

　사회재생산에 대한 비판교육학의 관심은 오랜 전통처럼 되었다. 예컨대, 학교가 현존하는 지배적인 경제와 계급의 구조를 의도적이든 비의도적이든 재생산하기 위해 하는 실행들에 대해서 이해하고자 했다. 사회재생산은 전통적으로 세 가지로 나누어 구분한다 (Giroux, 1981). 첫째, 사회재생산이다. 학교의 예를 들어 설명하면 학교에는 교육과정이 있고 이는 이데올로기를 포함하고 있기 때문에 이를 통해 사회의 구조를 재생산한다는 것이다. 이러한 이데올로기를 통한 사회재생산은 Althusser(1971)의 개념을 통해 설명한 것이다. 이보나 더 널리 알려진 설명은 Bowles와 Gintis(1976)의 자본주의 사회 내 학교 역할에 대한 것인데, 구조적 측면에서 서로 일치한다는 것이다. 따라서 이러한 대응되는 구조 속에서 사회는 재생산된다는 대응이론(correspondence theory)을 주장했다. 이는 교육과정의 구조적 특성이 사회 구조와 일치함을 지적하고 있다.

　둘째, 문화재생산이다. 학교를 예로 설명하면, 학교는 교육과정을 통해 지배계급의 문화를 합법화(legitimation)하고 정당화(justification)하는 역할을 통해 문화재생산의 행위체(agent)가 된다는 것이다. 이는 Bourdieu와 Passeron(1979)의 개념에 의한 것인데, 이들이 설명하고 있는 문화재생산의 설명을 다른 글에서 필자가 다음과 같이 소개하고 있다.

　　재생산에 대한 관점을 문화재생산이라는 개념을 통해 설명하고 있는데, 경제계급을 근본으로 하는 계층(hierarchal)사회는 이데올로기 그리고 물질에 의해 설정된 환경의 '상징적인 폭력(symbolic violence)'을 통해서 중재되고 재생산된다고 했다. 다른 말로 표현하면, 경제계급의 지배는 지배계급에 의해 제공되는 상징적인 권력(symbolic power)의 안정적인 실행을 통해 구성된다. 이러한 진행은 "지배계급의 관심사와 함께 구성된 사회세계에 정의를 부과하기 위해서이다"(Bourdieu & Passeron, 1979: 80). 이러한 문화재생산 개념으로부터 Giroux(1981)는 문화자본(cultural capital)이 지배계급의 관심사와 일상생활의 연결을 중재하는 역할을 해 왔다고 주장한다(허창수, 2012: 414).

　셋째, 저항이론이다. 재생산이라는 단어를 포함하지 않지만 재생산 이론으로 구분되는 것은 아마도 재생산되는 회의적인 사회의 구조 속에서 이에 대한 해결 방향을 제시할 수

9.　'empowerment'는 권한이양, 역량강화 등으로 표현하기도 하는데 비판교육학에서 사용하는 개념은 자율성과 자기결정권이 강화되는 것을 의미한다. 그것이 구체적으로 의미하는 바에 대해서는 구체적인 논의가 필요하지만 이 글에서 사용하는 임파워먼트는 표면적으로는 이 두 가지를 의미한다. 이를 하나의 단어로 표현하기 어려워 영어식 발음을 그대로 음역하여 사용했다.

도 있다는 희망이 포함된 것이 아닌가 싶다. 이는 헤게모니적 투쟁을 통한 저항으로 재생산의 고리를 무너뜨릴 수 있다는 것을 이해했기 때문이다. 하지만 저항이론은 재생산의 의미도 포함하고 있다. 즉 저항을 통해 재생산의 반복으로부터 벗어나려고 하는 모든 시도가 성공적인 것은 아니다. 저항의 지속성이 무너지고 결국 재생산에 또다시 참여하는 현상도 목격하게 되었는데 이런 의미에서 저항이론은 재생산의 미시적, 거시적 구조를 설명하는 이론이라고 할 수 있다. 이는 P. Willis(1977)의 연구를 통해 설명되었다. 그리고 이러한 저항은 지배계급과 피지배계급의 이분법적인 구조에서만 존재하는 것이 아니라 앞에서도 설명하고 있는 다양한 하위문화의 집단을 통해서도 진행된다. 또한 비록 저항이 사라지고 재생산의 구조로 재진입된다 하더라도 그 저항은 그대로 사라지지 않고 차연(差延)되어 특정 시점에 다른 저항과 함께 다시 살아나기도 한다. 따라서 비판교육학은 사회재생산에서 다소 회의적인 사회와 문화재생산 이론보다는 저항이론에 큰 관심을 두고 있다.

마지막으로 비판교육학은 문화자본의 개념에 초점을 두고 있다. 문화자본은 P. Broudieu의 개념으로 유명하다. 문화자본은 다양한 문화적 산물에 포함되어 있다. 이는 물질적인 것뿐 아니라 비물질적인 모든 곳에 존재하는데, 예를 들어 지식의 형태, 언어 실행, 가치, 언어 사용방식, 행동 등 다양한 곳에 흔적이 묻어 있다. 문화자본은 물질자본의 속성에 포함되며, 상징적 통화 또는 재화의 형태로 전환된다. 이로부터 결국 사회구조의 경제적 힘을 대변하는 상징이 되어 스스로 자본주의 사회의 경제적, 사회적, 문화적 권력관계를 생산 그리고 재생산하는 역할에서 핵심이 된다.

McLaren(2009)의 이와 같은 비판교육학에 대한 개념 설명은 이에 기초한 연구와 교육자가 모두 갖춰야 하는 시각과 지향을 안내하고 있다. 따라서 이러한 개념에 따라 세상을 바라보고 이해하고자 노력하는 태도, 논리와 사고, 그리고 실천에 의한 연구가 바로 비판교육학이라고 할 수 있다. 필자는 이에 적극적으로 동의하는 편이며 하나의 방향을 충분히 제공해 주고 있다고 생각한다. (주요 방향이라고 해도 좋을 듯하다.) 반면 이에 대해서는 비판적인 목소리와 함께 다른 의견을 가진 비판교육학자들도 있다. 한 사례만을 간략히 소개하면 다음과 같다. Cho(2013)는 McLaren이 강조하고 있는 핵심은 문화정치와 담론에 지나치게 초점을 두고 있는데 이는 비판이론이나 비판교육학만이 가지고 있는 특성이 아니라 많은 학문적, 이론적 배경에 영향을 미쳤기 때문에 비판교육학이 가진 차이에 대해서 좀 더 구체적으로 논의하는 것이 필요함을 지적했다. 이에 따라 Cho(2013)는 비판교육학은 두 가지 논의 주제가 지배적이라고 주장했다. 이는 지식과 권력관계에 대한 이해와 교육학의 민주화이다. 그리고 이를 달성하기 위한 것으로 네 가지 대안적 교육의 특성을 제시하고 있다. 첫째, 경험(lived experience)에 대한 강조이다. 자신의 경험에 대한 권위와 타당성을 주장할 수 있도록 해야 한다. 둘째, 다자성(multiplicity)과 포용/포함(inclusion)인데 이는 주체와 행위 그리고 주변의 다양성을 포용할 수 있는 의식을 갖는 것을 의미한다. 셋째, 반위계적 민주주의(anti-hierarchy democracy) 추구인데, 위계성이 가진 반민주주의적 특성을 제거하기 위한 노력이 필요하다는 것이다. 넷째, 개인적 자각(enlightenment)의 노력인데 이는 각 개인 모두가 허위의식으로부터 벗어나는 것을 의미한다.

　큰 틀에서 보면 서로 간에 차이가 잘 구분되지 않는 것 같지만 구체적인 개념이나 방향에 있어서 약간의 차이가 있는 것은 분명하다. 이처럼 비판교육학자들 스스로 추구하는 이론적 배경에 따라 조금씩 차이가 있다. McLaren의 경우 K. Marx와 M. Foucault 그리고 신마르크스주의(neo-Marxist)에 상당부분 기초해서 이론적 배경을 설명하고 있는 것 같다. 다시 말해 Cho가 제시한 두 가진 주제 중 전자에 지나치게 집중하고 있는 것 같다. 그러다 보니 후자에는 다소 소홀한 것처럼 여겨지지만, 필자는 Cho의 비판에 전적으로 동의되지만은 않는다. McLaren도 사회정의와 평등을 앞세워 교육의 민주화에도 큰 관심을 가지고 있다. 또한 문화정치와 담론에 초점을 두고 있다는 의견에 일부 동의하지만 이는 다소 편협하게 바라보는 시각이라고 생각한다. 이에 대해서는 앞에서 기술한 다양한 관점에서 충분히 찾아볼 수 있다. 따라서 비판교육학자들도 각자 다른 주체성에 의해 형성된 시각에 따라 이론적 배경을 주장하기 때문에 서로 간에 약간의 차이는 있을 수 있지만 큰 방향에서는 서로 유사한 지향점을 바라보며 논의하고 있다. 그리고 그 지향점은 앞에서 논의한 개념들의 조합에 의해 이루어져 있다고 할 수 있다.

'질적 연구'의 의미 브리콜라주

필자는 앞 절에서 '비판적'의 의미를 '비판교육학'과 동일한 것으로 주장하며 논의했다. 이 절부터는 '비판적' 연구를 비판교육학으로 하고자 한다. 비판교육학의 방법론도 그 이론적 배경만큼 매우 다양하다. 그 이유는 기존에 존재하는 이론적 배경만 손꼽아 봐도, 비판이론, 탈근대주의, 후기구조주의, 여성주의, 해체주의, 탈식민주의, 사회적 구성주의 등 많은 철학과 사회학적 이론, 심리학에까지 모두 걸쳐 있다. 보편적으로 개념화된 방법론도 상당수 포함되어 있는데, 예컨대, 비판적 문화기술지, 비판적 해석학, 비판적 실행연구 등 주요 방법론들은 상당부분 비판교육학과 연관성을 가지고 있으며, 이는 이미 합법화 또는 공식화되었다. 영향받은 학자들도 매우 다양하다. 비판교육학은 전통적으로 독일 철학자들의 사상을 담은 비판이론의 영향을 받아 제창되었지만, 이후 J. Baudrillard, M. Foucault, J. Derrida, L. Irigaray, J. Kristeva, H. Cixous, M. Bakhtin, L. Vygotsky 등 다양한 여러 학문적 담론을 포함하고 있고(Kincheloe, McLaren, & Steinberg, 2011), 이들은 각자 활용하는 방법론적 특이성을 가지고 근본적인 질문에 접근했기 때문이다. 독일 철학이 활용한 변증법이나 그로부터 변형되고 발전한 것만이 비판교육학의 방법론으로만 사용되는 것은 아니다. 그 외에도 언급한 담론들이 사용하는 다양한 방법론들을 활용하고 있다. 따라서 비판교육학적 질적 연구는 특정 방법론에 집착하지는 않는다. 여러 방법론을 고려하여 적절한 것을 선택하거나 혼합하여 '짜깁어' 활용하는 경우가 많이 있다. 이러한 특성이 브리콜라주라는 미술운동과 상통하는 면이 있어 비판교육학자들(예, Kincheloe, McLaren, & Steinberg, 2011)은 비판적 또는 비판교육학적 질적 연구의 방법론적 특성을 '브리콜라주'라고 하며, 이를 '해방적 연구 구성(emancipatory research construct)'(Kincheloe, McLaren, & Steinberg, 2011: 167)이라고 했다. 이 절에서는 브리콜라주가 해방의 의미를 담은 비판교육학적 질적 연구 방법으로서 가능성을 소개하는 데 초점을 두고자 한다. 즉 비판교육학에서 질적 연구라는 의미는 바로 브리콜라주라는 것을 입증하고자 한다. 더 나아가 비판교육학적 질적 연구가 브리콜라주임까지도 주장하고자 한다.

비판적 또는 비판교육학적 질적 연구가 브리콜라주라는 주장은 언뜻 큰 문제가 없어 보이기도 하지만 한편으로는 이에 대해서 큰 반론을 제기하는 경우도 있을 것 같다. 예컨대 조용환은 여러 글(예, 1999, 2012)에서 질적 연구의 주요 철학적 배경을 현상학이라고 하고 있다. 필자의 이해로도 조용환은 질적 연구의 가장 중요한 배경을 현상학으로 이해하고 있는 것 같다. 이런 관점에 오해나 특별한 문제 제기가 필요한 것은 아니지만 조용환의 관점에 기초한 현상학에 근간을 둔 질적 연구를 수행하는 하나의 큰 집단이 형성되어 있기 때문에, 그들의 입장에서 보면 비판적 질적 연구는 브리콜라주라는 주장에 의문을 제기할 수 있다고 생각한다. 이는 단순히 조용환만의 주장은 아니다. 비록 양적 연구자이지만 이종승(2009)은 한국에서 연구 방법론의 주요한 학자 중 한 사람이다. 그는 다양한 연구 방법론을 소개하는 그의 저서에서 질적 연구 방법을 소개하고 있는데 질적 연구의 철학적 배경을 현상학·해석학으로 이해하고 있다. 이는 Habermas(1968)의 인식론적 입장의 지식 구분에서 해석적 지식과 비판적 지식의 차이로 미루어볼 때 비판이론에서 의미하는 비판적 해석학을 의미하는 것 같지는 않다. Habermas는 그의 저서에서 상호작용적 지식 구성을 중요하게 지적하고 있고, 또한 해석학적 관점을 강조하고 있어 변증법보다 해석학적 변증법(hermeneutical dialectics)의 필요성을 주장하고 있다. 이런 면에서 보면 질적 연구가 현상학과 해석학의 철학적 전통을 가지고 있기도 하지만 비판이론의 전통도 있으며 이는 현상학과 해석학만으로 온전히 설명하기에는 다소 무리가 있어 보인다는 것을 이해할 수 있다. 물론 해석학과 현상학, 비판이론적 전통이 서로 교집합을 가지고 있다고 주장할 수 있지만, E. Husserl로부터 시작한 현상학의 전통은 G. Hegel이 제시한 현상학과는 다른 의미를 담고 있음을 비판하고 있고, 후학들은 Husserl도 Hegel의 현상학을 전면적으로 부정하지 못하고 있다고 주장하며 현상학의 다른 시각을 제시하는 것을 보면, 이 둘 간의 교집합에 대해서는 상당한 논의가 필요할 것이다. 따라서 질적 연구를 현상학과 해석학의 철학적 배경으로 주장할 수 있을지 모르지만 '모든' 이라는 의미를 담고 있는 질적 연구의 철학적 배경이 현상학과 해석학적 전통이라는 것에는 다소 논란의 여지가 있다고 할 수 있다. 이는 모든 학문의 본질은 현상학과 해석학이라는 의미를 담고 있기 때문이다. 하지만 이러한 주장을 질적 연구의 근간으로 보는 학자들에게 있어 비판교육학의 질적 연구가 브리콜라주라는 것은 논쟁의 여지를 가지고 있다. 이는 다음의 기술에서도 이해할 수 있다.

　　Denzin과 Lincoln(1994, 1998)[10]이 편집한 첫 핸드북(handbook)[11]에서부터 질적 연구를 브리콜라주라는 개념으로 설명하고 있는데, 이를 처음 제시한 비판교육학적 질적 연구라는 명제에 연결하면, 질적 연구는 브리콜라주이고, 브리콜라주는 비판교육학적 질적 연구라는 어설픈 등식이 성립된다. Denzin과 Lincoln(1998: 3)은 다양한 연구의 방법론들을 아마도 브리콜라주로 보는 것이 적절하다고 주장하고 있는 것 같다. 연구 방법이나 인식론의 입장에서의 지식 개념에 대해서 브리콜라주의 의미는 Lévi-Strauss(1966) 이후 여러 주장들이 있어 왔지만 질적 연구의 개념을 브리콜라주로 공식적으로 명명한 것

---

10. 이 참고문헌은 질적 연구 영역에서 중요한 의미를 가지고 있다. 2016년 현재는 『The SAGE handbook of qualitative research』(4th eds)(2012)가 최근 출판된 것이지만 이 핸드북은 1994년에 처음 출간되었고, 이후 2000년, 2005년, 2011년 세 차례의 개정본이 출간되었다. 개정본들의 소개글에는 각각 이전 출판본의 2/3이상 개정되었음을 강조하고 있다. 이는 그 동안 질적 연구가 빠르게 다양한 논의를 해 왔음을 알 수 있다. 그리고 첫 핸드북은 그 외에도 많은 질적 연구 논의 및 진행에 방향을 제시하는 역할을 해 왔다. 현재 한국에서는 제4판 번역본이 출간되어 있다. 이 핸드북의 또 다른 특성 중에 특이한 것은 핸드북의 규모로 인해 이동과 강의에 활용하기 위해 물리적으로 어려운 점, 비싼 가격, 특정 부분에 대한 필요성 등을 고려하여 전체 내용을 담은 핸드북 이외에 세 개로 기계적으로 분권해서 판매해 왔다. 그 세 권의 이름은 'The landscape of qualitative research', 'Strategies of qualitative inquiry', 'Collecting and interpreting qualitative materials'이다. 4판의 경우 핸드북과 같은 해에 출간되었지만 첫 핸드북은 1998년 이 분권들이 출간되었다. 문헌의 연도로 1994와 1998이 함께 된 것의 이유는 여기에 있다. 그리고 핸드북과 분권된 세 권의 내용은 정확히 일치한다. 이러한 출판 방식은 한국의 출판계도 고려해 볼 만한 방식이라 생각한다. 그 이유는 현재 번역된 4판본의 핸드북의 규모가 독자들에게 다소 부담스러울 수 있다고 생각하기 때문이다.

11. 'handbook'은 한 영역에 대해 다양한 참고가 될 수 있는 개념과 연구물들을 모아 기록한 것이다.

은 Denzin과 Lincoln(1998)이 최초인 것 같다. 이후 핸드북의 새로운 편집본이 출판될 때 이들이 질적 연구를 소개하는 글에는 명확하게 브리콜라주라는 개념을 질적 연구와 동일한 것으로 기술하고 주장하고 있으며 그 내용은 조금씩 진화적으로 추가되었다. 이들의 주장을 기초로 할 때 브리콜라주는 질적 연구이며 비판교육학에서 활용하는 방법론은 다양한 브리콜라주 중에 하나일 수 있다. 또한 소용환식의 질적 연구, 즉 현상학이 철학적 배경인 질적 연구도 브리콜라주의 하나라고 할 수 있다. 그렇다고 해서 비판교육학자들이 주장하는 것처럼 비판교육학의 방법론이 브리콜라주라고 특별히 강조하는 것은 오해의 소지가 있을 수 있다. 즉 필요충분조건에는 위배될 수 있다는 것이다. 그런데도 비판교육학의 연구 방법과 질적 연구를 브리콜라주라고 하는 것에 대한 필자의 해석은 다음과 같다.

모든 질적 연구는 브리콜라주이다. 철학적 배경에 대한 이해의 차이와 상관없이 질적 연구는 브리콜라주이다. 다시 말해 비판교육학뿐 아니라 다양한 철학적 배경이 있을 수 있다. 이 배경들에 따른 브리콜라주는 다양성을 가지고 있지만 이것은 양적 숫자가 여럿인 다양성을 의미하지 않는다. 그것이 드러나는 방식에 대한 다양성이라 할 수 있다. 여기서 드러나도록 하는 것은 철학적 배경인 것이다. 예컨대, 브리콜라주라는 질적 연구는 하나의 '집'과 같은 것이고 각 철학적 배경은 그 집의 바깥과 연결되어 있는 '창문' 정도로 이해하면 좋을 것 같다. 여러 창문들의 위치에 대한 특성에 따라 집 안의 모습이 달라 보인다. 그 집은 하나이다. 즉 브리콜라주는 이와 같은 하나이며 다양한 양적 의미의 숫자의 하나와 여럿과는 조금 다른 모습이다. 이 경우 다양한 철학적 배경을 가진 모든 질적 연구의 방법론은 궁극적으로 브리콜라주라고 할 수 있다. 더 정확히 말하면 다양한 브리콜라주의 모습이다. 이 때 비판교육학이라는 하나의 창문을 통해 이해하고 있는 질적 연구는 일종의 다양한 브리콜라주의 본질 중의 하나이기 때문에 브리콜라주를 비판교육학이라고 할 수 있다. 마치 다중인격처럼 말이다. 그리고 다른 철학적 배경이나 방법론과 달리 비판교육학에서 브리콜라주를 특히 강조하는 것은 이유가 있는데, 이에 대해서는 개념을 소개하는 다음의 내용을 통해 이해할 수 있다.

브리콜라주를 이해하기 위해서 이 단어를 어떻게 사용하게 된 것인지에 대해서 간단히 소개하고자 한다. 이는 예술 영역에서의 움직임에 대한 설명이 필요하다. 필자는 예술가가 아니기 때문에 그에 대한 전체적인 이해 안에서 설명하는 것은 한계가 있다. 따라서 사전적인 개념에 의존하여 소개하고자 한다. 브리콜라주보다 더욱 친숙한 것은 콜라주라는 미술의 한 표현 방식이다. 이 둘은 모두 프랑스 단어인데 콜라주라는 표현이 갖는 교집합이 실제 단어의 어원의 사전적인 의미는 다소 차이가 있다. 콜라주의 철자는 'collage'

이고, 브리콜라주는 'bricolage'이다. 프랑스어로 표기한다면 철자의 차이를 설명할 필요는 없겠지만 한국어로는 음역된 철자가 콜라주로 동일하기 때문에 오해의 소지를 없애기 위해 간단히 설명하는 것이 좋을 것 같다. 같은 콜라주와 브리콜라주에서 전자는 후자의 콜라주보다는 'l'이 하나 더 있다. 그 의미도 'collage'(Wikipedia, 2016a)는 예술 생산을 위한 하나의 기술이며, 특히 시각예술에서 활용한다. 단어 그 자체는 '접착제로 붙이다'(coller(French), to glue(English))이다. 반면 'bricolage'(Wikipedia, 2016b)는 실용예술(practical art)과 순수예술로 활용 가능한 다양한 주변 사물의 특성을 있는 그대로 생동감 있게 사용하는 행위의 과정을 통해 생산물을 구성 또는 창조한다. 단어 그 자체는 프랑스어 동사 'bricoler'이고 영어로 번역하면 'to tinker'(어설프게 손보다, 고치다) 또는 'do-it yourself(DIY)'(스스로 하는)라고 한다. 이 개념은 예술뿐 아니라 철학, 교육, 경영 등의 영역에서도 활용하고 있다.

콜라주는 근대 예술의 한 영역으로 프랑스의 화가 G. Braque와 P. Picasso로부터 알려지게 되었다. 이들에 의해 생산된 미술작품들은 cubism(입체주의)이라고 불리며 이에 활용한 기법이고, 다양한 미술 재료들을 활용해 사용하는 방식이다. 이는 후에 사진이나 각종 디지털 도구들에까지 확장하여 활용되고 있다. 하지만 콜라주는 실제로 기원전 200년경 중국에서 종이가 발명되면서 사용되었다고 한다. 한지 공예, 서예 등 종이를 잘라 붙이는 화법에서 그 흔적을 찾아볼 수 있다. 반면 브리콜라주는 안정남(2011: 69)[12]에 따르면 다음과 같다.

> 1945년 이래 제창되고 있는 반미술적, 반프로페셔널리즘의 미술운동. 비틀린 주체나 모든 수단을 이용하는 수법이어서 권위파를 포함한 전통적인 미술의 상식을 파괴할 뿐 아니라 신문, 아스팔트, 벽돌 등의 재료를 활용한다. 말하자면 야생의 미술이자 브리콜라주의 미술이다.

예술 분야에서 활용하고 있는 정의를 보면 두 기법 간에는 분명한 차이가 있다. 예술 분야 외 비전문가들이 보면 크게 다르지 않지만 필자가 주목하는 것은 콜라주와 브리콜라주 간의 차이 중 후자가 시작되고 실행되어 온 과정인데, 이는 질적 연구 방법을 위해서는 중요한 의미를 담고 있다. 특히 비판교육학적 질적 연구가 브리콜라주라는 주장에는

---

12. 안정남은 Lévi-Strauss의 야생의 사고를 번역한 자이다. 그런데도 그의 문헌으로 참고한 것은 Lévi-Strauss가 집필한 내용에 대한 이해를 위해 안정남이 직접 추가한 각주를 참고했기 때문이다.

더욱 중요한 의미가 있다고 생각한다. 미술 작품에 대한 필자의 이해[13]를 담은 글은 이를 이해하는 데 참고가 될 것이다(허창수, 2015: 247).

> 가나 출신의 예술가 El Anatsui(1944~현재)는 버려진 병뚜껑, 상품의 포장지, 알루미늄 캔 등을 이용하여 다양하 선과 면을 창조해 내고 있다. 또한 작품들은 식민주의에 대한 비판적인 시각처럼 역사, 문화, 사회, 정치, 경제적 맥락의 쟁점들을 다루고 있다. 이러한 작품들은 브리콜라주의 특성을 잘 보여 주고 있다. 브리콜라주는 짜깁기를 하는 것이지만 이러한 과정을 이끄는 지향점은 보편적이거나 관성적인 사고에 대한 비판적이고 반성적인 태도를 담고 있다. 즉, 기존에 사용하던 고급화된 권위적이고 전통적인 특정 재료들에 대한 비판적 태도를 통해 일상에서 구할 수 있는 것을 활용하여 일상의 미(美)를 추구하고 있다. 또한 전통적이고 권위를 가진 미술 방식에 대한 반성적 태도를 통해 야생적이고 신화적인 방식의 작품을 완성하고 있다. 브리콜라주의 비판적이고 반성적인 의미를 담은 지향은 질적 연구의 방식과 매우 닮아 있다.

마지막 문장에 담고 있는 비판적이고 반성적인 특성을 담은 브리콜라주는 어떤 면에서는 콜라주와 교집합을 공유하고 있지만 운동 성격을 가진 브리콜라주와는 다소 다른 것으로 이해된다. 특히 브리콜뢰르의 태도는 질적 연구자가 갖춰야 하는 근본적인 태도라고 할 수 있다.

브리콜라주는 언급한 것처럼 다양한 영역에서도 그 개념이 사용되고 있다. 예컨대, 대중문화의 경우 의상 분야의 'Derelicte'는 거리에서 구할 수 있는 모든 것을 활용해 의상을 제작하는 기법이라고 하는데 이는 브리콜라주의 한 예라고 한다. 또한 과거 1980년대 한국에서도 폭발적인 인기를 모았던 텔레비전 프로그램 맥가이버(MacGyber)와 A-특공대(The A-Team)[14]에서 주인공들이 수행했던 위기상황에서 주변의 주어진 것들을 활

---

13. 필자는 인용문을 위한 도서에도 언급했지만 예술 작품을 비평할 수 있는 전문가적 식견이 있는 것은 아니다. 따라서 일반인으로서 이해한 내용을 담고 있기 때문에 전문성 면에서 다소 부족할 수 있음을 양해해 주기 바란다.

14. 지금은 소위 미드(미국 드라마)라고 하는 미국에서 제작된 텔레비전 드라마 중 하나이다. 맥가이버(1985~1992년)는 주인공인 맥가이버가 특정 임무를 가지고 특정 상황에 투입되어 현장에서 만나는 다양한 문제적 상황을 즉흥적으로 해결해 가는 과정을 보여 주는 드라마인데, 물리학자인 맥가이버가 소위 말하는 스위스에서 생산하는 등산용 다용도 칼을 활용하여 주변 도구들을 사용해서 짜깁어 문제 해결을 위한 새롭고 임시적인 도구를 만드는 과정은 마치 과학 수업의 실험실을 옮겨 놓은 것 같아 인기가 폭발적이었다. 등산용 다용도 칼은 그 이후 '맥가이버칼'로 통용되기도 했다. 최근 텔레비전용 에피소드로 다시 제작되어 방영하고 있다. A-특공대(A-Team, 1983~1987년)는 맥가이버의 역할을 네 명으로 구성된 팀이 진행한다는 것인데, 이들은 매우 계획적이지만 때론 즉흥적으로 문제 상황에 대처하는데 이들이 이를 수행하는 과정은 브리콜뢰르의 역할이라 볼 수 있다. A-특공대는 2010년 영화로 제작되어 상영되기도 했다.

용한 도구 제작 방식 또한 브리콜라주의 하나이다. 브리콜라주는 예술 영역, 즉 음악, 시각 예술, 건축뿐 아니라 디지털 미디어, 문학 등에서 흔히 볼 수 있다. 또한 사회심리학에서는 각 개인의 내적 인지 과정을 일컫는 방법으로 브리콜라주를 사용하고 있는데, 예컨대 학자들(예, Weick, 1979)이 사회적 구성물로 인지를 이해하고자 하는 시각이 이에 해당한다. 특히 Sanchez-Burks, Karlesky와 Lee(2015)는 창조적인 해결책을 찾아가는 인지 과정을 브리콜라주의 개념을 통해 설명하고 있다. 정보체계(Information System, IS) 연구에서도 브리콜라주의 개념은 활용되고 있는데, 예컨대, Bansler와 Havn(2003)은 정보체계개발(Infomation Sytem Development, ISD) 과정이 브리콜라주의 방식과 매우 유사함을 연구 결과로 제시했다. 그리고 문화연구, 철학 등에서도 브리콜라주에 대한 논의가 있어 왔다. Derrida(1970)는 타당성 여부를 떠나 브리콜라주의 개념을 활용한다면 모든 담론은 이에 해당된다고 했다. 또한 Deleuze와 Guattari(1972: 3-7)는 분열적 생산자 또는 분열(증)자(schizophrenic producer)의 생산의 특성으로 브리콜라주를 개념화했다[15].

  여기서 의미하는 분열(증)자[16]는 자본주의와 S. Freud의 정신분석학이 생산하는 주체 중 하나로 '정상인'이라고 칭할 수 있는, 즉 자본주의가 추구하는 경계 내 그리고 오이디푸스 콤플렉스(Oeudipus Complex)에 의해 형성되는 정체성 내 존재하는 자와는 반대에 위치한 비정상인 또는 분열(증)자를 의미한다. 분열(증)자는 정상인에 의해 생산되는 존재인데, 정상인은 욕망이 자본주의와 오이디푸스 콤플렉스의 요구에 절제된 상태의 존재인 반면 분열(증)자는 이를 탈주할 수 있는 욕망을 표현하는 존재를 의미한다. 즉 욕망 기계의 탄압으로부터 벗어난 존재이다. 그리고 분열증은 생산과 재생산을 하는 욕망 기계의 특성이다. 여기서 생산에 대해서 언급하고 강조하는 이유는 생산된 대상에 초점을 두는 기존의 자본주의 관점과는 달리 욕망 기계에 의한 생산을 이해하기 위해서는 생산하는 과정, 즉 '생산하기'가 생산 그 자체보다 생산의 1차적인 특성이기 때문이다. 여기서 과정으로 인식되는 생산하기에 대한 특성을 설명하기 위해 Lévi-Strauss(1966)의 브리콜라주를 불러온다. 분열증 개념은 「Capitalisme et schizophrénie. L'anti-Œdipe」(Anti-Oedipus: Capitalism and Schizophrenia, 앙띠 오이디푸스: 자본주의와 정신분열증)에서 제시되는 주요 개념 중 하나인데 제목이 의미하는 바와 같이 Freud의 오이디푸스 콤플렉

---

15. 이 문구와 의미에 해당되는 쪽수는 영어 번역판을 참고로 제시했지만 김재인 역(2014, 3판)의 27~31쪽에 해당되는 내용도 함께 참고했다.

16. 조현병(調絃病)이라고도 불리는 정신분열증 증상을 의미하는데, 분열증 또는 분열증을 가진 자인 분열증자의 의미 모두를 포함하고자 ( )를 사용하여 분열(증)자로 표현했다.

스는 자본주의와 결합하여 분열(증)자를 생산하고 그에 따라 브리콜라주를 행하는 브리콜뢰르와 같은 탈주적이고 창의적인 인간은 분열(증)자로 낙인된다. F. Kafka와 같은 인물이 대표적이다. 어쨌든 Deleuze와 Guattari(1972)가 주장하고 있는 분열적 생산자가 그 과정에 있어서 브리콜라주라는 의미는 그가 추구하는 탈주하는 분열(증)자가 생산하는 방식의 특성을 의미한다.

이처럼 브리콜라주라는 개념은 예술뿐 아니라 다양한 학문 영역에서도 논의하고 사용하는 하나의 방법이다. 한국에서도 이에 대한 논의는 소수이지만 다양한 영역에서 진행하고 있다. 다양한 영역에 다양한 논의들을 볼 때 브리콜라주라는 개념은 구조주의 인류학자인 Lévi-Strauss의 지식을 바라보는 관점만을 의미하는 것만은 아닌 것 같다. 물론 필자는 Lévi-Strauss처럼 과학 지식도 우연과 필연의 순환적인 만남을 통해 형성된다는 비판을 통해 입증하고자 하는 브리콜라주의 타당성에 대해 방법적으로 동의하지는 않지만 브리콜라주라는 의미만을 볼 때 그리고 필자의 경험에 의하면 지식 형성의 방법으로 상당히 설득력이 있다고 생각한다. 이러한 설득력은 예술, 문학뿐 아니라 심리학, 사회학, 철학 영역에서도 넓게 논의하고 있다는 점을 통해 입증되고 있다고 할 수 있다. 이와 같은 지식의 관점은 이미 상당히 보편적인데, 이는 교육에 상당히 중요한 의미를 가지고 있다. 교육은 미래를 위한 수행이기 때문에 학문적인 발전의 뒤꽁무니를 따라가기보다는 현존하는 다양한 학문적 논의를 브리콜라주하여 미래를 위한 삶에 대한 창조를 추구해야 하기 때문이다. 그런 면에서 보면 비판교육학에서 브리콜라주는 상당히 중요한 의미를 담고 있다. 아마도 J. Kincheloe는 이러한 점을 인식하고 있었던 것이 아닌가 싶다.

이제부터 소개하고자 하는 브리콜라주의 개념은 비판교육학자인 Kincheloe의 관점에 관한 것이다. 비판교육학자들은 브리콜라주가 비판적 질적 연구의 방법론적 배경이 된다는 것에 대해서, 관련된 문헌들을 살펴볼 때, 전체적으로 동의하는 것처럼 보인다(예, Kincheloe, McLaren, & Steinberg, 2011). 다만 그것에 대한 개념적 정의에는 차이가 있는 것 같다. 그 중에서도 브리콜라주에 심취되어 집착적이라고 할 수 있을 정도로 강하고 심도 있게 주장하는 학자는 바로 J. Kincheloe이다. 특히 질적 연구 관련 대표적 학술지라고 할 수 있는 'Qualitative Inquiry'에 게재한 두 편의 논문(Kincheloe, 2001, 2005)은 그가 생각하고 있는 브리콜라주를 잘 설명하고 있다. 이 두 논문의 내용을 소개하고자 하는 것은 본 논의와 관련하여 Kincheloe만의 특수한 개념을 제시하고 있으며, 이는 비판적 질적 연구에 큰 영향을 미치고 있기 때문이다. 즉 비판적 질적 연구를 비판교육학적 브리콜라주 또는 비판교육학으로서 브리콜라주라고 할 수 있는 근거를 제공하고 있다. 첫 논문의 제목은 'Describing the brigolage: Conceptualizing a new rigor in qualitative research'(2001)이다. 이 논문의 주요 내용은 Kincheloe가 주장하는 브리콜라주의 개념적 소개인데, 이에 대한 논의로 Lincoln(2001), McLaren(2001), Pinar(2001)는 같은 호에 토론을 위한 글을 게재한다. Kincheloe는 이 토론들에 기초하고 본인의 논의를 발전시켜 두 번째 논문을 게재한다. 따라서 이 글에서는 첫 번째 논문은 간단히 소개하고 두 번째 논문을 통해 Kincheloe의 브리콜라주에 대해서 구체적으로 소개하고자 한다. 대상 논문의 제목은 'On to the next level: Continuing the conceptualization of the bricolage'이다. 우선 첫 번째 논문을 간단히 설명하면 다음과 같다.

연구에서 지식생산의 엄밀성(rigor)에 대한 질문으로부터 시작하는데 이러한 엄밀성에 대한 질문은 학문에서는 흔히 거론되는 문제제기이다. 예컨대, 질적 연구에 대한 타당성에 관한 논의에서도 Derrida가 제시한 엄밀성의 중요성에 따라 타당도 검토를 제시한 것이 있다(Lather, 1993; 조재식·허창수·김영천, 2006)[17]. 즉 과학적 논리가 가지고 있는 안정성에 대한 반론을 위한 개념으로 엄밀성을 논하기도 했다. Kincheloe도 유사한 문제제기인데, 특정 학문의 논리에 의해 생산되는 지식에 대한 정당성에 대해서 의문을 제기하는 것으로부터 시작한다. 이에 부당함의 지적과 함께 브리콜라주는 연구에 있어서 다양한 탐구 방법뿐 아니라 직면하게 되는 여러 상황과 그에 포함된 요소들에 대해서 다양한 이론적, 철학적 개념(notion)들을 사용 가능하게 해 준다고 제시하고 있다. 또한 지식의 추적에 있어 살펴보고 해석하는 과정에는 다중방법론적 전략(multimethodology)과 다중관점(multiperspective)으로 접근해서 참여해야 함을 주장한다. 여기서 '다중(multi-)'이 가진 의미는 다양한 전통(tradition) 그리고 동시대(contemporary) 이론, 방법론, 방법 등을 포함한다. 이를 통해 Kincheloe는 연구 수행은 특정 학문(disciplinary)에 의존한 수동성에서 간학문(inter-disciplinary)에 의한 능동적인 접근이 되어야 함을 주장했다. 여기서 능동성은 변증법적 관점(dialectical view)을 의미한다. 즉 특정 학문과 간학문의 변증법적 접근을 통한 상승적인 과정을 끌어내야 한다. 변증법에 의해 형성되는 심층적인 간학문 생산을 위해 그리고 생산 그 자체인 브리콜라주는 '다중'의 의미를 가진 관점을 가져오는 상승작용에 참여하게 되는 것이다. 이런 과정이 가지고 있는 변증법적 비판성, 그에 의한 심층적, 해석적, 해체적 과정은 새로운 기존의 경계를 허물고 새로운 지식 생산을 구성한다. 따라서 브리콜라주는 단순히 방법론적 다양성만의 의미에 제한되어 있지 않고

---

17. 조재식·허창수·김영천(2006)의 논문에서는 Lather(2006)가 주장하는 후기구조주의적 관점을 위한 질적 연구 타당도를 소개하고 있다. 따라서 세 사람이 엄밀성에 대한 새로운 논의를 전개한 것이 아니니 그에 대해서 오해가 없었으면 한다. 다만 Lather의 논문을 이해하기 위해서 참고하기 바란다.

존재론(ontology)과 인식론(epistemology)적 감수성에서 수행되는 것임을 강조했다. 이러한 Kincheloe의 주장은 Denzin과 Lincoln(1994)[18]이 질적 연구 개념으로 사용하기 시작한 것보다 더 특성화했고, 확장한 것이다. 특성화했다는 의미는 브리콜라주를 변증법적 비판성의 특성으로 가져오려고 한 시도로 그가 이후 비판교육학의 방법론과 그 자체로 발전시키기 위한 것이라고 생각하며, 확장한 것은 존재론과 인식론이라는 철학적 접근이라는 주장을 위한 것이다. 지금은 가능성에 대해서 충분히 생각해 볼 수 있지만 당시 질적 연구는 방법론의 범주 안에서 주로 논의하던 시기라서 이러한 주장은 상당히 도전적이라 할 수 있다(Lincoln & Guba, 2000)[19]. 이러한 확장에 대한 토론적 질문은 바로 Lincon(2001)의해 제기된다. 이를 Lincoln(2001)은 새로운 브리콜뢰르라고 하며 전적인 동의와 함께 가능성의 정당성에 대한 의문을 품어 볼 필요가 있음을 논의한다. 가능성의 정당성에서 초점은 바로 Kincheloe가 주장하는 인식론과 존재론이다. 특히 존재론적 관점에서의 브리콜라주에 대한 것이다. 또한 Pinar(2001)와 McLaren(2001)도 Kincheloe의 이러한 시도에 전적으로 지지하면서 간단한 논쟁점을 제시하는데, 전자는 교육 영역에서 교사가 공적인 지성인으로 연구자이며 브리콜뢰르로서의 역할에 대한 가능성에 대해서, 후자는 비판적이라는 의미에 마르크스주의의 시각에 따른 권력관계와 정의를 위한 사회변화에 대한 이해[20]를 포함하고 있어야 함을 확인하는 토론을 진행했다.

토론에 대한 답변은 아니지만 자신의 논리에 대한 나머지 부분을 4년 뒤 게재한 논문에서 논의하고 있다. 소개하면 다음과 같다. 과연 브리콜라주는 논문의 제목처럼 다음 단계로 올라설 수 있을까. 실제로 2005년 출간한 질적 연구 핸드북과는 달리 2011년 출간한 4판에는 존재론을 포함한 확장된 브리콜라주의 개념이 포함되어 있다[21].

---

18. Kincheloe(2001) 논문에서 인용되고 있는 핸드북은 2000년에 발간된 2판인데 Denzin과 Lincoln은 1994년에 발간된 1판부터 사용하고 있었기 때문에 연도를 1994년으로 했다. 그런데 필자의 추측으로는 2판에서 1판보다 질적 연구를 브리콜라주로 보는 관점이 더 정교화되었기 때문에 Kincheloe는 의도적으로 핸드북 2판을 참고문헌으로 활용하고 있는 것 같다. 물론 2005년에 발간된 3판에서는 더욱더 정교화되기도 했다. 이는 논문이 게재된 이후에 발생한 것이다.

19. Lincoln과 Guba(2000)는 형이상학적 신념체계를 존재론, 인식론, 방법론으로 구분하고 존재론과 인식론의 전통적인 탐구 방식들에 따라 방법론의 영역에서 양적 연구와 질적 연구의 구분을 시도한 것이며 이는 1980년대 출판된 저서에서도 이에 대해서 언급하고 있다.

20. 이는 앞에서 언급한 Cho(2013)의 McLaren의 비판교육학에 대한 비판과 연관성이 있다. McLaren의 비판교육학은 문화정치에 지나치게 초점을 두고 있다는 것인데, Cho가 지목한 특정 논의는 그렇게 보일지 몰라도 McLaren의 다른 글들을 참고할 때 McLaren은 문화정치에만 초점을 둔 비판교육학을 주장하고 있지 않다는 것을 이해할 수 있다. 그 중 하나의 흔적이 Kincheloe의 브리콜라주에 대한 이와 같은 토론이다.

21. J. Kincheloe는 2008년 12월 19일 자메이카에서 휴가 중 심장마비로 죽었다. 이후 2011년 출간된 4판의 질적 연구 핸드북의 9장은 'Critical pedagogy, and qualitative research: Moving to the bricolage'라는 제목이었고 세 명의 저자들 중 맨 앞에 그의 이름이 적혀 있다. 물론 Kincheloe는 McLaren과 1판부터 함께 작업을 했고, 제목은 'Rethinking critical

Kincheloe(2005)가 제시하는 이 모든 관점을 브리콜라주가 가진 특성으로 이해하면 좋을 것이다. 이것은 모든 학자가 동의한 것은 아니고 이견이 있을 수 있지만 많은 학자들의 지지와 함께 어느 정도 타당화와 합법화된 것이라 할 수 있다.

우선 연구자가 연구 대상에 접근하는 태도는 능동적(active)이어야 한다. 여기서 의미하는 능동성은 연구자가 접하는 모든 존재론과 인식론뿐 아니라 다양한 방법론적 도구들과 연구 대상을 대하는 태도도 포함한다. 이들에 대해서 비판적으로 바라보며 이해하고, 그에 대한 성찰을 시도하며 해체하여 재구성하는 것을 의미한다. 이는 질적 연구가 가진 기본적인 특성이다(예, 허창수, 2015). 둘째, 브리콜라주는 복잡성(complexity)에 대한 추적이다. Kincheloe는 지식의 존재나 인식은 매우 복잡한 논리 속에서 엄밀하게 이해할 수 있다고 주장한다. 이를 도와주는 것이 브리콜라주라고 한다. 여기서 복잡성에 대한 특성을 특정 또는 단일 논리로 된 지식(monological knowledge)을 피하는 것이라고 한다. 이는 특정 지식을 편협하게 바라보는 계기가 된다고 했다. 물론 특정(또는 단일) 논리에 의한 지식의 이해가 틀린 것은 아니지만 엄밀성 측면에서 다소 부족함을 지적하고 있는 것이다. 따라서 셋째, 브리콜라주에서 복잡성은 엄밀성을 의미하는 것이다. 이는 앞선 2001년에 게재한 논문에 잘 나타나 있다(Kincheloe, 2001). 또한 이에 대한 개념적 정리를 13가지로 기술하고 있다(Kincheloe, 2005: 328-330).

① 실재(reality)의 표출(explicate)과 내장(implicate) 질서: 이는 이론물리학의 양자이론에서 사용하는 개념인데, 이를 통해 설명하고 있는 것은 관찰 가능한 표출된 질서는 러시아의 인형처럼 지속적으로 감싸고 있는 내장 질서와 연결되어 있다는 것이다[22]. 실재는 이와 같은 구조적 질서를 가지고 있으며, 브리콜뢰르는 감싸고 있는 내장 질서를 사회적, 문화적, 심리학적, 교육학적 맥락을 통해 찾아내는 연구자라고 했다.

② 보편성(universalism)에 대한 의문: 사회적 상황에서 개인과 집단에 의해 개념화되는 실재(reality)에 대해 존중해야 하기 때문에 기존의 보편성은 상항과 개인의 특수성

---

theory and qualitative research'였는데, 이 때도 Kincheloe는 McLaren의 앞에 이름을 올렸었다. 이름 서열은 특별한 의미 없이 알파벳의 순서인지도 모르겠다. 그에 대한 기준을 알 수 없다. 그런데 4판의 경우 S. Steinberg도 공저에 참여했고 무엇보다도 중요한 것은 제목에 있어 큰 변화가 있었다. 이는 아마도 Kincheloe의 그간의 노력이 인정받기 시작한 것을 보여 주는 것이 아닌가 싶다. S. Steinberg는 그의 동료이자 부인인 것으로 알고 있다.

22. 이는 이론물리학자 David Bohm(1917-1992)의 양자이론인데, 이를 물리학 관점에서 설명하고자 시도한 것은 아니며, Kincheloe의 이해 방식을 필자가 설명한 것이다. 따라서 물리학적 이해를 가진 학자들의 오해가 없기를 바란다.

을 고려하여 재구성해야 한다.

③ 다의성(polysemy): 다양한 해석의 가능성이 항상 존재함을 인식해야 한다.

④ 문화적 상황에서의 삶의 과정: 사회문화의 상황적 이해가 필요하다.

⑤ 연계성(relationships and connections)의 존재론: 인간은 관계와 연계 속에서 존재론적 실존을 이해해야 한다.

⑥ 교차하는 맥락(intersecting context): 다양한 맥락의 교차성에 대해서 인식한다.

⑦ 다중 인식론: 실재(reality)의 다차원적 이해를 위해서는 다중적인 인식론의 이해에 대한 노력을 해야 한다.

⑧ 상호텍스트성(intertextuality): 문자, 문장, 이야기 간 연계성, 텍스트와 맥락의 연관성 등 다양한 텍스트 간 연관성의 복잡성을 이해해야 한다.

⑨ 담론의 구성성: 문법과 실행으로 구성되는 연구 이야기의 담론적 구성에 대해서 이해해야 한다. 여기서 잊지 말아야 하는 것은 담론의 실행에 있어서 권력관계에 대한 이해도 필요하다는 것이다. 그 이유는 담론이 M. Foucault의 개념을 사용하고 있기 때문이다.

⑩ 모든 지식에 대한 해석적(interpretive) 관점: 해석은 지식 생산의 중요한 행위이다. 연구 결과의 생산물은 해석적 이해에 의해 진행해야 한다.

⑪ 연구 결과에 대한 창작적(fictive) 차원의 내러티브: 연구 결과에 대한 재현이 사실 그 자체라는 인식은 이제는 하나의 환상이기 때문에 기계적인 학문적 기술(description) 과 함께 창작적 내러티브(narrative) 형식의 요소들을 담은 재현(representation) 전략이 필요하다.

⑫ 모든 연구 방법 내 문화적 가정 포함: 지식 생산에는 특정 방식의 문화가 포함되어 있다. 따라서 문화적 이해를 위한 모든 연구 방법에 포함되어야 한다.

⑬ 권력과 지식의 관계: 지식 생산에 영향을 미치는 권력의 복잡한 과정을 이해하는 것이 필요하다. 여기서 권력과 지식, 권력 관계에 대한 이해는 M. Foucault의 개념으로부터 온 것이다.

연구에서 지식에 대한 이해를 위해 기술한 13가지는 모두 브리콜라주에서 의미하는 복잡성과 엄밀성을 설명하는 특성이다. 즉 13가지의 브리콜라주로부터 생산되는 의미와 개념이 바로 Kincheloe가 의미하는 브리콜라주의 복잡성과 엄밀성이다. 브리콜라주의 구성은 사회적, 문화적, 심리학적, 교육과학적 복잡성의 개발이다. 따라서 연구를 통해 얻을 수 있는 의미 생산을 위한 셀 수 없는 행위의 연계성의 표현이 브리콜라주이며, 이를 행하는 연구자인 브리콜뢰르는 다양한 복잡성, 엄밀성과 협약하는 존재인 것이다. 이는 단순히 지식 생산에 해당되는 것뿐 아니라 존재론적 입장에서도 마찬가지다. 브리콜라주의 방식은 그런 면에서 복잡성의 존재론임을 함축하고 있다. 예컨대 지금은 다각검증법(crystallization)의 활용을 제안하고 있지만 이보다 전통이 된 삼각검증법(triangualtion)[23]이 이에 해당한다. 따라서 브리콜라주는 단순히 방법론적 접근뿐 아니라 존재론과 인식론적 접근을 포함하고 있다. 특히 존재론적 입장에서 브리콜라주가 다루는 것은 탐구의 사태와 현 존재의 복잡성, 인간의 주관성에 대한 사회적 구성과 인간 존재에 대한 생산의 본성이다. 이런 과정에 다중적 관점도 포함된다. 이러한 인식론과 존재론의 다양성에 대한 투입으로 구성된 것을 Denzin과 Lincoln(2000: 6)이 다섯 가지 브리콜라주로 예시하고[24] 있다고 Kincheloe(2005: 335-336)는 주장하고 있으며, 이에 첨삭을 했는데, 간단히 소개하면 다음과 같다.

방법론적 브리콜라주는 다양한 방법과 방법론을 도구로 활용하여 짜깁기한 것을 의미한다. 이론적 브리콜라주는 마찬가지로 다양한 이론을 도구로 짜깁기를 한 것을 말한다. 이 둘에서 '다양한'이 가진 의미는 개념화된 기존의 방법론과 이론적 담론뿐 아니라 출현 가능한 것까지 포함한다. 해석적 브리콜라주는 다중성, 복잡성, 다차원성 등의 전략에 의해 해석되고 재현되는 것을 의미한다. Kincheloe는 특히 해석학적 순환을 제시했다. 정치적 브리콜라주는 연구 과정에 있어서 정치적인 함축성을 이해하고자 하는 것이며 이를 통해 권력이 드러나게 되는 것이다. 이러한 관점에 초점을 두고 짜깁기하는 것을 의미한다. 이는 비판성과 권력관계에 초점을 두고 있다. Kincheloe는 이를 구체화시켜 비판교육학의 중요성을 강조하고 있다. 내러티브적(narrative) 브리콜라주는 연구 질문과 진행 과정에서부터 결과의 생산까지 내러티브적 지향을 추구한 짜깁기이다. 특히 지식과 존재의 본성 그 자체가 내러티브로 이해하고자 하는 방식의 짜깁기를 의미한다. 필자의 이

---

23. 다각검증법(crystallization)과 삼각검증법(triangulation)은 질적 연구에서 타당성을 확보하기 위한 방법이다. 간단히 설명하면 세 가지 방식을 통해 검증하는 과정이 삼각검증법이고 그보다 많은 방식을 사용하면 다각감증법이다. 다각검증법은 삼각검증법으로 부족할 수 있는 대상에 대한 접근인데, 이는 브리콜라주가 의미하는 복잡성에 대한 이해로부터 시작한 것이다. 대략 2000년경 전후로 이에 대한 제안을 학자들이 해 왔다(Denzin & Lincoln, 2000). 주의해야 할 것은 세 가지 또는 그 이상의 방법을 활용할 때 방식들 간의 수준(level)은 같아야 한다는 것이다. 자료 수집 방법의 세 가지 또는 그 이상을 통해 이해하는 것은 삼각검증 또는 다각검증이라고 할 수 있지만 자료 수집 두 가지와 분석 한 가지를 합쳐서 삼각이라고 하지는 않는다는 것이다. 분석의 방식을 세 가지로 또는 그 이상으로 활용하면 분석에 있어서 삼각검증 또는 다각검증이라고 할 수 있다.

24. Denzin과 Lincoln의 주장이 Kincheloe의 주장과 동일한지에 대해서는 분명하지 않다. Lincoln(2001)의 Kincheloe의 존재론적 의미에 대한 토론을 보면 이에 대한 엄밀한 논의가 필요함을 암시하고 있다. 하지만 핸드북 4판(2011)에 이러한 존재론적 브리콜라주의 의미를 편집자의 입장에서 포함시킨 것을 보면 이에 대해서 인정하고 있는 것 같기도 하다.

해로는 이 5가지 브리콜라주는 Denzin과 Lincon(2000)에게는 다소 가벼운 예시 정도로 이해되었다. 하지만 Kincheloe(2005)에게 이 5가지는 브리콜라주의 새로운 지평을 여는 데, 비판적 연구와 인식론 및 존재론의 시각을 입증하는 하나의 통로로 활용하고 있는 것처럼 다소 심각하게 설명하고 있는 것 같다.

이처럼 브리콜라주는 철학적 탐구를 담고 있는 것으로서 구성주의, 역사성의 특성을 가지고 있고 더 나아가 철학연구에서 인식론적 해석을 위해 중요한 것으로 Kincheloe는 주장한다. 그리고 이러한 모든 기술에서 마지막으로 강조하는 것은 브리콜라주에 의한 해석에서 비판적 해석학(cirtical hermeneutics)이 핵심임을 제시한다. 이를 위한 엄밀한 행위를 다섯 가지로 제공한다(Kincheloe, 2005: 342).

① 탐구의 객체는 내포하고 있는 많은 맥락과 연결되어 있다.
② 연구의 주체와 객체 간의 관계에 대해 공감한다.
③ 의미의 생산은 인간의 경험과 관계있다.
④ 분석한 텍스트적 형태는 살아있는 인간 존재 그 자체로 그리고 그 주변이나 그 내에서 만들어져야 한다.
⑤ 위와 같은 형식의 이해와 정보 제공 행위의 가교를 형성해야 한다.

이러한 행위에서 생산되는 것이 비판적 해석학에 의해 형성되는 해석이라고 했다. 또한 Kincheloe가 의미하는 엄밀한 해석은 바로 이러한 해석학을 의미한다. 이를 통해 브리콜뢰르는 연구 주체와 대상의 피지배성, 예속성, 주변성, 소외성(marzinalized)을 위한 목소리에 관심을 가지고 있다. 그리고 브리콜라주는 어떤 완성된 모습을 하고 있지 않기 때문에 다양한 변형이 가능하며 여러 결여된 것들에 대한 추적이 끊임없이 필요함을 제안하고 있다.

비판교육학적 브리콜라주의 실천

필자는 앞의 세 절을 통해 비판적 질적 연구가 가진 의미에 대해서 기술해 보았다. 이미 북미에서 비판교육학과 브리콜라주의 의미 확장을 위한 노력은 2000년대경부터 진행해 왔다. 비판교육학 논의는 그보다 훨씬 앞서 있지만 브리콜라주와 비판교육학의 연결고리는 Kincheloe에 의해 2000년경부터 진행되었던 것 같다. 반면 한국에서 이 두 단어는 상당히 생소하다. 심지어 질적 연구 분야에서 위와 같은 논의는 다소 논쟁적이 될 수 있는 여지를 가지고 있다. 즉 질적 연구는 브리콜라주이고 이는 비판교육학이라는 해석에 대해서 말이다. 그 이유는 한국에서 질적 연구의 큰 흐름을 주도하고 있는 것은 다양성이 아니라 현상학·해석학적 논리에 기초하고 있는 교육인류학이기 때문이라고 할 수 있다. 이들의 관점에서 보면 Kincheloe의 존재론적 관점의 주장에 대해서는 공격적인 논의 쟁점이 될 수 있다는 것이다. 이러한 현상은 국내 질적 연구가 가진 특수성이라고 할 수 있다. 특정 집단의 이데올로기적 헤게모니가 형성되고 있는 것 같은 현상 말이다. 어쨌든 이와 같은 한국적 토양에서도 물론 다양한 이론과 방법론적 논의가 진행되고 있는 것으로 알고 있다. 실제로 최근 들어 이론적 고민보다는 방법론에 대한 다양성을 추구하는 노력들이 상당히 늘어나고 있다. 흥미로운 것은 이러한 방법론에 대한 다양한 논의는 바람직한데 그 방향이 방법론의 고정된 개념에 초점을 두고 있다는 것이다. 즉 개념적 설명 중 어떤 것이 정확한지에 대해서만 논의가 지속되고 있다는 것이다. 이는 질적 연구에서 의미하는 엄밀성과는 차이가 있다. 이는 오히려 개념적 정확성을 찾고자 하는 것이다. 과연 특정 학자로부터 출발한 개념이 질적 연구에서 절대적인 정확성을 갖는다고 할 수 있는가. 질적 연구는 역사적인 흐름에서 엄밀성과 다양성을 가지고 변화해 왔다. 마치 철학의 존재에 대한 물음과 답변이 지금도 변화하고 있는 것처럼 특정 학자의 방법론적 개념도 지속해서 변화하고 있다. Denzin과 Lincoln(2011)의 북미 질적 연구의 역사적 고찰에서 알 수 있는 것처럼 질적 연구의 '원조'라고 할 수 있는 문화기술지가 아직도 변화하고 있다는 진술은 이런 점을 시사하고 있다. 질적 연구에서 방법론의 개념적 정확성을 추구하는 노력은 연구 대상을 바라보려 하기보다는 그를 지시하는 방법론에 대한 개념적 비현실성에 의존하는 것이다. 물론 질적 연구에서도 반드시 포함하길 원하는 요소들이 존재한다. 예컨대, 성찰, 이해, 해체, 재구성과 같은 개념들이다. 이들은 학자마다 조금씩 차이가 있지만, 이들이 지시하는 지향은 서로 간에 동의하는 편이다. 물론 정확성과 엄밀성 간에는 교집합이 존재하겠지만, 엄밀성보다 정확성만을 추구하는 것이 질적 연구의 지향이 되지는 않는다는 것이다. 논의가 다소 다른 방향으로 흘렀지만, 비판교육학적 브리콜라주는 이러한 엄밀성에 의존한 논의이며 논쟁적일 수 있지만 그것이 추구하는 방식이 질적 연구의 큰 지향임은 충분히 가능하다.

어쨌든 이제는 다양한 벙법론의 진행과정의 엄밀성에 초점을 두는 방식으로 질적 연구를 이해할 필요성이 있다고 생각한다. 이런 상황에서 복잡성과 엄밀성을 논의하고 그 형태가 특정 모양을 갖추고 있지 않은 브리콜라주의 모습을 소개한다는 것은 질적 연구를 접하는 초보 연구자에게는 더욱 난해함을 던져 주는 것이며, 기존의 연구자들에게는 논쟁

거리를 제공하고, 심지어 전문성을 가진 탁월한 질적 연구자들에게도 많은 질문과 의심의 여지를 만들어 주는 것이라 생각한다. 하지만 이러한 논쟁의 현상을 불러일으키는 것에 대해서 큰 쟁점이 아니라고 생각하는데 그 이유는 질적 연구는 이러한 과정의 역사 속에서 진화해 왔기 때문에 그 분야에서는 생소한 것이라 할 수 없을 것이다. 즉 성찰을 통한 이해, 해체를 통한 재구성의 과정은 질적 연구의 가장 핵심적인 개념의 축이기 때문이다.

필자의 주장을 정리하면, '비판교육학적 브리콜라주' 또는 '비판교육학은 브리콜라주'라는 개념은 비판이론, 질적 연구, 브리콜라주가 만나는 지점에 대한 고민 속에서 구성된 것이라 할 수 있다. 필자만의 해석은 아니며 그 기초는 J. Kincheloe가 구성했다고 할 수 있다. 이 세 가지의 접점을 함축하는 명제로, 그리고 비판적 질적 연구에 대한 이론적, 방법론적 개념 정리의 시작은 J. Kincheloe의 동료이자 연인인 Steinberg(2012)의 '실제로 질적 연구에서 모든 것은 비판적이다(Actually, everything is critical in qualitative research)'라는 표현으로부터 시작했다고 할 수 있다. 여기서 의미하는 비판은 비판이론의 관점과 유사하며, 실천의 중요성을 강조하도록 이끈 비판교육학의 역할이 더해졌고, 비판교육학이 가진 다중성, 복잡성, 엄밀성이 바로 브리콜라주와 연결된다고 생각한다. 이러한 논리가 현상학적 논리에 기초한 질적 연구자들에게는 다소 의문이 있을 수 있지만 'monological knowledge'보다는 'multilogical knowledge'를 추구하는 브리콜라주의 의미에서 비판교육학적 브리콜라주는 또 다른 질적 연구의 모습이라는 것을 이해하기 바란다.

본 절의 또 다른 목적은 위와 같은 개념적 정리뿐 아니라 그에 대한 실천적 사례를 보여 주기 위한 것이다. 따라서 다음은 비판교육학적 브리콜라주의 실제적인 사례를 보여 주고 있다. 특히 국내에서 접할 수 있는 브리콜라주의 개념이 포함된 논의를 소개하고자 한다. 브리콜라주는 문학, 연극, 예술, 의류, 미디어 영역에서 찾아볼 수 있다. 여기서 연극 영역에서도 활용되는 브리콜라주를 문학이나 예술의 영역 중 어디에 포함시킬 수 있을지 고민스럽지만, 그것이 가진 종합 예술적인 성격을 볼 때 둘 다 해당된다고 할 수 있다.

문학 중 소설과 시에서 브리콜라주는 중요한 양식으로 자리 잡고 있는 것 같다. 단순히 기존의 소설이나 시에서 활용하는 방식에 반(反)하여 실천하는 것이 아니라 서사적 구조에 대한 새로운 방식을 제시하는 것으로 여러 연구자들은 브리콜라주를 주장하고 있다(예, 김영찬, 2015). 유기적으로 연결되지 않는 단편적 서사들의 조각들을 연결해 놓은 것을 브리콜라주로 이해하고 있는데(예, 성은애, 2014), 몇 가지 사례를 예시하면 다음과 같다.

팬소설(fan fiction)이라는 것이 있다. 팬들이 실제 드라마, 영화 등의 등장인물을 차용하여 쓴 소설을 말한다. 김다혜(2012)는 팬소설은 미디어 텍스트의 소비자들이 제한된 재료, 문화상품을 가지고 짜깁어 만든 텍스트라는 특성이 브리콜라주와 닮아 있다고 했다. 이는 de Certeau(1980)의 브리콜라주 주장을 발전시킨 것인데, 다음과 같이 설명하고 있다(김다혜, 2012: 239).

> 드 세르토는 문화적 자본이나 텍스트의 생산 수단 등을 갖지 못한 약자들의 텍스트 읽기 행위를 밀렵(poaching)이라고 칭했는데, 이는 텍스트의 조각들을 파편적으로 취해 저자나 생산자의 의도와는 무관하게 자기 뜻대로 조합한 뒤 새로운 의미를 생산해 내는 읽기를 지칭한다. 팬소설은 텍스트 밀렵의 결과물인 것이다.

이와 유사한 해석으로 문강형준(2010)은 한국 사회에서 아이돌의 소비형태 중의 하나를 브리콜라주로 설명하고 있다. 이 또한 de Certeau(1980)의 대중문화에 대한 설명에 의존하고 있다. 아이돌의 팬들은 그들이 보여 주는 문화를 전유하고 재전유하는데, 이 과정에서 아이돌이 가진 상업주의, 자본주의 등에 대한 비판과 함께 궁극적으로 새로운 대중들만의 문화를 만들어 내는 브리콜라주적 실천을 한다고 했다. 이처럼 문학의 경우 브리콜라주 서사 기법으로서의 논의가 상당히 전개된 것 같다. 다른 예로 김영희(2008)는 특정 시인의 기법을 비평하는 글에서 브리콜라주 형식을 주장하고 있는데, 의미의 영역을 넘어선 감각적 표현으로 설명하고 있다. 즉 개별적 이미지 조각들을 불규칙적으로 배열한 것 같은 모종의 신호들을 모아 놓은 것 같은 기법이라고 했다. 의미적 연결은 없어 보이지만 조각들이 결합되면서 드러나는 특정 이미지는 바로 이런 브리콜라주 기법이라고 했다.

그 외에도 탈식민주의적인 소설로 유명하며 노벨문학상을 받은 T. Morrison의 아동 문학에 대한 브리콜라주적 해석도 있었다(김애주, 2005). 요컨대, Morrison은 아프리카계 미국인을 대변하는 인종주의에 대한 강한 교훈을 담은 소설로 유명한데, 아동 문학을 위한 작품들에 이와는 다른 양상을 보여 주었다. 의미의 모호성, 유동성, 불확정성이 두드러지게 나타나며 기존의 형식과는 다른 변형을 보여 주었는데(김애주, 2005: 11), 이러한 방식을 브리콜라주라고 주장했다(김애주, 2005: 13).

> 내포 독자를 다인종의 성인으로 볼 때 모리슨이 굳이 아동 문학이란 장르를 빌어 하려고 하는 것은 문명화 과정에서 상실되었으며 마찬가지로 각종 이데올로기와 관습에 얽매인 현대인의 삶에 파묻혀 동면하고 있는 브리콜라주의 복원이 아닌가 한다.

이를 통해 시도한 것은 일종의 화해라고 할 수 있는데, 브리콜라주는 이런 화해의 도구로서 인종에 얽매인 이데올로기뿐 아니라 Morrison이 항상 가지고 있던 이원대립의 구도를 벗어나 회복으로 나아가 자연과 타자, 그리고 세상과 조화로운 화해할 수 방식을 위한 시도라고 했다(김애주, 2005: 14-15). 브리콜라주는 일종의 기존에 반(反)하는 정서를 담고 있는데 어떤 배치에 따라서는 이러한 반(反)하는 태도가 화해라는 정서로 보일 수 있다는 것은 또 다른 브리콜라주의 모습이라 할 수 있다.

연극 영역에서도 브리콜라주는 활용되고 있는데(예, 백훈기, 2010) 예를 들어 김도일(2014)은 특정 연구에서 발견한 공간의 브리콜라주를 논의한다. 그가 주장하는 브리콜라주 개념의 도입은 관객과 무대의 경계를 허물어 '만남'의 의미를 생산하기 위한 방식으로 기존의 보편적인 방식과는 다른 형식으로 공간을 활용하고 있다고 했다. 따라서 공간이 가진 만남의 의미를 브리콜라주라는 기법으로 설명하고 있다. 예컨대, 특정 장소의 실제장소, 다양한 실내 공간 등을 활용하고 있는데 이는 역사적, 사회적, 문화적 등 다양한 맥락적인 의미를 담고 있는 공간으로 구성되어 있고, 이런 조각들 사이에서 다양한 맥락적 만남은 브리콜라주적, 짜깁기 감정을 불러오면서 관객과 무대는 하나의 만남을 조성한다. 다른 예로, 이만영(2014)은 일제 말부터 해방 후까지 조선 프로연극운동으로 낭만파, 좌파 연극인들의 존재방식에 대한 논의에서 연극이 가진 정치성이 발생하는 과정을 제공하고 있으며 그 특성은 배일(排日), 반제(反帝)의 논리를 가지는 것이라고 했는데 이를 브리콜라주로 개념화하고 있다. 브리콜라주가 논의의 핵심에 있는 것은 아니지만 이 논의는 '반(反)'이라는 의미에서 정치적인 특성을 가진 운동이 일컫는 표현으로 제시하고 있다.

영화를 포함한 영상 영역에도 여러 사례가 있다. 여금미(2015)는 멀티미디어 영상작업에서의 디지털 아포리아(aporia)를 브리콜라주라는 개념과 연결시켜 논의한다. 여금미가 이해한 아포리아의 개념을 소개하면 다음과 같다. 여금미(2015: 148)는 그의 아포리아 개념을 J. Derrida(1996)로부터 가져온다.

> 지배적인 언어에 존재하는 경계와 대립, 구별과 차별들을 흐트러뜨리는 해체적 사건으로서의 아포리아는, 언술과 의미, 행위 및 진실의 가치의 차원뿐 아니라 해체의 과정 그 자체에도 영향을 끼친다고 보았다.

여금미(2015: 162)는 특히 프랑스 영화감독 C. Marker의 창작활동에 대한 조명에 초점을 두고 있는데, 그의 기법에 대한 브리콜라주적 의미를 다음과 같이 설명하고 있다.

새로운 기술들에 의해 탄생하는 다양한 매체들을 적극 수용하고 자신의 방식으로 전유하면서 파편화된 이미지의 브리콜라주를 통해 가변적 정체성과 다층적 자아창조(self-creation)의 공간을 구축하고 있음을 알 수 있다.

이러한 브리콜라주의 활용에 대한 표현은 디지털 기술 활용, 영화 인접 예술을 융합, 기존의 이미지 생산과 수용의 경계 넘기로 이해할 수 있다(여금미, 2015: 165-166). 국내 영화에서도 브리콜라주는 적극적으로 활용되고 있다. 다소 낯설지만 '지구를 지켜라'라는 영화에 대한 김지훈(2003)의 브리콜라주적 해석이 한 사례라고 할 수 있다. 예컨대,

> 대중의 기억에서 잊혀진 폐허(廢墟) 속에 사용 가치가 소멸된 폐물(廢物)들이 늘어서 있으며 병구는 이 모든 것들과 동거하는 괴짜 폐인(廢人)이다. 병구는 버려진 것들의 디테일을 '손수' 작성하고 그것들을 얼기설기 꿰어 자신의 과거와 자신을 둘러싼 세계에 대한 우주론적 내러티브를 직조해 낸다.

다소 낯선 영화이기는 하지만 이 영화가 가지고 있는 위 인용과 같은 특성뿐 아니라 브리콜라주적 요소는 곳곳에 산재되어 있다. 주인공인 병구의 편집증과 분열증의 결합과 함께 다양한 이야기 전개가 이를 보여 주고 있다. 이는 이미 Deleuze와 Guattari(1972)가 보여 준 브리콜뢰르는 분열(증)자라는 것과 유사한 방식이라 할 수 있다.

의류 영역에서도 브리콜라주는 현상에 대한 설명에 활용된다. 예컨대, 이미연(2007)은 2000년을 접어들어 이국적 이미지의 유형이 의복에서 확장되고 있는데 이러한 현상의 한 특징을 키치적 브리콜라주로 개념화하고 있다. 이에 대한 설명은 다음과 같다(이미연, 2007: 1641).

> 이국적 이미지 요소인 '빈티지', '키덜트', '아티스틱', '극단적 절충'이미지는 엉뚱한 요소들의 뒤섞임으로 조화와 비조화를 통해 연출되는 낯설음 감성으로 비정형과 역동성 그리고 비합리성과 유희성을 특성으로 '키치적 브리콜라주(kitschy bricolage)'로 유형화되었다.

또한 권하진(2015)은 2000년대 이후 나타난 펑크 패션의 미학적 특성 중 하나를 브리콜라주의 개념과 연결시켜 설명하고 있다. 뉴욕과 영국에서 20세기 중반부터 청년의 하위문화로 시작한 펑크스타일은 일시적으로 쇠퇴했지만 2000년대 이후에도 지속되고 있

는데 이에 대한 미학적 재해석의 필요성이 제기되었다. 이에 권하진(2015: 80-81)은 M. Duchamp(뒤샹)의 현대 예술인 레디메이드(readymade(s))[25] 기법처럼 쓰레기로 여겨지는 재료들을 의류에 결합함으로써 새로운 형태의 펑크 브리콜라주 의상이 발생하게 되었다고 한다. 이러한 펑크 브리콜라주는 고도의 장식들과 결합되었는데 이에 활용된 것은 아무렇게나 가봉된 쓰레기들을 걸쳐 입은 것처럼 또는 신문지로 옷을 만들어 입은 것처럼 조형성과 시각성에 기초하여 브리콜라주를 생산한다.

미디어 영역에서도 마찬가지로 브리콜라주를 활용하고 있다. 트랜스미디어란 개념을 사용한 것은 오래되지는 않은 것 같다. 전경란(2010)에 의하면 과거에는 텔레비전 등과 같은 각각의 미디어들이 서로 독립적으로 존재했는데, 이제는 예를 들어 텔레비전에서만 방영되는 것이 아니라 다양한 형태의 미디어로 결합, 대체, 융합되는 복합적인 디지털 컨버전스(convergence) 과정이 나타나고 있다고 한다. 이를 트랜스미디어라고 하는데 이런 현상을 브리콜라주로 개념화했다. 이용자들은 다양한 콘텐츠의 조각들을 유기적으로 조작하면서 적극적으로 미디어 이용에 참여하고 있으며, 그 방식이 매우 다양하다. 이러한 현상들은 단순한 조작이 아니라 이용자들이 일상에서 얻은 도구들을 활용한 창의적인 브리콜라주의 실천임을 알 수 있다.

국내에서 진행된 브리콜라주 개념의 활용은 질적 연구에서 활용되고 있다고 하기보다는 예시한 것처럼 문학, 예술 등의 영역에서 활발하게 활용되고 있다. 따라서 마지막으로 그동안 필자가 사용한 비판교육학적 브리콜라주 중 한 편을 간단히 소개하고자 한다. 필자의 다른 글에서 여러 차례 언급한 적이 있기 때문에 실제 논문이나 설명을 첨가한 다른 글들을 참고하기 바라며 이 글에서는 다른 국내 선행연구들처럼 내용의 핵심만 간단히 제공하고자 한다.

논문 제목은 '탈식민주의 이론과 실제의 꼴라주'(2011)이며 학술지 '교육과정연구'에 게재한 글이다. 이 논문의 이론적 배경은 탈식민주의이다. 탈식민주의의 기초가 되는 인식론적 배경에는 비판이론, 탈근대주의 등이 있다. 그리고 이들을 모두 아우를 수 있는 이론은 바로 비판교육학이라고 주장하고 있다. 이에 대한 논의를 하기 위해 가장 먼저 고민한 것은 식민주의적 글쓰기가 무엇인지, 이를 '탈(脫)'할 수 있는 방법은 무엇인지에 대한 것이었다. 이를 근대주의와 과학주의에 의존한 글쓰기로 이해하고 이를 탈근대주의식으로 해석하여 그에 반(反)하는 방식의 글쓰기를 시도한 것이다. 두 가지 큰 틀에서 브리콜라주

---

25. Duchamp가 1917년 도기로 만든 변기를 샘(fountain)이라는 제목과 함께 전시하면서 형성된 개념으로 기성품이란 뜻을 가지고 있는데 모두에게 관심을 끌지 못하는 오브제 또는 물체를 이용해 작품을 만드는 것을 말한다.

적 방식을 활용하고 있다고 할 수 있다. 첫째, 비과학적인 논리 방식이다. 과학적인 논리 방식을 서론, 본론, 결론으로 구성되고 인과관계에 의해 결합된 체제를 가지고 있는 것이라고 한다면 본 논문은 모두 11개의 장으로 구성된 비논리성을 가지고 있다. 절은 없으며 각 장은 '이야기 0~10'으로 되어 있다. 1장은 글의 구성에 대한 소개로서 이야기로 볼 수 없기 때문에 '이야기 0'으로 했다. 각 장은 서로 논리적으로 연결되어 있기보다는 파편적인 조각의 이야기들로 구성되어 있다. 이들이 만나 만들어 내는 이미지는 바로 필자가 생각했던 탈식민주의의 이론과 실제인 것이다. 둘째, 논의에 활용한 자료들의 다양성이다. 흔히 학술적 논의에 활용되는 재료는 학술적 논의들이다. 반면 이 논문에서는 학술적 논의에서는 인정받지 못해 왔던 다양한 텍스트들을 함께 사용하고 있다. 예컨대, 영화, 수필, 소설, 그림 등 각종 일상적인 텍스트들의 활용은 자료 활용 측면에서 브리콜라주라고 할 수 있다. 그런데 이 글을 위한 제목에는 브리콜라주 대신 꼴라주라는 기법을 활용했는데, 당시에는 브리콜라주에 대한 확신을 갖지 못한 상태에서 제목을 정했기 때문이다. 이와 같이 구성된 브리콜라주를 활용한 질적 연구는 지금까지 필자가 추구한 비판교육학적 브리콜라주의 대표적인 사례라 할 수 있다.

참고문헌

권하진(2015). 2000년대 이후 나타난 펑크 패션의 미학적 고찰. 한국패션디자인학회지, 15(1), 69-89.

김다혜(2012). 미디어 팬 소설, 텍스트 밀렵과 브리콜라주의 세계. 문학과사회, 25(2), 238-255.

김도일(2014). 장소 특정적 연극으로서의 〈관청시민아파트 가, 나, 다〉와 〈One day, Maybe. 언젠가〉 연구. 드라마연구, 43, 5-26.

김영찬(2015). 오늘은 '장편소설'과 '이야기'의 가능한 미래. 어문론집, 62(2015. 6), 421-445.

김영희(2008). 상상계에서 타전된 신호들. 한국어문학국제학술포럼 학술대회, 165-174.

김애주(2005). 위반의 미학 : 토니 모리슨의 아동 문학과 브리콜라주 복원. 신영어영문학, 30(2005. 2.), 1-16.

김지훈(2003). 판타지와 대항–기억으로서의 브리콜라주·영화「지구를 지켜라」의 양가적 상상력. 문학과 사회, 16(3), 1295-1311.

김홍희(2001). 성능경의 퍼포먼스 : 다층적 경계 위의 유희. 현대 미술사연구, 13(2001. 12), 127-146.

문강형준(2010). 우상의 황혼: 한국사회에서 아이돌은 어떻게 소비되는가? 시민과 세계, 17(2010. 6.), 281-296.

백훈기(2010). 피터 브룩의 연출 작업과 '빈공간'에 드러나는 브리콜라주. 한국콘텐츠학회논문지, 10(10), 161-171.

성은애(2014). 영국 교양소설의 진화: 조지 맥도날드의 '판타스티스'. 근대영미소설, 21(1), 27-50.

손유경(2013). 재생산 없는 '고향'의 유토피아. 한국문학연구, 44(2013. 6), 179-208.

여금미(2015). 디지털 아포리아. 영화연구, 65(2015. 9), 143-170.

우찬제(2015). 도서관 작가와 콜라주 스토리텔링. 문학과사회, 28(2), 323-340.

이미연(2007). 이국적(exotic) 이미지의 유형 확장: 2001년~2006년 국내 여성복을 중심으로. 한국의류학회지, 31(11), 1634-1644.

이민영(2014). 극단 낭만좌, 좌파 연극인들의 존재 방식. 한국극예술연구, 46(2014. 12), 93-121.

이종승(2009). 교육·심리·사회 연구 방법론. 서울: 교육과학사.

전경란(2010). 트랜스미디어 콘텐츠의 텍스트 및 이용 특징. 한국콘텐츠학회논문지, 10(9), 243-250.

전기순(2011). 아모도바르의 멜로드라마 영화 연구. 세계문학비교연구, 37(2011. 겨울), 473-494.

조용환(1999). 질적 연구: 방법과 사례. 서울: 교육과학사.

조용환(2012). 교육인류학과 질적 연구. 교육인류학연구, 15(2), 1-21.

조재식, 허창수, 김영천(2006). 교육학/교육과정 연구에서 질적 연구자가 고려해야 하는 타당도 이슈들: 그 다양한 접근들의 이해. 교육과정연구, 24(1), 61-95.

허창수(2011). 탈식민주의 이론과 실제의 꼴라주. 교육과정연구, 29(3), 23-48.

허창수(2012). 비판이론과 교육과정 연구. 김영천 편저, 교육과정 이론화: 역사적/동시대적 탐구(제2판), 399-436. 경기도, 파주: 아카데미프레스.

허창수(2014). 비판적(critical) 브리꼴뢰르(bricoleur)의 브리꼴라주(bricolage) 하기. 최유현·허창수·황인태·이규녀·부덕훈·이승민·김태훈·장영일, 융합 지식과 미래교육 리더십(55-108). 대전: 충남대학교출판문화원.

허창수(2015). 비판적 브리콜라주와 박물관 교육. 김명희 편저, 박물관 교육과 질적 연구, 245~274, 경기도, 파주: 아카데미프레스.

Althusser, L. (1971). Lénine et la philosophie B. Breweser Trans. (1971) Lenin, philosophy, and other essays.

Alvesson, M. and Sklödberg, K. (2000). Reflexive methodology: New vista for qualitative research. Thousand Oak, CA: Sage Publications.

Bansler, J., and Havn, E. (2003). Improvisation in action: making sense of IS development in organizations. Proceedings of the International Workshop on Action in Language, Organisations and Information Systems (ALOIS 2003), 51-63.

Bourdieu, P. & Passeron, J. (1979). Reproduction in education, society, and culture. Beberly Hills, CA: Sage Publications.

Bowles, S & Gintis, H. (1976). Schooling in capitalist America: Eucational reform and the contradictions of modern social thought. NY: Basie Books.

Carr, W. & Kemmis, S. (1983). Becoming Critical: Knowing through action research. Victoria: Deakin University.

Cho Seewha(2013). Critical pedagogy & Social change. 심성보·조시화 옮김(2013). 비판적 페다고지는 세상을 변화시킬 수 있는가?. 서울: 살림터.

de Certeau, M. (1980). L'invention du quotidien. Vol. 1, Arts de faire' S. Rendall trans. (1984). The Practice of Everyday Life. Berkeley: University of California Press.

Deleuze, G. & Guattari, F. (1972). L'Anti-Œdipe. Transled by R. Hurley, M. Seem, and H. R. Lane(2005, original translation in 1983). Anti-oedipus: capitalism and schizophrenia. Minneapolis, MN: The University of Minnesota Press. 김재인 역(2014, 3판). 안티 오이디푸스. 서울: 민음사.

Denzin, N. and Lincoln, Y. (Eds) (1994). Handbook of Qualitative Research. Thousand Oaks, CA: SAGE Publications.

Denzin, N. and Lincoln, Y. (Eds) (1996). The Landscape of Qualitative Research: Theories and issues. Thousand Oaks, CA: SAGE Publications.

Denzin, N. and Lincoln, Y. (2011). Introduction: The discipline and practice of qualitative research. In N. Denzin and Y. Lincoln (Eds), The Sagehandbook of Qualitative Research (pp.1-19). Thousand Oaks, CA: SAGE Publications.

Derrida, J. (1970). Structure, Sign, and play in the Discourse of the Human Science. In R. Macksey and E. Donato Eds. The languages of Criticism and the Science of Man(pp. 247-265). Baltimore MA: the Johns Hopkins University Press.

Derrida, J. (1996). Apories. Paris: Galilée.

Freire, P. (1970). Pedagogy of the Oppressed. New York: The Continuum Publishing Company.

Foucault, M. (1969). The archaeology of knowledge and the discourse on language. A. M. S. Smith Trans (1972). New York: Pantheon Books.

Giroux, H. (1981). Hegemony, resistance, and paradox of educational reform, Interchange, 12(2-3), 3-26.

Giroux, H. (1988). Teachers as Intellectuals: Toward a critical pedagogy of learning. 이경숙 옮김(2001). 교사는 지성인이다. 서울: 아침이슬.

Guba, E. & Lincoln, Y. (1989). Fourth generation evaluation. London: SAGE Publications.

Habermas, J. (1968). Erkenntnis und Interesse. Shapiro, J. J.(Trans.)(1971), Knowledge and Human interests. Toronto: Beacon Press.

Kincheloe, J. L. (2001). Describing the bricolage: conceptualizing a new rigor in qualitative research.

Qualitative Inquiry, 7(6), 679-692.

Kincheloe, J. L. (2004). Ciritical Pedagogy. New York: Peter Lang Publishing.

Kincheloe, J. L. (2005). On to the next level: Continuing the conceptualization on the bricolage. Qualitative Inquiry, 11(3), 323-350.

Kincheloe, J. L. and Berry, K. S. (2004). Rigour and complexity in educational research: Conceptualizing the bricolage. New York: Open University Press.

Kincheloe, J. L., McLarcn, P., Steinberg, S. (2011). Critical pedagogy and qualitative research. In N. Denzin and Y. Lincoln (Eds. 4Th Ed.), The Sagehandbook of Qualitative Research(pp. 163-177). Thousand Oaks, CA: SAGE Publications.

Lather, P. (1993). Fertile obsession: Validity after poststructuralism. The Sociological Quarterly, 34(4), 673-693.

Lévi-Strauss, Claude (1966). La Pensee Sauvage. 안정남 옮김(2011). 야생의 사고. 파주: ㈜도서출판 한길사.

Lincoln, Y. S. (2001). An emerging new bricolage: Promises and possibilities-A reaction to Joe Kincheloe's describing the bricoluer. Qualitative Inquiry, 7(6), 693-696.

Lincoln, Y. S. & Guba, E. G. (2000). Paradigmatic controversies, contradictions, and emerging confluences. In N. Denzin and Y. Lincoln (Eds), Handbook of Qualitative Research (pp.163-188). Thousand Oaks, CA: SAGE Publications.

McLaren, P. (2001). Bricklayers and bricoleurs: A Marxist addendum, Qualitative Inquiry, 7(6), 700-705.

McLaren, P. (2009). Critical Pedagogy: A look at the major concepts. In A. Darder, M. P. Baltodano, & R. D. Torres (Eds, 2nd Ed.), The critical pedagogy reader, 61-83. NewYork: Routledge.

Pinar, W. (2001). The researcher as bricoluer: The teacher as public intellectual. Qualitative Inquiry, 7(6), 696-700.

Ryle, G. (1949). The Concept of Mind. 이현우 역(1994). 마음의 개념. 서울: ㈜문예출판사.

Sanchez-Burks, J., Karlesky, M., & Lee, F. (2015) Psychological bricolage: Integrating social identities to produce creative solution, In C. Shalley, M. Hitt, and J. Zhow (Eds.), Oxford Handbook of Creativity, Innovation and Entrepreneurship, 93-102. New York: Oxford University Press.

Steinberg, S. R. (2012). Preface: What's critical about qualitative research?, In S. R. Steinberg & G. S. Cannella (Eds.), Critical qualitative research, ix-x. New York: Peter Lang.

Terry, P. R. (1997). Habermas and education: Knowledge, communication, discourse. Curriculum Studies(1993~1998), Pedagogy, Culture, & Society(1999~current), Vol 5, No 3, 269-279.

Tyler, R. W. (1949). Basic Principles of Curriculum and Instruction. Chicago: The University of Chicago Press.

Pinar, W., Reynolds, W., Slattery, P., & Tabuman, P. (1995). Understanding curriculum: An introduction to the study of historical and contemporary curriculum.

Weick, K. E. (1979). The social psychology of organizing (2nd ed.). New York: Random House.

Wikipedia(2012). Bricolage(http://en.wikipedia.org/wiki/Bricolage 2012.10.14 발췌).

Wikipedia(2016a). Collage. (2016.10.16. 발췌 https://en.wikipedia.org/wiki/Collage)Wikipedia(2016b). Bricolage. (2016.10.16. 발췌 https://en.wikipedia.org/wiki/Bricolage)

Willis, P. (1977). Learning to labor: How working-class kids get working-class jobs. New York: Columbia University Press.

열
다
섯
가
지
접
근

9.

통합 연구

이현철 ┃ 고신대학교

'After' the End of Paradigms War: 통합 연구 방법의 시대

19세기 말 보편주의에 입각한 연역적 방식을 주장한 오스트리아 학파와 특수주의에 입각한 귀납적 방식을 주장한 독일 역사학파 간에 있었던 사회과학 분야의 연구 방법론에 관련한 논쟁은 아직도 해결되지 않은 채 이어지고 있으며, '규범적 패러다임'과 '해석적 패러다임'으로 양분되어 팽팽한 긴장 관계를 형성해 왔던 것이 사실이다. 하지만 최근 실용주의 패러다임에 입각한 다양한 연구자들[1]에 의해 통합 연구 방법에 대한 요구와 필요성이 대두되었으며, 'The End of Paradigms War'의 시대를 선사해 주고 있다. 이러한 흐름은 객관성 및 가치중립을 토대로 일반화를 강조하는 실증주의적 양적 패러다임과 탈실증주의적 접근을 강조하며 특정한 상황 내에서의 독특한 실재를 파고드는 질적 패러다임의 우위 전쟁 혹은 논쟁보다는 양자의 매력적인 입장들을 인정하며 연구를 수행하고자 하는 실용주의적인 자세로부터 연유하는 운동으로 볼 수 있다. 이러한 흐름에서는 특정한 연구 문제에 어떤 연구 방법을 선택하느냐, 어떤 연구 방법이 해당 문제에 가장 적합한 연구 방법인가를 고민하는 것이 더욱 중요함이 강조되고 있다.

전술한 'The End of Paradigms War'의 시대는 한국의 연구자들과 학계에서도 뜨거운 관심의 대상이 되고 있으며, 실제로 다양한 전공의 박사학위 논문과 국책 연구 프로젝트에서 활발하게 적용되고 있는 것이 사실이다. 통합 연구 방법과 관련하여 우리나라에서는 대표적으로 필자의 연구와 2013년에 필자의 학문적 동료들과 출판한『통합 연구 방법론: 질적 연구+양적 연구』가 있다. 특히『통합 연구 방법론: 질적 연구+양적 연구』는 이 분야의 번역본만이 소개된 우리나라의 학술적 상황 속에서 한국 연구자들에 의해 시도된 최초의 통합 연구 방법 개론 서적으로서 그 의의가 크다고 할 수 있다.『통합 연구 방

---

1. 이러한 연구자들에는 대표적으로 University of North Texas의 A. Tashakkori와 Louisiana State University의 C. Teddlie, Sam Houston State University의 A. J. Onwuegbuzie, Gallaudet University의 D. M. Mertens, University of Nebraska-Lincoln의 John W. Creswell과 Vicki. L. Plano Clark, University of Illinois, Urbana-Champaign의 J. C. Greene, University of Utah의 J. M. Morse, Florida International University의 I. Newman, The Union Institute and Utilization-Focused Evaluation의 M. Q. Patton, Portland State University의 D. Morgan, University of Connecticut의 S. F. Rallis 등을 들 수 있다.

법론: 질적 연구＋양적 연구』가 출판되고 난후 전국의 많은 연구자들과 대학원생들로부터 통합 연구의 실제적인 적용과 관련된 문의가 쇄도했으며, 통합 연구 방법을 적용한 연구와 박사학위 논문에 도움을 주었다. 이러한 측면은 한국에서의 통합 연구 방법의 확장과 논의에 있어 새로운 장을 열어 주었으며, 질적 연구에서의 통합 연구 방법적 의미를 다시 한 번 강조해 주었다고 판단된다.

　본 작업은 좀 더 구체적으로 'The End of Paradigms War' 이후의 연구활동에 관심을 가지고 시작되었다. 즉, 'After the End of Paradigms War'의 시대에 대한 관심과 학문적 심화에 목적을 두고 이루어지게 된 것이다. 이미 학계의 경우 질적 연구와 양적 연구의 매력적인 장점들을 인정하고 있으며, 이를 통합하고자 하는 시도에 대한 설명에 고개를 끄덕이고 있다. 이제는 통합 연구 방법과 관련된 개론적인 수준에서의 개념과 모델들을 살펴볼 것이 아니라 실제적인 통합 연구 방법의 수행을 위한 심화된 수준의 연구 설계와 연구 방법을 살펴볼 때가 되었다는 것이다. 즉, 패러다임 전쟁의 종식의 시대를 살아가고 있는 이후의 연구자들의 실천적 사항들을 고민할 때가 되었다는 것이다.

통합 연구 방법의 개념

통합 연구 방법의 개념과 관련된 논의는 연구 방법적인 논의가 진행된 시점에서부터 이루어졌던 것이 사실이나 구체적인 학문적 논의로 구성된 것은 오래되지 않았다. 짧지만 통합 연구에 대한 논의는 그동안 다양한 학자들에 의해 이루어졌으며, 주로 실용주의적인 철학에 기반을 두고 구성되었다. 통합 연구 방법에 대한 발흥이 서구를 중심으로 진행되었기에 대표적인 연구자들의 통합 연구 방법에 대한 개념들을 정리하여 보는 것은 통합 연구 방법의 개념을 파악하는 데 유익할 것으로 본다.

　통합 연구 방법의 개념과 관련하여 우선 Tashakkori와 Teddlie(2009)는 통합 연구 방법을 연구 문제, 연구 방법, 자료 수집 그리고 분석 절차 및 도출에서 질적과 양적 접근을 취하는 연구 설계로 보고 있으며, Tashakkori와 Creswell(2007) 역시 단일 연구 혹은 조사 프로그램에서 자료 수집 및 분석, 결과 통합 및 도출을 위해 질적 측면과 양적 측면을 모두 활용하는 것으로 상정하고 있다. 이 분야에 있어 주요한 저작을 남기고 있는 Creswell과 Plano Clark(2007)는 통합 연구 방법을 연구의 다층적 과정에서 양적/질적 접근의 통합적 자료 수집과 분석의 과정을 이끄는 철학적 틀을 겸비한 연구 설계로 개념화하고 있으며, Mertens(2005)는 통합 연구 방법을 교육 및 사회 문제가 발생하는 다양하고, 복잡한 맥락 내에서 연구자에 의해 수행되는 통합적 과업으로 설정하고 있다. Johnson과 Onwuegbuzie(2004)는 연구자가 단일 연구 내에서 양적 및 질적 연구 기법, 방법, 접근, 개념, 용어를 통합 혹은 혼합하여 이루어지는 연구로 기술하고 있다. 이러한 통합 연구 방법에 대한 여러 학자들의 이해를 바탕으로 이현철과 그의 동료들(2013: 19)은 이를 종합적으로 다음과 같이 정의하고 있다. [2]

> 통합 연구 방법은 단일 연구에서 질적 접근과 양적 접근을 모두 활용하는 것이며, 양측의 양립 가능성과 실용적 접근을 고수하는 방식으로 정의할 수 있으며, 질적 접근과 양적 접근이 가진 한계점을 극복한 채 그것들이 가진 장점을 제공하여 연구 문제에 대한 좀 더 '온전한' 그리고 '광범위한' 답변을 줄 수 있는 방법으로 볼 수 있다.

이현철과 그의 동료들의 종합적인 정의를 통해서도 확인할 수 있듯이 통합 연구 방법은 질적 측면과 양적 측면을 모두 활용하여 연구 문제에 대한 심도 있는 분석과 해결을 위한 연구자들의 실용적인 움직임으로 볼 수 있다. 이는 최근 연구자들이 직면하고 있는 사회현상 및 교육현상의 복잡한 구조들을 고려할 때 더욱 필요한 접근방법이며, 이러한 측면을 통합 연구 방법과 관련된 핵심적인 개념으로 볼 수 있을 것이다. 이와 관련된 학계와 연구 현장의 요구는 점점 더 높아지고 있으며, 그 흐름은 앞으로 더욱 커질 것으로 예상된다.

실제로 통합 연구 방법의 위상은 나날이 커지고 있는데, 이는 'Mixed Research Methods' 혹은 'Mixed Methods'를 주제어로 하는 많은 출판 도서들과 〈Journal of Mixed Methods Research〉(JMMR)의 높은 Impact Factor 및 사회과학 분야에서의 수준을 통해서 더욱 명확하게 확인되고 있다. JMMR에 게재되는 논문들의 주제들을 살펴만 보더라도 초기 통합 연구 방법과 관련된 이론 정립과 개념 구성의 차원을 넘어 최근에는 해당 연구 방법을 적용한 논문들과 이론의 확장까지도 심화되고 있는 추세이다. 이러한 통합 연구 방법의 전반적인 흐름에 대해서 2016년 〈Journal of Mixed Methods Research〉 January 호에서 Joseph A. Maxwell은 'Expanding the History and Range of Mixed Methods Research'를 통해서 효과적으로 정리해 주고 있다. 이외에도 최근 'Mixed

---

2. 이현철·김영천·김경식은 통합 연구 방법과 관련된 논의가 제한적이었던 한국적 상황을 극복하고자 통합 연구 방법론에 대한 개념, 역사, 연구 방법, 연구전략 등을 실제적으로 소개해 주고 있다. 좀 더 구체적인 사항의 경우 이들의 저서를 참고하라.

Methods International Research Association'이 구성되어 통합 연구 방법 분야의 확산과 다양한 논의를 이끌어 가고 있다. 여기에는 John Creswell, Tony Onwuegbuzie, Sharlene Hesse-Biber 등 통합 연구와 관련된 다양한 학자들이 포진하고 있으며, 학술대회와 워크숍을 제공하고 있다. 2016년도 Mixed Methods International Research Association Conference는 'Moving Beyond the Linear Model: The Role of Mixed Methods Research in an Age of Complexity'의 주제로 이루어졌다. 이에 대한 자세한 사항은 http://mmira. wildapricot. org/를 참조하기 바란다. 이러한 흐름들은 통합 연구 방법의 성장을 단적으로 보여 주며, 이 흐름이 열렬히 환영받고 있음을 시사하는 대목이기도 하다.

통합 연구적 접근: 연구 설계와 연구 방법

1. 통합 연구 방법에서의 연구 문제 진술 방법

연구자의 연구 설계와 전개 과정에 있어 핵심적인 방향을 설정하는 부분은 바로 연구 문제이다. 연구 문제가 어떠한가에 따라 연구 설계가 결정되며, 해당 연구의 전개과정이 특징적인 맥락으로 구성되는 것이다. 특별히 특정한 연구 방법을 취하고 있는 연구들의 경우 이미 연구 방법적 특징에 의해 연구 문제가 기술될 수 있으며, 그에 적합한 형식들이 존재하고 있는 것이다. 예를 들어 Giogi적 현상학을 적용하는 질적 연구의 경우 연구 참여자들의 특정한 경험에 관심을 가지고 그것을 온전히 보여 줄 수 있도록 적절하게 연구 문제가 기술되어야 할 것이며, 구조방정식 모형을 적용하는 양적 연구의 경우 종속변수와 관련된 다양한 독립변수들의 종합적인 인과관계를 탐색하려는 의도가 명확하게 드러나도록 연구 문제가 기술되어야 할 것이다.

이러한 맥락에서 통합 연구 방법의 연구 문제 기술은 어떠해야 하는가를 고려해 볼 필요가 있다. 통합 연구 방법은 질적 연구와 양적 연구의 접근 모두를 충족시키며 그에 준하는 연구 문제들을 해결하기 위해 적용될 것인데 구체적인 연구 문제는 어떻게 기술되며 표현되어야 할 것인가는 까다로운 주제이며 영역으로 볼 수 있다. 실제로 연구자는 자신이 관심을 가지고 있는 연구 주제와 관련한 연구 문제를 기술하고 표현함에 있어 어려움을 느끼거나 너무 추상적으로 내용을 구성함으로 말미암아 학술적인 가치를 지니는 것에 실패하고 있다. 더군다나 통합 연구 방법을 적용하는 연구들은 질적과 양적 모두를 살펴보면서 연구 문제를 기술해야 하기 때문에 더욱 난해한 것이 사실이다. 하지만 기본적으로 통합 연구 방법의 연구 문제 기술은 전통적인 질적 연구 혹은 양적 연구에서 기술하는 형태에서 각각의 영역을 고려하면서 모두 기술하는 것을 원칙으로 설정하고 있다. 이는 연구자로서 그리고 연구 현장을 고려할 때 매우 당연한 것으로 여겨지나 한 연구 안에서 이와 같은 형식 모두를 담아 내야 한다는 것 자체가 연구자에게는 부담이 되는 것이며, 구체적인 연구 문제 형태로 명확하게 표현하기란 쉽지 않다. 이는 자연스럽게 연구자의 연구 내 연구 문제의 수를 증가시키는 데 일조하는 것이며, 연구자의 연구 수행 과정의 과업들을 증대시키는 역할을 하기도 하는 것이다. 그럼에도 불구하고 통합 연구 방법을 적용하는 원론적인 의의를 고려할 때 이는 반드시 수행되어야 할 내용이며 과정이라 볼 수 있다.

이와 관련하여 Teddlie와 Tashakkori(2009)는 이중초점(dual focal point)이라는 표현과 개념을 활용하여 통합 연구 방법의 연구 문제 기술을 제시하고 있다. 이중초점으로서의 연구 문제의 의미를 살펴보면 하나의 관점(위의 삼각형)은 아래로 향하며 연구 문제 도출을 위한 분산된 다양한 수준의 정보들을 연구 문제와 관련하여 구체적인 활동을 시도하는 것이고, 또 다른 관점(아래의 삼각형)은 위를 향하면서 연구 문제와 관련된 정보들을 생성하는 과정이다. 그리고 양측은 특정한 지점에서 만나 현상에 대해 의미 있는 질문을 구성하는데 그것이 핵심적인 연구 문제라는 것이다. 이러한 접근은 실제 연구 현장에서 쉽게 확인할 수 있는데 연구자가 수행하고 있는 심층적인 활동들과 주제 좁히기의

[그림 1] Teddlie와 Tashakkori(2009)의 이중초점으로서 연구 문제 재구성

사항들이 해당될 것이며, 핵심적인 내용들을 도출하기 위한 정보들을 수집하며 관점들을 좁혀 가는 내용들도 여기에 해당될 것이다.

예를 들어 이현철·김경식(2013)은 남녀공학에서의 남학생과 여학생의 학업성취 차이의 원인과 이유를 분석하기 위해 현상과 관련된 다양한 기사들과 기초적인 자료를 통해 해당 현상과 관련된 주요 교과목과 핵심적인 쟁점이 무엇인가를 파악했으며, 동시에 특정 사례와 정보를 조사함으로 연구 문제 도출을 위한 정보 선별 과정을 수행하여 '왜 남녀공학에서 남학생은 여학생보다 학업성취가 낮은가?'라는 논쟁적인 연구 문제를 도출/구성했다.

「비평준화지역 남녀공학 내 남녀 간 수학 내신 성적 차이에 대한 사례 연구」
(이현철 · 김경식, 2013)의 일부

I. 서론

1981년 9월 발효된 UN여성차별협약에 따라 교육분야에서 여성에게 남성과 동등한 권리를 확보하도록 각국에 권고한 여러 조치들 중 하나가 남녀공학을 장려하는 것이었다. 이것은 공학이 남성과 여성의 역할 고정관념을 제거하는 데 기여할 것이라는 점을 기대한 것이다. 특히 1990년대 문민정부 때에 공학이 인성교육에 유익하다는 이유로 기존 별학 학교를 공학으로 전환하거나 대부분의 신설학교는 공학형태를 취하게 됨으로써 머지않아 대부분의 중·고등학교가 남녀공학의 형태를 취하게 될 것으로 예상된다.

그러나 현행 상급학교 입시제도에서는 학교 내신 성적이 상급학교 진학에 중요한 자료로서 활용되고 있다. 대학 입시에 있어 내신 성적의 중요도가 점점 커져 감에 따라 목표로 하는 대학이 혹은 당해 연도 대학 입시의 경향이 수능 중심이냐 내신 중심이냐에 따라 교육주체인 학생과 학부모들은 긴장하고 있으며, 일선 고등학교의 교사와 행정가들의 경우 중간·기말고사와 관련 시험의 출제에서부터 관리·채점에 이르기까지 세심한 주의를 기울이고 있는 실정이다.

이러한 내신 성적에 대한 사회적 관심이 증폭되고 있는 가운데 최근 남녀공학에 재학 중인 남학생들의 학부모들이 '내신 성적에서 여학생이 유리'하다는 판단을 하고 있으며, 이에 따라 '아들 살리기 운동'과 같은 활동을 전개하고 있어 이른바 '여인천하'의 학교 현장에 대한 노골적인 불만을 토로하고 있다. 또한 공학으로 전환했던 일부 학교가 집단 간 내신 학력격차로 남학생의 피해가 확대된다는 점, 즉 남학생의 경우 수능성적은 높지만 내신이 낮아 입시에 불리하다는 이유로 남고로 전환을 요구하고 있다.

최근 남녀 학업성취도 차이와 관련한 언론보도 자료를 보면 성적을 명확하게 등급화하지 않는 초등학교에서도 여학생들의 지적 능력이 남학생들을 압도하고 있음이 보고되고 있으며 과목별 상, 중, 하에서 여학생들의 상 비율이 갈수록 높아지고 있는 추세를 보여 주고 있어 이러한 학부모들의 불만과 걱정이 과장된 것이 아님을 확인할 수 있다. 또한 중·고등학교의 남녀 공학에서는 '여고 남저'로 대변되는 학력차가 자연스럽게 인식되고 있는 실정이다.[3] 이러한 초·중등학교에서의 현상들은 모두 여인천하의 학교 현상에 대한 남학생 학부모들의 비판적 활동의 동인이 되고 있다.

학부모들이 사용하고 있는 '여인천하'라는 표현 자체가 여고 남저 현상에 대한 비판의식을 전제하고 있지만, 그 현상의 본질을 추적해 본다면 그러한 비판은 '여학생이 남학생보다 성적이 높게 나타나고 있다'라는 현상에서 문제의식을 가지고 있는 것이 아니라[4] '여학생이 남학생보다 성적이 높게 나타날 수밖에 없는 상황/맥락/문화' 그리고 '남학생이 불리한 여건 속에서 공부를 하고 있다'라는 현실적인 문제의식에서 출발하고 있음을 의미하는 것이다. 하지만 미대학여성교육협회(American Association of University Women Educational Foundation(1992)가 의뢰한 '학교가 어떻게 여성에게 불리하게 하는가'라는 보고서는 여성에 대한 편견이 여전히 공학학교에 광범위하게 퍼져 있고, 이것이 교육성취와 자기개발에 불리하게 작용하는 원인이라고 결론을 내리고 있다. 학생들은 다양한 과업의 학업능력에 대해 서로에게 분명한 기대를 가지게 되는데, 특히 여성은 읽기 능력에 기초한 모든 학업 skill에서 높은 지위를 지니며 남성은 수학적 능력과 기초에서 높은 지위를 지니게 된다(Riordan, 2007)는 것이다. 또한 여성이 학교 교육에서 실패하는 이유로 기존의 학문과 학교의 교육과정을 지배하는 지식이 남성의 경험에 의해 만들어진 것이며, 보편적 진리로서 객관성과 합리성을 중시하는 학문의 패러다임 자체가 남성 중심적이라고 본다(곽윤숙, 1997). 특히 가치중립적이라고 생각되는 수학과 과학 교과도 기존의 계급적, 인종적, 성적 위계관계를 유지하는 데 기여한다고 보며, 과학이 학문 중에서 가장 남성 중심적이고 가부장적 성격을 띠고 있다고 본다. 이처럼 여성이 공학에서 불리하다는 시각과는 달리 우리나라의 경우 내신 성적 산출에 있어 두각을 나타내고 있는 현실에 문제의식을 갖고, 남녀공학에서의 교과 내신 성적(수학) 산출과정을 분석하여 여성에게 유리할 수밖

---

3. 이와 관련하여 서울특별시와 광역시에서의 남녀공학 학생들의 남녀 학업성취도 비교 관련 보도 자료들은 남녀공학에 대한 학부모들의 우려와 함께 '여고 남저' 현상이 중등학교에서도 실제로 나타나고 있음을 확인시켜 주고 있다(국제신문, 2009/8/21, 2009/4/17; 동아일보, 2008/6/24; 매일신문, 2008/8/6, 2008/6/24; 조선일보, 2009/12/9, 2008/11/4, 2008/10/21, 2008/9/16/, 2008/6/26. 2008/3/4, 2006/11/21, 2006/8/18; 중앙일보, 2008/9/17, 2008 1/23; 헤럴드경제, 2009/2/24).

4. 학업성취의 경우 개인의 능력과 노력에 의해 결정될 수 있는 부분이 분명 존재하고 있어 동일한 조건 속에서 발생되는 개인 간 및 집단 간의 차이는 상식적 수준에서 자연스럽게 이해되고 받아들일 수 있는 사항이다.

에 없는 학교 현장 내부의 실제적인 모습들을 분석하고자 한다. 이는 대학 입시의 주요한 변수로서 활용되는 내신 성적에서 특정 집단이 겪는 맥락을 살펴보고, 나아가 남녀공학 기피현상[5]을 해소할 수 있는 기초자료를 제공하고자 한다.

2. 통합 연구 방법에서의 자료 수집 방법

통합 연구 방법에서의 자료 수집 방법은 기본적으로 아래의 6가지 방식에 의해서 이루어지며, 이는 사회과학 연구 전반의 내용과 큰 차이가 없다.

- 설문지(questionnaires)
- 면담(interviews)
- 포거스 그룹(focus groups)
- 시험(tests)
- 관찰(observation)
- 현장자료(secondary data)

통합 연구 방법을 적용한 연구에서는 이러한 6가지 주요 자료 수집 방법들 간의 통합과 구성을 통해서 연구 주제와 관련된 자료들을 수집한다. 통합 연구 방법에서의 자료 수집의 핵심과 특징은 이러한 6가지 주요 방법들 간의 '통합과 구성'에서 나타나는데, 이는 자료 수집 방법에서의 'Inter'와 'Intra'의 개념[6]을 통해서 구성된다고 할 수 있다 (Johnson & Turner, 2003).

우선 자료 수집의 Inter method mixing은 설문지, 면담, 포커스 그룹, 시험, 관찰, 현장자료 각각의 자료 수집 전략들의 통합을 통해서 이루어지는 것이다. 즉, 연구 문제를 달성하기 위해 연구자는 양적인 설문지와 면담과 같은 자료 수집 방법의 2가지 전략을 활용하여 연구를 수행하는 것으로 볼 수 있다. 이때 추가적으로 자료 수집 전략을 적용하여 구성할 수 있다.

---

5. 선지원·후추첨으로 남녀공학에 배정된 중학교 2, 3학년 학생 424명 가운데 재배정시 남녀공학을 희망한 학생의 비율이 남학생이 40.9%, 여학생은 83.3%였다. 그 이유에 대해 '남녀공학이 내신에 유리하기 때문'이라고 답한 학생은 남학생이 4.6%인 반면 여학생은 60.3%였다(장봉애, 2004).

6. 해당 용어의 경우 한국어로 번역함에 있어 그 의미들이 다소 퇴색하는 뉘앙스가 있어 영어식 표현 그대로 사용함을 밝혀 둔다. 일반적으로 inter는 두개 이상의 개체 사이를, intra는 하나의 개체 내부에 집중한다.

연구예시

「기독대학생의 인터넷중독과 신앙성숙도에 관한 통합 연구」(김경희, 2016)의 일부

김경희는 자신의 박사학위 논문에서 기독대학생의 인터넷중독과 신앙성숙도에 관한 연구를 수행했으며, 통합 연구 방법론을 적용하여 대규모의 조사를 실시했다. 아래의 사항은 김경희 박사학위 논문의 연구 방법 파트의 주요 내용이다.

양적 접근을 활용한 방법에서는 기독대학생을 대상으로 하여 자기보고식 설문지 조사를 실시했다. 이를 위한 측정도구로는 한국형 성인 인터넷중독 척도(K-척도) 중에서 '성인자가진단 척도(A-척도)'와 김은실이 재구성한 '신앙성숙 척도'를 사용했다. 구체적으로 양적 접근에서는 연구 대상자를 선정함에 있어서, 자발적인 동의를 하기에 제한적인 능력을 가진 사람들이나 취약한 환경에 있는 사람들은 연구 대상자로 포함시키지 않는 것을 원칙으로 했다. 즉 건강인을 대상자군으로 선정하되, 본 연구에서 기독대학생으로 정의한 대상자 모집을 위해 건전한 교단 소속의 개신교 교회 대학부(혹은 청년부)와 4년제 신학대학교를 선별하여 설명문을 전달했다. 그리고 본 연구의 취지와 목적을 이해하고 동의를 한 경우에만 연구를 진행했다. 연구를 위한 표집에서는 군집표집(cluster sampling) 방법을 사용했다.

이 방법은, 집단 간에는 균일성이 있으나 집단 내에서는 불균일할 때, 어떤 집단은 전체를 조사하고 어떤 집단은 조사하지 않는 방법이다. 본 연구에서의 군집은 행정적 전집의 집단을 의미한다. 부산광역시의 16개 지역 자치구(강서구, 금정구, 기장군, 남구, 동구, 동래구, 부산진구, 북구, 사상구, 사하구, 서구, 수영구, 연제구, 영도구, 중구, 해운대구) 및 부산광역시의 위성도시인 경상남도 김해시와 양산시를 합한 18개 지역을 대상으로 했다. 구체적인 방법으로는 먼저 각 자치 지역에 소재하는 4년제 대학교의 수를 기준으로 하여 3개 이상일 때 A권역, 1~2개일 때 B권역, 없을 때 C권역으로 구분했다. 그 결과 A권역에는 금정구, 남구, 부산진구, 사상구, 서구, 김해시의 6개 지역이 해당되었다. 또한 B권역에는 북구, 사하구, 연제구, 영도구, 해운대구, 양산시의 6개 지역이 해당되었고, C권역에는 강서구, 기장군, 동구, 동래구, 수영구, 중구의 6개 지역이 해당되었다. 이상의 3개 권역 18개 지역 중에서 금정구, 부산진구, 김해시, 북구, 영도구, 해운대구, 동구, 동래구, 중구의 9개 지역을 무선으로 선택했다. 대학교 설립 유형은 국립과 사립, 학교 유형은 일반대학교, 사이버대학교, 특수대학교, 교육대학교로 분류되었으며, 디지털대학교는 사이버대학교에 포함시켰다. 이러한 일련의 과정은, 전집을 대표할 수 있는 표본, 즉 표본이 대표성을 띨 수 있도록 표집 과정을 정밀하게 할 목적으로 진행되었다. 그리고 양적 연구에서 활용되는 분석 방법의 신뢰로운 결과를 위해 적정사례수를 고려하여 표본의 크기를 500명으로 선정했다. 설문조사는 2015년 3월 23일부터 6월 7일까지 77일간 실시되었다. 배부된 설문지는 총 500부이며 전체가 회수되었다. 이 중 답변의 타당도가 의심되거나 응답 자체가 누락된 25부를 제외하고 총 475부를 최종 분석 자료로 사용했다.

질적 연구를 위한 표집으로 목적 표집 방법을 사용했다. 이 방법은 연구자가 연구의 목적에 맞는 참여자를 직접 찾아내고 선택하는 과정을 거쳐 연구하는 방법이다. 목적 표집에 해당하는 구체적인 방법은 여러 가지가 있는데, 본 연구에서는 할당 표집과 동질 집단 표집 방법을 사용했다. 이러한 방법으로 본 연구의 연구 참여자로는 양적 연구의 설문조사 대상자 중에서 기독대학생(N=19), 기독대학생들을 교육 및 지도하는 위치에 있는 성인(N=7), 총 26명(N=26)을 선정했다. 선정 기준은 기독대학생의 경우, 인터넷중독과 신앙성숙도의 각 수준별 비율을 고려하여 선정하고자 했다. 그러나 인터넷중독 측정에서 병적 사용군에 해당되는 대상이 전혀 없었기 때문에, 일반 사용군 및 주의 사용군에 해당되는 대상자 중 과거에 병적 사용자로 진단받은 경험이 있는 대상을 포함했으며, 남녀의 성비는 형평성을 고려하여 비슷한 비율로 선정했다. 성인 참여자의 경우에는 현재 교회에서 대학(청년)부를 담당하고 있는 교역자나 교사, 기독교대학교에서 학생 관련 업무를 맡고 있는 관계사, 컴퓨터 관련 기관의 전문가 등으로 구성했다. 왜냐하면 선정된 성인 참여자들은 본 연구의 주 대상인 기독대학생들과 교회 현장, 학업 현장, 정보화 현장에서 밀접한 관계를 맺고 있기 때문에, 이들의 관점과 입장을 밝히는 것이 연구 주제의 심층성을 대변할 수 있다고 판단되었기 때문이다.

질적 연구를 위한 자료 수집의 주요 방법으로는 심층 면담, 참여 관찰, 현장 참여, 비디오 녹화 및 녹음 등이 있다. 본 연구에서는 참여자들을 이해하는 데 가장 효과적인 방법으로 알려져 있는 개인 심층 면담(In-depth Interview)과 최근에 더욱 강조되고 있는 방법 중에서 핵심 주제 면담(Focus Group Interview: FGI)의 방법을 함께 사용했다. 개인 심층 면담은 연구자의 질문에 대한 연구 참여자의 반응을 탐색하고 축적하면서, 연구 참여자의 경험을 연구 주제와 관련하여 재구성하도록(Seidman, 2009) 돕는 질적 연구의 대표적인 방법이다. 또한 핵심 주제 면담은 특정 주제에 대한 집단원들의 생각과 느낌을 자세히 알아보기 위해 연구자가 소집단을 구성하여 진행하는 면담의 한 방법이다(Morgan, 2006: 130). 면담은 2015년 6월 20일부터 7월 31일까지 42일간 진행되었다. 개인 심층 면담의 경우 1~3회 진행을 했으며, 1회로 종결 시 평균 90분 이상의 충분한 시간을 확보함으로 깊이 있는 면담을 진행하려고 노력했다. 핵심 주제 면담의 경우 그룹 구성에 따라 1~2회 진행을 했으며, 그룹의 역동을 최대한 활용하되 주제로부터 초점이 벗어나지 않도록 연구자가 가진 면담자로서의 능력을 발휘하고자 노력했다. 면담 횟수는 개인 심층 면담 18회, 핵심 주제 면담 10회이며, 면담에 소요된 시간은 개인 심층 면담 1,285분, 핵심 주제 면담 710분, 총 1,995분(33시간 25분)으로 집계되었다. 정리된 전사 및 메모 분량은 개인 심층 면담 369쪽, 핵심 주제 면담 184쪽, 총 553쪽이다.

한편 Intra method mixing은 설문지, 면담, 포커스 그룹, 시험, 관찰, 현장자료의 형태들을 하나의 체제 안에서 통합 혹은 혼합시키는 과정을 통해서 자료 수집을 수행하는 것이다. 이는 그동안 미약하지만 다양한 소논문들과 연구들에서 활용되었던 사항인데, 예를 들어 설문문항을 제시하고 마지막에 개방형 질문을 제시한다든지 혹은 관찰 과정에서 특정한/구조화된 질문을 통해 체크리스트를 제시한다든지 하여 각각의 특징적인 요소들이 하나의 자료 수집 체제 안에서 혼합되어 연구를 수행하는 것이다.

> **연구예시**
>
> **「학부 교육과정 개편 연구 자료」(이현철, 2015)의 일부**

1. 아래에 제시된 학문 영역 중 '기독교교육과 교육과정'에 꼭 제시되어야 한다고 생각하는 영역을 우선순위를 정해서 그 이유와 함께 번호를 적어 주십시오.

(1)기독교교육학 및 세계관 (2)성경 및 신학 (3)심리 및 상담 (4)아동 및 청소년 (5)평생교육

순위	주제 번호	그 이유
1순위		
2순위		
3순위		

2. 아래에 제시된 교과목 중 '기독교교육과 교육과정'에 꼭 제시되어야 한다고 생각하는 과목의 우선순위를 정해서 그 이유와 함께 번호를 적어 주십시오.

(1)기독교교육학개론, (2)종교학개론, (3)기독교인간학과 교육, (4)기독교세계관, (5)교회교육방법론, (6)기독교가정 및 학교교육론, (7)구약성경연구, (8)교회교육, (9)종교와 문화, (10)종교철학, (11)종교교과교재 및 연구법, (12)종교교과논리 및 논술, (13)발달심리학, (14)청소년교육론, (15)평생교육프로그램개발, (16)상담심리학, (17)평생교육경영학, (18)종교심리학, (19)집단상담의 이론과 실제, (20)평생교육개론, (21)기독교교육사, (22)아동교육론, (23)청소년 멘토링의 이해와 실제, (24)평생교육방법론, (25)종교사, (26)성격심리학, (27)현대종교, (28)기독교교육철학, (29)이상심리학, (30)종교교과교육론, (31)청소년 문제행동과 치료, (32)종교교육론, (33)가족치료학, (34)평생교육실습, (35)신약성경연구

*교직을 제외한 35개 교과목

순위	주제 번호	그 이유
1순위		
2순위		
3순위		
4순위		
5순위		

3. 위에서 제시된 교과목의 선정에 있어 어떤 변화가 필요하다고 생각하십니까?

4. 학과의 발전 및 교육과정 운영을 위한 의견이 있으시면 자유롭게 기술하여 주십시오.

3. 통합 연구 방법에서의 연구 설계와 모형

통합 연구 방법에서 가장 활발하게 논의가 이루어지고 있으며 지금도 새로운 이론과 내용들이 확장되고 있는 영역이 바로 연구 설계 파트이다. 통합 연구 방법론을 지지하는 주요 학자들마저도 계속적으로 연구 설계에 대한 새로운 틀들을 소개하고 있으며, 자신의 기존의 설계모형을 보완하고 있는 상황이다. 이러한 생동감은 연구 설계가 통합 연구 방법론에 있어 정체성을 가장 극명하게 보여 줄 수 있는 부분이기 때문에 그러할 것이며, 실제로 연구 설계와 모형을 통해서 통합 연구 방법의 가치가 매력적으로 드러날 수 있다고 판단된다.

본 절에서는 그동안 국내에 소개되었던 연구 설계 중 가장 활용빈도가 높고 연구자들이 적용하기에 편리한 모형들을 소개하며, 해당 내용에 대한 각각의 강점과 약점을 심층적으로 소개하고자 한다. 또한 국내에 소개되지 않은 연구 설계 혹은 새롭게 보완되어 구성된 내용들을 중심으로 다루고자 한다.

가. 순차적 설명 설계(Sequential Explanatory Design): 양적 ➡ 질적

- 개념과 의미: 순차적 설명 설계(양적 ➡ 질적)는 양적 자료의 수집과 분석을 먼저 수행하고 순차적으로 질적 자료의 수집과 분석을 수행하는 통합 연구 방법 설계이다. 순차적 설명 설계(양적 ➡ 질적)의 핵심적인 관심은 양적 결과에 대한 구체적이고 심층적인 결과 해석을 수행하기 위해 이루어지는 것으로 모호했던 양적 연구 결과의 내용을 질적 연구를 통해서 보완하기 위한 것이다.
- 강점: 순차적 설명 설계(양적 ➡ 질적)는 연구 설계 자체가 간명하며, 동시적으로 수행되는 통합 연구 방법 설계들에 비하여 쉽게 활용될 수 있는 강점을 지닌다.
- 약점: 연구자가 해당 단계들을 수행함에 있어 많은 시간이 소요되며, 양적과 질적 단계를 모두 균등하게 적용하여 연구를 수행함으로 인해 발생하는 피로도가 클 수 있다.

연구예시

「고령친화산업에 대한 간호사의 인식과 참여에 대한 연구: 통합 연구 방법 적용」
(김지영 · 허나래, 2015)의 일부

김지영과 허나래는 고령친화산업에 대한 간호사의 인식과 참여에 대한 연구를 수행했는데 연구 주제에 대해 1단계에서는 양적 접근을 통한 자료를 수집하고, 2단계에서는 보건 의료 전문가들을 대상으로 질적 접근 방식을 통해, 수집된 자료를 설명해 줄 수 있는 설명 설계(explanatory design)를 적용하여 수집된 자료를 활용했다.

간호사의 고령친화산업에 대한 인식, 활동 의도는 양적 접근을 통해 조사했고, 연구에 사용된 설문지는 2013년 고령친화산업 실태조사(한국보건산업진흥원, 2013)에 사용된 항목으로 구성했고, 연구시작 전 설문내용과 측정방식에 대해 전문 간호사 2인의 검토를 받았다. 간호사의 행동에 대해서는 질적 접근 방식으로 자료를 수집했다. 본 연구는 S시, K도의 3차 의료기관 각각 2곳과 1곳에 종사하는 간호사로, 온라인 기기를 통해 본 연구의 목적과 설문지를 공개하고 설문지 작성을 원하는 간호사에 한해서 대상자의 선택에 따라 온라인 조사 및 자기기입식 설문조사를 병행했다.

연구 대상자들은 김대균 등(2007)의 연구에서 125명의 의료진이 해당 연구 대상자에 대한 인식과 태도에 대한 설문조사 연구를 참고하여 40%의 탈락률을 고려하여 총 176명을 연구 대상으로 선정했다. 자료 수집 1차 단계인 양적 연구의 표본크기는 176명으로 표집기간은 2014

설문 대상자의 일반적 특성(N=176)

특성	구분	간호사	
		n	%
연령	평균(yrs)	28	
	범위	22~50	
	20세 이상	122	69.3
	30세 이상	48	27.3
	40세 이상	6	3.4
성별	남성	9	5.1
	여성	167	94.9
학력	전문대 이하	25	14.2
	대학 졸업	128	72.7
	대학원 이상	23	13.1
근무지역	서울	163	92.6
	경기	13	8.4
임상경력	2년 미만	51	29.0
	2~4년 미만	43	24.4
	4~8년 미만	40	23.3
	8년 이상	38	23.3

434 질적연구: 열다섯 가지 접근

면담 대상자의 특성

사례	분야	직급	학력
1	요양원	원장	대학원 졸업
2	요양원	간호부장	대학원 졸업
3	호스피스	간호사	대학원 졸업
4	건강보험공단	지사장	대학원 졸업
5	의과대학	교수	대학원 졸업
6	간호대학	교수	대학원 졸업
7	대학노년치의학회	교육이사	대학원 졸업

년 7월 15일부터 12월 30일까지 자료를 수집했다. 수집된 자료는 부호화(coding) 과정을 통해 전산 입력했고 SPSS for Window 21.0을 이용하여 분석했다. 조사 대상자의 일반적인 특성, 보건 의료 종사자의 고령친화산업 분야에 대한 인식, 활동의도는 빈도 분포와 백분율을 산출했다. 근무기간별 고령친화산업의 인식과 활동의도에 대한 차이를 파악하기 위해서 one-way ANOVA를 사용하여 분석했다.

자료 수집 2차 단계인 질적 연구 대상자는 심층 분석을 위해 다양한 분야의 보건 의료에 종사하는 전문가 7명을 대상으로 했다. 보건 의료 전문가들은 고령인구들의 건강서비스 준비, 시행, 질 관리 등 표준에 대한 정책 마련 및 이를 적용 시행할 수 있는 영향력 있는 집단으로 전문가들의 견해는 간호사들이 고령친화산업에 참여할 수 있도록 전문인력을 교육하여 이들의 활동 참여를 이끌어 내어 고령친화산업 활성화에 기여할 것으로 예상했다. 설문조사(양적 연구)와 심층면접(질적 연구)에 따라 구성된 참여자의 특성과 조사방법은 위의 표와 같다.

나. 순차적 탐색 설계(Sequential Exploratory Design): 질적 ➡ 양적

• 개념과 의미: 순차적 탐색 설계(질적 ➡ 양적)는 질적 자료의 수집과 분석을 먼저 수행하고 순차적으로 양적 자료의 수집과 분석을 수행하는 통합 연구 방법 설계이다. 순차적 탐색 설계(질적 ➡ 양적)의 핵심적인 관심은 질적인 결과를 통해서 도출된 사항에 대한 일반화 추구와 해당 연구결과의 발전적인 차원의 의미를 추구함에 있다. 또한 질적 과정을 통해서 구성된 이론에 대한 검증적인 의미에도 함께 관심을 가지고 있는 통합 연구 방법 설계이다.

- 강점: 순차적 탐색 설계(질적 ➡ 양적)는 순차적 설명 설계(양적 ➡ 질적)와 동일하게 해당 설계 자체가 간명하며, 동시적으로 수행되는 통합 연구 방법 설계들에 비하여 쉽게 활용될 수 있는 강점을 지닌다.
- 약점: 순차적 설명 설계(양적 ➡ 질적)와 동일하게 연구자가 해당 단계들을 수행함에 있어 많은 시간이 소요되며, 양적과 질적 단계를 모두 균등하게 적용하여 연구를 수행함으로 인해 발생하는 연구자의 피로도가 클 수 있다.

연구예시

「여성 노인의 건강 불평등 현황과 측정: 통합방법론(Mixed Methodology)의 적용」 (천희란 · 강민아, 2011)의 요약

천희란과 강민아는 여성 노인의 건강 불평등 측정을 위한 사회경제적 위치 지표와 관련하여 통합 연구 방법을 적용했다. 연구자료 수집은 12명 여성 노인을 심층면담하는 질적 연구를 수행한 뒤, 전국에서 60세 이상 여성 564명을 대상으로 설문조사를 실시했다. 분석은 동시적 삼각측량 방법에 따라 양적/질적 자료를 통합적으로 적용하여 다양한 자료와 증거를 통한 기존 이론 확인, 이면에 숨겨져 있던 상세한 내용 발견, 새로운 주제 발견 등 3가지 단계로 나누어 분석했다. 먼저 자료 수집 단계에서 질적 연구를 먼저 수행하여 노인들의 관점에서 건강과 사회·경제적 변수들을 어떻게 개념화하는지를 파악한 후, 그러한 조사결과에 근거하여 양적 자료 수집 도구인 설문조사 도구를 개발하고 조사를 수행하는 방법으로 진행했다. 자료 수집 1차 단계인 질적 연구 대상자는 심층분석을 위해 1:1 인터뷰의 범위를 서울지역 여성 노인 65~79세로 제한했다. 연구 시작 전 주관 연구기관이 서울대학교 보건대학원 연구 윤리위원회 승인을 받은 후 참여자 선정기준을 충족시키는 노인을 대상으로 접촉했다. 반구조화된(semi-structured) 질문을 기초로 자유롭게 생애 구술을 하는 심층면담 방법을 사용했고, 대상자의 생활수준을 고려하고자 수급자와 비수급자를 비례적으로 표집했다. 면담 가이드라인은 연구팀이 여러 차례 회의를 통해 기존 문헌을 검토하고 연구 문제를 추출했고, 이를 중심으로 기본 질문을 구성했다. 자료 수집은 대상자 가구 방문을 통한 심층면담 및 현장일지 등을 통해 이루어졌다. 윤리적 고려는 심층면담이 시작되기 전 연구자 신분을 밝히고 연구참여 동의서 내용을 읽으면서 연구 목적에 대한 이해를 도왔으며 참여자의 신분에 대한 비밀을 보장했다. 서면동의를 구했고, 구술 녹음에 대해서는 동의서 형태로 부가적 서명을 받았다. 1인당 평균 면담시간은 평균 90분(최소 50분~최대 2시간)이었다. 구술채록은 녹음 파일을 이용하여 동행한 보조 면담자가 진행했다.

질적 자료에 대한 연구팀의 검토를 걸쳐, 노인의 사회·경제적 위치에 대한 양적 조사 설문지 개발 및 사전조사를 수행했고, 수정된 설문지와 프로토콜을 마무리하여 2008년 6월 24일부터 2008년 7월 24일까지 전국 노인을 대상으로 설문조사가 실시되었다. 설문 대상자는 서울, 대전, 광주, 부산, 충북 시부, 충북 읍면부, 전북 시부, 전북 읍면부, 경남 시부, 경남 읍면부를 대상으로 '통계청 인구통계'를 근거로 하여 다단계층화추출법(층화기준: 지역, 성, 연령)을 통해 1천 가구를 표본 추출했다.

분석 단계에서는 양적/질적 자료를 동시에 이용하는 설계에 따라 설문자료 양적 분석으로는 노년기 사회·경제적 지위와 건강의 관련성의 전체적 양상을 살펴보았고, 질적 자료의 구술에서 그 해석적 의미를 찾아보았다. 양적 설문자료에 대해 SAS version 9.1을 이용하여 빈도분석과 chi-square 검정을 실시했고, 일부 다변량 로짓분석을 추가했다. 질적 자료 분석은 스트라우스와 코빈(Strauss & Corbin, 2001)의 질적 자료 분석과정을 적용하여 자료 수집, 코딩, 분석과정이 순환적으로 이루어졌다. 1차 분석은 '사회·경제적 위치(교육, 직업, 소득, 수입, 생활형편, 용돈, 어릴 적 환경, 결혼, 자녀, 사회적 지지)', '건강', '질병' 등 연구 주제를 중심으로 녹취된 토의 내용을 대략적으로 분류하며 주요 주제어를 발견하고 이를 코딩하는 방식으로 이루어졌다. 2차 분석에서는 코딩된 주제어를 대/중/소주제로 범주화하여 분석했다. 3차 분석에서는 '격자(grid)' 방식을 적용하여 앞선 분석에서 발견된 주제어와 이를 포함하는 인용문들을 격자표로 정리하여 각 주제어의 맥락을 이해하고 전사적인 시각으로 연구 문제에 대한 해석을 시도했다.

설문조사 결과에 따르면 여성 노인의 낮은 교육수준, 경제적 어려움, 육체적으로 힘든 노동경험, 낮은 수준의 사회적 지지 등은 자가 평가 건강수준을 낮추고 만성질환, 황동장애, 우울수준을 높이는 방향으로 관련성을 보였다. 심층면담자료는 이러한 양적 조사 결과를 확인해주었고, 나아가 한국 여성 노인이 겪었던 시대적 배경으로 인한 교육기회 박탈이나 다양한 노동경험 등 여성 노인들의 교육과 직업에 대한 심층적이고 다양한 해석을 찾아주었다. 또한 남자형제의 교육수준이 여성 노인 자신의 교육수준보다 유년기 가정형편을 더욱 잘 반영할 수 있다는 시사점이나 여성 노인들이 소득이나 건강수준을 평가할 때 넓은 범주의 '보통'이라는 응답 이면의 재해석적 시각의 중요성을 제시했다.

다. 동시적 삼각화 설계(Concurrent Triangulation Design)

• 개념과 의미: 동시적 삼각화 설계는 양적과 질적 자료 수집의 과정을 동시적으로 수행하며, 연구 문제에 대한 양측의 우선순위를 동등하게 구성하여 접근한다. 연구 과정에서 자료의 통합은 분석과 해석 과정에서 수행되는 연구 설계이다.

- 강점: 동시적 삼각화 설계의 강점은 순차적 설명 설계에 비하여 자료 수집과 관련된 시간이 효율적으로 활용되며, 동시적으로 수행됨으로 특정 접근법에 내재하고 있는 약점들을 상쇄할 수 있다는 것이다.

- 약점: 양적과 질적 방법을 동시적으로 활용하여 현상들을 분석함에 있어 연구자는 고도의 전문성과 노력이 요구되며, 이는 실제 연구 과정에서 양측의 차이점과 상이점을 정련되게 구분하며 연구를 수행해 나가는 것이 힘겨울 수 있다.

연구예시

「Unwritten Rules of Talking to Doctors About Depression: Integrating Qualitative and Quantitative Methods」(Wittink, Barg, & Gallo, 2006)의 일부

Wittink와 동료들은 환자의 입장과 관점에서 의사와의 대화와 관계성에 주목하여 우울증과 관련된 치료와 활동에 주목했다. 이 과정에서 그들은 통합 연구 방법론을 적용하여 환자와 의사 사이에서 발생하는 역동적인 대화와 관계를 탐색하고자 했다. 연구 참여자들의 경우 65세 및 그 이상의 환자와 그들의 의사 355명이 표집되었으며, 목적표집을 통해 102명에 대한 반구조화된 면담(semistructured interview)을 통해 48명의 핵심적인 연구 대상자들을 확보했다.

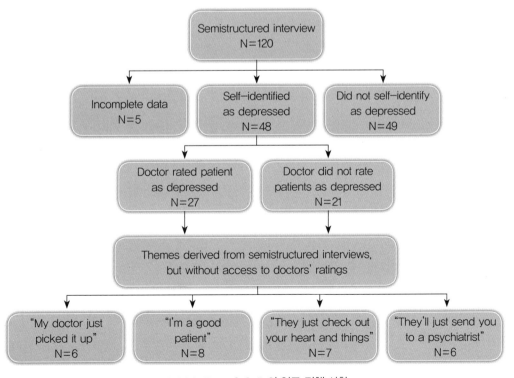

Wittink, Barg, & Gallo의 연구 진행 사항

특히 반구조화된 면담은 본 연구의 핵심적인 대상자들을 확보하는 데 주요한 역할을 수행했는데 아래의 경우 반구조화된 면담가이드의 질문들이다.

[반구조화된 면담가이드의 질문 예시]

당신의 주치의와 당신의 감정에 대해 논의한 적이 있습니까?

- 있다면 A, B문항으로
- 없다면 C, D문항으로

A. 논의를 통해 무엇을 깨달았습니까? 해당 논의에 대해 어떻게 생각하십니까? 주치의는 당신이 알지 못했던 것을 알고 있었습니까?

B. 주치의는 무엇을 이야기해 주었습니까?

C. 당신의 주치의는 당신이 느끼고 있는 감정에 대해 어떻게 생각할 것 같습니까?

D. 당신의 주치의는 우울증이라는 단어를 제외하고 당신이 느끼는 감정을 어떤 단어로 표현할 것 같습니까?

이를 수행하면서 연구자들은 기본적으로 양적인 분석을 통해 환자들의 개인적인 특성들을 비교했는데 의사의 처방 전에 스스로 우울증이라고 인식하고 있는 집단과 의사의 처방으로 우울증을 인식하고 있는 집단을 분석한 것이다. 이때 개인적 특성에는 연령, 성별, 교육, 심리적 상태, 인지적 상태, 의사의 우울증 처방사항 등이 있다. 해당 사항에 대한 두 집단 비교가 수행되었다. 또한 연구자들은 Glaser와 Strauss의 근거이론(grounded theory)을 적용하여 의사와 환자 간의 대화를 분석하여 주요한 주제들을 도출하여 연구 결과와 관련된 비교를 위해 질적인 연구 방법을 적용하여 자료 수집과 결과들을 도출했다. 전술한 두 가지 분석과정의 경우 SPSS와 QSR N6.0을 통해 분석이 수행되었다.

라. 동시적 포함 설계(Concurrent Nested Design)

- 개념과 의미: 동시적 포함 설계는 양적과 질적 방법이 모두 활용되지만 한 측면은 다른 측면의 과정에 포함되어 이루어지는 통합 연구 방법 설계이다. 이 과정에서 양측의 우선순위는 하나의 측면을 포함하는 연구 방법에 있으며, 특정한 연구 방법에 포함되는 연구접근법은 그 비중에 있어 작은 역할을 감당한다.
- 강점: 동시적 포함 설계의 강점은 동시에 두 가지 차원의 자료들을 수집할 수 있으며,

각각의 측면에서 도출되는 연구결과와 의미들을 파악할 수 있다는 점이다.

• 약점: 양적과 질적 접근의 우선순위에서의 차이는 연구 결과에서 특정한 측면으로 편향된 결과를 초래할 수 있다. 또한 해당 설계가 특정한 접근법을 강조하고 있기에 분석과정에서 자료들을 통합시키기 위해 특정 형태들로 변형시켜야 할 필요가 생기는데 이는 양적과 질적 자료들의 차이에서 발생하는 본질적인 특징들로 인해 나타나는 결과이다.

연구예시

「A Mixed-Method Approach for Developing Market Segmentation Typologies in the Sports Industry」(Rohm, Milne, & McDonald, 2006)의 일부

Rohm과 그의 동료들은 참여동기와 관련된 자료들을 활용하여 스포츠상품 시장의 세분화에 대한 통합 연구 방법적 연구를 수행했다. 구체적으로 양적 연구에서는 Runner's World 구독자 2,000명을 대상으로 우편 설문조사가 수행되었으며, 864명(43.2%)이 회신하여 기본적인 연구 대상자로 구축되었다. 이 과정에서 주로 스포츠 용품 구매 사항, 스포츠 용품의 활동도, 다양한 스포츠 브랜드에 대한 인식 등의 문항들이 구성되었으며, 해당 과정을 통해서 총 864명 중 815명(94.3%)이 최종적으로 자료로 활용되었다. 한편, 해당 설문지의 마지막에 개방형 문항으로서 "운동 가운데 가장 중요하게 여겨지는 것은 무엇이며, 왜 그렇게 생각하는가?"

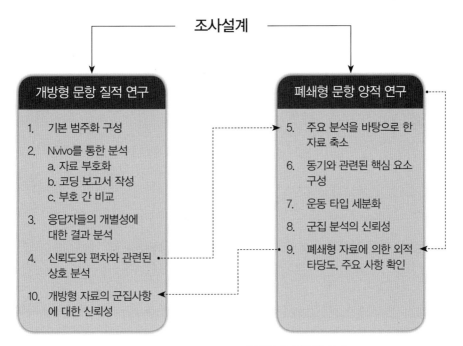

Rohm, Milne, & McDonald의 통합 연구 방법 설계

에 대한 질문을 포함하여 연구를 수행했으며, 연구 참여자들의 내면적 인식을 확인하여 이를
QSR NVivo를 통해 분석했다. 즉, 815명의 개방형 문항에 대한 응답사항들을 문서로 분석하
고 이를 통해서 구체적인 주제들을 도출했다. 해당 주제들의 경우 선행연구와의 관련성을 중심
으로 10가지의 범주가 구성되었다. 이러한 통합 연구의 과정은 포함설계의 형태로 표출되었는
데 해당 사항의 내용은 앞의 조사설계와 같다.

마. 실험 중재 설계(Experimental Intervention Design)

- 개념과 의미: 실험 중재 설계는 연구자의 문제의식에 실험연구 과정을 적용하여 좀 더
  정밀한 연구 결과를 도출하기 위한 발전된 형태의 통합 연구 방법 설계이다. 이는 일
  반적인 실험집단과 통제집단에 대한 실험처치의 과정을 전제하여 해당 단계를 수행하
  기 전 질적 연구 과정을 적용하여 실험을 위한 주요한 주제와 내용들을 도출하고, 해당
  사항을 바탕으로 실험집단과 통제집단을 특정한 체제 속에서 분석한다. 이 과정에서
  핵심적으로 양적인 접근이 활용되어 연구 주제와 관련된 주요한 측면들이 연구자에 의
  해 측정된다. 해당 실험처지 과정 이후 다시 실험 과정에서 구성된 집단(실험 및 통제집
  단)에 대한 질적인 접근이 적용되어 연구자가 관심을 가지고 있는 내용들에 대한 확인
  과 분석이 이루어진다. 연구자는 이러한 3단계의 과정을 통해서 도출된 전반적인 결과
  와 내용들을 중심으로 자료 해석을 수행하여 연구 결과로 구성시켜 나가는 설계이다.
- 강점: 실험설계의 내용들이 적용됨으로 인해 현상에 대한 고도의 통제를 바탕으로 연구
  를 수행할 수 있으며, 연구자가 설정하고 있는 문제 의식 자체가 매우 정련된 상태에서
  연구가 수행된다. 또한 연구 결과가 역시 전술한 수준에 준하여 정련되게 도출될 수 있
  는 강점을 지닌다.
- 약점: 실험과정에서의 연구자의 연구 참여자들에 대한 통제와 동질성의 한계가 발생할
  수 있으며, 연구자가 통제하고자 하는 상황들이 안정적이지 못할 경우 연구 결과에 대
  한 직접적인 오류로 이어질 수 있는 약점을 지니고 있다.

바. 사회 정의/참여 설계(Social Justice/Participatory Design)

- 개념과 의미: 사회 정의/참여 설계는 연구의 전 과정에서 사회적 정의 실현을 위한 평등,
  참여, 조화, 관용 등을 증진할 수 있는 측면들을 살펴보고 이를 적극적으로 연구 전 과
  정에 적용하여 과업을 달성하고자 하는 통합 연구 방법 설계이다. 구체적으로 연구자
  는 연구 문제 진술, 양적 자료 수집과 조사, 양적 결과, 질적 자료 수집과 분석, 질적 결

과, 양적과 질적 자료의 설명 과정에서 사회적 정의와 관련된 관점과 접근을 통해 연구를 수행하는 것이다.

- 강점: 최근 사회적 분배, 불평등, 인권, 다문화적인 갈등과 딜레마 속에서 연구자의 연구 수행과 적용이 시대를 반영하고 자기성찰적인 과정으로 수행됨으로써 삶의 현장과 분리되지 않는 연구를 수행할 수 있다는 강점을 지닌다.
- 약점: 사회 정의/참여 설계는 다소 이론적인 측면이 강하며, 연구 전 과정에서 이를 명확하게 적용하기 위한 분명한 틀의 고안들이 요구된다.

연구예시

「The Value of Mixed Methods Designs to Social Justice Research in Counseling and Psychology」(Ponterotto, Mathew, & Raughley, 2013)의 요약과 의미

Ponterotto, Mathew와 Raughley는 상담, 심리, 그리고 휴먼서비스 전문직과 관련된 영역에서의 사회정의를 위한 통합 연구 설계의 가치에 대해 연구했다. 물론 그들의 연구가 기술적으로 통합 연구 방법적 설계를 실제 연구 사항에 적용한 것은 아니지만 사회정의 설계가 가지고 있는 의미가 어떠하며, 그것이 구체적으로 지향하는 바가 무엇인가를 명확하게 알려 주고 있어 연구자들에게는 유익할 것으로 판단하여 이를 소개하고자 한다.

우선 연구자들의 경우 해당 분야에서의 통합 연구 설계와 관련된 연구가 미흡함을 지적하고 있으며, 이후 긍정적인 발전 가능성을 가지고 있음을 강조해 주고 있다. 이를 위해서 연구자들은 다양한 통합 연구 방법과 관련된 모형과 개념적인 사항들을 요약적으로 설명해 주고 있으며, 특별히 사회 정의와 인권 등 이슈적인 측면에서의 통합 연구 방법이 가지는 가치들에 대해 설명하여 이 분야의 의미를 설득적으로 강조하고 있다. 이와 관련하여 Ponterotto, Mathew와 Raughley는 핵심적으로 사회정의와 복잡한 연구현상 및 사회현상을 가능하면 오류와 편견 없이 보고자 할 때 통합 연구 방법론의 역할이 증대할 것이라는 것과 함께 해당 분야의 연구들인 현상과 관련된 생생하고도 심층적인 인용을 통한 참여자들의 실제적인 목소리들을 담아야지만 의미를 가질 수 있는 분야이기에 해당 가치들을 무시할 수 없다는 것이다. 이를 Ponterotto, Mathew와 Raughley는 구체적으로 8가지 사항으로 핵심적으로 정리하고 있다. a) 문화적으로 다양한 공동체에 대한 접근에서 연구자들이 지니고 있는 인식론적 가정과 편견을 줄이기 위해, b) 전공분야 연구자들과 연구 참여자들 간의 의미 있는 대화를 강화하기 위해, c) 전공분야 연구자들과 연구 참여자들 간의 다문화적인 성장과 변형을 자극하기 위해, d) 연구 참여자들의 생생한 목소리를 의미 있게 담아내기 위해, e) 억압적 사회와 정치적 환경 속에서 연구자들과 연구 참여자들을 격려하기 위해, f) 다문화적 그리고 사회정의적 이론을 발전시키기 위해,

g) 연구 참여자의 입장에서 명확하게 드러나는 수사학적 구조 속에서 작업이 이루어질 수 있도록, h) 사회정의 연구와 보고서의 심층적인 연구 수행을 하기 위해서 등으로 통합 연구 방법의 가치에 대해 설명해 주었다.

사. 다단 평가 설계(Multistage Evaluation Design)

• 개념과 의미: 다단 평가 설계의 경우 특정한 프로그램과 현상을 평가하기 위해 연구자가 설정하는 연구단계와 문제의식에 대해 양적 및 질적 방법을 단계적으로 취사선택하여 적용하는 통합 연구 방법의 최신 설계이다.

• 강점: 특정 연구단계 및 현상에 대해 가장 명확하게 답을 줄 수 있는 접근법을 연구자가 수행할 수 있으며, 이를 바탕으로 연구 과정을 논리적으로 수행해 나갈 수 있다는 점이다. 또한 극단적인 실용주의적 패러다임의 적용을 통해 연구 문제 해결을 위한 가장 실제적인 접근들을 취할 수 있는 접근이기도 하다.

• 약점: 단일 연구임에도 불구하고 연구 설계 과정이 복잡해질 수 있으며, 단계적 과정에서 도출되는 방대한 양적 및 질적 연구 자료들을 통합하여 연구자가 해석하는 것에 어려움이 있을 수 있다.

연구예시

「Using Mixed Methods to Evaluate a Community Intervention for Sexual Assault Survivors: A Methodological Tale」(Campbell R., Patterson, D., Bybee, D., 2011)의 일부 (Violence Against Woman, 17(3), 376–388)

연구자들은 성폭행 피해자들의 안위를 위한 보호/극복 프로그램에 대한 평가와 보완을 위한 연구를 수행했으며, 이는 양적과 질적 자료를 수집함을 통해서 SANE(Sexual Assault Nurse Examiner)와 관련된 심층적인 이해와 평가들이 이루어질 수 있었다. 물론 이들의 경우 해당 모형을 적용함에 있어 순차적 설명 설계의 차원을 지향했다고 기술하고 있지만 실제 연구 과정에서 적용된 설계모형의 경우, 프로그램과 관련된 평가의 차원이 각 패러다임의 적용적인 측면에서 다단평가설계적인 측면으로 확인된다.

연구 결과와 관련하여 요약적으로 정리하여 본다면 우선 양적인 접근에서는 해당 프로그램의 효과성이 검증되었으며, 질적인 접근에서는 중재적인 메커니즘(mechanism)으로서의 효과성이 확인되었다. 이와 관련하여 연구자들이 수행한 구체적인 통합 연구 과정을 살펴보면 Study 1단계(Is There a Significant Increase In Prosecution Pre-Post SANE?)에서는 양적 연구 방법을 중심으로 준-실험설계 과정을 통해 SANE와 관련된 집단 간의 비교를 수행했으며, Study 2단계(What Factors Predict Successful Prosecution?)에서도 양적 연구 방법을 중심으로 성폭행 피해자들, 성폭행범들의 특징적인 사항들에 대해 분석을 시도했다.

Study 3단계(What Are Police and Prosecutors' Experiences with SANE?)에서는 질적 연구 방법을 중심으로 경찰관과 검찰관을 대상으로 인터뷰를 수행했으며, Study 4단계(How Does SANE Involvement Affect Police Investigation?)에서는 다시 양적 연구 방법을 적용하여 경찰들이 수행한 자료들을 분석하는 내용 분석 과정이 이루어졌다. 이 과정에서 SANE의 기능을 통해서 경찰들의 조사 사항들에 차이가 발생했는지를 살펴볼 수 있었다.

Study 5단계(What Are Victim/Survivors Experiences with SANE?)에서 연구자들은 다시 질적 연구를 수행함으로써 성폭행 피해자에 대해 SANE 프로그램과 관련된 인터뷰를 수행했다. 마지막으로 Study 6단계(How Do SANEs Characterize Their Work with Victims/Survivors and Police?)에서는 도출하지 못한 다양한 문제들에 대해 다시 질적 연구 방법을 적용한 인터뷰를 수행하여 종합적으로 각 단계에서 이루어진 사항들을 논의하고 정리하는 과정을 적용했다.

Campbell, Patterson, & Bybee의 통합 연구 방법 설계

4. 통합 연구 방법에서의 자료 분석 방법

통합 연구 방법의 자료 분석 전략은 Greene(2007)과 Onwegbuzie와 Teddlie(2003)가 제시한 내용을 통해 어느 정도 방향성이 구축되어 있다고 판단된다. 그들의 경우 7단계 즉, 1단계: 자료정리(Data Cleaning)와 자료축소(Data Reduction), 2단계: 자료전시(Data Display), 3단계: 자료변형(Data Transformation), 4단계: 자료 상관관계(Data Correlation), 5단계: 자료강화(Data Consolidation), 6단계: 자료비교(Data Comparison), 7단계: 자료통합(Data Integration)의 과정을 통해서 통합 연구 방법에서

의 분석적 사항을 기술해 주었다.

① 1단계: 자료정리와 자료축소는 수집된 자료들을 각 자료의 특징에 따라 효과적으로 기술해 주는 것을 의미하는데, 양적 자료의 경우 기술적인 통계과정을 거쳐 빈도, 평균, 집중경향치 등의 과정을 통해 자료축소가 진행될 수 있다(이현철 외, 2013). 한편 질적 자료는 사례 기술, 사례에 대한 요약 정리, 메모, 다양한 방법을 통한 주제별 약호화, 프로파일 분석 등을 통해 자료축소가 진행될 수 있다. 이러한 과정에서 가장 핵심적인 내용은 연구 결과 도출을 위해 효과적으로 자료를 정리, 분류, 조직시켜 주어야 한다는 것이며, 이는 어떤 의미에서 이후 진행될 다양한 자료 분석 방법의 틀을 결정해 주는 주요한 과정이다(이현철 외, 2013).

② 2단계: 자료전시는 1단계의 자료정리와 축소 과정을 통해 핵심적인 내용이 구성되면 이후의 연구를 위한 효율적인 자료전시 체제로 변환하는 것이다. 여기에는 표, 그래프, 그림 등의 표현이 가능하며 방대한 자료들이 수집되기에 이에 대한 정확한 자료 체제를 구성할 필요가 있다.

③ 3단계: 자료변형은 도출된 자료들을 연구자의 문제의식을 해결할 수 있는 적합한 형태로 변형시켜 주는 것을 의미한다. 연구 현장에서 수집된 자료들을 분석에 유용한 형태로 만들어 주는 것으로 연구 결과 도출을 위한 핵심적인 분석의 기초 형태를 구성하는 것이다. 이 과정에서 새로운 의미를 지니는 연구 현장의 자료도 만들어질 수 있을 것이다.

④ 4단계: 자료 상관관계는 수집된 자료들의 관계를 주요한 주제들과 핵심 요소들을 중심으로 간략하게 분석해 보는 것으로서 통합 연구 방법을 적용한 자료 분석 과정의 기초적인 과정으로 볼 수 있다.

⑤ 5단계: 자료강화는 자료의 상관관계보다 한층 심도 있게 진행되는 것으로 두 영역의 상관에 관심을 가지는 것이 아니라 두 영역을 혼합하여 새로운 형태의 자료를 창출하거나 혼합하여 변수나 자료를 강화함에 목적이 있다(이현철 외, 2013).

⑥ 6단계: 자료비교는 실제 통합 연구 방법을 적용하여 자료 분석 과정을 진행한다면 연구자들의 경우 두 가지 자료(양적/질적)에 대한 자료 상관관계 또는 자료강화의 절차를 선택하지 않을 수도 있지만, 각각의 자료들을 비교하는 자료비교의 단계를 반드시 거치게 된다(Onwegbuzie & Teddlie, 2003; 이현철 외, 2013 재인용). 이 과정은 연구자가 핵심적인 자료들의 구체적인 비교를 시도하는 것이며, 통합 연구를 통해 연구자가 확인하고자 했던 내용들이 확인될 수 있는 단계이다.

⑦ 7단계: 자료통합의 단계는 통합 연구를 시도하는 주요한 목적이자 연구자가 연구
결과로서 제시하고자 하는 항목을 담고 있는 자료의 총체이다. 이 과정에서 양적
접근과 질적 접근을 통해 수집된 자료가 더 이상 독립되거나 구별된 자료로 존재하
는 것이 아니라 통합된 하나의 자료로서 연구자가 분석하는 현상에 대한 종합적인
구성물이 된다. 이를 바탕으로 연구자는 현상에 대한 온전하고도 광범위한 해석을
시도하는 것이며, 이는 각 패러다임에서 도출된 편향된 자료가 아닌 종합적인 자료
와 내용에서 진행되는 해석과 접근이다.

　해당 분석 방법적인 단계가 실제로 연구 과정에서 적용될 때 나타나는 딜레마들에 대해
서도 이미 이현철과 그의 동료들은 보고해 주었는데 도출된 결과에 대한 검증사항과 분
석과정 자체에 대한 검증사항 등이다. 이러한 맥락에서 이현철과 그의 동료들은 7단계의
내용들을 바탕으로 추가적으로 2단계 즉, 자료재수집 단계와 확인적 자료 분석 단계를
제시함으로 7단계의 통합 연구 방법의 자료 분석 전략 단계를 '9단계의 통합 연구 방법의
자료 분석 전략 단계'로 확장하여 제시했다.

　먼저 자료재수집(Data Recollection) 단계는 도출된 연구 결과가 과연 연구 문제를 대
변하고 있는지를 확인하기 위해 도출된 결과와 관련된 현상들에 대한 자료를 재수집하는
과정을 의미한다. 이 과정에서 적용한 자료 분석 과정이 적절했는지를 확인할 수 있으며,
연구 결과와 상반된 자료나 분석과정에서 배제된 내용들을 확인할 수 있는 것이다.

　다음으로 확인적 자료 분석(Confirmatory Data Analysis) 단계에서는 자료재수집 단계
에서 수집된 2차 혹은 새로운 자료들을 통해 통합 연구 방법의 자료 분석 전반부에서 도
출된 연구 결과를 재확인하고, 연구분석과정에서 도출된 내용과 매칭하여 연구 결과와
자료 분석과정의 신뢰도와 타당도를 거치게하는 것이다.

　결국 확장된 통합 연구 방법의 자료 분석 전략 단계는 구체적으로 1단계: 자료정리
(Data Cleaning)와 자료축소(Data Reduction), 2단계: 자료전시(Data Display), 3단
계: 자료변형(Data Transformation), 4단계: 자료 상관관계(Data Correlation), 5단계:
자료강화(Data Consolidation), 6단계: 자료비교(Data Comparison), 7단계: 자료통
합(Data Integration), 8단계: 자료재수집(Data Recollection), 9단계: 확인적 자료 분석
(Confirmatory Data Analysis)으로 구성될 수 있는 것이다.

5. 통합 연구 방법에서의 쟁점과 이슈

통합 연구 방법을 적용함에 있어 연구자는 몇 가지 주요한 쟁점들을 고려해야 할 필요가 있으며, 이는 연구 자체의 방향성을 설정할 수 있는 중요한 문제이다. 이와 관련하여 구체적으로 살펴보면 다음과 같다.

첫째, 연구자는 본질적으로 사신의 연구에서 통합 연구 방법이 어떠한 기능을 담당하고 있는가를 고려할 필요가 있다. 이러한 측면의 고려는 실제적인 통합 연구 방법을 적용함에 있어 핵심적 고려 과정으로 볼 수 있는데, 이에 대해 Greene과 동료들(1989)은 통합 연구 방법을 삼각화(triangulation), 상보성(complementarity), 개시(initiation), 전개(development), 확장(expansion)의 목적과 기능으로서 활용될 수 있음을 제시해 주어 흥미롭다. 다음의 그림과 같은데, Greene과 동료들은 전체 그림의 아래로 갈수록 확장적/광의적 기능으로 보고 있으며 위로 갈수록 축소적/협의적 기능으로 보고 있다. 이러한 내용들은 연구자가 자신의 연구에서 통합 연구 방법을 적용하는 가장 핵심적인 목적이 무엇이며, 해당 접근법이 자신의 연구 내에서 어떠한 기능을 담당하는 것인가에 대한 충분한 고려와 논의가 필요하다는 것을 의미하며, 그 기능들을 고려할 때 통합 연구 방법의 온전한 의미를 살릴 수 있음을 시사하는 섯이기도 하다.

둘째, 연구자는 자신의 연구에서 어느 접근법에 우선순위를 두고 진행하는가를 고려할 필요가 있다. 필연적으로 연구자는 자신의 연구에 있어 연구 문제를 도출하고 해결하기 위한 특징적인 연구 방법을 취할 수밖에 없다. 물론 동시적이며 병렬적인 접근에서는 질적

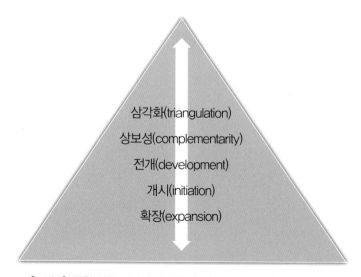

[그림 2] 통합 연구 방법의 다양한 기능(Greene et al., 1989 재구성)

과 양적 접근 모두 동일한 비중과 가치로 적용할 수 있는 가능성이 열려 있을 것이나 그렇지 않을 경우 연구자는 특정한 접근법에 우선순위를 두고 진행해야만 한다. 이는 연구자의 연구 방법 수행의 역량과도 관련이 있을 것이다.

셋째, 연구자는 각 접근법을 동시적으로 수행할 것인가 아니면 순차적으로 수행할 것인가에 대한 고려가 필요하다. 이는 앞서 언급한 특정한 접근법의 우선순위와도 관련된 듯하지만 그 내용적 의미에서는 큰 차이를 보인다. 각 접근법을 동시적으로 수행할 것인가 아니면 순차적으로 수행할 것인가에 대한 논의는 연구자가 자신의 연구에서 취하는 근본적인 연구모형과도 직접적으로 관련되기 때문이다. 물론 특정한 접근법에 우선순위를 두는 것 역시 연구모형 선정과 관련성이 없는 것은 아니지만 순차적 모형과 동시적 모형을 고려하는 것은 그 기본적 형태에 있어 연구 자체의 방향성을 설정하는 더욱 큰 연구자의 문제의식과 개념으로 볼 수 있으며, 연구 문제를 기술함에 있어서도 깊은 관련성을 맺고 있는 부분이다.

넷째, 연구자는 통합 연구 방법을 수행함에 있어 타당성을 고려할 필요가 있다. 이와 관련된 이슈에 대해 이미 Onwuegbuzie와 Johnson(2006)은 강조해 주었다. 그들은 통합 연구에서의 타당화와 관련된 논의에 대해 합당화/정당화(legitimation)의 개념을 통해 9가지의 체제[7]를 제공하고 있으며, 그 속에서 통합 연구자들은 분석적, 사회적, 윤리적, 정치적, 인종적 등의 사항들을 충분하게 살펴보며 연구를 수행해야 하는 것이다. 이러한 타당화에 대한 고려는 연구자의 통합 연구 수행에 있어서 실제적인 역할을 감당하며, 이는 질적과 양적 접근법의 측면들을 온전히 그 의미들을 살리면서 통합시켜 주는 역할도 할 수 있을 것으로 판단된다.

미래와 전망

통합 연구 방법의 미래와 전망은 기존 패러다임의 발전과 더불어 상생할 것이며, 독자적으로도 의미를 확대해 나갈 것으로 본다. 이러한 발전성과 긍정적인 생각은 몇 가지 차원에서 연유하고 있다.

---

7. Onwuegbuzie와 Johnson이 제시하는 9가지 체제는 sample integration legitimation, insider-outsider legitimation, weakness minimization legitimation, sequential legitimation, conversion legitimation, paradigmatic mixing legitimation, commensurability legitimation, multiple validities legitimation, political legitimation이다.

첫째, 철학적인 측면에서 통합 연구 방법은 철저히 실용주의에 기반하고 있기에 양적과 질적의 강점들을 강화시킬 것이기 때문이다. 주지하고 있듯이 양적인 접근법과 질적인 접근법 모두 연구 방법적인 차원에서 약점을 지니고 있다. 그러한 약점은 자연스럽게 연구 결과 도출에 있어 충분하고 광범위한 답을 선사해 주는 것에는 한계가 있으며, 이는 정련된 답을 도출하고자 하는 모든 연구자들에 아쉬움을 주는 대목이다. 하지만 통합 연구 방법의 경우 양측의 약점을 보완하며 연구를 수행해 나가는 것이 자신이 가지고 있는 정체성이자 특징이기 때문에 연구자들에게는 그들의 연구 문제에 대한 온전한 해결책으로서 통합 연구 방법론이 강력한 매력으로 다가갈 것이다. 양적과 질적 연구 방법상에 내재하고 있는 한계점들을 줄이고 보완할 수 있는 엄청난 도구가 연구자들 앞에 준비되어 있는 것이다.

둘째, 이론적인 측면에서 통합 연구 방법은 지금도 발전하고 새로운 모형과 설계들이 끊임없이 생산되는 학문영역 중에서 가장 활발하고 생동감 넘치는 분야이기 때문이다. 학문이론적인 역사 속에서 통합 연구 방법 분야만큼이나 급속하게 성장하고 있는 분야를 찾는 것이 쉽지 않을 것이다. 본격적으로 1990년대 후반부터 촉발된 통합 연구 방법과 관련된 문제의식과 흐름들이 30년도 되지 않아 전 세계적으로 이렇게 각광을 받으며 성장하게 된 것은 통합 연구 방법과 관련된 매력적인 모형과 설계들이 지속적으로 생산되어 왔기 때문이다. 그리고 그 매력적인 움직임들은 현재도 진행형이다. 통합 연구 방법론에 대한 모형과 설계는 여전히 새롭게 개발되고 있으며, 다양한 전공과 연구자들로부터 신선한 아이디어들이 간학문적으로 접목되고 있다. 교육학, 심리학, 사회학, 간호학, 광고학, 여성학, 종교학, 보건학 등 통합 연구 방법론을 적용하고자 하는 다양한 학문들 속에서 해당 분야의 특징과 속성에 맞게 지속적으로 이론들이 적용되고 만들어지고 있기 때문에 통합 연구 방법론의 발전은 지금까지보다 향후 더 클 것으로 기대된다.

셋째, 연구 사업적인 측면에서 통합 연구 방법은 국가수준의 연구 및 대규모 연구 프로젝트 수행을 위한 핵심적인 연구 방법으로 자리매김할 것으로 예상되기 때문이다. 실제로 국가수준의 연구 및 대규모 연구 프로젝트 수행에 있어 통합 연구 방법이 적용되는 사례는 점점 증가하고 있으며, 어느새 통합 연구 방법적인 접근 혹은 질적과 양적 연구 방법 모두를 해당 규모의 연구 프로젝트에 적용하는 것이 상식처럼 받아들여지고 있다. 우리나라 국책 연구과제와 한국 연구재단에서 수행되는 공동연구 이상의 대규모 종단연구들의 계획서를 살펴보면 이러한 흐름을 지지해 주는 좋은 사례들을 어렵지 않게 확인할 수 있을 것이다.

넷째, 학문 후속세대 양성과정과 관련된 측면에서 통합 연구 방법은 대학원 연구 방법의 핵심 과목으로 성장할 것이기 때문이다. 현재 우리나라 대학원 연구 방법 과목들의 경우 일반적으로 양적 연구를 기본으로 하여 질적 연구 과목들이 개설되고 있는 실정이다. 이것 역시 최근 질적 연구의 학술적인 패러다임이 공고히 되면서부터 이루어진 것이라 오랜 전통을 가졌다고 보기는 힘들다. 하지만 질적 연구의 확산으로 말미암아 학문 후속세대의 역량 강화를 위한 연구 방법적 차원에서의 질적인 접근이 각광을 받고 있으며, 필수 과목으로 개설되고 있다. 게다가 질적 연구를 전공 혹은 질적 연구를 주요 연구 방법으로 연구를 수행하는 교수들이 임용됨으로써 이 부분이 강화되고 있다. 하지만 통합 연구 방법론의 급속한 성장은 통합 연구 방법론 자체만을 심도 있게 학습할 수 있는 과정의 개설을 요구하고 있으며, 따라서 통합 연구 방법론은 서구의 대학원 과정들 혹은 국내 리딩 그룹 대학원 과정들과 같이 독립적인 과목으로서 발전되어 나갈 것이다.

　다섯째, 연구자와 관련된 측면에서 통합 연구 방법은 연구자들의 실용성에 기반하여 그들이 수행하는 연구접근법들을 변화시킬 것이기 때문이다. 최근 교수로 임용되는 연구자들과 학문 후속세대의 학문석 경향과 연구 주제들을 살펴보면 그들이 얼마나 실제적인 문제들을 다루고 있으며, 기존의 기초이론 분과의 내용을 연구 현장에 적용하려 노력하는지 확인할 수 있다. 이들의 연구 저변에는 실용적인 사고가 철저하게 전제되고 있으며, 이는 자연스럽게 연구 방법적인 차원에서도 실용성에 바탕을 두어 연구 문제를 해결할 수 있는 도구들을 찾고자 할 것이다. 실제로 이러한 움직임들은 최근에 구성되고 있는 통합 연구 방법의 설계 속에서도 확인할 수 있는데 다단 평가 설계(multistage evaluation design)와 같은 접근법들이 대표적일 것이다. 연구 문제를 해결하기 위해서 연구자들은 어떠한 측면이라도 적용할 수 있으며, 심지어 연구의 각 단계마다 패러다임이 다른 접근법들이 구성되어 이루어지기도 하는데 이에 대한 거부감이 과거 세대 연구자들에 비하여 현격하게 줄어들었기 때문이다.

참고문헌

김경희(2016). 기독대학생의 인터넷중독과 신앙성숙도에 관한 통합 연구(mixed research). 고신대학교 대학원 박사학위 논문.

김지영·허나래(2015). 고령친화산업에 대한 간호사의 인식과 참여에 대한 연구: 통합 연구 방법 적용. 노인복지연구, 70, 267-292.

이현철(2015). 학부교육과정개편. 2014년 고신대학교 정책과제 보고서(미출판).

이현철·김경식(2013). 비평준화지역 남녀공학 내 남녀 간 수학내신 성적 차이에 대한 사례 연구. 사회과학연구, 37(1), 173-204.

이현철·김영천·김경식(2013). 통합 연구 방법론: 질적 연구+양적 연구. 서울: 아카데미프레스.

장봉애(2004). 수행평가가 중학생의 남녀공학 선호도에 미치는 영향. 강원대학교 교육대학원 석사학위 논문.

천희란·강민아(2011). 여성 노인의 건강불평등 현황과 측정: 통합방법론(Mixed Methodology)의 적용. 노인복지연구, 51, 247-275.

Campbell R., Patterson, D., & Bybee, D.(2011). Using Mixed Methods to Evaluate a Community Intervention for Sexual Assault Survivors: A Methodological Tale. Violence Against Woman, 17(3), 376-388.

Creswell, J. W. and Plano Clark, V. L.(2007). Mixed methods research. Thousand Oaks, CA: Sage.

Greene, J. C.(2007). Mixed methods in social inquiry. CA: Jossey-Bass.

Greene, J. C., Caracelli, V. J., & Graham, W. F.(1989). Toward a conceptual framework for mixed-method evaluation design. Educational Evaluation and Policy Analysis, 11(3), 255-274.

Johnson, B. & Turner. L. A.(2003). Data collection strategies in mixed methods research. In Tashakkori, A. & Teddlie, C.(2003a). Handbook of mixed methods in social & behavioral research. CA: Sage Publication.

Johnson, R. B. & Onwegbuzie, A. J.(2004). Mixed methods research: A research paradigm whose time has come. Educational Researcher, 33(7), 14-26.

Mertens, D. M.(2005). Research and evaluation in education and psychology: Integrating diversity with quantitative, qualitative, and mixed methods(2nd ed.). Thousand Oak, CA: Sage Publication.

Onwegbuzie, A. J. & Teddlie, C.(2003). A framework for analyzing data in mixed methods research. In Tashakkori, A. & Teddlie, C.(2003a). Handbook of mixed methods in social & behavioral research. CA: Sage Publication.

Onwuegbuzie, A. J., & Johnson, R. B.(2006). The validity issue in mixed research. Research in the Schools, 13(1), 48-63.

Ponterotto, J. G., Mathew, J. T., & Raughley, B.(2013). The Value of Mixed Methods Designs to Social Justice Research in Counseling and Psychology. Journal for Social Action in Counseling and Psychology, 5(2), 42-68.

Rohm, A. J., Milne, G. R., & McDonald, M. A. (2006). A mixed-method approach for developing market segmentation typologies in the sports industry. Sport Marketing Quarterly, 15, 29–39.

Tashakkori, A., & Creswell, J. W.(2007). Exploring the nature of research questions in mixed methods research. Journal of Mixed Methods Research, 1, 207-211.

Teddlie, C & Tashakkori, A.(2009). Foundations of Mixed Methods Research: Integrating Quantitative and Qualitative Approaches in the Social and Behavioral Sciences. LA: SAGE.

Wittink, M. N., Barg, F. K., & Gallo, J. J.(2006). Unwritten Rules of Talking to Doctors About Depression: Integrating Qualitative and Quantitative Methods. Annals of Family Medicine, 4(4), 302-309.

http://mmr.sagepub.com/

http://mmira.wildapricot.org/

10.

교육비평
방법론[*]

김명희 ㅣ 한양대학교

* 이 글은 김명희/조재성의 질적탐구 2(2)의 논문 〈교육비평방법론을 활용한 질적 연구〉를 제1저자가 새롭게 재집필한 것임.

교육비평의 개념이 제기된 지 거의 30년이 지났지만, 우리나라의 질적 연구자들에게 교육비평이란 아직도 낯선 단어이다. 서구의 경우, 많은 질적 연구의 저서들에서 교육비평을 교육학/교육과정 분야의 중요한 질적 연구 방법 중 하나로 간주하고 있고, 이에 따라 교육과정 및 여러 분야의 연구자들이 교육비평을 활용하여 수많은 학문적 성과를 내보이고 있다. 최근의 연구들을 살펴보면, 현재의 교육비평은 교육평가 및 질적 분석의 새로운 모델로 각광을 받고 있다는 것에 주목할 수 있을 것이다. 특히 교육평가와 프로그램 평가의 한 중요한 탐구 분야로 연구되고 있고, 앞으로도 수많은 질적 연구에 교육비평이 중요한 연구 방법으로서 활용될 것으로 보인다. 즉, 교육비평의 역사적 발달과 공헌 그리고 그 흔적은 서구 질적 연구의 방법론 영역에서 확연히 알 수 있다. 이에 질적 연구의 다양한 접근법을 다루는 이 책에서도 여러 서구의 중요한 질적 연구물들과 교육비평에 대해 소개한 내용들을 제시하고자 한다. 이러한 작업을 통해 질적 연구 방법 중에서 교육과정 연구, 그 중에서도 특히 교실과 수업 상황에서 벌어지는 다양한 현상들을 깊이 이해하는 데 도움이 되는 감식안과 교육비평 개념에 대해 논의하고자 한다.

그러나 서구의 자료들을 단순히 소개하는 것만으로는 교육비평을 실제적으로 적용하고자 하는 우리나라의 연구자들에게 부족하다고 생각한다. 따라서 서구의 자료들을 소개함과 동시에 우리나라에서의 교육비평 연구 상황도 소개할 것이다. 아직 우리나라에서는 교육비평이라는 개념이 널리 알려지지는 못한 것이 사실이다. 일부분의 질적 연구자들이 자신의 질적 연구 교재에서 교육비평에 대해 간단히 소개하고 있으나, 아직도 교육비평에 관해 실제적이고 심도 있게 접근한 이론서는 거의 없는 실정이다. 다행인 점은, 최근 들어서 교육과정을 연구하는 학자들이 감식안과 교육비평 개념을 직접적으로 설명하고 있고, 한편으로는 몇몇 학자들이 개념을 간접적으로 차용하여 학교 수업의 질적 분석에 적용한 사례가 나타나고 있다는 것이다. 또한 질적 연구와 교육비평의 특성과 성격을 잘 활용하여 다양한 삶의 현장과 연구의 실제에서 무의식적으로 교육비평을 활용한 연구들도 적지 않게 찾을 수 있다. 물론 앞에서도 이야기했듯이 기존의 개념에 대한 깊은 논의와 다양하고 참신한 분야에 대한 연구의 적용은 아직도 부족하다고 할 수 있다. 대부분의 경우에는 교육비평 개념을 깊게 파고들지 못한 상태에서 수행되었거나 심지어는 교육비평의 개념을 전혀 모르는 채로 연구가 실시되기도 했기 때문에 이는 분명한 한계가 존재한다고 할 수 있는 것이다. 따라서 다음부터 제시할 교육비평에 관한 심도 있는 설명을 바탕으로 독자들이 교육비평에 대해 관심을 가지고 이해하려는 노력이 필요하리라고 본다. 이러한 우리들의 노력은 교육비평 개념을 확고히 함과 동시에 질적 연구 방법론의 이론적 근거를 탄탄하게 해 준다는 점에서 가치 있을 것이다.

교육비평의 개념

이 장에서는 먼저 교육비평의 개념과 그와 관련된 하위 개념들에 대해 설명해 보고자 한다. 이러한 작업은 교육비평의 개념이 다양한 학문 분야의 비평과 그 외 지적 활동과 어떻게 연관되어 있는지를 명확하게 드러내 줄 것이다. 교육비평을 정확하게 이해하게 된다면, 나아가 질적 연구로서 교육비평의 특징과 그 구성요소를 방법적으로 이해하는 데 상당한 도움이 될 것이라고 기대한다.

1. 감식안

Eisner는 교육비평에 대한 이해를 돕기 위해 '감식안(connoisseurship)'이라는 개념을 제시했다(Flinders & Eisner, 1994). 감식안 용어의 의미를 살펴보기 위해 먼저 어원적 정의를 살펴보면, connoisseurship은 라틴어 cognoscere에서 비롯했다. cognoscere는 '알다(know)', '배우다(learn)'라는 뜻이며, 여기서 파생된 감식안은 (특히 예술분야에서) 무엇인가를 보고 지식을 얻는 것, 그리고 현상에 대해 전문적인 판단을 내리는 것을 의미하게 되었다. 따라서 감식안은 예술분야에서 주로 사용되는 용어이며, 복잡한 현상이나 하나의 사물의 특성을 자세히 이해할 수 있는 능력을 지칭한다는 것을 알 수 있다. 감식안을 교육분야와 질적 연구에 처음으로 제시한 Einser(1976, 1991)는 감식안이라는 용어를 복잡하고 미묘한 특징을 섬세하게 구별해 내는 능력이라고 정의하고 있다. 감식안은 감수성과도 비슷한 측면이 있는데, 이것은 높은 감수성을 지닌 사람들, 혹은 예술가들의 모습을 보면 쉽게 이해할 수 있을 것이다. 가령, 감수성이 예민한 사람들은 작은 예술적인 사건이나 문학적 장치에도 깊은 감명을 받고 큰 반응을 보인다. 그리고 위대한 예술가들이나 문학, 미술, 음악 비평가들은 하나의 작품을 보고 우리들이 미처 생각하지 못했던 다양한 해석을 내놓으며, 그냥 지나치기 쉬운 일상적인 사건들을 바탕으로 뛰어난 예술작품들을 창조해 내기도 한다. 이와 유사하게 감식안은 연구자가 지니고 있는 일종의 지적 능력으로서 현장에서 우리가 무심코 넘어갈 수도 있는 어떤 사건이나 하나의 현상에 대해 세심하게 분석하고 여러 특징을 구별해 낼 수 있는 능력임을 알 수 있다. 이처럼 Einser가 제시하는 감식안이라는 용어는 우리가 질적 연구를 통해 현장을 이성적으로 판단하고 과학적으로 분석하는 것 못지않게 예술적으로 이해하고 날카로운 통찰과 비평을 하는 것이 중요하며, 더 나아가 우리들의 생활세계를 이해하는 데 있어 스스로 지닌 지각이 중요하다는 사실을 알려 준다.

이를 바탕으로 알 수 있는 감식안의 또 다른 의미는 서로 관련되어 있는 사물을 인지하고 총체적으로 평가하는 연구 전문가의 역량의 측면과 관계가 있다. 이는 질적 연구자에게 좀 더 직접적인 의미로 다가올 것이다. 즉, 우리가 익히 알고 있는 예술 비평가들의 모습을 떠올리면 좋을 것이다. 예술작품을 보고 그 의미와 내재된 가치를 파악하고 비평하는 기존의 감식안이라는 개념을 질적 연구에 접목시킨 것이다. 질적 연구에서 감식안을 지닌 연구자는 일상적인 현장을 바라보고 그 속에서 사물을 인지하고 총체적으로 평가하는 전문 비평가의 역할을 담당하게 된다. 이 때 질적 연구자가 지닌 감식안은 이론적 민감성의 기반에서 아주 복잡한 사건의 여러 측면들 간의 차이점을 식별하고 평가할 수 있는 능력을 뜻하게 될 것이다. 여기서 평가는 반드시 장점만을 이야기하지는 않는다. 감식안을 좋은 점을 찾아내는 것이라고 오해하는 경우가 있는데, 예술작품을 평가할 때 비평가들 사이에서 격렬한 논쟁이 일어나듯이, 감식안을 통한 질적 연구에서도 가치를 판단하는 과정은 장점과 단점을 모두 분석하고 공유한다는 사실을 이해해야만 한다. 이처럼 감식안은 복잡하면서도 세밀한 과정이다.

이처럼 감식안 개념에서 중요한 내용은 바로 연구자의 배경지식이다. 여기서 말하는 배경지식은 연구자의 삶과 관련되어 있을 수도 있고, 학문적인 것과 연관이 있을 수도 있다. 감식안은 외부에서 입수되는 자료들에 상당히 많은 영향을 받는 측면이 있다. 자신의 연구 분야에서 연구자가 현상을 민감하게 바라보고, 복잡한 현상을 미묘하면서도 자세히 살펴보려면 이전에 체험했던 내용들이 필요하다. 여기에는 특정한 역사적 지식, 재료의 종류, 현장에서 작업이 수행되는 일련의 과정에 대한 지식, 현장을 구성하는 세부적인 요소의 차이점, 우리에게 내재되어 있는 언어, 문화적 양식, 사회적 기준, 심지어는 연구자 스스로 살아 왔던 인생의 경험까지 포함되는데, 이들 모두 감식안에 큰 영향을 주는 중요한 요인이다. 물론 이러한 사실들이 감식안이 굉장히 갖추기 어려운 것이며 난해하다는 것을 의미하는 것은 아니다. 단지 감식안은 상황에 대한 우리의 지각과 해석이 그 현장과 관련되어 있다고 믿는 다양한 지식에 의해 영향을 받는다는 것을 의미한다. 어떤 것에 대한 우리의 생각은 우리가 그것을 어떻게 생각하는지에 차이를 갖게 한다(Rosenthal, 1986;

박병기 외, 2001에서 재인용). 감식안에 대한 논의를 종합하면서, 다음의 글을 한 번 읽어 보도록 하자. 이 글은 감식안에 관해 Eisner가 우리의 이해를 돕고자 제시한 것이다. 이를 보면서 감식안에 대한 개념을 생각해 보도록 하자.

와인 감별사(소믈리에)가 된다는 것은 무엇일까? 꼭 필요한 요건들은 다음과 같다.

첫째, 감별사는 와인에 접근하여 와인의 맛을 볼 수 있는 능력이 필요하다. 그러나 와인의 맛을 본다는 것은 단순히 와인를 마시는 것과 다르다. (이것은 와인의 시각, 후각, 그리고 미각 특징을 체험하는 것이기 때문이다.) 그것은 인식의 문제이며, 이러한 인식은 어느 정도의 지각력을 필요로 한다. 지각력은 어떤 와인과 다른 와인들 사이에서 맛의 특징을 구별하는 능력을 말한다. 악보를 보고 연주할 때 소리의 상호작용을 느끼는 것처럼, 와인을 체험하는 것은 질적인 관계의 상호작용을 체험하는 것과 같다.

둘째, 와인 감식안을 가진다는 의미는 맛뿐만 아니라, 시각과 향의 특별함을 구별할 수 있다는 것을 말한다. 잔을 기울였을 때 레드 와인의 가장자리 색은 생산연도를 말해 준다. 예를 들면, 그것이 더 갈변할수록 더 오래된 것이다. 잔 안쪽 면에 묻어 있는 와인의 상태는 그것의 농도를 말해 준다. 와인의 향이나 냄새는 또 다른 중요한 요소이다. 이러한 질적인 면들이 잠재적인 와인의 특징이다. 여기서 체험이 잠재적이라고 말한 것은 우리가 와인의 향을 체험하기 위해서는 와인의 향기가 있어야 하고, 더불어 우리가 향을 맡을 수 있어야 한다는 것을 말하기 위해서이다. 이것은 모두 질적인 지능이다(Ecker, 1963). 감식안은 특정한 분야에서 높은 질적인 인식을 의미한다.

셋째, 와인 감식안은 특징을 경험하는 능력을 필요로 한다. 다시 말하면, 감식안은 단순히 감각적으로 다르게 느끼는 것과는 다른 문제이다. 맛을 본다는 것은 다양한 요소 가운데 어떤 특정한 요소를 중심으로 이루어진다. 우리는 화이트 와인에서 달콤하거나 씁쓸한 맛을 느낄 수 있다. 우리는 실제로 그것의 퀄리티를 경험하는 것이다. 우리는 입안에서 퍼지는 그것의 효과를 인식한다. 우리는 어떤 화이트 와인에 대해 부드럽고, 풍부하고, 기름지다고 설명하기도 하고, 또 다른 와인에 대해 강하고, 가볍고, 건조하다고 묘사하기도 한다. 우리는 이러한 질적인 차별을 통해 퀄리티를 체험한다. 가령, 어떤 와인의 원산지는 Sauterne이고 어떤 다른 것은 Chardonnay라고 하자. 우리가 각 와인을 맛보고 하나가 Sauterne이고 다른 것이 Chardonnay라는 것을 안다면, 우리는 각 포도주의 단순한 구성요소 이상을 아는 것이다. 이것은 우리가 와인의 분류를 이해하고 있다는 것도 의미한다(Eisner, 1991).

물론 와인 감별사의 이야기만으로 질적 연구에서의 감식안 개념을 모두 이해하기는 어렵지만, 여러 가지 힌트를 얻을 수 있다. 중요한 것은 감식안을 가지고 있다는 것은 단순히 현상을 바라보고 거기서 나타나는 특징을 정리할 수 있는 것 이상을 의미한다는 사실이다. 이처럼 감식안의 개념은 질적 연구에서 많은 시사점을 보여 주고 있다. 특히 이것은 양적 연구와 극명하게 대비되는 질적 연구만의 특징을 잘 알 수 있는 장면이기도 하다. 현장을 연구의 타당성과 신뢰성을 떨어뜨리는 부차적인 요소들을 모두 배제해야 하는 실험실로 가정하는 양적 연구와는 달리, 자신의 연구를 하나의 예술작품으로 파악하고 아주 사소한 뉘앙스와 미세한 점까지도 고려하고자 하는 질적 연구에서 감식안 개념은 중요한 역할을 지닐 수밖에 없다. 감식안에 대한 논의에서는 모든 현상이 다 다르다는 것을 인정하고, 그 질적 측면을 식별하는 과정이 핵심이 된다(Eisner, 1991).

2. 비평

사실 비평 개념은 아직도 교육 분야와 질적 연구에서 생소한 개념이다. 따라서 비평에 대한 학술적인 의미를 명료하게 해 주는 것이 필요하다고 본다. 물론 쉬운 개념에서 비평을 생각할 때에는 문학, 예술, 영화 등에서 자주 활용하는 비평의 개념들을 떠올리면 이해하기 쉬울 것이다(박승배, 2013). 그러나 그것만으로는 조금 부족하다. 학술적인 입장에서 교육비평은 다음과 같이 접근할 수 있다.

먼저 비평(批評)의 어원적인 의미를 살펴보면, 비평이란 어떠한 대상이나 사건, 현상 등에 대해 옳고 그름, 아름다움과 추함 등을 분석하여 그 가치를 이야기하는 것으로 정의되어 있다(Hough, 1966; 고정자, 1982). 이 개념은 우리가 일반적으로 이야기하는 평론, 평가, 비평 등과 의미가 유사함을 알 수 있다. 여기서 우리가 포착해야 할 내용은, 비평 속에는 하나의 대상에 대해 비평가의 생각이나 의견을 표시하는 과정이 포함되어 있다는 사실이다. 따라서 비평이라는 용어 속에는 반드시 비평을 하는 주체와 객체가 존재해야 함을 알 수 있다. 그리고 비평의 주체가 대상에 대해 분석한 뒤, 그것을 자신의 가치관, 혹은 언어로 바꾸어 제시해야 한다는 점도 중요하다고 하겠다. 여기에 대해서 Eisner(2002)는 비평의 표현 방식이 다른 것과는 조금 다르다고 이야기했다. 즉, 비평은 명제적이나 사실적 언어를 명시적으로 제시하는 것이 아니라, 그 의미를 살짝 드러내어 의미를 전달한다는 것이다.

비평은 본래 예술을 평가하기 위해 탄생한 것이다. 왜냐하면 예술작품은 그 가치를 논할 때 기존에 우리가 사용하는 객관적이고 과학적인 방법을 통해서는 제대로 된 가치를 이야기할 수 없기 때문이다. 여기서 다양한 사회현상과 정치, 문화 등을 평가하는 개념으로 확대된 것이 비평이다. 예술로 비롯되는 다양한 삶의 현상들은 보는 사람마다 매기는 가치가 다르다. 자연스럽게 예술에 대한 논의는 서로의 가치관을 자유롭게 풀어 놓고 토의하는 장이 될 수밖에 없다. 이러한 분위기 속에서 탄생한 것이 비평이다(장백일, 1995). 그렇다고 비평을 단순한 기호의 문제로 생각해서는 안 된다. 물론 특정한 대상에 대한 호감이나 취향에 관한 문제는 기호로 이해하는 것이 맞다. 비평과 기호가 본질적으로 다른 이유는 바로 그 나름대로의 근거가 존재하는지 아닌지의 여부 때문이다. 기호는 이유가 필요 없다. 가령, 내가 커피를 좋아하고 자주 마신다고 할 때, 그것은 기호이며, 내가 커피를 좋아하는 데는 꼭 이유나 근거가 필요하지 않다. 그런데 커피에 대해 비평한다고 하면, 거기에는 이유가 존재해야만 한다. 어떤 사람들은 커피에 대해 논할 때, 커피를 비판할 수 있다. 그리고 그 이유에 대해 커피를 재배할 때 벌어지는 커피 노동자들에 대한 노동력 착취와 불합리한 가격 책정, 그리고 글로벌 기업의 횡포 등을 근거로 들 수 있는 것이다. 즉, 커피를 좋아하지만 동시에 비판할 수 있다. 이것이 비평인 것이다. 비평을 하게 되면, 우리는 왜 그러한 견해들을 가지게 되었는가에 대한 이유를 댈 수 있으며, 이유를 댈 수 있으면 납득시킬 수도 납득할 수도 있고, 따라서 바른 결론에 접근할 수 있다는 것을 기대할 수 있다(Hough, 1966; 고정자, 1982).

　연구자들에게 비평이란 생소하고 어려운 개념일지 모르겠으나, 사실 비평은 굉장히 자연스러운 행동이다(김우종, 1984). 우리는 매 순간 의도하지 않아도 비평 활동을 한다. 스스로를 돌아보자. 혹시 예술작품을 보면서 이 작품이 왜 마음에 드는지, 혹은 왜 마음에 들지 않는지를 생각했거나, 책을 읽고 스스로의 경험 혹은 다른 유사한 책들과 비교한 적이 있다면, 우리는 이미 비평 활동을 해 본 경험이 있다고 할 수 있다. 물론 진정한 비평 활동은 활동에 직접 참여할 때도 일어나지만, 작품이나 글을 접하고 난 뒤 한 걸음 떨어져서 생각을 할 때에 더 활발하게 일어난다(Flinders & Eisner, 1994). 특히 비평 활동은 다른 사람들과 같은 주제에 대해 생각을 공유하고 토론할 때 가장 많이 일어나게 되는데, 영화나 문학작품을 두고 인터넷 공간에서 일어나는 다양한 논쟁을 보면 이해하기 쉬울 것이다. 사람들은 자신의 생각과 가장 비슷한 의견에 동의를 표시하고, 그렇지 않을 경우 적극적으로 다른 의견을 개진하고, 설득하려고 한다. 결론적으로 비평이란 하나의 대상이나 현상에 대해 의문을 제시하고, 왜 그러한 의문이 일어나게 되었는지 원인을 탐색하고, 과정을 분석하고, 나의 생각을 종합하고, 다른 사람들의 생각이나 이론과 비교하는 작업을 총칭한다고 볼 수 있을 것이다.

　결론적으로 비평이란 특정한 대상에 대해 우리가 내리는 잠정적인 가설로 이해하면 좋을 것이다(Einser, 1991). 즉, 비평에 있어서 최종적, 결론적, 완벽한 것이란 없다. 기본적으로 비평이란 동시대 내에서도 다를 수 있지만 역사적, 문화적, 사회적인 변화에 따라서도 다를 수 있다. 또한 비평에는 필수적으로 평가의 개념이 포함되어 있고, 그것보다 더 중요한 것은 맥락을 고려한 평가이다. 실제로 Eisner도 비평의 개념을 설명할 때 이 점을 언급하고 있다. 예를 들어 많은 전쟁문학이나 국가를 찬양했던 예술작품들이 그 당시는 인정받았으나 현재는 예술의 근본적인 가치를 훼손하는 잘못된 사례로 지적되기도 한다. 한편으로는 비평 작업을 통해 계속해서 새로운 가치가 부여되기도 한다. 가령, '안네의 일기'가 발견 당시에는 독일 나치 제국주의와 유태인 학살의 끔찍한 면모를 잘 드러내 주는 전쟁문학으로서만 인정받았지만, 50여 년이 지난 현재는 기존의 평가에서 좀 더 나아가 페미니즘과 청소년 문학, 그리고 역사적 기록으로서의 고증 자료에 이르기까지 다양한 가치를 부여받고 있다는 사실에서 잘 알 수 있다. 이러한 비평의 개념을 우리의 연구 방법에 적용하여 정의한다면, '다양한 삶과 연구 현장에서 나타나는 대상과 현상에 대해 연구자로서 내리는 가치 판단 작업'이라 말할 수 있을 것이다.

3. 교육비평

지금까지는 교육비평을 이해하는 데 필요한 배경지식에 대해 설명했다. 이제 좀 더 구체적으로 들어가 보도록 하자. 교육비평이라는 용어 그 자체에 나타나 있듯이, 중요한 개념은 바로 교육과 비평이다. 그리고 이 두 가지가 통합되어 있음을 예상할 수 있을 것이다. 교육비평은 일반적으로 Eisner가 제시한 교육비평(educational criticism) 개념을 지칭한다는 것을 알아 두도록 하자. 교육비평의 개념은 우리가 일반적으로 생각하는 예술작품 비평에서 모티브를 따온 것이다. 즉, 순수 예술 비평에서 착안한 것으로 학교나 교실, 그 밖의 현장에서 발생하는 다양한 현상을 기술하고 분석하는 대안적인 연구 방법론이라고 할수 있다(Flinders & Eisner, 1994). Eisner의 학문적 성장 배경에 미술교사로서의 경력이 있었다는 것을 생각해 보면, 교육비평 개념이 등장한 것이 필연적이라고 느낄 수도 있을 것이다.

다만, 비평(criticism)에 대해 일반적으로 우리가 알고 있는 정의는 앞서 이야기했듯이, '어떤 것의 품질이나 성격에 관해 좋고 나쁨에 대한 자신의 의견 혹은 판단을 표명하는 것'이다. 그러나 이러한 사전적 의미는 질적 연구에서 비평을 정의하기에는 부족하다. 따라서 여기서 설명하고자 하는 비평의 개념에는 좀 더 예술적인 측면이 첨가되어야 할 것이다. Eisner는 그동안 잘 고려되지 않았던 문학, 미술, 음악, 무용과 같은 예술과 관련된 비평 작업을 통해 그동안 과학적이고 객관적, 수학적 근거에 기반하고 있던 비평에 예술적인 요소를 가미하고 비평의 개념 자체를 연구의 수준, 특히 교육과정 연구의 수준까지 끌어올리려고 했다. 물론 그 전에도 예술과 비평에 관해 주장한 학자가 있었다. 그는 다름 아닌 Dewey이다. 그는 이미 예술과 과학의 분리에 대해 비판했고, 일상에서 연속적으로 나타나는 예술과 과학 간에는 상호작용하는 계기가 있으며, 서로 떼어놓고는 생각할 수 없는 것이라고 주장하기도 했다(Dewey, 2005). 특히 Dewey는 예술에 관해 다음의 주장을 펼치며 예술을 과학과 대등한 위치에 놓고, 교육 연구에서 예술의 위치를 높이기 위해 애썼다.

> 예술가는 생각하지 않는다, 그리고 과학자는 생각만 한다는 낡은 관념은 서로의 강조점의 차이를 잘못 생각한 결과이다. 오히려 생각하는 사람이 생각을 단순한 생각에 그치지 않고 대상에 의미를 통합할 때에는 예술적인 특징이 발생한다. 예술가도 작업을 할 때 문제에 대해 사고한다. 예술가의 생각은 사물을 통해 직접적으로 구체화된다. 반면 과학자는 상징, 언어, 수학적 기호들을 사용한다. 과학자의 생각은 대상과 떨어져 있기 때문이다. 예술가는 대상 속에서 생각하고 창작한다. 그리고 예술가의 언어는 대상에 직접 합쳐진다(Dewey, 2005).

시대와 장소는 달랐지만, 적어도 예술이 비평에서 지닐 수 있는 개념에 대해 그들은 같은 생각을 가졌던 것 같다. Dewey와 Eisner가 생각한 예술과 비평의 개념을 적용해 볼 때, 우리는 질적 연구에서 교육비평이 가질 수 있는 역할에 대해 진정으로 이해할 수 있을 것이다. 물론 비평에 대해 우리가 너무 어렵게 접근할 필요는 없다. 사실 우리는 이미 생활세계 속에서 매일매일 비평을 하며 살아가고 있기 때문이다. 아침에 일어나 길을 걸으며 만난 사람들, 그리고 사용했던 물건들, 먹었던 음식, 수업에서 이야기했던 내용들, 들었던 음악, 뉴스와 신문을 통해 흘러나오는 정부의 정책과 정치가들의 토론 내용, 오늘 치른 시험의 내용, 잠자리에 들면서 생각난 경험들에 대해 우리가 어떠한 판단을 내릴 때마다 이미 비평의 원리가 작동하고 있는 것이다. 즉, 우리는 관심을 가지는 거의 모든 것에 대해 비평한다.

다만 교육비평에서는 좀 더 엄밀한 개념을 요구한다. 여기에서 우리는 두 가지 중요한 사실을 도출해 낼 수 있다. 첫째, 우리가 교육비평을 논할 때 빠질 수 없는 요소가 앞서 논의했던 감식안이라는 것이다. 즉, 감식안이 없다면 교육비평이 불가능하다. 감식안 없이 비평한다는 것은 그저 우리의 개인적인 의견을 단순히 표명하는 것과 다를 바가 없다.

우리의 비평은 매력적이지도 않을 것이고, 예술적이지도 않을 것이다. 둘째, 비평 없는 감식안은 무의미하다고 할 수 있다. 그것은 감식안과 교육비평이 서로 다른 측면을 지니고 있기 때문이다. 여기에 관해 Eisner(1991)는 감식안이 개인적 측면이며, 교육비평은 공식적 측면을 가지고 있다고 주장했다. 감식안은 분명 현상에 대해 연구자로서의 안목과 관련된 중요한 능력이지만, 감식안을 가졌다고 해서 그것이 곧바로 질적 연구를 예술적으로 분석하게 되는 결과로 나타나지는 않는다는 것이다. 그 이유는 바로 감식안이 개인으로 하여금 비평한 대상에게 직접적, 간접적으로 의견을 전달하도록 강요하지 않기 때문이다. 가령, 교육 현장에 대한 감식안을 길러 다양한 교육적 상황에 민감하게 반응하고 교실마다 벌어지는 사건들의 미묘한 차이를 이해할 수 있게 되었다고 할지라도, 그것은 그저 연구자의 마음속에서 벌어지는 평가행위일 뿐이다.

따라서 이 두 가지를 적절히 조합한 것이 교육비평이며, 교육비평은 질적 연구의 다양한 상황에 적절히 활용될 수 있다. 질적 연구자로서 비평가가 되면 그림, 연극, 소설, 시, 교실, 학교, 응급실, 병원, 상담실, 상담센터, 교회, 마케팅 현장 등의 다양한 공간에서 체험한 내용을 감식안을 바탕으로 공개적으로 설명하거나 해석, 평가할 수 있게 된다.

교육비평의 역사적 발달과 연구 현황

이 부분에서는 교육비평을 역사적으로 접근하여, 교육비평이 어떻게 해서 나타나게 되었는지, 그리고 이 개념이 어떻게 발전되며 또 확장되었는지에 대해 알아보고자 한다. 하나의 연구 방법론에 대해서 이해할 때 근원부터 접근하는 것은 상당한 의미를 가진다. 이론의 역사를 탐구함으로써 이론이 왜 이러한 논리를 갖게 되었고, 앞으로 나갈 방향은 어떠할 것인지를 이해하는 데도 도움이 될 것이다.

1. Eisner와 그의 제자, 동료들

교육비평과 관련하여 가장 먼저 소개할 학자는 Eisner이다. 그의 생애를 잠깐 살펴보면, 그는 1933년에 Chicago에서 출생했으며, 대학까지 그 곳에서 지냈다. 어렸을 때 그는 다른 과목들보다 미술에서 강점을 보였다고 전한다. 실제로도 Eisner는 Chicago 미술학교에 다닐 정도로 미술에 관심이 많았는데, 이는 훗날 그의 연구 배경에 예술이 포함되게 된 결정적인 계기가 되었던 것 같다. 공교육을 졸업하고 난 그는 교육학 분야에 관심을 보이게 되었고, 자연스럽게 미술 교육과 관련되어 학업을 계속해 나갔다. 석사과정을 마치고 난 뒤에는 짧은 기간 동안 공립학교 교사로 재직하기도 했다. 최종적으로 Einser는 University of Chicago 박사과정에 진학하여 교육학을 공부했다. 현재 그는 Stanford University에서 예술의 개념을 교육 현장에 적용시키는 한편, 질적 연구에 대한 이론을 확립하는 데 기여했다. 특히 그 중에서도 교육비평 접근 개념을 제시하고 확장시켰다고 평가받고 있다.

한편, 질적 연구의 확산과 관련하여 살펴보더라도 그는 상당한 업적을 갖고 있다. 특히 교육과정에 있어 재개념주의자였던 Einser는 그의 교육과정에 대한 생각을 가장 잘 표현해 주는 연구 방법론으로 질적 연구를 선택했다. 그러나 그가 활동하기 시작했던 1970년대는 사실 실험과 통계 중심의 철저한 객관적, 과학적 방법만이 인정받던 시절이었다. 따라서 그 당시는 질적 연구 방법을 활용한 논문이 게재되기조차 힘들었다. 그 상황 속에서도 그는 질적 연구를 확산시키려는 노력을 계속했고, 결과적으로 질적 연구 방법론 강좌가 개설되고, 질적 연구 방법을 활용한 논문이 점점 활발하게 쓰이기 시작했다. 즉, 질적 연구의 확산에 기여한 많은 학자들 중에 Eisner의 역할이 상당히 중요했음을 알 수 있는 것이다. 또한 Einser는 교육과정과 미술교육, 질적 연구와 관련하여 상당히 많은 저서를 저술했는데, 감식안과 교육비평에 한정해서 대표적인 작품을 제시하면, 「Qualitative inquiry in education: the continuing debate」(1990), 「The enlightened eye: qualitative inquiry and the enhancement of educational practice」(1991), 「The educational imagination: on the design and evaluation of school programs」(2002) 등을 들 수 있다. 이러한 저술활동을 통해 교육과정과 질적 연구, 그리고 교육비평에서 널리 알려져 있는 여러 개념들을 확립했다. 이후에는 그의 제자들과 동료 연구자들에 의해서 교육비평 개념이 확산된다. Eisner는 이와 관련하여 「The educational imagination」(2002)에서 다음과 같은 다양한 주제에 관해 교육비평의 개념을 많은 학자들이 활용하고 있다고 소개했는데, 그 세부적인 내용은 다음과 같다.

〈표 1〉 교육비평을 활용한 연구 사례

• Playing the School System: The Low Achiever's Game
• Things of Use and Things of Beauty: The Story of the School Arts Program
• Honors: An Educational Criticism
• Portrait of a Ceramics Class: Control and Freedom in a Delicate Balance
• An Educational Psychologist Goes to Medical School

사례들은 어느 특정한 경우에 한정되지 않고, 학자들이 주변에서 관찰할 수 있거나 흥미로웠던 주제들에 관련하여 비교적 자유롭게 연구되고 있음을 알 수 있다. 미시적으로는 하나의 수업을 분석하거나 한 교실 속에서 일어나는 현상들을 관찰하는 것부터 시작하여, 거시적으로는 학교의 프로젝트나 심지어는 큰 교육적 현상에 대해서 논하는 연구들도 나타나고 있는 것이다. 교육비평에 관해 연구하는 학자들은 Eisner와 직, 간접적으로 연관이 있다. 특히 그의 제자인 Arizona University의 Barone, 그리고 Eisner와 함께 교육비평 개념을 제시한 Indiana University의 Flinders가 알려져 있다. 이들은 Einser의 이론을 정리하고, 학교 현장에서 여러 편의 연구를 수행했다. 그 중에서도 Barone은 그의 이론을 계승하여 학교 현장에서의 실천적이면서도 반성적인 연구를 많이 수행했다. 그의 유명한 연구 사례에는 위에도 이미 설명되어 있는 「Things of use and things of beauty」(1983)와 더불어 나중에 예시로 소개하게 될 「On Equality, Visibility, and the Fine Arts Program in a Black Elementary School」(1987a)이 있다. 특히 그는 학교 개별적인 독특한 프로그램을 구성하고 수행하면서 일어나는 효과나 현상들을 포착해 내는 작업을 많이 수행했다. 대표적인 예로 「Insinuated Theory from Curricula-in-Use」(1987b), 「Literature, the disciplines, and the lives of elementary school children」(1995), 「Aesthetics, Politics, and Educational Inquiry」(2000), 「Touching Eternity: the enduring outcomes of teaching」(2001a), 「The End of the Terror: On Disclosing the Complexities of Teaching」(2001b), 「Science, art, and the predispositions of educational researchers」(2001c) 등이 있다. 이외에도 「Pragmatizing the imaginary: A response to a fictionalized case study of teaching」(2001d), 「Arts-based educational research」(2006), 「Narrative Researchers as Witnesses of Injustice and Agents of Social Change?」(2006)와 같은 작품들에서 그의 교육비평에 대한 생각을 엿볼 수 있다. 한편, Flinders(1996)의 경우 「Teaching for cultural literacy」로 잘 알려져 있다. 그는 교육에 있어서의 문화적 요소들을 탐구하는 작업을 주로 수행했다.

그 다음으로 소개할 학자는 Blumenfield-Jones이다. 그는 현재 Arizona University에서 교육과정, 윤리와 교육 등을 가르치고 있으며, 그의 주된 학문 관심사는 교육과정 이론, 예술-기반 교육 연구, 교실 속 인성, 해석학, 그리고 사회 비판이론 등에 있다. 그는 특히 교육과정을 이론화하고 예술적 반성을 수업에 적용하는 등 새로운 시도를 많이 개척한 학자로서 알려져 있다. 그의 대표적인 저서와 논문에는 「Curriculum and the Aesthetic Life: Democracy, and Ethics in Curriculum Theory and Practice」(2012), 「Teacher Education and the Arts: A Guide to Building an Aesthetically Informed Teacher

Preparation Program」(2015) 등이 있다.

마지막으로 소개할 학자는 Vallance이다. 그녀는 1975년에 Stanford University에서 박사 학위를 취득했으며, 전공 분야는 예술 교육이었다. Eisner와 교류하며 예술 교육과 더불어 최근에는 박물관 교육에 관심을 갖고 교육비평의 개념을 적용하려는 작업을 진행 중이다. 지역 박물관이 그 지역의 역사와 문화, 예술에 끼치는 영향력에 관한 연구를 수행하기도 했다. 대표적 저서와 논문에는 「Local history, old things to look at, and a sculptors vision: Exploring local museums through curriculum theory」(2007), 「Visual culture and art museums: A continuum from the ordinary」(2008), 「Arts education curriculum」(2010) 등이 있다.

2. 국내 연구 동향

한편, 우리나라의 경우 Eisner 학파의 저서와 논문들을 통해 교육비평, 혹은 예술적 비평에 관한 개념이 소개되었다(김복영 외, 2001; 박병기 외, 2001; 박승배, 2013; 이해명, 1999). 여기에 소개된 교육비평의 개념들은 개론서의 일부분이거나 번역서의 내용 중 한 부분을 차지하고 있다. 위의 서적들을 잘 참고한다면 감식안과 교육비평에 관한 핵심적인 개념들을 좀 더 확실히 이해할 수 있을 것이다. 한편 교육비평의 심층적인 개념들에 대해 탐구하고 있는 학자에는 김대현(2003), 김대현, 김아영(2002), 김명희, 문승호(2006) 등이 있다. 이들은 교육비평의 개념을 소개함과 동시에 내러티브와 같은 요소들과 결합시켜 교육비평을 심화했다.

이와 더불어 우리나라에서 교육비평의 개념이 적용된 질적 연구에는 크게 두 가지 종류의 연구 방향이 존재한다. 우선 교실 현장에서 수행되고 있는 수업에 관해 이루어지는 교육비평에 관한 연구가 있다. 가장 적극적으로 연구를 수행하고 있는 학자는 바로 이혁규(2000, 2001, 2003, 2010a, 2010b, 2012)로, 그는 Eisner의 감식안과 교육비평 개념을 우리 교실 현장의 수업에 적용하고, 기존의 장학과 지도 편달 중심의 수업 개선활동을 수업 비평이라는 새로운 방법을 통해 다른 시각으로 제공하고 있다. 그가 제시한 수업 비평은 지금까지 주로 활용되었던 수업 장학, 수업 평가, 수업 컨설팅의 단점을 보완하고 교실 수업을 어떻게 평가하고 더 나은 것으로 만들 것인지에 대한 새롭고도 실천적인 방법으로 인정받고 있다. 그 외에도 안금희(2005)는 초등미술과 수업 중 원근법을 가르치는 수업에 대한 비평을 통해 초등교사의 실천적 지식에 대해 논했다. 오종숙과 강우정(2013)은 공동체 의미 만들기 학습 실행이라는 방법을 수업에 도입하면서 생기는 여러 현상에 대해 비평했다. 또한 오종숙과 정민선(2013)은 초등 미술영재를 위한 수업에서 드러나는 현상에 관해 관찰하고 그 의미를 기술했다. 이처럼 기존의 선행연구들은 개념을 깊이 탐구하기보다는 우리 현장에 직접적으로 바로 활용할 수 있도록 교육비평의 관점을 제시하고, 그 기준과 방향에 따라 다양한 활동을 진행했다는 사실을 알 수 있다.

두 번째 종류의 연구로는 교육비평의 중요한 개념들이 간접적으로 제시되어 있는 연구들을 들 수 있다. 국내의 교육학 연구 동향을 잘 살펴보면, 점점 질적 연구의 비중이 늘어나고 있기 때문에, 다양한 질적 연구 사례 중에서 교육비평의 개념을 접목한 연구를 종종 찾을 수 있다. 교육비평의 패러다임은 문화기술지나 내러티브, 실제 교실 수업과 생활에서의 관찰 연구 등에 녹아들어 있는데, 직접적으로 교육비평 개념을 사용하지 않았더라도 연구 결과에 구체적인 교육비평의 내용이 담겨 있는 경우가 많다. 내러티브 연구(김경희, 정혜정, 2011; 김영천, 2005a, 2005b, 2009; 염지숙, 1999; 이혁규 외, 2003; 주정훈, 2010), 생애사 연구(김영숙, 김영채, 최란주, 2014; 민성은, 김영천, 정정훈, 2015; 박성희, 2016; 이동성, 2013a, 2013b), 질적 사례 연구(김명희, 2001; 류지선, 김영천, 2015; 박제인, 김수진, 2016; 조재성, 최성호, 2015) 등을 대표적인 사례로 제시할 수 있을 것이다. 점점 질적 연구가 확산되어 가면서 이와 관련된 감식안과 교육비평의 개념들은 개별적인 연구에 자연스럽게 포함되고 있으며, 앞으로 점점 확장되어 가는 추세이다. 앞으로도 교육학, 인류학, 복지학, 사회학, 간호학, 종교학, 가족학 등 다양한 분야에 교육비평의 개념이 적용될 전망이다.

3. 교육비평의 구체적 적용 분야

외국의 학술적 사례들을 분석했을 때, 교육비평이 가장 핵심적으로 드러나는 장면은 바로 교육 평가와 관련된 부분이다. 기존의 고정되고 객관적 측정 중심의 평가에 맞서 새로운 방식의 평가 체제를 구축하는 데 교육비평이 기여하고 있는 것이다. 이러한 개념이 가장 잘 드러난 사례가 바로 참 평가(authentic assessment)이다. Wiggins(1989)에 따르면, 참 평가는 네 가지 일반적인 특징을 지니고 있다(Darling-Hammond, 2015). 첫째, 현장에서 이루어지는 진짜 '실천'을 평가한다. 학생들은 단순히 철자나 문법에 관련된 문제를 푸는 것이 아니라, 진짜 독자들을 위해 글을 쓴다. 또한 과학 상식을 암기하는 것이 아니라 실제로 과학 실험을 수행한다. 과제는 학생들이 도전하고 자신이 가진 지식을 활용할 수 있도록 구성되어 있는 것이 참 평가이다. 둘째, 평가에서 활용되는 기준이 일반적인 수행 기준에 비해 좀 더 본질적이다. 예를 들어 학생들이 발표 능력을 측정하는 과제를 수행한다고 할 때, 주제에 대한 날카로운 통찰이 되었는지, 그리고 설득적인 에세이 글쓰기를 했는지에 대한 여부가 점수에 꼭 반영되는 특징을 갖고 있다. 셋째, 참 평가는 진실한 과업의 역할을 수행한다. 참 평가의 주된 목표는 학생들이 평가를 통해 자신들의 수행을 점검하고 기준을 개정하고 수정하는 것에 있다. 넷째, 참 평가에 따르면 학생들은 공개적으로 자신의 작업을 발표한다. 이것은 그들의 학습을 더욱 깊이 있게 만들어 준다. 이해한 것을 반성하고 다시 이해하고 또 그것을 발표함으로써 참 평가를 가능하게 만들어 주는 것이다. 이처럼 참 평가의 특징을 보면 교육비평의 여러 요소가 포함되었다는 사실을 알 수 있다.

또 다른 사례로서 감식안 평가를 제시할 수 있다. 감식안 평가란, 평가에 Eisner가 제시한 감식안의 개념을 포함하여 정의하는 것이다(Patton, 2015). 감식자 혹은 전문가로서의 연구자는 프로그램이나 조직을 연구함에 있어 일단은 질적 방법을 활용한다. 질적 방법의 특징은 바로 개방성이다. 즉, 기본적으로 연구자는 자신의 선입견과 기초적인 지식을 배제하고 연구를 진행한다. 그러나 특정한 분야에서는 그들만의 전문성을 발휘하여 특별한 판단을 내리기도 하는데, 이 때 바로 감식자라는 용어를 사용한다(Eisner, 1985). 감식자로서의 평가자 역시 프로그램에 대한 비판적인 평가를 수행하는 점에서는 전통적인 평가자와 크게 다르지는 않다. 다만 교육비평에서는 다른 무엇보다도 더 철저히 묘사적이고, 사실적 정보와 예술적 묘사를 조화롭게 사용하는 데 초점을 맞춘다. 그리고 이 때 감식안은 질적 연구자들에게 명쾌하고 목적에 알맞은 예술적 비평을 할 수 있도록 도와주는 역할을 수행한다. 이처럼 질적 연구와 질적, 예술적 평가의 분야에서 교육비평이 가지는 기여점이 명확해 보인다.

교육비평의 네 가지 차원

앞부분에 이어서 이 장에서는 교육비평을 형성하고 있는 주요한 구성요소이자 차원에 대해 설명하고자 한다. 감식안과 그것을 활용한 교육비평은 크게 네 가지 차원으로 구별할 수 있다. Eisner(2002)는 교육비평이 구현되는 구조를 기술, 해석, 평가, 주제의 네 가지로 제시했다. 처음부터 네 가지 차원이 확립되었다기보다는 초기의 이론을 그가 확장하고 정립했다는 표현이 더 적절할 것이다. Eisner가 연구를 시작한 지 얼마 지나지 않아 출판한 저서에는 기술, 해석, 평가의 세 가지 차원만이 제시되어 있기 때문이다(Eisner, 2002). 초기 세 가지 차원에 주제 차원이 추가로 포함된 이유는 나중에도 설명하겠으나 교육비평이 실제 사용되는 예시들과 활용 결과들을 설명하기 위해서였다.

교육비평의 네 가지 차원들에서 제시하는 각각의 방법과 사례들은 질적 연구에서 교육비평이 실제적으로 어떻게 활용될 수 있는지를 알려 주는 세부적인 기술로 이해하면 좋을 것이다. 각 차원들은 엄밀하게 구별되지 않는다. 기술 차원에서 해석이나 평가가 일어날 수도 있고, 주제가 발생할 수도 있다. 다만 이러한 교육비평의 차원들을 연구에 적용시켜 보고, 연구의 단계에 걸맞은 차원을 연관 지어 보았다. 교육비평을 연구에 적용하고자 하는 질적 연구자들은 이러한 네 가지 차원을 모두 이해할 때, 교육비평이 어떠한 방향성을 갖고, 어떠한 과정을 거쳐 연구 현장에 통찰을 제공해 주는지 어느 정도 알 수 있게 될 것이다.

[그림 1] 교육비평의 네 가지 차원

1. 기술

기술은 가장 기본적인 차원의 비평이라고 할 수 있다. 가장 단순히 정의하면 기술은 연구자가 현상을 보고 그것을 글로 적는 것이다. 이에 대해 좀 더 자세히 정의하면, 교실이나 교육 현장에서 미묘하지만 확연하게 드러나는 모습을 상세히 묘사하고 기술하는 것을 의미한다(김영천, 2012). 즉, 기술이란 연구자가 감식안을 갖고 현장을 바라본 결과를 연구 결과로 제시하는 것이다. 위 정의에 따르면 기술하는 과정에는 분명 연구자가 최대한 객관적으로 현상을 담으려고 노력하는 가운데, 의식적이든 무의식적이든 연구자의 해석이 포함된다는 사실을 알 수 있다. 즉, 기술된 내용은 질적 연구자가 사실을 재구성한 것이다. 여기서 비평하는 연구자의 역량이 큰 비중을 차지한다. 우리가 실감나게 이야기하는 사람들의 목소리에 좀 더 귀를 기울이고, 재미있고 흡입력 있는 글을 쓰는 작가에게 호응

하는 것처럼, 잘 기술된 글은 연구에 대한 매력과 흥미를 높여 준다. 이처럼 기술의 목적
은 글을 읽는 독자들이 머릿속으로 현장을 자세히 그려 낼 수 있도록 도와주는 데 있다.
즉, 잘 기술된 글은 독자들로 하여금 글을 읽는 것이 아니라 볼 수 있게 해 준다. 그리고
글 속에서 연구자와 연구 참여자가 느끼는 감정을 체험하게 해 준다(Eisner, 1991). 기술
하는 데 반드시 글만 있어야 하는 것은 아니다. 언어, 숫자, 사진, 그림, 영상, 몸짓 등의
다양한 방법이 활용될 수 있다. 이처럼 기술은 시간, 장소, 연구 참여자에 구애받지 않고
어디서나 활용할 수 있는 비평의 방법이다. 교실을 예로 든다면, 다음과 같은 대상들에
관해 기술할 수 있을 것이다.

〈표 2〉 기술의 대상과 구체적인 내용들

• 교사와 학생의 행동
• 교실에서 일어나는 세부적인 활동
• 구성원들 간의 상호작용(대화법)
• 현장의 실제적인 모습(건물이나 가구의 배치)
• 현장의 전체적인 분위기(겉모습으로는 드러나지 않는 색채나 감정적인 흐름들)
• 관찰하고자 하는 대상에 대한 스케치(옷차림, 인상, 얼굴 스타일, 목소리)
• 현상에 대한 비평가의 생각(감수성)
• 비평가가 제시하는 비유, 표상, 문학적 장치, 언어유희

연구자는 위에 제시된 내용들을 기술의 결과로 제시할 수 있다. 그리고 이렇게 기술된
내용에 연구자의 연구 주제와 의문들을 압축하여 제시한 것이 바로 연구 문제이다. 잘 기
술된 글을 읽는 것은 연구의 목적과 필요성, 그리고 연구 문제에 대해 확실하게 이해할 수
있게 됨을 의미한다. 이와 같은 내용들을 담을 때는 주로 내러티브의 측면에서 다루게 된
다. 즉 기술할 때 주요한 방법이 내러티브인 것이다. 내러티브는 두 가지 의미로 사용될
수 있다. 첫째, 문자 그대로 서사적이고 묘사적인 의미로서 이 때 내러티브는 교육비평에
사용되는 언어의 특징을 의미한다. 둘째, 인식론적 패러다임에 대응하는 용어로서 마음
에 의해 의미를 구성해 내는 것을 의미한다. 마음이 그리는 의미를 통해 새로운 세계와 자
아를 만들어 내는 해석을 지향하는 사고의 패러다임을 말한다(한승희, 2000). 더 자세히
설명하면 관찰한 현상을 자세히 묘사하고 서술하고, 그 속에서 의미를 추구하는 글쓰기
양식이 바로 내러티브이다. 이처럼 내러티브는 단순한 관찰과 교육비평에서의 기술을 구

별지어 주는 가장 큰 차이점이다. 기술을 통해 우리는 현장에서 그동안 알지 못했던, 혹은 그냥 지나쳤던 사건들에 대해서 신선한 충격을 받고 그 현상에 대한 의문을 갖게 된다. 연구의 형태 또한 다양해질 수 있다. 만일 어떤 질적 연구자가 문학적 감수성과 표현력이 뛰어나다면, 기술의 형태를 문학적 형식에 빗대어 제시할 수 있다.

앞서 이야기했듯이, 질적 연구자들은 와인 감별사, 문학 평론가, 혹은 예술품 감정사, 더 나아가 교육비평가와 같은 역할을 담당하게 된다. 따라서 연구자가 느끼는 감정과 질문들, 생각들을 독자들에게 확실하게 전달하는 방법으로서 기술을 활용할 수 있다. 아마도 이러한 역할은 질적 연구가 다양한 분야로 확산됨에 따라 얼마든지 더 생겨날 수 있을 것이라 본다. 따라서 연구자들은 스스로 가져야 할 공통적인 역량인 기술에 관한 세부적인 능력들을 확인하고, 연구 문제의 진술에서부터 활용하려는 노력이 요구된다.

연구예시

「흑인학교에서의 예술 프로그램」(Barone, 1987)의 내용 일부

Concordia 학교 건물은 평범하고 단정한 모습을 하고 있다. 단풍나무와 낙엽 사이에 포근히 위치하고 있는 건물의 외관은 갈색 벽돌 때문에 마치 위장을 하고 숨어 있는 것같이 보이기도 한다. 주변의 건물들과 비교하면 학교 건물은 크게 몸을 펼치고 누워 있는 형상이라고 할 수 있다. 지금도 그렇기는 하지만, 사실 1920년대에 이 건물이 지어질 때 일층 건물 양식은 그다지 평범한 것이 아니었다. 물론 1940년대에 학교를 광고했던 책자에는 1층 건물 양식이 건축하기에 저렴했으며, 난방비도 절약할 수 있었다고 광고하고 있다. 1927년도에 지어진 이 건물은 학교 부지의 가장 큰 부분으로 아직까지 남아 있으며, 인테리어 역시 건축학 연구물로서 보존되고 있다. 건물의 모양은 누운 H 모양을 취하고 있다. 두 개의 세로로 긴 복도들, 각각의 복도는 교실로 연결되어 있으며, 이들은 긴 마당에 의해 분리되어 있다. 한편으로는 큰 두 개의 건물 역시 마당을 반으로 가르는 직각 모양의 통로에 의해 연결되어 있다. 건물의 새로운 부분은 뒤뜰 운동장을 향해 튀어나와 있으며, 더 많은 교실과 체육관, 그리고 다목적실을 포함하고 있다.

H 건물 안에서 악기 소리가 학교 벽 밖으로 흘러나온다면 이것은 학교 예술 프로그램이 수행되고 있다는 증거가 된다. Concordia 예술 교육과정을 구성하는 두 가지 중요한 요소는 음악과 시각예술이다. 여기서 소개할 인물은 Carolyn Green이다. 그녀는 중년의 백인 여성이며 4년 동안 예술 프로그램을 이끌어 왔으며, 부드럽지만 위엄 있는 목소리를 지니고 있다. 그녀는 예술 지원 교실을 중점적으로 담당하는 중심인물이다. Carolyn은 매주 1번 이상 각 교실을 돌며 시각예술과 일반적인 교육과정을 어떻게 통합할 것인지에 대해 교사들과 모임을 가진다.

그녀는 또한 Zenith 예술 박물관과 Zenith 예술 협회와 함께 여러 프로젝트를 진행하고 있으며, 자주 학생들과 현장 체험학습을 실시하고 있다. 마지막으로, 정규 교과과정 이외에 자체적으로 포트폴리오 클럽을 개설하여 일주일에 한 번 특별 수업을 진행하고 있다. 클럽의 구성원들은 Carolyn이 학생들의 재능과 성실성에 기초하여 직접 선발한다.

---

2. 해석

기술과 해석이라는 용어를 두고 차이점이 무엇이냐고 이야기한다면 대답하기 어려운 것이 사실이다. 두 가지 행위 모두 어느 정도는 현상을 객관적으로 묘사하고, 또 어느 정도는 연구자의 주관이 개입하기 때문이다. 다만 해석의 경우에는 기술보다 연구자의 의견이 더 반영되는 비평 방법이라고 이해하면 좋을 것이다. 더 정확히 이야기하면, 해석이란 현상을 두고 그 원인과 숨어 있는 의미를 파악하는 데 초점을 맞춘 방법이다. 즉, 우리가 일상적이거나 당연하다고 생각하는 현상들에 대해 공식적으로 의문을 제기하고, 거기에 포함되어 있는 더 중요한 내용들을 끄집어 낸다. 따라서 해석은 단 시간, 혹은 한 번에 이루어질 수 없다. 하나의 사건의 원인을 파악하기 위해서는 최소 몇 가지의 요인들을 탐색해야 하듯이, 질적 연구에서 문제 상황에 대해 제대로 된 해석을 해내기 위해서는 충분한 시간과 많은 관찰, 면담, 자료 수집의 과정이 있어야 할 것이다. 뿐만 아니라 연구자 스스로 해석할 수 있는 역량을 갖추기 위해 해석하기 전부터 배경지식과 연구 경험을 쌓아야 할 것이다. 우리는 다음의 내용들에 대해 해석 작업을 시도해 볼 수 있다.

〈표 3〉 해석의 대상과 구체적인 내용들

• 교사들은 왜 시험시간이 되면 교실 뒤편으로 향할까?
• 수업(또는 상담)이 왜 10분 일찍 끝난 것일까?
• 저 사람이 방금 지은 표정은 미소인가? 비웃음인가?
• 방금 학생들의 행동은 존경의 표시인가? 아니면 가식인가?
• 왜 교사는 민수의 행동을 칭찬했을까?

　이러한 물음들에 대해 우리는 쉽게 대답할 수 없음을 느낄 것이다. 누구나 현상에 대해 원인을 생각해 볼 수 있지만, 오랜 시간 사건을 관찰하거나 현상에 대한 충분한 정보가

없다면 정확한 해석은 불가능한 것이다. 이러한 해석의 특징은 문화기술지에서 이야기하는 특징들과 유사한 면을 보인다. 즉, 해석은 문화기술지의 방법을 통해 현상을 진단하고, 그 의미를 우리에게 전달하는 비평 방법이라고 할 수 있다. 해석을 실시하는 질적 연구자들은 이론에 근거하여 전문적이고 타당한 원인을 제시해야 한다. 더불어 분석한 원인과 현상을 바탕으로 앞으로 유사한 상황이 벌어졌을 때 어떻게 해야 할 것인지까지도 암시할 수 있는 역량을 길러야 한다.

자료 수집을 통해 우리는 다양한 종류의 자료들을 모으게 된다. 대표적으로 심층면담 자료가 있고, 참여관찰을 통해 만들어진 일지, 그리고 실제적으로 활용되었던 여러 문서 자료들과 포트폴리오, 비디오나 사진 자료 등도 포함될 수 있다. 자료 수집 과정에서는 이렇게 수집한 자료들을 해석하는 과정이 반드시 포함되어야 한다. 왜냐하면 원 자료를 그대로 받아들이는 것은 일반적인 조사연구와 다를 바가 없기 때문이다. 하나의 자료를 수집한다면 반드시 그 자료를 수집하게 된 이유와 자료의 내면에 숨어 있는 의미를 찾으려는 해석의 시도가 필요하다고 할 수 있다.

이러한 해석을 수행하기 위해 우리가 가져야 할 자세는 상대방의 의견을 인정하는 개방적인 사고방식이다. 질적 연구에서 가장 강조하는 것이 연구자의 주관성, 즉 생각의 다양성이다. 물론 연구자들은 자신의 해석이 거짓이 아니며, 정당하다는 사실을 증명해야 한다는 문제가 있다. 그렇다고 하더라도 기본적으로 개인이 가진 각각의 해석들이 모여 하나의 이론을 구성하며, 서로의 해석들을 비판하거나 공감하며 상호 발전한다는 가정은 여전히 유효하다. 이처럼 해석은 교육비평과 더불어 질적 연구에서도 상당히 의미 있는 개념이며, 연구 방법론 측면에서도 연구의 타당성을 높여 주는 장치로 활용 가능하다.

연구예시

「젠더놀이에 관한 연구」(허창수, 2006)의 내용 일부

다른 풍경으로 남녀 아이들이 섞여 놀이를 하는 것을 관찰할 수 있었다. 물론 이러한 섞임은 비주기적이며 한시적인 성격을 가지고 있다. 아동들 사이에서 놀이나 이야기 주제에 따라 여자아이가 남자아이 모임에, 남자아이가 여자아이 모임에 참여하는 경우도 관찰되었다. 흥미로운 것은 여자아이들 모임보다는 남자아이들 모임의 경계가 더 뚜렷함을 보이고 있었다는 것이다. 즉, 여자아이 모임에 끼어드는 남자아이들이 상대적으로 많음을 관찰했다. 이러한 차이에 대한 이유는 관찰을 통해서 명확히 제시하기가 어렵지만, 남자아이들의 경계가 더욱 뚜렷하다는 것은 주목할 만하다.

이를테면, 남자아이들끼리의 놀이에는 어느 정도 정해져 있는 인원이 참여하고 있었다. 이러한 남자아이들만의 모임을 여자아이들이 볼 때 그들만의 놀이라고 인식하고 있었다. 즉 여자아이들이 남자아이들 모임에 끼어들기란 그다지 쉽지 않다는 것이다. 위에서 제시한 정희와 배회행위 하는 한 여자아이를 제외하고는 대부분의 여자아이들은 오순도순 모여 이야기를 하거나 무엇인가 조용히 행동하고 있다.

따라서 여자아이들의 모임에 남자아이들이 끼어드는 것이 아이들 사이에 섞임 현상의 특성이라고 할 수 있다. 이에 대해서는 다양한 각도에서 이해할 수 있는데, 주어진 과제물로 인한 연계, 남자아이들의 개인적 성향 등이 그러한 각도라 할 수 있다.

이성 간의 섞여 놀기에서 또 다른 특성은 남녀 아이들이 신체적 접촉을 하는 놀이에 남자아이들이 신체적 우수성을 이미 인식하고 있는 듯, 여자아이들의 물리적 가함에 방어만 하거나 귀찮은 표정으로 대응하는 인상을 느낄 수 있었다. 이것은 분명히 경계를 넘는 젠더놀이의 하나이지만, 다른 한편으로는 젠더놀이 안에서 경계를 만들어 가는 하나의 형태로 해석될 수 있는 가능성을 가지고 있으며, 이러한 가능성은 West와 Zimmerman(1987)이 주장하는 "Doing gender"에 해당한다.

---

3. 평가

세 번째로 제시할 수 있는 비평의 차원은 평가이다. 평가는 쉽게 이야기하면 좋은 것, 나쁜 것, 그리고 가치 있는 것, 가치 없는 것을 구별해 내는 작업을 이야기한다. 즉, 평가에는 연구자의 가치관이 직접적으로 포함되며, 따라서 평가는 일반적인 질적 연구와 교육비평을 구별지어 주는 특징이 된다. 많은 질적 연구들에서는 현상을 있는 그대로 기술하거나, 연구자의 독특한 해석을 덧붙이는 수준에서 연구를 마무리한다. 적극적으로 현장에 개입하기보다는 관찰하고 그대로 드러내려는 노력을 더 많이 한다. 그러나 교육비평의 입장, 그 중에서도 평가의 입장을 견지하게 되면 여기서 한 발 더 나아가서 좀 더 규범적이고 과정을 강조하게 되는 것이다. 평가적 측면에서는 비평을 통해 연구자와 연구 참여자의 발달에서 시작하여 사회의 개선까지도 추구하려는 목적을 갖고 있다. 질적 연구에서의 교육비평과 관련하여 다음의 내용은 평가가 왜 필요한지에 대해 알게 해 준다.

경험은 교육적 과정이 일어나는 수단이다. 따라서 교육을 이해하기 위해서는 각각의 개인이 갖고 있는 많은 종류의 경험을 평가해야 한다. 경험은 다음의 세 가지 종류로 평가할 수 있다.

첫 번째 종류는 무교육적 경험이다. 무교육적 경험이란 인간의 성장과정에 전혀 영향을 끼치지 않는 경험을 말한다. 우리는 매번 수많은 경험을 하지만 그것에 다 영향을 받지는 않는다. 예를 들어, 머리를 긁적이고, 탁자를 만지고, 표지판을 읽고, 소리를 듣고, 음식을 먹고, 친구에게 인사하고, 긴 대화를 나눌 수는 있지만, 그것들이 의미가 없다면 대수롭지 않게 사라질 것이다.

두 번째 종류의 경험은 비교육적 경험이다. 비교육적 경험이란 성숙을 억제시키거나 성장 가능성을 감소시키는 것을 말한다. 쉽게 말해 부정적인 경험이다. 비교육적 경험은 공포나 염려에 빠지게 하여 지각을 제한하고, 선입견을 증가시키며, 이성을 약화시키는 등의 결과를 낳는다.

세 번째 종류의 경험은 교육적 경험으로서 인간의 지적 성장을 촉진시키며 호기심을 자라게 한다. 이를 통해 가치 있는 일들을 하는 데 있어 만족감을 준다. 즉, 교육적 경험이란 학생들이 학교에서 마땅히 가져야 할 경험이다(Dewey, 1938).

Dewey의 경험의 분류를 보면, 우리는 질적 연구의 결과로 교육적 경험이 무엇인지 평가하여 제시할 수 있어야 함을 알 수 있다. 물론 해석과 마찬가지로 평가를 실시하기 위해서는 연구자가 충분히 가치를 판단할 수 있을 만한 역량이 준비되어 있어야 하며, 각 상황에 대해서도 충분한 관찰과 면담, 문서 자료 수집 등을 통해 상황을 평가할 준비가 갖추어져 있어야만 한다. 다음에 제시되는 주제들을 통해 평가의 성격에 대해 좀 더 이해할 수 있을 것이다.

〈표 4〉 평가의 대상과 구체적인 내용들

• 영희를 꾸중한 김선생님의 행동은 과연 옳은 것일까?
• 장애 학생과 비장애 학생을 통합하는 것이 좋을까? 분리하는 것이 좋을까?
• 학생들의 개별학습을 위해 몇 가지 수업 자료를 준비하는 것이 적절하겠는가?
• 반 번호는 어떻게 정해야 할까? 1번은 남자가 되어야 할까, 여자가 되어야 할까?
• 교실에 반장이 있어야 할까? 없다면 어떻게 하는 것이 좋을까?
• 월요일 아침에 이루어지는 전교생 대상 조회는 교육적인 효과가 있는가?

이처럼 연구자가 지닌 가치관에 따라 바람직한 현장 및 개인의 행동이 달라진다. 이와

관련하여 Eisner(1991)는 평가를 실시할 때 우리가 사용할 수 있는 기준에 관해 언급했다. 우리가 일반적으로 생각하는 기준은 규준으로서, 점수로 표현되는 상대적인 위치에 관한 점수이다. 대부분의 시험 점수, 등급, 서열 등이 규준에 해당한다. 그는 이러한 규준보다는 교육비평에서 준거를 활용할 것을 제안했다. 규준은 다양한 집단, 교실, 개인에 대해 일률적인 기준을 강조하게 되지만, 준거는 각 집단 내에서 좀 더 자율적인 기준, 심지어는 개인마다 다른 기준을 활용할 수도 있게 된다. 따라서 질적 연구의 측면에서 교육비평의 평가는 이론과 철학을 기준으로 삼아 연구자가 설정한 준거에 따라 관찰한 독특한 현상에 대해 판단하는 활동임을 명심해야 한다.

결론적으로 교육비평에서 평가는 쉽게 단정 지을 수 없는 과정이 된다. 끊임없는 토론과 연구 과정을 통해 어느 정도 합의가 있을 뿐이다. 체벌이라는 것에 대해 생각해 보자. 불과 십여 년 전만 하더라도 체벌은 부작용보다는 교육적 가치가 높다는 평가가 많았기 때문에 사랑의 매라는 이름으로 교육 현장에서 쉽게 적용될 수 있었다. 그러나 현재 체벌은 아주 비교육적인 요소로 평가받고 있으며 교육 현장에서 제거되고 있다. 이처럼 우리가 어떤 선택을 할 것인지에 대해 판단하는 것이 바로 교육비평에서 평가의 역할이다. 평가를 내리는 주체는 질적 연구자 자신이 되므로, 개인에 따라 각기 다른 평가를 내릴 수 있다. 그리고 역사의 흐름에 따라 평가 내용은 달라질 수 있다. 한편으로는 평가된 현상을 접하는 독자들 역시 각기 다른 평가를 내릴 수 있을 것이다. 따라서 교육비평에서 평가란 이 모든 것을 큰 흐름 속에서 조망하고 그 결과를 종합하는 활동이라고 할 수 있다. 즉, 우리의 성장에 관련한 가치 있는 경험과 지식을 가려내는 중요한 과업이 평가이다.

연구예시

「어느 보육교사의 평가에 관한 연구」(Dotson, 2007)의 내용 일부

알 수 없는 표정을 한 채로, 4살 된 어린 소녀가 Kate를 뚫어져라 쳐다보고 있다. 아주 전형적인 꼬마의 모습을 보여 주고 있는 소녀는 무엇이든지 분류하려고 하고, 그녀의 세상에 체계를 잡으려고 노력한다. 소녀가 Kate에게 묻는다. "당신은 아이에요, 아니면 어른이에요?" Kate는 대답한다. "너의 생각은 어떠니?" 소녀는 Kate를 유심히 살펴보고 이야기한다. "글쎄요, 당신은 아기처럼 말해요. 아기처럼 놀아요. 그런데 어른처럼 커요. 모르겠어요. 당신은 아이인가요, 아니면 어른인가요?"

아기 Kate? 어른 Kate? 교사 Kate는 누구인가? 그리고 어떻게 그녀는 아이와 어른이 동시에 될 수 있는가? Kate는 풍부한 활력을 보여 주고 있고, 굉장히 열정적이며 긍정적이다. 비록 그녀는 20대 후반의 나이에 있지만, Kate의 외모와 생기가 그녀를 훨씬 어려 보이게 만든다.

Kate는 유아 교사가 되기 위해 성장했다. Kate가 Gideon Head Start 센터에서 일할 때, 그녀의 동료들과 Head Start 부모님들은 그녀를 모범 교사상에 추천했다. Kate가 그 상을 수상할 것을 권유받을 때, 그녀는 겸손하게 대답했다. "나는 내 모든 약점을 알고 있습니다. 나는 그들이 나를 추천했다는 사실을 믿을 수가 없네요. 나는 그 상을 받기에는 너무나도 부족합니다." 그녀의 철학이 무엇인지를 물었을 때, Kate는 웃으면서 대답했다. "얽매이지 않는 것이요! 이것 조금, 저것 조금!" Kate는 아이들을 바라볼 때 능동적인 학습자로 생각하며, 엄청난 일을 할 수 있는 능력을 지닌 존재로 여긴다. "나의 철학은 아이들이 할 수 있다는 사실입니다." Kate의 믿음의 기초는 본질적으로 아이들의 육체적, 사회적, 그리고 감정적인 욕구를 먼저 생각하는 것에 맞추어져 있다. 다른 기술들은 그 다음이다. 왜냐하면 Kate의 작업은 가난한 아이들과 함께하고 있으며, 그녀는 음식, 옷, 집과 같은 기본적 욕구에 매우 민감하다. "저는 안전한 그물입니다. 나와 함께하는 한 아이들은 안전하다는 것이 무엇인지 알고 있어요." Kate는 그녀 스스로를 양육자, 롤 모델, 보호자로 생각하고 있다. 그녀의 수업에서, Kate는 "보육의 문화, 안전함, 탐구의 학습 문화를 만들기 위해 노력한다."

---

4. 주제

Einser의 교육비평 차원에서 마지막으로 추가된 개념인 주제는 일반화의 개념으로 이해하는 것이 좋다. 물론 우리가 생각하는 통계, 가설 검증에 의한 일반화와는 맥락이 다르다. 주제는 그 동안 우리가 개별적으로 이해하고 접근해 오던 비평 방식에서, 어떻게 하면 하나의 사례에서 얻어진 연구 결과가 다른 사례에 접근하는 데 영감을 줄 수 있을지에 관한 문제이다. 이는 질적 연구의 일반화에 관한 논쟁과 정확히 일치하는 면이 있다. 많은 질적 연구자들이 단일 사례, 혹은 소수의 사례만을 가지고 어떻게 다양한 상황에 일반화가 가능할 것인지에 대해 고민하는데, 교육비평에서의 주제 개념은 이 점에 주목하고 있다.

접근 방식은 상당히 온건하다. 질적 연구자들은 개별적인 사례에 대한 비평을 통해 아마도 현장의 주요한 아이디어나 결론으로서 배울 점을 얻을 수 있을 것이다. 교훈이나 요점이라고도 이야기할 수 있다. 주제를 통해 다음 연구의 방향을 포착하고, 이미 얻어진 주제를 가지고 다른 교육 현상에 접근할 수 있다. 교육비평의 일반화라고 해서 나의 연구 결과가 정말로 모든 현장에 다 적용될 수 있을 것이라고 오해해서는 곤란하다. 다만, 질적 연구의 일부분으로서 나의 사례가 주변의 현상들과 조금은 관련이 있지 않을지 고민해 보고, 좀 더 쉽게 접근할 실마리를 얻는 것이다. 이것을 기존의 과학 연구에서 가정해 오던 형식적 일반화(Donmoyer, 1980)와 대비되는 측면으로서 자연적 일반화(Stake, 1975)라고 정의한다. 각 연구자들이 다른 장소에서 기술, 해석, 평가한 내용은 그 방식이나 요점은 조금씩 다를지라도 결국에는 교실, 학교, 병원, 상담실, 교회 등의 큰 주제에 포함되기 때문에, 일반화를 추구해 보는 것이 가능하다. 더 쉽게 설명하면, 지금 현재 질적 연구에서 수행하고 있는 작은 연구들은 굉장히 미시적이고 세밀한 부분이지만, 이러한 연구들이 모여 우리 사회 전체의 큰 담론을 형성하게 되는 것이다. 이처럼 주제 영역은 하나의 사례에서 중요한 점을 찾아내고, 다른 현장의 상황들도 이해하도록 노력하는 과정이다.

다시 이야기하면, 비평에서의 주제 차원은 기존의 과학 연구 방법에서처럼 연구를 시작하기 이전에 개념을 정의하고, 가설을 세우고, 현장에 들어가 가설이 맞는지 틀렸는지를 검증하는 연역적 방법이 아니라, 자신이 관찰 가능하고 자료를 수집할 수 있는 장소에서, 직접 보고 듣고 느낀 것을 바탕으로, 개념을 설정하는 귀납적 방법이라고 정의할 수 있을 것이다.

연구예시

「아시아에서의 창의성 연구」(Kim, 2005)의 내용 일부

한국 교육과 창의성

한국의 엄마들은 아이들의 창의성 발달에 대해 모순된 욕구를 가지고 있다. 어린 아이들의 읽기 능력은 전통적으로 반복과 암기에 치우쳐진 면이 있었다. 그리고 이러한 교육은 바로 부모들에 의해 이루어졌다. 대부분의 한국 어린이들은 그들의 공부를 아주 어린 시절부터 시작하며, 학교에 입학하기 전에 읽고 쓰는 것을 할 수 있게 된다. 학습지를 활용하는 것은 상당히 일반화되어 있으며, 이름을 쓰고, 소리를 받아 적고, 그림을 단어로 바꿔 말하는 훈련을 집중적으로 수행한다. 아이들이 학교생활을 시작하게 되면, 그들의 마음은 더 좁아지고 압박을 많이 받게 된다. 미국의 초등학교 교실과 비교하여, 한국의 교실 아이들은 덜 이야기하고 교실 행동에 덜 참여한다. 또한 교사 중심의 학습 환경으로 인해 그들은 조별 학습에 익숙하지 않으며, 따라서 동료들과 토론하거나 상호작용하는 활동을 거의 하지 못한다. 계급 사회에 기반을 둔 전통적인 교사 중심, 전체 학습이 이루어지고 있으며 이것은 자연스럽게 말하지 않고 듣는 것만을 강조하게 된다. 특히 그들은 논쟁, 토의, 제안을 비롯한 더 고차원적인 사고를 촉진하는 풍부한 활동들을 하는 것에 대해 대체적으로 제한을 받고 있다. 게다가, 학문적으로 더 숙달되기 위해, 학생들은 교과서를 반복하고, 암기하고, 기억할 것을 강요받는다. 이것을 측정하기 위해 시험을 치른다. 이것은 "시험지옥"이라고도 불린다. 이렇게 되는 이유는 학교가 시험을 통과하기 위한 목표를 설정하기 때문이다. 표준화된 시험에 완전히 의존하는 까닭에 학교 관리자들과 교사들은 암기식 학습과 기억을 강요하고 이것은 창의성을 완전히 차단시킨다. 한국의 교육자들은 유연하고 새로운 교수 방법들을 도입하여 학생들의 비판적 사고와 논리적 추론, 그리고 문제 해결에 요구되는 기술들과 창의적인 접근법들을 제시하고자 한다. 그러나 근본적으로 기계적이고 관료주의적인 조직 구조와 공식적이고 정치적인 행정 현실이 변하는 것이 더욱 필요하다.

교육비평을 활용한 질적 연구의 과정

교육비평과 관련하여 연구자들이 가지고 있는 가장 큰 물음은 아마도 교육비평의 개념을 어떻게 질적 연구에 적용할 것인가 하는 문제일 것이다. 이것은 교육비평의 문제만은 아니고, 질적 연구를 시작하는 많은 연구자들이 질적 연구에 대해 갖고 있는 의문이기도 하다. 여기서 우리는 질적 연구의 목적을 다시 한 번 상기시킬 필요가 있다. 처치를 실행하고, 그 효과를 검증하거나 뚜렷하게 다른 사례들에 적용시킬 수 있는 방법을 찾고자 한다면, 질적 연구는 정답을 알려 줄 수 없다. 현재 우리의 현장에 실제로 어떠한 일이 일어나고 있는지, 그리고 숫자와 기존의 이론으로는 드러나지 않았던 숨겨진 의미와 해석을 찾고자 할 때 그 가치를 발휘할 수 있다. 또한 교육비평 역시 기존의 객관적인 평가 기준에 따른 수량적 순위, 등급에 대한 평가에서 벗어나 감식안을 바탕으로 한 날카로운 연구자의 해석을 제시할 때 의미가 있다. 이를 결합하여 제시할 수 있는 질적 연구의 단계는 다음과 같이 나타낼 수 있다.

[그림 2] 교육비평을 활용한 질적 연구의 과정

1. 연구 문제 진술하기

연구 문제 진술은 교육비평을 활용한 질적 연구에서 가장 핵심적이고도 중요한 부분이라고 할 수 있다. 왜냐하면 학술논문이든지, 학위논문이든지 간에 모든 논문의 첫 번째 부분에 등장하여 독자들을 연구의 세계로 안내하는 관문의 역할을 수행하기 때문이다. 그러나 우리 주변의 연구들을 살펴보면, 질적 연구를 활용한 연구임에도 불구하고, 생각보다 연구 문제가 명확하게 설정되어 있지 않은 경우가 많음을 알 수 있을 것이다. 연구 문제 진술이 부실할 경우 우리는 수많은 비판에 직면하게 된다. 즉, 내가 수행한 연구가 왜 중요한지, 다른 연구와 차별화되는 점은 무엇인지, 그리고 나의 연구가 왜 질적 연구 및 교육비평의 개념을 필요로 하는지에 대한 질문에 대답할 수 없게 되는 것이다. 이처럼 철학이나 자연과학 연구와 다르게, 사회과학 연구는 연구의 목적을 독자들에게 이해시키는 것이 중요하다. 우리가 납득하지 못하는 사회과학 연구는 그 가치가 없다고 할 수 있는 것이다. 따라서 연구 문제를 진술하는 방법과 원리에 대해 알고, 충실하게 서술하는 것이 반드시 필요하다. 개별 논문마다 세부적인 요소들이 다르기는 하지만, 일반적으로 교육비평을 활용한 연구 문제의 진술은 다음과 같은 구조를 갖추어야 한다.

〈표 5〉 연구 문제 진술의 구조

• 연구의 목적 및 필요성(감식안을 바탕으로)
• 연구 문제(비평의 핵심 주제)
• 연구 문제와 관련된 사전연구들
• 사전연구에서 결여된 것
• 연구의 중요성
• 연구의 제한(연구 용어의 정의)

연구 문제 진술에서 가장 먼저 등장해야 할 요소는 바로 연구의 필요성이다. 우리가 연구를 시작하게 된 계기에 대한 이야기를 포함해야 한다. 이것은 에피소드라고도 할 수 있을 것이다. 그렇기 때문에 연구 문제는 그 내용이 같다고 할지라도 연구자들마다 다르게 이야기될 수 있는 것이다. 여기서 모든 연구가 출발한다. 가장 일상적으로는 집, 학교, 직장 등에서 연구자가 발견한 문제점을 예로 들 수 있을 것이다. 문제점은 누구나 찾아낼 수 있다. 그러나 그 맥락이 다르기 때문에 연구자들마다 해결 방법이 달라질 수 있다. 그 문제를 해결하기 위해 현장을 자세히 묘사하고 딜레마의 원인을 찾아내는 사례 연구를 실

시할 수도 있고, 개선 연구를 실천하고 그 효과와 더불어 연구자의 변화과정을 서술하는 실행연구를 시도해 볼 수도 있다. 즉, 질적 연구에서 연구 문제는 상당히 복잡하고 맥락적이다. 따라서 이를 자세히 이야기하여 독자들이 논문의 필요성에 공감하도록 하면서 그 다음 내용을 궁금해하도록 만드는 것은 대단히 중요한 요소가 된다.

한편, 교육비평을 활용하여 연구 문제를 진술한다고 할 때, 가장 주목해야 할 개념은 감식안이다. 우리가 겪는 대부분의 상황들은 아주 일상적이고 당연한 것으로 인식되기 때문에 많은 사람들이 그냥 넘어가는 경우가 많다. 그것을 음미하고 새로운 가치를 찾아내거나 숨겨진 문제점과 같은 요소들을 지적할 수 있도록 만들어 주는 원리가 바로 감식안 개념인 것이다. 연구자는 자신의 감식안에 기초하여 연구 문제를 찾아낼 수 있었다는 사실을 강조해야 한다. 한편, 우리는 비평의 차원 중에서도 중요한 요소들을 활용할 수 있는데, 그 비평의 차원은 바로 기술이다. 앞서 소개한 바와 같이, 기술은 현상을 눈에 보이는 그대로 제시하는 것으로, 이 방법은 그 동안 우리가 무시하거나 관심에서 멀어져 있었지만 중요한 요소들을 포착해서 우리에게 제시해 준다. 매일 우리가 생활 속에서 일상적인 업무를 처리하고, 사람들과 의사소통을 나누는 과정은 반복적이고 무의식적으로 일어난다. 따라서 그 속에서 새로운 의미나 개념을 도출하는 것이 쉽지 않다. 우리가 이미 타성에 젖어 버렸기 때문이다. 이 과정에서 기술을 활용하여 우리의 생활을 한 발짝 떨어져서 관찰하게 되면, 그동안 보이지 않았던 의미들이 드러나게 되는 것이다. 이 과정을 자세히 기술하게 되면 교육비평을 활용한 질적 연구의 첫 발을 뗄 수 있다. 이와 관련하여 실제 학위논문에 제시된 다음의 글을 확인해 보도록 하자.

> 나는 6학년 담임교사로서 만난 지 얼마 안 되는 반 아이들과 함께 정신없는 하루를 보내고 있었다. 모든 아이들이 수업을 이해할 수 있도록 다양한 수업자료와 방법을 사용하고, 아이들의 학습을 세심하게 관찰했다. 그러던 어느 날, 교실 정반대편에서 생각하지도 못한 현상을 발견하게 되었다. 수업 시간의 끝 무렵에 수업시간에 배운 내용을 잘 이해했는지 확인하기 위해서 한 장의 학습지를 나누어 주었을 때였다. 10분의 시간을 주고 아이들이 스스로 문제를 풀어 보도록 했다. 모든 아이들이 집중한 가운데 3분도 지나지 않아서 한 명이 손을 들고 나를 불렀다. 모든 문제를 벌써 다 풀었다는 것이다. 나는 조금 당황하고 말았다. 왜냐하면 그것은 전혀 예상하지 못한 것이었기에 별도의 수업자료를 준비하지 못했으며, 그 아이를 제외한 나머지 20명의 아이들은 아직 절반도 해결하지 못했기 때문이다. 그래서 그 아이에게는 잠시만 기다려 달라고 부탁을 했다.

하지만 곧 그 아이는 장난을 치고 옆 사람들을 방해하기 시작했다. 곧 교실은 소란스러워졌다. 결국 아이의 수업태도를 지적할 수밖에 없었다. 무사히 수업을 끝마쳤지만, 그 순간은 아직도 후회가 된다. 현재 주말마다 지역 영재교육원에 다니는 그 아이가 잘못한 것이라고는 교사인 연구자가 10분 동안 풀도록 계획한 문제지를 3분 만에 다 풀었다는 사실뿐이었다(조재성, 2015).

위의 글을 잘 읽어 보면 연구자가 어떻게 문제를 인식하게 되었는지에 대해 공감할 수 있을 것이다. 사실 이 상황은 교사라면 누구나 다 한 번쯤은 겪게 되는 일상적인 것이지만, 대부분은 그것을 이상하게 생각하지 않고 넘어간다. 그러나 이처럼 기술의 과정을 통해 수면 위로 끄집어 내게 되면, 독자들은 이 문제에 대해 한 번 더 고민하고 그것을 이론과 연구의 차원으로 이동시킬 수 있게 된다.

두 번째는 연구 문제를 직접적으로 제시하는 과정이다. 연구 문제는 우리가 기존에 익숙하게 접했던 일반적인 연구의 가설과는 조금 다른 성격을 지니고 있다. 좀 더 쉽게 설명하면, 연구 문제는 연구를 통해 달성하려고 하는 일종의 구체적인 목표라고 말할 수 있는 것이다. 연구 문제는 단 한 문장으로 진술되기보다는 여러 문장으로 구성되는데, 중심 연구 문제에서 뻗어 나온 몇 개의 보조 연구 문제들로 이루어져 있다고 보면 적절할 것이다. 다음의 그림을 보면 이해하기 더 쉬울 것이다.

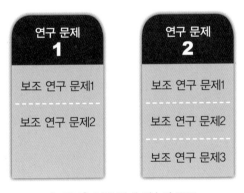

[그림 3] 연구 문제 진술의 구조

연구마다 조금씩 다르기는 하지만, 학위논문은 2~3개, 학술논문은 1~2개의 주요 연구 문제를 생성하는 것이 일반적이다. 주요 연구 문제는 최대한 연구에서 이루고자 하는 바를 포괄적이고 간단하게 진술한다. 주요 연구 문제마다 보조 연구 문제를 추가적으로 진술하는데, 보조 연구 문제가 충실히 진술되면 연구가 좀 더 실제적이고 효과적으로 진행될 수 있기 때문에 최대한 세부적인 관심을 기울이도록 한다. 여기서 주의할 점은, 질적 연구에서의 연구 문제들은 반드시 연구자가 관심을 갖고 있거나, 현재 연구 상황에 적합한 지적 전통들과 연관되어야 한다는 점이다. 따라서 교육비평 관점에서 이 문장을 해석하자면, 연구 문제를 서술할 때는 비평과 감식안, 비평의 차원들과 연계하여 질문을 생성하고, 이것은 다른 연구 전통에 따른 질문들과는 조금 달라야 한다고 할 수 있을 것이다.

특히 교육비평을 활용한 연구에서는 연구 문제가 '어떻게 이루어지는가?', '현상을 설명할 수 있는 개념은 무엇인가?' 등의 방식으로 서술되는 것이 좋다. 특정한 방법의 효과나 통계적 유의성을 알아보고자 하는 양적 연구와는 다르게 질적 연구와 교육비평은 닫힌 문장보다는 열린 문장으로 표현되는 것이 적절하다는 것이다. 그 외에도 이해, 포착, 발견, 묘사, 서술 등의 단어를 활용하면 좋은 창의적인 연구 문제를 만들어 낼 수 있을 것이다. 추가로 연구 문제가 언제든지 바뀔 수 있다는 사실을 설명하는 것이 좋다. 교육비평을 활용한 질적 연구에서 두드러지게 나타나는 특성은 바로 연구 문제의 가변성이다. 아마도 양적 연구에 익숙한 연구자들은 이 점을 쉽게 이해하지 못할 수도 있을 것이다. 그러나 질적 연구는 연구 문제를 계속해서 반성하면서 재검토하는 것도 중요한 연구 과정에 포함된다. 만일 여러 번의 검토 끝에 연구 문제가 변경되었다면, 그것도 그 연구는 폐기되어야 할 대상이 아니라 오히려 충실하고 투명하게 연구된 대상으로서 인정받을 수 있게 된다. 마지막으로 연구 문제에는 실제 연구하고자 하는 연구 장소 및 연구 참여자가 포함되는 것이 좋다. 이렇게 해 두면 연구의 일반화에 대한 비판에 쉽게 반박할 수 있다. 예를 들어, 단순히 '초등학교 교실에서 쉬는 시간에 어떠한 일이 일어나는가?'라고 서술할 경우, 과연 연구 사례가 모든 초등학교 교실을 대표할 수 있는지에 대해 공격받기 쉽다. 따라서 '사과 초등학교 교실에서 쉬는 시간에 학생들이 어떠한 놀이를 하는가?' 등으로 좀 더 구체적이면서도 궁금증을 유발시키는 서술을 하는 것이 좋다는 것이다. 대표적으로 교육비평 개념이 적용된 연구 문제의 예시는 다음과 같이 제시할 수 있다.

〈표 6〉 연구 문제의 예시

• 성적부진 학생들에게 고등학교란 어떤 장소로 인식되는가?
• 발도로프 학교의 교육과정과 운영방식은 어떠한가?
• 한국의 영재아들이 다니는 학원의 교육과정 구조는 무엇인가?
• 교사들은 가르치면서 무엇을 배우는가?
• 승진을 포기한 채 살아가는 노인 교사들의 삶은 어떠한가?
• 교수와 학생들로 이루어진 연구팀에서 벌어지는 권력과 자원의 분배양식은 어떠한가?

연구 문제와 더불어 반드시 같이 제시해 주어야 할 부분이 사전연구들을 조사한 결과이다. 이것은 '선행연구 분석'이라는 용어로도 많이 불린다. 사전연구를 조사하는 것은 연구자가 연구 문제에 대해 충분히 공부했으며, 다른 학자들의 생각을 존중하고 알아보려고 노력했다는 표시로 이해하면 좋을 것이다. 평범한 상황 속에서 연구자들이 문제의식을 가지고 그것을 연구의 필요성으로 제시하는 과정은 다른 연구자들에게도 일어났을 수있다. 따라서 데이터베이스를 통해 다른 연구자들은 어떤 다른 유사한 문제들을 찾아냈으며, 그들이 하고 있는 이야기는 무엇인지를 알려 주는 과정이 필요하다. 이 과정은 연구를 정당화하는 데도 유용하다. 만일 많은 연구자들이 이 문제에 대해 논했다면, 이들의 주장을 분류하여 큰 범주로 제시하면서 본인이 이야기하고자 하는 연구 주제가 학문적으로나 사회적으로 중요한 것으로 인식되고 있다는 사실을 강조할 수 있다. 반대로 연구물들이 상대적으로 빈약하다면, 이 주제에 대한 사회적 논의가 아직 부족하기 때문에 자신의 연구가 가치 있다고 설명할 수 있을 것이다. 더욱 중요한 것은 다른 학자들이 이야기하는 연구 주제와 비교해 볼 때 그동안 논의되지 못하거나 제한점으로 남아 있던 요소들이 무엇인지를 검토하는 것이다. 그 빈틈을 찾아 자신의 연구의 주요한 주제로 삼고 이를 주장한다면, 연구를 검토하는 비평가들이 기존의 연구에서 찾을 수 없었던 참신함을 느끼게 될 것이다.

한편, 마지막으로 제시할 요소는 연구의 중요성과 제한점에 대한 내용이다. 우선 여기서 이야기하는 연구의 필요성과 중요성은 조금 다른 개념임을 인식하라. 연구의 필요성은 연구자의 개인적 차원에서 연구를 수행하게 된 동기를 설득력 있게 제시하는 것을 의미한다. 연구의 중요성은 연구자가 일차적으로 느꼈던 연구의 필요성과 더불어 사전연구 분석에서 찾아낸 기존 연구의 부족한 부분을 종합하여 자신의 연구가 연구 분야와 사회적, 경제적, 혹은 정치적으로 어떠한 이점이 있을 것인지를 좀 더 객관적이고 학술적으로 서술하는 작업이다. 단순히 연구가 연구자 본인에게만 필요하다는 것만으로는 연구의 타당성이 떨어질 수 있다. 따라서 본인의 연구가 논문을 알리고자 하는 분야의 발전에 보다 유용할 것임을 설득하는 과정이 더 필요하다. 그리고 연구의 제한점을 이야기하는 것 역시 질적 연구와 교육비평 관점에서 꼭 필요한 과정이 될 수 있다. 질적 연구는 연구자의 주관성과 떼어 놓고 생각할 수 없기 때문에 이를 미리 알리고, 다양한 비판과 의견을 수용할 준비가 되었다는 사실을 알리는 것이 좋다. 교육비평의 개념을 여기에 추가하는 것도 추천할 만한 방법이다. 비평의 개념과 더불어 해석의 자율성을 바탕으로 여러 의견들이 종합되어 변증법적으로 발전해 나가는 연구 과정을 기대한다고 서술한다면, 질적연구에 호의적인 연구자들에게 긍정적인 평가를 얻을 수 있을 것이다. 또한 대부분의 사회과학 연구가 그렇듯이 연구 용어가 명확하게 정의되어 있지 않은 경우가 많은데, 자신의 연구에서는 중요한 용어들을 어떻게 정의하고자 한다는 내용을 이 부분에 같이 넣어 주면 좀 더 명확한 연구가 될 수 있다.

이처럼 연구 문제를 진술하는 과정은 질적 연구의 전체적인 구조와 핵심을 짚고 넘어간다는 측면에서 상당히 중요하다. 또한 연구자가 자신의 연구를 위해 얼마나 사전연구를 살펴보았고, 이론을 검토했으며, 이에 따라 향후 질적 연구의 방향이 어떻게 될 것인지에 대해서도 함축적으로 알려 준다는 점에서 의미 있다. 따라서 연구자들은 교육비평의 개념을 활용하여 간결하고 명료한 연구 문제를 진술하는 것이 필요하다. 그렇게 되면 논문을 읽는 독자들이 앞으로 연구자가 무엇에 대해 이야기할 것인지를 알 수 있게 된다.

연구예시

「PISA 테스트에 관한 비평적 연구」(Strajn, 2014)의 내용 일부

The PISA Syndrome: Can we Imagine Education without Comparative Testing?

보통 학술적인 책이나 저널을 인용하는 것과는 다르게, 나는 이 논문을 OECD의 PISA 테스트에 대한 비교적 최근의 논평들에 대해 살펴보는 것으로 시작하려고 한다. 이러한 비평들에 관한 확실한 사실은 최근 제기되는 비평 내용들이 전혀 새로운 것은 아니라는 것이다. 이러한 비평의 논리는 PISA 테스트가 시작됨과 동시에 발생한 것이다. 그리고 그 전에도 FIMS나 TIMSS 등 국가 차원의 거대한 규모로 이루어지는 시험 성취도평가 제도에서도 이미 제기되고 있던 내용이었다. 2014년 5월 6일 화요일 The Guardian에서는 PISA 관계자인 Schleicher 박사에게 논평이 제기되었는데, 그것은 OECD와 PISA 테스트가 전 세계 교육을 멍들게 하고 있다는 내용이 그것이었다. 그 논평은 많은 대학교들의 학문적인 지지를 이끌어 냈다. 그리고 몇몇 사람들은 대중적인 관심을 보이기도 했다. 이러한 학문적인 시도는 꽤 강력한 메시지를 남기고 있다. 그러나 PISA 설계자 및 관계자들, 연구자들과 같은 실제적인 사람들은 여기에 대해 거의 침묵하고 있다.

PISA에 관해 비판하고 있는 또 다른 사례로는 Erwin Wagenhofer의 다큐멘터리 영화가 있다. 2013년에 개봉한 Alphabet이라는 영화는 실제적으로 Shanhai의 학교들의 교육적 성취에 어떠한 과정을 거쳐 PISA 테스트가 영향을 미치는지를 핵심적으로 짚고 넘어가고 있다. PISA 테스트에서 높은 점수를 얻고자 하는 목표에 따라 맞춤형 교육이 수학과 자연과학 분야에서 활발히 전개될 것이고, 학생들의 창의성, 비판적 사고력 그리고 독립심이 낮아질 것이라고 영화에서는 이야기하고 있다. 방금 제시한 두 가지 진술 모두 정책 결정자들과 많은 대중들에게 호소하고 있다. 즉, PISA 테스트는 신자유주의의 이념이 반영된 교육 정책으로서, 시장의 경쟁 논리를 우리의 모든 삶에 확장하겠다는 것이다. 하지만 우리 눈에 보이는 순위표를 갖고 등수를 매기는 방식을 채택한 PISA 테스트는 불과 3년이라는 시간 안에 엄청난 성공을 거두었다. 이것은 PISA를 굉장히 유명하고 영향력 있는 시험으로 만들어 버렸다. 그러므로 이제 PISA 테스트를 거부하려는 그 어떠한 움직임도 불가능한 것으로 보이고 있다. 반면에, 이러한 등급에 대한 딜레마 역시 원인과 결과를 불러올 것으로 예상되며, 신자유주의 교육적 현상에 대한 심도 있는 관찰이 필요한 실정이다. 물론 여기에 대해서도 쉽게 대답하기는 힘들다.

본 논문에서, 나는 우선 간단히 PISA와 그에 대항하여 제기되고 있는 공공의 논평들과 논쟁들에 관해 논의할 것이다. 다음 단계에서 나는 PISA 테스트에 관해 연구한 학술적이고 전문적인 연구물들도 제시할 것이다. 그 다음으로는 이러한 현상들에 관해 더 심도 있는 이유들, 문화적, 방법론적, 이론적 측면들에 관해 패러다임의 관점에서 탐구해 볼 것이다. 마지막으로는 이 모든 비판에도 불구하고 PISA 테스트가 제대로 기능하기 위해서는 무엇이 바뀌어야 하는지에 대해 질문을 던져 볼 것이다.

연구예시

「제7차 교육과정의 결과에 대한 성찰적 연구」(김영천 외, 2009)의 내용 일부

한 여름 밤의 꿈: 제7차 교육과정 환상과 추락의 내러티브

제7차 교육과정에 대한 현장연구를 하기로 결심한 이유 중의 하나는, 지난 10여 년 동안 우리의 사회와 학교교육의 많은 이해당사자들에게 대립과 모순, 증오의 감정 그리고 시행착오의 경험을 가져오게 한 7차 교육과정에 대한 현장에서의 모습을 심도 있게 탐구한 작업들이 없었다는 점이다. 그렇게 많은 이야기와 칼럼, 그리고 매스컴의 토론들에도 불구하고 제7차 교육과정이 학교 내에서 어떻게 수용되고 비판받고 왜곡되고 있는지를 우리에게 정확하게 알려 주는 사실적인 연구들이 없다는 점이 우리 저자들을 이 연구에 착수하게 만들었다. 물론 제7차 교육과정의 실제들에 대해 기존의 많은 연구들이 있지만, 그 연구들의 대부분이 요인들의 인과관계나, 실천가들의 인식의 정도, 또는 개선을 위한 제언 등을 다루고 있을 뿐 직접 현장에 들어가 제7차 교육과정이 어떻게 운영되고 있는지를 이해하기 쉽게 알려 주는 영화와 같은 또는 한 편의 소설과 같은 현장의 이야기를 담고 있는 연구 작업을 찾기는 어려웠다.

더 놀라운 사실은 제7차 교육과정의 실제를 연구한 수많은 정책보고서와 교육과정 학자들의 연구 작업들 그리고 학술적 논의들이 교육현장의 실제 모습과는 다른 이미지들을 담고 있고, 우리들에게 읽히고 있다는 점이었다. 그러한 연구들에서는 정제되고 엄선된 과학적 용어들을 사용하여 현실의 무게와 고통의 강도를 미사어구로 포장한 채 무엇이 진정으로 문제인지 그리고 얼마나 문제인지를 묘사한 자료들을 찾기가 어려웠다. 마치 TV에 나오는 한 사람의 죽음이 무의미한 통계로 우리에게 다가오는 것처럼 제7차 교육과정의 진정한 문제점들과 이슈들은 사라진 채, 부차적인 연구 문제들, 현상들, 그리고 요인들에 대한 연구들이 중요한 내용으로 다루어지고 있었다. 아울러 연구 작업에서 사용된 글쓰기와 용어들 그리고 은밀하게 유도된 결론들은 실제 문제들이 얼마나 심각한지를 사실적으로 표현하지 못했으며, 문제점 개선을 위해 교육실천가들, 연구자들, 그리고 정책가들이 가져야 하는 개혁의 용기와 의지 또한 북돋지 못하고 있었다. 특히 과학적 용어와 실증주의 연구 작업에 숨겨진 보수주의 이데올로기들은 우리의 현실을 은폐시키고 이러한 문제점들을 바꾸기 위한 적극적 참여와 개입을 방치하고 방관하게 만들고 있었다.

우리를 더욱 놀라게 한 것은 일련의 연구들이 소수의 극단적 사례들의 인용을 통해 그리고 타당성이 적은 질적 자료 수집과 분석과정을 거쳐서 현실과 다른 내용들이 학술지에 발표되고 있었다는 점이다. 연구 작업의 결론과 제언은 머지않아 모든 문제들이 해결될 것처럼 이야기하여 독자들의 판단과 현실 인식의 능력을 마비시키고 있다는 점이었다. 이에 우리는 학술지, 보고서, 제7차 교육과정에 대한 교육과정학자들의 인식과 현실 사이에는 그랜드캐니언처럼 너무나 큰 간격이 존재한다는 사실을 알게 되었다. 그리고 이러한 현상은 처음이 아니라는 점에서 문제의 심각성을 더한다. 이에 우리 저자들은 우리 주위에 널려 있는 정책 연구들의 잘못된 연구 결과와 표현들에 대해 인내하면서 읽기가 힘들었고, 그 무엇인가 새롭게 해야겠다는 생각을 하지 않을 수 없었다. 그러한 심리적 거부와 불신은 우리로 하여금 기존의 과학의 이름 아래 만들어진 연구 결과들의 숨겨진 이야기들을 들추어 낼 필요가 있으며, 제7차 교육과정에 대한 현장의 모습이 얼마나 좌초하고 추락해 있는지를 솔직하게 써 내려가는 것이 우리의 역할이라고 생각했다.

---

2. 연구 방법 설명하기

교육비평을 활용한 질적 연구에서 반드시 포함되어야 할 내용이 바로 연구 방법을 자세히 설명하는 과정이다. 주로 이 내용들은 논문의 3장을 담당하게 된다. 아직도 많은 연구자들이 논문의 연구 방법을 자세히 서술하지 않아 논문이 게재불가 판정을 받는 경우가 많다. 연구 방법은 자신의 질적 연구가 어떻게 전개되었는지를 자세히 설명하는 것이며, 또한 스스로 활용한 연구기술이 연구 주제와 맞아떨어졌음을 증명하는 것이라고 할 수 있다. 따라서 연구 방법을 설명하는 부분에 바로 질적 연구와 교육비평에 관련된 여러 특징들을 반드시 제시하고, 내가 이 중에 무슨 방법을 어떻게 활용했는지를 제시해야 한다. 이 과정이 있어야만 연구의 타당성을 보장받을 수 있다.

또한 연구 방법은 단순히 연구자가 활용한 연구법을 제시하는 것에서 더 나아가는 것이다. 교육비평에서는 같은 현상일지라도, 연구자에 따라서 접근 방법과 해결책이 각기 다를 수 있다고 인정하고 있다. 즉, 질적 연구에서의 연구는 독립적으로 완결되는 것이 아니라 거시적 연구 흐름 속에서의 일부분으로 기능하는 것이다. 비록 연구자와 독자는 직접 대면하지는 않지만, 논문을 통해서 의사소통을 한다. 따라서 연구자의 연구 방법은 주요한 현상에 대한 그의 잠정적인 의견이라고 할 수 있다. 따라서 연구 방법을 자세히 서술하여 독자들이 나의 논문을 읽었을 때 문제에 대한 본인의 접근 방법이 어떠했는지 고백하고, 앞으로 이어질 연구에서는 다른 방법으로 접근할 수 있음을 알려 주게 되는 것이다. 연구 방법을 수용할지, 아니면 다르게 접근할시 판단하는 것은 논문을 읽는 독자들의 몫이 된다.

따라서 교육비평을 활용한 질적 연구에서는 연구 방법 부분에 주로 활용했던 질적 연구와 교육비평에 관한 간단한 연구 방법론을 제시하는 것이 좋다. 그 내용이 방대하다면 이론적 배경에서 나누어 언급하면 좋을 것이다. 일반적으로 많은 연구자들은 질적 연구와 교육비평에서 활용하는 실제적인 연구 방법을 나열하고, 그 중에서 연구자의 판단에 따라 두세 가지의 방법을 활용했다고 제시하며, 실제 사용했던 방법은 실제적으로 활용한 예시를 추가하여 좀 더 자세히 서술한다. 우리가 연구 방법 부분에서 자유롭게 활용할 수 있는 질적 연구와 교육비평의 특징은 Bogdan과 Biklen(1992), Eisner(1991), Marshall과 Rossman(1999), Rossman과 Rallis(1998) 등이 제안했으며, 아래의 내용을 뼈대로 삼아 서술하면 좋을 것이다. 교육비평을 활용한 질적 연구의 특징을 다음의 세 가지로 설정할 수 있다.

첫째, 연구가 자연스럽고 무의식적으로 일어나는 상황을 바탕으로 수행된다. 질적 연구, 특히 교육비평 방법에서의 연구 장소와 연구 참여자는 현재 상황이 왜곡되지 않도록 연구를 설계했다는 점을 강조해야 한다. 우리가 일반적으로 말하는 실험집단, 통제집단, 동일성검증 등과 같은 용어는 질적 연구와는 맞지 않는 것이다. 따라서 질적 연구에서는 실험실이라는 장소가 존재하지 않는다. 연구가 일어나는 곳은 학교, 상담실, 직장, 병원, 도서관 등 무궁무진하다. 심지어는 버스 정류장이나 식당에서도 연구가 수행될 수 있다. 이것은 교육비평이 최대한 그 현장을 그대로 기술하려는 목적에서 나오는 것이기 때문이며, 이러한 기본적인 가정은 다른 종류의 질적 연구에도 영향을 미친다. 질적 연구에서 연구자가 연구를 실천하기 위해서 연구 참여자들이 살고 있는 집이나 일하는 직장에 찾아가는 것은 굉장히 익숙한 일이다. 또한 몇몇 연구자들은 집단 속 내부자로 인식되기 위해 극단적인 경우에는 위장 취업을 하는 경우도 있다. 이렇게까지 자연스러운 상황을 유지하려고 애쓰는 까닭은 교육비평에서 강조하는 연구의 기본 가정이 실생활세계와 실제 경험을 탐구하는 데 있기 때문이다. 연구가 수행되고 있다는 사실을 알게 되면 많은 사람들이 평소와는 다르게 행동하는 경우가 많다. 따라서 우리가 정말로 알고자 하는 내용에 가까워지기 어렵게 된다. 연구자들은 이러한 문제점을 방지하기 위해 최대한 노력해야 한다. 이와 관련하여 질적 연구자는 교육비평 방법을 활용할 때, 최대한 현장과 연구 참여자들에게 가까이 다가가야 한다. 최대한 연구 참여자들과 멀리 떨어져서 객관적인 위치를 유지하고자 하는 양적 연구자들과 달리 질적 연구자들은 현장에 적극적으로 참여하고 연구 참여자들이 연구에 개입하는 것을 긍정적으로 생각한다. 질적 연구자들이 연구 참여자들과 개인적인 유대감을 쌓는 장면을 쉽게 목격할 수 있다.

둘째, 연구는 연구자의 생각에 알맞은 방법으로 수행될 수 있다. 즉, 해석적이다. 우리가 질적 연구를 미리 계획하기는 하지만, 그대로 잘 수행되는 경우가 거의 없다. 오히려 대부분의 질적 연구는 연구를 수행하다가 원래 주제보다 더 심화되고 의미 있는 내용이 생성되어 연구자가 연구 문제나 연구 과정을 수정한 끝에 탄생하는 경우가 대부분이다. 연구 문제가 변경된다는 뜻은 자료 수집 과정이나 분석 방법도 미리 선택한 것과는 다르게 될 가능성이 높으며, 극단적인 경우에는 연구 참여자나 연구 현장을 바꾸기도 한다. 또한 같은 자료를 갖고도 연구자들마다 중요하다고 생각하는 부분에 따라 다른 코딩을 할 수 있고, 따라서 완전히 다른 주제가 추출될 수도 있다. 이 말은 질적 연구는 개인별로 똑같은 연구가 수행될 수 없다는 말로도 바뀔 수 있다. 하나의 대상을 바라볼 때 사람들이 생각하는 내용은 그 대상을 바라보는 사람의 수만큼 달라진다. 같은 현상이라고 할지라도 누군가는 다르게 생각할 수 있다는 이야기이다. 우리는 이 사실을 이미 잘 알고 있다. 질적 연구에서는 같은 내용을 연구하더라도 모두가 다른 연구 결과를 보고한다. 이 사실은 여러 가지 의미를 알려 준다고 할 수 있다. 질적 연구에 대해 비판적인 생각을 가진 누군가는 매번 연구를 할 때마다 결과가 달라지기 때문에, 질적 연구와 교육비평 방법론이 연구 방법적 측면에서 신뢰도가 떨어지는 것이 아닌가 하고 반문한다. 그러나 이는 양적 연구에서도 마찬가지라고 반박할 수 있다. 양적 연구에서 연구가설을 기각하지 않기 위해 신뢰도와 자유도를 연구자가 적절하게 조절할 수 있다는 것이다. 다만 질적 연구에서는 그 과정이 두드러지게 보이며, 그러한 과정을 숨기려고 하지 않는다는 점에서 틀린 것이 아니라, 다르다고 할 수 있다. 즉, 앞서 설명했듯이, 교육비평에서는 연구에서 연구자의 생각이 다른 사람들과 조금 다르더라도 타당한 근거가 있다면 그 내용을 인정하고 받아들인다. 이 과정 속에서 다양한 연구들이 상호작용하며 그 주제에 대한 거시적인 발전을 도모하게 되는 것이다. 따라서 질적 연구자들은 연구를 수행하기 위해서 자신이 직접 주제에 가장 적합한 연구 방법을 선택해야 하며, 그 연구 방법과 연구 결과가 타당하다는 증거를 제시해야 한다.

셋째, 교육비평을 활용한 질적 연구의 과정은 순환적이며 동시다발적으로 많은 과정이 일어나는 복잡한 성격을 띤다. 이것은 질적 연구에 입문하는 초보 연구자들에게는 상당히 적응하기 어려운 과정이기도 하다. 많은 연구자들은 아직도 연구 계획에 따라 연구 문제를 설정한 뒤에 연구 현장에서 자료를 수집하고, 자료가 수집되고 난 후에 많은 자료들을 분석하면서 결론을 도출해 내고 있는데, 이것은 근본적으로는 옳지 않은 것이라고 할 수 있다. 연구자들은 현장에서 그날의 자료 수집을 끝내고 나면 곧바로 분석을 실시하고, 여기서 나타나는 새로운 의문들과 연구자의 새로운 생각들, 그리고 다시 설정한 계획을 바탕으로 다음 날 다시 연구 현장에 뛰어들어야 한다. 이 과정이 익숙해지기만 한다면, 연구자들은 그 전보다 훨씬 의미 있는 내용들을 도출해 낼 수 있을 것이다. 또한 이러한 설명에 따르면 질적 연구가 근본적으로 반성적인 특징을 추가로 가진다는 점을 이해

〈표 7〉 연구 방법 개요의 예시

Ⅲ. 연구 방법
1. 연구 참여자(연구 현장) 　가. 선정과정(연구 허가를 받은 이야기) 　나. 세부적인 특징 묘사하기 　다. 제한점
2. 감식안과 교육비평 　가. 감식안에 대한 이론적, 방법적 지식 　나. 교육비평 이론
3. 연구 절차 　가. 전체적인 연구 개요(시간 순서대로) 　나. 연구자가 선택한 자료 수집 방법 및 계획 　다. 자료 분석 절차 계획 　라. 교육비평에 따른 반성적 연구 절차의 내용
4. 연구 윤리 　가. 연구자가 실행했던 연구 윤리 보완 절차

할 수 있을 것이다. 매일의 연구를 수행하면서 내가 왜 이러한 생각을 갖게 되었는지를 분석하고 그동안 현장에 대해서 오해했던 내용들을 반성하는 것이다. 이는 궁극적으로는 연구자의 발전을 도모하는 결과도 가질 수 있게 된다. 연구를 더욱 풍성하게 만들기 위해서, 앞서 이야기했던 반성의 과정을 연구 방법 부분에 제시하는 것이 필요할 것이다. 한편, 기본적으로 질적 연구는 귀납적이라고 할 수 있다. 연구자들은 연구가 일어나는 과정 속에서 수집하는 자료들을 바탕으로 결론을 내리기 때문이다. 그러나 간혹 연구자의 통찰이나 깨달음을 통해 연역적인 결론을 내리는 것도 가능하기는 하다. 이러한 교육비평을 적용한 질적 연구의 세 번째 특징에 따르면, 연구자들은 반드시 하나의 자료 수집 및 분석 방법을 고집하는 것을 경계해야 한다. 끊임없이 다른 방법을 탐색하고, 채택, 실행해야 한다. 이에 따라 학위논문, 혹은 학술논문에서는 다음과 같은 개요를 구성하여 연구 방법을 설명하면 좋을 것이다. 앞에서 제시하는 예시는 기본적인 형태이므로 논문의 상황에 맞게 변용하는 것이 필요하다.

3. 자료 수집 및 분석하기

세 번째로 제시할 부분은 자료를 수집하고 분석하는 단계이다. 이 부분은 질적 연구의 실제라고도 정의할 수 있다. 우리가 질적 연구에서 자료 수집에 대해 생각하는 내용은 양적 연구에서의 그것과는 모습이 상당히 다를 것이다. 그러나 두 연구 모두 본질은 같다. 바로 데이터를 축적해야 한다는 점이다. 몇몇 철학적 연구를 제외하고는 어떤 연구도 데이

[그림 4] 교육비평을 활용한 질적 연구 자료 수집의 과정

터 없이 수행될 수는 없다. 질적 연구라고 해서 연구자의 생각만 올바르게 전달하면 된다는 생각은 금물이다. 질적 연구 역시 연구 문제를 검증하는 수많은 데이터를 바탕으로 이루어져야 한다. 따라서 자료 수집과 분석은 상당히 중요하다고 할 수 있다.

다만 교육비평을 활용한 질적 연구에서는 자료를 수집하기 위해서 수행하는 절차가 양적 연구와는 조금 다르다는 점을 유념하면 될 것이다. 특히 교육비평 연구의 자료 수집과정은 독특한 특징을 갖고 있는데, 그것은 그 과정이 순환적이며 동시다발적으로 발생한다는 점이다. 이것은 양적 연구가 자료를 일정한 순서와 체계에 따라 선형적으로 수집하는 것과는 다른 특징이다. 나중에 소개하겠지만, 자료를 수집하는 방법은 아주 다양하며, 연구자는 원하는 방법을 선택하여 자유롭게 연구를 시작할 수 있다. 위의 특징에 따라 요약한 질적 연구의 과정은 앞에 도식으로 나타낸 것과 같다.

앞의 도식은 질적 연구를 아주 간단하게 표현한 것이기 때문에 절대적으로 믿고 따라서는 안 될 것이다. 사실 질적 연구는 그 과정을 완벽하게 표현하는 것이 사실상 불가능하다. 극단적으로는 사료 수집과 분석 과정 이후에 다시 처음으로 돌아가는 경우도 있기 때문이다. 그만큼 질적 연구는 개방적이며 연구자의 창의성을 보장하는 연구 방법이다. 다만 교육비평과 질적 연구를 처음 접근하는 초보 연구자들을 위해 자료 수집 및 분석의 단계를 간략히 소개하도록 하겠다.

첫째, 질적 연구를 시작할 때는 가장 먼저 연구 참여자와 연구 현장을 선정하는 단계를 거쳐야 한다. 이는 앞서 설계한 연구 문제들과 이론적 배경들을 검토하고 연구의 결론을 이끌어 내기 위한 필수적인 절차이다. 특히 여기서는 연구자 자신의 연구 의도와 목적에 알맞은 연구 참여자와 현장을 직접 선택하는 의도적, 목적적 표집을 실시하게 되는데, 이는 양적 연구에서 강조하는 무선표집, 통계적 표집과는 다르다는 사실을 염두에 두어야 한다. 특히 교육비평을 적절히 활용하고자 하는 연구자들은 다음의 전략들을 활용하는 것이 좋다.

〈표 8〉 사례 선정 전략들

결정적인(혹은 극단적인) 사례	일반적이지 않은 독특한 사례를 선정한다.
이론에 관련된 사례	배경이론을 가장 잘 설명하는 예시적인 현상을 찾는다.
연쇄 사례	가장 가까운 것부터 출발하여 그들이 추천하는 사례를 불려나간다.
전형적 사례	연구에 편리하며 쉽게 접근할 수 있는 주변의 평범한 사례부터 시작한다.
기준에 적합한 사례	미리 기준을 설정하여, 그 기준을 충족하는 집단을 선택한다.

이렇게 사례를 선정하고 나면 이제 연구 현장에 접근해야 한다. 이 과정에서 중요한 것은 연구 윤리를 보장받는 것이다. 연구자는 현장에 들어가기에 앞서 미리 연구 참여 예정자들을 만나고, 라포를 형성하는 한편, 연구의 개요에 대해 설명하고 연구 동의를 받는 과정을 거쳐야 한다. 교육비평과 질적 연구는 연구 참여자의 수가 적으므로 참여자 개개인의 개인정보를 보호하고 그들의 사생활을 존중하려는 노력이 꼭 필요하다. 라포를 형성하는 것이 중요한 까닭은 연구 참여자들이 연구에 대한 긍정적인 생각을 가지고 적극적으로 참여해 주어야만 좋은 정보를 얻을 수 있기 때문이다.

둘째, 자료 수집을 준비하는 과정은 적절한 자료 수집 방법을 결정하는 단계라고 할 수 있다. 자료 수집 방법은 미리 결정하는 것이 아니다. 첫 번째 단계에서 연구 참여자와 연구 현장에 대해 분석이 끝난 후 그에 알맞은 자료 수집 방법을 결정하는 것이다. 대표적인 자료 수집 방법은 다음과 같이 나타낼 수 있다.

〈표 9〉 대표적 자료 수집 방법

관찰	• 현장에 참여하여 관찰 후 관찰일지 작성하기 • 완전한 관찰자부터 완전한 참여자까지의 범위 중 선택하기
면담	• 연구 초기에는 구조화된 면담으로부터 출발하기 • 비구조화, 개방형 면담하기 • 면담내용을 녹음하고 전사하기 • 직접면담, 집단면담, 이메일면담, 전화면담 방식 익숙해지기
문서	• 공문서(회의록, 공식 기록, 의견서 등) • 사문서(편지, 참여자들이 직접 쓴 일기, 대화 기록물) • 자서전, 전기문 • 사진과 그림 자료 • SNS 및 웹사이트
비디오와 오디오	• 현장 비디오테이프 • 현장 녹음자료

여기서는 각 방법을 자세히 소개하지는 않을 것이다. 이 방법들은 기존의 질적 연구 방법론과 교육비평 이론 등에 내용이 설명되어 있기 때문이다. 질적 연구자들은 위 방법들을 모두 숙달할 필요도 없다. 다만 자신의 연구에 위 방법들을 모두 활용할 수 있음을 알고, 자료 수집 과정을 설명할 때 이 내용을 고백해야 한다. 즉, 현재 연구 상황과 연구자의 판단에 따라 어떤 자료 수집 방법을 사용했는지를 설명해야 한다. 또한 질적 연구에서는 최소한 두 가지 이상의 방법을 선택하여 연구를 진행해야 하며, 많은 연구자들은 세

가지 자료 수집 방법을 조합하는 트라이앵귤레이션을 많이 활용한다. 그리고 질적 연구에서는 자료 수집 방법을 선택하면 그에 알맞은 질문지나 면담지를 직접 제작해야 한다. 모든 연구는 연구 상황별로, 연구자 개인별로 다른 내용을 갖는다.

셋째, 직접 자료를 수집하고 분석한다. 연구자로서 여러분은 직접 연구 현장에 뛰어들어 연구를 실시하게 된다. 가령 관찰법을 선택했다면, 연구 현장에 의식되지 않을 만큼 오랜 시간 동안 구성원들에게 익숙해져야 하고, 미리 제작한 관찰일지를 바탕으로 일정하게 현장을 바라보고 해석해야 한다. 면담을 실시할 때에는 최소 5회기 이상 연구 참여자와 공적, 사적으로 이야기 나누면서 사전에 라포를 형성함과 동시에 연구하고자 하는 주제에 대해서도 함께 공부하며 주제에 대해 많은 이야기를 나눌 수 있도록 해야 한다. 그리고 자료 수집이 끝나면 곧바로 연구실로 돌아와 분석을 실시해야 한다. 자료 수집과 분석을 동시에 실시해야 하는 이유는 여러 가지가 있다. 우선 인간의 기억 능력에 한계가 있다. 연구가 끝나고 많은 시간이 지나 버리면 자료에 대한 기억이 없어져 버릴 가능성이 있다. 한편으로는 분석의 결과 새로운 질문들과 연구 주제에 대한 창의적인 생각이 생성되므로, 이를 다음 번 자료 수집 때 활용할 수 있다. 따라서 자료의 분석은 수집과 동시에 이루어진다고 할 수 있다. 이 과정에서 유용하게 활용할 수 있는 전략은 바로 반성적 연구노트이다. 이것은 여러 연구 방법을 활용하면서 알게 된 내용들을 노트에 적는 것인데, 칸을 두 부분으로 나누어 하나는 관찰하거나 찾은 사실들을 그대로 나열하고, 옆 부분에 반성을 실시하는 것이다. 이 방법은 나중에 코딩을 할 때 주제로 그대로 활용할 수 있어 효율적이며, 연구의 결과를 제시할 때에도 좋은 예시가 된다. 한편, 수집한 자료를 분석하고 이해할 때는 앞서 소개한 교육비평의 네 가지 차원을 적극적으로 활용하는 것이 좋다. 주어진 사례에서 의미를 민감하게 찾아내는 연구자의 감식안을 바탕으로 기술, 해석, 평가, 주제화의 네 가지 차원을 자료 분석에 순서대로 활용하는 것이다. 특히 해석과 평가 과정에서 일어나는 연구자의 반성과 통찰을 분석 과정에 그대로 드러내는 것이 중요하다. 또 다른 주의할 점으로는 자료들을 관리하는 절차나 방법에도 유의해야 한다는 것이 있다. 자료들은 손으로 적거나 녹음하거나 사진으로 촬영한 것이 대부분이므로, 자료를 어떻게 저장하고 변환할 것인지에 대한 명확한 기준이 필요하다. 현재 많은 연구자들은 녹음한 자료들을 워드프로세서로 전사하여 그 내용에 직접 코딩을 하고 있다. 최근에는 질적 분석 소프트웨어가 보급되어 활용되기도 한다. 이와 더불어 자료를 저장하는 것에도 관심을 가져야 한다. 모든 자료들에는 연구 장소와 연구 참여자에 대한 민감한 정보들이 포함되어 있을 수가 있다. 따라서 노출되기 쉽거나 변질되기 쉬운 환경에 자료를 두어서는 안 된다. 특히 원본 자료의 훼손에 대비하기 위해 항상 자료를 따로 복사해 두거나 자료 목록 매트릭스를 제작해 두어야 한다.

자료를 수집하고 분석하는 과정이 끝나면 연구의 타당성을 검토하는 작업이 시작되어야 한다. 이 부분은 질적 연구와 교육비평이 공통적으로 다루고 있는 여러 논쟁과도 관련이 깊다.

〈표 10〉 자료 분석 과정에서의 논쟁들

- 어떻게 비평을 연구 결과로 객관화시킬 수 있을 것인가?
- 연구 결과를 묘사하고, 해석하고, 비평하는 것은 어떠한 기준에 의해서 실시할 것인가?
- 질적 연구자가 옳다고 믿는 것을 어떻게 증명할 것인가?
- 교육비평의 내용들은 진리라고 이야기할 수 있는가?

이러한 물음은 아주 단순하지만 어려운 질문을 우리에게 던지고 있다. 즉, 통계의 유의미함을 따져 가설의 채택, 거부를 결정하는 명확한 양적 연구와는 달리, 질적 연구에서 주장하고자 하는 바는 상대적으로 모호하다. 이러한 이유로 질적 연구자들은 수많은 지적을 받는다. 최근에는 이러한 인식이 많이 개선되었다. 실제로 기본적으로 질적 연구의 여러 이론적인 개념이나 의도에 공감하는 학자들이 많아졌다. 그렇다고 하더라도, 여전히 많은 사람들은 질적 연구가 근본적으로 공허한 외침이며, 프로그램 개발이나 효과성 검토와 같은 실제적, 실용적 연구에 비해 그 가치가 낮다고 생각하고 있다.

여기에 대해 교육비평은 다음과 같이 이야기하고 있다. 첫째, 양적 연구자들이 주장하는 객관성과 합리성 역시 연구자의 주관에 의한 것이다. 아무리 과학적이고 공학적, 수학적 가설이라고 할지라도 그 가설을 설정하는 것에 인간인 연구자의 주관이 전혀 개입되지 않을 수 없다. 또한 가설이 기각될 확률을 결정하는 것도 결국 인간이며, 질적 연구자들이 비판받는 연구자의 주관성 문제는 사실 불합리한 것이다. 즉, 양적 연구자들이 확률과 통계, 가능성에 의존해 문제의 해결책을 찾듯이, 질적 연구와 교육비평 역시 다양한 문제에 대한 해결 가능성을 탐색한다. 본질적으로는 차이가 없는 것이다.

둘째, 연구의 신뢰도와 관련하여, 교육비평은 일반적인 신뢰도의 개념과는 약간 다른 차원의 정의를 제시한다. 일반적으로 우리가 알고 있는 신뢰도란, 결과의 반복 측정과 관련이 있다. 동일한 처치를 했을 때, 계속 동일한 결과가 도출된다면 신뢰도가 있는 것으로 판단한다. 그러나 우리가 살펴볼 교육비평에서의 신뢰도는 세 가지 측면으로 접근하고 있다(Eisner, 1985). 그것은 구조적 확증(structure corroboration), 합의적 정당화

(consensual validation), 참조적 적절성(referential adequacy)으로 불린다(Eisner, 1991; 박병기 외, 2001; 박승배, 2013).

구조적 확증이란, 다양한 자료들을 수집하고, 그것을 바탕으로 결론을 제시하는 방법을 뜻한다. 사실 이 용어는 질적 연구에서 자주 사용하는 트라이앵귤레이션(triangulation)과 거의 동일한 뜻을 지니고 있다. 만일 새로운 수업 방식을 교실에 적용해 본다고 할 때, 딱 한 번 수업하고 관찰하는 것만으로는 그 영향력을 파악하는 것이 불가능할 것이다. 혹여나 긍정적인 영향이 발생했다고 할지라도 대부분의 연구자들과 독자들은 그것을 우연의 일치라고 대수롭지 않게 생각할 것이다. 그러나 수업을 여러 번 실시하고, 일정 시간 동안 관찰했더니 성적이 점진적으로 올라가고, 면담에서 연구 참여자들이 그 수업 방법에 대해 언급하고, 설문지나 평가지에서 수업의 영향력이 드러난다면, 새로운 수업 방법은 더 이상 간과할 수 없는 커다란 주제가 되어 있을 것이다. 이 정도로 자료를 수집했다면, 이제 새로운 수업 방법이 학생들의 수업에 긍정적인 영향을 끼친다는 연구 결과를 제시할 수 있게 되는 것이다. 즉, 신뢰도 있는 교육비평을 위해서는 점진적이면서도 다양한 종류의 자료를 규모 있게 수집하는 것이 필요하며, 이를 바탕으로 내린 결론은 쉽게 공격하지 못하게 된다.

한편, 합의적 정당화는 연구자, 혹은 연구 참여자들이 연구의 내용과 결과에 대해 인정한다면 신뢰도가 있다고 판단하는 것이다. 이 개념은 질적 연구에서의 멤버-체크(member-check)와 비슷하다. 기본적으로 질적 연구와 교육비평에서는 연구자들 간에 의견이 다를 수 있음을 인정하고 있다. 하나의 예술작품을 두고도 완전히 상반된 의견이 나올 수 있듯이, 교육비평에서도 똑같은 현상일지라도 연구자들마다 다른 해석을 내놓을 수 있다고 가정하고 있다. 중요한 것은 그 비평이 가지는 설득력이지, 비평 자체가 다른 비평과 의견이 같은지 아닌지가 중요하지 않다는 것이다. 다만, 그 해석이 많은 사람들이 생각하기에 그럴듯한, 강력한 설득력을 지닌다면, 합의적 정당화의 원리에 따라 자연스럽게 신뢰도 높은 연구가 되리라는 것이 교육비평의 입장이다.

참조적 적절성은 질적 연구와 교육비평이 가져야 할 본래적인 기능과 관련된 것이다. 연구를 통해 독자들이 아무것도 느끼지 못한다면 참조적 적절성이 없는 것이고, 연구의 신뢰도도 낮은 것이다. 즉, 교육비평을 통해 기존에 제시되지 않았거나 당연하게 생각되었던 주제들에 관해서 다시 생각해 볼 기회를 얻어야 하며, 연구를 통해 현실을 개선하고 실제적인 도움을 얻어야 한다는 것이 질적 연구와 교육비평의 입장이 된다. 결론적으로 교육비평의 논점을 잘 살펴본다면 질적 연구에서 활용 가능한 의견이 많다.

이처럼 교육비평은 비평이론 그 자체와 질적 연구에 제기되는 여러 의문들에 대해 적극적으로 해명하고 있다. 앞에서 제시된 개념들은 교육비평뿐만 아니라 질적 연구에서 연구의 타당성을 설명하는 데 사용될 수 있으며, 스스로 이론의 정당성을 확보하고 있다고 할 수 있다. 자료의 분석과정에서 어떻게 타당성을 보장할 것인지에 대해서는 아직도 나아갈 길이 멀다. 따라서 교육비평 개념을 바탕으로 이러한 개념들을 심화시켜 나가야 할 필요가 있으리라고 본다.

4. 연구 결과 표현하기

마지막으로 소개할 내용은 연구 결과를 표현하는 방법과 관련이 있다. 이것은 다른 용어로 글쓰기라고 정의할 수 있을 것이다. 그러나 교육비평과 관련된 질적 연구에서 글쓰기는 더 이상 단순한 글자의 나열이 아니다. 이것은 논문의 구조와 공간을 어떻게 고려하고 배치하는지에 관해서 이야기하는 것이다. 미술관에서 작품을 전시할 때, 작품들을 배치하는 방법도 예술의 장르에 포함되듯이, 논문 속에서 글을 어떻게 풀어 나가는지의 여부도 중요한 역할을 담당하게 되는 것이다. 같은 내용이라고 할지라도 매력적인 연구는 독자들로 하여금 더 흥미롭고 궁금하게 만들어 준다.

글쓰기에서 교육비평의 여러 특징을 활용하는 것은 연구자의 질적 연구를 좀 더 세련되게 만들어 줄 것이다. 좋은 비평문들을 한 번 떠올려 보자. 비평문들은 대개 필체가 유려하고 고급스럽다는 느낌을 받는다. 그들은 칭찬도 직접적으로 제시하기보다는 어떠한 이미지를 떠오르게 만들어 준다. 비판도 기분 나쁘지 않게 제기한다. 이러한 특징들을 연구에 적용한다고 생각하면 좀 더 이해하기가 쉬울 것이다.

교육비평의 글쓰기는 문학작품에서 많이 볼 수 있는 글쓰기 형식들을 차용하기도 한다. 다만 외국의 경우와는 다르게 우리나라는 아직도 3인칭, 혹은 전지전능한 위치에서 모든 연구내용을 설명하고 해설하는 객관적이고 보편적인 글쓰기에 치우쳐 있다. 문단의 배열도 과감하게 변경되기보다는 전통을 고수하는 편이기도 하다. 그러나 외국의 다양한 글쓰기 연구 사례들이 유입되면서, 앞으로는 다양한 시도가 늘어나리라고 본다. 특히 질적 연구 속에서 나를 드러내는 과정이 꼭 필요하다. 그래야만 교육비평에서 주장하는 연구자와 연구 장소, 연구 참여자 간의 해석의 과정이 잘 드러나게 된다. 비평가의 역할을 담당하는 연구자는 기본적으로 연구를 독자에게 제시한다는 가정을 가지고 글을 써야 한다. 이것은 분석된 자료를 갖고 글을 쓰기 전에 자신과 직접 관련이 있는 다른 연구자나 어디선가 자신의 글을 읽게 될 미래의 독자들을 고려하면서 글을 써야 한다는 사실을 의미한다. 만일 연구 주제가 학술적으로 치우친 내용이라고 한다면, 최대한 대학의 교수들과 다른 비슷한 수준의 연구자들을 위한 글을 작성해야 할 것이다. 이 경우에는 조금 어려운 철학적 내용이나 용어를 사용해도 무방할 것이다. 그러나 연구를 제시하고자 하는 대상이 일반인이거나 연구를 처음 접하는 연구자, 혹은 다른 분야의 학자들일 경우에는 반대로 글을 굉장히 쉽게 써야 할 것이다. 이외에도 질적 연구의 특징을 규정하는 몇 가지 글쓰기 방법이 있다.

〈표 11〉 교육비평에서의 다양한 글쓰기 전략들

• 원자료를 다양하게 인용하기
• 자료를 매트릭스로 만들어 제시하기
• 연구 참여자의 말로 현장 설명하기
• 사실과 해석을 병렬로 제시하기
• 연구자 대신 '나' 또는 '우리'라는 용어 사용하기
• 비유와 은유, 시적 표현 사용하기
• 연구를 한 편의 이야기로 만들기

이처럼 글쓰기는 질적 연구를 마무리지어 주고 연구의 결과를 열린 결말로 끝나게 해 준다. 질적 연구가 열린 결말이라는 말은 다양한 의미를 가질 수 있다. 질적 연구에서는 대부분 명확한 결론을 내리지 않는다. 단지 우리의 마음을 움직이고 통찰을 일으키게 한 뒤에, 다른 논의가 필요함을 역설할 뿐이다. 그러나 이러한 질적 연구물들을 읽고 나면, 우리는 현상을 진정으로 다르게 보기 시작한다. 그리고 또 다른 연구 문제들을 생성하고 창의적인 방법을 찾아낼 힘을 갖추게 된다.

연구예시

「대안적 교육과 홈스쿨링에 대한 교육비평(Evans, 2015)」의 내용 일부

Categorical Alternatives: an Educational Criticism Study

연구의 결론

여러분은 아마도 내가 Luke를 위해 마지막으로 어떠한 결정을 내렸을 것인지 궁금할 것이다. 교육적 환경을 비판적으로 만드는 데에 대해서, Eisner는 다음과 같이 묻고 있다. "어린이들이 교육을 경험함으로써 도움을 받는가, 혹은 방해를 받는가? 그들이 미래의 발전을 촉진하는 습관을 얻는가, 아니면 그들의 발전을 저해하는 습관을 형성하는가?" Luke가 Ellen의 학습 공동체에서 발전할 수 있을까? 의문의 여지가 없다. 그렇다면 그의 초등학교에서는 발전할 수 있을까? 장담할 수는 없지만 아마도 그렇기는 할 것이다. Ellen은 몇 년 전에 마을의 대안 학교에서 퇴직했다. 그녀는 이사회의 자리까지 올라갔다, 하지만 더 이상 이사회 임원들의 이데올로기에 동의할 수 없었고, 그 자리를 박차고 나왔다. 그녀는 모든 학생들, 특히 전통적인 학교에서 주변에 머물러 있었던 아이들이 성장할 수 있는 장소를 만들고자 노력했다. 그녀는 기적을 행하는 사람으로 불린다. 내가 알기로는 그녀는 가장 헌신적인 교육자 중의 한 사람이다. Luke가 그녀 밑에서 잘 할 수 있을까? 그녀는 그의 일상을 지배할 것이며, 그의 잠재력대로 활동할 수 있도록 허용하고, 그가 생각과 욕구를 발산할 수 있도록 용기를 북돋울 것이다. 다른 학생들은 그를 포용하고, 아마도 따뜻한 마음으로 바라봐 줄 것이다. 이것은 Ellen과 일년을 지냈던 나의 작은 이야기 중 하나일 뿐이다. Luke는 그녀를 할머니라고 부른다. Luke는 Ellen과 그녀의 남편과 애완동물 고양이와, 손녀와, 그녀의 정원과, 그녀와 관계된 모든 것을 좋아한다. Ellen은 Luke를 위해 그가 세상이 올바르다고 믿을 수 있도록 느끼게 돌보아 준다. Noddings는 "학교는 계속적인 돌봄 없이 학문적 성취를 이루어 낼 수 없다."고 주장했다. 아, 여기에 내가 강한 느낌을 받는 단어가 있다. 그것은 계속적이라는 말이다. 학교에서는 어떤 학생이든 간에 지난 9개월 동안 아주 조심스럽고 귀중한 관계를 쌓았다고 하더라도, 곧 그의 관계는 내팽개쳐지고 다시 새 관계를 구축할 것을 강요받는다. Ellen과의 잘 다듬어진 교육적 경험이 그의 상처를 회복시킬 수 있을까? 스트레스를 최소화할 수 있을까? 혼란은 어떻게 막을까? 물론 이 모든 것을 모두 알기란 불가능하다. 그녀와 보내는 시간은 딱딱한 플라스틱 의자에 앉아 연필을 돌리며 바깥을 바라보는 시간 혹은 매일매일 쳇바퀴 돌 듯 흘러가는 시간과 비교하여 좀 더 자유롭고 중요하게 생각될 수 있는 시간이 될 것이다. Dewey는 다음과 같이 지적하고 있다. "전통적인 학교 속에 있는 아이들은 경험을 가지게 될 것이다. 이것은 경험이 필요하다는 말로는 부족하다. 그리고 경험을 한다는 말로도 설명할 수 없다. 모든 것은 그들이 가지게 될 경험의 질과 관련이 있다." Dewey의 지적을 증명해 보자면, Luke가 나에게 흥분한 채로 와서 학교생활에 대해 이야기할 때가 있다. "인형극이 정말로 굉-장-했어요." 우리는 Ellen이 주고 간 활동 결과물들을 갖고 집에 돌아간다. 그것들은 녹색 리본으로 예쁘게 포장되어 있다. 나는 그것을 비단과 같이 생각한다. 그것들은 판단할 필요도 없고, 싫어할 이유도 없다.

────

결론 및 제언

지금까지 질적 연구에 중요한 시사점을 제공할 수 있는 감식안과 교육비평에 관련된 내용들을 살펴보았다. 서론에 간략히 언급했듯이, 교육비평은 단순히 질적 연구의 한 방법으로서뿐만 아니라 교육과정 전반, 그 중에서도 교육 평가 분야에 큰 영향을 미치고 있다. 2016년 4월에 개최된 AERA(미국교육학회) 연차 학술대회에서도 'Eclectic Imagination for Contemporary Education'의 주제로 Eisner의 교육비평에 대한 심도 있는 논의가 이루어졌다. 이를 통해 수업과 교사 교육, 학교 현장 개선 등에서 교육비평과 상상력의 측면을 활용할 수 있음을 다시 한 번 확인했다. 더욱 고무적인 사실은, 현재 교육비평의 위상이 계속해서 성장하는 중이라는 점이다. 그리고 여기서 제시하고 있는 감식안, 교육비평, 참 평가와 같은 개념들 역시 특정한 과목이나 분야에만 한정되지 않고 다양한 차원으로 연구가 확장되고 있다. 교육비평을 예술 수업에서만 활용하는 것이 아니라 국어, 수학, 과학 등 지식 중심 교과에 활용한 연구들이 쏟아져 나오고 있다. 또한 교육 분야를 넘어서 보건, 복지, 종교와 관련된 학문에도 교육비평을 활용한 연구를 수행하는 것이 가능하다는 것도 점점 인정받고 있다.

이러한 교육 평가 연구 방법에서 우리가 얻을 점은 크게 두 가지이다. 먼저 교육적 감식안과 교육비평에 대해 평가의 측면에서 바라볼 수 있다. 교육비평은 평가의 개념과 표현 방식을 완전히 변화시켜 주었다는 점에서 중요할 것이다. 만일 감식안이 감상과 같은 것이라면, 비평은 숨겨진 사실을 대중들에게 폭로하는 것과 같다. 이것은 내가 무엇을 사실로 믿고 있는지를 고백하는 것이다. 세상은 우리가 어떻게 생각하는지에 따라 구성되고, 그 구성된 세상은 능동적으로 움직인다. 그리고 그것을 다시 우리가 이해하는 것이다. 조금 더 나아가서, 우리는 세상을 어떻게 연구하고 묘사할지에 대해 알고 가정할 수 있게 된다. 우리는 사회과학이 인간의 이해를 단순히 확장하는 것뿐만 아니라, 예술과 인간성에 대해서도 언급하고 그 가치에 대해 평가할 수 있음을 이제 알게 되었다. 교육적 감식안과 교육비평은 예술과 인간성을 사회 연구의 동반자로 함께할 수 있도록 만들어 주는 장치가 되었다. 이는 수많은 교육적 노력과 진보에 대해 진정으로 이해하고, 질적으로 평가하는 것을 가능하게 하고 있다.

둘째, 연구 방법적 측면에서 교육비평의 의미를 찾을 수 있다. 교육비평을 설명하기 위해 사용했던 감식안과 비평에 대한 여러 이미지들은 질적 연구가 태생적으로 지닐 수밖에 없었던 불확실하고 불완전한 과학 연구라는 열등감을 완전히 바꾸어 놓았다. 이제 우리는 질적 연구에 대해 생각할 때, 예술작품 앞에서 열띤 논쟁을 벌이고 이를 통해 작품의 가치를 높이는 고상한 비평가들을 먼저 떠올리게 되었다. 위대한 예술작품이 상상을 훨씬 뛰어넘는 가격에 거래되고 미술관에 특별히 전시되듯이, 위대한 질적 연구들 역시 고전이 되어 아직도 많은 사람들에게 깊은 감명을 주고 있다. 특히 Eisner가 제시한 감식안과 교육비평의 개념 역시 질적 연구에 상당한 영향을 끼쳤다. 교육비평에서는 연구자의 개별적 위치와 연구의 주관성을 솔직히 인정하고, 상호 교류하며 성장해 나가는 것을 목표로 하고 있다. 또한 교육비평을 위해 실제적으로 연구자가 관찰, 면담을 실시하고, 그 결과를 창의적인 다양한 방식으로 표현하는 것을 강조함으로써 질적 연구의 과정을 규명하는 데에도 상당한 기여를 하고 있다. 독자들은 이 글을 읽으면서 교육비평과 질적 연구의 과정이 상당히 유사한 측면이 있다는 사실을 알 수 있었을 것이다. 현상을 객관적으로 기술하고, 도출된 특정 주제에 관해 연구자들의 오랜 연구의 결과를 바탕으로 문제를 해석하고, 그 가치를 평가하는 작업은 질적 연구에서도 이제 낯설지 않은 장면인 것이다.

이처럼 질적 연구에서의 교육비평에 대한 개념은 우리나라의 빈약한 질적 연구의 이론적 배경을 강화하고, 구체적인 절차와 평가에 관한 개념적인 틀을 제공함과 동시에 향후 연구를 위한 기반을 마련했다. 특히 교육비평의 네 가지 차원은 질적 연구에서의 연구 과정과 거의 흡사하면서도 질적 연구의 근본적인 원리를 강화하며, 앞으로 다양한 분야에 활용될 수 있는 여지가 있다고 하겠다. 질적 연구자들의 활발한 활동이 기대되는 부분이다.

종합해 보면, 교육비평은 현장에서 발생하는 다양한 현상들에 대해 기존의 과학적, 합리적인 탐구 방법 대신 숨겨진 의미를 찾아낼 수 있는 참신한 연구 방법이라고 할 수 있다. 교육비평은 현상을 더욱 생생하게 이야기하고, 다양한 논의를 펼칠 수 있는 잠재력을 지니고 있다. 또한 단순히 이론적이고 계획적인 처방에서 벗어나 실제로 사람들이 어떠한 체험을 하고 있는지에 대해서도 연구할 수 있다. 따라서 교육비평을 적절히 활용한다면 예술적이고 심미적인 질적 연구에 대한 이론적 근거를 제공함과 동시에 새로운 차원의 연구를 시도해 볼 수 있을 것이다. 다만 중요한 것은 단순히 질적 연구를 기계적으로 접근하는 것에서 한 단계 더 나아가 이 장에서 제시된 비평의 차원들을 이해하고 접근하는 것이라고 할 수 있겠다. 질적 연구의 이론적 배경과 연구 방법론에서 교육비평의 개념들이 더 탄탄한 연구 배경을 구성하는 데 기여할 수 있을 것이며, 이를 바탕으로 수많은 질적 연구와 교육비평 연구물들이 탄생할 것을 기대한다.

참고문헌

강우정(2013). 초등미술에서 공동체의 의미 만들기 학습 실행에 대한 교육비평 연구. 홍익대학교 석사학위
　　논문.

고정자(역)(1982). 비평론. 이화여자대학교 출판부. Hough, G. (1966). An Essay on Criticism.
　　London: Duckworth.

김경희·정혜정(2011). 대학생들의 성, 사랑, 결혼에 관한 내러티브 탐구: 수업 중 저널쓰기를 기초하여.
　　한국가족관계학회지, 15(4), 51-71.

김대현(2003). 교육비평의 성격과 그 인식론적 기반. 교육사상연구, 13, 1-15.

김대현·김아영(2002). 메타비평을 사용한 비평의 교육적 기능 탐색. 교육과정연구, 20(3), 271-293.

김명희(1987. 12. 28). 세계교육을 이끌고 있는 석학들(아이즈너), 새한신문(현 교육신문).

김명희·문승호(2006). 교육과정 연구 방법론으로서의 교육비평. 교육과정연구, 24(1), 97-119.

김복영 외(역)(2001). 교육과정 담론의 새 지평. 서울: 원미사. Pinar, W. F. (1995). Understanding
　　curriculum: An introduction to the study of historical and contemporary curriculum discourse.
　　New York: Peter Lang Publisher.

김아영(2002). Eisner의 교육비평에 관한 연구. 부산대학교 석사학위논문.

김양숙(2006). Eisner 교육비평에 함의된 수업평가의 성격. 한국교원대학교 석사학위논문.

김영숙·김영채·최란주(2014). 형제의 땅에서 낯선 이방인으로 살아가기·북한이탈주민의 생애사 연구. 사
　　회복지연구, 45(1), 37-69.

김영천(2005a). 별이 빛나는 밤1: 한국 교사의 삶과 그들의 세계. 서울: 문음사.

김영천(2005b). 별이 빛나는 밤2: 한국 교사의 삶과 그들의 세계. 서울: 문음사.

김영천(2006). 질적 연구 방법론 I : Bricoleur. 파주: 아카데미프레스.

김영천(2012). 교육과정 이론화: 역사적/동시대적 탐구. 파주: 아카데미프레스.

김영천 외(2009). 한 여름 밤의 꿈: 제7차 교육과정 환상과 추락의 내러티브. 파주: 아카데미프레스.

김우종(1984). 비평문학론. 서울: 범우사.

류지선·김영천(2015). 질적 연구에서의 콜라주 표현기법 탐색: 한국 다문화 아동의 삶의 새로운 재현. 질
　　적탐구, 1(1), 1-35.

민성은·김영천·정정훈(2015). 생애사 연구를 위한 효과적인 자료 분석 방법 탐구. 교사교육연구, 54(4),
　　621-638.

박병기 외(역)(2001). 질적 연구와 교육. 서울: 학이당. Eisner, E. W. (1991). The enlightened eye:
　　Qualitative inquiry and the enhancement of educational practice. New York: Macmillan.

박성희(2016). 노인 자서전쓰기에 나타난 생애사 학습의 의의. 질적탐구, 2(1), 181-204.

박승배(2013). 교육평설: 엘리어트 아이즈너의 질적 연구방법론. 서울: 교육과학사.

박제인·김수진(2016). 강박장애환자의 인지행동치료프로그램 참여경험에 대한 질적사례연구. 질적탐구,
　　2(1), 67-96.

안금희(2005). 초등미술과 수업에 대한 교육비평 연구: 멀고도 가까운 원근법. 미술교육연구논총, 18,
　　107-125.

염지숙(1999). 내러티브 탐구(Narrative Inquiry)를 통한 유아 세계 이해. 교육인류학연구, 2(3), 57-82.

오종숙·강우정(2013). 초등미술교육에서 공동체 의미 만들기 학습 실행에 대한 교육비평 연구. 미술교육연구논총, 36, 323-357.

오종숙·정민선(2013). 초등 미술영재교실 수업에 대한 교육비평. 미술과 교육, 14(1), 115-137.

이동성(2013a). 생애사 연구 방법론의 이론적 배경과 분석 방법에 대한 탐구. 초등교육연구, 26(2), 71-96.

이동성(2013b). 생애시 연구동향의 방법론적 검토: 세 가지 방법적 이슈를 중심으로. 교육인류학연구, 16(2), 47-82.

이해명(역)(1999). 교육적 상상력: 교육과정의 구성과 평가. 서울: 단국대학교 출판부. Eisner, E. W. (1985). The educational imagination: On the design and evaluation of school programs. New York: Prenticehall.

이혁규(2000). 제7차 사회과 교육과정 개정 과정에 대한 문화기술적 연구, 3(3), 89-139.

이혁규(2001). 대학수학능력시험의 출제 문화에 대한 연구. 교육인류학연구, 4(3), 289-322.

이혁규(2003). 질적 사례 연구를 통한 교실 붕괴 현상의 이해와 진단. 교육인류학연구, 6(2), 125-164.

이혁규·심영택·이경화(2003). 초등 예비 교사의 실습 체험에 대한 내러티브 연구. 교육인류학연구, 6(1), 141-196.

이혁규(2010a). 수업 비평의 개념과 위상. 교육인류학연구, 13(1), 69-94.

이혁규(2010b). 수업 비평의 방법과 활용: 자전적 경험을 중심으로. 열린교육연구, 18(4), 271-300.

이혁규 외(2012). 수업의 과학성과 예술성 논의와 수업 비평. 열린교육연구, 20(2), 305-325.

이현승(2011). 아이즈너(Eisner)의 교육적 감식안에 의한 어느 초등 중학년 미술 수업에 대한 교육비평. 홍익대학교 석사학위논문.

장백일(1995). 문학 비평 원론. 서울: 국민대학교 출판부.

정민선(2012). 아이스너(Eisner)의 교육적 감식안에 의한 초등 미술영재수업에 대한 교육비평. 홍익대학교 석사학위논문.

조재성(2015). 학교의 영재들은 어디로 갔을까?: 아인슈타인 영재학원의 쿠레레(currere)에 관한 질적 사례 연구. 진주교육대학교 석사학위논문.

조재성·최성호(2016). 클라이맥스(Climax): 한국 고등학생의 학원에서의 학습경험에 대한 질적 연구. 1(2), 57-91.

주정흔(2010). '즐거운 수업'에 대한 교사의 인식과 실천에 관한 내러티브 탐구. 교육인류학연구, 13(3), 71-102.

최정은(2011). 비평적 읽기 교육 방법 연구. 숙명여자대학교 석사학위논문.

한승희(2000). 교육학의 새로운 지표로서 내러티브. 교육학연구, 38(4), 259-282.

허창수(2006). 젠더놀이(gender play): 초등학교 학생들의 이분법적 젠더 정체성 경계 넘기. 열린교육연구, 14(3), 119-147.

Barone, T. E. (1983). Things of use and things of beauty: The story of the Swain County High School Arts Program. Daedalus, 112(3), 1-28.

Barone, T. E. (1987a). On Equality, Visibility, and the Fine Arts Program in a Black Elementary School. Curriculum Inquiry, 17(4), 421-446.

Barone, T. E. (1987b). Insinuated Theory from Curricula-in-Use. Educational Perspectives, 26, 332-337.

Barone, T. E. (1995). Literature, the disciplines, and the lives of elementary school children. Language Arts, 72(1), 30-38.

Barone, T. E. (2000). Aesthetics, Politics, and Educational Inquiry. New York: Peter Lang.

Barone, T. E. (2001a). Touching Eternity: the enduring outcomes of teaching. New York: Teachers College Press.

Barone, T. E. (2001b). The End of the Terror: On Disclosing the Complexities of Teaching. Curriculum Inquiry, 31(1), 89-102.

Barone, T. E. (2001c). Science, art, and the predispositions of educational researchers. Educational Researcher, 30(7), 24-28.

Barone, T. E. (2001d). Pragmatizing the imaginary: A response to a fictionalized case study of teaching. Harvard Educational Review, 71(4), 734-741.

Barone, T. E., & Eisner, E. (2006). Arts-based educational research. In J. L. Green, G. Camilli, & P. B. Elmore (Eds.), Handbook of complementary methods in education research (pp. 95-110). Mahwah, NJ: Lawrence Erlbaum.

Barone, T. E. (2009). Narrative Researchers as Witnesses of Injustice and Agents of Social Change?. Educational Researcher, 38(8), 591-597.

Blumenfeld-Jones, D. S. (1997). Aesthetic experience, hermeneutics, and curriculum, in Susan Laird (Ed.) Philosophy of Education, pp. 313-321.

Blumenfeld-Jones, D. S. (2012). Curriculum and the Aesthetic Life: Democracy, and Ethics in Curriculum Theory and Practice. Peter Lang Publishing Inc.

Blumenfeld-Jones, D. S. (2015). Teacher Education and the Arts: A Guide to Building an Aesthetically Informed Teacher Preparation Program. Charlotte, NC: Information Age Publishing.

Bogdan, R. C., & Biklen, S. K. (1992). Qualitative research for education. An introduction to theory and methods. Boston, MA: Allyn & Bacon.

Darling-hammond, L. (1995). Authentic Assessment in Action: Studies of schools and students at work. Teacher College Press.

Dewey, J. (1938). Experience and education. New York: Macmillan.

Dewey, J. (2005). Art as experience. New York: Teacher Perigee.

Donmoyer, R. (1980). Alternative conception of generalization and verification for educational research. Ph. D. dissertation. Stanford University, Stanford, CA.

Dotson, M. L. (2007). Educational criticism, a form of arts-based educational research for studying teachers. Journal of Ethnographic and Qualitative Research, 1, 11-20.

Ecker, D. (1963). The artistic process as qualitative problem-solving. Journal of Aesthetic and Art Criticism, 21(3), 283-290.

Eisner, E. W. (1976). Educational connoisseurship and educational criticism: Their forms and functions in educational evaluation. Journal of Aesthetic Education, Bicentennial issue, 10(3-4), 135-150.

Eisner. E. W. (1985). The Art of Educational Evaluation. The Falmer Press.

Eisner, E. W. (1985). The educational imagination. New York: Macmillan.

Eisner, E. W., & Peshkin, A. (1990). Qualitative inquiry in education: the continuing debate. New York: Teachers College Press.

Eisner, E. W. (1991). The Enlightened Eye: Qualitative Inquiry and the Enhancement of Educational Practice. New Jersey: Pearson.

Eisner, E. W. (2002). The educational imagination: On the design and evaluation of educational programs. New York, NY: Macmillan.

Evans, E. J. (2015). Categorical Alternatives: an educational criticism study. Journal of Unschooling and Alternative Learning, 9(18), 15-35.

Flinders, D. J., & Eisner, E. W. (1994). Educational criticism as a form of qualitative inquiry. Research in the Teaching of English, 28(4), 341-357.

Flinders, D. J. (1996). Teaching for cultural literacy: A curriculum study. Journal of Curriculum and Supervision, 11, 351-366.

Kim, K. H. (2005). Learning From Each Other: Creativity in East Asian and American Education. Creativity Research Journal, 17(4), 337-347.

Kincheloe, J. (1991). Teachers as researchers: Qualitative inquiry as a path to empowerment. London: The Falmer Press.

Koro-Ljung berg, M. (2001). Metaphors as a way to explore qualitative data: Qualitative studies in education, 14(3), 367-379.

Marshall, C. & Rossman, G. B. (1999). Designing qualitative research (3rd ed.). Thousand Oaks, CA: Sage.

Metz, M. H. (2000). Sociology and qualitative methodologies in educational research. Harvard Educational Review, 70(1), 60-73.

Oliva, M. (1993). Shifting landscapes/shifting langue: Qualitative research from the in-between. Qualitative Inquiry, 6(1), 25-33.

Page, R. N. (2000). Future directions in qualitative research. Harvard Educational Review, 70(1), 100-107.

Patton, M. Q. (2015). Qualitative Research & Evaluation Methods (Eds.). LA: SAGE.

Peshkin, A. (2000). The nature of interpretation in qualitative research. Educational Researcher, 29(9), 5-9.

Rosenthal, R. (1986). Pygmalion in the classroom. New York: Irvington.

Rossman, G. B. & Rallis, S. F. (1998). Learning in the field: An introduction to qualitative research. Thousand Oaks, CA: Sage.

Scharatz, M. (1993). Qualitative voices in educational research. London: The Falmer Press.

Stake, R. (1975). Evaluating the arts in education: A responsive approach. Columbus: Merrill.

Štrajn, D. (2014). The PISA Syndrome: Can we Imagine Education without Comparative Testing?. Solsko Polje, 25(5-6), 13-27.

Uhrmacher, P. B., & Matthews, J. (2005). Intricate Palette: Working the Ideas of Elliot Eisner. Pearson.

Vallance, E. (2007). Local history, old things to look at, and a sculptors vision: Exploring local museums through curriculum theory. Invited contribution in A. Levin (Ed.), Defining Memory: Local Museums and the Construction of History in Americas Changing Communities. Lanham, MD: AltaMira Press. 27-42.

Vallance, E. (2008). Visual culture and art museums: A continuum from the ordinary. Visual Arts Research, 34(2), 45-54.

Vallance, E. (2010). Arts education curriculum. In C. Kridel, ed., Encyclopedia of Curriculum Studies. SAGE Publication.

West, C. & Zimmerman, D. (1987). Doing gender. Gender and Society, 1(2), 125-150.

Wiggins, G. (1989). A True Test: Toward More Authentic and Equitable Assessment. Phi Delta Kappan, 70(9), 703-713.

열다섯 가지 접근

11.

인터넷
문화기술지

오영범 ┃ 부산대학교

인터넷은 이미 우리의 일상이 되었다. 사용자들이 구축하는 사이버공간은 단지 실세계를 모방하는 차원에서 벗어나 24시간 항상 열려 있는 접근성으로 인해 신속하면서도 새로운 다층적 세계로 거듭난다(Nunes, 1997). 이러한 접근성은 면대면 커뮤니케이션과는 다른 즉시성과 연속성을 제공한다. 이처럼 인터넷은 사회과학자들에게 전통적인 연구 방법에서 문제가 되었던 시간, 비용, 전사 오류 등과 같은 문제를 해소하면서 전 세계에 걸쳐 24시간 동안 데이터를 수집할 수 있는 가상 연구실이 되었다. 인터넷은 단순히 도구, 장소, 그리고 존재 방식으로 보일 수 있으나 이러한 다른 국면들은 특별한 방법적 선택을 제공한다(Markham, 1998). 로(Law, 2004)는 사회과학에서의 연구 방법은 사회적 실체의 반성체(reflective of social reality)이기보다는 구성체(constitutive of social reality)라는 전제로 시작했다. 그에 의하면 사물은 세계에 존재하는 방식을 단순히 묘사하지만, 방법은 우리가 세계에 대해 생각하는 방식을 만든다는 입장이다. 이러한 맥락에서 인터넷은 하나의 독립체로 존재하는 것이 아니라 다양한 사회적 의미를 구성한다. 즉, 인터넷이 분리된 가상 세계라기보다는 일상적인 삶의 한 부분이라는 인식의 단계에 이르렀음을 말해 준다(Carter, 2005; Miller & Slater, 2000). 또한, 인터넷은 웹사이트, 게시판, 하이퍼링크 등의 형태로 사회적 활동의 많은 흔적들을 남기기 때문에 문화기술자들이 개척할 수 있는 가능성을 열어 준다(Markham & Baym, 2009). 따라서 사회적 상황을 연구하기 위해 그곳의 삶의 모습과 양상을 배우려는 노력의 일환으로 연구자의 경험을 사용하는 가장 개방된 연구 방법이 문화기술지라면, 인간 세계의 확장된 공간으로 인식되고 있는 특별한 매개체인 인터넷을 활용하는 인터넷 문화기술지가 필요하다.

인터넷 문화기술지의 탄생 배경은 인터넷 현상을 연구하기 위해 전통적인 문화기술지 연구 방법을 적용하면서 촉발되었다. 즉, 온라인이라는 특수한 연구 공간에서 진행되는 문화기술지는 차별화된 자료 수집 및 분석 방법이 필요했던 것이다. 따라서 초기에는 인터넷 문화 현상을 탐구하기 위한 수단으로 문화기술지를 사용하다가 점진적으로 인터넷 문화기술지라는 새로운 연구 방법에 대한 체계화 작업이 이루어지기 시작했다. 1999년 존스(Jones)가 출간한 「Doing Internet Research」는 인터넷 연구와 관련된 이론적이고 실제적인 문제를 다룬 획기적인 작품 중의 하나였다. 이어 하인(Hine)은 2000년에 「Virtual Ethnography」를 출판하면서 문화적 산출물(cultural product)과 문화적 맥락(cultural context)으로서 인터넷을 심층적으로 연구할 필요성을 강조하면서 가상공간을 탐구하기 위해 문화기술적으로 접근한 다양한 연구들을 체계화했다. 세 번째 중요한 작품인 「Internet Communication and Qualitative Research」(Mann & Stewart, 2000)는 인터넷을 질적 연구 분야뿐만 아니라 질적 연구에서 데이터를 수집하는 도구로서 정의했다. 인터넷 공간에 적용할 새로운 연구 방법에 대한 체계화 작업은 마컴과 베임(Markham & Baym, 2009)의 「internet inquiry」와 코지네츠(Kozinets, 2010)의 「넷노그라피(Netnography)」로 이어지면서 지속적으로 발전을 거듭해 오고 있다. 초기 인터넷 문화기술지는 주로 소비자와 마케팅 연구 분야에서 폭넓게 활용되었으며 다양한 영역으로 확대되었다. 사람들이 '디지털 자아(digital self)'를 구축하기 위해 사용하는 자기표현 전략을 분석한 연구(Schau & Gilly, 2003), 비디오게이머들이 상품 배치와 브랜드 광고에 반응하는 방법에 관한 연구(Nelson et al., 2004), 신부들이 다문화의 양면성을 관리하기 위해 사용한 대응전략을 기술한 연구(Nelson & Otnes, 2005), 불법 P2P 파일 공유에 대한 윤리와 인식을 조사한 연구(Cohn & Vaccaro, 2006), 온라인 커뮤니티 구성원들 사이에 반성적 '가상의 재경험(virtual re-experiencing)' 담화를 통해 지식 형성과 학습이 어떻게 일어나는지를 밝힌 연구(Hemetsberger & Reinhardt, 2006)들이 인터넷 문화기술지가 적용된 연구들이다.

우리나라에서도 문화기술지를 적용하여 인터넷 현상을 규명한 연구들이 진행되어 왔다. 왕경수와 정혜영(2002)은 주제 해결 학습에서의 인터넷 활용을 문화기술적으로 접근했고, 조영남과 박성호(2003)는 초등학생들의 인터넷 활용 실태를 문화기술지를 통해 분석했다. 이어 강소라와 김효근(2004)은 프로젝트 팀의 조직문화를 이해하기 위해 온라인 커뮤니케이션 내용에 대한 문화기술지를 활용했고, 김민성(2006)은 온라인 상황에서 교수와 학생 간의 배려 관계 형성을 분석했으며, 김병찬과 김미경(2010)은 인터넷 커뮤니티 공간에서 여교사들의 상호작용 특징을 밝히기도 했다. 최근에 비로소 인터넷 문화기술지의 가능성을 탐색한 연구로 확대되고 있는데, 조영한(2012)은 인터넷 민속지학적 수용자 연구를 통해 인터넷 문화기술지의 가능성을 탐구했다. 특히, 오영범과 김영천(2013)은 인터넷 문화기술지의 개념과 역사적 발전을 바탕으로 연구 실행의 구체적인 방법을 이론적으로 정립했다. 나아가 오영범(2014; 2016)은 인터넷 문화기술지를 활용하여 온라인 교사공동체를 통한 교사 전문성 신장, SNS 유형의 하나인 '밴드'를 활용한 의미를 탐색하는 사례 연구를 수행하여 인터넷 문화기술지를 활용한 구체적인 방법을 제시했다.

IT 강국으로 도약하면서 인터넷 중심의 가상공간은 기술적 발전을 거듭한 반면, 이곳에서 일어나는 다양한 문화적 현상을 규명할 수 있는 체계화된 연구 방법이 없는 것이 우리의 현실이다. 즉, 비앙코와 카쉘먼(Bianco & Carr-Chellman, 2002)의 지적처럼, 온라인 학습 환경 연구를 위해 적절한 질적 연구 방법과 자료를 수집하는 방법의 수단으로 인터넷이라는 전자적 현장(electronic field)에 관한 논의는 거의 이루어지지 않은 상황이다. 따라서 새로운 인류학적 공간으로 자리잡은 인터넷에서 발생하는 문화적 실천 및 현상, 그리고 사회적 담론의 변화를 연구하기 위한 방법으로 인터넷 문화기술지(internet ethnography)가 대두되고 있다. 즉, 인터넷을 새로운 사회 문화적 상호작용의 공간으로서 바라보며 인터넷 속에서 이루어지는 인간의 의미 있는 사회적 상호작용 현상을 이해할 수 있는 새로운 연구 방법이 필요하다. 이에 이 장에서는 사회 문화적 상호작용과 의사소통의 공간인 인터넷 공간을 연구하는 방법으로서 인터넷 문화기술지를 탐색하고자 한다. 이를 통해 인간의 실제 삶의 한 부분이자 차별적인 특성을 보이는 인터넷 공간을 탐색하기 위해 문화기술자들이 연구를 수행하는 데 유용한 지침으로 작용할 것이다.

이를 위해 다음 네 가지를 집중적으로 조명해 보고자 한다. 첫째, 인터넷 문화기술지의 개념과 발달을 살펴보고자 한다. 인터넷 문화기술지의 개념적 속성을 파악하여 명확한 정의를 이해함으로써 인터넷 문화 현상을 연구하기 위해 사용된 문화기술지가 어떠한 과정을 거쳐 인터넷 문화기술지로 자리잡게 되었는지 그 역사적 과정을 밝히고자 한다. 둘째, 인터넷 문화기술지의 방법적 특징을 탐색하고자 한다. 인터넷 문화기술지가 하나의 연구 방법으로서 어떠한 특징들이 있는지를 전통적인 문화기술지와의 비교를 통해 접근하고자 한다. 이러한 방법적 탐색은 국제적으로 그리고 국내적으로 새롭게 수행되고 있는 인터넷 문화기술지를 하나의 질적 연구 방법으로서 새롭게 조망하고 수용하는 데 요구되는 총체적 지식을 제공해 줄 것이다. 셋째, 인터넷 문화기술지의 전략적 탐색 및 단계를 연구하고자 한다. 기존 여러 학자들이 밝히고 있는 문화기술지에 대한 방법적 지식에 근거하여 인터넷을 기초로 문화기술지를 연구하려고 하면 어떤 새로운/다른 형태의 방법적 지식과 절차가 필요한지를 제시하고자 한다. 이를 통해 가장 구체적 수준에서 인터넷을 가지고 그리고 인터넷상에서 질적 연구를 하기 위한 실제적 지식이나 지침이 어떤 것인지를 이해하는 데 도움을 줄 것이다. 넷째, 인터넷 문화기술지를 활용한 실제적인 연구 사례의 제시를 통해 사이버 공간에서 일어나고 있는 문화적 현상을 어떻게 표면화하고 있는지에 대한 구체적인 예를 살펴볼 것이다. 이를 통해 인터넷 문화기술지에 관심 있는 연구자들이 보다 확산적인 연구를 수행하는 기회로 작용할 수 있을 것이다.

이에 우리나라에서 아직 미개척 영역으로 남아 있는 탐구 영역으로서 인터넷 문화기술지에 대한 이론적 탐색을 시도하고자 한다. 이러한 탐색은 우리나라의 교육/사회/문화 등의 모든 영역에서 활발하게 이루어지고 있는 인터넷을 통한 의사소통과 소비 그리고 교육적 교류의 현상을 또 다른 질적 연구의 현상으로서 개념화하고 이를 탐구하는 구체적인 연구 방법을 제공해 주는 데 기여할 것으로 생각한다. 아울러 기존에 탐구되지 못한 다양한 인터넷상에서의 연구 현상과 문화 그리고 의사소통의 경험들을 새롭게 연구할 수 있게 해 줌으로써 우리가 무시해 왔던 또는 알지만 구체적으로 탐구해 보지 못한 현장을 보다 진지하게 탐구할 수 있는 안목과 지식을 제공해 줄 것으로 고려된다.

인터넷 문화기술지의 개념과 발달

이 장에서 인터넷 문화기술지에 대한 개념과 발달을 설명하려 한다. 많은 학자들이 사용한 인터넷 문화기술지와 유사한 용어를 파악하고, 인터넷 문화 현상은 공동의 목적을 추구하는 커뮤니티 형식을 통해 드러나는바, 온라인 커뮤니티에 대한 개념도 함께 파악했다. 더불어, 초기 인터넷 문화 현상을 규명하기 위해 문화기술지 방법을 적용한 연구에서 출발하여 어떠한 과정을 거쳐 인터넷 문화기술지로 발전하게 되는지를 파악했다.

1. 인터넷 문화기술지의 개념

연구 방법으로서 인터넷 문화기술지는 온라인 커뮤니티와 문화 연구에 적용되어 왔다. 마컴(1998)과 베임(1999)은 인터넷 질적 연구라는 보다 일반적인 용어를 사용했다. 하인(2000)은 온라인 커뮤니티를 연구하기 위해 '가상 문화기술지(virtual ethnography)'라는 용어를 사용했다. 이것은 전체의 경험이 아니라 사회적 경험의 온라인 측면에만 중점을 두기 때문에 가상공간이라는 특징적인 부분성을 강조한 개념이다. 그 후, 웹 공간에서 수행되는 문화기술지라는 의미를 가진 'webnography', 아날로그 세대와 구분되는 것으로 디지털 세대를 강조하는 의미의 'digital ethnography', 오프라인 중심의 실생활 공간과 온라인 중심의 사이버 공간을 구분하기 위한 'cyberanthropology' 등의 용어가 사용되고 있다(Kozinets, 2010). 보다 일반적인 용어로는 네트워크에서 수행되는 질적 연구라는 의미의 'qualitative research in network'가 사용되기도 했다. 최근에는 'network'와 'ethnography'가 결합된 것으로 '넷노그라피(netnography)'라는 용어가 사용되고 있다 (Kozinets, 2010). 이것은 인터넷 기반 네트워크를 형성하는 오늘날의 사회 현상과 모습을 연구하기 위해 문화기술지를 적용한 연구 방법이라는 의미를 가지고 있다. 여기서는 앞서 제시한 다양한 개념들을 포괄하는 개념으로 '인터넷 문화기술지'를 사용하고자 하며, 위에서 제시한 다양한 용어들은 연구 수행 장소가 가상공간이라는 공통점을 가지고 있다. 즉, 인터넷 문화기술지란 가상의 온라인 환경을 연구 장소로 이용함으로써 문화기술지를 수행하고 구축하는 과정이다.

위의 인터넷 문화기술지의 일반적 개념은 전통적 문화기술지와의 비교를 통해 보다 구체화될 수 있다. 문화기술지가 인간의 삶과 경험을 연구한다는 측면에서 인터넷 문화기술지 역시 폭넓은 관점에서 문화기술지의 새로운 형식이라고 할 수 있을 것이다. 즉, 인간의 삶, 경험, 상호작용, 일상세계들을 연구한다는 점에서 문화기술지의 주요한 연구 지향점을 그대로 반영하고 있다. 그리고 문화기술지에서 개발한 많은 연구 방법들을 인터넷 문화기술지에서 그대로 또는 변형하여 활용하고 있는 상태이다(조용환, 2005). 그러나 조금 세부적인 관점에서 바라보면 인터넷 문화기술지는 일반 문화기술지와는 여러 가지 점에서 차별화되는 특징과 방법을 가지고 있음을 알 수 있다.

인터넷 문화기술지는 테크놀로지의 사용으로 물리적으로 떨어져 있는 사람들이 화면을 통해 공간을 공유하는 특별한 가상공간을 형성하기 때문에 필드의 개념이 근본적으로 다르다(Miller & Slater, 2000: 21-22). 이로 인해 연구자의 역할, 자료 수집 방법, 참여 기간, 비교 문화기술지의 가능성 등의 측면에서 전통적인 문화기술지와 차별적인 모습을 보이게 된다. 특히, 인터넷 문화기술지는 장기간의 몰입 과정이 아니라 간헐적인 참여 과정으로 구현된다. 이것은 인터넷 문화기술지에 융통성을 부여하면서 전통적인 문화기술지에서 연구팀 없이는 불가능했던 비교 문화기술지(comparative ethnography)를 단 한 명의 연구자가 실행할 수 있도록 한다.

〈표 1〉 전통적 문화기술지와 인터넷 문화기술지의 비교

구분	전통적 문화기술지	인터넷 문화기술지
필드 개념	실생활(real life) - 특별한 문화적 삶을 영위하고 있는 공간으로 직접 이동하여 그들의 삶을 직접 공유	인터넷 가상공간(virtual space) - 테크놀로지의 사용으로 물리적으로 흩어진 사람들이 화면을 통해 같은 공간을 공유
연구자의 역할	참여 관찰 - 실제 커뮤니티에 몰입	참여 관찰 - 인터넷 접속을 통한 참여
자료 수집 방법	사람들과의 실시간 만남을 통한 접촉	이미 존재하는 정보의 수집처 - SNS, 인터넷 포럼 등
참여 기간	장기간의 몰입 과정	간헐적인 참여 과정
비교 문화기술지의 가능성	연구팀 없이는 불가능	한 명의 연구자가 실행 가능

인터넷 문화기술지는 연구 대상이 되는 커뮤니티의 개념, 본질, 특성면에서도 전통적인 문화기술지의 커뮤니티와는 차이점을 드러낸다. 따라서 인터넷 문화기술지의 주요 연구 대상이 되는 온라인 커뮤니티에 대해서도 명확히 규명될 필요가 있다.

온라인 커뮤니티는 가상 커뮤니티(virtual community)라는 개념과 구분 없이 사용된다. 힐츠(Hiltz, 1984)가 'online community'라는 용어를 처음 사용했는데, 온라인 공동체에 참여하는 사람들은 지적인 담화에 몰입하면서 토론을 하거나 상업적 행위, 지식 교환, 정서적 지원의 공유, 계획, 브레인스토밍, 가십거리나 싸움, 사랑 나누기, 친구 찾기, 게임하기 등을 수행한다. 레잉골드(Rehingold, 1993: 5)가 처음 사용한 'virtual community'도 'online community'와 유사한 개념으로 쓰이고 있다. 그는 가상 커뮤니티를 "많은 사람들이 가상공간에서 감정과 정서를 교류하면서 개인 간의 관계를 형성하기 위해 네트워크를 기반으로 오랜 시간 동안 공개 토론 및 토의를 수행하는 사람들의 사회적 모임"이라고 규정하고 있다.

온라인 커뮤니티에 참여하는 사람들은 주로 인터넷을 매개로 한 독특한 커뮤니케이션 방식을 만들어 낸다. 인터넷 기반 커뮤니케이션이 면대면 상호작용보다 고도로 사회화되어 있음을 밝히고 있다(Rheingold, 1993; Walther, 1996). 이것은 인터넷이 가진 단점인 '시각적 단서의 상실(loss of visual cues)'이 오히려 사회화를 더 촉진하는 기능을 가지고 있다고 설명한다. 즉, 온라인 커뮤니티의 질서와 친밀성을 유지하기 위한 규준이 사회화를 촉진하고 조정하는 역할을 한다고 설명한다. 또한 온라인의 익명성과 사회적 현존감의 특징은 지위와 계층의 문제를 부각시키지 않고 평등성에 토대를 두게 한다. 더불어, 인터넷 커뮤니케이션을 통해 특정 사회 단체와 그들의 정체성을 파악할 수 있으며(Spears & Lea, 1992; Spears et al., 2002), 소속감과 애착의 정도까지도 확인할 수 있다(Walther, 1996).

가장 널리 인식되고 있는 인터넷의 사회적 행동은 친밀한 관계를 형성하는 도구로써 사용하는 '자기노출'이다. 사람들은 실생활 관계보다 인터넷을 통한 커뮤니케이션에서 자신을 많이 노출하는 경향이 있음을 밝히고 있다(McKenna & Bargh, 1998). 발터(Walther, 1996: 17)에 의하면 사람들은 병렬적인 특징을 지닌 면대면 상황에서 상호작용하기보다는 사회적인 확산성을 지닌 온라인에서 커뮤니케이션하기를 더 열망한다고 하면서 이러한 현상을 '하이퍼퍼스널 커뮤니케이션(hyperpersonal communication)'이라고 했다. 그리고 하이퍼퍼스널 커뮤니케이션에 영향을 미치는 4가지 주요 요인이 있음을 제시했다. 첫째, 많은 온라인 참여자들은 사회적 분류 체계를 공유하기 때문에 그들과 대화를 나누는 파트너들 간의 동질성을 확보하려는 경향이 있다. 즉, 이러한 동질성은 공동의 관심사를 공유하면서 형성된다. 둘째, 메시지 송신자는 자기표현을 최적화할 수 있다. 온라인 가상공간에서는 면대면 상황보다 자신을 더 긍정적인 모습으로 표현할 수 있다. 발터(Walther, 1996)는 우리가 외양(appearance)에 대한 걱정에서 벗어나 내면에 초점을 맞추면서 대화를 나눌 수 있음을 밝히고 있다. 이것은 대화를 나누는 상대방의 감정과 생각을 자극하여 동의를 이끌어 내도록 함으로써 더욱 친밀감을 향상할 수 있다. 셋째, CMC의 포맷(the format of CMC)이 하이퍼퍼스널 커뮤니케이션에 영향을 준다. CMC의 유형을 크게 이분하면 동시적 CMC와 비동시적 CMC로 나누어진다. 비동시적인 특징을 가진 이메일은 실시간으로 진행되는 동시적인 채팅에 비해 메시지를 작성하는 데 보다 많은 주의를 기울이기 때문에 많은 시간과 노력을 들여 메시지를 작성하고 편집하며 사회적 감정이나 느낌까지 포함할 수 있다. 넷째, 지속적인 피드백의 순환(feedback loop)이 하이퍼퍼스널 커뮤니케이션에 영향을 미친다. 대부분의 사람들은 오프라인 인간관계의 확장을 위한 수단으로 CMC를 사용한다. CMC가 가진 이러한 특징은 인간관계를 유지하고 발전시키는 기능을 수행하면서 보다 확장된 인맥을 제공하기도 한다. 온·오프라인을 통합하는 지속적인 상호작용을 통해 상호간 긍정적인 인상과 느낌을 전달하기 때문이다.

인터넷 문화기술지의 특징을 밝히기 위해 참여 관찰, 인터넷 자체가 가진 특징, 그리고 사회적 현존감의 입장에서 조명할 수 있다.

첫째, 인터넷 문화기술지는 전통적인 문화기술지처럼 참여 관찰을 통해 수행된다. 그러나 온라인 참여 관찰만으로 연구를 진행하기에는 신뢰성의 한계를 가지고 있다. 초기 인터넷 문화기술지 연구는 주로 텍스트와 채팅을 분석하거나(Herring, 1996), 포럼과 커뮤니티 같은 인터넷 커뮤니케이션 그룹에서 드러나는 행동에 관한 기록과 인터뷰를 통해 참여자와 관찰자 간의 상호작용에 관한 연구들(Kendall, 1999; Sharf, 1999)에 토대를 두고 있었다. 이로 인해 온라인 공간에서만 수행되는 연구를 바탕으로 해석의 적절성, 타당도, 한계가 제기되었고, 이러한 문제를 극복하기 위해 자료를 수집하는 방법으로 온라인과 오프라인을 통합할 것을 제안했다(Orgad, 2004; Sade-Beck, 2004). 이러한 결합은 기어츠(Geertz, 1973)가 언급한 '심층 기술'을 가능하게 함으로써 풍성한 문화기술지의 토대를 구축한다. 조영환(2012)은 인터넷 문화기술지의 가능성 연구를 통해 커뮤니티에 온라인 게시판을 중심으로 참여 관찰을 하면서 면대면 인터뷰를 병행했다. 그러나 이때 온라인과 오프라인 간의 비연속성의 문제가 생길 수 있다. 즉, 게시판 활동을 참여 관찰한 결과와 커뮤니티 구성원을 직접 만나 인터뷰한 결과 사이에 차이가 있을 수 있는데, 하인(2000)은 이러한 오류 기능을 '인터뷰의 패러독스'라고 했다. 따라서 인터넷 문화기술자는 비연속성에 영향을 주는 3가지 요소를 고려할 필요가 있다. 첫째, 명료성의 수준 (level of articulacy)이다. 이메일을 통한 의사소통에서는 상세한 정보를 가지고 적극적으로 참여하나, 면대면 인터뷰에서는 온라인에서 했던 것처럼 자신의 이야기를 유창하게 말하지 못하는 경우가 있다. 반대로 온라인 활동에서는 적극성을 보이지 않았던 사람이 면대면으로 직접 만나 대화를 나눌 경우 적극적인 관심과 태도를 가지고 왕성한 의사소통을 진행하는 경우가 있다. 둘째, 정보제공자의 개방성과 협력이다. 온라인 게시판과 이메일을 통해서는 소극적이었던 사람이 연구자의 지속적인 관심과 신뢰에 마음의 문을 열고 적극적으로 다가오는 경우가 있다(Orgad, 2004). 셋째, 사용되는 언어의 유형이다. 특정 집단에서 사용하는 전문용어나 은어를 오프라인에서도 이해할 수 있는 준비성이 필요하다. 또한 구성원이 거주하는 지역의 사회 문화적 맥락을 이해할 수 있는 용어를 파악해 두는 것도 도움이 된다. 이 외에도 온라인에서 오프라인으로 이동할 때, 인터넷 문화기술자는 민감성을 가지고 조심해야 할 사항이 있다. 첫째, 새로운 통찰보다는 똑같은 정보를 양산하는 위험을 고려해야 한다. 둘째, 온라인 상호작용에서 인식된 정보제공자에 대한 연구자의 편견을 고려해야 한다.

둘째, 인터넷 문화기술지는 인터넷이 가진 복잡한 특징을 가지고 있다. 인터넷은 특별한 연구 대상과 연구 주제에 초점을 맞추는 것을 어렵게 만드는 복잡성, 분산성, 다면적인 구조로 인해 문화기술지 연구를 수행하는 데 많은 방법적인 어려움을 가지고 있다 (Jones, 1999). 특별한 사회적 공간에 국한되지 않는 인터넷 사용의 속성 때문에 연구 대상을 일반적인 준거에 따라 결정할 수 없다. 대개 연구 대상을 결정할 때, 거대한 데이터베이스를 구성하는 인터넷으로부터 발견한 데이터를 분석하는 어려움에 직면하게 된다. 인터넷에서의 자료는 도서관에 쌓여 있는 책에서 볼 수 있는 고정된 형태의 '하드 카피'가 아니라, 매일 업데이트되어 변화하는 데이터베이스이기 때문에 오랜 시간에 걸쳐 매일 모니터링할 필요가 있다. 또한, 사용자들은 자신이 활동하는 사이트마다 다른 정체성을 보이기 때문에 웹이 가진 유동성과 끊임없는 이동성은 일반적인 연구 방법을 적용하는 어려움을 제공한다. 더불어 인터넷 커뮤니케이션을 특징화하는 익명성은 정체성을 추적하고 확인하는 어려움이 있다.

셋째, 인터넷 문화기술지는 주요 필드가 온라인 가상공간의 특징을 반영한다. 이 가상공간에서 부각되는 특징이 참여자들의 사회적 현존감이다. 인터넷 문화기술지 연구를 수행하는 어려움에는 자료를 수집하는 주요 방법인 인터뷰와 관찰의 문제가 있다. 주로 인터넷 상호작용은 글을 쓰는 형태로 발생하는데 사용자들 간의 상호작용 패턴 형성에 영향을 미치게 된다. 또한 이러한 변화는 연구자와 사용자들 사이에 발생하는 온라인 인터뷰의 특징에 영향을 미친다. 연구자는 사용자들과 면대면으로 만날 수 없기 때문에 목소리 톤, 몸짓, 제스처, 그리고 얼굴 표정과 같은 비언어적 요소의 부재로 미세한 다층적 의미를 상실할 수 있다. 이러한 사회적 현존감을 극복할 수 있는 대안적인 방법이 마련되어야 할 것이다. 브룩만(Bruckman, 2006: 87)은 자신의 경험을 통해 온라인 인터뷰는 제한된 가치를 가지고 있다는 의견을 제시하면서, 채팅을 통한 인터뷰는 깊이 없는 피상적인 자료를 제공하기 때문에 이론을 구축하기 위해서는 이메일을 통한 인터뷰 방법으로 보완할 것을 제안했다. 또한, 면대면 상황에서 이루어지는 인터뷰에서는 연구자의 직접적인 질문에 응답자가 즉각적으로 반응할 수 있지만, 온라인 인터뷰는 생각과 글쓰기의 시간 지연으로 질문에 대한 답변을 생각하고 조직할 수 있는 시간을 제공한다. 더불어, 인터넷 커뮤니케이션의 평등주의적인 본성은 연구자로 하여금 웹의 모든 사용자들이 유사한 지위를 가지고 있는 것처럼 인식하게 만드는 특징도 있다.

위의 특징과 한계들을 고려하기 위해서는 인터넷 문화기술지에 대한 특징적인 면을 숙지하고 있어야 한다. 이를 위해, 하인(2002: 66-71)은 인터넷 문화기술지의 10가지 원리를 제시했다. 첫째, 인터넷이 사회적 의미를 형성하는 방법을 탐구하기 위해 문화기술지를 사용할 수 있다. 둘째, 인터넷과 같은 상호작용 매체는 문화와 문화적 산물로 이해될 수 있다. 인터넷과 그곳에서 드러나는 사용자들의 모습은 문화기술지라는 방법과 자연스럽게 연결되기 때문에, 인터넷 공간이 문화와 문화적 산물이라는 것은 시사하는 바가 크다. 즉, 문화기술지가 방법이면서 산물인 것처럼, 인터넷 역시 사회적 상호작용을 수행하면서 상호작용의 결과까지 산출하기 때문이다. 셋째, 인터넷 문화기술지는 연구자에게 가상과 실재에서 공존할 것을 요구한다. 넷째, 특정한 필드 사이트로 가는 대신, 인터넷 문화기술지는 필드 커넥션을 따른다. 다섯째, 가상과 실제의 경계는 허용되지 않는다. 여섯째, 인터넷 문화기술지는 장기간 몰입하기보다는 간헐적 참여의 과정이다. 일곱째, 인터넷 문화기술지는 객관적 실체의 충실한 표현이기보다는 특별한 연구 질문에 대한 전략적 관련성에 기반하기 때문에 부분적이다. 여덟째, 상호작용의 몰입을 통해 문화기술지에 대한 반성적 차원을 추가한다. 아홉째, 인터넷 문화기술지는 가상공간의, 가상공간에서, 가상공간을 통한 문화기술지이다. 열째, 인터넷 문화기술지는 문화기술지를 적용한 적응적 문화기술지(adaptive ethnography)이다.

2. 인터넷 문화기술지의 발달

인터넷의 발달과 함께 커뮤니케이션 매체로서 인터넷은 문화기술자들에게 지속적인 연구의 대상이 되어 왔다. 온라인 커뮤니티에 대한 초기 문화기술지 연구는 레잉골드 (Rheingold, 1993)와 터클(Turkle, 1995)의 영향을 많이 받았다. 레잉골드(1993)는 저 서『The Virtual Community: Homesteading on the Electronic Frontier』를 통해 인터넷과 온라인 커뮤니티의 역사를 소개하면서 온라인 커뮤니케이션 개념도와 상호작용의 잠재성 을 제안했다. 비록 레잉골드는 상품화된 인터넷, 온라인 감시, 그리고 가상의 실체(cyber-induced hyper-reality)의 잠재된 위험을 상술하는 충고성의 글로 마무리했지만, 오히려 인터넷에 대한 열정이 더 지배적이었다. 터클(1995)의 저서『Life on the Screen: Identity in the Age of the Internet』은 사람들이 인터넷과 상호작용하는 방법의 연구를 통해 컴퓨 터에 대한 이해의 변화를 면밀히 조사했다. 또한, 그녀는 문화기술지 접근을 통해 수많 은 가상 환경을 탐구함으로써 온라인 정체성에 관한 아이디어를 언급했고, 대부분의 사 용자들이 보다 진정한 정체성 혹은 다양한 정체성을 보이기 위해 사이버공간을 사용한다 는 사실을 발견했다. 브룩만(1992)이 '정체성 워크숍(identity workshop)'이라고 이름을 붙인 사이버공간 안에서 사용자들은 성별, 성적 취향, 성격을 취사선택하는 데 자유롭다 고 밝혔다. 이렇게 1990년대 중반까지 인터넷 문화기술지 연구의 경향은 주로 가상 커뮤 니티와 온라인 정체성에 초점을 두고 진행되었다. 레잉골드와 터클의 작품에서 발견된 열 정의 결과로, 사이버문화는 권한분산(empowerment)의 장소로 표현되면서 테크놀로지뿐 만 아니라 사용자들의 돌파구로 표현되었다.

레잉골드와 터클의 연구를 토대로 학자들은 새로운 방법과 이론들을 사용하였다. 사 회학자들은 가상 커뮤니티를 '사회적 네트워크'로 접근했고(Wellman et al., 1996), 사회 적 상호작용의 전통과 집단행동 딜레마 이론(collective action dilemma theory)을 사용 하기도 했다(Smith & Kollock, 1999). 인류학 안에서 학자들은 개인, 사회, 네트워크 간 의 교차점을 탐구하기 위한 새로운 하위 영역인 사이보그 인류학(cyborg anthropology)을 형성하기도 했다(Downey & Dumit 1998; Escobar 1996). 동시에 언어학자들은 글쓰기 양식, 네티켓, 문자 코드를 연구하기 시작했다(Danet et al., 1997; Herring, 1996). 페 미니스트와 여성 연구자들은 사이버공간에서 젠더가 어떻게 규정되고 구성 및 파괴되는 지를 밝히기 위해 텍추얼 분석(textual analysis)과 페미니스트 이론을 사용했다(Cherny & Weise, 1996; Consalvo, 1997; Dietrich, 1997). 게다가 커뮤니티 활동가와 학자들은 실 제 삶의 공간인 오프라인 면대면 커뮤니티와 가상 커뮤니티의 특징과 차이점을 연구하기 시작했다(Schmitz, 1997; Silver, 1996).

많은 학자들은 단순히 레잉골드와 터클의 연구 경향을 철회하는 것을 벗어나 자신들 만의 연구를 개척했다. 맥러플린(McLaughlin)과 그의 동료들(1995)은 3주 동안 5개의 뉴스그룹에 게시된 모든 메시지를 수집하여 규범적 담화를 분석함으로써 일반적인 온라인 행동규칙의 확립을 시도했다. 베임(1995)은 가상 커뮤니티의 본질을 이해하기 위해 문화기술지 방법을 사용했다. 이를 통해 학자들 간에는 사이버공간의 본질에 대한 공동의 합의가 도출되기도 했다. 즉, 사이버공간은 커뮤니케이션과 커뮤니티를 위한 공간일 뿐만 아니라 담화가 발생하고 매우 실제저이고 상상력이 녹아 있는 장소임을 규명했다 (Borsook, 1996; Ross, 1991; Sobchack, 1993).

온라인 커뮤니티에 대한 문화기술지 연구를 수행한 초기의 또 다른 학자들은 베임 (1999), 마컴(1998), 체르니(1999)이다. 온라인 문화기술지의 선구자 중의 한 명이자 캔사스 대학(University of Kansas) 미디어 연구 교수인 베임(1999)은 연속극에 몰두하는 참여자 게시판에 대한 상세한 연구를 수행했다. 그녀는 커뮤니티의 구조는 습관적으로 반복되는 행동을 통해 만들어지기 때문에 온라인 커뮤니티는 실제의 커뮤니티처럼 연구될 수 있음을 제안했다(Baym, 1999: 22). 그녀는 그룹 정체성 형성을 위한 평가, 위로, 비판 등의 전략과 같이 해석적이면서 정보를 제공하는 사회적 실재를 묘사했다. 위스콘신 밀워키 대학 교수 마컴(1998)은 『In Life Online』에서 CMC를 통해 나타나는 언어적 실재와 집단 형성을 문화기술적 접근을 통해 상술했다. MUD(Multi-User Dungeon) 게임 사용자들의 경험에 대한 권위자인 체르니(1999)의 저서『Conversation and Community』는 실시간 채팅 기반 커뮤니티에서 구성원들의 언어적 실재, 히스토리의 공유, 그리고 다른 온라인 커뮤니티 구성원들과의 관계를 문화기술지 방법을 통해 제시했다. 또한, 커뮤니티 구성원들은 문자 기반의 커뮤니케이션 한계를 극복하기 위한 방법으로 어휘, 축약어, 이모티콘 등을 사용한다고 상술했다. 다넷(Danet, 2001)은 저서『Cyberpl@y』에서 다양한 온라인 놀이 유형을 조사하기 위해 담화 분석을 실시했다. 그녀는 5가지 사례를 통해 농담(playfulness), 예술, 커뮤니케이션의 집합점(convergency)을 조사했다. 코렐(Correll, 1995)은 전자 바(electronic bar)인『레즈비언 카페(The Lesbian Cafe)』에 대한 문화기술지 수행을 통해 온라인 구성원 참여 스타일을 정기참여자(regulars), 초보자(newbie), 숨어 있는 사람(lurkers), 그리고 혹독한 비판자(bashers)의 4가지 유형으로 구분했다. 그녀에 의하면, 숨어 있는 사람에서 초보자, 정기참여자로의 명백한 발달적 과정이 있었으며 구성원들을 괴롭히기 위해 커뮤니티 외부에서 온 혹독한 비판자들은 반대 입장을 구축하고 있음을 밝혔다.

이처럼 사이버문화에 관한 본격적인 학문적 관심은 1990년대 후반부터 활기를 띠기 시작했다. 레이드(Reid, 1996), 베임(1995), 코렐(1995)은 문화기술적 접근을 통해 온라인 사회 현상에 관심을 가진 대표적인 인물들이다. 그들은 온라인 환경에서 존재하는 의미의 형식, 공유된 가치와 특별한 맥락적 방식은 자신들이 구축한 학문적 방법과 용어로 분석될 수 있다고 주장했다. 따라서 온라인 문화기술자들은 일정 기간 동안 선택한 사이트에 가입하여 정보제공자들과 상호작용하면서 인터넷이라는 매체가 상호 관계를 형성하고 유지하는 방법에 대한 상세한 모습을 기술했다. 또한 존스(Jones, 1995)는 온라인 맥락은 물리적으로 떨어져 공존의 필요성이 있는 사람들을 위한 공동체를 제공한다고 주장했다. 사이버문화에 관한 초기 학자들은 온라인 공간이 가진 잠재력을 언급하면서 새로운 연구 방법과 연구 영역으로서 충분한 가치가 있는 기회의 공간으로 소개했다.

1990년대 후반에 사이버문화 연구가 활기를 띠면서 사이버문화에 대한 보다 폭넓은 관점을 가지기 시작했다. 단순히 가상 커뮤니티와 온라인 정체성 영역에만 한정된 연구에서 벗어나 사이버문화 연구의 제3세대라고 할 수 있는 비판적 사이버문화에 관한 연구가 등장했다. 사이버문화를 독립체로 접근하는 대신, 보다 복잡하고 특성화된 결과를 제공하기 위해 사이버공간을 맥락화된 공간으로 보았다. 존스(1997)는 사이버문화에 대한 연구의 주요 개념과 방향을 문제화함으로써 맥락화하는 연구를 시도했다.

사이버공간에 대한 긍정적인 효과의 이면에는 두 가지 형태의 우려가 제기되기 시작했다. 즉, 경계로서의 넷과 보이스타운으로서의 사이버공간(the Net as frontier and cyberspace as boystown)[1]의 문제가 대두되었다. 밀러(Miller, 1995)는 경계로서의 넷이 남성 중심의 적대감을 형성하여 여성들과 아이들에게는 안전하지 않은 장소를 만든다고 언급했다. 여자들의 마음은 약하고 상처받기 쉬워 거친 공적 담화에 적합하지 않은 것처럼 여성들은 무형의 환경에서 특별한 보호를 받아야 한다고 주장했다. 보르숙(Borsook, 1996)은 최신 유행하는 잡지는 테스토스테론을 유발하는 상업주의라는 이름 아래 반문화 주제에 적합한 방식을 표현한다고 분석했다. 1994년에서 1997년 사이에는 계층, 인종, 나이 등으로 구분되는 특정 그룹들 간의 정보격차(digital divide)에 관한 연구가 수행되었다. 소득 수준, 계층, 인종에 따라 컴퓨터의 소유와 인터넷으로의 접근율 차이를 드러내고 있어 위화감을 조성하는 하나의 도구임을 지적했다(NTIA, 1995; 1998). 베일리(Bailey, 1996)는 축약어 같은 공유된 관습은 환영받지 못하는 영역을 만들면서 '잘난 체하는 초보자(newbi snobbery)'를 양산하는 공간임을 지적하기도 했다. 최근에는 인간과 컴퓨터 간의 복잡한 관계에 관심을 가지면서 인간-컴퓨터 상호작용(human-computer interaction, 이하 HCI)을 연구하기 위해 인터페이스 설계, 설계 원리에 관심을 가지는 학

---

1. 인터넷은 남성 중심의 환경임을 표현하는 의미를 가지고 있으며 사전적인 의미는 남성동성애자들이 모이는 곳이라는 뜻을 가지고 있다.

자들이 등장했다. 콜락(Kollock, 1997)이 'Design Principles for Online Communities'에서 언급한 것처럼, 온라인 환경은 사용자들의 협동, 커뮤니티에 기반한 지식 축적, 그리고 외부 자원으로의 확산을 촉진할 수 있도록 설계되어야 한다. 더불어 온라인 인터페이스를 평가하기 위한 모델을 개발하는 연구도 수행되었다(Kim, 1999).

이후, 인터넷 문화기술지의 구체적인 연구 방법을 구체적인 사례들과 함께 체계화하여 집대성한 저서들이 출간되었다. 하인(2000)은 『Virtual Ethnography』를 통해 가상공간에서 수행하는 연구 방법으로써 문화기술지의 가능성을 탐색했고, 2006년에는 인터넷 문화기술지의 쟁점과 방법을 탐색한 『Virtual Methods: Issues in Research on the Internet』을 출판했다. 마컴과 베임(2009)은 『Internet Inquiry: Conversations about Method』에서 인터넷 문화기술지 방법을 사례와 질문을 통해 접근했고, 코지네츠(2010)는 『Netnography: Doing Ethnographic Research Online』에서 인터넷 문화기술지 절차와 단계에 따른 연구 방법을 구체적인 사례를 통해 접근했다. 인터넷 문화기술지 발달에 따른 주요 연구는 〈표 2〉와 같다.

〈표 2〉 인터넷 문화기술지 발달에 따른 주요 연구

연구자	연구 내용	저서 및 연구물
Rheingold (1993)	• 인터넷, 온라인 커뮤니티 역사 소개 • 온라인 커뮤니케이션의 개념도와 잠재성 제안	The Virtual Community: Homesteading on the Electronic Frontier
Bruckman (1992)	• 사이버공간에서의 사용자 탐색	(참고문헌 참고)
Turkle (1995)	• 인터넷과 상호작용하는 방법 연구 • 컴퓨터에 대한 이해의 변화	Life on the Screen: Identity in the Age of the Internet
McLaughlin et al. (1995)	• 메시지에 대한 규범적 담화 분석 • 온라인 행동규칙 확립 시도	Standards of conduct on usenet
Baym (1995)	• 가상 커뮤니티 본질 규명	The emergence of community in computer-mediated communication
Correll (1995)	• 온라인 구성원의 참여 스타일 분석	The ethnography of an electronic bar: the lesbian cafe
Markham (1998)	• CMC를 통해 나타나는 언어적 실재와 집단 형성	Life Online
Baym (1999)	• 연속극에 몰두하는 참여자 게시판 연구	Tune in, log on: Soaps, fandom, and online community

Cherny (1999)	• 실시간 채팅 기반 커뮤니티 연구	Conversation and Community
Jones (1997)	• 사이버문화의 맥락화 시도	Virtual culture: Identity & communication in cybersociety
Hine (2000)	• 가상공간에서 수행하는 연구 방법으로서의 문화기술지의 가능성 탐색	Virtual Ethnography
Danet (2001)	• 다양한 온라인 놀이 유형 조사	Cyberpl@y
Hine (2005)	• 가상공간에서 문화기술지를 통한 연구를 수행하는 쟁점과 방법에 관한 탐색	Virtual Methods: Issues in Social Research on the Internet
Markham & Baym (2009)	• 연구 방법으로서 인터넷 질적 연구에 대한 방법을 사례와 질문을 통해 탐색	Internet Inquiry: Conversations about Method
Kozinets (2010)	• 인터넷 문화기술지 연구 절차와 단계에 따라 실천 방법을 구체적인 사례를 통해 집대성	Netnography: Doing Ethnographic Research Online
오영범 (2014)	• 교육과정 전문가 양성 과정에 참여한 40명의 초등학교 교사들이 스마트폰과 인터넷 게시판을 활용하여 전문성 신장을 형성하는 과정과 방법	온라인 교사공동체 전문성 발달의 특징에 관한 질적 사례 연구
오영범 (2015)	• 1인 미디어 시대를 열고 있는 스마트폰의 활용 실태 분석을 통해 교육과정과 수업설계의 자원으로 활용할 수 있는 구체적인 방법 제시	초등학교 교육과정과 수업설계의 자원으로서 스마트폰: 아동들의 교육적 경험
오영범 (2016)	• SNS의 한 유형인 '밴드(BAND)'를 사용하는 한 초등학교 교사들이 형성하는 의미 탐색	한 초등학교 교사들의 SNS 활용 특성에 관한 인터넷 질적 연구: '밴드'를 중심으로

인터넷 문화기술지의 절차 및 단계

인터넷 문화기술지를 수행하는 절차는 대체로 5단계로 제시되고 있다. 〈표 3〉에서 제시하고 있는 인터넷 문화기술지 5단계는 전통적인 문화기술지 단계와 유사하지만, 연구 장소가 가상공간이므로 자료 수집 및 분석 방법 등에서 차별적인 모습을 보인다. 헤어와 클락(Hair & Clark, 2003), 코지네츠(2010), 스카지비(Skageby, 2010)의 인터넷 문화기술지 절차를 종합하여 오영범과 김영천(2013)은 연구 주제 정의하기, 온라인 커뮤니티 선택하기, 자료 수집하기, 자료 분석하기, 연구 결과 보고하기의 5단계를 제시했는데, 이를 바탕으로 설명하고자 한다.

〈표 3〉 대표적인 인터넷 문화기술지 절차와 단계

Hair & Clark(2003)	Kozinets(2010)	Skageby(2010)	오영범, 김영천(2013)
커뮤니티 확인하기	연구 주제 정의하기	환경 및 연구 관점 정의하기	연구 주제 정의하기
접근 협상하기	커뮤니티 확인 및 선택하기	들어가기	온라인 커뮤니티 선택하기
접촉하기	커뮤니티 참여 관찰 및 자료 수집	온라인 자료 수집하기	자료 수집하기(참여 관찰, 인터뷰, 이메일, 필드 노트 등)
심층 인터뷰하기	자료 분석 및 결과 해석	자료 분석하기	자료 분석하기
커뮤니티 결과 분석하기	연구 보고서 작성	결과 보고하기	연구 결과 보고하기

1. 연구 주제 정의하기

온라인 커뮤니티에 들어가서 참여를 본격적으로 시작하기 전에 연구하고자 하는 것이 무엇인지를 명확하게 결정해야 한다. 연구 주제와 질문에 따라 참여할 온라인 커뮤니티가 결정되기 때문이다. 크레스웰(Creswell, 2009: 129-130)은 질적 연구자들에게 '연구의 중심 현상과 개념의 탐구'를 요구하는 폭넓은 질문들을 선정할 것을 제안했다. 즉, 중심 현상을 둘러싸고 있는 복잡한 일련의 요인들을 탐구하고 이러한 현상을 경험하는 참여자들의 다양한 견해와 의미를 드러내는 것이다. 코지네츠(2010)는 크레스웰(2009)의 이러한 관점이 인터넷 문화기술지에도 적합하다고 언급하면서, 인터넷의 새로운 맥락과 커뮤니티에 어울리는 개방적 탐구 방법을 사용할 것을 제안하고 있다. 크레스웰(2009)은 질적 연구를 위한 질문을 진술하는 7가지 가이드라인을 제안하고 있다.

첫째, 한두 개의 중심 질문을 만들어라. 둘째, 중심 질문 탐구를 위한 질적 전략과 연결하라. 셋째, 연구 설계의 의미를 전달하기 위해 '무엇(what)'이나 '어떻게(how)'가 포함된 연구 질문으로 시작하라. 넷째, 하나의 현상과 개념에 중점을 두라. 다섯째, '발견하다', '이해하다', '탐구하다', '기술하다' 등과 같은 동사를 사용하라. 여섯째, 개방형 질문을 사용하라. 일곱째, 연구를 위한 참여자와 현장의 특징을 명시하라.

예를 들어, 신부들이 다문화의 양면성을 관리하기 위해 사용한 대응전략을 탐구하기 위한 연구(Nelson & Otnes, 2005)에서는 두 개의 연구 질문이 설정되었다. 첫째, 웨딩 메시지 보드는 다문화 결혼을 계획하는 신부들에게 어떤 역할을 하는가? 둘째, 신부들이 경험하는 다문화 양면가치를 부합시키기 위해 인터넷 커뮤니티를 어떻게 사용하는가? 더불어, 코지네츠(2010)는 다른 사람들이 구축해 놓은 지식을 습득하되, 기존 이론을 확인하거나 타당화하는 수준에서 그치지 않도록 '이론적 안경(theory goggles)'을 쓰고 연구 질문을 설정할 것을 충고하고 있다. 예를 들면, '사람들은 온라인 커뮤니티에서 습득한 정보를 그들의 일상생활에 어떻게 관련지으며 적용하는가?', '한국 사람들이 온라인 문화를 이해하는 가장 공통적인 메타포는 무엇인가?'와 같은 연구 질문으로 출발할 수 있다.

2. 온라인 커뮤니티 선택하기

연구 주제가 정해지면 커뮤니티를 확인하고 선택해야 한다. 코지네츠(2010)는 온라인 커뮤니티를 선정하는 기준으로 관련성, 활동, 상호작용, 대규모, 이질성, 풍부한 데이터를 제시했다. 즉, 연구 질문은 주제와 관련되어 있어야 하고, 최근 정기적인 커뮤니케이션을 지속해 오고 있으며 참여자들 간의 커뮤니케이션 흐름이 지속성을 가지고 연속적으로 존재해야 한다. 또한 다수의 왕성한 참여자들로 구성되어 규모가 크고, 참여자들은 이질적으로 이루어져 있으며, 상세하고 풍부한 데이터가 존재하는 온라인 커뮤니티를 말한다. 조영환(2012)은 자신의 박사학위논문을 위해 미국의 메이저리그를 즐기는 팬들의 문화적, 민족적 정체성을 연구하기 위해 '파크'라는 온라인 커뮤니티(MLBPARK, www.mlbpark.com)[2]를 선택했다. 또한, 코렐(1995)은 온라인 구성원 참여 스타일의 유형을 연구하기 위해 전자 바(electronic bar)인 '레즈비언 카페'에 참여했다.

인터넷 문화기술지에서는 '현장 들어가기'와 '연구 허락 받기'가 엄연히 구분된다. 한국의 대표적인 인터넷 커뮤니티인 '카페'를 통해 '현장 들어가기'와 '연구 허락 받기'에 대해 설명할 수 있다. 현장 들어가기는 인터넷으로 연결된 가상의 커뮤니티 공간에 접근할 수 있는 권한을 의미하는 것으로 공식적인 카페 회원이 되는 것을 말한다. 카페의 공식 회원이 되기 위해서는 해당 카페에서 요구하는 인증 절차를 거친 후 카페 관리자의 승인을 받아야 한다. 카페의 회원 등급이 세분화된 경우에는 카페 가입이 승인되더라도 접근성의

---

2. 이 사이트는 현재 mlbpark.donga.com으로 도메인 명이 바뀌어 지속적으로 운영되고 있었는데, 한국야구뿐만 아니라 메이저리그에서 뛰고 있는 한국 선수들에 대한 정보를 교류하는 내용들이 공유되고 있었다.

범위가 제한될 수 있다. 회원 등급이 향상될 수 있는 조건을 충족할 경우에 접근성의 범위가 확대된다. 보통 이러한 조건은 왕성한 활동을 통해 드러나는 적극성으로 평가된다. 카페의 성격에 따라 회원 등급을 몇 단계로 세분화하여 각 단계마다 등급이 상향되는 조건을 명시해 놓은 경우도 있다. 이처럼 공식적으로 카페 회원이 되었을지라도 연구 허락 받기는 별도의 활동으로 이루어진다. 연구자는 동일한 목적으로 활동하는 다양한 구성원들과 친밀성을 유지하고 신뢰를 확보하기 위해 게시글 읽기 및 쓰기, 댓글 달기, 이모티콘을 활용한 감정 표현 등의 활동을 한다. 연구자는 이런 활동으로 자신의 온라인 정체성을 밝히고 커뮤니티 내의 다른 구성원들과 동질성을 확보할 수 있다.

오영범(2014)은 교육과정 전문가 양성 과정에 참여한 1인이었기에 자연스럽게 온라인 커뮤니티라는 현장에 참여할 수 있었다. 그러나 교육과정 전문가 양성 프로젝트가 실시된 지 6개월 남짓 지난 후에 연구 수행에 대한 통찰을 얻었기 때문에 별도의 연구 허락 과정이 필요했다. 이를 위해, 그는 다양한 SNS 유형 중의 하나인 '밴드(BAND)'를 통해 연구 수행에 대한 의지, 연구 윤리, 연구 결과에 대한 공유를 약속하면서 연구 허락을 받기 위한 글을 올렸고 본격적인 연구 진행에 대한 허락을 받을 수 있었다.

여러 선생님들께 한 가지 동의를 구하고 싶습니다.

교육과정 전문가 40인 양성 프로젝트는 선생님들을 전문가로 거듭나게 하기 위한 모범적인 실천공동체라고 할 수 있습니다. 그래서 개인적으로 이러한 공동체가 긍정적으로 변모해 가는 과정과 특징에 대해 연구를 수행해 보고 싶습니다. 그러기 위해서는 선생님들께서 이 밴드에 올려 주신 사진, 글, 댓글 등을 연구 목적을 위해 사용해도 좋다는 허가가 필요합니다. 만약 허락해 주신다면 연구 윤리를 준수하면서 연구 결과도 나중에 공유하도록 하겠습니다.

김○○   훌륭한 계획인 것 같아요. 같은 학교 졸업한 사람 꼭! 잊지 말아 주세요. 저는 동의합니다.

윤○○   저도 동의합니다^^

홍○○   역시 부장님~~^^ 무조건 동의합니다^^

박○○   굿 아이디어♡♡

공○○   역시 박사님은 틀리시네... 친구여 그대에게 나도 한 표...

김○○   오박사님~ 앞으로도 쭈욱 친하게 지내요~당근 동의합니다~글은 많이 안올렸지만~^^

> 박○○   별 도움이 될지 모르지만 동의에 한 표
>
> 이○○   우와 역시 멋집니다. 유익한 자료 찾아 올려야겠네요.

위에서 보는 것처럼, 연구자가 쉽게 연구에 대한 허락을 받을 수 있었던 이유는 사전에 오프라인 및 온라인 만남을 통해 이미 라포가 형성되어 있었기 때문이다. 라포 형성에는 여러 가지 요인들이 작용했다. 초등학교에서 교사라는 신분으로 다양한 교육적 실천을 수행한다는 동질감, 교육과정 전문가 40인 양성 프로젝트라는 공동의 목적을 달성해야 하는 공통성 등은 본 연구를 수행하는 데 적극적 지지를 수반한 허가를 이끌어 낼 수 있었다.

다양한 구성원들로 이뤄진 온라인 그룹을 관리하기 위해서는 공동의 관심과 공유된 신뢰 관계에 중점을 둘 필요가 있다. 즉, 정보제공자와의 상호작용을 유지하고 그들의 경험을 연구자와 공유하면서 효과적인 협력을 이끌어 내기 위해 신뢰를 형성하는 것이 필요하다. 다스굽타(Dasgupta, 1998: 50)가 언급한 '깨지기 쉬운 상품(fragile commodity)'인 신뢰는 육체가 분리되어 익명성이 보장된 텍스트 환경의 가상공간에서 훨씬 쉽게 깨지기 쉬움을 밝히고 있다. 따라서 온라인 가상공간의 특징인 익명성과 육체의 분리(disembodiment)는 다른 사람들과 신뢰 관계를 형성하는 데 잠재된 장애물임을 무시할 수 없다. 온라인 커뮤니티의 구성원들은 연구자의 정체성과 연구자 의도의 진실성을 확인하기 위해 다양한 형태로 시도하고 도전한다. 연구자가 온라인 정보제공자들과 신뢰를 형성하는 것은 극히 개인적인 경험을 낯선 사람과 공유해야 하는 온라인 커뮤니케이션의 민감한 맥락 때문에 훨씬 더 어렵다. 따라서 특정 문화적 현상이 일어나고 있는 온라인 커뮤니티에서 참여 관찰을 통한 연구를 수행하고자 하는 연구자라면 연구 참여자들이 게시한 글에 적극적인 반응이 수반된 왕성한 상호작용을 통해 그들이 만들어 가는 의미 형성 과정을 민감하게 추적할 필요가 있다.

3. 자료 수집하기

앞의 두 과정이 끝나면 연구자는 연구의 목적과 문제에 맞는 자료를 수집해야 한다. 자료를 수집해야 한다는 점에서 전통적인 문화기술지에서 수행하게 되는 '연구 현장으로의 직접적인 참여'가 필요 없을 것이다. 대신에 인터넷 문화기술지에서 자료 수집은 〈표 4〉와 같은 방법으로 이루어질 수 있다.

〈표 4〉 인터넷 문화기술지의 자료 수집 방법

자료 수집 방법	설명
문서보관 자료	기존의 온라인 커뮤니티 구성원들의 컴퓨터 기반 커뮤니케이션으로부터 직접 카피한 자료
유도자료	연구자가 개인적 상호작용을 통해 온라인 커뮤니티 구성원들과 함께 만들어 낸 자료
필드노트 자료	연구자가 커뮤니티, 구성원, 상호작용과 의미, 그리고 연구자의 참여와 소속감에 대해 기록한 자료

기본적으로 온라인 자료를 수집하는 방법에는 읽기 가능한 컴퓨터 파일을 저장하는 것과 자료가 나타난 화면을 시각적 이미지 형태로 저장하는 방법이 있다. 이 두 가지 방법은 각각 장단점을 가지고 있다. 게시판, 뉴스그룹, 포럼, 블로그, 위키같이 주로 텍스트 중심의 커뮤니케이션 방식이면 읽기 가능한 파일로 저장하는 것이 좋은 방법이다. 오디오나 이미지 공유 사이트, 가상 세계, 소셜 네트워킹 사이트처럼 텍스트뿐만 아니라 시각적 정보까지 담고 있는 자료는 화면 캡처 방법을 통한 자료 수집이 더 효과적이다. 코지네츠(2010)는 그림, 이모티콘, 사진과 같은 그래픽 표상뿐만 아니라 배경 색깔과 폰트 스타일에도 주의를 기울이는 등 시각 및 그래픽 자료에도 소홀해서는 안 된다고 했다. 마컴(2004: 153)은 "이러한 메시지들은 자기에 대한 신중한 표현이기 때문에, 그들의 문장을 편집하는 것은 그들의 표현 자체를 바꾸는 것이다."라고 주장하면서 참여자들의 게시물은 스펠링, 문법이나 구두법의 수정 없이 화면에 보이는 대로 정확하게 캡처되어야 함을 제안했다. 코지네츠(2010: 95)는 인터넷 문화기술지를 위한 자료를 수집하는 방법으로 문서보관 자료(archival data), 유도 자료(elicited data), 필드노트 자료(fieldnote data)를 제시했다.

〈표 5〉 인터넷 문화기술지의 자료 수집의 예

○○도착했습니다! 오랜만에 값진 연수와 참 좋은 시간이었습니다! 꾸벅이옵니다!
교전인에게 초심이란?

"배우는 마음이고, 배워서 남 주는 것"

이○○ ○○팀도 이제 도착했습니다. 다들 무사 귀가를 기원합니다. 오늘 오후에는 무조건 다들 푹 쉬시는 걸로...
박○○ 빡센 연수로 지칠 만도 한데 마지막 모습도 모두 밝은 표정들! 전문가는 역시 달라요˜˜
윤○○ 빨리 도착하셨네요^^ 고생 많으셨습니다˜˜방학 잘 보내세요˜˜

(2013. 8. 8. 오후 2:11 안○○ 선생님의 밴드 글)

- 교육과정 전문가 양성 과정에 참여한 40명의 초등교사들이 1박 2일간의 오프라인 연수 과정을 마치고, 서로 수고했다며 인사하는 사진과 함께 텍스트를 스마트폰을 활용하여 올리자 다른 교사들도 댓글과 함께 상호 격려하고 위로하는 댓글을 달고 있음.
- 스마트폰을 활용한 SNS에 참여하면서 사회적 현존감(social presence)을 통한 정서적 지원의 특징이 드러나고 있음.

핵심 성취 기준 활용 학교장 연수(12.10~12.11)
눈이 많이 내린 청주에서,
우리 전문가님들 먼저 캐치해야 할 내용입니다.

김○○ 장학사님 연일 바쁜 행보중이시네요. 저기 사진의 파워포인트 얻을 수 있을까요? (^_^)
박○○ 자료는 교육부에서 나오면 전문가님께 드릴게요. 심화과정때 제가 언급할 예정이며 분임활동에서 논의할 주제랍니다. 기대하세요. 개봉박두♡♡
이○○ 암튼 열심히 배워서 최고의 성취와 파급효과를 올리시는 울 대빵님. 무사귀가를 기원합니다.
(2013. 12. 11. 오전 9:48 담당 장학사의 밴드 글)

- 교육과정 전문가 양성 과정을 이끌고 있는 담당 장학사가 교육부에서 주관하는 연수에 참여하면서 최근의 교육적 동향이 포함된 연수 주제를 알려 줌과 동시에 교사들도 이에 대한 준비가 필요함을 제시하고 있음.
- 교사들의 SNS 활동에 참여하면서 정보 공유의 특징이 드러나고 있음.

문서보관 자료는 이미 존재하는 온라인 커뮤니티 구성원들의 컴퓨터 기반 커뮤니케이션으로부터 직접 카피한 데이터를 말한다. 연구자는 다운로드가 용이한 방대한 양의 문화적 자료를 관련성에 따라 몇 가지 수준으로 필터링하는 것이 필요하다. 이러한 자료는 인터넷 문화기술자의 행동에 영향을 받지 않는다는 특징을 가지고 있다. 즉, 저장된 공동의 상호작용은 인터넷 문화기술자들에게 수년간의 확장된 관찰 자료를 제공하기 때문에 게시된 텍스트, 이미지, 그리고 다른 메시지를 사전에 전사할 수 있는 혜택을 누릴 수 있다. 따라서 문서보관 자료를 수집하고 분석하는 것은 온라인 커뮤니티 참여에서 좋은 보충자료(supplement)가 될 수 있다. 이것은 문화기술지에서 역사 자료가 문화적 맥락에 대한 지식을 확장하고 심화하는 방식과 유사하다.

유도 자료는 연구자가 개인적 상호작용을 통해 온라인 커뮤니티 구성원들과 함께 만들어 낸 자료를 말한다. 이메일과 채팅, 인스턴트 메시지, 인터뷰뿐만 아니라 연구자 게시물과 코멘트는 인터넷 문화기술지 자료를 끌어내기 위한 유용한 자료가 될 수 있다. 이러한 자료를 유도하는 가장 대표적인 방법으로는 인터뷰가 있다. 온라인 인터뷰는 일반적인 인터뷰와 많은 공통점을 가지고 있다. 인터넷 문화기술자는 인터뷰 참여자를 사회문화적 환경으로 끌어들이기 위한 일련의 포괄적 질문들로 시작하여 연구 초점에 대한 관심을 좁혀 나가야 한다. 즉, 질문을 하는 연구자의 역량과 상호작용이 참여자 반응의 질을 결정하기 때문에, 연구자의 예리함을 요구한다. 마컴(1998: 62-75)은 온라인 인터뷰를 실행할 때는 익명성이 많은 영향을 미친다고 언급했다. 즉, 온라인에서는 주로 텍스트만 보기 때문에 참여자의 버릇이나 태도 같은 비언어적 요소를 볼 수 없으며, 쓰기는 말하기보다 훨씬 더 오래 걸리는 작업이기 때문에 좋은 인터뷰 진행자가 되기 위해서는 인내심이 필요하다. 오르가드(Orgad, 2004)는 이와 같은 문제점을 보완하기 위해 온라인 인터뷰와 오프라인 인터뷰를 병행하여 자료를 수집했다. 코지네츠(2010)는 온라인 인터뷰를 통해 자료를 수집할 때 익명성을 고려하는 다섯 가지 방법을 제안했다. 첫째, 온라인이 가진 접근성과 확장성은 온라인 정체성을 높여 준다. 즉, Myspace나 Facebook 같은 SNS는 다른 사람들과의 확장된 관계 및 친구들의 정체성을 통해 참여자의 정체성을 확인하는 데 용이하다(이상수, 강정찬, 오영범, 이유나, 2011). 둘째, 정체성을 공식적으로 확인할 수 있다. 연구자는 참여자의 정체성을 입증하고 확인할 수 있는 정체성 확인 프로그램을 사용할 수 있는데, 이 때는 윤리적 규준에 입각하여 접근해야 한다. 셋째, 참여자를 식별할 수 있는 커뮤니케이션 방식을 선택할 수 있다. 실시간 커뮤니케이션을 구현해 주는 화상채팅 방식을 통해 인터뷰를 실행함으로써 면대면 인터뷰에서 얻을 수 있는 비언어적 요소까지 파악할 수 있다. 넷째, 연구자는 참여자들에게 자신들에 대한 정보를 요구할 수 있다. 이것은 금전적 보상(financial remuneration)과 같은 약속을 통해 구체화된다. 즉, '인터뷰를 시작하기 전에 이름을 포함한 몇 가지 정보를 제공해 주세요. 그러면, 제공된 주소와 이름으로 사례를 할 것입니다.'라는 안내문을 통해 접근할 수 있다. 다섯째, 연구자는 참여자의 정보를 확인할 수 있는 분석적 전략(analytic strategies)을 사용할 수 있다.

인터뷰를 통한 유용한 자료 수집 방법으로 이메일을 사용할 수 있다(Hine, 2000; Kozinets, 2010; Mann & Stewart, 2000). 이메일 인터뷰는 연구자, 응답자, 그리고 데이터의 최종적인 질을 통합할 수 있는 극히 개인적 접촉이라는 점에서 독특한 방식이라 할 수 있다. 이메일 인터뷰는 온라인 인터뷰 중에서 비동시적인 방법으로 응답자가 편리한 시간에 응답할 수 있다는 장점이 있다. 반복적인 이메일 교환을 통한 연구자와 응답자 간의 일대일 관계 형성은 인터뷰 과정에 신중할 수 있는 커뮤니케이션 형식을 조성하며(Mann & Stewart, 2000), 지속적인 대화를 통해 라포를 형성할 수 있다. 이메일 인터뷰에서 연구자와 응답자가 갖춰야 할 선결 조건은 이메일을 사용하는 데 익숙해야 하며 편안함을 가져야 한다는 점이다.

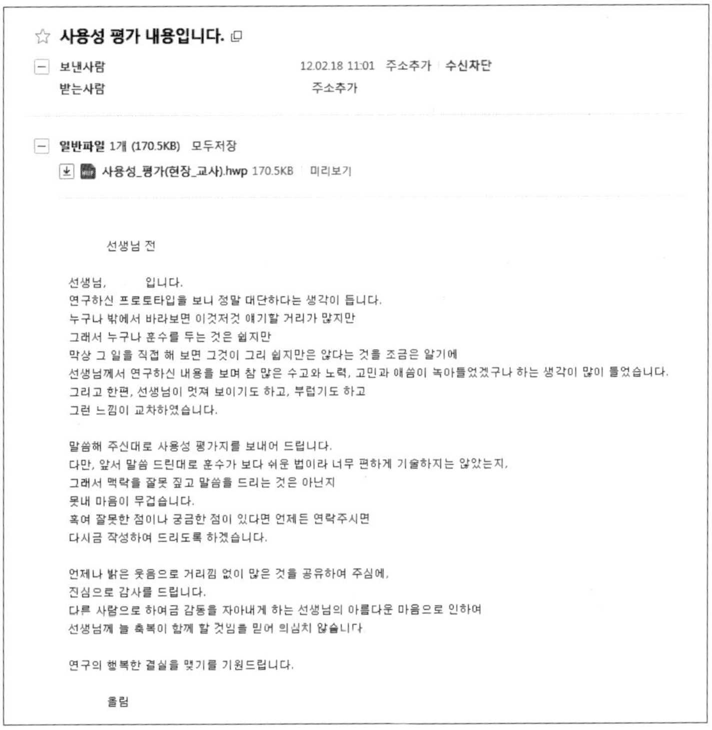

☆ **사용성 평가 내용입니다.**

보낸사람 12.02.18 11:01 주소추가 | 수신차단
받는사람 주소추가

일반파일 1개 (170.5KB) 모두저장
사용성_평가(현장_교사).hwp 170.5KB | 미리보기

선생님 전

선생님, 입니다.
연구하신 프로토타입을 보니 정말 대단하다는 생각이 듭니다.
누구나 밖에서 바라보면 이것저것 얘기할 거리가 많지만
그래서 누구나 훈수를 두는 것은 쉽지만
막상 그 일을 직접 해 보면 그것이 그리 쉽지만은 않다는 것을 조금은 알기에
선생님께서 연구하신 내용을 보며 참 많은 수고와 노력, 고민과 애씀이 녹아들었겠구나 하는 생각이 많이 들었습니다.
그리고 한편, 선생님이 멋져 보이기도 하고, 부럽기도 하고
그런 느낌이 교차하였습니다.

말씀해 주신대로 사용성 평가지를 보내어 드립니다.
다만, 앞서 말씀 드린대로 훈수가 보다 쉬운 법이라 너무 편하게 기술하지는 않았는지,
그래서 맥락을 잘못 짚고 말씀을 드리는 것은 아닌지
못내 마음이 무겁습니다.
혹여 잘못한 점이나 궁금한 점이 있다면 언제든 연락주시면
다시금 작성하여 드리도록 하겠습니다.

언제나 밝은 웃음으로 거리낌 없이 많은 것을 공유하여 주심에,
진심으로 감사를 드립니다.
다른 사람으로 하여금 감동을 자아내게 하는 선생님의 아름다운 마음으로 인하여
선생님께 늘 축복이 함께 할 것임을 믿어 의심치 않습니다.

연구의 행복한 결실을 맺기를 기원드립니다.

올림

[그림 1] 이메일을 통한 인터뷰의 예시

이메일 인터뷰의 주요 문제 중의 하나는 텍스트 기반의 이메일 커뮤니케이션이 연구자와 응답자 간의 친밀한 관계를 형성할 수 있는지의 여부와 충분한 자료를 수집할 수 있는지에 대한 것이다. 따라서 이메일을 통한 인터뷰에서 신뢰 형성은 정확한 정보를 얻는데 아주 중요하다. 오르가드(2004)는 이메일 인터뷰를 실시할 때, 신뢰를 형성하는 3가지 방법을 제시했다. 첫째, 정보제공자가 연구자의 정체성과 실제 의도에 대해 믿고 상호작용할 수 있도록 연구자의 학문적 이메일 계정을 사용하는 것이다. 둘째, 상호작용의 시간적 차원에 유념해야 한다. 정보제공자들의 이메일에 대한 즉각적인 답변은 그들의 이야기에 귀를 기울인다는 헌신과 연구자의 진지한 참여를 증명하는 중요한 방법이기 때문이다. 더불어 참여자들의 중요한 삶의 순간(생일, 결혼기념일 등)에 메시지를 보내면 신뢰를 형성하는 데 더욱 효과적일 수 있다. 셋째, 연구 프로젝트와 관련하여 과거에 썼던 학술 논문을 보내는 것이다. 이 연구를 통해 완성될 논문도 이와 같은 형태로 완성될 것이며 완성된 후에는 논문을 보내겠다는 약속을 하면 신뢰를 구축하는 데 효과적이다. 그러나 연구자와 응답자 간의 신뢰가 지나치면 '토착화되기'의 위험성이 수반될 수 있다. 즉, 연구자와 정보제공자 간에 적당한 거리를 유지하면서 사용자에 대한 관심을 기울이는 것과

감정이입을 하는 것 간의 균형을 유지해야 한다. 예를 들어, 정보제공자가 다소 친근한 방식으로 메시지를 썼더라도 연구자는 어느 정도의 격식을 유지하면서 글을 쓰면 적당한 거리를 유지하는 데 효과적일 수 있다.

　필드노트 자료는 연구자가 커뮤니티, 구성원, 상호작용과 의미, 그리고 연구자의 참여와 소속감에 대해 기록한 것을 말한다. 필드노트는 연구자의 반성적 자료로 기능하며 연구자 자신의 목적을 위해 보관되고 커뮤니티와는 공유하지 않는다. 문화기술지와 마찬가지로 인터넷 문화기술지는 연구 참여에 대한 경험의 기록을 포함하지만, 현장의 의미와 참여의 본질은 구분된다. 전통적 문화기술지에서는 전사와 노트기록을 위한 면대면 상호작용 후, 집으로 돌아와 문화기술지를 작성하지만, 인터넷 문화기술지는 연구자가 물리적으로 존재하는 곳에서 온라인 커뮤니티에 로그인을 통해 접촉할 수 있다. 인터넷 문화기술지에서 상호작용의 관찰은 이미 자동적으로 전사되는 과정에 있기 때문에, 인터넷 문화기술지에서의 반성적 필드노트는 아주 중요하다. 인터넷 문화기술자들은 반성적 필드노트를 통해 온라인에서 일어나는 의미, 구실, 우연, 조건과 개인적 감정에 관한 관찰을 경험과 연관지어 기록할 수 있다. 이렇게 작성된 성찰 자료를 통해 사회적 연결망 참여의 성격과 의미와 더불어 언어, 의식, 실제에 대한 학습을 기반으로 외부에서 내부로의 여행을 시작할 수 있다.

　다운로드한 자료의 여백에는 연구자가 당시에 인식한 예민함을 정교화하면서 필드노트를 기록하는 것이 중요하다. 이러한 필드노트는 온라인 문화와 커뮤니티 구성원들의 일상의 삶과 행동에서 드러나는 사회적 상호작용 과정에 대한 상세한 것을 제공한다. 동시에 학습, 사회화, 그리고 문화 변용의 과정이 미묘하고 그것들의 재수집이 급속하게 희석될 수 있기 때문에 온라인 사회적 경험과 함께 필드노트를 기록하는 것이 아주 중요하다. 또한, 커뮤니티, 웹페이지, 그리고 구성원들의 포스팅에 대한 첫인상은 특별한 사건만큼 중요하기 때문에 필드노트에 이러한 인상들을 남기는 것이 좋다. 그런 다음, 구성원들의 경험에 대한 연구자의 민감성을 증가시킬 수 있도록 심사숙고해야 한다. 문화적 경험을 관찰한 필드노트는 가능한 한 기술적으로 쓰도록 하고, 이러한 기술은 화면에 보이는 것과 연구자가 경험한 것을 결합한 것이어야 한다.

4. 자료 분석하기

인터넷 문화기술지 자료 분석은 일반적 질적 연구를 위한 자료 분석과 유사하다. 여기에서는 일반적인 질적 연구를 위한 자료 분석 방법으로 분석적 코딩(analytical coding-based)

방법과 해석적 발견(hermeneutic interpretation) 방법을 간단하게 소개하고, 인터넷 문화기술지 자료 분석으로 이 두 가지를 혼합, 적용하는 방법에 대해 살펴보고자 한다.

분석적 코딩 방법은 귀납적 접근을 통해 전체를 부분으로 나누고 다른 방법과 비교함으로써 전체를 상세하게 검토한다. 귀납(induction)은 개별적 관찰을 통해 특정 현상을 보다 일반적으로 진술하기 위한 논리적 추론의 한 형태이다. 귀납적 자료 분석은 인터넷 문화기술지를 수행하는 동안 수집한 전체의 정보를 조작하는 방법으로, 텍스트를 구성 요소로 나누고, 분류하고, 관련 있는 것들 중에서 패턴을 발견하는 등 모든 요소를 면밀하게 검토함으로써 숨겨진 동기에 대해 질문하고 더 많은 자료를 첨가하여 점검하고 표현하면서 일반적인 특징을 찾아가는 과정이다. 인터넷 문화기술지에서 자료 분석은 다운로드한 텍스트나 그래픽 파일, 화면 캡처, 온라인 인터뷰 전사, 반성적 필드노트와 같이 참여 관찰을 통해 수집된 자료를 보고서, 논문, 도서 등의 형태로 변환하는 과정을 의미한다. 해석적 발견에서 '해석'은 코드를 판독함으로써 의미를 종합적, 전체적으로 표현하는 과정을 통해 구현된다. 자료 분석은 코드 교환, 해석, 은유와 비유의 행위로 구체화된다(Lakoff & Johnson, 1980). 발견의 아이디어를 위한 발견 과정의 순환은 질적 자료를 해석하는 방법적 과정으로 인식될 수 있다(Thompson, Pollio, & Locander, 1994: 433). 즉, 질적 자료의 부분은 전체로 발달하기 위한 것으로 재해석되는 과정으로, 오랜 시간 동안의 반복을 통해 점진적으로 발달하면서 전체적인 이해를 가져오게 된다. 더불어, 텍스트에 대한 처음의 이해는 관련된 다른 자료들과의 반복적인 읽기를 통해 재해석되는 과정을 거쳐 전체로서의 의미로 발전한다.

인터넷 문화기술지 자료 분석은 연구 기간 동안 발생하는 커뮤니케이션을 설명할 수 있어야 한다. 이를 위해 메시지에 있는 맥락과 텍스트뿐만 아니라 의미에도 주의를 기울여야 한다. 기본적인 자료나 필드노트 외에 사진, 비디오, 태그, 마우스로 하이퍼텍스트를 클릭하는 것까지 '언어적 행위'로 간주할 필요가 있다. 하인(Hine, 2000)은 사진의 선택, 배열, 배경 등을 주의깊게 해석하는 웹사이트 분석을 통해 눈에 보이는 모든 것을 커뮤니케이션 사건으로 간주했다.

인터넷 문화기술지 자료 분석에서는 인위성과 위조의 문제가 부각될 수 있음을 앞서 언급했다. 이를 위해, 온라인과 오프라인 세계 간의 관계를 고려하면서 인터넷 문화기술지 자료 분석을 수행하는 동안 발생하는 커뮤니케이션을 설명할 수 있어야 한다. 더불어, 자료 분석은 사회적 공간에서 의미의 교환과 상호작용의 의미를 맥락화하는 것으로 이루어져야 한다(Kozinets, 2010). 이를 위해 인터넷 문화기술지는 구체적으로 아래의 지침을 주의하며 자료를 분석할 필요가 있다.

〈표 6〉 연구 결과 도출 과정

주제 도출	범주화	코드 수
공유와 소통을 통한 관계의 확장 및 의사결정의 공간	공유와 소통	13
	관계의 확장	11
	의사결정	9
학습과 성찰을 촉진하는 비형식적 온라인 연수 공간	학습과 성찰	14
	비형식적 학습	17
	온라인 연수	11
마음 나누기로 신뢰를 구축하는 정서적 교감 공간	마음 나누기	20
	신뢰 구축	12
	정서적 교감	15
수평적 동질성과 초청에 의해 수용되는 폐쇄적 공간	수평적 동질성	7
	초청	10
	폐쇄적 공간	14

첫째, 온라인 환경을 사회적 세계로 간주하라. 둘째, 온라인 환경에는 참여규칙, 현장, 사이버공간만의 특별한 언어적 상호작용이 존재함을 인식하라. 셋째, 온라인 자료를 사회적 행위로 취급하라. 넷째, 사회적 세계의 맥락에서 발생하는 행위의 의미를 탐색하라. 다섯째, 온라인 세계와, 다른 온라인 세계나 온라인이 아닌 세계와의 상호작용을 넓혀라.

위의 사항들은 결국, 사이버공간은 실제 삶의 한 영역으로 간주하면 독특한 문화 현상을 이해할 수 있는 한 단면이 될 수 있으며, 실제 삶 역식 사이버공간의 분석을 통해 문화 현상을 더욱 면밀하게 이해할 수 있는 유용한 수단이 될 수 있음을 의미한다.

위에서 설명한 자료 분석의 실제를 오영범(2016)이 수행한 한 초등학교 교사들의 SNS 활용 특성에 관한 인터넷 질적 연구를 통해 제시하고자 한다. 그는 한 초등학교 교사들이 사용하는 '밴드'에 참여 관찰하면서 그들이 사용하는 밴드의 특징을 인터넷 문화기술지를 활용하여 조명했다. 밴드, 밴드에 참여하고 있는 교사들과의 인터뷰, 그리고 필드노트 자료를 10개월 동안 수집하고 분석하여 아래와 같은 밴드 사용의 특징을 도출했다.

가. 공유와 소통을 통한 관계의 확장 및 의사결정의 공간

공유와 소통을 통한 관계의 확장 및 의사결정의 공간은 초등학교 교사들이 밴드를 사용하는 과정에서 다양한 것을 상호 공유하고 오프라인 중심의 관계를 온라인으로까지 확장시켜 줄 뿐만 아니라 밴드가 새로운 의사결정의 공간으로 활용되고 있는 특징을 의미한다.

구름초등학교 교사들은 그들이 직면하고 있는 업무뿐만 아니라 자신들의 사적인 일상까지도 밴드를 통해 상호 공유하고 있었다. 구름초등학교 교사들은 공적 공간에서 교사로서 교육적 기능과 역할을 수행한다는 동일한 목적을 달성하기 위해 모였고, 학교라는 교육공동체를 원활하게 움직이는 데 필요한 업무를 상호 공유하고 있었다. 특히, 모든 구성원들이 알 필요가 있거나 중요도가 높은 공지성 내용, 긴급하게 처리해야 할 성질의 업무 등을 밴드를 통해 공유하고 있었다. 여름방학을 마치고 개학하는 날, 교사들과 학생들은 오랜 공백기로 인해 학교생활에 대한 민감성이 떨어질 수 있다. 즉, 교사들이 하루 일과가 어떤 내용으로 어떻게 움직이는지에 대한 구체적인 사항을 모를 수 있기 때문에 학교 주요 업무 및 일과를 조율하는 교무부장은 하루 일과를 미리 밴드에 탑재하여 공유하기도 했다. 이를 통해, 교사들은 자신의 스마트폰을 활용하여 개학날의 학교 일과를 즉시 확인했고 개학날 학교에서의 동선을 고려하거나 교육적 활동을 원활하게 수행하는 편의를 제공받을 수 있었다. 이처럼 밴드는 교사들이 업무와 관련된 정보를 신속하게 확인하는 효율성을 제공함으로써 업무 수행의 효과성을 촉진하는 데 기여하고 있었다.

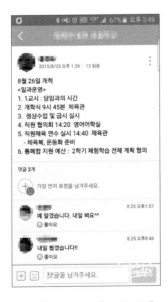

[그림 2] 밴드를 통한 업무 공유

밴드는 구름초등학교 교사들의 의사결정을 위한 공간으로도 활용되고 있었다. 이것은 밴드 자체가 가진 기술적인 기능으로 구체화된 것이다. 한 교사가 다양한 의견을 수렴하기 위해 글을 올리면 댓글 달기의 기능을 통해 각자의 의견을 표현하거나 투표하기 기능을 활용함으로써 다수결의 원칙에 입각한 민주적인 의사결정을 이끌어 내고 있었다. 구름초등학교에는 학교 특색활동의 일환으로 학생 그룹사운드가 운영되고 있었다. 이를 담당하는 교사는 대회 출전을 위해 팀 이름을 정해야 할 필요성을 느끼고 모든 교사들의 의견을 수렴하기 위해 밴드의 투표하기 기능을 활용했다. 업무 담당자 입장에서 주도적으로 결정할 수도 있지만, 다양한 의견 수렴을 통해 모두의 공감대를 이끌어 내고 민주적인 방법으로 결정하자는 취지였다. 그렇게 함으로써 업무 담당자뿐만 아니라 다른 교사들도 학교 그룹사운드에 보다 관심을 가지고 그 구성원들을 격려하는 분위기를 조성할 수 있었다. 이러한 의사결정 기능은 '밴드' 자체에서 제공하는 기능을 통해 구체화되고 있어 기존의 다른 유형의 SNS 관련 연구를 통해 부각되지 못했던 측면이라고 할 수 있다. 이처럼 구름초등학교 교사들은 '밴드'에서 제공하는 의사결정 기능을 활용하여 온라인을 통해 의견을 수렴하는 모습을 보이고 있었다.

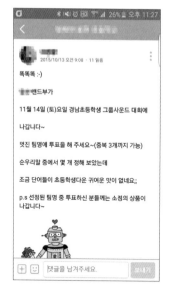

[그림 3] 밴드 투표하기 기능을 통한 의사결정

이처럼 밴드는 구름초등학교 교사들에게는 상호 공유 및 소통을 위한 유용한 SNS 도구로 활용되고 있었다. 공유 대상으로는 학교 업무와 관련된 공식적인 내용뿐만 아니라 학교 밖 개인들의 맥락이 반영된 비공식적인 내용 모두가 포함되었다. 특히, 공식적인 관계로만 머물러 있을 수 있는 구름초등학교 교사들은 밴드를 통해 개인들의 사적인 영역까지도 공유하고 소통함으로써 보다 친밀한 관계로 발전하는 긍정적인 모습을 보여 주었다. 특히, 밴드만이 가진 댓글 달기와 투표 기능은 구성원들의 소통을 촉진함으로써 보다 합리적이고 민주적인 의사결정을 이끌어 내는 데도 기여하고 있었다.

나. 학습과 성찰을 촉진하는 비형식적 온라인 연수 공간

학습과 성찰을 촉진하는 비형식적 온라인 연수 공간은 구름초등학교 교사들이 밴드를 통해 유용한 지식이나 정보를 공유함으로써 학습이 촉진되고, 특정 교사의 교육적 철학과 실천이 다른 교사들의 잠재된 성찰을 부각시키는 자극제로 기능함으로써 비형식적인 온라인 연수 공간으로 재탄생되고 있는 특징을 말한다.

구름초등학교 교사들은 밴드를 통해 학습이 이루어지고 있었다. 여기서의 학습은 주로 비형식적 학습을 말한다. 즉, 학습에 대한 자발적 의지에 기인하여 스스로 필요한 정보를 탐색하고 습득하는 과정이 아니라 누군가가 올려 주는 지식이나 정보를 공유하는 가운데 자연스럽게 학습이 촉진되는 것을 의미한다(오영범, 2014; 2015). 그런데 밴드를 통해 습득되는 비형식적 학습의 내용은 교사의 역할을 수행하는 데 반드시 알고 있어야 하는 수업, 생활지도, 학급경영, 행정처리 등과 같은 업무 관련 내용뿐만 아니라 한 개인으로서 삶을 살아가는 맥락에서 유용하게 활용할 수 있는 지식이나 정보에 해당하는 비업무 관련 내용 모두를 포함한다. 결국, 구름초등학교 교사들이 사용하고 있는 밴드는 다른 유형의 SNS처럼 학습 영역을 보다 확장시켜 주는 기능을 수행하고 있었다(강인애, 임병노, 박정영, 2012). 이러한 것은 SNS의 교육적 활용에 대해 탐색한 기존의 연구들과도 맥락을 함께한다(Pearson, 2010).

업무 관련 내용은 주로 교직원들이 행정 업무 수행 과정에서 필수적으로 숙지하고 있어야 하는 사항, 최근에 이슈가 되고 있는 교육 관련 법령이 새롭게 제정되거나 개정된 내용 등에 관한 것이었다. 이처럼 교사들이 기억력의 한계로 인해 새롭게 학습한 것을 업무에 반영하지 못하거나 구체적인 방법을 모를 경우, 이를 용이하게 찾을 수 있는 수단으로 밴드를 활용함으로써 업무 처리의 효과성과 효율성에 기여하고 있었다. 비업무 관련 내용은 학교라는 공적 공간에서 교사의 직분으로 수행해야 하는 교육과 관련된 내용이 아니라 개인들의 삶에 보탬이 되는 유용한 정보나 생활 속에서 작은 지혜를 발휘할 수 있는 정보를 말한다. 어느 날, 한 교사는 휴대폰으로 전화를 걸 때 통신비를 절약할 수 있는 특별한 방법을 안내했고, 이와 같은 정보를 접한 교사들은 새로운 사실을 알게 되었다는 신기함과 유익한 정보 제공에 대한 감사한 마음을 댓글로 반응하기도 했다.

구름초등학교 교사들은 밴드 활동을 통해 학습의 효과뿐만 아니라 반성적 성찰 활동도 촉진되고 있었다. 교사들에게 있어 반성적 성찰은 전문성 신장의 중요한 요인이다

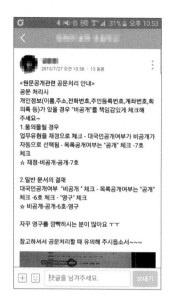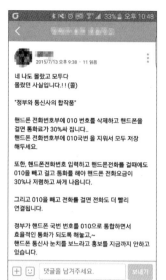

[그림 4] 밴드를 통한 비형식적 학습의 촉진

(Schon, 1983). 한 교사의 모범 사례가 다른 교사들의 마음을 움직이기도 하고, 수업에서 활용된 특별한 전략과 방법이 나의 수업에 새로운 아이디어를 제공하기도 한다. 이러한 이유로 최근에는 온라인 교사공동체를 통해 성찰의 촉진 사례나 성찰을 이끌어 내는 요인을 분석한 연구들이 수행되기도 했다(서경혜, 2011; 오영범, 2014; Duncan-Hawell, 2008). 온라인 교사공동체는 교사들에게 반성적 성찰이 구현되는 장으로 활용되기도 하고, 누군가가 탑재한 성찰적 게시물이 다른 사람의 성찰을 촉진하는 요소가 되기도 한다. 이처럼 구름초등학교 교사들이 사용하는 밴드는 온라인 교사공동체와 같은 역할을 나타내고 있었다. 그런데 개인적 수준의 성찰 활동은 온라인에 게시되고 공유되면서 집단 성찰로 확산되는 모습을 보이고 있었다. 이러한 구성원들 간의 성찰적 공감대는 질적으로 한 단계 성숙한 실천을 수행하는 직접적인 원동력이 되고 있었다(오영범, 2015).

다. 마음 나누기로 신뢰를 구축하는 정서적 교감 공간

마음 나누기로 신뢰를 구축하는 정서적 교감 공간은 구름초등학교 교사들이 사용하는 밴드가 서로의 마음을 공감하는 상호작용을 통해 신뢰를 형성해 가면서 정서적으로 교감하는 특징을 나타내는 것을 말한다. 마음을 나누는 활동은 사람이 가질 수 있는 다양한 유형의 감정적 상태에 반응함으로써 심리적 공감대를 형성하고 있음을 의미한다 (Krasnova et al., 2008; Quinn & Oldmeadow, 2013).

구름초등학교 교사들은 밴드를 통해 마음을 나누고 있었다. 회의 시간 동안, 한 5학년 교사가 어두운 표정으로 고개를 숙인 채 화장지 조각에 무언가를 쓰고 있었다. 업무 관련 내용으로 서로 이야기를 주고받는 중에도 그녀는 똑같은 행동을 보이고 있었다. 회의를 마친 순간, 그녀는 화장지 조각만을 남긴 채 벌떡 일어나 연구실을 빠져 나갔다. 옆자리에 있던 다른 교사가 그녀의 흔적을 발견하고 무엇이 적혀 있는지 알려 주었다. 화장지 조각을 가득 메운 'stress'는 그녀의 마음을 반영해 주고 있었다. 그 즈음 그녀는 고된 학교 업무와 사춘기로 접어든 학생들의 생활지도로 인해 다소 피로해 보이는 모습을 보이고 있었기에, 다른 교사들은 그녀의 마음을 충분히 이해하고 있었다. 6학년 교사는 그녀의 심리적 스트레스를 함께 공감하기 위한 의도로 사진을 찍어 밴드에 탑재했고, 이를 본 다른 교사들은 그녀에게 위로하는 말을 댓글로 남겼다.

밴드를 마주한 5학년 교사는 자신의 지친 마음을 동료들이 함께 공감해 주고 위로해 준 데 대해 기분이 한결 나아졌다며 감사함을 표현했다. 이처럼 밴드는 정서적 지지와 심리적 공감대를 형성해 주는 기능이 있었다. 이것은 SNS가 다른 사람들과의 사회적 실재감(social presence)을 구현함으로써 정서적 공감 및 유대감을 강화하고 촉진한다는 연구결과와 맥을 함께한다(오영범, 2014; 2015).

밴드를 통한 마음 나누기는 상호 간의 신뢰를 촉진함으로써 공동체의 유대를 보다 강화시켜 주는 역할로 발전하고 있었다. 위의 예시처럼 한 구성원의 심리적 위축 혹은 피로감을 함께 근무하고 있는 동료로부터 위로를 받음으로써 항상 함께하고 있다는 공감대 형성이 상호 간의 신뢰를 더욱 촉진하게 만드는 효과를 발휘한 것이다. 스트레스로 힘들

[그림 5] 밴드를 통한 마음 나누기

었던 5학년 교사는 동료들의 작은 관심이 사전에 형성된 관계 때문에 비롯된 것이라고 언급했다. 즉, 하나의 공동체를 형성하고 있는 구성원들 간의 인간적인 관심과 배려가 보다 신뢰로운 관계로 발전할 수 있음을 암시한다.

이처럼 밴드는 구름초등학교 교사들이 서로의 마음을 나누는 과정을 통해 신뢰를 더욱 두텁게 하고 정서적으로 교감하는 온라인 공간으로 활용되고 있었다. 밴드에 공유되는 하나의 내용에 대해서 각자 다른 생각과 감정을 표현하고 교류함으로써 풍성한 감성 스테이션으로 자리잡고 있었다. 이러한 정서 교감을 통해 이들은 더욱 두터운 친분을 유지 및 강화하고 있었다.

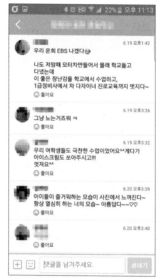

[그림 6] 밴드를 통한 반성적 성찰

구름초등학교 교사들의 교육 활동을 통해서도 반성적 성찰의 측면이 부각되고 있었다. 한 6학년 담임교사가 자동차를 주제로 교육과정 재구성에 기반한 프로젝트 학습을 계획하고 실행했다. 그는 자신이 담당하는 학생들을 대상으로 프로젝트 수업을 실시하게 된 배경, '자동차'를 주제로 설정한 이유, 어떤 교과의 어떠한 내용들이 재구성의 바탕이 되었는지, 그리고 수업에 대한 평가를 어떻게 계획하고 실행했는지에 대한 구체적인 내용을 자신의 블로그에 기록했고, 밴드를 통해 이것을 공유했다. 한 교사의 특색 있는 교육 활동이 밴드를 통해 공유되면서 다른 교사들에게는 새로운 성찰을 촉진하는 자극제가 되고 있었다. 마침 교사들의 교육과정 재구성 역량이 강조되는 교육계의 요구와 맞물리면서 과연 어떻게 해야 하는지에 대한 구체적인 방법을 잘 모르는 다른 교사들에게 유용한 사례로 작용한 것이다. 밴드를 통해 이를 확인한 다른 교사들은 실제 면대면에서 6학년 담임 교사와 만났을 때 프로젝트 학습에 대한 계획서를 요구하거나 실제 학생들의 반응이 어떠했는지를 묻기도 하는 장면을 관찰할 수 있었다. 이처럼 구름초등학교 교사들은 밴드를 통해 교육적 실천에 필요한 방법과 전략을 상호 공유하면서 교사로서 전문성 신장에 필요한 성찰도 촉진되는 모습을 보이고 있었다(오영범, 2014).

라. 수평적 동질성과 초청에 의해 수용되는 폐쇄적 공간

수평적 동질성과 초청에 의해 수용되는 폐쇄적 공간은 밴드가 사전에 어느 정도 친밀도가 형성된 오프라인 만남을 바탕으로 더욱 친분을 강화하기 위한 수단으로 활용되는 특징을 의미한다. 또한, 온라인 공간으로의 밴드에 새로운 회원이 진입하기 위해서는 '동질성 확보'라는 전제하에 모든 구성원들의 동의하에 초청이 이루어지는 밴드 자체가 가진 기술적인 속성을 말한다. 이러한 기술적인 속성으로 인해 다른 종류의 SNS에 비해 다소 폐쇄적인 특성을 지니고 있었다.

먼저, 구름초등학교 교사들이 사용하는 밴드는 동질적인 구성원들로 이루어진 온라인 공동체라는 점이다. 학교공동체를 구성하고 있는 대상으로는 교사, 관리자, 행정직원, 비정규직원 등이 있다. 그런데 구름초등학교의 밴드는 주로 교사들이라는 동질성을 확보한 집단들이 만든 온라인 공동체라고 할 수 있다. 실제로 이들은 밴드를 어느 정도 사전 친밀성과 함께 동질성을 확보하고 있는 교사들끼리만 사용할 수 있는 폐쇄적 공간으로 생각하고 있었다. 즉, 동일한 학교라는 기관에서 직업적 생활을 영위하고는 있지만, 업무 수행의 차별성으로 구분되는 행정직원이나 다소 권위적인 위치에 있는 교장, 교감과 같은 관리자와는 거리감을 유지하려는 경향을 보이고 있었다. 사전에 친분이 확보되어 있으면서 비슷한 위치와 역할을 수행하는 데서 발생하는 공감대를 바탕으로 그들은 친분을 더욱 강화하고 유지하기 위해 밴드를 활용하고 있었다.

> 행정실과는 항상 보이지 않는 벽이 있는 것 같아요. 아마 행정실에서도 그렇게 느끼고 있을 걸요. 굳이 그 사람들과 함께 밴드를 해야 할 필요는 없을 것 같아요. 밴드는 우리들만이 편하게 자유롭게 이야기를 나눌 수 있는 공간이 될 필요가 있어요. 만약 행정실에서도 밴드에 참여하면 지금처럼 선생님들의 자유로운 활동이 어려울 걸요. 친한 친구들 사이에 낯선 사람이 있으면 어색한 것처럼요.
>
> (2015년 9월 15일 K교사와의 인터뷰 중에서)

구름초등학교 교사들은 밴드에 자신들과 친밀감이 떨어지는 사람들이 가입하는 것을 원하지 않고 있었다. 폐쇄적인 속성을 가진 밴드는 다른 유형의 SNS와도 차별성을 보인다. 페이스북은 나와 친구를 맺고 있는 친구의 친구까지도 하이퍼링크 기능을 활용하여 방문할 수 있다. 물론 공개 옵션에 따라 개방성의 정도가 달라질 수 있으나, 전체 공개로 설정했을 경우에는 자신이 관심 있는 특정인을 검색하여 그 사람이 올린 게시물을 확인하고 소통할 수 있다. 페이스북은 개인을 중심으로 나와 친분 있는 사람들과 점진적인 네트워크를 형성하기 때문에, 밴드와 비교할 때 다소 개방성이 강한 SNS에 해당된다. 반면, 밴드는 면대면 실생활에서 어느 정도의 친분이 형성된 일단의 그룹이 자신들의 친분을 강화하고 유지하기 위한 수단으로 활용되기 때문에 폐쇄성이 강한 SNS라고 할 수 있다. 또한 페이스북은 자신이 관심 있는 누군가에게 친구 요청 메시지를 보냄으로써 보다 적극적인 관계 확장성의 기능을 부여하지만, 밴드는 자신이 특정 밴드에 가입하기를 원해도 기존의 구성원으로부터 초청 메시지를 받아야 가능하다. 실제 구름초등학교 교사들이 처음 밴드를 만들 때 그 당시의 친밀성이 바탕이 되었고, 구름초등학교 집단의 성격이 드러나는 이름을 부여함으로써 그들만의 온라인 공동체가 만들어진 것이다. 그리고 교사들만을 대상으로 초청 메시지를 보냈다.

> F교사: 우리 밴드 하나 만들까요?
>
> 연구자: 그럴까? 근데, 밴드가 왜 필요하지?
>
> F교사: 우리 학교 샘들 정말 관계가 좋잖아요. 밴드 사용하면 더 친해질 것 같은데요. 우리 이야기가 남아 있으니 좋은 추억도 되구요.
>
> 연구자: 그래. 좋은 생각이다. 만들자!
>
> F교사: 제목은 '행복한 구름초등학교'로 만들었어요.
>
> 연구자: 누구 누구 초대할 거야?
>
> F교사: 선생님들만 해야 하지 않을까요?
>
> (2015년 3월 9일 F교사와의 대화 중에서)

이처럼 밴드는 어느 정도 수평적인 동질성과 친밀성이 확보된 교사들이 자신들의 친밀성을 보다 강화하고 유지하기 위한 수단으로 운영되고 있었다. 또한, 새로운 회원을 영입하기 위해서는 기존 구성원들의 암묵적인 동의하에 초청 메시지를 보내는 과정을 거쳐야 하기 때문에 다소 폐쇄적인 성격을 보이고 있었다. 밴드의 폐쇄성은 오히려 함께 공존하고 있는 구성원들의 응집력을 더욱 강화하는 요인으로 작용했다.

5. 연구 결과 보고하기

연구 결과 보고하기는 인터넷 문화기술지에 대한 표현과 평가와 관련된다. 베임(2006: 79)은 "인터넷 문화기술지는 인터넷, 문화에 끼치는 인터넷의 영향, 그리고 인터넷에 주는 문화의 영향에 대한 이해를 형성하는 데 필수적이다."라고 언급하면서 다음과 같이 결론 짓고 있다.

> 인터넷 문화기술지를 연구하는 사람들은 그들이 공유하는 6가지 상호 관련된 강점을 가지고 있다. 즉, 이론과 자료에 근거하고, 자료 수집과 분석에서 엄밀함을 주장하고, 자료를 얻기 위한 다중 전략을 사용하고, 참여자들의 생각과 의견을 고려하고, 연구 과 정에 대한 자기성찰 인식을 주장하고, 인터넷과 맥락화된 삶의 세계 간의 연결에 대해 심사숙고한다.

코지네츠(2010)는 베임의 견해보다 정교화된 인터넷 문화기술지 평가를 위한 10가지 준거를 제안했다. 즉, 인터넷 문화기술지 연구를 수행하는 과정과 결과 측면에서 고려하 고 달성해야 할 준거로 일관성, 엄밀성, 리터러시, 근거 기반, 혁신, 공명, 신빙성, 반영성, 실천, 혼용을 제시했고, 구체적인 설명은 〈표 7〉과 같다. 사실, 이 10가지 평가 기준은 전 통적인 문화기술자들이 제시하고 있는 평가 기준과 크게 다르지 않다. 따라서 인터넷 문 화기술지의 고유한 특징이라 할 수 있는 맥락화된 가상공간, 인터넷 접속을 통한 참여, 다양한 자료 수집 방법(참여 관찰, 이메일, 게시판, 면대면 인터뷰 등), 연구 연리, 연구 절차 등의 상호 관계를 조명하는 체제적인 관점에서 평가되어야 할 것이다.

6. 연구 윤리

인터넷 연구 윤리(Internet Research Ethics; 이하 IRE)는 1990년대 후반부터 부각되 고 있는 연구 분야이다(Buchanan, 2006: 14). 미국 과학 발전협회(Association for the Advancement of Science), 인터넷 연구자 협회(Association of Internet Researchers), 그리 고 미국 심리 협회(American Psychological Association)와 같은 선두적인 기관들이 IRE에 대한 중요한 지침들을 개발하고 발전시켰다. 인터넷 문화기술지에서의 주요 필드는 웹으 로 연결된 가상공간이기 때문에 정체성을 쉽게 파악할 수 없어 전통적인 문화기술지보다 윤리적인 문제가 더욱 중요하다.

최근 IRE에서 부각되고 있는 중요한 이슈는 온라인 커뮤니티에 대한 공간 규정의 문제,

〈표 7〉 코지네츠(2010)의 인터넷 문화기술지 평가를 위한 10가지 준거

준거	정의
일관성 (Coherence)	각각 다른 해석이 내부 반론으로부터 자유롭고 통일과 패턴을 제공하는 정도
엄밀성 (Rigour)	텍스트가 인터넷 문화기술지 연구의 절차적 기준을 인식하고 따르는 정도
리터러시 (Literacy)	텍스트가 관련 문헌과 연구 방법이 인식 및 적용되는 정도
근거 기반 (Groundedness)	이론적 표현이 데이터에 의해 지지되고, 데이터와 이론 간의 연결이 분명하고 확신을 주는 정도
혁신 (Innovation)	구인(constructs), 아이디어, 이론적 틀과 내러티브 형식이 시스템, 구조, 경험과 행동을 이해하는 데 새롭고 창의적인 방법을 제공해 주는 정도
공명 (Resonance)	문화적 현상에 개인화되고 민감한 연결이 획득되는 정도
신빙성 (Verisimilitude)	문화적 현상에 대한 연구자와 구성원들 간 공동의 접촉에 대한 신뢰성과 실제성이 달성된 정도
반영성 (Reflexivity)	텍스트가 연구자의 역할을 인정하고 대안적 해석(alternative interpretations)에 개방되어 있는 정도
실천 (Praxis)	텍스트가 사회적 행동에 영감을 주고 영향을 주는 정도
혼용 (intermix)	표현이 자신의 표현뿐만 아니라 문화 구성원들의 일상의 경험을 포함하면서 다양한 사회적 상호작용의 방법들과의 교차를 고려하는 정도

사전 동의, 구성원들에게 해를 가하지 않는 방법, 그리고 연구 참여자들로부터 얻은 자료를 표현하는 윤리적 복잡성이다(Kozinets, 2010). 더불어, 인터넷 문화기술자는 연구의 시작부터 끝까지 연구 윤리를 위해 기만하지 않고 자신을 정확하게 드러내고, 커뮤니티 구성원들과 상호작용을 위한 연구 목적을 정확하게 기술하며, 연구 초점과 관심을 접근 가능한 형태로 정확하게 알릴 필요가 있다.

첫째, 인터넷을 공적인 공간으로 볼 것인가 아니면 사적인 공간으로 볼 것인가의 문제이다. 결론적으로, 인터넷 문화기술지를 수행하는 연구자는 사적인 목적을 위해 여러 사람들이 참여하는 온라인 커뮤니티를 대상으로 연구하게 된다. 즉, 공적 침해를 가하지 않는 범위 안에서 사적 목적을 추구해야 한다. 예를 들어, 연구자가 공개된 장소에서 참여자의 자발적인 대화를 통해 자료를 수집할지라도, 미국연방규정에 의하면 인간 윤리에

어긋난다. 만약 공개적으로 이용가능한 문서나 기록물을 연구자가 수집하여 분석한다면 이것은 인간 윤리에 어긋나지 않는다. 공개용이 아닌 개인화된 자료에 접근할 경우에는 반드시 사전 동의를 구해야 한다.

둘째, 연구 참여자들의 사전 동의를 얻는 것은 윤리적 연구 수행의 초석이다. 그러나, 인터넷 커뮤니케이션의 익명성과 가명은 사전 동의를 어렵게 만든다. 이런 경우에는 '암묵적 동의(implied consent)'가 적절한 대안이 될 수 있다(Kozinets, 2010). 온라인 암묵적 동의는 연구 동의가 연구 참여자에게 전자 문서 형태로 제공될 때 발생하는 것으로 '수락하기(accept)' 버튼을 누르거나 자료를 제공함으로써 연구에 동의한다는 신호를 받을 수 있다.

셋째, 인터넷 문화기술자들은 프라이버시, 기밀, 도용, 동의에 대해 윤리적 관심을 기울여야 한다. 즉, 전통적 문화기술지에서 존재하는 문화적 비밀 누설, 문화 구성원들을 상심케 하는 묘사, 풍습을 무시하는 태도 같은 잠재적 피해는 인터넷 문화기술지에서도 나타날 수 있다(Kozinets, 2010). 이러한 문제를 방지하기 위해 연구자는 기만하지 않고 자신을 정확하게 드러내고, 커뮤니티 구성원들과 상호작용을 위한 연구 목적을 정확하게 기술하며, 연구 초점과 관심을 접근 가능한 형태로 정확하게 알리는 것이 중요하다.

넷째, 인터넷 문화기술지의 일반적인 윤리 절차는 '확인하고 설명하기-허가 요청하기-사전 동의 얻기-연구 참여자를 인용하고 익명화하며 신뢰하기'의 4단계를 거치게 된다. 확인하고 설명하기, 허가 요청하기, 사전 동의 얻기 단계는 위에서 이미 설명되었기 때문에 중요한 내용 위주로 설명하고자 한다. '확인하고 설명하기'에서는 연구자와 커뮤니티 구성원들 간의 신뢰가 핵심이다. 이를 위해 연구자는 자신의 존재, 소속에 관한 정체성뿐만 아니라 연구 목적, 과정, 결과에 이르기까지의 전 과정에 대한 상세 정보를 제공하면서 신뢰를 구축할 필요가 있다. 이 과정에서 인용에 대한 윤리적인 문제가 부각된다. 따라서 연구자는 연구 노출의 위험으로부터 상처받을 수 있는 참여자를 보호할 필요, 인터넷에서 접근 가능하고 공개된 질적으로 우수한 공유물을 공유할 필요, 커뮤니티 구성원들이 창의적이고 지적인 작품에 대한 인정을 받을 권리 등을 고려하여 가명을 사용해야 한다.

마지막으로 인터넷 문화기술자는 다음의 세 가지 윤리적 기준을 고려하며 균형을 맞출 필요가 있다(Kozinets, 2010). 첫째, 연구의 노출로 인해 위험에 처할 수 있는 취약한 참여자를 보호할 필요가 있다. 둘째, 인터넷에서 공유되는 접근 가능하고 출판된(semi-published) 질적으로 우수한 자료들의 출처를 명확히 밝혀야 한다. 셋째, 커뮤니티와 문화 구성원 개인들의 지적 재산을 보호해야 한다.

맺음말: 연구 방법으로서 인터넷 문화기술지의 시사점

여기서는 인터넷 문화 현상을 연구하기 위한 새로운 연구 방법으로 부각되고 있는 인터넷 문화기술지의 특징과 방법적 절차의 탐색을 시도했다. 이를 위해 인터넷 문화기술지의 개념과 발달을 밝히고, 인터넷 문화기술지의 구체적인 특성을 제시했으며, 인터넷 문화기술지의 절차에 따른 방법과 전략을 연구했다. 먼저 인터넷 문화기술지의 개념과 발달을 밝히기 위해 여러 학자들이 제시하고 있는 용어를 '인터넷 문화기술지'로 제시하였으며 이를 바탕으로 전통적인 문화기술지와의 차별적인 특징을 규명했다. 또한, 하나의 문화 현상으로 부각된 인터넷 공간을 연구하기 위해 문화기술지 방법을 적용한 초기의 시도가 어떠한 과정을 거쳐 인터넷 문화기술지라는 새로운 연구 방법으로 부각되었는지를 밝혔다. 둘째, 인터넷 문화기술지의 특징을 제시하기 위해 참여 관찰, 인터넷 자체의 특징, 사회적 현존감을 토대로 특징과 한계, 그리고 그 한계를 극복하기 위한 시도를 중심으로 살펴보았다. 더불어, 하인(2010)이 제시하고 있는 인터넷 문화기술지의 10가지 원리를 제시하여 인터넷 문화기술지를 활용하여 연구를 시도하는 연구자들을 위한 유용한 지침이 될 수 있도록 했다. 셋째, 인터넷 문화기술지의 절차 및 단계를 제시하고 각 단계별 세부적인 실천 방법 및 전략을 마련했다. 여러 학자들의 의견을 종합하여 본 연구에서는 인터넷 문화기술지의 절차로 연구 주제 정의하기, 온라인 커뮤니티 선택하기, 자료 수집하기, 자료 분석하기, 연구 결과 보고하기의 5단계로 제시했다. 각 단계별 세부적인 연구 방법과 유의점 등을 안내하여 인터넷 문화기술자로서의 실천성을 강화하는 데 도움을 제공했다. 또한, 최근 이슈가 되고 있는 윤리 문제를 제공하여 이를 고려한 연구가 진행될 수 있도록 안내했다. 이러한 연구들을 토대로 연구 방법으로서 인터넷 문화기술지의 시사점에 대해 논의하고자 한다.

첫째, 하나의 문화적 현상으로 자리매김한 인터넷 공간을 체계적으로 연구할 수 있는 유용한 지침서가 될 수 있다. 특별한 문화적 삶을 영위하고 있는 공간으로 직접 이동하여 실생활을 직접 공유하기 위해 장기간의 참여 관찰을 통해 진행되는 문화기술지와는 달리 인터넷 문화기술지는 테크놀로지의 사용으로 물리적으로 흩어진 사람들이 화면을 통해 같은 공간을 공유하는 사이버공간의 특성을 지닌다. 이러한 차별적인 특성을 지니는 문화기술지는 이미 서구에서 중요한 연구 방법으로서 오랜 시간 많은 연구들을 통해 정착되는 과정에 있으나, 우리나라의 경우 인터넷 문화기술지에 대한 방법적 체계화 작업이 전무한 상황이다. 이러한 상황에서 인터넷 문화기술지는 인터넷 문화 현상을 탐구하는 유용한 연구 방법론으로 작용하며 지침을 제공할 것이다.

둘째, 인터넷 문화기술지를 통해 교육 문화 현상을 재조명하는 데 기여할 수 있다. 전통적 문화기술지는 특정 문화 현상을 밝히기 위해 현장으로 직접 이동하여 그 곳의 구성원들과 함께 일상생활을 영위하는 직접적인 참여 관찰을 통해 구현되었다. 그러나 인터넷 문화기술지는 인터넷 접속을 통해 접근하여 연구를 수행할 수 있다. 더불어, 전통적인 문화기술지가 가진 한계였던 비교 문화기술지의 가능성도 열어 주었다. 교사, 학생, 학부모, 그리고 지역사회 구성원들이 교육 관련 온라인 커뮤니티에 참여하면서 나타나는 문화적 현상을 규명하는 연구, 온라인 커뮤니티와 오프라인 커뮤니티를 통합한 연구, 그리고 유사한 온라인 커뮤니티의 비교 연구 등 다양한 연구의 확장을 가능케 함으로써 교육 현상의 새로운 면모를 파악하는 계기가 될 수 있다.

셋째, 인터넷 문화기술지의 적용으로 밝혀진 문화 현상은 우리 삶의 본질적 모습을 통합적으로 이해하는 데 기여할 수 있다. 그 동안의 문화기술지를 적용한 연구는 오프라인 공간에 존재하는 우리의 실제 삶의 모습을 이해하는 데 주력한 것이 사실이다. 그러나 인터넷 문화기술지는 전통적인 문화기술지를 통해 이해를 수반하지 못한 채 연구의 한계로 남았던 모습을 파악할 수 있는 가능성을 제공한다. 즉, 온라인 현상과 오프라인 현상을 상호 비교·분석함으로써 통합적 해석의 기회를 제공하여 미해결의 의문으로 남아 있던 문제나 특정 현상의 구체적인 원인을 파악할 수 있는 기회로 작용할 수 있다. 따라서 하나의 현상에 대해 전통적인 문화기술지를 적용한 연구와 인터넷 문화기술지를 적용한 연구를 통해 문화 현상을 통합적으로 이해할 수 있다.

이처럼 인터넷 문화기술지는 교육 현상뿐만 아니라 우리를 둘러싸고 있는 삶의 맥락을 이해할 수 있는 유용한 연구 방법이 될 수 있으며, 우리나라에서 체계화되지 않은 인터넷 문화기술지에 대한 방법론적 접근을 처음으로 시도했다는 데 그 의의가 있다. 그러나 여기서 제시한 인터넷 문화기술지 단계의 보다 체계화된 이론 정립, 풍부한 사례 등을 통해 인터넷 문화기술지를 수행하는 연구자들에게 확장된 이해를 도모할 필요가 있다. 또한, 인터넷 문화기술지를 연구 방법으로 적용한 다양한 사례 연구를 통해 우리의 인터넷 가상공간에 최적화할 수 있는 관련 원리나 법칙, 나아가 이론을 정립하는 작업이 필요하다.

참고문헌

강소라·김효근(2004). 프로젝트 팀의 조직문화의 이해에 대한 질적 연구: 온라인 커뮤니케이션 내용에 대한 문화기술지적 접근. 경영연구, 19(4), 27-59.

강인애·임병노·박정영(2012). '스마트 러닝'의 개념화와 교수학습전략 탐색: 대학에서의 활용을 중심으로. 교육방법연구, 24(2), 283-303.

김민성(2006). 온라인 상황에서 교수-학생간의 배려관계 형성에 관한 질적 연구. 교육심리연구, 20(2), 363-385.

김병찬·김미경(2010). 온라인 교사공동체에 대한 질적 사례 연구: '여교사 아이사랑 카페' 사례. 교육연구, 18(3), 71-107.

김영천·오영범(2013). 인터넷 문화기술지의 방법적 특징 및 연구 절차 탐색. 교육인류학연구, 16(2), 83-120.

서경혜(2022). 온라인 교사공동체의 협력적 전문성 발달: 인디스쿨 사례연구. 한국교원교육연구, 28(1), 133-161.

오영범(2014). 온라인 교사공동체 전문성 발달의 특징에 관한 질적 사례 연구. 평생학습사회, 10(4), 113-137.

오영범(2015). 초등학교 교육과정과 수업설계의 자원으로서 스마트폰: 아동들의 교육적 경험. 한국교육, 42(1), 167-195.

오영범(2016). 한 초등학교 교사들의 SNS 활용 특성에 관한 인터넷 질적 연구: '밴드'를 중심으로. 교육공학연구, 32(2), 253-285.

이상수·강정찬·오영범·이유나(2011). 소셜 네트워크 사이트 참여 동기 분석에 기초한 소셜 네트워크 기반 학습 설계 원리. 교육방법연구, 23(4), 729-754.

이준·구양미·이윤옥·김지경·임진숙(2013). 초등학교에서 SNS의 교육적 활용 가능성과 효과: 교사와 학생의 인식을 중심으로. 교육정보미디어연구, 19(1), 25-54.

왕경수·정혜영(2002). 주제 해결 학습에서의 인터넷 활용에 대한 문화기술적 연구. 초등교육연구, 15(2), 221-238.

조영남·박성호(2003). 초등학생들의 인터넷 활용 실태에 관한 문화기술 연구. 교육공학연구, 19(2), 151-177.

조영환(2012). 인터넷과 민속지학적 수용자 연구: 인터넷 에스노그라피의 가능성과 과제. 미디어, 젠더 & 문화, 21, 101-133.

조용환(2005). 질적 연구: 방법과 사례. 서울: 교육과학사.

Bailey, C.(1996). Virtual skin: Articulating race in cyberspace. Moser, M. A. (Ed.). Immersed in Technology: Art and virtual environments (pp. 29-49). Cambridge, MA: The MIT Press.

Baym, N. K.(1995). The Emergence of Community in Community in Computer-Mediated Communication. Jones, S. G. (Ed.). Cybersociety (pp. 138-163). Thousand Oaks, CA: Sage.

Baym, N. K.(1999). Tune in, log on: Soaps, fandom, and online community. Thousand Oaks, CA: Sage.

Baym, N. K.(2006). Finding the quality in qualitative research. Silver, D. & Massanari, A. (Eds.). Critical cyberculture studies (pp. 78-87). New York: New York University Press.

Bianco, B. M., & Carr-Chellman, A. A.(2002). Exploring qualitative methodologies in online learning environments. The Quarterly Review of Distance Education. 3(3), 251-260.

Borsook, P.(1996). The memories of a token: An aging Berkeley feminist examines wired. Cherney, L. & Weise, E. R. (Eds.). Wired women: Gender and new realities in cyberspace (pp. 24-41). Seattle: Seal Press.

Bruckman, A.(1992). Identity workshop: Emergent social and psychological phenomena in text-based virtual reality. Unpublished manuscript. ftp://ftp.cc.gatech.edu/pub/people/asb/paper/identity-workshop.rtf.

Bruckman, A.(2006). Teaching students to study online communities ethically. Journal of Information Ethics, Fall, 82-98.

Buchanan, E.(2006). Introduction: Internet research ethics at a critical juncture. Journal of Information Ethics, 15(2), 14-17.

Carter, D. (2005). Living in virtual communities: an ethnography of human relationships in cyberspace. Information, Communication & Society, 8(2), 148-167.

Cherny, L.(1999). Conversation and community: Chat in a virtual world. Standford, CA: CSCL.

Cherny, L., & Weise, E. R. (Eds).(1996). Wired women: Gender and new realities in cyberspace. Seattle: Seal Press.

Cohn, D. Y., & Vaccaro, V. L.(2006). A study of neutralisation theory's application to global consumer ethics: P2P file-trading of musical intellectual property on the internet. International Journal of Internet Marketing and Advertising, 3(1), 68-88.

Consalvo, M.(1997). Cash cows hit the web: Gender and communications technology. Journal of Communication Inquiry, 21(1), 98-115.

Correll, S.(1995). The ethnography of an electronic bar: the lesbian cafe. Journal of Contemporary Ethnography, 24(3), 270-298.

Creswell, J. W.(2009). Research design: Qualitative, quantitative, and mixed methods approaches. 3rd edition, Thousand Oaks, CA: Sage.

Danet, B.(2001). Cyberpl@y: Communicating online. Oxford and New York: Berg.

Danet, B., Ruedenberg-Wright, L., & Rosenbaum-Tamari, Y.(1997). Hmmm... Where's that smoke coming from?: Writing, play and performance on internet replay chat. Journal of Computer-Mediated Communication, 2(4).

Dasgupta, P.(1998). Trust as a community. Gambetta, D. (Ed.). Trust: Making and breaking cooperative relations (pp. 49-72). Oxford: Basil Blackwell.

Dietrich, D.(1997). (Re)-Fashioning the techno-erotic woman: Gender and textuality in the cybercultural matrix. Jones, S. G. (Ed.). Virtual culture: Identity and communication in cybersociety (pp. 169-184). London: Sage.

Downey, G. L., & Dumit, J. (Eds.).(1998). Cyborgs and citadels: Anthropological interventions in emerging sciences and technologies. Santa Fe, NM: The School of American Research Press.

Duncan-Howell, J.(2009). Online professional communities: Understanding the effects of membership on teacher practice. The International Journal of Learning, 16(5), 601-613.

Escobar, A.(1996). Welcome to cyberia: Notes on the anthropology of cyberculture. Sardar, Z. & Ravetz, J.

R. (Eds.). Cyberfutures: Culture and politics on the information superhighway (pp. 111-137). New York: New York University Press.

Geertz, C.(1973). The interpretation of cultures: Selected essays. New York: Basic Books.

Hair, N., & Clark, M.(2003). An enhanced virtual ethnography: The role of critical theory, Refered conference procedings. 3rd International Critical Management Studies Conference Lancaster, United Kindom.

Hemetsberger, A., & Reinhardt, C.(2006). Learning and knowledge-building in open-source communities: A social-experiential approach. Management Learning, 37(2), 187-214.

Herring, S.(1996). Linguistic and Critical Analysis of Computer-Mediated Communication: Some Ethical and Scholarly Considerations. The Information Society, 12, 153-160.

Hiltz, S. R.(1984). Online Communities: A case study of the office of the future. Norwood, NJ: Ablex.

Hine, C.(2000). Virtual ethnography, London: Sage.

Hine, C.(Eds.). (2005). Virtual methods: Issues in social research on the Internet. Oxford & New York: Berg.

Jones, S.(1995). Understanding community in the information age. Jones, S. G. (Ed.). Cybersociety: Computer-mediated communication and community (pp. 10-35). Thousand Oaks, CA: Sage.

Jones, S.(Ed)(1997). Virtual culture: Identity & communication in cybersociety. London: Sage.

Jones, S.(Ed.)(1999). Doing internet research. London: Sage.

Kendall. L.(1999). Recontextualizing "Cyberspace": Methodological considerations for on-line research. In S. Jones (Ed.), Doing internet research (pp. 57-74). London: Sage.

Kim, A. J.(1999). Community building on the web: Secret strategies for successful online communities. Berkeley, CA: Peachpit Press.

Kollock, P.(1997). IEEE Computer Society Press (Ed.). Design principles for online communities (pp. 152-153). IEEE Virtural Reality Annual International Symposium(March, 1997. Albuqueerque; NM)

Kozinets, R. V.(2010). Netnography: Doing ethnographic research online. London: Sage.

Krasnova, H., Hildebrand, T., Günther, O., Kovrigin, A., & Nowobilska, A.(2010). Why participate in an online social network: an empirical analysis. Retrieved from http://aisel.aisnet.org/cgi/viewcontent. cgi?article=1268&context=ecis2008

Lakoff, G. & Johnson, M.(1980). Metaphors we live by. Chicago, IL: University of Chicago Press.

Law, J.(2004). After method: Mess in social science research. London: Routledge.

Lenhart, A., & Madden, M.(2007). Teens, privacy, & online social networks. Pew Internet and American Life Project Report.

Lyon, D. (1994). The electronic eye: The rise of the surveillance society. Cambridge: Polity.

Mann, C., & Stewart, F.(2000). Internet Communication in Qualitative Research: a Handbook for Researching Online. London and Thousand Oaks, CA: Sage Publications.

Mark, G. (1998). 'An Ethics for the New Surveillance', Information Society, 13(3), 171-185.

Markham, A. N.(1998). Life online: researching real experience in virtual space. Walnut Creek, CA: Altamira.

Markham, A. N.(2004). Representation in online ethnographies: A matter of context sensitivity. Johns, M. D. Shannon, S.-L. S. & Hall, G. J. (Eds.). Online social research: Methods, issues, and ethics (pp.

141-155). New York: Peter Lang.

Markham, A. N., & Baym, N. K.(2009). Internet inquiry: Conversations about method. Thousand Oaks, CA: Sage.

McKenna, K. Y. A., & Bargh, J. A.(1998). Coming out in the age of the internet: Identity demarginalization through virtual group participation. Journal of Personality and Social Psychology, 75, 681-694.

McLaughlin, M. L., Osborne, K. K., & Smith, C. B.(1995). Standards of conduct on usenet. Jones, S. G. (Ed.). Cybersociety: Computer-mediated communication and community (pp. 90-111). Thousand Oask: Sage.

Miller, L.(1995). Women and children first: Gender and the settling of the electronic frontier. Brook, J. & Boal, I. A. (Eds.). Resisting the virtual life: The culture and politics of information (pp. 49-57). San Francisco: City Lights.

Miller, D., & Slater, D.(2000). The Internet: An Ethnographic Approach. New York: Berg.

National Telecommunication and Information Administration(1995). Falling through the net: A survey of the 'have nots' in rural and urban America.

National Telecommunication and Information Administration(1998). Falling through the net: New data on the digital divide.

Nelson, M. R., Heejo, K., & Ronald, A. Y.(2004). Advertainment or adcreep: Game players' attitudes toward advertising and product placements in computer games, Journal of Interactive Advertising, 5(1), available online at: www.jiad.org/article52/

Nelson, M. R., & Otnes, C. C.(2005). Exploring cross-cultural of computer-mediated communication context. Qualitative Sociology, 10, 251-266.

Nunes, M.(1997). What space is cyberspace? The internet and vituality. Holmes, D. (Ed.). Vitual politics (pp. 163-178). London: Sage.

Orgad, S.(2004). Help yourself: The world wide web as a self-help agora. Gauntlett, D. & Horsley, R. (Eds). Web studies: rewiring media studies for the digital age 2nd edn (pp. 146-157). London: Arnold.

Pearson, A. F.(2000). Real problems, virtual solutions: Engaging students online. Teaching Sociology, 38(3), 207-214.

Quinn, S., & Oldmeadow, J. A.(2013). Is the igeneration a 'we'generation? Social networking use among 9-to 13-year-olds and belonging. British Journal of Development Psychology, 31, 136-142.

Reid, E. M. (1996). Informed consent in the study of on-line communities: A reflection on the effects of computer-mediated social research. Information Society, 12(2), 169-174.

Rheingold, H.(1993). The virtual community: Homesteading on the electronic frontier. London: Secker and Warburg.

Sade-Beck, L.(2004). Internet ethnography: Online and offline. International Journal of Qualitative Methods, 3(2). Article 4. Retrieved[August 16th, 2012] from http://ualberta.ca/~iiqm/backissues/3_2/pdf/sadebeck.pdf

Schau, H. J., & Gilly, M. C.(2003). We are what we post? The presentation of self in personal webspace, Journal of Comsumer Research, 30(4), 385-404.

Schmitz, J.(1997). Structural relations, electronic media, and social change: The public electronic network and the homeless. Jones, S. G. (Ed.). Virtual culture: Identity and communication in cybersociety (pp. 80-101). London: Sage.

Schon, D. A.(1983). The reflective practitioner: How professionals think in action. New York: Basic Books.

Sharf, B. J.(1999). Beyond netiquette: The ethics of doing naturalistic discourse research on the internet. Jone, S. (Ed.), Doing internet research (pp. 243-256). London: Sage.

Silver, D.(1996). Parameters and priorities: The formation of community in the blacksburg village. Unpublished doctorial dissertation, University of Maryland, America.

Skageby, J.(2010). Gift-giving as a conceptual framework: Framing social behavior in online networks. Journal of Information Technology, 25(2), 170-177.

Smith, M., & Kollock, P. (Eds.).(1999). Communities in cyberspace. London: Routledge.

Spears, R., & Lea, M.(1992). Social influence and the influence of the social in Computer-Mediated Communication. Lea, M. (Ed.), Contexts in Computer-Mediated Communication (pp. 30-64). London: Harvester Wheatsheaf.

Spears, R., Postmes, T., Lea, M., & Wolbert, A.(2002). When are net effects gross products? The power of influence and the influence of power in computer-mediated communication. Journal of Social Issues, 58(1), 91-107.

Thompson, C. J., Pollio, H. R., & Locander, W. B.(1994). The spoken and the unspoken: A hermeneutic approach to understanding consumers' expressed meanings. Journal of Consumer Research. 21(December), 432-453.

Turkle, S.(1995). Life on the screen: Identity in the age of the internet. New York: Simon & Schuster.

Walther, J. B.(1996). Computer-mediated communication: Impersonal, interpersonal, and hyperpersonal interaction. Communication Research, 23(1), 3-43.

Wellman, B., Salaff, J., Dimitrova, D., Garton, L., Gulia, M., & Haythornthwaite, C.(1996). Computer networks as social networks: Collaborative work, telework, and virtual community. *Annual Review of Soiology*, 22, 213-238.

12.

내러티브 탐구

이상우 ι 서진초등학교 교사

Clandinin과 Connelly에 의해 개발된 내러티브 탐구가 국내에 소개된 지 15년이 지났으며, 한국교육학술정보원에 등록된 내러티브 탐구와 관련된 학위논문과 학술지는 각각 600편이 넘는다. 하지만 Clandinin과 그의 동료들이 지적하듯이 내러티브 탐구는 아직도 개념적 정의가 분분하며 발전 중인 분야로 여겨진다. Clandinin과 그의 동료들의 우려는 내러티브 탐구라는 이름으로 이루어진 많은 연구들이 내러티브 연구의 성격을 지니고 있다는 점이다. 비록 내러티브 연구와 탐구 간의 엄밀한 구분은 사라졌지만, 존재론적 입장에서 내러티브 탐구가 지향하는 입장은 분명해 보인다. 내러티브 탐구는 인식의 근거를 단독자가 아닌 인간 간의 상호작용에 둔다. 인간 간의 상호작용으로 이루어진 의미의 구성은 많은 연구자에게 익숙하지 않은 개념이며, 이것은 내러티브 탐구를 수행하는 데 걸림돌이 되어 왔다.

Clandinin과 Connelly가 정의한 내러티브 탐구는 현상인 동시에 방법인 질적 연구 방법론이다. 즉 인간의 인식변화를 보여 주는 탐구이며, 인식변화는 관계라는 매개를 통해 이루어지며, 이러한 현상을 볼 수 있는 공간이 내러티브 공간이라고 한다. 이야기에 대한 관심은 존재론적, 인식론적 전환에 커다란 기여를 했다. 전통적 인간관과는 달리 맥락적, 간주관적 성격의 인간관이 등장하게 되었으며, 내러티브는 인간의 의식을 형성하는 이야기의 성격을 나타낸다. 따라서 내러티브와 관련된 연구가 내러티브를 통해 인간의 삶을 조명하고, 보편적 가치를 밝히는 데 비해 내러티브 탐구는 인간 삶의 변화를 이해하는 데 있고 보편적 가치보다는 특정한 삶을 긍정하는 데 있다. 내러티브 탐구는 하나의 결과물이 아니라 결과에 이르는 과정을 보여 주는 탐구라 할 수 있으며, 예술에 비유한다면 예술 작품이 아닌 예술 행위와도 같다.

본 글은 내러티브와 관련된 연구 방법을 소개하면서 Clandinin과 Connelly가 고안한 내러티브 탐구를 중심으로 살펴볼 것이다.

내러티브의 정의와 개념

1. 내러티브로의 전환

사람들은 끊임없이 이야기를 한다. 이야기가 없는 인간은 인간의 존재와 무관한 삶을 산다. 아기는 태어나면서 어머니나 주변 사람들의 이야기를 들으며 성장한다. 공기가 우리의 생명을 유지시키는 환경적 조건이라면 이야기는 우리의 삶에 의미를 부여하는 존재론적 조건이 된다. 이렇듯 인간은 이야기를 하면서 평생을 살아가는데, 그렇다면 무엇에 관해 이야기를 하는 것일까? 이야기는 자기에 관한 이야기, 다른 사람에 관한 이야기, 특정 대상에 대한 이야기로 구성된다. 우리는 이야기를 하면서 이야기의 대상이 자신이든 타자이든, 그 대상에 대한 이미지를 형성한다. 특정 대상의 행동, 습관, 말투 등 자신이 경험한 행동에 대한 이미지를 이야기로 구성한다.

인간은 자신이 수집한 정보를 바탕으로 이야기를 만들어 간다. 인간은 자신이 수집한 정보로 이야기를 만드는데, '이야기가 만들어지는 과정이 과연 공정한가?'라는 데 대해 질문을 던질 수 있다. 언뜻 보면 이야기는 공정한 정보가 주어지면 공정한 방식으로 구성될 것으로 여겨진다. 하지만 이야기는 그렇게 공정하게 형성되지 않는다. 이야기는 자신이 경험한 대상과의 관계 속에서 이루어진다. 선험적 경험이 지닌 개념은 인간의 경험과 무관한 단일한 결과, 단일한 생각을 내포하고 있다. 하지만 내러티브적 지식으로 살펴본 인간의 경험은 그렇게 단일하지도 선험적이지도 않다. 인간의 지식은 끊임없는 상호작용으로 인해 복합적이며 유동적이며 완성되지 않은 형태를 지닌다(Bochner & Riggs, 2014, p. 194-195).

이야기와 내러티브는 서로 혼용하여 사용되나, Abbott(2002), Cohan과 Shires(1988)는 시간적 배열의 작은 구성과 집합이라는 개념으로 구분한다(Kim, 2016, p. 8). 즉 이야기와 내러티브를 구분할 때 이야기는 큰 이야기로, 내러티브는 작은 이야기의 형식을 지니는데, 내러티브가 사건들을 시간적 순서로 구성한 이야기라 하면 이야기는 이러한 내러티브들이 모인 큰 이야기가 된다. 따라서 내러티브가 구성하는 이야기의 형식은 플롯(plot)의 형식을 따른다. 모든 사건들이 반드시 시간적 순서로 구성되는 것은 아니지만, 내러티브는 플롯이 지닌 시간적 순서를 지닌다. 가령 '아버지는 병을 가지고 있었다.' '우리 가족은 많은 사람들의 따가운 시선을 피할 수 없었다.'와 같은 사건들이 있다. 이것을 플롯의 형식으로 바꾸면 '아버지는 몇 년 전부터 병을 가지고 있었고, 이로 인해 우리 가족은 많은 사람들로부터 따가운 시선을 받게 되었다.'와 같은 형식으로 바뀌게 된다. 내러티브는 이러한 구조를 지닌 이야기이며, 이야기는 이러한 이야기들이 모여 하나의 종합적인 이야기를 구성한다. 내러티브는 이야기를 구성하며, 이야기는 이러한 내러티브에 의존한다(Kim, 2016).

하지만 내러티브와 이야기를 개념적으로 구분하고자 하는 노력은 인간 존재에 대한 물음과 사고의 전환을 의도하고 있다. 이야기는 인간의 탄생과 동시에 출발했으며 인간이 형성한 이야기에는 수없이 많은 형태의 존재론, 인식론이 존재한다. 하지만 헤겔 이전에 인간이 형성한 이야기는 선험적 경험 세계 속에 존재하는 인간에 대한 가정에서 형성되었다. 인간의 이야기는 무수히 많지만 이야기의 도입, 전개, 결말의 플롯은 늘 동일하여, 인간 존재란 비슷한 구조를 지니고 있으며 사소한 차이는 그렇게 중요하다고 생각하지 않는다. 즉 이야기와 내러티브는 서로 구분되지 않았다. 하지만 작은 이야기 즉 내러티브에 대한 관심은 선험적 경험으로서의 이야기에 대한 의문에서 출발한다. 근대에 이어졌던 이야기는 모든 인간에게 공통적으로 주어지는 의미이며 개인성을 염두에 두지 않는다. 근대 이전에는 한 사람에게 의미 있는 내러티브의 이야기가 다른 사람에게도 의미 있을 것이라고 당연히 믿었다. 내게 사랑을 깨닫게 했던 이야기가 다른 사람에게도 그대로 적용된다고 믿었다.

내러티브는 기본적으로 플롯의 형식을 지니고 있기 때문에 해석이 따른다. 사건의 원인이 되는 또 다른 사건들은 무수히 많다. 하지만 연구자가 말하고자 하는 사건의 원인에는 연구자의 선택이 개입된다. 그리고 이러한 개입은 연구자의 사건에 대한 해석을 의미한다. 연구자는 무수히 많은 사건의 원인 중 자신이 해석한 내용에 따라 사건을 배열하고 플롯을 구성한다. 예를 들어 '우리 가족은 많은 사람들의 따가운 시선을 피할 수 없었다.'의 원인이 되는 사건은 '아버지는 병을 가지고 있었다.' 외에도 '우리 가족은 가난했다.', '우리 가족은 서로가 서로를 믿지 못했다.', '어머니는 늘 행상을 해야만 했다.' 등 많지만 연구자는 상황적 맥락, 연구 참여자의 톤 등을 종합하여 플롯을 구성하게 된다.

인간은 평생 동안 듣고, 느끼고, 사고하고, 사랑하고, 맛보고, 무시하고, 두려워하는 것 등과 같은 무수히 많은 이야기를 주고받으며 내러티브의 토대를 형성한다(Clandinin, 2013/2015). 개연성 있는 플롯을 구성하기 위해 사건들에 대한 내러티브적 사고가 동반되며, 이러한 미시적 접근을 통해 보편적이지 않은, 특정한 삶에 대한 이해와 전환을 가져오게 된다.

2. 내러티브란?

내러티브에서 말하는 인간 존재란 '시간 속에서 생각하는 존재'(Bochner & Riggs, 2014,

p. 195)이다. 하지만 인간의 조건이 비슷한 구조를 지니고 있다 하더라도, '그것이 나와 무슨 상관이 있어?', '그것이 나의 미래를 규정할 수 있어?', '그래서 나의 과거를 보상할 수 있어?'와 같은 시간적 연대기 속에서 나를 전적으로 규정할 수는 없다.

내러티브에 대한 아이디어는 Spencer와 Sarbin을 통해 얻을 수 있는데, Spencer는 한 인간의 과거사를 고고학적 발굴과 같이 들추어내지 못한다고 주장한다. 기억의 파편 자체가 중요한 것이 아니라, 파편들을 모아 하나의 의미 있는 이야기를 구성하는 것이 중요하다(Bochner & Riggs, 2014). Sarbin(1986)은 실증주의로 말미암은 기계론적이며 환원주의적인 환멸로부터 심리학을 살리는 방법은 이야기를 만들고 구성하는 인본주의적 패러다임으로의 전환이라고 주장한다. 이야기는 단순히 기록되는 것을 넘어 끊임없이 재현된다. 이야기는 하나의 기록물로 끝나는 것이 아니라 끊임없이 새로운 이야기를 만들며, 인간은 이러한 내러티브를 통해 의식을 구성하며, 새로운 삶을 형성한다.

인간이 말하는 내용은 자신과 타자에 관한 것이다. 인간은 자신의 선입견에 의해 말한다. 이러한 선입견에 따라 우리는 자신과 타자에 대해 말하면서 의미를 구성하며 유목화시킨다. 인간이 이해하는 방식을 통해 우리는 인간이 관계적 존재라는 것을 알게 된다(Gergen, 2009). 개인의 삶과 별개로 존재하는 고정적이며 존재론적으로 단일한 자아는 내러티브 구성을 통해 다양하며 유동적이며 조정된 자아상으로 탈바꿈한다.

선입견, 관점, 습관 등은 세상을 보는 창에 비유할 수 있으며, 내러티브적 구조를 가진다. 인간은 태어나면서부터 좋든 싫든 간에 내러티브에 노출되어 있다. 호흡을 위해 공기를 마시듯, 이야기는 삶의 의미를 제공한다. 인간은 동화, 괴물이야기, 발라드, 전설, 신화, 우화, 서사시, 민담에 노출되어 있다. 인간은 '옛날 옛날에', '그 뒤 행복하게 되었어요.', '이 이야기의 교훈은'과 같은 내용을 반복적으로 접하면서 영웅을 만나게 되며 성과 악, 아름다움과 야만과 같은 개념을 가지게 된다. 우리는 이야기를 통해 정체성을 가지게 되는데 우리 민족, 가족, 문화적 역사의 기원을 알게 되며, 우리가 어디에서 왔으며 어디로 가는지, 우리의 이웃이 누구인지 알게 된다. 이러한 이야기는 연장자나 중요한 인물을 통해 전달되는 상속물인 셈이다(Goodall, 2005). 이야기의 플롯은 성과 악, 사랑과 증오, 천국과 지옥, 선과 악, 출생과 죽음, 전쟁과 평화, 고통과 치유와 같은 극단적 경계로 우리를 초대한다(Bochner & Riggs, 2014). 그리고 이것은 인간의 의식을 형성하며 삶을 만들게 한다.

Ricoeur(1985)는 인간의 삶은 우주 속의 먼지와도 같지만, 태어나서 죽는 순간까지 삶의 의미를 끊임없이 묻는 존재라 정의한다. 즉 인간은 무엇이 중요하며, 선이며, 의미 있는지를 끊임없이 질문하며 구성하는 존재이다. 인간이 된다는 것은 다양한 가치들 속에서 의미 있는 것을 판단하고 선택하는 존재가 되는 것을 의미하며, 이러한 판단 감각은 이야 기를 통해서 제공된다(Taylor, 1989, p. 48). 결국 인간의 조건은 내러티브 조건이라고 할 수 있다.

한편 스토리텔링에서 고려해야 할 점은 시간이다(Ricoeur, 1981, p. 169). 인간은 역사 적 존재로서 과거라는 무게와 미래라는 불확실성을 동시에 지니고 현재를 살아간다. 인 간의 언어는 늘 과거, 현재, 미래라는 단어, 즉 그때, 지금, 조만간 등과 같은 단어들을 포함한다. 인간은 미래로 나아가기 위해 늘 과거를 회상한다. 따라서 내러티브는 시간 성, 기억과 복잡하게 얽혀 있다(Bochner & Riggs, 2014).

3. 내러티브 탐구에서 사용되는 은유적 표현

Clandinin과 Connelly의 내러티브 탐구가 연구자에게 어렵게 느껴지는 것은 내러티브 탐구에서 사용되는 은유적 표현에 기인하며, 은유적 표현에 대한 이해는 내러티브 탐구 를 이해하는 데 많은 도움을 준다. 대표적인 은유적 표현으로 landscape, professional knowledge landscape, nested story 등이 있으며, 이야기와 관련된 용어로 secret, cover, sacred stories 등이 있으며, 삶과 관련된 이야기로 storied lives, stories to live by, lived experience 등이 있다. 개인적인 이야기와 관련하여 personal practical knowledge, storied identity 등이 있고, 교육과정과 관련된 용어로 curriculum of life, lived curriculum 등이 있다. 그 중 landscape, professional knowledge landscape, personal practical knowledge, nested stories, secret stories, stories to live by를 중심으로 살펴본다.

landscape는 국내에서는 전경(소경희 외 역, 2006; 강현석 외 역, 2012)으로 번 역되어 사용되며 홍영숙(2011, 2013)은 상황, 환경으로도 번역한다. Connelly와 Clandinin(2000)은 landscape를 외적인 것, 장소에 동시에 적용한다. landscape는 전경, 경치, 경관 등으로 번역될 수 있다. 전경(全景)은 한눈에 바라보이는 전체의 경치라는 뜻 으로, '도시 전경을 찍은 사진', '교정의 전경을 둘러보다', '전경이 펼쳐지다', '아침 안개가 걷히자 옹기종기 자리 잡은 마을의 전경이 윤곽을 드러낸다.' 등에 사용된다(국립국어원, 2016). 경치(景致)는 산이나 들, 강, 바다 따위의 자연이나 지역의 모습이라는 뜻으로, '경치가 좋다.', '그는 한참 동안 단풍으로 뒤덮인 계곡의 아름다운 경치에 도취되어 있었 다.' 등에 사용된다(국립국어원, 2016). 경관(景觀)은 산이나 들, 강, 바다 따위의 자연 이나 지역의 풍경이라는 뜻으로 자연 경관과 문화 경관으로 구분하여 사용된다(국립국 어원, 2016). 전경이라는 용어는 landscape를 포괄하는 적절한 번역이나, landscape는 내레이터 또는 연구자가 인식하는 범주로서의 공간적 의미를 내포하고 있다. Connelly와 Clandinin(2000)은 landscape로 보이는 것으로 바위, 산, 꽃, 대나무 사이로 비추어지는 햇살에 빛나는 잔디와 나무들, 푸른 하늘, 바람 사이로 들려오는 드보르작의 신세계를 예로 들었다. 느껴지는 것으로 내 등 뒤에서 불어오며 나를 편안하게 감싸는 실바람, 나를 삼킬 것만 같은 내 밑에 흐르는 물과 나를 둘러싼 바람을 예로 들었다. landscape는 오감 외에도 직감적으로 느껴지는 사적 공간을 포함한다. 동일한 풍경이라 하더라도 개인마다 눈에 들어오는 대상은 다르며, 눈에 띄는 대상을 중심으로 주변의 모습이 재해석된다. 그들에게 있어서 landscape는 개인에게 의미를 주는, 이야기를 만드는 공간적 의미가 강하다. 이러한 맥락에서 landscape를 보고 느낀다는 개인적 의미를 강조하는 경관으로 번역하여 사용한다.

professional knowledge landscape는 경관에 대한 확장적 의미로 사용되며 professional knowledge context as a landscape로도 사용된다(Clandinin & Connelly, 1996). 홍영숙(2011; 2013)은 이것을 학교상황, 학교 환경으로 번역했는데, professional knowledge landscape는 교사들에게 특정 방식이 요구되는 특정 설정(장소)을 의미한다(Connelly & Clandinin, 2000, p. 322). 학교 환경을 경관이라는 은유로 사용한 것은 교사의 지식이 사회, 문화, 정치, 역사와 같은 보다 포괄적인 맥락에서 형성된다는 것을 보여 주기 위함이다(Elbaz-Luwisch, 2007). 흔히 경관을 말할 때 우리는 눈에 보이는 물리적 요소뿐만 아니라 물리적 요소 속에 담겨 있는 의미들을 함께 보곤 한다. Clandinin과 Connelly(1995, 1999)가 전문적 지식이라는 용어를 사용한 것은 전문적 지식이 요구되는 곳의 경관으로 교육부 지침, 교육과정 지침, 교육청 단위의 지침, 학교 규칙, 바라는 학생상과 같은 규범적 요소에서 학생들의 사회문화적 배경과 같은 맥락적 요소를 포함하기 때문이다. 대체로 학교 환경은 교실의 삶과는 무관한 교실 밖에서 주어진다(Clandinin & Connelly, 1996, p. 25). 또한 시간과 장소에 따라 변화하는 속성을 지니고 있다. 교사로서의 인간은 교육 상황에 따라 다양한 요소를 거르는데, professional knowledge landscape는 다양한 요소들이 모아져 통과하는 깔때기 역할을 한다(Connelly & Clandinin, 2000, p. 322). professional knowledge landscape 속에서 교사는 자신의 삶을 유지하기, 한계 짓기, 협상하기 등의 전략을 사용하며 지식을 적용하며 형성한다.

personal practical knowledge는 개인적 실천적 지식(염지숙, 2007), 개인적 실제적 지식(홍영숙, 2014)으로 번역되어 사용된다. 교사의 전문적 지식 경관에 대한 연구는 학교 문화라는 주제로 광범위하게 연구되었으며, 내러티브 탐구는 그 속에서 전개되는 개인적 실천적 지식의 내용과 과정에 관심을 가진다. 이는 동일한 학교 환경이라 하더라도 개인적 실천적 지식에 따라 교사의 삶이 다른 방향으로 전개되기 때문이다(Clandinin & Connelly, 1996, p. 29). 개인적 실천적 지식은 개인적이며 내향적인 성격을 지니고 있는데, 심미적, 도덕적, 정서적 요소를 포함한다. 실천이라는 의미는 교사가 말하는 것뿐만 아니라 행동하는 것을 언급할 때 사용한다. 개인적 철학, 생의 리듬은 개인적 실천적 지식의 성격을 대변한다(Connelly & Clandinin, 2000, p. 324).

nested stories는 새가 알을 낳거나 깃들이는 보금자리, 둥지를 의미한다. 사람은 보금자리 같은 공간에서 새로운 이야기를 만든다. 보금자리는 경관에 대한 또 다른 표현으로 적응하고 성격을 만든다는 의미를 가지고 있다. 많은 이야기가 모이고 걸러지는 둥지로 비유된다(Connelly & Clandinin, 2000, p. 323). 보금자리는 현재 살아가는 장소로 이 공간은 개인을 지배할 수도 있고, 개척하는 대상이 되기도 한다. Clandinin(2015, p. 189)은 장소에 대한 이해가 새로운 이야기와 다시 말하기의 시작으로 표현된다고 한다. 또한 장소는 개인적 내러티브라는 창이 무엇인지 드러내는 공간이 된다.

secret stories는 대중들이 잘 모르는 숨겨진 이야기로 학급에서 실제로 일어나는 교수와 관련된 이야기, 살아가는 이야기(lived stories)를 의미한다. 포장된 이야기(cover stories)는 교실 밖 대중들에게 알려진 이야기이다. 그렇다고 해서 포장된 이야기가 도덕적 규범에서 벗어난 것은 아니다(Clandinin & Connelly, 1996). sacred stories는 금기된 이야기로 누구도 묻지 않는 이야기를 의미한다(Clandinin & Connelly, 1996). 숨겨진 이야기, 포장된 이야기, 금기된 이야기는 교사의 전문적 지식과 개인적 지식 간의 관계를 연구하는데 유용한 지도를 제공해 준다(Clandinin & Connelly, 1996, p. 25).

stories to live by는 (교사가) 살아내는 이야기(홍영숙, 2014, 2015), 살아가는 이야기(Clandinin, 2013/2015), ~에 따라 살아가는 이야기(Clandinin & Connelly, 2000/2006)로 번역된다. 살아가는 이야기는 삼차원적 탐구 공간 속에서 살아가는 이야기로(Clandinin & Connelly, 2000), 지식, 맥락, 정체성이 어떻게 서로 연결되어 있는지 그리고 어떻게 내러티브적으로 이해될 수 있는지 알려 준다(Clandinin, 2013/2015, p. 203). 교사의 주체적인 삶에 대한 이야기가 될 수도 있지만, 근본적으로는 삼차원적 탐구 공간의 영향에 반응하는 교사의 삶을 전제로 한다.

인문, 사회과학에서의 내러티브 연구: 그 가치와 적용

인문, 사회과학에서 내러티브 연구는 20세기에 발전한 연구 영역이다. 내러티브 탐구방법을 사용하는 영역으로 실재주의, 포스트모던, 구성주의 등이 있으며 이들은 제각기 다른 용어의 정의, 기원을 가지고 있다. Chase(2005, p. 651)는 인간의 사회적, 역사적 맥락을 연구하기 위해서 간학문적 전통을 취할 수밖에 없음을 밝힌다. 현대의 내러티브 연구는 더 이상 문학의 고유한 영역이 아니며, 한 학문에 국한되지 않고 간학문적 성격을 지닌다 (Riessman & Speedy, 2007, p. 427).

1. 거대 내러티브 기획

19세기 초 등장한 실증주의는 Comte의 실증주의 3대 원칙인 첫째, 세상에 대한 실증적 지식의 원천은 경험적 과학이 유일하다. 둘째, 신화, 미신, 형이상학은 가짜 지식이며, 과학적 지식의 발달을 막는다. 셋째, 과학적 지식과 공학기술은 자연과학과 별개의 것이 아니며 정치, 도덕 영역에도 적용되어야 한다는 원칙에 따라 진행되었다(Kim, 2016). 실증주의적 인식론은 과학적이며 양적인 연구 패러다임에 적용되어 왔다(재인용, Kim, 2016).

거대 내러티브(grand narrative)는 실증주의적 탐구라는 배경을 지니고 있다. 실증되지 않으면 거대 내러티브로서의 가치를 상실한다. 거대 내러티브는 타당한 지식을 습득하기 위해서 엄격하고 체계적이며 객관적인 연구 절차를 지닌다. 거대 내러티브는 모든 인간 조건에 적용될 수 있는 일반화된 지식을 추구하기 때문에 인간을 가치중립적이며, 정적이며, 예상 가능한 존재로 여긴다. 실증주의는 인간의 삶을 예측 가능하며 통제할 수 있는 대상으로 여긴다.

하지만 Schön(1983), Kuhn(1962) 등의 등장으로 객관적이라 여겨졌던 과학적, 실증주의적 지식을 의심하기 시작했다. 객관적이며 중립적으로 여겨진 실증주의에 권력 패러다임이 개입되며, 인간의 복잡한 삶은 일반화, 표준화된 지식으로 이해할 수 없다고 밝힌다. 예측과 통제된 지식은 지식을 만드는 사람과 그 지식을 사용하는 사람에 따라 선택될 수 있으며, 이것이 과연 인간의 삶을 온전히 이해할 수 있는 도구가 될 수 있는가라는 질문이 던져졌다.

Denzin과 Lincolne(2005, 2011)은 질적 연구의 발달시대를 8단계로 나눈다, 1세대인 고전주의시대(1900~1950)는 실증주의의 시대로, 2세대는 근대주의 또는 황금시대 (1950~1970)로 구분한다. 3세대는 모호한 장르시대(1970~1986)로 후기근대주의자의 주장을 받아들이고 해석학, 구조주의, 기호학, 현상학, 문화연구, 페미니즘을 수용한 시대이다. 4세대는 재현 위기시대(1986~1990)로 연구자들은 연구 텍스트에서 자신의 위치에 대해 고민하기 시작했으며, 인문학자는 사회과학자의 연구 방법론을, 사회과학자는 인문학자들의 연구 방법론을 취하기 시작한다. 5세대는 새로운 민속지학과 경험의 시대(1990~1995)이며, 6세대는 후기경험주의적 탐구시대(1995~2000)이다. 내러티브 탐구는 5세대와 6세대에 걸쳐 있다(Kim, 2016). 6세대 이전의 질적 연구자들은 실증주의적 자료를 수용하며 연구에 포함시켜 왔는데, 실증주의적 패러다임의 수용은 거대 내러티브 구성에 있다. 7세대인 방법론의 경쟁시대(2000·2010)를 거쳐 8세대에 접어든 질적 연구는 민주주의, 세계화, 정의와 같은 도덕적 이슈에 관심을 가지는 것과 동시에 실증주의적 거대 내러티브의 회귀와 축을 세우고 있다(Denzin & Lincolne, 2011). Denzin과 Lincolne(2011)은 미래의 질적 연구자가 당면한 문제를 포스트모던, 실증주의, 그리고 세계화 사이에서의 긴장감, 모순, 망설임으로 규정하며 세상을 비판적인 관점에서 해석할 것을 주문한다.

2. 초기 연구들

Chase(2005)는 내러티브와 관련한 연구로 1920년대에서 1940년에 이르는 생애사 중심의 내러티브, 1960년대에서 1970년대에 이르는 개인적 내러티브에로의 전환으로 크게 구분 짓는다. 비록 이들은 지금의 내러티브 탐구와는 거리가 있지만, 내러티브 탐구가 형성되는 과정을 이해하는 데 도움을 준다.

첫째, 초기 생애사 연구는 시카고학파와 인류학자들에 의해 진행되었다. 1920년대에서 1930년대까지의 생애사 연구는 시카고학파를 중심으로 전개되었는데, 이들은 개인의 주관적 경험, 개인과 사회적 환경 간의 상호작용에 관심을 가지고 생애사 표집을 통해 개인과 사회적 환경 간의 상호작용에 대해 연구를 했다. 이들의 대표적인 연구물로「폴란드 소작인(The Polish peasant)」이 있다. 하지만 이들이 연구 방법으로 사용한 표집은 많은 시간이 걸리며 표집수 확보에 어려움을 주었다(Clandinin & Connelly, 1994). 그리고 1940년대에서 1950년대에 이르는 양적 연구 방법의 등장으로 생애사 연구는 외면을 받게 된다. 더군다나 자료를 수집하여 조합시키는 모자이크 모델은 무엇보다도 결론이 불분명하다는 비판을 받았다. 한편, 인류학자들의 생애사 연구의 역사는 비교적 길다. 20세기 초 인류학자들은 시카고학파와는 달리 거의 멸종된 미국 인디언 문화를 기록하기 위해 생애사 방법을 이용했다(Chase, 2005, p. 653). 시카고학파의 사회가 인간에게 미치는 영향에 대한 보편적 사실 탐구와 달리 인류학자들의 관심은 한 집단의 문화에 관한 것이었다. 이들은 문화적 사실을 이해하기 위해 그들 문화적 집단을 대변하는 사람들을 선택하고 이들의 생애사를 연구했다. 1940년대 중반까지 Edward Sapir, Ruth Benedict,

Margaret Mead 등의 영향을 받은 많은 인류학자들은 개인 그 자체, 특히 문화적 맥락과 특별한 개성 유형 간의 관계에 대해 관심을 가졌다. 이들은 문화의 내부자적 시선을 제공하기 위해서, 문화충돌 또는 혁명운동의 결과로 인한 문화적 변화를 연구하기 위해 생애사를 사용했다.

둘째, 개인적 내러티브에 대한 연구로 시민운동, 페미니즘의 등장을 들 수 있다. 1960년대에서 1970년대에 이르는 자유주의 운동과 더불어 시작된 시민운동은 노예 내러티브에 대해 새롭게 관심을 가졌다. 이들은 노예들의 목소리를 담지 않았던 그 전의 노예 연구와는 달리 내러티브에 근거하여 노예로서의 흑인집단의 사회적 역사를 조명했다. 1980년대 페미니즘은 생애사 방법과 자서전과 같은 개인적 내러티브 연구의 부흥을 이끈다. 이들은 남성의 활동이 여성의 활동보다 중요하고 여성의 삶과 활동을 배제한 규범을 세우는, 그래서 연구 대상을 남성에 국한시키는 남성중심의 사회과학을 비판한다(Chase, 2005). 페미니스트들은 연구의 핵심이자 우선해야 할 문제로 여성의 개인적 내러티브를 들었다. 이들은 이전에 침묵되었던 목소리를 듣기 시작하면서 기존의 사회과학에 도전했으며, 생애사와 개인적 내러티브에 근거한 많은 연구물들을 통해 연구 관계와 연구 방법에 대한 전통적 가정에 도전하게 된다.

페미니스트들은 생애사와 개인적 내러티브를 역사적 사건, 문화변화, 사회구조의 충격이 개인에게 어떠한 영향을 미치는지를 조사하기보다는 그들 삶에 드리워진 사건과 조건들에 대해 권리를 주장하고 의미를 생각하는 사회적 운동으로 활용했다. 이러한 접근은 역사적, 문화적, 사회적 진보에 대한 새로운 이해를 제공했다고 평가된다(Chase, 2005, p. 655). 이들은 여성을 이제 더 이상 대상이 아니라 주체이며 자신의 목소리를 가지고 있는 존재로 고려하기 시작했다. 페미니스트로 인해 연구 관계에서의 정치적 고려와 여성에 대한 관심은 새로운 연구 방법을 낳게 된다.

3. 다양한 영역에서의 내러티브 연구

1980년대 중반과 1990년대 초반부터 사회과학자들은 경험을 이해하기 위해 내러티브적 전환을 시도했다(Pinnegar & Daynes, 2007). Connelly와 Clandinin(1990)의 연구 방법론도 이 시기에 시작된다. 이 시기에는 내러티브 연구와 내러티브 탐구 간의 중요하고 미묘한 차이를 밝히는 데 주력했지만 이 시기 이후로 내러티브 탐구와 내러티브 연구는 연구 논문에서 존재론적, 인식론적 전통의 차이를 제외하고는 혼용하여 사용된다(Caine, Estefan, & Clandinin, 2013).

첫째, 심리학에서의 내러티브 연구이다. 심리학자들의 내러티브 연구는 개인적 생애 이야기와 그들의 삶의 질, 특히 심리적 발달과의 관계에 초점을 둔다(Chase, 2005). 정신분석 이론의 근저들에 도전을 주었던 Donald Spence(1982)는 『내러티브적 진실과 역사적 진실』이라는 책에서, 심리학은 살아온 삶과 행동을 통해 한 사람이 어떻게 만들어지고 변화되는지를 보여 주는 학문이라 규정한다. 하지만 Spence는 정신분석학이란 Freud가 가정한 한 사람의 과거를 들추는 고고학과는 거리가 있으며, 대신 감추어진 기억, 꿈, 연상의 조각들을 모아 개연성 있고 일관된 이야기를 구성하는 협력적 구성이라 여긴다. 즉 정신분석학이란 사건들 그것 자체가 중요한 것이 아니라, 한 인간을 형성시킨 사건이 내포하는 의미를 통해 의심, 절망, 낙심으로 인해 의기소침해 있는 인간에게 희망을 제공하는 이야기를 재구성하는 데 의미가 있다고 보았다(Bochner & Riggs, 2014). 4년 후 Theodore Sarbin(1986)은 '인간 행위의 이야기적 본질'을 담은 『Narrative Psychology』를 출판했다. 그는 '사회심리학의 인식론적 위기'에 대한 반발과 심리학 연구의 실증주의적 패러다임의 대안으로 내러티브 심리학을 제안했다. 실증주의는 인간을 기계론적이며 환원주의적으로 보기 때문에 부정적인 반면, 이야기를 통한 인간 이해는 인간주의 패러다임에 가깝다(Bochner & Riggs, 2014). Spence와 Sarbin의 출판 이후로 심리학 영역에서 내러티브는 방법론과 탐구 주제로 다루어지기 시작했다. McAdams와 동료의 연구는 심리학이 지향하는 내러티브 탐구의 성격을 잘 보여 준다. McAdams(1985)는 정체성이란 일관된 삶의 이야기에 이르기 위한 사회심리학적인 문제로 간주한다(Bochner & Riggs, 2014). McAdams와 Bowman(2001)은 Well-being과 자기충족성(가령, 돌봄에 헌신, 미래 세대에 기여하는)에 대한 간편심리검사에서 높은 점수를 받은 사람들은 부정적인 사건을 긍정적인 결과로 전환시키는 구원적 내러티브를 말하는 반면, 낮은 점수를 받은 사람들은 좋은 경험을 부정적 결과로 전환시키는 타락적 내러티브를 말한다고 밝힌다(Chase, 2005). 또한 이들은 이야기의 플롯, 인물의 성격, 내용의 구조와 배열을 강조한다. 이를 통해 인물의 정체성과 시간에 따른 발달과 변화를 파악했다. 비슷한 예로 Josselson(1996)의 여성이 20대, 30대, 40대를 거치면서 겪는 이야기의 변화와 삶에 관한 종단연구가 있다(Chase, 2005).

Bruner와 Polkinghorne은 보다 광범위한 정의를 내린다(Bochner & Riggs, 2014). Bruner(1987, 1986, 1990)와 Polkinghorne(1988)은 의미 영역의 종합적인 평가를 위해 인간과학에서 주된 관심을 내러티브에 두어야 한다고 주장했다. 특히 Bruner는 패러다임적 사고와 내러티브적 사고를 구분함으로 내러티브적 인식에 대한 역사적 근거를 보다 정교하게 구성한다(Pinnegar & Daynes, 2007).

둘째, 사회학자들의 내러티브 연구이다. 사회학자들은 특정 제도적, 조직적, 지역 문화적 맥락에서 형성된 자아의 '정체성 형성'에 초점을 두고 연구를 진행한다(Chase, 2005). 심리학자들이 생애 이야기(life story)에서 생애에 관심을 가지는 반면, 사회학자들은 내러티브를 생애 경험(lived experience)으로 정의하며 살아가는 방식에 주목한다(Chase, 2005). 즉 사회학자들은 내러티브의 내용뿐만 아니라 내러티브를 형성하는 방식에도 관심을 가진다. 예를 들어 심리학자들이 '자기충족성이 높은 사람들은 어떤 내러티브를 가졌는가?'라는 내용에 관심이 있다면, 사회학자들은 '자기충족성이 낮은 사람들은 어떠한 사회적 배경을 가졌기에 이러한 내러티브를 형성시켰는가?'에 관심을 가진다. 이들은 제도적, 조직적 조건들이 개인적 경험을 어떻게 제거했는지에 대해 연구했는데, 주로 감옥, 법정, 토크쇼, 봉사기관(human service agencies), 자조모임(self-help group), 치료센터와 같은 환경에서 형성된 내러티브를 탐구했다(Chase, 2005).

셋째, 사회학적 접근이다. Chase(2005)는 사회학적 접근을 사회학에 국한시키지 않고 보다 포괄적인 범주로 정의한다. Bochner와 Riggs(2014)는, 경제학에서 McCloskey(1990), 법학에서 Farber와 Sherry(1993), 교육학에서 Connelly와 Claninin(1990), 사학에서 Mink, Fay, Golob와 Vann(1987), White(1987), 정신분석에서 Coles(1989), Schafer(1980), Spence(1982), 정신치료에서 White와 Epston(1990), 사회학에서 Richardson(1990), 민속지학에서 Turner와 Bruner(1986)를 영역별 내러티브 전환을 이끈 대표적인 인물로 소개한다. 사회학적 접근에는 사회학자 외에도 심리학자, 커뮤니케이션 학자들도 포함된다. 이들은 특정 조직의 맥락에서 이루어지는 내러티브보다는 개인의 특정한 측면을 보다 심도 있게 면담하고 연구한다. 내레이터가 문화적, 역사적 담론과 관련하여 자신의 경험을 말하는데, 사회, 역사적 담론을 어떻게 그리며, 거부하며, 변형시키는지에 대해 주목한다. 또한 이들은 연구자와의 상호작용 속에서 자신의 이야기를 어떻게 담는지에 대해서도 주목한다. 이들의 연구 목적은 사람들이 그들의 종잡을 수 없는 환경과 관련한 내러티브 전략을 보여 주는 데 있다. 즉 그들의 개인적 이야기는 환경에 속박되나 헤게모니적 담론에 지배당하지 않음을 보여 준다. 그리고 불변의 진리라고 믿고 받아들이는 헤게모니의 모순적이며 간교한 본질을 볼 수 있는 창을 제공해 준다(Chase, 2005). 사회학자들이 헤게모니에 지배받은 인간의 삶을 보여 주는 것이라면, 사회학적 접근은 헤게모니에 저항하는 인간의 삶을 보여 준다. 이들은 내러티브를 인간과학의 주요 탐구 주제일 뿐만 아니라, 탐구를 위한 주요 내용 및 방법으로 여겼다. 이들의 노력으로 21세기는 내러티브의 전환기를 맞이하게 된다(Denzin & Lincoln, 2000).

마지막으로, 교육학에서의 내러티브 탐구이다. Goodson(1988)의 교사의 생애사에 대한 연대기적 토론과 학교 교육과정 연구는 사회학, 인류학, 교육학에서 생애사의 사회적 기원을 탐구하는 계기가 되었다(Connelly & Clandinin, 1990, p. 2). 대부분의 교육학 연구에서는 생애사와 전기/자서전을 분리하지만 Goodson은 자서전을 생애사의 한 해석본으로 보았다. Connelly와 Clandinin(1990)은 당시(1980년대)의 교육학의 주된 관심이 교사의 전문성에 있다고 보고, 전문성에 대한 요소를 전기/자서전에서 가져왔다. 당시 교육학에서는 사회가 한 인간에게 어떤 영향을 미치는가를 조명한 생애사에 대한 관심이 없었다. 교육학에서의 초기 연구는 전기/자서전에 대한 연구였으며, Berk(1980)는 교육학 연구에서 중요한 방법 중 하나가 자서전에 관한 연구라고 주장했다. 하지만 전기/자서전에 담긴 '그는 어떤 교육을 받았는가?'라는 관심에서 '사람들을 교육시키는 일반적인 방법'에 대한 전환으로 전기/자서전에 대한 연구는 중단된다(Connelly & Clandinin, 1990, p. 3 재인용). 그리고 Polkinghorne은 교육학에서 전기/자서전에 대한 무관심은 개인적 심리학(personal psychology)의 무관심으로 이어졌다고 진단한다(Connelly & Clandinin, 1990, p. 3). 하지만, 1980년대 후반부터 Pinar(1988), Grumet(1988)과 같은 학자들에 의해 교육학 연구에서 자서전적 전통을 연구하기 시작했다(Connelly & Clandinin, 1990, p. 3).

한편 1970년대에서 1980년까지 이야기와 관련된 교육학 연구는 크게 구술사와 민담, 아동의 이야기, 학교에서의 이야기 활용으로 구분된다(Connelly & Clandinin, 1990, p. 3). 구술사와 관련된 대표적인 학자인 Dorson(1976)은 학교에서 사용하는 민담의 성격과 기원을 통해 구술사와 구술 문학을 구분한다. 구술사와 민담 뒤에 숨어 있는 이야기 구조를 파악하여 문화, 관습, 예술, 서사시, 민요, 속담과 같은 광범위한 내러티브 연구 현상을 보여 주며, 교육적 탐구의 가능성을 제시했다. 아동의 이야기와 학교에서의 이야기를 활용하여 Applebee(1978)는 연구를 진행했으며, Sutton-Smith(1986)는 인지적 구조에 입각한 구조주의적 작품과 해석학적 작품을 비교했다. Egan(1986)과 Jacson(1987)은 교과가 학교에서 이야기의 형태로 바뀌는 것을 보여 주면서, 교과는 객관적 사실로 전달될 것이 아니라 좋은 이야기를 가진 단원으로 구성될 것을 제시한다(Egan, 1986). Elbaz(1988)의 개인, 목소리에 관한 연구는 내러티브 연구와 가장 가까운 작업물로 평가된다. Elbaz는 방법론적 도구로서의 내러티브와 방법론 자체로서의 내러티브를 구분하며 다양한 교육학 연구에 내러티브가 반영되고자 노력했다(Connelly & Clandinin, 1990, p. 3).

내러티브 연구와 내러티브 탐구의 차이

내러티브는 크게 세 가지 방향으로 탐색된다. 일반적 수준에서의 내러티브, 연구 수준으로서의 내러티브, 탐구 수준으로서의 내러티브가 그것이다. Riessman과 Speedy(2007, p. 429)는 내러티브가 일반적인 수준에서 대중화되고 있다고 지적한다. 반면 연구 수준으로서의 내러티브는 연구자들이 선호하는 방식으로 내러티브에 대한 학자적 접근을 대변한다. 탐구 수준으로서의 내러티브는 내러티브가 형성되는 탐구과정에 초점을 두고 있다. 연구 수준이 결과로서의 내러티브라면 탐구 수준으로서의 내러티브는 결과보다는 과정에 연구의 초점을 두고 진행된다.

일반적 수준으로서의 내러티브로 Riessman과 Speedy(2007, p. 428)는 20세기는 내러티브의 시대이며 대중적 수준에서 접근은 불과 20년 만에 정착되었다고 본다. 의료상담에서 뉴스, 정치에 이르기까지 모든 사람들은 자신의 스토리텔링을 가지고 나타났으며, 자신의 이야기를 가지고 대중들에게 접근한다(Riessman & Speedy, 2007, p. 429). 이들에게는 해석이나 분석이 필요하지 않다. 이야기는 그 자체로 말해지는 것이다(Riessman & Speedy, 2007, p. 429).

연구 수준으로서 내러티브(narrative research)는 학자들이 주로 하는 내러티브에 관한 연구물을 의미한다. 학자들은 언어 분석에서 사회적 담론에 이르기까지 다양한 방식으로 내러티브를 분석한다. 몇몇의 사실들이 어떻게 저러한 방식으로 구성되는가? 누구에 의해 이러한 이야기가 구성되며, 어떻게 만들어졌는가? 목적은 무엇인가? 어떤 문화적 담론을 끌어들여야 하는가? 내러티브 간의 간격이 있어 다른 내러티브를 필요로 하는가? 이와 같은 내러티브를 분석하고 해석하고자 하는 고도의 학자 정신과 엄격한 전문적 실제를 요구한다(Riessman & Speedy, 2007, p. 429).

탐구 수준으로서 내러티브(narrative inquiry)는 Clandinin과 Connelly(2000)에 의해 개발된 현상과 방법을 동시에 탐구하는 독특한 연구 방법으로 본문에서 주로 다루는 연구 방법이다.

1. '내러티브의 분석'과 '내러티브 분석'의 비교

Polkinghorne(1995)의 내러티브의 분석과 내러티브 분석에 관한 개념 비교는 내러티브 연구와 내러티브 탐구 간의 차이를 이해하는 데 도움을 준다. Polkinghorne(1995)은 Bruner(1986)가 분류한 사고 유형을 기초로, '내러티브의 분석(analysis of narrative)'

은 패러다임적 사고로, '내러티브 분석(narrative analysis)'은 내러티브적 사고에 근거한다고 구분한다. 내러티브의 분석은 내러티브의 패러다임적 방식(paradigmatic mode of analysis)으로도 불린다(Kim, 2016, p. 196). 비록 내러티브 연구 방법에 대한 두 형태의 구분이 모호하다는 비판이 있지만(Bochner & Riggs, 2014), Polkinghorne(1995)의 구분은 내러티브 탐구가 어떠한 방향으로 나아가야 하는지에 대해 이해를 제공해 준다.

첫째, 내러티브의 분석이다. 내러티브의 분석의 근거가 되는 패러다임적 사고의 과정은 서로 다른 목록으로 유형화하며, 개별적인 특성들을 패턴으로 분류한다. 최종 목적은 일반화이다. Polkinghorne(Kim, 2016, p. 196 재인용)은 패러다임적 사고란 반복적으로 나타나는 공통적인 요소를 통해 인간 행동을 일반화하려는 인지적 기획으로, 내러티브의 분석은 이러한 패러다임적 사고가 반영된 분석이라고 할 수 있다. 그리고 이때 주제를 도출하는 과정에서 선행연구에 따른 이론이나 논리적 추론과정이 개입된다(Kim, 2016, p. 196). 이러한 과정은 근거이론의 자료 분석과 유사한 과정을 거친다. 이러한 예로 초임 교사 인터뷰 과정에서 초임지에서의 경험, 위기 극복 전략, 도전과 같은 목록을 가진 접근을 들 수 있는데(Kim, 2016, p. 196), [그림 1]은 내러티브의 분석의 일반적인 탐구 모습이다. [그림 1]에서 보듯이 내러티브의 탐구는 자료들을 분류하여 특정 주제들로 유형화하고, 자료들의 공통 요소를 찾아 보편적 지식 또는 일반화에 이르는 것을 목적으로 한다.

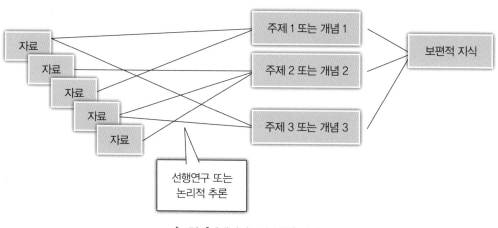

[그림 1] '내러티브의 분석' 과정

둘째, 내러티브 분석 또는 내러티브 방식의 분석(narrative mode of analysis)은 보편적이지 않은 상황에서 발생하는 인간 행동의 특별한 성격에 주목한다(Kim, 2016, p. 196).

이때 내러티브 추론이란 보편적이지 않은 인간 행동에 주목하고, 의미 있는 시간적 맥락과 요소 간의 복잡한 상호작용을 추적하는 것을 말한다(Polkinghorne, 1995). 즉 특정의 플롯을 형성해 나가는 작업이며, 사건과 행위 간의 간격을 채워 가는 작업을 의미한다(Spence, 1986). 내러티브 분석 과정은 [그림 2]와 같다.

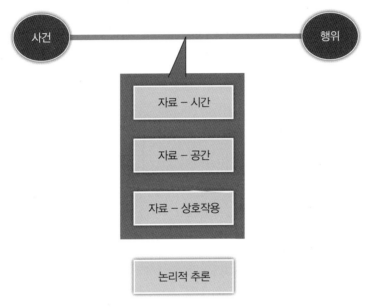

[그림 2] '내러티브 분석' 과정

내러티브 추론을 통해 독자는 이러한 행위가 발생한 이유를 공감하게 된다. 일반적으로 이해되지 않는 행위는 보편성에서 벗어난 행위로 선도적 행위를 하거나 퇴행적 행위를 하는 경우로 분류할 수 있다. 내러티브 분석은 다수의 인간에게서 발견되지 않는 보편적이지 않은 행위에 주목함으로 인간의 삶을 보다 넓게 해석한다. 내레이터의 선도적 행위이든 퇴행적 행위이든 이러한 행위가 나타나는 이유를 일관성 있게 밝힌다. 이러한 과정에서 독자는 행위를 보편적 원리로 판단하기를 멈추며, 보다 넓게 인간의 삶을 해석하게 된다. 내러티브 분석은 이러한 세계를 지향한다. 영역별 내러티브의 분석과 내러티브 분석 간의 차이는 〈표 1〉과 같다.

〈표 1〉 Polkinghorne(1995)의 '내러티브의 분석'과 '내러티브 분석' 비교

구분	내러티브의 분석	내러티브 분석
사고 근저	패러다임적 사고	내러티브적 사고
연구의 목표	보편적 원리	다원적 원리
연구의 대상	일반적 행위	특정 행위
자료의 종류	주로 면담과 관찰을 통한 자료	삼차원적 탐구 공간
분석 도구	선행 이론 또는 귀납적 추론(코딩)	순환적 추론
글쓰기	소주제와 보편적 이론	사건, 인물, 이슈로 구성된 플롯 구성
독자에게 전달	삶의 보편적 의미	삶의 다원적 의미
결론	추상적 주제	구체적인 이야기들
관련 이론	근거이론, 전통적인 사회과학의 연구	사례연구, 생애이야기, 생애사, 자서전, 자문화기술지

2. 내러티브 연구의 특징

Geertz는 『The interpretation of cultures』(1973)와 『Local knowledge』(1983)에서 실증주의, 행동주의와 같은 종합적 접근 대신 다원주의, 해석학적, 개방적 접근으로의 이동을 말한다. Geertz는 특별한 사건, 관습, 습관과 같은 심층묘사를 요구하며, 인류학적 글쓰기는 해석에 대한 해석이 되어야 한다고 제시한다(Denzin & Lincon, 1996, p. 9). 즉 인류학의 과제는 전통적 문화기술 연구처럼 오랜 기간 동안 한 공동체의 문화에 참여하며, 한 개인의 또는 적은 수의 개인에 대해 심층관찰을 해야 할 뿐만 아니라, 연구자는 연구물과 대화하며 연구자의 목소리를 어떠한 방식으로 제공해야 하는지에 대해 고민해야 한다(Chase, 2005).

사회과학자들은 인문학의 방법론을 차용했는데, 기호학, 해석학, 내러티브가 그 예가 되며, 특히 내러티브의 사용은 비중 있는 전환을 의미한다(Riessman & Speedy, 2007; Denzin & Lincon, 2005). 하지만 내러티브에 대한 학문 간의 연구 방식은 엄연히 구분되며, 각 영역에 속한 연구자들은 다른 연구자들과 마찬가지로 고유한 관점으로 주제에 접근하며 이것은 서로 다른 글쓰기 스타일을 만든다(Riessman & Speedy, 2007, p. 429). 오히려 내러티브 연구는 영역 간의 문제라기보다는 관심사의 문제이며, 어떠한 주제에 관심을 가지는가에 따라 상이한 탐구집단이 형성되는 성격을 지니고 있다. 학문 간의 고유

한 연구 방법은 의미를 상실하고 있다. 내러티브 탐구의 미래는 학문영역 간의 싸움이라기보다는 탐구집단 간의 주도권 싸움이라고 할 수 있다.

Bloom(2002)은 내러티브 연구의 목적을 세 가지로 요약한다. 첫째, 자료로서의 개인적 내러티브, 둘째 사회 비판으로서의 개인적 내러티브, 셋째 인문주의적 '자아'의 해체이다. Bloom(2002)의 세 가지 목적은 페미니스트의 영향을 반영하며 페미니스트들의 개인적 내러티브의 지향점과 유사한 특징을 지니고 있다. 하지만 이들의 내러티브 연구는 궁극적으로 거대 내러티브를 추구한다. 내러티브 연구는 내러티브 탐구와 중복되는 부분도 있지만, 구별되는 점도 뚜렷하다.

첫째, 내러티브 연구를 통해 연구자는 개인적 삶의 의미를 제공한다. 이때 Bloom(2002)이 말하는 자료로서의 개인적 내러티브는 편견 없는 자료로 재현된 개인적 내러티브이다. Bloom은 페미니스트를 언급하면서 페미니스트 연구자들은 사회에서 여성의 삶을 배제한 남성중심의 내러티브를 바로잡는 역할을 했으며, 이들은 여성의 내러티브를 수집하고 해석하여 정치적, 도덕적, 인식론적 추론에서 많은 반영을 일으켰다고 밝힌다. 페미니스트 연구자들의 작업을 통해 연구의 대상은 균형을 잡게 되었으며, 내러티브 자료를 통해 삶의 포괄적 의미를 드러냈다. 즉 연구자는 내러티브 자료를 해석하고 의미를 연구 참여자에게 제공한다. 이러한 과정에서 연구 참여자는 다시 말하기를 시도할 수 있으며, 연구자의 다시 말하기와 주고받게 된다. 이러한 과정을 거치는 것은 삶이 복잡하며 혼란스럽기 때문이다. 결국 연구자의 연구 목적은 단순한 이야기의 나열이 아닌 이야기가 지닌 의미를 밝히는 데 있다. 이러한 점은 내러티브 탐구와 매우 유사한 목적을 가진다.

둘째, 내러티브 연구를 통해 연구자는 사회비판을 제공한다. 내러티브 연구의 첫 번째 목적은 개인적 삶의 의미를 밝히는 것이지만 이에 머물지 않고 사회적 시사점을 제공한다. 개인의 삶은 사회, 문화의 영향을 받기도 하지만 주기도 한다. 내러티브 연구자는 개인의 삶을 연구할 때, 해석의 도구로 사회문화적 맥락을 가져오며, 이를 통해 개인의 삶에 반영된 지배 이데올로기, 사회적 권력을 밝힌다. 이를 통해 독자는 사회적 헤게모니를 보다 올바르게 이해하게 된다. 이는 사회-문화에 대해 어떠한 행동을 할 것인지 반성하도록 한다.

셋째, 내러티브 연구를 통해 연구자는 보편적 자아상을 해체한다. 인문주의가 추구하는 보편적 인간에 대한 해체를 통해 사회적 규범, 지배 이데올로기, 권력이 강요하는 개인의 몰자아성 극복을 지향한다. 즉 보편적 결론을 회피하는 내러티브 연구를 통해 다양한 개인적 삶과 지배 이데올로기를 밝히며, 자아를 긍정하고 회복하는 것을 지향한다.

넷째, 거대 내러티브를 통해 보편적이며 범지구적인 삶의 이해를 추구한다(Pinnegar &

Daynes, 2007, p. 8). 거대 내러티브는 인류학자, 역사학자, 심리학자, 의료인, 교육자들의 관심사이며, 이들은 특수 상황과 무관한 보편적으로 적용할 수 있는 이론을 구성하고자 한다. 거대 내러티브는 엄밀한 과학적 규칙에 따라 진행되었으며, 반박할 수 없는 이론들을 형성해 왔으며 사회과학자들은 인간의 삶을 예측하고 통제할 수 있게 되었다(Pinnegar & Daynes, 2007, p. 22). 거대 내러티브 학자로 Levi-Strauss와 같은 인류학자(Pinnegar & Daynes, 2007; Clandinin & Rosiek, 2007), Faucault와 Buarillard와 같은 사회학자, Barthes와 Spivak과 같은 문학비평가들, Derrida와 같은 철학자, Kristeva, Butler와 같은 페미니스트들(Clandinin & Rosiek, 2007)이 있다.

　내러티브 연구는 서로 다른 전통, 다양한 방법론, 새로운 아이디어, 방법 및 질문들이 쏟아지고 있는 탐구 영역(Chase, 2005, p. 651)이며 후기구조주의와 유사한 특징을 지닌다. Chase(2005)는 내러티브와 관련한 많은 연구들이 Polkinghorne(1995)이 규정한 내러티브 연구에 충실하며, 열린 결론을 지향하고 있지만 내러티브 탐구는 내러티브 연구와는 다른 성격을 지니고 있음을 밝힌다. 최근의 내러티브 탐구는 생애사를 중심으로, 간학문적 분석의 렌즈, 다양한 학문적 접근, 전통적이면서도 새로운 방법론을 취하지만(Chase, 2005), 내러티브 연구와는 다른 성격의 방법론적, 존재론적 입장을 취한다.

3. 내러티브 탐구의 특징

내러티브 탐구는 학자마다 경계가 불분명하나, 공통의 관심사를 가진 연구자들의 집단이 형성되고 있는 추세이다. 따라서 내러티브 탐구는 연구 분야, 구성원의 특성에 따라 탐구공동체의 특성이 달라지며, 구성원 역시 자신의 연구 정체성에 대해 끊임없이 질문을 던진다(Chase, 2011).

　Clandinin과 Connelly(2000)는 전통적인 연구 방법과 내러티브 탐구를 비교하면서 전통적인 연구 방법은 교사를 이미 설정된 목적을 지닌 교육과정의 실행자로 여기는 반면 내러티브 탐구는 교사를 목표를 세우고 과정을 만들어 가는 교육과정의 일부분으로 여긴다(Webster & Mertova, 2007, p. 32). Webster와 Mertova(2007)는 Clandinin과 Connelly의 내러티브가 전통적인 연구와 다른 점을 Clandinin과 Connelly의 핵심용어, 이론에 대한 전제를 중심으로 비교한다. 한편, Pinnegar와 Daynes(2007)는 역사적 추적을 통해 내러티브적 전환 시 나타난 특징 네 가지를 중심으로 살펴본다. Pinnegar와 Daynes(2007)는 내러티브 탐구의 특징을 첫째, 연구자와 연구 참여자와의 관계, 둘째, 수집된 자료의 종류, 셋째, 연구의 초점, 넷째, 연구자들의 다양한 인식론에서 찾는다. 이들이 제시한 내러티브 탐구의 주요 특징으로 네 가지를 들 수 있다.

첫째, Clandinin과 Connelly는 전통적인 연구 방법과 내러티브 탐구의 차이를 구분 짓는 용어로 시간성, 맥락, 사람, 행동, 확실성을 든다(Webster & Mertova, 2007, p. 32). Clandinin과 Connelly는 전통적인 연구 방법을 거대 내러티브라 부르는데, 거대 내러티브는 전통적이며 경험주의적 접근의 연구 방법으로 일반화를 연구의 목적으로 삼는다(Webster & Mertova, 2007). 따라서 시간성에 구애받지 않는다. 즉 시간의 흐름 속에서도 변하지 않는 인간의 보편적 특성을 연구한다. 이에 비해 내러티브 탐구는 시간에 따라 변하는 인간의 독특한 측면을 살핀다. Clandinin과 Connelly(2000)가 말하는 맥락은 삼차원적 탐구공간이라는 연구 틀에서 나오는 용어로 시간적 맥락, 공간적 맥락, 상호작용 맥락을 의미한다. Clandinin과 Connelly는 동일한 행동이라도 맥락에 따라 다른 의미를 지닌다고 보는 반면, 전통적인 연구는 모든 맥락에 적용 가능한 개념들을 찾는 데 연구의 목적을 둔다(Webster & Mertova, 2007). 전통적인 연구에서 맥락은 변인과 비슷한 개념을 가지고 있으나 연구의 특성상 모든 변인을 고려하여 연구 결과를 도출하는 데 한계가 있다. 따라서 전통적인 연구는 변인 통제를 통해 특정 맥락에서 나타나는 일반화된 행동특성을 찾는다. Clandinin과 Connelly(2000)가 말하는 교사는 교육과정, 목적, 성취 도구를 구성하는 주체적인 존재이며, 이들의 삶은 시간, 공간, 상호작용 속에서 구성된 플롯을 의미한다. 전통적인 연구가 확실성을 추구하는 반면 내러티브 탐구는 맥락이라는 관점을 통해 해석의 다양성을 열어 둔다.

둘째, 전통적인 연구는 기존 이론에서 출발하며 연구 방법의 구조를 결정짓는 역할을 하지만 Clandinin과 Connelly는 이론과 실제의 매끄러운 연결을 추구한다. 경험주의적 연구에서 도출되는 결과는 이론에 근거하여 정당화되며, 검증된 실제는 새로운 이론을 만드는 도구가 된다. 하지만 내러티브 탐구에서 이론적 근거를 도입하는 것은 이론적 근거가 연구의 틀을 제공하기보다는 연구자의 연구 시작, 다시 말하기를 연결하는 가교역할을 위해서이다(Pinnegar & Daynes, 2007). 또한 내러티브 탐구는 일반화된 결론을 지향하는 것이 아니기 때문에, 다양한 목소리가 재현된 플롯들을 구성하면 그만이다. 따라서 기존의 이론은 연구의 장애가 될 수도 있으며, 연구자가 플롯을 구성하는 데 있어서 기존의 이론은 활용 그 이상의 의미를 지니지는 않는다(Webster & Mertova, 2007). 이것은 내러티브 탐구가 지닌 태생적 한계이기도 하지만, 인간의 삶을 다양한 목소리로 전달할 수 있다는 강력한 힘이기도 하다.

셋째, 연구자와 연구 참여자와의 관계는 내러티브 탐구의 성격을 규정한다. Pinnegar와 Daynes(2007)는 실증주의적이며 실재론적 관점으로 규정된 객관주의로부터 해석과 의미에 초점을 둔 연구자의 주관주의로의 전환에 주목하며, 연구자의 주관주의적 해석으로 전환할 수밖에 없는 이유를 연구자와 연구 참여자와의 관계에서 찾는다. 내러티브 탐구는 연구자와 연구 참여자와의 관계를 중요하게 생각하는데, 연구자는 연구 참여자로부터 필요한 자료를 수집하고 현장을 영원히 떠나는 존재가 아니라, 연구자를 존중하고 서로 배우며 변화에 참여하는 존재로 여기기 때문이다.

실증주의에서 생각하는 연구자와 연구 참여자와의 관계는 경계, 탈시간성(atemporality)으로 드러난다. 실증주의적 접근에서 연구자와 연구 참여자와의 경계는 뚜렷하다. 연구자는 신뢰도와 타당도가 높은 표준화 도구를 이용한 구조화된 관찰, 잠재적 변인에 대한 능숙한 조작, 임의추출, 상황의 조작을 통해 형식적 지식을 형성한다. 이를 위해 연구자와 연구 참여자는 분명한 경계를 지닌다. 연구 결과가 시간과 무관하다는 의미는 어떠한 시대에 실험을 하더라도 동일한 결과가 나오며, 연구 참여자가 시간에 따라 신체적, 정신적 변화를 겪는다 하더라도 동일한 결과가 나온다는 것을 의미한다. 이것은 질적 연구에서도 비슷하게 나타나는데 인류학에서 어떤 지역의 문화에 대한 연구가 종결되면 그 문화에 대한 이해도 그것으로 종결되는 것은 그 대표적인 예이다(Pinnegar & Daynes, 2007).

하지만 내러티브 탐구에서는 이야기된 정체성(storied identity)이라는 개념에서 연구자와 연구 참여자와의 관계를 규정한다. 연구 참여자의 이야기는 연구자와의 관계와 무관한 상태에서 나오지 않는다. 연구자와의 관계에 따라 그들의 이야기의 내용이 바뀔 수 있다. Bateson(1984)은 연구자의 인격, 대인관계, 특정 집단에 접근하는 방식이 현장연구에서 다른 경험을 가지고 온다고 말한다(Pinnegar & Daynes, 2007). 따라서 이야기를 통해 밝혀지는 연구 참여자의 정체성에 대한 재현과 해석은 연구자의 특성, 연구자와 연구 참여자와의 관계에 의존할 수밖에 없다.

넷째, 일반(general) 진리에서 특정(particular) 진리로의 이동이다. Pinnegar와 Daynes(2007)는 Cole(1978)과 Bullough(2001)의 작품에서 묘사된 가난한 아동의 삶이 독자들에게 주는 가치들을 소개한다. 그의 작품에 소개된 가난한 아동의 삶은 아동의 보편적 삶에 관한 이야기는 아니지만 이들 아동의 특별한 삶을 통해 우리는 빈곤이라는 주제를 보다 깊이 이해하게 된다. 이렇듯 전통적 연구에서 추구하는 보편적 진리는 사회의 보편적 구조를 파악하는 거시적 접근으로 보편적 진리가 담지 못하는 인간의 삶을 온전히 이해하기 어려운 상황에 직면하게 된다. 인류의 역사는 보편적 진리가 말하는 예측과 통제에 따라 늘 움직이지 않았으며, 보편적 진리에서 벗어난 특수한 사건, 인물에 의해 일어난 경우도 많다. 따라서 사회과학자들은 보편적 진리뿐만 아니라 특정한 진리에 대한 연구에도 관심을 가지게 되었으며, 내러티브 탐구는 연구의 초점을 거대 내러티브와는 달리 특정한 진리가 가지는 의미에 주목한다. 실증주의자의 연구와 내러티브 탐구 간의 차이는 〈표 2〉와 같다.

〈표 2〉 실증주의 연구와 내러티브 탐구의 차이(Morgan-Fleming, Riegle, & Fryer, 2007, p. 82)

실증주의자의 연구	내러티브 탐구
일반화, 표본추출(generalization, distillation)	특정한 사실 이해하기(understanding the particular)
결과물들(findings)	의미들(meanings)
단일한 목소리(single voice)	다양한 목소리(multiple voices)
주변적 요소 제거(discard outliers)	차이 유지하기(maintain distictions)

Clandinin과 Rosiek(2007)은 내러티브 탐구가 막시즘과 비판이론으로부터 흔히 비난받는 것으로 억압체제에 대한 불분명을 예로 든다. 비록 내러티브 탐구가 거시사회가 지닌 억압적 영향에 대한 분석을 배제하지는 않지만, 삶의 연속성이라는 개념으로 비판이론을 비켜 간다. 이들은 막시즘과 비판이론이 기획하는 사회적 구조에 대한 인간 해방은 사회구조에 대한 인식과 비판이라기보다는 개인의 삶에 대한 통찰에서 온다고 본다. 개인의 삶은 사회문화적 환경 속에서 형성되었으며, 삶과의 상호작용 속에서 형성되어 왔으며, 이러한 개인의 삶을 도외시한 변화는 의미가 없다고 이해한다. 이러한 측면에서 Clandinin과 Rosiek(2007)이 경험의 질에 대해 초점을 두었다는 점은 내러티브 탐구가 지닌 방향과 가치를 단적으로 말해 준다. '인간의 삶의 극적인 변화는 어떠한 경험을 가졌는가?'라는 질문은 내러티브 탐구자가 인간의 삶의 의미를 얼마나 질적으로 해석하는가의 문제이기도 하다. 삶과 동떨어진 인간 해방은 제국주의적이며 자멸적 성격을 지닌다(Clandinin & Rosiek, 2007).

Clandinin과 Connelly, 내러티브 탐구의 이론과 발달

내러티브 탐구는 이야기의 중요성에서 출발한다. 인간의 합리적 인식에 대한 근대적 접근과는 달리 포스트모던, 후기구조주의는 인간의 인식이 합리성이라기보다는 사회적 관계 속에서 이야기를 매개로 형성된다고 이해한다. 인간은 수많은 이야기를 접하면서 성장하며, 새로운 이야기는 새로운 삶을 설계하고 살아가는 의미를 형성한다. 따라서 이야기를 통한 인간 의식 형성에 대해 관심을 가지게 되었으며, 내러티브 탐구는 이러한 인식론에 근거하여 출발했다(Clandinin & Huber, 2010). 내러티브 탐구가 지닌 방법론은 현상에 대한 관점을 변화시킨다. 내러티브 탐구라는 방법론을 사용한다는 것은 현상으로서의 경험에 대한 특정한 관점을 받아들인다는 것을 의미한다(Connelly & Clandinin, 2006, p. 375).

1. 내러티브 탐구의 발달

내러티브 탐구를 개발한 Clandinin과 Connelly는 Dewey의 경험에 근거한 존재론적, 인식론적 가정에서 출발한다. 그들은 실제 안에서 형성되고 표현된 지식으로서의 교사의 지식에 대해 사고하는 독특한 방법을 찾고자 했다(Clandinin, 2013/2015, p. 16). 이들은 교사의 개인적 실천적 지식의 부분적 분석이 교사의 삶 전체를 약화시키며 없앤다는 사실을 발견한다(Clandinin, 2013/2015, p. 16). 이것은 그들이 삶 전체를 탐구하는 계기가 된다. 그들은 A. MacIntyre(1981)의 「After virtue」, M. Polanyi(1962)의 「Personal knowledge」를 접하면서 내러티브에 대한 아이디어를 가지게 되었으며 내러티브를 통한 해석적 기술을 시도하게 된다. 이러한 결과물로 1990년 「Stories of experience and narrative inquiry」에서 내러티브 탐구에 대해 처음으로 소개한다.

2장에서 살펴보았듯이 1990년대는 내러티브 시대라고 할 수 있다. 많은 내러티브 관련 연구물들이 등장했으며, Clandinin과 그의 동료 역시 발 빠르게 방법론으로서의 내러티브 탐구를 형성한다. 대부분의 내러티브 연구가 현상에 대한 연구에 집중했다면 Clandinin과 그의 동료들이 수행한 연구는 현상이자 방법으로서의 연구를 시도한다. 그리고 그들은 이것을 내러티브 탐구라는 독특한 방법론으로 제시한다.

그들은 Dewey의 경험과 시간의 지속성이라는 개념을 토대로 내러티브적 분석을 위한 삼차원적 탐구 공간이라는 아이디어를 만들었으며, 연구 방법론으로서의 내러티브 탐구를 만들기 위해 공동체성 개념을 도입하게 된다. 그리고 이것은 교사의 개인적 실천적 지식을 보다 올바르게 이해하기 위한 방법론의 개발로 이해된다. 즉 Clandinin과 그의 동료들이 제시하는 내러티브 탐구는 내러티브적으로 탐구를 수행하는 것으로, 탐구의 시작은 연구자와 연구 참여자의 친밀한 관계가 형성된 공동체이며, 내러티브적 분석은 삼차원적 탐구 공간을 이용하며, 탐구할 내용은 관계적이고 참여적인 방법으로 알게 되는 개인적 실천적 지식, 다시 살아가기 등으로 구성된다(Clandinin, 2013/2015, p. 21).

이들은 「Personal experience methods」(1994)에서는 개인적 경험에 관한 연구를 실시

하며, 「Teachers' professional knowledge landscape」(1995)에서는 삼차원적 탐구 공간이 적용되는 교육 장소에 대한 접근을 시도한다. 이들이 수행한 연구 방법으로서의 내러티브 탐구를 담은 「Narrative inquiry: experience and story in qualitative research」(2000년 출판)는 내러티브 탐구의 철학과 연구 방법을 종합적으로 담은 책으로 평가된다. 「Handbook of narrative inquiry: mapping a methodology」(2007년 출판)는 내러티브 탐구와 관련된 연구 방법들을 소개하는 동시에 내러티브 연구와 관련된 방법들을 배제시켰다. 「Engaging in narrative inquiry」(2013)에는 다시 말하기와 다시 살아가기에 대한 구체적인 예들이 소개된다.

　한편 이들은 교사의 개인적 실천적 지식에 대한 탐구와 같은 실제적 요구에 부흥하는 연구물들을 발표한다. 「Teachers' professional knowledge landscape: Teacher stories. Stories of teachers. School stories」(1996년)에서는 학교 경관을 숨겨진 이야기, 포장된 이야기, 금기된 이야기로 묘사했다. 「Narrative understandings of teacher knowledge」(2000년)에서는 교사 지식에 관한 내러티브 이해를 통해 교사의 개인적 실천적 지식을 연구했다. 그들은 삼차원적 접근이라는 내러티브 사고방식으로 탐구를 진행했으며 비록 교사들이 비슷한 아동 중심 철학을 가지고 있더라도, 각자의 철학과 리듬에 따라 가르치는 방식이 다르다는 것을 밝힌다. 교사의 철학과 리듬은 개인적 실천적 지식의 한 형식이다. 「Narrative inquiry: experience and story in qualitative research」(2000년)에서는 교사의 개인적 실천적 지식에 대한 탐구가 현장에서 변화되는 것을 묘사한다. 이때, Clandinin과 Connelly(2000, pp. 124-127)는 전문적 지식 경관에서 교사가 형성하는 개인적 실천적 지식보다는 전문적 지식 경관이 미치는 영향에 대한 방식으로 탐구를 전환한다.

　종합하면 내러티브 탐구의 진행 방향은 크게 세 가지로 요약된다. 첫째, 존재론적 입장, 둘째, 방법론적 입장, 셋째, 지식 경관에 대한 입장으로 나누어진다. 첫째, 존재론적 입장에서 관계론적 존재를 강조한다. 인간이란 단독자로 존재하는 것이 아니라, 상호관계를 통해 존재한다. 세상에는 더 이상 선험적이며 주체적인 단독자는 존재하지 않는다고 본다. 상호관계를 통한 삶은 다시 살아가기를 통해 구체화된다. Clandinin과 Connelly의 2000년 「Narrative inquiry」에서 소개된 작품들이 대부분 다시 말하기를 중심으로 전개된 반면, 2013년 「Engaging in narrative inquiry」에 소개된 작품은 다시 살아가기를 강조한다. 연구자와 연구 참여자와의 친밀한 관계, 상호 검증, 다시 살아가기에 대한 강조는 Clandinin의 존재론적 가정이 탐구에 점점 뚜렷해지는 경향을 보인다. 둘째, 방법론적 입장에서 후기구조주의 입장을 취한다. 비록 Clandinin과 Rosiek(2007)은 후기구조주의와의 경계지점에서 존재론적으로 후기구조주의 입장을 취하지 않는다고 했지만, 후기구조주의와 경계를 공유하고 있다. 모든 사물에 대한 인식은 선입견으로 둘러싸인 구조에 의해 진행되며, 연구는 이러한 모습을 드러낸다. 내러티브 탐구는 내러티브 구조를 피해 갈 수 없다. 인간의 의식을 둘러싼 내러티브 구조는 내러티브 탐구를 위한 출발이 된다. 셋째, 지식 경관에서 인간은 더 이상 주체적인 존재는 아니며, 경관을 둘러싼 세계 속에서 반응하는 존재로 비추어진다. 감추어진 이야기를 드리낼 때, 인간의 수체성은 감추어지게 된다. 인간의 주체성은 포장된 이야기 속에 주로 등장하며, 내러티브 탐구는 감추어진 이야기를 얼마나 찾아내는가에 연구의 깊이를 담보하게 된다. 더불어 삼차원적 탐구 공간은 인간을 둘러싼 세계를 드러내기에 더욱 강조된다. 다시 살아가기 역시 내러티브적 구조 속에서 이루어지는 것이지, 그것을 벗어난 이야기는 아니다. 인간의 주체성이란 단독자가 아닌 구조와 관계 속에서 이루어지며 내러티브 탐구는 그것을 지향하고 있다.

2. Clandinin과 Connelly가 규정하는 내러티브 탐구의 성격

내러티브 탐구의 발달과정을 살펴볼 때 내러티브 탐구에서 공통적으로 등장하는 특징은 연구 방법인 동시에 연구현상이다(Pinnegar & Daynes, 2007). Clandinin과 Connelly(1990)는 내러티브 탐구가 현상이자 방법이라고 했는데, 현상은 존재론적 특징을, 방법은 연구 방법론적 특징을 의미한다. 그리고 존재론적 특징은 연구 방법과 별개의 것이 아닌 연구 방법에 그대로 반영된다. 이에 대한 힌트로 Clandinin과 Connelly(1990)가 내러티브 탐구(narrative inquiry)의 동일한 의미로 제시한 '내러티브로 하는 탐구(inquiry into narrative)'에서 찾아볼 수 있다. 내러티브 탐구는 단순히 내러티브를 탐구하는 것이 아니다. 내러티브로 하는 탐구는 탐구를 내러티브 방식으로 사고하며, 내러티브 방식으로 연구를 하자는 전제를 지니고 있다. 따라서 인간의 내러티브를 탐구하되 내러티브가 가진 계속성과 상호작용이라는 존재론적 전제를 가지지 않는다면 내러티브 탐구를 올바르게 수행하지 않았다고 우려한다(Caine, Estefan, & Clandinin, 2013). 즉 연구자가 내러티브 탐구가 지닌 존재론적, 인식론적 전제를 지니지 않고 내러티브를 탐구하는 것은 내러티브 탐구가 아니라는 것이다.

Clandinin과 Rosiek(2007)은 존재론적 전제를 설명하기 위해 Bruner의 내러티브적 사고방식을, 인식론적 전제를 위해 Leblich 외(1998)의 연구 방법론을 가져온다. 1990년 「Stories of experience and narrative inquiry」에서 존재론적 전제와 인식론적 전제를 결합시키는 시도를 하며, Hurwitz 외(2004)와 Van(1997)의 연구를 존재론적 전제와 인식론적 전제의 결합이 보다 분명하게 나타난 예로 소개한다(Clandinin & Rosiek, 2007). Clandinin과 Connelly가 규정하는 내러티브 탐구의 성격은 다음과 같다.

첫째, Clandinin과 Connelly(2000)는 존재론적 준거로 시간성(temporality), 계속성(continuity)과 관계성, 상호작용(interaction) 등의 개념을 제시하는데, 이를 계속성과 상호작용으로 묶을 수 있다. 계속성으로 시간성, 상호작용으로 관계성을 들 수 있다. Clandinin과 Rosiek(2007)이 인용한 Dewey의 '경험이라는 단어를 표현하기 어려운 것은 그것이 너무나 동떨어지고 초월적이라기보다는, 몰입적이며 과정의 문제이기 때문이다.' 라는 경험에 대한 묘사를 통해 우리는 경험을 묘사하는 것이 얼마나 어려운지 알게 된다. 경험이라는 요소에는 시간적, 맥락적 의미가 늘 따라 붙는다. 예를 들어 A, C라는 인물이 있다. A가 "내가 몇 일 전 경험한 사건은 나에게 기쁨을 주었다." "나는 그때의 경험을 영원히 기억하고 간직하고 싶다."고 말하며 A는 흥분한 채 C에게 자신의 경험을 말했다. 그리고 몇 일 뒤 A는 "나는 그 경험을 다시 살려 B를 대했다. 하지만 그때의 기쁨은 오지 않았다.", C는 "나는 A가 말한 대로 D를 대했다. 하지만 A가 말한 경험은 오지 않았다." 라고 고백한다. 내가 경험한 것은 시간에 따라, 개인 특성, 사회, 환경이 다른 인간의 상호작용에 따라 이해를 달리하는 특징이 있다. 삶은 초월적인 특성에 따라 정의하는 것이 불가능한데 이는 삶이 끊임없이 변하고 표현하기 어려운 상호 교차적 성질을 지니고 있기 때문이다. Dewey의 인간존재란 초월적 규칙에 규정되지 않는다.

Clandinin과 Rosiek(2007)이 내러티브 탐구의 존재론적 특성으로 제시하는 계속성은 이러한 '삶과의 밀착성'이라는 의미에서의 계속성이다. 삶의 경험은 다른 경험에서 나왔으며, 경험은 또 다른 경험을 만들어 낸다(Clandinin & Rosiek, 2007). 따라서 현재 발견된 일반화 이론 역시 거대한 일반화 이론에 비추어 보면 그것이 오류이든 정확한 사실이든 간에 경험의 한 부분에 지나지 않는다. 당신이 경험한 것, 즉 듣고, 느끼고, 생각하고, 사랑하며, 맛보며, 미워하며, 두려움을 가졌던 것은 당신이 이해한 전부이다(Clandinin & Rosiek, 2007). 우리의 이해는 삶에서 경험한 것을 벗어나지 못한다. 그리고 이러한 경험에 대한 개념은 개인적, 심미적, 사회적 의미로 확장된다. 인간은 자신이 경험한 배경 속에서 개인에 대한 의미, 미학적 의미, 사회문화적 의미를 규정하고 확대해 나간다.

둘째, 방법론적 근거로 내러티브 탐구에서는 내러티브로 탐구하는 방법에 대한 설명이 필요하며, 말하기, 다시 말하기, 살아가기, 다시 살아가기는 대표적인 내러티브 방법의 표현물이다. Clandinin과 Rosiek(2007)은 내러티브 탐구를 인간 경험에 대한 묘사인 동시에 경험에 대한 경험으로 설명한다. 즉 A라는 경험에 대한 묘사는 이어지는 B라는 경험에 의미를 더하게 되며 경험의 내용과 질을 변화시킨다. 연구자는 내러티브 탐구를 거치면서 자신이 경험하는 B는 이미 경험한 A에 대한 플롯과 해석에 따라 다른 경험으로 경험되며, 내러티브 탐구를 경험한 탐구자는 이러한 정신적, 신체적, 사회적 변화를 경험한다. 내러티브 탐구자가 겪는 정신적 변화는 존재론적 변화이다. Clandinin과 Rosiek(2007, p. 45)은 연구자가 인간 경험의 시간적 본질에 연구의 초점을 맞추기 위해 특별한 종류의 사고를 가져야 한다고 했지만, 역으로 연구자는 시간적 흐름에 따라 연구자가 얼마나 특별한 종류의 사고를 하게 되는지를 연구 텍스트에서 보여 주어야 한다. Clandinin과 Connelly가 말하는 특별한 종류의 사고는 내러티브적으로 생각하는 사고이며, 삼차원적 탐구 공간 안에서의 탐구를 의미한다(Connelly & Clandinin, 2000, p. 318).

내러티브에서 말하는 삼차원적 탐구 공간은 시간, 개인/외부, 장소(Connelly & Clandinin, 2000), 또는 시간의 연속성, 개인·사회적 상호작용, 장소(Clandinin & Connelly, 2000)를 말한다. 이야기를 삼차원적 공간을 통해 해석한다는 것은 개인의 삶이 시간, 장소, 사회·문화적 맥락의 연속성에 있다는 것을 전제하며, 연구 참여자의 삼차원적 탐구 공간은 연구 참여자의 상황을 반영해 주기 때문에 이와 관련된 다양한 형태의 현장 텍스트 사용을 권한다(Clandinin & Connelly, 2000, p. 118). Clandinin과 Connelly(2000)의 삼차원적 탐구 공간이라는 개념은 Dewey의 실용주의 철학에서 나왔으며, 인간의 삶은 연속적이며 끊임없는 상호작용을 통해 개념을 새롭게 만들어 간다는 것을 전제한다.

Clandinin과 Connelly(2000)의 삼차원적 공간 중 시간이라는 개념을 통해 연대기적 순서로 연구 참여자의 삶을 추적한다는 것은 땅 속에 숨겨진 보물을 찾는 고고학적 과제 수행이 아니라, 땅 속에 숨겨진 보물이 현재의 나의 삶에 어떠한 영향을 미치고 있는지 찾는 내러티브적인 사고의 출발점으로 묘사한다.

삼차원적 탐구 공간 중 개인·사회적 상호작용은 개인적/존재적(personal/existential), 내부/외부로도 불리며 외부적 공간이 나에게 미친 영향에 대한 탐구를 말한다. 그리고 개인·사회적 상호작용은 내적 지향, 외적 지향, 과거 지향, 미래 지향이라는 네 가지 방향을 가지고 있는데 내적 지향은 느낌, 희망, 심미적 반응, 도덕적 성향 등과 같은 내적 조건을 의미하며, 외적 지향은 환경과 같은 현존하는 조건을 의미한다. 과거 지향과 미래 지향은 과거, 현재, 미래와 같은 시간성을 의미한다(염지숙, 2003). 이들이 표현한 상호작용은 개인과 사회는 대등한 관계 속에서 이루어지는 상호작용이라기보다는 개인에 대한 사회의 간섭이라는 의미가 강하다. 그것이 아름다운 모습이든 추한 모습이든 한 개인에게 영향을 미쳤으며, 개인은 그것에 대해 내적인 반응을 한다. 내러티브 탐구에서 주목하는 개인의 특정한 삶의 양식도 사회적 조건이라는 배경 속에서 이루어지기 때문에 사회적 조건을 이해한다는 것은 내러티브 탐구의 사고에 참여하는 것을 의미한다. 사회·문화적 조건에서 형성된 개인적 삶은 Geertz(1973/1998)의 해석주의와 맥을 같이한다. 특히 문화적 억압(trauma culture) 같은 조건은 연구 참여자의 심리상태를 해석하는 가장 중요한 근거가 된다(Chase, 2005, p. 658).

　Clandinin과 Connelly(2000)의 삼차원적 공간 중 장소는 내가 영향을 미치는 외부적 공간에 대한 탐구를 말한다. 개인적/존재적 공간이 내레이터를 형성시킨 장소라면, 장소는 내레이터가 현재 살아가는 공간이며 이야기를 만들어 가는 공간이다. 예를 들어 개인이 사회문화적 공간 속에서 정체성과 전문적 지식을 형성했어도, 그것은 과거에 머문 이야기이다. 현재는 다른 공간 속에서 살아가며 상호작용하고 있는데 장소는 이러한 공간을 말한다. 장소는 개인/사회적 공간과 겹쳐진다. 내가 현재의 공간에 들어서는 것은 과거의 공간을 가지고 가는 것을 의미하며, 개인/사회적 상호작용이 적용되는 공간이기도 하다. 예를 들어 전문적 지식 경관으로서의 장소는 교사가 일하는 장소로서, 행정적 제도, 지역적 맥락 등을 포함한다. 전문적 지식 경관이라는 맥락 속에서 전문적 장소 역시 개인/사회적 차원에서 영향을 미치기도 하지만, 개인/사회적 차원의 영향을 더 받는 공간으로 이해된다. 그리고 장소 역시 고유한 맥락을 지니고 있어서 시간, 개인/사회 상호활동으로 만들어진다. 한 사람이 이러한 장소에 들어가는 것은 그 장소 고유의 과거와 현재, 장소를 대변하는 사람들, 사회적 울타리에 들어가는 것을 의미한다. 결국 장소로 들어가는 것은 장소가 지닌 과거와의 끊임없는 대화를 말한다.

〈표 3〉 이야기 속에서의 삼차원적 탐구 공간

나는 나의 이미지를 촬영한다. 나는 마치 작은 배가 되어 물 위를 여행한다. 내 주변에는 아름다운 경관인 바위, 산, 꽃, 대나무 사이로 비추어지는 햇살에 빛나는 잔디와 나무들이 있다. 하늘은 푸르고, 바람 사이로 드보르작의 신세계가 들려온다. 내 등 뒤 불어오는 실바람이 나를 편안하게 한다. 나는 두 개의 문화가 겹치는 곳을 지난다. 나는 내 밑에 흐르는 물과 나를 둘러싼 바람이 나를 삼키지 않도록 경계한다. (Connelly & Clandinin, 2000, p. 315)	**시간:** 나는 나의 이미지를 촬영한다. 나는 마치 작은 배가 되어 물 위를 여행한다. **개인적/존재적:** 내 주변에는 아름다운 경관이 펼쳐진다. 바위, 산, 꽃, 대나무 사이로 비추어지는 햇살에 빛나는 잔디와 나무들이 있다. 하늘은 푸르고, 바람 사이로 드보르작의 신세계가 들려온다. 내 등 뒤 불어오는 실바람이 나를 편안하게 한다. **장소:** 나는 두 개의 문화가 겹치는 곳을 지난다. 나는 내 밑에 흐르는 물과 나를 둘러싼 바람이 나를 삼키지 않도록 경계한다.

　〈표 3〉은 삼차원적 탐구 공간의 예로, Connelly와 Clandinin(2000)은 여행이라는 단어로 시간적 흐름을 이어간다. 나를 편안하게 만든 사회적 환경 속에서 나의 정체성이 형

성되었지만, 지금은 다른 공간에서 문화의 중첩을 경험하고 있다. 나는 새로운 장소에서 맥락을 무시한 채 살 수가 없다. 새로운 장소는 나에게 무언가를 주문한다. 장소가 주는 산만한 요소들 중에서 나의 눈에 띄는 경관이 있는데, 나는 그것 사이로 유유히 여행을 이어갈 수도 있고 그 장소에게 잡아먹힐 수도 있다. 그래서 경계를 하면서 여행을 이어가기 위한 무언가를 만든다.

3. 내러티브 탐구의 영역

내러티브 탐구는 지난 25년간 다양한 나라에서 유치원과 초중등교육에 몸담고 있는 교사의 삶과 실제적인 교수 행위에 대해 연구되었다(Elbaz-Luwisch, 2007, p. 357). 현상인 동시에 방법으로서의 내러티브 탐구는 많은 연구자들에게 도전이자 독특한 탐구 경험을 제공했다(Elbaz-Luwisch, 2007). 기존 내러티브 연구와는 달리 내러티브 탐구는 연구 참여자를 긍정하는 인식론적 전제와 연구 참여자와의 협력을 연구 결과를 통해 형성시키는 존재론적 전제, 그리고 탐구 경험을 보여 주는 연구로서, 독특한 결과물과 내러티브 탐구가 어떠한 식으로 발전되어야 할 것인지에 대한 이정표를 제공했다.

Elbaz-Luwisch(2007)는 1980년대의 내러티브 탐구와 1990년대 이후의 내러티브를 소개하면서 교육활동에 있어서 내러티브 탐구를 크게 다섯 가지 주제로 정의한다. 첫째, 교육과정에 관한 이야기, 둘째, 교사의 삶, 목소리, 정체성에 관한 연구, 셋째, 교사의 지식과 맥락의 상호작용에 관한 연구, 넷째, 변화에 관한 이야기, 다섯째, 가르침의 다양성에 관한 이야기이다. 다섯 가지 주제는 서로 밀접하게 연관을 가지나 Elbaz-Luwisch(2007)의 분류는 연구의 시간성에 따라 구분된다. 즉 교육과정과 교사의 정체성 연구는 짧은 기간에도 수행될 수 있는 주제인 반면, 지식의 상호작용과 변화와 같은 주제들은 오랜 기간에 따른 신뢰와 협력이 요구되는 주제이다.

첫째, 교육과정에 관한 이야기이다. Elbaz-Luwisch(2007)는 내러티브 탐구를 통해 교육과정을 만들 때 보이지 않는 교사의 이야기를 드러낸다. 이러한 예로 Clandinin과 Connelly(1995)는 교사가 지닌 금기시된 이야기가 교육과정 형성에 어떠한 영향을 미치는지 보여 준다. 교사의 교육적 윤리는 다양한 이야기를 형성하며 교육과정과 상호작용하며 교육과정과 갈등을 일으킨다(Elbaz-Luwisch, 2007). 교육과정에 관한 이야기는 교사의 윤리적 신념과 같은 이야기가 교육과정 형성과 어떠한 관계를 가지는지를 밝히는 내러티브 탐구라 할 수 있다.

둘째, 교사의 삶, 목소리, 정체성에 관한 연구이다. Elbaz-Luwisch(2007)는 정체성에 관한 Nias(1985, 1993)의 연구, 목소리와 역사적 맥락에 관한 Goodson(1992, 1997)의 연구, 이야기되는 정체성에 관한 Connelly와 Clandinin(1999)의 연구물을 예로 들며 교사의 삶, 목소리, 정체성에 관한 내러티브 탐구를 보여 준다. 정체성에 관한 연구에는 교사의 보편적이지 않은 특정한 목소리, 교사의 도덕성이 형성된 역사적 맥락, 교사가 자신의 직업을 언제 어디에서 누구에게 어떠한 방식으로 말했는지를 반영한 이야기되는 정체성 등이 있으며 이를 통해 도덕적 목소리와 직업의 정체성이라는 플롯을 구성한다. 특히 Elbaz-Luwisch(2007)는 Connelly와 Clandinin(1999)의 이야기되는 정체성이라는 독특한 방법을 통해 정체성을 밝히는 데 있어서 연구자와 연구 참여자와의 관계가 가지는 중요성을 보여 주었다.

셋째, 지식과 맥락의 상호작용에 관한 연구이다. Elbaz-Luwisch(2007)는 Clandinin과 Connelly(1995, 1999)를 예로 들며, 전문적 지식 경관이라는 은유적 표현, 상호작용, 공동체성이라는 탐구 주제를 소개했다. 전문적 지식 경관이라는 은유는 연구자가 드러낸 교사의 전문적 지식과 배경이라 할 수 있다. 나아가 전문적 지식 경관은 궁극적으로 교사의 개인적 실천적, 실제적 지식을 드러내며, 전문적 지식 경관에서 형성된 지식이 공적인 학교에서 어떠한 방식으로, 어떠한 지식으로 형성되었는지를 보여 준다. Olson과 Craig(2001)는 지식 공동체 속에서 이루어지는 말하기와 다시 말하기를 언급하며 변화를 언급한다.

넷째, 변화에 관한 연구이다. 내러티브 탐구를 통해 학교의 변화를 보다 깊이 알게 된다. 학교의 변화는 Conle(1997)이 말한 경관의 변화와 더불어 다양한 수준에서의 변화를 포함한다. Conle(1997)은 MacIntyre(1984)의 내러티브적 변화, 즉 실제, 삶, 그리고 전통에서 선을 찾는 과정을 통해 변화가 생긴다는 주장을 견지한다(Elbaz-Luwisch, 2007). 변화란 삶과 떨어진 형이상학이 아닌 실재 속에서 일어나며 이것은 다분히 내러티브적 속성을 반영한다. 학교의 변화, 개인적 실제적 지식의 변화는 내러티브 과정에서 발생하며 내러티브 탐구는 이러한 변화 과정을 재현한다. Casey(1992)의 전문적 지식 경관이 다른 교사 간의 변화 연구, Walsh, Baturka, Smith, Colter(1991)의 교수 정체성에 따른 변화 연구, Craig(2003)의 전문적 지식 경관의 복잡성이 변화에 미치는 연구, Kelchtermans(2005)의 교육개혁 시 고려해야 할 교사 요소(교사의 정서, 교사의 자기 이해, 개혁을 단행할 때 생기는 자기 위치에 대한 불안감) 등은 변화와 관련된 내러티브 탐구들이다. Casey(1992)와 Craig(2003)가 전문적 지식 경관에 따른 학교 변화를 탐구했다면, Walsh, Baturka, Smith, Colter(1991)와 Kelchtermans(2005)는 정체성에 따른 학교 변화를 탐구했다. 특히 정체성에 따른 학교 변화는 주어진 교육과정(홍영숙, 2011),

국가수준의 개혁 등과 같은 거대 담론과의 대치 속에서 탐구될 수 있다. 마지막으로 다시 살아가기로서의 변화를 탐구한다. Clandinin과 Connelly(2013)는 다시 살아가기의 중요성을 말하면서, 내러티브 탐구자로서 얻게 되는 이해는 즉각적으로 오지 않으며, 대신 우리의 이해는 시간, 장소, 사회적 맥락에 걸쳐 우리의 살아있는 이야기를 다시 말하고, 다시 살아가면서 깊어진다고 했다. 이러한 변화는 비단 연구자만의 변화가 아닌 연구 참여자의 변화로도 이어진다. 연구자의 다시 말하기, 다시 살아가기의 반복은 연구자 개인만의 문제가 아닌 협력의 문제이기 때문이다.

다섯째, 가르침의 다양성에 관한 이야기이다. 내러티브 탐구를 통해 드러난 다양한 가르침의 세계는 연구자에게 익숙한 상황을 넘어서는 경험을 제공한다. 초기 내러티브는 연구자에게 친숙한 대상의 가르침에 대해 연구했지만, 최근에 와서는 연구자와 전혀 이질적인 집단의 가르침에 대한 이야기가 소개되고 있다. Oberg와 Blades(1990)의 새로운 상황을 통해 고민하고 새로운 교사방법이 나타나는 것에 관한 연구, Feuerverger(2001)과 He(2003, 2005)의 이질적 집단에 대한 연구자의 경험을 다룬 연구, 다양한 문화적 배경을 가진 교사 이야기를 활용하는 직전 교육기관에 관한 연구 등이 그것이다. 이러한 연구들을 통해 교사가 접하게 될 다양한 아이들에 대한 가르침을 진지하게 고민하게 하며, 주류 사회에서 비켜난 소수자들에게 더욱 민감해지게 된다(Elbaz-Luwisch, 2007).

내러티브 탐구의 절차

내러티브 탐구 절차는 크게 현장에 머물기, 현장 텍스트 작성하기, 연구 텍스트 작성하기로 구분되며, 현장 텍스트 작성은 현장에서 현장 텍스트로 이동하기와 현장 텍스트 작성하기로, 연구 텍스트 작성하기는 잠정적 텍스트 작성하기와 최종 연구 텍스트 작성하기

[그림 3] 내러티브 탐구의 절차

로 구분된다. 그리고 이들 절차는 단선적으로 이루어지기보다는 순환적 관계 속에서 이루어진다([그림 3] 참조).

1. 현장에 머물기

Clandinin과 Connelly(2000)가 말하는 현장에 머물기는 일종의 탐구 현장을 구성하는 활동이다. 현장은 현장 텍스트를 구성하기 위한 시간적, 공간적, 관계적 장소를 제공한다. 따라서 좋은 현장 텍스트가 나오기 위해서는 좋은 현장이 구성되어야 한다. 좋은 현장은 연구자로 하여금 연구 텍스트를 작성하는 데에도 지속적인 영향을 미친다.

Clandinin과 Connelly(2000, p. 63)는 연구자가 현장 텍스트를 구성하기 위해 반드시 학습해야 할 요소로 관계 맺기(negotiating relationships), 목적 협상하기(negotiating purposes), 전환 협상하기(negotiating transitions), 유용해지기 위한 방법 협상하기 (negotiating ways to be useful)를 말한다.

현장에 있다는 것은 삼차원적 공간에 있다는 의미이며, 시간의 흐름에 따라 끊임없이 이어지는 이야기 가운데 있다는 것을 의미한다(Clandinin & Connelly, 2000, p. 65). 그리고 이러한 공간에 머문다는 것은 염려와 희망이라는 감정을 불러일으킨다(Clandinin & Connelly, 2000, p. 65). 연구자는 '내러티브 탐구를 진행하기 위해 선정한 대상이 과연 연구의 결과를 이끌 수 있는 대상인가?'라는 의문을 품는다. 비록 예비연구를 통해 적절한 연구 참여자를 선정하지만, 막상 현장에 들어가면 '자신의 기대와 다른 모습을 발견하고 연구가 과연 잘 진행될 수 있을까?', '기대한 결과를 낼 수 있을까?'와 같은 염려를 가지게 된다. 하지만 삶의 의미를 찾을 수 없는 존재가 없듯이 연구자는 현장에 머물면서 연구의 가능성을 발견하고 희망을 품게 된다.

연구자가 현장에 들어갈 때, 어떻게 희망을 품게 되는가? 그것을 Clandinin와 Connelly (2000)는 건물이 지닌 내러티브적 구조에서 찾는다고 설명한다. 현장은 건물과 같은 전경(前景)과 제도적 내러티브와 같은 후경(後景)으로 구성된다. 그 건물에 존속하는 제도가 어떠한 역사적 과정을 거쳐 형성되었는가에 대한 내러티브는 연구자로 하여금 수많은 상상을 일으킨다. 전경이 친숙해지는 것은 후경이 존재하기 때문이다. 연구자는 현장에 머물면서 연구 참여자의 이야기를 듣거나 관찰하여 내러티브를 형성하기도 하지만, 그들로부터 아무런 이야기를 듣지 않고 그들의 행동을 관찰하지 않고서도 내러티브의 구조를 형성하기도 한다(Clandinin & Connelly, 2000, pp. 67-68). 현장이 지닌 내러티브는 연구자의 내러티브를 구성하며, 설득력 있는 공간으로 자리 잡게 된다. 따라서 현장에 머물

때, 연구자가 현장이 지닌 삼차원적 구조와 현장이 지닌 이야기를 학습하는 것은 연구 수행의 필수조건이 된다.

2. 현장 텍스트로 이동하기

Clandinin과 Connelly(2000)는 '현장에서 현장 텍스트로(from field to field texts)'를 현장 텍스트 구성 전에 거치는 단계로 설명한다. 이는 일종의 현장 텍스트 수집에 관한 이야기로 어떤 종류와 내용의 현장 텍스트를 수집하고, 조심스럽게 접근해야 할 점이 무엇인지 밝히고 있다. 하지만 현장 텍스트로 이동하기라는 절차는 설명하기 어려운 경험적 성격을 지니고 있다. 현장에 들어가기와 현장 텍스트 구성하기는 비교적 분명한 내용을 지닌 절차이나, 현장 텍스트로 이동하기는 현장 텍스트를 구성하기 위해 필요한 시간을 어떻게 경험할 것인가라는 문제로 접근된다. 이는 Clandinin과 Connelly(2000)가 표현한 경험에 대한 경험(experiencing the experience)이라는 내러티브 탐구의 지향점을 통해 살펴볼 수 있는데, 내러티브 탐구라는 과정을 통해 연구자, 연구 참여자, 독자는 경험을 통해 의미가 형성되는 과정에 참여하게 되며, 인간의 다양한 경험이 삶의 의미를 어떻게 형성해 나가는지 내러티브 탐구라는 과정을 통해 알게 되는데, 이러한 텍스트 구성에 필요한 연구자로서의 전환이 현장 텍스트로 이동하기이다.

현장 텍스트는 현장과 달리 가공될 현장의 성격을 지닌다. 연구자는 현장 자료를 있는 그대로 재현하는 것이 아니라 가공이라는 절차를 가지게 되는데, 가공은 경험이라는 매개를 통해 이루어진다. 즉 현장 텍스트는 연구자의 경험을 배제한 체 이루어지는 것이 아니라, 연구자의 경험을 통해 가공된 텍스트이며 연구자가 현장 텍스트에 들어간다는 것은 연구자의 눈으로 현장에 들어간다는 것을 의미한다.

포스트모던 이후, '현장 텍스트에서 연구자의 가공이 없는 순전한 텍스트란 존재하는가?'라는 당연한 인식에도 불구하고 Clandinin과 Connelly가 연구자의 경험이라는 개념으로 현장 텍스트로 들어가기라는 단계를 설정한 이유는 Clandinin과 Connelly 연구의 핵심인 계속성과 상호작용성을 현상과 방법으로 보여 주어야만 했기 때문이다. 즉 텍스트에 계속성과 상호작용성이 반영되지 않는다면 현상과 방법으로서의 내러티브 탐구는 의미를 상실하게 된다. 내러티브 탐구자는 현장에서 누군가의 경험에 대해 아무런 감정 없는 기록자로 참여하지 않는다. 연구자는 자신이 탐구하고자 하는 현장의 일부가 되어 현장에 대한 경험을 가진다. 연구자는 경험들을 경험하며, 경험 자체의 한 부분이 된다. 현장 경험에 참여함으로 현장(경험)을 경험하게 되며, 연구자의 참여는 현장(경험)의 일부분이 되는 것을 의미할 뿐만 아니라, 현장에 자신이 개입됨으로 현장 텍스트를 변화시키는 것을 포함한다.

현장 텍스트란 현장에 대한 기록물을 말한다. 이때의 기록물은 현장의 모습에 대한 묘사로, 객관적인 모습과 주관적 비평을 동시에 포함한다. Clandinin과 그의 동료들은 객관적 표현을 거리두기로, 주관적인 비평을 가까워지기로 표현했다. 현장 텍스트는 연구자 중심보다는 연구자와 연구 참여자의 관계를 중심으로, 연구자와 연구 참여자가 함께 무엇을 했는지 기록한다. 두 사람이 어디에 있었으며, 무엇을 느꼈으며, 지금 그리고 지난 시간에 무엇을 경험했는지에 대한 기록물이다(Clandinin & Connelly, 2000, p. 82). 연구자의 반성과 감정은 연구 참여자와의 관계 속에서 형성된다. 자신이 참여한 현장에 대한 묘사 역시 연구 참여자와의 관계를 분리시켜 묘사하기 어렵다. 따라서 현장 텍스트의 내용은 현장에 대한, 연구 참여자에 대한 묘사 범위를 넘어서는 성격을 지닌다. 이렇듯 내러티브 탐구는 일반적인 질적 연구와는 달리 현장 텍스트를 구성할 때 연구자의 반성적 자료가 반영되는데, 이는 내러티브 탐구가 지닌 독특한 탐구 성격에 기인한다.

3. 현장 텍스트 작성하기

현장 텍스트 작성은 현장에서 수집한 다양한 자료들을 텍스트의 형태로 구성하는 단계를 말한다. 연구 텍스트는 현장 텍스트를 바탕으로 작성되며, 현장 텍스트는 삼차원적 탐구 공간이라는 관점에서 작성된다. 따라서 현장 텍스트는 현장에 대한 단순한 재현이 아닌 해석의 과정을 거친다. 따라서 Clandinin과 Connelly(2000, p. 92)는 현장 텍스트 구성을 창조적 작업으로 분류한다. 현장의 모습을 재현하는 것은 사진의 모습처럼 그대로 옮기는 것이 아니라, 해석이 포함된 재현을 의미한다(Clandinin & Huber, 2010). Clandinin과 Connelly(2000, p. 92)는 데이터라는 용어보다 현장 텍스트라는 용어를 선호한다. 데이터는 발견되고 발굴된 자료를 의미하나 현장 텍스트는 현장 경험이 지닌 여러 가지 특징들을 재현하기 위해 연구자와 연구 참여자에 의해 창조된 텍스트를 의미하기 때문이다(Clandinin & Connelly, 2000, p. 92). 그리고 삼차원적 탐구 공간을 통해 작성된다는 것은 텍스트가 사건의 맥락적 구성이라는 것을 의미하는 동시에 연구 텍스트의 지식과 의미를 형성시키는 기초가 된다(Clandinin & Connelly, 2000, p. 118). 삼차원적 탐구 공간을 통한 해석이 없는 현장 텍스트는 텍스트로서의 기능을 상실하며, 이러한 현장 텍스트 없이 연구 텍스트로 들어가게 되면, 연구자는 현장에 대한 자신의 기억, 현장노트 정도에 의존해서 연구 텍스트를 작성하게 된다. 현장 텍스트는 다양한 방식으로 수집

될 필요가 있는데, 다양한 방식은 다양한 맥락을 반영시켜 주기 때문이다.

현장 텍스트는 현장 경험의 종류와 성격에 따라 다양한 형태로 구성된다. 현장에서의 경험은 크게 세 가지로 나누어지는데, 들려지는 이야기(telling stories), 살아있는 이야기(living stories) 그리고 이에 덧붙여 연구자의 자서전적 이야기(autobiographical stories)이다.

첫째, 들려지는 이야기는 일대일 또는 2~3명의 그룹으로 이루어진다. 질문지를 사용하기도 하며, 대화 또는 면담의 형태로 이루어진다. 사진이나 추억물건 등과 같은 인공물을 이용하여 이야기를 촉발시킬 수도 있다. 그룹으로 이루어질 때 연구 참여자들은 이질적인 구성원보다는 비슷한 상황 속에서 성장한 동질의 구성원으로 구성된다(Clandinin & Huber, 2010). 텍스트는 이들의 이야기로 구성되며 다양한 분석의 틀이 제공된다.

둘째, 몇몇 탐구자들은 들려지는 이야기가 아닌 연구 참여자의 살아있는 이야기로도 시작한다. 내러티브 탐구를 시작하면서 생기기 시작한 긴장(Craig & Huber, 2007), 까발려진 삶을 담은 사진(Bach, 2007), 내러티브 탐구를 진행하면서 생긴 변화(Nelson, 2008)가 그 예가 된다. 살아있는 이야기도 들려지는 이야기와 비슷한 분석과정을 거치는데 긴장, 충돌하는 장소, 시간적 실마리는 분석의 틀로 자주 이용된다(Clandinin & Huber, 2010).

셋째, 연구자의 자서전적 이야기이다. 자서전적 내러티브 탐구는 내러티브 탐구의 특별한 형식이며 자문화기술지와 밀접하게 관련이 있다(Clandinin & Huber, 2010). 사람들이 이야기하는 방식과 이야기하는 내용은 문화적 장치와 언어 사용에 의해 만들어진다. 그리고 문화의 일부로서 가능한 삶을 반영한다. 이야기 속에 등장하는 인물들의 성격, 선택된 플롯, 청자는 자서전적 내러티브 탐구에 영향을 미친다. 개인적 과거에 대한 해석과 글쓰기는 현재의 흥미, 필요, 요구의 결과물이다(Freeman, 2007). 현재의 삶은 현재라는 과정 속에서 변형된다(Clandinin & Huber, 2010). 연구자는 현장 텍스트를 작성하면서 자신의 이야기를 피해 갈 수 없다. 자서전적 이야기는 현장 텍스트 행간에 반영된다.

현장 텍스트의 형태로 Clandinin과 Connelly(2000, pp. 92-92)는 교사들의 이야기, 자서전적 글쓰기, 일기, 현장노트, 편지, 대화, 인터뷰, 가족사, 문서, 사진, 기억 상자, 그 밖의 개인-가족-사회 가공물들을 언급하고 있다. 그리고 현장 텍스트는 현장노트, 대화 전사본와 같은 대화 형식을 가장 많이 취한다. 덧붙여 기억을 촉발시키는 가공물은 현장 텍스트를 촉발시키는 장치이며 직접적인 현장 텍스트는 아니다. 가공물의 종류로는 학생 작품, 계획안, 학교 문서, 사진 등이 있다(Clandinin, 2013).

4. 잠정적 텍스트 작성하기

잠정적 텍스트(interim text, interim research text)는 잠정적 연구 텍스트(김병극, 2012; 이정표, 2012), 중간 연구 텍스트(Clandinin, 2013/2015)로도 불린다. 잠정적 텍스트는 현장 텍스트와 연구를 통한 최종 텍스트(research text, final research text) 사이에 위치하며, 다양한 종류의 글쓰기가 시도된다(Clandinin & Connelly, 2000). 잠정적 텍스트는 이야기된 경험으로서의 현장 텍스트를 연구 참여자들과 공동으로 해석하고 작성하는 과정이다. 이러한 중간 연구 텍스트는 경험의 가닥들 주변에 있는 참여자들과 협상에 더 참여하도록 함으로써 연구 텍스트를 구성하는 데 가장 중요한 역할을 한다(김필성, 2015).

　연구자는 연구 텍스트를 작성하기 위해 시간이 필요하며, 이는 연구자로 하여금 동굴로 들어가도록 한다. 하지만 Clandinin과 Connelly(2000)가 밝히듯이 현장 텍스트의 의미는 상호적이며, 연구자는 자신의 동굴에서 나와 간주관적 의미를 찾는 과정에 참여하게 된다. 따라서 잠정적 텍스트는 연구자와 연구 참여자 간의 상호 해석이 강조된다. 연구자는 상호 해석을 통해 연구 텍스트의 초안을 작성하게 된다(Clandinin & Huber, 2010). 잠정적 텍스트는 현장 텍스트에 가까울 수도, 연구 텍스트에 가까울 수도 있지만(Clandinin & Connelly, 2000), 연구자의 해석이 많을수록 연구 텍스트에 가까운 경향을 가진다.

　잠정적 텍스트를 작성하면서 연구자는 연구 참여자와의 관계를 중심으로 읽기와 글쓰기를 시도하는데, 이때 드러난 의미는 연구 참여자 또는 연구자에게 상처를 주기도 한다. 이때 연구자는 상처 없는 의미와 잠정적 상처를 가진 의미 사이에서 줄타기를 시도한다. 만약 잠정적 텍스트를 연구 참여자가 받아들이지 않는다면 어떻게 될 것인가? 하지만 대부분 극단적인 경우를 제외하고 연구 참여자는 연구자의 진정성에 긍정적인 답변을 한다.

5. 연구 텍스트 작성하기

내러티브 탐구에서 연구 텍스트가 제시하는 주제들은 연구 문제에 대한 연구 결과를 제시하는 성격의 것이 아니다. 대신 내러티브적으로 사고하는 과정을 보여 주는 데 있으며, 명료하고 일반적인 연구 결과를 기대하지는 않는다(Clandinin & connelly, 2000, p. 120). 연구 텍스트는 내러티브로 살아가기, 내러티브적으로 사고하기, 삼차원적 탐구 공간 속에 머물기로 요약된다. 특히 삼차원적 탐구 공간 속에 머물기는 연구 텍스트로서의 내러티브 탐구가 지닌 성격을 잘 드러낸다. 모든 인간이 내러티브로 살며, 사고하지만 이것을 텍스트로 표현하기 위해서는 삼차원적 탐구 공간에 따른 연구 텍스트를 필요로 한다. 즉 연구자의 삼차원적 탐구 공간에 머물기를 통해 내러티브적 사고와 살아가기를 보여 주는 것이 연구 텍스트의 성격이다.

연구 텍스트는 연구자가 연구 참여자와 동떨어져 이루어지는 글쓰기 활동이다. 연구자와 연구 참여자 간의 상호작용은 주로 잠정적 텍스트까지 이어지며, 연구 텍스트는 연구자 단독의 과제라고 할 수 있다.

내러티브 연구에서의 분석

흔히 내러티브 탐구는 연구 문제에 따라 분석 방식이 달라진다고 생각한다(Kim, 2016, p. 197 재인용). 연구 문제와 분석 수준에 따라 자료형태, 분석도구, 장르, Halliday (1973)의 언어적 기능(참조내용, 구조, 기능)이 달라진다(Kim, 2016, p. 197). Mishler 는 자신의 분석 틀을 예비적이며, 가변적이며, 불완전한 것이라고 했지만 다양한 내러티브적 접근을 묶을 수 있는 내러티브 분석 틀을 제공해 준다(Kim, 2016).

Mishler의 유형은 시간적 순서 분석, 텍스트의 일치성과 구조 분석, 내러티브의 기능 분석으로 분류된다(Kim, 2016). 첫 번째 분석 수준은 시간적 순서 확인으로 자료를 시간적 순서에 맞게 배열하여 연구 참여자가 말한 사건들의 시간적 순서와 연구자의 재현 순서를 맞추는 활동이다. 이 유형의 대표적인 모델로는 Labov 모델의 요약하기, 들은 이야기 재구조화하기, 특정 주제로 이야기 구성하기, 또 다른 이야기 만들기가 있다. 두 번째 분석 수준은 텍스트의 일치성과 구조에 관한 분석으로 담화가 일관되게 유지되고 있는지를 확인한다. 이는 언어구조주의 이론에 근거하며, 심층구조와 표면적 구조를 분석한다. 세 번째 분석 수준은 내러티브 기능에 관한 분석으로 이론적인 틀을 가지고 개인과 집단이 거대 사회에 반영되는 모습을 조명한다. Mishler의 분석 유형 중 첫 번째 분석 수준은 내러티브 탐구의 플롯 구성에 있어서 필수적인 분석 수준이라 할 수 있으며, Labov와 Waletzky(1967)의 연속적 사건 분석과 Woods(1993)의 결정적 사건 분석은 그 대표적인 예이다. 그리고 아래에 소개될 Chase(2005)의 연구 관계 분석은 내러티브 기능을 반영한 분석의 예라 할 수 있다.

1. Labov와 Waletzky의 연속적 사건 분석

Labov와 Waletzky(1967)는 자신의 연구물에서 내러티브 분석이란 개인 경험의 언어적 번역물이라고 정의한다. 구술 내러티브는 구체적인 사회 기능을 내포한 구조를 지닌 담론으로, 특정 개인과 집단을 대상으로 한 인터뷰를 통해 자료를 수집하고 이를 사건의 시간적 순서와 일치하는 문구로 구성된 내러티브를 구성하는 것을 말한다(Chase, 2005). Labov와 Waletzky의 모형은 개인적 경험의 행동과 의미를 다시 불러일으키는 데 주안을 두고 있다(Kim, 2016, p. 201).

　Labov와 Waletzky(1967)의 구술 내러티브는 크게 여섯 단계의 사회, 언어적 특징이 있는데 Labov의 구조는 이후 내러티브 분석에 많은 영향을 미쳤다(Chase, 2005). Labov와 Waletzky(1967)의 연속적 사건 분석 여섯 단계는 초록(Abstract), 방향설정(Orientation), 얽힘(Complication), 평가(Evaluation), 해결(Resolution), 종결(Coda)로 나누어진다(Chase, 2005; 박용익 역, 2006). 초록에는 이야기와 관점에 대한 요약이 있다. 두 번째 단계인 방향설정에서는 인물, 시간, 장소, 상황을 독자들에게 알려 준다. 세 번째 단계인 얽힘 단계는 내러티브의 주된 내용, 행동으로 복잡하게 얽힌 사건을 시간적 순서에 따라 나열한다. 네 번째 단계인 평가는 이야기의 관점으로 내레이터의 의도, 행동의 의미 등이 나타난다. 다섯 번째 단계인 해결은 행동의 결과로 얽힘에 나타난 행동의 결과를 나타낸다. 여섯 번째 단계인 종결은 이야기가 끝났으며, 독자로 하여금 현재로 되돌아오게 하는 단계이다(Chase, 2005). 특히 네 번째 단계는 내레이터의 생각과 관점이 담겨 있기 때문에 가장 중요한 단계로 평가된다(Kim, 2016, p. 201).

　Labov와 Waletzky의 연속적 사건 분석은, 내러티브가 단순히 텍스트의 나열이 아니라, 생각하는 방식임을 보여 준 분석이다(Chase, 2005). 즉 이야기란 무엇인지 이야기의 전형적인 구조를 보여 준다(Kim, 2016, p. 201). Riessman(1997)은 Labov와 Waletzky의 연속적 사건 분석을 습관적 내러티브와 가설적 내러티브라는 장르로 발전시켰다. Riessmans은 그의 모형이 너무나도 협소해서 대부분의 사람들이 겪는 일반적인 내러티브인 습관적 내러티브와 각 사람마다 다른 가설적 내러티브가 일치하지 않음을 보여 주었고, 이것은 구술의 형식과 기능에 관해 논의하게 만들었다(Chase, 2005).

2. Woods의 결정적 사건의 분석 모델

생애사와 관련된 텍스트 구성은 연구 참여자의 결정적 사건(critical events, peak experience)을 중심으로 전개된다. 결정적 사건은 자신의 삶을 전환시키는 사건으로 내러티브 분석을 효과적으로 하는 기법이다(Webster & Mertova, 2007). 결정적 사건은 연구 참여자들의 마음의 상처, 위기, 질병, 가족사, 외부의 힘 등을 통해 개인적 삶의 변화를 가져오게 한 사건들로, 연구 참여자에게 영향을 미친 사건들이다. 결정적 사건은 긍정적인 영향뿐만 아니라 부정적인 영향도 미친다. 연구 참여자들의 결정적 사건은 생애사를 해석하는 데 연구자와 연구 참여자 모두에게 의미 있는 해석을 가능하게 한다. 연구 참여자는 결정적 사건을 통해 다시 말하기를 보다 풍부하게 할 수 있게 된다. 결정적 사건은 연구 참여자가 왜 이토록 어떤 행동에 집착하며 상반된 세력에 내해 그토록 저항하는지 이해하도록 돕는다(Webster & Mertova, 2007).

예를 들면, Woods(1993)는 교수·학습과 관련해서 결정적 사건이 주는 특징을 네 가지로 분류한다. 첫째, 학생들의 삶에 대한 이해는 학습을 촉진시킬 수 있다. 즉 학생 자신의 학습에 대한 태도, 자신에 대한 이해, 대인관계, 지식 습득과 기술의 발달 등을 이해할 때 총체적인 변화를 꾀할 수 있다. 둘째, 교사의 자기 인식은 교사의 성장에 결정적인 영향을 미친다. 셋째, 교사가 경험한 결정적 사건은 교직에 대한 불굴의 헌신을 가져오게 한다. 넷째, 교사가 경험한 결정적 사건은 전문성 신장을 위해 노력하려는 의지를 북돋는다. 결정적 사건에 대한 이해는 내러티브 구조를 풀어가는 데 실마리를 제공해 준다.

3. Chase의 연구 관계 분석

연속적 사건 분석, 결정적 사건 분석과는 달리 연구 관계 분석이란 연구자의 관심과 사회적 위치에 따른 분석을 의미한다(Chase, 2005). 즉 연구자의 위치(position)에 관한 분석이며, 다음 세 가지 질문을 던진다. 첫째, 누구의 질문이 물어져야 하며 대답되어야 하는가, 둘째, 누가 결론을 내리는가, 셋째, 권력은 연구 관계에 어떻게 영향을 미치는가이다.

페미니스트로부터 이어지는 이러한 질문은 포스트모더니스트들이 던진 질문에서 구체화된다. 첫째, 다른 사람의 목소리를 듣는다는 것은 무엇을 의미하는가 둘째, 여성의 생애사와 개인적 내러티브에서 "자신의 생각을 말한다."는 무엇을 의미하는가 또는 의미하지 않는가? 셋째, 상호행동, 사회적, 문화적, 역사적 조건은 여성의 이야기를 어떻게 중재하는가? 넷째, 여성의 목소리는 어떠한 방식으로 침묵되거나, 다양해지고, 모순되는가? 다섯째, 어떤 조건들이 여성들로 하여금 그들의 내러티브와 다른 내러티브를 만들었는가? 여섯째, 연구자들은 어떻게 그들의 목소리와 생각을 연구물로 재현할 수 있을까? 이와 같은 여섯 가지 질문을 던지면서 연구자의 목소리, 확실성, 해석적 신뢰성, 재현에 대해 질문하기 시작했다(Chase, 2005). Chase(2005)의 분석 모델은 이야기 자체에 대한 분석이라기보다는 이야기가 나오고 지향하는 것에 대한 분석이라고 할 수 있다. 연구자는 이야기가 들려지는 다양한 맥락에서, 그리고 자신이 연구를 통해 지향하고자 하는 퍼즐을 통해 텍스트를 분석한다.

4. Clandinin과 Connelly의 분석 방식

Clandinin과 Connelly의 분석 방식은 Labov와 Waletzky의 연속적 사건 분석, Woods의 결정적 사건 분석, Chase의 연구 관계 분석이 혼합된 분석 모델이다. 특히 Clandinin과 Connelly는 내러티브 분석이 연구자와 연구 참여자의 협력에 의해 이루어지는 것을 강조한다. 연구 참여자의 말하기를 통해 연구자는 삼차원적 탐구 공간을 통해 기본적인 플롯을 구성한다. 그리고 작성된 내러티브를 가지고 연구 참여자와 공동의 작업을 한다. 그 과정에서 결정적 사건을 찾으며 연구 관계를 조명한다. 현장 텍스트 작성에 있어서 공동으로 진행되는 작업은 크게 네 가지로 구성된다. 연구 참여자는 자신에 대해 이야기한다. 연구 참여자는 연구자에 대해 이야기한다. 연구자는 자신에 대해 이야기한다. 그리고 연구자는 연구 참여자가 한 이야기를 다시 이야기한다(Clandinin, Murphy, Huber, & Orr, 2010, p. 84).

연구 텍스트 작성에서도 공동 작업은 그대로 이어진다. 잠정적 텍스트는 현장 텍스트를 통해 내러티브 줄기와 패턴을 찾기 위한 첫 번째 단추이다. 잠정적 텍스트는 연구 참여자와 함께 읽기와 협상을 통해 충분히 변형될 소지가 있는 연구 텍스트의 성격을 지닌다. 플롯 라인의 개연성이 부족한 경우, 연구 참여자는 이야기하기를 계속하게 된다. 연구자는 잠정적 텍스트를 소설화시킨다. 연구 텍스트는 일반 대중을 대상으로 하기 때문에 연구 참여자의 이름은 익명으로 처리하며, 시간, 장소 등과 같은 다중적 탐구 공간은 허구적 요소로 바꾼다. 이를 통해 연구 참여자는 보다 열린 마음으로 분석 작업에 동참하게 된다(Lessard, Caine, & Clandinin, 2015).

최종 연구 텍스트를 작성할 때, 연구자는 많은 플롯들 간에 긴장이 발생하는 것을 경험한다. 연구 참여자들은 플롯이 개연성 있고 자연스럽게 연결되며, 연구 참여자를 좋은 교사로 묘사하는 연구 텍스트가 작성되길 희망한다. 하지만 연구 참여자는 플롯을 잇는 거대 내러티브를 제공하기보다는 다양한 플롯을 보여 주려고 노력해야 한다. 따라서 탐구 퍼즐은 연구 참여자의 내러티브를 통해 맞추어질 수도 있지만, 미궁으로 빠질 수도 있다. 하지만 플롯 간의 개연성을 찾기 위해 Mishler의 두 번째 분석 수준인 언어 분석, 구조 분석과 같은 시도를 내러티브 탐구에서는 시도하지 않는다.

〈표 4〉는 내러티브 탐구의 일반적인 논문 형식으로 연구자는 연구 참여자와의 관계

를 중심으로 탐구를 진행하며, 분석 역시 이들 관계를 벗어나 이루어지지 않는 점을 보여 준다.

〈표 4〉 내러티브 탐구 논문의 일반적인 흐름도

1. 들어가기	1. 도입	연구 참여자의 특징, 연구 참여자와의 관계를 탐구 주제와 관련하여 간단히 묘사한다.
	2. 연구의 목적	연구의 목적을 기술한다. 대신 연구 목적이라는 용어보다는 탐구의 목적, 공유하고자 하는 내용으로 바뀐다. 가령 '연구 참여자인 토착 청소년 Lane과 Donovan이 보여 주는 가정에서 형성하는 교육과정'과 같은 형식을 취한다.
2. 탐구 방향	3. 탐구의 배경	연구자가 이러한 주제를 왜 선정했는지 그 과정을 보여 준다. 연구자는 자신의 관심이 어디에서 어디로 바뀌게 되었는지 설명한다. 또한 내러티브 탐구와 일반 연구의 차이를 부각시킨다.
	4. 관련 연구 소개	연구 주제와 관련된 연구물들을 소개한다.
3. 연구 방법 소개	5. 내러티브 탐구 소개	내러티브 탐구가 무엇인지 소개한다. 내러티브 탐구에 대해 생소한 사람들을 위해 내러티브 탐구를 간단하게 소개한다. 특히, 연구 참여자와 더불어 살아간다는 것이 무엇인지 소개한다.
	6. 연구 퍼즐 형성하기	연구자는 몇 년간 연구를 통해 알고자 했던 것을 소개하며, 내러티브 탐구를 통해 퍼즐이 어떻게 맞추어져 가는지를 알려 준다.
4. 연구 결과	7. 내러티브 탐구자로서 살아가기	내러티브 탐구자로서 탐구 현장에 들어가기 위해 어떠한 노력을 했는지 묘사한다. 현장 텍스트의 성격을 지니며, 연구 결과에 포함되거나 생략될 수 있다.
	8. 이론적 구조	연구 텍스트에서 다루는 긴장을 더 깊이 이해하기 위해 관련 연구물을 소개한다. 탐구 방향에 포함되거나 연구 결과에서 별도로 다루어질 수도 있다.
	9. 연구 결과	연구 텍스트에 해당되며, 연구자는 연구 참여자의 플롯과 연구 참여자가 처한 장소에서 발생하는 긴장을 풀어낸다. 다양한 플롯이 소개되며, 플롯 간의 개연성이 파괴될 수도 있다.
5. 나가기	10. 정리하기	연구자의 경험과 정당화라는 이슈를 다룬다.

내러티브 탐구에서의 표현과 글쓰기

내러티브 글쓰기의 목적은 특정 삶의 경험을 통해, 타자에 대한 사회적 정의와 배려에 다가가는 데 있다(Bochner & Riggs, 2014). 사회적 정의와 배려는 서로가 모순적인 특성을 지니고 있다. 사회적 정의는 보편적인 실재를 지향하며 배려는 그렇지 못한 곳에 주목한다. 따라서 사회적 정의와 배려는 모순적인 용어이며, 내러티브 글쓰기가 지향하는 특정 삶에 대한 경험은 그간 당연하게 여겼던 보편적 의미에서의 사회적 정의에 대해 고민해 보도록 하는 데 있다.

좋은 이야기란 독자들로 하여금 자신을 다른 사람의 입장에서 보며 질문하도록 하는 이야기이다. 독자들이 글을 읽으면서 갈등하고 몰입하게 되는 경우는 자신이 경험하지 못하고, 자신의 가치와 미묘한 차이를 유발시키는 이야기를 통해서이다. 따라서 좋은 내러티브 글쓰기는 독자로 하여금 특정 삶의 이야기를 통해 갈등하고 몰입시키는 이야기라 할 것이다. 독자들이 갈등하고 몰입하는 이야기는 어떤 이야기인가? 독자는 자신의 삶과 전혀 관련 없는 이야기에 관심을 가지지 않는다. 독자는 자신의 삶과 관련된 이야기에 관심을 가지는데, 이러한 이야기는 추상적이지 않고 실제적인 이야기를 담고 있다. 반면, 지나치게 특정한 이야기는 자신의 삶과 너무나 동떨어지며, 지나치게 보편적인 이야기는 흥미를 잃어 버리는데, 이들 내용물들이 추상적이며, 건조하며, 접근하기 어렵기 때문이다. 따라서 삶의 이야기를 담되, 비슷한 사회문화적 배경 속에서 예외적으로 일어나는 특정 사실은 독자로 하여금 흥미를 끈다. 독자는 통제되기도 설명되기도 어려운 인간의 삶(Bruner, 1990)에 관심을 가진다. 내러티브 글쓰기는 독자로 하여금 보편성에서 약간 빗나간 모호한 삶의 형식을 통해 당연하게 생각했던 삶에 의문을 품고 윤리적 고민을 하게 하며, 내러티브가 지닌 윤리적 판단(MacIntyre, 1981)에 직면하도록 만드는 데 의의가 있다.

LeGuin(1986)은 객관성을 추구하는 전통적인 사회과학을 '아버지의 언어(the father tongue)'로 표현했다. 반면 독자와 저자 간의 관계를 추구하는 주관적이며 대화적인 표현을 '어머니의 언어(the mother tongue)'라 표현했다(Bochner & Riggs, 2014). 아버지의 언어는 인간의 새로운 삶에 대한 지평을 제공하며, 현실의 굴레를 벗어나는 동굴 밖의 세계를 제안한다. 하지만, 동굴 밖을 경험하지 않은 인간은 결코 동굴 밖으로 나가지 않는다. 비록 그것이 새로운 세상으로 안내한다고 하더라도 그것은 여전히 경험하지 못한 세계에 머물러 있기 때문이다. 그리고 동굴 밖으로 나가더라도 동굴 안의 삶을 지속할 것이다. 반면에 어머니의 언어는 획기적인 삶의 변화를 일으키지 못한다. 동굴 안에서의 경험은 여전히 동굴 안에 머물러 있다. 하지만 동굴 안에서 자신의 존재에 대한 물음과 새로운 삶의 형식에 대한 대화는 동굴 밖으로 조금씩 나가게 하거나, 동굴 안에서 동굴 밖의 세계를 경험하도록 한다. 내러티브 글쓰기는 마치 동굴 안에서 자신의 존재와 삶의 형식에 대해 물음을 던지는 활동과도 같다. 그리고 이것은 내러티브에 대한 막시즘의 비판을 비켜 가는 답변이기도 하다(Clandinin & Rosick, 2007).

표현과 대화에 대한 탐구로 구성된 이야기들은 전통적인 형태의 연구, 즉 재현으로서의 사회과학과 단절한다(Bochner & Riggs, 2014). 재현의 일반적인 목적은 보편적 사실을 찾는 데 있으며 보편성이라는 전제 속에서 내레이터의 목소리는 제거된다. 따라서 재현이 가지고 있는 문제는 연구 관계, 연구자의 특성 등에 대한 이슈가 생략되어 있다는 점이며, 내러티브 탐구에 있어서 재현은 내레이터의 목소리를 담은 재현에 주목한다.

내러티브 탐구 글쓰기의 주된 관심은 새로운 지식보다는 삶에 있으며, 통제보다는 배려에 있으며, 불변의 진리보다는 다른 관점과의 대화에 있다(Bochner & Riggs, 2014). 차이를 해결하기보다는 그들과 더불어 살아가는 방법을 학습하며, 삶의 경험과 무관한 개념을 갖기보다는 살아있는 경험이라는 '오염되지 않은 야생성(untamed wildness)'으로의 정체성을 찾는 데 있다(Bochner & Riggs, 2014, p. 206 재인용). 이야기의 내용을 줄이며, 분석내용으로 연구물을 채우는 것이 아니라, 이야기의 내용을 늘이며, 분석을 줄일 때 독자는 스스로 생각하게 된다. 내러티브 탐구의 글쓰기는 추상적이며 보편적인 사실보다는 연구 참여자의 목소리가 담긴 재현, 연구자의 목소리가 담긴 연구 텍스트를 통해 독자들과 대화하는 형식으로 전개되어야 한다.

1. 예술로서의 내러티브 탐구

내러티브 탐구 글쓰기에서는 다양한 장르가 활용될 수 있다. 다양한 장르를 활용하는 것은 사람들의 삶과 경험이 지닌 복잡성을 보다 잘 재현하기 위함이다. 은유, 시각적이며 텍스트가 혼합된 콜라주, 시적 표현, 이미지를 가진 단어의 선택, 사진 등은 경험이 지닌 복잡하고 다층적인 현상을 보여 주는 데 적합하다(Clandinin & Huber, 2010). 특히 내러티브 연구와 내러티브 탐구에서는 은유적 표현이 많이 등장한다. 경관, 스프, 그릇, 버터, 버스정류장 등과 같은 은유적 표현은 내러티브 사고에 적합한 용어들이다. 한편, 다양한 형식을 취하는 것은 내러티브 탐구가 지향하는 세계가 현재가 아니라 미래에 있음을 분명하게 드러낸다(Clandinin & Connelly, 2000, p. 145). 내러티브 탐구는 미래의 삶에 대한 허구적 묘사가 존재하며, 연구자의 다시 살아가기는 연구자만의 과제가 아닌 독자의 과제임을 염두에 둔다.

Clandinin과 Connelly(2000, pp. 153-154)는 내러티브 탐구 글쓰기를 그릇에 담긴 스프로 비유했는데, 내러티브의 복잡성은 스프로, 글의 형식은 그릇으로 비유된다. 형식의 유형으로는 Bakhtin(1981)의 문학적 형식, Chatman(1990), Bach(2007)의 시각적 형식, Rose(1990)의 시적 형식, Turner(1980), Mattingly(2007)의 드라마 형식, Freeman(2007)의 자서전적 형식, Baddleley와 Singer(2007), Atkinson(2007)의 생애사적 형식 등이 있다.

Kim(2016, pp. 118-121)은 내러티브 탐구에 있어서 글쓰기 장르를 크게 세 가지로 구분한다. 첫째, 자서전적 글쓰기로 자서전, 자문화기술지(autoethnography), 둘째, 전기적 글쓰기로 구술사(oral history), 생애사(life story/life history), 성장기(bildungsroman), 마지막으로 예술기반의 글쓰기(arts-based narrative research)로 문학적 글쓰기(단편, 소설, 논픽션, 시, 드라마 등)와 시각적 글쓰기(사진, 비디오 아트, 그림 등)로 구분한다.

Kim(2016)의 구분은 글쓰기의 다양한 장르를 살펴볼 수 있는 장점이 있으나, 내러티브 탐구 글쓰기에서 장르 간의 구분은 의미 없는 활동으로 여겨진다. 내러티브 탐구는 대부분 자서전적 글쓰기와 생애사적 글쓰기로 구성되어 있으며, 예술기반의 글쓰기는 이를 효과적으로 표현하기 위한 장치로 보인다. 따라서 Kim(2016) 역시 글쓰기 장르 선택에 있어서 텍스트를 구성할 때 2개 이상의 장르를 선택하여 조합하는 Abbott(2002)의 입장을 취한다.

문제는 이러한 형식들이 내러티브하게 현장의 경험을 묘사하는가이다. 비록 다양한 형식이 개발되었다고 하더라도 내러티브적 앎으로 이르지 못한다면 의미를 상실하게 된다. 이것은 연구자의 만족을 넘어 독자들에 대한 고민이기도 한데, 가령 연구자가 진행 중인 이야기로서의 내러티브 글쓰기를 만족할 만하게 적었다 하더라도 독자들은 완성된 연구 텍스트를 정적인 결과물로만 인식할 수 있다(Clandinin & Connelly, 2000, p. 166).

이에 대한 아이디어로 Mello(2007)는 예술-기초(art-based) 내러티브 탐구와 예술-활용(art-informed) 내러티브 탐구를 비교하면서 글쓰기 장르의 외형적 형식보다는 텍스트 구성방식에 따른 내부적 형식에 주목한다. Mello(2007)는 Coomaraswamy(1956)의 기준에 따라 예술, 예술 작품, 미학을 구분한다. 예술이란 미적 행위를 의미하며, 예술 작품은 미적 행위의 결과물이며, 미학은 예술 작품을 접할 때 생기는 경험의 형태를 의미한다. 그녀는 예술이란 뛰어난 기술, 표현 능력, 결과물만을 말하는 것이 아니라 세상, 삶과 교육을 바라보는 방식이라고 표현한다. 예술은 인간으로 하여금 경험하지 못한 세계로 초대하며, 우리가 관습적으로 받아들이는 불분명한 세계를 보고 듣게 해 준다(Mello, 2007,

p. 207).

예술에 대한 그녀의 가정은 현상에 대한 탐구 행위로서의 내러티브 탐구에 부합된다. 내러티브 탐구는 하나의 결과물을 제공하는 데 그치지 않고, 결과를 도출하는 과정을 보여 준다는 점에서 그녀가 언급한 예술에 가까운 성질을 보인다. 따라서 내러티브 탐구 글쓰기는 이러한 예술적 행위로 보아야 한다. Mello(2007)는 예술에 기초한 내러티브 탐구와 예술을 활용한 내러티브 탐구를 비교하면서, 전자는 현장 텍스트에 많이 관여하며 후자는 연구 텍스트에 많이 관여한다고 구분한다. 그녀는 Bach(1998)의 시각적 글쓰기, Duarte(1996)의 단편소설 형식의 글쓰기, Telles(2005)의 사진과 연극 형식의 글쓰기, Mickelson(1995, 2000)의 편지 형식의 글쓰기, Murphy(2004)의 소설 형식의 글쓰기를 소개하면서, Bach(1998), Duarte(1996), Telles(2005)의 작품은 예술-기초의 글쓰기 형태로, Mickelson(1995, 2000), Murphy(2004)는 예술-활용의 글쓰기 형태로 구분한다. 전자는 현장 텍스트에 예술적 요소가 강하게 개입되었는데, Bach(1998)의 시각에 기반한 글쓰기에는 연구자와 연구 참여자 간의 의사소통, 연구 참여자 중심의 재구성이 잘 드러난다. Duarte(1996)는 자서전적 글쓰기의 형태를 가지고 있으나 자신의 경험에 대한 반성적 활동을 잘 묘사했다. Telles(2005)는 교사들이 연극을 구성하면서 가지게 되는 경험들을 잘 묘사했다. 연구 참여자들은 예술 활동에 참여하며 현장 텍스트라는 예술 작품을 형성한다. 이때의 미학적 경험은 연구 참여자들의 것이다. 이에 비해 Mickelson(1995, 2000)과 Murphy(2004)의 텍스트는 연구 텍스트에서 예술적 행위가 나타난다. 주로 연구자의 예술적 행위이며 예술 작품은 연구 텍스트가 된다. 미학적 경험은 독자가 된다. Mello(2007)는 예술-기초 내러티브와 예술-활용 내러티브 모두 내러티브 탐구의 성격을 지니고 있다고 본다. 하지만 Mello(2007)가 소개한 예술-기초 내러티브 탐구가 과연 예술에 기초한 것인지, 예술적 기법을 활용한 것인지에 대해서는 보다 깊은 연구가 필요한데, 예술에 기초한 내러티브 탐구는 이제 시작 단계이기 때문이다. 중요한 것은 내러티브 탐구는 단순히 예술적 기법을 넘어, 예술적 행위를 보여 주는 탐구의 형식으로 자리 잡아야 하며, 그것이 어떠한 장르를 따든 후속 연구의 몫으로 남아 있다.

2. 내러티브 탐구에서 예술적 장르

내러티브 탐구에서 예술적 글쓰기를 시도한 것은 그리 오래전의 일은 아니다. Denzin과 Lincolne(2011)이 구분한 3세대인 모호한 장르시대(1970~1986) 이전에 사회과학 글쓰기에서 예술적 요소를 도입하는 것으로 합법적인 연구 방법이 아니었으며, 예술적 글쓰기는 사회과학이 아니라 예술에 가까운 것으로 취급받았다(Kim, 2016). 하지만 3세대에 접어들면서 사회과학은 사회과학의 독자적인 방법을 찾으며 예술적 요소를 받아들이기 시작한다. 따라서 이 시기부터 과학과 예술의 경계는 모호해지며 독자들은 그들의 이야기를 통해 사람들의 삶을 경험하게 되었다(Kim, 2016).

사회과학에서 예술적 요소를 도입하는 것은 독자에게 공감을 일으키기 위한 것이다. 과학적 용어들을 통해 일반 사회인들은 글의 내용에 공감하기 어렵다. 내러티브 연구에 도입된 예술적 글쓰기로 문화기술 소설적 글쓰기(ethnographic fictional writing)(Leavy, 2013; Richardson, 1994), 창조적 비소설(creative nonfiction)(Barone, 2001), 중편과 단편소설(Ceglowski, 1997; Kilbourne, 1998; Poetter, 2003), 생애 이야기(Barone, 2000), 시(Ellis & Bochner, 1996; Faulkner, 2009; Sullivan, 2000), 시각 문화기술지(visual ethnography)(Bach, 2007), 소설(Coulter, 2003; Dunlop, 1999; Sellito, 1991), 그리고 문화기술드라마(ethnodramas)(Mattingly, 2007; Saldaña, 2005), 자서전과 자기 내러티브(Buttignol, 1999), 독자 극장(readers theater)(Donmoyer & Yennie-Donmoyer, 1995), 소나타 형식의 사례연구(Sconiers & Rosiek, 2000) 등이 있다(Barone & Eisner, 2008, p. 99; Kim, 2016, p. 138).

내러티브 탐구에서 사용하는 예술은 크게 문학적 장르와 시각 장르로 구분된다. 문학적 장르에는 창조적 비소설(creative nonfiction), 단편 소설(short story), 허구적 소설(fiction), 장편소설(novel)이 있으며, 시각 장르에는 이미지, 사진, 소묘, 회화, 콜라주, 만화, 영화, 비디오, 간판(sign), 상징물 등이 있다(Kim, 2016, pp. 139-143). 특히 내러티브 관련 글쓰기에서 시각 요소를 도입한 것은 비교적 오래되었으나 진지하게 받아들이기 시작한 것은 1960년대부터이다(Kim, 2016, p. 143). 사회과학자들은 계급, 인종, 성과 같은 민감한 문제들에 대해 전문 사진작가와 더불어 작업하면서 이것을 비주얼 리터러시(visual literacy)라 불렀다(Kim, 2016, p. 143 재인용). 이를 통해 내러티브 탐구 글쓰기에 활용할 수 있는 장르를 소개하면 다음과 같다.

첫째, 창조적 비소설이다. 문학 장르로 창조적 비소설은 실제 자료를 소설적 방식으로 표현한다. 사실에 기초하되 글을 구성하는 작가의 주관성이 반영되는 형태이다. 이러한 글쓰기의 목적 역시 독자들로 하여금 공감을 불러일으키기 위함이다(Kim, 2016, p. 139). 이런 형태의 글쓰기의 대표적인 예로 신문 사설, TV 뉴스 앵커의 주관적 멘트 등이 있다. 사설의 경우 소설적 요소가 더 강한 반면, TV 뉴스 앵커의 멘트는 비소설적 요소가 강하다. 소설적 설명은 객관적 사실에 대한 비판적 요약의 성격을 지니고 있으며, 독자들에게는 평범한 사실을 비범한 사실로 인식하게 만드는 힘이 있다. 내러티브 탐구 글쓰기에서 연구자와 연구 참여자의 사실에 대한 의미 부여는 일종의 창조적 비소설의 형태라 할 수 있다. Geertz(1973)가 말한 대로 과학이나 문화기술지나 만들어진 형태이며, 사실과 허구 간의 경계는 사람들이 믿는 만큼 그리 분명하지는 않다(Barone & Eisner, 2008).

둘째, 소설이다. Rinehart(1998)에 의해 이름 붙은 소설적 문화기술지는 삶에 대한 기술이 과학적 용어보다는 소설적 장치를 통해 더욱 효과적으로 표현된다는 생각에서 출발한다. 소설적 문화기술지는 학문적 문화기술지와 소설의 목적을 결합시킨 것으로 내부자적 독백에서 플래시포워드와 플래시백[1]에 이르는 다양한 소설적 기법이 이용된다(Kim, 2016, p. 141 재인용). 소설적 문화기술지는 정확한 기록보다는 내레이터가 어떤 의미로 전달했는가를 더 중요하게 여긴다(Kim, 2016, p. 141).

셋째, 포토 보이스(photo voice)이다. 독자들에게 대리경험을 제공하기 위해 연구 참여자의 경험들은 시각적 이미지로 재현된다. 이것은 Bach(2007)가 시도한 방식의 일종으로 연구 참여자들에게 그들의 내러티브와 관련된 사진을 제공하고 그들은 사진을 선택하고 선택된 사진에 의미를 부여하는 텍스트를 작성한다. Bach(2007)의 포토 보이스는 연구자와 연구 참여자가 함께 하거나 연구 참여자에 의해 이루어졌다. 사진과 내러티브의 결합을 시도한 사진 내러티브는 사회과학, 인간과학 연구에서 시각과 내러티브의 만남을 설명하기 위해 만들어진 개념 예술(conceptual art)에서 유래되었다(Kim, 2016, pp. 143–146). 작가는 자신의 이야기를 구현하기 위해 시각적 요소들을 가져오는데, 사진은 작가의 아이디어를 전달하기 위한 수단이다. 이야기는 제목을 통해 전달된다. Kim(2016)은 Soutter를 인용하면서 내러티브 사진술은 단순한 사진과 달리 이야기를 전달하며 이미지와 텍스트를 연결하는 것이 핵심임을 강조한다. 사진 내러티브는 개념 예술로 이미지를 중심으로 한 주제 중심의 내러티브라고 볼 수 있는 반면, 포토 보이스는 추상적 주제를 지양하고 연구 참여자의 내러티브적 사고의 과정을 보여 주는 데 더 효과적이다. 사진 내러티브가 연구자의 해석에 따라 이루어진다면 포토 보이스는 연구 참여자의 해석을 중심으로 이루어진다. 따라서 전자는 내러티브 연구에 가깝고 후자는 내러티브 탐구에 적합한 텍스트라 할 수 있다.

---

1 플래시포워드(Flashfoward)는 이야기의 장면을 잇는 기법 중 하나로서 문학, 영화에서 사용된다. 플래시포워드의 반대 뜻을 지닌 단어로는 플래시백(Flashback)이 있다. 이 기법은 이야기가 순차적으로 전개되고 있는 도중 갑자기 다른 장면으로 넘어가도록 하는데, 넘어간 그 장면의 시간대는 미래형이 된다. 이 기법은 추후 일어날 일을 미리 독자 또는 관객에게 보여 줌으로써 해서 일종의 복선과 비슷한 역할을 한다. 그렇기 때문에 주로 극이 한참 전개되고 있는 도중에 사용되기보다는 극의 첫 장면에서 먼저 미래의 장면을 보여 준 뒤 플래시백으로 현재로 넘어와 이야기가 전개되도록 하는 데에 쓰인다. 즉, 플래시백으로 넘어온 과거 시점의 이야기가 사실은 현재가 되고, 플래시백이 사용되기 전의 시점이 미래가 되는 것이다. (from https://ko.wikipedia.org/)

사진은 경관의 축소판과 같다. 동일한 경관에 대해서도 사람마다 해석이 다르듯이, 동일한 사진에 대해서도 연구자와 연구 참여자는 각각 다른 해석을 내놓는다(Kim, 2016). 따라서 사진은 경험에 대한 이미지를 표현하는 효과적인 매체이기는 하지만, 사진에 따른 텍스트가 있을 때에만 의미를 지니게 된다(Kim, 2016, p. 147). 하지만 사진 내러티브와는 달리 포토 보이스는 연구 참여자의 모습, 경관 등을 담기 때문에 포토 보이스는 많은 장점에도 불구하고 윤리적 문제를 피해 갈 수 없다. 사진 속에는 연구 참여자가 꺼리는 모습들이 여과 없이 담겨 있으며, 공개의 범위에서 민감한 문제를 야기한다.

포토 보이스의 활용 예로, 학생들에게 디지털 카메라를 나누어 주고, 자신이 찍고 싶은 장면을 찍도록 한다. 그리고 그 사진에 대한 이야기를 중심으로 학생들은 자신이 공유하고 싶은 이야기를 한다. 학생들의 이야기는 삼차원적 탐구 공간으로 다시 이야기된다. 학생들은 이러한 과정을 통해 자신감을 얻게 되기도 하며, 자신의 행동에 대해 의미를 부여하며, 자신을 둘러싼 경관에 대해 이해하기 시작한다. 학생들은 사진이라는 매개물을 통해 연구자와 대화하며 자신의 삶에 의미를 부여하며 현장 텍스트와 연구 텍스트 작성에 참여하게 된다(Lemin, 2016).

마지막으로, 디지털 스토리텔링(digital storytelling)이다. Kim(2016, p. 149)은 디지털 기술의 발전으로 인해 내러티브 탐구의 미래에 대해 장밋빛 전망을 내놓는다. 다양한 휴대 장비로 인해 많은 내러티브 자료들을 수집할 수 있으며, 자료들을 가공할 수 있다. 디지털 스토리텔링은 다양한 미디어 매체를 이용하여 일인칭 시점의 내러티브를 기록하는 내러티브 연구 분야이다. 디지털 스토리텔링은 주로 공동체 중심의 참여연구로 제도적 울타리에서 소외된 구성원의 공동체성을 증진시키고 인터뷰 중심의 내러티브 연구가 가진 한계를 극복함과 동시에, 전통적 구술 지혜를 보존하거나 증진시킬 목적으로 개발되었다(Kim, 2016, p. 150 재인용). 디지털 스토리텔링은 연구자에 의해 내러티브가 가공되는 것이 아니라, 연구자의 간섭 없이 연구 참여자에 의해 만들어진다. 하지만 한 개인이 디지털 도구를 다루기 위해서는 많은 시간의 훈련이 필요한 한계를 지니고 있다(Kim, 2016, pp. 150-151).

맺음말

내러티브 탐구는, 내러티브를 조금 더 깊게 다루는 것 외에 다른 질적 연구와 차이가 없다, 특정 사례를 다룬 사례연구와 유사하다, 사회적 기여가 미비하다 등과 같은 비판을 늘 받고 있다. 이는 Clandinin과 Connelly가 고안한 내러티브 탐구의 존재론적, 인식론적 전제에 대한 숙고 없이 내러티브 탐구라는 이름으로 많은 연구들이 진행되며, 질적 연구를 수행하는 이들이 대부분 초보자이거나 학위과정에서 탐구를 수행하기 때문이다.

내러티브 탐구는 크게 세 단계의 내러티브적 사고로 진행된다. 우선 현장 텍스트를 통해 이야기의 구조를 파악한다. 다음으로 현재 내레이터가 치한 장소에 적용한다. 마지막으로 다시 말하기와 다시 살아가기를 시도한다. 이러한 일련의 과정이 내러티브 사고로 이루어져야 하며, 연구자와 연구 참여자 간의 상호작용을 통해 내러티브 사고를 보여 주어야 한다. 이를 통해 내러티브 탐구는 현상이자 방법으로서 의미를 지니게 되며, 과정을 보여 주는 예술적인 속성을 지니게 된다. Clandinin과 그녀의 동료들은 내러티브를 세상을 보는 창에 비유한다. 우리는 내러티브를 통해 세상을 보지만, 내러티브는 한 인간의 삶을 규정하는 구조이기도 하다. 인간의 삶은 이러한 구조 속에 제한되지만, 인간의 삶이 신비로운 것은 변화가 있다는 점이다.

내러티브 탐구는 여성의 언어를 지닌 탐구방법론이다. 특정 사건에 대한 의미 부여, 배려의 윤리, 탐구 윤리에 대한 강조, 맥락적 의미, 관계적 속성, 진실성 등은 내러티브 탐구를 규정하는 단어들이다. 내러티브 탐구가 파악되기 어려운 이유로 개념 정의의 어려움, 담구집단의 복잡성, 존재론적 인식론적 모호성 등이 있으나 가장 큰 이유로 연구자와 연구 참여자와의 관계성을 들 수 있다. 연구자와 연구 참여자의 관계가 평등하며 서로를 배려하며 서로에게서 배움이 실현된다면 내러티브 탐구가 추구하는 존재론적 실현은 가능할 것이며, 방법론적 미숙함은 탐구 공동체의 형성, 지속적인 탐구를 통해 극복될 것이다. Clandinin과 Connelly가 제안한 내러티브 탐구는 내러티브적 사고를 통한 탐구이며, 세상을 보는 내러티브적 창문과 현재의 삶이 만나는, 그래서 현재의 경관 속에서 적용하며, 갈등하며, 저항하는 다시 말하기와 다시 살아가기를 드러내는 탐구 방법이다.

참고문헌

김대현(2006). 내러티브 탐구의 이론적 기반 탐색. 교육과정연구, 24(2), 111-133.

김병극(2012). 내러티브 탐구의 존재론적, 방법론적, 인식론적 입장과 탐구과정에 대한 이해. 교육인류학연구, 15(3), 1-28.

김필성(2015). 교사의 교육과정 재구성 경험에 대한 내러티브 탐구. 경북대학교대학원 박사학위논문.

박민정(2006). 내러티브란 무엇인가?-이야기 만들기, 의미구성, 커뮤니케이션의 해석학적 순환. 아시아교육연구, 7(4), 27-47.

손효영, 염지숙(2013). 병설유치원 종일반교사의 딜레마 경험에 관한 내러티브 탐구. 열린유아교육연구, 18(4), 101-126.

염지숙(2001). 내러티브 탐구(Narrative Inquiry): 그 방법과 적용. Journal of Qualitative Research, 12, 37-45.

염지숙(2003). 교육 연구에서 내러티브 탐구(Narrative Inquiry)의 개념, 절차, 그리고 딜레마. 교육인류학연구, 6(1), 119-140.

염지숙(2007). 내러티브 탐구를 통한 교수경험에 대한 성찰. 한국교원교육연구, 24(2), 243-260.

염지숙(2009). 유아교육연구에서의 내러티브 탐구: '관계'와 '삼차원적 내러티브 탐구 공간'에 주목하기. 유아교육학논집, 13(6), 235-253.

이정표(2012). 방법론으로서 내러티브 탐구(Narrative Inquiry) 고찰. 초등교육학연구, 19(2), 127-147.

장혜경(2005). 시의 텍스트성과 시 교육 제재. 국어교과교육학회, 10(1), 127-174.

조국현(2004). 대화의 텍스트성, 텍스트의 대화성. 한국텍스트언어학회, 16, 289-313.

한승희(2006). 내러티브 사고의 장르적 특징에 관한 고찰. 교육과정연구, 24(2), 135-158.

홍영숙(2011). 홀리스틱 교육관점에서 귀국학생을 지도하는 초등교사경험에 대한 내러티브 탐구: 삶으로서의 교육과정을 중심으로. 홀리스틱교육연구, 15(3), 121-141.

홍영숙(2013). 한국초등학교에서 비원어민 영어교사로 살아가기: 교사정체성 형성을 중심으로. 영어어문교육, 19(4), 427-543.

홍영숙(2014). 영어 관념의 유동성과 교사정체성의 다중성: 한 초등영어교과전담교사의 삶에 대한 내러티브 탐구. 언어학연구, 19(2), 183-206.

홍영숙(2015). 한국계-미국인(Korean-American) 대학교 원어민 강사가 살아내는 교사경험이야기 탐구. 언어학연구, 20(3), 141-165.

Abbott, H. P. (2002). The Cambridge introduction to narrative. Cambridge, UK: Cambridge University Press.

Bach, H. (2007). Composing a visual narrative inquiry. In D. J. Clandinin (Ed.), Handbook of narrative inquiry: Mapping a methodology (pp. 280-307). Thousand Oaks, CA: Sage Publications.

Bruner, J. (1986). Actual minds, possible worlds. Cambridge, MA: Harvard University Press.

Bruner, J. (1987). Life as narrative. Social Research, 54, 11-32.

Bruner, J. (1990). Acts of meaning. Cambridge, MA: Harvard University Press.

Bloom, L. R. (2002). From self to society: Reflections on the power of narrative inquiry. In S. B. Merriam

(Ed), Qualitative Research in Practice: Examples for Discussion and Analysis (pp. 310-313). Jossey-Bass.

Bochner, P., & Riggs, N. A. (2014). Practicing Narrative Inquiry. In P. Leavy (Ed), The Oxford Handbook of Qualitative Research (pp. 195-222). NY: Oxford University Press.

Caine, V., Estefan, A., & Clandinin, J. (2013). A return to methodological commitment: Reflections on narrative inquiry. Scadivian Journal of Education Research, 57(6). 574-586.

Casey, K. (1992). Why do progressive women activists leave teaching? Theory, methodology and politics in life-history research. In I. G. Goodson (Ed.). Studying teachers' lives (pp. 187-208). London: Routledge.

Casey, A., & Schaefer, L. (2016). A narrative unquiry into the experience of negotiating the dominant stories of physical education: living, telling, re-telling and re-living. Sport, Education, and Society 21(1). 114-130.

Chase, S. E. (2005). Narrative inquiry: Multiple lenses, approaches, voices. In N. K. Denzin, & Y. S. Lincoln (Eds.), The SAGE Handbook of Qualitative Research(3rd ed., pp. 651-680). Thousand Oaks, CA: Sage Publications.

Chase, S. E. (2011). Narrative inquiry: Still a field in the making. In N. K. Denzin, & Y. S. Lincoln (Eds), The SAGE Handbook of Qualitative Research(4th ed., pp. 421-434). Thousand Oaks, CA: Sage Publications.

Clandinin, D. J. (Ed). (2007). Handbook of narrative inquiry: mapping a methodology. 강현석, 소경희, 박민정, 박세원, 박창언, 염지숙, 이근호, 장사형, 조덕주 역 (2012). 내러티브 탐구를 위한 연구 방법론. 경기: 교육과학사.

Clandinin, D. J. (2013). Engaging in narrative inquiry. 염지숙, 강현석, 박세원, 조덕주, 조인숙 역 (2015). 내러티브 탐구의 이해와 실천. 경기: 교육과학사.

Clandinin, D. J. (2015). Stories to live by on the professional knowledge landscape. In C. McGee. (Ed.). Special 20th Anniversary Collection (pp. 183-193). New Zealand: University of Waikato.

Clandinin, D. J., Caine, V., Estefan, A., Huber, J., Murphy, M. S. (2005). Steeves, PamPlaces of Practice: Learning to Think Narratively. Narrative Works, 5(1), 22-39.

Clandinin, D J., & Connelly, F. M. (1994). Personal experience methods. In N. K. Denzin, & Y. S. Lincoln. (Eds), The SAGE Handbook of Qualitative Research (pp. 413-427).

Clandinin, D J., & Connelly, F. M. (1995). Teachers' professional knowledge landscape. NY: Teachers College Press.

Clandinin, D J., & Connelly, F. M. (1996). Teachers' professional knowledge landscape: Teacher stories. Stories of teachers. School stories. Stories of schools. Educational Researcher, 24(3), 24-30.

Clandinin, D. J., & Connelly, F. M. (2000). Narrative inquiry: experience and story in qualitative research. San Francisco: Jossey-Bass Publishers.

Clandinin, D. J., & Huber, J. (2002). Narrative Inquiry: Toward Understanding Life's Artistry. Curriculum Inquiry, 32(2), 161-169.

Clandinin, D. J., & Huber, J. (2010). Narrative inquiry. In B. McGaw, E. Baker, & P. P. Peterson (Eds), International encyclopedia of education(3rd ed.). NY: Elsevier.

Clandinin, D. J., Lessard, S., & Caine, V. (2012). How resonant echoes of an inquiry with early school leavers shaped further inquiries. Educação, Sociedade & Culturas, (36), 7-24.

Clandinin, D. J., & Murphy, S. (2007). Looking ahead: Conversations with Elliot Mishler, Don Polkinghorne, and Amia Lieblich. In J. Clandinin (Ed). Handbook of narrative inquiry: Mapping a methodology (pp. 632-650). Thousand Oaks, CA: Sage Publications.

Clandinin, D. J., Murphy, S., Huber, J., & Orr. A. M. (2010). Negotiating Narrative Inquiries: Living in a Tension-Filled Midst. The Journal of Educational Research, 103, 81-90.

Clandinin, D. J., & Rosiek, J. (2007). Mapping a landscape of narrative inquiry. In J. Clandinin (Ed). Handbook of narrative inquiry: Mapping a methodology (pp. 35-75). Thousand Oaks, CA: Sage Publications.

Cohan, S., & Shires, L. (1988). Telling stories: A theoretical analysis of narrative fiction. New York, NY: Routledge.

Coles, R. (1989). The call of stories : teaching and the moral imagination. Boston: Houghton Mifflin.

Coles, R. (2004). Teaching stories : an anthology on the power of learning and literature (2004 Modern Library pbk. ed.). New York: Modern Library.

Conle, C. (1997). Images of change in narrative inquiry. American Educational research Journal, 33(2), 297-325.

Connelly, F. M., & Clandinin, D. J. (1990). Stories of experience and narrative inquiry. Educational Researcher, 19(5), 2-14.

Connelly, F. M., & Clandinin, D. J. (2000). Narrative understandings of teacher knowledge. Journal of Curriculum and Supervision Summer, 15(4), 315-331.

Craig, C. J. (2003). Characterizing the human experience of reform in an urban middle school context. Journal of Curriculum Studies, 35(5), 627-648.

Craig, C. & Huber, J. (2007). Relational reverberations: Shaping and reshaping narrative inquiries in the midst of storied lives and contexts. In J. Clandinin (Ed). Handbook of narrative inquiry: Mapping a methodology (pp. 251-279). Thousand Oaks, CA: Sage Publications.

Denzin, N. K., & Lincoln, Y. (1994). Introduction: Entering the field of qualitative research. In N. K. Denzin, & Y. Lincoln. (Eds). Handbook of Qualitative Research (pp. 1-18). Sage Publications, Inc.

Denzin, N. K., & Lincoln, Y. (2005). Introduction: The discipline and practice of qualitative research. In N. K. Denzin, & Y. S. Lincoln (Eds.), The SAGE Handbook of Qualitative Research(3rd ed., pp. 1-32). Thousand Oaks, CA: Sage Publications.

Denzin, N. K., & Lincoln, Y. (2011). The discipline and practice of qualitative research. In N. K. Denzin, & Y. Lincoln. (Eds). Handbook of Qualitative Research(4th ed., pp. 1-19). Sage Publications, Inc.

Elbaz-Luwisch, F. (2007). Studying teachers' lives and experience. In J. Clandinin (Ed). Handbook of narrative inquiry: Mapping a methodology (pp. 357-382). Thousand Oaks, CA: Sage Publications.

Freeman, M. (2007). Autobiographical understanding and narrative inquiry. In J. Clandinin (Ed.), Handbook of narrative inquiry: Mapping a methodology (pp. 120-145). Thousand Oaks, CA: Sage Publications.

Gergen, K. J. (2009). Relational Being: Beyond Self and Community, New York: Oxford University.

Goodall, H. L. (2005). Narrative inheritance: A nuclear family with toxic secrets. Qualitative Inquiry, 11, 492-513.

Jackson, P. W. (1995). On the place of narrative in teaching. In H. McEwan, & K. Egan (Eds.), Narrative in teaching, learning, and research. New York: Teachers College Press.

Jesselson, R., Lieblich, A., & McAdams, D. P. (Eds.). (2003). Up close and personal: The teaching and learning of narrative research. Washington: American Psychological Association.

Kim, J. H. (2016). Understanding Narrative Inquiry: The Crafting and Analysis of Stories as Research. SAGE Publications. Kindle Edition.

LeGuin, U. (1986). The mother tongue. Bryn Mawr Alumnae Bulletin(Summer), 3-4.

Lemin, N. (2016). Young children photographic their learning to share their lived experiences of the learning environment. In S. Garvis, & N. Lemon. (Eds.), Understanding digital technologies and young children: An international perspective (pp. 46-58). London and NY: Routledge.

Lessard. S., Caine, V., & Clandinin. J. D. (2015). A narrative inquiry into familial and school curriculum making: attending to multiple worlds of Aboriginal youth and families. Journal of Youth Studies, 18(2), 197–214.

Lucius-Hoene, Gabriele and Deppermann, Arnulf (2004, 2nd). Rekonstruction narrativer Identitaat-Ein Areitsbuch Zur Analyse narrativer interviews. 박용익 역(2006). 이야기분석-서사적 정체성의 재구성과 서사 인터뷰의 분석을 위한 이론과 방법론. 서울: 역락.

MacIntyre, A. (1981). After virtue: A study in moral theory. Notre Dame, Ind.

McAdams, D. P. (1985). Power, intimacy, and the life story: Personal inquiries into identity. NY: Guilford Press.

McAdams, D. P. (1993). Stories we live by: Personal myths and the making of the self. NY: Guilford Press.

McAdams, D. P., Jesselson, R., & Lieblich, A. (Eds.). (2001). Turns in the road: Narrative studies of lives in transition. Washington: American Psychological Association.

McCloskey, D. N. (1990). If you're so smart : the narrative of economic expertise. Chicago: University of Chicago Press.

Mello, D. M. (2007). The language of arts in a narrative inquiry landscape. In D. J. Clandinin (Ed.), Handbook of narrative inquiry: Mapping a methodology (pp. 203-223). Thousand Oaks, CA: Sage Publications.

Morgan-Fleming, B., Riegle, S., & Fryer, W. (2007). Narrative inquiry in archival work. In D. J. Clandinin (Ed.), Handbook of narrative inquiry: Mapping a methodology (pp. 81-98). Thousand Oaks, CA: Sage Publications.

Olson, M. R. & Craig, C. J. (2001). Opportunities and challenges in the development of teachers' knowledge: The development of narrative authority through knowledge communities. Teaching and Teacher education, 17(6), 667-684.

Pinnegar, S., & Daynes, G. (2007). Locating narrative inquiry historically: Thematics in the turn to narrative. In D. J. Clandinin (Ed.), Handbook of narrative inquiry: Mapping a methodology (pp. 3-34). Thousand Oaks, CA: Sage Publications.

Polanyi, M. (1962). Personal knowledge: Towards a Post-Critical Philosophy. London: Routledge.

Polkinghorne, D. E. (1988). Narrative knowing and the human sciences. Albany: State University of New York Press.

Polkinghorne, D. E. (1995). Narrative configuration as qualitative analysis. In J. A. Hatch & R. Wisniewski (Eds.), Life history and narrative (pp. 5–25). London, UK: Falmer Press.

Ricoeur, P. (1981). Narrative time. In W. J. T. Mitchell (Ed.), On narrative (pp. 165-186). Chicago: University of Chicago Press.

Ricoeur, P. (1985). Time and narrative, Vol 3. Chicago: University of Chicago Press.

Riessman, C. K. (1997). A short about long stories. Journal of Narrative and Life History, 7(1-4), 155-159.

Riessman, C. K. (2008). Narrative methods for the human science. Thousand Oaks: Sage.

Riessman, C. K. (1990). Dicorce talk: Women and men make sense of personal relationships. New Brunswick: Rutgers University Press.

Riessman, C. K., & Speedy, J. (2007). Narrative inquiry in the psychotherapy professions. In D. J. Clandinin(Ed.), Handbook of narrative inquiry: Mapping a methodology (pp. 426-456). Thousand Oaks, CA: Sage Publications.

Schaefer, L., Downey, C. A., & Clandinin, D. (2014). Shifting from Stories to Live by to Stories to Leave By: Early Career Teacher Attrition. Teacher Education Quarterly, 41(1), 9-27.

Walsh, C., Baturka, N. L., Smith, M. E., & Colter, N. (1991). Changing one's mind-maintaining one's identity: A first-grade teacher's story. Teachers College Record, 93(1), 73-86.

Webster, L., & Mertova, P. (2007). Using narrative inquiry: as a research method. NY: Routledge.

Woods, P. (1993). Critical events in teaching and learning. UK: Falmer Press.

국립국어원(2016). http://www.korean.go.kr/

열다섯 가지 접근

13.

초상화법
질적 연구

전영국 ∣ 순천대학교   **이현주** ∣ 이화여자대학교

초상화법의 개관

초상화법(portraiture)이란 마치 화가가 어떤 인물을 회화나 드로잉을 통해 시각적으로 재현해 내는 것처럼, 연구자가 연구 대상자의 본질적인 부분을 묘사하여 글로 제시하는 방법을 말한다. 연구 방법으로서의 초상화법은 Lawrence-Lightfoot과 Davis의 책 『초상화법의 예술과 과학(Art and science of portraiture)』(1997)에서 처음 소개되었다. Lawrence-Lightfoot은 이 책에서 자신이 초상화법에 대해 영감을 받게 되었던 경험에 대해 묘사했다. 그녀는 중년인 50세 정도의 나이에 우연히 8살 때와 20대 중반 때 어느 화가가 자신을 그려 주었던 초상화를 보게 되었고, 그 순간의 느낌을 다음과 같이 묘사했다.

> [나의 25세 때 초상화는] 나의 외적 모습을 그렸을 뿐만 아니라 나의 에센스(본질)를 잘 포착한 것 같았다. 내 성격이나 특성, 삶의 과정, 그리고 내가 잘 인식하지 못했지만 나라고 느껴지는 모습들, 또 내가 약간은 거부하고 싶기도 하지만 나의 모습임을 받아들일 수밖에 없는 그런 모습들, 그리고 '이건 정말 나이구나!'라고 여겨지는 친숙한 모습들… 내 초상화에서… 나는 25세 때의 내 모습을 볼 수 있었다. 뿐만 아니라 나의 조상, 내 미래의 아이들조차 볼 수 있었다. 마치 시간이 한 여인의 초상화를 꿰뚫는 듯했다. 예전의 나의 모습과 25년이라는 시간이 지난 지금의 내 모습을 보여 주면서. 그 초상화에 그려진 나의 모습은 비록 지금과 다르지만, 내가 누구인가를 보여 주는 소중한 자료이다. (Lawrence-Lightfoot & Davis, 1997, p. 4)

거울 앞에 비춰진 Lawrence-Lightfoot의 지금 모습과 초상화에 담긴 그녀의 모습은 25년이라는 시간의 흐름과 함께 자연스럽게 변했을 것이다. 그러나 그녀는 25세 때 모습을 그린 초상화 속에서 그동안 자신이 인식하지 못했지만 왠지 익숙함을 발견했다. 그리고 그 초상화가 자신의 그 당시의 모습만 보여 주는 것이 아니라 그 이전, 그 이후까지를 보여 주는 듯한 느낌을 받았다. Lawrence-Lightfoot이 받은 영감은 우리가 렘브란트의 자화상을 보며 한 폭의 그림이지만 그의 삶의 역사가 온전히 드러나는 듯한 느낌을 받는 것과 유사하다.

초상화는 특정 단어로 표현하기는 어렵지만 참여자 내면에 만연하게 녹아져 있는 그의 철학이나 가치관, 그리고 의식의 세계 등을 관심을 갖는다. 초상화법 연구자는 연구 참여자의 삶의 경험과 이야기를 들으면서 그것을 연속적 사실의 총체로 보기보다는, 그 참여자가 과거에 겪었던 경험이나 상황을 현재에 어떻게 주관적으로 해석하고 느끼는지에 관해 세심하게 탐구한다. 참여자와의 온전한 관계가 형성되게 되면, 연구자는 그 참여자의 내면에서 느껴지는 그 개인만의 고유함(uniqueness)을 포착하게 된다. 그 개인만의 고유함은 보통 시간의 흐름 속에서 일관되게 드러난다. Witz(Witz & Lee, 2013)는 이러한 본질을 '일관된 의식의 흐름(a single consciousness-and-'I')'이라고 표현했다. 내러티브 탐구 또는 생애사 연구와 달리, 초상화법은 바로 연구 참여자 내면에서 지속적으로 드러나는 본질을 찾고 기술한다는 점에서 그 특징이 있다.

Lawrence-Lightfoot과 Davis(1997)의 책 표지에는 피카소의 「거울 앞 여인(Girl before a mirror)」 작품이 담겨 있다. 일반적으로 초상화라고 하면, 렘브란트나 벨라스케스, 반에이크 등 세밀한 묘사와 빛의 아름다움이 부각되는 작품들을 떠올린다. 그런데, 그들은 왜 입체파 화가인 피카소의 작품을 표지에 실었을까? 아마도 초상화가 인물의 외형적 특징에 대한 사실적 재현만을 의미하는 것이 아니기 때문일 것이다. 초상화에 있어 닮음의 문제, 즉 사실적 재현의 필요성에 대한 문제는 종종 논의의 대상이 되어 왔다(김영나, 2006). 신경미학이라는 분야를 창설한 Semir Zeki는『Inner Vision』이라는 책에서 이와 관련하여 미켈란젤로의 일화를 소개하고 있다.

> 피렌체의 메디치 가묘를 장식한 조각상들이 실제 그 속에 묻힌 인물들과 닮지 않았다는 이유로 비난을 받게 되었을 때, 미켈란젤로는 이렇게 말했다. "천 년 후 과연 누가 메디치가의 사람들이 어떻게 생겼었는지를 기억하고 있겠는가?" 그러나 비록 그 인물에 대한 기억들이 사라진다고 해도, 초상화는 그 사람이 어떤 종류의 사람이었는지 그리고 어떤 개성을 가지고 있었는지에 대한 정보를 준다는 점에서 여전히 의의를 가진다. 하지만, 이런 개성들이 꼭 그 대상이 되는 사람의 잘 알려진 개별적인 개성이어야만 하는 것은 아니다. 오히려 초상화 속에 표현된 개성은 그 인물과 같은 개성을 가진 많은 사람들에게 공통되는 것이어야만 한다. (Zeki & Nash, 1999, p. 201)

즉, 초상화의 가치는 그 사람을 얼마나 실제와 닮게 재현하느냐 하는 외형적 사실묘사에만 국한되는 것이 아니라, 그 인물에 대한 미술가의 내면적 탐구와 성찰이 얼마나 잘 총체적으로 드러나도록 묘사했느냐에 있다. 많은 학자들이 초상화에 심리적인, 또는 내면의 세계가 반영되어야 한다는 데에는 동의하고 있다.

화가는 인물의 내면세계와 본질적 특징을 표현하기 위한 노력을 기울인다. 어떤 화가는 거만함과 오만함을 드러내기 위해 몸을 약간 돌린 자세를 선택하기도 한다. 얼굴 표정에의 미묘한 변화를 통해 전달되는 인상이나 분위기를 바꾸기도 한다. 고정된 시선처리로 경직되고 매정한 표현을 만들기도 한다. 벨라스케스의 「이노첸트 10세」 초상화를 보면 교황과 마주보고 있는 듯한 생생함이 느껴지며, 그의 눈빛은 성직자의 너그러움이 아닌 신경질적이고 의심에 찬, 그리고 꿰뚫는 것 같은 강렬함을 보여 준다. 렘브란트의 30대 모습을 그린 자화상 속에서 그는 이탈리아 풍의 호화로운 옷과 멋스러운 모자를 쓰고 앉아 있다. 이 당시 그는 암스테르담의 부유한 사람들에게 널리 인정을 받아 부유하고 화려한 삶을 보내고 있었다. 그림에서도 그의 당당함, 도도함, 자신감이 드러나 있다. 그러나 나이가 들수록 그는 다른 사람이 원하는 그림이 아닌, 인간의 내면이 표현되는 그림을 그리고자 했다. 그는 「야경」이라는 그룹 초상화 작품으로 당시 후원자들이 좋아하던 초상화의 틀을 깨뜨리면서 초상화가로서의 인기와 명망이 떨어지게 된다. 그래서인지 말년의 자화상에서는 젊은 날의 당당함과 패기보다는 화가로서의 원숙함이 드러난다. 그의 눈빛은 시련을 겪어 온 한 인간의 내면을 나타내 주는 듯 살아있고 깊이가 느껴진다.

[그림 1] 벨라스케스의 「이노첸트 10세」와 렘브란트의 자화상(젊은 시절과 노년)

우리가 벨라스케스나 렘브란트의 작품에서 대상의 내면의 깊이를 느낄 수 있는 이유는 화가가 그린 눈, 코, 입, 옷차림 하나하나가 실제의 대상과 똑같이 사실적으로 묘사되었기 때문만은 아니다. 전체적으로 표출되는 내면의 모습이 초상화 속 존재의 눈빛, 콧날, 옷차림 하나하나에 만연하게 녹아져 있고, 그 부분들이 화가가 표현하고자 하는 내면의 주요 측면을 일관되게 표출하고 있기 때문이다. 그 초상화를 보면서 누가 말해 주지 않아도 우리는 화가가 표현하고자 하는 본질을 직감적으로 느끼게 된다.

　연구 방법으로서의 초상화법도 이와 같이 인간의 내면과 그 본질을 이해하고 글로 묘사하는 데 중점을 둔다. Lawrence-Lightfoot과 Dans(1997)는 초상화법을 "인간의 경험과 사회적 활동의 복잡성, 역동성, 섬세함 등을 담기 위한 미학(aesthetics)과 경험론(empiricism)의 경계에 놓인 질적 연구의 한 방법"(p. xv)이라고 정의했다. 여기서 미학의 의미는, 우리가 잘 그린 초상화를 볼 때 자연스럽게 그 인물의 내면 세계를 느낄 수 있는 것처럼, 연구 대상의 내면을 이해하고 그 안에 만연히 내재되어 있는 본질을 끄집어 내어 묘사함으로써 독자가 자연스럽게 그 인물에 대해 이해하게 함을 의미한다. 경험론적 접근은 면담이나 관찰, 문서 등 다양한 데이터에 기반을 두고 인물을 이해하고 묘사함을 의미한다. 연구 대상의 주관적 세계에 대한 이해는 철저하게 데이터에 기반을 둔 연구자의 통찰을 통해 가능해진다. 즉, 연구 방법론으로서의 초상화는 관찰이나 면담, 문헌 분석 등을 통해 알아낸 개인에 대한 통찰을 하나의 미술적 작품으로 탄생시키는 과정이라 할 수 있다.

초상화법의 주요 특징

2000년대 초반부터 Witz와 그의 동료들(Witz, 2007; Witz, Lee, & Huang, 2010; Witz & Bae, 2011)은 Lawrence-Lightfoot이 소개한 초상화법을 기반으로 인간 내면에 대한 탐색과 통찰을 강조하는 본질주의적 초상화법(essentialist portraiture)을 여러 사례들과 함께 제안해 오고 있다. Witz는 기존의 내러티브나 사례 연구, 현상학적 연구 등과 비교하여 초상화법이 어떠한 특징을 지니고 있는지에 대해 다음과 같이 설명하고 있다.

1. 동반자적 관계의 형성

초상화는 다른 회화와 달리 그리는 사람과 그려지는 사람의 관계가 수립된다. 만약 이미 죽은 사람이나 전혀 알지 못하는 사람에 대해 초상화를 그린다면, 관련된 자료나 사진, 주변 사람들의 이야기들을 통해 그려지는 대상에 대한 이해를 하고자 한다. 그리는 사람과 그려지는 사람의 관계 형성을 통해 그려지는 대상의 내면을 화가의 해석과 성찰을 통해 그려낸다. 그리고 그 과정에서 당시의 문화나 사회적 관습, 시대 양식이 자연스럽게 반영되게 된다(김영나, 2006).

인간 내면에 대한 깊은 탐구와 이해를 위해서는 연구자와 연구 참여자의 친밀한 관계 형성이 기본 전제가 된다. Witz(2006)는 이를 '동반자적 관계(participant as ally)'에 비유하여 설명했다. 동반자는 긴 여정의 목적을 공유하고, 그 방향을 향해 어깨를 나란히 하고 함께 걸어가는 관계를 의미한다. 즉, 연구가 진행되는 초기에 연구자가 일방적으로 연구의 목적이나 방향에 대해 설명하는 것이 아니라, 연구 참여자와 함께 연구의 목적과 방향을 공유하는 과정이 필요하다. 예를 들어, 왜 연구자가 이 연구를 하게 되었는지, 왜 이 연구가 의미 있고 필요한 것인지, 왜 이 연구 참여자가 이 연구에서 중요한 의미를 지니는지, 연구 참여자에 대해 무엇을 알고 싶은지, 앞으로 어떻게 연구를 진행해 나가고 싶은지 등에 대해 연구 참여자가 공감할 수 있도록 충분한 대화를 나누는 것이 매우 중요하다. 연구 참여자는 연구에 대한 전체적 맥락에 대한 이해를 바탕으로 연구자의 질문에 대해 자유롭게 이야기를 펼쳐 나갈 수 있다.

> 연구 참여자가 연구 수행의 동반자가 되기 위해서 연구자는 연구 주제의 중요성을 인지하고, 연구 참여자와 연구의 취지와 동기 및 목적과 같은 사항을 공유해야 한다. 연구 참여자는 자신의 경험에 대해 연구자가 이해하고 공감하고 있다는 것을 직감적으로 느끼게 되면, 어느 순간 연구 주제와 관련된 자신의 중요한 과거의 경험, 가치, 감정들을 자유롭게 표출하게 되고, 연구자와 연구 참여자 사이의 동반자적 관계는 자연스럽게 형성되게 된다. … 연구자와 연구 참여자 사이에 동반자적 관계가 형성된 후, 연구 참여자는 연구자의 질문에 대해 자신이 이해하고 인식한 범위 안에서 자신의 이야기를 자유롭게 쏟아낼 수 있다. (Witz, 2006, pp. 248-249)

동반자적 관계에서는 Lincoln과 Guba(1985)가 "개인에 관한 연구는 본래적으로 대화적이다"(p. 104)라고 말한 것처럼 자연스러운 대화의 형태로 면담이 진행된다. 많은 연구에서 라포(rapport) 형성을 강조한다. 라포 형성을 위한 가장 근본적 방법은 연구 참여자가 자신의 경험과 생각, 느낌에 대해 이야기할 때, 연구자가 그의 이야기를 경청하고 공감하기 위해 노력하고 있음을 연구 참여자가 직감할 수 있도록 하는 것이다. Witz에 따르면, 연구자의 내면의 상태를 따라가는 것이다.

> 연구 주제와 관련된 대화가 계속 진행되는 가운데, 연구자는 오직 연구 참여자가 표현하고자 하는 중요한 경험과 그 속에서의 감정, 의식의 흐름들을 함께 따라가면서 상냥하고 자연스럽게 부연설명이나 명료화에 대한 요구를 할 수 있다. 이 같은 면담 과정

을 통해서 연구 참여자가 현재 지니고 있는 주관적 세계 전체가 드러나게 할 수 있다. (Witz, 2006, p. 249)

연구자는 자신의 선입견이나 배경지식을 바탕으로 연구 참여자의 이야기를 해석하거나 판단내리는 것이 아니라, 연구 참여자의 심적 세계에 온전히 몰입하는 것이 필요하다. 연구 참여자의 생각, 느낌, 표정, 뉘앙스를 함께 느끼고 마치 연구 참여자가 되어 공감하는 상태를 의미한다. 그 과정에서 연구자는 자연스럽게 떠오르는 질문들을 하나씩 해나가게 되며, 어느 순간 연구 참여자의 이야기 속에 만연히 내재해 있는, 그렇지만 몇 단어로 간단히 표현할 수는 없는 참여자의 의식의 세계, 철학, 그리고 가치관 등을 발견하게 된다. Witz(2006)는 이와 같은 동반자적 관계를 사회학자인 Cooley(1956)의 '공감적 내성(sympathetic introspection)'의 원리로 설명했다. Cooley는 상대방의 마음 상태를 공감하면서 그 안을 들여다보면 그가 어른이든 어린아이든, 부자이든 가난하든, 범죄자이든 아니든 누구든지 이해할 수 있게 된다고 설명했다. 이것이 진정한 동반자적 관계의 기초가 된다.

2. 참여자의 내면 세계에 대한 탐색

인간의 경험과 내면의 탐색을 목적으로 하는 질적 연구 방법은 다양하다. 현상학적 연구를 비롯하여, Clandinin과 Connelly(2000)의 내러티브 연구(예: Phil 교장, Stephanie 교사 등)에서도 개인이 여러 상황에서 경험하는 일련의 사건들을 중심으로 인물의 경험에 대한 전체적인 통찰을 제공한다. 초상화법도 일종의 인물 사례 연구로서 인간 내면 세계에 대한 통찰을 표현하는 데 관심이 있기 때문에 개인의 신념, 가치, 믿음, 경험, 철학 등을 탐색하는 데 적합하다. 초상화법을 사용한 논문들을 살펴보면 이와 같은 심도 있는 탐색이 잘 드러난다.

예를 들어, 배성아 등(2015)은 미국 고등학교 학생들의 중도탈락을 주제로 그들이 왜 중도탈락을 했으며 어떻게 학교로 복귀하게 되는가를 살펴봄으로써 학생들이 내면에서 겪는 갈등과 자아의 발견 등을 심층적으로 묘사했다. 정현주와 전영국(2014)은 5년차 기술교사를 대상으로 그가 학교 안에서 교사로서 느끼는 힘듦과 행복감 등에 관해 느끼는 경험 및 자아에 대한 인식 등에 대해 묘사했으며, Lee(2006)는 과학과 관련된 사회·윤리적 문제들을 다루는 교사들의 사례 연구를 통해 그들이 왜 이와 같은 주제들을 과학수업에 도입하는지에 대한 교육 철학과 개인의 신념들을 심층적으로 탐색했다.

참여자의 내면 세계는 주관적 요소를 갖는다. 초상화법은 다른 내러티브나 현상학적 연구 등 다른 방법론에 비해 참여자의 주관적 요소를 탐색하는 데 많은 비중을 둔다. 어떻게 참여자의 내면 세계를 따라가 참여자에게 몰입하고 그 세계를 공감적으로 이해할 수 있겠는가 하는 방법적 이슈가 제기된다. Witz(2006)는 두 가지의 심층면담 방법을 통해 내면 세계를 탐색할 수 있다고 보았다. 하나는 참여자에 관한 정보 탐색을 위한 면담(interviewing for information)이고, 다른 하나는 참여자의 주관적 요소를 탐색하는 면담(interviewing for feeling)이다.

> 정보 탐색을 위한 면담에서 연구자는 연구 참여자의 경험을 이해하고 기술하는 데 있어 공개적 담론의 미사여구를 찾거나 (그것을) 범주화하는 것에 만족한다. 예컨대, "난 정말 그게 좋았어요. 왜냐하면….", "(그건) 정말 재미있었어요.", "난 …을 하기로 결정했어요. 그 이유는….", "그 일은 저에게 정말 좋은 영향을 미쳤어요." 등(의 표현이 거기에 해당된다). 하지만 내면 탐색을 위한 면담에서 연구자는 그러한 진부한 범주나 경험의 나열에 관심을 갖지 않는다. (대신) 연구자는 연구 참여자가 자유롭고 편안하게 자신을 표현할 수 있도록 독려하는 데 더욱 관심을 가진다. (Witz, 2006, p. 248)

마치 어떤 인물의 초상화를 화폭에 담기 위해서 그 사람의 생김새에 대한 사실적 정보들이 필요한 것처럼, 참여자를 이해하는 데 있어서 객관적 자료는 매우 중요하다. 예를 들어, 참여자가 무엇을 했었는지, 어떤 상황에 놓였었는지, 어떻게 행동했었는지, 어떤 변화가 있었는지 등에 해당하는 정보들이다. 그러나, 이 사실적 정보들만으로는 그 인물의 내면 세계를 이해하는 데 한계가 있다. 그래서 Witz(2006)가 강조한 것이 주관적 요소를 탐색하는 면담이다.

연구자가 초점을 맞추어야 하는 것은 연구 참여자가 몇 연도에 무엇을 했는지, 어떤 순간에 무엇을 느꼈는지에 대한 사실의 기록이나 나열이 아니라, 그 사건들을 현재 어떻게 해석하여 표현하고 있는가에 있다. 면담하는 순간에 참여자는 그 사건에 대해 어떻게 의미를 부여하고 있는가, 왜 참여자는 그 사건을 이야기하고 있는가, 그 경험을 말하면서 연구자에게 무엇을 말하려고 하는가, 그 사건에 대해 그 당시에 참여자가 어떻게 느꼈을 것이며 또 지금 그 느낌을 어떻게 표현하고 있는가 등에 대한 이해가 필요하다는 것이다(Witz & Bae, 2011). 이것이 바로 참여자의 내면의 상태를 따라가는 심층면담을 하는 토대이다(전영국, 배성아, 이현주, 2013). 내면의 상태를 따라가는 데 있어 중요한 방법 중 하나는 연구 참여자의 어조, 뉘앙스, 독특한 표현, 이야기 전개 방식 등에 귀를 기울이는 것이다. 내러티브, 현상학 등 다른 질적 방법론에서도 주관적 요소에 대한 중요성을 언급하고 있으나, 연구 참여자의 이야기를 더 잘 이해하기 위한 보조적 역할로서 이를 활용하는 경우가 많다.

각 개인의 내면 세계는 연구 참여자의 주관성을 띨 뿐만 아니라 그 사람의 정체성을 드러낸다. 하지만, 연구자가 연구 참여자 개인만의 주관적인 측면이나 개성만을 사례 연구에 담고자 할 때, 그 사례 연구는 연구로서의 의미가 다소 떨어질 수 있다. 사실, 초상화 속에 그려지는 그 인물의 주관적 갈등과 경험, 신념 등은 그 개인의 특징이기도 하지만 많은 사람들에게 공통적으로 느껴지는 보편성을 지닌다. Cooley의 공감적 내성의 원리와 같이, 연구자는 공감을 통해 연구 참여자의 내면 세계에 몰입해 나갈 수 있다.

3. 범주화하지 않고 전체적으로 그리기

연구자가 이해한 바를 학문적 소통을 위해 학문 분야에서 사용하는 전문 용어로 단순화시켜 표현할 수 있다. 하지만, 인간의 내면 세계(가치관, 철학, 의식 세계 등)에 대해 얻은 통찰을 독자에게 전달함에 있어, Miles와 Huberman(1994)의 방법처럼 개념화하거나 범주화하는 방법은 충분하지 않을 수 있다(예: 이 사람은 ○○○한 사람이다, 이 사람에게서 보여지는 특성은 ○○○로 요약할 수 있다 등). 이에 초상화법에서는 연구자가 연구 참여자를 총체적(a personal as a whole)으로 이해하고 기술해야 함을 강조한다. 이는 초상화를 작성한 연구자가 연구 참여자로부터 깨달은 바를 독자들도 가능한 한 그대로 이해할 수 있도록 그 이미지를 독자의 마음에 그려 줄 수 있는 방식으로 제시하는 것을 의미한다(Witz, 2007).

Witz와 그의 동료들은 개인에 대한 질적 사례 연구를 수행하면서 문화기술지와 사례 연구 등에서 보고되는 결과물들이 대체적으로 기술적인(descriptive) 경향이 있음에 주목했다. 물론 내러티브나 사례 연구에서도 인물의 경험에 대한 전체적인 통찰을 제공하기 위해 노력한다. 내러티브 탐구를 사용하는 연구자들은 연구 참여자들의 경험을 그들이 말하는 내러티브 형태로 제시하고, 문화기술지에서는 심층 묘사를 사용한다(Creswell, 2013). 이에 대해 Witz는 연구 참여자가 존재하는 그대로의 방식과 느낌, 의식, 감정의 상태 등을 즉각적, 직접적, 총체적으로 드러내기 위해서는 심층적 사례 묘사를 강조한 초상화의 형태로 제시하는 것이 필요함을 느꼈다(Witz, 2015). Lawrence-Lightfoot의 설명대로, 연구 참여자에 대해 연구자가 이해한 것을 총체적인 글로 묘사했을 때, 그 초상화를 읽는 독자의 내면에 연구 참여자의 주관적 세계가 자연스럽게 그려질 수 있다는 것이다(Witz, 2007).

초상화법에서는 우리가 잘 그려진 초상화를 보고 화가가 표현하고자 하는 인물의 이미지를 직감적으로 느낄 수 있는 것처럼, 글쓰기를 통해 독자가 그 인물을 직관적으로 이해할 수 있도록 하는 노력을 기울인다. 이를 위해, Witz와 동료들은 범주에 따라 코딩하는 방식보다 개방형 코딩을 사용하거나 생생한 단락을 발췌하여 부가적 논평(commentary)을 하는 방식을 선호한다. 그리고 자료로부터 부각되는 주제에 관해 연구 참여자의 삶과 경험을 관통하면서 편재되는 측면을 포착하고 그 사람에 대한 통합성(unity 또는 oneness)을 통해 그 사람에 대한 이미지 또는 경험에 관한 본질적 측면을 묘사해 나간다.

초상화법에서 사용되는 심층면담

본질적 초상화법(essentialist portraiture)에서는 여러 차례에 걸쳐 진행되는 심층면담을 주로 사용한다(Witz, 2006, 2007). 심층면담은 연구 참여자에 대한 통찰을 가능하게 해 주는 통로이기 때문에, 연구자와 연구 참여자 사이의 대화가 자연스러우면서도 성찰적이다. 일반적으로 초상화법을 위한 심층면담은 다음과 같은 특징을 지닌다(전영국, 배성아, 이현주, 2013).

우선 심층면담은 연구자가 탐색하고자 하는 연구 문제에 대한 공감대를 형성하는 과정부터 시작된다. 이 과정은 연구 대상자가 연구자의 설명을 들으면서 앞으로 진행될 연구의 중요성과 의미, 방향에 대해 충분히 공감하는 시간이다. 이것은 연구자와 연구 참여자의 동반자적 관계 형성을 위한 기초가 된다. 이를 통해 연구 참여자는 연구자가 던지는 질문들에 대해 전체적 맥락 내에서 이해하고, 연구자가 왜 이러한 질문을 던지는지에 대한 의도에 대해 충분히 공감하면서 자신의 이야기를 펼쳐 나가게 된다.

초상화법에서의 심층면담은 주로 반구조화된 질문으로 시작한다. 연구 참여자의 목소리를 통해 그 내면 세계를 탐색하는 것이 초상화법의 주된 목적인 만큼, 연구 참여자가 자유롭게 자신의 생각과 느낌을 표현할 수 있는 여유와 공간을 제공해야 한다. 지나치게 구조화된 질문들은 참여자의 생각을 연구자의 틀에 갇히게 할 수 있다. 연구자는 연구 참여자와 진정으로 공감적으로 대화하기 위해 내적 훈련이 필요하다. Lawrence-Lightfoot은 연구자의 내적 자질을 초상화를 그리는 화가에 빗대어 설명했다.

나는 초상화를 그리는 화가가 한 개인의 에센스를 찾을 때, 관대하기도 하고 동시에 엄

격하기도 하고, 회의적이기도 하고 동시에 수용적이기도 하다는 것을 깨달았다. 나는
한 번도 (초상화의 주인공이 될 때) 내가 단순한 그림의 대상으로 취급된다고 느낀 적
이 없었다. (Lawrence-Lightfoot & Davis, 1997, p. 4)

초상화를 그리는 화가처럼, 연구자는 연구 참여자의 답변에 관대하고 수용적이어야 한
다. 그리고 연구 참여자의 마음의 상태를 따라가면서 그 안에 담긴 참여자의 느낌이나 생
각의 흐름을 이해하도록 노력해야 한다. 동시에 연구 참여자를 정확히 이해하고자 하는
마음에서 엄격한 탐색적 질문을 던지게 된다. 탐색적 질문은 연구자가 이해하는 것이 맞
는지 틀린지를 확인하기 위해 던지는 질문이 아니라, 연구 참여자가 자신의 생각과 느낌
을 좀 더 정교하게 표현하도록 돕는 질문을 의미한다. 연구자가 참여자의 이야기를 들으
면서 자연스럽게 생겨나는 궁금증을 있는 그대로 던져 줌으로써, 연구 참여자는 연구자
가 자신의 이야기를 공감하며 따라오고 있음을 느끼면서 자신의 이야기를 펼쳐 나간다.
Lawrence-Lightfoot이 "내가 단순한 그림의 대상으로 취급된다고 느낀 적이 없었다"라고
언급한 것처럼, 이러한 과정을 통해 연구 참여자는 자신을 단순한 연구의 대상으로 느끼
는 것이 아니라 자신에 대한 성찰의 시간을 갖게 된다.

초상화법에서 활용되는 질문들은 동일한 연구에 참여한 연구 대상이라 할지라도 다
소 차이가 있을 수 있다. 면담을 시작하는 처음의 질문들과 질문의 흐름은 거의 동일하
지만, 후속 면담은 이전 면담에 대한 철저한 분석을 기반으로 질문을 구성하기 때문이다.
1차 면담이 끝난 후, 연구자는 1차 면담을 통해 연구 참여자에 대해 알게 된 내용들에 대
해 '인상 기록(impressionistic record)'을 만든다. 인상 기록은 연구자의 성찰이 드러나는
기록으로서 면담에서 느낀 점들을 비롯해 연구자의 연구 대상자에 대한 가정이나 딜레마,
특이 사항 등을 포함한다. 인상 기록은 단어나 구, 문장 단위의 코딩과는 많은 차이가 있
다. 단어나 구, 문장 단위의 코딩은 연구 참여자가 무엇을 말했는지에 초점을 두는 경향
이 많지만, 인상 기록은 적어도 문단 내, 문단 사이의 관계, 서로 다른 위치의 문단에서 보
여지는 공명(resonance)에 초점을 둔다. 이는 연구 참여자의 내면 세계를 꿰뚫는 본질을
찾고자 하는 노력이다. 따라서, 연구자 내면에는 연구 참여자에 따라 자연스럽게 다른
질문들이 제기될 수 있다. 물론, 연구자는 다른 질문들을 던지면서도 연구의 방향을 향해
일관적으로 참여자를 탐색해 나간다.

초상화법에서의 심층면담이 갖는 또 다른 특징은 그 당시, 어떤 상황에서, 무엇을 느꼈
었는지와 같이 구체적인 맥락 내에서 연구 참여자가 자신의 생각을 이야기할 수 있도록
유도한다는 점이다. 연구자는 "구체적인 예를 들어 줄 수 있어요?"와 같은 질문을 통해,

연구 참여자가 가능한 한 그 당시의 상황, 경험, 느낌을 생생하게 묘사하도록 요청한다. 그러나, 그 당시 연구 참여자가 무엇을 경험했는지에 대한 사실을 탐색하는 데 연구자의 목적이 있는 것은 아니다. 연구자는 연구 참여자가 그 당시 그 경험을 어떻게 느꼈었는지, 그리고 현재 그가 그 경험을 어떻게 이해하고 해석하고 있는지를 탐색하고자 함이다. 초상화법에서는 인간 내면에 일관적으로 만연하게 존재하는 본질의 존재를 가정한다. 연구자가 몇 번의 면담을 통해 그 본질이 무엇인지에 대해 알아내기는 어렵다. 하지만, 연구 대상자는 자신의 이야기를 펼쳐 내면서 간접적으로 자신이 누구인가에 대해 끊임없이 드러낸다. 맥락에 따라 그 모습이 다르게 표현될 수는 있으나, 지속적인 대화 속에서 맥락을 초월하는 연구 참여자의 존재(a single-consciousness-and 'I', Witz & Lee, 2013)가 만연히 드러난다. 다시 말해서, 초상화법에서의 심층면담은 맥락화된 연구 참여자의 이야기를 통해 맥락을 초월해서 만연히 드러나는 그 본질(또는 본질의 투영)을 알아내는 데 특징이 있다고 하겠다.

초상화법의 자료 분석 및 글쓰기[1]

초상화법 연구자는 여타 질적 연구 방법에서 소개되는 것처럼 자료 수집과 전사 작업을 한 후에 개방 코딩 형태의 인상 기록을 작성하면서 분석을 한 후에 전체적인 맥락에서 해석을 하고 의미 정교화 과정을 거쳐 글쓰기 작업으로 나아간다(전영국, 2015). 이러한 작업은 얼핏 보면 순차적으로 진행되는 것처럼 보이지만 초상화법 연구자가 실제 연구를 진행해 보면 자료 수집과 분석 및 해석 그리고 글쓰기 작업이 순환적으로 관련되어 있음을 알게 된다.

Witz가 제시한 초상화법의 자료 분석과 글쓰기 작업의 특징은 다음과 같이 요약될 수 있다(전영국, 2015). 심층면담으로부터 수집한 오디오 및 전사 자료로부터 미시적 자료 분석을 통해 생생한 인용구를 포착하고 이에 내재되어 있는 연구 참여자의 삶과 경험에 관한 주요 측면을 포착한다. 그 이후에 연구자는 다시 자료를 음미하면서 해석의 결과에서 빠진 것이 없는지 살펴보는 의미의 정교화 작업을 거친다. 이러한 단계를 순환적으로 거치면서 질적 자료로부터 연구 참여자 개인에 대한 통일성(unity or oneness)이 나타

---

1 우리는 이 장 이후로 교육문화연구지에 게재된 전영국과 이현주의 논문(2016)을 일부 인용/발췌했음을 밝혀 둔다.

나는데, 이를 포착한 연구자는 이미지를 토대로 연구자가 느낀 바를 독자가 공감하도록 글쓰기를 한다. 이러한 사례가 여러 개 등장하면 연구자는 마지막에 초상 사례 간 비교 고찰을 통해 사례 전체에서 나타나는 고차적 양상 또는 영성적 측면 등을 부각시키는 작업을 수행할 수 있다(Witz, Lee, &, Huang, 2010).

1. 미시적 자료 분석

Witz와 그의 동료들이 사용하는 미시적 자료 분석은 심층면담 오디오를 전체적으로 듣고 생생한 인용구를 선택한 후에 그 부분을 반복하여 들으면서 목소리에 담긴 뉘앙스, 톤, 목소리의 빠르기, 강조하는 부분 등을 세밀하게 느낌으로써 연구 참여자의 경험과 삶에 담긴 실재 즉 '있는 그대로의 느낌과 태도, 감정 상태, 생각의 흐름 등'을 연구 참여자의 입장에서 따라가는 방식을 의미한다. 다시 말하면 연구자는 심층면담자료가 전달하고자 하는 의미를 불러일으켜서 연구자의 해석과 함께 독자에게 제시하기 위해 매우 세심한 주의를 기울이게 된다(Witz, Jun, Chang, & Jegatheesan, 2014).

여기서 소개하는 미시적 자료 분석은 Erickson(1992)이 제시한 미시적 문화기술지 방법에 토대를 두고 있다. 그가 제시한 5단계는 1) 자료 전체에 들어 있는 전반적인 사태(whole event)를 검토하고, 2) 그 사태를 구성하는 주요 부분들을 확인한다. 그 다음 3) 그러한 주요 구성 부분들 속에 있는 조직(구성)의 측면들을 확인하며, 4) 개인들의 활동에 초점을 두고 분석한다. 마지막으로 5) 이런 방식을 사용하여 수집된 데이터 전체를 통해 첫 번째 사태에 해당되는 부분을 찾고 미시적 분석을 함으로써 개별 사태에 대한 대표성을 제시하게 된다. 다시 말하면, 초상화법 연구자는 전체 자료 중에서 연구 주제와 관련된 참여자의 목소리를 생생하게 들려주는 부분을 찾아서 미세하게 분석하고 다른 주요 측면들과의 관계성을 파악하여 통합적인 해석을 해나가게 된다.

2. 시간 흐름표 작성을 통한 주요 흐름의 포착

연구자는 연구 참여자 내면의 주요 흐름을 포착하고 그것을 전체적으로 또는 더 큰 전체성의 부분으로 이해한 바를 토대로 초상화를 작성해 나간다. 마치 초상화를 그리는 화가가 어떤 인물의 오만함을 표현하기 위해 몸을 약간 돌린 자세를 취하게 하고, 그의 손동작과 눈빛, 시선을 미묘하게 처리해 내는 것처럼, 그리고자 하는 인물의 가장 주된 본질을 중심으로 전체 초상화가 통일성 있게 구성될 수 있도록 그 이미지를 마음에 그리면서 정교한 작업을 해나가야 한다.

　이 과정에서 연구 참여자의 삶 속에서 등장하는 주요 사건에 대한 기억이나 인생에서 나타나는 주요 경험을 [그림 2]에서 보듯이 시간흐름표(timeline) 위에 작성해 봄으로써 생애 전반에 대한 기본적인 이해를 할 수 있다. 초상화법 연구자가 사용하는 시간흐름표는 통상 생애사 연구(민성은, 김영천, 정정훈, 2015)에서 사용하는 삶의 궤적 또는 생애 달력보다 한층 입체적이고 다차원적인 형태를 띠게 된다.

　연구자는 시간흐름표 및 주요 측면들의 관계 도식 자료 등을 토대로 전형적으로 과거 사건에 대한 기억 또는 삶에 관한 기간과 경험 등을 다루게 되는데 그는 대화를 나눈 시점에서 바라본 연구 참여자의 삶 속에서 과거의 어린 시절 또는 10대의 시절로 돌아가게 된다. 또 그 과거에 대한 이해는 연구 참여자의 미래에 대해서도 생각해 보게 한다. 연구 참여자가 과거 사건 또는 여건 등을 이야기하거나 오늘 경험한 것을 이야기할 때 연구자는 마치 그가 당사자라면 유사한 여건 또는 그의 입장에서 어떻게 느낄 것인가라는 관점에서 대상자의 느낌, 상태 반응 등을 이해하려고 노력한다.

　이와 같이 분석 작업을 할 때 연구자는 코딩 작업에 의존하기보다 주요 측면을 불러내

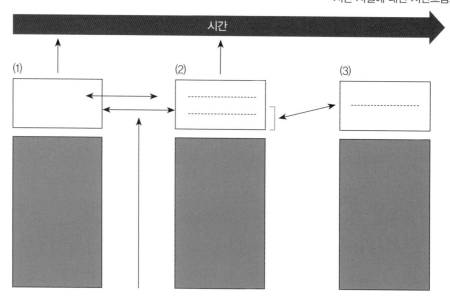

연구 참여자의 삶과
지난 시절에 대한 시간흐름표

시간

(1)　　　　　　(2)　　　　　　(3)

관련성을 포착하기: 일례로 단락(2)에 있는 주요 측면이 단락(1)에서 이미 느껴질 수 있다.

점진적으로 고차적 수준에서 독자의 마음에 있는 전체적인 이미지를 불러일으킨다.

[그림 2] 지난 경험에 대하여 이야기하는 여러 개 단락들의 관련성(전영국, 이현주, 2016, p. 12)

어 일으키는 생생한 인용구에 집중하면서 연구 주제와 관련하여 놓치는 부분이 없는지 살펴보고 이미 해석한 부분에 대해서 그 속에 담긴 의미가 더 있는지를 탐구하는 등 의미의 정교화 작업을 수행한다. 이런 과정을 거쳐 연구자는 연구 참여자의 '나'에 대해 전체적으로 관통하는 고유한 측면을 포착하게 되며 연구 참여자에게서 일관성 있게 그리고 만연하게 나타나는 통합성(unity)을 통해 초상 글쓰기를 하게 된다(Witz, Jun, Chang, & Jegatheesan, 2014).

3. 생생한 인용구와 부가적 설명을 통한 글의 구성

초상화법 연구자는 연구 참여자와 동반자적 관계를 형성하면서 연구 참여자의 주관적 경험을 그 자신의 '나'에 관한 느낌을 따라가면서 그대로 공감하며 소통하는 것을 중요시여긴다. 연구자는 Cooley(1956)의 공감적 내성 원리에 따라 연구 대상자가 겪은 경험에 대해 본질적 접근을 하게 된다. 또한 심층면담 내용을 반복하여 들으면서 연구 참여자의 내면을 드러내는 '생생한 인용구(alive passages)'를 포착하고 그에 담긴 의미를 정교화하는 과정을 통해 연구 대상자의 경험과 삶의 실재에 다가가게 된다.

먼저, 시간흐름표 위에 배치된 주요 측면과 다른 전사 자료에서 나타나는 구절의 관련성을 살펴보면서 주요 사건, 관점, 태도 등에 관해 생생한 인용구에 담겨 있는 의미를 정교하게 드러내는 작업을 한다. 이때 개방형 코딩 등 개념의 범주에 매달리기보다 연구 참여자의 내면에서 우러나는 총체적인 부분을 그대로 따라가고 공감하면서 그 속에 담긴 더 큰 모종의 전체성을 보는 것이 중요하다. 실제 연구를 진행하다 보면 약간 미진한 부분이 남아 있는 경우가 나타나는데 이때 연구자는 면담 오디오를 다시 들어 보면서 생생한 인용구에 담긴 연구 참여자의 진정한 목소리가 무엇인지 탐구하고 성찰하는 노력을 계속할 필요가 있다.

이 단계에서 초상화법 연구자는 마치 근거이론에서 데이터 포화가 의미하듯이 탐구하고자 하는 주제에 대해 연구 참여자에 관한 이해가 충분히 드러날 때까지 앞서 소개한 의미 정교화 작업을 지속해야 한다. 이런 숙고와 탐구의 과정이 어느 정도 지나면 연구 참여자의 삶과 주관적 경험에 대해 '내'가 느끼고 공감하는 단계에 진입하게 된다. 이때 연구자는 해석 작업과 글쓰기 작업의 경계에서 다음 단계로 나아간다. 연구자는 [그림 3]에서 보는 바와 같이 전사 자료 중에서 의미심장한 단락을 선별한 후에 생생한 단락에 대한 개괄적인 소개와 더불어 주목해야 하는 부분과 그에 대한 부가적인 논평(commentary)을 제공하는 방식으로 단락을 구성해 나간다. 이때 인용구 전체에서 불러일으킨 주요 측면을 통해 연구 참여자가 말하고자 하는 바를 드러내고 차원을 조금씩 심화시키는 방향으로 해석을 추가적으로 제시한다. 그리고 주요 내용 사이의 다차원적인 관련성을 탐구하고자 할 때 일종의 맵을 사용하여 도식화하는 작업은 입체적인 묘사를 하는 데 도움을 준다(조숙희, 전영국, 2013).

초상화법 연구자는 인물의 주요 측면에 대한 해석을 하는 과정에서 면담자료의 각기 다른 단락에서 서로 참조되는 연계성을 통해 만연하게 드러나 공명(resonance)되는 것을 발견함으로써 해석의 내적 타당도를 확보하게 된다. 그리고 그는 글쓰기 작업 과정에서 글쓰기 초안 또는 글쓰기 작업이 끝난 후에 글쓰기 결과물을 연구 참여자에게 보여 주고 구성원 확인(member checking)을 거침으로써 글쓰기 결과물에 대한 수정 및 보완을 한다. 이러한 타당도 확보 작업에 관련되는 연구 참여자와의 동반자적 관계 형성(Witz, 2006)은 심층면담뿐만 아니라 글쓰기 작업 과정에서 연구 참여자와 함께 질적 탐구에 대한 과정을 공유한다는 측면에서도 매우 중요한 역할을 한다.

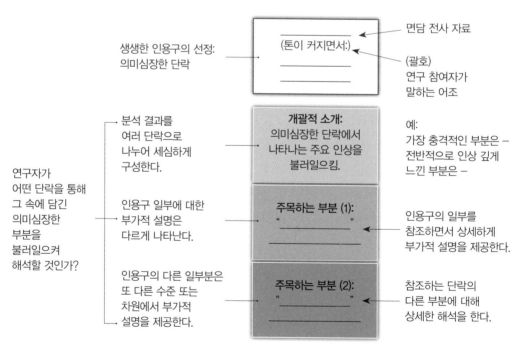

[그림 3] 주요 단락에 대한 분석: 의미심장한 부분을 불러내기(전영국, 이현주, 2016, p. 12)

초상화법 연구 사례 소개

Witz와 그의 동료들의 본질적 초상화법으로 진행된 연구들이 국내외에서 다수 소개되고 있다. 본질주의자 초상화법 연구 사례들은 개인 속에 내재하는 도덕-윤리적, 형이상학적, 사회적·종교적 이상, 가치, 헌신 또는 영감 등을 일컫는 고차적 양상과 연결되어 있음을 보여 준다(Witz, Lee, & Huang, 2010). 초상화법의 많은 사례를 보면 대부분의 경우에 시간흐름표상에서 고차적인 양상과 관련되는 첫 번째 신호(또는 조짐)를 보여 주는 특정 시기(예, 고등학교 또는 대학교 시절)를 포착할 수 있는데, 그것은 새로운 변화와 관련된 고민과 갈등, 숙고 등이 점진적으로 이루어지고 있음을 의미한다. 다시 말하면, 연구자는 이 시기에 연구 참여자의 내면 속에 '미묘하고 편재된 의식'의 초기 단계가 시작되며 이런 의식은 수년 동안 그 자신 속에서 고차적 양상의 토대가 되어 왔음을 알아차릴 수 있다.

예를 들어, 김효정(2010)은 과학교사 모임을 이끌어 가는 교사들을 대상으로 심층면담을 수행한 뒤, 그 교사모임 활동 속에서 교사로서의 정체성을 형성해 가는 과정을 사례로 제시했다. 이미정(2014)은 박사 논문에서 네 명의 초등학교 미술교사들을 대상으로 그들이 미술가로서 초등학생들을 대하면서 다루게 되는 암묵적 지식에 대해 탐구했다. 그는 두 명의 수업 사례를 심층적으로 다루면서 미술가로 활동하는 초등교사의 경험에서 드러나는 주체적 미적 지각, 자의식, 긍정의 유희의 측면을 통합적으로 다루었다.

이 장에서 우리는 배성아(2008)의 고등학교 중도탈락자 사례 일부, 이현주(2008)의 과학교사 사례, 정현주와 전영국(2014)의 논문에 등장하는 기술교사의 사례를 소개하고자 한다. 인물 사례에 대한 개괄을 통해 관심과 흥미를 가지는 독자들은 해당되는 논문 전체를 읽어 보길 권한다. 이때 독자들은 심층면담의 수행 과정과 주요 측면의 포착, 그리고 해석적 결과를 초상 글쓰기로 전개하는 방식에 주목할 필요가 있다.

1. 배성아(2008)의 고등학교 중도탈락자 연구[2]

배성아(Bae, 2008)는 Witz 교수와 함께 미국 학생들이 고등학교 재학 시절에 겪었던 경험과 감정을 심층면담하여 그 당시 중도탈락하게 된 계기와 그들의 복귀 과정을 본질적 초상화법으로 탐구했다. 이 연구에서 등장하는 매기와 오스틴의 인물 사례는 초상화법에

---

2. 원문은 Bae(2008)이며, 배성아, 전영국, 이현주(2015)의 논문에서 매기와 오스틴 사례를 구체적으로 다루고 있다.

서 동반자적 관계 형성을 한 후에 진행한 심층면담의 사용과 시간흐름표 기반의 자료 해석 및 글쓰기의 특징을 잘 보여 준다(배성아, 전영국, 이현주, 2015; 전영국, 배성아, 이현주, 2013).

매기는 19세 흑인 여성이며, 고등학교 2학년까지 어머니와 동생들과 함께 살았다. 매기는 어머니와의 불화와 방황, 세상을 경험해 보고 싶은 마음으로 가출을 하고 학업을 중단하게 되었다. 그러나 학업 중단 후 방황하던 시기에 정신적 지주였던 삼촌이 죽게 되고, 이를 계기로 인생에서 처음으로 자기성찰을 하게 된다. 그러면서 매기에게 내재해 있던 '자아의 발견(또는 알아차림)'에 대한 욕구가 점차 선한 모습으로 바뀌고, 매기를 다시 학교로 돌아오게 만든 원동력이 되었다.

오스틴은 가족 중에 고등학교를 졸업한 사람도 없었고, 그녀에게 학업에 충실하기를 바라는 사람도 없었다. 이러한 상황에서 오스틴은 고등학교 3학년 때 자퇴를 하고, 2년 정도 시간제 아르바이트를 하며 파티문화를 즐겼다. 그렇지만, 오스틴은 이러한 생활이 행복하지 않았고, 자신에게 변화가 필요하다는 생각을 하게 되었다. 오스틴은 자신이 줄곧 살아왔던 도시를 떠나 한 번도 가본 적 없는 뉴욕으로 갔다. 그곳에서 처음으로 삶에 대해 긍정적인 친구들을 알게 되고 이들을 지켜보면서 가치 있고 의미 있는 삶이 무엇인지를 서서히 깨닫게 되었다. 오스틴의 초상화에서는 그녀 안에 내재된 '변화에 대한 갈증'이 어떻게 시작하고 발전했으며, 그것이 오스틴이 학교로 되돌아오고 미래를 생각하게 되는 데 어떻게 원동력이 되어 가는지를 잘 보여 준다. 이러한 매기와 오스틴의 모습은 초상화(배성아, 전영국, 이현주, 2015)에서 사용된 인용구, 연구자의 부가적 해석으로 더욱 증폭되어 독자에게 전달된다.

2. 이현주(2008)의 과학교사 연구[3]

Lee(2008)는 두 명의 과학교사(Jenna와 Thomas)를 소개하고 있다. 현재 과학교육에서는 과학기술과 관련된 사회쟁점들(예: 배아복제로 인한 인간 존엄성의 위협, 원자력 발전의 장단점, 신물질의 개발과 활용 그리고 위험 등)에 대해 강조하고 있으나, 많은 교사들이 여러 가지 어려움으로 인해 수업에 충분히 도입하지 못하고 있다. 그러나 일부 교사

---

3. 원문은 Lee(2008)이며, 이 연구는 이현주의 박사논문(Lee, 2006)과도 관련된다. 박사논문에서는 과학기술과 관련된 사회쟁점을 다루는 미국교사 4명을 사례로 연구했다. Lee(2008)에서는 박사학위 논문을 쓰는 데 영향을 준 Jenna와 Lee(2006)의 Thomas 사례의 시간흐름표를 제시하면서 초상화법이 교사의 가치관의 발달과정을 어떠한 방식으로 묘사하는지를 보여 준다.

들은 개인의 경험이나 가치관, 교육적 신념에 의해 이러한 쟁점들을 적극적으로 다룬다. Jenna와 Thomas가 그 대표적인 예이다.

이 중 Jenna는 자신이 옳다고 생각하는 바를 교육과 자신의 직접적인 참여 등을 통해 꾸준히 실천해 나가는 중학교 과학교사이다. Jenna는 과학은 절대적인 지식이 아니라 인간 활동의 산물이기 때문에 우리 사회와 인간 존재에 긍정적인 면뿐만 아니라 부정적인 영향을 미칠 수 있다고 생각했다. 그래서 Jenna는 과학교사로서 앞으로 우리 사회를 이끌어 갈 학생들이 이러한 과학의 본성을 이해하고 과학기술 사회에서 올바른 판단을 할 수 있도록 하기 위해서 이러한 쟁점을 이야기하는 것이 매우 중요하다고 인식했고, 수업 시간에 이러한 쟁점들을 도입했다. 또한 Jenna 자신도 무분별한 간척사업, 환경오염, 인간복제 등에 대한 문제성을 인식하고 관련 사회운동에 참여했다.

저자는 Jenna를 대상으로 그러한 쟁점들을 수업에 적극적으로 도입한 동기와 교육철학 등에 관해 심층면담을 한 결과, 중요한 사건과 내용들을 [그림 4]와 같이 시간흐름표에 배치했다. 이 과정에서 Jenna에게서 과학과 관련된 사회적, 윤리적 이슈들과 관련하여 두드러지게 나타나는 두 가지의 주요 흐름(민주사회 건설에 대한 의지, 교육의 진정한 의미

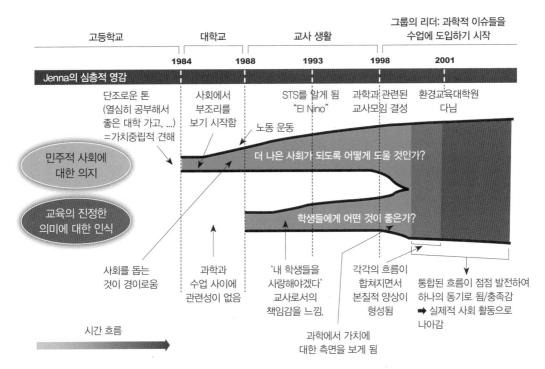

[그림 4] Jenna의 사회와 과학적 이슈에 관한 교수 동기와 관련된 주요 흐름을 보여 주는 시간흐름표
(Lee, 2008, p. 261)

에 대한 인식)을 발견했다. [그림 4]에서 보는 바와 같이 두 가지 주요 흐름은 Jenna의 생애에 걸쳐 발달되는 모습을 보이다가 어느 순간에 하나로 합쳐져 이 교사로 하여금 수업시간에 과학기술과 관련된 사회쟁점들을 가르치게 하는 양상으로 나타나고 있었다. 저자는 Jenna의 비전과 끊임없이 실천하는 본질적 측면을 중심으로 초상화를 구성했다.

3. 정현주와 전영국(2014)의 기술 교사 연구[4]

정현주와 전영국은 교사들의 삶 속에서 나타나는 힘듦과 행복한 면을 탐구하면서 교사들의 개인적 경험 속에 내재된 고유한 측면(예, 학생을 사랑하는 마음 또는 가르침에 관

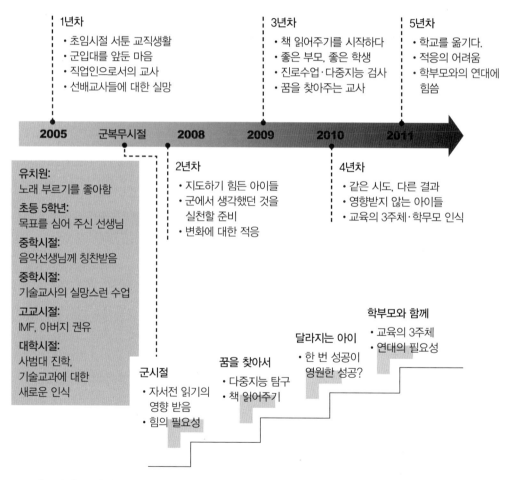

[그림 5] 등제 선생님의 경험과 주요 흐름을 보여 주는 시간흐름표(정현주, 전영국, 2014, p. 132)

---

4. 정현주, 전영국(2014) 논문을 일부 인용/발췌했음을 밝혀 둔다.

한 진정성 등)을 심층면담을 통해 살펴보고자 했다(정현주, 전영국, 2014). 그들은 5년 차 기술교사의 학교 생활과 특별한 경험 속에서 나타나는 내적인 변화 및 힘들고 스트레스를 받는 등의 느낌 상태 등을 심층면담으로 탐구하여 [그림 5]의 시간흐름표와 생생한 단락을 인용하여 제시했다. 등제 선생님에 대한 초상 글쓰기는 '나' 일인칭으로 시작한다.

> 나는 5년차 기술교사다. 올해 학교를 옮겨 왔다. 연구학교 주무를 맡게 되었다. 해 보지 않은 일이지만 한 번은 해 보고 싶었다. 해 보지 않으면 그 일의 장단점을 제대로 알 수 없기 때문에 나는 먼저 꼭 해 보려 한다. 왜냐하면 항상 아이들 앞에서 무엇이 옳은지 그른지를 가르치고 본을 보여야 하니까, 겪어 보지도 않은 막연한 생각들을 아이들 앞에서 말할 수 없는 교사니까 말이다.
>
> 내가 기술교사가 되리라고는 꿈에도 생각지 못했다. 소극적인 성격에 사람들과 두루 어울리지 못하는 내가 교사가 된 것은 수능성적과 아버지의 권유 때문이다. IMF 이후로 어려워진 살림에 내가 보탬이 되어야 하기도 하고, 딱히 특별한 꿈을 가지지 않았던 까닭에 아버지의 권유대로 나는 교사의 길을 선택했다. (이하 생략)

등제 선생님은 굵고 울림이 있는 목소리로 학교에서 기술교사로서 살아가는 부분에 대한 고민과 선생님들 사이에서 주고받는 영향이 학생들에게 미치는 세세한 부분이 중요함을 일깨워 주었다. 그와의 심층면담에서 주목할 것은 1차 면담에서 연구 주제에 관해 중요한 내용이 압축된 문장으로 생생하게 표현되었다는 점이다. 아래와 전사 자료에 보듯이 초임교사가 들려주는 매우 생생한 목소리 속에 그의 과거와 현재의 모습이 압축되어 담겨 있으며, 연구자가 후속 면담에서 탐구해야 할 방향성을 이미 제시하고 있다. 이 사례는 초상화법 연구자에게 이런 생생한 단락을 포착하는 눈을 가지고 있어야 함을 강조하고 있다.

> (1) 가장 행복했을 때는 정말 제가 선생 같다는 느낌이 들었을 때 아이들 앞에서 부끄럽지 않고요, 내가 먼저 노력을 하니깐 부끄럽지 않게 노력을 한다는 사실을 얘기를 할 수가 있고 그걸 통해서 애들이 자기 스스로 인생을 바꾸어 가려고 노력한다는 의지의 모습을 보았을 때 정말 교사로서 제일 행복하다는 느낌을 받았던 거 같아요. (2) 근데 가장 힘이 들 때는요 저는 아이들과 생활하면서 아이들의 꿈을 키워 주고 싶고 동시에 나의 꿈을 키우고 싶은 사람인데요, 이걸 현실적으로 제약하는 경우가 많은 것 같아요. (이하 생략)

정현주는 등제 선생님이 '선생 같다는 느낌'과 아이들이 '자기 스스로 인생을 바꾸어 가려고 노력한다는 의지의 모습'을 보았을 때 가장 행복하다고 느끼는 주요 부분을 감지하고 그에 관한 연구 참여자의 경험을 후속 면담으로 더 탐구했다. 그 결과 "아이들과 생활하면서 아이들의 꿈을 키워 주고 싶고 동시에 나의 꿈을 키우고 싶은 사람"이라는 부분은 3회에 걸친 심층면담에서 지속적으로 나다나고 있으며 그의 삶과 학교생활의 경험에서 만연하고 편재된 주요 흐름으로 나타나고 있었다.

등제 선생님은 아이들이 청소년기에 자신의 꿈을 찾아서 정말 하고 싶은 것을 하고 살기를 바라며 그렇게 할 수 있도록 돕는 것이 교육의 출발이라 보고 있으며 교육다운 교육이라고 보고 있다. 그러나 그는 자신의 꿈을 나중에라도 펼칠 것이며 제2의 꿈이 된 '교육과정을 변화시켜 보고자 노력하는 교사'라는 직업에 대해서도 지금은 많은 자부심을 느끼고 있었다. 그렇게 학생들에게 꿈을 가지고 끊임없이 노력하는 모습을 보여서 본보기가 될 수 있는 자신을 볼 때, 그래서 스스로 선생다운 선생이라고 생각될 때 행복하다고 느꼈다. "제가 선생 같지 못할 때 부끄러워요. 아이들 앞에 서면 그러니까 자학하게 돼요. 내가 과연 이 아이들 앞에 서 가지고 좋은 영향력을 줄 수 있는 사람이 맞는가, 내가 좋은 수업을 하고 있는 게 맞는가…"

등제 선생님은 아이들의 성장을 바로 눈앞에서 즉각적으로 볼 수는 없지만, 오랜 시간이 흘러서 아이들이 성장하여 그를 잊지 않고 찾아와 줄 때, 그 만남 속에서 이루어지는 대화들에서 교사생활의 기쁨을 느끼며 동시에 아이들에게 자신의 진심이 통했음을 확인했다. 그리고 아이들이 찾아와 주는 것, 결국 누군가의 기억 속에 남는 것만으로도 충분히 기쁠 수 있으며 동시에 그 아이들을 떠올리는 순간, 그 아이들을 만났던 가슴 설렌 그 순간으로 돌아간 것처럼 행복해했다.

등제 선생님에 관한 초상은 "학생들을 위해 개인적 노력을 기울일 때 가장 교사답고 행복하다"고 말하면서 마치 사다리를 타고 더 높은 곳으로 올라가듯이 자신의 꿈을 이루어 나갈 학생들의 밝은 미래를 바라보면서 자신도 함께 아이들과 함께 성장해 나가는 선생님의 고차적 양상을 그려 내었다. 사후에 해석적 관점으로 짚어 보면, 연구 주제(예, 교사의 행복한 삶)에 관해 등제 선생님 내면 속에 '미묘하고 편재된 의식'의 초기 단계가 이미 어린 학생 시절에 가졌던 자신의 꿈과 관련되고 있음을 알아차릴 수 있다. 이 사례는 비록 그가 아버지의 권유로 교사가 되었지만 군대를 다녀오고 나서 점진적으로 아이들의 꿈을 실현하는 데 도움이 되는 교사로 성장하는 패턴(만연하고 편재되어 일관적으로 흐르는 주요 흐름)을 보여 주었다.

초상화법 적용에 관한 제언

초상화법 연구자는 참여자와의 관계를 중시하며 참여자의 목소리를 최대한 듣고 반영하고자 하기 때문에 참여자의 목소리를 중시하는 해석 기법에 비중을 많이 두고 있다(Witz, 2015). 참여자의 목소리는 마치 악기와 같으므로 면담 오디오를 반복하여 들을수록 그 사람에 대해 더 많은 것을 알게 해 준다. 그리고 교육 현상에 대해 부정적인 측면보다 연구 대상의 좋은 측면을 포착하고자 하며 마치 좋은 화가가 그림을 그리듯이 연구 참여자의 삶과 경험에 관해 응집성(unity 또는 coherence)을 중요하게 여기면서 글쓰기를 해나간다.

구체적으로 보면, Witz와 동료들은 심층면담을 더 선호하며 개인의 주관적인 경험에 관심을 더 많이 가지면서 개인의 내면에서 흐르는 만연하고 시간의 흐름 속에 편재된 상태에 더 주목하면서 인물 사례 방식으로 글을 써 나간다. 특히 개인의 심층적 내면에 대한 탐구, 심층동기를 토대로 고차적 양상 또는 의식과 '나'의 통합적 측면을 통한 참여자에 대해 전인적 관점(person as a whole)에서 연구를 진행하며 개인의 영성적 측면을 중요시 여긴다(Witz, Lee, & Huang, 2010).

여기서 주목할 것은, Witz와 그의 동료들이 개발한 본질주의자 초상화법은 사람에 대한 페인팅(초상)을 그림으로 하는 것보다 말로써 하는 방식이 그 사람을 이해하는 데 더 강력한 표현이 된다는 전제를 깔고 있다는 점이다. 초상화법 연구자는 자신이 연구 참여자의 주요 측면(essence)을 본 것에 대해 독자들이 공감할 수 있도록 인용구의 사용과 함께 연구자가 느끼고 해석한 바를 최대한 감정이입하여 글쓰기를 해나간다. 즉, 연구자가 느낀 연구 참여자의 통합성(unity)을 독자도 느낄 수 있도록 글쓰기를 하는 것이 관건이므로 자료 분석 단계에서 포착된 주요 측면들을 통해 드러나는 통합성을 감지하는, 더 정확히 말하면 보는 것이 매우 중요하다. 이것을 통해 그 인물 사례에 담겨 있는 본질을 탐구할 수 있다.

초상화법 연구를 지속적으로 진행하다 보면 연구 참여자 자신의 특성, 개성, 활동성, 능력, 흥미, 가치 등 영성을 포함하여 모든 부분들이 놀라울 정도로 통합성 또는 하나됨(oneness)을 인지하고 느낄 수 있다. 이러한 알아차림은 시간흐름표 작성을 토대로 미시적 자료 분석을 해 봄으로써 부각되며 [그림 2]와 [그림 3]에서 제시한 것과 같이 실제적인 글쓰기를 해나가는 토대를 제공한다. 여기서 연구 참여자에게서 나타나는 고차적인 양상과 미묘하고 편재된 의식 사이의 관련성을 살펴보는 작업은 자료 분석과 글쓰기 작업에서 매우 중요하다. 초상화법 연구자는 연구 참여자와 협력하여 헌신적으로 노력하면 참여자에 대해 많은 부분을 동정적으로 이해하게 된다.

글쓰기는 늘 어려운 작업이다. 하지만 질적 연구자들은 늘 창의적인 글쓰기 방식에 대해 관심을 가지고 새롭게 시도하곤 한다. 최근 질적 연구 글쓰기에 관한 다양한 방법(김영천, 이동성, 2011)이 소개되고 있음을 감안할 때 초상화법 연구자들도 개인의 삶에 대한 전기/자서전 연구에서 나타나는 문학직 글쓰기와 예술적 글쓰기 방식에 대한 가능성을 열어 두고 있다. 이러한 특징은 연구자가 글쓰기 작업에서 예술적 소양을 갖추어야 함을 시사하고 있으며, 더 나아가 연구자가 느낀 바를 독자가 공명하고 이해할 수 있도록 초상화 글쓰기를 해야 하는 준거를 암시하고 있다. 하지만 그러한 준거가 구조적인 수사학적 형태로 전개되는 논문 형태로 초상화 글쓰기 작업을 하는 데 바람직한지에 대해 판단하기는 어렵다. 다시 말하면, 어느 초상 글쓰기가 우수한가에 대한 객관적 판단을 내리는 준거를 제시하기가 매우 어려우므로, 초상화법 연구자는 관련되는 전문가의 도움과 안내를 받아 연구를 수행하는 것이 바람직하다.[5]

실제적으로 매우 중요한 것은 앞서 소개했듯이 연구자는 자료 해석에 대한 글쓰기 초안을 연구 참여자에게 보여 주고 검토를 받는 것이다. 그리고 연구 참여자의 사례를 소개할 때 주요 사건의 나열보다 연구 주제에 관해 독자의 관심을 환기시키도록 일화 등을 사용하여 인물 사례의 내면으로 들어가도록 안내하는 글쓰기가 필요하다. 예를 들면, 연구 참여자에 대해 마치 크로키를 그리듯이 프로파일(미니 초상) 형태로 짧은 초상 글쓰기를 하는 방법을 고려할 수 있다. 그 외에 다양한 질적 연구 방법에서 차용되고 있는 일화(vignette), 에피소드, 내러티브 외에 사진, 그림, 콜라주 등의 예술적 장치와 시, 소설, 드라마 등의 문학적 장치를 도입하여 창의적으로 글쓰기(김영천, 2010)를 하는 방법에 대해 탐구하고 새로운 시도를 할 때 좋은 글쓰기 작품이 나올 것으로 기대된다.

---

5. 2016년 5월에 Klaus Witz 교수와 개인적으로 나눈 대화를 참고했음.

참고문헌

김영나(2006). 화가와 초상화. 미술사연구, 20, 7-28.

김영천(2010). 질적 연구 방법론 III: 글쓰기의 모든 것. 파주: 아카데미프레스.

김영천·이동성(2011). 질적 연구에서의 대안적 글쓰기 이론화 탐색. 열린교육연구, 18(1), 49-76.

김효정(2010). 과학교사모임 활동을 통한 교사의 정체성 형성과정에 대한 탐색: 실천공동체 이론을 중심으로. 이화여자대학교 교육대학원 석사학위논문.

민성은·김영천·정정훈(2015). 생애사 연구를 위한 효과적인 자료 분석 방법 탐구. 교사교육연구, 54(4), 621-638.

배성아·전영국·이현주(2015). 초상화법 기반의 고등학교 중도탈락에 관한 인물 사례 연구. 학습자중심교과교육연구, 15(1), 1-29.

이미정(2014). 미술가로 활동하는 초등교사의 미술 수업에서 나타나는 암묵적 지식에 관한 연구. 교원대학교 박사학위논문.

전영국(2015). 초상화법 질적연구방법과 수행 절차에 관한 탐구. 질적탐구, 1(2), 1-23.

전영국·배성아·이현주(2013). 초상화법에서 사용되는 심층면담에 관한 탐구: 동반자적 관계 형성과 주관적 요소 탐색을 중심으로. 교육인류학 연구, 16(3), 1-29.

전영국·이현주(2016). 질적연구방법으로서의 초상화법 소개와 특징 고찰. 교육문화연구, 22(4), 5-23.

정현주·전영국(2014). 초상화법으로 탐구한 중학교 교사의 정체성 및 비전에 관한 인물 사례. 교사교육, 53(1), 127-142.

조숙희·전영국(2013). 초등학교 방과후 컴퓨터 강사의 초상: 컴퓨터 수업 경험에 관한 질적 연구. 초등교육연구, 26(4), 149-171.

Bae, S. (2008). High school dropping-out and returning: Case studies and policy recommendations. Unpublished doctoral dissertation, University of Illinois, Urbana-Champaign.

Clandinin, J. & Connelly, M.(2000). Narrative inquiry: Experience and story in qualitative research. San Francisco: Jossey-Bass.

Cooley, C. H. (1956). Social organization. In C. H. Cooley (Ed.), The two major works of C. H. Cooley. Social organization and human nature and the social order. Glencoe, IL: Free Press. (Original work published 1909).

Creswell, J. W. (2013). Qualitative inquiry and research design: Choosing among five approaches (3rd Ed.). Sage Publications, Inc.

Erickson, F. (1992). Ethnographic microanalysis of interaction. In M. D. LeCompte (Ed.), The handbook of qualitative research in education (pp. 201-225). San Diego, CA: Academic Press.

Lawrence-Lightfoot, S., & Davis, J. (1997). The art and science of portraiture. San Francisco: Josey Bass.

Lee, H. (2006). Science teachers teaching socioscientific issues (SSI): Four case studies. Unpublished doctoral dissertation, University of Illinois, Urbana-Champaign.

Lee, H. (2006) Science teachers teaching socioscientific issues (SSI): Four case studies. Doctoral dissertation, University of Illinois at Urbana-Champaign, IL, USA.

Lee, H. (2008). Articulating science teachers' values and convictions for teaching socioscientific issues: Based on essentialist methodology. Journal of the Korean Association for Research in Science Education, 28(3), 253-268.

Lincoln, Y. S., & Guba, E. G. (1985). Naturalistic inquiry. Sage.

Lincoln, Y., & Guba, E. (1985). Naturalistic inquiry. Thousand Oaks, CA: Sage.

Miles, M. B., & Huberman, A. M. (1994). Qualitative data analysis: An expanded sourcebook. Sage.

Miles, M. B., & Huberman. A. M. (1994). Qualitative data analysis: An expanded sourcebook(2nd ed.). London.

Witz, K. (2006). The participant as ally and essentialist portraiture. Qualitative Inquiry, 12, 246-268.

Witz, K. (2007)."Awakening to" an aspect in the other: On developing insights and concepts in qualitative research. Qualitative Inquiry, 13, 235-258.

Witz, K. (2015). Portraiture and essentialist portraiture. Journal of Qualitative Inquiry, 1(1), 67-84.

Witz, K. G., & Bae, S. (2011). Understanding another person and Cooley's principle of sympathetic introspection: Consciousness in the study of human life and experience II. Qualitative Inquiry, 17(5), 433-445.

Witz, K. G., Lee, H., & Huang, W. (2010). Consciousness in the study of human life and experience: "Higher aspects" and their nature. Qualitative Inquiry, 16(5), 397-409.

Witz, K., Jun, Y., Chang, Y., & Jegatheesan, B. (2014). Spotlight: Evoking the inner human being in portraiture: The inspiration and interests of the portraitist. Paper presented at the Annual Conference of 12th International Congress of Qualitative Inquiry.

Zeki, S., & Nash, J. (1999). Inner vision: An exploration of art and the brain. Oxford: Oxford University Press.

열다섯 가지 접근

14.

시각적
질적 연구

김도헌 ¦ 진주교육대학교

사진은 카메라의 발명 이래 우리의 경험을 포착해 두려는 의식의 도구이자, 인간의 문화와 사회 현상을 기록하려는 관찰 도구로서 중요한 역할을 해 왔다. 더욱이 디지털 미디어의 발달로 인해 시각 이미지를 창조, 공유할 수 있는 도구들이 언제 어디서든 누구에게나 이용 가능한 시대가 되었다. 그러나 국내 질적 연구 분야에서 시각 이미지 기반 연구에 대한 논의는 부족한 실정이다. 이러한 필요성으로부터 본 장은 질적 연구의 도구로서 사진에 관한 시론적 탐색을 한다. 우선 연구 도구로서 사진의 역할과 역사를 간략히 살펴본다. 그리고 사진 기반의 질적 연구를 수행하는 데 있어서 연구 설계 시 고려해야 할 사진 자료의 유형, 사진을 통한 현장 접근, 관찰 도구로서의 사진, 면담 도구로서의 사진, 내러티브 탐구 도구로서의 사진, 사진 기반 연구에서의 윤리적 이슈 등을 탐색한다. 끝으로 사진 기반 질적 연구의 동향을 교육 분야에서의 질적 연구 문헌들을 통해 살펴볼 것이다.

사진과 질적 연구

1. 사진에 관해

시각 이미지는 현대 디지털 사회에서 그 역할과 중요성이 점차 확대되고 있다. 디지털 시대의 일상 풍경은 이제 텍스트 중심에서 시각 중심으로 의사소통 방식을 확대해 나가고 있는 듯하다. 그리고 다양한 소셜미디어들은 창조된 시각 이미지를 실시간으로 전 세계 누구와도 공유 가능하도록 돕는다. 사진기를 눈의 연장으로 생각하며 평생을 서민의 일상성을 포착하며 살았던 사진작가 앙리 까르띠에 브레송은 이런 말을 한 적이 있다.

> 나는 그것을 발견한 때부터 지금까지 결코 내 곁에서 떨어뜨려 둔 적이 없다. 그리고 삶을 가두기로 결심했다. 생활 현장에서 삶을 담아내는 것. 무엇보다도 한 장의 사진 속에, 즉 내 눈 앞에서 펼쳐지는 삶의 현장에서 삶의 본질 전부를 담아내고 싶었다.
> Henri Cartier Bresson (Sontag, 1977, p. 262에서 재인용)

우리는 이제 누구든지 앙리 까르띠에 브레송이 평생 곁에 두었던 '그것'보다 더 작은 카메라를 주머니 속에 넣을 수 있는 '웨어러블 장치의 시대'에 살고 있다. 우리는 마음만 먹는다면 브뢰송처럼 우리가 바라보고, 우리가 경험하는 세상을 사진기에 담아 세상과 공유할 수 있게 된 것이다. 이제 우리는 시각 이미지를 쉽게 생산하고, 유통하고, 소비하는 '이미지 중심의 시대'에 살고 있다.

> 사진은 포착된 경험이며, 카메라는 이처럼 경험을 포착해 두려는 심리를 가장 이상적으로 이뤄 주는 의식의 도구이다. (Sontag, 1977, p. 18)

Sontag(1977)의 사진에 관한 정의는 사진이 현실과 경험을 가장 정확하게 포착하는 재현의 도구인 동시에, 사진 찍는 사람과 보는 사람의 관념이 사진 촬영과 해석에 반영되는 의식의 도구임을 드러낸다. 사진은 현대예술의 한 형태로 오랫동안 인식되어 왔다(Cotton, 2005). 예를 들어, Goldin(1986)은 사진 작업을 통해 '가족'이라고 할 수 있는 주변의 친구나 연인들을 30여 년간 지속적으로 기록한다. 그리고 창작자의 주관적 관점을 통해 그들의 내밀한 삶에 내재된 정서적 근원을 드러내고자 한다. 어쩌면 사진은 Eisner(2003)가 주창한 질적 연구의 본질적 특성인 '예술적 접근방식'에 가장 부합하는 연구 도구일 수 있다.

> 사진은 이미 발견한 것을 예시하기 위해서가 아니라 인간과 문화의 본질에 대해 보다 더 잘 발견할 수 있도록 돕는다. (Collier & Collier, 1986)

또한 사진은 역사적으로 인간과 문화, 사회를 기록하는 중요한 도구로 활용되어 왔다. Collier와 Collier(1986)는 사진의 기술적 능력은 인간의 피곤함 없이 사회적 현상을 처음부터 끝까지 관찰할 수 있는 가능성을 제공한다고 말한다. 이로 인해 사회과학 분야의 질적 연구에서 사진과 시각 이미지들은 하나의 연구 도구로서 지속적인 관심을 받아 왔다. 특히, 인류학과 사회학 분야에서는 영상 인류학(visual anthropology)과 영상 사회학(visual sociology)이라는 연구 분야가 생겨날 정도로 사진과 시각 이미지의 활용은 하나의 연구접근 방법론으로 자리잡아 가고 있다.[1]

---

1. 영상 인류학이나 영상 사회학은 시각 매체를 이용한 인간행동과 사회현상의 기록 및 조사·연구 방법이라 할 수 있으며, 사진뿐만 아니라 필름, 그림 등 모든 시각적 표현 양식을 포괄한다. 그러나 이 글에서는 이러한 다양한 시각 매체들 중 사진 기반의 질적 연구로 연구의 범위를 국한했다. 이 글에서는 사진을 중심으로 시각 기반의 질적 연구를 논의하지만 시각 기반 또는 이미지 기반의 질적 연구는 영상 인류학이나 영상 사회학과 마찬가지로 사진뿐만 아니라 필름이나 그림과 같은 모든 시각적 표현 양식을 포괄할 수 있음을 밝혀 둔다.

그럼에도 불구하고 질적 연구 전통에서 연구 도구로서의 사진은 여전히 주변적인 장치에 불과하다(Prosser, 1998). Collier와 Collier(1986)는 사진은 연구 도구로서 강력한 가능성을 가졌지만 주류 인류학으로부터 소외되어 왔다고 밝힌다. 초기 인류학자들에게 사진은 연구 현장을 상세하게 포착할 수 있는 좋은 도구로서 받아들여졌지만 '좋아도 너무 좋은' 도구였다. 언어적 자료를 주된 자료 원천으로 다루어 왔던 인류학자들에게 사진은 너무 민낯의 현실을 드러내는 것이었다. 사진의 지나치게 상세한 정보들이 연구자의 자료 해석에 대한 통제권을 위협한다고 여겨졌다. 그러나 Collier와 Collier(1986)는 사진은 텍스트 중심의 질적 연구를 보조하는 예시적 도구로서가 아니라 전통 인류학이 드러내지 못했던 인간 문화의 본성을 더 잘 드러내기 위한 도구로서의 가능성에 주목하고자 했다.

한편, 국내 질적 연구 분야에서 사진과 시각 이미지 활용에 대한 연구와 관심은 매우 부족한 실정이다. 영상 인류학 분야의 개론서나 번역서 이외에 시각 이미지를 통한 질적 연구에 대한 논의를 찾아보기 힘들다. 또한 개별 연구자에 의해 사진이 연구 논문에 부분적으로 사용되어 왔을지 모르지만 하나의 질적 연구 방법론으로서의 사진에 대한 논의는 부족하다. 이러한 맥락에서 시각적 표현과 의사소통이 점점 더 중요해지는 디지털 시대에 사진에 대한 질적 연구 방법론적 탐색은 시론적 차원에서 그 의미를 가질 수 있을 것이다.

2. 연구 도구로서 시각 이미지와 사진의 역사와 위상

Banks와 Ruby(2010)는 인류학 분야에서의 시각 이미지 사용의 역사를 세 단계로 설명한다. 첫 번째 시기는 19세기 중반에서 20세기 중반까지로 인류학 연구에서 처음 신체, 무기, 건축물 등을 사진과 필름에 담기 시작했다. 그러나 단순히 문화적 변이에 대한 생체 확인 등과 같이 이론적 기반과 연계되지 않은 비체계적인 방식이었다. 또한 사진이 연구 대상자에 대한 스케치나 단순한 증거 수집용으로 활용된 시기라고 할 수 있다. 두 번째 시기는 1960~1980년대로 문화인류학적 필름 생산과 그에 따른 저작활동이 주류를 이루던 시기이다. 특히 Mead와 Bateson(1942)의 발리 사람들에 대한 탐구는 사진과 필름 작업들이 언어적, 문화적 틀을 초월하고, 연구 대상의 행위에 맥락을 제공하고, 관찰 결과를 묘사하는 강력한 수단을 제공할 수 있음을 보여 주었다. 이후 이러한 문화인류학적 필름과 사진 작업들은 영상 인류학의 원리를 탐색하기 시작하는 데 중요한 기여를 하게 된다(Hockings, 1975). 세 번째 시기는 1990년에서 현재까지 이르는 시기이다. 이 시기는 일반적으로 인류학 분야에서 '시각적 전환(pictorial turn)'의 시기로 언어 기반의 분석 모형으로부터의 이탈과 기존의 재현적 행위에 대한 문제제기로 특징지어진다. 이러한 특징은 경계 넘어서기와 협업, 디지털 미디어의 사용, 오감 중추의 인식 등에 의해 촉진되었다.

영상 인류학은 1970년대 질적 연구의 성장과 함께 확장하기 시작했다. 이 시기, Worth와 Adair(1972)의 미국 원주민 연구에서의 사진 사용은 주목할 만하다. 이 연구에서 애리조나 지역의 나바호 원주민들은 단지 연구 대상으로서의 피사체가 아니라 직접 카메라 촬영을 하고, 그들 스스로 해석하는 정보제공자로서 연구에 참여했다. 이 연구는 영상 인류학 분야에서 선구적인 연구 작업이었으며, 참여적 사진(participatory photography) 방법론의 시작이라 할 수 있는 연구였다. 질적 연구에서 연구 도구로서의 사진을 확립한 것은 Collier와 Collier의 『Visual Anthropology: Photography as a Research Method』(1986)의 출간이 중요한 역할을 한다. Collier와 Collier는 현장의 전체성을 포착할 수 있는 관찰 도구로서 사진에 주목한다. 그러나 카메라의 시선을 결정하는 것은 곧 연구 도구로서 인간을 통해서라는 것을 분명히 한다. 심층면담을 돕는 연구 도구로서 사진 인출(photo elicitation) 방법론 역시 Collier(1957)에 의해 처음 언급되었다. Collier와 Collier(1986)는 인류학 연구에서 사진 이미지의 활용은 이미 발견한 것에 대한 예시(illustration)의 도구가 아니라 이미 확립된 전통적인 인류학의 신념체계(주로 비백인에 대한 신념)들에 도전하면서 인간과 문화의 다원적인 본성을 더욱 잘 드러내기 위한 도구가 될 수 있음을 강조한다.

한편, 1974년 〈Studies in Visual Communication〉 저널의 창간은 연구 도구로서 사진이 타당성을 인정받기 시작했음을 암시한다. 이 저널은 1985년 폐간되었으나 1987년 〈Visual Anthropology〉로 재창간되어 현재까지 지속되고 있다. 인류학과 유사하게 사회학자들도 시각 이미지들을 중요한 연구 도구로 활용해 왔으며, 이를 '영상 사회학(visual sociology)'으로 명명하기도 했다. Harper(1998)는 시각적 문화인류학의 전통과 다큐멘터리 사진 작업을 통합하는 데 있어서 '영상 사회학'이라는 용어가 유용한 프레임워크를 제공할 것이라고 주장한 바 있다. 실제로 Leonard M. Henny와 Douglas Harper를 중심으로 'International Visual Sociology Association'이 1981년에 창립되었다. 이들은 주로 사회학적 맥락에서 사진과 다큐멘터리 필름을 자료 수집의 도구로 사용하는 연구에 관심이 있으며, 〈Visual Studies〉(〈Visual Sociology〉의 후속) 저널을 발행하고 있다.

그러나 연구 도구로서 사진의 역할은 질적 연구 분야에서 여전히 주변적이다. Collier와 Collier(1986)는 초기 인류학자들에게 사진은 연구 현장을 상세하게 포착할 수 있는 '좋은' 연구 도구로 받아들여졌지만 텍스트를 자료 수집과 분석의 주된 원천으로 삼았던 질적 연구자들에게 사진은 '좋아도 너무 좋은 도구'로 받아들여졌다고 말한다. 즉, 사진의 지나치게 상세한 정보량이 연구자들의 자료 해석의 통제권을 위협한다고 느끼게 했을지 모른다는 것이다. Prosser(1998) 역시 이미지 기반 연구는 질적 연구의 역사에서 상대적으로 비주류적인 역할만을 수행했다고 주장한다. Prosser는 사진과 같은 이미지 기반 연구가 질적 연구에서 위축된 이유를 두 가지로 제시한다. 첫째로, 질적 연구에 반한 양적 인식론과 경험주의적 관점의 영향 때문이고, 둘째로, 질적 연구 방법론이 텍스트를 주로 사용할 뿐, 이미지를 단지 텍스트의 보조적인 예시 도구로서만 사용해 왔다는 것이다. 그러나 우리는 사진을 텍스트 중심의 질적 연구를 보조하는 예시적 도구로서가 아니라 인간과 문화의 본성을 잘 드러내기 위한 도구로서의 가능성에 주목할 필요가 있을 것이다. 이제 다음 절에서 질적 연구 방법론에서의 사진 기반 연구의 역할과 활용방안에 대해 탐색하고자 한다.

사진 기반 질적 연구 방법의 탐색

1. 연구 설계 시 고려할 사진 자료의 유형

사진 기반의 질적 연구에서 어떠한 종류의 사진 자료를 활용할 것인지는 연구 설계를 결정하는 매우 중요한 요소이며, 그에 따라 연구 과정과 연구 결과에 다양하게 영향을 미칠 수 있다. 질적 연구 방법론에서의 사진의 유형은 기존 사진 자료(found photographs), 연구자 생성 사진(researcher generated photographs), 연구 참여자 생성 사진(participants generated photographs)으로 나누어질 수 있다(Pauwels, 2011; Prosser & Schwartz, 1998; Harrison, 2002). 질적 연구에서 사용하는 사진의 성격에 따라 사진 제작에 대한 통제권의 정도, 현장 접근의 방식, 연구 현장에서 얻어질 수 있는 문화맥락적 지식 정도, 사진 사용에 관한 윤리적 이슈들이 달라지게 된다(Pauwels, 2011).

첫째로, 기존 사진 자료의 활용이다. 사회적으로 이용 가능한 시각 자료들이 증가하고 있다. 이러한 사회적 이미지들과 시각물들은 연구 노력 없이도 세상 곳곳에서 매일같이 생산되고, 만연해 있으며 최근의 네트워크와 데이터베이스 기술에 의해 쉽게 접근 가능하다. 특히, 사회학 분야에서 기존 이미지를 사회학적 연구 자료로 활용하는 경우가 많다. 이러한 사진 자료들은 문화적 산물의 사회적 기능에 대한 통찰을 제공하고 더 나아가 사회의 심오한 양상까지도 드러내 줄 수 있기 때문이다. 실제로 다양한 유형의 사회적 이미지(예를 들면 가족 사진, 광고 사진, 다큐멘터리 사진 등)가 사회문화적 이슈들을 다루기 위해 연구 자료로 활용되고 있다. 예를 들면 노동(Margolis, 1994), 가족 관계(Pauwels, 2008), 학교 문화(Margolis, 2004; Burke & Grosvenor, 2007), 청년 문화(Larson, 1999), 이민(Wright, 2001). 인종문제(Grady, 2007) 등 다양한 이슈들이 사회적으로 발견되는 사진 이미지들을 활용하여 연구되었다. 그러나 기존 이미지들을 연구 자료로 활용하는 데 있어서 사진 이미지에 대한 배경지식이나 사진출처, 생산환경 등 맥락적 정보가 부족할 수 있으며 이로 인해 사진 이미지의 잘못된 해석이나 왜곡을 불러일으킬 소지를 주의해야 한다.

둘째로, 연구자에 의해 생성된 사진 자료이다. 연구자 생성 사진은 연구자에게 자료 수집 절차에 대한 보다 많은 통제권을 부여하여 보다 맥락화된 자료들을 생성할 수 있다. 또한 사진 생성과정에서의 제약요인(외부 영향요인, 샘플의 특성 등)을 연구자가 잘 이해한 속에서 활용할 수 있게 된다. 사회적 변화(Rieger, 1996; Page 2001), 도시화 과정(Suchar, 1992), 교육(Prosser, 2007), 기업 문화(Pauwels, 1996), 장례 문화(Chalfen, 2003), 청소년 문화(Hethorn & Kaiser, 1999) 등 다양한 이슈들이 연구자 생성 사진을 통해 연구되었다.

셋째로, 참여자에 의해 생성된 사진 자료이다. 최근 사회과학에서 가장 관심 높은 사진 자료의 유형이다. 인류학적 맥락에서 '원주민 이미지 생성'(Worth and Adair, 1975), 또는 '문화적 자기 묘사'(Pauwels, 1996), '참여자 생성 이미지'라 불린다. 이 사진 유형은 실제 연구 맥락에서 참여자에 의해 직접 생성된다는 점에서 기존 사진 자료의 사용과는 분명히 구분된다. 이러한 참여자 생성 사진의 대표적 사례는 원주민들에게 사진 촬영기법을 가르쳤던 'Through Navajo Eyes'(Worth & Adair, 1975) 프로젝트였다. 나바호 원주민들이 직접 찍은 이미지들은 처음 서구 인류학자들의 예상과 벗어난 것들이었다. 그러나 그들이 직접 생성한 이미지들이 나바호 문화의 극단적 본질을 오히려 더 잘 묘사한 것으로 받아들여졌다. 즉, 참여자 생성 사진이야말로 질적 연구에서 강조되는 '내부자적 관점(emic perspective)'에 충실한 연구 자료를 생성할 가능성을 가지고 있다. 그러나 참여자 생성 사진들은 사진 생성과정에서 연구자들의 통제권이 상대적으로 제한될 수밖에 없다. 참여자 생성 사진은 그 해석과정에서 연구자뿐만 아니라 참여자들과의 공동 협업을 수반하는 경우가 많다. 이러한 이유로 학교 어린이들(Prosser, 2007), 청소년들(Mizen, 2005), 이민 어린이들(Clark-Ibanez, 2007)을 대상으로 한 연구에서 많이 사용되어 왔으며, 교육 연구 분야에서 가장 관심이 높은 사진 자료의 유형이기도 하다.

Banks(2001)는 연구자 생성 사진, 참여자 생성 사진, 기존에 존재하는 사진을 사용하는 연구 간의 경계가 점점 무너지고 있다고 지적한다. 점점 질적 연구자들이 그들 스스로 사진가로서 연구 현장에 접근할 뿐만 아니라 연구 참여자들이 사진을 직접 생성하는 협업적 연구 프로젝트들이 증가하고 있기 때문이다. 이러한 연구에서 사진 자료의 생성자와 소비자의 경계 또한 불투명해진다.

2. 사진을 통한 현장 접근

질적 연구에서 현장에 접근하고, 연구 대상자와의 라포를 형성하는 것은 매우 중요한 일이다. 사진 기반 질적 연구에서는 더욱 중요한 일이 된다. 왜냐하면 사진 작업은 연구 참여자들의 입장에서는 자신들의 모습을 드러내어 인공적인 산출물이 만들어지는 위협적인 행위일 수 있기 때문이다. 이로 인해 연구 참여자와의 관계 설정에 따라 수집된 사진 자료가 실제의 모습을 반영하거나 혹은 인위적인 모습으로 오염될 가능성을 내포하게 된다. 사진은 자연스러운 현장을 포착하기 위해 비밀스럽게 수집될 수 있으나 이는 윤리적으로 바람직하지 않을 것이다. 또한 연구 참여자와의 신뢰관계를 해칠 수 있을 뿐만 아니라 촬영자 자신에게도 불편함을 안기기 때문이다(Prosser & Schwartz, 1998).

사진가이자 연구자가 자신을 현장에서 있는 듯 없는 듯 드러내지 않고 자연스러운 사진을 찍을 수 있는 것은 멀리서 촬영할 수 있는 광각렌즈의 힘이 아니라 현장에 최대한 가까이 접근하여 연구 참여자들과 라포를 형성하는 것이다. Prosser와 Schwartz(1998)는 라포를 형성하는 데 있어서 두 가지 접근방식을 제시한다. 첫째는 '캔 오프너 방식'의 카메라 도입이다. 사진이 현장의 연구 참여자 속으로 마치 캔의 마개를 따고 들어가게 하는 기능을 할 수 있다는 것이다. 예를 들어, 사진가가 현장의 동의를 얻어 하루 동안 그들과 함께 머물면서 사진 촬영을 한다면, 그들은 사진가가 찍은 사진을 보기를 원할 것이다. 그리고 현장 사람들이 사진가의 사진을 보기 위해서 그들의 커뮤니티에 기꺼이 초대했을 때, 연구자는 이미 현장 속으로 일순간에 문을 열고 들어선 것과 같다는 것이다. 둘째로 '부드럽게 부드럽게(softly softly)' 접근방식이다. 이 경우는 카메라를 가지고 연구 현장을 어슬렁거리는 것으로부터 시작한다. 그리고 건물이나 주변 환경처럼 다소 '안전한' 사진들부터 촬영한다. 그리고 현장의 연구 참여자들이 사진을 촬영하는 질적 연구자와 익숙해질 무렵부터 연구자가 원하는 '진지한' 사진 작업을 진행하는 방식이다.

그런데 연구자가 현장 사진 작업을 하는 데 있어서 참여의 수준은 다양할 수 있을 것이다. 예를 들어 참여정도의 수준은 '연구 참여자가 연구의 진행을 전혀 인지하지 못하는 수준', '사진이 촬영되고는 있으나 정확한 목적은 인식하지 못하는 수준', '사진 촬영에 대한 연구 참여자의 반응성 수준에 따라 현장 참여도가 결정되는 수준', '상호작용적', '참여적',

'공동 작업적 수준'까지 다양할 수 있다(Pauwels, 2011). 많은 연구자들은 최근 들어 현장의 공동체를 연구에 참여시키는 가치에 주목하고 있다. 그 경우, 연구가 학문적 목적뿐만 아니라 공동체의 권익을 대변하려는 목적을 갖게 된다. 즉 참여자들이 연구자의 연구 목적을 돕기보다는 연구자들이 참여자들의 목적을 실현하도록 돕게 되는 것이다.

3. 관찰 도구로서의 사진: 시각 기록과 시각 다이어리

질적 연구에서 관찰 도구로서의 사진에 주목한 것은 Collier와 Collier(1986)라 할 수 있다. Collier와 Collier는 연구 현장의 복잡한 전체성을 포착하는 사진의 잠재력에 주목한다. 즉 사진은 기억의 거울로서 현실 묘사에 탁월한 가능성을 가지고 있다는 점이다. 또한 연구 도구로서 카메라가 갖는 기술적 능력은 인간과 같은 피곤함 없이 연구의 요구에 따라 처음부터 끝까지 일관성 있는 관찰의 가능성을 제공할 수 있다는 것이다. 그러나 카메라 역시 총체적이고 정확한 관찰을 위한 수단일 뿐이지 카메라의 시선을 결정하는 것은 곧 연구 도구로서의 인간을 통해서라는 것을 분명히 한다.

질적 연구에서 사진을 현장 관찰 도구로서 활용할 때 연구자는 사진을 이용해 현장 관찰일지를 기록할 수 있다. 사진을 통해 현장 관찰일지를 작성하는 방식은 두 가지로 구별할 수 있다(Prosser, 1998). 첫째, 시각 기록(visual record)이다. 이는 사진을 통해 실제 현장에 대한 있는 그대로의 기록을 제공하는 것을 목적으로 한다. 사진을 통한 현장노트 기록은 연구자가 수기만으로 기록하는 현장노트보다 더 상세할 수 있다. 카메라로 기록하는 현장노트는 연구자의 수기보다 피로감이 훨씬 덜하다. 또한 카메라의 재생적, 모방적 특성을 활용하는 것은 연구자의 문화기술적 현장일지를 상세하게 만드는 보조적 역할을 훌륭하게 수행할 수도 있다. 즉 사진 기록은 연구 현장이나 연구 대상을 있는 그대로 재현하는 것에 강조점을 두고 시각적 세부사항들을 체계적으로 기록하는 자료 수집 방법이라 할 수 있다.

둘째, 시각 다이어리(visual diary)이다. 카메라가 현장을 그대로 재현할 수 있는 특성을 갖더라도 결국 카메라 셔터를 누르는 것은 사진가이자 질적 연구자이다. 그리고 현장에서 관찰한 내용들을 카메라 프레임에 포착하는 것도, 프레임 밖으로 배제하는 것도 사진가이다. 또한 사진가가 어떤 렌즈와 장비를 선택하느냐에 따라, 사진가의 심미적 성향과 감수성에 따라 사진 자료의 수집은 영향을 받을 것이다. 결국, 사람에 의해 사진의 실제성이 달라질 수 있다. 현장 관찰의 사진 자료를 사진 다이어리 형태로 기록한다는 것은 연구자를 연구 과정 속으로 재도입한다는 것이고, 연구자 자체가 연구 도구인 질적 연구의 특성을 반영하는 것이다. 즉, 시각 다이어리는 연구 과정 전반에 대한 연구자의 자기성찰적 연대기라 할 수 있으며, 이러한 연대기는 연구 현장에 대한 연구자의 주관적 재구성, 주관적 계열화라 할 수 있다. '시각 기록'이라는 개념이 연구자의 편견을 최대한 배제하려는 노력하에 현장을 체계적으로 기록하는 것이라면 '시각 다이어리'는 연구자의 주관적 시선이 반영된 연구 현장과의 독특한 상호작용의 기록물이라는 의미로 이해될 필요가 있다.

4. 면담 도구로서의 사진: 사진 회상 심층면담

사진은 관찰 도구뿐만 아니라 사진 회상 방법을 통해 면담 도구로 활용될 수 있다. 사진 회상(photo-elicitation)은 연구 참여자와의 면담과정에서 코멘트를 이끌어 내기 위해 사진 이미지를 활용하는 방법이라 할 수 있다(Harper, 2002). 사진 회상 면담의 주된 목적은 면담 참여자가 사진에 어떻게 반응하는지를 기록하는 것이다. 그러한 반응을 통해 면담 참여자들이 사진 이미지에 부여하는 개인적, 사회적 의미와 가치, 태도, 감정을 탐색한다.

사진 이미지를 통한 면담은 참여자의 기억 회상이나 경험 성찰을 제공하는 도구로 활용될 수 있다. 또한 사진 회상 면담은 언어에만 의존한 심층면담을 보완해 줄 수도 있다. 사진 회상 면담을 처음 인류학적 연구에 도입한 것으로 알려진 Collier(1957)는 사진이 면담에 사용될 때 참여자로부터 더 많은 정보를 이끌어 낼 수 있다고 말한다. 또한 사진을 활용해서 면담이 이루어질 때 면담 참여자는 면담과정에서 피로감을 덜 느낄 수 있다. 이러한 이유로 사진 회상은 언어보다 시각적으로 반응하는 것이 더 쉬운 사람들, 즉 아이들이나 언어소통이 힘든 이주민, 특수 장애인 등과의 면담과정에서 많이 활용된다.

사진 회상은 연구자의 의도에 따라 다양한 형태로 활용된다. 사진 회상 면담에 사용되는 사진 이미지들은 연구자에 의해 선택될 수도 있고, 또는 면담 참여자들이 직접 촬영하거나 선택, 조합한 사진들이 사용될 수도 있다. 참여자의 사진 촬영, 선택, 조합 자체에 그들의 가치나 의미들이 부여되어 있을 것이다. 또한 사진 회상 면담을 효과적으로 수행하기 위해서는 참여자들이 어떤 의미 맥락을 가지고 사진 자료를 바라볼 것인지에 대한 사전 지식을 갖는 것이 바람직하다(Schwartz, 1989). 그러나 연구 참여자에 대한 배경 지식 등을 충분히 파악하여 사진 회상 면담에 임했을지라도 면담에서의 반응은 연구자의 의도와 전혀 다를 수 있을 것이다. 결국, 참여자가 보여 주는 사진에 대한 반응을 해석하고 평가하고, 결론으로 이끄는 것은 사진 회상 면담에서의 연구자의 책무이자 역할일 것이다(Prosser & Schwartz, 1998).

사진 회상 기법은 타인이 어떻게 세상을 바라보는지를 그들의 관점에서 이해할 수 있는 매우 강력한 질적 연구 방법이 될 수 있다. 특히, 사진 회상 기법은 어린 학생들이나 청소년들, 또는 사회적으로 소외된 계층을 대상으로 한 참여적 연구에서 매우 성공적으로 사용되어 왔다. 교육 분야의 질적 연구에서 사진 회상 기법이 어떻게 활용되어 왔는지는 다음 절에서 별도로 논의할 것이다.

5. 내러티브 탐구 도구로서의 사진: 포토 에세이와 포토 보이스

질적 연구에서 사진은 텍스트와 함께 내러티브 탐구의 도구로서도 활용될 수 있다. Harrison(2002)은 내러티브 탐구 도구로서의 사진을 '내러티브 픽처링(narrative picturing)'이라 표현하며, 자전적 연구, 포토 저널, 포토 보이스와 같은 내러티브 탐구에서 활용될 수 있다고 주장한다. 특히 내러티브 탐구의 형태로서 '자사진 연구(auto-photography)'의 사례를 제시한다. 예를 들어 옛 가족 앨범 사진은 참여자의 역사에 대한 더 많은 이야기를 드러낼 수 있으며, 자기 전기로서의 사진은 '나는 누구인가'라는 질문에 대한 내러티브를 제공하는 데 사용된다. 즉, 사진은 과거 속 자신과 현재의 자신에 대한 흔적으로서 기억을 구체화해 주는 중요한 도구가 되는 것이다. 결국, 우리의 뇌는 언어로 전환되기 전, 이미지 형태에서 더 많은 기억을 떠올릴 수 있으며, 이로 인해 사진은 질적 연구에서 내러티브 탐구의 또 다른 대안적 접근이 될 수 있음을 주장한다. 이러한 사진 기반의 내러티브 탐구 유형으로 포토 에세이와 포토 보이스가 있다.

첫째, 포토 에세이는 특정 인물이나 특정 상황에 대한 이야기를 할 의도로 만들어진 일련의 사진들이다. 이러한 사진들은 눈으로 마주하는 것보다 참여자에 대해 보다 많은 것을 드러낸다(Casey & Dollinger, 2007). 사진은 내러티브 텍스트를 대체하거나 연계할 수 있다(Harper, 2002). Allen(2007)은 포토 에세이 방법을 사용하여 30여 년간 미국의 양성주의자 집단을 연구했다. Killion(2001)은 간호학과 학생들의 문화적 감수성을 촉진하기 위해 학생들로 하여금 건강의 문화적 양상을 묘사하는 포토 에세이를 구성하도록 했다. 그리고 그러한 포토 에세이를 통해 학생들과 함께 다문화적 이슈들을 규명하는 연구를 했다.

둘째로 포토 보이스(photo voice)는 주로 참여적 사진(participatory photography) 연구의 한 방법으로 알려져 있다. 포토 보이스는 Wang과 Burris(1994)에 의해 처음 개발되었다. Wang과 Burris는 중국 유난 지방의 시골 여성들에 대한 연구 과정에서 연구 참여자들이 만든 사진을 통해 그들의 목소리를 드러내기 위한 'photo novella'를 만들었는데 이것이 포토 보이스의 출발이었다. 이러한 포토 보이스 연구는 프레이리의 비판 교육학의 영향을 받았다. 포토 포이스는 피난민, 노숙자, 소수 인종 등 사회의 주변부 계층 연구에 주로 활용되어 왔다. 소외된 지역사회의 연구 참여자들이 그들 자신의 관점에서 그들이 속한 지역사회에 대한 사진을 찍는 참여적인 실행연구라 할 수 있다(Poudrier & Mac-Lean, 2009). 포토 보이스 연구에서 연구 주제는 주로 공동체가 억압받는 문제나 극복해야 할 문제들인 경우가 많다. 연구 참여자들은 그러한 문제를 가장 잘 드러낼 수 있도록 사진 촬영을 하게 된다. 연구 참여자가 찍은 사진들은 연구자와 협력적으로 함께 해석하게 된다. 이를 위해 사진 회상 면담이 포토 보이스 연구에서 활용되기도 한다. 이러한 공동 해석 작업의 과정을 통해 공동체 구성원들의 목소리가 담긴 내러티브가 개발된다.

6. 사진 기반 질적 연구의 윤리적 이슈

사진을 사용하는 시각 기반 질적 연구에서 연구 윤리적 이슈는 보다 면밀하게 검토될 필요가 있다. 예를 들면 사진 촬영시 반드시 사전 동의를 구해야 하는가? 사진이 연구 참여자에 의해 촬영되었다면 저작권은 누가 소유하는가? 사진 기반 연구에서 익명성과 비밀 유지는 어떻게 보장되어야 하는가? 촬영된 사진이 연구 결과물을 통해 보급될 때 연구 참여자에게 미칠 수 있는 영향을 어떻게 보호할 수 있을까? 연구자가 생성한 사진 자료들을 항상 신뢰할 수 있는가? 이와 같이 사진 기반 질적 연구에서 기존 연구 윤리에 대한 논의를 넘어서 고려해야 할 복잡한 이슈들이 존재한다. 이러한 윤리적 이슈들을 선행 연구들을 바탕으로 연구 동의, 저작권, 익명성과 비밀유지 이슈를 중심으로 검토해 보고자 한다.

첫째, 연구 동의와 관련한 윤리적 이슈이다. 사진 기반 질적 연구에서 연구 동의를 얻는 것은 단지 사진을 촬영할 허가를 얻는 것뿐만 아니라 연구 기간 동안 얻어진 사진들을 다양한 맥락에서 전시하거나 출판할 허가까지 요구한다. 연구 현장에서 사진 촬영에 대한 개인의 사전 동의를 얻었다고 할지라도 사진 결과물에 대한 출판이나 보급에 관한 별도의 사전 동의 없이 공개적인 방식으로 활용한다면 윤리적으로 적절치 않다(Prosser & Schwartz, 1998). 연구 동의를 얻는 것은 연구자와 참여자 간의 라포를 형성하고 신뢰의 관계를 구축하는 데 있어서도 중요하다. 만약, 사진 촬영이 허락된 공공장소에서의 사진 자료 수집이 법적으로는 문제가 없다 할지라도, 사진 촬영 전 동의를 구하는 것이 가능하다면 연구 윤리적으로나 신뢰 관계 형성 측면에서나 바람직하다는 것이다(Chaplin, 2004).

둘째, 저작권과 관련한 윤리적 이슈이다. 질적 연구에서 연구자가 직접 사진을 생성하고, 이를 연구에 활용했다면 저작권상 별 문제가 없을 것이다. 그러나 만약 연구자의 요청에 따라 연구 참여자에 의해 사진이 만들어졌다면 누가 저작권을 소유할 것인가? Miller와 Happell(2006)의 연구에 따르면, 연구자에게 저작권 대신 사용권이 임대될 수 있다. 또한 연구 참여자는 사용권의 철회를 연구자에게 요청할 수도 있다. 따라서 연구자는 사전 동의시 참여자에 의해 생성된 사진의 저작권과 사용권에 대한 내용을 정확히 명시할 필요가 있다.

셋째, 익명성과 비밀유지와 관련한 윤리적 이슈이다. 사진은 얼굴, 복장, 장소 등과 같은 인식 가능한 정보들을 포함하며, 이로 인해 익명성과 비밀유지는 거의 불가능할지 모른다. 이러한 이유로 어떤 연구에서는 사람을 배제한 채 객체와 장소만을 촬영하기도 하며, 촬영된 사람을 모자이크 처리하기도 한다. 그러나 이러한 경우들은 사진을 이용한 시각 연구의 역할과 범위를 매우 제약한다. 연구 참여자가 연구의 자료 생산, 분석, 보급에 직접 참여하는 참여적 연구는 이러한 익명성과 비밀유지의 문제에 대한 해결방안이 될 수 있다. 연구자와 연구 참여자는 협업적 관계를 바탕으로 참여지들의 사진을 연구 결과에 제시하는 방법과 이후의 영향에 대해 토의해 결정할 수 있기 때문이다(Banks, 2001). 이러한 참여적 연구에서 연구 참여자들은 자신들이 익명 처리되기보다 공개적으로 그들의 사진과 의견, 표현들이 드러나기를 원하는 경우도 있다. Poudrier와 Mac-Lean(2009)은 연구 참여자의 익명성을 전제로 IRB 승인을 받았으나 연구 참여자들이 이름을 드러내기를 원했고, IRB에 수정 재신청을 통해 연구 결과에 연구 참여자들이 드러나도록 했다. 그러나 연구자나 연구 참여자가 이러한 노출이 가져올 위험들을 예측할 수 없고, 연구 결과물이 디지털로 복제되어 무제한 유통될 수 있는 점을 고려할 때 사진 기반 질적 연구에서의 익명성과 비밀유지는 연구 참여자를 보호하기 위한 매우 중요한 이슈가 된다.

끝으로, 연구자 생성 사진 자료의 신뢰성에 관한 이슈이다. 사진은 항상 현실 세계를 있는 그대로 재현하여 반박할 수 없는 증거를 제공한다고 오해하기 쉽다. 그러나 사진 자료도 연구자의 윤리 부족으로 오염될 가능성이 존재한다. 예를 들어 사진 기반 연구자들이 마치 기자들의 공격적인 취재방식처럼 자료를 수집하거나, 예술가처럼 의도하는 의미를 극적으로 표현하기 위해 이미지를 조작하거나 가공할 가능성들이 존재한다(Clark et al., 2010). 결국, 사진 자료의 신뢰성은 연구자들의 윤리 의식에 달려 있는 것이다.

질적 연구에서 사진의 윤리적 활용은 법적인 문제라기보다 연구 현장 지역의 관습이나 문화에 상황맥락적인 문제이다(Banks, 2007). 따라서 연구자의 입장에서 연구하고자 하는 사회나 공동체에 대해 충분히 인식하고 있어야 하며, 사진 자료의 수집, 분석 방법이 어떠한 윤리적 이슈를 침해하고 있지 않은지 사려 깊은 성찰이 요구될 것이다.

교육 분야의 사진 기반 질적 연구 동향

교육 분야의 질적 연구에서 사진을 통해 무엇을 탐구하고자 했으며, 사진을 어떻게 활용하고자 했는지를 문헌 분석을 통해 탐색했다. 이를 위해 visual qualitative research, photography qualitative research, image based research, visual anthropology, visual ethnography 등의 검색어를 사용하여 검색된 논문들과 사진 기반 질적 연구와 관련된 단행본 서적들에 수록된 논문들 중에 교육적 주제를 다루는 21편의 국외 논문들을 선정했다. 아쉽게도 국내 연구문헌 중에서는 사진 기반 교육 질적 연구 논문을 찾지 못했다.

1. 사진을 통해 무엇을 탐구했나?

분석된 문헌들의 탐구 주제를 유목화했을 때 다음의 네 가지 탐구 주제들이 가장 비중 있게 다뤄지고 있었다. 첫째가 교육적으로 주변화된 학생들의 삶과 경험을 다룬 연구들이며, 둘째가 교사들의 실천 향상이나 경험에 대한 성찰적 연구들이다. 셋째로 교실 수업에 관한 탐구들이며, 넷째로 학교의 문화, 정책, 역사에 관한 탐구들이다.

가. 교육적으로 주변화된 학생들의 삶과 경험 탐구

교육 분야의 질적 연구에서 사진을 통한 주된 탐구 대상은 도시 빈민지역의 아동들, 장애학생, 이민학생, 인종 및 성적 문제를 겪는 학생들과 같은 교육적으로 주변화된 아동이나 청소년들이었다. 특히, 도시 지역의 주변화된 학생과 청소년들의 삶과 경험에 대한 연구들은 가장 주목할 만한 탐구 경향이었다(Allen, 2012; Clark-Lbanez, 2008; Corcoran, 2015; Trafi-Prats, 2009). 이들 연구에서 사진은 연구자로 하여금 주변화된 학생들에게 보다 쉽게 다가설 수 있고, 그들의 이야기를 좀 더 풍부하게 끌어내기 위해 활용되었다. 예를 들어, Corcoran(2015)은 케냐 지역의 8명의 길거리 학생들이 학교로 돌아오는 전환과정을 자전적 사진(auto-photography)을 통해 탐색했다. 사진 회상 면담은 연구자와 연구 참여자 간의 풍부한 대화를 이끌었으며 이를 통해 그들의 전환과정에 대한 심층적인 내러티브를 개발했다. 또한 Clark-Ibanez(2008)는 미국 도시 빈민지역에서의 탈선 소녀들을 연구하면서 그들이 직접 자신들의 생활모습을 어디서든 담아 오도록 했다. 연구자들은 이 연구에서 사진이 그들의 학교생활과 가정생활이 어떻게 연결되어 있는지를 이해하는 데 도움을 주었다고 밝힌다. 이러한 연구에서 사진은 연구자로 하여금 쉽게 접근하기 어려운 연구 참여자들의 삶을 그들의 관점으로부터 탐색하는 데 기여하고 있다.

〈표 1〉 본 연구에서 분석된 사진을 활용한 교육 질적 연구 문헌들

저자	연구 주제	사진의 성격	연구 접근
Anderson(2015)	초등학교 교실의 고성취 학생들의 학습 방식 탐색	참여자 생성 사진	사진 회상
Allen(2012)	흑인 중학교 남학생 탐구	참여자 생성 사진	참여적 사진
Burke(2008)	아동들의 게임문화 탐색	참여자 생성 및 연구자 생성 사진	사진 회상 / 포토 보이스
Burke & Grosvenor(2007)	역사가들의 학교 사진 분석	발견된 사진 자료	사진 분석
Clark–Lbanez (2008)	도심지 학교에서 "나쁜 학생" 되기의 비용	참여자 생성 사진	사진 회상
Corcoran(2015)	길거리 소년들의 생애 전환과정 탐색	참여자 생성 사진	오토–포토그라피
Dainiels(2003)	남아프리카 정착여성의 삶과 공동체 리더십 학습	참여자 생성 사진	참여적 사진 / 사진 회상
Eliadou(2013)	이민학생들에 대한 포용교육 탐색	참여자 생성 사진	참여적 사진
Gasparini & Vick (2006)	교사 교육의 역사 연구	발견된 사진 자료	사진 분석
Howes(2015)	과학 예비교사들의 성찰훈련 촉진	연구자 생성 사진	성찰적 사진
Kaplan(2008)	주변부 교육의 학생 탐구	참여자 생성 사진	참여적 사진
Kaplan(2015)	전시 갈등지역 이동 교사들의 삶과 일 탐색	참여자 생성 사진	참여적 사진
Kaplan & Howes (2004)	중등학교 성분리 교실 탐색	참여자 생성 사진	참여적 사진
Kingsley(2009)	초등 교사의 구성주의적 리터러시 수업 탐색	연구자 생성 사진	시각 문화인류학
Margolis(2004)	인디언 원주민 학교들의 문화 변용과정 탐색	발견된 사진 자료	인터넷 사진 분석
Mamaniat(2015)	학습장애 학생들의 학교 경험 탐색	참여자 생성 사진	포토 저널
Moss(2008)	중학교 교육과정/정책의 학생 다양성 이슈 탐색	연구자 생성 사진	시각 내러티브
Trafi–Prats(2009)	도시 성장경험 탐구	참여자 생성 사진	시각 문화인류학
White et al.(2010)	아일랜드 이주 학생들의 경험 탐색	참여자 생성 사진	사진 연습활동
Wolfenden & Buckler(2015)	예비교사들의 실습 변화과정 탐색	참여자 생성 사진	성찰적 사진
Zehle(2015)	물리적, 감각적 장애 청소년의 삶 탐색	참여자 생성 사진	포토 보이스

둘째로 장애학생이나 이민학생을 대상으로 한 사진 기반 질적 연구가 활발히 수행되었다는 점도 주목할 만하다. 예를 들어, Kaplan(2008)의 연구에서 학습장애 학생들은 연구 초기 자신들의 관점과 생각을 표현하는 데 어려움을 겪었다. 연구자는 장애학생들로 하여금 학교생활에 대한 사진을 찍게 했고, 이러한 사진은 그들의 삶에 대해 보다 풍부한 이야기를 끌어내도록 만들었다. 반면 Eliadou(2015)는 사이프러스의 세 개의 중등학교로 이민 온 아이들의 포용교육 이슈들을 참여적 사진 방법으로 탐색했다. 또한 이민학생들의 학교생활 적응 과정이 사진 회상 면담을 통해 탐구되기도 했다(White et al., 2010). 이처럼 장애학생이나 이민학생을 대상으로 한 질적 연구에서 사진이 활용되는 것은 이들과의 소통에서 시각적 이미지가 언어적 소통을 촉진할 것이라는 기대 때문이다. 즉, 새로운 언어를 사용해야 하는 이민자들이나 언어적 표현에 어려움을 겪는 장애학생들에게 사진을 활용한 면담은 그들의 생각을 보다 풍부하게 표현할 수 있도록 해 줌으로써 그들의 생각과 관점을 이해하는 데 도움을 줄 수 있다는 것이다.

나. 교사들의 실천 향상을 위한 성찰적 연구

교사들을 대상으로 한 질적 연구에 있어서도 사진은 중요하게 활용되어 왔다. 특히, 교사들의 실천 향상과 전문성 개발에 관한 연구에서 사진은 성찰적 도구로서 활용되어 왔다(Howes, 2015; Wolfenden & Buckler, 2015). 사진이 성찰적 도구로서 활용되었다는 것은 교사들의 실천 경험에 대한 회상적 면담의 수단이자, 성찰적 교육훈련의 수단으로 활용되어 왔다는 의미이다. 대표적인 연구가 영국 과학교사들의 교육훈련에서 비판적 성찰을 촉진하기 위해 사진을 활용한 Howes(2015)의 연구이다. 이 연구에서 훈련생 교사들은 자신들의 수업장면을 촬영한 사진 이미지들을 제시받았다. 그리고 훈련생 교사와 연구자 간에 사진 이미지를 매개로 성찰적 인터뷰가 진행되었다. 이 연구에서 사진은 훈련생 교사들의 경험을 이끌어 내는 회상 면담 수단이자 성찰적 사고의 수단인 것이다. 또한 Wolfenden과 Buckler(2015)의 연구에서 수단의 교사들은 연수과정의 마지막 학기에 자신들의 수업 실천과정을 사진에 담도록 요구받았다. 그리고 이러한 사진을 바탕으로 새롭게 배운 수업방식에 대한 성찰적 탐색을 했다. 이 두 연구의 공통점은 사진을 활용한 토의와 면담을 통해 교사들의 성찰적 사고를 촉진했다는 점이다. 그리고 이러한 성찰과정은 연구자에게는 연구 과정인 동시에 교사들에게는 교육훈련의 일환이 되었다. 그러나 두 연구가 사진을 활용하는 데 있어서 차이점은 Wolfenden과 Buckler의 연구가 참여자 생성 사진을 기반으로 했다면 Howes는 연구자 생성 사진을 기반으로 했다는 점이다.

다. 교실 수업의 간주관적 탐색

학교 교실의 수업 과정을 이해하고 개선하는 질적 탐구에서도 사진은 활용되어 왔다 (Anderson, 2015; Kaplan & Howes, 2004; Kingsley, 2009). 특히, 교실 수업 연구에서 의 사진은 수업행위에 대한 간주관적 이해의 가능성을 확장시키는 데 기여한다. 예를 들 어 Anderson(2015)은 미국 초등학교 교실에서 고성취 학생들의 학습요구가 충족되는 방 식을 탐색했다. 사진 회상 면담을 통해 학생들은 교실경험에 대한 성찰적인 대화에 참여 했다. 이 연구에서 학생들은 단지 연구의 대상자가 아니라 교실수업에 대한 자신들의 해 석적 관점을 제공하는 공동 연구자가 된 것이다. Kingsley(2009)는 초등교사의 구성주 의 언어수업을 탐구하는 데 있어서 사진을 활용한 시각 방법론(visual methodology)을 결 합했다. 이 연구에서 연구자는 교실 수업장면의 상세한 모습들을 사진에 담았다. 그러 나 수집된 시각 자료의 유의미성을 결정하는 데 있어서는 해석자로서의 교사의 역할이 중 요했다. 교실 수업 연구에 있어서 사진 자료가 누구에 의해 수집되었든지 간에 사진 회상 면담을 활용할 경우, 사진에 나타난 하나의 수업장면이나 실천행위에 대한 참여자들의 다양한 관점과 해석을 연구 과정에 반영할 수 있다. 즉, 교실 수업연구에서 사진은 하나 의 수업현상에 대한 교사, 학생, 연구자 간의 간주관적 해석과 의미 구성을 돕는 데 기여 할 수 있는 것이다.

라. 학교의 문화, 정책, 역사 탐구

학교문화에 대한 시각적 탐구(visual culture of schools)는 교육 분야에서의 이미지 기반 연구에서 주된 관심사 중 하나였다(Prosser, 2007). 시각적 학교문화 탐구는 학교 내에 서 당연시 여겨져 왔던 관습적 실천이나 정책 등과 같은 숨겨진 학교문화를 시각적으로 드러내는 것에 관심을 갖는다. 그리고 이러한 시각적 학교문화 탐구는 학교교육의 역사 를 기록하고, 저장하는 데 있어서도 '아카이브'로서의 중요한 역할을 수행하게 된다. 예를 들어, Margolis(2004)는 인디언 보딩 스쿨의 문화를 사진 기록물 분석을 통해 탐색했다. 이 연구를 통해 인디언 보딩 스쿨에서 행해졌던 인디언 원주민 아이들에 대한 학대 문화 를 파헤쳤다. 한편, 사진을 활용하여 교육 정책에 관한 질적 연구들도 수행되었다(Moss, 2008; Kaplan & Howes, 2004). Moss(2008)의 경우, 학교 교육과정 및 정책에서 다양 성 이슈가 어떻게 나타나는지를 시각 자료를 통해 탐색했다. Kaplan과 Howes(2004)의 경우 참여적 사진 방법론을 통해 중등학교의 교실 운영 정책에서 남녀 성분리 이슈를 탐 색했다. 또한 교육 사학자들은 사진을 통해 학교의 역사를 탐색하기도 한다. Burke와

Grosvenor(2007)는 20세기 중반의 진보적이고 혁신적이었던 두 학교 이야기를 바탕으로 교육 역사 연구에서의 한 유형으로서 '진보적 이미지'에 관해 논의했다. 그러나 교육 역사 연구에서 시각 이미지의 활용은 매우 부족한 것으로 보인다. Gasparini와 Vick(2006)는 2000년부터 2004년까지 출판된 322개의 논문을 분석한 결과 시각적 이미지를 연구 방법론적으로 활용한 연구는 단지 7편에 불과했다고 밝혔다.

2. 사진을 어떻게 활용했나?

지금까지 교육 질적 연구에서 사진을 통해 '무엇을' 탐구했는지를 살펴봤다면 이제 '어떻게' 활용했는지를 살펴보고자 한다. 분석의 시선만 달리하여 21편의 같은 논문을 분석 대상으로 했다. 분석된 연구 문헌 중에서 가장 많은 비중을 차지한 것은 참여적 사진 방법론을 활용한 연구들이었다. 총 21편의 논문 중 14편이 참여자 생성 사진 자료들을 기반으로 연구를 수행했다. 연구자 생성 사진을 활용한 논문은 3편이었으며, 참여자와 연구자 생성 사진을 함께 활용한 논문은 1편이었다. 한편, 이미 존재하는 기존 사진 자료들을 활용한 논문이 3편이었다.

가. 참여적 사진 방법론을 활용한 교육 질적 탐구

참여자 생성 사진을 활용한 교육 연구가 많은 것은 사회학이나 인류학 분야에서의 최근 동향과도 맞물려 있다. 원주민이 직접 생성한 사진을 활용한 Worth와 Adair(1975)의 인류학적 연구가 주목받은 이래 '참여자 생성 이미지'는 시각적 질적 연구에서 가장 관심 높은 사진 자료의 유형이 되어 왔다. 참여적 사진 방법론은 참여자들이 생성한 사진을 기반으로 한 시각적 연구를 지칭할 때 가장 많이 활용되는 용어이다. 참여적 사진 방법론은 연구 참여자들의 목소리를 끌어낼 잠재력으로 인해 사회과학 분야에서 혁신적인 연구 방법으로 활용되어 왔다(Harper, 2002; Kaplan & Howes, 2004). 참여자 생성 사진 자료를 활용한 14편 중 6편이 참여적 사진 방법이라는 용어를 사용하고 있었다(Allen, 2012; Daniels, 2003; Eliadou, 2013; Kaplan, 2008, 2015; Kaplan & Howes, 2004). 이러한 연구에서 학생들은 그들 자신의 사진을 찍고, 그들 스스로 사진을 해석하기도 한다. 그리고 이러한 사진들로부터 그들의 삶과 경험의 중요한 양상들을 연구자에게 설명하고 공유한다. 예를 들어, Allen(2012)의 연구에서 흑인 중학생들은 자신들이 촬영한 사진을 통해 그들의 경험을 이야기했다. Eliadou(2015)는 세 개의 중등학교로 이민 온 아이들의 시선을 통해 포용교육의 이슈를 탐색했다. Kaplan(2008)은 참여적 사진 방법론을 통해 교육의 주변부 아이들의 눈을 통해 바라본 학교 안과 밖의 생활에 대한 탐색을 시도했다. 이러한 참여적 사진 방법을 통해 연구자들은 사진을 매개로 언어만을 통해서는 듣기 힘든 학생들의 목소리를 연구에 담아내고자 했다. 참여적 사진 방법론이라는 용어를 논문에서 명시적으로 사용하지 않더라도 사진 회상 기법을 활용하는 연구들도 주로 참여자 생성 사진들을 활용하는 경우가 많았다(Anderson, 2015; Burke, 2008; Clark-Lbanez, 2008). 예를 들어, Clark-Lbanez(2008)는 도심지 학교에 다니는 문제 소년, 소녀들의 삶을 탐색하는 데 참가자들 스스로 찍은 사진들을 가지고 그들과 사진 회상 면담을 함으로써 그들의 목소리를 연구에 드러내고자 했다.

이상에서 살펴본 것처럼 참여적 사진 방법론을 활용한 연구에서 학생들은 탐구 대상일 뿐 아니라 그들 자신의 경험에 대한 연구자로서 참여한다. Elliot(1991)은 질적 교육연구에서 학교 교사나 부모들의 관점에 비해 학생들의 관점은 종종 무시되거나 주변화되어 왔다고 주장한다. 그러나 참여적 사진 방법론을 통한 연구에서 연구 과정을 이끌어 나가는 것은 외부자로서의 연구자가 아니라 내부자로서의 참여자들인 것이다. 결국, 교육 질적 연구에서의 사진 작업은 연구 자료의 생산과 분석에서 참여를 촉진함으로써 연구자와 피연구자 간의 관계를 동반자적 관계로 재정립하는 데 기여하고 있다.

나. 연구자 생성 사진과 기존의 사진 자료를 이용한 교육 질적 탐구

참여자 생성 사진이 학생들을 대상으로 한 연구에서 주로 활용된 반면, 연구자 생성 사진은 교사 연구에서 주로 활용되었다(Howes, 2015; Kingsley, 2009). 이는 수업장면에서 교사들이 직접 참여적 사진 방법을 활용하기 힘들기 때문으로 보인다. 그러나 연구자 생성 사진을 통한 교사연구에서도 교사들의 경험에 대한 기억과 의미를 끌어내기 위해 사진 회상 면담이 함께 사용되는 경우가 많았다. 예를 들어, Howes(2015)는 영국의 과학교사들의 교육훈련을 위해 그들의 수업장면을 촬영했다. Kingsley(2009)의 경우, 초등교사의 구성주의 언어수업의 상세한 모습들을 사진에 담았다. 이 두 연구에서 연구자가 생성한 사진들은 교사들과의 사진 회상 면담의 자료로서 활용된다. 이러한 회상 면담을 통해 연구자는 교사들이 그들의 수업 실천과정을 어떻게 바라보고, 의미를 부여하는지를 깊게 이해할 수 있게 된다. 한편, Burke(2008)는 초등학교 아이들의 다양한 놀이 장소와 놀이 공간, 그곳에서의 다양한 놀이 모습을 1주일간 사진에 담았다. 그리고 어른의 시각이 아닌 아이들의 시각에서 놀이 문화의 의미를 포착하기 위해 사진 회상 면담을 수행했다. 이처럼 교육 질적 연구에서 연구자들이 직접 만들어 내는 사진 자료들은 연구 참여자들과의 사진 회상 면담과 함께 활용되는 경우가 많다. 즉, 연구자 생성 사진은 연구 참여자들의 경험에 대한 기억을 이끌어 내는 도구이자 성찰의 도구로 활용되는 것이다.

끝으로 기존에 존재하는 사진들을 활용한 교육 질적 연구들을 살펴본다(Burke & Grosvenor, 2007; Margolis, 2004). 가장 대표적으로 Margolis(2004)의 연구는 주목할 만하다. 이 연구에서 Margolis는 인터넷으로부터 인디언 보딩 스쿨에 대한 수천 여 장의 사진들을 수집했다. 이 사진들에 관한 날짜, 촬영자 등 맥락적 정보가 매우 분절적이어서 다른 문헌 정보로부터 추론될 수밖에 없었다. 그럼에도 불구하고 이 연구는 인디언 보딩 스쿨에서 행해졌던 성적, 신체적, 감정적 학대를 드러냄으로써 대규모 소송을 이끌어 내는 커다란 반향을 일으켰다. 한편, Burke와 Grosvenor(2007)의 경우, 20세기 중반 진보적이고 혁신적이었던 두 학교의 이야기를 기존에 존재하는 사진 자료들을 통해 탐색했다. 그리고 이러한 두 학교 사진에 담긴 진보적 의미들을 통해 이미지 기반 연구의 가치를 논의했다. 디지털 시대의 도래에 따라 인터넷은 검색 가능한 엄청난 양의 사진들을 저장하고 있는 인류학적 아카이브가 되고 있다. 이러한 인터넷의 사진 아카이브는 고고학과 유사한 방식의 새로운 형태의 시각적 문화인류학 연구를 가능하게 할 수 있을 것이다. 인터넷의 파편화된 사진 정보들을 마치 무덤이나 동굴에서 발굴된 조각난 유물이나 찢어진 그림조각들처럼 수집, 분석한 Magolis의 인디언 보딩 스쿨 연구처럼 말이다. 그러나 Magolis(1999)는 기존에 존재하는 사진을 통한 시각 기반 연구의 가치와 한계를 다음과 같이 표현한다. "사진은 학교의 물리적 관계들을 포착할 수 있다. 그러나 교육의 사회적 관계(예: 교육 성공과 실패, 지적 흥분, 억압, 저항) 자체를 시각화할 수는 없다."(p. 34) 즉, 기존에 존재하는 사진들은 사진출처, 배경정보, 생산환경 등 맥락적 정보가 부족하여 이를 연구에 활용할 때 잘못된 해석이나 왜곡의 가능성을 경계해야 함을 의미한다.

맺음말

사진은 서구 사회에서 이미 중요한 질적 탐구의 도구로 자리 잡아 가고 있다. 그럼에도 불구하고 본 연구를 시론적 탐색이라 의미 부여한 것은 두 가지 측면에서였다. 하나는 디지털 시대로 접어들면서 시각 이미지 중심의 표현과 의사소통 방식이 점차 확대되고 있다는 시의성 때문이었으며, 다른 하나는 국내 질적 연구 분야에서 사진과 같은 시각 이미지 기반의 질적 연구에 대한 논의가 부족하다는 점이었다.

본 연구에서 살펴본 것처럼 사진은 참여관찰, 심층면담, 내러티브 탐구를 지원할 수 있는 풍부한 잠재력을 갖춘 질적 탐구의 도구라 할 수 있다. 관찰 도구로서 사진은 기술적으로 인간과 같은 피곤함 없이 연구의 요구에 따라 처음부터 끝까지 일관성 있는 관찰의 가능성을 제공한다. 그러나 카메라의 시선을 결정하는 것은 연구자라는 점에서 연구 도구로서 연구자의 관찰을 돕는 것이다. 면담 도구로서 사진 회상 기법의 활용은 참여자의 기억 회상이나 경험 성찰을 도와줌으로써 참여자의 관점을 연구에 보다 풍부하게 반영할 수 있다. 또한 우리의 경험은 언어보다 시각적 이미지의 형태에서 더 많은 기억에 대한 통찰을 떠올릴 수 있다는 점에서 사진은 텍스트 기반 내러티브 탐구의 보완적 또는 대안적 접근이 될 수 있다.

이러한 논의를 바탕으로 본 연구는 교육 분야의 질적 연구에서 사진을 어떻게 활용해 왔는지를 탐색했는데, 이는 질적 탐구 방법론 측면에서 몇 가지 시사점을 제공한다. 첫째, 사진은 '참여적 사진(participatory photography)' 방법론을 통해 질적 연구에서 강조하는 내부자적 관점(emic perspective)으로부터의 연구를 강화할 수 있다는 점이다. 둘째, 사진은 질적 연구에서 연구자와 참여자 간의 역학 관계를 재구조화한다는 점이다. 즉, 사진 작업은 연구 자료의 생산과 분석에서 참여를 촉진함으로써 연구자와 피연구자 간의 관계를 동반자적 관계로 재정립하는 데 기여한다. 예를 들어 교육 질적 연구에서 아동에 대해 연구할 때 참여적 사진 방법은 '그들에 대해서'보다는 '그들과 함께' 연구할 수 있는 관계를 설정하도록 돕는다는 것이다. 셋째, 사진 기반 질적 연구는 연구 현장에 대한 간주관적 이해의 가능성을 확장시킬 수 있다. 예를 들어 학교문화와 교실수업에 대한 사진 자료가 교사에 의해, 학습자에 의해, 또는 연구자에 의해 만들어질 수 있을 것이다. 그러한 사진을 매개로 한 학교 및 교실 경험에 대한 면담 또는 대화의 과정은 교사, 학생, 연구자 간에 간주관적으로 구성된 의미들을 생산하도록 기여할 것이다. 이처럼 사진을 통한 시각적 연구 접근은 연구 현장에 대한 질적 탐구에 있어서 다양한 방법론적 가치들을 가질 것이다.

Mitchell(1987)은 사회과학 연구에서 이미지의 가치를 강조하는 '시각적 전환(pictorial turn)'의 필요성을 주장한 바 있다. 그러나 사회과학 연구에서 사진과 같은 시각 이미지의 역할은 글과 숫자에 비해 여전히 주변적이다. 이제 국내에서도 질적 연구 분야에서 시각 이미지 기반의 연구에 대한 진지한 논의가 필요할 것이다. 질적 연구에서 사진 활용에 대한 시론적 탐색을 시도한 본 연구가 그러한 논의를 활성화하는 데 작은 밑거름이 되기를 기대한다.

참고문헌

Anderson, T. (2015). Photovoice as a catalyst for conversation: Chidren as co-researchers in an elementary school in the USA. In S. Miles & A. Howes (Eds.), Photography in educational research: Critical reflections from diverse contexts (pp. 36-49). New York: Routledge.

Andonian, L. (2010). Community participation of people with mental health issues within an urban environment. Occupational Therapy in Mental Health, 26, 401-417.

Allen, Q. (2012). Photographs and stories: ethics, benefits and dilemmas of using participant photography with Black middle-class male youth. Qualitative Research, 12(4), 443-458.

Banks, M. (2001). Visual methods in social research. London: Sage.

Banks, M. (2007). Using visual data in qualitative research. London: Sage.

Burke, C. (2008). 'Play in focus': children's visual voice in participative research. In P. Thomson(Ed.), Doing visual research with children and young people (pp.23-36). New York: Routledge.

Burke, C. & Grosvenor, I. (2007). The progressive image in the history of education: Stories of two schools. Visual Studies, 22, 155-168.

Casey, P. F., & Dollinger, S. J. (2007). College students' alcohol-related problems: An autophotographic approach. Journal of Alcohol and Drug Education, 51(2), 8.

Chalfen, R. (2003). Celebrating life after death: the appearance of snapshots in Japanese pet grave sites. Visual Studies, 18, 144-156.

Clark, A., Prosser, J., & Wiles, R. (2010). Ethical issues in image-based research. Art & Health, 2(1), 81-93.

Clark-Ibanez, M. (2008). Gender and being "bad": inner-city students' photographs. In P. Thomson(Ed.), Doing visual research with children and young people (pp.95-113). New York: Routledge.

Clark-Ibanez, M. (2007). Inner-city children in sharper focus: Sociology of childhood and photo elicitation interviews. In G. Stanczak (ed.), Visual Research Methods (pp.167-198). CA: Sage Publications.

Collier, J. (1957). Photography in anthropology: A report on two experiments. American Anthropologist, 59, 843-859.

Collier, Jr. J. & Collier, M. (1986). Visual anthropology: Photography as a research method. Albuquerque: University of New Mexico Press.

Corcoran, S. L. (2015). Visualising transitions: The use of auto-photography with formerly street-connected boys in Kenya. In P. Thomson(Ed.), Doing visual research with children and young people (pp.168-181). New York: Routledge.

Cotton, S. (2005). The photograph as contemporary art. 권영진 역(2007). 현대예술로서의 사진. 서울: 시공사.

Daniels, D. (2003). Learning about community leadership: Fusing methodology and pedagogy to learn about the lives of settlement women. Adult Education Quarterly, 53(3), 189-206.

Eisner, E. W. (2003). On the differences between scientific and artistic approaches to qualitative research. Visual Arts Research, 29 (1), 5-11.

Eliadou, A. (2013). Ethnicity in secondary schools in Cyprus: Using photography to understand student experience. In S. Miles & A. Howes (Eds.), Photography in educational research: Critical reflections from diverse contexts (pp. 60-76). New York: Routledge.

Gasparini, F. & Vick, M. (2006). Picturing the history of teacher education: Photographs and methodology. History of Education Review, 35(2), 16-31.

Goldin, N. (1986). The Ballad of Sexual Dependency. New York: Aperture.

Grady, J. (2007). Advertising images as social indicators: Depictions of blacks in LIFE magazine, 1936-2000, Visual Studeis, 22, 211-239.

Harper, D. (1998). An argument for visual socialogy. In J. Prosser (ed.). Image-based research: A handbook for qualitative researchers (pp.24-59). London: Falmer.

Harper, D. (2002). Talking about pictures: a case for photo elicitation. Visual Studies, 171, 13-26.

Harrison, B. (2002). Photographic visions and narrative inquiry. Narrative Inquiry, 12 (1), 7-111.

Hethron, J. & Kaiser, S. (1999). Youth style: Articulating cultural anxiety. Visual Sociology, 14, 109-125.

Hockings, P. (1975). Principles of visual anthropology. The Hague/Paris: Mouton de Gruyter.

Howes, A. (2015). Becoming a science teacher in England: Images, metaphors and justice. In S. Miles & A. Howes (Eds.), Photography in educational research: Critical reflections from diverse contexts (pp. 95-109). New York: Routledge.

Larson, H. (1999). Voices of pacific youth: Video research as a tool for youth expression. Visual Sociology, 14, 163-172.

Kaplan, I. (2008). Being 'seen' being 'heard': engaging with students on the margins of education through participatory photography. In P. Thomson(Ed.), Doing visual research with children and young people (pp.175-191). New York: Routledge.

Kaplan, I. (2015). Teaching in the conflict zone: Indigenous mobile teacher trainers' photographs and narratives from the field, Karen State, Burma. In S. Miles & A. Howes (Eds.), Photography in educational research: Critical reflections from diverse contexts (pp. 153-167). New York: Routledge.

Kaplan, I. & Howes, A. (2004). 'Seeing through different eyes': exploring the value of participative research using images in schools. Cambridge Journal of Education, 34(2), 143-155.

Kingsley, J. (2009). Visual methodology in classroom inquiry: enhancing complementary qualitative research designs. The Alberta Journal of Educational Research, 55(4), 534-558.

Margolis, E. (1994). Images in struggle: Photographs of Colorado coal camps. Visual Socialogy, 9, 4-26.

Margolis, E. (2004). Looking at discipline, looking at labor: Photographic representations of Indian boarding schools, Visual Studies, 19, 72-96.

Martin, N., Garcia, A. C., & Leipert (2010). Photovoice and its potential use in nutrition and dietetic research. Canadian Journal of Dietetic Practice and Research, 71(2), 93-97.

Mamaniat, I. (2015). Listening to children in an english special school: Photo journals and the dilemmas of analysis. In S. Miles & A. Howes (Eds.), Photography in educational research: Critical reflections from diverse contexts (pp. 50-59). New York: Routledge.

Mead, M. & Bateson, G. (1942). Balinese character: a photographic analysis. New York: New York Academy of Sciences.

Mitchell, W. J. T. (1987). Iconology. Chicago: University of Chicago Press.

Miles, S. & Howes, A. (2015). Photography in educational research: Critical reflections from diverse contexts. New York: Routledge.

Miller, G., & Happell, B. (2006). Talking about hope: The use of participant photography. Issues in Mental Health Nursing, 27, 1051-1065.

Mizen, P. (2005). A little light work? Children's images of their labor, Visual Studies, 20, 124-158.

Moss, J. (2008). Keeping connected: the lives of young people with ongoing health conditions in Australia. In S. Miles & A. Howes (Eds.), Photography in educational research: Critical reflections from diverse contexts (pp. 196-207). New York: Routledge.

Page, E. R. (2001). Social change at bike week. Visual Sociology, 16, 7-35.

Pauwels, L. (1996). Managing impressions: On visually decoding the workplace as a symbolic environment. Visual Sociology, 11, 62-74.

Pauwels, L. (2008). A private visual practice going public? Social functions and sociological research opportunities of web-based family photography. Visual Studies, 23, 34-49.

Pauwels, L. (2011). An integrated conceptual framework for visual social resaerch. In E. Margolis & L. Pauwels, The sage handbook of visual research methods (pp. 3-23). London: Sage Publications.

Poudrier. J., & Mac-Lean, R. T. (2009). We've fallen through the cracks: Aboriginal women's experiences wit breast cancer through photovoice. Nursing Inquiry, 16(4), 306-317.

Prosser, J. (1998). Image-based research: A sourcebook for qualitative researchers. London: Falmer Press.

Prosser, J. (2007). Visual methods and the visual culture of schools, Visual Studies, 22, 13-30.

Prosser, J. & Schwartz, D. (1998). Photographs within the sociological research process. In J. Prosser (ed.). Image-based research: A handbook for qualitative researchers (pp.115-130). London: Falmer.

Rieger, J. H. (1996). Photographing social change, Visual Sociology, 11, 5-49.

Schwartz, D. (1989). Visual ethnography: Using photography in qualitative research, Qualitative Sociology, 12, 2.

Sontag, S. (1977). On photography. 이재원 역. (2013). 사진에 관해. 서울: 이후.

Suchar, C. (1988). Photographing the changing material culture of a gentrified community. Visual Sociology Review, 3, 17-22.

Thomson, P. (2008). Doing visual research with children and young people. New York: Routledge.

Trafi-Prats L. (2009). Destination Raval Sud: A Visual Ethnography on Pedagogy, Aesthetics, and the Spatial Experience of Growing Up Urban, Studies in Art Education, 51(1), 6-20.

Wang, C. & Burris, M. (1994). Empowerment through photo novella: Portraits of participation. Health Education Quarterly, 21(2), 171-186.

White, A., Bushin, N., Carpena-Mendez, F., & Laoire, C. N. (2010). Using visual methodologies to explore contemporary Irish childhoods. Qualitative Research, 10(2), 143-158.

Wolfenden, F. & Buckler, A. (2015). Teacher learning in Sudan: Building dialogue around teachers' practice through reflective photography. In S. Miles & A. Howes (Eds.), Photography in educational research: Critical reflections from diverse contexts (pp. 79-94). New York: Routledge.

Worth, S. & Adair, J. (1972). Through navajo eyes: an exploration in film communication and anthropology. Bloomington: Indiana University Press.

Write, T. (2001). Reflections on the looking glass var: Photography, espianage and the cold war. Visual

Sociology, 16, 75-88.

Zehle, J. (2015). Investigating life stories: The photovoices of young people with disabilities in Northern Ethiopia. In S. Miles & A. Howes (Eds.), Photography in educational research: Critical reflections from diverse contexts (pp. 21-35). New York: Routledge.

열다섯 가지 접근

15.

탈식민적 질적 연구

주재홍 | 진주교육대학교

서론

이 연구에서는 질적 연구의 새로운 지적 전통으로서 탈식민주의에 주목하고자 한다. 탈식민주의는 물리적 식민 지배가 끝난 이후에도 식민적 역사의 영향이 현재까지 계속적으로 남아 과거 피식민지 국가 사람들의 삶과 문화에 심대한 영향을 끼치고 있다는 문제의식을 가지고 있다(Gandhi, 1998; Nandy, 1983; Parry, 1995; Young, 2001). 이 때문에 탈식민주의는 우리에게 특정 사회와 지식들의 과거와 현재를 어떻게 바라볼 것인지에 대한 새로운 관점을 제공해 주고 있다. 탈식민주의 담론의 인식론적·방법론적 발전은 질적 연구에서 연구 대상과 연구 방법이 가진 자체의 성격에 대해 성찰과 해체의 과정을 고민하도록 한다. 특히 '연구(research)'는 역사적으로 유럽의 식민주의로부터 분리할 수 없는 연관성을 가지고 있다는 Smith(1999: 1)의 주장처럼, 질적 연구 또한 역사적으로 이러한 성격에서 자유롭지 못할 뿐 아니라 그와 공모해 왔다(Bourdieu, 2008; Coundouriotis, 1999; GOH, 2007; Vidich & Lyman, 2000). 따라서 탈식민주의는 서구의 문화적 제국주의의 영향과 이에 공모 혐의가 있는 질적 연구의 '현재적 상황'을 통찰하여 그 식민성을 성찰하고 해체하는 데 중요한 역할을 할 것으로 보인다.

이를 반영하듯 서구의 경우, Denzin, Lincoln과 Smith(2008)는 지역성, 비판성, 탈식민성을 강조하는 최근의 질적 연구의 흐름에 더해 현재는 탈식민주의적 방법론의 고민에 빠져 있다고 주장하고 있다. 이에 Lincoln과 Gonzalez(2005)는 언어에 포커스를 두면서, 이중언어 자료, 비서구적 전통, 복합적 관점, 복합적이고 이중적인 텍스트, 그리고 접근성과 관계된 기술적인 논쟁들을 중심으로 조직된 상호문화적 질적 자료의 해석과 글쓰기를 강조하고 있다. 이들은 이 다섯 가지의 중요한 자료들은 탈식민적이고 국지적인 연구 형태의 가능성을 제공한다고 주장한다.

반면, 우리나라의 경우에는 탈식민주의 이론을 질적 연구에 적용한 연구가 전무한 실정이다. 최근 지적 전통으로서 탈식민주의에 대한 학문적 관심은 활발하지만(안태환, 2014; 주재홍·김영천, 2014; 태혜숙, 2016; 허창수, 2011; 홍원표, 2013), 이를 질적 연구에 적극적으로 반영하여 탈식민주의 질적 연구가 무엇을 지향하며, 어디로 나아갈 것인지를 조망함으로써 질적 연구의 새로운 방향을 탐색하는 연구들이 전혀 없다는 점에서 이 연구의 필요성이 제기되는 것이다.

이러한 문제의식하에 이 연구의 목적은 탈식민주의 이론의 지적 패러다임을 질적 연구 방법에 적용한다면, 질적 연구는 어떻게 달라져야 하고, 어떠한 연구 영역과 연구 문제들이 새롭게 규명되어야 하는가를 보다 체계적으로 제시하는 것이다. 이러한 연구 목적을 달성하기 위해 본 연구에서는 크게 두 가지의 연구 문제를 설정했다. 첫째, 질적 연구 방법을 탐구하기 위한 탈식민주의의 목적과 지향점을 개략적으로 논의했다. 이를 위해 다양한 연구 문헌을 분석하여 탈식민주의 이론에 통찰력을 제공한 Fanon, 그리고 탈식민주의 비평을 이론의 수준으로 발전시켰다고 평가받는 Said와 Spivak의 주장을 중심으로 저항 담론으로서 탈식민주의 이론을 검토했다. 둘째, 탈식민주의의 목적과 지향점이 질적 연구 방법에 어떤 새로운 문제와 현상들을 제기하는지에 대해 논의했다. 이 연구는 탈식민주의 시대에 대안적인 질적 연구 방법을 새롭게 탐구함으로써 연구자의 시각과 관점을 전환하고, 실제로 연구가 진행되는 방식과 연구 결과를 해석하는 방식에도 큰 전환점을 제공하는 계기가 될 것이다.

탈식민주의의 목적과 지향점

여기에서는 다음 장에서 논의할 탈식민적 질적 연구의 영역과 문제를 규명하기 위해 탈식민주의의 목적과 지향점을 개략적으로 살펴본다. 탈식민주의는 그 계보와 정체성에 대한 논쟁과 이론의 다양성으로 인해 격렬한 논쟁이 있다는 점에서(Moore-Gilbert, 1997; McClintock, 1992; Shohat, 1992) 그 이론을 모두 소개하는 것은 다소 어려운 문제이다. 따라서 이 연구에서는 탈식민주의가 서구의 역사와 문화적 헤게모니에 대항한다는 점에서 탈식민주의 이론가들의 논의를 바탕으로 탈식민주의의 목적과 지향점을 전반적으로 검토한다. 이러한 분석은 질적 연구의 새로운 방법론적/이론적 개념화를 위한 중요한 아이디어로 활용될 수 있다.

탈식민주의는 기본적으로 과거 식민 시대이든 현재의 탈식민 시대이든 식민주의 현상을 분석하고 비판하는 이론이다. '탈식민'이란 지구상에 존재한 모든 형식의 식민주의가 시작한 시점 이후의 억압, 영향, 흔적 등을 포착하여 식민주의의 부정적 유산을 청산하고 극복하려는 담론적 실천이다. Slemon(1989: 6)에 따르면, 탈식민주의라는 개념은 과거 식민지 국가의 독립 이후를 지칭하는 역사적 시기로 해석하지 말고 어떤 구체적인 반식민 혹은 탈식민 투쟁을 수행한 담론적 실천으로 규정할 때 가장 유용해진다. 담론적 투쟁으로서의 탈식민주의는 식민 권력이 타자의 육체와 공간에 스스로를 각인한 바로 그 순간부터 시작되었으며, 탈식민주의의 전통은 신식민주의적 국제 관계가 펼쳐지는 현대 무대에서도 여전히 때로는 은밀하게 계속되고 있다. 그렇기 때문에 탈식민주의는 역사적·정치적인 과거 식민주의뿐만 아니라 오늘날에도 여전히 존재하는 제국주의적 권력의 정치적, 경제적, 문화적, 상징적, 정신적 억압에 저항하고 그것을 극복하고자 하는 역사의식의 현재성을 담아내고 있다(김상률, 2006: 14).

이러한 관점에서 탈식민주의를 관통하는 일관된 문제의식은 세계에 대한 유럽·백인들의 식민 지배를 정당화해 주던 인식 체계가 남아 있는 한 식민주의는 아직 끝나지 않았다는 데 있다(홍원표, 2013: 49). 제2차 세계대전을 분기점으로 서구 식민 지배를 받았던 아프리카와 아시아에서 상당수의 독립국가가 출현했다. 하지만, 그 '독립국가'들이 완전히 서구의 지배를 벗어나 '진정한 탈식민화'를 이루는 것은 그렇게 쉬운 문제가 아니다. 왜냐하면 식민주의의 문제는 영토의 물리적 정복뿐만 아니라 마음, 자아, 문화의 정복과도 밀접한 관련이 있어서 매우 교활하기 때문이다. 식민주의는 사물을 바라보는 특정 방식, 즉 세상과 그 속에서 살고 있는 사람의 위치를 이해하는 특정한 양식을 일러 준다. 식민주의는 식민 지배자가 피식민 지배자를 지배하는 것이 옳고 적절한 반면, 피식민 지배자가 스스로 자신들의 '열등한 지위'를 의심 없이 받아들이게 함으로써 그들의 의식을 식민화한다. "눈에 보이는 자유의 장치들과 은폐되어 있는 부자유의 지속으로 특징지어지는 역사적 조건"으로 인해 "민족 독립이 비록 화장으로 겉치레를 했다 할지라도 식민 점령이 경제적, 문화적 및 정치적으로 가한 근본적인 손상을 숨길 수는 없다"(Gandhi, 1998: 9). 그래서 "지속적인, 실로 기괴하게 불공정한 결과들을 갖는 운명"에 마주하게 되는 것이다(Said, 1989: 207).

식민주의의 작동 메커니즘과 식민주의가 식민 지배를 받은 사람들에게 끼친 심리적 영향에 대한 Fanon(1967, 1968)의 분석은 이에 대한 적절한 설명을 제공한다. 그에 따르면, 피식민지인은 식민 지배자의 권력자에 의해 자신을 욕망과 필요를 지닌 인간 주체가 아니라 객체로 정의된다. 즉, 자신을 열등하며 인간 이하의 존재로 동일시하는 집단 마음대로 좌우되며, 그 집단이 내린 정의와 재현에 좌우되는 특이한 존재로 보게 되는 것이다(주재홍, 2008). Fanon이 보기에 이러한 이분법적 인식론은 사회적 구성물인데도 대부분의 식민지 원주민은 그것을 초월적 운명이나 객관적 진리로 받아들인다는 것이다. Fanon은 그러한 식민화의 원인을 물질적 조건에서 찾는다. "식민지 상황의 특수성은 경제적 현실과 불평등, 그리고 생활양식의 엄청난 차이가 반드시 인간으로서의 실존적 현실로 드러난다는 데 있다"(Fanon, 1968: 40). 서구가 주장하는 인종의 우등과 열등은 사실이 아니라 꾸며낸 이야기이며, 불평등한 권력관계로 인해 그 백색신화의 객관적 진리로 둔갑하게 된 것이다.

Fanon은 "니그로의 자기분열은 식민주의 예속의 직접적 결과이다. 우리에게 중요한 것은 현실을 이해하는 것이 아니라 현실을 변화시키는 것"이라고 주장한다(Fanon, 1967: 17). 즉, "흑인의 소외를 효과적으로 극복하기 위해서는 사회경제적 현실에 대한 일차적 인식이 전제되어야 한다는 사실이다"(Fanon, 1967: 10). 파농이 식민사회에 대한 분석에서 거듭 강조하는 것은 식민지 원주민의 열등의식, 의존 콤플렉스, 식민적 친연성과 같은 개념들은 전적으로 보편적 현상이 아니라 사회적·문화적으로 구성된 신화라는 것이다. "나의 흑인 환자가 백인이 되려는 강박관념에 사로잡혀 있다면, 그 원인은 그가 살아가는 사회가 그의 열등의식을 조장하기 때문이다. 그 사회는 이러한 콤플렉스를 영속화하고 특정 인종의 우월성을 주장함으로써 스스로를 공고하게 한다"(Fanon, 1967: 108). Fanon은 흑인의 열등의식이라는 무의식을 '역사화'함으로써 흑인이 거기에서 벗어나도록 한다. 그것은 흑인에게 부과된 백색신화의 최면에서 깨어나도록 도와주는 일이다. Fanon이 비록 탈식민주의라는 용어를 사용하지 않았지만, 그의 이러한 통찰은 식민 지배로부터 벗어나기라는 탈식민주의 이론의 근본적인 문제의식에 결정적이고 중요한 영향을 끼쳤다고 볼 수 있다.

유럽중심주의에 대한 도덕적 비판, 과거 식민주의에 대한 기억과 성찰로 무장한 Fanon의 탈식민주의 비평은 Said(1978)에 의해 탈식민주의가 서구제국주의 문화를 역사적, 정치적, 문화적 관점에서 비판적으로 재해석하는 저항 이론으로 더욱 발전되었다. 그는 『Orientalism』에서 서양이 동양을 어떻게 이질적인 타자로 배제하고 타자를 억압해 왔는지 계보학적으로 추적하여 서구 문화와 제국주의의 연관성을 밝혔다. 그 결과, 그는 서구의 모든 문화 기술체계가 권력의 정치성, 동기, 입장, 전략에 깊이 오염되어 있다고 주장했다. 서구의 재현과 지식의 관계 및 서구의 물질적, 정치적 권력의 관계를 집요하게 파고든 Said의 작업은 탈식민주의라는 새로운 연구 분야를 형성한 원동력이라고 할 수 있다(Moore-Gilbert, 2001: 109-110).

지식을 권력의 측면에서 바라보았던 Foucault의 분석틀에 근거하여 Said는 오리엔탈리즘은 실제의 동양을 서양의 필요와 이해관계에 따라 자의적으로 재현하기 때문에 실제 동양과 재현된 동양 사이에는 명백한 괴리가 발생한다는 것이다. 따라서 오리엔탈리즘에서의 동양은 지리적으로 실존하는 '장소(place)'라기보다는 문화적으로 구성된 '주제(topos)'로서, 서양에 의해 그리고 서양을 위해 의미와 가치가 부여된 일련의 개념·속성·인용·기호·이미지·텍스트 또는 이 모든 것의 혼합물이다. 이러한 담론적 구성물로서의 동양은 상상적이고 자의적이며 환유적인 재현체계 속에서 끊임없이 자기재생산을 하게 된다. 동양에 관한 모든 해석이 아무리 실증적이고 객관적이어도 결국 재해석이고 재구성이라는 것이다(Said, 1978: 158, 177).

Said는 궁극적으로 서양에서의 동양에 대한 지식이 형성되는 과정에 관한 분석을 통해서 단순히 서양의 동양에 대한 지식이 왜곡되어 있다는 사실 자체를 비판하고 있는 것이 아니라, 서양의 정체성이 동양을 타자(the other)로 규정하는 방식에 의해 이루어진 지식체계임을 보여 준다. 그의 기본 과제는 여태껏 보편과 객관의 구현으로 행세해 온 인간·이성·계몽·진보·역사 같은 서구 근대성의 담론이 인종주의·식민주의·제국주의 등의 정치 이데올로기와 얼마나 밀접한 공모관계를 형성해 왔는지를 폭로하는 것이다(이경원, 2011: 345). 이와 같이 Said는 서양에서의 전통적인 동양에 관한 지식 분야에 담겨 있는 정치적·이데올로기적 동기를 드러내 밝힘으로써 서양의 식민주의적 지식체계를 비판할 수 있는 새로운 인식 틀을 제시했다는 점에서 중요한 가치를 지닌다. 따라서 우리는 동양을 포함한 비서구가 획득되고 알려지는 방식에 대해 무언가를 의문시하고 재고해야 한다. 다음의 인용은 이에 대한 적절한 설명을 제공한다.

> 텍스트를 해체하기, 그 생산과정 조사하기, 그것을 구조화하는 제국주의 신화를 확인하기, 그것이 기대고 있는 대립항들이 어떻게 역사 속에서 주어진 시기의 정치적 필요에서 발생하는지 보여 주기는 우리 세계에서 텍스트를 새롭게 소생시켰다(Pathak et al., 1991: 195).

Fanon과 Said는 제국이 상상력을 식민지화한다는 솔직하고도 복잡한 사실을 보여 주었다. Fanon은 이것이 심리적 차원에서 억압당하는 피식민지인에게 어떻게 작용하는지를 보여 주는 반면에, Said는 압제자인 식민 지배자가 제국을 어떻게 정당화하는지 그 방식을 입증해 보였다(주재홍, 2008: 331). 그렇다면 식민주의를 전복시킨다는 것은 단지 영토를 빼앗긴 민족에게 그것을 되돌려주는 것, 즉 제국에 의해 한때 지배받았던 사람들에게 권력을 되돌려주는 행위에 관한 것만은 아니다. 그것은 세상을 바라보는 지배적인 방식을 전복시키고, 식민주의자의 가치관을 복제하지 않는 방식으로 현실을 재현하는 과정이다(박종성 외 편역, 2003: 43).

이러한 관점에서 탈식민주의의 목적과 지향점은 보다 분명해진다. 탈식민주의는 식민주의의 비판과 극복을 위한 담론적 실천으로서 서구 식민주의의 유산을 청산하여 '정신의 탈식민화'(Ngugi, 1986)를 지향한다. 많은 탈식민주의 이론가들은 저항 전략으로 제국의 담론을 '되받아치는 행위'로서 '다시 읽기'와 '다시 쓰기'를 강조한다(Achebe, 1994; Ashcroft et al., 1989; Tiffin, 1987; Said, 1994). 우선, 이들은 주로 '유럽적 담론과 전략을 우월한 지위에서 심문하는 것이 탈식민 문학의 기획'이라는 Tiffin(1987: 95-98)의 주장처럼, 제국주의의 권위와 우월성을 담은 텍스트에 대항하기 위해 텍스트를 다시 써서 과거의 것을 해체시키고 다시 읽고 재구성함으로써 지배자/서구의 텍스트를 비판하고 동시에 피지배자와 제3세계의 목소리를 복원하는 것을 목적으로 한다.

Ashcroft 등(1989)은 제국주의 시대에 교양의 전범으로 자리 잡은 영문학(English Studies)의 정전 텍스트를 패러디하고 해체하는 '되받아 쓰는' 탈식민주의 글쓰기를 통해 저항의 가능성을 제시하고 있다. Achebe(1994)는 '되받아 쓰기'를 가능케 하는 방법으로 '전유'라는 방식을 제안한다. 중심부 언어를 전유하고 재구성하는 것은 그 언어를 포획하여 새로운 용도로 전환하고 식민주의적 특권의 장으로부터 분리시키는 작업이다. 지워 버리고 싶은 식민주의의 흔적들은 우리의 일상적 의식구조와 언어행위 속에 너무나 깊이 침투해 있기 때문에 전유는 탈식민주의 전략으로 적절하나(이경원, 2002: 81).

또한 Said(1994)는 문화 및 문학 읽기 방법으로서 '대위법적 읽기'를 제안하고 있다. 이는 다양한 주제들이 서로 겨루게 될 때, 어떤 개별 주제에도 차별 없이 잠정적인 특권이 부여됨으로써 제국주의에 의해 연결되어 있는 서양의 경험과 비서양의 경험을 아우르는 새로운 통합적인 조화나 질서를 지향하고자 하는 것이다. Slemon(1992)은 반언술행위(counter-discourse)를 제안하는데 이는 제국주의, 식민주의의 지배 서사를 통한 문화재생산을 막기 위해 탈식민주의가 제기하는 방식의 하나이다. 그는 제국주의의 문화적 지배에서 담론이 갖는 헤게모니의 중요성을 지적하면서 이러한 헤게모니에 대한 저항의 가능성으로 반언술행위를 제안한다. 그는 탈식민 문화의 반언술행위가 제국주의적 동질화에 도전하고, 그것을 전복할 수 있다고 주장한다(고정갑희, 2011: 176에서 재인용).

한편, Spivak(1988)은 Said의 묘사처럼 피식민 집단이 동질화될 수 없다는 점을 강조하고 있다. 즉 억압적 경험에도 계급이나 성별에 따라 다양한 편차가 존재할 수 있고, 따라서 동양 혹은 아시아 등과 같은 개념이 하나의 안정적인 범주로 동질화될 수 없다는 것이다(홍원표, 2010: 53). 그녀는 여성들을 '주권적 주체'가 아니라 담론에 의해 구축되는 것으로 제시함으로써 재현의 체계를 문제시하고 있다. Spivak은 하위 계층 연구를 통해 여성의 목소리가 쉽사리 복원되고 역사 속에서 회복될 수 있는지 그 정도의 문제를 논의로 끌어들임으로써 '종속 계급' 또는 더 일반적으로 '열등한 계층'이 마침내 엘리트주의적 역사 서술의 배타적인 지면 내에서 말하게 하고, 그렇게 함으로써 진실로 억압된 자들을 대변하거나 침묵해야만 했던 그들의 목소리를 내게 하려는 시도를 했다.

> 식민주의는 지리적이고 시간적인 실체에서부터 심리적 범주에 이르기까지 근대 서구의
> 개념을 보편화하는 데 기여한다. 서구는 이제 어디에나, 서구의 안과 밖에, 구조들 속
> 에 그리고 마음속에 있다(Nandy, 1983: xi).

탈식민주의는 식민성에 대한 이러한 인식을 바탕으로 아프리카, 라틴아메리카, 아시아 등에서 이제껏 억눌린 채 철저히 침묵을 강요당해 온 과거의 식민 국가들에서 비서구의 문화적 가치와 차이를 체계적으로 부정하거나 폐기하려고 한 서구의 식민주의의 잔재를 청산함으로써 자신들의 목소리와 무시당해 온 고유의 문화를 되찾기 위해 펼치고 있는 지적, 실천적 노력이다. 서구중심적 체제에서 사회경제적 착취와 문화연구의 대상으로 전락한 비서구 타자들의 세계 인식과 해방의 전략을 탐구한다.

탈식민주의와 질적 연구 방법

여기에서는 앞에서 살펴본 탈식민주의의 목적과 지향점을 질적 연구 방법에 적용한다면 어떤 새로운 문제와 현상들이 제기될 수 있는지를 살펴본다. 앞에서 소개한 네 학자들의 탈식민주의 이론들은 인간과 사회 현상을 연구하는 질적 연구자들에게 이론적 측면에서 그리고 연구 실제적 측면에서 다양한 시사점을 줄 수 있다. 탈식민주의는 질적 연구의 모든 과정과 절차들(질적 자료, 대화를 기초로 하여 이루어지는 면담, 현상을 바라보는 방법, 연구 경험에 대한 표현, 연구 경험을 글로 쓰기, 연구자의 개인적/사회적 위치 등)에 대해 우리 연구자들에게 새로운 방식으로 생각하고 연구를 실천하도록 요구한다. 이를 위해 서구에서 이미 이루어진 연구들에 대한 분석들과 저자들의 이해에 근거하여 질적 연구 방법에서 이루어지고 있는 그리고 이루어져야 하는 질적 연구의 방법적 개념이나 주제를 규명하여 다음 네 가지로 제시한다: (1) 비서구적/국지적 연구 주제의 탐색, (2) 토착적인 지식의 이론화, (3) 탈서구적인 방법적 지식의 규명, (4) 서구의 질적 연구 타당도 범주의 재영토화.

1. 비서구적/국지적 연구 주제의 탐색

탈식민주의가 질적 연구에 주는 첫 번째 방법적 개념은 '비서구적/국지적 연구 주제의 탐색'이다. 이는 질적 연구가 식민 권력에 의해 침묵과 억압을 강요당해 온 전 세계의 지역,

국가, 인종과 민족들의 '탈식민 현장'에 기반한 자신들의 과거와 현재에 대한 경험을 연구 주제로 하여 이야기를 쓰고 재현하는 것을 말한다. 이는 질적 연구의 대상이 '세상에 관해 부르는 노랫소리'(van Manen, 1990: 13)를 찾아낼 수 있게 해 줌으로써, 감성이나 느낌 (Krathwohl, 2009: 237)의 실상 또는 고유한 경험의 실재를 알 수 있게 해 준다는 그 아이디어와 관계있다. 우리는 여전히 서구중심적 틀에 의해 재현되고 우리의 목소리를 내지 못한 채, 지배자 서구의 문화적 형식을 이용하고 있다는 탈식민주의의 문제의식은 질적 연구자들로 하여금 지배자 서구의 이야기가 아닌 탈서구화된 새로운 '우리들의 현장 이야기'를 연구 주제로 하여 기록하고 재현하는 데 초점을 맞추도록 요구한다.

　질적 연구는 식민주의가 팽배한 1900년대 전후 타국의 문화를 이해하기 위한 연구 방법론으로 문화기술지를 사용하면서 시작되었다(Denzin & Lincoln, 2005). 이때 질적 연구는 식민지를 건설한 제국들의 필요에 의해 '원주민'의 문화를 검토하고, 지배자들의 '문화적 진보'에 영향을 미치는 삶의 조건들을 관리하는 데 커다란 공헌을 했다(Vidich & Lyman, 2000: 42). 또한 제2차 세계대전 이후에도 근대/식민지의 세계체제는 근대적 인식론의 잣대로써 비서구가 지닌 가치들을 볼품없고 쓸모없는 것으로 하층민화해 왔다. 그 결과, 서구에서 개념화한 질적 연구 방법의 지적 정보들을 '보편적 지식'으로 간주해 왔다. 이러한 현상을 권력의 식민성 개념으로 설명하는 Quijano(2000: 215)는 유럽중심적 지식의 관점에서는 라틴아메리카의 고유성과 특수성이 파악되지 않을 뿐만 아니라, 라틴아메리카인들이 자신들의 경험을 정확히 이해하는 것 또한 어렵게 만들고 있다고 비판하고 있다. 그래서 Escobar(1992: 401)는 인류학계에서 민족지적 글쓰기에 대한 성찰을 촉구한 「Writing Culture」(1986)가 인류학적 실천에 대한 공헌을 인정하면서도 분석이 텍스트와 담론적 차원에서만 이루어지고 실질적인 행위자의 현실정치를 간과할 위험성을 지적했다. 즉 저자와 연구 참여자 또는 연구 대상 문화 간 지위와 권력의 수직적 관계에 대한 성찰은 의미 있지만, 실제로 그 연구 참여자가 살아가며 직면하고 있는 '현실 세계'에 대한 충분한 분석과 성찰이 없었다는 것이다. 그는 연구 참여자들이 살아가고 있는 고유의 탈식민적 현실에 대한 고민이 없었다는 점을 지적한 것이다. 인류학이 현장 연구를 수행함에도 불구하고 그것을 포착하고 분석해 내지 못했다는 점을 비판했다(Escobar, 1992: 305).

　따라서 탈식민적 질적 연구는 서구중심의 거대 담론에 의해 재현되지 못하고, 목소리가 침묵당한 채 의미를 박탈당해 온 식민화된 자신들의 세계의 지역적 · 토착적 · 국지적 '현장 이야기'들로 연구의 주제를 다양하게 확장할 필요가 있다. 이것은 Walsh(2001)가 학제 간 연구로 다양한 현장의 목소리와 운동을 포착해야 함을 주장하는 것과 같은 맥락으로 이해할 수 있다. 라캉적 의미의 상상계가 아닌 문화가 세계를 지각하고 이해하는 모든 방식을 상상계로 보는 Mignolo(2012)에 따르면, 모든 인간 문화는 자신만의 독특한 상상계를 가지고 있기 때문이다.

탈식민주의 질적 연구는 지역적·토착적·국지적 탈식민 현장에 대해 자신의 기록과 해석을 실행할 필요가 있다. 기본적으로 질적 연구가 인간이 그들을 둘러싼 세상과 자신의 경험에 대해 어떻게 의미를 구성하고 어떻게 이해하는지에 주목한다는 점에서 탈식민주의 시대에 질적 연구는 타자가 아닌 '자신의 세계'를 연구의 일차적인 주제로 삼아야 하는 것이다. 선진 학문의 도구(개념, 언어체계)를 수입할지라도 그 과정에서 자기 지역의 인식적 모태와 결합하지 않으면 창의적이고 주체적인 지식생산의 경험으로 보유될 수 없다(윤혜린, 2010: 7). 실제로, 사회학의 경우 제3세계 국가에서 토착화를 계기로 발전했다고 보는데, 핵심은 민족적-문화적 전통에 대한 강조와 외부, 특히 서구의 용어법과 방법에 대한 반대에 있었다. 그러한 독특한 경향들 안에서 외국의 이론, 방법, 연구 주제들이 거부되었다(Robertson, 1992).

탈식민주의의 문제의식과 핵심개념이 주는 통찰력과 사유를 바탕으로 해서 질적 연구가 서구중심주의적 지식생산의 한계를 극복할 수 있는 보다 적극적인 시도를 하려면 지역의 '토착적인 현장'에서 단초를 찾아내어 다양한 사회문화적 개발의 상상력을 벼리는 계기가 필요하다. 예컨대 Mintz(1985)는 「Sweetness and Power」에서 푸에리토리코의 농민이라는 주체, 나아가 그가 몸담고 있는 사회문화가 서구의 학문 구조와 개념에 맞지 않는다는 점을 지적하면서 현장의 연구 대상인 사람들의 역사적 경험과 그들이 살고 있는 지역적·국가적·초국가적 맥락에 주목하고 있다. 김영천(1997)이 「네 학교 이야기」에서 우리나라의 네 학교 '현장'을 바탕으로 우리나라 초등교육의 현상과 실제를 기술하는 것이나 Thaman(2003)이 서구의 지식에 도전하기 위해 그동안 가치 없고 억압되어 왔던 오세아니아 지역의 토착적 관점, 지식, 정신에 주목하는 것도 같은 맥락이다. Du Fangqin(2007) 역시 여성학이 서구에서 들어온 학문이지만, 서구의 것을 그대로 옮겨 오는 것이 아니라 '자신의 본토'에 바탕을 둘 때, 세계 지식 경험의 보고를 풍부히 할 수 있다는 견해를 밝혔다.

질적 연구 방법에서 탈식민 현장의 토착적 경험과 이야기에 대한 기록과 재현은 서구의 식민권력이 구축해 놓은 역사적 기록과 왜곡, 그리고 흔적을 찾아낼 수 있는 가능성을 제공할 것이다. 이 기록과 재현을 통해 식민 지배자가 재현하고 구축해 놓은 Said가 말한 동양과 Spivak이 말한 다양한 하위주체들의 텍스트를 조사하고, 이를 다시 쓸 수 있을 것이다. 자기 스토리를 말하는 것이 정치적 행위주체를 만드는 전제이고 공적인 공간에서의 유의미한 말하기가 정치적인 것이라면, 정치적으로 종속적인 지위에 있는 하위주체는 말할 수 없는 위치에 있고 발화의 권리를 박탈당한 자를 말한다. 하위주체가 종속적인 위치에서 벗어나 정치적 주체가 되기 위해서는 자기 스토리를 자기 언어로 말할 수 있어야 한다(김애령, 2012: 42).

2. 토착적인 지식의 이론화

탈식민주의가 질적 연구에 주는 두 번째 방법적 개념은 '토착적인 지식의 이론화'이다. 이것은 서구의 이론이 아닌 자국의 지식으로부터 새로운 이론을 도출하는 것으로 토착성에 기반하여 질적 연구의 방법적 지식들을 개념화하는 것을 말한다. 더 구체적으로 말하면, 기존의 서구중심 질적 연구 방법의 개념들에 의해 차단되고 침묵을 강요당해 왔던 '주변화된 지식을 재발견'(Ghadhi, 1998: 41)하기 위해, 토착적인 언어와 개념, 방법론, 그리고 이론을 탐색하는 것을 말한다. 이는 기존의 질적 연구가 비판적인 기조를 갖고 있더라도 중심의 발화의 근원지, 즉 영미 제도권 학계에서 표명되었다는 한계가 있고, 서구의 단일한 인식론적 공간(자본주의적 근대성의 내부)에서 생성되었다는 한계가 있다(Restrepo & Escobar, 2005: 100)는 관점과 관련된 주제이다.

세계화가 서구화와 미국화의 완곡어법에 불과한 현 상황에서 많은 비서구의 국가들은 '서구의 지식'을 욕망하고, 서구의 연구 문제, 개념, 관점, 서구의 범주에서 벗어나지 못하고 있다. 이에 대해 Scheurich(1996: 64)는 다음과 같이 지적하고 있다.

> 서양 지식 프로젝트―전통적 연구와 탈실증주의적 연구 경향을 포함한―의 심장부에 연구(research)가 있다. 연구의 목적은 세계(타자)를 규명하고, 그 세계를 하나의 이론(타자를 동일자 내에 다시/구성하고, 다시/형성하는)을 통해 조직하고, 타자에 대한 동일자의 승리를 소통하는 문서를 생산하는 것이다.

서구의 지식으로 기존의 인류학은 보편적이고 단일한 '진정한 인류학(real anthropology)'으로서 그 외의 모든 인류학은 이 '진정한' 인류학을 준거로 개념화되어야 했다. 그러나 '세계 인류학들(world anthropologies)'을 인정하면, 상이한 인류학자들의 공동체가 직면하고 있는 모순적인 역사적·사회적·문화적·정치적 현실이 포괄되어 더욱더 풍부하고 다원화된 인류학이 탄생할 수 있다는 것이다(조경진, 2014: 100). 이에 대해 Mignolo(2012)는 유럽인들의 사유체계, 특히 이성, 합리성, 과학, 객관성 등의 개념을 수용한 지역들을 '지식의 식민지'라고 일컫는다. 이로 인해 과거에는 성찰의 도구가 되었던 토착적인 개념들이 이제는 더 이상 성찰의 도구로서의 의미를 잃어 버리고, 학문적 연구의 대상이 되어 버리는 일이 일어났다(강동조, 2015: 41).

이러한 관점에서 탈식민주의 질적 연구는 연구의 과정과 결과에서 보편적 지식이나 진리라고 간주했던 서구의 지식체계를 하나의 지배 이데올로기로 간주하고 해체하여 비합법적이거나 자격 취득이 안 된 혹은 예속되어 있는 광범위한 토착적 지식을 탐구하고 개념화하도록 요청한다. 혼종화된 토착 지식은 권력과 중심의 편견에 의해 왜곡되지 않은 독특하고 중요한 관점을 제공해 줄 수 있다(Briggs et al., 2004: 661). 이에 대해 라틴아메리카 학자들은 '다른 인류학들'(Restrepo & Escobar, 2005), '전문분야 없는 이론 만들기'(Escobar, 2007), '남부의 인식론들'(Santos, 2011), '대안적 지식화'(Escobar, 2009) 등의 용어를 통해 인류학의 탈식민화를 주장하고 있다. 기존의 인류학은 폐쇄적이고 근대적이며 식민적이기 때문에 라틴아메리카에서 일어나고 있는 사회변혁의 흐름을 읽어 내는 데 실패했다고 판단한 듯하다(Escobar, 2007). 이는 Geertz(1983)가 사용한 용어로 인류학자들이 흔히 표상하는 데 어려움을 겪는 원주민 고유의 독특한 지식과 같은 것을 의미한다. 질적 연구자들이 구축하는 이론화나 보편 법칙은 연구 참여자들의 '현장'을 바탕으로, 그들의 특정한 장소, 시간, 상황을 반영하고 그 맥락에 고유한 의미를 가진다는 점에서 국지적 지식이라고 할 수 있다. 그런 점에서 맥락적 지식이라고도 할 수 있다.

이론은 세계를 보는 창(窓)이다. 그런 창의 변혁은 지역과 세계를 새롭게 바라보게 하고, 개인적인 것을 정치적인 것과 연결시킴으로써 삶의 더 나은 조건을 형성하도록 돕는다(배은주, 2008: 11). 따라서 탈식민주의 질적 연구는 식민주의 역사에서 삭제된 피식민 주체인 '나'를 복원하기 위해 지역적, 토착적 지식을 생성하고 개념화하여 상실된 과거의 문화적 지식을 회복하고, 과거와 단절된 현재의 연결고리를 회복해야 한다. 예컨대, Jun Xing과 Pak-sheung Ng(2015)은 동아시아, 서아시아와 동남아시아의 6개 지역의 문화와 전통의 심도 있는 사례연구를 보여 준 후에, 국제적 경향과 아시아 사회의 무한한 다양성으로부터 독특한 현지의 지역적 특성 모두를 반영하여 토착적 지식과 지역문화에 대한 교수 학습의 다양한 교육적 전략을 검토하고 있다. Oluwele(2005)는 아프리카 대륙의 많은 사회에서 여성의 본질화를 비판하면서, 더 나아가 아프리카 대륙의 많은 사회에서 창조적인 문화예술가로서의 영성의 행위성을 역설하면서, 아프리카 여성에 대한 서구적 표상, 즉 소심하고 수동적이고 가족 지향적이며, 가장 나쁜 유형의 남성 우월주의의 희생자 안에서 드러나는 아프리카 여성의 본질화를 비판하고 있다. 또한 Santoro와 그 동료들(2011)이 호주의 전현직 원주민 교사들 50명을 대상으로 한 질적 사례연구에서 그들의 전문적인 경험을 토착적 지식으로 개념화하고 있는 사례나 Bristol(2012)이 그 역사성과 억압적이며 동시에 체제 전복적인 이중성 때문에 비판적 페다고지와는 다른 아프로-캐러 비안의 초등학교 교사 경험으로부터 플랜테이션 페다고지를 개념화하고 있는 것도 탈식 민주의 질적 연구의 이론화의 적절한 예라고 할 수 있다.

　탈식민주의 질적 연구에서 토착적인 지식의 이론화는 우리의 현실에서 동떨어진 소망충 족적 행위가 아니다. 그것은 현실에 개입하면서도 현실에 함몰되지 않으려는 이중의 기획 이다. 이러한 작업은 Mignolo(2012)가 학술행위라는 것을 현존하는 지적 성과를 기초로 해서 그 외연을 확장시키는 것으로, 나아가 지식의 영역 바깥에 놓였던 것들을 이론화를 통해 새로운 지식으로 포섭하는 과정으로 이해할 수 있다. Negugi(1997: xiv)는 "아프리 카를 서구의 눈으로 보는 습관을 극복하는 것은 아프리카어의 주변성을 극복함으로써만 가능하다"는 희망 섞인 믿음과 같은 맥락이라고 할 수 있다. 우리가 왜 피식민 주체의 '토 착성'에 기반하여 언어, 개념, 방법론, 이론 등의 지식을 규명해야 되는지에 대해 Denzin 과 Lincoln(2005: 384)에 따르면, "질적 연구를 더욱 인간적이고, 총체적이고, 인간 존재 의 삶에 적절한 것으로 만든다." 토착 지식에 기반한 새로운 질적 연구의 인식틀은 서구중 심주의적 지식생산의 한계를 극복할 수 있을 뿐만 아니라, 개별 국가나 지역을 넘어서 지 구적으로 소통될 수 있는 잠재력을 갖게 될 것이다.

3. 탈서구적인 방법적 지식의 규명

탈식민주의가 질적 연구에 주는 세 번째 방법적 개념은 '탈서구적인 방법적 지식의 규명' 이다. 이것은 서구적 질적 연구 방법의 메타내러티브를 거부함과 동시에 탈서구적, 동양 적 새로운 방법적 지식을 규명하는 것을 말한다. 즉, 우리가 기존에 자료 수집, 현장작업. 자료 분석 및 표현 등의 질적 연구 방법들에 대해 과학적이고 합리적이라고 간주하며 활 용했던 기존의 서구적인 방법적 지식들의 수용을 거부하고, 비서구적, 국지적 요건에 맞는 연구의 방법들과 지식들을 개척하는 것이다. 이는 질적 연구가 인간 경험이 가지고 있는 고유성과 그 다면성이 세계와 타자들과의 관계에 대한 해석이자 이미 상징적 의미화의 결 과이고(김병욱, 2014: 60), 연구 참여자의 '생생한' 목소리와 언어를 있는 그대로 그리고 '생생한' 사회적 맥락(Mason, 2010: 20-21)을 묘사해 낸다는 주장과 관련된 것이다. 이 탈서구적인 방법적 지식의 규명은 연구자가 무의식적으로 활용하고 있는 서구적 방법과 지식이 연구 세계를 관찰하고, 의미를 부여하고, 행위를 해석하고, 참여자와 대화하는 방 식에 구체적으로 끼친 서구의 영향을 제거하고, 연구의 실재를 보다 탈식민적, 탈서구적으로 표현할 수 있도록 할 것이다.

질적 연구는 포스트모더니즘, 후기구조조의 등의 지적 전통과 맞물려 1980년 중반부터 방법론적으로 '재현의 문제'에 직면하게 되었다. 이를 극복하기 위한 다양한 표현방식으로 van Maanen(1988)은 여러 가지 방식의 글쓰기를 시도하고 있으며, Clifford와 Marcus(1986)는 문학적 글쓰기, Denzin(2003)은 새로운 표현 방식으로 연행(performance)에 주목하고 있다. 최근에는 정치적 이슈에 관심을 가진 많은 연구자들이억압적 권력관계를 노출시키고 전복하기 위한 수단으로 질적 연구 방법을 채택해 왔다(Leavy, 2008). 이러한 관점에서 서구의 식민 권력이 여전한 탈식민주의 시대에 질적 연구는 연구 결과의 도출에 영향을 끼쳤을지도 모르는 '텍스트'의 서구성 또는 식민성을 문제시해야 한다. 왜냐하면 연구자가 텍스트로 구성한 것은 자신의 특수한 사회적 실천인 동시에 사회적 앎의 모습이기 때문이다.

따라서 탈식민주의 질적 연구는 질적 연구물에 나타나는 경험 내용의 액면적 진실성과해석의 타당성을 확보하기 위해서 방법론적으로 탈서구적이고 국지적인 현장작업과 자료분석, 그리고 표현 등의 새로운 기법을 개발할 필요가 있다. 이러한 기법을 통해 연구자가 연구 세계를 관찰하고, 의미를 부여하고, 행위를 해석하고, 참여자와 적절하게 대화한다면, 현장작업을 보다 다층적이고, 심층적으로 이해시킬 뿐만 아니라 억압된 국지적, 토착적 '현실에 대한 이해를 상황적으로 가능'하게 하여 지역사회와 세계를 새롭게 바라보도록 할 것이다(Alexander, 2005). 이는 질적 연구가 다중적이고 모호한 방법론적 어려움과 해석상의 어려움을 다루는 일로서(Denzin & Lincoln, 2005), 한 자료가 여러 시각과입장에 달리 해석될 수 있을 뿐 아니라 의미의 여러 층위에서 발생하는 모호함과 불일치의문제 또한 상상적·해석적 기술을 중시하는 것이다. 즉, 탈식민주의는 최근의 질적 연구방법론이 의미가 이루어지는 맥락과 상황적 생성을 중시하는 경향을 고려하되, 동양적,지역적, 토착적, 국지적 맥락을 보다 적극적으로 강조함으로써 연구 방법론에서 탈식민화를 추구하는 것이다.

예를 들면, 최근 질적 연구자들은 대상과 상황을 있는 그대로 복사하듯 전달하려는 의도에서 좀 더 자유로워져서 다양한 표현의 장르를 활용하고 있다(Clifford & Marcus, 1986; Marcus & Fisher, 1999; Van Maanen, 1988). 마찬가지로 한국적 정서에 맞는 글쓰기 방법의 예로서 우리의 전통인 표현 방식인 '시조', '노동요', '창가' 등을 생각해 볼 수있다. 이는 문화 연구자들이 주장하듯이 글쓰기와 텍스트의 특징에 대한 중요성을 강조하기 위해 다양한 메타포를 이용하는(Alvesson & Sköldberg, 2000: 199) 하나의 방식이다. 인간의 경험과 세계는 토착적이고 지역적인 방식으로 표현될 때, 연구의 맥락과 일상의 맥락을 분리시키지 않고 보다 생생하고 그 맥락적 이해의 가능성을 높일 수 있을 것이다.

또한 질적 연구에서 연구자로서 자신에 대한 자아 성찰의 과정 혹은 적극적인 반성이 포함되어야 한다고 주장한다(Mason, 1996: 6). 왜냐하면 자기 성찰은 다분히 주관적인 성격을 가지는 질적 연구에 있어서 내적인 타당성과 신뢰성을 갖추기 위해 연구자 스스로 점검하고 탐구해 가는 과정이라 할 수 있다. Mittapalli와 Samaras(2008)의 연구는 이미지를 통해 자기 성찰의 자화상을 제작했다. 이는 인도의 민속 미술 마두바니(Madhubani)라는 토착적 표현 양식을 사용한 적절한 예라고 할 수 있다. 이는 아시아 여성으로서 교육을 연구하고자 하는 내적 자아를 표현하는 유용한 미적 형식이 되었다. 밝고 장식적인 마두바니 색채는 삶과 연구에 있어 긍정적이고 희망적인 자신의 태도를 반영하고 있었다(김선아, 2009: 52).

뿐만 아니라 탈식민주의 질적 연구가 서구적 연구 방법에 대한 비평과 연구자 자신의 서구적/식민적 태도를 의식 연구 방법론에 기술하는 것도 그 예라고 할 수 있다. 왜냐하면 이미 서구화된 우리의 사회는 서구의 질적 연구 방법론이라는 메타내러티브를 과학적인 지식으로 간주하고 아무 의심 없이 활용하고 있기 때문이다. 또한 연구자는 근본적으로 이러한 사회 안에서 살아 왔기 때문에 서구적/식민적 문화의 배경과 삶의 철학 속에서 현실을 바라볼 수밖에 없는 매우 불완전한 존재이기 때문이다. 즉, 탈식민주의 질적 연구에서 연구자는 자신의 선경험이나 습관적 사고가 관찰과 인터뷰, 자료 수집, 해석과 표현에 영향을 줄 수 있다는 점에서 자신에 대한 반성적인 태도를 취하되, 자신의 자연적 태도를 '제거'하는 것은 사실상 불가능하기 때문에 이 편견을 연구 방법론에 공개할 필요가 있는 것이다.

4. 서구의 질적 연구 타당도 범주의 재영토화

탈식민주의가 질적 연구에 주는 네 번째 방법적 개념은 '서구의 질적 연구 타당도 범주의 재영토화'이다. 이것은 기존의 질적 연구에서의 타당도가 서구적 관점에서 이루어졌다는 전제하에 비서구권에서 질적 연구를 평가하기 위한 타당도를 새롭게 재개념화하는 것을 말한다. 질적 연구에서 타당도의 확인은 연구자가 자신이 다루고자 하는 주제를 적절하게 연구했는지를 규범적으로 평가하는 작업으로서(김영천, 2006; Seal, 2002), 질적 연구의 두 가지 핵심적 특성인 '질적 본성'과 '연구로서의 엄격성'을 적절하게 통합할 수 있는 개념 도구(Davis & Dodd, 2002; 김경희 외, 2011: 156에서 재인용)이다. 질적 연구 타당도의 재개념화는 비서구권에서 이루어지고 있는 많은 질적 연구에서 연구의 전체적 실제가 '서구의 관점'에서 실행되고 있다는 관점에서 비서구권에서의 현상, 경험, 실제를 보다 적절하고 문화적으로 바라볼 수 있는 대안적 관점을 제공해 줄 수 있을 것이다.

한국을 비롯한 제3세계 그리고 비서구권에서의 질적 연구의 타당도는 주로 서구의 지식체계를 수용하고 활용해 왔다. Lincoln과 Guba(1985)는 질적 연구 고유의 타당도의 필요성에 의해 신실성(trustworthiness)의 개념을 제시하여 양적 연구의 과학적 객관성에 대한 대안적 개념으로 널리 인정받고 있다. 이것은 신뢰성(credibility), 적용성(transferability) 의존성(dependability), 확증성(confirmability)의 네 가지 기준으로 구성되어 있다. 이 개념은 '주관성과 사회성의 특성을 고루 반영하고 있을 뿐 아니라 타당성 확보를 위한 구체적인 실천 전략을 제시'하고 있기 때문에(김경희 외, 2011: 166) 질적 연구 분야에서 가장 보편적으로 적용되어 왔다.

또한 Lather(1993)는 보편적으로 적용되고 있지는 않지만, 탈구조주의 패러다임이 제공하고 있는 핵심적 개념들을 수용하여 질적 연구에서 활용할 수 있는 시뮬라크르/반어적(ironic) 타당도, 배리/신실용적 타당도, 엄밀/리좀적 타당도, 여성적/상황적 타당도 개념을 제시했다. Maxwell(1996) 역시 기술적 타당도, 해석적 타당도, 이론적 타당도, 평가적 타당도(evaluative validity) 등을 제시했다.

하지만 질적 연구에서의 이러한 타당도에 대한 논의는 서구의 인식론과 방법론에 기초하여 만들어진 개념으로 맥락과 역사적 조건이 다른 비서구권에서 그대로 수용하고 적용하는 것은 그 사회의 현실에 맞지 않다. 또한 그러한 타당도 준거를 가지고 동양적/비서구적 현상을 바라보는 데 있어서 또 다른 왜곡을 가져올 수 있다. 이 점과 관련하여 Scheurich(1996: 63-64)는 기존의 많은 타당도 개념을 제국주의적 타당도(imperial validity)라고 칭하며, 다양한 타당도 개념들 속에는 표면적인 차이에도 불구하고 그 '유사성'이 존재한다고 주장했다. 즉, 기존의 타당도 개념은 진리/비진리, 승인/불승인, 좋은 연구/나쁜 연구를 가르는 이분법적 진리 지도의 표지판 역할을 한다는 것이다. 이분법적 타당도 개념은 고유성, 개별성, 다성성, 이질성 등을 가진 타자를 동일자에 복속해 들인다는 점에서 제국주의적 속성을 가지며, 이런 속성은 동일자/타자를 엄격하게 구분하는 서구 근대 지식 프로젝트의 고유한 내적 논리에 연유하는 것으로 보았다.

> 타당도는 특정한 인식론에 의거하여 타자가 동일자 내에 승인 가능하게 변환되었는가를 결정한다. 세계는 원자료의 길들여지지 않은 타자이다. … 그것은 가시화되고 인식될 수 있도록, 타당한 연구에 기반한 이론 속으로 '요리되어야(cooked)' 한다. … 한때

가공되지 않은 다중적 목소리를 가진, 무엇보다도 다른 (타자)였던 것이 연구/이론의
과정을 통해 요리되어, 단일한 그리고 특히 동일자가 된다(Scheurich, 1996: 65).

이런 기존의 타당성 개념에 대한 비판을 바탕으로 Scheurich는 기존의 이원론적 타당도
개념에 대한 대안으로 새로운 타당도에 대한 상상이 필요하다고 보았다. 이를 위해 기존
타당도 개념들의 탈신화화/가면 벗기기 작업과 함께 다성성, 다양성, 차이, 타자의 역할
을 인정하는 타당도의 새로운 개념 정립이 필요함을 주장했다(이혁규, 2004). 이러한 점
에서 그 동안의 질적 연구에서의 타당도에 대한 서구의 논의는 그들이 생각하는 '합리적인
수준' 또는 '신뢰성'의 사실은 비서구적/동양적 관점이 배제된 권력적이며 그 권력의 내부
에는 동양을 포함한 비서구라는 타자가 배제된 과학적 객관성이었다. 그들의 '객관성'은
단지 서구적인 것이며 주체의 주관성이 포함된 권력 지식인 것이다.

따라서 질적 연구에서 그 동안 있어 왔던 타당도의 준거들에 대한 또 다른 새로운 관점
의 이론화를 가능하게 하고 그 이론화 속에서 배제되어 왔던 비서구적 관점과 지식들이
포함되어야 한다. 즉, 탈식민주의 담론에서 형성된 다양한 이론들로부터 '타당도'와 관련
될 수 있는 이론적/방법론적 아이디어들을 탐색하고 그러한 탐색으로부터 타자들의 관점
과 담론들을 새롭게 포함하는 보다 보편적인 타당도에 대한 논의가 필요하다. 이를 구체
적으로 몇 가지 제시해 보면 다음과 같다.

첫째로, '오리엔탈리즘 타당도(validity of orientalism)'는 동양의 이미지를 서양이 구성
하고 재현해 놓았다는 점을 강조하여 동양의 차별적인 이미지, 기이하고 특이한 모습, 열
등한 모습, 인종차별주의 등에 관심을 갖는다. Said(1978)에 따르면, 서구가 재현해 놓
은 동양은 진실이 아니라 서구가 만들어 놓은 이미지이고, 이미지들은 대부분 열등하고
부정적이며 이성적이지 못하고 감성적인 특성들과 관계가 있다. 따라서 이 타당도를 통해
질적 연구자들은 자신들의 연구가 서구가 재현해 놓은 동양의 부정적인 측면들만을 연구
주제로 삼았거나, 해석을 서양의 긍정적인 면과 다르게 부정적으로 해석했는지, 그리고
동양의 숨겨진 또는 새로운 측면을 연구하려고 하기보다는 동양의 어두운 측면을 연구의
주제나 연구 대상으로 삼았는지를 평가할 수 있을 것이다. 예컨대, 서방 세계와 지리적·
문화적으로 거리가 먼, 개발되지 않은 오지 비서구, 동양의 문명을 연구하는 학문이었던
서구의 많은 인류학적 연구들이 여기에 해당된다.

둘째로, 하위계층 타당도(validity of subaltern)는 식민지배 안에서도 계급이나 성별에
따라 다양한 차이, 편차가 있다는 점에서 하위계층의 다양한 목소리, 경험, 역사를 강조
한다. 이는 질적 연구가 서구의 관점에서는 벗어났지만 연구자와 해석이 또 다른 주체로

서 다른 피식민 주체들인 또 다른 타자들의 관점과 해석을 제공하고 있는지를 판단하는 기준이다. 따라서 하위계층을 이용하는 연구자들은 자신의 연구의 결과나 관점 그리고 해석이 서구의 권력과 전통에서 벗어나려고 시도했으나, 그러한 연구가 타자의 위치성에 기초하여 자기 성찰하지 못하고 타자 내의 주체적인 권력적 위치에 의해 그 타자의 다른 타자들의 관점이나 해석을 고려하지 못하거나 배제했는지를 통해 하위계층의 다양한 입장들을 고려할 수 있을 것이다. 예컨대, 서구의 관점에서 볼 때 일본과 중국은 타자에 속하지만 한국에 비하여 타자 내에서 주체에 해당된다. 따라서 연구자들은 동양적 현상이나 경험을 이야기할 때 중국이나 일본의 관점에서만 해석해서는 안 되며 또 타자로 존재하고 있는 한국이나 필리핀 또는 일본의 원주민의 관점에서 그 현상을 어떻게 바라보았는가를 제시할 수 있어야 한다. 구체적으로 Charlotte Brontë(2006)의 「Jane Eyre」는 제3세계 여성들을 배제하고 있음에도 불구하고, 서구의 페미니스트들은 이 작품이 가부장제하에서 여성의 독립을 다룬 작품으로 높이 평가하고 있다. 하지만 서구의 페미니스트들은 '여성'이라는 타자 내에서 주체적인 권력의 위치를 점유함으로써 들리지 않는 제3세계 하층민 여성들의 목소리는 드러내지 못하고 있다.

마지막으로, 혼종적 타당도(validity of hybridity)는 식민 담론의 모순과 균열을 통한 저항을 강조한다는 점에서 식민지에서의 원주민에 의한 개입과 전복을 통해 담론적 실천에 관심을 갖는다. 연구자들은 혼종성을 통해 자신들의 연구가 서구의 이론이나 아이디어들에 의해 기초가 되었지만 그 이론에서 벗어나 탈식민적 현장의 관점과 새로운 국지적 지식들이 노출되고 규명되었는지를 판단할 수 있을 것이다. 예컨대, 김영천(1997)의 「네 학교 이야기」는 Jackson의 잠재적 교육과정의 내용을 한국의 전통 문화인 장유유서와 관련시킴으로써 한국적 상황에서의 학교교육의 또 다른 잠재적 교육과정의 요소를 찾아냈다. 또한 Harris(1989)는 「Cows, Pigs, Wars and Witches: The Riddles of Culture」에서 기아의 상태에서도 소를 잡아먹지 않는 인도인의 소에 대한 문화적 해석은 서구권의 해석과 매우 다른 것으로 인도인의 소에 대한 문화적, 경제적, 사회적 해석을 드러내고 있다.

결론

이 글은 질적 연구의 지적 전통으로서 탈식민주의를 적용하여 그 방법적 이슈들과 문제들을 새롭게 규명하는 데 연구의 목적을 두었다. 이러한 연구 목적을 달성하기 위해 본 연구에서는 크게 두 가지의 연구 문제를 제시했다. 첫째, 질적 연구 방법을 탐구하기 위해서 다양한 학문 분과에서 인정되고 있는 탈식민주의의 목적과 지향점을 구체적으로 논의했다. 이를 위해 탈식민주의에 이론적인 통찰력을 제공한 Fanon과, 탈식민주의를 서구에 대한 저항이론으로 발전시킨 Said와 Spivak의 탈식민주의를 논의했다. 둘째, 탈식민주의의 목적과 지향점이 질적 연구 방법에 어떤 새로운 문제와 현상들을 제기하는지에 대해 다음과 같이 네 가지로 논의했다: (1) 비서구적/국지적 연구 주제의 탐색, (2) 토착적인 지식의 이론화, (3) 탈서구적인 방법적 지식의 규명, (4) 서구의 질적 연구 타당도 범주의 재영토화. 질적 연구에서 이러한 네 가지의 방법적 이슈들이 우리나라의 일련의 대부분의 질적 연구에서는 심도 있게 연구되고 있지 않다는 점에서 앞으로 각 영역들에 대한 상세한 연구들이 있어야 할 것이다. 그런 점에서 탈식민주의 담론의 문제의식과 통찰력에 기초한 질적 연구 방법의 새로운 이슈와 문제들은 질적 연구의 패러다임과 관점, 탐구 전략, 자료 수집 방법, 해석과 평가 및 표현의 실제 등 다양한 주제를 확산시키는 기회가 될 것이다.

질적 연구가 서구의 근대성으로부터 벗어나기 위해서는 그 주변적인 위치에서 전 세계의 지역적이고, 국지적인 탈식민 현장을 중심에 두고 기존 패러다임에 질문을 던질 수 있어야 한다. 질적 연구는 현장 중심 학문으로, 이 글이 제시하고 방법론적 전환을 통해 탈식민주의 담론이 촉구하는 인식론적 전환을 넘어서는 구체적인 탈식민의 사고와 실천행위들을 질적 연구가 현장에서 담아낼 수 있을 것이다. 이 글의 결론이자 시사점으로 몇 가지를 제언하면 다음과 같다.

첫째, 우리의 '현장'을 중심으로 한 토착적 경험과 이야기를 탐구하고 재음미하는 데 아직도 더 많은 심층적인 질적 사례 연구물들이 누적되어야 한다. 이를 통해 서구의 지식체계를 해체하여 광범위한 토착적 지식을 탐구하고 개념화할 수 있을 것이다. 식민 지배자가 재현하고 구축해 놓은 인종, 성, 계급, 종교 등의 소수자 문제와 같은 세밀한 부분에까지 유연한 관심을 가지면서 타자에 대한 윤리적 성찰을 통해 피식민 주체들의 삶을 위해 정치적으로 개입하는 윤리정치적 운동에까지 참여할 수 있을 것이다.

둘째, 연구의 결과를 하나의 이론, 객관적이고 과학적인 결과로 받아들여서는 안 된다. 오히려 실증주의가 실수로 범해 버린 문제, 즉 모든 연구를 과학적인 결과로 제시한 모든 행위를 노출시켜야 한다. 왜냐하면 인간의 연구는 근본적으로 불완전하며, 객관적일 수 없고, 특정한 문화적 환경과 권력 속에서 만들어지는 구성적 결과이기 때문이다. 특히, 탈식민주의 문제의식이 제기하는 것처럼, 우리의 문화와 지식은 서구의 그것으로부터 자유로울 수 없다는 점에서 더더욱 그렇다.

셋째, 우리의 신념, 지식, 전통, 문화 등의 사유체계로부터 동양적 타당도의 개념을 개발 및 활용할 필요가 있다. 본 연구에서 사례로 제시한 탈식민주의 타당도는 하나의 사례에 불과하다. 따라서 우리의 전통사상, 예컨대 노자, 공자, 장자 그리고 불교 철학으로 부터 타당도를 개발하고 활용하려는 노력이 있을 때, 연구 결과에 대한 우리의 확신성을 배가시켜 줄 것이고 나아가 우리나라의 연구자들 공동체에서 합의된 틀과 준거들이 생성 되어 앞으로의 질적 연구물들의 옥석을 분명하게 가릴 수 있게 될 것이다.

넷째, 질적 연구자들은 우리 사회와 문화의 고유한 코드를 적절히 관련시켜 이론화 작 업을 동시에 병행해야 한다. 왜냐하면 질적 연구의 성격상 사회 및 문화적 배경이 연구의 결과에 큰 영향을 미치기 때문이다. 예컨대, 참여자에 의한 연구 결과의 점검 작업이 우리 나라의 문화적 상황에서 서구와 어떻게 다를 수 있는지 구체적인 지침과 전략들을 동시에 고려해 보아야 할 필요가 있다.

다섯째, 앞에서 제시한 방법적 절차나 개념들이 우리나라에서 실행되는 연구 작업이나 학위 논문 글쓰기에 적용될 필요성이 있다. 왜냐하면 양적 연구에서 '연구의 제한점'을 통 해 연구가 갖는 한계를 인정하는 것처럼, 질적 연구 역시 한 인간이 하게 되는 매우 개인적 이고 주관적인 활동으로서 그 어떤 문제점들과 딜레마가 있었는지를 기명하는 것은 독자 가 연구자가 제시한 연구 결과와 작업들을 더욱 타당하게 읽을 수 있는 공식적 기회를 제 공해 줄 수 있는 방법이 될 수 있을 것이기 때문이다.

참고문헌

강동조(2015). 탈식민주의 담론: 라틴아메리카에서 바라 본 '근대성/식민성'과 글로벌 히스토리. 역사와 경계, 97, 461-492.

고정갑희(2011). 탈식민주의의 저항전략과 페미니즘. 젠더와 문화, 4(1), 167-203.

김선아(2009). 질적 연구에서 자기 성찰의 의미와 방법. 조형교육, 33, 39-57.

김병욱(2014). 질적 연구유형별 정당화 논거 탐색. 교육사회학연구, 24(1), 55-76.

박상기(2003). 탈식민주의 양가성과 혼종성. 고부응 엮음. 탈식민주의 이론과 쟁점(pp. 223-255). 서울: 문학과 지성사.

김영천(1997). 네 학교 이야기. 서울: 문음사.

김영천(2012). 질적 연구 방법론 I. 파주: 아카데미프레스.

조경진(2014). 라틴아메리카 탈식민담론과 인류학: 인식론적 전환을 넘어서. 한국문화인류학, 47(3), 65-127.

안태환(2014). 사회적 소수자를 바라보는 두 개의 시각 - 포스트식민주의와 탈식민성 담론 : 반 신자유주의의 라틴아메리카의 맥락에서. 코기토, 75, 35-70.

윤혜린(2010). 토착성에 기반한 아시아 여주의 연구 시론. 여성학논집, 1, 3-36.

이경원(2011). 검은역사 하얀이론. 서울: 한길사.

이경원(2002). 아체베와 응구기: 영어제국주의와 탈식민적 저항의 가능성. 안과 밖, 12, 66-85.

이혁규(2004). 질적 연구의 타당성 문제에 대한 고찰. 교육인류학연구, 7(1), 175-210.

김애령(2012). 여성, 타자의 은유. 서울: 그린비.

주재홍·김영천(2013). 다문화 교육 연구를 위한 탈식민주의 이론의 역할과 가능성. 열린교육연구, 21(4), 69-93.

주재홍(2008). 탈식민주의 교육과정 이론에 비추어 본 우리나라 세계사 교과서에서의 동양의 이미지, 중등교육연구, 56(2), 325-358.

태혜숙(2016). 포스트식민 시대의 로컬 연구로서 '아시아 여성연구'의 연구 방법론을 위해. 마르크스주의 연구, 13(2), 148-171.

허창수(2011). 탈식민주의 이론과 실제의 꼴라주. 교육과정연구, 29(3), 23-48.

홍원표(2013). 탈식민주의와 교육과정 연구: 다문화 시대의 새로운 인식론적 기반을 찾아서. 교육과정연구, 28(1), 47-65.

Alexander, B. K.(2005). Performance ethnography: The reenacting and inciting. In Denzin, N. & Lincoln, Y.(Eds.). The Sagehandbook of qualitative research(pp. 411-441). CA: SAGE Publications.

Alvesson, M. & Skőldberg, K.(2000). Reflexive methodology. London: Sage.

Ashcroft, B., Griffifth, G., and Tiffin, H.(1989). The Empire writes back: Theory and practicein postcolonial literature. London: Routledge.

Bourdieu, P.(2003). Colonialism and ethnography. ANTHROPOLOGY TODAY, 19(2), 13-18.

Briggs, J. & Sharp, J.(2004). Indegenous Knowledge and Development: A Postcolonial Caution. Third World Quarterly, 25, 661-676.

Brontë, C.(2006). Jane Eyre. Londong: Penguin Classics

Clifford, J. and Marcus, G.(1986). Writing culture: The poetics and politics of ethnography. California: University of California Press.

Coundouriotis, E.(1999). Claiming History: Colonialism, Ethnography and the Novel. New York: Columbia University Press.

Davis, D. and Dodd, J.(2002). Qualitative Research and the Question of Rigor. Qualitative Health Research, 12(2), 279-289.

Denzin, N. & Lincoln, Y.(2005). Introduction: The discipline and practice of qualitative research. In Denzin, N. & Lincoln, Y.(Eds.), The Sagehandbook of qualitative research(pp. 1-32). CA: SAGE Publications.

Denzin, N. K.(2003). Performance ethnography: Critical pedagogy and the politics of culture. CA: Sage.

Denzin, N. K., Lincoln, Y. S., and Smith, L. T.(2008). Hand of Critical and Indigenous Methodologies. CA: SAGE Publications.

Du Fangqin(2007). Vision for Women's and Feminism in Asia. 아시아여성학회 창립 국제학술대회 자료집(2007.11.16).

Escobar, A.(1992). Culture, Practice, and Politics. Anthropology and the Social of Socialism of Social Movement. Critique of Anthropology, 12(4), 395-432.

Escobar, A.(2007). Worlds and Knowledges Otherwise. The Latin America Modernity/Coloniality Research Program. Cultural Studies, 21(2-3), 179-210.

Escobar, A.(2009). Other Worlds Are (Alreday) Possible: Self-Organization, Complexity, and Post-Capitalism Culture. In Jai Sen and Peter Waterman(Eds.), World Social Forum. Challenging Empires. New York and London: Blackrose Books.

Fanon, F.(1967). Black skin, white mask. New York: Grove Press.

Fanon, Frantz(1968). The Wretched of the Earth. New York: Grove Weidenfeld.

Gandhi, Leela(1998). Postcolonial Theory : a critical introduction. Allen & Unwin.

Geertz, C.(1983). Local knowledge. NY: Basic Books.

GOH, D. P.(2007). State of Ethnography: Colonialism, Resistance and Cultural Transcription in Malaya and Philippines. 1890-1930s, Comparative Studies in Society and History, 49(1), 109-142.

Gonzalez, E. M. and Lincoln, Y. S.(2005). Decolonizing Qualitative Research: Nontraditional Reporting Forms in the Academy. In Denzin, N. & Giardian, M. D.(Eds.), Qualitative Inquiry and the Conservative Challenge(pp. 193~214). CA: Left Coast Press.

Harbermas, J.(1972). Knowledge and Human Interests. London: Heinemann.

Harris, M.(1974). Cows, Pigs, Wars and Witches: The Riddles of Culture. Toronto: Vintage.

Krathwohl, D. R.(2009). Methods of educational and social science research: The logic methods.(3rd ed.). Illinois: Waveland Press, Inc.

Lather, P.(1993). Fertile obsession: Validity after poststructualism. The Sociological Quarterly, 34(4), 673-693.

Leavy, P.(2008). Methods meets arts. New York: The Guilford Press.

Lincoln, Y. S. & Guba, E.(1985). Nationalistic Inquiry. Beverly Hills: Sage.

Marcus, G. E., & Fisher, M. M. (1999). Anthropology as cultural critique : An experimental moment in the human science. Chicago: University of Chicago press.

Mason, J.(1996). Qualitative researching. California: SAGE Publication, Inc.

Maxwell, J. A.(1996). Qualitative research design. CA: Sage.

McClintock, A.(1992). The Angel of Profress: Pitfalls of the Term 'Post-Colonialism'. Socila Text, 32/32, 1-15.

Mignolo, W.(2012). Local Histories/Global Designs: Coloniality, Subaltern knowledges, and Border Thinking. New Jersey: Princeton University Press.

Mintz, S.(1985). Sweetness and Power. The Place of Sugar of in Modern History. New York: Viking.

Mittapalli, K. & Samaras, A.(2008). Madhubani art: A journey of an education researcher seeking self-development answers through art and self-study. The Qualitative Report, 13(2), 244-261.

Moore-Gilbert, B.(2001). 탈식민주의! 저항에서 유희로[Postcolonial Theory: Context, Practice, Politics]. (이경원 옮김). 서울: 한길사. (원전은 1997년에 출판).

Nandy, A.(1983). The Intimate Enemy: Loss and recovery of Self Under Colonialism. Oxford University Pres.

Ngugi wa Thiong'o(1997). Writers in Politics. London: Heinemann

Ngugi wa Thiong'o(1986). Decolonising the Mind: The Politics of Language in Africa Literature. London: James Currey.

Parry, B. (1995). Problems in current theories of colonial. In Ashcroft, B, Griffiths, G. & Tiffin, H. (Eds.), The post-colonial studies reader(pp. 36-44). New York: Routledge.

Parsons, Jim B. and Harding, Kelly J.(2011). Post-colonial Theory and Action Research. Turkish Online Journal of Qualitative Inquiry, 2(2), 1-5.

Pathak, Z., Sengupta, S., Purkayastha, S.(1991). The prisonhouse of Orientalism. Textual Practice, 5(2), 195-218.

Restrepo, E. & Escobar, A.(2005). Other Anthropologies and Anthropology Otherwise. Steps to a World Anthropologies Framework. Critique of Anthropology, 25(2), 99-129.

Robertson, R.(1992). Globalization: Social Theory and Global Culture. SAGE Publications Ltd.

Said, E. (1978). Orientalism. New York: Vintage Books.

Said, E.(1989). Representing the colonized: anthropology's interlocutors', Critical Inquiry, 15(2), 205-225.

Santos, B. S.(2011). Epistemeologies ds sud, Etudes rurals, janvier-juin, 187, 21-50.

Scheurich, J. J.(1996). The Masks of validity : a deconstructive investigation. Qualitative Studies in Education. 9(1), 49-60.

Seal, C.(2002). Quality Issues in Qualitative Inquiry. Qualitative Social Work, 1, 97-110.

Shohat, E. (1992). Note on the 'Post-colonial'. Socila Text, 32/32, 99-113.

Slemon, S.(1989). Modernism's last post. ARIEL, 20.4, 3-17.

Slemon(1992)

Smith, L. T.(2012). Decolonizing methodologies: Research and indigenous peoples. New York: Zed Book Limited.

Spivak, G. (1988). Can the subaltern speak? In P. Williams & L. Charisman.(Ed.), Colonial discourse and postcolonial theory: A reader(pp. 66-111). New York: Harvester/Wheatsheaf.

Thaman, K. H.(2003). Decolonizing Pacific Studies: Indigenous Perspectives, Knowledge, and Wisdom in Higher Education. The Contemporary Pacific, 15(1), 1-7

Tyler, S.(1987). The Unspeakable: Discourse, dialogue, and rhetoric in the postmodern world. Madison:

University of Wisconsin Press.

Van Maanen, J.(1988). Tales of the field. Chicago: University of Chicago Press.

Van Maanen, J.(1990). Researching live experience: Human science for and action sensitive pedagogy. NY: State University of New York Press.

Vidich, A. & Lyman, S.(2000). Qualitative methods: Their history in sociology and anthropology. In Denzin, N. & Lincoln, Y.(Eds.). The hand of qualitative research (2nd ed.) (pp. 37 83). CA: Sage Publications. Inc.

Viruru, R. and Cannella, G. S.(2005). A Postcolonial Critique of the Ethnographic Interview: Research Analyzes Research. In Denzin, N. & Giardian, M. D.(Eds.), Qualitative Inquiry and the Conservative Challenge(pp. 175~192). CA: Left Coast Press.

Walsh, C.(2001). Que conocimieto(s)? Reflexones sobre las politicas del conocimiento, el campo academico y el movimiento indigena ecuatioriano. Revista del Centro Andino de Etudino Interactions 2.

Young, R. (2001). Postcolonialism: An Historical Introduction. Oxford: Wiley-Blackwell.

열다섯 가지 접근

16.

푸코 방법론

궁선혜 ⏐ UW–Madison 철학박사

서론

> 담론은 침묵과 마찬가지로 권력에 전적으로 복종하지도 저항하지도 않는다. 우리는
> 담론이 권력의 도구이자 효과가 되는 동시에 방해, 장애물, 저항의 지점, 반대전략의 시
> 작점이 될 수 있는 복잡하고 불안정한 과정을 고려해야 한다. 담론은 권력을 전달하
> 고 생산하며 강화시키지만, 약화시키거나 폭로하고 파손시키거나 좌절시킬 수도 있다.
> (Foucault, 1990b, pp. 100-101)

미셸 푸코(Michel Foucault, 1926~1984)는 우리나라 연구자들에게 낯설지 않은 이름
이지만, 여전히 그의 이론을 연구 방법론적으로 활용하는 방법은 한정된다. 프랑스 역사
학자이자 철학자였던 그의 이론은 흔히 포스트모더니즘 또는 구체적으로 포스트구조주
의로 분류된다(김영천·주재홍, 2011; Lather, 1992, 2006). 그의 이론은 거대서사에 대
한 불신(Lyotard, 1984), 실재를 구성하는 역학 관계의 해체 또는 재구성(Derrida, 1967,
1993) 등으로 요약되는 포스트모더니즘적 특성을 나타내고 있다. 앎, 정의, 이성이 보편
적이고 절대적이며 단일한 기준으로 존재하여 정답/오답, 선악, 정의/불의와 같은 판단이
가능하다는 이분법적 사고를 전제하는 모더니즘적인 접근에 대해 의문을 제기한다는 점
에서 푸코 역시 포스트모더니스트적인 면모를 드러내기 때문이다. 이에 그의 연구 방법론
은 거시적 측면에서 포스트모더니즘적인 접근을 적용해 활용될 수 있다.

다만, 푸코는 모더니즘이 구축한 보편성, 객관성, 총체성, 합리성 등의 체계에 의문을
제기하는 것에서 그치지 않는다. 그는 이를 재구조화할 수 있는 개념들과 전략들을 제
시한다. 특히, 그는 권력이 체계나 구조를 통해 지배계급이나 기득권층의 지배 방식을 피
지배계급이 수용하도록 억압하거나 통제해 권력구조를 재생산하는 성격의 것이 아니라
고 비판한다. 그는 지식이 곧 권력으로 작동하는 효과로서의 성격을 강조하여 권력에 대
한 새로운 관점을 제시한다. 이에 그의 연구 방법론은 보편적인 포스트모더니즘적 관점과
는 구분되어 논의되어야 한다. 무엇보다도 국내 교육학/교육과정연구에서 푸코의 방법론
이나 개념들이 다소 한정되어 활용되고(강태중·강충서, 2013; 박선웅, 2002), 비판적 언
어학에서 파생된 담화/담론이론이 담론분석에 차용된다는 점에서(강진숙, 2006; 서덕희,

2003, 2006) 푸코의 개념들을 이해하여 질적 연구 방법론에 활용될 수 있는 방안을 탐구하는 일이 필요하다. 끊임없이 진리 또는 앎의 체계가 갖는 연속성과 단절성에 주목해 온 그의 시각을 고려한다면, 일반적으로 알려져 있는 고고학이나 계보학과 같은 이론들 이외에도 그가 제시하는 개념들은 담론을 분석하는 다양한 방법론으로 활용될 수 있다. 이에 이 장에서는 연구 방법론적으로 활용 가능한 푸코식의 관점을 '담론분석법'이라 명명하고, 푸코가 자신의 저술을 통해 기술하는 개념들과 이들이 담론을 분석하는 도구로서 어떻게 사용될 수 있는지 특히 '생명권력' 개념에 초점을 맞추어 그 특징을 살펴본다. 아울러 국외에서 이루어지고 있는 연구들 일부를 사례로 소개해 질적 연구에서 담론분석법을 어떻게 사용할 수 있는지 구체적인 방법을 제안하고자 한다.

담론분석의 이해

푸코의 담론분석 방법을 소개하기 위해 선행되어야 할 것은 그가 사용하는 '담론'이라는 용어에 대한 개념 이해이다. 이 절에서는 먼저 푸코가 의미하는 담론 개념을 설명하고, 담론을 연구 대상으로 하여 이를 분석하는 방법론의 하나로 그가 제시하는 개념들 가운데 권력에 대한 관점을 포괄하는 동시에 구체적인 담론분석법의 기술들을 설명하는 생명권력 개념을 통해 소개하고자 한다.

1. 담론 개념

'디스코스(discourse)' 개념은 학자와 학제에 따라 다르게 정의된다. 먼저, 디스코스의 용어부터 살펴보면, 실상 담화와 담론이라는 표현이 구분되지 않고 번역되어 동일한 의미로 병용되고 있다. 다만, 일반적으로 언어학에서는 '담화'로 통용되는 반면, 철학 및 사회과학에서는 '담론'이라는 용어로 주로 사용된다. 학제 간 연구가 활발해지고 있는 시점에서 이러한 용어 구분이 무의미할 수 있으나, 두 용어의 의미는 다소 다르다. 차이를 간략히 설명하면, 담화는 언술행위 또는 발화 속에서 이루어지는 기호들 간의 논리적 관계, 즉 언어학적 분석에 초점이 맞추어져 있는 반면, 담론은 언술행위 그 자체보다는 발화행위를 가능하게 하는 사회문화적 구조, 관계, 제도적 조건 등의 사회과학적 분석에 중점을 둔다고 요약할 수 있다. 푸코가 그의 저술을 통해 보여 주고 있는 디스코스 개념이 언어기호들 간의 관계보다는 역사적, 사회적 변화에 따른 의미 변화와 인식의 관계 등에 초점을 맞추어 사용된다는 점을 상기한다면 용어 번역은 담론에 가깝다. 실제 푸코의 관심은 언어의 의미보다는 언어가 생산해 내는 권력 관계와 이를 유지 또는 재편성시키는 장치, 전략, 기술 등을 분석하는 것에 초점이 맞추어져 있다(Foucault, 1980b: 114-115).

푸코의 이론은 지식, 권력, 주체 세 가지의 축을 중심으로 이루어져 있다. 이 가운데 지식-권력 체계와 맞닿아 있는 것이 푸코의 담론 개념이다. 그에게 언어는 언어 그 자체보다는 언어활동, 곧 지식을 생산하는 수단이자 사회 실재를 구성하는 권력들이며, 담론은 '특정한 주제에 대한 지식을 이야기하는 방식을 생산하는 진술들의 총체'로서 사회문화적으로 생산되고 공유되는 의미를 드러내는 체계이다(Hall, 1997: 44). 이는 곧, 푸코에게 담론은 언어기호들 간의 관계를 통해 의미를 드러내는 발화의 집합체라는 의미보다는 특정한 지식을 생산하는 체계이자 특정한 권력 관계가 작동하게 하는 체계임을 의미한다.

여기에서 주목할 점은 푸코가 주목하는 담론은 절대불변의 단일한 진리 또는 정의의 실체에 따라 배치되거나 정해진 규칙들을 나타내는 의미들의 집합체가 아니라 역사적, 사회문화적 요소들과의 관계 속에서 진리 또는 정의의 의미를 (재)구성하고, 끊임없이 변주하는 실체이자 실천들이라는 것이다. 푸코 스스로도 담론은 지속적인 변화 과정을 겪는다는 점을 지적한다(1991: 54). 일례로 그의 책 『광기와 문명(Madness and Civilization: A History of Insanity in the Age of Reason)』(1988)에서는 제목 그대로 16세기부터 18세기 유럽 사회의 시대적 구분에 따라 다르게 인식되는 광기담론의 역사적 변화를 보여 준다. 푸코는 이 책에서 이성과 비이성이 구분되면서 비이성적으로 분류된 광인은 위험한 존재이자 감금되어야 할 존재로 인식되었고, 임상의학의 발전과 함께 비정상적인 존재로 분류되어 정상인과 격리되어 정상의 범주에 맞게 치유되어야 할 존재인 정신병자가 된다고 설명한다. 이처럼 광기에 대한 의미와 그에 따른 광인에 대한 태도는 광기에 대한 담론이 역사적·사회문화적 변화와 과학지식의 발달 및 분화 등의 환경변화 속에서 끊임없이 변화했음을 드러낸다. 이러한 논의를 고려할 때, 푸코가 강조하는 연구 대상은 담론 그 자체 또는 발화행위보다는 담론이 생산해 내는 지식들 간의 관계 변화 또는 담론들 간의 관계 및 배치의 문제, 소위 담론형성(discursive formation)이다. 따라서 푸코가 담론 개념을 통해 연구자들에게 시사하고 있는 바는 연구자 본인이나 사회적으로 당연하게 받아들였던 가치, 개념, 사고방식, 판단규범 등에 대해 의구심을 갖고 의문을 제기하며, 어떻게 특정한 규칙들이 특정한 경험, 사건, 행동들을 진리/정의의 영역으로 분류하고 합리화하는지에 중점을 두고 분석해야 한다는 점이다.

연구 방법론적인 측면에서 요약하면, 푸코의 담론분석법이 대상으로 하는 담론은 특정한 가치나 개념들을 판단하고 규정하는 진술방식 이외에도 담론 구성에 영향을 미치거나 담론이 생산해 내는 시각적/비시각적 표현, 행동방식, 경험, 사건 등이 모두 포함되는 역사적, 사회적, 문화적 구성물이라고 결론지을 수 있다. 아울러 담론분석은 일상에서 사용하는 특정한 언어, 행위, 사건들을 유의미하게 구성하는 데 작동하는 권력 관계에 초점이 있다고 볼 수 있다. 이는 담론분석법의 목적이 담론들 내에서 작동하는 권력 관계, 곧 담론들 사이의 차이를 발견해 내고 어떻게 특정한 담론이 담론들 간의 질서를 결정하는지, 어떠한 조건, 장치, 기법들이 특정 담론의 영향력을 극대화하는지, 여기에서 활용되는 기술이나 기법들이 어떻게 담론을 특정한 방식으로 재배치하고 재구성하는지를 분석하는 것임을 의미한다.

2. 생명권력 개념

푸코의 생명권력(biopower)은 인간이라는 종(species)의 신체를 통제하기 위해 작동하는 생물학적으로 정교화된 기법, 규제, 규율을 의미한다. 이는 푸코가 시대에 따른 국가 또는 (군)주권 담론의 변화양식을 기술하는 가운데 포착한 개념으로 담론의 작동방식을 분석하기에 적합하다. 생명권력은 푸코가 권력을 새로운 관점으로 재개념화한 개념이기 때문이다. 생명권력 개념은 권력이 작동하는 방식 또는 관계들을 기술하여 생명/삶에 대한 담론 내에서 작동하는 권력 관계들을 포착하고 분석할 수 있는 도구를 제공한다. 이에 생명권력 개념은 푸코의 담론분석법이 대상으로 하는 담론형성 이해에 핵심적이다. 무엇보다도 생명권력의 개념과 행사되는 기술 그 자체를 이해하는 것만으로도 푸코식 담론분석법의 예시가 될 수 있다.

가. 권력에 대한 새로운 이해: 효과로서의 권력

푸코는 권력 개념에 대한 새로운 시각을 제시한다. 푸코 이전의 권력은 대부분 군주권 형태의 소유 개념으로 논의되었다. 여기서 푸코는 권력이 행위자 또는 구조라는 특정한 주체를 상정하지 않는다고 역설한다(1998: 62-63). 무엇보다도 푸코는 권력이 소유보다는 관계 속에서 형성되고 행사되는 효과(effects)로 이해되어야 하는 개념임을 강조한다. 일례로 (군)주권 또는 국가권력이라고 명명할 때, 권력은 군주 또는 국가라는 실체가 소유해 행사하는 권한 또는 의지로 해석된다. 이러한 해석은 지배계급/피지배계급, 군주/신민과 같이 권력 소유 여부에 따른 이분법적 사유체계를 전제한다. 푸코는 이 지점에서 의문을 제기하고, 권력의 속성이 억압적이거나 폭력적이지만은 않다는 점을 부각시킨다. 추후 생명권력의 기술에서 상술되겠지만, 이는 푸코의 견해를 반영한다. 푸코의 관점에서 사회구조는 지배계급이 소유한 권력에 대한 피지배계급의 종속 또는 투쟁으로 유지되고, 변화하는 것이 아니라 일상을 구성하고 있는 사회과학적 지식, 사회문화적 규범, 윤리 등의 형태가 자기규율적 존재를 생산함으로써 유지된다.

푸코가 생명권력 개념을 통해 이야기하는 것은 권력이 작동하는 대상에 대한 변화이다. 특히, 생명/삶에 대한 권력의 행사 방식을 말해 준다. 푸코는 생명권력 개념을 섹슈얼리티(sexuality)에 관한 담론이 사회경제적, 정치학적 필요에 따라 어떻게 변형되고 생산되었는지를 분석한 그의 책『성의 역사 1권(The History of Sexuality Vol. 1: An Introduction)』(1990b) 후반부에서 소개하고 있다. 이 책에서 푸코는 17세기 이전 유럽에서 절대적인 권력을 행사하는 군주가 신민에 대한 생사여탈권을 통해 그의 권리를 행사했다고 설명한다. 이는 곧, 군주권이 '소유물, 시간, 신체, 궁극적으로 생명'을 빼앗아 죽음을 부여하거나 '살게 내버려두는' 권리로 행사되기 때문에 생명에 대한 권력은 죽음을 통해 행사된다는 것을 알려 준다(1990b: 136). 생명에 대한 권력 양상은 시대에 따라 다시 변화하고 이를 푸코는 '생명권력'이라 명명한다.

푸코는 생명권력 개념을 통해 18세기 근대사회 체계가 확립되면서 죽음을 부여하는 권리를 중심으로 행사되었던 군주권이 생명을 관리하는 생명권력 또는 삶 권력으로 변이한다는 것을 지적한다. 그는 통계학, 병리학, 우생학, 정신의학 등의 세분화된 지식이 발달하면서 다양한 방법들을 통해 '살게 만들거나 죽음의 지점에서 죽음을 허용하지 않는' 권력, 곧 생명권력이 탄생하고 행사된다고 주장한다(1990b: 138-140). 여기에서 생명은 삶과 죽음의 경계에 놓인 것이 아니라 관리의 대상으로 변화되어 특정한 형태로 재구성된다. 일례로 과거 학교에서 월요일 아침조회에서 이루어진 교장의 훈화 또는 학교도서관이나 교실에서 이루어지는 성적에 따른 자리배치 등의 상황을 생각해 볼 수 있다. 학교에서 이루어지는 일련의 행위들은 학생들이 교장이라는 권위에의 순종, 성적에 기초한 서열관계에의 순종을 당연하고 바람직한 것으로 학습하게 한다. 이러한 일상이 지속될 경우, 학교교육을 통해 순종이 일상화된 학생들은 순종적인 국민이 된다. 여기에서 순종은 하나의 훈육으로 학생들의 생명/삶에 개입한다. 기준에 부합하지 않는 학생들을 교정함으로써 개별적 신체의 습관, 행동방식, 표현들을 통제하는 동시에 모범시민의 기준에 부합하지 않는 신체, 곧 사회적 신체를 격리하거나 규율로 '정상화'시킨다. 요약하면, 군주권은 죽음 또는 삶과 죽음 사이의 명확한 구분에 초점이 있는 반면, 생명권력은 신체에 대한 규율과 규제를 통해 삶을 유지하고 관리하는 방식 또는 사유체계에 주목한다. 따라서 푸코의 생명권력 개념은 권력에 대한 새로운 이해, 특히 권력은 억압적 형태로 신체에 행사되는 폭력이 아니라 생산적 형태로 신체에 작동하는 효과라는 이해를 제공한다.

나. 생명권력의 기술: 규율권력과 생체권력

푸코가 기술하는 생명권력의 두 가지 작동 방식은 해부정치학적(anatomo-politics) 규율권력과 생체정치학적(biopolitics) 생체권력이다(1990b: 139). 푸코는 이들이 상호보완적으로 작동한다는 입장을 견지한다. 푸코는 『감시와 처벌(Discipline and Punish: The Birth of the Prison)』(1995)에서 형벌체제의 변화에 주목하며 해부학이 신체를 분절해 각 기능과 작용에 대한 지식을 정립한 것처럼 신체에 대한 해부정치학적 규율권력이 행사되는 기술을 상술한다. 그는 중세시대 공개처형과 같은 물리적이고 시각화된 형벌체제가 근대에 들어서면서 학교, 군대, 병원 등의 제도화된 조직을 통해 자기규율적 훈련의 형태로 변환되었음을 간파한다. 일례로 '시간(지각, 결석, 일의 중단), 활동(부주의, 태만, 열의 부족), 품행(무례함, 반항), 말투(잡담, 불손함), 신체(잘못된 태도, 부적절한 제스처, 불결함), 성적 표현(불결함, 저속함)'과 같은 일상 속에서 발견되는 미시적 형벌이 자기규제를 만들고 이 과정에서 유순한 신체(docile body)가 생산된다고 논증한다(1995: 178). 이러한 세분화된 미시적 형벌의 단면은 학생 신분에 어울리는 단정한 용모를 이유로 학생들의 복장과 두발을 규제하는 학교생활규정에서 찾아볼 수 있다. 동질화된 '학생다움'은 단정한 용모라는 기준을 표준화시키는 한편, 신체를 일정한 형태로 규제하는 기준으로 활용한다. 푸코에 따르면 규율은 하나의 담론적 실천을 생산하는 권력의 구체적인 기술이다(1995: 194-215). 이는 학생다움은 이미 존재하는 것이 아니라 조작된 실재이자 실천임을 의미한다. 따라서 여기에서 주목할 점은 학생들의 자기규제는 학교생활규정에 따른 처벌보다는 모범생/문제아, 엄친아 등의 표현이 전제하는 학생다움의 기준에 맞추는 것이 올바른 행위라는 믿음, 곧 규제에 따르는 유순함 또는 순종적인 태도가 옳다는 믿음에서 비롯된다는 점이며, 이러한 믿음은 사회문화적 배경, 윤리관, 도덕적 행동규범 등을 통해 형성되고 유지되어 학생다움의 실재를 구성한다는 점이다. 이는 연구자들이 생명권력을 담론형성분석에 이용할 때 누가 규율권력을 만들고 있는지에 초점을 맞추는 것이 아니라 어떻게 담론이 작동하고 있는지, 담론형성에 어떠한 미시적인 기술들이 사용되고 있는지에 초점을 맞추어 질문하고 탐색할 것을 요구한다.

생명권력의 두 번째 전략인 생체관리-정치학적 기술은 정치·경제학적 개입과 전략이 개인의 삶이 아닌 인구의 삶에 활용된다는 것을 나타낸다. 푸코는 「사회는 보호되어야 한다(Society must be defended)」라는 강의록에서 생체관리-정치학적 기술은 '살아있는 존재로서의 인간, 궁극적으로 종으로서의 인간에 적용되는 새로운 비훈육적 권력'이라고 논의했다(2003: 242). 일례로 출산장려금, 양육수당 등의 지원정책은 출생률을 높이기 위한 목적이 있다. 이러한 정책에서 생물학적 과정 또는 사적 영역으로 간주되었던 성생활은 일정한 인구를 확보하려는 정치적·경제적 전략을 통해 공적 영역이자 관리 대상으로 전환된다. 이처럼 건강한 미래 세대 또는 좀 더 발전적인 미래 사회 구현과 같은 목적 아래 신체, 특히 인간이라는 하나의 종(species)으로서 생물학적 과정과 인구라는 사회적 신체로서 건강과 안전에 관련된 영역들이 관리되고 규제된다. 이 과정에서 생물학적이고 자연의 영역으로 간주되었던 영역들은 출생률, 사망률, 평균수명 등의 통계학적 지식을 통해 분절되고, 계산되며, 범주화된다. 이러한 측면에서 해부-정치학적 기술은 해부학과 같이 신체의 각 기능에 따라 개별적 신체를 미시적으로 관리하는 기술인 반면, 생체관리-정치학적 기술은 생물학적 종으로서의 인간, 곧 인구라는 사회적 신체의 생물학적 과정을 관리하는 기술이라고 정리될 수 있다.

다. 생명권력과 담론

푸코는 '생명권력이 생명과 그것의 메커니즘을 명시적인 계산의 영역으로 편입시키고 지식-권력을 인간 생명을 변형하는 행위주체로 만들었다'고 주장한다(1990b: 143). 이를 고려하면, 생명권력의 두 가지 기술인 규율권력과 생체권력은 상호보완적으로 끊임없이 인간의 신체, 삶, 생명을 관리의 대상으로 편입시키고 있으며, 이 과정에서 특정한 지식 또는 담론이 생산된다고 볼 수 있다. 이는 권력이 담론을 생산하지만 특정한 주체가 담론을 생산한 것이 아니라 담론을 통해 주체가 생산된다는 것을 의미한다. 일례로 푸코적 관점에서 지배담론은 지배계급이 지배이데올로기를 유지하고 영향력을 강화하기 위해 생성한 구성물이 아니라 권력이 작동하는 실재, 곧 특정한 지식과 제도적 장치들이 복합적으로 연결되어 생산한 효과일 뿐이다. 권력 장치들의 배치가 변화되면, 지배담론 역시 변화하게 된다. 따라서 푸코가 이야기하는 지배담론은 마르크스적 관점에서 이야기하는 지배담론과는 다른 개념으로 이해해야 한다. 이처럼 생명권력은 권력에 대한 인식론적·존재론적 변화를 이끌어 낸다는 점에서 유의미한 개념이다. 특히, 개별적 신체와 사회적 신체가 교차하는 지점에서 작동하는 생명권력은 다양한 제도/조직이 어떻게 유기적으로 연결되어 있는지, 이들이 생산하는 담론들은 어떠한 사유체계에 따라 배치되고 관련을 맺는지, 이 과정에서 인간의 신체, 삶, 생명은 어떻게 (재)규정되는지 등에 주목하게 해 준다는 점에서 담론 연구에 시사점을 준다. 이에 생명권력 개념을 통해 담론을 분석한다면, 연구자들은 담론형성에 작동하는 미시적 기술, 기법, 책략 등에 주목하되 안전, 안보, 보건 등 다양한 형태로 삶의 영역을 관리 대상으로 만드는 체계와 기술을 포착하고 분석해야 한다. 곧, 생명에 대한 개별적 신체와 인구집단이라는 두 가지 상호보완적 측면을 검토해야 한다는 것을 의미한다. 아울러 연구자들은 생명권력이 제시하는 권력에 대한 새로운 관

점을 고려하여 통상적으로 사용되는 용어를 그대로 수용하기보다는 푸코의 관점으로 재
개념화해 사용해야 한다.

담론분석법의 발달과 연구 현황

앞서 담론과 담화의 개념을 구분한 것을 고려한다면, 담론과 담화는 연구 대상의 차이
를 전제한다는 것을 알 수 있다. 담화이론은 언어학에 기초를 두고 언어학적 관점으로
발화, 담화구조, 또는 텍스트 안의 언어기호 사이의 관계를 탐색한다(Barthes, 1967; de
Saussure, 1966). 담화를 분석하는 방법론 역시 언어학 이론의 발달에 따라 분화하고 있
다. 이는 언어학적 접근에 더 중점을 두는 것으로 담화분석법으로 분류되는 것이 더 타당
하며, 이 절에서 설명하는 푸코의 담론분석법과는 방법론적으로 구분되어야 한다.

한편, 사회과학 영역 가운데 신마르크스주의에 뿌리를 두는 비판이론(critical theory)에
서 사용하는 담론연구가 있다(Fairclough, 1995; Wodak & Meyer, 2009). 이들은 근본
적으로 사회를 상부구조와 하부구조와 같은 위계적 구조로 파악하고 담론의 이데올로기
적 측면을 분석하는 데 관심이 있다. 이는 권력 개념이나 작동 방식을 억압이나 종속의 형
태로 이해하는 것을 전제로 하기에 푸코의 권력 개념이나 행사 방식과 근본적으로 다르
다. 따라서 푸코의 담론분석법은 비판이론의 담론분석법과 구분되어 이해되어야 한다.
이 절에서는 푸코의 담론에 대한 관점에 기초하여 이루어지고 있는 담론분석법의 종류와
이들의 발달과정을 탐색하고, 이들을 활용하는 국내외 연구 현황을 간략히 소개하고자
한다.

1. 비판적 담론분석법

비판적 담론분석법(critical discourse analysis)은 원칙적으로는 비판이론을 기초로 하는
방법론으로 '푸코 등에 의해서 제기된 거대 담론이론을 구체적 언어분석에 적용하고자 하
는, 즉 담론과 담화연구를 접목시키고자 하는 접근방식'으로 권력, 언어, 사회의 관계에
주요 관심을 둔다(최윤선, 2014: 5). 모든 비판적 담론분석법이 푸코의 이론을 선택하고
있지 않기에 푸코식 담론분석법은 비판적 담론분석법의 하위개념으로 파악될 수도 있으
며, 푸코적 관점과는 구분되는 별개의 연구 방법론으로 분류될 수도 있다. 다만, 적어도
푸코 사후에 푸코적 담론분석법이 발전했다는 점을 고려한다면, 거시적 측면에서 푸코식

의 비판적 시각을 견지하면서 연구 대상으로서의 담론에 접근하는 한편, 언어학적 분석 방법을 선택한 비판적 담론분석법을 푸코의 담론분석법의 한 종류로 소개할 수 있다. 국내 연구자들도 주로 사용하고 있는 방법론인 '노먼 페어클로(Norman Fairclough)'의 비판적 담화/담론분석법이 그것이다(Fairclough, 1995).

페어클로의 비판적 담화/담론분석법이 검토하는 세 가지 측면은 크게 '텍스트의 언어적 분석에 초점을 맞추는 텍스트(text) 차원, 텍스트 생산 및 소비과정과 관련된 담화수행(discourse practices), 텍스트와 담화수행에 작용하는 사회구조, 조직, 제도적 상황과 같은 사회·문화적 수행(sociocultural practices) 차원'으로 나뉜다(최윤선, 2014: 25). 여기에서 연구자들은 연구 대상인 담론을 텍스트, 담화수행, 사회문화적 수행의 세 가지 차원으로 구분하여 검토할 수 있기에 담론분석을 위한 구체적 방법론적 지침을 안내받는다. 이 점에서 실제 푸코의 관점을 교육연구에 접목해 담론을 연구하고자 하는 연구자들은 페어클로의 비판적 담화/담론분석법을 많이 활용한다. 교육현장 또는 교육과정 내에서 반복적으로 등장하는 교실붕괴, 교권추락, 통합교육과정 등의 발화가 교육담론을 어떻게 변화시키는지 또는 사회문화적 맥락 속에서 담론이 어떻게 분화되어 가는지를 분석한 것이 대표적인 사례이다(김희연, 2013; 서덕희, 2003, 2006).

페어클로의 비판적 담화/담론분석법은 담론연구, 특히 푸코가 담론 개념을 통해 제기하는 담론이 생산하는 권력 관계, 사회문화적 장치들의 변화와 효과 등을 어떻게 분석해야 하는지에 대한 답을 명시적으로 제시하고 있다는 점에서 의미 있는 방법론이다. 다만, 텍스트 분석에서 어휘, 문법, 텍스트 구조 등에 초점을 맞추고 그것들을 가능하게 하는 사회문화적 조건들을 분석한다는 점에서 한계가 있다. 상술하면, 거시적으로는 담론이 발화 또는 기호만으로 이루어지는 것의 총체가 아닌 발화행위가 만들어 내는 권력 효과 또는 권력이 작동하는 방식의 실재라는 관점을 견지해 언어적, 비언어적 진술들을 탐색하지만, 미시적으로는 언어학적 기술들을 활용하기에 비언어적 부분들이 생산하는 효과들과 관계들, 곧 담론형성 또는 담론들 간의 관계 변화를 맥락이나 환경 변화로 해석한다. 이에 푸코의 담론에 대한 관점을 편의적으로 취사선택했을 뿐, 비언어적 요소들이나 특정한 담론이 작동하게 만드는 미묘한 장치들을 담화수행이나 사회문화적 수행의 차원에서 발견할 수 있을지는 의문이다.

2. 고고학과 계보학

고고학(archaeology)과 계보학(genealogy)은 푸코의 연구 방법론 가운데 널리 알려진 방법론이다. 푸코는 기존 역사연구와 구분되는 방법론으로 고고학과 계보학을 제시하고, 그의 저술들을 통해 새로운 방식의 역사 연구 방법이자 담론분석법의 예시로 제시한다. 저술들의 출판연도를 고려한다면, 푸코의 담론분석법은 고고학에서 계보학으로 이동하고 있다. 다만, 고고학과 계보학은 상호배타적이고 구분되는 개념이 아닌 보완적 관계로 이해해야 한다.

『지식의 고고학(The Archeology of Knowledge: An Archeology of the Human Sciences)』(1972), 『말과 사물(The Order of Things)』(1973), 『광기와 문명(Madness and Civilization: A History of Insanity in the Age of Reason)』(1988), 『임상의학의 탄생(The Birth of the Clinic: An Archaeology of Medical Perception)』(1990a) 등은 방법론적으로 고고학적 접근을 취한 대표적 저술이다. 이 저술들을 통해 푸코는 새로운 방식의 역사 연구법을 제시한다. 특히 광기, 정신병리학 등의 담론 또는 지식의 실재가 어떻게 형성되고 변화되는지를 시대적 환경 변화에 따라 추적한다. 이 방법은 역사 연구의 대상에 문서상 기록된 특정한 사건만이 아니라 우리의 특징한 사유나 행위를 가능하게 하는 담론도 포함될 수 있음을 보여 준다. 이처럼 고고학은 역사적 변화에 따른 지식이나 담론의 형성과 변환을 탐구하는 방법론이다. 여기에서 문제는 고고학적 접근이 시대에 따른 담론 변화만을 기술하기에 담론 변화를 이끌어 낸 조건들이나 담론형성에 작동하는 힘들의 역학관계를 설명하지 못한다는 점이다. 일례로, 고고학적 접근만으로 기술하는 광인에 대한 사유체계는 시대에 따라 이성을 정의하는 방식이 달랐다는 점과 그에 따른 광인에 대한 인식 변화, 곧 예언자와 같은 다소 별난 존재에서 정신병자로 변화했다는 결론만 가능하다. 따라서 광인을 대하는 태도에 따라 우리의 사유 역시 정상과 비정상의 기준을 내재화하는 방식으로 발달했고, 여기에는 특정한 조건에 부합하는 인구를 유지하고 관리하기 위한 전략이 작동하고 있다는 방식의 해석이 불가능하다. 권력의 작동 방식은 고고학적 관점에서 탐색의 대상이 아니기 때문이다. 이에 푸코는 고고학적 접근을 보완하는 방법론으로 계보학을 제시하고 권력의 작동 방식을 탐색한다.

계보학은 담론의 형성과 변환을 가능하게 하는 조건들, 곧 담론형성과 권력 사이의 역학관계를 탐구하는 방법론이다. 『성의 역사 1권(The History of Sexuality Vol. 1: An Introduction)』(1990b)과 『감시와 처벌(Discipline and Punish: The Birth of the Prison)』(1995)은 계보학적인 접근을 취한 대표적인 저술이다. 푸코는 이들 저술을 통해 인간과학이나 정신생리학과 같은 지식이 분화되면서 쾌락의 영역에 놓여 있던 섹슈얼리티는 억압 담론이자 출산율, 혼인율, 이혼율 등으로 관리되는 공적 담론으로 구성되었고, 학교, 공장, 군대와 같은 제도적 장치들을 통해 특정한 기준이 신체를 훈련시켜 순종적이고 자기규제적인 주체를 생산한다고 설명한다. 일례로, 이성애는 정상의 범주로 분류하지만, 게이, 레즈비언과 같은 동성애적 성적 취향은 비정상적이고 병리학적으로 치료되어야 할 금기의 영역으로 분류하며, 지각, 결석과 같은 시간의 규율을 거스르는 것은 곧 게으름으로 분류할 뿐만 아니라 성실함의 범주에 부합하도록 교정되어야 할 행위로 간주한다. 이처럼 정상/비정상, 이성/비이성, 옳음/그름 등의 이분법적 사유는 점차 분화되는 지식과 제도적 장치들을 통해 정교하게 학습되고 훈련되어 일상을 지배한다. 이처럼 담론에 대한 계보학적 접근은 지식과 권력의 밀접한 연관성, 특히 담론의 형성, 유지, 보급이 지식을 통해 이루어지기에 지식이 곧 권력으로 작동한다는 것을 보여 준다. 앞서 설명했듯, 여기에서 푸코가 말하는 권력은 억압적 형태로 작동하는 힘이 아니라 지식을 통해 행사되는 생산적 형태의 전략이자 효과이다. 이에 계보학적 관점에서는 고고학적 관점에서 발견되는 담론형성에 작동하고 있는 권력 관계들을 탐색하는 것이 목적이라고 할 수 있다. 따라서 고고학과 계보학은 상호보완적 개념이자 방법론으로 이해되어야 한다.

고고학과 계보학을 방법론으로 활용하는 교육학/교육과정 연구는 다양하게 설계될 수 있다. 다만, 국내에서는 주로 고고학(강태중·강충서, 2013; 정호진, 2009; 정호진·이종영, 2009)이나 규율권력(강현미·탁정화, 2014; 박성웅, 2002; 정호진 2012) 개념에 제한되어 권력의 작동방식이 검토된다. 반면, 국외에서는 다양한 푸코의 개념을 통해 고고학과 계보학의 방법론이 변주하고 있다. 계보학적 관점을 통해 교육담론이 역사적으로 어떻게 아동을 구제 대상으로서의 개념으로 규정했는지 변화 양상과 이러한 개념 규정이 담론에 정착하는 과정에서 정신과학의 분류 및 측정 방식, 곧 이들의 과학적 논리, 객관성, 합리성이 어떻게 기여했는지를 폭로하는 버네딧 베이커(Bernadette Baker, 2001, 2013), 통치성(governmentality) 개념을 활용해 신자유주의 또는 주체성의 문제를 논의하는 토마스 렘케(Thomas Lemke, 2007)와 니컬러스 로즈(Nikolas Rose, 1999, 2007), 합리성(rationality) 또는 사유체계(systems of reasoning) 개념을 활용해 교육개혁 담론이 생산하는 선택/배제의 권력 장치를 밝히고, 담론의 이동성(traveling discourses)에 주목해 세계화, 실용주의, 세계시민주의(cosmopolitanism) 등이 사회문화적, 역사적, 경제적 배경에 따라 이해되는 방식의 동질성과 차이를 논의하는 토마스 팝퀴위즈(Thomas Popkewitz, 2008, 2015), 생체권력 개념을 안전의 문제와 연결시켜 인종문제를 논의하는 마이클 딜런(Michael Dillon, 2008, 2015) 등의 연구가 대표적이다. 이러한 연구들은 연구 대상으로서의 담론 범위와 푸코의 개념들뿐만 아니라 담론분석법의 활용범위를 확장시키고 있다.

3. 담론분석법의 과정과 특징

이 절에서는 푸코의 담론분석법을 어떻게 적용해야 하는지 그 과정과 특징을 상술하고 구체적인 사례를 소개하고자 한다. 앞서 소개한 페어클로의 비판적 담론분석법에서는 언어학적 기법을 도입했기에 연구자들에게 비교적 구체적인 연구 방법이 제시된다. 반면, 고고학이나 계보학에서는 연구 방법 절차를 목록화하는 것보다는 푸코가 권력의 작동 방식에 초점을 두고 서술하는 방식과 담론에 접근하는 방식을 통해 담론을 분석할 때 연구자가 지켜야 할 원칙 또는 따라야 할 원리를 제시해 준다고 이해할 수 있다. 이에 푸코의 저술들을 통해 드러나는 담론에 대한 이해와 접근방법을 참고하여 푸코의 담론분석법을 질적 연구에 활용할 수 있는 방안, 특히 생명권력 개념을 담론분석법에 활용할 수 있는 원리를 제시한다. 아울러 필자의 학위논문을 포함해 국외 학술논문 일부를 사례로 소개해 연구자들이 좀 더 손쉽게 푸코식 담론분석법을 연구 방법론으로 활용할 수 있는 가이드라인을 제시하고자 한다.

가. 담론탐색의 원리

담론탐색은 담론분석법의 첫 단계이다. 푸코의 관점에서 담론은 특정한 의미를 생산해 내는 일련의 규칙 또는 체계이다. 일상적으로 통용되는 생각, 해석방식, 행위들이 따르고 있는 일련의 규칙 또는 체계 역시 하나의 담론이다. 일례로, 최근 활발하게 이루어지고 있는 다문화교육 연구는 주로 이주가정 아동의 차별이나 소외문제에 관심을 갖는다(김인, 2009; 류방란·김경애, 2014; 황갑진, 2010). 이는 다문화교육에 대한 이해가 한국인의 영역에 포섭되지 못한 소수인종, 특히 이주노동자나 귀화 외국인 등에 대한 이해와 문화 차이에 대한 관용으로 한정된다는 것을 시사한다. 이처럼 다문화를 소수민족에 대한 이해라고 사고하는 것은 다문화교육에 대한 하나의 담론이 형성되고 있음을 알려 준다. 또한 이러한 담론에는 외국인 유입 증가로 인한 역사적, 사회적, 경제적 환경 변화 속에서 '한국인'을 정의하는 방식, 곧 한국인에 대한 담론이 (재)구성되고 있고, 연관을 맺고 있음을 포착할 수 있다. 여기에서 연구자들이 다문화교육이 특정한 방식으로 이해되고 이러한 이해 방식이 통상적인 것으로 수용되는 체계를 갖추고 있다는 점을 인식하는 것, 곧 다문화교육에 대한 일상적인 이해 방식에 의문을 표시하고 하나의 담론임을 인지하여 이 담론이 구성되고 생산되는 데 영향을 주고 관계를 맺는 담론들을 탐색하는 것이 담론분석법 연구의 출발점이자 분석 방법이 된다.

담론을 탐색하고 담론들 간의 관계가 어떻게 형성되어 있는지를 탐색하는 방법에는 푸코가 계보학의 방법으로 제시한 네 가지 담론탐색의 원리인 '전복, 불연속성, 특수성, 외재성'이 활용될 수 있다(1971: 67-69). 이들 원리는 계보학적 방법론에 국한되지 않고 푸코식 관점에서 해석되는 담론의 특성과도 연관되기 때문이다.

전복(reversal)은 종래의 담론을 이해하는 전통적 해석 방식을 버리고 비판적으로 접근하는 것을 의미한다. 푸코의 광기에 대한 역사적 접근을 상기해 본다면, 광기는 문서상 기록되어 있는 역사적 사건이 아니라 하나의 개념으로 접근된다. 만약 푸코가 역사연구는 사료에 기초해야 한다는 관점을 고수했다면, 시대에 따른 광기 담론에 대한 변화를 포착하기 어려웠을 것이다. 이에 연구자들은 연구 대상에 기존과는 전혀 다른 새로운 방식으로 접근해야 한다는 점을 기억해야 하며, 교육현장에서 일어나는 사건, 행동, 활동, 공간 구성 등을 새로운 관점으로 관찰해 담론을 포착하고 기술하는 것이 필요하다.

불연속성(discontinuity)은 시간의 연속성을 전제하는 기존 관점에 대한 거부를 의미한다. 근대적 사유체계 속에서 시간은 연속성 또는 선형적 특성을 전제하는 관념으로 구성된다. 역사가 구성하는 시간이나 심리학적 발달단계 등은 모두 연속성을 가정한다(Foucault, 1991: 55). 이 지점에서 푸코는 단절되고 분열되며 변형되는 시간 흐름의 틈에 주목한다. 푸코에게 시간 개념은 진화론적으로 구성되는 연속물이 아니라 고르지 못한 흐름들로 이해되기 때문이며, 이러한 불연속성은 담론형성에 작동하는 권력들을 포착할 수 있게 해 준다. 따라서 연구자들은 시간의 분절, 담론들 사이의 단절된 공간에 주목해야 한다.

특수성(specificity)은 일반적이고 보편적인 담론의 효과에 대한 거부이자 하나의 담론이 갖는 특정한 방식의 사유체계를 의미한다(Foucault, 1991: 55). 푸코는 담론의 규칙이 구성원들의 보편적 합의에 따라 이루어진 것이 아니라는 견해를 견지한다. 이는 전복의 원리와도 연관된다. 전복이 연구자들에게 비판적인 시각으로 담론을 포착하는 행위를 촉진하는 원리를 제시한다면, 특수성은 연구자들 본인의 사유체계 또는 당연하게 받아들이고 사용하는 아이디어, 개념, 진술방식 등을 발견해 담론을 인식하고 분석할 수 있는 가능성을 열어 준다. 따라서 담론의 특수성은 담론이 작동될 때 배제되는 타자성을 포착할 수 있게 해 주며, 담론탐색 과정에서 연구자들이 염두에 두어야 할 담론의 성격이자 연구 방법 원리이다.

외재성(exteriority)은 담론의 바깥에서 조건들이 작동할 수 있도록 가능성을 만들어 주는 외부적 요인들에 대한 탐색을 의미한다. 이는 앞서 설명한 페어클로의 비판적 담화/담론분석 방법이 제시하는 담론의 사회문화적 수행 차원과 유사하다고 이해될 수 있으나, 텍스트와 텍스트 바깥의 구분을 전제하지 않는다는 점에서 차별된다. 이는 곧 내재성과 외재성의 이분법이 아니라 연구자들이 담론을 탐색할 때 담론을 움직이고 있는 우연적이고 우발적인 외부의 조건들, 사건, 요인들을 지속적으로 탐색해야 한다는 것을 의미한다.

계보학적 담론탐색의 네 가지 원리는 푸코적 관점으로 담론에 어떻게 접근해야 하는지, 곧 어떻게 담론을 이해하고 탐색해야 하는지에 대한 원칙을 제시한다. 푸코의 설명에 따르면, 이들 원리는 상호 연관되어 있으므로 담론탐색 단계에서 모두 고려되어야 할 요소이다. 이는 푸코식 관점을 선택할 경우, 연구 대상으로서의 담론은 언어적 표상 이외에 사유와 행위를 가능하게 하는 실천들을 모두 포함하는 광의적 개념임을 함의한다. 상술하면, 푸코에게 담론은 지배담론과 피지배담론 또는 수용된 담론과 배제된 담론으로 구분되지 않으며, 불연속적 부분의 총체로 인식되어야 할 개념이다(1990c: 100). 따라서 담론탐색 과정에서 요구되는 것은 연구자들의 끊임없는 질문과 의심, 익숙함보다는 낯섦의 태도이다.

연구자들이 연구 문제를 설정하거나 시작 단계를 기술할 때 참조할 만한 사례로 다음의 '교육과정 연구와 역사에 내재된 사유체계와 권력효과 탐구'(Popkewitz, 1997)의 도입부를 소개하고자 한다. 다음의 사례는 연구자 본인의 사유체계에 대한 반성적 고찰과 더불어 연구 문제를 제기하게 된 배경을 소개하고 있다. 이는 담론분석법을 선택하는 연구자들에게 푸코 방식에 따라 연구 문제를 어떻게 제기할 수 있는지 안내해 준다.

나는 특이한 방식으로 내가 어떻게 역사 문제에 관심을 갖게 되었는지 이야기하는 것으로 시작한 후, 내가 관심 있는 특정한 종류의 역사에 대해 이야기할 것이다. 잠시 내 약력을 말하자면, 나는 학부에서 역사학을 전공했지만, 박사과정에서는 교육과정 이슈를 정치학 내 지식사회학에 연결시켰다. 이것은 내가 학교교육의 역사에서 사회과학이 중요하다는 것을 깨달았던 교차점일 수도 있다. 여러분은 내 관심이 역사사회학 또는 사회역사학이라고 말할 수도 있다. 나는 이러한 꼬리표가 모두 아니라고 생각하지만 내가 관심 있는 것을 잘 보여 준다고 생각한다. 왜냐하면 우리가 사회사(social history) 또는 지성사(intellectual history)로 정의하는 Anglo-American 전통이 학교교육을 통해 작동하는 권력과 변화의 문제를 이해하는 데 부분적으로만 적합한 연대기식 순서와 묵시적인 목적론에 따라 조직되는 경향이 있기 때문이다.

역사에 대한 관심은 교육개혁으로 간주되는 학교교육의 현재 문제가 어떻게 다음과 같이 구성되었는지를 이해하는 것이다. 우리는 개혁에 대해 어떻게 생각하는가? 학교지식, 아동, 교수와 평가의 문제를 어떻게 제기하는가? 이러한 질문들은 학교교육 연구에서 핵심적인 문제로 교육과정 지식의 사회학을 다룬다. 이는 학교교육의 범주, 구분, 차

이를 역사적이고 사회적인 기념물로 만든다. (1997: 131-132)

나. 담론분석의 원리

담론을 분석하는 기법은 푸코의 서술방식에서 유추해 볼 수 있다. 담론분석은 담론이 특정한 규칙에 따르고 있는 진술들의 집합체라는 선제 아래 담론 안에서 작동하고 있는 규칙들을 규명하고, 어떻게 그러한 규칙들이 생성되고 작동하는지, 진술 과정에서 무엇이 이야기되고 이야기되지 못하는지에 대한 질문의 답을 찾는 것이다(Kendall & Wickham, 1999). 이는 푸코의 권력에 대한 개념 이해와 연관된다. 푸코에게 담론 연구는 곧 권력의 작동 방식에 대한 이해이기 때문이다. 여기에서 연구자가 염두에 두어야 하는 질문의 핵심은 '누가'가 아닌 '어떻게'이다. 앞서 예시로 언급한 다문화교육 담론의 경우, 푸코의 문제의식은 누가 다문화주의 또는 다문화교육 담론을 통해 권력을 유지시키고 있는지에 있지 않다. 푸코의 관심은 왜 다문화교육이 특정한 방식으로 이해되는지, 어떻게 그러한 방식이 가능한지에 있다. 물론 여기에서 '왜'라는 질문 역시 '어떻게'로 치환되어야 한다. '왜'라는 질문은 곧 인과관계 혹은 주체를 설정하기 때문에 연구자들의 사고체계에서 문제의 초점은 권력에 대한 기존 관점에서 제기했던 '누가' 그러한 방식을 만들었는지 또는 '누구'의 지배이데올로기가 작동하고 있는지의 질문으로 환원된다. 이는 곧 푸코의 관점을 취하는 연구자들이 담론을 분석할 경우, 국가, 정부기관, 사회 기득권과 같은 주체를 설정하고 이들이 담론을 작동시킨다는 해석으로 귀결되어서는 안 된다는 것을 의미한다.

푸코에게 국가(기구)는 권력의 근원이나 핵심이 아니라 권력 유지가 합리적인 방식으로 이루어질 수 있도록 관리하는 다양한 통치성(governmentalities) 체제의 유동적인 효과에 지나지 않는다(Foucault, 2008: 77). 따라서 푸코의 관점에서 담론은 지배담론/피지배담론, 억압담론/저항담론의 이분법으로 파악될 수 없다. 오히려 푸코에게 담론은 다양한 이해관계들 또는 권력들의 연결망을 보여 주는 하나의 장(場)으로 파악된다. 이러한 점을 고려한다면, 담론분석은 곧 일상 속에 분포되어 있는 미시적인 권력들이 어떻게 연합, 대립, 배제, 포섭의 전략을 구사하는지, 이러한 전략들을 통해 형성되는 앎/지식이 무엇인지를 포착하고 기술하는 것이다. 이 지점에서 푸코가 제시하는 생명권력 개념은 권력의 작동 방식을 포착하고 해석할 수 있는 구체적 원리를 제시해 준다.

생명권력(biopower)은 상호보완적이지만 두 가지의 축으로 서로 다른 층위에서 작동하는 해부정치학적 규율권력(disciplinary power)과 생체정치학적 생체권력(biopolitics) 두 가지 기술로 행사된다. 앞에서 설명한 것처럼 규율권력은 하나의 개체로서 인간의 신체가 어떻게 분절되어 관리되는지에 초점을 맞춘다면, 생체권력은 인구라는 집단 또는 인간이라는 하나의 생물학적 종(species)으로서 신체가 어떻게 관리되는지와 연관된다. 이들의 행사 방식은 『성의 역사 1권』(1990b)에 소개되어 있다. 이 책은 푸코가 섹슈얼리티 담론은 신체를 규제하는 규율권력과 인구를 통제하는 생체권력의 교차지점에 위치하였다고 역설한 의미 있는 저술이다. 특히, 생명권력 개념을 소개하여 생명이 어떻게 관리의 대상이 되는지 담론을 생산, 유지, 일반화시키는 기술들을 분석한다는 점에서 연구 방법론적으로 담론분석법의 예시가 된다.

> 대체로, '신체'와 '인구'의 교차점에서 섹슈얼리티는 죽음의 위협보다 삶의 관리를 중심으로 조직되는 권력의 중요한 목표가 된다. 혈연은 권력 메커니즘, 권력의 발현, 권력의 의례에서 오랫동안 중요한 요소였다. 동맹체계가 있는 사회에서 군주의 정치적 형태, 질서와 계급들로의 분화, 가계의 가치는 지배적이었지만, 기근, 전염병, 폭력이 죽음을 임박하게 하는 사회에서 피(blood)는 가장 근본적인 가치의 하나를 구성했다. (중략) 피의 사회는 피(전쟁의 명예, 기근의 공포, 죽음의 승리, 검을 든 군주, 사형집행인, 고문)를 통해 말하는 사회이다. 피는 상징적 기능의 실재였다. 한편, 우리는 성(sex)의 사회 또는 섹슈얼리티의 사회에 있다. 이러한 사회에서 권력의 메커니즘은 신체, 생명, 생명을 급증하게 만드는 것, 종을 강화하는 것, 종의 활력, 종의 지배능력이나 사용되는 역량에 작동한다. (중략) 19세기 후반부터 피의 주제는 섹슈얼리티 장치를 통해 행사되는 정치권력의 유형을 되살리는 방향으로 전 역사가 조력하도록 요청했다. 인종주의는 이 지점에서 구체화되었다. (Foucault, 1990b: 147-149)

위의 인용문은 섹슈얼리티 담론을 분석해 권력이 억압적 기제로 작동하는 것이 아니라는 것을 나타낸다. 무엇보다도 역사적·사회적 환경의 변화와 함께 섹슈얼리티 담론을 통해 피(blood)가 인종(race) 개념으로 전환되는 지점, 특히 인간의 생명이 개별적 신체와 인구라는 사회적 신체로서 권력이 행사되는 대상이자 정치적·경제적 관리의 대상으로 전환되는 지점을 포착하고 있다. 이러한 기술방식은 담론분석 단계에서 생명권력 개념이 하나의 이론적 틀로서 특정한 형태의 인간/신체/생명은 어떻게 가정되고 진술되며, 내재화되고 있는지를 밝히는 연구를 가능하게 한다는 것을 함의한다.

아울러 푸코의 섹슈얼리티 담론분석 방식에 기초하여 연구자들이 담론을 인식하고, 연구 문제를 설정하며, 자료를 분석해 기술하는 단계에서 유념하거나 제기할 수 있는 질문 목록을 작성해 보면 다음과 같다. 특히, 마지막의 담론 기술 단계에서의 질문은 푸코 방식의 글쓰기를 위한 사전작업이자 담론분석법의 실천으로 해석될 수 있다.

〈표 1〉 연구 문제 설정 및 자료 해석을 위한 질문 목록

담론 인식

• 담론에서 이야기되는 것들은 무엇인가? 또는 어떠한 행위가 수용되고 있는가?

• 이야기되지 않는 것 또는 수용되지 않는 행위는 무엇인가? 그것들은 어떠한 방식으로 다루어지는가?

담론 구조 파악

• 상식으로 이해되는 것이 있는가? 상식이라는 앎의 방식은 어떻게 하나의 담론으로 구성되는가?

• 동일하지 않은 이야기/행위 방식이 있는가? 담론들 사이의 차이는 어떻게 만들어지고 있는가?

담론 생산/유지의 장치 탐색

• 담론은 어떻게 지식을 생산, 유지, 전파하는가? 이 과정에서 어떠한 장치/기법/기술들이 사용되고 있는가? 이러한 장치들은 서로 어떻게 연관을 맺고 작동하는가?

• 담론들에서 어떠한 변화가 일어나고 있는가? 그 변화는 어떠한 사유체계를 변화시키는가?

담론 기술

• 담론의 인식과정을 어떻게 기술하고 있는가?

• 담론을 기술하는 용어들을 어떻게 사용하는가? 용어들 간의 동일성과 차이를 기술하고 있는가?

　

　

　

푸코의 담론분석법은 담론의 작동 방식을 폭로하는 것 그 자체로 의미가 있다. 권력의 관계망을 조망해 내기 때문에 관계를 유지하는 장치들을 재배치함으로써 다른 담론들보다 우세한 위치를 점하고 있는 담론이 해체되거나 재구성될 수 있기 때문이다. 이에 담론 탐색 과정에서와 마찬가지로 담론분석에서도 연구자들은 스스로 끊임없이 자신의 사유체계를 조망하고 통념을 있는 그대로 받아들이기보다는 낯섦을 유지하며 복합적으로 연계되어 있는 담론 유지 장치들을 분석하고 이를 기술해야 한다. 여기에서 장치들은 역사적, 사회적, 경제적 사건, 도덕이나 윤리와 같은 행동규범, 관습 등을 모두 포함한다.

다. 담론분석법 적용의 구체적 사례

담론분석법은 문헌/이론연구와 탈실증주의/질적 연구에서 모두 쓰일 수 있는 방법론이다. 연구 대상에 대한 접근 방법, 자료를 분석하고 해석하는 방식, 분석내용이나 해석을 진술하는 방법과 같이 연구 문제 설정부터 연구 결과물 작성까지의 전 과정에 걸쳐 연구자의 관점 변화를 요청하기 때문이다. 또한, 담론의 범위가 발화뿐만 아니라 우리의 사유체계를 구성하는 모든 구성물들을 포함하는 광의적 개념으로 확장되기 때문에 방법론적으로 연구 자료에 따른 제한이 없다고 판단할 수 있다. 이는 곧 교육과정 연구에서 교실 현장이나 정책 관련 문서뿐만 아니라 학교교육의 방향성을 논의하는 신문기사, 대담, 심층인터뷰와 같은 구술자료, SNS(Social Networking Service), 교실이나 학교의 공간 구

성 및 배치 등이 모두 하나의 담론으로 검토될 수 있는 연구 대상이자 자료로 선택될 수 있음을 의미한다. 이제 필자의 논문을 포함해 푸코의 관점을 연구 자료에 적용해 담론분석법을 활용하고 있는 연구 실례를 제시해 연구자들에게 자료 분석 및 방법론의 적용방안을 제시하고자 한다.

푸코의 관점에서 담론의 범위는 광범위하게 규정될 수 있다. 다만, 연구 자료를 기술하고 분석하는 과정에서는 연구자들이 비언어적 담론을 언어적으로 변용해야 한다. 이 지점에서 자료 분석은 반복적으로 사용되는 단어들을 포착하는 것에서부터 시작될 수 있다. 다만, 텍스트 내 언어적 기호를 분석하는 것이 아니라 단어 또는 용어의 의미가 어떻게 변화하는지, 이 변화와 연관된 역사·정치·사회·문화·경제적 사건들이나 조건들이 무엇인지, 이 과정에서 어떠한 담론들이 생성되고 연관을 맺으며 재구성되는지를 분석하고 기술해야 한다.

> **연구예시**
>
> ### 고고학을 활용한 교사교육 담론분석(Bourke et al., 2016)
>
> 푸코의 고고학에 기초한 담론분석 기법을 사용해 호주의 교사교육에 대한 승인(accreditation)과 관련된 정책문서를 검토한 연구는 졸업하는 예비교사들이 어떻게 담론을 통해 그들의 전문성을 구성하는지를 분석한다. 정책문서들에서 반복적으로 등장하는 능동형 동사를 분류하고, 학술적 기록의 텍스트와 텍스트를 생산하는 목소리에서 발견되는 전문성과 질의 개념들을 구성하는 데 사용되는 담론들이 무엇인지 탐색해 정책담론과 학술적 기록들 사이의 부조화를 발견한다. 연구자들은 예비교사, 초임교사, 경력교사들의 생생한 경험들을 교사교육 승인 프로그램의 기준에 반영할 수 있는 방안 탐색을 위한 후속연구를 요청한다.

위의 예시에서 주목할 점은 담론분석법에 사용되는 구체적 기술들뿐만 아니라 텍스트 내용 분석에서 포착되는 목소리가 담론형성과 연결된다는 점이다. 정부정책 문건을 검토하면서 정부라는 주체를 설정하거나 누구의 목소리가 반영되었는지에 초점을 맞추는 것이 아니라 텍스트 진술방식과 특정한 주체를 생산하는 방식에 초점을 맞춘다. 마찬가지로, 필자의 박사학위논문 역시 신문기사를 분석할 때 교육개혁과 관련된 텍스트를 선택한 후, 이를 논의에서 종종 동원되는 용어 및 당위성에 이용되는 주요 키워드를 선정해 이들이 어떠한 의미로 구성되는지, 어떠한 인간상을 생산하고 유지하는 데 이용되는지를 검토한다.

생명권력 개념을 활용한 국가 교육개혁 담론분석(Kung, 2015)

국가 교육개혁 담론에서 기술하는 한국인다움(Koreanness)이 진술되는 방식의 변화양상과 경제위기라는 사회·경제적 변화와 함께 경제·경영학적 논리로 재편되는 교육현장의 변화로부터 문제의식을 갖고 1997년 IMF 사태 전후의 교육개혁 담론의 변화양상을 포착하는 데 중점을 둔다. 푸코의 생명권력 개념과 리오타르의 수행성 개념을 방법론으로 이용하고 권력작동 방식의 변화를 포착할 수 있는 새로운 권력 개념의 필요성을 제안한다. 이 논문에서 교육개혁 담론은 미디어를 통해 생산되는 담론에 초점을 맞추어 교육개혁과 관련된 조선일보와 한겨레신문 기사를 연구 자료로 수집했다. 특히 관련 기사들을 각각 수월성·평등성담론을 형성·유지·확산시키는 구성물이자 장치로 파악하고, 담론 내에서 직·간접적이고 반복적으로 사용되고 있는 '위기'와 '성공'이라는 두 가지 키워드를 중심으로 자료를 수집·분류한 뒤 이들이 한국인다움을 기술하고 (재)구성하는 방식을 분석했다. 이 분석 과정에서 수요자 중심교육, 국제 경쟁력 강화, 국가 경쟁력 강화 등의 구호가 교육개혁 담론에서 낯익은 용어로 변환되는 지점, 곧 수월성 담론이 교육개혁 담론 내에서 우위를 차지하게 되는 것은 신자유주의의 확산 또는 신자유주의에 기초한 정책들의 일환으로 해석되지 않는다. 오히려 교육개혁 담론의 변화를 1997년 IMF 이후 확산된 신자유주의 담론으로 환원하는 사유체계에 의문을 제기하고, 인간과 삶에 대한 사유체계가 역사적, 사회·문화적, 경제적 경험과 기억, 관습과 도덕적 규율, 윤리와 같은 구성물, 장치, 조건 등을 새로운 방식으로 재구성하는 인식론적·존재론적 변환이라고 해석한다.

위의 두 가지 예시에서 나타나듯, 담론분석법은 푸코의 개념들을 이용해 다양한 방식으로 이루어진다. 필자의 경우, 푸코의 생명권력 개념과 리오타르의 수행성 개념을 융합해 각각의 개념적 한계를 극복하고자 했다. 두 가지 개념을 통해 자료를 수집하고 텍스트를 선별해 교육개혁 담론 형성과 밀접한 연관을 맺고 있는 담론들을 분석했다. 다음에 예시되는 교육과정 연구들 역시 푸코의 담론에 대한 관점을 변형하거나 민족지학적 방법론, 사례연구 등의 방법론과 혼용하고 있다.

먼저, 푸코의 고고학/계보학에서 도출되는 역사성을 방법론적으로 적용한 사례는 다음과 같다. 다음의 예시는 푸코식 문제제기, 곧 의심 없이 수용하는 인식 또는 사유체계에 대한 질문에서 연구가 시작되고, 이러한 연구 문제가 담론분석에까지 이어지고 있음을 보여 준다. 아울러 정책문서를 통한 담론분석은 진술방식뿐만 아니라 관련 언어들이 재구조화되는 과정을 포함한다는 것을 시사한다.

담론의 역사성을 활용한 장애인 담론분석(Peters, 2007)

국제적인 통합교육정책과 장애인에 대한 역사적 분석은 국제정책 아젠다에서 제시되는 모든 사람을 위한 교육(EFA: Education for All)에서 의미하는 '모두(all)'가 무엇을 의미하는지를 묻고 이를 재고해야 한다는 문제의식에서 시작하는 연구이다. 정책은 하나의 담론 구성물로서 포섭과 배제의 과정을 유지하는 실재와 연관된다고 개념화하는 과정에서 푸코의 관점을 활용하고, UN총회에서 교육상 차별금지 협약이 채택되면서 장애인 권리운동이 부흥하기 시작한 1960년부터 2007년 장애인권리협약까지의 대략 40년간 미국의 장애아동과 청소년교육을 포함하는 12개 주요 국제정책문서를 중심으로 역사적 사건과 사회적 맥락 사이의 관계가 어떻게 재구성되는지를 분석한다. 문서의 내용을 분석해 EFA와 연관된 장애인의 권리에 대한 정책문서들이 장애인과 관련된 언어를 분절하고, 재해석하며, 재작업해 경제발전과 통합교육을 연결시키는 정책담론이 생산되고 있다고 논증한다. 특히, 이러한 작업을 통해 장애인에 대한 EFA가 부족하다는 것과 교육불평등에 대한 인식을 제고해야 한다는 필요성을 역설한디.

다음의 예시는 교사의 교수활동에서 일어나는 감정을 연구 대상으로 끌어내고 담론화시키는 데 푸코의 관점을 활용하고, 자료 수집 단계에서 민족지학적 접근을 접목한 연구이다. 이는 연구자들에게 담론의 대상이 비언어적 요소에까지 확장될 수 있음을 보여 준다. 또한 관찰 대상자인 교사의 교수활동을 기록한 텍스트뿐만 아니라 인터뷰 내용을 분석해 담론이 형성되고 유지되는 데 영향을 미치는 미시적 권력기술들을 기술함으로써 비언어적 담론을 포착해 분석하는 방법을 예시한다.

민족지학적 접근을 활용한 감정 담론분석(Zembylas, 2005)

교수활동에서의 감정(emotion)과 정체성(identity)에 관한 연구는 교사의 감정을 담론의 실재로 개념화하는 데 포스트구조주의적(poststructuralist) 관점, 특히 푸코식 생각을 원용한다. 이 연구는 교수활동에서 교사의 감정규칙들이 어떻게 구성되고 경험되는지, 그것들의 효과가 무엇인지, 그것들이 어떻게 교사 정체성을 다양하게 하는 구조들과 형성과정에서 우세하고 저항적인 쪽으로 기능하게 하는지를 밝히는 것을 목적으로 한다. 방법론적으로 교사 정체성과 감정을 개념화하는 데 푸코의 관점을 취하는 한편, 민족지학적 접근으로 장기간에 걸쳐 연구한다. 교사 한 명의 교수활동을 사례로 선정해 감정규칙, 감정통제, 정체성의 형성과정을 3년 (1997~1999)에 걸쳐 연구한 뒤 후속연구로 4년 후 한 학기(2003년 봄학기) 동안 동일한 교사를 대상으로 연구한다는 점이 특징이다. 논문에서는 인터뷰 내용 분석의 도구로 푸코의 관점을 활용해 교사 정체성이 규율권력과 지역적인 감정규칙을 통해 생산되고 제한된다고 주장한다.

———

마지막으로 푸코가 포스트구조주의적 입장을 견지한다는 점을 고려한다면 다음에 예시되는 연구 역시 푸코의 담론분석법의 일환으로 해석할 수 있다. 연구자들은 페미니스트적 포스트구조주의 관점을 원용해 장애와 비장애의 이분법적 사유체계가 지속되는 지점을 포착하고 사례연구를 통해 장애/비장애 담론 생산 및 유통 경로를 분석한다. 특히, 인터뷰에서 사진을 통해 정상성의 범주에 신체를 맞추는 과정에서 인식되는 장애에 대한 사유체계를 구술하게 하고, 이를 하나의 담론으로 포착한 점은 담론분석법의 또 다른 활용법을 제시해 준다.

연구예시

사례연구를 활용한 장애 담론분석(Amsterdam et al., 2015)

네덜란드에서 신체적으로 장애가 있는 청소년들이 그들의 신체와 자아를 어떻게 담론적으로 구성하는지를 연구한 논문은 페미니스트적 포스트구조주의의 관점을 활용하고 있다. 이 논문에서는 온라인 포럼, 재활센터, 학교를 대상으로 12살에서 18살 사이의 신체장애가 있는 청소년들을 조사해 연구참여에 동의를 한 4명의 학생들을 연구 대상으로 선별한다. 이들에게 연구자들은 운동선수의 몸과 운동선수가 아닌 몸으로 생각되는 사진 한 장씩을 가져오라고 하여 사진을 보며 체육교육, 스포츠, 신체, 정체성/자아에 대한 경험과 생각들을 이야기하도록 하는 심층인터뷰를 진행한다. 이 과정에서 연구 참여자들의 내러티브를 통해 스포츠와 신체성을 지배하는 비장애 담론 내에서 어떻게 그들 스스로를 위치시키고 있는지를 분석한다. 연구자들은 장애/비장애에 관한 경험과 생각들이 다양해 장애의 범주가 동일하지 않지만, 장애청소년들이 신체능력에 대한 차별적 개념인 정상성과 종종 비교·평가되기에 '다르다'고 분류되고 있음을 간파한다. 특히, 이 과정에서 정상의 범주에 소속되고 수용되려는 노력들과 더불어 '다름'으로 표기되는 이들을 주변화시키는 전략들에 대한 저항을 발견하고 지배적으로 작동하는 신체능력에 대한 차별 담론을 저지할 대안 탐색을 요청한다.

———

지금까지 살펴본 담론분석법의 사례들을 통해 연구자들에게 담론분석법의 특징과 절차를 개괄하자면 다음과 같다.

〈표 2〉 담론분석법의 특징 및 절차 목록 예시

연구 대상 설정

담론분석법의 연구 대상은 언어적/비언어적 서술, 시각적 이미지, 행동 등 담론을 생산, 유지, 확산시키는 데 관련된 모든 활동을 포함한다.

자료 수집

담론분석법의 자료 수집 방법은 민족지학적 접근, 사례연구, 관찰 및 인터뷰, 용어에 대한 고고학적/계보학적 접근 등 다양한 질적 연구 방법론을 차용하거나 혼용할 수 있다.

자료 분석 및 기술

담론분석법의 자료 분석과 기술은 '왜'가 아닌 '어떻게'에 초점을 맞추어 논리적으로 서술하되 담론형성에 영향을 미친 모든 사건 및 활동을 분석 대상으로 고려해야 한다.

담론 자료 해석 및 유의점

연구자들은 연구의 시작부터 끝까지 전 과정에 걸쳐서 생각하는 방식, 진술하는 방식, 대상을 관찰하는 방식 등을 반성적으로 고찰해야 한다. 이는 연구자의 객관성을 요구하는 것이 아니라 당연하게 받아들이거나 의심 없이 수용하는 태도에 대한 경계를 의미한다.

결론 및 제언

푸코는 교육학뿐만 아니라 사회과학 전반에 영향을 준 학자이다. 푸코의 이론 역시 다양한 학제에서 활용되고 있다. 지식이 곧 권력임을 역설해 연구 대상의 범위 제한이 비교적 적다는 장점이 있는 담론분석법은 매력적인 질적 연구 방법론으로 선택될 수 있다. 또한 지금까지 질적 연구 방법론이 직면해 왔던 연구의 객관성이나 과학성을 결여한다는 비판에 대해 담론분석법은 현 시대의 권력은 실증연구가 객관적이라는 담론을 선택해 작동하고 있다는 관점을 제시해 반론을 제기할 여지를 제공해 준다. 이러한 측면에서 푸코식 담론분석법의 시사점을 검토하고 질적 연구 방법론으로서의 가능성을 제시하는 것으로 이 장을 마무리하고자 한다.

담론분석법이 교육과정 연구에 주는 시사점은 먼저 객관성과 과학성이 지배하는 연구 활동에 대한 비판적 시각을 견지하는 동시에 그동안 고려되지 못했던 교육현장, 교육활동, 사건, 문서 등을 조망할 수 있는 가능성이다. 최근 양적 연구와 질적 연구의 조합이 많이 이루어지고 있지만, 질적 연구의 객관성 또는 타당성 확보는 객관적이고 과학적인 증거 중심으로 연구가 이루어지는 환경에서 여전히 문제가 되기도 한다(김영천, 2013, 2016). 이 지점에서 푸코의 담론분석법은 과학적 수치와 가시적 증거 자료를 객관적이라고 생각하게 만드는 체계 역시 특정한 하나의 담론임을 연구자들에게 일깨운다. 따라서 연구자들은 담론분석법을 통해 그동안 시도하지 못했던 다양한 주제와 영역을 선정해 연구를 진행할 수 있으며, 특정한 방식으로 생산되는 담론을 기술해 내는 것으로 연구의 타당성을 확보할 수 있다. 이는 곧 연구자들의 자율성을 허용한다는 점과 일맥상통하기에 담론분석법은 질적 연구 방법론의 지평을 확장시켜 현장의 다양한 문제들을 새로운 관점으로 인식하고 대안을 탐색할 수 있다는 가능성을 제공해 줄 것이다.

둘째, 담론분석법은 한국교육이 목표로 하는 인간상이 무엇인지에 대한 논의를 활성화할 것이다. 국내 교육과정 연구에서 교육받은 인간상에 대한 연구가 이루어지고 있지만, 실제 국가수준에서 인간상은 '한국인'과 같은 추상적인 형태로 기술된다. 한국인이라는 인간상/비전을 논의하는 교육개혁 관련 논의, 미디어, 인터뷰 등은 하나의 담론이므로 한국인과 연관된 담론들 속에서 어떠한 개념들이 결합되어 있는지를 검토함으로써 교육목적에 대한 논의가 활성화될 수 있으며, 신체/삶에 대한 인식 변화가 어떻게 반영되어 있는지, 어떠한 방식으로 인간상이 재구성되는지를 포착할 수 있다. 이는 다양한 이해관계가 충돌해 발생하는 교육문제에 새로운 관점의 해결책을 제공해 줄 수 있을 것이며, 궁극적으로는 교육과정 논의를 좀 더 생산적으로 만드는 데 기여할 것이다.

마지막으로 담론분석법은 간학제적 접근과 관점을 허용한다는 점에서 의의가 있다. 담론의 범위가 확장되는 만큼 담론분석에는 교육과정 관련 지식뿐만 아니라 역사적, 사회·문화적, 경제적 사건에 대한 배경지식과 학술적 설명이 요구된다. 일례로 필자의 학위논문에서 검토한 IMF 위기가 교육담론에 미친 영향을 검토할 때 IMF 위기가 일어난 경제적 배경 및 사태 발생 후 일어난 가족관계 변화, 여성지위 등의 사회변화 등에 대한 맥락 이해가 필요했다. 바로 이 지점에서 담론형성에 개입하는 다양한 책략과 기술이 검토될 수 있기에 담론분석법은 연구자들에게 교육학, 사회학, 여성학, 경제학 등의 지식을 다각적으로 검토하고 활용할 기회를 제공해 주고, 이는 곧 인식의 지평을 넓혀 폭넓은 교육학/교육과정 연구를 가능하게 할 것이다.

종합하면, 담론분석법은 질적 연구의 대상과 방법론을 확장시킨다. 아울러 담론들이 생산되는 지점을 포착하고 시공간을 재배치할 수 있는 기회를 만들어 낸다는 점에서 새로운 시각의 질적 연구 방법론을 다양화하고 활성화하는 데 기여할 것이다.

참고문헌

강진숙(2006). '교육위기' 담론의 의미와 주체구성방식의 연구: 한겨레 신문과 조선일보 기사를 중심으로. 한국언론정보학보, 7-52.

강태중·강충서(2013). 사교육 담론에 담긴 학교 교육의 의미 역사적 고찰. 교육사회학연구, 23(4), 1-28

강현미·탁정화(2014). '세 얼간이'와 '지상의 별처럼'에 나타난 교육에 대한 시선과 담론: 푸코의 권력이론에 근거하여. 학습자중심교과교육연구, 14(5), 213-230.

김영천(2013). 질적 연구 방법론 2: Methods. 파주: 아카데미프레스.

김영천(2016). 질적 연구 방법론 1: Bricoleur. 파주: 아카데미프레스.

김영천·주재홍(2011). 포스트모던 패러다임과 교육학/교육과정연구. 서울: 아카데미프레스.

김인(2009). 초등학교 다문화교육의 현황 및 지향점. 초등교육연구, 22, 23-42.

김희연(2013). 유아교육에서의 통합교육과정에 대한 비판적 담론분석. 유아교육학논집, 17(2), 521-544.

류방란·김경애(2014). 중등학교 교사의 다문화교육 인식. 다문화교육연구, 7(3), 87-111.

박선웅(2002). 학생다운 몸의 규율과 학교 위기. 교육사회학연구, 12(3), 75-99.

서덕희(2003). "교실붕괴" 기사에 대한 비판적 담론 분석: 조선일보를 중심으로. 교육인류학연구, 6(2), 55-89.

서덕희(2006). "교실붕괴" 이후 신자유주의 교육담론의 형성과 그 저항: 홈스쿨링에 관한 담론분석을 중심으로. 교육사회학연구, 16(1), 77-105.

정호진(2009). 학교체육 정책과 초등체육 담론의 구조: 푸코의 고고학적 접근. 한국체육정책학회지, 14, 131-142.

정호진(2012). 교육실습 현장에서 초등 예비교사들의 시선 속 체육수업 담론에 대한 푸코적 분석. 한국초등체육학회지, 17(4), 27-39.

정호진·이종영(2009). 초등교사의 체육에 대한 가치문화 담론과 운동실천. 한국스포츠사회학회지, 22(4), 167-191.

최윤선(2014). 비판적 담화분석: 담화와 담론이 만나는 장. 서울: 한국문화사.

황갑진(2010). 다문화교육 담론에 대한 비판적 고찰: 중등 사회과에서 다문화교육의 기능성을 중심으로. 사회과교육연구, 17(4), 199-214.

Amsterdam, N., Knoppers, A., & Jongmans, M.(2015). 'It's actually very normal that I'm different.' How physically disabled youth discursively construct and position their body/self. Sport, Education and Society, 20(2), 152-170.

Baker, B. M.(2001). In perpetual motion: Theories of power, educational history, and the child. New York, NY: Peter Lang.

Baker, B. M. (2013). William James, sciences of the mind, and anti-imperial discourse. New York, NY: Cambridge University Press.

Barthes, R.(1967). Elements of semiology. London: Cape.

Bourke, T., Ryan, M., & Lloyd, M.(2016). The discursive positioning of graduating teachers in accreditation of teacher education programs. Teaching and Teaching Education, 53, 1-9.

Derrida, J.(1967). Writing and difference. Chicago, IL: University of Chicago Press.

Derrida, J.(1993). Structure, sign, and play in the discourse of the human sciences. In J. Natoli, & L. Hutcheon(Eds.), A postmodern reader(pp. 223-242). New York, NY: State University of New York Press.

De Saussure, F.(1966). Course in general linguistics(W. Baskin, Trans.). New York, NY: McGraw Hill.

Dillon, M.(2008). Security, race and war. In M. Dillon, & A. W. Neal(Eds.), Foucault on politics, security and war(pp. 166-196). Basingstoke, England; New York, NY: Palgrave Macmillan.

Dillon, M.(2015). Biopolitics of security: A political analytic of finitude. London/New York, NY: Routledge.

Fairclough, N.(1995). Critical discourse analysis. Boston, MA: Addison Wesley.

Foucault, M.(1971). The order of Discourse. In R. Young(Ed.), Untying the text(pp. 67-69). Boston, MA: Routledge.

Foucault, M.(1972). The archaeology of knowledge(1st ed.). New York, NY: Pantheon Books.

Foucault, M.(1973). The order of things: An archaeology of the human sciences(1st ed.). New York, NY: Vintage Books.

Foucault, M.(1980a). Two lectures. In C. Gordon(Ed.), Power/knowledge: Selected interviews and other writings, 1972~1977 (pp. 78-108). Brighton: Harvester Press.

Foucault, M.(1980b). Truth and power. In C. Gordon(Ed.), Power/knowledge: Selected interviews and other writings, 1972~1977 (pp. 109-133). Brighton: Harvester Press.

Foucault, M.(1988). Madness and Civilization: A history of insanity in the age of reason. New York, NY: Vintage Books.

Foucault, M.(1990a). The birth of the clinic: An archaeology of medical perception. New York, NY: Vintage Books.

Foucault, M.(1990b). The history of sexuality, Vol. 1: An introduction. New York, NY: Vintage Books.

Foucault, M.(1990c). The history of sexuality, Vol. 2: The use of pleasure(R. Hurley, Trans.). New York, NY: Vintage Books.

Foucault, M.(1991). Politics and the study of discourse. In G. Burchell, C. Gordon, & P. Miller(Eds.), The Foucault effect: Studies in governmentality (pp. 53-72). Chicago, IL: University of Chicago Press.

Foucault, M.(1995). Discipline and punish: The birth of the prison (2nd ed.). New York, NY: Vintage Books.

Foucault, M.(1998). The History of sexuality: The will to knowledge. London: Penguin.

Foucault, M.(2008). The birth of biopolitics: Lectures at the Collège de France, 1978~79. Basingstoke, England/New York, NY: Palgrave Macmillan.

Hall, S.(1997). The work of representation. In S. Hall(Ed.), Representation: Cultural representations and signifying practices (pp. 13-74). London, Thousand Oaks, New Delhi: Sage Publications.

Kendall, G., & Wickham, G.(1999). Using Foucault's methods. London, Thousand Oaks, New Delhi: Sage Publications.

Kung, S. (2015). The Reformation of Koreanness and the role of crisis and success in excellence and equality educational reform discourses(Unpublished doctoral dissertation). University of Wisconsin-Madison, Wisconsin, USA.

Lather, P.(1992). Critical frames in educational research: Feminist and poststrucural perspectives. Theory into Practice, 3(2), 87-99.

Lather, P.(2006). Foucauldian scientificity: Rethinking the nexus of gualitative research and educational policy analysis. Qualitative Studies in Education, 19(6), 783-791.

Lemke, T.(2007). An indigestible meal? Foucault, governmentality and state theory. Journal of Social Theory, 8(2), 43-64.

Lyotard, J.-F.(1984). The postmodern condition: A report on knowledge. Minneapolis, MN: University of Minnesota Press.

Peters, S. J.(2007). A historical analysis of international inclusive education policy and individuals with disabilities. Journal of Disability Policy Studies, 18(2), 98-108.

Popkewitz, T.(1997). The production of reason and power: Curriculum history and intellectual traditions. The Journal of Curriculum Studies, 29(2), 131-164.

Popkewitz, T.(2008). Cosmopolitanism and the age of school reform: Science, education, and making society by making the child. New York, NY: Routledge.

Popkewitz, T.(2015). Curriculum studies, the reason of 'reason,' and schooling. In T. Popkewitz (Ed.), The 'reason' of schooling (pp. 1-17). New York: Routledge.

Rose, N.(1999). Powers of freedom: Reframing political thought. New York, NY: Cambridge University Press.

Rose, N.(2007). Politics of life itself: Biomedicine, power and subjectivity in the twenty-first century. Princeton, NJ.: Princeton University Press.

Wodak, R., & Meyer, M.(Eds.).(2009). Methods of critical discourse analysis (2nd ed.). London: Sage Publications.

Zembylas, M.(2005). Discursive practices, genealogies, and emotional rules: A poststructuralist view on emotion and identity in teaching. Teaching and Teacher Education, 21, 935-948.

『질적연구: 열다섯 가지 접근』 저자 약력

/ **궁선혜**

이화여자대학교 학사, 이화여자대학교 대학원 교육학(교육과정) 석사, University of Wisconsin-Madison 대학원 교육과정과 수업(Curriculum and Instruction) 박사학위를 받았다. 포스트모더니즘에 기초하여 교육과정 이론 및 연구, 교육개혁담론, 세계시민교육 등의 주제를 탐구하고 있다. 최근 발표한 논문으로는 '교육과정연구에서의 푸코방법론 적용과 가능성의 탐색'(2016), 'Making new biological rationalities: Crisis and the redefinition of human being in national education reform discourses'(Discourse: Studies in the Cultural Politics of Education, 2018, 2월 예정)이 있다.

/ **김도헌**

한양대학교 사범대학 교육공학에서 학부 및 석사를 마치고, 미국 조지아대학교에서 교육공학 박사학위를 받았다. 현재 진주교육대학교 교육학과 교수로 재직하고 있다. 질적연구방법을 기반으로 소셜미디어의 교육적 가치에 대해 탐구하고 있으며, 최근 사진을 활용한 시각 기반의 교육 질적연구에 관심이 높다.

/ **김명희**

이화여자대학교 학사, Columbia University 석사(교육과정), 연세대학교 박사, Boston University 박사(교육과정 및 수업) 학위를 수여하였다. 현재 한양대학교 교육학과/박물관 교육학과의 주임 교수로 재직하고 있으며, 한국 교육학회 부회장직을 맡고 있다. Fulbright Scholaship을 수상하였다. 연구 관심 분야는 다중지능이론의 적용과 대안적인 평가이다. 최근의 대표 저서로는 『박물관 교육과 질적연구』(2015)가 있다.

/ **김영천**

한양대학교 교육학과와 대학원 교육학과를 졸업하였다. 1995년 미국 The Ohio State University에서 교육과정 이론과 질적연구방법론 전공으로 철학박사학위를 수여하였다. 1998년 이래로 진주교육대학교 교육학과 교수로 재직하고 있으며 교육과정과 수업, 교육평가, 질적연구를 가르치고 있다. 지난 20여 년에 걸쳐서 약 40권 이상의 저서와 50편 이상의 논문을 출간하였다. 2016년 한국의 학생들이 어떻게 학교교육과 그림자교육(사교육)에 참여하고 있는지를 약 7년간 연구하여 맥밀란 출판사를 통하여 『Shadow Education and the Curriuclum and Culture of Schooling in South Korea』 제목으로 출간하였다.

/ **김필성**

동국대학교(사회학) 학사, 경북대학교(문화인류학) 석사, 경북대학교 교육학(교육과정 및 방법) 박사학위를 받았다. 현재 동국대학교(경주) 교육역량개발원에서 연구교수로 재직하고 있다. 저서로는 『아빠는 죽어도 학원은 죽지 않는다』(2012, 김영천 공저), 『한국 최고의 학원 TOP 7』(2015, 김영천 공저)과 『접골사 구술생애사』(2012, 박경용 공저)가 있다. 질적연구방법에 관심을 두고 교육과정에 대한 내러티브 탐구 및 문화기술지 연구를 하고 있다.

민성은

진주교육대학교 학사, 진주교육대학교 교육대학원(교육과정) 석사학위를 받았다. 현재 진주교육대학교 강사이며, 부산 강동초등학교 교사이다. 연구분야는 학교교육과정과 학생들의 삶에 대한 생애사적 탐구와 질적연구이다. 그의 글은 〈질적탐구〉, 〈교사교육연구〉, 〈통합교육과정연구〉 등에 게재되었다. 미국 박사과정 준비 중에 있다.

박승민

한양대학교 교육학과 학사 및 대학원 교육학과 석사(상담심리 전공), 서울대학교 대학원 교육학과에서 교육상담전공으로 박사학위를 받았다. 현재 숭실대학교 기독교학과 상담심리 전공 교수 및 부부가족상담연구소 소장으로 재직하고 있으며, 한국질적탐구학회 이사, 한국상담학회 통합학술 및 사례연구위원장을 맡고 있다. 질적연구 수행에 있어 연구주제에 대한 깊이 있는 탐구와 더불어, 연구자가 속한 학문분야의 고유한 특성을 잘 반영하는 것에 관심이 있다. 지금까지 질적연구방법론을 적용하여 다수의 논문을 발표하였으며, 방법론 관련 대표 저서로 『근거이론 접근을 활용한 상담연구과정』(2012)이 있다.

박창민

한국교원대학교 학사, 진주교육대학교 교육학(교육과정과 수업) 석사, 한국교원대학교 초등교육학 박사과정에 있다. 현재 진주교육대학교 교육대학원 강사 및 경남교육청 소속 초등교사로 재직하고 있다. 풍부한 현장경험을 기초로 한 다양한 질적연구를 수행하고 있는데, 특히 다문화교육과 교육현장 개선을 위한 실행연구적 접근을 중심으로 탐구하고 있다. 최근의 대표 저서로는 『한국다문화아동가르치기: 용감하고 아름다운 네 교사 이야기』(2014), 『실행연구: 이론과 방법』(2016) 등이 있다.

오영범

진주교육대학교 학사, 한국교원대학교 대학원 교육학(교육공학) 석사, 부산대학교 대학원 교육학(교육공학) 박사학위를 받았다. 현재 창원 신등초등학교에서 교사로 재직하면서 수업, 수업분석, 수업컨설팅, 인터넷 질적연구 등의 분야에서 이론적 지식을 바탕으로 실천과 결합하려는 지속적인 시도를 하고 있다. 최근의 대표 저서로는 『체계적 수업분석을 통한 수업컨설팅』(2012, 공저), 『질적자료분석 파랑새2.0 소프트웨어』(2016, 공저) 등이 있다.

이동성

현재 전주교육대학교 초등교육과 조교수로 재직하고 있으며, 교육연구논총 편집위원과 한국질적탐구학회 편집위원 및 학술위원장을 맡고 있다. 풍부한 현장경험과 방법론적 민감성에 기초하여 질적연구방법론, 학교사회학, 교사의 사회학을 가르치고 있다. 최근 대표 저서로는 『질적연구와 자문화기술지』(2012), 『생애사 연구』(2015) 등이 있다.

이상우

부산교육대학교 학사, 한국교원대학교 대학원 초등교육학 석사, 박사학위를 받았으며, 현재 진주 서진초등학교 교사로 재직하고 있다. 그는 현장에서의 삶과 연구의 병행을 위해 내러티브 탐구, 영성교육, 교사발달에 관해 연구하고 있으며, 연구물들을 현장에 적용하며 현장에서의 삶을 개선하기 위해 동료교사들과 함께 노력하고 있다. 논문으로는 '초등학교 세 교사의 영성적 삶에 대한 내러티브 탐구'(2013), '근대통합교육에 대한 영성교육 논의'(2012) 등이 있다.

이현주

이화여자대학교 학사, 이화여자대학교 교육대학원 물리교육 석사, 미국 University of Illinois at Urbana-Champaign에서 Curriculum & Instruction (과학교육) 박사학위를 받았다. 현재 이화여자대학교 과학교육과 교수로 재직하고 있으며, 〈질적탐구〉 편집위원장, 〈Asia-Pacific Science Education〉 부편집장, 〈학습자중심교과교육연구〉 편집위원을 맡고 있다. 과학교육분야에서 과학교사 전문성 개발, 과학관련 사회쟁점 교육 등에 관련한 연구를 수행하고 있다. 최근의 대표 저서로는 『질적연구방법과 실제』(2011) 등이 있다.

이현철

고신대학교 기독교교육과 졸업(B.A.), 경북대학교 대학원 교육학석사(M.A.) 및 박사(Ph. D.), 미국 펜실베니아주립대학교 Post-doctoral research, 고신대학교 신학대학원 신학과 목회학(M.Div.)을 전공하였다. 현재 고신대학교 기독교교육과 교수로 재직 중이며, 주요 관심 분야는 사회·취약계층, 학교교육 및 기독교교육, 한국교회, 다문화와 디아스포라, 통합연구방법론 등이며, 질적연구 관련 대표 저서로는 『통합연구방법론: 질적연구＋양적연구』, 『질적자료분석』 등이 있다.

전영국

수원대학교 학사, 시카고주립대학교 수학과 석사, 미국 University of Illinois at Urbana-Champaign에서 Curriculum & Instruction (컴퓨터교육) 박사학위를 받았다. 현재 순천대학교 컴퓨터교육과 교수로 재직하고 있으며, 창의발명디자인센터장 및 한국질적탐구학회장을 맡고 있다. 과학과 예술을 접목하는 분야에 관심을 갖고 있으며 수학교육, 컴퓨터교육 및 교사교육에서 심층면담과 초상화법을 적용한 사례에 관한 논문을 다수 출판하였다.

정상원

진주교육대학교 학사, 진주교육대학교 대학원 교육학(교육과정과 수업) 석사, 경북대학교 대학원 교육학(교육과정 및 교육방법) 박사를 수료하였다. 현재 초등학교 교사로 근무 중이며 진주교육대학교 교육대학원 강사이다. 연구분야는 교육에서의 질적연구, 현상학적 교육과정 탐구이다. 질적연구, 자료분석, 현상학적 질적연구에 대한 다양한 논문을 출간하였다. 대표 저서로는 『질적자료분석 2.0: 소프트웨어』가 있다.

조재성

진주교육대학교 학사, 진주교육대학교 교육대학원 석사(교육과정과 수업), 현재 경상남도 창원시에서 초등학교 교사로 재직하고 있으며 한양대학교 교육학과 박사과정에 재학 중이다. 질적연구방법을 바탕으로 학교 교육과정의 개선과 새로운 평가 방법의 발견을 주 연구 분야로 삼고 있다. 최근의 대표 저서로는 『실행연구: 이론과 방법』(2016)이 있다.

주재홍

전주교육대학교 학사, 홍익대학교 교육정책 석사, 한국학중앙연구원 교육학(교육과정) 박사학위를 받았다. 현재 진주교육대학교 교육학과 교수로 재직하고 있으며, 교육연구논총 편집위원과 한국질적탐구학회 편집위원을 맡고 있다. 포스트모더니즘, 포스트콜로니얼니즘, 포스트구조주의 등의 다양한 사회이론을 통해 교육과정이론화에 관심을 가지고 연구하고 있다. 최근의 대표 저서로는 『포스트모던패러다임과 교육학/교육과정연구』(2011), 『우리안의 만들어진 동양』(2009) 등이 있다.

허창수

인하대학교 (물리학)학사, 미국 플로리다 주립대학교(교육과정과 과학교육) 석사와 박사학위를 받았다. 현재 충남대학교 교육학과 교수로 재직 중이며, 한국교육과정학회, 한국질적탐구학회, 한국교육인류학회 등 여러 학회에서 이사와 편집위원을 맡고 있다. 교육과정이론, 질적연구, 비판교육학, 국제교육협력에 많은 관심을 가지고 연구와 실천을 하고 있으며, 관련된 다양한 연구물을 출간하고 있다.

질적연구: 열다섯 가지 접근
Qualitative Research: 15 Approaches

발행일 2017년 2월 23일 초판 발행
편저자 김영천, 이현철
발행인 홍진기 │ **발행처** 아카데미프레스
주소 413-756 경기도 파주시 문발동 출판정보산업단지 507-9
전화 031-947-7389 │ **팩스** 031-947-7698 │ **이메일** info@academypress.co.kr
웹사이트 www.academypress.co.kr │ **출판등록** 2003. 6. 18 제406-2011-000131호

ISBN 978-89-97544-98-1 93370

값 35,000원